冨田《とんだ》今昔《いまむかし》物語《ものがたり》

―近江湖北の一農村
江州浅井郡冨田村の記録―

川崎 太源 著

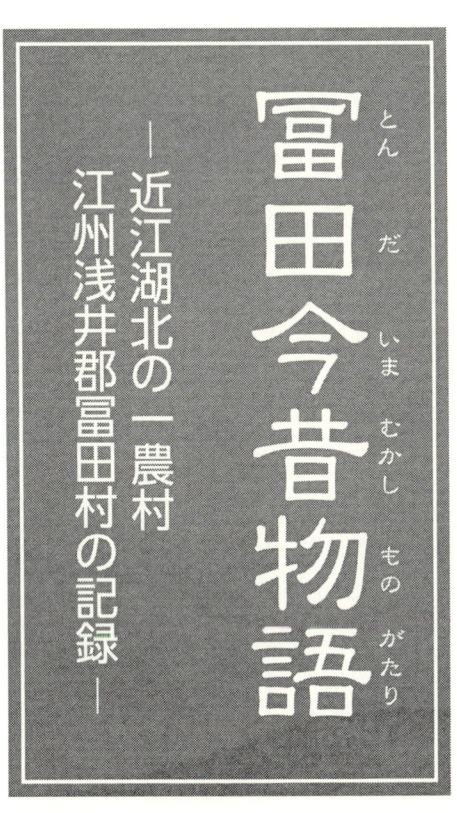

はじめに

江州浅井郡冨田村（現滋賀県長浜市富田町）は近江湖北に位置する一農村にすぎない。村の東方には日本武尊の伝承を残す霊峰伊吹山が望め、村内のメイン道路、竹生島巡礼街道を西へ一キロほど歩くと琵琶湖に至り、その西方沖には信仰の島竹生島を望むことが出来る。北には古戦場賤ヶ岳からの尾根が連なる山本山が望め、山本山山頂には山本判官源義経の古城跡が残る。南には木下藤吉郎秀吉が初めて城主となった長浜の市街地に続く。また、北東には戦国大名浅井氏の居城があった小谷山もすぐ近くに望むことができる。

村は姉川古戦場で有名な姉川と高月川（現在は高時川）という湖北の二大河川が作った沖積平野の上に成立した、九〇軒ばかりの小さな村（現在は行政的に、富田町と北富田町に分かれている）である。

村にはこれといった産業もなく、往古から村人は農業を生業として生きてきた村である。唯一特徴のあるのは、西国三〇番札所竹生島との関わりが古くからあったことである。その一つには現在も竹生島宝厳寺や都久夫須麻神社へ総代を出すなどの繋がりがあり、また、「島の祭り（四月祭）」と呼ばれる竹生島宝厳寺に関わる祭が連綿と続けられている。その二には竹生島宮大工の阿部家・西嶋家が居住したことで、阿部家には十五世紀からの古文書（竹生島に関する文書が大半）が残されていたし、同じく西嶋家には江戸時代の古文書（五村別院に関するものが多い）が残されている。いわば当村は竹生島との古い縁をもって生きてきた村でもある。

戦国大名浅井氏、姉川の合戦、秀吉の長浜城、賤ヶ岳の合戦など戦国時代の檜舞台になった湖北地方の一農村ではあるが、当時の記録に冨田村が登場することはなく、村に関わる古い由緒や伝承を伝える話なども殆ど伝わっていない。いわば表舞台にも合戦の場所にも一度も立ったことのない村でもある。

戦国時代以前の冨田村については、永和二年（一三七六）の仁和寺文書に「仁和寺南院領冨田庄」とあるのが初見であり、それ以前のことはなにも分かっていない。

楠の残党が居住していたとか、湖北の守護大名京極氏に仕えた土豪がいたとか、京極家の遺児が隠れ住んでいたとか、下克上で浅井氏が台頭した折には、京極氏の縁で浅井氏に組みせず（浅井氏の領地にも組み入れられず）、歴史の舞台から抹殺された云々、姉川の合戦で戦死した武士がいた、賤ヶ岳の合戦の落ち武者が遺棄した馬の馬塚…などの伝承が多少とも残ってる程度である。しかし、いずれもその真偽を確認することはできない。

ところが、近世江戸時代を通じて（実際は約三分の二程度の期間か？）庄屋役を勤めた「太兵衛（太郎右衛門）」家に膨大な庄屋文書が残され（現在は滋賀大学経済学部附属史料館に委託）、これらの文書を少しづつ読み明かす中で、多少なりとも古き冨田村の様子が見えて来るようになった。

太閤検地、幕府直轄地（天領）の時代、堀氏・土屋氏・大久保氏の領主時代、浜松藩（松平氏・井上氏・水野氏）・山形藩の飛び地の時代、明治以降の朝日山藩支配等々の流れもほぼ判明した。

また、その時代時代の年貢米（免率）のこと、旱魃や水損などの自然災害のこと、「御料所井」と呼ばれる伏樋・用水のこと…などなど、手探りで読み始めた古文書の中から色々な情報が集まってきた。これらの得られた歴史的情報をまとめ、村中への歴史新聞（B4版）として発行を始めたのが「冨田今昔物語」であった。

平成五年の十一月末より、月二回の割で書き続けて十年余が経過してしまった。当初はお叱りや批判を受けることも度々あったし、時には多忙であったり、記事にする話題に事欠いたこともあったが、幸いにも十年余も続けることが出来た。十年余の間には間違いを伝えたことも少なからずあり、また、新しく判明した事実などもある。これを機会に訂正・加筆し、注釈を付記し、まとめ直したのが本書の基になっている。

歴史や古文書に関してはズブの素人であるから、未だに間違いもあるだろうし、的を得ない内容だったりするものと思われる。お叱りやご教授を御願いする次第である。

一方、素人だからこそ既定の概念に囚われずに自由な発想が出来たのではないかとも思っている。学校で学んだ知識との違いに戸惑い、些細なことに驚きながらも、その些細な疑問にチャレンジしてきたと思っている。

また、手当たり次第に古文書に当たった故に、取り上げる話題も統一性を欠いている。時代順・項目別に再編成した方が…とも考えたが、敢えて発行順に頁を組むこととした。難しいことは考えずに一話一話を楽しみながらお読み願えればと思っている。また、殆どが一話完結の形をとっているので、頁をとばして興味あるい話題だけを拾い読みしていただいてもいいかと思う。一読して興味を覚えられた方は、可能な限り出典を付記したので原典に当たっていただければ幸いである。

また、富田村は、滋賀県の県選択無形民俗文化財に指定されている「冨田人形」を伝える村（北富田町）として名が知られているが、伝来を詳しく伝える文書は殆ど残っていないばかりか、筆者が富田町居住（北富田町ではない）のため、詳しいことを取り扱うことができなかった。お断りを願う次第である。

せめて三百号まではとの構想はあったものの、多忙を理由に平成十七年末で「冨田今昔物語」は二九〇号で休刊してしまった。

実際には、ゴール目前で気が抜けたということかもしれない。その後も史料の収集活動や文書の解読は続けていたものの、「冨田今昔物語」という形での編集は行えなかった。一旦糸が切れると原点に立ち戻るのが億劫になり、ズルズル日々が過ぎ去ってしまった。

平成二一年三月定年退職を機に、新作をも含めて一冊にまとめたいと思うようになり、ようやく重い腰が上がった所である。

出版を思い立ったのは、自分の生きた証としたい、富田村の歴史を一冊にまとめておきたいという気持ちもあるが、地方文書から読み取った史料を世に広めたいという気持ちが強いからである。

近世日本社会では大多数の人々が農村に住居し、農業を営んでいた。所謂「農」が日本近世の土台を支えていたと言っても過言ではあるまい。しかし、世間巷には飛鳥奈良時代から戦国時代等の支配層に属する人物伝・政治史・江戸町民文化等の出版物は溢れているのに、日本の土台を支えた「農」の生活、庶民を話題にする本の少ないこと、少ないこと。庶民はどのような家に住み、どのような生活をし、年貢をどのように納めたのか、水利にはどんな工夫をしたのか、農作業の四季はどうであったのか、村の共同体制度はどうであったのか、村の祭りは：：など、農村地域に生活する私達に、先祖の生活を彷彿させてくれる出版物は皆無と言ってもいいと思われる。時には局地的に「農」について研究されている本に稀に出合ううこともあったが：：、それは専門書であったり、身近な本ではなかった。

滋賀県関係に限ってみれば、古代近江の研究、中世の惣村研究としての菅浦文書や今堀文書、戦国時代の浅井氏や六角氏、織田信長の安土城、戦国時代の古戦場としての近江、近江商人関係の研究、水運としての堅田や各浦々、湖北の観音の信仰やオコナイ：：等々については目にする機会も多い。しかし、古代から現在に至るまで庶民の生活史、特に農民生活史を目にする機会は殆どなかった。「紀要」や「地方研究史」には少なからず発表があると聞くが、一般人には入手困難であった。

庶民の生活については、昨今の歴史ブームで「〇〇市史」「〇〇町史」「〇〇村史」等の発刊で多少は垣間見られるようになったのが現状ではなかろうか。

湖北の平凡な一村落村史をまとめてみても、関心があるのは当村に関係する人々だけかもしれない。しかし、その中には学校の歴史で学ばなかった、ありのままの先祖の生活の姿が、喜怒哀楽の姿が見えてくるように思う。近江の、そして全国の村々にも同様な生活の姿があった筈である。全く同じとは言えないまでも、よく似た喜怒哀楽の世界が存在したと思われる。本書もその一例として紹介出来ればと思う次第である。

斯く言うものの、文書等からの情報・話題提供の形を取っている故に、期待される程の広範囲の話題提供になっているかは疑問と言わざるを得ない。また、個人情報の関係で匿名扱いであったり、話題に出来なかった内容も少なからずあったことをお断りしておきたい。

本書では、「冨田今昔物語」の紹介と、追加説明等に限ったが、村落史を扱う中で、私自身が作成した各種の部門別年表や一覧（支配代官・年貢高・村役人名等々）や活字化した文書などは含めることが出来なかった。

冨田村に関する地方《じかた》文書は、伊勢湾台風に起因した八幡神社所蔵文書の大量の廃棄という不孝もあったが、幸いにも、多くの文書がまだ残されている。庄屋文書、大工文書、区有文書など文書には恵まれている。

幸いにも、各方面からのご理解をえて、自治会所蔵文書や八幡神社所蔵の文書類等々の大半に目を通すことができたことや、資料の提供を受けたこと、取材に協力していただいたことは、感謝の一語に尽きる。

また、平成二一年、川崎文書（滋賀大学経済学部附属史料館）の未整理分が大型ダンボールに二箱存在することが分かり、約二年の歳月を掛けて曲がりなりにも整理・解読ができ、興味ある事実も多々見つけることができたのは幸いであった。これら未整理文書から得た多くの情報は註記などに可能な限り引用した。

また、近年の急速的な社会発展がもたらした陰の部分として、個人主義、核家族化など、農村地域でも集団への帰属意識（村としての協同体意識）の希薄化が進行し、村の行事等の見直しが余儀なくされるなど、農村の解体が目に見える形で進んでいる。かつての祖先が築いてきた村の魂や記憶は日を追って消えつつあると言っても過言ではない。その風潮の是非は置くとしても、今、昔の村人の生き様を伝えなければ、その記憶は完全に消滅してしまうのではないか……という危惧感を感じていることも事実であり、将来の子や孫に古き富田村の姿を少しでも残したいという思いで筆を執ったことも付け加えておきたい。

また、村内配布が前提であったため、原則として、名前は実名を避け、匿名としていることも御理解をいただきたい。

※表紙について

・文書は富田区有文書「浅井様折紙（弘治三年（一五五七））」
　第一号・二七号・六二号註・一二八号・一二九号等々参照

・龍の図は若連中芝居引き幕（蛇の幕）の部分（第二三二号参照）

主要な引用文書
　川崎文書（川崎太兵衛氏所蔵　滋賀大学経済学部附属史料館委託）
　阿部文書（阿部権正文書（原本は散逸不明）『東浅井郡志』収録）
　西嶋文書（西嶋幸男氏所蔵　旧びわ町教育委員会委託）
　　（現在は長浜城歴史博物館所蔵）
　竹生島文書（竹生島宝厳寺所蔵　長浜城歴史博物館委託）
　竹生島文書マイクロフィルム版（長浜市びわ図書館所蔵）
　富田区有文書（富田町所蔵　長浜市富田町自治会長保管）
　富田区長文書（富田町所蔵　長浜市富田町自治会長保管）
　富田八幡神社神事文書（富田町所蔵　長浜市富田町会議所保管）
　富田八幡神社本殿所蔵資料（富田町所蔵　八幡神社本殿保管）
　富田八幡神社祭器庫文書（富田町所蔵　長浜市富田町祭器庫保管）
　　含「必要書類編冊」（長浜市富田町祭器庫（東側）保管）
　冨田今昔物語（川崎太源発行歴史新聞　富田町全戸配布）など
　その他、個人所蔵文書他については、逐次出典を記載するとともに、巻末に参考資料リストを掲載している。

備考
・古文書類は《　》括弧で出典名を記載した。
　参考とした出版物（本・研究書類）は【　】『　』括弧で出典名を記載した。
・《村政一四》など、《　》表記は滋賀大学経済学部附属史料館川崎文書の整理番号である。
　その他の文書については出典文書名と所蔵を付記した。

　ただし、

　　「西島文書」・「竹生島文書マイクロフィルム版」

　　「阿部文書」・「富田八幡神社祭器庫文書」

　については、原則的にその整理番号を付記した。

　「西島文書」「竹生島文書」「八幡神社祭器庫文書」は筆者が作成した文書目録（未公表）の整理番号を示している。

・明朝字体が本文（B４版配布部分）であり、末尾に参考文献を明示した。註記（※印）のゴシック字体は追記・修正等の加筆を意味する。
　なお、註記は本文配布後に目にした文書からの情報であり、本文と相反したり、異なる情報もあり得る。
・引用文書の句読点は筆者による。また、古文書に慣れ親しんでほしいとの思いから、敢えて読み下しとしなかった。ただし、大意を添えるよう心掛けた。
・引用文書の部分で「■」は破損失や虫食い等で欠損している部分を意味し、「□」は文字の存在は確認できるが、私が解読出来なかった文字を意味する。
・古文書でよく使われる「ゟ」は「より」と表記した。
　また、「トキ」「トモ」等、一文字として略される文字については、分離した「トキ」「トモ」等と表記した。

　また、「會」「對」等、旧字で書かれた箇所は、そのまま旧字で表記した。

　また、「～者（～は）」、「～与（～と）」、「～歟（～か）」等々、現在では使わない表記も原文通りの表記とした。

　一方、「㐂兵衛」などと書かれる「㐂」の字は、当初のワープロでは表現出来なかったため、「喜」で置き換えているなど、ワープロで使えなかった文字は現代漢字で表記した。
・時代的な表記例から、原則的に現代の富田村（町）には「富田」の字で、終戦以前の冨田村には「冨田」の字で表記したが、混乱や原則に一致しない場合もあるかもしれない。御容赦願いたい。
・【いっぷく】と題し、本文に関係のない興味ある記事をアラカルト的に挿入してある。楽しんでもらえれば幸いである。

「冨田今昔物語」内容目録

〇一	五年一一月	三通の冨田区有文書について	浅井久政文書(弘治三年・永禄九年等)の紹介
〇二	五年一二月	冨田の殿さま	冨田村支配領主変遷の一覧(慶長八年～明治)
〇三	五年一二月	「とんだ」ってどうして言うようになったの？	古図に記載の冨田村の「いわれ」を紹介(懇田→冨田)・「姓氏録」等
〇四	六年一月	御料所井について!!	御料所井の構造・普請・位置・古図等々の紹介
〇五	六年一月	冨田村でも雨乞いをしていた	享保十二年の雨乞い(月定院阿伽井)・年貢損引の記録
〇六	六年二月	冨田は石高七百六十九石四斗	村高・冨田村古図(天保の頃)復元図紹介・西郷氏領
〇七	六年二月	冨田村の家数・人口について	享保六年～慶應元年の「大人別帳」・五人組
〇八	六年三月	社蔵小島権現上棟札	小島権現上棟札に記載の院坊等々の紹介・竹生嶋と冨田村との関係
〇九	六年三月	八幡神社の建築について	八幡神社(安政五年)二宮堂(宝暦七年)再建・中井家・社蔵鰐口
一〇	六年四月	江戸時代の生活は(その一)	「冨田村高反別指出帳」(享保十一年)の記事より
一一	六年四月	北冨田村の成立について	「年代記序」より寛永十六年の分村・屋敷地割(十三人)
一二	六年五月	江戸時代の様子(その二)	「冨田村高反別指出帳」(享保十一年)の記事より・宮地絵図
一三	六年五月	冨田村の小字名について	現在の小字名と消えた小字名や別称の紹介
一四	六年六月	小学校の変遷について	「廣知学校」～「びわ北小学校」の変遷・旧校舎図
一五	六年六月	江戸時代の疫病対策について	享保十八年・天明六年御触書より
一六	六年七月	左竹生嶋道　右山本	竹生島街道沿いの道標とその所在・堂ケ浜
一七	六年七月	元禄十四年(一七〇一)大洪水につき訴え状	元禄十四年高月川決壊による大洪水と免率の変遷
一八	六年八月	冨田支配の代官達	慶長六年～享保十三年の代官名一覧
一九	六年八月	竹木改帳よりの考察	「竹木改帳」(寛文十年頃)の紹介・寺屋敷のこと
二〇	六年九月	御法度(ごはっと)書について!	寛政九年「御法度書帳」・享保三年「御條目」より
二一	六年九月	年貢について(その一)	寛永年間と天和二年の免定より免率や年貢の説明
二二	六年一〇月	年貢について(その二)	上納目録・皆済目録(元禄九年)等々
二三	六年一〇月	年貢について(その三)	年貢(免定・割賦・搬出・上納・領収・・・等)の流れ
二四	六年一一月	年貢について(その四)	慶長六年～元禄十六年の免率一覧
二五	六年一一月	寛永三年大日照りについて	寛永三年の大旱魃と出入
二六	六年一二月	寛永三年大日照り大日損引	寛永三年の大旱魃と日損引等の一覧
二七	六年一二月	正保四年の水争いについて	正保四年の水争いと浅井様御證文・出入の歴史
二八	七年一月	神事おこないについて!!	神事の起源・冨田村神事文書の紹介
二九	七年一月	冨田区神事(おこない)文書	神事文書の内容・祭神等
三〇	七年二月	神事(おこない)の今と昔は!	昭和五十五年以前以後の神事内容の比較・謡
三一	七年二月	近江国付近の地震について	近江付近の過去の地震一覧
三二	七年三月	冨田八幡神社の歴史	寛文九年～昭和九年までの神社の歴史

〇三三　七年三月　富田八幡神社の変遷……明治四十四年～昭和十年の境内変遷・蛇の幕
〇三四　七年四月　秤(はかり)・枡(ます)改めについて……元禄十二年守随氏による秤改め・京枡について
〇三五　七年五月　富田村と冨田姓について……冨田姓について・冨田才八について
〇三六　七年五月　富田村と冨田姓について(その二)……木之本の冨田家(京極氏)について
〇三七　七年五月　富田村の宮大工(その一)……「大工仲間定帳」享保十六年・西嶋但馬について
〇三八　七年六月　富田村の宮大工阿部権守(ごんのかみ)……阿部権守家の歴史(享徳四年～)
〇三九　七年六月　中世の富田村の状況……応永八年～天正五年の土地の移動一覧
〇四〇　七年七月　竹生島と富田村は!……竹生嶋縁起・竹生嶋院坊一覧
〇四一　七年七月　観音堂奉加帳　正徳二年(一七一二年)……正徳二年「観音堂奉加帳」より
〇四二　七年八月　寺請状と切支丹宗門……寺請け証文・宗門改め帳等
〇四三　七年八月　川﨑文書の内容について……川﨑文書(滋賀大学史料館)の内容一覧紹介
〇四四　七年九月　富田村の酒屋について……元禄十年・享保十年の酒造関係資料
〇四五　七年九月　富田村の酒屋(その二)……酒造株・酒株の貸借売買の記録より
〇四六　七年一〇月　富田村の酒屋(その三)……酒造道具の紹介・冨田村酒株の変遷
〇四七　七年一〇月　富田村の酒屋T郎右衛門の廃業……T郎右衛門の酒株無効による嘆願書を中心に
〇四八　七年一一月　彦根藩に物(もの)申す!……彦根藩鷹狩に関わる浜松藩三郡よりの断り状
〇四九　七年一一月　江戸時代庄屋宅の婚禮……天保二年庄屋太平次家の「婚礼祝儀受覚帳」より
〇五〇　七年一二月　病気見舞覚より……延享三年「T郎右衛門病気見舞覚」より
〇五一　七年一二月　百姓の盛衰 ― 持ち高の推移 ―……天保十年「亥年御高帳」より持ち高と屋敷
〇五二　八年一月　持ち高の推移を見る……天保七年～天保十二年、持ち高の推移一覧
〇五三　八年一月　冨田西村・冨田東村……冨田西村・東村に所属する各家の分布略地図(天保年間基準)
〇五四　八年二月　土地の売買について……元禄十年～土地売買の記録より
〇五五　八年二月　村(組)持ち高の変化……冨田西村・東村・北村の村高の推移一覧・大工高
〇五六　八年三月　民主的年貢の徴収!!……明和五年安養寺・十九村出作の年貢高廻し
〇五七　八年三月　武士の没落の波及……西郷氏の入用金(借金・無心)の立替返済に関わっての訴訟
〇五八　八年四月　籤(くじ)取りにて西郷氏へ……元禄十一年西郷氏支配百姓決定の方法
〇五九　八年四月　江戸初期の取れ米高……「万治三年田畠取上帳」より収穫高と御物成の考察
〇六〇　八年五月　百姓に残る実質高は……「万治三年田畠取上帳」より収穫高と実質収益の考察
〇六一　八年五月　富田村と冨田村!!……富田の「ウ」冠と「ワ」冠・天保三年住民一覧等
〇六二　八年六月　冨田村より江戸までの旅……江戸までの旅程・宿場名等
〇六三　八年六月　江戸滞在の記録……延宝二年(一六七四)江戸での米相場の変動
〇六四　八年七月　嫁はどこから嫁いできたか……寛文十二年調べの嫁の出身地まとめ
〇六五　八年七月　江戸初期の家族構成……寛文十二年調べの家族構成の考察
〇六六　八年八月　結婚婚礼期と持ち高……寛文十二年調べの婚礼適齢期と持ち高の関係

一〇一年一月　石高とその明細の変化……慶長七年～天保三年、土地明細の変化
一〇二年二月　年季奉公について……享保十八年・延享三年の年季奉公願書より
一〇三年二月　日雇い奉公について……「日記萬覚帳」安政五年、他より日雇等の実体
一〇四年三月　江戸時代の養蚕について……「日記萬覚帳」安政五年より桑の買付け・繭の収穫量
一〇五年三月　江戸時代の養蚕について(二)……享保十一年の史料・蚕紙改改所設立嘆願書を中心に
一〇六年四月　冨田村役人について……村役人の仕事・村役一覧表について・たわら汁の紹介
一〇七年四月　村役人の推挙について……安政五年、庄屋退役願文書と推挙文書を中心に
一〇八年五月　北村の年貢別納について……安政元年・安政五年、北冨田村の独立指向
一〇九年五月　冨田デコ芝居について……無形民俗文化財「冨田人形」の歴史や首(かしら)等について
一一〇年六月　大工浅井組組頭について……浅井組組頭・年番の一覧、冨田村但馬と高田村清助の確執
一一一年六月　浅井郡大工組の分裂……大工組冨田組と高田組と分裂(宝暦十三年)について
一一二年七月　大工仕事場のこと(1)……冨田組(組頭西島但馬)と阿部権正との仕事場争について
一一三年七月　大工仕事場のこと(2)……西島但馬と西島繁右衛門(兵衛)の対立と分家
一一四年八月　近江国に冨田庄は二ケ所……浅井郡冨田村・野洲郡冨田村(守山市立田町)・冨田知信のこと
一一五年八月　浜松藩近江三郡の村々……浜松藩支配の村々一覧・「飛び地」村々の郷寄体制について
一一六年九月　噯(あつかい)人は誰がつとめた!……寛文十二・宝永五・享保七・宝暦六年のすけつぎ又伏替噯人
一一七年九月　冨田村の産業について……江州縮緬織屋仲間・染物職の従事・縮緬代金等々
一一八年一〇月　冨田村と竹生嶋の関係……島の祭・竹生嶋との由緒(神亀元年御幸・蓮華会等の神役奉仕等)
一一九年一〇月　冨田村大工と竹生嶋!!……西嶋但馬と阿部権守の蓮華会役割・冨田村人の神役奉仕
一二〇年一一月　助郷免除願いについて……近隣村の助郷・助郷免除願(竹生嶋神役・大工高)・領主の御用金
一二一年一一月　冨田村と竹生嶋(続)……助郷赦免願・「膳具ノ献上」の意味・現在も続くお供えの献上
一二二年一二月　享保十四年の不作?……享保十四の減免願・西組惣田売却割賦帳・領主の交替
一二三年一二月　享保十四年の稲作肥料……減免願・肥料(魚肥・草肥)の具体例・肥料直段・最終取高(残高)
一二四年一月　惣田売却銀の配分……享保十四年の西組惣田売却銀の分配方法(頭打・高打)について
一二五年一月　享保十二年の不作……享保十二年、日損引三百四十五石余・大旱魃・雨乞等
一二六年二月　御救い米の下付願い……享保十八年の御救米作夫食米の下付願・享保の大飢饉(蝗の被害)
一二七年二月　五村別院重要文化財に……平成十年十月、五村別院重文指定新聞記事より・西嶋文書との関係
一二八年三月　浅井様折紙の所有をめぐって……宝永二年の浅井様折紙の所有訴状・同文書所有の歴史
一二九年三月　浅井様折紙の所有問題その後……延宝元年～延宝九年、村内主導権争い・所払い
一三〇年四月　年貢免率(坪刈り)について……享保九年・享保十一年の検見巡検について
一三一年四月　検見坪刈の実際から……享保十七年「田畑取米帳」より検見結果・村役人の掛引
一三二年五月　検見坪刈から免率決定まで……享保十七年「田畑取米帳」取米決定の過程を推測・確認
一三三年五月　検見から定免(請負免)に……元文元年より定免・以後の災害一覧・検見実施の有無
一三四年六月　小入用帳の下賜……小入用帳前書きとその性質・実際の記載例からの考察

二〇三—四年四月　源慶寺・圭林寺の御堂の変遷……源慶寺と圭林寺の御堂の大きさ等の変遷について
二〇四—四年五月　郷御蔵目論見（もくろみ）帳より……郷蔵の役割・安政四年の再建願について……など
二〇五—四年五月　冨田村郷御蔵について……郷蔵の初見・郷蔵の大きさ・郷蔵の棟数などについて
二〇六—四年六月　冨田八幡神社老杉の年齢……平成十三年九月伐採の老杉の年齢・八幡神社の歴史について
二〇七—四年六月　明治初年の神仏分離政策……明治初年の神仏分離政策・冨田村の対応・社名の変更などについて
二〇八—四年七月　その後の冨田八幡神社……冨田八幡神社御神体の変化・社名の意図的変更などについて
二〇九—四年七月　年貢の江戸廻米……享保八年前後の大久保氏への年貢の江戸廻米について
二一〇—四年八月　上ケ米廿二石九斗余……明治初期の報告文書より江戸時代の上ケ米の実態を紹介する
二一一—四年八月　上ケ米廿二石九斗余（続）……文化十四年の文書より上ケ米の開始時期などの考察
二一二—四年九月　明治初期の社会の大転換（支配と村役人の変化）……明治初期の管轄の変化・苗字の使用・村役人の呼称の変化など
二一三—四年九月　幕末の水損旱損の記録……幕末冨田村の記録より水旱損記録を抜粋・掲示
二一四—四年一〇月　田圃の値段（元禄年間）……元禄年間の永代売渡代金と田川新川潰地補償金との比較など
二一五—四年一〇月　寛永十九年全国不作（全国的飢饉状態）……寛永十九年の全国飢饉・冨田村には飢饉はなかった？
二一六—四年一一月　八幡神社御手洗建設……昭和四年建築の御手洗の建設願書・同仕様書の解説と写真提示
二一七—四年一一月　八幡神社拝殿の建設……昭和九年建築の拝殿の上棟札の紹介・上棟札の写真提示
二一八—四年一二月　冨田八幡神社境内古図……弘化四年の八幡神社境内図の紹介・現在の八幡神社との比較
二一九—四年一二月　明治十八年冨田村人口……「誕生簿」より村の人口を年齢別一覧に・年齢の偏りの原因を推測
二二〇—五年一月　江戸時代の年始祝状……江戸初期の年始状の紹介・明治〇年の庄屋の正月
二二一—五年一月　明治六年の庄屋日記……庄屋日誌より、新暦の影響や地租改正による地券発行事務を見る
二二二—五年二月　明治六年の庄屋日記続……庄屋日誌より、初期の地券発行事務について・時間の表記「八字」
二二三—五年二月　明治六年の庄屋日記続々……明治六年〜明治八年の地券発行事務の経緯を見る。
二二四—五年三月　古文書に残る冨田庄……冨田村（庄）の初見文書を探る・阿部文書より
二二五—五年三月　藤之木村は何処へ？……中世にはあった小字「藤ノ木」の紹介と考察・八合桝紹介
二二六—五年四月　冨田村の古代・中世遺跡……古代・中世の遺跡分布図、中近世の城郭分布図より
二二七—五年四月　冨田八幡神社の寶物……明治四十一年宝物登録申請書内容と現在の所蔵品の紹介
二二八—五年五月　江戸時代の跡敷相続……明和二年の分付状二通・享和四年の別家願書より家督相続について
二二九—五年五月　安養寺出作御年貢之儀……慶応三年安養寺村出作御年貢未納訴訟、村中の人名八十六名紹介
二三〇—五年六月　山形藩御用掛送り状……慶応二年〜慶応四年の丁兵衛の山形藩大津御用掛について
二三一—五年六月　安養寺村出作について……万延元年安養寺村出作の年貢未納についての一札について
二三二—五年七月　冨田村の芸能・娯楽……蛇の幕や村芝居の聞き取り・冨田村での雅楽の練習について
二三三—五年七月　冨田村の戦争犠牲者……明治廿七八戦役から太平洋戦争までの戦没者（戦没者法名軸より）
二三四—五年八月　冨田村のお地蔵さん……村中の地蔵堂の分布と、地蔵さん伝承について
二三五—五年八月　冨田村と竹生嶋（再）……冨田村下八木村奉納の絵馬について・石段寄進者名についてなど
二三六—五年九月　百姓より年貢の納め方……文久三年年貢の米納、銀納の具体的事例について

二三七　五年九月　文久三年の年貢高……文久三年年貢高について・米価の推移などについて
二三八　五年一〇月　安養寺出作訴訟一件(再)……慶応三年安養寺出作年貢未納について(年末~四月までの動き)
二三九　五年一〇月　安養寺出作訴訟一件(再々)……慶応三年安養寺出作年貢未納について(四月~十月までの動き)
二四〇　五年一一月　出作訴訟一件史料より……慶応三年安養寺出作訴訟記録から公事の様子を垣間見る
二四一　五年一一月　立毛御検見差出内検見帳……元禄五年・寶永元年の立毛御見分差出帳より
二四二　五年一二月　元禄十七年小入用帳より……小入用帳を項目別に紹介(神事関係・役員手当・出張手当・会議費)
二四三　五年一二月　元禄十七年小入用帳(弐)……小入用帳紹介(水利関係・年貢関係・村普請・三分一銀納)について
二四四　六年一月　田圃の所有権について……延宝八年頃の文書より田畑の所有権の認定について
二四五　六年一月　小字別の高集計一覧……寛文九年の小字高と慶長検地帳の高の比較など
二四六　六年二月　寛文九年荒れ田明細……寛文九年の荒れ面積一町五畝十二歩について
二四七　六年二月　明治時代の戸籍簿……明治十二年戸籍簿の内容についての紹介
二四八　六年三月　幕末の情報伝達色々(一)……慶應二年の「御触書之写」より情報伝達の様子を紹介
二四九　六年三月　幕末の情報伝達色々(二)……幕末のインフレ・貨幣の金銀含有率変遷などの紹介
二五〇　六年四月　「冨田村」の名称の由来……明治十六年冨田村地誌より誉田八幡宮(羽曳野市)との関わり紹介
二五一　六年四月　「冨田村」名称由来(二)……私見「誉田」→「ほむだ」→「とんだ」考(前号の続き)
二五二　六年五月　村社一覧からの考察……村社一覧(明治四十一年)の記事より話題提供
二五三　六年五月　竹生村神社便覧より……竹生村神社便覧(明治三十九年)の記事より話題提供
二五四　六年六月　明治二十九年の大洪水……「所有地被害明細書」より大洪水の実態を紹介
二五五　六年六月　明治二十八年の水害……「浸水被害毛見帳」より湖北中心の集中豪雨の被害を見る
二五六　六年七月　昭和五年雹害義捐金……九月二十八日の降雹とその被害・救助金・義捐金などについて
二五七　六年七月　十九村との合併問題……明治八年の冨田・十九村合併願書など「諸願伺指令済綴込」の紹介
二五八　六年八月　疎開ニ関スル諸経費帳……昭和十九年~二十年の学童疎開について
二五九　六年八月　昭和二十年の住民票……四月二十五日付居住者氏名の控よりの考察
二六〇　六年九月　天保四年宮入用覚帳……「宮諸入用覚帳」の記載内容(何の普請か?)を考察
二六一　六年九月　天保七年御神酒受納覚帳……「御神酒受納覚帳」「天保三年宮材木賣立帳」より普請の内容検討
二六二　六年一〇月　明治十八年書類引継目録……明治十八年七月付「書類引継目録」記載の二百三十八点の行方
二六三　六年一〇月　畔間違御願書より……明治八年の測量間違いの訂正願書・田圃の井戸の存在など
二六四　六年一一月　冨田村役員名簿より……明三十六年~昭和二十四年の村役職の内容変遷について
二六五　六年一一月　明治十六年確定書から……屋敷地を他村の者に売却しないなどの約定書について
二六六　六年一二月　文久元年宗旨御改帳……萬延二年(文久元年)の宗旨御改帳の紹介
二六七　六年一二月　冨田区祭器庫文書……冨田村八幡神社祭器庫蔵の二六八点の文書の概要説明
二六八　七年一月　明治以降の市町村合併……「冨田村外十ケ村(竹生村母胎)」「びわ村建設計画書」などの紹介
二六九　七年一月　大日本婦人会の活動……昭和十八年戦時下の様子などを大日本婦人会活動を通じて見る
二七〇　七年二月　享保十七年助継又訴訟新史料……享保十七年「助継又」伏替に関わる支配代官の書簡交流について

二七一	一七年	二月	最後(?)の助継又伏替	大正二年の「助継又」伏替・益田井堰證文について
二七二	一七年	三月	貞享三年の御料所井水出入	貞享三年御料所井出入りについて
二七三	一七年	三月	貞享三年井水出入其の後	貞享三年井出入りの結論を暗示する文書の紹介
二七四	一七年	四月	伊勢湾台風被害写真	昭和三十四年伊勢湾台風の被害について(祭器庫文書より)
二七五	一七年	四月	産神社修覆料仕法帳	寛政十年~産神社修覆料仕法帳について
二七六	一七年	五月	大正十二年の土地名寄帳	大正十二年「土地名寄帳」より村の様子を探る
二七七	一七年	五月	明治初期の改名届	明治初期の改名届(祭器庫文書より)の実態を探る
二七八	一七年	六月	明治初期の幼名・女子名	明治十四年の子供の名前紹介・学制の変遷について
二七九	一七年	六月	社地境内に学校敷地?	就学年齢の変化・学校増設敷地の確保について
二八〇	一七年	七月	明治の縣令・郡長の職権	戸長給料・戸長選挙にみる縣令・郡長の職権について
二八一	一七年	七月	慶応二年諸国大凶作	慶應二年の諸国大凶作、山形藩領(富田村)の実態について
二八二	一七年	八月	慶応三年の年貢納入	慶應三年の年貢納入を督促する山形藩について
二八三	一七年	八月	富田村鎮座村社八幡神社々誌村料	明治以降の八幡神社の財産等の記録紹介
二八四	一七年	九月	山形藩から朝日山藩へ	明治三年、山形藩水野家の朝日山藩への転封について
二八五	一七年	九月	朝日山藩仮庁舎設営富田村庄屋T兵衛の奔走	明治三年朝日山藩仮藩庁舎設立に奔走した庄屋太兵衛の活躍紹介
二八六	一七年	一〇月	田川新川人足出役の理由	万延二年、田川新川人足に富田村から出役した訳は…
二八七	一七年	一〇月	伊能忠敬の湖北測量	文化二年の伊能忠敬の湖北測量の実態紹介
二八八	一七年	一一月	青年会「健雄社」について	富田村青年会「健雄社」の活動紹介など
二八九	一七年	一一月	圭林寺本堂引出しについて	弘化三年の圭林寺庫裏再建・本堂引き出し願について
二九〇	一七年	一二月	圭林寺本堂引出し(二)	圭林寺本堂引き出しの件示談とその後について

以下は印刷はしたが配布しないまま休(廃)刊に

二九一	一七年	一二月	殺生禁制の島・竹生嶋	竹生島周辺の殺生禁制のトピックスの紹介など
二九二	一八年	一月	富田西東北村の村高変遷	富田村西村・東村・北村の村高の変化(移動)について
二九三	一八年	一月	末代賣渡申一職之事	村高の移動に関して「譲り渡し證文」「一職」について
二九四	一八年	二月	「功名が辻」山内一豊・千代	NHK大河ドラマに関連して、山内一豊の初期所領について
二九五	一八年	二月	世の流れ・村の流れ	「南都大仏(東大寺大仏)奉加銀」・「新銀」など社会情勢との関わり

この間断絶

二九六	一九年	一月	見つかった但馬の棟札	南浜村念善寺本堂解体で見つかった但馬の棟札紹介
二九七	二一年	一〇月	西嶋文書「年代記」より	大工年代記より富田村の歴史・全国の歴史を見る
二九八	二一年	一〇月	富田村にも近江商人が?	元禄三年の一札(断片)より他国商いについて考察
二九九	二二年	一月	富田村の文化水準	歌舞伎台本・田川普請への批判の戯れ歌の紹介
三〇〇	二三年	一二月	明治十六年富田村地誌	明治十六年報告の富田村地誌全文紹介

冨田今昔物語

―近江湖北の一農村
江州浅井郡冨田村の記録―

三通の冨田区有文書について

第００１号
1993.11.24

御料所、下(しも)三郷と井(水)の相論(争論)之儀、双方立相(立会い)、水半分宛執る(取る)べき候。異儀(異議)有るべからず候。恐々謹言

弘治参
七月廿五日　浅井
久政(花押)

冨田庄
地下人中

原文の読み下しとしました。
(弘治三年は一五五七年)

御料所より當郷へ遣す井(水)、先年奉行を遣し、相極(あいきわめ)候所、當年に至り、大石を居置申候。新儀謂れなく候。但し、子細あるは、明後日、廿九日罷上、申し明かすべく候。恐々謹言

六月廿七日　浅井
久政(花押)

冨田庄
地下人中

(弘治元年(一五五五)か？)

去々年以来、井水之儀、小今村存分申ニ付て詮作を遂げ候。隣郷者起請文に対し、申し上げるは近年有り来たり筋目向後は、いささかも異儀有るべからざる候。謹言

永禄九
六月四日　浅井
久政　判

馬渡上下並冨田
百姓中

(永禄九年(一五六六年))

以上の三通の文書は、大字冨田に代々伝わる文書で、現在は自治会長保管となっています。

この三通については、長浜城博物館の太田氏により、浅井氏より下された本物の文書だと確認されています。

第三番目の文書については、副本であり、本紙は馬渡村に渡っているのではないかと思われます。

これらの文書については、多くの写しも残っていますが、若干、文字が異なったりする例も見られます。

また、江戸時代には、色々な事情より、これらの文書の保管人が何回か替わったこともあって、その伝来の経緯がはっきりしていないことも事実ではありますが、三通の文書(折紙)は、浅井氏から直接冨田村に下された文書だと考えています。

しかも、小さな桐箱（箱裏に「冨田百姓中　天正八年(一五八〇)十二月日」の記載がある）に入れられ、更に錦の袋に入れられ、代々の村代表者に大切に伝承されて来たのにはわけがあります。

昔、冨田村は、御料所井という水源（現在の小倉村にあり、高月川の伏流水を取り込んでいた）を馬渡村、小観音寺村、稲葉村、弓削村、香花寺村、冨田村の六ケ村の共有としており（それ以外にも、冨田村は、北仲ノ町と上佃にも水源がありました）、定期的に六ケ村が共同で御料所井の修理や樋の伏替、分木の伏替をしていました。

ところが、日照り等の天災があると冨田村は、一番下（しも）のため、途中で水を止められてしまいます。

こういったとき、「冨田村まで水をよこせ。冨田村にも水を使う権利があるんだ。」と言う、上（かみ）の村との訴訟・裁判（出入と言う）を何回か起こしています。

例えば、寛永三年（一六二六）には稲葉村・弓削村・香花寺村と冨田村との間で、正保四年（一六四七）には香花寺村と冨田村の間で、貞享三年（一六八七）には馬渡村・小観音寺村と稲葉村・弓削村・香花寺村・冨田村との間で…などの出入りが有ったようです。

このような折々には、冨田村の言い分が正しいことを示す証拠として何度もこの文書が使われており、その結果これらの公事裁判では、必ず冨田村方が勝訴しています。

「用水」＝「収穫」＝「年貢」＝「生活」といった時代において、まさしくこの文書は生活を守り、命を守る宝物だったのです。

そのためであるのか、三通の文書はともに手垢で汚れているのが、よくわかります。それほどこの三通の文書はよく使われ、冨田村の村人の生活を守ってきたのだと想像できます。

換言すれば、この時代には、収穫は日照りなどの自然現象に大きく左右され、自然災害も多く、そのための水争いなど多かったと考えられるのではないでしょうか。

今年（平成五年）は、戦後最悪の不作だと言いますが、このような、冷害、日照りによる旱害、台風による風害が、やはり江戸時代にも多々記録に残されています。

例えば、上で説明したような出入りのあった寛永三年（一六二六）は壊滅的な大日照りで、例年の四分の一にも満たない収穫であったようです。

また、萬治三年（一六六〇）には台風の損害が記録されています。

このように天災に対して、村全体で冨田村を守ってきたのが、この三通の文書であり、村全体の力だったのであろうと想像されるのです。

歴史通信を発行するに当って

「温故知新」と言う言葉があります。意味は「前に学んだことや、古いことをもう一度よみがえらせて、新しい真理をさとること」と、あります。

いま、科学の発展のおかげで、我々は快適な日々を送っていますが、ともすれば、我が故郷『富田』の、古き伝統や、共同体という村意識などを忘れ勝ちな日々を送っているように思います。

戦後の日本は、生活を始め、環境や技術、更には人間さえも、急速に変化させました。その急速な変化の中で、長い年月をかけて培われてきたいろいろのものを、我々は忘れていったように思います。そして、若い世代は、それが当り前のものとなって生活をしています。

『富田村（富田庄）』が、現存する文献に現れて、既に六五〇年以上が過ぎて来ました。その中で、我々の先祖がどんな生活をし、どのような努力でこの『富田』を作り上げてきたのかはほとんど知られていません。知ろうともしませんでした。

しかし、戦後の急速な変化の中で、古き姿はどんどん消えていってしまいます。

そのためにも、昔の記録を残すのは、今しかないと思います。古老が語る昔の姿を、今残さなければ、戦後に生まれた我々にとっては、もう昔の姿の『富田』は残らないと思えてなりません。

時代が変われば、すべてが変わって当り前ですが、その礎・土台となった古き姿を知ることによって、より素晴らしい将来が開けるものと思います。

たまたま、富田村についての古文書に触れる機会を持ち、そこで知り得た内容を、こんな形で報告したいと思います。

『富田』についてのいろんな事を知っておられる方や、資料をお持ちの方がおられましたら、協力して頂ければ有難いです。また、仲間が増えれば嬉しいです。

☆☆☆☆☆☆☆

「御願い」

突然、こんな物を作り始めて、申し訳ありません。

ただ、富田村の昔を知るに従って、富田の皆さんにも知ってほしいし、また、何かの記録にでもなればと思い、始めました。どうかその点を、ご理解を頂きたく思います。

また、この通信では、極力、富田村の全体に関わる事柄のみを記事にしたいと思っています。個人名や個人のことは避けたいと思っていますので、ご了解をお願いします。

また、今は見られなくなってしまった昔の様子、身近な事、いまとなれば経験できない事なども知らせてほしいと思います。紹介していきたいと思います。

古い歴史も、ついこの前の歴史も同様に大切にしていきたいと思います。

次回は「冨田村の領主」について書いてみたいと思っています。

《参考》

富田区文書（大字富田区所有）
東浅井郡誌巻四古文書志
川崎家文書（滋賀大学史料館）

※1
浅井様折り紙の保管所有の経過については、第一二八・一二九（二五六頁～二五九頁）を参照して下さい。
浅井様折り紙を保管する者が村の代表・指導者（村主）という感覚で、所有権の争いを起こしています。
この争いは富田村の指導権をめぐってのすさまじい争いだったようで、訴えた側は江戸の堀氏（時の支配大名）の屋敷（または代官所）まで直訴しています。
結果的には、訴えた側（西組庄屋）の主張が認められ、その後は、冨田村の代表庄屋（冨田村には単一領主の下に庄屋が三人いました。大きな村であっても単一領主には庄屋は一人というのが一般ですが、太閤検地の「村切り」以前の惣村の流れがあって、冨田西村、東村、北村の三ケ村に別れていて、庄屋も三人で、三人の内一人が代表庄屋を勤めていたようです。この代表庄屋は江戸期を通じて西村庄屋が勤めています）が代々保管することになったようです。一方敗訴した庄屋は「所払い」となっています。
明治以降は、戸長、区長、自治会長へと引き継がれたと思われますが、その経過を示す文書は発見できていません。
現在は自治会長が引き継いでいます。

※2
御料所井については、第四号（八～九頁）などを照して下さい。

※3
寛永三年・正保四年の水争い等は、第二五～二七号（五〇～五五頁）などを参照して下さい。

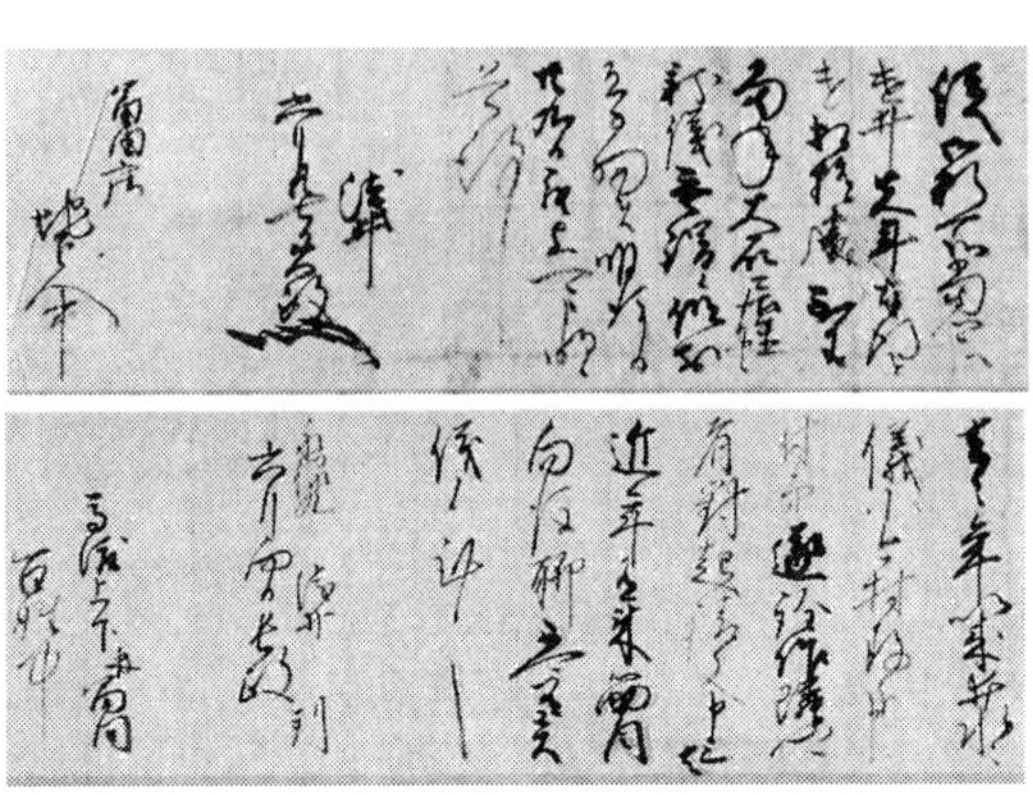

富田の殿さま

第００２号
1993.12.10

江戸時代の冨田村の領主についてはまだまだ分からない部分もありますが、おおよそは次のようです。
また、西郷氏や井上氏のように世襲している場合は、その世襲した年まで調べるには完全ではない事をお断りしておきます。　間違いがあれば、また訂正します。

一六〇三年(慶長八年)
★天領
(江戸幕府の直轄領)
石高七六九石四斗

一六三二年(寛永九年)
一六三三年(寛永一〇年)
★堀市正利重
石高七六九石四斗

一六三四年(寛永十一年)
天領代官が堀氏の代官を兼任した時代

一六三八年(寛永十五年)
一六三九年(寛永十六年)
★堀市正利長(越中守)
石高七六九石四斗
堀市正通周(道)
(一六五九年　世襲　萬治二年)

一六七九年(延寶七年)
堀氏は嗣子なく、減封の上、弟の利雄へ継がれる。

一六八〇年(延寶八年)
★天領
(江戸幕府の直轄領)
石高七六九石四斗

一六八三年(天和三年)
一六八四年(貞享元年)
★土屋相模守政直(駿河国田中)
大坂城代・京都所司代
石高七六九石四斗

一六八六年(貞享三年)　常陸国
土屋氏は老中に昇格(土浦へ)

一六八七年(貞享四年)
★天領
(江戸幕府の直轄領)
石高七六九石四斗

一六九七年(元禄一〇年)
一六九八年(元禄十一年)
★天領
石高六六二石一斗九升一合
★西郷市正壽員(旗本)
石高一〇七石二斗九合

西郷氏は
忠英・員總・員相(早世)
員豊・(あと未調査)
と世襲。明治まで続く。

一七〇四年(寶永元年)
一七〇五年(寶永二年)
★大久保市十郎(常春)
(大久保佐渡守)
石高五〇〇石
★天領
石高一六二石一斗九升一合
★西郷市正壽員(旗本)
石高一〇七石二斗九合

一七二五年(享保十年)
大久保氏は下野国烏山藩へ

一七二六年(享保十一年)
★天領
石高六六二石一斗九升一合
★西郷市正壽員(旗本)
石高一〇七石二斗九合

一七二九年(享保十四年)
★松平伊豆守信祝(浜松藩)
大坂城代・京都所司代
石高六六二石一斗九升一合
松平伊豆守信復　世襲
(一七四二年　寛保二年)
★西郷市正壽員(旗本)
石高一〇七石二斗九合

西郷弾正忠英　世襲
(一七四一年　寛保元年)

一七四九年(寛延二年)
松平氏は三河国吉田藩へ移封

一七五〇年(寛延三年)
★松平豊後守資訓(浜松藩)
京都所司代　(元は本庄氏)
石高六六二石一斗九升一合
松平豊後守資昌　世襲
(一七五二年　寶暦二年)
★西郷弾正忠英(旗本)
石高一〇七石二斗九合

一七五八年(寶暦八年)
松平氏は丹後国宮津藩へ移封

一七五九年(寶暦九年)
★井上河内守正経(浜松藩)
大坂城代・京都所司代
石高六六二石一斗九升一合
井上氏は
河内守正定(一七六六年)
河内守正甫(世襲年不明)
と世襲
★西郷弾正忠英(旗本)
石高一〇七石二斗九合
西郷齊宮員總　世襲
(一七六五年　明和二年)
西郷齊宮(越前守)員豊　世襲
(一七九一年　寛政三年)

一八一六年(文化十三年)
井上氏は陸奥国棚倉へ移封

一八一七年（文化十四年）
★水野越前守忠邦（浜松藩）
大坂城代・京都所司代
老中　　（一八二七年）
石高六六二石一斗九升一合

★西郷齊宮員豊（旗本）
石高一〇七石二斗九合

一八四四年（弘化元年）
水野忠邦の子忠精は出羽国、
山形藩へ転封

一八四五年（弘化二年）
★水野和泉守忠精（山形藩）
石高六六二石一斗九升一合

水野氏は
その子忠弘に世襲されて、
明治維新を迎える。
そして、
山形藩↓↓朝日山藩（縣）
↓↓長濱縣↓↓犬上縣
↓↓滋賀縣（県）
と変遷を辿ることになる。

★西郷氏（旗本）
石高一〇七石二斗九合
世襲関係未調査

《明治維新》

一八六八年（明治元年）

以上が、私が知り得た、江戸時代の冨田村の領主の変遷です。

西郷氏に関する史料が残っていないため（知らないだけかもしれませんが）西郷氏の世襲年代がはっきりしていません。今後の課題として、調べていきたいと思っています。

また、代官についても調べていますが、記録が少なく、江戸期の二六〇年間余を全て調べることは難しいようです。

参考になる史料をお持ちでしたら、是非、お見せ下さい。お願いします。

次回は「御料所井」か「冨田村の地名のいわれ」について調べてみたいと思っています。

◎　◎　◎　◎　◎　◎　◎　◎

一つの村に二人以上の領主がいることを「入組」とか「相給」とか言います。

冨田村は、元禄十一年より、この相給が続いた事になります。

隣村の十九村は、小さな村ですが、四人の領主を持つ相給の村であったようです。

《参考》
川崎家文書（滋賀大学史料館）
「讀史備要」　東大史料編纂所
「国史大辞典」　吉川弘文館
「東浅井郡志」巻三

※1
江戸時代を通じて支配領主が判明したのは、川崎文書の中に
・『年代記序』《家一》
・『年代記』《家二》
・『御料所樋分木伏替』《水利五》
などの編年体の史料があり、それらの史料から支配の領主・代官・年貢高（免率）などの大筋を判明させることが出来たのです。

※2
一六三三年（寛永一〇年）より堀氏の支配に入りますが、『年代記』等には「寛永十年堀市正様家老吉村兵右衛門」とありますが、寛永十一年～十三年には「御蔵所いかひ次郎兵衛」など天領代官名が記載されており、寛永十四・十五年は未記入になっています。そして、寛永十六年に「堀市正様家老中山吉右衛門」と記載されるようになります。

この記録から、寛永十一年～寛永十五年の五年間は天領代官が堀氏領の代官を兼任した時代と考えました。

《租税一一七～一一九》に寛永十一・十三・十四年の免定等が残されていますが、猪飼二郎兵衛・服部弥三右衛門といった天領代官名の免定等になっています。

併し、《租税一一九》（寛永十五年）には「子ノ市正殿御物成之内引かへ銀請取覚」と表題されており、右の天領代官の代官兼任・代行を意味しているものと判断しています。

天領代官が私領代官を兼任・代行するようなことがあったのか、素人の私には分かりませんが、自分なりの判断をしました。

(寛永)

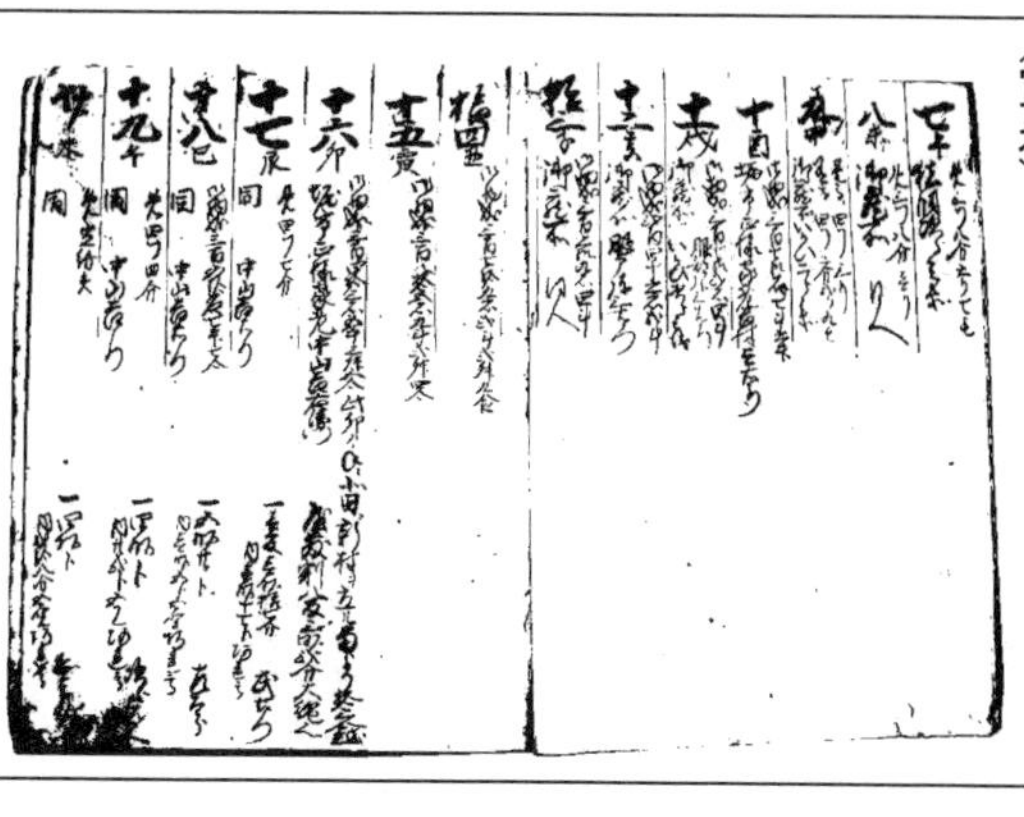

『御料所樋分木伏替』《水利五》

尚、寛永十六年卯（一六三九）の欄には、北冨田村分村の記事が見え、

「此卯ノ年ニ北田ニ新村ヲ立ル」

の記載を見いだせます。

南より移住した十三人の名前・屋敷割等が記録されており、北冨田村の成立年代を示す根拠の史料とされています。

『冨田今昔物語』第一一号参照

“とんだ”ってどうして言うようになったの？

第００３号
1993.12.24

冨田村は昔、富田庄の名で仁和寺文書（永和二年（一三七六年）の文書で仁和寺南院領として）に現れるのが、私の知っている最古の記録です。
【東浅井郡志巻四古文書志】

この中でも、富田（冨田）となっていることは、その当時より『とんだ』、または、『とみた』の呼称があったと考えられます。

では、何故、この地を『とんだ』と名付けたのかを調べてみます。

いま、一枚の古地図が残っています。

作成年代は判りませんが、そう古いものではないと思われます。恐らく、明治初期の頃、冨田村の誰かが書き残した物だと考えられます。（左の図）

その中に、冨田の名前のいわれが書かれています。こじつけかもしれませんが、根拠となるものがこれしか現在では見つかっていませんので、今はこれで考察してみます。

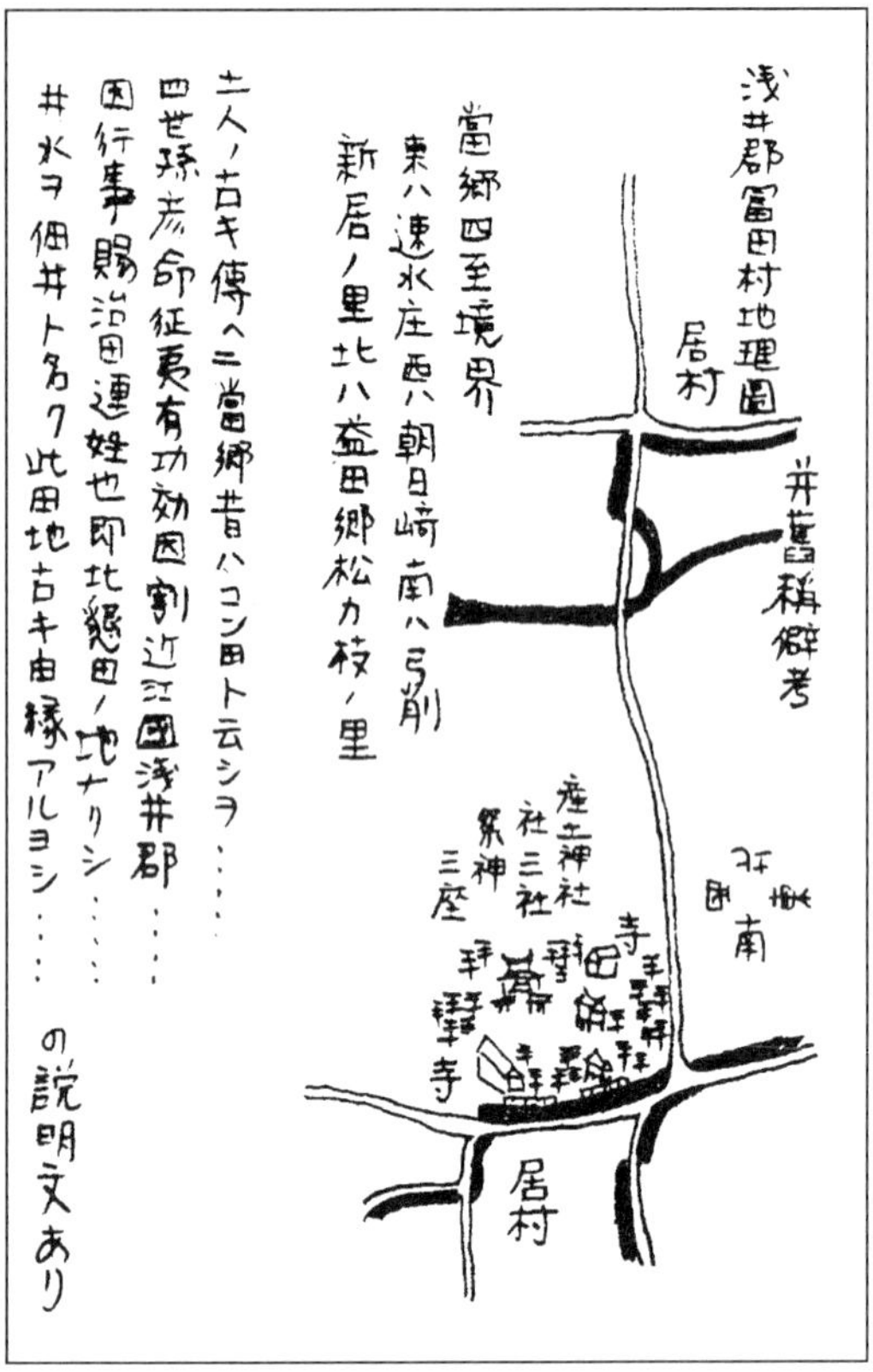

古地図《川崎家文書（絵図三）》浅井郡富田村地理図并舊稱僻考）

このいわれを書いてみると、次のように書いてあります。これによると、

昔は『こんだ』と言ったが、後世に『とんだ』と言うようになった。
開化天皇の皇子の四世孫の彦命（ある書には彦□命）が、征夷に功があったため、この浅井郡の地を賜り大海眞村らがこの地を開墾（懇田を切り開き）し、この土地に居住を始めた。
その大海眞村の六世孫の熊田宮平らがその懇田の功績によって、治田連（はるたのむらじ）の姓を賜った。
すなわち、北懇田（北富田）である。
この音を用いて『こんだ』と言ったが、転化して、今の『とんだ』と言うようになった。……云々。

つまり

『懇田』↓↓↓↓『治田（はるた）連』

『懇田』←←← 音読みして ←←← 『懇田（こんだ）』 ←←← 転化して ←←← 『とんだ（富田）』

『治田（はるた）連』←←← 『治田（はるた）』『懇田（はるた）』『晴田（はるた）』

と言うことのようです。書かれている人物も信じ難いが、読み方が転化していった話も、やっぱり信じ難い。

特に、古老は「富田」を「とみた」と呼ぶように、古い文書に「とみた」とも「とんだ」ともあり、どうも『こんだ』↓↓『とんだ』という話は、私には納得し難いと思っています。皆さんはどうお考えになりますか。

しかし、最近出版された「角川日本地名大辞典滋賀県」では、「東浅井郡志」よりの説として上の説明をしています。

実際の所、『とんだ』と言う地名のいわれは、新しい史料や言伝えが見つからない限り、はっきりしないと言うことだと思います。

私は、富める田地の有る所、つまり『富田（とみた）』から来ているように思っています。

何故なら、冨田村は、江戸時代を通じて、何度かの検地があったにもかかわらず、石高が変化していない（全国的には約二倍弱にもなっているのに）。

と言うことは、冨田村は、江戸時代までに開発されてしまっているということです。富沃な土地から開拓していくのが普通だと考えれば、この地は富める田地であったと考えてもおかしくはないと思います。

また、後半の部分で佃井（御料所と北仲町井と並んで冨田村の水源）のことや八幡神社のことが書かれていますがこれも納得し難い。

しかし、畑田や下佃は、最近まで畑が殆どの土地でした。それで、田圃のまん中に固まって畑が多いのが気になると言った人がいます。もしかすれば、治田連を名乗る人々が住んでいた場所であったのかもしれません。そんなことを思わせる一枚の地図です。

土人ノ古キ傳《つた》ヘニ、當郷、昔ハコン田ト云シヲ、後世冨田ト云也ト云ヘリ。鞍《あんする》ニ、コン田ハ懇田《こんた》ナルベシ。古書曰《いわく》開化天皇々子彦坐命《ひこいますのみこと》之後四世孫彦命《ひこのみこと》、征夷有功効、因《よりて》、割近江國浅井郡地賜之。為懇田地、大海眞村《おおあまのまきむら》等懇開彼地、以為居地。大海六世之孫後、熊田宮平《くまたのみやひら》等、因行事、賜治田連《はるたのむらし》姓也。即《すなわち》、北懇田《きたこんた》ノ地ナリシニ、音ヲ用ヒテ、コン田ト申セシヲ、今ノ名ニ轉化《てんか》セル歟《か》。コノ里ノ東北ナル田地ヲ佃ト字シ、又此田ヲ潤セル井水ヲ佃井《つくたゆ》ト名《なすく》ク。此田地古キ由縁アルヨシ、里人云傳ヘテ證《あかし》トスベキハナシ、遂古如何ナルユヘアリシカ、其事跡ハシラズト云ヘドモ、字義ニヨリテ考ルニ、佃ハ田ヲ治《おさむ》ル也トアリ。唯、彼ハル田ノ地名ニ拠《きょ》スベキカ。又、神社ニモ彦命ヲ土産神《うふすなかみ》ト祭リ懇田ノ神ト称《とな》ヘシヲ、後、誉田《ほむた》ノ文字ニ混ジテ、遂ニ誉田八幡宮《ほむたはちまんくう》ト稱《しょう》セシカ、「□計藻塩草」ニ晴田《はるた》トアルハ懇田《はるた》ノ事也矣《や》。

※ 古書とは「姓氏録」第三巻左京皇別下を指すものと思われます。読み仮名は著者記入(間違っているかもしれませんが・・・)

更に、図の中にある「寺」は源慶寺と圭林寺であることは明白ですが、土産神三社とあるのは、観音堂（現八幡神社）と今は無き八幡社(富田大神社)と二宮諸観音(二宮)だと思います。

また、この説明の中に引用されている古書とは「姓氏録」と考えられ、今でも、恐らく専門家しか見ない書物だと思います。その書物から『とんだ』を説明していることは大変なことで、昔、富田には学者か識者がいたということになる…？のでしょうか。

ただ、この地図の成立年代と使用用途が不明なため、単なる何かのコピーなのかも知れませんけど……。

《参考》
川崎家文書（滋賀大学史料館）
東浅井郡志
角川日本地名大辞典「滋賀県」

※1
江戸時代の冨田村の検地は、慶長七年の一回だけしか実施されていません。慶長検地以後、全国的に実施された延享検地はなされていません。実施されなかったのは、冨田村が私領であったからであり、慶長の時点で開発が完了していたからではありません。

現在では、六頁最下段の「富める田地」説は取り難いと思っています。

江戸時代の村名で仮名書きされている場合にも「とんだ」であり、「とみた」とは記載されていないことからも、「富める田地」説は肯定できません。

一方、冨田八幡神社の祭神の一柱が誉田別命（ほむだわけのみこと（応神天皇））ですから、墾田（こんだ）→誉田（ほむだ）→冨田（とんだ）と変化したと考える方が納得し易い。上の由緒書きもそのことを示唆しています。

養老年間頃に村名に慶字を用いるよう通達があったと聞いた事があります。その折りに、「とんだ」に近い音で呼ばれていた村名に、「冨田」の文字を宛てたのかとも考えられますが、その当時村(保)らしきものがあったのか、人が住んでいたのかも疑問だと思っています。

※2
『冨田今昔物語』二五〇・二五一号で冨田村の名称由来を再度取り上げていますが、明治期の資料では「誉田八幡宮」との関連が取り上げられています。

また、二五三号で取り上げる「近江國東浅井郡竹生村神社便覧」では、冨田村の古名が「藤江」であったとの記載があることを紹介しています。

明治の初期には「俺が村」といった感覚で、村の歴史や由緒を誇る偽文書が多数作られています。

右の「誉田八幡宮」や「藤江」もその類であった可能性が大きいとも思っています。

※3
村名については、○○寺の荘園であったことから、○○寺という村名（大字名）となった所も多かったようです。近くにも○○寺という村名を多く見つけることが出来ます。

また、荘園の名を引き継いでいる村名も多数あります。「冨田庄」もその例なのですが、その荘園が何故そう呼ばれたのかが不明なのです。

また、条里制に関わって名付けられた村名も多く、十九村は十九坪、五の坪村は五坪など小字名が村名になっています。長浜の七条村・八条村・十里村なども条里制の名残です。

ちなみに冨田村は浅井郡の六条十三里・七条十三里に位置しています。

また、村が置かれた状況や、土地の様子、特徴から名付けられた村名もあるようです。

御料所《ごろしゅゆ》井について!!

第００４号
1994.01.10

冨田村には「御料所井」という水源を、馬渡村・小観音寺村・稲葉村・香花寺村・弓削村との六ケ村共有で持っていました。この御料所井は小倉村地先にあり(地図参照)、その水を、馬渡村・小観音寺村で半分、残りを冨田村で半分、稲葉村・香花寺村・弓削村で半分引いていました。

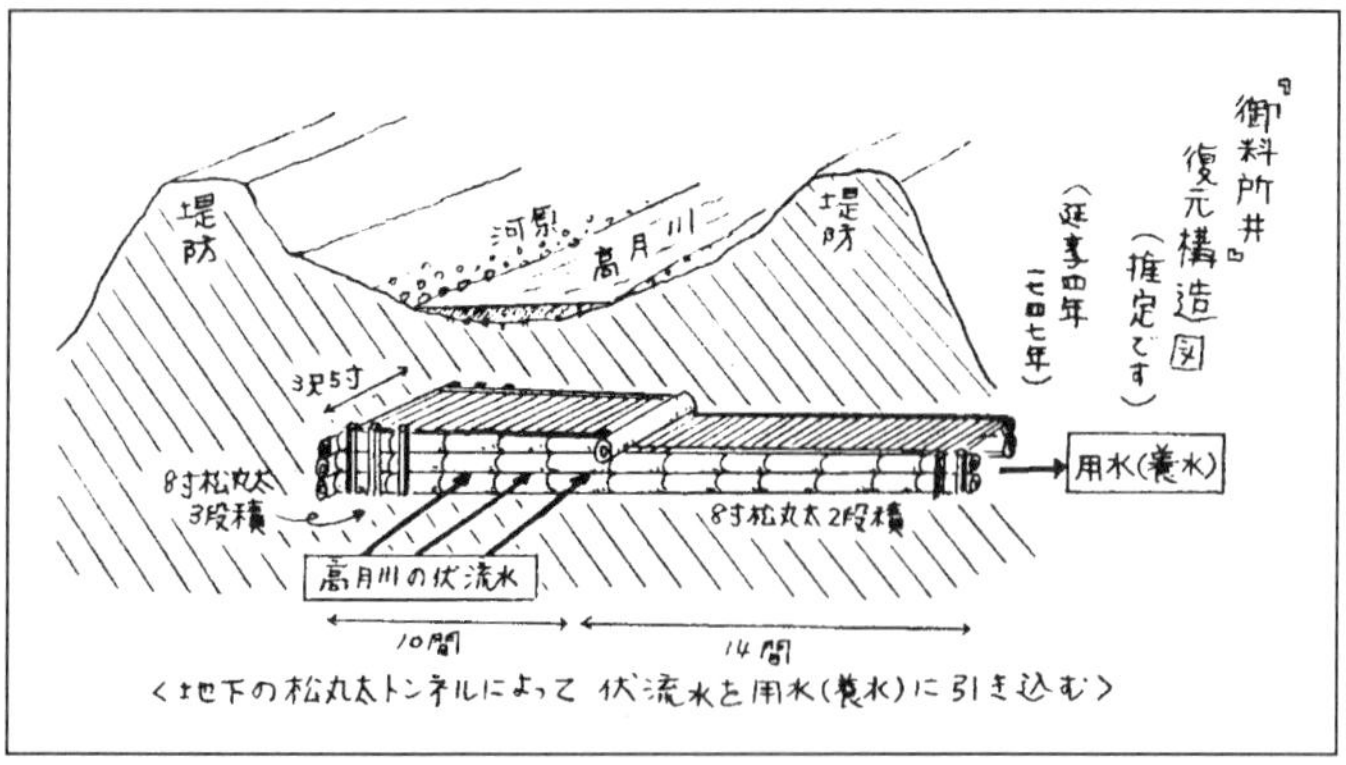

「御料所井」推定復元構造図(延享四)

冨田村へは、昔の「中川」へ流れ、二ノ坪井で、その下まで流す水路(川)と在所の中へ流す水路に分かれていたようです。

「御料所井」は、現在、小倉から賀村へ抜ける賀村橋のたもとに在って、いま見に行っても何もなく、ただ、竹薮だけが残っています。

小倉の古老に聞くと、圃場整備までは地下水がまだ湧いており、一間幅ぐらいの御料所川（「ごろしゅ」と発音されていた）へ流れており、そこには魚も泳いでおり、幼い頃は水遊びをしたと話しておられました。また、高月川は(現在は高時川)もっと水面も高くて、舟が通ったなどとも話されていました。

では、「御料所井」とはどんなものだったのでしょうか。

いま、「高月川筋御料所井表底樋御普請仕用帳(延享四年(一七四七))」を調べてみると、

《水利三》

底樋の長さは二十四間とあり、

(十間は三本重・十四間は二本重)

その入用資材は

松丸太(末口八寸長二間)‥　五八本
栗杭木(長さ一間)‥‥‥五〇二本
栗木(末口三寸長三尺五寸)　二五本
栗棚木(太さ二寸五分)‥‥五七六本
棚木押栗(末口三寸長二間)　二四本
大石(西尾上村山石)‥‥‥五〇個
上敷砂留莚‥‥‥‥‥‥二四枚
栗七寸角(長さ二間)‥‥‥九本
栗杭木(長さ二間半)‥‥‥二八本
しょうけ‥‥‥‥‥‥‥六〇個
水替桶　‥‥‥‥‥‥‥六個
大工手間‥‥‥‥‥‥‥二五人
人足手間‥‥‥‥‥‥二九〇〇人

以上の資材を参考にして復元を試んだのが、上の推定復元構造図です。ただし、栗七寸角(長さ二間)九本の使途は想像出来ませんでした。

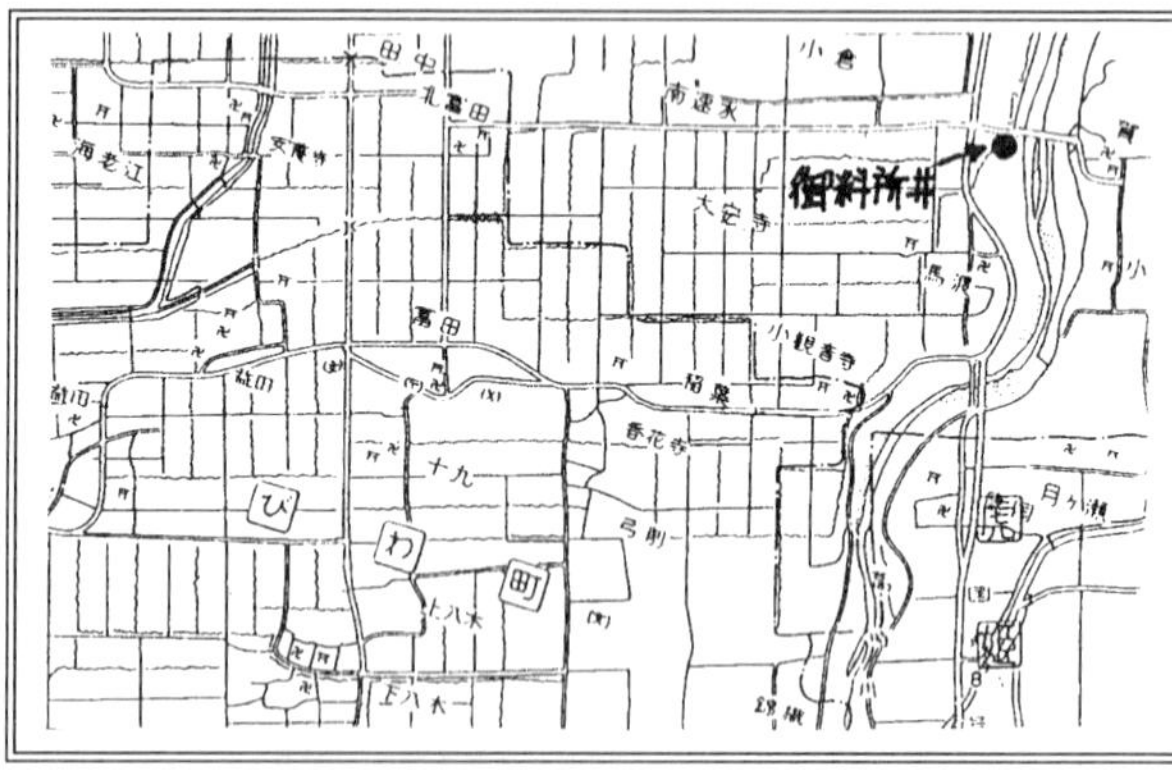

(御料所川の流れ)

これを見ると、大変な工事だったことが分かります。

また、人足については

総人足　　　　二九〇〇人
冨田村分　　　七一〇人

(七一人が一〇日間)

とあり、また、代金については

総合計　　銀一貫六八二匁九分
冨田村分　銀四二〇匁七分二厘五毛

とあります。これを現在のお金に換算すると、はっきりは分かりませんが、白米一石が延享四年で、銀七七匁（京都での相場）とありますから、現在、白米一石八万円として、冨田村の負担金は、四四万円程度になります。しかし、当時としては、米はもっともっと高額な価値をもっていました。

例えば、松丸太(末口八寸長二間)一本が一〇匁五分(二万円強)・大工手間が三匁五分(四千円程度)となりますが、現在ではそう安くはないと思います。

それほどまでにして、村全体で一致して『水』を守ってきたのです。

また、それだからこそ、水争いも大変だったのです。第一号で書いたように、何度も水争い（出入）があったようですし、特に寛永三年(一六二六)の出入では、冨田村では死者も出していることが史料から分かります。

それほどまでにして、守ってきた御料所井も、近代化という圃場整理等によって、跡形もなくなってしまった事は、非常に残念です。せめて、先祖が守ってきた「御料所井」の話くらいは後世に残しておきたいと思います。

沢蟹のいた中川

私の子供の頃は、「御料所井」より流れて来る「中川」という川がありました。丁度、今の郵便局から一丁北に行った所を、東西に流れていました。

川の南側が大海道（おおがいと）・菅居元・三反田・玄取で、川の北側が二ノ坪・八ノ坪・取塚・村馳・屋井田という小字でした。

小さい頃、この「中川」でもよく遊びました。魚取りや二ノ坪井での水泳など、いろんな思い出があります。

その中で、魚取りをしていて、何度も沢蟹を取ったことをよく覚えています。

たしか、沢蟹は水のきれいな所にしか生息せず、水の汚れている場所にはいないと聞いています。いまでは、丹生川の上流までいかないと、沢蟹は見られません。それほどまでに汚染が進んで来ている事になるのかもしれません。

「中川」が「御料所井」から流れて来る地下水の流れだと分かって、沢蟹のいたことや、水のきれいだったことや、二ノ坪井の所で泳いでもよかったほど水がきれいだったことが分かったように思います。

《参考》
「近世地方史研究入門」岩波全書
川崎家文書（滋賀大学史料館）

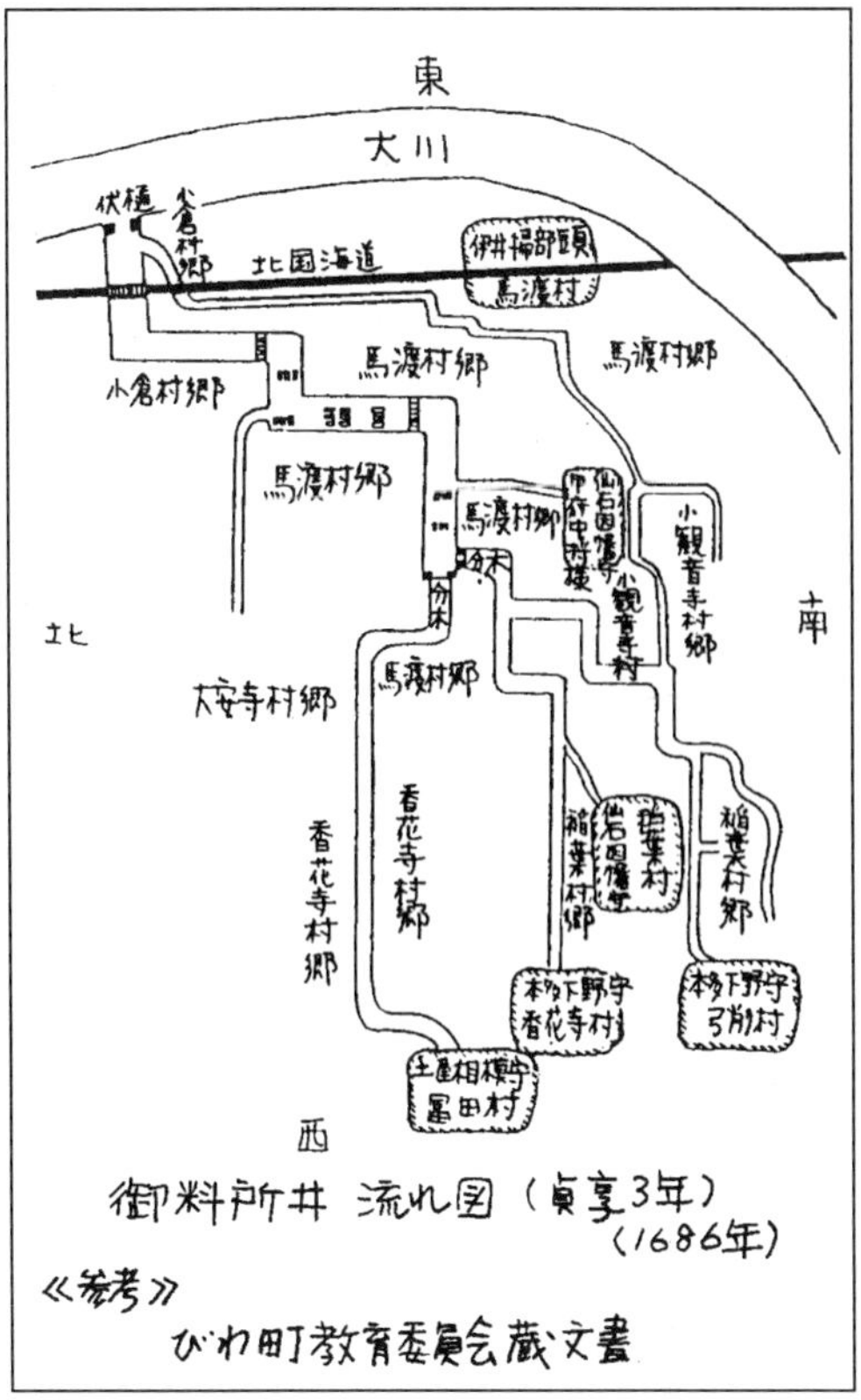

御料所井 流れ図（貞享3年）（1686年）
《参考》びわ町教育委員会蔵文書

※1 御料所井は弘治三年（一五五七）の浅井様折紙にも記載されている様に、十六世紀中頃には既に存在していました。

それ以前のことは何も分かる史料は残されておらず、伏樋（埋樋）の設置された時期も分かっていません。

しかし、この御料所井は昭和四十年代の圃場整備工事までの四五〇年以上の間、冨田村に用水を送り続けたことになります。

いわば、御料所井は冨田村の百姓とともに生きてきたと言え、旱魃などの自然災害のあったときには、水争いの原因にもなり、村人の関心も大きな所でもあったのです。

また、圃場整備が完了する昭和四〇年末までは「井上り」と称する御料所井川の川掃除も連綿と村人によって続けられていました。

また、伏樋は圃場整備工事が終わっても存続しましたが、残念ながら、伏樋は昭和五〇年頃の賀村橋架橋工事の折に掘り起こされてしまいました。これは設計の段階では避けられる予定だったようですが、思惑がはずれて松の丸太が掘り出されてしまったということのようです。

その補償金についても六ケ村で会合が持たれ、原則的には過去の分水配分の比で分けたと聞いています。

現在は御料所井の遺構を確認できるものは残されていませんが、賀村橋西南の土手付近から西に向かって流れる小川（御料所井井川）が残されています。丁度その川が流れ始める当たりに、御料所井から取水した水を取り込むマスがあったと考えられます。

※2 上のびわ町教育委員会が所蔵する御料所井の絵図は、御料所井に関わっての公事（裁判）の際に作成されたものと思われます。

丁度、貞享三年は、冨田・香花寺・稲葉・弓削村と馬渡・小観音寺村との間で御料所井に関わる出入があった年に当たります。

上の絵図は、その折に作成され、奉行所へ提出された絵図の写しか副本であったと思われます。

このように、この種の絵図は公事のある度に作成された筈なのですが、現在残されているものは殆どありません。

冨田村にもまったく残されておらず、上の絵図は御料所井の流れが判明する貴重な資料だと思います。

最近になって、川崎文書の未整理分の中に御料所井の地図が残っていることが判明しました。

《川崎文書未整理四》

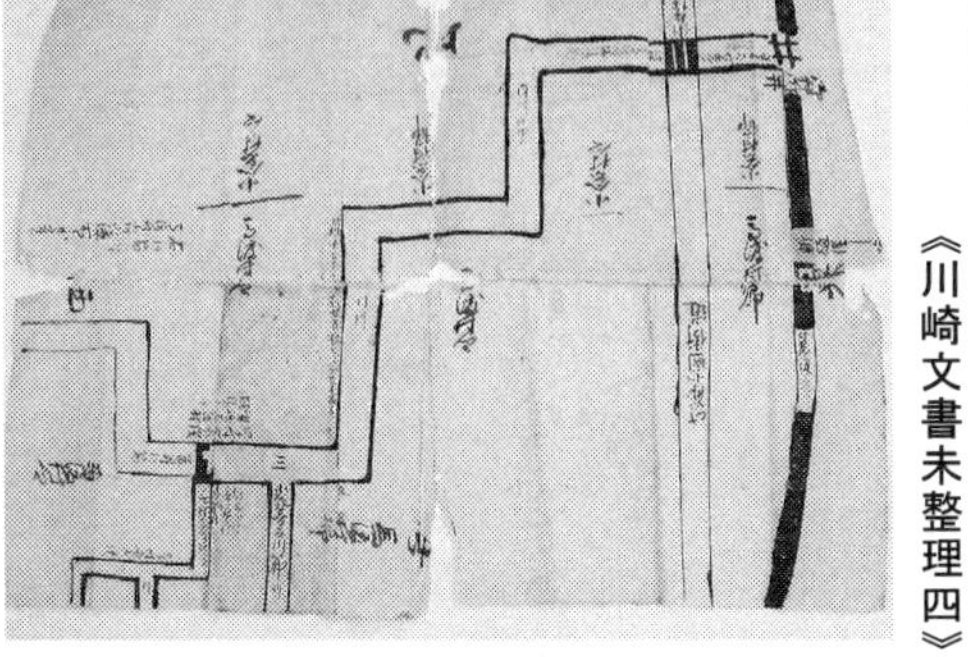

富田村でも雨乞いをしていた

第００５号
1994.01.24

平成五年は、冷害による戦後最大の不作でした(この地方は例年並か?)。

では、昔、そのような不作の年には一体どのように対処していたのでしょうか。例えば日照りの時は、どうしていたんでしょうか。

下の文書は、享保十二年(一七二七)の訴え状《宗教二〇》ですが、

日照りが続いて、水がなく、何度も雨乞いをしたけど、少しばかりしか降らず、田圃の十二・三町はやけ病にかかっているし、早稲も未だに穂が出てこない。損害がどうなるかわからないけれども、判明次第に注進をするからそのつもりでいてほしい。

と言う内容です。またその雨乞いの内容としては、

春から日照りが続いているので、冨田村の氏神で、三度の雨乞いをしたけれども、雨は降らなかった。それで、六月に、竹生嶋の月定院に頼んで、阿伽井の水を貰って、雨乞い(十四日)をしたら、僅かだが雨が降った(十五日)しかし、まだまだ日照りが続くので、同様に阿伽井の水を貰って、七月上旬に再度雨乞い(一日)をしたら、また、少しの雨が降った(三日)。更にもう一度雨乞い(七日)をしたら、また、少し雨が降った(九日)。

このように、阿伽井の水が霊験あらたかだったので、御礼として、冨田村より御神酒二升（金子二百足）をそのたびに、月定院へ届けた。


と言う内容です。


これを見る限り、日照りが続くと、雨乞いがよく行われていたように思われます。現代人からすれば非科学的だと思いますが、当時としては、雨乞いにでも頼るしか方法がなかったのです。これが高じれば、人身御供だってあったかもしれません。

氏神が駄目なら、竹生嶋に頼るという、竹生嶋との結び付きも興味を覚えます。


なお、この享保十二年(一七二七)の秋の収穫の事は分かりませんが、「免四ツ」という記録がありますから、恐らく、幸いにも例年並の収穫があったように思われます。

※注
「免四ツ」ということは、決められた予想収穫量（石高といい、冨田村は、七六九石四斗でした）に対して、四〇％の年貢がかかったということです。

不作の年を除いて、この「免」は殆ど、四〇％前後となっています。

(冨田村の場合、年によって、この「免(率)」は全て異なっています。それは「免(率)」を決めるために、毎年、毛見(けみ・検見)が実施されたからであり、これに対して、毎年、定率で年貢を納める村もありました（定免法）。これは領主の違いや、時代によって、年貢率の決定方法も変わったのです。

恐ながら口上書を以、申上奉り候御事

一 浅井郡富田村之儀は、先だって御注進申し上げ候通り、段々、打ち続き日照り仕(つかまつり)候故、当地氏神え(へ)両三度迄、雨乞仕候えども、かって、潤(うるおい)も御座無く候に付、六月中旬、竹生嶋天女(弁財天のこと)え(へ)、月定院頼み、雨乞仕、阿伽井水を申し受け、此の水を以、所(富田村)の氏神へも雨乞かけ申し候えば、少しばかりは下され候えども、何年にも覚(おぼ)え御座無き大旱魃にて御座候故、田地え(へ)水少しも溜り申さず候。春以後、又々、大旱り候て、田地もっての外、やけ申し候て、亦、七月上旬に右の通り、竹生嶋え(へ)頼み申し候えば、此節も少しばかり潤仕候えども、段々あい続き旱魃仕、字名御料所井水ほそり、御田地十二・三町余程、やけ病あい見え、難儀至極に存じ奉り候。よって、早稲方もいまだ穂出申さず候故、おぼつかなく存じ奉り候えば、草田の内にて、未だ勝劣あい知れ申さず候間(あいだ)、追って害否を見届け、御注進申し上げ候。以上

近江国浅井郡富田村庄屋
□□□□(三名連記)

享保十二年(一七二七)
未七月　年寄 □□□□(四名連記)

笠松
御郡代所

右ハ未ノ七月八日ニ笠松御郡代所(へ)指し上げ申し候訟書。
竹生嶋阿伽井ノ水、月定院さまへ以上三度貰参り申し候。
六月十四日、則十五日雨降り、七月朔日、則三日ニ雨降り、
同七日参り候えば、則九日ニ雨降り
御ミキ酒二升御礼致し候。
月定院様へ

御ミキ酒二升富田村中より
金子二百足
是レハ雨乞一度ヅヽノ礼

(※ 庄屋・年寄の名前は伏字としました)

大旱魃のときは

江戸時代の全期間の「免」が調べられていないのですが、現在、私の知っている大旱魃は寛永三年(一六二六年)であり、その時の免定(年貢をどれだけ納めよという通知書)が残っています(下段)。

これによると、石高七六九石九斗の内、五八三石六斗三升が日損引(旱魃の損失)として差し引かれ、残った一八五石七斗七升に対して、免がかけられており、その年貢高は、三四石三斗四升と、村石高の四・五%程度と極めて僅少となっています。

この日照りの影響は数年続き、寛永四年九二石余、同五年一四六石、同六年一六七石(平年は三〇〇～四〇〇石)となっています(年貢高)。

このように天災等が認められる年は、江戸初期に限っても、

寛永三年	日損	五四三石六斗余引
同　七年	川損	二四石五斗余引
同　八年	日損	二一石二斗余引
同　九年	日損	三六石二斗余引
萬治三年	虫台風	五五石四斗余引
寛文九年	不作	二一八石四斗余引
同　十年	日損籾不足	五九石二斗余引
延寶八年	水損	七一石九斗余引
天和元年	風損	五四石三斗余引
同　三年	水損	二二石六斗引

などがあげられます。

また、明和七年(一七七〇)には、井上河内守領(六六二石余)では、年貢が二二石七斗余とあり、同八年の免定には、一ツ(割)三分八厘八毛とありますから、この頃も大不作があったと考えられます。

このように、天災害等があれば、当然ながら収穫は減り、その対策として年貢を減じて、百姓を保護することも行われたようです(勿論、年貢を取れないからだが)。

百姓を「生かさぬよう、殺さぬよう」ということでもあったようです。

寅年御物成(年貢)之事　冨田村
一高七百六十九石四斗
　内　五百八拾三石六斗三升　當日損引
　残百八拾五石七斗七升　田畠屋敷有高
　　此取三拾四石三斗四升
右、来十日以前、皆済有るべく候。若(もし)、當取不足之由
仰せられ候ハゝ、重て申し付くるべく候。以上
　寛永三年　十一月廿一日　猪飼二郎兵衛(印)
　　惣百姓中
《租税一一〇》

《参考》
川崎家文書(滋賀大学史料館)

※1
右の文書にある「阿伽井水」とは、神聖な水、神仏に供える水というような意味のようです。
竹生島宝厳寺の峯住職にお聞きしたら、宝厳寺では裏山から出る水をお供えしているとのことでした。
恐らくは、竹生島辯才天(水の神)にお供えする水を頂いて、その霊験を期待して、雨乞いをしたのだと思われます。

※2
雨乞いの記録は余り残されていません。皆無ではないのですが、日常茶飯事のことであったのか、文書として残ることは少なかったようです。
ただ、西嶋文書の「年代記」の寛政十一年(一七九九)の条に

八月九日雨ごい礼 たい子《こ》斗《ばかり》
おどりハなし此時たい子始り申候

とあり、雨乞いが行われて、雨が降った御礼に太鼓が奉納されたことが伺えます。
この時は、御礼太鼓ばかりで、踊りはなかった。太鼓はこの時から始まったとありますから、以前は奉納踊りがあったことも推測出来ます。
湖北の各地に豊年太鼓踊り、奉納太鼓等々が残されていますが、これらは雨乞いの時であったり、その霊験を感謝する御礼のために奉納した太鼓踊り等が後世まで伝えられたものだと言われています。
冨田村にはその伝統は残りませんでしたが、江戸期にそのような太鼓踊りが行われていた可能性が高いと思われます。

※3
宝永元年(一七〇四)の文書では、　《凶災七》

乍恐口上書ヲ以申上候
一江州浅井郡冨田村之儀、當植之時分水きれ申付、植付も難成迷惑仕候処ニ、植付時分過候へハ、如何存候而村中申合水ニ付植出可申相談仕、早稲田地之分ハ水無御座候ニ付、先わセ方指置候而、おくて方より水付候而植出申候然處ニ、おくて方六日ほと植申時分雨ふり、わセ田地も不残植付申(候)。然共時分過植付申候へハ、わセ方五六町出来悪敷、其上打續大日てりニ而難儀仕候。雨こいなとも仕候へハ、土用中時分ニあめふり申候。然共田地ひわれ白成申候得共、百性迷惑ニ奉存候。尤御検見之時分委細ニ懸御目可申候ても、あまり百性迷惑ニ奉存候ニ付、為御注進以書付ヲ申上候。以上
　浅井郡冨田村
寶永元年申七月　庄屋
　T兵衛(印)
　同　J左衛門(印)
　年寄K右衛門(印)
雨宮庄九郎様

この文書のように日照り・旱損に関する文書は多数残されていますが、雨乞いに関する記事はそう多くはありません。
旱損のときは当たり前の行事だったので、記録する程ではなかったのかもしれません。もし、庄屋の日記等が残されていたらもう少し詳しいことも、件数ももっと知ることができたのかもしれませんが、残念ながらそんな文書は残っていません。

冨田は 石高七百六十九石四斗 の村でした

第００６号
1994.02.10

左の図は、冨田村の古地図を復元したものです。ただし、地割の状態は図のようですが、面積は必ずしも一致していません。三畝と書いてある土地と五畝と書いてある土地が、同じ大きさになっていたり、逆に、三畝の土地の方が大きくなってしまっている場合もあります。ただ、昔の状態が参考になればと思います。

例えば、三反田は東西に田圃が長い(水口は東)のに、八ノ坪は南北に長かった(水口は南)等とが思い出せればいいかと思います。

また、斜線を施してある部分は、西郷筑前守員總の知行する田畑屋敷であり、他の部分は、除地（神社・寺・郷蔵・廟所・馬場などの公共地）を除いて、水野越前守忠邦の領分です。

冨田村は水野氏と西郷氏の入組であり（水野氏は文化十四年(一八一七)より）、入組の場合、例えば二ノ坪は水野氏、八ノ坪は西郷氏などと決まっているのかと思っていましたが、図のようにバラバラの状態だったことが分ります。

また、別に天保三年の「検地帳」と題する文書《土地一二》が残っており、それと古地図を照合すると、殆ど一致します。従って、この古地図は、この「検地帳」を基に作成されたものと考えられます。

この「検地帳」によると

水野越前守忠邦の領分は(八百十一筆)
上田　十六町一反一畝廿二歩七厘
中田　九町七反五畝一〇歩四厘
下田　一〇町四反三畝廿四歩一厘三
下々田　五反三畝十八歩
上畑　二町一反一畝十五歩九厘
中畑　七反三畝廿一歩
下畑　七反一畝十二歩一厘
屋敷　一町　七畝　六歩二厘
総計　四十二町四畝廿七歩九厘六毛
石高　六百六十二石一斗九升一合

西郷筑前守の知行所は(百五十筆)
上田　一町七反三畝廿八歩四厘七
中田　二町六反　四歩三厘
下田　二町一反七畝二十歩　二
上畑　三反八畝　二歩
中畑　一反　一歩五厘
下畑　一反五畝
屋敷(下田)　二反
総計　七町四反六畝一〇歩七厘四毛
石高　百七石二斗九合

となっています。

それ以外に免の免除地として、五反余の土地が記入されています。

上田・上畑は現在の冨田村在所周辺や在所の北西部に多く見受けられ、下田や下々田は十一川（現在丁野木川）の水が氾濫する、十一川の北側や北東側に集中して多くなっています。

中田は十一川の南東側や北西側に多い傾向が見受けられるという傾向があります。

当時（江戸初期の検地時）の水の便や土質等々が生かされた結果だと思われます。

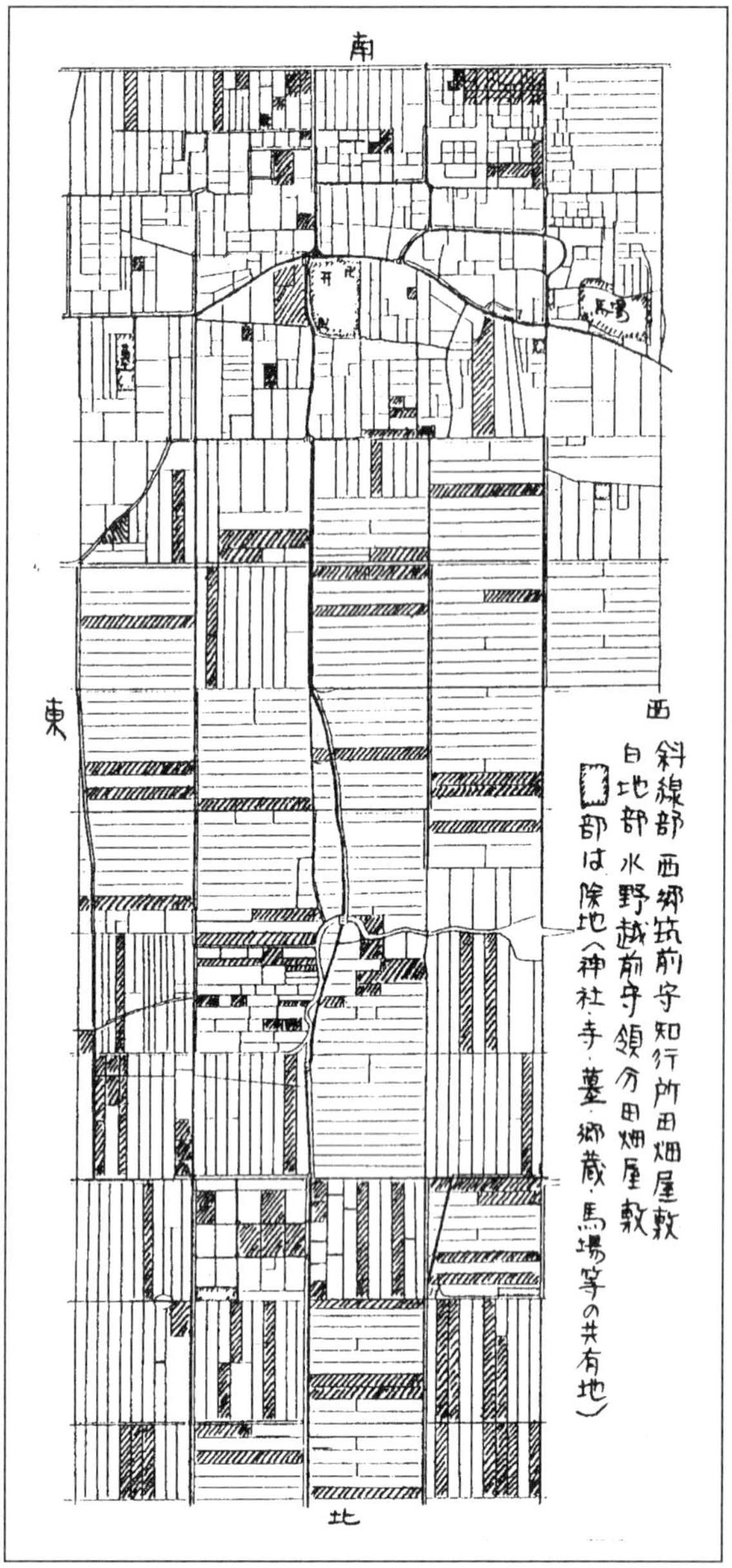

《冨田村の古地図の復元図（天保三年（一八三二）の検地を基にした、一八三〇年代のものと推定している）》

上田とは、一反から一石八斗取れるとされた田圃で、上の田と言うことを意味します。

上田は、一反当り　一石八斗
中田は、一反当り　一石六斗五升
下田は、一反当り　一石四斗
下々田は、一反当り　七斗
上畑は、一反当り　一石三斗
中畑は、一反当り　一石
下畑は、一反当り　七斗
屋敷は、一反当り　一石三斗

の収穫を予定されており、これを石盛りといいます。

また、畑や屋敷は、米を作っているわけではありませんが、米を作っているものとして考えられています。いわば、年貢は等級のある固定資産税のようなものだと考えると、理解し易いと思います。

そして、冨田村の総額が冨田村の村高(評価額)で、七百六拾九石四斗となっています。

この村高に対して、免(率)を四ツ(割)二分とかいうように掛けて年貢が計算されました。

例えば、免四ツ二分のときは

769.4×0.42
=323.148

となり、年貢(御物成)は
三百二十三石一斗四升八合
となる計算になります。

西郷は最後・・・

冨田村の場合、水野氏と西郷氏の相給だから、水野領には水野氏から免定が来ます。西郷領には西郷氏から免定が来ることになります。このとき、どちらが免が少なかった(安かった)かは、西郷氏の免定を見たことがないから、分かりませんが、古老によると、「西郷になったら、最後」と言われて西郷領になることを嫌ったと聞きましたから、西郷氏の方が、免(率)は多かったように推測出来ます。

ただし、これは西郷氏領の免定を調べない限り、言い伝えでしかなく、本当のことは分かりません。

もし、冨田村で発見出来なくても、西郷氏は、延勝寺村で千二百石余、三川村で六十九石余、留目村で四百六十石余を領有していましたから、その当りから真実が分かるかもしれません。

また、水野氏は、近くでは、十九村で十九石余、八木濱村で三百十三石余大安寺村で三百石、下八木村で四百九十一石余、月ケ瀬村で五百九十六石余大寺村で百六十三石余、三川村で二百石、醍醐村で六十九余、岡谷村で五十二石余を領有していました。

【お願い】

古い昔の話ばかりでなく、昭和や大正時代にあった話、思い出話等も、書いていきたいと思っています。

例えば、私の小さかったときには、お宮さんにはもっと木が繁っていて、カブト虫やコガネ虫をよく取ったとかお宮さんの木が台風で倒れてしまったとか、今の拝殿が建てられたときの話とか、いろいろあると思います。話を聞かして下さったり、原稿を書いて頂けると有難いです。

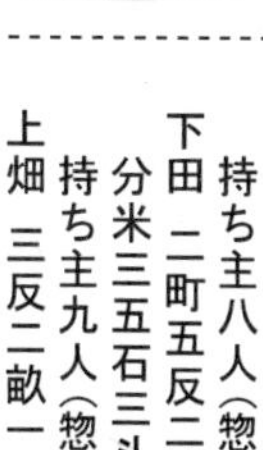

《参考》
冨田村古地図(上野四郎氏蔵)
川崎家文書(滋賀大学史料館)
東浅井郡志巻三

※1
湖北の西郷氏領の中で一番多い村高を持つ村は、千二百石余の延勝寺村ですが、延勝寺村では火事のため、西郷氏関係の史料は全く残っていないと聞きました。
三川村・留目村の調査はできていません。
冨田村でも、北冨田村が中心であったこと、庄屋役の家が現在では廃絶してしまっていることなどから、殆ど西郷氏関係は不明ばかりです。
今後の史料の発見に期待したいと思います。

※2
西郷領の内訳について前頁に記載しましたが(天保三年(一八三二))、延宝三年(一六七五)と思われる文書には次のように記載されています。

西郷市正様へ渡り候町反畝歩

上田　一町六反三畝廿三歩三厘
分米二九石四斗七升九合七勺
持ち主一〇人(十九村二人を含)
※名前と寄せ面積記載(以下同)
中田　一町八反九畝四歩
分米三一石二斗六合六勺
持ち主八人(惣作一件を含)
下田　二町五反二畝二三歩八厘五毛
分米三五石三斗九升一合三勺
持ち主九人(惣作・安養寺出作含)
上畑　三反二畝一歩四厘
分米四石一斗六升七合三勺
持ち主七人(十九村一人を含)
中畑　三反二畝一歩七厘
分米四石一斗六升七合三勺
持ち主六人
下畑　一反八畝二九歩
分米一石三斗二升七合六勺
持ち主三人
屋敷　七畝一五歩三厘
分米九斗七升六合三勺
持ち主二人
総計　六町七反五畝一二歩八厘五毛
《未整理四四〇》

※一〇頁分の寄帳・小寄帳より整理しました。
※個人名一一人(十九村二人を含)と安養寺出作一件で西郷領を形成していることが分かります。
※天保三年(一八三二)のデータと数値が違います。
その理由は分かりませんが、土地の売買移動だけではなさそうだと思ってはいますが、今後の研究に待ちたいと思います。

冨田村の家数・人口について

第００７号
1994.02.24

江戸時代、冨田村の村人はどのくらい居たのでしょうか。

いま、私が持っている（読み終わった）史料などから江戸時代の冨田村の家数・人口を推定してみます。

現在は、富田区と北富田区に分かれていて、富田区は、世帯数(家数)が七十軒・人口三一〇人であり、北富田区は、世帯数(家数)二十一軒・人口八十五人となっています。

（平成五年一〇月末現在役場調べ）

しかし、江戸時代は、富田区と北富田区併せての冨田村であり、いまの感覚と違うことを知って、見てほしいと思います。

◆享保六年(一七二一)《村政八七》
「田畑屋敷分米覚」によると
家数六六軒
人数二七九人　男　一三八人
　　　　　　　女　一四一人

※これは大久保領の分で、冨田村の約三分の二に当たります。

◆享保一一年(一七二六)《村政二》
「高反別指出帳」によると
家数八二軒　五二軒　本百姓
　　　　　　一三軒　大工
　　　　　　一七軒　後家・やもめ
　　　　他に寺二ケ寺
人数三四〇人　男　一七二人
　　　　　　　女　一六八人

◆享和三年(一八〇三)《戸口一》
「宗門御改帳」によると
人数三五〇人　男　二〇〇人
　　　　　　　女　一五〇人

※この時点で、「源慶寺」は西本願寺末寺となっています。津里「光照寺」門徒もありました。

◆享和四年(一八〇四)《村政八六》
「大人別控」によると
家数七五軒　他に寺二ケ寺
人数三四六人　男一七〇人
　　　　　　　女一七六人

内訳
二才～一五才　男　三一(〇)人
　　　　　　　女　三九(二)人
一六才～六〇才　男一一二(三)人
　　　　　　　女一一二(二)人
六一才～八〇才　男　一九(二)人
　　　　　　　女　一六(一)人
八一才～九九才　男　二(〇)人
　　　　　　　女　五(〇)人

※文書は百姓と寺は別立てですが、合算した数値としました。
※( )内は寺人数(別枠)

◆文化七年(一八一〇)《村政九一》
「大人別控」によると
家数七七軒　他に寺二ケ寺
人数三四九人　男一六六人
　　　　　　　女一八三人

内訳
二才～一五才　男　三九(〇)人
　　　　　　　女　五〇(四)人
一六才～六〇才　男　九五(二)人
　　　　　　　女一〇四(三)人
六一才～八〇才　男　二八(〇)人
　　　　　　　女　一九(一)人
八一才～九九才　男　二(〇)人
　　　　　　　女　二(〇)人

※( )内は寺人数(別枠)

◆文化八年(一八一一)《絵図一》
「冨田村絵図」によると
家数七八軒　他に寺二ケ寺
　　　　　　氏神四社

◆文久元年(一八六一)《村政一六他》
「村高屋敷人別帳」によると
家数八二軒
人数三二五人
　内訳
惣女　一七〇人
村役人・百姓代　一二人
神主　二人
六〇才以上　一五才以下　七〇人
大工職　一〇人
奉公人・病身是弱　三〇人
用立べき分(壮年)　三一人

※元気な成年男子が、三二五人中たったの三一人とはおかしなものだが、賦課役を逃れるために、なんらか、数に操作がされていると考えていいと思います。

◆慶應元年(一八六四)《村政一八》
「村役書上帳」によると
家数八六軒(内寺二ケ寺、空き家二)
人数三二五人
　男一六六人
　　内訳
僧　四人
村役人　八人
百姓代　四人
神主　三人
大工職　一〇人
他参奉公人　一一人
病身是弱　二一人
六〇才以上　一五才以下　七〇人
その他(用立べき分)　三五人
女　一五六人

※元気な成年男子が、少ないのは、右と同様に考えていいと思います。

江戸時代は、年貢の外に街道の掃除や助郷とよばれる賦役が課せられました。冨田村は北国脇街道のうち、馬渡村の付近の四拾八間分を担当していたことが、記録に残っています。

また、竹生島神役を理由に助郷役を免除されていますが、幕末には助郷役を賦課されています。

文久元年・慶応元年の史料は、助郷などの賦課役を逃れる村人の知恵であったのかもしれません。

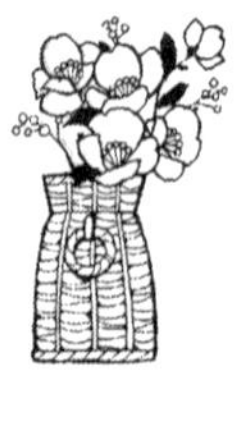

五人組帳 で見てみると

川崎家文書の中には、江戸末期の「五人組帳」しか残っていませんが、それによると、次のような数字が分かります。これは、今で言う世帯数と考えてもらえばいいと思うし、または、家数と考えてもいいと思います。

◆文政九年(一八二六)《戸口二一四》
人数七九人(寺二ケ寺を含む)

◆天保二年(一八三一)《戸口二一五》
人数七九人(寺二ケ寺を含む)
(空き家二軒を含む)

◆弘化二年(一八四五)《戸口二一六》
人数七八人(寺二ケ寺を含む)
(空き家二軒を含む)

◆弘化四年(一八四七)《戸口二一七》
人数七八人(寺二ケ寺を含む)
(空き家一軒を含む)

◆嘉永七年(一八五四)《戸口二一八》
人数七八人(寺二ケ寺を含む)
(空き家一軒を含む)

冨田村の家数は約八〇軒
人口は約三五〇人の村

以上の資料を見る限り、江戸時代の後期においては、家数は約八〇軒前後で、少しずつ増加しています。

これは、分家などで増えていったものと思われますが、現在でも、南北の冨田区を合わせて九〇軒位だから、ほぼ同じ状態が続いていたことになります。何処かで増えれば何処かで減るといった具合いのようです。

また、人口については、約三五〇人前後の状態が続いていたようです。

文久元年と慶應元年の人口が少ないようですが、この両史料では、働き盛りの年代の人数が驚くほど少ないから、もしかすれば、内訳だけでなく、全体の人数も操作されているかもしれません。

また、別の見方をすれば、冨田村には、神主が居たり、大工さんが大勢居たことも分かるし、他所よりの奉公人が居た(奉公先があったことになる)ことなども分かってきます。

《参考》
川崎家文書(滋賀大学史料館)
びわ町役場データ(世帯数等)

世帯平均人口は

上の史料から、一世帯当りの人数を計算してみると、

享保　六年………四・二三人
享保十一年………四・一五人
享和　四年………四・四九人
文化　七年………四・四二人
文久　元年………三・九六人
慶應　元年………三・七八人

現在の冨田………四・四三人
北冨田………四・〇五人
冨田村(計)………四・三四人

ということになります。

これを見ると、今も昔も、一軒(一世帯)当り四人強と考えられます。つまり、昔は子だくさんと言われますが、子供も大人も早世であったりして(医療技術の問題)、家庭内の規模はたいして変わらなかったのかもしれません。

また、この史料では、一才の子供人数が入っていません。これは、生まれたばかりの子供の早世と関係があるのかとも考えられます。(誕生まで育たない子供も多かったのかもしれません。)

※1
文久元年・慶応元年の「神主」については、現在のような神職のイメージではなく、村を代表して神社を世話する神社世話役(氏子総代や現在の冨田区の鍵主、宮世話係など)を指すのではないかと、最近では解釈しています。

明治以降、冨田八幡神社の神主職は都久布須麻神社の生嶋氏が勤めています。元来、生嶋氏は明治維新を迎え、竹生島常行院の住職が還俗し、都久布須麻神社の神職となったのですから、江戸時代には、冨田村八幡神社の神職はいなかったと思われます。

おそらく村人が交互に神主役を果たしていたのではないかと思われます。

※2
冨田村は相給の村(領主が複数の村)でしたので、右の数値は全冨田村人口(北村を含)とは言えません。西郷氏支配の村人は含まれていないと考えたほうが妥当だと思います。

また、享和三年「宗門御改帳」の人数と享和四年「大人別控」の人数を見ると、合計数では差異を感じませんが、男女数の差異は大きいものがあります。また、文久元年「村高屋敷人別帳」は明らかに数字の操作があります。

単に人口の比較・推移を見たかっただけですが、その文書の提出先、作成された目的等によって、数値をそのまま信じるのは危険だと感じています。おおよその数値は事実を反映していると思えますが、内訳については疑問が残ります。

例えば、文久元年「村高屋敷人別帳」は、助郷を割り当てる前の事前調査報告と考えられます。そのため、成人男子の人数を操作し、村役人・神主・大工職・病弱人等の水増しをすることで、壮年男子の数を減少させているようです。

この号の作成当時は、正直に数値を信じて作成しましたが、解読文書を蓄積することによって、その実態も多少見えるようになってきました。

偽文書とはいえないまでも、百姓文書(庄屋文書など地方文書)はその背景にある何かをも考えつつ読み解くことが大切であると思います。

この号も、そんな視点でもう一度見返して頂くとありがたいです。

社蔵

小島権現上棟札

第００８号
1994.03.10

富田八幡神社の本殿に、左のような箱書のある箱が納められています。中には、二枚の上棟札が入っており、一枚は、昭和九年建立の拝殿(現在の拝殿)のものであり、もう一枚は、左のもので、時代的にも古いものです。

《箱書》

村社八幡神社棟札　　永禄丁卯年七月
備前大守藤原□(朝臣)賢政(長政)寄附

これは、箱書では、富田八幡神社の上棟札であるとしています(しかも、寄進者を、浅井長政としている)が、実は、竹生嶋小島権現の上棟札だと考えられます。これについては、別の資料からも小島権現のものであることが明らかです。史料的に見ると、

永禄十年(一五六八)九月六日付で、富田村の安部宗政に小島権現の造営大工を任じた文書が残っており、次のように書かれています。《竹生島文書》

岩金山大神宮小島御遷宮
大工神太夫安部宗政
永禄十年丁卯九月六日
阿闍梨　二名連記(花押)
権大僧都　四名連記(花押)

また、その労に報いるために、益田郷の田一反(益田南之郷の内字サゝカミ、西ヨリ四段目)を贈った証書も残っています。それには、

「・・・社頭造営に就いて、大工安部神太夫に扶助の上は・・・・・」

《小島権現上棟札　一面》　(永禄十年(一五六七)・(　)内は編者注

大聖□□慶　妙　民部卿快運
光輪坊圓祺　蓮蔵坊圓・　圓蔵□榮印　法　忠將公行運
封　曼陀羅供導師　明玉坊清雄　吉祥院善政　千蔵坊　己上
寶蔵坊實範　二位公圓清　中將□頼雄　高浄院　不動坊　圓城坊
封参　新造御遷宮　若輩衆　妙覚院快忠　成就坊行真　王蔵□榮藝　阿彌陀坊　花光坊　東蔵坊
喜楽坊圓隣　仲養坊行宥　能□□行雄　梅本坊　櫻本坊　東南坊
封　西方院法印及日　花王坊實憲　輪蔵院行堅　常□□静秀　仲之坊　寶□坊
西林坊榮清　荘厳坊静恩　金□坊行忠　寶光坊　蓮花坊
惣□坊實慶
封　封

《小島権現上棟札　他面》　(□は読むことが出来なかった文字です)

浅井蔵屋
槫五拾丁寄進　干時永禄十丁卯年九月六日
馨庵壽松

となっています。おそらく、故あって、安部宗政が譲り受け、いつの時代かに、富田八幡神社に奉納した物と考えられます。それを後世の人が、誤解して富田八幡神社の上棟札と勘違いしたものと思われます。

現在の富田八幡神社の建立は、もっと後のことで、江戸時代の後期に当たるものです。従って、浅井長政が寄進したとすれば、時代がまったく合わない事になり、もし前身の八幡社であっても、支配関係的に合わないと考えられます。

『小島権現』とは、竹生島のすぐ隣に浮かぶ小島にあった御堂で(現在はない)、島にとっては重要な役割・位置を占めていました。三月 日には、青柳家が奉行を勤める、「島つなぎ神事」が行われていました。

『上棟札』とは、現在では、上棟する棟木に直接、棟梁名や家主上棟日等を墨書しますが、同様な内容を別の木に書いて、納めたものをさします。

『浅井蔵屋』とは、浅井亮政の正室でした。

『馨庵壽松』とは、浅井亮政の側室で、久政の生母です。本姓は尼子氏。

『槫(フ…くれ)』とは、山出しの板材、薄板と辞書にあります。

冨田村と竹生嶋

古くから冨田村と竹生嶋は関係が深かったようです。前頁のように、竹生嶋宮大工安部家の存在ばかりでなく、冨田村に竹生嶋の坊や庵があったとの言伝えも聞いたことがありますし、その関係の経塚の存在も聞いています。

また、前に書いたように、雨乞いのときは月定院より阿伽井の水を貰っていますし、ある史料では、「冨田村は竹生嶋の人足（神役）を出しているから、助郷人足を免除してほしい」という除地願いも存在します。

（一八五六年）

どの程度の神役人足を出したのか定かではないが、やはり、関係があったようです。

現在、その関係の深さを確認できるものの一つとして、竹生嶋の石段を上り始める所に、大きな燈篭が一対あり、それに大きく「冨田邑」「下八木邑」と刻んでいます。

また、現在の冨田八幡神社の東南の隅に道標があり、「右竹生嶋道」と刻まれています。これは、北国脇街道を馬渡村で折れ、この冨田村を通って竹生嶋巡礼街道が通っていたことの証拠です。

更に、毎春に行われる「島の祭（頭受・四月祭）」は、冨田村や下八木村に伝わる祭であり、そのいわれについては諸説がありますが、竹生嶋との深い関係を確認することが出来るのではないかと思います。

神事祭（おこない）や島の祭（頭受）については、もう少し調べたいと思っています。起源や内容についても、時代とともに変化しているようです。そのことを詳しく知りたいと思います。

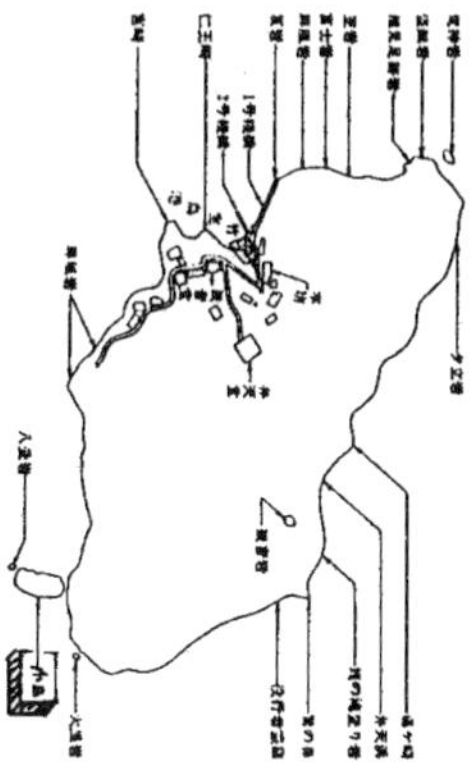

《参考》
小島権現上棟札（富田八幡神社）
「東浅井郡志巻四・巻参」
「びわ町昔ばなし（富田の大工）」
びわ町教育委員会発行
「竹生嶋誌」　宝厳寺寺務所発行

※1
小島権現棟札に記載されている院坊舎（塔頭）は、竹生島にあったといわれる塔頭です。最盛期には四九の塔頭があったといわれますが、既に、この頃は衰退の兆しを見せ始めており、江戸時代初期（慶長八年（一六〇三））には二三の塔頭に減少しており、享保十三年（一七二八）には、九院坊舎になってしまいます。

明治に入る頃には、更に半減し（実質は七院坊舎）、現在では月定院のみが残っています。

現在竹生島は、竹生島宝厳寺の本坊が一乗院跡、宝物殿が妙覚院跡、都久布須麻神社参集殿が常行院跡となっています。これらの塔頭は明治になるまで存在しました。

特に、妙覚院主峯覚以は明治維新後の混乱期に竹生島を代表して孤軍奮闘したことが記録されてます。竹生島宝厳寺が今あるのも彼の功績が大であったと言われています。

また、明治の神仏分離の際、常行院主が還俗し、都久布須麻神社の神職になったことも周知のことだと思います。そのため、都久布須麻神社の参集殿を常行殿と名付けられたのです。

関連については、第四〇号（八〇～八一頁）を参照して下さい。

※2
過去の村人が間違えた、富田八幡神社の浅井賢政（長政）寄進説については、棟札に浅井蔵屋・馨庵壽松の名があること、永禄九年（一五六六）に賢政（長政）が浅井の家督を相続していること、しかも棟札が八幡神社に存在していたこと…などが、判断を間違わせた原因だと思われます。

竹生島文書小島御遷宮の日付と、棟札の日付が一致していたことから、村の先人が間違えたといえるのですが（竹生島の院坊舎の記載で気が付くとは思いますが）、もし、竹生島文書の記載がなかったら、間違ったまま後世に伝わったのかもしれません。

※3
本文では、右の棟札について、「…安部宗政が譲り受け…」と書きましたが、筆者の想像の域を出ないのですが、現在は明治の初年に冨田村にもたらされたのではないかと私は考えています。

村人が竹生嶋に依頼して冨田村へ、というより八幡神社へ貰い受けたのではないかとの説を考えています。

明治維新により廃仏毀釈など、神道を全面に押し出す政治がなされるようになり、各村々の神社も式内社や郷社・村社などの格付けがなされるようになります。

自分の村の神社が（しいては自分の村が）由緒ある神社だと主張したいのは世の流れです。そのため、いろんな謀略（？）が為されたようです。

偽文書の作成や由緒の偽造等々がなされたようです。

そのひとつに、由緒を偽るための証拠造りが上げられます。冨田八幡神社の由緒は江戸期には「不詳」とか記載されていません。そのため、右の棟札を持ち込み、永禄年間には社殿があった、しかも浅井氏からの寄進も受けていると主張したのではないかと思われます。

現在は行方不明ですが、竹生嶋の擬宝珠も存在したと聞いています。それも一役かったのかもしれません。

また、由緒も創作された跡がいっぱいあります。（三・二五〇～二五三号等々参照）

村の草創時期について偽文書を作った某村、神社の由緒を古文書の余白に書き込みした（後加筆）した某村など、近隣の村々にも偽文書等々の事実があるようです。

八幡神社の建築について

八幡神社再建は安政五年（一八五八年）二宮堂再建は寶暦七年（一七五七年）

第００９号
1994.03.24

現在の八幡神社が建ったのは、江戸時代の末期だと、前に書きましたが、左の文書の内容は

いままであった八幡社の建物が、大破したので（このような表現は、許可願いの常套語（表現）なので、必ずしも元の建物があったかどうかは、定かではありません。この時代は新しい建造物については、原則的に禁止でしたから、必ず再建といいました）、地頭様には再建願の許可を頂いたので、大工を請負った冨田村の繁右衛門より、大工の総元締めである中井家の奉行所へ許可願いを出したものです。

それに対して、中井家から裏書に押印して、許可しています。その日付が、安政五年三月となっています。

《安政五年（一八五八）八幡社修理願書　《宗教四九》

水野和泉守様御領分
江州浅井郡富田村
八幡社

一　三尺四方屋根瓦葺
御拝壱尺ニ弐尺

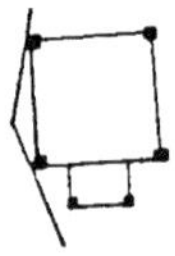

古来より有り来り候処、大破ニ及び候ニ付、此度建て直し申し度段、御地頭様え(へ)は私ども御願申し上げ、相済申し候。右願の通り仰付けなされ下されるべく候ハゝ、有難く存じ奉り候。以上

安政五年
午三月
庄屋　□□□□(印)
年寄　□□□□(印)
氏子総代　□□□□(印)

右の通り相違御座なく候。細工つかまつるべき哉、御窺い上げ奉り候。以上

江州下浅井組
請負大工　繁右衛門(印)
同郡下八木村
組頭　新右衛門(印)

中井小膳様
御役所

《裏面》

表絵圖書付けの通り細工すべきもの也。
午三月　中（井）小膳(印)

《寶暦七年（一七五七）二宮堂修理願書　（西嶋文書）》

松平冨之助様(豊後守)御知行所
江州浅井郡富田村

一　二宮堂九尺ニ弐間、三尺ニ壱間之物所庇
但シ、屋祢(ね)ハかや葺

右之通り有り来り候処、大破ニ及び候ニ付、古来之通り、建て直シ申し度段、御地頭様え(へ)は我々ども、御願申し上げ、相済申し候。願の通り仰付けなされ、下され候ハゝ、有難く存じ奉り候。以上

庄屋　□□□(印)
年寄　□□□(印)
西郷齊宮様御知行所同村庄屋　□□□□(印)

右の通り相違御座なく候。細工つかまつるべき哉、窺い奉り候。以上

浅井郡冨田村請負
傳内(印)
寶暦七年
丑五月
年番落合村
内右衛門(印)

中井主水様
御役所

《裏面》

表絵圖書付けの通り細工すべき者也。
寶暦七丑年五月　中（井）主水(印)

以上の文面から分かることは、現在の八幡神社は、大工繁右衛門（西嶋但馬）によって、安政五年以降に建てられたと考えられます。

このことは、年代は分からないまでも、古老の言う、「八幡さんは、繁右衛門(但馬)が建てたんや。宮さんに、足を向けては寝られないから、ちょっと南北より振ってある（ずらせてある）んや。」と言うことと一致します。

また、現在の八幡神社本殿が、三間四方であることや、瓦葺きであることも、上の文書と一致します。

従って、安政五・六年（一八五八・九）頃に建てられたものであると、断言できると思います。

また、下の文書は、二宮堂についての同様の修理許可願いです。

現在は、二宮堂は在りませんが（神社の倉庫の二階にある御堂が、二宮さんの物だとは聞いています）、この二宮堂は、寶暦七年(一七五七)に、大工傳内(西嶋但馬)によって建てられたことが分かります。

また、現在の拝殿は、昭和九年十月十日に上棟されたものだと知っていま

すが、三宮堂（小宮）については知りません。知っておられる方がいましたら、教えて下さい。また、紹介したいと思います。

　更に、現在ではなくなってしまっていますが、冨田大神社についても、知っておられたら教えて下さい。私ももう一度調べたいと思います。

　おそらく、二宮堂と冨田大神社は、明治維新の廃仏毀釈のとき、壊されたのではないかと思っていますが、はっきりとしたことは分かりません。これも今後に調べたいと思います。史料がありましたら教えて下さい。

中井家

近世初頭より大工頭を勤め、畿内近江の大工を統括しました。大工としての権利を保障する一方、御所などの公共の普請の際には出役を命じました。

近畿・近江の大工は、この中井家の下におかれました。従って、上のように建築許可願を中井家役所に提出し、その許可があって、初めて、大工は仕事ができたのです。

東浅井郡の中で、中井家の下にあったのは、文化十五年では

　冨田組・高田組・今庄組
　大光寺組・高田向寄組
　（竹生嶋宮大工阿部氏）

です。（竹生嶋宮大工は中井家の下にいたかどうかは、はっきりしません）

元禄十五年・正徳三年の鰐口

八幡神社本殿には、元禄十五年（一七〇二）・正徳三年（一七一三）の銘のある鰐口が保存されています。

　おそらく、二宮堂か冨田大神社、八幡社のいずれかのものと思われます。十八世紀初頭のものということで、冨田大神社のものである可能性が強いと思っています。

　詳しいことは分かっていません。

鰐口（わにぐち）とは

金鼓（きんこ）とも言い、社寺の堂の前にかける鳴り物で、鋳鉄製と鋳銅製とがある。

冨田村のは、一度見ただけだから、はっきりしませんが、色からみて銅製のように思います。

【鰐口の図】

《参考》
川崎家文書（滋賀大学史料館）
西嶋家文書（びわ町教育委員会）
「古文書用語辞典」柏書房
「広報びわ」平成四年五月号
「玉川百科大辞典」第十七巻

※1　但馬が宮さん（当地では神社のこと）に足を向けて寝られないと言うのには意味があります。

その頃、大工繁右衛門の家は八幡神社の道を隔てた南側正面にありました。北枕は一般的に嫌われましたから、普通に寝れば足が北を向くことになります。つまり、足が八幡神社の方を向くことになります。

それは恐れ多いということで、宮さんに足を向けることのないように、八幡神社社殿の向きに多少のずれをもたせて建設したというのです。

八幡神社の鳥居の前から見通すと、鳥居、拝殿、本殿が一応一列には並んではいますが、厳格には一直線上にはありません。多少のズレが確認出来ると思います。

古老のいう伝承が確かめられるのではないでしょうか。

※2　二宮堂、冨田大神社などの変遷については三三号を参照して下さい。詳しいことが分かってきましたので紹介してあります。

※3　鰐口についても二〇七・二二七で説明しています。参照して下さい。

※4　神社・寺院・家屋等の建設年代は、
①棟札の記載
②右のような普請許可願書
③具体的な記録等
④瓦等の刻字
⑤大工の記録
⑥間接的な史料・記録

などから判明します。

しかし、これらが残っているとは限りません。棟札等は解体するまで存在すら分からない場合もあります。

その意味では、右のような普請許可願書や大工の記録は大切にしたいと思います。

西嶋文書の中には、寺院ばかりでなく、個人の建前等の記録も残っています⑤。例えば、

宝暦四年（一七五六）
　三月源慶寺隠居立ル
　同年北冨田S蔵家立ル
宝暦五年（一七五七）
　當村G左衛門家立ル屋敷かへ

などの記録から、建設年代が判明するばかりか、G左衛門の家は屋敷地も移動した（かわった）ことも判明します。

西嶋文書の「年代記」には興味ある記事が満載です。二九七号で紹介しています。参照して下さい。

また、源慶寺の現在の本堂については、瓦に文化十年（一八一三）の刻字があったと聞いていますし④、川崎文書《宗教28》に源慶寺本堂完成の記載があります③⑥。

もし、今残されている文書類が残されていなかったり、火事等で焼失してしまっていたら、たとえ公共の寺社であっても、その建設年代や歴史は知ることが出来ません。

現代人には関心がない事かもしれませんが、その建設には氏子や門徒が一致団結して取り組んだに違いないのです。その情熱や意気込みを、今後の運営に生かしたいと思うのは私だけでしょうか。

江戸時代の生活は（その1）

第０１０号
1994.04.10

享保十一年（一七二六年）の「冨田村高反別指出帳」《村政二》より、江戸時代の生活や村の様子を見てみたいと思います。

どんな品種の米を作り、どんな農作業をし、村の状態・様子はどんなんだったのでしょうか。

《田圃について》

◇上田は十六町一反四畝余で、この内二町七反余には麦も植え付けている

◇中田は九町八反三畝余で、この内、一町には麦も植え付けている。

◇下田は十町八反二畝余で、この内、九反余に麦をもえ付けている。

◇下々田は五反二畝余で、麦はない。

◆麦は一反に、一斗五升を蒔き、収穫は平均して、一反に一石一斗くらいで、麦の跡には、晩稲（品種としては、「よりたし」「このみ」）を植える。（二期作）

◆麦とあるのは大麦のようで、別に、小麦も少々作ると書かれています。

◇田圃の中で、水の不便な所（旱損場）としては、

小寺・又才・川田・角田・大海道
南大海道・堀・木添・円光寺
下川田・玄取・蓬・堀角・田ノ下

の十四町が挙げられています。
（※小字名は一三号参照）

◆上の旱損場には、早稲・中稲（品種としては、「しらくわ」「白八石」「あかた」「かしわ□」等）を植えることで対応している。

◇逆に、水のつき易い場所（水押場）としては、

古座・溝尾・深町・十七・十四
十八

の六町が挙げられています。

◆右の水押場には、晩稲・中稲（品種として、「あかた」「よりたし」「白八石」「こみの」「ひろもち」「くわのもち」等）を植えることで対応している。

《畑について》

◇畑は四町六反六畝余で、この内、一町歩は十九村のあて作（天神）で、一町一反余は屋敷周りで、ここには「ちさ」「なすび」「芋」「唐黍」「稗」等を作っている。唐黍は一反平均五斗くらい、稗は一石六斗ぐらいの収穫であったようです。

また、屋敷畑には、桑の木も植わっていたようです。

また、一町二反余（外畑）には、麻を植え付けています。収穫は一反について、九貫目ぐらいであったようです。この跡に、蕎（そば）をつくり、大根も少々作っていたようです。

また、八反余（外畑）には麦を蒔き付け、その収穫は、一反に一石一斗くらいとあります。

更に、五反六畝余には、蕎の種を蒔いたようで、一反に五・六斗の収穫。その跡へ、大豆や小豆を作付けし、その収穫は、大豆で一反に六・七斗小豆で四斗くらいであった。

また、右の畑の間に茶園や桑畑が点在していたように書かれています。

◆養蚕については、春と夏に飼い、繭の売買については、銀子十匁について、繭は一貫目から一貫五十匁位で取引をし、繭のまま出荷する。冨田村内では糸引きはしていないとあります。

◆お茶については、茶園はあったが、十分ではなく、内保村・八嶋村（ともに現浅井町）より買い調えたようです。

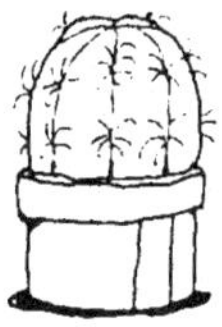

《肥料について》

◆田地の肥しには、藁（わら）・山草を用い、それ以外に、鰯（いわし）・古ニシンを用いており、一反について銀子二十六匁程宛支払う。

麻畑の肥しには、古アブラカスを用い、費用は一反について、銀百二十匁程宛入れるとあります。

《種蒔・植え付け等について》

◆麦種については、一反当り一斗四・五升蒔き、時分は、九月末より十月十五・六日頃までに蒔き付ける。

◆米の品種は「しらくわ」「あかた」「かしわ□」「白八石」「こみの」「よりたし」を用いており、餅籾は「ひろもち」「幸のもち」。

◆稲種籾は一反当り、大粒の場合は六升五・六合宛、小粒の場合は五升八九合宛準備したようです。

◆彼岸の朝より、種籾を二十日間ほど水に漬け、五月節より四十九日前に苗代に蒔き付ける。田植の旬（しゅん）は、五月節三日前より二十二・三日間程度で植え付ける。

◆苗については、一反に四万三千二百株ほど植え付ける。

◆収穫の時期や収穫量、夏の草取り等の事については、記録されていませんでした。ただし、「夏は、男女ともに、草取り申し候」とあります。

◆その他の仕事として、

二月末より掘り田を割り、その後、三月になると掘り田のみみを取り申し候。（田起こし等耕作のことか）

夏は、男女ともに、草取り申し候。

秋冬は、男は俵・縄・莚（むしろ）・箕（みの）・わらじ等を作り申し候、とあります。

また、冬春に女はハタ織をしたようですが、外へ売るほどではなかったようです。

以上のように見て来ると、年間の百姓仕事等の様子が、浮かんで来ます。米の品種や作物が、少しは異なったとしても、ほぼ戦前までの状況と変わりがないようにも思われます。

私達の幼い頃は、俵や縄や莚を作っていたのを知っていますし、一部であったかもしれませんが、鋤(すき)で田起こしをしているのを見たような、微かな記憶があります。

勿論、田植は手で植えたし、刈り取りも鎌で刈り取り、稲はハサ(架)に架けて、乾燥しました。草取りも、田圃を這うようにしてしていたし、春先には、畦作りもした(手伝った)。しかも、畦には大豆を植えました。

圃場整備が出来るまでは、耕作や脱穀は機械化しつつありましたが、手作業のいる手間仕事が多かったように思います。

逆に、環境破壊もなく、自然がいっぱいで、イナゴもいっぱいいたことを覚えています。(最近、再びイナゴが増えてきたようには思いますが‥‥)

このように考えると、つい最近までは、二百年前の江戸時代と殆ど同じ百姓仕事をしていたと思ってもいいのではないでしょうか。

昭和三〇年前後頃までに生まれた方は、手作業での百姓(田起し・田植え・草取り・稲刈り・脱穀・米俵し‥‥等々)仕事を見聞きしているのではないでしょうか。懐かしい気もします。

その他、知らなかったことといろいろ

▼生活に欠かせなかった物の一つに薪があります。冨田村は平地なので薪については、杉野村よりの売り物を購入しているとあります。

おそらく、高月川(高時川)を利用して、舟で近くまで運んだのであろうと想像できますが、交流の広さを感じます。(いまでこそ、車ですぐですが、昔は、歩いたのですから)

▼酒屋(造り酒屋)が二軒あったようです。酒株(酒を造ってもよい権利)を持っている者が三人いて、一株は休み株(酒を造っていない)になっていたようです。そして、少しづつ計り売りをしていたようです。

▼馬場が一ケ所あった。これは、以前に紹介した冨田村絵図を見ると、場所もはっきりしています。

東西十九間半、南北十八間半で面積は一反二畝余、形はきちっとした方形ではなかったようです。

▼郷蔵(村共有の年貢米を入れる蔵)が三ケ所にあった。一つは西出に、一つは東出に、一つは北冨田に在ったようですが、西出の郷蔵の位置は分かっていますが、他は、その場所を知りません。

大きさは、二間×四間、二間×三間、二間×二間で、いずれも茅葺です。

▼高札場が宮地内にあって、竹菱結垣の状態でした。場所は現在の八幡神社の住宅案内板のあたりです。

そこに高札場があったためかどうかは分かりませんが、八幡神社本殿には昔の高札が二枚保存されています。一枚は明治初年の切支丹禁制の高札。もう一枚は、墨が消えてしまって、読みにくいのですが、「浪人云々」と書いてあります。

《参考》
川崎家文書（滋賀大学史料館）

※1
今回の記事は冨田村の全体像ではなく、浜松藩支配の六六二石余について(土地も村人も)記入されたものであり、田畑の面積については、全冨田村の数値ではありません。

冨田村は、浜松藩六六二石余の他に旗本西郷氏支配の領地一〇七石余があり、この領地については触れられていません。しかし、生活全般については同じような様子ではなかったかと思われます。

また、面積等については第六号(一二~一三頁)で紹介した文化十四年の数値とは若干異なります。何故異なるのか詳しくは分かってなく、推測の域を出ません。

※2
日常生活については、当時としては極く当たり前のことですから、記録として残されることは殆どありませんでした。年貢のこと、自然災害のこと、公事のことなど大切なことについては多くの史料が残されています。

その反面、百姓仕事の様子や生活についての様子については記録することも必要がなかったのです。彼岸の頃になれば種を播き‥‥などは当然の常識だったのです。

そんな中で、可能な限り復元を試みたのですが、江戸時代二六〇年の間には変化もあったのでしょうが、詳しく知ることは出来ていません。

※3
苗について、一反に四万三千二百株を植えるとありますが、計算すると前後左右十五センチメートルの間隔になります。

現代(機械化になっていますが)からみれば間隔が狭い、密植していると思われます。

密に植え付けて、少しでも収穫を多く取ろうとしたのかもしれません。

※4
川崎文書《未整理五六》には、

一薪買所　　枚野村より五里余
　是ハ當村ニ薪無御座候ニ付右村ニ而銘々代物出しかい候。

とあります。お金で買うのではなく、物々交換であったように読み取れます。新しい発見をした気がします。

また、

一肥シ買所　　長濱町より■■
　是ハ當村ニ田地肥シ類無御座候ニ付干鰯、其外ふか買こやし仕候。

と、右頁と同様な内容が書かれています。

《未整理五六》は高反別帳と思われる文書の断片(四頁分のみ)ですが、筆跡や内容等から、右の享保十一年(一七二六)より若干古いか、同時代のように思われます。

北富田村の成立について

第０１１号
1994.04.24

北富田の成立（北富田分村）については、「年代記序」《家一》と題する文書の寛永十六年（一六三九）の項に、

『此卯ノ年ニ北田ニ新村ヲ立ル』

とあり、冨田村より十三人が引っ越した旨が書かれています。

従って、現在出版されている郷土史関係の本や地名辞典等には、すべてこれが引用されています。

また、これには石高の計算等についても記入されていますから、正式に分村が認められたのが、寛永十六年（一六三九）のことだったと考えられます。

しかし、「御検地帳」《土地一》（慶長七年（一六〇二）を見ると、

『くろ志(し)つか』（黒静）の所に

下田八反三畝弐歩
　拾壱石六斗弐升九合　北屋敷
此内九畝廿弐歩
　壱石三斗六升三合　西惣作
内四畝
　五斗六升　T兵衛
下田七畝拾弐歩
壱石三升六合四勺　北屋敷

（伏字としています）

とあり、その当時から人が住んでいたか、または、農作業上の小屋等が既に存在したものと考えられます。

この「御検地帳」は慶長七年（一六〇二）に作成されていますから、正式の分村よりも約四〇年以上前から人が住んでいたものと考えられます。

従って、寛永十六年(一六三九)の分村によって、十三人が引越したという記事は、既に居住している者が公式に認められただけなのか、或は、本当に引越したのかのどちらであるのか定かではありません。

しかし、寛永十六年(一六三九)より、北富田は「冨田村北村」として、いろんな文書に登場することになります。

いま、下に分村当時の屋敷割を書き上げてみます。

これからも分かるように、十三人が平等の形で屋敷(敷地)を持っているのではないことも分かってきます。一人だけが目立って、他の二倍以上の屋敷を持っていますし、次の人も、他より一畝歩強多く分配されています。そして、他の十人については、ほぼ同じ屋敷地を持ち、最後の一人は、表向きは他の十人と同じだが、荒高が多く、実質的には他より一畝歩ほど少ない人がいることがわかります。

記録の上での屋敷割は、

屋敷割八反三畝二歩
各自の持ち分は
◎一反一畝十七歩
　内荒高一畝十七歩　武右衛門
◎五畝二十歩
　内荒高一畝五歩五厘　左太郎
◎四畝歩
　内荒高二十四歩五厘　次郎太夫
◎四畝歩
　内荒高二十八歩五厘　兵左衛門
◎四畝歩
　内荒高二十八歩五厘　半兵衛
◎四畝歩
　内荒高二十二歩五厘　次兵衛
◎四畝歩
　内荒高二十二歩五厘　八右衛門
◎四畝歩
　内荒高二十二歩五厘　与十郎
◎四畝歩
　内荒高一畝三歩　甚右衛門
◎四畝歩五歩
　内荒高二十七歩五厘　助次
◎四畝歩十一歩
　内荒高二十七歩五厘　角兵衛
◎四畝歩二十歩
　内荒高二十七歩五厘　弥之助
◎四畝歩二十歩
　内荒高一畝二十七歩　新助
〆六反三畝七歩五厘　屋敷
　一反三畝二十三歩五厘　道堀荒れ
残り六畝一歩　T郎右衛門分

（配布のときは、伏字の部分あり）
※荒高（道堀の分）

おそらく、力の差によって（身分と言い替えてもいい。本百姓と水呑百姓などの差かもしれない）持ち分も決まったのであろうかとも思います。

更に、分配した残りの六畝一歩を所有したのは、実は、この十三人ではなく、冨田村在住の人なのです。これが何を意味するかは分かりませんが、十三人の配分といい、複雑な背景なり、事情があったと推測できます。

北富田村分村の背景について

「東浅井郡志」の説を説明します。

平安時代までは一般的に、有力な貴族・寺社の荘園（富田庄も京都の仁和寺南院領として、田地三町五段が仁和寺文書に見られます。その他の支配関係は、今となっては分かりません）であったものが、鎌倉時代に入ると武士の台頭のため、その支配権を奪われて行くようになります。永和二年（一三七六）には、冨田庄の田地三町五段を速水庄の地頭が押妨したという文書があります。そのため、貴族・寺社が支配する領家方と、武士・地頭が支配する地頭方とに二分されることになります。

領家方は地頭方に取って代わられる運命にあるのですが、富田庄は珍しく、領家方がかなり遅くまで残っていたようで（永正年間～永禄年間（一五〇四～一五七〇）の土地の売買証文に「富田庄内領家方字云々」とあり、領家方の存在を示しています）、その領家方と地頭方の関係が、富田・北富田の関係に結び付いたのだと言います。

そして、「其地頭方を下里と呼び居ることに由りて、領家方を上里と称へしことを推知すべし。即(すなわ)ち、今の北富田は、古の領家方にして、富田は地頭方なりと知るべし。」というように主張されています。

しかし、今では、本当の所は、何か由緒書きのようなものが見つからない限りは、分からないのだろうと思います。もし、そのような言い伝えを知っている人がおられましたら、是非、教えて下さい。

冨田村は西村・東村・北村に分かれていた

冨田村には庄屋が三人(時には四人)いました。最近まで、何故だか分かりませんでした。二人なら、井上氏(領主は代わっても)の庄屋と西郷氏の庄屋だと理解できます。

ところが、最近、年貢のことを調べていたら、次のように、冨田村を西村・東村・北村と分けて書かれている文書をよく見るようになりました。

これを見ると、西村・東村・北村がはっきりと区別されています。そして全部を併せて冨田村と称していたようです。

他の文書を見ると、西村だけの惣普請(共同作業)や、西村だけの各種帳面が残っています。

従って、庄屋も三人居たことになります。西の庄屋・東の庄屋・北の庄屋

《村政一六五》

巳之年御物成割符之覚

西村分
高三百三拾弐石七斗四升五合貳勺
此取百五拾五石五升九合弐勺
(途中省略)

東村分
高貳百三拾弐石六斗七升三合八勺
此取百五拾五石五升九合弐勺
(途中省略)

北村分
高弐百三石九斗八升壱合
内四石四斗三升五合　溝代引
残テ百九拾九石五斗四升六合
此取九拾弐石九斗八升八合四勺
(途中省略)

惣高合七百六拾九石四斗
内四石四斗三升五合　溝代引
残テ七百六拾四石九斗六升五合
此取三百五拾六石五斗九合
(途中省略)

元禄弐年巳十二月七日

(元禄二年は一六八九年)

ということのようです。

また、神事(おこない)の組等も、これと関係があると思っています。西村が西組、東村が東組、北村が北冨田組となったのではないでしょうか。

《参考》
川崎家文書(滋賀大学史料館)
「東浅井郡志」巻壱・巻四

※1
『御料所樋分木伏替』《水利五》

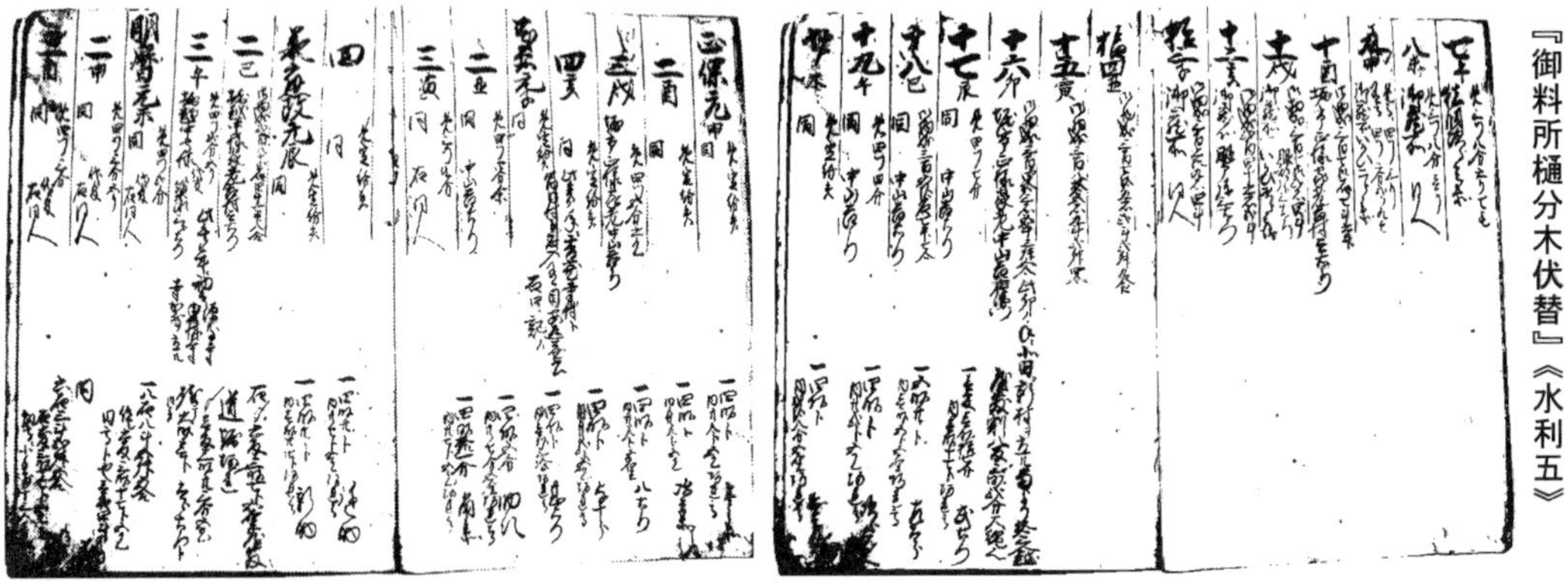

上の写真は北村の分村を示す文書の部分です。《水利五》

殆ど内容も形式も同じで「年代記序」《家一》、「年代記」《個人蔵》、「御料所樋分木伏替」《水利五》の三冊が伝来しています。

右の写真(第二号の再掲)左頁の中央下に

此卯ノ年ニ北田ニ新村ヲ立ル
　南より拾三人越
屋敷割八反三畝弐分大縄也

とあり、移住した十三人の名前、畝歩、荒高が記載されています。本文で紹介した内容の後は、

一八石八斗五升五合
　但シ六反三畝十七分五リン
　田高分也　壱石四斗もり
内
六石三斗弐升五合
　右六反三畝十七分五リンを
　畑高ニ小手前十三人　壱石もり
残テ弐石五斗三升　村惣さく
一壱石九斗三升五合
　壱反三畝廿三分　道堀あれ高
一八斗三升五合　T兵衛分
高合拾壱石六斗弐升也

と記載されています。

新村による潰れ地八反三畝余について、屋敷となった六反三畝余を石盛一石四斗の所を一石に換算し、差し引いた不足分は惣作で賄うことが示されています。また、道堀の荒高分が一石九斗余、T兵衛(T郎右衛門)分が八斗余となり、合計で十一石六斗余と示されています。

荒高分・T兵衛分は一石四斗の石盛で計算、屋敷地のみ一石計算、不足分は惣作での賄いと、移住者への優遇処置がとられているように読み取れます。

(※次号註につづく)

江戸時代の様子（その2）

第０１２号
1994.05.10

先に、高反別指出帳（享保十一年一七二六）《村政二》によって、百姓の生活等を見てみましたが、前回書けなかったことについて拾い出してみたいと思います。

◆宮地について

◇境内　東西三十三間半
　南北三十八間
　面積四反二畝二十九歩余

これは、源慶寺・圭林寺の敷地を含んだものとなっています。

◇八幡社　梁行二尺八寸
　桁行三尺　板葺

今の八幡神社でなく、冨田大神社と言われていたものだと思います。

◇二宮諸観音　梁行一丈五寸
　桁行一丈二尺　藁葺

◇観音堂　梁行九尺
　桁行一丈二尺　藁葺

現在の八幡神社の場所にあったのではないかと思っています。

※右の三社とも、その勧請年代を知らないとあります。おそらく、昔から氏神として祭られていたのであろうと思われます。

※この時代、神主はいなかったようですが、神主が居た時代もあったようです？。（江戸時代末期）

※この時代は、神仏混合で宮地の中に寺院もあった。

◇大通寺末寺東本願寺宗源慶寺　雲晴

▽御堂　梁行三間
　桁行六間　藁葺

▽庫裏　梁行二間
　桁行四間　藁葺

◇仏光寺直末寺　圭林寺　祐玄

▽御堂　梁行二間
　桁行四間　藁葺

▽庫裏　梁行二間
　桁行四間　藁葺

※右の二ケ寺とも開基年号を知らずとありますが、「東浅井郡志」によれば、

源慶寺　開基　松岸
　天正八年（一五八〇）七月三日
圭林寺　開基　願教
　元弘元年（一三三一）

となっています。

◆その他

◇長さ五間の板橋がある、と書かれていますが、場所は分かりません。十一川に架かっていたと思われます。

◇竹藪は居屋敷に少しづつあり、藪持ち百姓は、八・九軒であると書かれています。

◇床付き座敷がある家は一軒のみで、（八畳敷二間）、外にはない。

◇當村には（冨田村には）

▽市場はない（近所にもない）。

▽力量の者・医師・行人・座頭・早道の者・職人・鎌鍬鍛冶屋・刀脇指鍛冶・左官・猟師　等々に従事する者はは居ない。

▽大工十三人
　高百八十六石九斗引き證文あり。

▽古城諸地もない。

▽浪人も一人も居ない。

◆各地までの距離は

江戸へ　百十里・京都へ二十二里
大坂へ三十六里・堺へ　三十九里
奈良へ三十一里・大津へ　十九里
伏見へ二十五里・大垣へ　七里半
笠松御役所へ十六里
彦根へ　五里半・愛知川へ　九里
八幡へ　十三里・石山へ　十六里
水口へ　二十里・仁正寺へ十一里
膳所へ　十八里・大溝へ　九里
三上へ　十四里・甲賀へ　十六里
桑名へ二十二里・湖水へ　九町
竹生嶋へ湖上五十町

※生活に密接な関係を持った場所や、役所・藩のあった所など重要な所までの距離を示しています。

浅井郡上許曽社地粗絵図冨田村（年代不詳（明治初期か？））《絵図六》

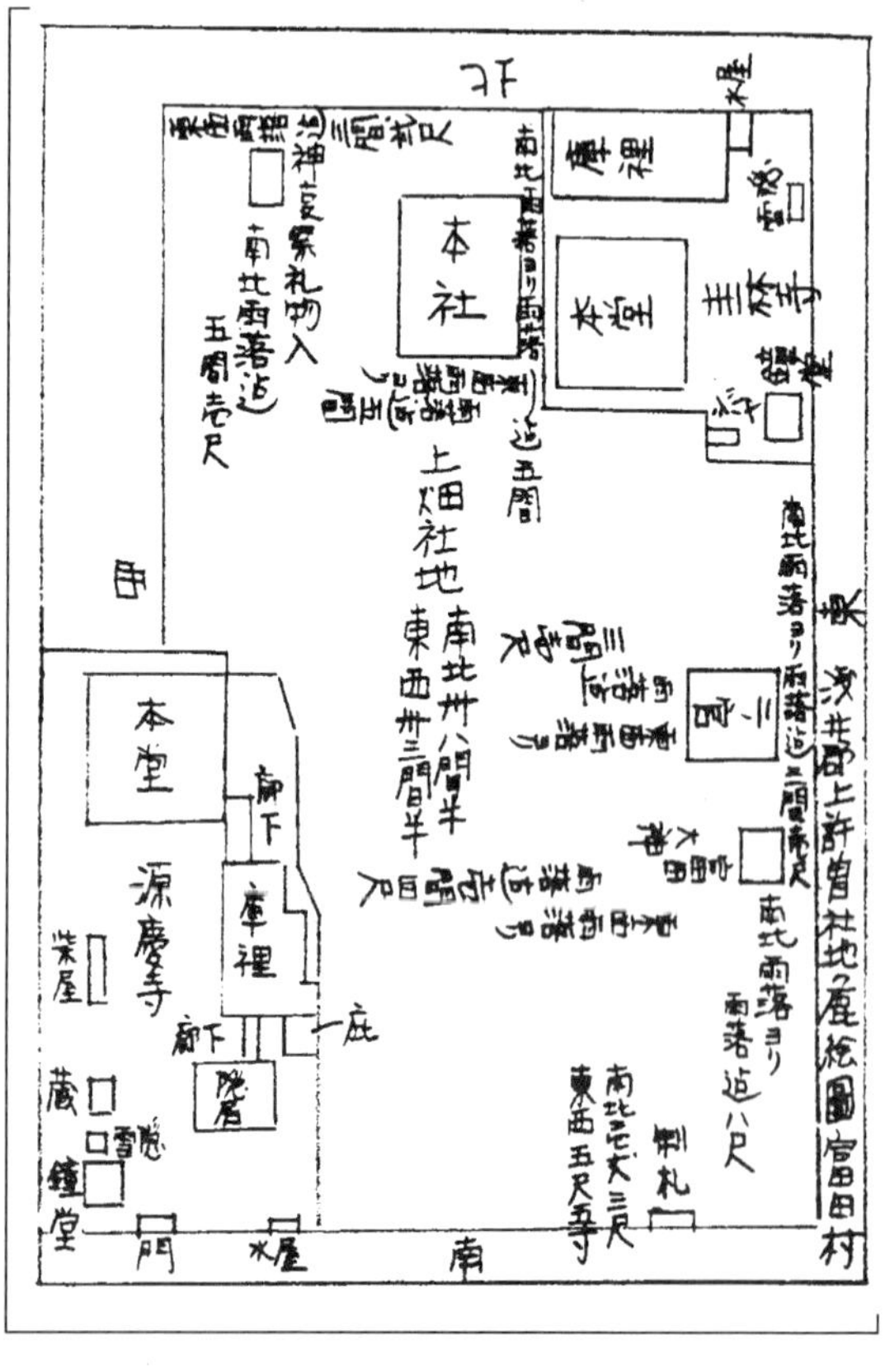

◇近郷までの距離
十九村まで一丁・増田村まで四丁
安養寺村へ七丁・田中村へ三丁半
南速水村へ四丁・香花寺村へ五丁

とあります。

以上の外に、伏樋や分水木のことが書かれていますが、御料所井以外の、水筋関係は、別の所で、再度まとめて見たいと思います。

少しは、昔の冨田村の様子がおわかりでしょうか。本当に百姓だけの村と(大工さんが多くいますが)考えていいかと思います。

近くの村では、医師や左官や猟師や行商人が居たりする村もあるのですが冨田村は純農村だったようです。

宮地の絵図について

前頁の絵図は、年代が分かりませんが冨田村の宮地の絵図です。

前頁の宮地の記事にある建物の呼称や大きさと、この地図に記載されている建物の呼称・大きさと異なるのでなんとも言えませんが、絵図の方は、雨落(トイのことか)から雨落までの長さが記入されており、そのことを考慮すると、

「八幡社」　＝「冨田大神」
「二宮諸観音」＝「二ノ宮」
「観音堂」　＝「本社」

になるのではないかと考えられます。

ともかく、「二ノ宮」「冨田大神」が、現在の冨田会議所の位置に、西を向いて建ってあったことは事実のようです。

この建物は、明治の中頃まであったようですが、取り壊された年代は分かりません。知っておられる人がありましたら教えて下さい。

古老の話では、源慶寺の西に一対のシュロの木があり、それを通って冨田大神への参道が、西の方からついていたと聞いた事があります。一対のシュロの木は、実は鳥居の代わりだったとか‥‥。

この話は、何人かの人から聞いたことがあり、作り話ではないようにも思いますが‥‥。

もし、これが本当としたら、現在の源慶寺が建立される前のことになると思います。(もしくは、本堂と庫裡の間を通っていたのかもしれません)

《参考》
川崎文書(滋賀大学史料館)

※1
神社・宮地等の変遷については三二三号を、
用水や橋等に関しては一四〇号を、
大工については三七・三八・七二・九三・一一〇~一一三・一一九号等を、
農作業の四季については一七九号を参考にして下さい。

※2(前号の註つづき)

《未整理六六二》

屋敷
下田四畝　四斗　本高五斗六升
〆拾石八斗四升五合五勺
外二廿八分五厘壱斗三升三合
外二弐斗九升三合
新田屋敷下田中畠成り道荒
次郎太夫
ミそはた
上田壱畝廿弐歩五厘　三斗三升五合
南屋敷
上畠壱畝五歩　壱斗四升三合木勺
若林
上田壱反三歩　壱石八斗三升八合
二郎太夫
すま田
中畠廿八歩　九升三合三勺
村はせ
上田五畝廿壱分　壱石弐升六合
ほりのすミ
上畠拾壱歩　四升七合六勺
十八
中田三畝拾七歩五厘　五斗九升壱合三勺
十七
中畠壱畝拾歩　壱斗三升三合三勺
はかノ町
上田九畝廿歩　壱石七斗三升九合

恐らく帳面であった冊子の断片と思われます。紙切れ一枚ですがいろんなことを読み取る事が出来ます。

①文面から北村成立時の史料である可能性が大である。屋敷地四畝、新田屋敷等がそれを暗示している。

②北村となった屋敷地「黒静」は本来中畑一石四斗扱いを下田一石扱いにしたらしく、本高五斗六升を下田高四斗にした。

③最初の〆十石八斗余は次郎太夫の持高ではなく、前の頁に書かれた者のものである。

④次郎太夫は南冨田村に屋敷地壱畝五歩(高壱斗四升三合)を所持している。

⑤次郎太夫は溝畑以下九筆五石九斗四升六合五勺以上の高を所持している。(恐らく続きがあり、もっと増える筈、次郎太夫の〆は次の頁にある筈である)

⑥前号の一・四石→一石の記事と一致する

以上から、北村成立時の名寄帳の断片だと判断しています。
(※名寄帳:個人毎に所持地を書き上げ、その持高を示した帳面)

これが当たっているなら、引っ越した十三人の内、何人かは北村に引っ越す時点で(南)冨田村内に屋敷地を所持していたことになります。

今迄に見つかっている史料は分村時の「黒静」での屋敷面積だけでした。

しかし、一枚の断片が北村分村当時の様子を窺わせてくれます。

引っ越した十三人は、大小の差はあるだろうが、それなりの高(土地)を持ち、全員ではないにしても、何人かは冨田村に屋敷地を持つ人々だったのです。

前頁にある人は一〇石余の高を持っていますから、中程度の百姓だった筈です。

何故分村したのかは不明ですが、悲壮感漂うような分村ではなかったのではないかと思われます。

富田村の小字名について

第０１３号
1994.05.24

昭和四十年代後半からの圃場整備によって、各村とも田圃が整備されたために、小字名が統廃合され、昔の小字名が消えつつあります。

富田村は他村に比べて、昔の条里制の名残が多く残っている村だと思います。区画はもちろん、小字名にも一ノ坪・二ノ坪・七ノ坪・八ノ坪・十ケ坪・十三・十四・十五・十六・十七・十八・ハタチ(廿)のように、昔の呼び名が残っています。

条里制では、一ノ坪から三十六坪までを一つのかたまりとして、区画しています。下のように番号を付け、それを坪と呼びました。従って、例えば、武士町は一ノ坪に相当しますし、取塚

取塚は十四ノ坪に相当し、玄取は二十七ノ坪に相当し、畑田は十一ノ坪に相当することになります。昔の十一川の北と南では基準が異なるため、北の方を、北一ノ坪などと呼んだのです。

31	25	19	13	7	1
32	26	20	14	8	2
33	27	21	15	9	3
34	28	22	16	10	4
35	29	23	17	11	5
36	30	24	18	12	6

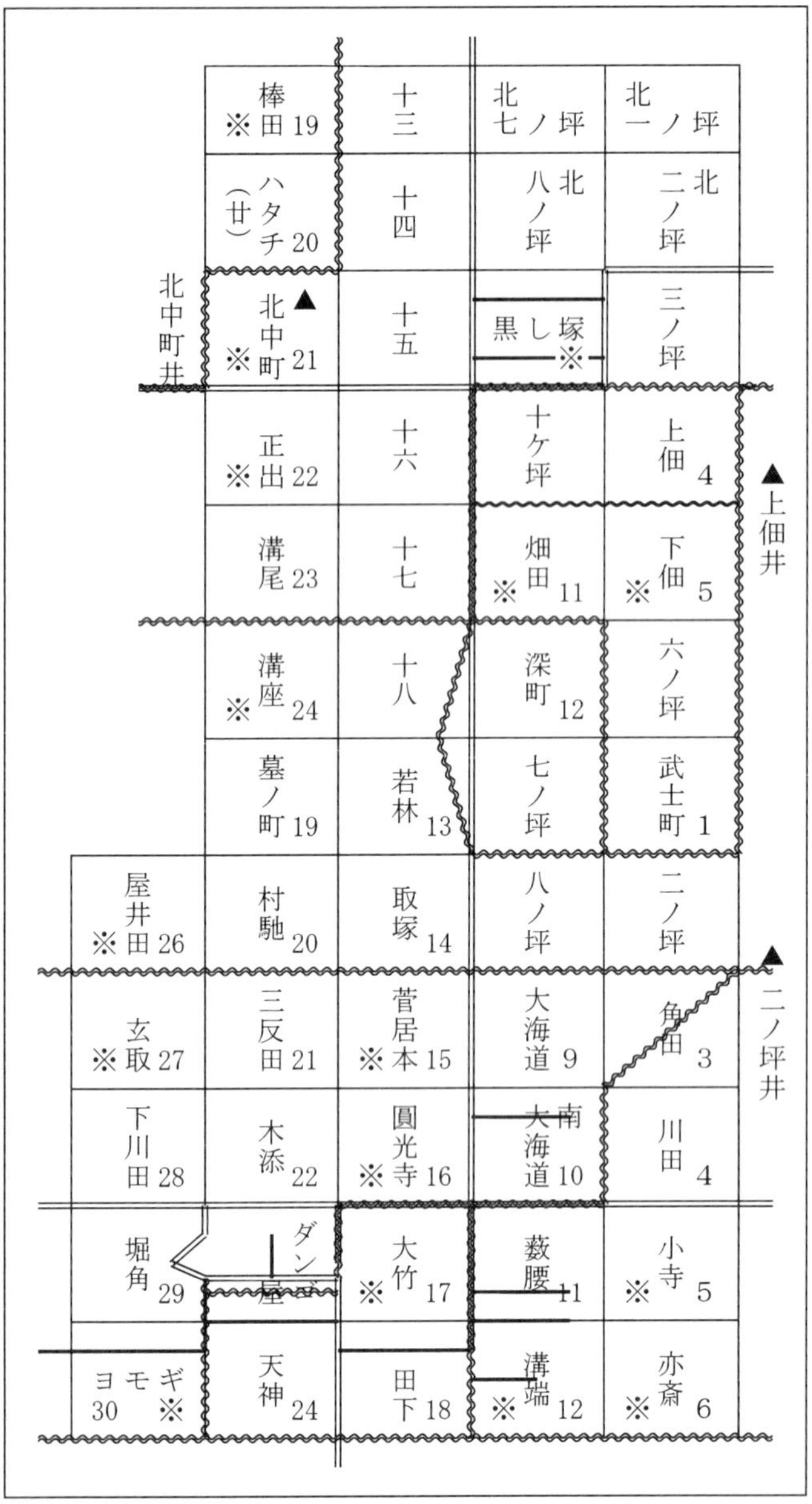

（文政年間の文書による小字名　※印は別称・別字あり）

正確には、北一ノ坪は六條十三里一坪となり、武士町は七條十三里一坪ということになります。従って、玄取は七條十三里二十七坪ということになるのです。

また、時代や古文書によっては、小字名の呼び名や漢字も異なっており、複数の呼び名があった場所もあるようです。

また、小字名の「いわれ」も捜してはいるのですが、殆ど分からないのが現状です。

更には、現在では（江戸時代でも）全く何処だか分からなくなっている小字名も古い文書には残っています。

小字名の別称や別字について

※（ ）は推定

下佃……東畑
小寺……南小寺
亦斎……又三位・又佐・又才
黒し塚……くろし塚・黒静
畑田……西畑・（北畑）・（中ノ町）
溝端……溝畑
菅居本……菅井本・菅丰本
圓光寺……圓光・堀・（道ノ北）
大竹……（道ノ前）

大竹とは別の小字としてでてきますが、道の前と言う意味のように思えます。古老の言う「どろまえ」ではないかと思います。また、古文書中では、はっきり神社前一帯をさしていると思えるものもあります。

棒田……ほうたい・俸田・傍田
北中町……北仲町
正田……正出
溝座……講座・古座
ダンゴ屋・団子屋・たこや・宅屋（前畑）・（かさや畑）
合田……屋い田・屋井田
玄取……源取
ヨモギ……蓬・ヨゴミ

古文書に出てくる小字名

藤ノ木畠…よく出て来るが、不明　下八木に同名の小字あり
藤之木村…「藤ノ木畠」と同。
藤ノ木屋敷…「藤ノ木畠」と同。
うちかけ…不明　益田に同名の小字名あり
うちかち…「うちかけ」と同。
なたち畠…不明、「はたち畠」か？
下里……畠で、現在名「田下」と考えられます。

【以上は江戸期以前の文書より抜粋】

前畑……慶長検地張にある。不明　「宅屋」または「天神」または「堀角」の一部？
北畑……慶長検地張・明暦検地張にある。不明　「畑田」又は「天神」？
かさや畑…慶長検地張・明暦検地張にある。不明　「宅屋」周辺か？

寺屋敷……慶長検地張・明暦検地張にある。現在の「堀角」の一部と言い伝えられている。
道ノ北……慶長検地張・明暦検地帳にある。円光寺か（不明）「道ノ前」と対か？　香花寺に「堂ノ北」あり
道ノ前……慶長検地張・明暦検地帳にある。不明　前述の「大竹」周辺か？　香花寺に「堂ノ前」あり
すまた……明暦検地帳にある。「角田（すまだ）」のこと
居村わり…慶長検地張・明暦検地帳にある。屋敷の在る居村全体を指すと思われる。

小字名は時代と共に変化するようです。まだまだ見落としがあるかもしれません。また、勘違いの部分もあるやもしれません。詳しいことを知っている人は教えて下さい。お願いします。

今年の正月に、ある人から、「圓光寺」という小字名は、同名の天台宗のお寺が在ったからだと聞きました。詳しいことは本当かどうかも分かりません。ただ、そのような言伝えがあると言う事だけを知っていればいいのだと思います。

また、「おおがいと（大海道）」のように『何なに海道』と言うのは、街道が通っていた、または川筋が通っていた考えられます。

安養寺の「経ケ瀬」は経典が流れ着いた場所……のように、小字名には、いわれがあるのですが、他については、あまり分かりませんでした。

《参考》
川崎文書各種（滋賀大学史料館）
東浅井郡誌巻壱巻四（阿部文書）
古地図（冨田村某氏所蔵）
「角川日本地名大辞典　滋賀県」

※1
昭和四〇年代の圃場整備により二小字（二坪）で一圃場となり、
艾（よもぎ）・天神　→　天神
合田（屋井田）・玄取→　屋井田
村馳・三反田　→　三反田
取塚・菅井本　→　菅居本
八ノ坪・大海道　→　大海道
二ノ坪・角田　→　二ノ坪
溝座（古座）・墓ノ町→　古座
十八・若林　→　十八
深町・七ノ坪　→　七ノ坪
六ノ坪・武士町　→　六ノ坪
正田（正出）・溝尾　→　正出
十六・十七　→　十七
十ケ坪・畑田　→　十ケ坪
上佃・下佃　→　上佃
十五・北中町　→　十五ノ坪
十四・廿（ハタチ）　→　十四ノ坪
北一ノ坪・北七ノ坪→　北一ノ坪
と名称変更されています。その他の小字名はそのままとなっています。ただ、溝畑（溝端）、又才（亦斎）のように漢字が変わってはいる所がありますが……。

奈良・平安時代に整備された条里制の名残である地名が消えていくことには一種の惜別の情を感じますが、これも世の流れと思うしかありません。

また、平成の大合併で古き町名や市名が消えていったことも残念としかいいようがありません。

※2
古代条里制の元では、冨田村の位置は、浅井郡条里七条十三里と六条十三里に相当します。七条十三里の一ノ坪が武士町、南へ二ノ坪、三ノ坪（角田）と数えて六ノ坪（又才）、また北に戻って、七ノ坪、八ノ坪、……、十二ノ坪（溝畑）、また北へ戻って、十三ノ坪（若林）……と数えていき十八坪（田下）、……、そして、冨田郷は三十坪（よもぎ）で終わり、三十一坪～三十六坪は益田郷になっています。

一方、六条十三里は北一ノ坪から六ノ坪まで数え、また、北から北七ノ坪…十二坪（深町）、再度、十三～十八と数えることになります。二十五坪～三十六坪は安養寺郷になっています。

圃場整備前には六条と七条の境、つまり、武士町、七ノ坪、若林、墓ノ町の北側を結ぶ線には何もありませんでしたが、太古には川筋か大きな道があったかもしれません。

※3
いはらわり、ねこさわ、かさやはた、ほりやしき、たうのまえ、たうの北、中ノ町、かさやはた、みそノほり、北はた、前はた、西屋敷、おく屋敷、久左衛門屋敷、まへやしき、……などは江戸期初期の検地帳・名寄帳等の五冊に登場する小字名です。

特に、いばらわり、ねこさわ、たうのまえ、たうの北、等々は何回も登場します。

当時は地名として公認されていたのでしょうが、いつの頃からか忘れられ、使われなくなったものと思われます。該当地は不明です。

小学校の変遷について

第０１４号
1994.06.10

現在、びわ北小学校は益田の地に移りましたが、その前は大字富田に在ったことはよく知っておられると思います。

また、現在、四十才以上の人は、富田に在ったときの旧校舎もご存じだと思います（現在のグランドにありました）

更には、昭和三十一年に、竹生小学校から、びわ北小学校に改称されたこともご存じだと思います。私も「今日誕生のびわの村…」と歌って、行列（提燈行列だったか旗行列だったかは忘れましたが）をしたことを覚えています。

では、もっと前は何処にあったか知っていますか。

現在『老人憩いの家』の前に『廣知学校跡』と刻んだ小さな石碑が建っているのを知っていると思います。実は、あの土地に最初の学校があったのです。

今回は、びわ北小学校の生い立ちを見ていきたいと思います。

びわ北小学校の歴史について

明治八年九月
　廣知学校（富田）
　文教学校（益田）
　普達学校（早崎）に生まれる。
《廣知学校は老人憩いの家の場所》

明治九年
　暁雲学校（弓削）
　八木学校（下八木）に生まれる。
《八木学校は現在の社務所である》

明治十九年十一月
　「富田小学校」に統合。
　下八木に分教場を置く。

明治二十二年四月
　竹生村が誕生する。

明治二十二年十月
　「簡易科竹生小学校」と改称。
《老人憩いの家の場所》
三分教場を置く。

明治二十五年十月
　「竹生尋常小学校」となる。
　本校は元暁雲学校で、三分教場

明治二十六年一月
　本校を富田に移す。

明治二十八年三月
　「竹生尋常高等小学校」となる。
　三分教場を廃止する。
　新校舎落成される。
《旧小学校跡地の場所に移る。》

明治三十四年十一月
　移築・増築される。《同所北へ》

大正八年九月
　運動場拡張される。

大正九年十一月
　本館・講堂新築落成される。
《記憶に新しい旧木造校舎である》

昭和十六年四月
　「竹生国民学校」と改称。

昭和十九年九月
　大阪市菅北国民学校の児童疎開。

昭和二十二年四月
　「竹生村立竹生小学校」となる。

昭和二十六年
　校歌制定（三月）
　校章改定（十一月）
《現在の校歌・校章となる》

昭和三十一年九月
　「びわ村立びわ北小学校」と改称

昭和三十四年九月
　新校舎起工される。

昭和三十六年三月
　新校舎竣工される。

昭和四十五年一月
　新体育館竣工《現在社会体育館》

昭和四十六年四月
　「びわ町立びわ北小学校」と改称

昭和五十年三月
　創立百周年記念式挙行される。

昭和五十七年
　益田の現校舎に移転。

私達が小学校へ通っていた頃には、現在のゲートボール場（グランド）とプールのある場所に校舎があって（旧木造校舎）、当時のグランドは、その北側から東にかけてあったように思います。

竹生小学校平面図

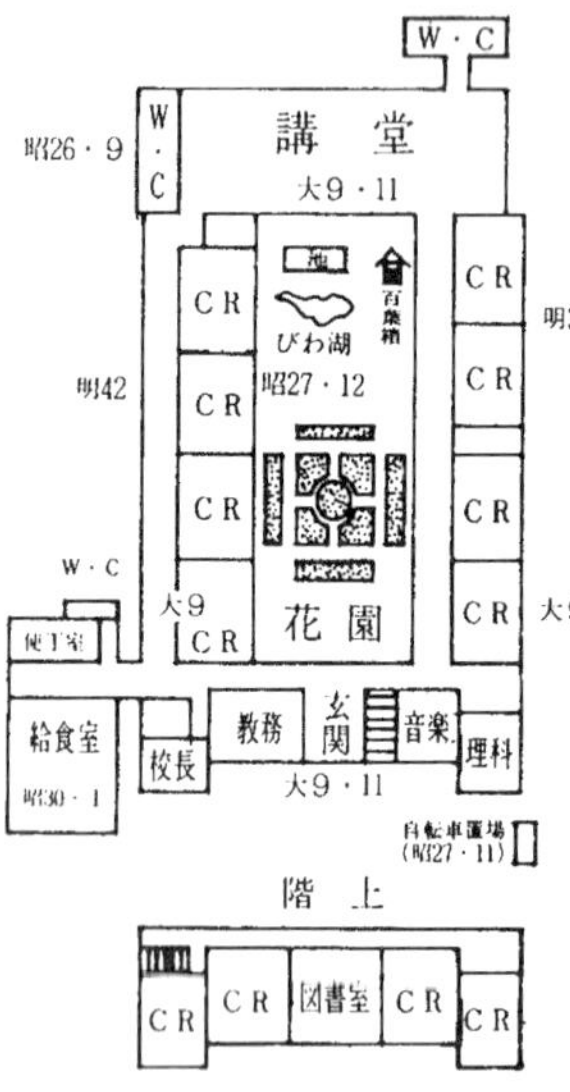

そのグランドの東側には、池というか堀というか、沼地があったように記憶しています

大正八年、運動場が狭くなったため、校地の東側の田地や北側の畑地を買収して、埋め立てました。それに要する土砂は、益田の畑土を人力で運搬しました。その延べ労力は一二〇〇人になったと記録にあります。

更に、砂利を一車三ばい積四〇〇台分を撒きました。この経費が二四〇円で、富田区の特別寄付で賄われたということです。

同時に、本館・講堂の建設に着手され、大正九年十一月には落成しています。

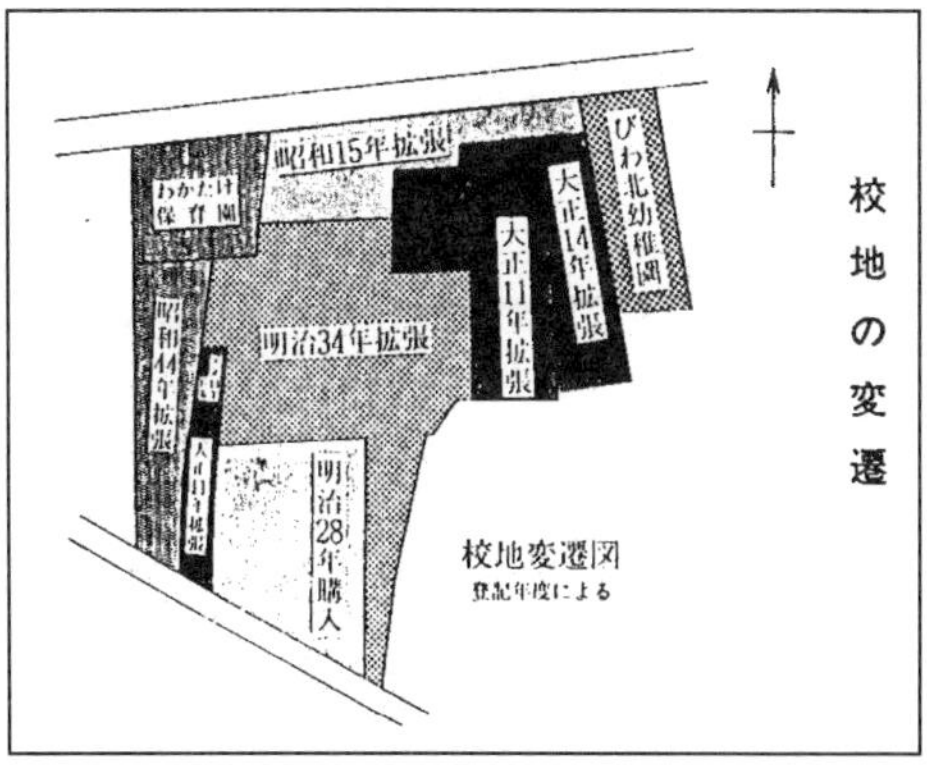

《校地の変遷》

旧木造校舎正面図（故上野外治氏画）

前述の堀は、この一連の工事の中で生まれた（作られた）ものであると聞いています。この堀（沼地）は昭和二十八年から二十九年にかけて、埋め立てられ、運動場を拡張したようで、二十九年四月には富田区の総出で作業の後始末をするなどして、見事な運動場になったようです。

このように、富田は、小学校に対して、土地の提供・特別寄付・労力奉仕等々と、いろんな形で、協力をしてきたようです。

今になってそのことを知り、先人の業績に頭が下がる思いです。

《参考》
「びわ北小学校百年誌」

※1
時の流れは速いもので、本文に記した「現在のグランド」は既に無く、平成七年（一九九五）三月末に、あじさいホールという雨天対応グランド施設が竣功され、同年一〇月一八日に第十五回富田区民運動会が実施されています。

同じく「老人憩いの家」もなく、平成六年（一九九四）十二月に解体された後は、舗装された駐車場に変わっています。

また、平成十一年（一九九九）五月には「わかたけ保育園」が解体され、その跡には、平成十五年（二〇〇三）より、サボテン作業所が開所しています。

更に、平成十九年（二〇〇七）五月には、「びわ北幼稚園」も解体され、跡地は多目的グランドに模様替えしています。

明治の時代から、冨田村の住民が心血を注いできた学園ゾーンは、平成十九年をもって全ての幕を閉じることになったのです。

残されたのは、記念の石碑と卒業記念のオブジェが一基だけとなりました。

しかし、あじさいホールは、中学校の部活練習場として、ゲートボールの会場として、有志のテニス練習場などとして多方面に活用されています。

（二〇〇九年記）

※2
次のような面白い文書があります。史料は断片ですが、当時の学校運営の一端を覗いたように思います。

《未整理六九九》

別紙之通り学校起立、祝回達在之候間、御披見之上、精々献金被成候。以上

戸長
川崎T兵治

二月八日
同
堀庄兵衛

緑央（映）寺様
源慶寺様
圭林寺様

年号は未記入ですが、冨田村に本校が出来た明治二六年（一八九三）ではないかと思っています。

「学校が出来て、祝いの通達があったから、見に行っていただき、精々献金してやってほしい。」といった内容でしょうか。

冨田村と十九村の両戸長が両字の寺院に対して宛てています。

その頃の学校は村立（公立）であったのか、各村の出資であったのかはっきりとは知りませんが、経済基盤も確立されていたとは思えません。

おそらく、村からの援助、各字からの出費、有志からの献金等々で成り立っていたのではないでしょうか。

その観点から見れば、右のような献金の勧めも頷けます。

果たしてこれらの寺院からの献金があったかどうかは不明ですが、竹生村として初めての統一校舎でしたから、経済的負担も大きく、また、試行錯誤の連続であったのかもしれません。

江戸時代の疫病対策について

第０１５号
1994.06.24

江戸時代の医療について、今回は調べてみます。

古文書の中で、そのことについて書かれているものはほとんど目にすることがありません。おそらく富山の薬売りが活躍していたのでしょうが、そんな記録もありません。今までに私が目にしたのは次のようなものだけです。

享保十七年（一七三二）、西国では飢饉であったようです。

この地域では甚だしい不作ではなかったようですが、その影響で年貢が高くなり、上草野荘では村人の半分以上の飢人を出したと言います。

その年の冨田村の免定を見ると、やはり、この年は若干だが例年より高くて、松平伊豆守領では、享保十六年が免三ツ五分三厘六毛であったものが、十七年には免四ツ一分二厘上がっています。ところが、十八年には免三ツ八分九厘に下がっています。ただし、その前の十四年は免四ツ五分で、十五年は免四ツ一分ですから、必ずしも上草野荘のようではなかったのかもしれません。

上草野荘では、十七年は免六ツ七分というからすごい年貢でした。

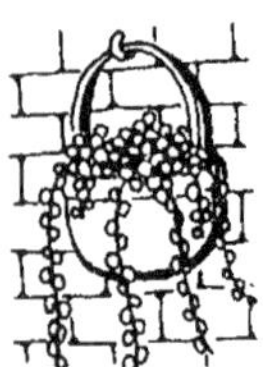

話を元に戻して、享保十七年の飢饉の後、疫病の流行を心配した幕府は、享保十八年十二月になり、官医の望月三英と丹羽正伯に応急医法を全国に伝えさせました。その応急医法を、天明四年（一七八四）に、再度、順達した文書が、川崎文書に残っていましたので紹介したいと思います。

《天明四年辰七月　御觸書写》

《法令三》

時疫流行候節、此薬を用て其煩いをのがるべし。

一時疫には、大粒なる黒大豆をよく煎りて壱合、かんぞう壱匁、水にてせんじ出し、時々呑てよし。

一時疫には、茗荷《みょうが》の根と葉をつき砕き、汁をとり、多く呑でよし

一時疫には、午房《ごほう》をつき砕き、汁を絞り、茶碗半分宛、二度飲で其上、桑の葉を一握ほど、火にてよくあぶり、黄色になりたる時、茶碗に水四盃入、二盃にせんじて、一度飲で、汗をかきてよし。もし、桑の葉なくば、枝にてもよし。

一時疫にて、熱、殊之外強く、気違いのごとく騒ぎて、苦しむには、芭蕉の根のつき砕き汁を絞りて、飲でよし。

一切の食物の毒に当り、又、色々の草木、茸、魚、鳥、獣など喰い煩いに用て、其死を逃れるべし。

一切の食物の毒に当り、苦しむには、煎りたる塩をなめ、又は温き湯にかきたて、飲でよし。但し、草木の葉喰て、毒に当りたるには、いよいよよし。

一切の食物の毒に当り、胸苦しく腹張痛には苦参を水にて、能（よく）せんじ、飲食を吐い出してよし。

一切の食物の毒に当り、苦しむには、大麦の粉を、香ばしく煎りて、白湯にて度々飲でよし。

一切の食物に当てられて、口鼻より血出て、悶え苦しむには、葱を刻みて壱合、水にてよくせんじ冷やしおきて、幾度も飲むべし。血出止むまで用てよし。

一切の食物の毒に当り煩いに、大粒なる黒大豆を、水にてせんじ、幾度も用てよし。魚に当りたるには、いよいよよし。

一切の食物の毒に当り煩いに、赤小豆の黒焼を粉にして、蛤貝に、壱つ程づつ水にて用べし。獣の毒に当りたるにはいよいよよし。

一菌を喰当てられたるに、忍冬の茎葉とも生にて、噛み汁を呑でよし。

右薬方、凶年之節、鳥(取)出しもの、雑食之毒に当り、又、凶年の後、必ず疫病流行事あり。其ために簡便方を撰ぶべき旨、よって、仰付られ、諸事の内より吟味致し出す也。

享保十八辛丑年十二月　丹羽正伯
望月三英

右は享保十八辛丑年、飢饉の後、時疫流行致し候の処、町奉行所え板行仰付られ、御料所村々え下され候写。右は当時、諸国村々、疫病流行致し、又は怪きものとも、雑食之毒に当り、あい煩い、難儀致し候趣の御聞き候の所、前書、享保十八丑年村々え下し置かれ候御薬法書付の儀、年久しき事故、村々にて、遺失致し候儀もこれ有るべく候に付、此度、御救のため右の写、村々え、領主地頭より、あい触れ候様、致されべき候。右の趣、あい触れられべき候。

五月

右の通、公儀より、仰出られ候。村々、其意を得、請印致し、順達せしめ、留め村より差し戻すべき候。已上(以上)

五月

小池友吉郎
鈴木幸蔵　御印

村々庄屋方

※一項目づつ、出典の書名が書かれているのですが、省略しました。

読みにくい部分があったり、意味の分からない部分もありますが（間違って読んでいるからかも）、一読して、どんな感想をお持ちでしょうか。

あの時代においては、これが医療だったのだと思います。現代の科学的な根拠はありませんから経験というか、無茶というか、そんなものに頼らざるを得なかったのです。

従って、「スイカとテンプラ」とか「鰻と梅干し」などの食合せはいけないなどの生活の知恵が生まれたのだと思います。

現代から考えると、話にならない項目も多々あるかと思いますが、中には効果のあるものもあるかもしれません一度、試して下さい。

今回、上の御触れ書にある応急医法を取り上げましたが、その内容よりもその背景にある、飢饉の後には飢人が出て、手当り次第に、草やその他の物で飢えを凌ぎ、そのために、餓死する人が多数出たり、疫病が流行するといった社会情勢の方が気になります。

中身は見ていませんが、川崎文書の中にも、「寡婦の誰々が困窮しているから手伝いをした」とか「寡婦の誰々が困窮しているから、給米を下げ賜りたい」などの内容が書かれている文書があります。また、具体的に調べたいと思っています。

江戸時代は、たとえ不作であっても領主（代官）から沙汰された年貢は、たとえ自分達家族が生活するための米を犠牲にしてでも、納めなければなりませんでした。うまく行けば、「日損」などのため、若干のお目こぼしはあったにしても・・・。

そのために、村全体が一致協力して事に当たれたようです。村全体の仕事にしても、惣普請であっても、一丸となれたのだと思います。また、今ではあまり使われなくなった「結（ゆい）」という言葉の重みも納得が行くように思います。

また、上のような医療の関係で、確かに、早死も多かったとは思いますが、逆に、第七号で書いた中にあるように八十才以上の人が何人かおられることにびっくりするとともに、昔の人の強さに見習うものがあると思います。

最初の上草野荘の例で、免六ツ七分というのは、村高の六十七％が年貢ということですが、それ以外にも、運賃や「大米」等々を加えれば、手元には殆ど残らない状態だったと考えていいと思います。

《参考》
川崎文書（滋賀大学史料館）
「東浅井郡誌」巻三

※1 医療についての文書はあまり目にしないのですが、次の文書は延享三年（一七四六）の「病気見舞覚」からの抜粋です。

前半部分には病気見舞いの記録がつづられています。氷砂糖・干うどん・酒・白砂糖・ぼた餅・赤飯・そうめん・とうふ・うぐひ・ふなすし・柿・いり米・あぶりくし・つり柿・茶・・・等々の見舞い品が記録されています。酒や赤飯など、病気見舞いとは思えないような品も含まれていますが・・・。

続いて「薬之覚」が記載されています。

《習俗六》

（前略）
薬之覚
二月廿七日より薬之覚
一 薬六ふく　圭林寺様
廿八日夜より
一 薬三ふく　山本 圖書様
廿九日
一 薬三ふく　同人様
同日
一 薬五ふく　御同人
卅日 志ん志ゆう入（新種か?）
一 薬三ふく　御同人
廿九日夜
一 薬三ふく　圭林寺様
同日
一 薬三ふく　御同人様
一 志ん志ゆう 山本御薬入　御同人
卅一日より
一 同三ふく　五村 探翁殿
朔日御礼
一 白三升　同人
朔日御礼
一 そうめん七把 御礼 山本圖書様
朔日
一 薬五ふく　五村 探翁様
二日
一 薬三ふく　同人
（後略）

この記録によれば、圭林寺・山本村圖書・五村探翁などが調合した薬を服薬していたことが分かります。山本村圖書様という記載は、この文書以外でも目にした事があります。

また、表紙しか残されていませんが、宝暦三年（一七五三）の「御薬種通」には、曽根村薬屋半右衛門との記載もあります。

《未整理六〇三》

右の記録は庄屋家の投薬の記録ですから、すべての村人に適用することは難しいかもしれませんが、少なくとも近隣に漢方医と思われる人があり、薬の調合を依頼することは可能だったようです。

この頃、当村圭林寺の住職も薬の知識があり、処方していることが伺えます。

病気の様子も不明、どんな薬であったのかも書かれていませんが、「かうやく三かい」という記述が一回だけあります。床ずれの対処であったのかもしれません。

しかし、高持ち百姓でも持ち高が少なければ、経済的な理由もあって、薬の恩恵にあずかれたのかは疑問です。況や零細百姓は・・・。

現代人から見れば、御触書の内容は迷信、非科学的と見えるかもしれませんが、薬をも掴む気持ちで試した人々も多かったのではないでしょうか。

現代と違い、簡単には売薬等も手に入りにくかった時代です。迷信や祈祷、信仰に頼らざるをえなかったのが実状であったのかもしれません。

左竹生嶋道 右山本

第016号
1994.07.10

竹生嶋寶巌寺は西国三十三番霊場のうち、第三十番霊場であり、昔から、巡礼の人も多かったようです。

巡礼道としては、北国街道を馬渡村で折れ、竹生嶋巡礼街道と言われる、馬渡村→小観音寺村→稲葉村→香花寺村→冨田村→益田村→早崎村に至り、早崎から船で渡る方法と、第二十九番霊場が松尾寺(京都府舞鶴市)だから、若狭街道から湖西の今津等へ抜け、船で渡り、帰路は尾上・早崎・長浜等へ上がり、北国街道を南へ向かう方法があったようです。

そのため、冨田村の神社隅にあるような道標が、この竹生嶋道沿いには残されています。今回は、この道標を調てみたいと思います。

道標(みちしるべ)とは、今で言う道路案内板で、主に、街道の分岐点や、道の分かれ道・交差点の道端や、村の出入り口などに立っている場合がほとんどです。

冨田村は、竹生嶋への竹生嶋道が通っていましたので、その分岐点に(宮さんの十字路)道標が在りました。冨田村以外でも、左の地図(明治時代の地図です。知らない昔の様子や面影が想像出来ますし、今とは道もだいぶ違うことも分かります。)のように、いくつかの村に残っているのが確認できます。

すべて花崗岩(御影石)で出来ているため、風化がひどいのもあり、読みにくく、間違っているかもしれませんが、紹介したいと思います。

①馬渡村

(表) 左竹生嶋本道　早崎村迄 貳拾五丁 各日出船

(裏) 明治四年五月 発起本村 営業社中

③香花寺村(一)

(表) 南 是より西　竹生嶋ミち 早崎村に船有

東

(裏) 北 元禄十二年己卯 勢州重行建之

西

(※元禄十二年(一六九九年))

現在、香花寺③は神社の東南隅にありますが、古老の話によると、以前は、それより十mばかり南の、廻り道の北東隅にあったようです。

このように、道標は、時とともに移動されてしまう場合が多く、場合によっては、本来の機能や目的を失ってしまうことにもなります。

②小観音寺村(現在(H21)復元)

(表) 右 竹生嶋道　江戸 鳥居講中

車に当てられ折れたこともありましたが、修理されました。折られた時には大字の中へ移動させ、神社境内で保管していました。一時所在不明となったようですが、現在は修復され、現地に建てられています。

④香花寺村(二)

(表) 右 長濱奈んハ(難波)道

以前から、この地に在ったとしたらこの道標は、竹生嶋参詣での帰路のために立てられたものだと考えられます。

⑤冨田村

(東) 右 山本

(南) 左 竹生嶋道

以前から、神社の南東隅に在り、整地等で若干は移動しましたが、殆どこの位置にあったと思われます。

⑥早崎村(竹生嶋一の鳥居⑦)

(表) 奉寄進竹生嶋一華表

(裏) 天明六丙午歳六月良辰 願主 江嶋屋甚兵衛

(※天明六年(一七八六))

今では、畑のまん中に、ポツンと立つ大鳥居の脇に、道標と言うより、石碑と言うほうがいい碑があり、両側面には、その謂れが刻んでありますが、読みづらくなっています。

また、隣には、昭和三十五年の「伊勢湾台風による倒壊復元記念の碑も在ります。⑧

なお、竹生嶋一の鳥居の件について(碑の両面に刻まれた内容)は、平成元年頃、早崎観緑氏が『夕刊滋賀』に書かれていたように思います。

詳しくは覚えていませんが、

「江戸の芝井町に住む江嶋屋甚兵衛が中心となって、江戸の四・五〇人の人が、この鳥居を寄進しました。その中には近江屋などの屋号を持つものもおり、近江(滋賀県)と関連のある人達の寄進である。云々・・・・」

もし、その時の記事を残しておられる人がありましたら、一度見せて下さると嬉しいです。

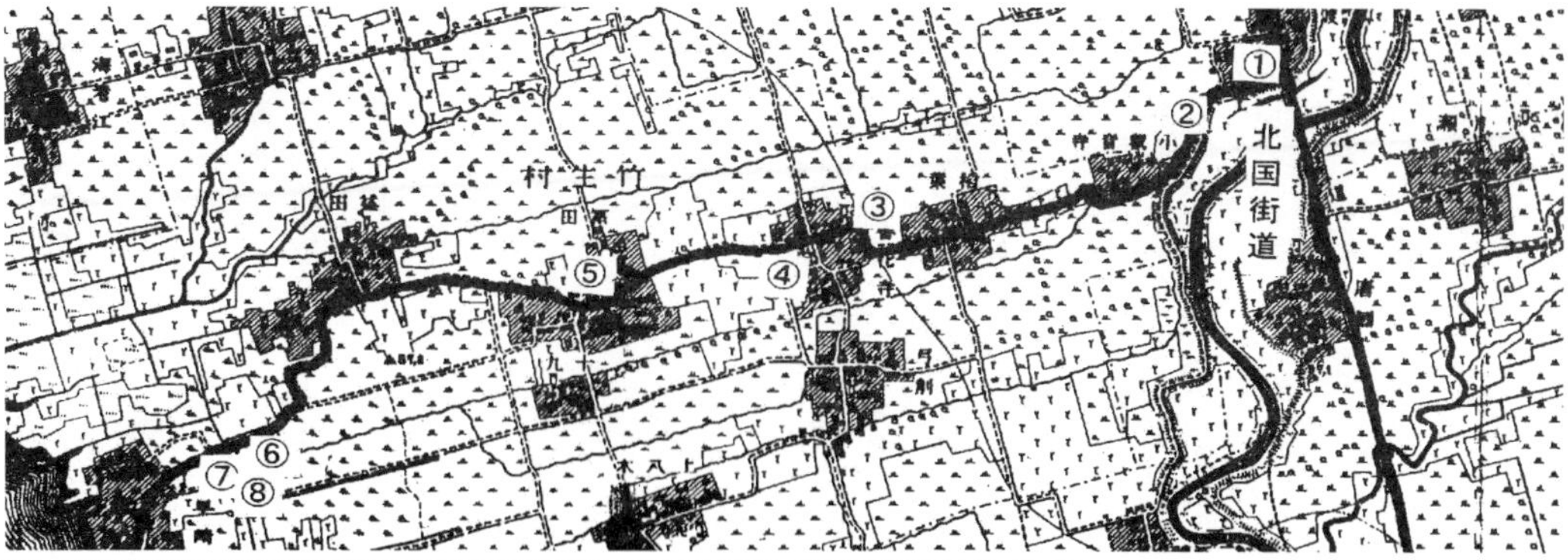

道標の所在地（明治二八年地図より）

普段、なに気なく見逃してしまうような物にも、歴史やいわれがあるものです。これからも、冨田村に関するこのような物を発掘していきたいと思っています。

「竹生嶋詣で」で思いだした事に、昔、神功皇后が竹生嶋に詣でたという伝承があります。

そのとき、船出をした所が、堂ケ浜（今は「どがはま」と呼ばれています。堂ケ崎ともいうようです）だと聞いたことがあります。

堂ケ浜は、昔は、その沖に村落があったのですが、水没したのだという言伝えもあります。その住人が引越しした所が早崎村や十九村だともいいます。また、安養寺とも海老江だともいいます。そんなことを聞いたこともあります。

海老江村のある人に聞いたら、「堂ケ浜の沖には、海老江村のお墓があった」とのこと。

また、安養寺の人に聞いたら、また別の話や琵琶湖の中の「嶋道」の話をされる。

古老の話を聞いたり、文献を捜したら、「堂ケ浜」は調べ甲斐があるかも知れません。

《参考》
「東浅井 - わたしたちのふるさと」
滋賀県東浅井郡教育会編
取材
小観音寺・香花寺村の古老の話し

※1
北国街道を馬渡村で折れ、早崎村に抜ける竹生島巡礼街道を取り上げましたが、近郷にも道標が存在し、他にも巡礼街道があったことを示しています。

北国街道を速水北で折れ、尾上村に至る道もあったようです。丁度、現在の国道8号線から五坪村、山本村へ抜ける道の分岐点に現在も一基、竹生島へ案内する道標が残されています。

⑨右竹生島道／是より尾上村ヨリ
四十五丁船阿里

また、現在は速水村伊豆神社社務所玄関横に移動していますが、同様な道標があります。

⑩是より西竹生嶋みち
尾江村に船有
元禄十二己卯／勢州重行立之

とあり、香花寺村道標③と同様、県下で第二位の古い道標とされています。これも、⑨の道標があった場所にあったものと思われます。

更に、曽根村の村中に道標とは思えない大きな石碑があり、

⑪表　左竹生嶋道
裏　文久二壬戌年孟春
（※一八六二）

と刻まれています。

この道標も移動されていると聞きます。元は二丁南にあったようです。

これは、北国街道を北上してきた巡礼者を、曽根寺南から難波村を通過させ、香花寺村、冨田村へと案内する道順であったと想像出来ます。香花寺村にある④の往路示すものだと思います。もしかすれば、曽根村から八木浜村への案内だったかもしれませんが‥‥。

曽根村の道標（石碑）

第三〇番札所竹生嶋観音堂を参詣した巡礼者は、第三一番札所長命寺や第三二番札所観音正寺、第三三番札所美濃国の華厳寺（谷汲寺）など、次の目的地へ向かいました。

長浜市には現在も「右たにくみ道」などと刻まれた道標が残されています。

江戸時代の竹生嶋災難記録に、出羽秋田・伯州（伯耆国鳥取県）などからの巡礼者の記録が残っていますから、かなりの遠方からの巡礼者も多かったものと考えられます。

冨田村の小字名に「だんごや（現在は宅屋）」という地名があり、巡礼街道に直面しています。もしかすれば、団子を売る茶店があった場所かもしれません。

また、多くの往来者が行き来しましたので、他国の情報などが得られた反面、旅人の世話や行き倒れなどの面倒なことも多々あったように思われます。

川崎文書の中に美濃国の（旅人の）宗門往来手形が残されていたり、早崎村要誓寺には無縁墓が存在するなどがそのことを物語っています。

道標ひとつにも、歴史を感じさせるものがあります。

元禄十四年（一七〇一）大洪水につき訴え状

第０１７号
1994.07.24

左の文書は、元禄十四年の減免の願書の下書きで、実際は、書き込みや、削除等がなされていますが、提出されたであろうと思われる文書に整理し直したものです。意味の理解出来ない部分もありますが、大方の事が分かります。

恐れながら口上書ヲ以って申し上げ候

江州浅井郡の内富田村の儀

一古く御領分、猪飼次郎兵衛様御代官所の時分、當村御免相は下免ニ御座候へども、其以後、御替り遊ばされ、御給知ニ罷り成り、堀市正様相替り、土屋相模守様相渡り、それより、御領分、辻弥五左衛門様、長谷川六兵衛様、西与一左衛門様、小野半之助様、段々と御替り遊ばされ候故、右の御給知の御取免ニ御取付、仰付られ、百姓、相続成り難く、迷惑ニ仕候。其上、去年、もっての外の日損ニ合い、迷惑仕り候故、少しの御了簡遊ばされ下され候。有り難く存じ奉り候へども、中々百姓手前にてハ相続成り難く、迷惑仕り候處ニ、當年、又、存じ寄らず、大洪水ニて、上の郷、小倉村・高田村・速水村、堤大分切れ、立毛(稲)ゴミ下ニ罷り成り、米ずすくろ(よごれ)見ばへ悪しく、御年貢ニ難儀仕るべきと存じ奉り候。それ故、こはしかゆりこ、百姓朝夕の過相ニ仕り候所、ごみ付き申し候ニ付、少しも喰い申す事、罷り成らず、迷惑ニ存じ奉り候。兎角(とかく)當立毛、其の外、村中の居宅の様躰、御検見役人方へ一々兎角申し候。あわれ御慈悲ヲ以って、百姓村ニ住居仕り候様ニ遊ばされ下され候ハゝ、有り難く存じ奉り候。庄屋年寄とても、朝夕の暮ニ難儀仕り候。何かと申し上るべき力も、御座なく候躰ニ御座候。以上

江州浅井郡富田村

元禄十四年（一七〇一年）
巳十月三日

庄屋　□□□□(印)
三名連記
年寄　□□□□(印)
三名連記
(印が抹消されている)

小川武右衛門様
西本忠兵衛様

《租税一九八》

古く、猪飼次郎兵衛様が御代官であった天領の時分は、当村は、他と比べて免率が低かったのですが、その後、大名等の支配地となり、堀市正様、土屋相模守の給知となり(免率が高くなりました)。その後、再び天領となって、辻弥五左衛門様、長谷川六兵衛様、西与一左衛門様、小野半之助様、と代官は替わったけれど、大名の給知の時代の高い免率をもって年貢を取り立てるので、百姓としてはやって行くことが難しくて、非常に迷惑して(困って)います。

その上、昨年はもっての外の日照りで困っていたため、少しの減免をして頂いて、有難かったけれど、中々百姓の力だけでやって行くには、依然難しく、困っていましたところへ、今年はまた思いがけず大洪水で、小倉村・高田村・速水村の堤防が決壊して、稲がごみの下になってしまい(水がつき)、米がずす黒く汚れ、見栄えも悪く、年貢にも難儀しそうです。それ故、百姓はくず米やいりこを朝夕喰おう(?)と思っていますが、ゴミが付いているため、喰うことも出来ません。その外、村中の生活のありさまを、御検見役の役人へ一つ一つ申し上げました。

哀れと思い、御慈悲をもって、百姓の生活が立って行くようにして頂ければ有難く存じます。庄屋年寄であっても、朝夕の暮し(食事)に難儀している状態です。いろいろと申し上げる力もない程(弱りきっている)の状態でございます。(よろしくお取扱をお願い致します。)

(本文十一行目十二行目の「それ故、こはしかゆりこ、百姓朝夕の過相ニ仕り候所、……」については、はっきりとした意味がわからない。「ゆりこ」は「いりこ」だと思うんですが……)

この文書から、歴代の領主や代官の氏名が判明することも、一つの収穫ですが(実際には、抜けている代官もあるし、代官職一年だけの人もありますから、次の機会に整理したいと思います。)、それ以上に、百姓の生活の様子がよく分かります。

日照りで苦しみ、減免してもらっても、依然苦しく、この年は大洪水で、高月川(高時川)の堤防が決壊し、辺りの田圃が、水の下になってしまった。まさに、ダブルパンチで、生活もままならない状態に陥ってしまう。庄屋や年寄(持ち高も多く、生活は他よりも裕福だと思ってもいい)でさえ、朝夕の暮しに難儀している。

現在の恵まれた生活をしている私達にとっては、想像もつかない状態であったろうと思われます。しかし、生きて行くために、頭も使ったようです。

左頁のグラフは、元禄年間までの免率の変化を表したものです。判明していない年もありますが、平均すると、おおよそ四割前後の免率となっています。そして、訴え状にあるように、天

領の時代の免率が低いかと見れば、決してそうでもないようです（あまり資料が残っていないから、断定はできませんが……）。

「嘘も方便」と言いますが、このような訴えの効果があったのか、元禄十四年には免率三割七分三厘（毛付に対しては、三割九分八厘）と、四割を割るような低い免率になっています。そして、これが天領の続く宝永元年（一七〇四年）までの四年間は、三割台の免率になっています。

しかし、宝永二年（一七〇五年）に大久保氏が領主となって、五百石を領するようになると、免率が、四割六分に跳ね上がることになってしまいます。

いろんな文献によると、冨田村は水利の不便な所で、地味も肥えているとは言えない、とありますが、一旦、高月川の堤防が決壊すると、この冨田村も、辺り一面水つきになったんだなあと改めて知りました。

《参考》
川崎文書（滋賀大学史料館）

※1
水損・旱損に関して残されている文書や、免定からの水損引・旱損引の記事があるものを箇条書きに抜き出してみると、

・慶長一九年（一六一四）
　三五石九斗七升五合水押引
・元和六年（一六二〇）
　三〇石八斗一升水込引
・元和七年（一六二一）
　三一石日損引
・寛永三年（一六二六）
　五八三石六斗三升日損引
　大日照により上三郷と水論公事
　江戸期最大の旱損
・寛永七年（一六三〇）
　二四石五斗二升川旱引
・寛永八年（一六三一）
　二一石二斗五升日損引
・寛永九年（一六三二）
　三六石二斗五升日損引
・正保四年（一六四七）
　香花寺村と水論公事
・万治三年（一六六〇）
　五五石四斗五升五合虫台風損引
・寛文九年（一六六九）
　二一八石四斗一升六合不作引
・寛文一〇年（一六七〇）
　九石四斗二升三合日損引
　四九石八斗五升六合籾不足引
・延宝五年（一六七七）
　一八石二斗日損引（下田一町余）
・延宝八年（一六八〇）
　七一石四斗七合水損引
・天和元年（一六八一）
　五四石三斗七升八合風損引
・天和三年（一六八三）
　二二石六斗水損引
・貞享三年（一六八六）
　馬渡村と下四郷の井水出入公事

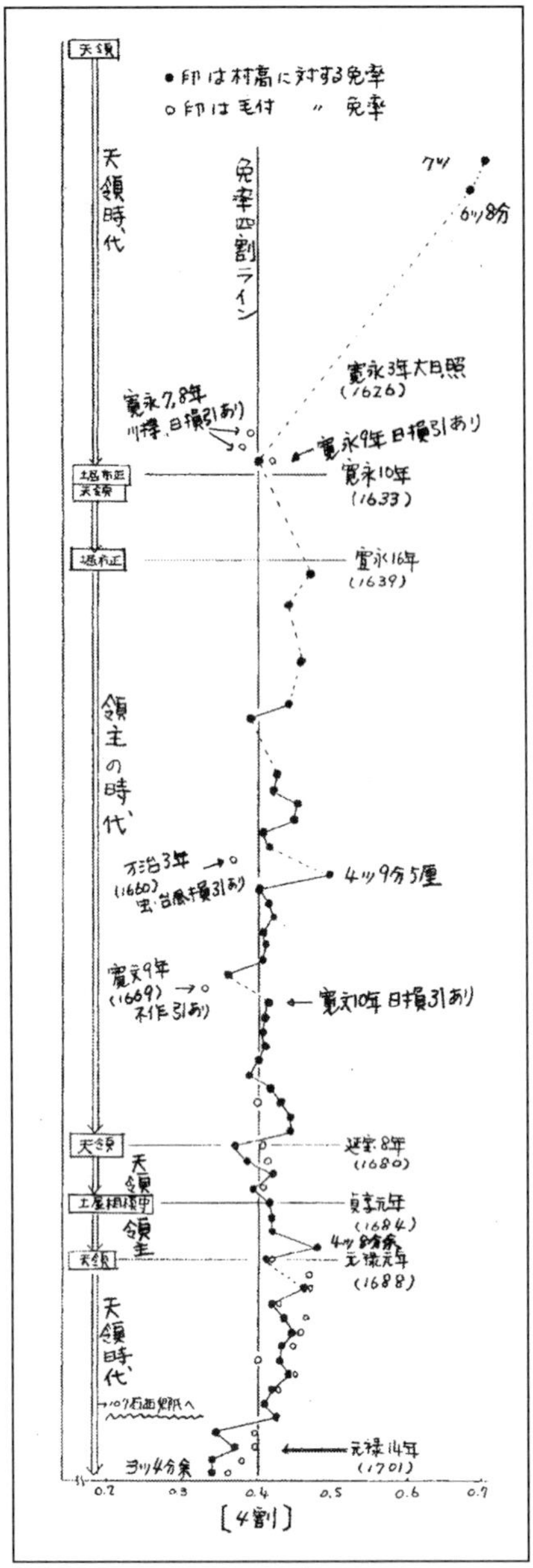

・元禄一四年（一七〇一）
　小倉村等で堤防決壊、立毛水没
　免引きの記録はない
・宝永元年（一七〇四）
　田植時に水なく、日照り続く
　免引は不明だが免率は低い
・宝永七年（一七一〇）
　四五石不作引
・享保一一年（一七二六）
　雨乞三度、日損の注進
　日損引は確認出来ない
・享保一二年（一七二七）
　大旱魃、雨乞三度
　三四五石七斗六升日損引
・享保一七年（一七三二）
　西国蝗害で大飢饉、当村不明
・享保一八年（一七三三）
　御救米・作夫食米の下付願
・元文元年（一七三六）
　この年より定免、損引不明に
・元文五年（一七四〇）
　三度の大風雨により被害の報告
・延享三・四年（一七四六・七）
　旱魃・旱損で米悪い等の報告
・明和七年（一七七〇）
　大日損、免定二三石余のみ
・明和八年（一七七一）
　免率一割三分八厘八毛（旱損）
・安永元年（一七七二）
　作夫食手当一六石金一五両下付
・安永八年（一七七九）
　天候不順、損引は不明
・天明二〜四年（一七八二〜八四）
　大冷害、全国大凶作
・寛政八年（一七九六）
　去々年以来旱損、御救米下付願
・寛政九年（一七九七）
　大旱魃、井戸を掘り水確保

※一八〇〇以降は第一八号へ続く

冨田支配の代官達

第０１８号
1994.08.10

第二号で、冨田村の領主（殿様）について書きましたが、今回は、直接村を支配してきた代官について、まとめておきたいと思います。

現在の段階で分かっているのは、江戸時代の初期から、江戸時代の中頃までです。冨田村を調べる際に用いる古文書が、江戸時代の後半については、あまり残っていません。前半はある程度残っているのですが‥‥。

◎日下部兵右衛門定好
◇天領の代官
◇慶長六年（一六〇一）から
慶長一〇年（一六〇五）まで

◎日下部善助（介）玄昌
◇天領の代官
◇慶長十一年（一六〇六）から
慶長十九年（一六一四）まで
◇日下部兵右衛門定好の弟
◇尊勝寺（浅井町）に代官所を設置
◇五村に掛所建立（後の五村別院）
◇弓削神社等の再建を図る

◎闕名右平次
◇天領の代官（年未記入の免定あり）
◇元和元年（一六一五）から
元和七年（一六二一）まで
◇尊勝寺の代官所に在住
◇冨田村関係の文書では確認できず
◇右平次改易後尊勝寺の代官所廃す

◎猪飼二（次）郎兵衛光重
◇天領の代官
◇元和八年（一六二二）から
寛永九年（一六三二）までと
寛永十一年（一六三四）服部と共同
寛永十四年（一六三七）
◇寛永三年冨田村と三ケ村の水論に
冨田村　猪飼二郎兵衛
香花寺村　新庄吉兵衛
稲葉村　小堀遠江守正一
の連名で出て来ます
◇署名の免定が何枚も残っています
（現存する年記載の最古の免定）

◎吉村兵右衛門
◇堀市正の家老
◇寛永十年（一六三三）のみ

◎服部弥三右衛門
◇天領の代官（堀氏の代行兼務）
◇寛永十一年（一三三四）から
寛永十三年（一六三六）まで

◎中山吉右衛門
◇堀市正の家老
◇寛永十六年（一三三九）から
慶安三年（一六五〇）まで
◆寛永十六年　北村が出来る
◆正保四（一六四七）香花寺村と出入

《慶安四年・承応元年は不明》

◎中山兵右衛門
◇堀市正の家老
◇承応二年（一六五三）のみ
◇中山吉右衛門の一族か？

◎簗瀬三郎右衛門
◇堀越中守の代官
◇承応三年（一六五四）から
万治三年（一六六〇）までと
寛文二年（一六六二）から
寛文十年（一六七〇）まで
◆承応三年源慶寺圭林寺の寺株立る
◇数回の日損引・不作引・台風引等の減免あり

◎長谷川八右衛門
◇堀越中守の家老
◇寛文十一年（一六七一）のみ

◎君嶋里右衛門
◇堀越中守の代官
◇寛文十二年（一六七二）から
延宝五年（一六七七）まで

◎矢嶋宗右衛門
◇堀越中守の代官
◇延宝六年（一六七八）から
延宝七年（一六七九）まで
◆延宝七年　堀氏改易

◎市岡理右衛門清次
◇天領の代官
◇延宝八年（一六八〇）から
天和三年（一六八三）まで
◇本郷村（山東町）に代官所あり
◇湖北で八千石弱を支配

◎高木武兵衛
◇土屋相模守の代官
◇貞享元年（一六八四）から
貞享四年（一六八七）まで
◆貞享三年四ケ村と馬渡村の出入

◎辻弥五左衛門守誠
◇天領の代官
◇貞享四年（一六八七）のみ

◎長谷川六兵衛
◇天領の代官
◇元禄元年（一六八八）から
元禄四年（一六九一）まで
◇辻弥五左衛門の後、富田村・別所村を支配

◎猪飼次郎兵衛
◇天領の代官
◇元禄五年（一六九二）から
元禄八年（一六九五）まで
◇猪飼二郎兵衛光重の孫

◎西与一左衛門
◇天領の代官
◇元禄九年（一六九六）から
元禄十年（一六九七）まで
◇元禄十一年の御料所樋伏替・分木伏替を計画する

◎小野半之助宗清
◇天領の代官
◇元禄十一年（一六九八）のみ
◆元禄十一年旗本西郷氏へ百七石余渡る

《西郷氏の代官不明：延勝寺代官所》

◎雨宮庄九郎寛長
◇天領の代官
◇元禄十二年(一六九九)から
宝永三年(一七〇六)まで
◆宝永二年(一七〇五)
大久保市十郎常春に五百石渡る

◎富岡源左衛門
◇大久保佐渡守の代官
◇宝永三年(一七〇六)から
享保七年(一七二二)まで

◎竹田喜左衛門正為
◇天領の代官(百六十二石余)
◇宝永三年(一七〇六)から
正徳三年(一七一三)まで

◎上林又兵衛政武
◇天領の代官(百六十二石余)
◇正徳四年(一七一四)から
享保十年(一七二五)まで
◇一説には領主ともあるが間違い

◎最上善左衛門
◇大久保佐渡守の代官
◇享保八年(一七二三)のみ

◎富岡源之進
◇大久保佐渡守の代官
◇享保九年(一七二四)から
享保十年(一七二五)まで
◇富岡源左衛門の息子か?
◆享保十年
大久保氏は下野国烏山藩へ改易

◎辻甚太郎
◇天領の代官
◇享保十一年(一七二六)から
享保十三年(一七二八)まで
◆享保十四年冨田村天領がなくなる
松平伊豆守信祝(浜松藩)
六百六十二石一斗九升九合

以上、百二十五年間に冨田村を支配した代官等は、二十六人に及びます。しかし、西郷氏の代官が全く分からないので、判明すれば、更に増えることになります。

以後、松平伊豆守・松平豊後守・井上河内守・水野越前守・水野和泉守と領主が替わり、代官・郡代等も替わっていきますが、今回は、ここまでとします。

代官も年度途中から任命され、年度途中で交替するのですが、年貢を納める時期に代官であった者を、その年の代官としました。(代官の任命月日はすべては分かっていません。分かる人もあるのですが・・・)

また、今後の調査で間違い等が判明するかもしれませんが、今の段階ではこれで間違いがないと考えています。

代官が替われば、免率も変わって来るのが、世の習い。昔の人はそれぞれに一喜一憂しただろうと思われます。

昔の人の苦労を偲びたいものです。

《参考》
川崎文書(滋賀大学史料館)
東浅井郡志巻三

※1
江戸初期の代官、闕名右平次の冨田村関係の文書は確認できないと書きましたが、それ以後の調査で川崎文書の中から見つかりました。
慶長十九年(一六一四)から元和六年(一六二〇)までの七年分の免定が残されていました。
詳しくは六八号(一三六頁~一三七頁)を参照下さい。
また、川崎文書未整理分の中からも闕名右平次に関連すると思われる文書が見つかりましたが、同一年に二通の免定が存在するなど、不明な部分も多いのも事実です。
《未整理二二八》

※2
※第一七号よりの続き
・寛政九年(一七九七)
難作の御手当米一五俵下付
・享和二年(一八〇二)
大洪水にて不作の村々あり
(冨田村は不明)
・文化四年(一八〇七)
大水大風虫害で一町四反余皆無
三五町七反余半作以下、検見
翌年、作付け種米下付願提出
※文化文政天保年間殆ど文書残らず
・天保七年(一八三六)
雨天続き、七月艾一尺三寸浸水
八月字艾二尺四寸浸水
・弘化三年(一八四六)
六月雨天続きで洪水
高田村堤防決壊、村中数日水下
・弘化四年(一八四七)
二五俵の御救米下付願提出

・天保九(一八三八)~弘化四年
下八木村の取米記録、殆ど皆無水損による凶作多発
・嘉永三年(一八五〇)
九月大風雨、一町五・六反水中
不作で夫食手当一九両借用
・嘉永四年(一八五一)
坂田浅井郡へ御救米下付
米七〇俵・金七〇両
・嘉永五年(一八五二)
高月川筋大洪水、堤防決壊
田圃で六尺余、畑で四尺余水下
人家二〇軒余浸水
三〇俵御赦御用捨米下付願提出
・嘉永六年(一八五三)
大旱魃雨乞、井戸枯、皆無も
検見、一四〇俵拝借米願書提出
・万延元年(一八六〇)
湖水より込水、一町七余反株絶
低地二〇町歩程三尺九寸水下
・文久二年(一八六二)
熱病流行、一年で一六人死去
・元治元年(一八六四)
旱損、四反余皆無、七町歩難毛
御手当米六〇俵下付願提出
・慶應二年(一八六六)
全国的に大冷害
・明治元年(一八六八)
大洪水、三六町八反余株腐り
五寸~二尺九寸の浸水家屋三二
・明治二九年(一八九六)
未曾有の大洪水で、琵琶湖の基準点より三・九mの水位上昇

幕末から明治にかけては、水損、込水、洪水の記録が連続する。瀬田川の川床上昇(土砂埋)のため、排水が機能せず湖面が上昇、人災ともいえる水害に湖辺の村々が困窮を極めたといいます。

竹木改《あらため》帳よりの考察

第０１９号
1994.08.24

現代の生活は快適で、便利になっています。水道・ガス・電気等に頼った生活ですから、停電になったりしたら大変なことになるだろうけれど…。

また、生活空間についても、子供部屋もあり、隠居所も別棟で建っている家庭が多い。欲を言えばキリがないのですが、現代の生活は昔と比べて非常に快適になっています。

反面、農家でさえ野菜を買う時代となって、生活そのものが贅沢になり、いつでも、お金・お金ということになってしまいます。昔の自給自足のつつましやかな生活も忘れがちになっています。もちろん、人情とか村の団結とかも希薄になっているのかも知れません。

昔は、個人よりも、村という共同体が優先されたようですが、現代は、村という共同体よりも、個人の生活が優先されているように思います。

どちらがいいのかは判断できませんが、昔のいろいろの事を知って、現代に生きる我々の参考にしたいと思っています。いま、ここに、

『西冨田村惣御百姓田畑之持高并
家居　間数付タリ竹木改帳』
《土地四九》

(寛文十年頃(一六七〇頃)のもので、表紙が途中から破損していますので、はっきりした年代はわかりません。ただし、寛文年間のものであることは判明しています）があります。

今回は、これを紹介します。

『西冨田村惣御百姓田畑之持高并
家居間数付タリ竹木改帳』の抜粋
《土地四九》

東西拾間　甲兵衛
南北拾間
内四尺ニ廿間　南西柴藪有
壱本　けや木(欅)
むね　一ツ　家
田六反五畝廿五歩　同人
分米拾壱石三斗八升四合
畑九畝拾六歩弐厘　同人
分米壱石一斗弐升七合六勺

東西拾弐間　乙兵衛
南北拾弐間
内三尺ニ拾弐間半　柴竹北ニ有
むね　二ツ　家
田壱町八畝壱歩六厘　同人
分米拾七石五斗四升八合
畑九畝拾六歩二厘　同人
分米壱石一斗四合七勺

東西九間　丙兵衛
南北八間
内弐尺　七間半　から竹北ニ有
壱本　栗
壱本　はりの木(榛)
むね　二ツ　家
田六反八歩三厘　同人
分米拾石三斗七合八勺
畑六畝廿二歩弐厘　同人
分米七斗七升七合五勺

※（氏名は匿名としました）

この文書は、西冨田村の住人三十四人(軒)の次の記録が書いてあります。

◇屋敷の大きさ(東西・南北の長さ)
◇竹藪・柴藪等の所持と大きさ
◇立ち木の有無とその種類・本数
◇建物の個数とその用途
◇持ち田の面積と分米
◇持ち畑の面積と分米

例えば、上の「甲兵衛」は

◇屋敷は、東西拾間・南北拾間で
◇屋敷の南西部分に
　四尺×二十間の柴藪が有り
◇屋敷内に、けや木(欅)が一本有り
◇建物は、家として一軒あり
◇田圃は、六反五畝廿五歩で
　その持高は、拾壱石三斗八升四合
◇畑は、九畝拾六歩弐厘で
　その高は、壱石一斗弐升七合六勺

ということになります。

このようにして見ていくと、屋敷の大きさもいろいろですが、最大面積が三百二十三坪、最小面積が二十二坪となっています。この差は非常に大きいのですが、この時代の特徴かもしれません。高持ち百姓と水呑み百姓の差は歴然としていたと思います。

また、三十四人(軒)中、何らかの藪(竹藪・柴藪)がある者が、二十人(軒)を数えます(一軒は史料破損のために不明)。これは、どの家でも殆どが竹藪等を持っていたことになります。現在では、殆ど竹藪等は残っていませんが、この時代は、薪にしたりするためにも必要だったのだと思われます。

この史料にある竹藪が、いまでも残っていると思えるような所もあるように思います。竹藪でなく、柴藪とあるのは、柴を取るための、雑木林ではないかと思います。

考えれば、村中に藪や雑木林がいっぱいあったようです。ちょっと想像してみて下さい。昔の冨田村の様子が目に浮かびますか。

また、屋敷内に立木のある家は二十一軒になりますが、その種類は

ゑの木(榎)　六本
けや木(欅)　十二本
はりの木(はんの木(榛))　十三本
くり木(栗)　十本
杉　五本
松　一本
ひの木(桧)　一本
たも　二本
不明(文字が読めない)　三本

となっています。現在の感覚と少し違うように思います。特に、栗の木が多いのが目につきました。はんの木は、我々の小さい頃は、田圃に多く植えて

ありました（ハサ用でしたが）。

けや木（欅）やゑの木（榎）は、屋敷の大きい家に植えられていたようです。はりの木（榛）やくり木（栗）は、どこでも植えられたようです。何故、このような木が植えられたのかは、想像しかありませんが、目的があったように思います。おそらく、大きく成長したとき、切って、木材として用いたものと思われます。


建物については、大半の人が、家を一軒所有しているだけです。上の史料の「乙兵衛」や「丙兵衛」のように、二軒もの建物を所持している者は小数です。ちなみに、三十四人（軒）中、

家　一ツ　　二十四軒
家　二ツ　　七軒
家　三ツ　　一軒
寺　一ツ　　一軒
（不明一軒）

ということです。大半が家一ツの百姓だったと思われます。

現在では、隠居所や作業小屋などの複数の建物を所有しているのが普通です。しかも一つ一つの床面積も大きいですが、昔は、今のような大きい家でない家に家族が全員住んでいたのです。別棟があったのは、特別だったのかも知れません。

寛文年間といえば、江戸幕府の前期で、幕府の基礎が固まった時代だと思います。（一六七〇年前後）

その頃、冨田村に家（建物）が、どれだけあり、屋敷の大きさも分かり、立木の種類や数まで分かると言うことは大変なことだと思います。また、有難いことだと（先人が記録を残してくれたこ とに）思います。

その大切な記録の中から読み取れることは、自分達の知恵で、自分達の自給自足の生活を守っていた、ということだと思います。そして、共同体の一員としての自覚だと思います。

昔の事を知るにつけ、そんなことを大切にして行きたいと思います。

寺屋敷のこと

この文書の中に、寺屋敷のことが出てきます。

東西十三間・南北十八間
東西南北に一間四尺の薮あり

とあります。場所は、はっきりしませんが、冨田西村に含まれることと、字堀角に「寺屋敷」と言伝えの場所があるので、そこかも知れません。

この場所は、四方を一間四尺の薮が取り巻いていると考えられます。

更に、けや木（欅）が五本など、立木も何本も植っていたようです。その中に、寺としての建物があったようです。

現在の源慶寺・圭林寺の建物は、これより新しいと考えられますから、源慶寺か圭林寺の前身の建物か、全く違う、我々の知らない寺（竹生嶋の隠居寺等）があったのかも知れません。

《参考》
川崎文書（滋賀大学史料館）

※1
寛文の頃、人々はどんな家に住んでいたのでしょうか。

江戸期を通して図面らしきものは残されていません。寺社関係については西島文書の中に指図（平面図）として多数残されていますが、個人の家となると皆無に等しくなります。

寛文の頃から約五〇年後の享保一一年（一七二六）の高反別指出帳では、床付き座敷がある家は一軒のみであるとあります。

また、畳が普及し始めるのが元禄の頃からだといいますから、片田舎の冨田村に畳のある家などあろう筈はありません。

私が幼少の頃、座敷には畳がありましたが、居間や台所には畳（床）はなく、土間に籾殻を入れ、その上に筵を敷いた家がありました。

本文の史料にも、家一ツという記載はあっても、建坪（大きさ）や間取りなどが記載されていません。

現在に住む我々には想像もつかないのですが、土の上に籾殻を入れ、その上に筵を敷いたような家だったに違いありません。

間取りは地域によって特色があるようですが、湖北は田字型の家であったようです。ただし、座敷や仏壇などもなく、質素な造りだったと思います。

勿論、屋根は葭葺きか藁葺きであったと思います。町では板葺きもあったようです。

藁布団という綿の代わりに藁を入れた蒲団や、円座という藁で作った敷物などを使っていたのかもしれません。しかし、これも私の祖父の時代まであったものですが：：。

※2
柴薮という聞き慣れない文言が出てきますが、冨田村は山を持ちませんから、焚き物には不自由だったようで、それなりの工夫をしています。

当時は何かを煮るなり、焚くなりするには焚き物が必要でした。

現代のようなガスがあるわけでなく、薪・柴・藁などを燃やして炊事をしていました。私の幼少の頃の微かな記憶に、竈（おくどさん）の近くの一画に柴や藁が積まれていた風景があります。

その焚き物は、伊香郡杉野から購入していたことは、第一〇号で紹介済みですが、購入ばかりでなく、自宅の周辺に柴薮を設けることによって、多少の柴を供給することが出来たのだと思われます。

こうした工夫も、山を持たない里村の知恵だったのでしょうか。

また、江戸の初期に風呂があったかどうかは不明ですが、このような事情で、毎日風呂を入れる（焚く）ことは贅沢なことで、私の幼少の頃には「もらい風呂」という習慣が残っていました。

今は蛇口を捻るだけで熱いお湯が出ますが、昭和三〇年代には水道もなく、バケツで水を汲み、風呂桶まで運び、風呂釜を満たし、藁や豆柴などで風呂を沸かしておくのが、我が家の子供の仕事でした。

我が家で風呂焚きの燃料が薪や小破板になったのはかなり後になってからだと思います。

その頃、台所には既にプロパンガスが入っていたと思いますが、記憶が定かではありません。

御法《ごはっと》度書について

第０２０号
1994.09.10

村々御法度書帳《法令四》抜粋
(寛政九年(一七九七))

一公儀御法度の儀、堅相守べき事

一宗門の儀、御制禁の趣、庄屋組頭、毎度念入、申付べく候。もし、僧俗によらず、奇怪の説法等申す者これあるは、早速、申出べく候。尤、壱季半季奉公人たりといふとも、宗門の儀、吟味を遂、指置申べく事

一有り来り堂社修復は格別、新規の建立仕間敷き候

一捨子、捨馬、堅く仕間敷き事

一猟師たりといふとも、いわれなく他領え越、山川共に殺生仕間敷き候。勿論、無益の殺生、堅く仕間敷き事

一博奕、其外、賭業の諸勝負、一切仕間敷き事

一人賣買、并、似セ薬種、毒薬の賣買、秤舛の儀ニ付、御制禁の趣、常々心附け、急度、相守申べき事

一有り来り酒屋の外、新規酒屋仕間敷き候。尤、酒株石高の外、造酒仕間敷き事

一何事に依らず、徒党を結び、私成儀不申合、無拠(ヨンドコロナク)、公事、出入出来候ハヽ、所役人五人組立會い、取扱いの相済ざる儀は、申出べく候。尤、万端正直相心得、私の才覚をもってまちまち成儀、これなき様致べき事

附 いか様の出入これあり候共、其所に罷有、申出るべく他領え立ち退き、申分いたし候ハヽ、たとへ理分たりいふとも、其理立つべからざる事

一村々役人、撫《なで》、私欲、依怙贔屓仕間敷き候。五人組ハ常々申合せ互ニ吟味遂げ合、悪事出来不仕様致べく、もし五人組之内不埒成者これあるは、申出べき事

一常々火の元念入申付べき候。火消道具等は兼て心掛置き、出火これあるの節、早速走付(ハセツケ)消し留申べき候。尤、近隣の出火は、御領私領ニかぎらず、走付、相働申べき事

一御領分村々、御地頭入組居候ニ付、隣村え対し、我ままの儀、之なき様、常々相心得べき候。勿論、分郷の村々、御相給の百姓え対し、かたづケ間敷き儀、之なき様、柔和ニ出合候様致すべき事

一助郷の村々、宿、駅、問屋より申觸候人馬、刻限等間違なく、之を差し出し、問屋場の指配ニ随ひ、難渋なく、相勤申べき事

一智人たりとも疑しきは勿論　子細なくして宿かすべからず。日暮、無拠、宿借者これあり候ハヽ、其出所等、能々承届候上庄屋五人組えも相断(相談)致すべし。もし、一日にても逗留のもの候ハヽ、早速、其旨申出べき事

一□商賣物の儀、高直(値)つかまつらず、前々の通り賣買申べき候。仲間申合せ、私の利倍取べからざる事

一諸商賣之儀、無□賣物無用となすべき候。且又、貸物に疑しき物、決て取べからず候。其品盗物ニて、後日等において、相い顕れは、越度となすべき事

一兼て申觸《もうしふれ》等も之なき、諸勧進の類、請け申間敷き候。尤、うさん成もの参ル候ハヽ、往還え送り出し申べき候。然ながら、右躰の者にても参、掛リ病気等、無拠候ハヽ、所にいたわり置、早速申出、指圖を任べき事

一神事、祭禮、風祭等ニ至迄、有来候通りの儀、格別目立ち候儀致さず、無益の責、之なき様心掛べき事

…《中略》…

右御箇條を以って、仰せ渡らせ候趣、村中、百姓、水呑の者まで、逸々承知つかまつり、畏(おそれ)奉り候。違背つかまつり候はば、何分之越度(おちど)ニも、仰せ付られるべく候。其ため、銘々印形差し上げ申し候。右御箇條の趣き写し留め置、正月十五日、七月十五日、年に両度宛、村々、庄屋宅において、百姓水呑迄、讀聞せ申べき旨、仰せ付られ、畏れ奉り候

仍而如件(よってくだんのごとし)

寛政九年丁巳二月

冨田村
年寄　S右衛門
同断　Z太郎
庄屋　K左衛門
同断　S五右衛門
同断　T兵衛

菊池友右衛門　御印

(人名は伏せ字としました)

右の「御法度書」は、寛政九年のものです。後半を省略していますが、最後に、下のような後書があります。

これによれば、『御法度として下された趣旨を、皆が承知しました。もし、この趣旨に違反するような事があれば、どんなおとがめでも、申し付けて下さい。その証として、村役人が押印の上、約束します。また、この御法度は、正月十五日と七月十五日に、村中の者を庄屋宅に集めて、読み聞かせます。』と誓約しています。

なお、紙面の関係で後半を省略しましたが、全てで、約四十項目に達します。

「相撲・芝居等の企ての禁止」
「父母ニ孝行を尽くし、……」
「百姓不似合の仕業等の禁止」
「大酒仕儀、相慎可申事……」
「衣類等も男女共ニ布木綿……」
「用水掛引之儀、争論無き様……」
「種籾之儀、年々撰穂いたし……」
「山林竹木、猥に伐取べからず……」
「喧嘩これ有り、人をあやめ……」
「御年貢納米之儀、随分念入……」

等々と、これでもか、これでもかと、法度の項目が列挙されています。現代人では、とても守って行けないような項目まで、微に入り細に入り書かれているのです。

また、「御條目」（享保三年（一七一八）浅井郡十九村）《法令一》という御法度書帳があります。これは、前の御法度書よりも丁寧で、詳しく書かれており、なんと、九十四項目が列挙されています。しかも、この御法度書帳の後書には、毎月二日の夜に村中の人が庄屋宅に残らず集まり、読み聞かせることになっています。

一握りの武士が、人口の大半である百姓を支配するためには、収穫の半分近くの年貢米を納めさせるためには、やはり、このような厳しくて、念の入った法度書が必要だったのであろうと思われます。

我々の祖先もこの法度書の趣旨を守り、苦しい農作業をし、年貢を納め、短い一生を送ってきたんだなと考えると、感慨深いものがあります。

現代にも、数多くの法律がありますが、我々はそう意識しなくても暮らして行けます。昔と今との違いは、支配するための規則か、そうでないかに依るものだと思います。

先の、「御條目」（享保三年・浅井郡十九村）という御法度書帳（これは冨田村堀氏の写しとして残っているのですが……）の最後のページに落書きがあり、それに、

> 此（この）目録を讀み
> 　一切に御考え
> 　　申す間鋪（まじき）事
>
> 書き置くも
> 　かた身となれや筆の跡
> 我は何国（いずく）の
> 　　つちと成とも

とあります。この御法度を、「何故……」と考えていてはやって行けないんだよ。守るしかないんだよ、という、諦めというか、開き直りを感じました。

《参考》
川崎文書（滋賀大学史料館）

※１
村々御法度書帳《法令四》の残を紹介（但し、上の略紹介の一部を除く）しておきます。（原文のまま）

一「相撲・芝居等の企ての禁止」

一往還筋之外他領境之村にて謂有之乞食非人其外病人他所より送遣候節送出之村方役人添書付ニ而も無之候ハゝ其段相断請取申間鋪候尤順送リ可成筋之者ニ而書付等相添来候ハゝ請取之先々江相違訳品有之儀は役所江　相届ケ可申事

一「父母ニ孝行を尽くし、……」

一耕作家業を麁略致し身持不宜身上取乱し或は百姓不似合仕業等有之は所役人五人組より心ヲ付不相用者於有之は可申出事
　附大酒仕儀相慎可申事

一嫁娶之儀或者寺社之奇進法事作善又は日待月待等ニ至迄可應分限候惣而不依何事侈ケ間敷儀無之衣類抔も男女共ニ布木綿之外不可致着用事
　附雑諸風聞等相慎可申事

一高拾石以下之持高分候儀無用ニ候無拠儀於有之は申出可任差圖事

一田畑之手入油断不仕堤堰川除等有之場所不及大破以前修復をくわへ可申候道橋等損候ハゝ其所ニ而いか様ニも取繕往来無滞様いたし置可訴出候尤洪水ニ而堤川除等危候時分は惣百姓人別罷出防留候様可致事

一隠田不仕新古荒地承引之場所起返り并切添切開之所於有之は可訴出事

一「用水掛引之儀、争論無き様……」

一田畑山屋敷永代賣買頼納之儀兼而御停止之通相守可申候質物に預リ候ハゝ年季拾年限て證文は所役人候ハゝ年季拾年限て證文は所役人加判を以取遣尤八季賣等不致重而出入無之様可仕事

一「種籾之儀、年々撰穂いたし……」

一町在之者其身不應家作等いたすへからす尤新規之家作致候節は地面を糺し可願出事

一「山林竹木、猥に伐取べからず……」

一御領分之輩子細有之他領江引越住居いたし度候ハゝ願之上可任差圖事
　附商用并用事有之他国江罷越候節は願出可任差圖事

一奉公罷出候百姓は御領分之内ニ而奉公相稼候之様兼而心掛可申候江戸京或は近辺之他所江無拠事ニ而奉公罷出候儀有之おいて八其子細を以願出可（任）差圖候尤他領より下人等召抱候儀は可為勝手次第事
　附奉公人之請ニ立候儀親類歟不通ものは格別行品も不知者より判銭等を取請に立申間敷事

一御領内江他所より引越住居或は借屋店借之願有之は先方より之送リ書付宗門等相糺候上申出可任差圖候惣而外より町在江参リ居用事も無之者留置へからす若隠置候ハゝ五人組之内より致詮議可訴出事
　附行品不知浪人一切差置申間敷候無拠所縁有之慥成請人等有之候ハゝ遂穿鑿其次第可申出事

一「喧嘩これ有り、人をあやめ……」

一殺害人或は倒者有之は其所之役人とも立會見届其者所持之品等相改死骸其所を不替番人附置役所江早速注進可致事

一「御年貢納米之儀、随分念入……」

一役所より不申付儀其外よりいか様之儀申来候とも請申間敷候且又訴訟之事ニ役所向江百姓大勢被出候儀無用候其所之役人江対し申分有之候迚も願出候節は五三人に不可過事

一御領分村々江役所より差出候配府滞り無之様相廻し可申事

年貢について（その二）

第０２１号
1994.09.24

左の文書は、「免定」と言われている「年貢割付状」です。

「免定」は、一般的に代官より各村宛に下されるものであり、それを基にして、庄屋など村役人が中心となって、各個人の年貢を、持高に従って決めたのです。

「免定」は各個人宛に来るのではなく、冨田村として、どれだけを納めるようにと言って来るのであり、それを村役人(庄屋・年寄・百姓代)が割り振りしたのですから、村役人の仕事も大変であったに違いありません。

また、百姓代は庄屋・年寄が不正をしないようにと、小百姓の立場から村政治に参加しました。

①寛永元年(一六二四)《租税一〇八》

子年御物成事
一高七百六十九石四斗　　冨田村
此取　四百参拾弐石壱斗九升
右来月廿日以前、皆納仕(つかまつる)べき者也。以上
寛永元年十一月廿八日
猪飼二郎兵衛(印)(花押)
庄屋百姓中

これは、江戸初期によく見られる形式で、その村の石高(高辻とも言う)と、それに対して、納めるべき年貢の高(量)のみが記載されているものです。

これらの「免定」は、殆ど十一月の日付で村に出されており、その納入期限は十二月中頃までのものが多く見受けられます。

②寛永三年(一六二六)《租税一一〇》

寅年御物成之事
一高七百六十九石四斗　　冨田村
内五百八拾三石六斗三升　　當日損引
残百八拾五石七斗七升　　田畠屋敷有高
此取三拾四石三斗四升
右、来る十日以前、皆済有るべく候。もし、當取不足之由仰せられ候ハヽ、重て、申付べき候。以上
寛永三年　十一月廿一日
猪飼二郎兵衛(印)
惣百姓中

この「免定」には、當日損引として五百八十三石余が記入されています。

この寛永三年は大日照りで、干魃でした。

冨田村の他の記録では、水をめぐっての出入り(他村との訴訟ごと)もあり、犠牲者すら出しています。このような天災に対して、支配者は税(年貢)の免除を行っています。

つまり、本来ならば、七百六十九石四斗の収穫が見込まれる筈だが、干魃のため収穫が出来ない五百八十三石余を差し引き、百八十五石七斗余に対して(田畠屋敷有高)、税(年貢)を決めています。その高が三十四石三斗四升というわけです。

この年には収穫があったかどうかは分かりませんが、三十四石の年貢は納めなければなりませんでした。これは百姓にとって、苦しくても有難い処置だったと考えられます。

このような免除は、私が現在までに知っている中では、この年が最高の損引きとなりますが、日照り・水害・台風の害・虫の害等で何度か実施されていることが確認できます。

③寛永七年(一六三〇)《租税一一四》

午之年冨田村免定之事
一高七百六十九石四斗
内　弐拾四石五斗弐升　　當川捍毛挨
残テ七百四拾四石八斗八升
此取弐百八拾八石七斗弐升
但　有高ニ参ツ八分七厘六毛
内　拾分壱　大豆納
右之通、相(あい)定め申し候。庄屋・百姓立相(合)、免割、本郷・出作共(とも)高下なく、割符致し来る極月廿日以前、急度、皆済仕べき者也。
寛永七年　午霜月廿三日
猪飼二郎兵衛(印)
冨田村庄屋百姓中

※「高下なく、割符致し‥‥」
贔屓することなく、平等に(高に相応に)割り振りし‥‥の意

※「極月」‥‥十二月のこと

②と同様に川捍(川が干上がった)のため二十四石余の免除をしていることが分かります。

更に、「有高ニ三ツ八分七厘六毛」の文字が見えます。これは、取れ高に対して、三割八分七厘六毛が年貢だと言うことを意味します。その高(年貢)が二百八十八石七斗二升になるというのです。

このように、有高(毛高・毛付などともいう)に対して、免(税率)を掛ける場合と、村高七百六拾九石四斗に対して、免を掛ける場合があります。詳しいことは避けますが、この免率に対して百姓は一喜一憂したであろうと想像されます。大半の「免定」には、この免率が記載されています。

また、「年貢」は米納だと思っている人が多いと思いますが、この「免定」では、「年貢」二百八十八石余の内、その十分の一は大豆納だと書いてあります。つまり、二十九石は大豆で納めよといっているのです。

このように、「年貢」は、米ばかりでなく、大豆やその他のもので納めることもあったようです。

最近の新聞の文化欄で読んだ記事の中に、特産品の塩・和紙・海産物等で「年貢」を納めた例が紹介してありました。

④天和二年（一六八二年）《租税一四二》

冨田村戌之年免定

一高七百六十九石四斗　田畑屋敷
此取三百弐拾四石六斗八升七合
　　高四ツ弐分弐厘
内 百八石弐斗弐升九合
　　三分一銀納
　百拾六石四斗五升八合
　　米納

右の通り、當戌の御成ケ、相極め候間、村中庄屋・百性残らず、立合、銘々持高に随い、高下なく、割符致し、来ル極月廿日以前、急度、皆済せしむるべき者也。

天和弐年酉十一月日
市岡理右衛門（印）
冨田村庄屋百性中

「年貢」三百二十四石余の内、その三分の一に当たる百八石余をお金（関西では殆ど銀が用いられた）で納め、残りの三分の二の二百十六石余を米で納めるように指示しています。

貨幣経済が確立して来るようになると、「年貢」の三分の一を銀納することになります。これを「三分一銀納」と言います。

冨田村では、延宝七年（一六七九）までは米納であったものが、延宝八年（一六八〇）から「三分一銀納」が登場しています。おそらく、この頃から各地で「三分一銀納」が導入されたものと思われます。

冨田村の年貢については、川崎文書（滋賀大学史料館）に多く関係文書が残っており、今後の調査で、いろんなことが分かると思っています。

このように、「年貢」は年毎に変化をしており、その方法も変化していったのです。『百姓は殺さぬよう、生かさぬよう』と言った方針が貫かれ、日照り等の時は手加減をするかわりに（損免引）、普段はきっちりと年貢を取り上げたのでした（税率四〇％以上）現在の我々所得税が一〇％～二〇％程度ですから、その苦労がわかるというものです。

今回は、年貢の事について書きましたが、現在でも所得税の他に、町県民税とか、消費税とか、贈与税とか…いろいろな税金があります。

江戸時代においても、年貢といっても、今回書いた「本年貢」以外に、「欠米」・「口米」・「夫米」・「御蔵所入用銀」等々の賦課米（銀）や「助郷」と呼ばれる夫役も課せられました。

《参考》
川崎文書（滋賀大学史料館）

※1
年貢の納入実態について、次の文書から見たいと思います。

元禄九年（一六九六）の「子春二條御蔵詰■■■帳」と題された文書ですが、破損がひどく不明部分も多い史料ですが、参考になる記述も含まれています。

《未整理一五〇》

一米弐百弐拾三石五斗七升壱合
　　御詰主冨田村
外二弐石四斗弐升九合　余米
〆弐百弐拾六石　京着
一米九拾五表　構出し
　内弐拾弐表　刎
　　七拾三表　納五斗廻■
　能詰三拾六石五斗
一米弐百拾六表　■■■
　内弐拾八俵　刎
　　百八拾八俵　納五斗廻■
　能詰九拾四石
一米百八拾五表　■■■
　内弐拾七表　刎
　　百五拾八表　納但五斗廻り
　能詰七拾九石
一米弐拾六表　構出し
　内六表　刎
　　弐拾俵　納
　　　但四斗九升六合五廻り
　此能九石九斗三升
一米五俵
　内弐表　刎
　　三表　納　但五斗廻し
　能詰壱石五斗
一弐石　■■■
一六斗壱合　■■■
一四升　■■■
納合弐百弐拾三石五斗七升壱（合）
（後略）

※「表」＝「俵」

右の史料からは、津出し（出荷）した年貢米の全てが納められたのでなく、刎米（不良品として納米を拒否された米）がかなりあり、出荷の追加があったことを示しています。

刎米の理由は書かれていませんが、湖上運送時の濡れ米が原因かと思うのですが、精米不良等も考えられ、はっきりしたことは分かりません。

能詰（納米合格品の意か？）を合計すると二二三石五斗八升になり、一方、刎米の計は八五俵（四二石五斗）になります。出荷の約一六％が不良品として刎米となっています。

刎米の後の処理をどうしたのかは不明です。不良品の烙印を押された以上、持ち帰るか（この場合再度輸送代金が必要）、安値で売り払ったものか、当時の慣習があったものと思います。時代が下がった史料には安値で売り払い、不足金を支払った記録を見たことがあります。

年貢関係の史料には、免率や納米高等々の正式的な数値は記されていますが、このような刎米の記事は多くはありません。しかし、詳しく記録（濡れ米の記録）がある年もあり、珍しいことではなかったのかもしれません。

今後も年貢に関することは話題に上げると思いますが、このような目に見えない部分があることを心の片隅に置きながら読んで頂けるといいのではないでしょうか。

（二六八・二六九号註に関連説明）

年貢について（その二）

第０２２号
1994.10.10

前回は、本年貢の事について書きました。今回は、本年貢(御物成)以外の税等について書きたいと思います。

冨田村は高七百六十九石四斗の村ですから、この七百六十九石四斗に対して掛けられる税が「本年貢」です。しかし、「年貢」には、以上のような「本年貢(御物成)」の付属米として、「欠米」・「口米」・「夫米」・「運賃」や「車力」等が必要でした。

◆「欠米」とは、年貢米を輸送の過程で欠損米を補充するために、あらかじめ徴収した付加米のことで、年貢一石に付き三升が徴収されました。

◆「口米」とは、代官が支配に必要な代官所の経費を徴収するための付加税のことで、年貢一石に付き三升が徴収されました。

◆「夫米」とは、人足米とも言い、夫役を徴収する代わりに上納させた米のことで、冨田村では、夫米定納十三石八斗九升四合となっており、村高七百六拾九石四斗の一・八%となっています。

◆「運賃」とは、「年貢」を輸送する船賃のことで、冨田村では、早崎浦から大津まで船輸送しました。その運賃で、元禄四年(一六九一)では、一石に付き一升となっています。

◆「車力」とは、船輸送した「年貢」を所定の御蔵まで運送する必要がありました。その運賃で、冨田村は二条御蔵や伏見御蔵・高槻御蔵・大津御蔵へ納めたようです。

元禄四年では、大津より二条御蔵までの運賃が、三石四斗積みの荷車一台分で九升三合となっています。

◆その他にも、「御蔵所入用銀」とか「六尺給」などの徴収も見受けられ、本年貢以外にも多々の負担があったようです。このように見て来ると、本年貢が四〇%であっても(少ない税率)、負担はどうしても、五〇%を越えてしまうことになってしまいます。やはり『胡麻の油と百姓は、絞れば絞るほど出るものなり』という事なのでしょうか。

また、「年貢」は所定の御蔵に納入するまでが百姓の責任で、それまでの費用は百姓持ちであったことも知ることができます。その費用も馬鹿にはならなかった筈だと思うのですが・・・。

更には、助郷と呼ばれる夫役も課せられることもあり、また、各村には街道の掃除(冨田村には北国街道の馬渡村付近の四十八間(八十六・四メートル)が割り当てられていた)等も負担していたなど、年貢以外の賦役もかけられました。

元禄九年（一六九六）分の上納目録・皆済目録《租税一七九》

元禄九子御年貢并小物成ニ高掛諸通上納目録

高七百六拾九石四斗　　高四ツ四分三厘四毛余
江州浅井郡
一御取米三百四拾壱石壱斗五升五合　　冨田村
一米拾三石八斗四升九合　　夫米
一銀百拾五匁四分壱厘　　御蔵所入用銀
合　銀百拾五匁四分壱厘
　米三百五拾五石四合
此納方
米百拾三石七斗壱升八合　　三分一銀納
此銀六貫八百弐拾三匁八厘　　但石六拾匁かへ
米弐百四拾壱石弐斗八升六合　　米拂
百八拾四石弐斗四升八合　　二条御蔵詰
内　五拾石　　大津御蔵詰
四石八斗九升六合　　車力
弐石壱斗四升弐合　　運賃
銀百拾五匁四分壱厘　　御蔵所入用銀
拂合　銀六貫九百三拾八匁四分九厘
米弐百四拾壱石弐斗八升六合
外
一銀六百目四分弐厘　　御口米代
内　弐百四匁六分九厘　　三分一銀納分
但御直(値)段方一石六拾目かへ
三百九拾五匁七分三厘　　米納分
但石五拾八匁かへ

右者、去子御年貢并小物成諸通高掛品々
御口米共、不残上納仕候。若、勘定相違之儀
御座候ハ者、仕直シ差上ケ申候。此外、上納物一切
無御座候。以上

元禄十丑年

浅井郡富田村庄屋　T兵衛(印)
(三名連記押印)
同村年寄　S三郎(印)
(三名連記押印)

西与一左衛門様

また、支配者から強制されるものではありませんが、百姓にとって最も大切な「水」の管理のため、総普請や川浚え・井（水源）の修理等いろんな負担もあったのです。

前頁の上納目録では、夫米・口米・車力・運賃・御蔵所入用銀の文字が出てきます。

また、三分一銀納の文字もあり、米を銀に換算していることも分かります。（口米分の米納分については、一石を五十八匁宛として、三分一銀納分は一石を銀六十匁宛に計算しています。）

また、銀納と米納とを見ると、名の通り、きっちり三分一を銀納で、三分二と夫米を米納としています。このような計算は、意外と思うほど正確でありたまに例外（写し間違い等）はあるものの、殆ど間違っているものを見ません。計算の正確さには驚くものがあります。

当時の計算力の高さに脱帽です。

更に、本来は百姓負担の車力や船運賃が、これでは、年貢米の中で負担されています。何故そうなっているのか分かりません（何故優遇されているのか？）が、江戸時代後期の水野氏が領主であった頃もそうなっています。（東浅井郡内の水野領の「各村年貢控帳」には、各村とも船運賃は負担してもらっていますが、車力賃も負担してもらっているのは、冨田村と十九村だけです。）

年貢は、最終的に二条御蔵・伏見御蔵・高槻御蔵・大津御蔵へ納めたと記しましたが、これは、冨田村が天領（幕府直轄領）であった時代のことで、土屋氏・西郷氏・堀氏・大久保氏・松平氏・松平（本庄）氏・井上氏・水野氏等の支配になった時のことは、まだ調べられていません。別の所へ納めたのかもしれません。

意外なほど、税に関する史料が残っているので、年貢等に関してもう少し見てみたいと思っています。

《参考》
川崎文書（滋賀大学史料館）
日本史用語辞典（柏書房）

※１
前号の追加説明で使用した文書を再度取り上げます。　《未整理一五〇》

（前略）
一米九斗三升　増田■■■■
是ハ御詰米并諸入用米弐■■■
■■増田浦とも早崎迄舟積銀■■
■■■石ニ付四合ツゝ
一米八升九合三勺　余米舟ちん
是ハ余米ニ付諸入用米ヘ八石九斗
弐升九合増田浦大津迄之舩上
但石ニ付壱升ツゝ
一米三斗弐合三勺　大津水上ちん
是ハ御詰米并諸入用米弐百三十弐
石五斗大津百口宿町蔵口持ちん
但石ニ付壱合三勺ツゝ
一銀五拾八匁五厘　大津■■ちん
是者御詰米并諸入用■■■■■
壱斗九升八合大津百口町■■■■
一米六升四合六勺　車■■■■
是者御詰高米ニ付諸入用并■■■
■■■大津より二条迄車力ちん
但壱持■■九升三合也
一壱石九斗八升　廻米■■
是ハ御詰米内拵之節軽表（俵）廻■
■■■■
一米四斗五升　■■■
是ハ御刎表度々有候間■■■■
（後略）　（※　表（俵））

> 右子年御物成并高掛、書面之通、皆済之處、仍如件。
> 丑五月　西与一左衛門（印）
> 江州浅井郡冨田村　庄屋年寄

◆上納目録（右頁）

冨田村役人より代官所に対して、年貢の米納をどれだけ、銀納をどだけという、納入した年貢の明細書を、目録にして、代官に提出したものです。

年貢は、指示の通り、残らず納めました。もし、勘定に間違いがあれば、計算し直して納入します。この目録に記入されている以外の上納物は一切ありません、と書かれています。

また、冨田村の庄屋年寄六人の名で（押印して）代官に提出しています。

◆皆済目録（右）

代官所へ提出した上納目録に、右のように裏書したものが、皆済目録と呼ばれています。

代官が上記の年貢の完納を認め、上納目録と一致したことを示す書類で、代官が押印したものです。

破損がひどい文書を長々紹介しましたが、年貢は本年貢ばかりでなく、その運送に関わる費用など、雑多な経費が必要であったことを知ってほしかったからです。

増田浦から早崎浦迄の舟賃、早崎浦から大津迄の舩賃、大津浦から仮蔵迄の輸送費、仮蔵から二条蔵迄の輸送費、納米時の俵の拵直し代、納米手伝人足賃‥‥等々、最終的に納米される迄に雑多な経費を要します。

そのような必要経費が、
米〆四石三斗三升三合弐勺
銀〆百六匁壱分三厘
白米壱石七斗六升八合七勺
となり、
上納壱石ニ付弐升七合弐勺
となっています。

刎米が約一六％、雑費が約二・七％と目に見えない負担があったことが分かってきます。

年貢について（その三）

第０２３号
1994.10.24

江戸時代は税として「年貢」を納めなければなりませんでした。今回は、その「年貢」の流れについて考えたいと思います。

これからの記事は、江戸時代初期、冨田村が天領（幕府の直轄領）の時代のことであると認識しておいて下さい。

川崎文書（滋賀大学史料館）には、税関係の史料が膨大にあります。その何%しか読めていないので、もし間違っていたら申し訳ないです。念のためにお断りしておきます。

◆検見（毛見・立見）について

稲穂が実る頃、代官所から役人が派遣され、収穫の良否を調べます。「坪刈り」をやったかどうかは分りませんが、収穫量の査定といったところです。たくさんの「検見帳」が残っていますが、ここでは省略します。

代官所ではこの検見（毛見）を参考にして、「免（率）」が決められ、冨田村に免定が下りて来ます。

◆「免定」について

「免定」は冨田村宛に来ます。今年はどれだけの年貢を出せ、と通達するもので、庄屋宅に届けられます。

下の「免定」は天和三年（一六八三）のものです。（第二十一号に書きましたが、形式やその方法も、時代と共に変化しています）

この「免定」を基にして、庄屋等の村役人が中心となり、個人の持高を基礎にして個人宛の年貢高を決定することになります。

《租税一四七》

冨田村亥年免定

一高七百六十九石四斗　田畑屋敷
　内弐拾弐石六斗　當亥水損引
残七百四拾六石八斗
　　　　　　毛付上中下
此取三百三石弐斗壱合
　本高三ツ九分四厘壱毛納
　　　　毛付四ツ六厘
内　百壱石六升七合
　　　　三分一銀納
　弐百弐石壱斗三升四合
　　　　米納
右之通、當亥之御成ケ、相極候。村中庄屋百性、不残立合、銘々随持高、無高下、致割符、来ル極月廿日以前、急度、可致皆済者也。

天和三年亥十一月日
　　市岡理右衛門（印）
冨田村庄屋百性中

◆割符について

庄屋年寄などが中心となって、年貢を個人に割り振りすることを割符といいます。

左の文書は、東西北村別の「年貢の割符覚」です。個人別のものもありますが（まだ調べられていない）、省略します。

このように、各個人の年貢が決定すると、その年貢を『郷蔵』に納めることになります。

『郷蔵』は、東西北村の各村が持っていました。西村の郷蔵跡地は何処だかが分かっているのですが、他はまだその場所を知りません。

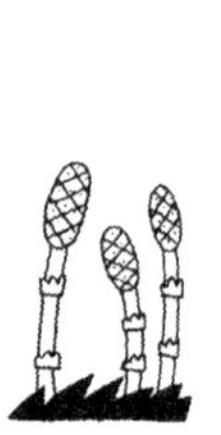

《租税一四八》

亥之御物成割符覚

一高三百三拾八石五斗三合六勺　西村分
此取百三拾四石壱斗六升九合弐勺
　但高三ツ九分六厘三毛六
一高弐百三拾五石六斗六斗三升一勺　東村分
此取九拾三石三斗九升四合
　但高ニ三ツ九分六厘三毛六
一高百九拾五石弐斗六升六合三勺　北村分
　内四石四斗三升五合　屋敷方引
残百九拾石八斗三升壱合三勺
此取七拾五石六斗三升四合八勺
惣取〆　三百三石弐斗一合
高三口合　七百六拾九石四斗
天和三年亥十一月廿三日

◆年貢米の搬出

「年貢米」は、早崎浦まで運搬され、早崎から、船で大津まで運ばれました。また、一時にだけではなく、何回かに分けて納められたようです。次の文書は船で運ばれたときの運賃の領収書と、御蔵へ確かに納めたという領収書です。また、銀納についても同様な文書を示しておきます。

《租税一四九》

二條御蔵冬詰之事

（割印）
合米三拾四石五斗者　上納
右者、當亥御物成之内、如此上納申處、仍如件。
天和三年亥十二月廿一日
　□石勘左衛門（印）
冨田村庄屋中

この文書はいずれも天和三年（一六八三）の文書で、上の免定・御物成割符を基にして、村中より集められた年貢米を上納した領収書の一部です。

残念ながら、三百三石余の全ての分は残されていませんが、上納の様子が分かってきます。

少なくとも一回ですべての年貢米を納めたのではなく、分散して納めたことが分かります。

《租税一九六》

舟積仕候御城米之事

一印合五拾五石　西冨田村
　但此表(俵)百拾俵
　此舟ちん五斗五升
表(俵)数〆百拾壱俵五升
外ニ　但石ニ付壱升ツヽ
一印三石五斗　十九村分
　此表(俵)七俵
　此舟ちん三升五合
米合百壱拾八表八升五合

右之口米、本米、舟賃共、慥ニ請取申所、相違無御座候。為其、手形如件。

元禄十三年辰ノ十一月廿四日
　安養寺村
　舟持　平右衛門(印)
西冨田村
　太兵衛殿

※元禄十三年(一七〇〇)

※これによると、一俵は五斗入りであるのが分かります。今の俵は四斗一俵ですから、かなり大きい俵あったようです。

※年貢米を、安養寺村の平右衛門船で運搬したときの荷受け証書だと思われます。船賃として、積み荷米の一%相当の費用がかかっています。

また、次の二枚は貞享元年（一六八四）の年貢米の受取状です。

《租税一五一》

亥之年御物成之事

一米拾三石　(印)　但京枡也

右、高槻御蔵江相納候所、仍如件

貞享元年子三月廿五日
　高橋三右衛門(印)
冨田村庄屋中

《租税一五四》

亥御納米二條御蔵春詰之事
(割印)

一米五拾弐石壱升九合也

右者、冨田村亥年御成ケ米之内、二條御蔵へ相納所、如件。

貞享元年子五月朔日
　寺西茂兵衛(印)
冨田村庄屋

このようにして、年貢が納め終わると、前号(二十二号)に載せたような「皆済目録」が、冨田村に渡されます。

これで、その年の年貢が完納したことになるのです。

十一月頃に「免定」が来て、翌年の九月頃に「上納目録」を提出し、その「皆済目録」が十一月頃に来る。

約一年間を通して、年貢と関わりを持つことになるようです。考えれば、気の遠くなるような話なのです。

◆年貢の領収書

《租税一五八》

冨田村卯御年貢銀納通
貞享五年辰二月
　辻弥五左(印)

二月十日(印)
印)一銀壱貫五百弐拾三匁八厘
　庄屋　□左衛門納
同日　(印)
印一銀弐貫六百七拾五匁九分三厘
　同　□兵衛納
同日　(印)
印)一銀壱貫八百七拾匁弐分八厘
　同　□兵衛納
辰四月二日（印）
印)一銀百三拾六匁五分六厘
　庄屋　三人納

《租税一六〇》

御年貢銀請取候事

銀合弐貫四百七拾目者
割印)　伊勢屋傳兵衛殿

右者、江州冨田村辰三分一銀請取候所、仍如件。

元禄元辰十一月十二日
　長谷川六兵衛(印)
冨田村庄屋中

※貞享五年＝元禄元年(一六八八)

《参考》
川崎文書（滋賀大学史料館）

※1

《未整理五六四》

御帳不足惣まい(米)之分

十二月八日
一三斗八升弐合　未入分
十二月廿二日
一大豆六升七合　拾分一入
十二月廿五日
一未弐斗弐升四合　三分一銀入
　此代五両　但石ニ付弐拾三匁五分
高壱石七斗五升四合
(印)米大豆合六斗七升三合
右之通之納所候者也
　西冨田村
寛永八年
　未十二月廿五日　惣中(印)

高四百弐拾九石五升
米大豆合百六拾三石五斗弐合
　此内
(印)米九拾弐石六斗五升弐合　御蔵入
(印)大豆拾六石三斗五升　拾分一入
　(後欠)

※寛永八年(一六三一)

最後の端数の納入分か、御蔵で計量した結果、不足が生じたための納入かは判断出来ませんが、このような細かい所まで記載された文書が残されています。

それらの文書を一通づつ確認していく中で、村人の喜怒哀楽も見えてくると思っています。

江戸期初期の段階では、米納・大豆納・銀納の別があり、大豆納が十分一納（一〇%）、銀納が三分一納（三三・三%）、残りが米納（五六・七%）であったことが伺えます。

馬の餌としての大豆まで年貢として納入していたのです。

年貢について（その四）

第０２４号
1994．11．10

江戸時代の年貢について調べてきたが、今回は、冨田村の年貢免率について考えてみたいと思う。

冨田村の年貢に関する史料はたくさん残されており、しかも、江戸時代の前半部分がよく残されている（後半になると、逆に残っていない）。

現在までには、その江戸時代前半の部分しか見ていないが、その前半部分のまとめをしてみたい。

左の表は、「免定」・「割符之覚」・「皆済目録」・「年代記」等の史料より抜き出した数値の一覧表である。

左の表は字が小さくて見にくいかもしれないが、慶長六年から元禄十六年までの、約一〇〇年間の記録である。

「村高Ａ」とあるのは、冨田村の村高で、慶長七年の検地以来、七六九石四斗と変化していない。

「免除高」とあるのは、日照りによる日損や台風による風損、洪水等による水損、不作による損等々、および、用水路等の溝敷引、郷蔵の屋敷引等の課税対象から差し引かれる分である。

「実村高Ｂ」は、「村高Ａ」から「免除高」を差し引いた、実際の課税対象となる村高である。

浅井郡冨田村年貢一覧

［高］の単位は 石．斗升合勺

年号	西暦	領	村高 A	免除高	実村高Ｂ	御物成Ｃ	免率C/B	免率C/A	別徴収高
慶長５	1600	天	756.9000						
慶長６	1601	天	756.9000	211.9320	544.9680				
慶長７	1602	天	769.4000	検地実施					
慶長16	1611	天	769.4000			538.5800	0.7000		
慶長17	1612	天	769.4000						
慶長18	1613	天	769.4000				0.6800		
寛永元	1624	天	769.4000			432.1900			
寛永２	1625	天	769.4000			409.3700			
寛永３	1626	天	769.4000	583.6300	185.7700	34.3400	0.1849		
寛永４	1627	天	769.4000			92.8800			
寛永５	1628	天	769.4000			146.0630			
寛永６	1629	天	769.4000			167.7900			
寛永７	1630	天	769.4000	24.5200	744.8800	288.7200	0.3876		
寛永８	1631	天	769.4000	21.2500	748.1500	285.1060	0.3801		
寛永９	1632	天	769.4000	36.2500	733.1500	316.6010	0.4229	0.4030	11.541赦
寛永10	1633	堀	769.4000			307.7600			
寛永11	1634	堀	769.4000			372.4000			
寛永12	1635	堀	769.4000			246.2000			
寛永13	1636	堀	769.4000			369.4000			
寛永14	1637	堀	769.4000			379.2290			
寛永15	1638	堀	769.4000			385.0240			
寛永16	1639	堀	769.4000			343.5350			
寛永17	1640	堀	769.4000				0.4700		
寛永18	1641	堀	769.4000			350.0770			
寛永19	1642	堀	769.4000			338.5360	0.4400		
寛永20	1643	堀	769.4000						
正保元	1644	堀	769.4000						
正保２	1645	堀	769.4000						
正保３	1646	堀	769.4000				0.4560		
正保４	1647	堀	769.4000						
慶安元	1648	堀	769.4000						
慶安２	1649	堀	769.4000				0.4400		
慶安３	1650	堀	769.4000				0.3900		
慶安４	1651	堀	769.4000						
承応元	1652	堀	769.4000						
承応２	1653	堀	769.4000			284.4880			
承応３	1654	堀	769.4000				0.4250		
明暦元	1655	堀	769.4000				0.4200		
明暦２	1656	堀	769.4000				0.4350		
明暦３	1657	堀	769.4000				0.4300		
万治元	1658	堀	769.4000				0.4050		
万治２	1659	堀	769.4000				0.4150		
万治３	1660	堀	769.4000	55.4550	713.9450	260.5900	0.3650		
寛文元	1661	堀	769.4000				0.4950		
寛文２	1662	堀	769.4000			307.7600	0.4000		
寛文３	1663	堀	769.4000			319.3010	0.4150		
寛文４	1664	堀	769.4000			323.1480	0.4200		
寛文５	1665	堀	769.4000			311.6070	0.4050		
寛文６	1666	堀	769.4000			315.4540	0.4100		
寛文７	1667	堀	769.4000			311.6070	0.4050		
寛文８	1668	堀	769.4000				0.3600		
寛文９	1669	堀	769.4000	218.4160	550.9840	183.2880	0.3327		
寛文10	1670	堀	769.4000	59.2790	710.1210	294.7000	0.4150		
寛文11	1671	堀	769.4000				0.4100		
寛文12	1672	堀	769.4000				0.4030		
延宝元	1673	堀	769.4000			315.4540	0.4100		
延宝２	1674	堀	769.4000			307.7600	0.4000		
延宝３	1675	堀	769.4000				0.3900		
延宝４	1676	堀	769.4000				0.4200		
延宝５	1677	堀	769.4000	18.2000	751.2000	323.0160	0.4000		
延宝６	1678	堀	769.4000	0.5580	768.8420	342.1350	0.4450		
延宝７	1679	堀	769.4000	0.5580	768.8420	342.1350	0.4450		
延宝８	1680	天	769.4000	71.9970	697.4030	282.4480	0.4050	0.3671	
天和元	1681	天	769.4000	54.3780	715.0220	296.7340	0.4150	0.3857	
天和２	1682	天	769.4000			324.6870	0.4220		
天和３	1683	天	769.4000	22.6000	746.8000	303.2010	0.4060	0.3941	
貞享元	1684	土	769.4000	4.4350	764.9650	318.9900	0.4170		
貞享２	1685	土	769.4000	4.4350	764.9650	321.2850	0.4200		
貞享３	1686	土	769.4000				0.4200		
貞享４	1687	天	769.4000	4.4350	764.9650	313.9290	0.4104		9.4179
元禄元	1688	天	769.4000	4.4350	764.9650	321.2850	0.4200	0.4176	23.4875
元禄２	1689	天	769.4000	4.4350	764.9650	356.5090	0.4660		24.5797
元禄３	1690	天	769.4000	4.4350	764.9650	356.4740	0.4660	0.4633	＊ 13.8490
元禄４	1691	天	769.4000	14.9230	754.4770	324.4250	0.4300	0.4217	＊ 13.8490
元禄５	1692	天	769.4000				0.4650	0.4370	
元禄６	1693	天	769.4000			345.9460	0.4610	0.4496	＋ 24.2270
元禄７	1694	天	769.4000				0.4500	0.4375	
元禄８	1695	天	769.4000				0.4000	0.4290	＋
元禄９	1696	天	769.4000	4.9550	764.4450	341.1550	0.4463	0.4434	＋ 24.0836
元禄10	1697	天	769.4000	4.9550	764.4450	325.9930	0.4264	0.4237	＋ 10.4528
元禄11	1698	天	662.1910	3.4778	658.7132	270.0720	0.4100	0.4078	8.1022
		西	107.2090						
元禄12	1699	天	662.1910	3.4778	658.7132	283.2470	0.4300	0.4277	8.4974
		西	107.2090						
元禄13	1700	天	662.1910	38.3092	623.7818	227.2090	＊ 0.3642	0.3431	6.8163
		西	107.2090						
元禄14	1701	天	662.1910	3.4778	658.7132	247.0420	0.3980	0.3730	7.4113
		西	107.2090						
元禄15	1702	天	662.1910	3.4778	658.7132	224.7450	0.3412	0.3394	6.7424
		西	107.2090						
元禄16	1703	天	662.1910				0.3600	0.3397	
		西	107.2090						

［領］の〈天〉は天領
〈堀〉は堀氏
〈土〉は土屋氏
〈西〉は西郷氏

*印は推定

*印は夫米のみ
+印は別銀納あり

「御物成C」とは、納めるべき年貢高(量)のことである。

「免率C／B」は、「御物成C」を「実村高B」で割った免率で『毛付に対する免(率)』という。

「免率C／A」は、「御物成C」を「村高A」で割った免率で『(村)高に対する免(率)』という。

「別徴収高」とあるのは、御物成以外に徴収された年貢で、夫米・口米や蔵所入用銀等々の本年貢以外の年貢である。

記録の上では、貞享四年(一六八七)に(御)口米が最初に見られるものである。記録こそ残っていないが、これ以降、毎年、口米・夫米等が課せられている筈である。

※ 数値は、原則的に記録に残っているものだけを取り上げた。

平均免率四割強

この表を見る限り、平均年貢は四割を越えます。従って、「収穫の四割以上が年貢」となるように思えるが、実際は「定められた村高の四割以上が年貢」となるのだから、豊作の年は問題なしとしても、不作の年は、たとえ損免引きがあっても、収穫の四割どころか、五割にも、それ以上にもなったと思われる。

実感はわいてこないが、大変な年貢(税)であったことが伺われる。

一度ゆっくりとこの表を味わって下さい。

《参考》

川崎文書(滋賀大学史料館)

※1

年代不明の文書ですが、次のような文書があります。

《未整理九四》

壱反ニ付九斗七升取
上田拾七町九反五畝廿分
壱反ニ付九斗取
中田拾壱町五反壱畝廿七分
内壱反七畝拾分ハ新屋敷衆
ぞふし畠ニ成
壱反ニ付五斗八升取
下田拾四町弐反三畝廿九分
内八反壱畝拾分
新屋敷ニ成ヿノ年分ハ
物成不納
壱反ニ付六斗弐升四合取
上畠弐町六反八畝七分
内壱反七畝拾分ハ中田畠ニ成分
但新屋敷ぞうし畠ニさげ候也
壱反ニ付四斗八升取
下畠八反四畝廿九分
壱反ニ付六斗弐升四合取
屋敷壱町壱反七畝三分
〆

「新屋敷」・「ヿ(寅)年」等の言葉や、右のデータより免率を計算すると五割を越える高免率になる(ランクにより免率が異なる)こと等から、寛永十五年(一六三八)の文書でないかと考えています。

このように、免率が高いのは江戸初期、特に五割を越えるのは初期の初期と考えられるようです。

逆に免率から時代が分かる場合もあります。

※2

一九九四年現在では右の表に該当する年代しか年貢関係データは得られていませんでしたが、新しい発見や年代不明の免定の特定等から、もう少し判明しています。(結果略)

例えば、次の文書(A)は年貢関係の断片で年代不詳ですが、新しい新しい発見(B)の文書と数値が一致し、元和六年(一六二〇)と確定出来そうです。

(A)
《未整理一二八》
(前欠)
引合六拾七石八斗壱升
申之御年貢
引残而七百壱石五斗九升
此取三百三拾弐石三斗七升　有高
高付ニて四ツ三分二りん
内
米　弐百九拾九石壱斗三升三合
此内六十六石四斗　銀納
大豆三拾三石弐斗三升七合
冨田村
申十二月廿日
ㇳ兵衛
田介
三吉
才次

(B)
《租税三三八》
浅井郡之内冨田村申才御成ケ之事
一高七百六拾九石四斗
内
三拾七石　永荒
三拾石八斗壱升　申水こミ
引合六拾七石八斗壱升
残者七百壱石五斗九升
(印)此取三百三拾弐石三斗七升
但高ニ付四ツ三分二リン
右之通當免申定候村中小百性共ニ
高下無之様ニ割府いたし来十五日
以前皆済可被申候以上
申十一月廿日　関名右平次(印)
冨田村
庄屋
百性中

(B)にも年代は記入されていませんが、「申」年、代官名「関名右平次」の二点から、元和六年(一六二〇)と確定出来ます。

このような作業を続けると、未記年の文書も年代が分かり、データや新事実を蓄積することが出来ます。

例えば、(B)から、元和六年には大きな水損があったことが、「永荒」の文字から、新しく道か水路の新設普請があったのではないかということが判明します。

また、(A)から、年貢米はすべてが米納でなく、二〇%が銀納で、一〇%が大豆納であったことが判明します。

(B)だけから読み取ると、年貢米は全てが米納のように考えてしまいますが、銀納や大豆納の新事実が判明します。

恐らく、右の一覧の中にも同様のことが言えるのではないかと思います。銀納や大豆納は免定に明記がない限り、適用除外と思っていましたが、(A)の発見で、但し書きがなくても銀納や大豆納の存在を再考すべきだと思わなければならなくなってきます。

一般に、大豆納は江戸初期まで、逆に、銀納は江戸中期頃から三分一銀納として定着していきます。

時により、十分一大豆(銀)納という言葉も見られますが・・・。

寛永三年大日照りについて

第０２５号
1994.11.24

今年(平成六年)は異常な日照りで七月から一月以上雨らしい雨が降らず、全国各地で節水制限等々が行われました。自分の田圃に水を入れるために、みんなが必死になって番水等、水の確保に懸命でした。

昨年は冷夏で弱りましたが、今年は近年にない日照りで、おそらく、昭和十四年には十一川の水が干上がったと聞いていますが、それ以来の大日照りのようであった思います。

そこで、冨田村の記録に残されている最大の旱魃と思われる寛永三年(一六二六)について見てみます。

上の免定は第二十一号でも紹介した寛永三年のものです。

《租税一一〇》

> 寅年御物成之事
>
> 一高七百六十九石四斗　　冨田村
> 　内五百八拾三石六斗三升　　當日損引
> 残百八拾五石七斗七升
> 　　田畠屋敷有高
> 此取三拾四石三斗四升
>
> 右、来る十日以前、皆済有るべき候。もし、當取不足之由仰せられ候ハゝ、重て、申付べき候。
> 　　　　　　　　　　以上
> 寛永三年　十一月廿一日
> 　　　　猪飼二郎兵衛(印)
> 　惣百姓中

これによれば、村高七百六十九石四斗の内、五百八十三石六斗三升は日損引(日照りのための損失として課税対象高から差し引かれている分)だといいます。つまり、殆ど収穫がなかったことになります。それでも三十四石余の年貢を納めていますが・・・。

この年の史料は、他にも多々ありますが煩雑なため、翌寛永四年(一六二七)の文書の写しから見てみることにします。

寛永三年は大日照りのため、冨田村と上郷三ケ村(稲葉村・香花寺村・弓削村)との御料所井水をめぐる水争い(「出入」という)がありました。

下に紹介する文書は、それらに関しての文書で、冨田村の地頭猪飼次郎兵衛・香花寺村の地頭新庄吉兵衛・稲葉村の地頭小堀遠江守(小堀遠州)等の名前も出て来ます。

また、寛永三年の状況を復元できるだけの記事の内容が載せられています。

今、冨田村より奉行に宛てた文書の写しもありますので、少し長いですが引用してみます。

「年代記」より抜粋

> 冨田村より書上候目安之趣
> 　　　　爰(ここ)ニ記ス
> 恐れながら言上　　浅井郡冨田村
>
> 一御料所井之内、稲葉村・弓削村・香花寺三ケ村と立相(会)の井、即ち絵図指上げ申候。先々より水半分づつの分木くさり申し、其後、冨田村への井川へハ三ケ村より石をすへ、はた板を打ちこれ有り候。分木修理普請をも双方入れかわり仕候。かのはた板くさり申候を、三ケ村よりつきこハし、石を堀くちかし仕ニ付、左様ニ候へバ出入相(あい)すまず間、とかく先々之ごとく双方木ニて、分木をすへ申すべきとの旨、双方四ケ村相談仕、かの三ケ村之内いなば村ニて、双方の分木を拵(あつらえ)、其上にて、双方四ケ村と六ケ村立相(会)観音寺二ケ村と六ケ村之外馬渡小大工も他所よりやとひ申すべきとの相談ニて、郡上村喜右衛門と申す大工をやとひ、元和九年春(※一六二三)、水半分づつの分木、双方木ニてすへ置き候所去年夏(※寛永三年)、かの三ケ村よりみだり成儀仕、理不尽に双方之分木ヲはねおこし、結句(あげく)冨田村よりはねおこし申し候と、去年遠江様(※小堀遠江守)へ偽申し上候ニ付、冨田村の者、曲事之旨ハ次郎兵衛殿へ御書下され候事。
>
> 一去年、冨田村へ之井川をせきとめ、井水一圓(円)相下さず、立毛(※稲)も日損仕ニ付、冨田村へ井川口をあけニ参り候へバ、さんざゝてうちゃく(打擲)仕、手負御座候ニ付、其當座ニ彼方村の御手代へも届置き申し候。方々薬師かんびゃう仕候へ共、相果て申し候事。
>
> 一右井水出入之儀、去年と當年申し上ニ付、今度各様(おのおのさま)御手代衆召し下され、かの分木之儀ニ付、双方并ニ先規分木ヲすへ申し二ケ村召し出され候て、先規之通、誓紙ニて仰せ付けられる可くとの儀ニ候へバ、彼三ケ村、我まゝを申し、相済まず候。此井水儀ニ付入用普請、以下三ケ村よりと冨田村と半分づゝ先々より今まで割符仕候。先々より井水半分づゝとの義ニ候条、只今分木ニ別成る子細御座有る間敷き儀ニ候。此井水半分づゝとの儀、浅井様御折かミ、今に冨田村ニ所持仕候事。
>
> 一元和九年ニ分木すへなおし申し時、往古より三ケ村への井川へ冨田村より打置きはた板十七枚ほり出し、馬渡村ニ預り置き、今に御座候を、今度御けん使之御手代衆、御吟味成され候て、御取寄せ、御覧之事。
>
> 一冨田村ハ流之末ニ御座候ゆへ水半分づゝニても届かね申し候。去年、右之仕合ニ御座候ニ付、冨田村(一)圓、日損仕候。耕作一日二日之しゅん(旬)ちがい候へバ、悪御座候。當年も隣郷並(に)彼三ケ村、悉(ことごとく)耕作仕舞申し候ニ、冨田村ハ今に耕作罷り成ず、迷惑仕候事。

右之趣、聞こし召し分けなされ仰付けられ下され候ハゞ、有り難く存じ奉るべき候。仍而（よって）謹んで言上。

寛永四丁卯四月二十日
江州浅井郡冨田村
惣百姓

御奉行様

◇元和九年（一六二三）に分木のはた板が腐り、三ケ村と出入があったが、春、立ち会いの上、分木を据えた。

◇去年の夏（寛永三年（一六二六））、三ケ村が分木を起こしてしまった。しかも、冨田村がやったと、小堀遠江守に嘘の訴えをされたため、冨田村はけしからんとの旨が、猪飼次郎兵衛殿へ届いた。

◇去年、冨田村への井川を堰止めてしまったため、水が来ず、稲も日損したので、井川口を開けに行ったら、喧嘩になり、手負った者がいて、看病したが、相果てた（死んだ）。

◇役人が来て、今までのようにせよと言うが、三ケ村は納得しない。しかし、「半分ずつせよ」という浅井様の証文を冨田村は所持している。

◇元和九年以前に、冨田村が打ち置いたはた板十七枚（馬渡に預け置く）を今回吟味された。

◇冨田村は下流のため、水が届きかねる。去年は右のようなことで日損が甚だしかった。・・・　今年は、三ケ村はすべて耕作して仕舞ったのに、（水が来ないから）冨田村は未だに耕作ができず、迷惑をしている。

以上のような事です、宜しく取りなしを、と訴えています。

これだけ見れば、一方的に冨田村が被害者のように思えますが、上三ケ村は三ケ村で、「冨田村は・・・・・」と、逆に訴え出るのです（寛永三年の史料はありませんが、正保四年の出入の時は、双方の訴訟状の写しが残されています）。

出入の際はどっちもどっちで、両者が自分達の言い分を持っていますから、どちらの側に立って見るかによって、真相（?）の見方は変わってくるのです。

従って、この文献をそのまま鵜呑みにするのではなく、このような水争いがあった事実だけを確認すればいいのだと思います。

このような出入りの時は、浅井様の証文（折紙・現在は区長が保管）を持ち出すことで、いつも冨田村が勝訴しています。

《参考》
川崎文書（滋賀大学史料館）
「年代記」　川崎太二郎氏所蔵

※1　「はた板」の意味が分かっていませんが、井堰等の「止め板」かとは思いますが、止め板という表現は出てきません。

同様に、分木の構造が皆目見当がつきません。某所で左の模式図ような分水構造を見たことはありますが、分木伏替などの記載から、異なる構造だと思われます。

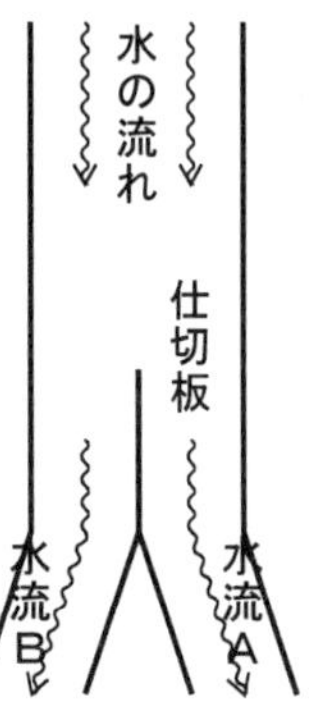

上から流れてきた水は、仕切板によって自然に左右に水の流れを分け、水流Aと水流Bに分けることができます。

川幅や仕切板を調整すれば、二対一にも、一対一にも分けることができそうです。

しかし、「水半分づつの分木、双方木二てす へ置き・・・」とか「此年ニ伏かへ有、此年迄ハ三ケ村方ハ石なり、冨田村方ハ木也」などの表現は右の模式図とは雰囲気が異なるように思われます。

また、断片ですが、次のような記事があります。

《未整理六四四》

（前略）
一水分木　長弐間半　弐本
　　　　　但シ栗の九寸角
是ハ・・・（後略）

分木に九寸角の栗木二本を用いると書かれています。どう使ったのでしょう。想像出来ないでいます。

※2　現在の賀村橋詰めにあった御料所井は、馬渡村郷内を流れ、小観音寺村の裏に流れてきます。

現在、小観音寺村と稲葉村の間に北に向かう農道がありますが、その道を北に一丁入った東側の小字名が「分木」といいます。

この辺りに分木が設置され、御料所井川の流れが分岐し、一方は稲葉・香花寺・弓削村の用水として南進し、もう一方は冨田村の用水として西進しました。

冨田村の用水は一旦北進した後、再度西進し、二の坪井（ゆ）まで流れ、今はなくなりましたが、中川として冨田村の用水を流しました。また、二の坪から字角田（すまだ）を南西方向に横切る形で流れた水が、村落内へ流れ、生活用水として使われていました。

流れの詳細は第四号に古地図を、一五一号に明治時代の地積図を提示していますので参考にして下さい。

冨田村は流れの末端に位置していましたから、たとえ水半分の利用権利を持っていても、上で止められれば水は流れて来ず、旱魃（日損）となってしまいます。

用水は農民にとっての命とでも言うべき大切な天の恵みです。その命を巡って、右のような水争いや、訴訟が何度も繰り返されています。

右の例は寛永三年（一六二六）の水争いですが、この年は冨田村にとっては史上最大の旱魃となっています。

その旱魃の様子を順次取り上げていきたいと思います。

寛永三年 大日照り 大日損引

第０２６号
1994.12.10

前回、寛永三年(一六二六)は大日照りで、水争い(出入)があったことを書きました。その年の免定も紹介しました。

この免定は、冨田村に対して来たものですが、それに対して、個人への割当はどうなっていたのでしょうか。

それを「寛永三年冨田西村寅ノ年御物成帳」(一六二六)で見てみたいと思います。個人差やその他諸々のことが分かってきます。

「寛永三年冨田西村寅ノ年御物成帳」
《租税一》

一高拾石壱斗八升四合　　左介
　此内
高弐斗八升　　永荒引
高五石四斗弐升四合　　當日損引
　小以五石七斗四合
高七斗八升弐合　　畠方分
　此取壱斗五升六合　　但高ニ弐ツ取
高壱斗九升五合　　屋敷方分
　此取壱斗一升七合　　但高ニ六ツ取
高五石八斗三升　　田方毛付
　此取八斗五合
　　但有高ニ一ツ三分八厘
物成合　壱石七升八合　　左介(印)
此内

米弐斗七升三合　　畠屋敷銀納
　此銀八匁五分
大豆八升(上書)　但石ニ付三拾壱匁　御蔵納分
米七斗弐升五合(上書)　同断
一高拾六石壱斗六升四合　　弥八
　此内
高壱斗四升　　永荒引
高九石弐斗四升　　當日損引
　小以九石三斗八升
高六斗五合　　畠方分
　此取壱斗二升壱合　　但高ニ弐ツ取
高三斗五升壱合　　屋敷方分
　此取弐斗壱升　　但高ニ六ツ取
高六石九斗六升　　田方毛付
　此取九斗六升
　　但有高ニ一ツ三分八厘
物成合壱石弐斗九升二合　弥八(印
　此内
米三斗三升壱合　　畠屋敷銀納
　此銀拾匁二分六厘
大豆九升六合(上書)御蔵納分
米　八斗六升五合(上書)同断

《途中省略》

一高八拾弐石四斗四升　　惣作
　　皆日損引

一高八石弐斗　ます田いりさく
一高弐拾壱石四升　かいひそん(皆日損)
　　永荒分
惣高合　四百三拾九石八斗弐升
　此内
高弐百九拾三石三斗弐升　　當日損分
高四石壱斗八升　　荒開付荒分
高拾六石八斗六升　　永荒分
　小以三百拾四石三斗六升
高弐拾四石七斗七升二合畠方分
　此取四石九斗五升六勺　　但高ニ弐ツ取
高七石七斗六升八合　屋敷方分
　此取四石六斗六升壱合　　但高ニ六ツ取
高九拾弐石九斗弐升　田方毛付
　此取拾弐石八斗弐升三合
　　但有高ニ一ツ三分八厘
物成合　弐拾弐石四斗四升
　此内
米九石六斗壱升七合畠屋敷銀納
　此銀弐百九拾八匁一分三厘
大豆壱石弐斗八升二合(上書)
　　但石ニ付三拾壱匁ツゝ
　　　御蔵納分
米拾一石五斗四升一合(上書)
　　同断
右庄屋組頭小百姓立会相無用仕候
為□永割仕候者也。
寳永三年子十二月廿二日
　庄屋　T兵衛(印
　肝煎　U近(印)
　組頭　S五介(印
　同　G六(印)
　同　S介(印)

上の史料は冨田村西組二十二人(十九村の一人を含む)と惣作(共同所有)と安養寺村・益田村の入作について記入されたものです。

更に、左頁は、その内の十二人について明細一覧を作成したものです。

この年の大日照りによる不作の状況を見ると、惣作や安養寺村・益田村の入作は皆日損引とあるように、該当田畑には課税されていないことが分かります。ほぼ皆無状態だったのだと思われます。

また、高持ちの石高からも四〇%から九〇%近くの日損引がなされています。人によって違うのは、上田・中田・下田の区分によっても違うでしょうし、各自の作柄によっても違うのだと考えられます。しかもこれは、最後に「庄屋組頭小百姓立会……」とあるように、納得の上であったろうと思えます。いわば、一律課税ではなく、村の相互扶助の形が現れているものだと思えます。

このような災害時には、村は助け合いの共同体となったのだと考えられるのです。

それでも、名前「L」は、自分の持ち高から日損を引き、更に物成(年貢)を引いたら、殆ど手元に何も残らないのが現状のようです。どのようにして次の収穫まで生活したのか、興味が持たれるところです。

また、不作のためかどうか、比較する史料が手元にないが、畠方は二割、屋敷には六割、田方には一割三分八厘の課税率となっています。田圃の稲がだめならせめて屋敷分だけでも課税率を多くする、そんな意図が見られるようにも思います。

その他、畠・屋敷分は銀納であるとか、大豆納があったとかも知ることが出来ます。

たった一冊の記録でも、往時の苦しさや相互扶助等々、様々のことが分かってきます。

《参考》　川崎文書　（滋賀大学史料館）

日損引・御物成の一覧（「寛永三年冨田西村寅ノ年御物成帳」より一部抜粋）《租税一》

名前	持ち高①	日損引②	％②／①	御物成③	％③／①
A	10.184 石	5.424 石	53.3 ％	1.078 石	10.6 ％
B	16.164 石	9.240 石	57.2 ％	0.960 石	5.9 ％
C	10.496 石	8.441 石	80.4 ％	0.472 石	4.5 ％
D	21.182 石	11.256 石	53.1 ％	1.847 石	8.7 ％
E	23.360 石	16.940 石	72.5 ％	1.388 石	5.9 ％
F	16.307 石	12.122 石	74.3 ％	1.071 石	6.6 ％
G	9.200 石	5.525 石	60.1 ％	1.117 石	12.1 ％
H	9.930 石	4.400 石	44.3 ％	1.628 石	16.4 ％
I	18.661 石	14.281 石	76.5 ％	1.335 石	7.2 ％
J	16.022 石	9.387 石	58.6 ％	1.387 石	8.7 ％
K	18.363 石	12.463 石	67.9 ％	1.250 石	6.8 ％
L	4.608 石	4.248 石	92.2 ％	0.313 石	6.8 ％

※1　左の表は、史料より支払い明細を追加一覧にしたものです。御物成③は、畠屋敷米④、大豆納分⑥、米納分⑦の三項目合計になります。

実質の納入は、畠屋敷米銀換算⑤、大豆納分⑥、米納分⑦の三項目となり、銀、大豆、米の三種類で納入しています。

史料には二二人分と惣作・入作等を含めた二六(人)分ありますが、その内、一二人分の一覧となっています。約半分のデータですが、大凡の様子を読み取れると思います。一覧表にはありませんが、持ち高最高のM（31.884石）でも、銀納⑤17.80匁、大豆納⑥0.046石、米納⑦0.412石に過ぎず、御物成計③1.033石となっています。（日損率89.6％）

（御物成の最高はDの1.847石）

畠屋敷米④	同銀換算⑤	大豆納分⑥	米納分⑦
0.273 石	8.50 匁	0.080 石	0.725 石
0.331 石	10.26 匁	0.096 石	0.865 石
0.189 石	5.80 匁	0.028 石	0.255 石
0.477 石	14.80 匁	0.137 石	1.233 石
0.502 石	15.56 匁	0.088 石	0.798 石
0.494 石	15.30 匁	0.056 石	0.520 石
0.610 石	18.90 匁	0.050 石	0.457 石
0.865 石	26.80 匁	0.076 石	0.687 石
0.730 石	22.60 匁	0.060 石	0.545 石
0.471 石	14.60 匁	0.091 石	0.825 石
0.464 石	14.40 匁	0.078 石	0.705 石
0.263 石	8.10 匁	0.005 石	0.045 石

このような日損の場合、田圃の所在地により日損の程度も異なったと考えられます。村内の旱損場と言われる又才・小寺・田ノ下・玄取・大海道などの居村周辺の南部地域に日損が甚だしく、逆に水押場と言われる十七川中心の古座・溝尾・十七・十八・深町などの地域が被害が少なかったのではないかと想像しています。また、早稲、中稲、晩稲など品種によってもその影響差はあったと思われますが、毛見帳や毛見内見帳等が残されていませんので、詳しい状況については不詳です。

正保四年の水争いについて

第０２７号
1994.12.24

前回は、寛永三年(一六二六)の水争い(出入)を取り上げましたが、今回は正保四年(一六四七)の水争いを取り上げてみたいと思います。

「年代記」《個人所蔵》抜粋

香花寺村より上候目安写

一江州浅井郡之内香花寺村と申す所、高五百五十石余之在所、御蔵入、則ち竹内(※竹中)左京亮様御代官所ニて御座候。右高縄詰之内、四町壱反余、此高七拾弐石九斗余ニて御座候所へ、六ケ村水割、上より次第ニわりかけ下申し所ニ御座候を、堀越中守様御領分冨田村と申す所百姓衆、當年始て新法ヲ仕られ、右四町一反余之田地水引かせ申されず、迷惑仕候。右井水筋ハ香花寺村田地之中ヲ通り、冨田村へ引申し井水ニ御座候。

一香花寺村呑水(のみみず)汲ニ出申す者迄も、冨田村より数人罷出、さんゞゝちやうちやく(打擲)仕、桶にない棒迄取り、迷惑仕候。然れ共、香花寺村ハ小郷、冨田村は大郷ニて御座候へバ力及ばず、堀越中守様御下手代殿へ数度申し候へ共御同心参らず、迷惑仕候御事ニ御座候。

右之趣、聞こし召し分けなされ、仰付られ候へバ、有り難く存じ奉るべく候。以上

正保四年
亥霜月八日
香花寺村　庄屋傳内
年寄九左衛門
御奉行様

これに対して、冨田村から公事奉行の五味備前守・水野石見守に対して返答書を出しています。

「年代記」より抜粋

恐れながら返答

一江州浅井郡冨田村、高七百六十九石余之所ニて、堀越中守様御知行ニて御座候。然る処ニ、昔より御料所と申す井水ニて御座候。彼井水分様究(きま)りハ水ニツ割、半分は上郷へ引申し候。残り半分ハ水ヲ分木すへ、ほくりかた(?)にて二ツニわり一分は稲葉村弓削村香花寺村、此三ケ村へ引申し候。今壱分ハ下之郷冨田村へ引申し候水を、當年、香花寺村之百姓衆、新義ニ我まゝ仕、往古より證文ヲ以て分木立て、分取申冨田村之水を、多勢を催し、道ニてせきとめ、冨田村へ水さげ申されず候ニ付、迷惑仕、其断申し候へバ剰(あまつさえ)さんゞゝにちやうちやく仕、此方より御訴訟申上ぐるべき処ニ、かへつて偽り申上げられ、迷惑仕候御事。

一御料所井水分様之次第、昔より浅井様證文ヲ以て究め御座候ニ付、其以後、稲葉村と申ハ小堀遠江守様御代官所、香花寺村弓削村(ハ)新庄吉兵衛殿御代官所、冨田村ハ猪飼次郎兵衛殿御代官所ニて御座候時(※寛永三年)、右の水わけ分木くさり申候を、いなば村・香花寺村・弓削村衆ニ付、分木之下を堀、水取り申され候ニ付、新義仕べきと右之三ケ村へ断申し候へ共、承引仕らず候ニ付て、小堀遠江守様目安を以て申上候へバ、双方召し出され聞こし召し分けなされ、浅井様御折がミを御覧成しなされ、先規之通り相違無く之様ニ、丸木ヲ以て分木をふせ申すべき旨、仰付られ、則ち、其時之分木今ニ相違無く御座候て、数年互ニ何之申分御座無く水取来り申し候所ニ、浅井様證文をも破り、遠江様之仰せ渡さるヲも破り、當年新義ニ此方之半分取り水之内、川上ニて盗取申され候。剰(あまつさえ)偽り申し上げられ、何共(なんとも)迷惑仕候。

右之条々、聞こし召し届けられ、仰付なされ下され候ハゞ、有り難く存じ奉り候。以上

正保四年
霜月日　冨田村
惣百姓中
進上　※庄屋　T郎右衛門
御奉行様　同　M左衛門

※「新義ニ‥‥」「新法ヲ‥‥」
今までにない新しい事をする‥‥の意
※「浅井様御折がミ」‥浅井様證文
※※末尾の庄屋・年寄名の記載(※)について、「家一」「水利五」「年代記」が同文に拘わらず、他の二冊には記載がない。

日照りの年は、やはり水争いが絶えることはなかったようです。しかも、御料所井水については、冨田村が一番川下になっているから、上で止められれば水は来なくなり、必然的に水争いとなってしまいます。

このことは、今も昔も変わらないようで、圃場整備が完了した現在でも、用水の速水支線・竹生支線ともによく似たことが言えそうです。

今年は異常な日照りで、自分の田圃に水を入れるために、必死になって番水等、水の確保に懸命でした。

江戸時代だったら、おそらくこんな年に水争いが起こったのではないかと思ったりしました。

浅井様御證文のこと

寛永三年の出入でも、今回の正保四年の出入についても、持ち出されてくるのが浅井様御證文です。再三再四に渡って書いているように、この証文のおかげで、冨田村は水を確保する権利を認められてきました。

しかし、冨田村所持の、この浅井久政の裁定証文は、時代的にも約七〇年から九〇年前のものであり、しかも、既に浅井家は滅び、徳川家の時代になってしまっていたのに、公事（裁判）では有効な証拠となっているのは何故だろう、といつも思っています。

これはあくまで、私の私見ですが、一つには、御料所井をとりまく村々の領主（知行主）が異なり、公事役奉行と言えども、どちらかの村に片寄ること無く判断するためには、客観的証拠として、また、いままでの慣例を重視するためにも、浅井様御證文を認めざるを得なかったのではないか。

二つ目には、用水の下流の保護という点にあるのではないかと思います。上流を保護すれば、水争いが絶えないことになります。下流である冨田村はそういった点でも保護されていたのではないでしょうか。

三つ目には新規の（新しい）裁定を下して混乱を発生させたくなかった。いわば、守りの、変化を好まない保守的な姿勢を通したのではないかとも思います。

あくまでも私見です。ご批判やご意見のあるかたは、お教えを下さい。お待ちしています。

水利関係の歴史

☆ 水争い（出入）について

◎弘治三年（一五五七）
冨田村と稲葉・香花寺・弓削村
浅井久政の裁定証文あり
（浅井様證文・・・区長保管）

◎寛永三年（一六二六）
冨田村と稲葉・香花寺・弓削村
小堀遠江守裁定
浅井様證文の通りにせよ
寛永四年分木伏せ替え

◎正保四年（一六四七）
冨田村と香花寺村
公事役奉行　五味備前守
水野石見守

◎貞享三年（一六八六）
冨田・稲葉・香花寺・弓削村と
馬渡・小観音寺
御料所樋伏せ替えをめぐって
公事役奉行　井上志摩守
前田安芸守

◎寛文十二（一六七二）
延宝四年（一六七六）
すけつぎに大木を入れ・・・・・
等の水論あり
他村の庄屋数人の立ち会い（裁定）

※ このような小競り合いは記録になくても多々あったと思われます。

現時点で、私の知っている出入（水争い）は以上です。調べていない文書の方が多く、まだまだありそうだと思います。また、御料所井関係の樋伏せ替え・樋浚（さら）え等の記録も多々ありますが、また後日に報告したいと思います。

《参考》
「年代記」　川崎太二郎氏所蔵
川崎文書　（滋賀大学史料館）

※1
用水関係の主となる御料所井の流れについて、模式図で表すと次のようになります。

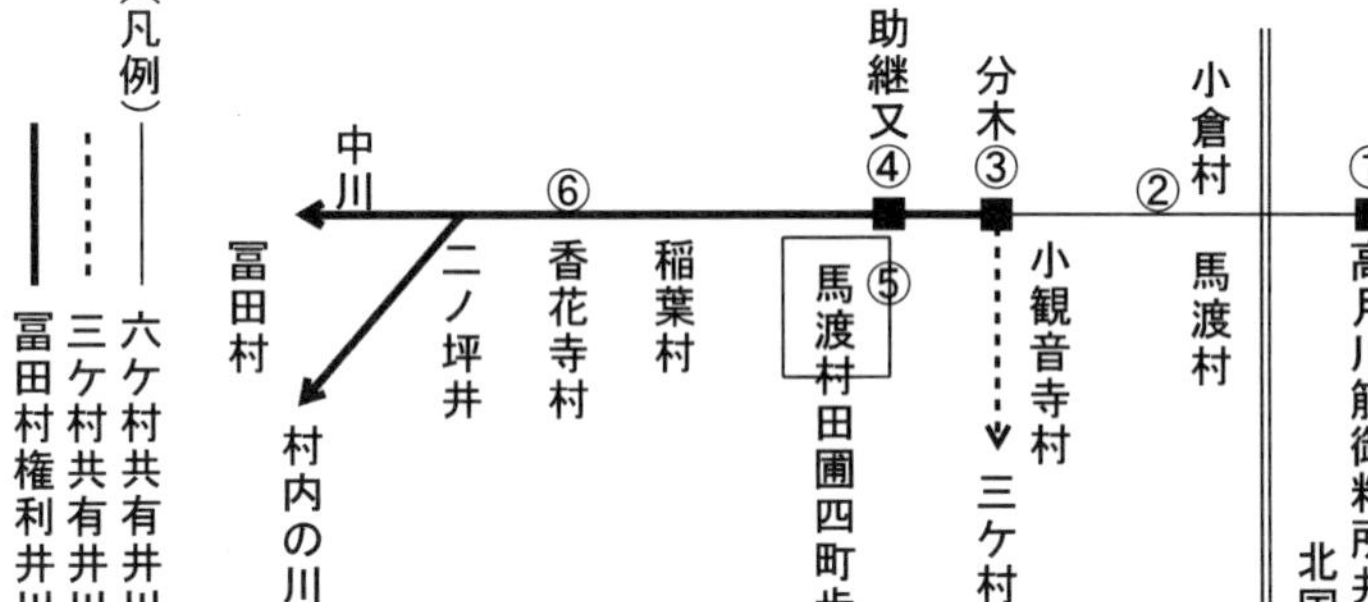

冨田村の水利関係出入は、上模式図の①～⑥の何れかで起きています。

①高月川表
底樋の伏替などに関係する
貞享三年（一六八六）の訴訟など

②井口から分木まで
馬渡村が川浚をさせない云々訴訟
川床が高くなると下へ水が来ない

③分木
冨田村と三ケ村（弓削・稲葉・香花寺）の分水地点
此より下は冨田村権利の用水
弘治三年（一五五七）の浅井氏裁定
寛永三年（一六二六）の訴訟

④助継又
分木より冨田村権利の用水だが、
此処に馬渡村田地四町⑤があり、
冨田村権利の用水を取水

⑤馬渡村郷田地四町

⑥場所は不明だが、香花寺が止めてしまう場所
正保四年（一六四七）の訴訟

右の内、①底樋伏替に関すること、③分木伏替、④⑤助継又伏替に関わって大量の文書が残されています。大きな訴訟にならなくても、何度もトラブルが発生している証拠です。特に、助継又では二四年毎に伏替が登場します。

冨田村は用水の末端のため、上流で止められれば水は流れてきません。そのことは現在も同じですが、当時の土木技術では条件はもっと悪かったと思われます。

百姓として命の水の戦いは深刻なものがあり、命を賭けての出入もあったことが文書からは読み取れます。

神事《おこない》について!!

第０２８号
1995.01.10

神事(おこない)について

湖北地方に春が訪れると、一月から三月にかけて、あちらこちらの村々で「神事(おこない)」という行事が行われます。この行事は、湖北の最も厳粛な神事であるとともに、雪深い地方の村人たちの憩いでもあります(現在では負担になっていますが)。かっては、村の一年の生活の中で、最も重要な行事でした。

「おこない」という言葉は、「仏道の行い(おこない)を修する」ということを意味し、「修正のおこない」の意味だと云われています。「修正」というのは仏教界の修正会(しゅうしょうえ)・修二会(しゅにえ)のことであり、修正会・修二会は春を招く年頭行事・正月行事のことをさします。正月の早朝、寺院にお参りするのは、修正会にお参りしているのです。また、修二会でよく知られているものに、東大寺のお水取りがあります。

しかし、修正会・修二会は、仏教とともに伝来したものではなく、古くからあった、五穀豊饒を祈る庶民の行事を、仏教行事に取り込んだものと考えられています。いわば、土俗の行事と仏教行事とが融合されたようなものであったと考えられています。それ故、深く民間に受け入れられ、広く各地で伝承されるようになったと言われています。

従って、湖北地方の「おこない」も神社とは限らず、仏堂で行われる例も多く見受けられ、大般若経が転続される地区もあるようです。

冨田村においても、「観音おこない」といって、つい最近まで、観音さんの「おこない」がなされていたという話しを聞いたことがあります。詳しくは知りません。またの機会に調べたいと思います。

更に、「おこない」は、湖北地方だけにあるのではなく、県内でも、湖東地方や湖南地方の一部にもあり、全国的にも散在しているようです。ただ、湖北三郡に集中して見られるのは事実のようです。

なお、甲賀郡の水口町・甲南町・甲賀町などでは、寺院で「おこない」を行うため、『寺おこない』と呼び、主に神社で行う湖北地方の「おこない」を『宮おこない』と呼んで、区別しています。

以上は次の文献を参考にしました。
(一部、原文を引用しました。)

◇「湖北町のおこない」第一集　湖北町教育委員会
◇「祭礼事典」滋賀県　滋賀県祭礼研究会
◇「近江のオコナイ」　市立長浜城歴史博物館
◇「東浅井わたしたちのふるさと」　滋賀県東浅井郡教育会
◇「日本の民俗」滋賀　第一法規出版

「神事は、都の鬼門に当たるから……云々」という、言い伝えもありますが、この説は当ってはいないまでも、「神事(おこない)」＝「湖北地方」と思われるように、何等かの関係があるのかもしれないとは思いますが、当たっているとはいえないようです。

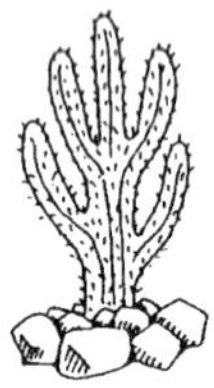

とにかく、神事(おこない)は、湖北地方の春を迎える行事であり、その年の豊作を祈る行事なのです。

昔、山は信仰の対象であった(いまでも信仰されている山は多々ありますが……)。

春になれば、山(山宮)より「和魂(にぎみたま)」を里(里宮)に迎え、豊作を祈り、収穫が終われば、収穫を感謝しつつ(大嘗祭)、「荒魂(あらみたま)」を山へお送りする。

また、翌年の春になると、和魂を迎え……、このような毎年繰り返されるお祀りがあり、雪解けを待ちつつ、新年の豊作を祈りつつ、和魂を迎えるのが、春祭であり、神事(おこない)になっていったのではないかと私は考えていますがどうでしょうか。ある人に言ったら、違うのではと言われましたが……。

冨田村の神事文書

現在、冨田村に残っている神事文書は、次の八点があり、江戸時代の古いものです。

◎祭禮當番廻帳(西組)
文化八辛未年(一八一一年)
▽西組の当番一覧で二十七人が記載(更に三人追加・二人抹消)されている。
▽御鏡餅・餅米の量も記載

◎御神事祠堂銀勘定帳(東組)
文化十五年(一八一八年)
▽文化十五年から安政三年(一八七四)までの勘定記録
▽全部で六十三頁もある史料
▽観音堂建立の勘定帳か?
神事東組の勘定帳か?
文書の途中より内容が変化する。

◎頭番席料控(東組)
文政三年(一八二〇年)
▽文政三年から明治七年(一八七四)までの記録
▽東組の席料(諸経費と思えばいい)支払いの記録で、この資料で、頭役が誰であったか、大方分かる。頭役の氏名が書いてない年もあるが、他の資料で殆ど判明する。
▽席料の他、紙代・蝋燭・白砂糖代等の支払いが記入されている。

◎祭禮當番廻帳(西組)
天保六乙未歳改(一八三五年)
▽西組の当番一覧で二十八人が記載(更に四人追加)されている。
▽御鏡餅・餅米の量も記載

◎神事頭役人別張（東組）
天保十年（一八三九年）
▽東組の当番一覧で三十二人が記載（更に七人追加・一人抹消）されている。
▼記載されている三十九人には、すべて「姓名」が記載されている。
▽「薬師如来」・「八幡大菩薩」「勢至菩薩」・「観世音菩薩」の四社を勧請しているとある。
▽七項目から成る「定」も記載

◎祭禮當番廻帳（西組）
安政七年（一八六〇年）
▽西組の当番一覧で二十七人が記載（更に五人追加・四人抹消）されている。
▽御鏡餅・餅米の量も記載
▼「名」のみで「姓」はない。

※以上の文書には、神事（おこない）は『正月十八日』または『正月十七・十八日』とあり、旧暦での、一月の十八日に実施していたことが分かります。

◎八幡神社取調張
明治七年（一八七四年）
▽祭神・由緒・勧請年月・建坪等の報告書（の写し）
▽八幡大神（祭神応神天皇）
二宮大明神（祭神息長帯比賣命）
富田大神（祭神押開豊桜彦命）
の三社について記入してある。
▽勧請年月はいずれも不詳
▽縣令松田道之宛の報告書

◎神事規則并頭役人名簿
明治二十五年（一八九二年）
▽神事は、二月十四・十五日両日とある。
▽神事規約（九項目）
▽頭役人名簿には、入席・退席の多いのが目を引く。
▽昨年の富田区文化祭のおりに、数人の方に「この人は？」と聞いても全員の人（家）を判明させることは出来なかったです。

約百年前の名前でも、どこの誰だかが分からなくなっている現状です。百年前でも、私達の全く知らない世界になってしまっているんです。少し寂しい気もします。百年後には、私達という人間がいたことを誰も知らなくなるんです。

いま、このような歴史を調べていて思うことは、個人のことを残そうとは思いませんが、せめて、大字富田の歴史については、今の内にまとめて置かなければいけないと思います。戦前や戦中のことを知っておられる方が、少なくなって来ています。いま、聞ける内に聞いておかないと、五十年前の富田でさえ分からなくなってきます。

子供や、これからの冨田村を背負って行く子孫達に、冨田村はどのような歴史を持っていたのかということを残しておいてやりたいと思います。

そんな意味で、批判があることも承知で、間違いも多いかも知れないけれど、この「冨田今昔物語」を続けて行きたいと思っています。

《参考》
富田区神事文書　他

※1
神事（オコナイ）の歴史は難しく、いつ頃から起こり、定着していったのかは不明としか言いようがないと思います。

冨田村の神事についても、残されている文書は西組の「祭禮當番廻帳」が最も古く、文化八年（一八一一）です。従って、文化年間には神事祭が行われていたことは確認が出来ると思います。しかし、それ以前は……と言われると返事に窮するばかりでした。

平成一九年（二〇〇七）末、鏡餅台が新しく寄進されたのを機会に、古い鏡餅台を処分（長浜城歴史博物館へ引き取ってもらう）した際、古い鏡餅台の裏に墨書のあることに気づきました。

西組の二面には「西組」とあるだけでしたが、一面に、

　　西組
天明貳年壬寅年
　　□月十六日
　　※天明二年（一七八二）

と書かれていました。また、東組の一面には何もなかったのですが、二面には、

　　東組
　　御鏡臺
　　神事

と大きな字で書かれていました。今まで鏡餅台の裏まで見ることはなかったのですが、思わぬ収穫でした。

これにより、天明年間まで神事祭の歴史がたどれることになります。

しかし、約二三〇年前までです。更にその前は？、とか、始まったのはいつ頃？、と質問されれば答えようがないのです。

おそらく、これ以上の証拠らしきものが発見されることはないと思われます。

残念ながら、神事祭の歴史を辿ることは此処までで、他の村々の神事祭の歴史を参考にするしかないのかもしれません。

個人的には、神社の祭神が観音菩薩と書かれる時代までは遡れると思ってはいるのですが、あくまでも仮説に過ぎません。

また、西組・東組が各三面の鏡餅を奉納するのは、明治の時代まで観音堂（現八幡神社）には三体の観音さんが安置（現在は両寺安置）されていたためと考えていましたが、文化八年は西組四面と読み取れます。いつの頃から現在の各組三面になったのかは不明です。

また、西組墨書の上の「□月十六日」は「正月十六日」でないかと想像しています。古き時代の神事祭が正月十七日・十八日に行われていたのが根拠ですが。（根拠が薄いか？）

一月十八日は観音さんの命日だと言います。それ故に、神事祭も十八日に行うのだと聞いています。

東組鏡餅台（裏面）

冨田区神事《おこない》文書

第０２９号
1995.01.24

次の文書は、冨田区所有の神事文書の一部です。昔の神事(おこない)の様子なりが、少しでも分かればと思います。

◆文化八年（一八一一年）

文化八辛未改年
祭禮當番廻帳
正月十八日　　西組中

一御鏡餅　　四枚宛
　但シ、むし餅米一臼ニ付
　　壱貫四百四拾目
一御鏡餅米　　壱斗弐升
右當番之者、其座ニて割分可申事《もうすへきこと》
一未年　　□右衛門
一申年　　□兵衛
…（途中省略）…
一申年　　□兵衛
一酉年　　□兵衛
都合當役廿廿人
　　　八(上書)
但シ、入勤之者、拾ケ年目
相勤可申事《あいつとめもうすへきこと》

これを見ると、御鏡餅は昔の方が、若干大きかったらしい。(改革前は一臼に付き、壱貫参百七拾匁)

また、神事講に入席した者は、十年目に當番となるとありますが、改革前の規則では、翌々年（二年目）となっています。

時代と共に、規則も運営も変化しているのが分かります。ただ、御鏡餅をその場で分け与えることは、いまなお続いていることになるようです

◆天保十年（一八三九年）

天保十年
神事頭役人別帳
亥正月十八日　　（東組）

薬師如来　　附り命日　八日
八幡大菩薩　同　　十五日
勢至菩薩　　同　　十七日
観世音菩薩　同　　十八日
夫《それ》當村祭禮は右の四社ヲ勧請シ、往古より例年、親疎ヲ撰ばず、正月十七日十八日両日の神事、社頭数多(あまた)これ有り、雖然(しかりといえども)、御神事ハ良辰両日ニ行い、十七日の夜、宮ニ鎮座の社え、氏子一統、神酒御鏡ヲ捧げ、着禮シテこれを奉り、畢（おわりぬ）
一　　阿部□□□
一　　西嶋□□□
…（途中省略）…
一　　西嶋□□□
一　　上野□□□

定

一恒例祭祠、先規の旨に任せ、神妙ニ相(あい)勤め申すべき事
一御神事ニ付、東西北地ト三組え相別れるといえども、其差別無く、□□良辰改席の甲乙もこれ無く間、神前え参指(拝)の時ニ於て、三組同席、作法柔和に致し、出合申すべき事
一正月十七日、御鏡合せ、組一統集會の上、つかまつるべき事
　附り　三升鏡(餅)五枚。但シ蒸飯目方、壱枚ニ付正ミ(身)壱貫三百目、并、御花鏡壱枚七拾目
一十八日の朝飯御振舞い、近年困窮故、生(精)進の御饗應、御餅一汁一菜ニ致すべき事
一御鏡餅、其席ニ於て、人別配頂申すべき事
一新出席の輩、其年より十歳目ニ頭役勤めるべき事
一退席の人は、勝手となすべき事
右條々、具(とも)に相心得、神妙ニ頭役相勤めるべき者也

※「良辰」…リョウシン　吉日・日柄の良い日

これを見ると、氏神は、
　薬師如来・八幡大菩薩
　勢至菩薩・観世音菩薩
であり、氏神が多々あるけれども、十七日・十八日（勢至菩薩・観世音菩薩の命日）に神事を行うとあります。

特に、本日は十八日であすが、これは観世音菩薩の命日であり、冨田村の神社の主体は観音堂であったことが分かります。

もちろん、時代と共に変化していますから、当初よりそうだったかは分かりませんが、この時代(江戸時代後期)では観音堂が中心であったようです。

また、記載されている三十九人にはすべて「姓名」が記入されており、この時代、苗字帯刀が許されていなかった筈ですが、どの家も「苗字」をもっていたようです。

この史料では現在もある「苗字」が七姓見られます。

別の史料でも、「苗字」が記入されていることがあり、表向きは「苗字」を持っていなくても、実際は「苗字」を持っていたように思われます。

また、この時代から既に、花鏡餅が見られます。

明治時代初期の廃仏毀釈によって、三体の観音様の内、二体は源慶寺に、

一体は圭林寺に預けられており、現在の花ビラ(餅)は、その観音様に捧げられているのです。あまり知らない人もあるかもしれませんが、神事当日、宮参りと同時に花ビラ(餅)は源慶寺と圭林寺に持参され、観音様にお供えされるのです。

この時代の花鏡餅が、観音様に捧げられていたのかどうかは分かりませんが、何となく、花ビラ(餅)のいわれが見えてきたようにも思います。

また、この史料では、氏神へ参拝するのは、

「…十七日の夜、宮ニ鎮座の社え
氏子一統、神酒御鏡ヲ捧げ、着禮
シテこれを奉り…」

とあります。しかもこの史料に、

「…神前え参指(拝)の時ニ於て、
三組同席、作法柔和に致し、出合
い申すべき事…」

とありますから、この時点では、東西北組が、夜に参拝したのであろうと考えられますが…。

また、「神事は、今では一日だけになってしまいましたが、昔は、三日間あったんだ。」とも聞いたことがあります。

これらの史料を見ると、少なくとも十七日・十八日の二日間は、何らかの行事があり、この二日間が神事の日程であったようです。

明治になると、二月十四日・十五日に改められます。ただし、明治何年からなのかは分かっていません。

時代が変われば、祭神も変わる！

右の史料では、祭神は

『薬師如来・八幡大菩薩
勢至菩薩・観世音菩薩』

とあります。しかし、明治二十五年の「神事規則并頭役人別名簿」では

『八幡大神
誉田別命《ほむたわけのみこと》　(應神天皇)
二宮大明神
息長帯比賣命《おきなかたらしひめのみこと》　(神功皇后)
富田大神
押開豊櫻彦命《おしひらきとよさくらひこのみこと》　(聖武天皇)』

国の施策でこうなったのか、廃仏毀釈のため、こう変更されたのかは分かりませんが、時代と共に祭神が変わるというのも、何か奇妙な気がします。明治七年の「八幡神社取調帳」では既に祭神が変化してしまっています。

おそらく、明治と共に変わったものだと思われます。

《参考》
富田区神事文書(大字富田区)

※1
新しく神事講に入席した者は、以前は翌々年(二年目)に當番となるとありましたが、これは、入籍した年に餅米の種(他人の餅米)を手に入れ栽培し、自分の手で育てた餅米を作り、その餅米を神事祭の鏡餅に使用するのだと聞いた覚えがあります。

新しく入席する場合、餅米ばかりでなく、紋付き袴の準備も必要で、費用の面でも入席をためらったとも聞きました。

現在は氏子全員参加による神事祭ですが、改革以前は講組織で、神事祭(オコナイ)講に加入している者だけが参加を認められました。

筆者が初めて参加した、昭和四七・八年頃では、直会(西組)に座したのは十五名程度だったように記憶しています。

中世の頃、地縁的な結合を持つ惣村(村)が成立するようになると、惣村はその自治権を確保するために、宮座での儀式・寄合を中心として、その結合を強めていきました。

宮座は「おとな」「宿老」等の数人の代表をリーダーとして、その参加を認められた惣百姓で構成されたといいます。宮座への参加の条件は詳しくは分かりませんが、一定の条件を満たす必要があったようです。

宮座の構成員が惣村の村人として寄合等への参政権を有したと言われています。

惣村は近世の「村」として、定着することになりますが、近世の村においても、高持百姓、無役百姓、水呑百姓などの区別があり、すべての百姓に参政権があったわけではありません。

このような惣村(村)や宮座の流れを考えると、私的な見解ですが、宮座の流れが神事祭講という形に変化していたのではないと思うのです。

実際どうであったのかは、その起源も含め、全くの謎としか言いようがありません。

※2
筆者が初めて参加した、昭和四七・八年頃から五四年までの改革前の神事祭の印象を書いてみます。

最年少だったこともありますが、服装は紋付き袴、座が終わるまで正座、御神酒の肴も辛し大根・牛蒡のたたき・タクアンだけでしたから、厳粛な雰囲気を感じていました。また、直会の席は屏風で閉ざされましたから一層厳粛さを醸し出しました。

とは言え、御鏡搗きは早朝三時頃からだったと思いますが、「てがえし」をする大先輩が「空搗き」(臼の中に餅がない状態で搗くこと)をさせたり、搗き終わって餅を頂いているとき(当時はあんころ餅・おろし餅・きな粉餅でした)、ちょっとよそ見をすると、自分の皿の上には餅が山盛りに…なんて、楽しい雰囲気もありました。

式典は、頭役、区長など村役人は拝殿にあがりますが、一般参加者は外での参拝でした。その間、雪玉を投げ合ったり、拝殿に登殿している人を的にしたり…、結構和気藹々でした。

また、幼少の頃給仕人も経験しています。給仕人は鐘・太鼓を担当することと、直会での御神酒の御流れを大杯に注ぐことでした。

子供用の袴を着せてもらったことは覚えていますが…。

また、頭役としては、自宅から神社までの神酒錫の重かったのが印象に残っています。

神事《おこない》の今と昔は!!

第０３０号
1995.02.10

昭和五十五年に、神事(おこない)の改革があって、神事が簡単になりました。しかし、神事の性格や本質は変わっていないと思います。(少し気楽になり過ぎた気もしますが‥‥)

そこで、以前の神事と、今の神事を比較しながら、神事の流れを記録に残して置きたいと思います。

以前の神事から変更されたこと

◆「親類神事」から「組神事」へ
頭役宅(家)から富田会議所へ

以前は、神事(おこない)組(講)に入席している者だけが参加を許されました。東西の二組(北富田の北組もあるが)に別れ、両組とも、二十軒位になっていたと思います(退席が多くなってしまっていました)。

各組の中で、頭役の順番が定められていて、神事の宮参り以外は、頭役宅(家)にて執り行われました。

また、手伝いは、親類の者が当り、神事組に入席していなくても手伝いました。

改革後は、頭役の順も、一組から五組、六組から十組へと、組の順に従って、組の代表と言う形で、順番が組まれており、頭役は富田区民全員に回ることになりました。

また、床の神飾り・餅搗き・直会(なおらい)も、全てが富田会議所において、二組同時に執り行われることになり、手伝いは各組の者が行い、頭役と親戚に当たる者でも手伝わなくなりました。

◆餅搗きも機械化に
餅搗きは、当日の早朝、二時頃より頭役宅に集まり(神事組入席の者と親類)、臼と杵で搗き、手返しの人の思惑で、空搗きをさせられたり、後でご馳走になる餅も、よそ見をしていると、自分の皿が山盛りになったりしていて、結構楽しいことも多かったように思います。

改革後は、餅搗き機械で搗くようになり(組によっては、最初だけでも臼と杵で搗いている組もあるようですが‥‥)、やや神事という雰囲気がなくなってしまったようにも思います。

◆服装も自由化
早朝の餅搗きは着物で参加し、宮参りや直会(なおらい)は、紋付袴で参加をしていましたが、現在では、平服ということで(自由で)、一部は紋付袴、一部は式服で、大半は背広でというようになっています。

また、以前は給仕役として、小学生(または、それに近い青年)が紋付袴姿で参加しましたが、現在は、組の者が給仕役を勤めています(服装は式服を着用が多い)。

◆直会(なおらい)のご馳走は
以前の直会では、芥子《からし》大根と酢牛蒡《ごぼう》だけが膳につき、鉢物は大きく切ったタクアンだけでした。

現在は、パックとなり、大分有難くなりました。

また、直会の雰囲気も厳粛であった状況から、にぎやいだ雰囲気に変わって来ました。これも時代の流れだと思います。

また、御神酒の御流れを頂くのは、現在では、二合二勺入るという土器(かわらけ)になっていますが、これは改革以前に、既にそのようになっていました。

更にその前は、頭役家の準備する大杯を用いていたようですが、家によって大小があったりして不都合なため、現在のように改められたのだと聞いています。

ただ、現在の土器(かわらけ)は二代目で、一代目は八幡神社祭器庫の二階で埃をかぶっています。

また、最近の富田区総会で、御神酒は自分に適した量を頂き、給仕人に合図をすることで、土器(かわらけ)に満杯貰わなくてもいいことに決っています。

直会(なおらい)に、神主・両寺の住職を招待することも、改革後より実行されています。

◆神送りも簡素化
以前は、神事が終了したら、次年度の頭役家まで、今年度の頭役が神酒鈴(みきすず)とともに神送りをしました。

迎える側は、お茶とお菓子で接待しました。そして、次の頭役は、一年間、神様をお守りしたのです。

現在は、直会後、会議所で次の頭役が神送りを受け、神社本殿へ預けることになっています。

◆「けあげ」について
神事がすべて終了したら、親戚や連れを招いて「けあげ」がありましたが、これも現在では、当番組の者が集まって「けあげ」をします。招待するのは鍵主・区長・代理区長だけです。組によって、内容も違うようで、料理を取ったり、パックであったりするようです。

◆その他
◇十年程前から、神事祭では、氏子全員が拝殿に上がることになっています。以前は、頭役・役員だけが拝殿に上がり、他の者は立って参拝しました。時には、雪玉を拝殿に向かって投げるなどのこともありましたが、最近は、雪玉投げも見かけません。
◇餅切りは従来通りですが、一面の鏡餅を切る個数が変わりました。
◇直会の座は東西組が一同に会するようになり、西側二列に西組が、東側二列に東組が座ります。
従来の西組であった人が東組になったり、東組であった人が西組になったりの変化があります。(一組から五組を西組、六組から十組を東組としたため)
頭役の挨拶なども、二人の頭役が役割を決め、代表するようになりました。

同様に、以前は区長、代理区長が東西の組に分かれて参加していましたが、現在では一同に会するため、上座中央に並んで座し、すべて、区長の采配によって事が進行されるようになりました。

◇道具類も、頭役家の物を殆ど用いず区共有の物を用いるようになりました。

◇神事日は、江戸時代は一月十八日でした。明治以降最近までは二月十四日であり、現在は旗日の二月十一日が本日として、実施されています。

◇高張り提燈も、昔は頭家の玄関口に立てたものですが、今は、会議所の玄関に一対立てることとなっています。

◇触れ太鼓(起し太鼓)もなくなってしまいました。

まだまだ、変更点があるかもしれませんが、気の付いた点だけをまとめてみました。

◆謡(うたい)について

どの村の神事にも、謡(うたい)がある(あった)ようです(全てを確認した訳ではないのですが・・・)。

何故、直会の席で謡を詠うのかは分かりません。謡の種類は冨田村のような謡「高砂」に限らず、いくつもあるようです。詳しく湖北地方を調べてみるとおもしろいかもしれません。

富田村の場合は左の謡を詠います。

神と道との道すぐに
都の春に行くべくわ
それぞ還城(げんじょう)楽の舞
さて、万歳(まんぜい)の
小忌衣(おみごろも)
さす腕(かいな)には悪魔を払ひ
をさむる手は壽福を抱き
千秋楽には民(たみ)を撫(な)で
万歳楽には命を延(の)ぶ
相生(あいおい)の松風
颯颯(さつさつ)の声ぞたのしむ
颯颯(さつさつ)の声ぞたのしむ

これは、謡曲「高砂」の最後の部分に当ります。おそらく、〈立ち謡(退席)〉の意味があったのだろうと思います。

直接に聞いたり調べたりした訳ではないのですが、『湖北町のおこない』という本を見ると、いくつかの村での謡について記入されています。

「高砂」の一節とか「高砂」の切(きり)とか「四海波」とかが記録されています。また〈立ち(退ち)謡〉とのみ記入された字もあります。

神事が改革され、全員参加・均等負担となったことは歓迎しますが、ややもすると、伝統の精神さえも消えつつあるのではと思うのは、私の考え過ぎでしょうか?

《参考》
「湖北町のおこない」第一・二集
湖北町教育委員会編

※1

昭和五五年の神事改革時の新規約

神事規則(昭和五五年)

頭役
・氏子全員が勤めるものとする
・頭役は東西二名とする
・頭役順は頭役人名簿通りとする
・頭役事故ある場合は隣組内にて代行する
・組割は字名簿、西、一組より五組、東、六組より十組とする
・頭役は饗應を禁ず

糯米漬
・午前八時より区長及び頭役、御手洗にて行う(前日)

御鏡搗
・場所は会議所とする
・区長立会、頭役及び隣組にて花びら三、御鏡六面つく事
・餅搗方法は自由、午前七時迄に終了の事

宮参り
・氏子全員、服装は自由、拝殿参拝の事
・午前十一時参拝案内放送、十一時半会議所集合
・午前十二時拝殿到着

直会
・会場は会議所
・席順は区長、宮司、両寺住職、東西年長順
・進行は頭役年長
・直会準備及び給仕は頭役隣組
御神酒、御茶は従来通り
肴はパック入千円以下、鉢物なし
御鏡割は一面十二個割の事
・諸儀終了は十四時の事

経費
・経費は組長組内を徴収する

細則(昭和五六年)

糯米
・区長が一括して購入準備する。

御鏡搗
・当日午前四時より両頭役及び組員と会議所において準備を開始し七時までに終了する。

高張提灯
・会議所前、拝殿前にそれぞれ一組を頭役隣組の手によって立てる。

宮参り
・道順は会議所より一旦県道に出、神社正面の橋の手前にて頭役三名揃って参拝をする。

直会
・給仕人は各頭役組内より二名計四名とする。
・頭役のあいさつは年長が行う。
・肴は頭役が準備をし、後日神事勘定で清算する。
・茶台は正座七名のみとする。

神受け
・神受は御鏡搗終了後本殿より会議所に迎え受ける。

神送り
・諸事終了後会議所にて本殿に送り納める。
(当年頭役より次年度頭役に送り本殿に送り)納める。

後始末
・神事諸道具等の洗いものは組内の婦人の手伝いによる。

その他
・神事の勘定は頭役が区長同席にて行う。
・神事経費については女子家庭は特に考慮する。
・頭役への御祝はかたく禁ず。もし辞退が出来ない場合は神社に寄付をする。

近江国付近の地震について

第０３１号
1995.02.24

先日の一月十七日未明、五時四十六分、淡路島・神戸を中心に大地震が起こりました。神戸で未曾有の震度七を記録し、神戸市を中心に大きな被害がテレビ等で報道されました。

「兵庫県南部地震」と名付られ、関東大震災に比する地震で、阪神大震災と呼ばれています。

地震の規模はマグニチュード七・二で、震度が六の裂震(一部は七の激震)であったようです。震度七は今だかって経験したことがない地震だったといわれています。

そこで、冨田村、或は、近江国・近畿圏の記録に残された地震について、調べてみたいと思います。

八幡神社の「鳥居」が倒れる

現在の、八幡神社の鳥居は建設後、ある時期に折れ、それを直したのだと聞いていますし、明らかに直した跡があります

聞くところでは、昭和十九年十二月の『東南海地震』で倒れたのだと聞いています。

この時は、冨田村内の家屋も倒壊した所があったように聞いていますし、早崎地先にある、竹生島の第一鳥居もその時に倒れたと聞きました。

記録によると、この時の地震は、

静岡・愛知・三重県が中心で	
死者・不明者‥‥	一二二三人
住家の全壊　‥‥	一七五九九戸
半壊　‥‥	三六五二〇戸
流失　‥‥	三一二六戸
マグニチュード　‥‥‥	七・九

とあります。

今回の地震と比べてみても意味ないかもしれないが、かなり大きな地震だったことが分かります。

冨田村での地震の記録は、これしか分かりません。もっとあったと思いますが、記録に残ったものはないようです。よく参考にする「川崎文書」の約二千点弱の文書の目録を全てチェックしましたが、日照りや水害の記録はあっても、地震の記録は見あたりませんでした。

次に、近江国まで範囲を広げると、多くの記録が残っているようです。それを時代順にまとめてみます。

◆天延四年(九七六)六月十八日申刻、山城・近江国大地震。人家多く顛倒、圧死する者多し。京都の東寺・西寺・清水寺等が倒壊。近江の国府庁・崇福寺の諸堂・国分寺の大門・関寺の大仏等顛倒する。

◆嘉保三年(一〇九六)十一月二四日大地震。京都・近江・伊勢・駿河諸国等被害大し。東大寺の巨鐘落ちる。近江の勢多橋落ちる。津波が伊勢・駿河を襲う。
(推定 M 八~八・五)

◆元暦二年(一一八五)七月九日午刻、近江・山城・大和・京都白河辺大地震。山崩れ、水湧き、堂塔等傾倒する。死傷者多し。「山槐記」によれば、近江の湖水北に流れ、水減ずること岸より四~五段、或は三~四段なりしも、後日に至りて旧の如く岸に満てり。同国の田三町ほど地裂けて淵となりしと言う。
(推定 M 七・四)

◆正中二年(一三二五)一〇月二一日子刻、江北地方に大地震。竹生嶋の奥院、崩れて湖中に没すると言う。(竹生島神殿仏閣諸舎屋等顛倒)。若狭気比神宮倒潰。余震が年末まで続く。
※破壊されたる神社仏閣の目録あり
(推定 M 六・五)

竹生島の諸堂が倒壊したということは、同様に、冨田村でもかなりの被害があったものと考えられます。

しかし、この頃の史料はまったく残されていません。その時の状況も分かりません。

◆永禄十三年(一五七〇)二月十三日近江国地震あり。(六月姉川の合戦)詳しくは不明。

◆天正十三年(一五八五)十一月二九日夜、畿内・東海・東山・北陸最も甚し。「千戸ノ人家アル、ナガハマ邑ニ於テハ、其人家ノ半ヲ顛覆シ、半ハ出火ノ為メニ焼滅シケリ」とある。長浜城中の天守破壊し、寝殿倒壊し城主山内一豊の幼女與禰君といえる者、その乳母と共に圧死せり。
(推定 M 七・八)

長浜城が倒壊したということは、恐らく、冨田村でも同様の状況であったと考えられます。

◆慶長元年(一五九六)閏七月十三日子刻、近畿大地震。宮殿楼閣寺社堂塔ことごとく倒潰。伏見城中惨害甚し。天守大破。石垣崩れ圧死五百人。二丸女中二百余人一時に圧死。余震十一月まで続く。
(推定 M 七・五)

◆寛文二年(一六六二)五月朔日午の下刻、畿内・東海・東北・西海諸国大地震。京都最も甚し。江北では、彦根城壊れ、城櫓崩れ、人家千余倒潰。死者三十余人。近江国一国で死者、男女四一一人。牛馬九二頭という。比良岳付近で被害甚大。唐崎で田畑八五町湖中に没し、潰家一五七〇戸大溝で潰家一〇二〇余、死者三七人京都で町屋倒壊一千、死者二百余人
(推定 M 七~七・六)

◆宝永四年(一七〇七)一〇月四日
諸国大地震。大和・東海・南海等の諸国甚し。死者万余という。

『宝永地震』 我国最大級の地震の一つ。全体の死者二万、潰家六万、流出家二万。津波被害多く、土佐で最大。 (M 八・四)

◆宝永四年(一七〇七)十一月二三日
富士山爆発し、宝永山を生ず。

「宮川日記」(現浅井町小室住宮川庄太夫著)によると
・二三日曇。巳刻過より南東の方、雷鳴の如くにて、震動絶えず、立(建)具びりびりと響く。
・二四日晴。震動、昨日よりは軽く昼の内は少時止む。申刻よりは朝より強く、戌半刻・子半刻地震。

◆享保十六年(一七三一)一〇月十四日
近江八幡で青屋橋の石垣破損。

◆文政二年(一八一九) 六月十二日
未の下刻、京都・伊勢・美濃等大地震。「熊谷家年代記」

江州にては蒲生郡の八幡最も甚し。

近江八幡で潰家八二戸、死者五人。

◆安政元年(一八五三)
十一月四日‥‥『安政東海地震』
十一月五日‥‥『安政南海地震』
(ともに M 八・四)

◆明治二四年(一八九一)一〇月二八日
夜、濃尾大地震。以後連日の震動。
『濃尾地震』 我国の内陸地震としては最大。 (M 八・〇)
建物全壊十四万余。半壊八万余。死者七二七三人。山崩れ一万余。

◆明治四二年(一九〇九)八月十四日
午後三時三〇分、近江・美濃地方大地震。
『江濃(姉川)地震』 震源は滋賀県姉川付近で虎姫付近の被害が最大。
姉川河口の湖底が数十m深くなった
東浅井郡では、死者三〇人・負傷者二七九人に達し、家屋の損傷は、全壊一〇六八戸・半壊二四七八戸に達した。倒壊戸数が三〇%位に達したのは、虎姫・湯田・小谷村であると記録にある。 (M 六・八)

◆大正十二年(一九二三)九月一日
『関東大震災』

死者・不明者十四万二千余、家屋全半壊二五万四千余、焼失四四万七千余戸。 (M 七・九)

◆昭和十九年(一九四四)十二月七日
『東南海地震』 静岡・愛知・三重

◆昭和二三年(一九四八)六月二八日
『福井地震』 福井平野が震源。

死者三七六九人、家屋倒壊三六一八四・半壊一一八一六、焼失三八五一戸。 (M 七・一)

まだまだ多くの記録がありますが、紙面の都合で省略しました。

古来より日本人は地震との闘いでもあったようにも思います。

《参考》
東浅井郡志巻三(災異志)
「理科年表」(1994版) 国立天文台編

注1
冨田村に残されている史料の中には地震に関する記事は見つからなかったのですが、ただ一つ、次のような記事を見つけましたので紹介しておきます。
出典《西嶋文書「年代記」》
天明三癸卯(一七八三)条に

一七月二日晩より北東方なり出シ
地志ん之心なる時ハ戸障子迄ゆる
内八日之日迄合七日之内なり留メ
七日八日両日ハ殊之外大なり也
大津之大さか之せき迄
信州浅ま山大キ石ふき出ス地面山
也
大サ九尺弐間ハゝ之石多人不知レ
二十四ケ村ハ野ニ成、若狭様御上
り道中六日之とう留駄荷駄人弐人
不知レ

右の記事は、浅間山噴火の様子を示しています。

湖北の地でも地震等の地揺れを感じた事、伝聞での噴火の様子、参勤交代中の若狭の殿様が噴火に遭遇した事などが記載されています。

「年代記」では、浅間山噴火によるとされている、その後の天明の飢饉について、米相場や風聞による飢民一揆なども記録されています。例えば、天明七年の条では、

一大坂米屋皆つぶす
日本国米津留メ
一江戸米屋凡弐千軒斗つぶす 大らん
御公儀御米蔵諸大名衆御米蔵皆つぶす
江戸金壱両ニ米壱斗七升
人数五万人斗り立寄
六月七月
一當国米(近江米)壱俵ニ付金壱両

被害の復興については何の記事もありませんが、多少とも自然災害の実態を示す史料として貴重だと思います。

同文書にある「地震」等の記録を拾い出すと、浅間山の地震以外に、

・文正元丙戌(一四六六)
十月廿九日大地しん
・元文戊午(一七三七)
竹生嶋常行院
山くすれ海へつき出タ
・天明八申年(一七八八)
六月九日暮六ツ大地志ん
其夜大五ツ小数不知入り申候
同十日二度々入ル
・寛政四子年
ヒ前之国三月ニ此邊迄聞へ候
地之底海之底より大キなり出シ海
之にわ殊之外悪ク山之棟へ大舩
ふき上ケ、費前之国嶋原と申所
御城家殿様ハ行へ不知
人死ル所五万五拾四人
信州浅マ山鳴ルことくニ海之底
よりなり出ス
其所之吹出ス口之底よりたけ壱丈
余之ばけ物罷出口口ほうニて
取候迄書物
彦根へ参り候写シ大神なり(雷)
大地ぢ志ん津なみ
(※肥前国「島原大変肥後迷惑」)

などが記事として取り上げられています。本文にない地震が取り上げられています。

富田八幡神社の歴史

第０３２号
1995.03.10

昨年の灯明祭の折、偶然に祭器庫で「必要書類編冊（八幡神社々務所）」とある書類を見つけました。当時の鍵主さんと見ていたのですが、それによって、八幡神社の歴史が大方分かってくるように思いました。その必要部分をメモしましたので、まとめてみました。

その史料は、明治三十九年から昭和五年までを綴っています。その史料に加えて、私の知っている知識を加味して、八幡神社の年表を作成したいと思います。

◎寛文九年（一六六九年）
灯篭建設奉納
現在の二ノ宮（冨田神社）前にある一対の灯篭に
「寛□□年□酉年六月日
施主上野氏」
と刻字されている。これに該当する年は
「寛文九年己酉年」（一六六九）
もしくは、
「寛保元年辛酉年」（一七四一）
のいずれかと考えられます。

◎延宝八年（一六八〇年）
絵馬奉納　図は湯花神事
桧材　竪一尺五寸六分
横二尺
裏に江州浅井郡冨田村明治四十一年には現存していたようです。今の本殿に奉納されている押し絵で描かれた絵馬のことかは定かでありません。
《必要書類編冊》

◎元禄十五年（一七〇二年）
鰐口奉納　径九寸五分
「元禄十五年壬午年
八月一日冨田村」の銘
《必要書類編冊》

◎正徳二年（一七一二年）辰
観音堂普請
正徳二年の奉加帳の表紙に、

「観音堂奉加帳　西冨田村」

とありますから、内容は不明ですが、観音堂にかかわる普請があったものと思われます。

「辰ノ普請」という言葉が出てきます。

《宗教一》

※詳しくは、第四一号にて記載

◎正徳三年（一七一三年）
鰐口奉納　径八寸三分
「正徳三年癸巳年
七月一日冨田村」の銘
作者　藤原重次
《必要書類編冊》

※正徳二年の観音堂普請に関わるものかも知れません。

◎宝暦七年（一七五七年）
二ノ宮堂再建　九尺×二間
屋根は茅葺き
《西島文書》

※この件は第九号にて記述済み

◎安永七年（一七七八年）
灯篭建設奉納
現在の鳥居と拝殿の間にある一対の灯篭に
「安永七戊戌歳」（東の方のみ）
と刻字されています。

◎安政五年（一八五八年）
八幡神社再建　三尺四方
屋根は瓦葺き
《宗教四九》

※この件も第九号にて記述済み

◎明治三十四年（一九〇一年）
灯篭建設奉納
現在、道沿いにある六基の灯篭には全部に
「明治卅四年八月日建設」
と刻字されています。この年に六基とも建設されたと確認できます。

◎明治四十二年（一九〇九年）
枯損木材の伐採
《必要書類編冊》

◎明治四十四年（一九一一年）
◆鳥居建設奉納
高さ　一丈八尺
柱真間　一丈六尺二寸
建設費　三百五十円也
篤志七名の寄進による。
◆社標建設奉納
高さ　一丈二尺
台は三段二尺六寸
建設費　七十円也
神照村小澤Ｍ氏の寄付による。
《必要書類編冊》

◎大正元年（一九一一年）
八幡神社・源慶寺風損木材伐採
《必要書類編冊》

◎大正二年（一九一三年）
◆二ノ宮社殿腐汚につき倒潰・焼却
二ノ宮は本殿へ合祀
「…右神社ハ由緒不詳ニ有之且ツ建物ハ近時甚シク腐汚致シ神社ノ尊厳ヲ失シ候ニ就テハ這般氏子協議ヲ逐ケ本社八幡神社ヘ合祀シ…」と願書にあります。
◆冨田神社の移転
処分した二ノ宮社殿跡地の北側付近へ移転（現会議所付近より）現在の二ノ宮と称している社殿です。

移転費は四円五十銭
◆社務所の建設
二間三尺×六間（建坪十五坪）
流造杉松檜栗材　屋根瓦葺き
建築費用　四百七十円
（区民八十一名の寄付）

現会議所の前の建物（社務所）
《必要書類編冊》

◎大正四年（一九一五年）
宮地の一部（十一歩）朝日道改修用地に関わり売却（二十二円）
同地の樹木三本伐採売却（三円）
（ダモ二本・ホソ一本）
《必要書類編冊》

◎大正十年（一九二一年）
境内樹木風害のため伐採処分
◇杉（周囲十五尺六寸高八四尺）
売却金　四四六四円
◇杉（周囲　九尺七寸高六〇尺）
売却金　七五八円八八銭
◇杉（周囲　九尺一寸高五九尺）
売却金　四二八円八八銭
◇杉（周囲　七尺九寸高四七尺）
売却金　三五〇円八〇銭
◇杉（周囲　五尺八寸高五三尺）
売却金　五一円二〇銭
売却金合計　六〇五三円七六銭也
売却金の使途については未記入。
《必要書類編冊》

◎昭和四年（一九二九年）
水屋（御手洗）建設
桁行　七尺五寸九分
梁行　六尺二寸一分
入母屋造檜材　屋根檜皮葺き
請負　西柳野の岩佐榮助氏
費用については記録がありません。
御手洗には
「昭和三年　御大典記念」
の刻字があります。
《必要書類編冊》

◎昭和五年（一九三〇年）
狛犬建設奉納
台石　五尺一寸二四尺二寸五分
高さ　台石とも　九尺
篤志二名の寄進によります。
台石に
「作人　長浜石市
昭和三年　御大典記念」
「寄進人　□□□　□□□」
の刻字がある。（氏名伏せ字）
《必要書類編冊》

◎昭和九年（一九三四年）
拝殿建設
棟札（神社蔵）によると
起工　昭和八年一〇月一〇日
竣工　昭和九年　五月一五日
上棟祭昭和九年一〇月一〇日
工費概算　金六〇〇〇円也
とあります。
《必要書類編冊》

竣工祝いには、村社であったから小学校の児童の参列があったとか健雄社主催の餅まきがあったとか聞いています。


旧祭器庫の建設は、明治三十四年以前と考えられますが（図面にある）、その年月日は、まだ分かりません。

また、鳥居の倒壊・祭器庫の再建・社務所の改築・各建物の修理修復については書けませんでした。

もっと詳しいことを知っておられたら教えて下さい。

《参考》
「必要書類編冊」　富田八幡神社
川崎文書（滋賀大学史料館）

※1
正徳二年（一七一二）に観音堂普請があったようだと書きましたが、西嶋文書「年代記」には、享保七壬寅年（一七二二）の条に、「當村観音堂寸し（厨子か?）」との記事があります。

観音堂に関する奉加が始まった事は事実のようです。

正徳二年との年代が一致せず、詳しい事はわかりませんが、正徳二年に観音堂が建立されたのか、基礎工事が始まったのか、鰐口奉納の奉加があったのか…、内容については確定出来ないのが現状です。

あくまでも想像の域を出ないのですが、正徳二年に観音堂普請の記事があり（内容は不詳）、翌正徳三年に鰐口が奉納されている事は、新しい社殿のための鰐口奉納と考えられるのではないでしょうか。

もしそうだとすれば、安政五年に再建された八幡神社（観音堂）の前にあった、旧観音堂の建立が正徳二年であったとも言えそうです。

その後、資金等の遣り繰りがあり、一〇年後の享保七年、社殿の内装や厨子の製作と考えれば、西嶋文書との不一致も理解出来るのですが…残された文書がない限り、断定は出来ないと思います。

※2
旧祭器庫について、明治四一年一〇月の記録には、《必要書類編冊》
平屋入母屋造屋根瓦葺
建坪一一坪二合五勺
とありますが、建設年代は不明です。
この祭器庫は昭和三四年の伊勢湾台風により倒壊、翌年に同地に現在の祭器庫が建設されています。

※3
「必要書類編冊」の記録から、現在の私達が知らない事を多少挙げておきたいと思います。

◆国庫債券の所有
・明治三九年一〇月（明細帳登録願）
国庫債券　一五〇円
・明治四〇年九月
大日本帝国々庫債券　五〇円
・明治四〇年八月（登録訂正願 等）
大日本帝国々庫債券　一〇〇円
大日本帝国政府特別
五分利公債證　一〇〇円
・明治四四年八月（明細帳訂正許可）
国庫債券　五〇円
四分利公債　五〇円
などの記録があり、神社明細帳に登録されています。資金の運用にしたのか、日露戦争後の軍備拡大のための拠出金であったのかは分かりませんが、神社名義で国債を所有した時代があったようです。

◆灯籠の数
明治四二年二月の「神社所有工作物登録申請書」には、
・石造灯籠二基
高さ六尺・巾一尺四寸
・石造灯籠二基
高さ九尺・巾四尺二寸
・石造灯籠二基
高さ六尺四寸・巾三尺
・石造灯籠六基
高さ五尺五寸・巾一尺八寸
以上一二基が記録されています。
現在の数と一致すると思います。

冨田八幡神社の変遷

第０３３号
1995.03.24

前回に八幡神社の歴史について、まとめてみました。十分ではないかもしれませんが、鳥居や社標の建設・二ノ宮社殿の解体・冨田神社の移転・社務所の建設・御手洗水屋の建設・狛犬の建設・拝殿の建設等の建設年代がはっきりしてきました。

そこで、時代別に、おおざっぱな地図を作成してみました。境内の仕上がっていく様子がよくわかります。

◎明治四十四年（一九一一）以前

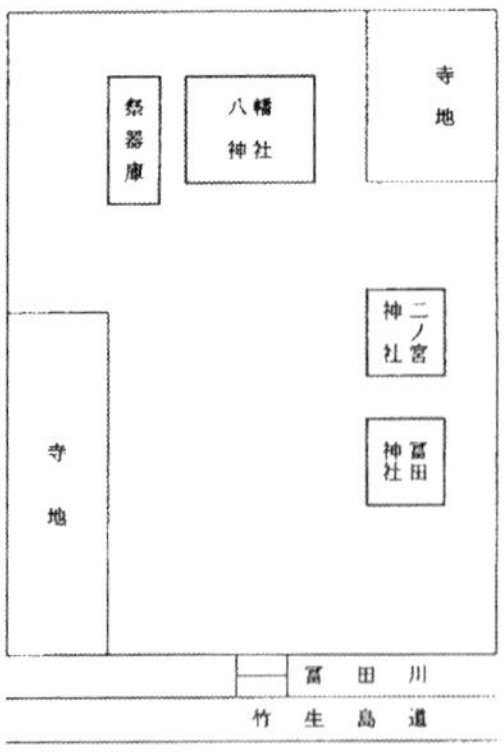

神社祭器庫の建設は何年だか不明ですが、この時点では、八幡神社(観音堂)・冨田神社・二ノ宮神社の三社です。

江戸時代の当初には、おそらく八幡神社(観音堂)はなかったか、粗末な堂宇で、冨田神社と二ノ宮神社だけがあったと、私は考えていますが、はっきりしたことは分かりません。

時代の不明な冨田村の地図に、「祭神四社」と書かれているものがありますが、詳しいことは分かりません。

◎大正三年（一九一四）頃

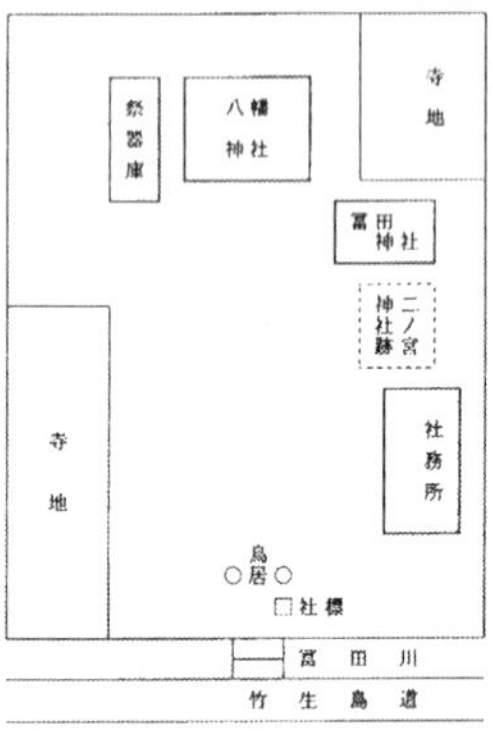

昭和四年に檜皮葺きの水屋(御手洗)が建設され、更に、昭和五年に本殿前に狛犬が寄進奉納されました。

◎昭和六年（一九三一）頃

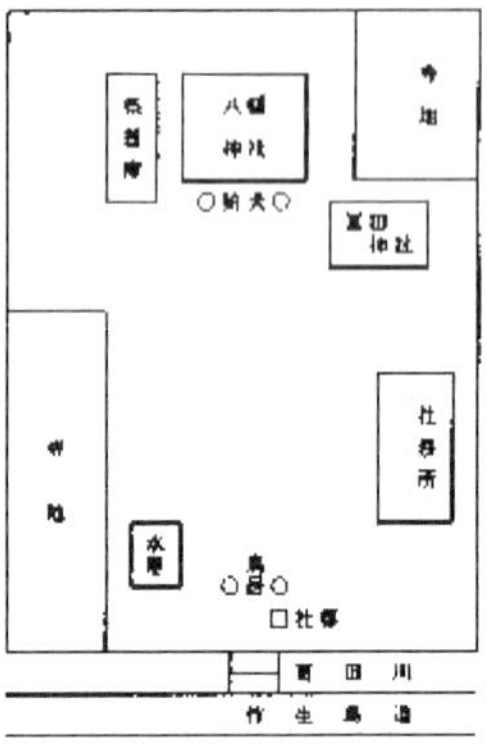

昭和九年には拝殿が建設され、社務所や立木等は別として、ほぼ現在の配置状況となる。現在よりも樫木等の立木が多く繁っていました。

◎昭和十年（一九三五）以降

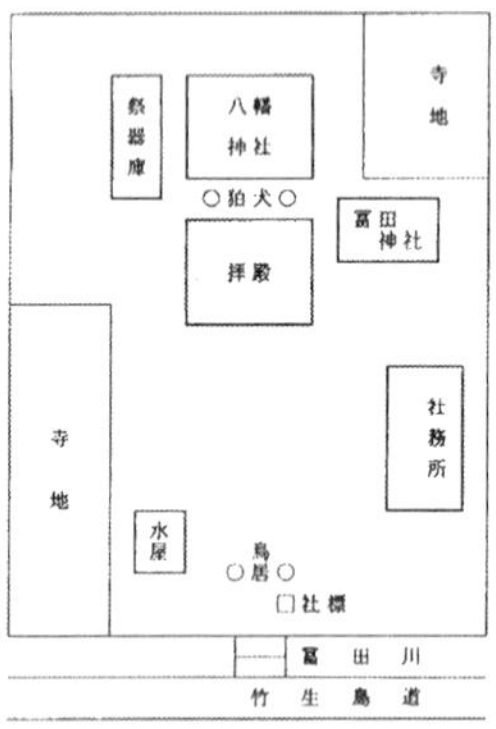

このように、図にしてみると、境内の変遷が良く分かります。

その他の変遷

昭和三十九年、バスが走っていた在所の中央道(竹生島道)の脇を流れていた冨田川(?)も、狭いということで、暗渠になり、架かっていた橋は境内の中へ移動・再設置されて、昔の面影だけを残すだけになってしまいました。

また、前年の昭和三十八年には、御手洗(水屋)の池も掲かれ、御手洗も整備されています。

社務所も改築されましたが、更に、昭和六〇年に冨田会議所として新築され、現在に至っています。

祭器庫は昭和三十四年の伊勢湾台風で大木の下敷きとなって倒壊し、翌年ほぼ同じ地に再建されました。

また、この時、祭器庫に保存されていた書類等が水浸しになり、保存不能となり、処分されたと聞いています。書類（文書）の内容は、今となっては分かりませんが、古き八幡神社のことが書かれていたものが在ったのかもしれません。

現在、防火水槽のある東南隅の一帯は、私達の子供の頃は、樫の木が何本もあり、カブト虫やコガネ虫等を取ったりした、格好の遊び場でしたが、今はそれもなくなり、地下に防火水槽が出来ています。

また、会議所玄関前にある松ノ木はその辺りにあったものが移植されたものです。

※平成十四年秋頃より枯れ始め、十五年春に伐採されました。

現在の鳥居は、途中が折れています（修理されていて気が付かないかもしれませんが）、これは、昭和十九年十二月の地震によって倒壊した時に折れたのだと聞いています。(前述)

蛇の目の幕 について

昔は、八月二十五日の灯明祭に「蛇の目」と呼ばれる幕が掲げられていました。実は年に一度の虫干しをされていたのですが、この「蛇の目」の正体は芝居の引き幕だったとのことです。

この芝居の引き幕だった「蛇の目」は、高さが三m位で、幅が一〇m強位で、竜の図柄になっています。図の中に「若連中」の文字が染め抜いてあります。上の部分はロープをくぐらせれるようになっています。

芝居の引き幕だったため、この幕以外に、引き幕の上の垂れ幕や舞台の袖の出入口に吊るしたであろうと思われる「のれん」様の垂れ幕もあります。

何時頃の物かは分かりませんが、農閑期に青年団（若連中）を中心にして芝居の興業のようなことをしていたのではないでしょうか。詳しく知っておられる人があったら教えて下さい。

この「蛇の目」も最近は、ほとんど目にする機会がなくなりましたが、昨年（平成六年）の灯明祭には虫干しされて、目にした人もあったのではと思います。写真に収めた人もあったようです。

「冨田の高番」と言われ、近在のどこからでも見られたと言われる、大きな老杉の木が、境内に何本かあったようですが、昭和一〇年の台風を最後に、すべてが倒れてしまったとのことです。

古老の人が「冨田のタカバン」と言っておられるのを聞いた人も多いと思います。

『タカバン』という言葉を辞書で調べるのですが、どんな大きな辞書にも出てきません。しかし、

伊吹町大字高番の地名の由来には「倭姫が天照大神を奉じて甲可（こうか）の日雲より来たり、しばらくこの地に留まった高座(たかみくら)の意：：という伝説がある。」とあります。

《角川日本地名大辞典「滋賀県」》

この話から、同様の意味だと解釈すれば、『タカバン』とは「神が住まいする所・神が住まいする神木（のある所）」とでも考えられます。

そう考えると、近在のどこからからも望めるような老杉の大木は、いかにも神が住まいしそうな雰囲気が漂っているように思います。

おそらく、古い時代には、境内いっぱいに、鎮守の森といった光景があったのだろうと思っています。

しかし、これはあくまでも仮説であって、何故、『タカバン』と言うのかは分かりません。もし、いわれを知っておられる方は、是非教えて下さい。お願いします。

ただ、最上段左端で述べた古地図には、社殿の周りに木がいっぱい書かれているから、当たらずも遠からずかも知れません。

《参考》
必要書類編冊（冨田八幡神社）他

※1
「蛇の目幕」については、第二三二号に写真を掲載しています。参照して下さい。

※2
神社の変遷を明治以降についてまとめましたが、江戸期から通して考えると難しいものがあります。明治になり、社殿の呼び名も祭神も変化してしまっています。

左の図は弘化三年（一八六四）の図面を起こした図です。

これと比較すると、明治四四年には「冨田神社」と書かれている社殿が「八幡宮」とあります。同様に「二ノ宮神社」は「正観音堂」とあり、「八幡神社」は「観音堂」と記載されています。

《宗教二八の三》

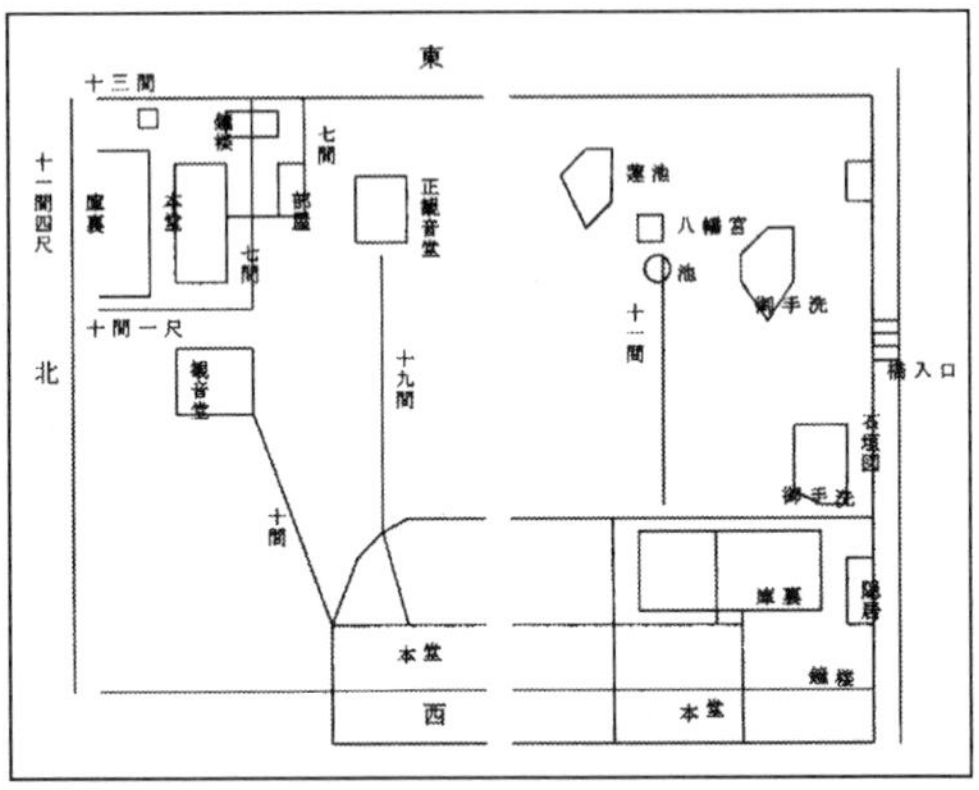

また、この図では分かり難いのですが、「八幡宮」の北東脇には蓮池があり、南南西脇に御手洗(池)があり、正面(西側)には池があります。

また、現在の御手洗の位置に御手洗(池)が描かれています。神社に池があった事を知っておられる方も、もう少なくなったと思います。

四つの池がいつ頃埋め立てられたかは不明ですが、昭和九年の拝殿竣功祝いの餅まきの時点では、どれかの池がまだあったと聞いています。

また、現在の住宅案内板のある辺りの口書きは高札場を示しています。

江戸期からの流れを考えるならば、冨田八幡神社の現在の主殿は観音堂と言う事になります。

そして、現在「小宮」と呼ばれている社殿が「八幡宮」という事になります。

我々が現在答拝している「八幡神社」は約一五〇年の歴史であり、「小宮」の方が、それ以上に古くから「八幡宮」として答拝されていたことになります。

大正二年（一九一三）に「二ノ宮」社(旧「正観音堂」)は本殿に合祀され、社殿は焼却されたことは前号で紹介しました。

江戸時代以前からの神仏習合の慣習は、明治期の神仏分離令・廃仏毀釈運動等の神道中心の政治体制によって解体され、逆に、神社の格を上げるための、偽文書の創造や由緒の歪曲・創作等を計るなど、負の要因も加わり、神社や宮地の由緒や歴史も歪曲化されたまま現在に引き継がれてしまったように思います。

秤《はかり》・枡《ます》改めについて

第０３４号
1995.04.10

秤御改之儀連印手形《村政八五》（元禄十二年　一六九九）

> 手形之事
>
> 一今度御秤之儀、守随彦太郎相《あい》改め申すべき旨、御奉行様并に守随彦太郎添状にて御座候付き、庄屋年寄中より只今迄持ち来り候古秤、庄屋方へ相渡し申す様ニ御触成され候へ共(ども)、所持仕り候古秤、面々方ニ御座無く候。若(もし)、隠し置き、後日、秤之儀ニ付き、六ケ敷（むつかしき）儀、出来仕り候ハヽ、如何様の入用御座候共、其の主何方成る共、罷り出で、急度（きっと）埒(らち)明け、庄屋年寄村中へ御難かけ申す間敷候。其の為、面々印判仕り候。以って件(くだん)の如し。
>
> 元禄十二年卯九月
>
> 冨田村
>
> □左衛門(印
>
> ………
>
> (間に二十九名の連判あり)
>
> ………
>
> □左衛門(印
>
> 庄屋中

上の文書を要約すると、

> 秤の改めをするということだが、連判した三十一名は、以前から秤を所持していない。ついては、もし隠し持っていて、後日、秤の件に関して難しいことが出来たら、それが誰であっても、きっと届出て処置をし、庄屋年寄や村の者達には迷惑をかけない。そのために連判するものである。

といった内容です。そして、三十一名の者が庄屋宛てに連判をして、迷惑をかけない旨を誓っています。

「秤改め」について

江戸時代、秤の精度の保持と「似せ秤」を取り締まるため、江戸秤座守随(しゅずい)氏、京都秤座神(じん)氏によって行われた制度。

明暦元年(一六五五)、幕府は秤改めの定を出して、古秤の秤座による吟味を命じ、以来、公儀による秤改めを、明治六年(一八七三)に至るまで実施しました。当初は三都など都市を重点とし、次第に国を単位に実施し、ほぼ十年に一回ぐらいの割で秤改めを行いました。

村方では、村ごとに庄屋が秤を集めて御用場に持参させ、不良秤は没収、修理を要する秤は修理費を取り、合格した秤は改印を打ち、印費として承応二年(一六五三)以来、一挺に銀一分を徴収した。また、秤を隠匿して改めを受けなかった場合には厳罰としました。

「似せ秤」の作者は、引き廻しの上、獄門と定められていたが、棹や取緒を替えた秤などが似せ秤とされたので、無自覚の似せ秤使用が多く、十八世紀ごろ以降からは内済で解決することが多かった。

《国史大辞典(巻一一)》より抜粋

以上によれば、元禄十二年（一六九九）に冨田村でも秤改めが実施されたようです。(近江国一帯で実施か?)

明暦元年(一六五五)から始まったとありますから、これ以前にも秤改めがあったかどうかが問題になりますが、冨田村には記録が残っていませんから、以前の事も以後の事も分かりません。

この史料では、「守随彦太郎」という名前が見られますから、江戸秤座守随氏によって行われたことが判明します。

冨田村は当時、大半が天領で、一部が西郷氏の相給の村であったから、京都秤座神氏ではなくて、守随氏による秤改めであったのだと思っていましたが、近江は江戸支配下になっていたのだということを教えて頂き、納得した次第です。

また、文書の主題である、庄屋や村人には絶対迷惑をかけないという連判は、辞典の抜粋にもあるように、秤の隠匿や似せ秤が厳罰に処せられるためであろうと察せられます。

以前に紹介したように、江戸時代は「定書」によって、すべてのことが規制されており、守れない場合は厳罰に処することで体制維持や治安維持を図りました。

それは、小数の武士階級が多数の百姓を支配するために必要であったし、逆に、百姓は庄屋や村人に迷惑をかけないためにも守るしかなかったのです。

現代でも、秤等の計量に関しては、厳密ですが、当時のような厳密さでは対処されてはいないのではなかろうか。いい意味でも、悪い意味でも、当時のような連帯感のある社会でなくなっているからではないでしょうか。

また、時代が少し下がりますが、享保四年（一七一九）では、冨田村の人口が三百三十六人、家数が七十五軒、寺が二寺とありますから、多少の差があるにしても、元禄十二年（一六九九）当時は約七〇軒（所帯）ぐらいあったと想像できます。その内、三十一人(軒)は、秤を所持していないことになります。

つまり、約半数弱が秤を所持していません。年貢等の米は枡で計るために、秤は必要ない、と考えればそれまでですが、当時の生活の状況を偲ぶに十分な史料ではないでしょうか。

この三十一人の中には、水呑百姓や小百姓（持ち高の少ない高持ち百姓）が大半を占めていると思われます。

現在の米は重さで計量しますが、当時の年貢米は量で計量しましたから、それでもよかったのかもしれません。秤はなくとも、枡（二合枡・一升枡・一斗枡）があればよかったのです。

枡改めについて

「枡改め」についての史料は残っていませんが、枡については、江戸の枡座樽屋蔵左衛門、京都の枡座福井作左衛門に枡座を経営させ、製造・販売・検査（枡改め）を独占させ、二つの枡座によって、ほぼ一〇年ごとに枡改めを行ったようです。つまり、秤改めと同様なことが実施されていたように思われます。

この枡改めについて、冨田村の史料は現存しませんが、枡については、年貢に関する史料で散見することが多々あります。

例えば、次の史料は、貞享元年（一六八四）の御物成（年貢）の領収書の類のものですが、そこには「但京枡也」と明記されています。

このように、「但京枡也」と注釈書きされたものは何通かあり、注釈を付けなければならなかったということは当時、多様な（別の）枡の使用が在ったということです。

《租税一五一》

亥之年御物成之事
（印）
一米拾三石　但京枡也
右高槻御蔵江相納候所仍如件
貞享元年子三月廿五日
高橋三右衛門（印）
冨田村庄屋中

幕府は、寛文九年（一六六九）に京都の京枡に統一するのですが、貞享元年（一六八四）の文書に「但京枡也」とあるのは、完全に京枡の使用が出来ていなかったことを意味します。

川崎文書の租税に関する文書で、「但京枡也」と出てくる初見は天和二年（一六八二）であり、元禄一一年（一六九八）でもみられます。

（現在までに閲覧した物だけで）

（※京升…現在使用の一升枡）

枡は、百姓にとって重要なものであり、日常的なものであり、貴重なものであったから、制度が定められても、直ちには統一された枡を持つことが出来なかったのではないかと想像されます。日本史関係の辞書にも

『しかし人々の生活に密着した習慣を改めることは困難で、新京枡の普及は難航し、新京枡統一政策は制度的確立に過ぎなかった。幕府は寛文以降もたびたび旧枡の廃棄、新京枡の使用、…(略)…、を令したが、これは同時に新京枡の統一が難航していたことを示すものである。…』

丁度、このことを示す史料になっていると考えていいと思います。

《参考》
川崎文書（滋賀大学史料館）
国史大辞典（巻十一・十三）
日本史用語辞典（柏書房）

※1
近江国（滋賀県）は現在は近畿地方として扱われていますが、江戸期以前は東山道（畿内より以東）として認識されていました。

京都の周辺である、山城・大和・河内・摂津・和泉の五ケ国を畿内と言いました。畿内より西にある国々を西国、畿内より東にある国々を東国としました。

しかし、近江は微妙な位置にあり、右で見た秤改めでは東国支配の守随氏によって実施されていますが、大工職については、畿内及び近江六ケ国を中井家が支配しています。

また、江戸期以前の成立ですが、西国三三番札所の中には近江国の寺院も何寺も含まれています。満願成就の三三番札所は美濃国の谷汲寺となっています。

京都から逢坂の関を越えれば近江国ですから、微妙と言えば微妙ですがある時は東山道として、ある時は畿内プラス近江の近畿圏としてまとめられたようです。

この時点では、冨田村に秤はないとしていますが、一九六号で紹介するように、T兵衛家には天秤秤が残されており、何時の時点かは不明ですが、秤を買入れていることが分かります。

また、枡改めについては、江戸の樽屋蔵左衛門が実施したのか、京都の福井作左衛門が実施したのかは、史料が無くわかりません。

ちなみに、京都の枡座福井作左衛門は、元々は大工頭中井家と同様に、奈良法隆寺周辺の大工であったといいます。

※2
枡については、現在は京枡で統一されていますが、いろんな枡が存在したようです。

中世には納枡（おさめます）と払枡（はらいます）との使い分けが行われ、領主へ納める年貢には納枡を使用し、領主から払い下げる時は払枡を使用したともいいます。納枡は大きく、払枡は小さく、その差が領主の得分となったと言います。

また、湖北地方では長く、石田三成治部少輔が用いた「治部枡」が使われたとも聞きます。「治部枡」は京枡よりひとまわり小さく、八合五勺入りであったようです。

冨田村の文献には登場しませんが、もしかすれば使われていたかもしれません。

その他に「大枡」「小枡」等もあったようです。

また、枡目の計り方は、斗掻の使い方によっても違い、斗掻を先方から手前に引く場合と、その逆とでも量が変わったといいます。

昔、親父から聞いた事に「一斗枡の壁面に当たるようにして米を入れるのと、中心にドッと入れるのではかなりの違いになる」ということがあります。枡目の違いは百姓の生活を左右したのです。

冨田村と冨田姓について

第０３５号
1995.04.24

冨田村に冨田という苗字（姓）はありません。

苗字（姓）の発生については、詳しいことは知りませんが、武家の歴史を調べていると、〇〇村に住んでいたから〇〇氏と称するようになった、という記載が多く見られます。

例えば、冨田村の領主であった大久保氏は、下野の国大久保村に住んだ宇都宮朝綱の子孫だと言う。

また、松平（大河内）氏は三河の国大河内郷に住んだ顕綱より起こった、とあります。後に信綱が松平正綱の養子になり、松平と称しますが、明治維新で姓を大河内に改めています。

このように、本貫地をそのまま苗字にしている例が多く見られます。

近世（江戸時代）、百姓は苗字をもてなかったはずですが、冨田村の神事文書（東組）には全員に苗字が書かれています。

また、神社内の灯篭には「上野氏」と刻印されているものがあります。

さらには、江戸時代の文書の中で、苗字こそ記入されてはいませんが、現在の認印ように、「川崎」と読める印が押されている文書が残っています。その子孫は、現在、川崎姓を名乗っています。

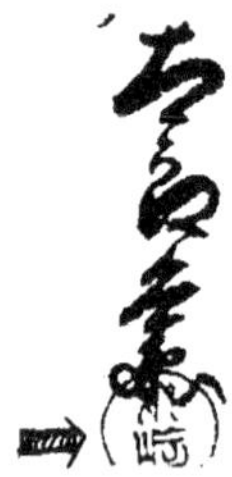

※宝暦七年（一七五七）《西嶋文書》
川崎文書にも多数の押印あり

このように、江戸時代には百姓であっても苗字をもっていた気配がうかがえます。しかし、表向きにはそれは使えず、庄屋たりとも名前だけの記載があるのみです。

冨田村では、江戸時代の末期に苗字を許された庄屋が出てきますが、明らかに、以前から持っていた苗字(姓)を用いていると考えられます。

しかし、近世（江戸時代）以降、冨田村に関係する文書の中に「冨田」または「富田」とある苗字らしきものを見たことがありません。（知らないだけかもしれないのですが・・・）

では、冨田村に冨田という苗字はなかったのでしょうか。

実は、東浅井郡志に収載されている阿部文書の中には、

①「冨田太郎兵衛に・・・」　永正八年（一五一一）

②「冨田弥四郎方へ・・・」　天文元年（一五三二）

③「冨田源左ヱ先祖・・・」　天文六年（一五三七）

④「とんた太郎ひやうへ（宛名）」　天文九年（一五四〇）

⑤「冨田四郎兵衛先祖・・・」　天文一五年（一五四六）

⑥「冨田大工太郎兵衛（宛名）」　天文二二年（一五五三）

⑦「我等之大工冨田太郎兵衛・・・」　天文二三年（一五五四）

⑧「冨田大工太郎二郎・・・」　天文二四(?)年（一五五三）

⑨「冨田左衛門次郎かたヨリ・・・」　永禄弐年（一五五九）

⑩「冨田源五介先祖・・・」　永禄八年（一五六五）

⑪「冨田兵衛太郎殿（宛名）」　天正二年（一五七四）

⑫「とん田こんノかみ辨（花押）」　天正二年（一五七四）

（※資料は「冨田」でなく「富田」とある）

以上のような「冨田〇〇」と表現された人名が出てきます。

詳しくチェックしているのではありませんから、見逃したものもあるかもしれません。

（※同じ人名は省略した）

しかし、

①「冨田太郎兵衛に・・・」については

> 當島開白（闢）巳（以）来之大工太郎兵衛丞（尉）（安部）宗次・・・・
> （永正六年の別文書）

とありますから、「冨田太郎兵衛」は「冨田村の太郎兵衛」の意であろうと考えられ、「安部（阿部）宗次」を指すものと考えられます。

③「冨田源左ヱ祖先・・・」については、

> 賣主冨田
> 源左衛ヱ（花押）

と同文書にありますから、やはりこれも「冨田村の源左衛ヱ（源左ヱ）」の意であろうと考えられます。

これらは、⑤⑩も同様で、特に⑩は

> うりぬしとんたノ
> 源五介（花押）

とあり、冨田村の源五介であります。

他もすべて「冨田村の誰々」の意と考えていいものと思われます。

これが近世（江戸時代）になると、「冨田村〇〇（誰々）」のような表現に（苗字のような使い方をせずに、△△村の誰々）なってくるようです。

従って、冨田村で苗字（姓）として「冨田」を用いたような人物は、現在までの史料では、なかったのではないかと思います。

冨田村に「冨田」なしです。

冨田才八 について

「東浅井郡志巻参」人物志によると、

> 冨田才八は、蓋竹生村冨田の産なり。遠藤喜右衛門尉直經に事ふ。元亀元年(一五七〇)六月廿八日、野村河原の合戦に、直經織田信長を狙撃して成らず。之に死す。才、五六町過ぎけるが、直經の死せることを聞き、今は何をか期すべきとて、取って返し、散々に太刀打して、爰を最後と戦ひけるが、終に討たれて死せりといふ。
>
> 「甫菴信長記」

これから見ると、冨田村の冨田才八なる人物が、野村合戦（姉川の戦い）で奮戦しているようにあります。

冨田村在の郷士で、姉川の戦いで死んだ人がいるんだということは、聞いたことがあります。しかし、その人が冨田才八であったかどうかは分かりません。

冨田村に伝わる人物は、「だだけだいはち」とまで言われた、度量の広い人物で、冨田太八(ダイハチ)という人だったとも聞きますが、はっきりしたことは分かっていません。言い伝えも怪しげなものです。

ただ、このような伝承もあるという紹介だけにしておきます。

しかし、別の史料で、

> ・・・(略)・・・
> 常喜住　佐々木随士　冨田八兵衛
> ・・・(略)・・・
> 上野住　与力　冨田才八
> ・・・(略)・・・
>
> 「江州佐々木南北諸士帳」より

とあって、冨田才八は冨田村の人ではなさそうです。

『江州佐々木南北諸士帳』は、比較的信憑性が高い文献だと聞いていますから、こちらの方を信用したいと思います。

どうも、「東浅井郡志」は、『冨田才八』の名前のみで判断しているように思えてなりません。

その他、

「常喜住　冨田八郎兵衛」という人物も居たようですが、右の史料の「常喜住　冨田八兵衛」の関係の人物だと思います。

木之本には「冨田八郎兵衛」なる人物の存在を確認出来ますが、時代や住所が異なります。

《参考》
阿部文書（「東浅井郡志巻四」）
川崎文書（滋賀大学史料館）
「東浅井郡志巻参／人物志」
「坂田郡志中巻」
「近江浅井氏」新人物往来社

※1
冨田姓について史料を捜しましたが冨田村内からは「冨田」姓は見つかりませんでした。

現在の私達にとっては、「姓」と言えば、阿部・上野・川崎・西嶋・前田・藤木・角川‥‥などを連想します。

しかし、この「姓」とか「みょうじ(苗字・名字)」には区別があることを御存知でしょうか。

私なりの理解を記して紹介したいと思います。

先ず、「姓(かばね)」は天皇から古代豪族に与えられた呼称で、「藤原朝臣」「中臣連」など「朝臣」「連」「宿禰」等々の姓(かばね)があったと言います。庶民には姓(かばね)はなく、「佐伯部」「山部」など呼ばれたといいますが、これらを一括して「姓(せい)」と言ったようです。天皇家に「姓」がないのも、この流れを汲んでいるものと思います。

この「姓」は、平安以降は「源平藤橘(源氏・平氏・藤原氏・橘氏)」で代表される四大姓へと流れていきました。

一方、「氏(うじ)」は古代豪族名として、大伴氏・蘇我氏・物部氏などのように、一族・血縁集団を指すものと考えられます。

また、「名字(みょうじ)」は武士の時代に、所領・領地の地名として発生したようです。松平郷を領地とする一族が「松平〇兵衛」などと名乗ったのが起源のようです。

当時は「名田(みょうでん)」を単位として支配しましたから、その関係もあるようにも思います。

いわば、〇〇村の△△さんといった雰囲気を持っています。

更に、「苗字(みょうじ)」は「名字」を「苗字」と置き換えただけのようですが、江戸時代を中心に使われました。「苗字帯刀」などと言われれば納得して頂けると思います。

ただし、戦国時代の文書に同姓のとき、「同苗〇△」なども記されますから、発生は多少時代が繰り上がるかもしれません。

では、現在の名字はというと、「姓」から発展した名字、「氏」から発展した名字、「名字」から発展した名字など多種多様のようです。

先日読んだ本には、文部科学省が管轄する学校などでは、「名字」が正式であり、法律上では「氏」を正式として、「氏名」という表現をするように書いてありました。

また、「姓名」も受け入れやすいが、「苗字」と書く例は減ったようだとも書かれていました。

参考「名字と日本人」武光誠著
（文春新書 二〇〇四年）

同様な事は、名前にも見られます。幼名・実名・本名・字(あざな)・通称・名乗(名告なのり)・諱(いみな)・諡(おくりな)・仮名(けみょう)・俗名(ぞくみょう)・排行名‥‥

幼名・本名は理解出来ますが、他はなんとなく分かったような分からないような感じで、はっきりとは言えません。私流に解釈すると、

(姓)　(排行名or通称)　(本名or諱)
「源　九郎　義経」
(姓)　(名乗or通称)　(本名or諱)
「川崎　太兵衛　直栄」

となるのではないかと思います。

富田村と富田姓について（その二）

第０３６号
1995.05.10

前回は「富田」姓について書きました。富田村に関係しての「富田」という姓は富田村にはなかったと考えられると書きました。

しかし、富田村に由来する「富田」姓が、富田村以外に存在しますので、紹介したいと思います。

富田村に由来する富田氏

木之本の清酒「七本槍」で有名な富田家の案内板には

> **富田家**
>
> 先祖は近江源氏佐々木京極、室町時代北近江を治めていたが、京極本家の跡目争いに敗れ、浅井氏（亮政）が抬頭したため一旦富田邑（現湖北町富田）へ退き再起を期すがならず、天文年間当地へ移った。姓を富田と改める。明治十一年明治天皇北陸巡幸のとき岩倉具視が泊った。
>
> 軒下柱の馬繋ぎ金具にご注目を。

※「現湖北町富田」は誤り
　　→「現びわ町富田」

これによると、近江源氏佐々木京極氏にゆかりのある人物が、富田邑(村)に住まい、打倒浅井を期したが果たせず、天文年間（一五三四頃）、富田村より木之本へ移り、（富田村の縁をもって）姓を富田と改めた、ということです。

従って、この木之本の富田家は富田村の「富田」から苗字（姓）をとっていることになります。

同家の富田光彦氏をお訪ねすると、快く系図を見せて下され、また、お話を聞かせて頂きました。感謝しています。

それによって、もう少し詳しく述べると、同家の系図によれば、第二十二代「高保」の欄に

> 永正十四年二月、（京極）高清卒後（京極）高峯は浅井亮政のために滅ぼされ、所縁を求め、錦織之庄富田邑に往く。一子が生まれ、幼名を友若といい、十五歳で元服し、密かに京極氏の館に至って、高峯に謁す。高峯曰く「…（略）…汝潜みて同志の者と謀り…」、…（略）…高保拝謝して郷に帰り、同志者と閑談し…（略）…天文三年十一月、母の旧里によって伊香郡木之本に…（略）…
>
> …（後略）…

※必要部分以外は省略しました。
※天文三年は一五三四年

※「錦織之庄富田邑」という表記には疑問を感じます。中世には「江州浅井郡富田庄」などと表記されていて、このような表現は知りません。系図の作成時には間違った伝承になっていたのだと思います。

そして、「高保」の子、第二十三代「保忠」から富田姓を名乗り、分家等も行われ、現在に至っています。

「高保」から六世を経た「秀以」は武技を好み、刀法の奥義を究め、その子「奉忠」は学を好み、家塾を開いて子弟を教授した享保頃の学者として知られています。

また、天保十一年生まれの「忠利」は、温厚篤実にして公共の志厚く、郷土開発に尽力した功績は大きく、江北銀行の創設等の産業振興・小学校の創設等の人材育成・相救社創立等の社会保障等々の多分野に渡っての功績により、藍綬褒賞を授与されています。

「忠利」の養嗣子「富田八郎」は、文化風教殖産に多大の功績を残しました。伊香病院の設立・醸造試験場の設立・七墜道工事の完成・木之本実科高等女学校の設立・伊香郡志編纂会の設立等々の多分野にわたって活躍したといいます。

また、明治三十六年、二十八才で郡会議員に当選、明治四十年には県会議員に当選、再選も果たし、滋賀県県政に重鎮をなし、昭和三年には衆議院議員に当選するなど、著しい活躍と信望が残されています。

※「秀以」「奉忠」「忠利」「富田八郎」の業績は『近江伊香郡志』による。

現在の当主、「富田光彦」氏は滋賀大学経済学部の教授として活躍されています。

この木之本の富田家は、富田村の富田をとって苗字（姓）としたことは、史料からも、当家の証言からも間違いないようです。

私が現在までに確認できた唯一の富田村に由来する「富田」姓です。

他にも、そうではないかと思えるのもありますが、調べがまだ出来ていません。

また、上の史料（富田家系図）の中で、気になる点があります。それは、

◇京極氏に属している人物が所縁を求め、富田村に来て、住んだ。

◇京極家再興のため同志を集めたり同志の者と閑談している。
（同志→反浅井勢力と考えられる）

つまり、当時、京極家に所縁のある人物が富田村に住んでいたことが事実なら、また、同志を集めていたことが事実なら、富田村は反浅井勢力の一つの拠点の意味をもつことになり、浅井氏に対抗できる（出来そうな）力をもった（土豪のいる）村ということになります。たとえ、密かに匿うのであっても、それなりの覚悟が必要であったと考えられます。

また、佐々木京極氏に関わる人物が所縁を求めてきたのなら、京極氏と関係の深い人物が冨田村に住んでいたことになります。

しかし、残念ながら、それらを示す資料はどこにもありません。

言い伝えとしては、冨田村は浅井に逆らったんや、とか、それで浅井関係の書物には「冨田村」は書かれてないんや、とか、我が家は近江源氏の流れ（佐々木氏）を汲んでいるんや、などと聞いたことはありますが、どんな史料でも見たこともありませんし、根拠もはっきりしません。

別な史料が発見されない限り、事実は分からないと思います。

また、時代と共に人の生き方も変わってきて、時代に迎合していったのかも知れません。

だから、それから約二十三年後の弘治三年（一五五七）には、浅井久政より水に関する裁定を受け、冨田村はその證書を受け取っています。

同様に、永禄三年（一五六〇）にも、馬渡村・冨田村連名の證書を受け取っています。　（冨田区文書）

従って、もし冨田村が反浅井・親京極であったとしても、證書を受け取ったその時点では、既に浅井氏の勢力に迎合して、その支配下に入ったことを意味するものと考えられます。

江戸時代の領主等のことを調べていても、思い過ごしかも知れませんが、冨田村だけが周囲の村々と領主や支配者が違うし、以外にも大物の領主が多いのです。他村の全ての領主等を知っているのではありませんから、はっきりはしませんが、何か大物が支配する必要があったのかもしれないと思うこともあります。

それが上の様なことと関係があるかないかは、更に分かりません。

「冨田」姓から、話が横道にそれたかもしれませんが、何かを調べていると、別の何かに遭遇します。

しかも、それが古い時代になればなるほど、史料も少なく、検証することができず、憶測や推測でしか考えられません。

出来るだけ（といっても、私達では限界がありすぎますが）史料を探してはいますが、間違いも多いかもしれません。

でも、少しの断片であっても、古き冨田村のことが分かってくるとうれしいものです。

「反浅井‥‥」なんて話は、唐突で真偽もはっきりしないけれど、興味がもてる話だと思っています。

《参考》

近江伊香郡志下巻

冨田家系図（冨田光彦氏蔵）

※１

現在では、「姓」を変更するには裁判所等への申請が必要であり、安易に変更することは、法律的にも難しい状況です。

江戸時代、百姓身分であっても一部の人々は苗字を名乗っていましたし名乗れなくても、大半の村人が苗字を持っていましたが、私達庶民が正式に「姓（苗字）」を名乗り始めたのは、原則的には明治以降です。

従って、庶民の「姓」の歴史は、高々一四〇年位しかありません。

しかし、その中で、次のような絶家再興という名目で「姓」の変更をした例がありますので紹介します。

《筆者所蔵文書》

（写）

絶家再興御願

東浅井郡冨田村士族
楠　亮蔵

右、亮蔵義ハ単身ニシテ家名相続罷在候處、今ヲ距ル九拾六年已前、則寛政三年六月十二日死亡被致、然ルニ其際相当ノ相続人モ無之、尚亦、多額ノ負債在之、弁償ノ方法ニ差閊無拠、親族協議之上悉皆売払、夫々済方仕候処、尠々金員ニ余贏在之、私者ニ預リ置、尓来、重利ノ方法ヲ以貸付置候。今日ニ至リ候ヘ者、該家再興スルニ相当ノ金額ニ相成候。因テ親族協議ノ上、私実父ノ養弟、Ｔ観ヲ以テ、該家再興調議仕候間、何卒絶家再興御聴届被成下度、此段奉願候也。

東浅井郡冨田村□□□番地
明治廿年一月二十日　赤松Ｒ観　印
赤松Ｔ観　印
仝村□□□番地平民農
川崎Ｔ造　印
仝村□□□番地平民農
川崎Ｔ内　印
仝村□□□番地平民農
川崎Ｔ市　印

滋賀縣阪田東浅井郡長
木村廣凱殿

前書之通ニ付奥印仕候也。
区長　森幸太郎　印

二第四八六号
書面絶家再興願聴届候事
明治二十年一月廿日
滋賀縣阪田東浅井郡長
木村廣凱　印
（※　番地は省略しました）

右の文書は原本の写ですが、赤松Ｔ観をもって絶家「楠」家を再興するという願書です。

しかし、現時点で、私の知る限りでは、冨田村に士族「楠」家なる家が存在したという史料を見聞きしたことがありません。

想像の域を出ませんが、虚偽の申告により、「姓」の変更を認められた例ではないかと思っていました。

明治の頃、世帯主は徴兵が免除されましたので、このような絶家再興願が少なからず提出されたと聞いています。

しかし、最近の調査で、仏門修業をしていた赤松Ｔ観は、この頃、神戸市内の寺院（廣福寺）の住職に就任したことが判明しました。

右の絶家再興願は、徴兵回避のためではなく、住職に就任するにあたって、改姓をしたものと考えられます。

しかし、「楠」姓は何処から出てきたのか不明です。

某氏は「楠木正成の残党が冨田村に住していた」という伝承を聞いたと言われるのですが‥‥。

いづれにしても事実は闇の中です。

「冨田」姓ばかりを追っても、冨田村の歴史を明確にすることは出来ないようです。

冨田村の宮大工(その一)

第０３７号
1995.05.24

享保十六辛亥年(一七三一)八月とある「大工仲ケ間定帳」(西島文書)から話を始めたいと思います。

「大工仲ケ間定帳」は宮大工西島家に残された文書で、江戸時代の中井家支配の大工組の設立や推移を知ることの出来る貴重な史料だと思います。

現在は、びわ町教育委員会所蔵となっています。

この「大工仲ケ間定帳」を抜粋すると、

> 江州浅井郡之内唐國村・小倉村・冨田村・沢村・曽根村・大井村・大濱村・西阿辻村・延勝寺村、此九ケ村大工前々者(は)(中井)主水様御支配之大工共(ども)に御座候處、中絶仕(つかまつり)、組外ニ成り、罷り有り候。然共(しかれども)往古より大工職仕り候筋目之者ニ御座候に付き、向後、御支配ニ差し加えなし下され候様、願い奉りたく、九ケ村大工共連判を以って、此度願い奉り候通り前々筋目を以って、唐國村兵左衛門を組頭ニ仰せ付けられ、一組成し下され候間(あいだ)、自今以後、御公儀様御作事方御用仰せ付けられ候節者(は)遠近ニかぎらず、主水様御下知次第相い勤めるべく候。且又、寺社方作事ニ付き、御法度御條目之趣、急度(きっと)守り奉るべく候。此の外、御下知之通り并ニ大工仲ケ間作法之儀、違背仕間敷(まじき)旨、仰せ付けられ候一々畏(おそれ)奉り候事。
>
> 《一〇項目省略》
>
> 右條々、組頭・組中堅く相守り申すべき候。もし、違背之者これ有り候ハゝ互に異見(意見)仕るべく候。其上ニも承引これ無き候ハゝ京都へ申し上げ、御下知次第ニ仕るべく候。仍(よって)仲ケ間定書如件(くだんのごとし)。
>
> 享保十六辛亥年八月
> 江州浅井郡唐國村
> 大工組頭 兵左衛門(印)
> 小倉村 久左衛門(印)
> 冨田村 但馬(印)
> 同村 重兵衛(印)
> 同村 九兵衛(印)
> 同村 七兵衛(印)
> 同村 傳兵衛(印)
> 同村 喜兵衛(印)
> 同村 久治(印)
> 同村 次郎左衛門(印)
> 沢村 久左衛門(印)
> 同村 太兵衛(印)
> 曽根村 四郎左衛門(印)
> 同村 吉左衛門(印)
> 同村 弥一右衛門(印)
> 大井村 四郎兵衛(印)
> 大濱村 善兵衛(印)
> 西阿辻村 太兵衛(印)
> 延勝寺村 甚太郎(印)
>
> 中井主水様
>
> 右書面之通り、自今以後堅く相守るべき者也
>
> 亥八月廿九日 中主水(印)

※配布した冨田今昔物語では、冨田村関係者は伏せ字としてありました。今回は原文通りとしました。

近畿圏の大工等は京都御大工頭を代々世襲した中井家(中井役所)によって支配されていました。

中井家は東浅井郡にいくつかの組を置き、組頭を中心に支配していたようです。

郡内には、冨田組・高田組・今庄組・大光寺組・高田向寄組の五組と大工仲間に加わっていない阿部権正とのグループがあったようです。

上の史料は、冨田組に属する面々の定帳であり、事情があって唐国村の兵左衛門が組頭になっていますが、以後は冨田村の(西島)但馬が組頭を勤めています。

冨田組(淺井組)を設立にするに当たり、竹生島の宮大工でもある西島但馬が組頭に就任する予定だったのですが、竹生島からクレームがあり、但馬の組頭就任を見送ったということがあったようです。

上の史料には、冨田組の大工として冨田村の八名が挙げられていて、一番多いことがわかります。更に、冨田村には冨田組等のいずれの組にも属していない阿部権正のグループが何人かいたはずです。

つまり、冨田村は中世以降、大工職の者が多く居住した村なのです。

幸いにも、大工職に関しては、竹生嶋文書・阿部文書(「東浅井郡志」に収録)・西島文書(びわ町教育委員会蔵)等に記録が多く残されています。ただし、竹生嶋文書・阿部文書は江戸時代以前のものが多く、西島文書は殆どが江戸時代のものとなっています。

これらの文書で、大工職についてかなりのことが分かるようになりました。

西島但馬 について

安土桃山時代から江戸時代を通じて竹生嶋の宮大工を勤め、代々西島但馬を名乗りました。

享保十三年(一七二八)竹生嶋月定院棟札には「大工冨田村西島但馬貞陳」とあります。

また、慶長八年(一六〇三)片桐且元建立棟札に「大工権守・小工但馬守」とあります。(現在の唐門の棟札)

その他、蓮華会の見廻り奉行を勤めることや、蓮華会の行事に関わる細工について（先頭は阿部権守、後頭は西島但馬）担当したことなどが、竹生嶋関係では記録に残っています。

江戸時代に、冨田村の八幡神社を再建したのは西島但馬(繁右衛門)であり(安政五年)、二宮堂を再建したのも西島但馬(傳内)である（宝暦七年）ことが分かっています。《第九号参照》

更に、五村別院を建てたのも西島但馬であり、以後、但馬の仕事場としていたことも分かっています。

また、五村御坊の仕事場をめぐって訴訟をしたことを示す文書も多く残っており、興味深い。

また、真偽の程ははっきりしませんが、時代を遡ると、浅井氏の居城、小谷城の建築にも携わった、という伝承もあります。西島家には小谷城の図面が一昔前まではあったとの話を聞いたことがあります。

その図面を知人に貸したら、もう戻ってこなかったと聞きました。

また、西島但馬の仕事場は、五村御坊、竹生嶋、延勝寺村、山本村市場、山本村種路、山本村川原、東尾上村、西尾上村、石川村、加村(賀村)、下増田村、稲葉村であったことが、安永九年（一七八〇）の文書に見られます。

このように、大工は自分の仕事場(縄張り)を持ち、そこでは優先的(独占的)に仕事を請け負ったようです。

時によっては、その仕事場へ他の大工が入り込み、仕事を請け負ったために、訴訟となることも多々あったようです。

仕事場を持つ(確保する)ことは、生活が保障されるということであり、仕事場が荒らされるということは、生活を脅かされるということですから、訴訟事も多かったであろうし、また、仕事場は、親から子へ、子から孫へと受け継がれていったものだと思います。

その世襲相続関係がうまくいかず、訴訟になったことを示す文書も残っています。

西島但馬に関しては、つい最近まで史料が少なく(西島文書の発見は最近になってです)、断片的なことしか分かっていない（私が知らない）のが現状です。今後の研究でいろんなことが分かって来ると思います。

現在、西島文書はびわ町教育委員会に委託されていて、教育委員会の手によって整理・研究がなされているようです。

私も一部を見せて頂きましたが、まだ、全てを見るまでには至っていません。

聞くところでは、残っている「建築許可書」は、全て神社仏閣のものであり、一般庶民の家を請け負ったものはないようです。

つまり、宮大工としての仕事をしたように思います。

今後、調べて行けば、上の仕事場としていた村の寺院仏閣の中に、但馬の手になるものが多く発見できるのではないかと思います。

冨田村には、但馬の他に、阿部権守という、竹生嶋の宮大工がいたのですが、権守(権正)については、次回に紹介したいと思います。

《参考》
西嶋文書（びわ町教育委員会）
「竹生島宝厳寺」
長浜城歴史博物館編

※1
びわ町教育委員会に委託された文書は約六百点あまりになるようです。多くは差図(平面図)、虹梁や懸魚等の図案・仕様書・普請願・秘伝書・大工組関係書類などなど多彩な文書が残されています。
その中の「年代記」には興味ある記述があります。例えば、
《西島文書二九八》

・永正丙子十三年(一五一六)
浅井殿九月十八日より廿二才
小谷山二十月廿日迄二城立
大工作料夜昼二米二而壱斗八才
ツゝ被下候
・弘治丁巳三年(一五五七)
浅井助政殿(亮政)
六ケ村五郎正井六月御書
(御料所井)
(※浅井様折紙、実際は久政裁許状)
・慶長壬ヲ(寅)七年(一六〇二)
九月十九日棟上くわんのん堂建立
竹生嶋天女堂
竹生嶋奉行片桐一守
下役四人 但馬 権正
當村間ン地入ル(検地)

等々興味ある記事も記載されています。また、但馬は寺社専門で、一般家屋の建築にタッチしないと書きましたが、
・寛文辛亥十一年(一六七一)
山本清内家立
・宝永己丑六年(一七〇九)
當村源慶寺御堂立初
山本種路村太郎兵衛
家立八月三日より
・正徳乙未五年(一七一五)
山本市ば／左兵衛殿家立
などのように、寺社以外の普請にも携わっていることが判明します。
また、天明三癸卯年(一七八三)の「近年二此迄出来之堂宮高サ」には、
《西島文書四九九》
五村御坊廣間　三川村還来寺
東尾上擴福寺　香花寺本誓寺
山本来應寺　柏原浄法寺
酢村常善寺　延勝寺西源寺
竹生嶋月定院　戌亥専徳寺
尾上相頓寺　石川浄明寺
小今阿弥陀寺　早水念慶寺
唐国准願寺　阿辻忍覚寺
同村蓮光寺　川道世観音堂
南濱念善寺　中濱宮
延勝寺宮　稲葉宮
南大寺宮　高田宮
當村二ノ宮堂　塩津浄光寺
山本薬師堂　(一部順不同)
などの寺社の寸法が記されており、その仕事内容の一端が垣間見られます。
五村御坊・擴福寺・常善寺・相頓寺等の図面は沢山残されています。また、南濱念善寺からは但馬の棟札が発見されています。(二九六号参照)
また、今は廃祀された冨田村二ノ宮堂も但馬の仕事だと確認出来ます。

富田村の宮大工阿部権守《ごんのかみ》

第０３８号
1995.06.10

前回は、宮大工西島但馬について書きましたが、今回は、竹生嶋の宮大工阿部権守（権正）について書きたいと思います。

竹生嶋宮大工阿部権守（権正）については、阿部文書（現在は散逸しているが、東浅井郡志に収録）や竹生嶋宝厳寺文書で調べることが出来ます。

> 江州浅井之竹生嶋與樂堂、弘法大師御草創之以後、覃大破之間、寺僧一同依助成、法印善宗為本願、彼堂令再建處也。當島開白（開闢）已来之大工太郎兵衛丞（尉）（安部）宗次也。
> 于時永正六年己巳五月十三日

竹生嶋の與樂堂は弘法大師の草創以後、大破に覃（およん）でいたが、法印善宗が再建させた。建築に当たったのは竹生島開闢以来の大工安部宗次である。（※永正六年は一五〇九年）

残されている阿部文書（「東淺井郡志」）に右のような文書があり、「竹生島開闢以来の大工太郎兵衛丞安部宗次」とありますから、安部（阿部）宗次は古くから竹生島の宮大工を勤めていたものと思われます。

享徳五年（一四五六年）の日付の入った大工所の譲り状が残っており、これに「阿部神介宗長」とあります。

また、享徳四年（一四五五年）正月二十二日夜亥刻、常楽坊より出火、宝殿以下十四ケ所・坊舎三十余宇・数対の仏菩薩等々が焼失にあいます。このため直ちに復興作業に入るのですが、その時の神殿・拝殿・明神両社・楽屋・経所・本堂等の地割書が阿部文書の中にあったといいますから（郡志には収録されていない）、少なくともこの時代までは遡ることが出来ます。

しかも、右の復興作業にも、阿部神介宗長が地割書を所持していたということは、大工としてかなり中心的な存在だったことを窺わせますから、更に昔まで遡ることが出来るのかもしれないが、残念ながら史料としては残っていません。

参考までに、この時の復興に付いては、

享徳四年四月一〇日　本堂釿始め
　　　　四月二六日　同　立柱
　　　　六月　三日　神殿立柱
　　　　六月二七日　同　上梁

と記録にあり、直ちに復興作業に入ったことが分かります。

阿部権守（権正）の足跡

享徳四年（一四五五）　阿部神介宗長
竹生島復興作業に従事する。どの堂宇に関係したかは不明。

享徳五年（一四五六）　阿部神介宗長
早崎等の九ケ所の大工所を「兵衛次郎」に譲渡する。

文明六年（一四七四）　阿部神介宗長
竹生島の楽屋を造営する。

永正六年（一五〇九）
　　太郎兵衛丞安部宗次
竹生島の與樂堂を造営する。

永正八年（一五一一）　兵衛（宗次）
冨田庄内領家方字藤木畠壱畝購入

永正十二年（一五一五）
早崎正俊、冨田太郎兵衛（宗次）を神領大工に定める。

享禄三年（一五三〇）
岩金山大神宮寺（竹生島）、大工権守安部宗次を補任する。

天文二年（一五三三）
　　富田太郎兵衛（宗次）
竹生島の廊橋を造営する。

天文九年（一五四〇）
　　富田太郎兵衛（宗次〜宗久）
大聖院大工の件で大濱新右衛門と争う。この論争は永禄六年（一五六三）まで続く。この論争に関しては、浅井亮政・久政からのものを始め、多々の文書が残っています。

天文十四年（一五四五）
　　富田太郎兵衛（宗次）
竹生島の経蔵堂を設計する。

天文二十二年（一五五三）
　　富田太郎兵衛（宗次）
竹生島の輪蔵院を造営する。

天文二十三年（一五五四）
竹生島菩提坊の造営を、大濱新右衛門に依頼の予定が、公事が果てず、浅井長政より内造作は富田太郎兵衛にと書状があり、敷板までは河道新右衛門に依頼し、内造作は富田太郎兵衛が造作する。

弘治元年（一五五五）
竹生島、大工阿部権守宗久を補任。

弘治元年（一五五五）　阿部権守宗久
竹生島の鳥居の設計をする。

永禄元年（一五五八）
竹生島失火のため宝殿以下坊舎焼失十一月釿始めの祝いあり、とあるから、権守宗久等が活躍したものと思われる。

永禄四年（一五六一）
竹生島東蔵坊の造作について、富田太郎兵衛と河路新右衛門と相論のため、敦賀大工に造作させる。

永禄六年（一五六三）
香花寺・大寺等については太郎兵衛を大工に、左衛門次郎を小工とし、妙花院・花徳院については左衛門次郎を大工に、太郎兵衛を小工とし、御大堂・了福寺等の左衛門次郎の大工所では太郎兵衛を小工と定める。

永禄六年（一五六三）
阿部家居屋敷帳・田畠帳あり。
兵衛太郎・せちよ・むも・源四郎・おきくに・太郎次郎・とらちよ等の人名あり。（図面は収録がない）

永禄一〇年（一五六七）
小島権現造営の釿始め七月二七日
立柱　八月　八日
大工安部神太夫へ小島社頭造営のため、益田南郷字サゝカミ一反を扶助のため与えられる。
※小島権現上梁文に「安部宗政」とある。八幡神社に副上梁文保管

永禄一〇年（一五六七）
岩金山大神宮寺小島御遷宮、大工神太夫安部宗政を補任する。

元亀四年（一五七三）
河道新右衛門、大祥院・東蔵坊・法大坊を富田太郎兵衛子息兵衛太郎（宗政）に譲渡する。（仕事場の譲渡）

天正五年（一五七七）
大濱大工松本新介、不動院・法輪院等二十一院坊と下八木等五ケ所の計二十六ケ所の大工所を富田兵衛太郎（宗政）に譲渡する。

天正十一年（一五八三）
大濱大工松本新介、大浜・八木浜・河毛・弥勒寺を富田の兵衛太郎へ譲渡する。

天正十四年（一五八六）
香花寺門前之内道場は（阿部）兵衛九郎・（西島）兵衛の両人に、香花寺と門前は大工兵衛九郎、小工（西島）左衛門次郎と定める。

天正十六年（一五八八）～天正十七年
浅井郡の工匠阿部兵衛九郎・西島左衛門次郎・松本新介等、豊臣秀吉の大仏殿建立に従事か？

元和三年（一六一七）
白髭神社上梁文に「安辺権守」とある。

江戸時代になると、竹生島が衰退して、竹生島関係は文書も記載も少なくなります。仕事場が少なくなり、竹生島以外に仕事場を求めたようで、仕事場を巡っての争論も多々在ったようで、それを示す文書も残っています。

また、前号で書いたように、阿部権守は蓮華会の見廻り奉行を西島但馬とともに勤めたことや、先頭の細工物（仮神輿や仮屋・屋形等）を担当したことなどが記録に残っています。

宮大工阿部家は、恐らく、十四世紀から十六世紀末の竹生島が最盛期の頃に活躍が大であったのではないかと思っています。つまり、竹生島の盛衰に最も影響されたのではないかと思っています。

《参考》
東浅井郡志（巻一～巻四）
「竹生島宝厳寺」長浜城歴史博物館編

注1
永禄六年（一五六三）、香花寺・大寺等については太郎兵衛を大工に…と説明しましたが、史料にある「香花寺大寺」とある箇所を、①「香花寺村と大寺村」読むか、②「香花寺大寺」という寺の名称と読むか、考え方が二通あります。びわ町教育委員会の北村氏は②説を採っておられます。
私は①説を採っています。
地域に考えられる固有名詞として、「香花寺村」「香花寺大寺」「大寺村」のいずれもが存在しますので、なんともいえないのです。
ある史料で、「香花寺大寺〇〇△△口口☆☆◇◇以上七ケ村…」という史料を見たことがあり、それによると、香花寺、大寺と分けなければ七ケ村にならない。そう思った以後、私は①説を採ることにしているのですが…。

注2
宮大工阿部家は竹生島の盛衰と共に生きてきました。江戸時代には竹生島も衰退の道を辿り始めていましたから、当然、大工職も竹生島に限っていては仕事もなく、死活問題であったようです。
文化年間の頃には中井家支配の大工組の創設、または大工組への加入の運動を盛んに行っています。
結果についての文書が残されていませんので、詳しくは分かりません。
ただ、運動を始めた頃は問題にもされなかったようで、加入は認められなかったと思われます。それは、再三に渡る大工組加入の願書の存在がそのことを物語っています。

竹生島宮大工としてのプライドと、既に中井家支配の冨田組（組頭但馬）の存在との間でのジレンマもあったと思われますし、冨田組からも仕事場を荒らされる恐れがあるため、阿部権正の加入を反対したのではないかと予想できます。
また、浅井郡外から坂田郡常喜村の宮部太兵衛、長濱住の藤岡重兵衛、蒲生郡の高木但馬などの参入、伊香郡からの参入など、仕事場に関しての危機感があったと思われます
仕事場の問題は大工職の死活問題でしたから、難しい問題であったようです。

結果的に、文化十三年（一八一六）の記録「大工仲間定書」には、
《阿部文書七七》

大光寺組　組頭大光寺村　太郎右衛門（印）
冨田組　組頭冨田村　西島但馬（印）
竹生嶋御宮大工　冨田村　阿部権正（印）
高田組　組頭錦織村　彦右衛門（印）
今庄組　組頭高畑村　安兵衛（印）
代印今庄村佐兵衛
高田向寄組　組頭谷口村　惣左衛門（印）

とありますから、この頃（正確な日時は不明）、阿部権正も中井家支配に入ったものと考えられます。
文化元年（一八〇四）頃からの運動がやっと叶ったということだと思われます。

中世の冨田村の状況

左の一覧表は、中世、冨田村周辺の土地の移動を「東浅井郡志」より抜粋したものです。（冨田村関係は、史料があるかぎり抜粋したが、他は適当に抜粋したことをお断りしておきます）

これらの表から分かる事を考えていきたいと思います。

第０３９号
1995.06.24

土地の持ち主に寺院関係が多い

抜粋した土地だけ見てみると、竹生島の院・坊等や「願満寺」「白泉寺」「大聖寺」「多福庵」「西福寺」などの寺院関係の地主が多いことに気がつきます。勿論、「冨田源左衛ヱ」等々の冨田村

中世冨田村周辺の土地の移動一覧（東浅井郡志巻四より抜粋）

年号	西暦	庄・地名等	畝歩等	元の持ち主	新しい持ち主	出典文書
応永八	一四〇一	益田北郷内七條十四里十八坪	壱段(田地)	益田海津平六先祖相伝の私領	香水九郎左衛門尉へ売渡	竹生島文書
永享十一	一四三九	速水南之郷之内字六段目	壱段(田地)	弓削稲場堀忠清先祖相伝の私領	稲葉南殿へ売渡	黄梅院文書
文明十五	一四八三	富田庄地頭方下里十八坪	壱段(畠)	願満寺先祖相伝の私領(皆珠)	竹生島妙覚院へ売渡	阿部文書
文明十九	一四八七	益田北郷内字一ノ坪	壱段(田地)	安養寺中屋景能の私領	竹生島御日供米に寄進	竹生島文書
長享弐	一四八八	益田南之郷之内在ヲ田之マチ	壱段(下地)	海津東濱湯屋之谷増住坊善恵買得相伝下地	法花講衆中に寄進	竹生島文書
永正弐	一五〇五	御料所速水南之郷之内字平井	壱段(田地)	神照寺立圓坊永賢先祖相伝の私領	（未記入）売渡	黄梅院文書
永正六	一五〇九	速水南之郷之内字六反田	壱段(田地)	弓削源次郎先祖相伝の私領	河内濱治部三郎へ売渡	黄梅院文書
永正八	一五一一	富田庄内領家方字藤木畠	壱畝(畠)	安養寺白泉庵寺領(西田弥四郎景好・弥十郎景直)	兵衛（阿部宗次）へ売渡	阿部文書
天文元	一五三二	菅浦在所之内かち屋上にあり	壱所(山)	菅浦妙泉	富田弥四郎方へ売渡	阿部文書
天文六	一五三七	富田庄之内藤之木村	参畝(居屋敷)	富田源左衛ヱ先祖相伝の私領	（未記入）売渡	阿部文書
天文六	一五三七	益田郷之内字開田廿一坪	壱段(田地)	常勝寺蓮実坊圓眘買得相伝の私領	竹生島日穀田に寄進	竹生島文書
天文十三	一五四四	富田庄内アサナウチカチ	六畝(田地)	竹生島宝泉院の私領（河村弥五郎）	竹生島（以下未記入）売渡	阿部文書
天文十五	一五四六	富田庄之内字藤木	弐畝(屋敷)	東光坊(房)先祖相伝の屋敷（行覚）	（未記入）売渡	阿部文書
天文十五	一五四六	益田南之郷之内字ホリマチ	壱段(田地)	富田四郎兵衛先祖相伝の私領	竹生島之小島田に寄進	阿部文書
天文十九	一五五〇	富田庄之内所は藤之木村	参畝(居屋敷)	大聖寺之行一坊先祖相伝の私領	（未記入）売渡	阿部文書
天文廿	一五五一	益田之郷之内字小馬場	壱段(田地)	安養寺三郎左衛門尉氏久先祖相伝の私領	西福寺専修院へ寄進	西福寺文書
天文二一	一五五二	字又三位	壱畝(田地)	竹生島東光坊先祖相伝の私領（行覚）	（未記入）売渡	阿部文書
天文二一	一五五二	字藤木畠みなみの一	弐畝(畠)	東光坊先祖相伝の私領（行覚）	（未記入）売渡	阿部文書
天文二四	一五五五	益田南郷内字ホリ町	壱反(田地)	弓削彦三郎永俊先祖相伝の私領	（未記入）売渡	阿部文書
永禄弐	一五五九	富田庄領家方字十六	壱反(田地)	富田左衛門次郎方	竹生島宝評坊(安養寺甚八郎)渡	阿部文書
永禄三	一五六〇	とん田の庄こてら	かちなか(畠)	十九惣田（左衛門・彦右衛門・彦兵衛）	（未記入）売渡	阿部文書
永禄参	一五六〇	富田庄之内ふちの木畠	壱畝(下地)	安養寺多福庵領（安養寺河内守氏久）	（未記入）売渡	阿部文書
永禄参	一五六〇	富田庄之藤木畠	壱畝(畠)	安養寺多福庵領（安養寺河内守氏久）	天女へ寄進	阿部文書
永禄五	一五六二	益田南之郷之内十九村字堀町	壱段(田地)	早崎蓮乗坊先祖相伝の私領	竹生島日穀へ売渡	阿部文書
永禄五	一五六二	富田庄之内字フカマチ	壱段(田地)	安養寺甚九郎景廣先祖相伝の私領	竹生島御日供米へ売渡	阿部文書
永禄六	一五六三	富田郷之内十六　※	壱段(田地)	竹生島大工阿部権頭宗政	北速水ノ源兵衛へ売渡	阿部文書
永禄八	一五六五	富田庄之内藤ノ木ヤシキ之内	拾八歩(畠)	富田源五介先祖相伝の私領	（未記入）売渡	阿部文書
永禄一〇	一五六七	益田南之郷之内サヽカミ	壱段(田地)	當寺総田(実相院・千宝坊・竹林坊・高禅坊)	大工安部神太夫に扶助の上・・・・	阿部文書
(天正)五	一五七七	西之庄内富田郷之内十六　※	(壱段)(田地)	北速水ノ源兵衛	竹生島輪蔵院□□殿進候・・・・	総持寺文書

の住人と思われるものも多少はあります。

　当時、冨田村や益田村・下八木村・早崎村等は竹生島に関係する院や坊舎があったり、その私領が点在していたものと思われます。

　中世、竹生島は最盛期を迎えており院・坊舎の数は数十にも及んだとされています。

　また、竹生島は、死を忌み嫌うために、里に「隠居寺」なるものがあったとも聞きます。

　従って、それらの屋敷地や私領（田地や畠地）が、冨田村にも多々あったものと類推できます。

　また、竹生島へ寄進された田地もかなりあったのではないでしょうか。

　つまり、冨田村は、宮大工の阿部・西嶋家ばかりでなく、村全体がいろんな面で、竹生嶋と密接な関係をもっていた、冨田村の中にも竹生嶋そのものがあったのではないかとも思えます。

　冨田村の某家には「経塚」があったと伝えられていますし、現在もお守りしておられます。（位置は変化あり）

　これらも、時代的なことがわからないから、はっきりはしないが、「島」との関係かもしれません。

　現在の「島の祭」のいわれは、はっきりはしませんが（説明をして頂く人によって異なりますが・・・）、おそらく、これらの「島」との関係があったからだと思えます。

※慶長七年（一六〇二）の検地では竹生島の関係する院・坊の地主はなくなっているようです。

この頃には竹生島は衰退の道を歩んでいたのです

どこにあるのか
小字藤の木・ウチカチ

　上の史料にも出てきますが小字名「藤の木」の現在名が分かりません。土地の賣券には、「東は道を限り、南は堀を限り‥」とありますから、南側には堀があったことだけは確かなようです。また、「居屋敷」とか「畠」と書いてある文書もありますので、田圃ではなく、字内の屋敷内だと考えられますが、それ以上は分かりません。

　「阿部文書」の中に地図があったらしいのですが、現在は散逸しており、それを見ることもできません。

　同様にして「ウチカチ」の所在は全く分かりません。この土地は田地であろうと考えられますが‥‥。

　誰か教えて下さい。

《参考》
　東浅井郡志巻四
　川崎文書（滋賀大学史料館）

注1 平成七年六月の号でしたが、この頃は、冨田村に竹生島の院・坊舎があったと考えていました。しかし、その後、竹生島文書に目を通す中で、それが間違いだと思うようになりました。

確かに院・坊舎の私領はあったかもしれませんが、院・坊舎そのものの存在は否定されるものと考えられます。

某家の「経塚」は、現在の浄土真宗寺院の前段階、つまり、道場時代の寺屋敷との関連ではないかと、今では考えています。

道場の隣に作られた経塚、それが某家の「経塚」だと考えています。

※2 天文二一年の欄にある「又三位」は、現在の「又才（またさ）」を意味し、冨田村郷の南東隅に位置し、冨田村の番地は又才から一番地二番地と始まっています。

※3 右の一覧には、冨田庄には領家方と地頭方の支配地があり、荘園領主と地頭が支配権を分割して支配するという「下地中分」が、一六世紀にも入っても続いていたことを物語っているのだと思われます。

しかし、永禄二年（一五五九）ということ、湖北一円は浅井久政の支配に入っている時期ですが、「冨田庄領家方十六」と記載されているということは、少なくとも冨田庄に浅井氏の支配下にない土地があったことを意味します。

このことが、伝承に言う「冨田村は浅井氏の支配外だった」ということなのかもしれませんが‥‥。

一方では、弘治三年（一五五七）、浅井久政より御料所井に関わる裁許状（浅井様折紙）を請け取っています。

（第一号参照）

つまり、浅井氏の支配下でもあったことを意味します。

素人考えながら、何か複雑な世情を反映しているものと思えます。

詳しいことは知る由もありませんが、領家方の荘園領主はどこなんだろうとか、何故この時期まで領家方が残されたのだろう、浅井方に属して支配した土豪は誰だったんだろう‥‥知りたい問題がいっぱい浮かんできます。資料のないのが残念です。

※4 資料の中に、冨田（村）を指す言葉として、

冨田庄之内〇〇（小字名）
冨田郷之内〇〇（小字名）
西之庄内冨田郷之内〇〇（小字名）

の三種の表記がされています。

他村には「庄」の文字が使われておらず、「郷」「在（所）」が使われています。この差が何故なのか、「冨田庄」か、「西之庄内冨田郷」の違いがあるのか、気になっています。

たまたま表記の違いで済ますのか、根本的な違いがあるのか、二つ以上の荘園があったのかもしれないという点からも知りたい所ですが、専門的な知識のない私には解答を導くことが出来ません。誰かに教えを乞いたい所です。

竹生島と富田村は。。

第０４０号
1995.07.10

前回に、冨田村と竹生島との関係を若干書きました。冨田村と竹生島とは昔から現在に至るまで、密接な関係があった（ある）ように思います。

それが何故であったのかは、私達、若輩者にはわかりません。年輩の方から教えられたという経験もありませんし、関心もありませんでした。

今回はその竹生島について考えていきたいと思います。

いま、冨田村の歴史を探っていくと少なからず、「竹生島とは何ぞや」とか、「冨田村と竹生島との関係はどうなっていたのか」などの問題に直面します。

現在でも、冨田村には区の役員に、「竹生島神社」係とか「宝厳寺」係などの役職があり、また、区長や氏子総代は、年に何回かは竹生島へ参拝しています。

また、御初穂料や正月の餅米などを納めていることは、例年の恒例になっています。

そこで、冨田村との関係は分からないまでも、竹生島のことを少し調べてみました。

『竹生島縁起』によれば、

「天平十年（七三八）、僧行基が、遙か此の島に至りて、霊異を感嘆し、始めて草庵を結び・・・長さ二尺の四天王像を造り奉りて小堂を構え安置・・・」

「天平勝宝四年（七五二）、浅井郡人国造田次丸、行基の小堂を改め、三間の仏堂を立て、天平勝宝五年、浅井郡大領浅井直馬養、金色観音像を造・・・」

「貞観二年（八六〇）、天台僧眞静、此の島に到来し、年を経て修行・・改めて神社を造り、・・・いよいよ仏神の普門を開く・・・」

竹生嶋　坊・院の確認一覧表

院・坊名称	A	B	C	D	E	院・坊名称	A	B	C	D	E
阿弥陀坊	○		×			荘厳坊	○		×		
一乗院		○	○	○	△	惣持坊	○	○	×		
一乗坊	○					大祥院	△				
梅本坊	○	○	○	○		大聖院	○				
円光坊						大聖坊			×		
円城坊(房)	○	○	×			多聞院			×		
円蔵院			×			竹林坊	△		×		
円蔵坊	○					仲養坊	○		×		
戒城坊			×			東光坊(房)	△				
華王院				○		桐実房	△				
花王坊	○	○	×			東善坊		○			
花光坊	○					東蔵坊	○		×		
花蔵院	△					東南坊	○		×		
月定院	△	○	○	○	○	仲之坊	○		×		
上之坊	△					仲　坊					
吉祥院	○	○	○	○		南琳坊					
吉禅坊	△					能光院			×		
吉定院			△			能光坊	○				
行一坊	△					東瑠璃房					
玉蔵院	△					平等坊			×		
玉蔵坊	○		×			不動院	△	○	×		
喜楽坊	○		×			不動坊	○	○	×		
金泉坊(房)						遍照院					
金蔵坊	○	○	×			菩提房	△				
金竹院				○		宝光坊	○		×		
金竹坊	△	○	○	△		法光坊	△				
高照坊	△					宝城坊	○	○			
高浄院	○	○				宝乗坊			×		
高浄坊			×			宝生坊			×		
高泉坊			×			宝泉院	△	○			
高禅坊	△		×			宝蔵坊	○		×		
光輪坊(房)	○		×			法大坊	△				
西方院	○	○				宝評坊	△				
桜本坊	○					法輪院	△	○			
実双院			△			法輪坊			×		
実相院	△	○	○	○		菩提坊	△	○	×		
実相坊		○				水本坊	△				
受乗坊						密教坊	△				
常教院		△				妙覚院	○	○	○	○	△
常行院	○	○	○	○	△	明王坊	○	○	×		
成就坊	○	○	×			輪蔵院	○				
常楽坊						林蔵坊			×		
西蔵坊	△					瑠璃坊	△	○	×		
西林坊	○	○	×			瑠林坊	△				
千蔵坊	○		×			蓮花坊	○		×		
千宝坊(房)	△		×			蓮蔵坊	○	○			

出典は「東浅井郡志巻四」
びわ町教育委員会北村大輔氏の資料
平成4年長浜城歴史博物館特別展の資料
「小島権現副上梁文」(富田区八幡神社蔵)

A:「小島権現副上梁文」に記載されているもの(1567年)
(△印は1550～1600年に記録として出てくるもの)
B: 江戸時代(慶長8年)に存在したもの (1603年)
C: 享保13年「当山重書記」に跡地が記載されているもの
(×印は跡地;○印は存在) (1728年)
D: 明治7年(明治30年)に存在したもの (1867年)
E: 現在存在するもの (1995年)

「昌泰三年（九〇〇）十月、寛平前帝（宇多天皇）・禅定法王行幸し、・・・・三間の堂を改め、七間の殿を作り・・・・」

などのように、次々と伽藍等の整備が進んでいったようです。（縁起には詳しくありますが略します）

更に、平安末期から室町時代にかけて、西国三十三所の巡礼の霊場ともなり、また、竹生島弁財天の信仰も広く定着して行き、竹生島への信仰は盛んになっていったようです。

また、蓮華会（先頭・後頭）という行事が、湖北地方に弁天信仰を根付かせて行ったと思われます。

また、戦国時代には、戦国武将の保護を受け、竹生島の最盛期の最後に輝く時代を迎えます。

冨田村の宮大工の阿部権守や西嶋但馬が活躍するのもこの頃です。

前頁の表は、文献に現れた、竹生島の坊舎の一覧です。主に、東浅井郡志から抜き出したものですが、拾い忘れや、間違いがあるかもしれません。

また、「実双院」と「実相院」などは表記が違うだけで、同じ坊舎だと考えられます。

また、「一乗院」と「一乗坊」などは、格上げになった同じ坊舎ではないかと思います。（名前が同じでも、異なる院坊もあります）

また、何の印もない坊舎は、「小島権現上棟札」以前に存在した坊舎と考えて下さい。

表のように、最盛期にはたくさんあった坊舎も、次第に減少し、慶長八年の「竹生島寺領置目」では、「煙立寺数は二十三」とあるまでに衰退していきます。（但し、その連判衆の中に、二十三院坊以外の四院坊の連判があります）

更に、江戸時代になると、一乗院・梅本坊・花王坊・月定院・吉祥院・金竹坊・実相院・常行院・妙覚院の九つの院・坊舎になってしまいます。

現在では、「月定院」だけが残っているだけです。

現在の本坊は「一乗院」跡であり、都久布須麻神社の社務所（参集殿）は「常行院」跡であり、宝物殿のある場所は以前に「妙覚院」があった場所です。

時が過ぎ、時代が過ぎていくと、華やかだった竹生島信仰も衰退し、今では、地元である我々でさえ、竹生島のことや、冨田村との結びつきすら忘れかけられようとしています。

今一度、昔を偲びたいものです。

《参考》

小島権現上棟札（冨田八幡神社）
「東浅井郡志」巻四
「竹生島文書マイクロフィルム版
（びわ町立図書館）
びわ町教育委員会北村大輔氏資料

※1 寛政二年（一七九〇）八月の絵図によれば、

《竹生島文書19–0574～》

（絵図略）

竹生島各院分
学頭
一西方院分建前　合四十五坪
巳下衆徒九ケ寺
一月定院分建前　合五十二坪半
一常行院分建前　合八拾壹坪
一妙覚院分建前　合七十七坪
一一乗院分建前　合五十壹坪半
一吉祥院分建前　合八十五坪半
一梅本坊分建前　合五十四坪半
一實相院分建前　合四十九坪半
一花王院分建前　合五十二坪半
一金竹坊分建前　合四十三坪半
右絵圖面之通當時建物間取坪数建前模様相違無御座候以上
本寺江州坂田郡下司村惣持寺
同國浅井郡竹生島惣代
寛政二戌年八月　常行院（印）
寺社御奉行所
・・・（後略）

とあり、九ケ寺の存続が確認出来ます。また、

《竹生島文書13–0162～》

（表紙）
近江國浅井郡竹生嶋
御朱印高配分并色衣着用之事
惣持寺へ指出候扣

（本文）
近江國浅井郡竹生嶋
一御朱印高三百石
神領同國同郡門前早崎浦
右分配之譯
一弐拾四石七斗弐升六合　日御供料
一拾弐石四斗壱升九合弐勺　神領并
元日田　燈明田　管弦田
和尚田　四人田　年行事田
年番政所役料　門前神事下行田
使之恩扶助田
棟梁阿部権守扶助
学頭
一拾石壱斗七升八合八勺　西方院
在江戸印形御断申候
一三拾壱石三斗六升五合　吉祥院
一三拾三石五斗五升三合　妙覚院（印）
一弐拾九石九斗五升参合　月定院（印）
一弐拾石五斗五升六合　梅本坊（印）
一弐拾九石壱斗九升　一乗院（印）
一拾四石五升四合　花王院（印）
一五拾三石七升三合五勺　常行院（印）
一拾八石八斗九升四合　金竹坊
住持未定
一弐拾弐石五斗弐升七合五勺　実相院
住持未定
惣高合三百石
・・・（後略）

とあり、神領三百石の配分を記しています。

この文書は延享二年（一七四五）のものですが、「住持未定」など存続を危ぶむ記述が見られます。

ちなみに、この配分について、慶長年七（一六〇二）をみると、各院坊舎の高は変化しませんが、棟梁阿部権守扶助高が九斗五升とあります。

《竹生島文書08–0299～》

つまり、竹生島宮大工阿部家の扶助分は九斗五升しかなかったことになります。しかも、これは持高であって、支払い高ではありません。

阿部家、西嶋家とも蓮華会の奉行を勤めるなど、収入源を外に見つける必要があったと思われます。

観音堂奉加帳 正徳二年（一七一二年）

第０４１号
1995.07.24

正徳二年（※一七一二）
観音堂奉加帳　西冨田村
辰ノ正月十五日　組中

一壱□
　内　三拾弐匁六分　請取
　残　拾匁四分　不足　A兵衛
一三拾匁
　内　拾匁
　内　十匁　みたまノ礼
　残　拾匁　不足　B左衛門
一弐拾匁
　内　拾三匁　取　C左衛門
一弐拾匁　D太夫
一四匁三分　E右衛門
一四匁三分　F右衛門
一五匁三分
　内　二匁　取　G左衛門
□□□（三匁か？）　H右衛門
一□匁五分
　内　五分　取　I左衛門

一五匁　J左衛門
一弐匁
　内　弐匁　取　K□郎
一五匁　L兵衛
一壱匁五分　M右衛門
《中略》
一壱匁五分　N右衛門

奉賀請取之覚
一三拾弐匁六分　A兵衛
一弐拾匁　D太夫
一四匁三分　E右衛門
一拾匁　同人
一五分　I左衛門
一四匁三分　P左衛門
一八匁　同人
一四匁　C左衛門
一九匁　柴之代　同人
一五匁　Q左衛門
一拾匁　R兵衛
一拾匁　B左衛門
□□匁　ミやうつし礼（拾匁か？）　同人
□□□（七分か？）　S左衛門
□□□（六匁か？）　T□郎
□□匁（弐匁か？）　J左衛門

一弐匁　G左衛門
一弐拾弐匁九分四厘請取N右衛門
　内四分六厘　有上取
金子銀〆百三拾六匁八分四厘
　内四拾七匁六分
　辰ノ十二月廿八日
　東村へ渡　使U□
残八拾九匁弐分四厘　請取分
一百四拾三匁弐分
　舟木渡し引かへ分
内九匁三分　V□郎　D太夫より渡たる
残百三拾三匁九分
利弐拾六匁七分八厘
〆百六拾六匁六分八厘
残七拾壱匁四分四厘
此利　拾匁七分壱厘
〆~~八弐匁壱分五厘~~　成り申候
八拾弐匁壱分五厘
巳ノ□□□
内拾七匁九分
　残テ六拾四匁弐分五厘
此内壱りよう三分八匁四分弐厘
〆七拾弐匁六分七厘　成り申候

巳普請之奉加
一五分　I左衛門
一弐匁　K□郎
一三匁四分　J左衛門
一三匁　H右衛門
一五匁　W左衛門
一六匁　X□郎
午十二月廿六日
一五分　Y兵衛

午普請取
一五分　I左衛門

※□は伏せ字や読めなかった字です。人名はA兵衛等と匿名としました。
※（五匁？）等の「？」付きは、中略した中からの類推した数字です。類推ですから、間違っている数があるかも知れません。

上の史料は、正徳二年（一七一二）の「観音堂奉加帳　西冨田村」《宗教一》です。

どこの観音堂の奉加帳かは記載されていませんが、おそらく冨田村にあった観音堂であろうと推測されます。勿論、現在の観音堂（八幡神社）ではなく、それ以前にあったか、この時期に建立された（される）観音堂であろうと想像できます。

最初に観音堂が建立された時期は、現在では分かっていません。

この奉加帳によれば、村中から寄進を受け（予定の全ては集まっていないようであるが・・・・）、内容はわかりませんが、観音堂に関わる普請を実施したようです。

文書の中に「巳普請（正徳三年）」・「午普請（正徳四年）」という言葉が見られます。

また、文書の中に「みたまノ礼」とか「ミやうつし礼」と書かれていることも考え合わせると、この時期に観音堂が建立されたか、再建されたか（移築されたか）と考えていいのではないかと思われます。

　別の史料に「寶賀之覚」《宗教一九》という一枚の覚え書きがあり（内容は前の奉加帳の最後の部分とほぼ同じで数字は一致します）、その末尾に、

> 享保三年戊十二月廿一日
> 指引致シ四ケ村へ入申候（印）
> 四ケ村勧進有之

※享保三年（一七一八年）
※「四ケ村勧進有之」は、はっきりとは読めず、誤読があるかも。

とあって、四ケ村が関係している様な記述がありますが、これが何を意味しているのかは分からないし、その四ケ村が何処であるかも分かりません。

　もしかすれば、冨田村の内、冨田西村・冨田東村・冨田北村・冨田村西郷氏領の四ケ村を指すものと思っていますが、断言を控えます。

　当時、「普請」と言えば用水関係の普請（御料所井に関する普請）を意味していましたから、その関連も考えては見ましたが、それでは「寶賀之覚」とは言わないだろうから、やはり、観音堂に関する「奉加之覚」であったのだろうと思われます。

　私の調べられる限りにおいて、正徳二～三年頃の文書を捜してみましたが残念ながら、観音堂普請に関する文書は上記以外は見つかりませんでした。

　しかし、現在の八幡神社本殿に、正徳三年の銘のある『鰐口』（径八寸三分と記録されています）が保管されていることと関連して、間違いなく、この頃に観音堂の普請があったと考えていいと思います。

　とにかく、村中からの寄進を受け、普請したようですが、当時（正徳元年）では、米一石の相場が

> 京都で　銀　七〇・〇匁
> 大坂で　銀　六八・五～七三・〇匁

となっていますから、約七匁で一斗と言うことになります。一人一人が少しづつ持ち寄って、西冨田村での合計が銀〆百三拾六匁八分四厘となった。つまり、約米二石（五俵）分の浄財が集まったことになります。

　現在の感覚で考えるとたいしたことではないように思いますが、当時としては、米の価値も全く違いますし、年貢に苦しみながら、自給自足の貧乏な生活の中で、余剰金を出すということは大変なことだったのではないかと思います。

　そうした中で観音堂の普請が行われたのだと考えられます。そして、その完成記念に『鰐口』が奉納されたのではないでしょうか。

《参考》
　川崎文書（滋賀大学史料館）
　「日本史総覧」近世米価一覧（新人物往来社）

※1　何年も冨田村関係の文書を読むことにより、冨田村で「四ケ村」と表現がある場合は、冨田西村・冨田東村・冨田北村・冨田村西郷氏領を指していることに確信が持てるようになりました。
「三ケ村」の場合は、冨田西村・冨田東村・冨田北村を意味します。

※2　年貢関係や水利関係など、村の政治・行政等に関する史料は庄屋文書として多数のこされています。しかし、寺社関係の史料はそう多くはありません。
現代では神社は氏子総代や宮世話係など神社関係の役員が、寺院関係は宗旨の違い、旦那寺の違いにより寺院や門徒総代、祠堂係などが管轄することになっています。

同様なことが江戸時代でもそうであったのか、庄屋文書には少ないのが現状です。

たまたま、紛失の度合いが多かったのか、神社等に保管されていたものが、何等かの理由で紛失した（伊勢湾台風の被害により多くの文書が破棄されています）のか不明ですが、江戸時代の社寺に関する史料は手に入りません。

本文の「観音堂奉加帳」について、それを補佐する文書が存在せず、詳しいことを示せませんでした。観音堂に関して何かの普請があったであろうとしか紹介できなかったことをお詫びします。

ただ、帳面に「西冨田村」と記載されているのが気になってはいます。

（第三二号参照）


あくまでも仮定の話ですが、別の場所（字天神を想定しています）にあった神社を、現在の字円光寺へ移築・合祀したのかもしれない（証拠や確証はありませんが）と、個人的にはそう想像しています。

文中の「みたまノ礼」「ミやうつし礼」の文言や、正徳三年銘の鰐口の存在を考える限り、少なくとも発展的な（慶事）事があったと想像出来るのではないかと考えます。

何の証拠らしいものは全くないのですが、仮説として紹介したいと思います。


一般に、現在の村が成立したのは太閤検地による「村切り」からだと言われます。ここからここ迄を〇〇村と決めたのが「村切り」です。

それ以前は村の境界（四至）もアバウトであったようですが、宮座を中心とする自治組織が成立していたといいます。これを「惣村」といいます。

一つの惣村には一つの宮座（神社）があり、村の中心的役割を果たしました。

しかし、村切りにより、複数の惣村が合併して一つの村を形成すると、複数の宮座が存在することになり、これを合祀したり、一ケ所に集める動きが起こります。

一つの神社に複数の社殿があるのはその証左だとも言われます。

冨田村は明治になるまで、西冨田村・東冨田村の区別がありましたが、これもその歴史を暗示しているのかと思います。

そして、宮座を一ケ所に集める動きの一連が、本文の「宮移し」でなかったかと推測しています。

寺請状と切支丹宗門

第０４２号
1995.08.10

現在、結婚は役場や市役所へ婚姻届を提出すれば成立します。

では、江戸時代はどうであったのでしょうか。

昔は役場や市役所なんてものはありませんから、その役割を旦那寺や村の庄屋等が請け負っていたようです。

左の文書は婚姻の時の「寺請状」です。旦那寺がこの娘は切支丹宗門ではない、ということを証明するもので、一種の身分証明書の役割を果たしていました。

《戸口三二》

寺請状之事

一江州浅井郡十九村五郎右衛門娘同郡冨田村□左衛門方へ極月ニ縁付仕(つかまつり)候。當村ニてハ浄土真宗ニて、代々拙僧旦那ニて御座候。若(もし)脇より切支丹宗門之由、訴人御座候ハヽ、何時成共(なるとも)拙僧罷出、急度(きっと)申分仕候。後日の為寺請状、仍而(よって)如件(くだんのごとし)。

江州浅井郡五村御堂末寺
同郡十九村
緑映寺(印)
祐教(花押)

元禄十二年
卯二月

小野半之助様

※「□左衛門」は伏せ字としました。
「元禄十二年」は一六九九年

※「小野半之助」は当時の代官。
但し、元禄十二年の春頃まで。
その後は雨宮庄九郎が代官。

これによると、元禄十一年極月（十二月）に十九村の五郎右衛門の娘が冨田村の□左衛門方へ縁付き、それに関わって、十九村の旦那寺の緑映寺が切支丹でないことを証明しています。

このような「寺請状」「寺請證文」等の身分証明書があって、縁組や移住等が認められたのです。

下の文書も同様のものですが、庄屋等が証明しています。

《戸口二九》

医師市郎兵衛は冨田村の住人で、身元も確かな者であり、切支丹宗門ではありません。勿論、先祖代々も切支丹宗門ではなく、禅宗であって、細江村安楽寺を旦那としていることは紛れもない事です。

市郎兵衛は他の土地に住宅を構えることを希望しており、今後いろんな事をお頼みするが、御役人様方へしかるべき取り持ちをお願いします。もし、難しき事が起きた場合は、我々が赴いて処理し、決してご迷惑はおかけいたしません。後日の為の證文とします。

請状之事

一此の市郎兵衛と申す醫師、江州浅井郡冨田村之住人慥成者（たしかなるもの）ニて御座候。此者、御公儀様御法度之切支丹宗門ニて御座無く候。尤、何かたよりかまひ少も御座無く候。勿論、先祖親族之者共ニ切支丹宗門、ころびたる者ニても御座無く候。宗旨は代々禅宗ニて、當方細江村安楽寺旦那ニ紛れ無く御座候。

一右□郎兵衛、此の度、其他の地ニ住宅仕度(つかまつりたく)旨申し候。向後各願入れ候間、其元(そこもと)御役人様方えしかるべき様ニ御取り持ち成られ、住居仕り候様ニ成し下されべく候。若(もし)以来ニおいて何角(なにかと)六ケ敷(むつかしき)義、之れ有り候者(は)我々罷越し、急度申しわけ仕り、少も御なんかけ申す間敷く候。後日の為、御請状、如件。

江州浅井郡冨田村
庄屋　□兵衛
本人　□郎兵衛
同請　□兵衛
同請　□左衛門

元禄七年甲戌年五月
庄屋 源右衛門殿
新居村 長三郎殿

※※「元禄七年」は一六九四年
※※「ころび」：キリスト教より転宗した者・棄教した者
※※冨田村関係の名前は伏せ字とした。
※※この文書は(印)がないため記録のための写しであると判断できます。

※最後の宛名の「新居村」については自信がありません。「新□村」としたほうがよかったかもしれなのですが、近郷には「新□村」に該当する村がないので「新居村」と読んでおきました。

また、当時は冨田村と新居村とは、前々領主「堀氏」の関係で深いものがあったようです。それを加味すれば、やはり「新居村」だと判断してよいと思っています。

このように、江戸時代はキリスト教を禁止していたから、この人物は切支丹宗門ではないことを証明することで身分保証というか、身分証明書になったのです。

そして、それを証明したのが、寺院や庄屋の仕事であったのです。

また、この文書より、江戸初期には冨田村に医者が居たこと、細江の安楽寺の門徒がいたこと等が分かります。

享保十一年(一七二六)の文書では医者はいないと報告されています。おそらく転居が実現したのでしょう。

今まで、冨田村の過去に、安楽寺門徒があったことは知りませんでした。

「寺二軒」とか「寺二ケ寺」という記録には出会ったことがありますが、門徒・旦那寺のことに関しては、あまり知りません。

その中で、時代は下がりますが、次の『宗門改め帳』には、

《戸口一》

享和三年（一八〇三）亥三月
宗門御改帳

…（略）…

覚（おぼえ）

右銘々宗門書き付けの通り、紛れ御座無く、拙僧ども旦那にて御座候。自然、脇より御法度の切支丹宗門、或は類族転（ころび）、日蓮宗の内不受不施悲田宗と申すもの之有るに於ては、拙僧ども罷り出て、急度、申し分ケ仕るべく候。後日の為、依って、如件（くだんのごとし）。

享和三年癸亥　三月十五日

一人数　三百五拾人
　内　男　弐百人
　　　女　百五拾人

西本願寺末寺
　近江国浅井郡冨田村　源慶寺
京都佛光寺末寺
　近江国浅井郡冨田村　圭林寺
京都佛光寺末寺
　近江国浅井郡津ノ里村　光照寺
東本願寺掛所
　近江国浅井郡五村御坊　輪番

小山忠太郎殿
大山理左衛門殿

この文書では、冨田村の人々は、源慶寺・圭林寺・津里光照寺・五村御坊の門徒となっています。

前の文書とは約百年の開きがありますので、比較は意味ないかも知れませんが、この時点では、安楽寺門徒はないようです。

また、古き源慶寺は「東本願寺派大通寺」の末寺（享保十一年（一七二六）冨田村高反別指出帳《村政二》より）であったと聞いていますが、この時点では（享和三年（一八〇三））、「西本願寺末寺」となっています。

「東」から「西」に転じた事情は、いろいろと聞いてはいますが、年代が今だもって分かっていません。源慶寺住職も史料を捜しておられるようですが、確定することは難しいようです。

右の文書は、現在の段階で「西本願寺末寺」と記された最も古い文書だと思います。

冨田村の二ケ寺については、改めてまとめてみたいと思っています。

とにかく、江戸時代の文書には、切支丹宗門の禁止に関わって、多々の文書が残っています。

八幡神社本殿にも、慶應四年（一八六八）の切支丹御制禁の高札が残されています。

《参考》
川崎文書（滋賀大学史料館）

※1
二〇三号註で紹介していますが、西島文書の「年代記」より、源慶寺の本願寺派への転派は天明元年（一七八一）七月四日付であったと思われます。

※2
「宗旨證文」「縁付送り手形」など、縁組みの際に発行される、「寺請状」の類については第一五二・一五三号で紹介しています。具体的な内容を参照して下さい。

※3
江戸時代、幕府はキリスト教を禁止し、寺請制度を確立します。
庶民は何れかの寺院の門徒・檀家とさせ、旦那寺に門徒・檀家を掌握させました。この統制制度を寺請制度と言いました。
具体的には「宗門改め」を実施し、「宗門人別帳」を作成します。
一般には、毎年三月頃に宗門改めを実施したようですが、冨田村の様子は把握していません。
宗門人別帳は本来は旦那寺保管のため、庄屋文書として残らないのですが、下は反古紙として庄屋文書に紛れ込んだ断片です。
家毎に家族全員の名前と年齢が書かれています。
縁組み等で門徒を離れる時は、旦那寺から「寺請證文」「寺請状」「宗旨證文」などと呼ばれる手形が発行され、嫁ぎ先へ持参し、その旦那寺へ提出されます。
その旦那寺では、宗門人別帳に新たに書き加え、門徒の一人として認定することになります。

《戸口五　反古紙裏面》

同断　　女子　まつ　年十七
同断　　女子　屋ゑ　年十四
同断　　男子　石松　年十一
一一向宗冨田村源慶寺旦那
　　S左衛門後家　里の　年廿五
同断　　母親　奈を　年六十
一一向宗冨田村源慶寺旦那
　　H[redacted]

（※年代不明（幕末））

宗門人別帳は、現代の戸籍だと考えると理解しやすいと思います。

一方、庄屋は「大人別改帳」を作成しますが、家数、男女別総人数、年齢別・男女別人数の把握に程度に留まりました。

年齢別では、①～一五才迄、②一六才～六〇才、③六一才～八〇才、④八一才以上のように、①子供、②大人、③④老人といった枠があり、夫役が掛かるのは②の世代でした。

つまり、一五才をもって大人と見なしていたことが伺えます。

また、昔は幼児の死亡率が高かったこともあり、「一才二才は神のうち」と言って、集計していない場合が多いようです。地域により異なるようですが、文化三年（一八一〇）の冨田村では、二才～一五才の人数が記載されています。

《戸口三》

川崎文書の内容について

第０４３号
1995.08.24

この『冨田今昔物語』を書き始めてから、もうすぐ丸二年になります。

月に二回の発行は、楽しくもあり、苦しくもありましたが、とにかく、良い励みにもなりました。

そして、ここまで続けられたのは、皆さんの支援のお陰であるとともに、冨田村の先祖のお陰であると思っています。

それは、冨田村の先人達が額に汗しながら、冨田村を培ってくれたお陰をもって、今日の冨田村があるのだし、私達も生きていられるのです。

また、冨田村の先人達が残してくれた膨大な量の史料があってこそ、古き昔の冨田村を調べることができるのだと感謝しています。

私が調べている大半は、滋賀大学史料館に委託されている『川崎文書』ですが、それ以外にも『東浅井郡志』やその他の種々の歴史書・辞書類・地名辞典等々を参考にします。

ご存知の方も多いと思いますが、地名辞典や『東浅井郡志』等には、冨田村の記事が以外に多く取り上げられ、記載されています。

それは、冨田村に『阿部文書』(今は不明になっていると聞いています)や『川崎文書』が残されていて、先人によって、調査研究がなされていたためだと推測しています。


『阿部文書』は、竹生嶋宮大工阿部権守関係の文書で、時代的には古く、一四〇〇年代から一六〇〇年あたりまでのもので、殆どが竹生嶋大工に関わるものです。

近年、大工関係で、『西嶋文書』も見つかり、町の教育委員会で調査されています。

『川崎文書』文書は、百姓文書で、時代的にも、殆どが江戸時代のものですが、とにかく量が多いので、十分調べられていないように思われます。

川崎文書の分類と 現存(保管)される点数

『川崎文書』は、昭和三十八年十一月に滋賀大学史料館に委託されたものであり、その内訳は次の通りです。

(分類は史料館が分類実施)

◆法令(関係)
帳面として…十四冊
書面として…七通

◆藩政(関係)
帳面として…一冊
書面として…七通

◆村政(関係)
帳面として…八三冊
書面として…四五通

◆戸口(関係)
帳面として…二八冊
書面として…八四通

◆身分(関係)
帳面として…一冊
書面として…五通

◆農村(関係)
帳面として…四冊
書面として…十一通

◆土地(関係)
帳面として…一一八冊
書面として…一七通

◆小作(関係)
帳面として…二冊
書面として…四通

◆租税(関係)
帳面として…一〇六冊
書面として…二九〇通

◆農業(関係)
帳面として…一〇冊
書面として…七通

◆養蚕(関係)
帳面として…一冊
書面として…一通

◆狩猟(関係)
書面として…二通

◆工業(関係)
書面として…二通

◆醸造(関係)
書面として…五二通

◆売買(関係)
帳面として…一〇冊
書面として…六一通

◆金融(関係)
帳面として…一七四冊
書面として…四三通

◆貸借(関係)
帳面として…八冊
書面として…二二四通

◆質物(関係)
書面として…一通

◆交通(関係)
帳面として…一〇冊
書面として…十三通

◆助郷(関係)
帳面として…一〇冊
書面として…十六通

◆水利(関係)
帳面として…六八冊
書面として…一二一通

◆土建(関係)
帳面として…七冊
書面として…二六通

◆治安（関係）
帳面として　……　八冊
書面として　……　十四通

◆宗教（関係）
帳面として　……　十七冊
書面として　……　四八通

◆習俗（関係）
帳面として　……　二九冊
書面として　……　二通

◆家（関係）
帳面として　……　五四冊
書面として　……　二五通

◆飲食（関係）
帳面として　……　四冊

◆凶災（関係）
帳面として　……　五冊
書面として　……　十九通

◆絵図（関係）　……　九枚

◆救恤（関係）
帳面として　……　七冊
書面として　……　十九通

◆学芸（関係）
帳面として　……　八冊
書面として　……　三通

◆雑
帳面として　……　四冊
書面として　……　一通

※但し、一綴・一袋は適宜分類しました。念のため。

◎総合計
帳面として　……　七九一冊
書面として　……　一一六〇通
絵図　……　九枚

総計点数　……　一九六〇点

という膨大な史料が保管され、委託されるとき、長持ちに二竿あったと聞いています。

その内、現在（一九九五・五月）までに私が目を通した文書は、帳面が五〇冊、書面が二一四通、絵図九枚に過ぎません。今後も、時間の許す限り調べて行きたいと思っています。

帳面形式の物は、薄い物も厚い物もあって、全部を見ようとすれば、一生かかっても無理なようにも思います。

また、村政・金融・租税・土地・貸借・水利関係の文書が多いのは、この文書が庄屋文書だからであり、更に、「物資がない時代に、文書を故紙として大量に放出したが、土地や金銭関係の書類は極力残すように努めたと聞いている」という所有者の言葉を裏付けていると思います。

《参考》
「川崎文書目録」
（滋賀大学経済学部附属史料館）

※1
二〇〇九年春、滋賀大学史料館よりの話で、川崎文書がまだまだ存在することを知りました。

大きなダンボール箱に二個分の文書が整理もされず、何十通も丸められ束にされたものが何十個も入っています。

内容は、破損の目立つ文書が多いのですが、幕末のT兵衛が勤めた山形藩御用掛関係の書類（請求書・領収書等々）関係、「〇〇帳」の断片、楠家再興関係の書類、その他内容不明の書類…等々、中には、何故こんな文書が…と思う文書も含まれています。

脇指を研がせたときの詳細見積書、脇指を買うために借金をしたJ右衛門…、百姓の社会とは思えないような記事もあるかと思えば、国友の花火があるから泊まりがけで出てこないかという招待の書状、祝儀産着一端（反）等の礼状や七夕祝儀礼状など生活に密接した内容…等々。

恐らく二〇〇〇点以上の文書が整理もされず、眠っていました。

二〇〇九年六月末から解読させていただいていますが、ゴールはまだまだです。その中には、破損が著しいけれど貴重な内容のもの、年代は不明ながら興味ある内容など、冨田村の歴史を知る上では貴重な文書が沢山含まれているようです。

寛永・寛文・延宝・元禄など江戸期初期・前期の文書もかなり含まれています。近世村落の歴史を知る上では興味津々です。

改めては紹介出来ないのですが、各号の追記、追加説明等で紹介するとともに、補足として紹介していきたいと思っています。

これらの文書群には《未整理》として出典を記載しています。

丸められた一塊りを開けてみると、請求書や領収書などの文書ばかりであったり、江戸初期の文書ばかりが出てくることもあり、がっかりする場合もあれば、ワクワクする時もあったり、びっくりするような文書が見つかる場合もあります。

現在（二〇一〇年二月末）までに発見した文書の中には、天正年間（一五七三～一五九二）の真宗教如上人・下間頼廉からの文書や、慶長初期（江戸幕府の誕生直後の一六〇三～一六一〇頃）の代官文書などが無造作に混ざっていました。

冨田村には殆ど史料が残されていない、江戸期以前・初期の様子について、多少とも参考に出来るのではないかと考えています。

また、冨田村と下八木村が嘉永年間に竹生嶋に奉納した絵馬の作者、八木奇峰の領収書が出てくるなど、驚くことも多々あります。

古文書は、時代が下がるに従って、残されている量が等比数列的に増加します。逆に、時代が古ければ古いほど残されていません。

従って、古い時代の古文書一枚は現代の何百枚にも相当する価値を持っています。

残された一枚からかなりの情報が得られ、また、想像も出来るのです。

その意味でも、この未整理の文書からの情報に期待したいと思っています。

《未整理》文書は二六一七点の存在を確認しました。

冨田村の酒屋について

第０４４号
1995.09.10

江戸時代、冨田村にも酒屋（酒造りと販売）があったことは、多数の人が知っておられることと思います。

また、その酒屋が三軒（時代によって二軒になったりはするが・・・）あったことも周知のことと思います。

今回はこの酒屋について書いてみたいと思います。

下の文書は、冨田村に残されている酒屋に関する最古の文書です。

この文書は、元禄十年（一六九七）のものですが、これによると、

『近年、私どもは取り酒屋をしていましたが、今度、運上金を納めよとのことで、酒屋の改め（御吟味）をされましたが、当年より私どもは取り酒を堅くしないことにしました。つきましては、もし、隠れて取り酒を売ったりした場合には、如何様の罰を仰せ付けられても結構です。証拠のために手形を提出します。』≪醸造一≫

と言ったような内容だと思います。

※名前は伏せ字としましたが、区別上、ＡＢＣＤ・・・等の記号を付けました。

※西与一左衛門は当時の代官です。

差上申一札之事

一今度、酒御運上仰せ付られ候ニ付、私ども近年取り酒屋仕り候とも、当年、酒屋御吟味成され候ニ付、当年より、取り酒堅く仕り間敷く候。もし、隠し売り仕り候ハヽ、如何様之曲事ニも仰せ付られるべく、後日の為、手形仍如件（よってくだんのごとし）

元禄十五年十二月
江州浅井郡冨田村取酒や
五人組　A郎兵衛（印）
B兵衛（印）
C右衛門（印）
D助（印）
取酒や
五人組　E郎兵衛（印）
F右衛門（印）
G左衛門（印）
H右衛門（印）
□□（印）
取酒や　D助（印）
五人組　A郎兵衛（印）
C右衛門（印）
同　B兵衛（印）
西与一左衛門様御内
千秋森右衛門殿

幕府は元禄十（一六九七）年に酒運上の法令を公布して、酒運上と呼ばれる酒造税を課しました。税率は酒売価の三分の一程度であったようです。

丁度、この文書は、幕府の酒運上の法令公布がこの片田舎まで通達されていたことが分かると言う意味で重要な意味を持っていると思います。

単なる紙切れ一枚ですが、時代を反映していると言うか、歴史を証明している文書だと思います。

また、酒造りは勝手に出来るのではなく、「酒株」と呼ばれる権利を持っていなくては、酒造りは出来ませんでした。

幕府は米価調整と奢侈禁止の観点から、明暦三（一六五七）年に「酒株」の制度を制定しました。酒株所有者には酒造高が記入された鑑札が与えられたといいます。酒株には、永々株（古株）・新規株・拝借株等があり、譲渡売買貸借が可能でした。

幕府は酒株高の範囲で、豊凶により制限を加えることがありました。元禄十（一六九七）年以降、恒常的に課税され、時により運上・冥加などが徴収されたといいます。

後で述べるように、冨田村でも「酒株」の売買・貸借の記録が残っていますし、豊凶により制限があったことも記録に残っています。

話を上の文書に戻すと、冨田村の酒屋の三人は酒運上金を払うのを嫌ってかどうかは分かりませんが、当年限りで酒取り（酒造）を止めると宣言しています。そのための手形であり、五人組まで連印しています。（これにより、A郎兵衛とD助は同じ五人組に属していることも分かります）

しかしながら、この三人は隠れて酒造りをしていたようで、次の文書により、村人より非難されていることが分かります。≪醸造二≫

手形之事

一我々とも酒取り売り仕り候処、村中より酒取り売り儀、堅く仕り間敷くと御申し成され、慥ニ（たしかに）承わり届き申し候。ケ様ニ村中法度、（御）上を背き酒取り売り仕る義、村中面々御聞き成されか又ハ御見付成され候ハヽ、如何様にも村中之御意次第に成されるべく候。其の為手形如件。

元禄十二年
卯の十二月廿九日
A郎兵衛（印）
D助（印）
J六（印）
庄屋年寄様

※元禄十二年（一六九九）

※「J六」は「E郎兵衛」のことか後継者だと考えられる。息子とは限らず、売買されたのかもしれないが、詳しくは分かりません。

自分達は御上に背いて、酒造りをしていましたが、村人達より「酒造りをするな」と申し渡され、承知しました。もし違反するようなことがあったら（村人が見つけたり、噂になるようなことがあったら）、如何様にも村中の御意次第にして下さって結構です。

ということであり、明らかに陰で酒造りをしていたようである。

しかし、この時点から、酒造りは当分の間、休止される（「休株」となる）ことになるのです。

再度、酒造りが開始されるのは、享保十（一七二五）年のことである。

それまでの約二十五年間の史料は残っていませんが、おそらく酒造りはなされていなかったのではないかと想像しています。

《醸造四》

恐れながら口上書を以って
願い奉り候御事

一酒株拾三石　　但持主　T兵衛

右之酒株、只今迄休ミ株ニ仕り罷り有り候所、此の度、酒造り申し度候故、右之酒株、先年の通り起シ株ニ願い上げ奉り候。則(すなわち)、此の株、元禄拾丑年御改め、西与一左衛門様休ミ株手形御取り遊ばされ、酒道具封印御付け遊ばされ候。其の後、雨宮庄九郎様御支配之時、右之趣き御改め申し上げ、手形指上ケ置き申し候。依って右之酒株、先年之通り、酒造り申し候様ニ、此の度、御免願い奉り候。以上

冨田村願主
庄屋T兵衛(印)

享保拾年
巳ノ六月

小嶋与惣右衛門様
冨岡源之進様

この願い状によって、冨田村に再度酒造りが開始されるのです。

この文書の解説や、その後の様子については、次号に持ち越したいと思います。

《参考》

川崎文書（滋賀大学史料館）
「日本史用語辞典」　柏書房

※1
未整理文書の中に次のような文書が見つかっています。

《未整理五八》

(前欠)
違背之輩於有之ハ御詮儀之上、曲事ニ被仰付候者也。
寛文十一年亥ノ正月
簗瀬三郎右衛門
百性中

右御法度書之趣、たはこ本田畑に作り申間敷旨、并、酒造米之儀致最前之通可相守旨、可拝見仕奉得其意存候。若相背者御座候ハヽ、如何様ニも曲事ニ可被仰付候。為其、庄屋百性酒屋不残判形仕、指上ケ申候。
以上

冨田村
江州百性中　十九村

※寛文十一年（一六七一）
※たはこ：：煙草
※簗瀬三郎右衛門
：：堀越中守の代官

本文で紹介した「酒造」については元禄十年（一六九七）が最も古い文書として紹介しましたが、この文書は更に二十五年以上も前の文書となります。

前半部分が破損失で、内容が不明ですが、後半部分では、法度として、煙草の本田畑(年貢地)への作付け禁止、酒造米の割増禁止を了解しました。違反があった場合は如何なる罰も申し付けて下さい。そのため、庄屋・百姓・酒造者の押印の上、誓約書を提出するものであるとしています。

この文書から、煙草の本田畑への作付け禁止はおくとして、酒造については、

①この時点で酒造者がいて
②その者は冨田村居住かは断言出来ないが
③酒造米の割増をしていた可能性があった

と想像することが出来ます。

少なくとも冨田村・十九村の何れかには酒造者が居たことは間違いがないと思われます。

しかも、煙草の作付けもそうですが、酒造米の割増についても、違反者があるから法度が出される、というのが常識ですから、恐らく規定の量以上の酒造をしていたものと思われます。

酒造については、酒造株高の外に酒造米の量も規定されていました。例えば、J太夫の場合、

《醸造八》

酒造株高八石　酒造米六拾石
冨田村J太夫
内三拾石は昨暮より酒造（仕込済）
残三拾石は相休み申候
※文化元年（一八〇四）

のように、使用出来る酒造米の量が記載されています。

上の文書は例年の通り（最前之通）と言っていますが、凶作や不作の年には酒造米の制限や減量が指示通達されています。

また、酒造者の経済的な事情等によって、右のJ太夫のように何割かを休むこともあったようです。

何れにしても、上の文書の発見により、恐らく冨田村でも寛文年間は酒造りが行われていたであろうことが判明します。

酒造とは異なりますが、「煙草の本田畑への作付け禁止」も併せて考えると、当時の冨田村では、煙草栽培も行われていたのかとも考えられます。

煙草に関しては殆ど目にすることはありませんでしたが、その一端を垣間見たようにも思います。

酒にしても、煙草にしても、幕府は嗜好品として制限を加えますが、陰に隠れて、違反を知りながらも作っていた姿が目前にちらつきます。

経済的には極貧農ではなかったと考えていいのかもしれません。

冨田村の酒屋（その二）

第０４５号
1995.09.24

前号に続いて「造り酒屋」を調べてみたいと思います。

元禄十二（一六九九）年より享保九（一七二四）年まで「休株」となっていた「酒株」も、下の文書が示すように享保十（一七二五）年より「起し株」となって、酒造りが再開されるようになるのです。

《醸造四》

恐れながら口上書を以って
願い奉り候御事

一酒株拾三石　但持主　T兵衛

右之酒株、只今迄休ミ株ニ仕り罷り有り候所、此の度、酒造り申し度候故、右之酒株、先年の通り起シ株ニ願い上げ奉り候。則(すなわち)、此の株、元禄拾丑年御改め、西与一左衛門様休ミ株手形御取り遊ばされ、酒道具封印御付け遊ばされ候。其の後、雨宮庄九郎様御支配之時、右之趣き御改め申し上げ、手形指上ケ置き申し候。依って右之酒株、先年之通り、酒造り申し候様ニ、此の度、御免願い奉り候。以上

享保拾年
巳ノ六月　冨田村願主
庄屋T兵衛(印)

小嶋与惣右衛門様
冨岡源之進様

内容を要約すると、

元禄十年の「酒株御改め」の時、代官西与一左衛門様より「休株」と認められ、酒造り道具等も封印されました。
更に、雨宮庄九郎様が代官の時にも、その趣旨（休み株）を御改めになり、「休株」として認めていただいた「酒株」を、今度、以前のように「起し株」として酒造りをしたいと思いますのでよろしくお願いします。

といった内容のようです。

この願いは聞き入れられたようで、翌年の享保十一（一七二六）年の『近江国浅井郡冨田村高反別指出帳・享保十一年七月』の記載に

《村政二》

一酒株八石　冨田村　S左衛門
造高則P右衛門造り申候
一同株拾三石　同村　T兵衛
則Q郎介造り申候
一同株八石　J太夫
此かふはやすみ株ニて御座候

とあります。

これによって、「S左衛門」と「T兵衛」が酒造りをしていることが確認できます。ただし、本人でなくて、「P右衛門」や「Q郎介」が実際には酒造りしていたようです。下請け的なものかもしれません？

「T兵衛」は、先の享保十年の願いで再開時期がはっきりしているのですが「S左衛門」の再開時期は、史料が残っていないので分かりません。

また、「J太夫」については、この時点では「休株」となっていますが、同享保十一（一七二六）年八月付で、「起し株」の願いを出しています（下段）。

どうもこの頃（享保十年頃）を境にして、「酒株」所持の三人ともが酒造りを再開したように考えられます。おそらく、経済的にも安定してきたのか、余裕が出てきたのだと考えられます。

そして、「J太夫」は文化二（一八〇五）年に「酒株」を十九村庄兵衛に譲り渡すまで、継続的に酒造りをしているように思われます。

《醸造五》

覚

一酒株八石

右之酒株、元禄九子年御代官所西与一左衛門様御改遊され候得ども、其の節身上不如意ニ成られ、酒商賣相止め申し候。則、休株之手形指し上ケ申し候。依って、近年造り申し度候ニ付、享保拾壱年、美濃笠松御郡代官所辻甚太郎様御願い申し上げ候得ば造り申し候様ニ仰せ付られ候間、右之趣相違之無く候以上

享保拾壱年
午八月　J太夫

一方、「S左衛門」については史料が残っていませんので、全く後のことは分かりませんでした。

また、「T兵衛」については、後にも触れるように、波乱万丈の後日談があるのですが、それは別として、享保十年より再開した酒造りは、天明六（一七八八）年までは継続的に酒造りをしているようです。

天明年間は「天明の飢饉」が襲っていますので「T兵衛」もその影響があったのかもしれません。

酒株の貸借・売買譲渡について

前号の「酒株」の説明の中で、「酒株」は貸借・売買・譲渡が可能であったと書きましたが、そのような例を、分かっているだけ挙げておきたいと思います。

◇享保十（一七二五）年　T兵衛
安養寺村仁太夫に酒株三石貸す

◇享保十五（一七三〇）年　T兵衛
津里村次良兵衛に酒株三斗貸す

◇明和三（一七六六）年　T兵衛
西阿閉村軍次に酒株一石貸す

◇寛政十（一七九八）年　T兵衛
物部村阿右衛門に酒株三石貸す
（この時、T兵衛は「休株」）

●享和三（一八〇三）年
冨田村　Z太夫
大寺村杢左衛門より酒造道具一式と酒株三石七斗五升を譲り受ける

●文化二（一八〇五）年　J太夫
十九村庄兵衛へ酒株八石譲り渡す
（J太夫は酒造り廃業となる）

◆弘化二（一八四五）年　T兵衛
事情により（次々号で説明予定）「酒株」無効となり、酒造り廃業

●明治二（一八六九）年
冨田村　K兵衛
安養寺村五郎左衛門より酒株五石を譲り受ける

このように、「酒株」という権利は貸したり、譲り渡されたり、譲り受けたりされたのです。

酒造りは資本が必要であったのか、身上不如意になると休んだり（休株）売買したように見受けられます。

従って、「酒株」を所持している者は、庄屋・年寄といった村の中では裕福な者か、村役人でなくても、百姓の中で余裕のある者が多かったように考えられます。

酒運上(金)や冥加(金)の課税があったり、酒蔵等の設備への投資が必要であったりして、経済的にもそう簡単には営業出来なかったのではないでしょうか。

しかし、逆に見れば、現在の酒事情とは異なり、江戸時代は酒は貴重であったでしょうから、利益も多かったのではないかと思えます。だからこそ、「酒株」の売買が可能であったのだと思います。

「Z太夫」の「酒株」譲り受けにしても、次々号(四十七号)に記載を予定している、「T兵衛」の「酒株」無効に対する執拗な嘆願についても、「利」を得るための「酒株」だと思えてなりません。

いずれにしても、「酒株」を調べることで、冨田村（世間一般）の盛衰や個人の盛衰すら見えてくるように思えてなりません。さらに、

> ……豊凶ニ随ひ減造仰せ出られ候砌は別紙酒造米高ヲ以って減少酒造仕り来ル處……

《醸造四二》

といった表現を見るにつけ、その年代が分かれば、豊作・凶作の年度すら分かるのではないかと思われますが、残念ながら、それが「何年」ということは記載されていないのが惜しまれます。

《参考》
川崎文書（滋賀大学史料館）

※1　《醸造八》

乍恐以書付奉願上候
浅井郡三川村
善太郎
酒造株高三石
一酒造米五拾九石
内
三拾石　去亥暮より酒造仕候
残分弐拾九石
當子年より當時相休申候

同郡冨田村
J太夫
酒造株高八石
一酒造米六拾石
内
三拾石　去亥暮より酒造仕候
残分三拾石
當子年より當時相休申候

同郡同村
善太夫
酒造株高三石七斗五升
一酒造米百八拾石
内
三拾五石　去亥暮春酒造株譲受
同暮より當春迄酒造仕候
残分百四拾五石
當子年より當時相休申候

右ハ天明申八年御届ケ申上候酒造高ニ御座候。右之内致減穀、酒造仕候もの有之候ハヽ、実を得候高ニ相改御届ケ可申上旨被仰出奉畏候。同年三分一造り被仰出候以前迄ハ、右御届ケ候高之通酒造仕候へ共、其後不手操ニ付追々相減、諸道具等も焼失仕、去暮より書面之通酒造仕候ニ付右造り米迄を以来造り高ニ相定メ、蒸込ニ随ひ酒造仕、残り米者當子年よ里当時相休申度奉存候。猶又、Z太夫儀ハ去春諸道具等も不足ニて譲受、其迄造り米多御座候間、当面之通当時相休申度奉存候。依之以連紙奉願上候。以御慈非御聞届被成下候ハヽ一統難有可奉存候。以上

文化元甲子五月
浅井郡三川村年寄酒造人
善太郎
同郡冨田村百姓酒造人
J太夫
同酒造人
Z太夫

大山金兵衛殿

右三人御願申上候通相違無御座候付私共奥印仕差上申候。以上
三川村庄屋
安左衛門
冨田村庄屋
T郎右衛門
同
S五右衛門
年寄
G左衛門
同
Z太郎

天明八年（一七八八）に酒造米を三分一に減額するよう指示があり、それ以降は追々減額していた……とあります。

天明二年～七年は天明の大飢饉であったことは周知のことと思います。（地域の文書では天明七年豊作とありますが…《西島文書「年代記」》）

飢饉のため酒造米より食うための米に廻せといった所でしょうか。

冨田村の酒屋(その三)

第０４６号
1995.10.10

今回は酒造りに必要な書道具類について見てみたいと思います。

《醸造一一》

恐れながら書き付を以って
申し上げ奉り候

一私酒造株高八石、酒造米高三拾石并に諸道具とも、今般願い奉り、同郡十ツ九村庄兵衛え相譲り申し候。一躰是迄酒造米高六拾石造来り申し候所、去る子年願い奉り、三拾石相休み申し候ニ付、右休石高之義も此の度申し傳え、相譲り申し候。猶又、追って右庄兵衛以前之通り、酒造高相増し申し度候ハヽ、其の節同人より其の筋え相願い候様申し送り、相譲り申し候。此の段申し上げ奉り置き候。以上

文化二乙丑年　浅井郡冨田村
二月廿四日　J太夫(印)

右J太夫申し上げ奉り候通り相違無御座候ニ付、私ども奥印仕り候。以上

右同村
年寄　X兵衛(印)
同断　Y左衛門(印)
庄屋　W郎右衛門(印)
同断　T郎右衛門(印)
同断　V五右衛門(印)

海老澤孫右衛門殿

上の文書は、文化二(一八〇五)年の文書で、「冨田村J太夫」が十九村庄兵衛へ「酒株」を譲り渡したときのものです。

この願いは聞き届られたようで、同年七月付の「道具請け証文」が何枚か残されている。

その「道具請け証文」を紹介することで、当時の酒造り道具の一端を見てみたいと思います。(下の文書)

初めて聞くような桶の名前も見られたり、使途の分からない物(桶)等もあり、興味深いものです。

また、下のような道具以外にも酒蔵や井戸水等の設備や杜氏や奉公人(作業をするための雇人)等も必要であったでしょうし、原料となる米・糀や燃料となる薪等も必要であったろうと推定できます。

現在、冨田の某家の屋敷は、江戸時代の酒蔵の跡であったという。いまは畑(花壇)になっているが、その土地を掘り起こせば井戸跡があると聞いています。

また、現在の建築物は一間おきに柱を立てるが、その酒蔵は半間おきに柱が立っていたとも聞いています。

また、当時使用したであろうと思われる焼印も保管されています。

《醸造一五》

酒造道具譲り請け證文之事

一酒造六石桶　三本
一〃三石桶　壱本
一〃お里引桶　弐本
一〃手傳桶　壱本
一〃もと桶　弐ツ
一〃たき桶　弐ツ
一〃とめ桶　弐ツ
一〃ゐぼし桶　かいとも
一〃半切桶　五ツ
一〃〆木柱并〆木　一組
一〃船　一双
一〃木綿袋　四十
一〃糀ふた　三拾枚
〆拾三筆　三拾石酒造道具

外ニ

一酒造六石桶　弐本
一〃お里引桶　壱本
一〃手傳桶　壱本
一〃とめ桶　壱ツ
一〃はぎ里桶　弐ツ
一〃糀ふた　弐拾枚
〆六筆是ハ酒造米去る子年休み
石高不要之分

右は拙者所持の酒株并びに酒造道具とも二残らず譲り渡し申し度段、御願い申し上げ候處、願い之通り仰せ付けられ候。依って酒造道具、書面之通り譲り渡し申し候。後日の為、譲渡證文仍(よって)如件。

江州浅井郡冨田村
酒株譲渡主J太夫(印)
年寄X兵衛(印)
庄屋T郎右衛門(印

文化二乙丑歳
七月日

同国同郡十九村
譲請主　庄兵衛殿

上の文書から分かるように、酒造道具といえば、殆どが桶であったようです。その用途に応じていろんな桶があったことも分かってきます。

「六石桶」とは、六石が入る桶という意味ですから、現在の単位に換算してみると、一石が一八〇リットルだから、六石では一〇八〇リットルとなり、約ドラム缶五～六本分ということになります。いかに大きな桶であったかが理解できると思います。

おそらくは、酒の仕込に用いられたのだと思われます。

このような設備と道具を持つ酒造屋が、推測の域を出ないのですが、村々に一～二軒(冨田村は最大三軒)はあったようです。

一般的には、経済的余裕のある者が酒造業を営んだといいます。

その他の文書から、「T兵衛」の持つ酒株のうち、何石かを津里村・西阿閉村・安養寺村・物部村の人に貸していることが分かるし、早崎には竹生島の弁財天のために酒造りをしていた者がいたことも分かっています。

また、Z太夫が酒株を譲り請けた翌年に、三川村の酒造人とZ太夫が連署した文書も残っています。（前号注）

また、前の文書では、J太夫が十九村庄兵衛へ酒株・酒道具を譲渡していますが、文化二年正月の願書で、松平甲斐守領分唐国村吟(儀)左衛門へ売り渡したい旨の書状が何枚かあります。恐らくこれは実現しなかったのだと思われます。

しかし、十九村庄兵衛以外にも、酒株を譲り受けたいと思っていた人物が他の村にも居たことを物語っていると思います。

このように、大半の村々に酒造人・酒屋があったのだと思われますが、詳しくは分かりません。

結局、酒屋として明治以降も続けられたのは、冨田村ではZ太夫、十九村の庄兵衛だけだったと思われます。

戦後生まれの私達が知っているのはこの二軒になっていました。しかも、作り酒屋ではなく、酒を売る店としての酒屋の姿でしたが・・・。

酒屋（酒株）の変遷

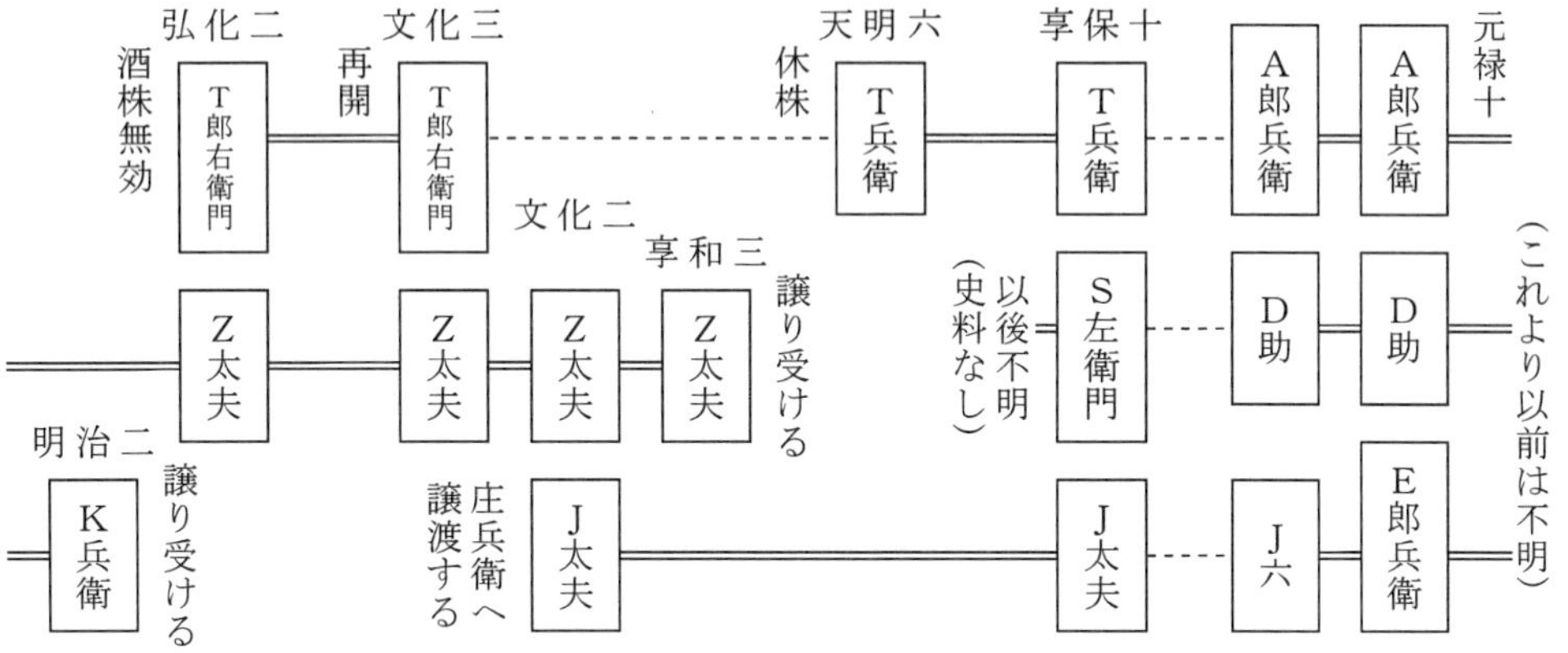

※※紙面の関係で年代は省略しました。
※二重線は酒造りの実施中を意味します。
破線は休み株中を意味します。

《参考》
川崎文書（滋賀大学史料館）

※1
酒造株保有者のその後ですが、次号で紹介するように、T郎右衛門は酒造株の廃株により、醤油製造業に転換を余儀なくされます。しかし、明治一八年には醤油製造を確認出来ますが、以降については確認出来なくなります。徐々に衰退の一途を辿ったと思われます。

また、Z太夫は幕末の請求書や領収書に「酒善」として登場します。酒造業が継続されていたことを確認出来ますが、何時の頃に廃業したのかは知りません。しかし、昭和の大戦頃までは酒売屋として継続していました。

また、J太夫の酒株を購入した十九村庄兵衛についても、明治二十年頃には酒造の実態が判明しますが、その後、酒造業の廃止が何時の頃か不案内です。私が子供の頃はよく酒を買いに行かされました。酒売屋として平成の初め頃まで続いていましたが、現在は蔵があるばかりで、酒売屋も廃業されています。

J太夫は「酒十」として請求書や領収書に登場します。また、徳利の中に「酒十」と記したデザインの印を押している文書を見かけることがあります。

また、K兵衛については何の情報も持ち合わせません。酒造の実態を示す文書も一通もなく、酒株を手に入れたばかりで、酒造はなかったのかもしれません。詳しくは不明です。

※2
前号で酒株の貸借・売買・譲渡について触れましたが、貸借については次のような文書が残されています。

《醸造三》
一先年我等酒造商賣仕候処、近年酒造相止申候。然所ニ、其方酒造商賣被成度御望ニ付、高三石其方江借シ申候。此株、元禄十丑年御改ニ書上ケ仕候處實正ニ御座候。然上者、此酒株何角と申者有之候者、其方へ少茂六ケ敷義懸ケ申間敷候。酒御造被成御賣可被成候。為後日、證文仍如件

大久保佐渡守様御領
享保十年　浅井郡冨田村庄屋
巳ノ四月日　酒株主　T兵衛
同村年寄　M介
同郡安養寺村
仁太夫殿
（※享保一〇年（一七二五））

以前は酒造に携わっていたが、近年は休んでいるとあります。

また、この酒株は元禄一〇年の改めに書き上げています（登録済である）と念を押しています。つまり、公儀に認められた酒株（権利）だから、何等の問題も発生しないことを保証しています。

この三石の酒株貸与に対して、どれだけの賃貸料が発生していたのかは不明ですが、少なからず金銭の授与があったと想像しています。

富田村の酒屋 T郎右衛門の廃業

第047号
1995.10.24

恐れながら書付を以って
御歎願申し上げ奉り候

浅井郡冨田村
願人 T郎右衛門

一
右私儀、先年より酒造株所持仕り罷り在り候処、御憐愍ヲ以って御百姓透間ニ酒造仕り候處、元禄年中より天明年中迄絶えず酒造商賣ニ仕り罷り在り候処、其の後、勝手向き不如意ニ付き、暫く酒造相見合せ申し度、猶、勝手向取直シ候様仕り請け立ち候節は是迄之通り相替らず酒造商賣仕り候様成し下し置かれ候趣ヲ以って、其の砌(みぎり)、御領主井上河内守様え御歎願申し上げ奉り置き、則、御聞き済み之上、文化二年迄相見合せ居り候処、追々仕り請け立ち仕り、取り続き候様、村方ニおゐて厚く世話を致し呉られ候ニ付き、文化三年より再び酒造商賣仕り候處、右ニ付、米穀高料之砌は酒造一統え減少之義、仰せ出られ候節も酒造米負数書付を以って御届申し上げ奉り候御義ニ御座候処、此の度、酒造株所持之者え御印札頭戴仰せ付けなされ候趣仰せ渡され候御義、承知奉り候ニ付、其の段早速御伺がい申し上げ奉り候所、天明年中文化元年酒造御改之砌、酒造見合せ居り者え、右御印札頭戴相成り難し候趣承り、誠ニ以って當惑仕り候得ば、元来先年御届申し上げ奉り候義ハ、右様之酒造御改め何時有べく御座候哉も計り難く存じ奉り候故、其の砌、御届申し上げ奉り候義ニ御座候間、然る處、前顕仰せ出られ候通り、見合居候者えハ御印札頭戴相成り難く候御義ニ御座候ハゝ、其の段、御届申し上げ奉らず暇人え暫く酒造商賣致させ置き候得ば、元来御届申し上げ奉り置き候得ば、何時ニても是迄之通り酒造商賣仕り候義、手丈夫ニ相心得且ハ酒造株之義ハ一通成らず御印附之義ニ御座候得ば、容易ならざる御大切之品と承知奉り居り、自然酒造見合せ居り候て、御指図ニも相成り候ハゝ、其の節御憐愍之上、如何様とも御趣意相立ち候様、御賢考成し下し置かれ候御義と存じ奉り候ニ付、御届申し上げ奉り候処、其の儀無く、見合せ居り候者ハ株除ニも相成り、御印札頭戴仕り候儀も相成り難く候義ニ御座候ハゝ、御大切之酒造株反古同様ニ相成り申し候てハ誠ニ以って御當方株御威光之御義ニも相抱り申し候てハ、実々畏れ入り奉り候段、歎ケ敷く存じ奉り候間、何卒御慈悲之御厚憐を以って先規之通り酒造御免□□御印札頂戴仰せ付け下し置かれ候ハゝ、生々世々有り難く仕合ニ存じ奉り候。尤前顕御届申し上げ奉り候義ハ、往々相替らず酒造商賣も相成り候様相心得御届申し上げ奉り候義ニ御座候間、此の段御賢察成し下し置かれ幾重ニも願之通り御聞き届け成し下し置かれ様飽迄(あくまで)も御縋(すが)り申し上げ奉り候。依って、恐れながら先主井上様え差し出し候御歎願之控并びに負数御届け書き写しを御高覧ニ入れ奉り候間、御慈悲ヲ以って御許容成し下し置かれ様、此の段、恐れながら書付を以って御歎願申し上げ奉り候。以上

弘化二乙巳二月

浅井郡冨田村
願主 T郎右衛門

右T郎右衛門より御願申し上げ奉り候通り相違御座候無く候間、別して御大切之酒造株今更悪敷く相成り申し候てハ歎ケ敷く存じ奉り候間、何分T郎右衛門必至難渋ニ相成り候義、見捨置き難く存じ奉り候ニ付、何卒御憐愍ヲ以って願之通り御聞き届け成し下し置かれ候ハゝ、同様有り難く仕合ニ存じ奉るべく候。依って恐れながら奥書加判仕り、同様御願い申し上げ奉り候。以上

庄屋 川崎S兵衛
〃 K兵衛
〃 I平次
年寄 Z左衛門
〃 K右衛門
〃 S小右衛門

濱松
御役所

《醸造三八》

※ 弘化二年(一八四五)
※ 引用が長くなりましたが、全文を記載しました。読み間違い等で、意味が不明な箇所もあります。また、この文書自体にも貼り紙等がしてあって、続き具合がはっきりしない箇所もありました。
※ 個人名は伏せ字としましたが、別の観点より見ると、苗字帯刀を許された庄屋が存在したことも分かります。

上の文書を要約すると、

① T郎右衛門は祖先(T兵衛)より酒造株「拾三石」(酒造米三拾三石)を所持していた。
② 元禄年間より天明年間まで酒造りをしていた。
③ その後、文化二年まで酒造りを休んだが、当時の領主である井上河内守(武三郎)様より「休み株」と認定されていた。
(文化三年九月より酒造りを再開し、現在も酒造りをしている。)
④ 文化元年の酒造米穀減少の御沙汰(御改め)のときも、書き付けを届けてある。
⑤ この度、酒造株所有の者に御印札を下されたが、私は頂戴できなかった。
⑥ この御印札は天明年間と文化元年の御改めのとき、酒造りを見合わせていた者(休み株)には与えられなかったらしい。
⑦ 前の領主から「休み株」の認定を受

けているし、文化元年の御改めの時も届出をしているのだから、私にも御印札を頂戴したい。

といった内容です。

つまり、T郎右衛門所持の「酒株」は、御改めの時、酒造りを休んでいたため、現在は酒造りをしているけれども、御印札が頂戴できず、「酒株」が無効（反故同様）となってしまったのです。

T郎右衛門は、よっぽど慌てたらしく、このような内容の訴え状を何通も提出しています。（領主の水野氏が移封されたため、当初の宛名は「浜松御役所」とあり、弘化三年九月の宛名には「山形御役所」とあるのも興味深い）

結局、これらの訴えは認められることなく、T郎右衛門は酒造りを廃業せざるを得なくなったようで、諸道具の預かり証も現存します。

下の流れ図はT郎右衛門の酒株に関する経過を示すものです。

これから見ると、記録にある約百五十年間の内、約百年間は酒造りをしており、休んでいるのは約五十年間でした。そして、不運にも、その短く休んでいた約二十年間（天明から文化）に実施された「酒株御改め」のために、酒造りを再開して四十年にもなり、現在も酒造りをしているにもかかわらず、廃業を余儀なくされたのです。

まさしく、T郎右衛門にとっては、晴天の霹靂であったのだろうと思われます。

《参考》川崎文書（滋賀大学史料館）

T郎右衛門の酒株（酒造）流れ

※ 酒造の開始は不明は

【酒造りをしている】

◆元禄一〇年（一六九七）酒株御改め

◆元禄一二年（一六九九）酒取り禁止

【この間二十七年間酒造休止】

◆享保一〇年（一七二五）酒造り再開

【この間六十二年間酒造り】

◆天明六年（一七八六）暮　酒造り休止

※ 天明年間酒株御改め

※ 文化元年酒株御改め

【この間二十一年間酒造休止】

◆文化三年（一八〇六）暮　酒造り再開

【この間四十年間酒造り】

◆弘化二年（一八四五）　酒造り禁止

※ 右記のような訴え状提出

※ T郎右衛門酒造り廃業する

※1

前号註で酒株の貸借について、多少触れましたが、貸した酒株のその後に関しては、次のような文書があります。

《醸造七》

覚

一酒株　壱石（印）未之預り

右者酒商賣望申ニ付、件之酒株預り申處實正也。尤、酒商賣仕候中は、御借シ可被下との儀、忝奉存候。然上は右商賣相止メ申候ハヽ、其節右之酒株無遅滞指戻シ可申候。為念、預り一札如件

明和三年　戌ノ三月三日　伊香郡西阿ツシ村　軍次（印）

冨田村　T兵衛殿

（※明和三年（一七六六））

証文から、宝暦一三未年（一七六三）から酒株一石を借りていることが判明します。

そして、酒造などの酒商売をしている間は酒株を借りておくが、商売を止めた場合は酒株を遅滞なく返すと記載されています。

当たり前のことですが、借りた酒株は必要が無くなれば、元の持ち主に返されたようです。

酒株の貸借については、貸した時の証文は存在するのですが、返された時の証文等の記録がなく、右の酒造株一石は何時返還されたのか、返されなかったのか…は、はっきりとは分かりません。

しかし、文化三年にはT兵衛が酒造を再開していますので、西阿閉村軍次に貸した期間は、最大約四〇年間程であったと考えられます。

※2

弘化二年に酒造りの廃業を余儀なくされたT郎右衛門は、その醸造技術を生かして醤油を作り始めたという伝承は残されています。

しかし、詳しい事を示す史料は見つかっていませんし、事実か否かも不明です。

但し、冨田村に残されていた、明治一八年（一八八五）の「営業雑費税品目明細簿」《祭器庫文書》によれば、T郎右衛門の酒蔵があったという敷地跡（当時は分家屋敷となる）の住民の欄に「醤油製」とあり、年間の売上及取扱金高が一〇一円五九銭二厘との記録があります。

この記録が、T郎右衛門の酒株のその後を知る、現在の唯一の手掛かりです。

恐らく、醤油醸造業に転換したことは確かなようですが、T郎右衛門が転職したのか、分家が独立して経営を始めたのかは、聢とは分かりません。私は後者だと考えていますが、そうだとしても、右の明治一八年以降の醤油醸造の動向は分かっていません。

同家で一石～二石程度の木桶を幾つも見た覚えがありますが、酒造に使った物か、醤油製造に使った物か、家庭の味噌桶であったのかも分かりません。

「この小屋は酒蔵の古木材を使って建てたものや」とか、「ここの地面を掘れば、酒造りに使った井戸の跡が出てくるんや」とか聞いたことはありますが、今はその小屋もなく、地面も花壇等に姿を変えています。

T兵衛・T郎右衛門の酒造株については夢の跡となってしまいました。

彦根藩に物《もの》申す!!

第０４８号
1995.11.10

引用が少々長いが、次の史料を読んでみたいと思います。

《狩猟一》

恐れながら書付を以って
御断り申し上げ候

一先達而(せんだって)御廻文を以って仰聞かれ候彦根御鷹之場鳥猟之儀、御計り成され候書き付け御取り成され度□ニ付、當御役所え御掛け合い等これ有り候歟(か)、書き付け指し出すべく旨仰せ付けられ候得ども、此儀は相考え候處、末々百姓難渋ニ相成るべく筋と存ぜられ候間、何卒此の度の書き付けの儀は指し出さずとも相済み候様の御工夫、成し下され度願い奉り候。其の故は鉄砲の儀、前々より公儀御法度ニ候得ば、今更彦根様より御吟味ニ申すに及ばず事の様に存じ奉り候。いづれ書き付け御取り成されニは一趣向御工(たくらみ)これ有り候事と存ぜられ候。悪敷き(あしき)彦根様御家中の風儀として、御他領ヲ諸事御支配下ニ御引き附け成され度御存念□□これ有り、右躰の指しなし儀これ無く事与(と)鼠来々引き付け掛け、後々ハ御自領同然ニ御支配成されたく御工(たくらみ)と存ぜられ候。

既ニ此の度の書き付け差し出し候ハヽ、以来は御他領共ニ鷹匠餌指等心儘(こころのまま)ニ徘徊し、人足等勝手取り、休泊等等も申し付け、農荒し、立毛の中え犬を掛け、鳥を追い出し、縄ニて穂の上を引き荒され候ては、こぼれ物等大分の損亡これ有り、或は農留(のどめ)等申し付けられては、甚だ難渋に相成り候間、右等の事ども得と御勘考成し下されたく希(のぞみ)奉り候。何分此の度の書き付けの儀ハ仕(つかまつ)らず様ニ御方便偏(ひとえに)成し下されたく内々御願申し上げ候。以上

寛政八年
辰六月　三郡

※寛政八年(一七九六年)
※立毛…稲等の作物のこと

二・三の読めない文字があったり、差出人の「三郡」が誰を意味するのか分かりません。

「三郡」については、恐らく、東浅井・坂田・蒲生郡を指すものと思います。この三郡に「浜松藩」の領地があったことが分かっています。

また、宛先が何処なのかは不明ですが(本文にある「當御役所」だと思いますが…)、興味ある内容だったので取り上げました。

この文書は、おそらく彦根藩奉行所への、浜松藩支配の三郡よりのお断り状下書きだったと思われます。

従って、必ずしも「冨田村」に限っていないかもしれませんが、記録が冨田村にも残っている以上、何らかの影響があったのではないかと考えています。

内容の要旨は、

彦根様が鷹狩り(鳥猟)の計画があるらしく、私達の御役所にも掛合されたのか、(鷹狩りの場所があるか等の)書付けを差し出せとのことであるが、これはよく考えると末々百姓が難渋する原因にもなるので、この度の書付けは提出しなくても済むように工夫して下さることをお願いしたい。何故なら(お尋ねの中に、鉄砲吟味の名目があったらしく)、鉄砲は以前から御法度であり、今更彦根様の吟味でもないだろう。もし、それでもと言われるなら、何かの企みが在るに違いない。彦根様の家中の悪い風儀として、他領の諸事のことまで支配下に入れたいという思いがあるようで、このような些細なことから組み入れ、後には自領同然に支配したい企みだと思われる。この度の書付けを提出したら以後は自領・他領を構わず鷹匠や餌指が自由に徘徊し、人足を要求したり、休憩や宿泊等も申し付けたり、農業を荒し、作物の中へ犬を放って鳥を追い出したり、縄を穂の上に引かせるなどされたら損耗も大きい。また、農止め等を申し付けられたら、甚だ難儀することは見えている。このような事を参考に得と再考をお願いしたい。何分この度の書付けのことは、提出しなくてもいいように取り計らって下さることを、内々お願いする次第である。

寛政八年
辰六月　三郡代表

(御役所様)…支配役所宛

※餌指…鷹の餌となる雀等を捕獲する事を仕事としている人々

《狩猟二》

口上之覚

浅井郡冨田村庄屋　T兵衛

一井伊掃部頭様御鷹野之儀、私共村方郷中ニ猟場曽而(かって)御座無く候ニ付、鷹匠衆も相見え申さず候。餌指之義ハ折々相見え申し候。其の外存じ奉ず候。以上

寛保三年
亥四月日　同村庄屋　H右衛門
同郡十ツ九村
庄屋　半之丞
徳兵衛

波多野惣七様
堀口治太夫様

※寛保三年(一七四三年)

鷹狩りなどの狩猟に関しての文書は、川崎文書の中には右頁上の一点と、右頁下のような一点しか残されておらず、「冨田村」周辺で鷹狩りをされた形跡はないように思われます。

百姓も反対意見が表明できた？

右頁上の文書の差出人「三郡」の意味は想像の域を出ませんが、内容を読むと彦根藩の鷹狩りについて、はっきりと反対(断わり)の意見を述べています。

しかも農作物や農作業の理由ばかりでなく、彦根藩の家中の風儀（政治のあり方）も痛烈に批判をしています。

他領に些細なことから干渉して、行く末は自領のように支配したい企みであろうとまで言っています。

果して、この文書が百姓の手によってなされたのかは定かではありませんが、なんとも痛烈で率直な言い方だと思いませんか。

その結果がどうなったかも知りたいと思いますが、残念ながら、何も残っていないようです。

いままで何点かの古文書を見てきましたが、支配者に対して、このような非難めいた文章に接したのは、私としては始めてです。

私と同じように古文書好きの某氏に見せたところ、「スゴイやないか」と同じような感想でした。

江戸時代も後半になってくると、百姓にもこれだけの力のようなものが付いてきたのでしょうか。

確かに鷹狩り等をされたら、農民にとっては迷惑な話です。農地を荒らされる。場合によっては、作物の中へさえ容赦なく人が入り、作物が荒らされてしまう。

武士には逆らえず、ただ見ているしかないのが百姓の立場です。

そのためにも鷹狩りを中止させる手だてが必要です。その手だてとして、彦根藩は他領だから入って来てもらっては困る、という大義名分は成り立ちます。その一点でしか反対する術はなかったのだろうと想像できます。

想像の域を出ませんが、そんな意味で上の文書が理解できるのではないでしょうか。

逆に、彦根藩としても、他領であるからこそ、とがめることも、それ以上の追求も出来なかったのではないでしょうか。

ある意味では、冨田村周辺の村々が彦根藩の支配でなく、いろんな領主の『飛び地』であったことが幸いしたのかもしれません。

《参考》
川崎文書（滋賀大学史料館）

※1
浜松藩近江三郡については、第一一五号で詳しく取り扱っています。

※2
領主（支配者）と百姓の関係は様々な面を見せてくれます。

例えば、本文のように浜松藩役所に対して、彦根藩の鷹狩り中止を要望するように願い出ています。支配者に対して強い態度に出ています。

また、第一三六号註で示すように、浜松藩井上河内守の所替えの報が入るや否や、関係村々の庄屋が大挙して動いている様子が伺えます。結果的には所替えを中止させることはできず、浜松藩には水野忠邦が入ることになります。

これらの動きは百姓が大きな力をつけていることを示していると思います。

一方、第五七号で紹介するように、当村（冨田村）に知行地をもつ旗本西郷氏の要請に応じて、借財をしてまで上納金を納めている庄屋の姿もあります。

どちらも百姓の姿を正確に伝えているのだと思っています。しかし、百姓としての誇りを、力をつけていることは疑いのないことだと感じています。逆に言えば、武士階級の力が低下しているのだといえます。

勿論、大名旗本の台所は火の車だったと言われています。

関ヶ原から百何十年を経て、幕府は一方農村では寺院を再建し、神社も再建するなど、貧しいながらも確実に前進していたのです。

しかし、幕末には湖辺の村々は水損に泣かされるのですが：：。

※3
百姓の生活は衣食住のすべての面で制限がありました。

例えば、「衣」については絹や縮緬等は禁止、綿・麻等に限るとか、「食」については雑穀を食すべきで、米はハレの日にしか食えないとか、「住」についても住宅の大きさ等に規制があり、座敷や板敷きの禁止など様々な制限がつけられていました。

生活面でも、傘の使用を禁じ、蓑の着用を義務付けたり、指定された日以外は勝手に仕事を休むことを禁じたり：：などなど、微に入り細に入り制限がありました。百姓を年貢を納めさせるための道具としか考えていなかったようにも思われます。

百姓が厳しい制約の中での生活を余儀なくされたということは事実かも知れません。

冨田村にも第二〇号で紹介したように御法度書が存在します。

一般的には「貧農史観」と言われて来ましたが、私にはそうとは思われません。

上のように彦根藩に反対意見を述べる力も付けていますし、日常生活の中でも必ずしも法度に縛られていないように思われます。

残された文書からは、正絹の領収書や酒代の請求や領収書、鯖や鰯等の領収など、貧農史観では考えられない、当時の生活が浮かび上がってきます。

勿論、庄屋だから：：との思いもありますが、現代のような裕福さはないにしても、庶民も徐々に富を貯えてきたように思われます。

「油と百姓は絞れば絞るほど：：：」は机上の空論だとも思います。

江戸時代庄屋宅の婚禮

第０４９号
1995.11.24

川崎文書として残されている文書の中に、婚礼祝儀受覚帳や七夕御礼入用帳・病気見舞之覚・疱瘡見舞覚帳・安産祝儀受納帳・御香典帳…等の冠婚葬祭に関する覚帳が残っています。

これらは、その家のプライベートに関する史料ですから、公表に関しては問題もあるかと思いますが、江戸時代の様子を知るということで、少しだけですが紹介したいと思います。

左の文書は天保二年（一八三一年）の「婚禮祝儀受覚帳」からの抜粋してみました。

《習俗一八》

天保弐年
婚禮祝儀受覚帳
卯九月四日　川崎T平次

朝飯覚
一五升　A左衛門
一五升　B左衛門
一弐升　C右衛門
一三升　D右衛門
一三升　E右衛門
一三升　F五郎
一五升　G右衛門
一〃　H太郎

一五升　I郎兵衛
一三升　J太夫
一五升　K兵衛
一弐升　L五郎
：（中略）：
一三升　M左衛門
是より北
一弐升　N左衛門
一三升　O左衛門
一〃　P兵衛
一弐升　Q次郎
一〃　R兵衛
一札弐匁　S太夫

夕飯祝儀覚
一酒弐升　A左衛門
一〃　G右衛門
一〃　H太郎
一〃　I郎兵衛
一〃　B左衛門
一〃　T左衛門
一〃　K兵衛
一壱升　U郎兵衛
一壱升　V兵衛
一壱升　W右衛門

一壱升　E右衛門
一壱匁　是迄　C右衛門
一壱升　X左衛門
：（中略）：
一壱斗六升五合　若連中
一壱升　Y右衛門
〆五斗五升五合
内八升　十九　喜兵衛
又壱升　下八木　又三郎
指引残而(て)
四斗六升五合
村　Z太夫
又壱升　北　R兵衛

他所□□□(※読めず)
一弐匁　□村　□川重次郎
一弐匁　□村　□森忠兵衛
一壱匁　〃　〃弥右衛門
一壱匁五分　□村　□木甚兵衛
一壱匁三分　□村　□井杢兵衛
一弐匁　〃　□井権右衛門
一壱匁五分　□村　□村文右衛門
一弐匁　□村　□岡徳兵衛
一〃　□村　□田与七郎
：（中略）：
一酒五升　□村　□□庄兵衛
一白三升　同　内義

※一部順序を入替えてあります。また、字名と苗字の一文字は伏字にしてあります。

これだけから類推することは危険かもしれませんが、つい最近までのように、朝、荷受け（荷出し）が行われ、夕刻か夜に嫁入りが行われたように思われます。

朝の荷受け（荷出し）には庄屋宅のこと故、村のほとんどの人が呼ばれています。

上の「朝飯覚」では在所の四十九人(軒)と北村の六人の計五十五人が祝儀を持参しています。

また、朝の祝儀は米であったようで計壱石四斗四升にもなっています。

五升　六人(軒)
三升　二十人(軒)
二升　二十七人(軒)

となっています。当時としてはすごいの一言ではないでしょうか。

当時は、冠婚葬祭でもない限り、白米を腹一杯食べられるような状態ではなかったと思います。白米は貴重品であったと思います。そういう気持ちで数字を眺めて見てほしいと思います。

夜は嫁入りの宴ですから、若連中や他所も呼ばれています。

在所の呼ばれている人(家)は、朝とメンバーが少々違っています。

朝・晩呼ばれている人(家)は、親戚等の一族だと思われます。

しかし、朝の呼ばれには招待されても夜には呼ばれなかった人や、その逆の、夜だけ招待された人等…当時には当時の何かの基準があったものだと思われます。

本百姓と小作人等の区別があったのかもしれませんが、分かりません。

結局、冨田村三十四人・北村八人・若連中衆が何人かと他所二十八人の計約八十人あまりが招待されています。

たとえ庄屋宅の婚礼であっても、すごく規模の大きな宴会であったように思えます。さぞかし盛大で豪勢な宴であったと思われます。

その宴の中でも現在と同じように、伊勢音頭や長持ち唄等のおめでたい唄を詠い、祝ったのだと思います。

また、祝儀の酒が、

八升は十九村の喜兵衛から
一升は下八木村の又三郎 から
四斗六升五合は在所のZ太夫から

購入されているなどの、おもしろい事実も記されていて、酒屋事情の一端を知ることも出来ます。

また、他所が二十七軒(二十八人)呼ばれていますが、全員に苗字が記入されています。

学校では「江戸時代、百姓は苗字がなかった」と教わりましたが、事実はこのように、すべての家が苗字をもっていたものと思います。

以上紹介した婚礼は、決して一般的だとは思えません。庄屋宅という上層百姓の婚礼だとの意識が必要です。

ほとんどの百姓は、近い親戚や隣組だけの質素な宴であったろうと想像します。

また、宴をもてるのは本百姓と言われる、一定の村高を持っていた百姓だけであって、一石前後やそれ以下、もしくは無高の小作百姓にとっては、婚礼ですら、宴等には無縁であったのかもしれません。

庄屋年寄等の村役人と高持ち百姓、高持ち百姓と無高に近い小作人(水呑百姓)、それらには経済力も身分的にも雲泥の差があったようです。

これが江戸時代の一面でもあったのだと思います。

封建制度という身分制社会の一端を如実に示すのが、このような祝宴のあり方だったのかもしれません。

《参考》　川崎文書（滋賀大学史料館）

平成五年の十一月末より、この「冨田今昔物語」を出し始めて丸二年が過ぎました。

その間には、ご批判を頂いたり、激励を頂いたりしましたが、なんとか二年も続けられたことは、皆さんのご理解のお蔭だと思っています。

今後も、出来る範囲で冨田村のことを調べ、また、この新聞を続けて行きたいと思っています。

今後もご理解を賜りますよう、よろしくお願い致します。

※1
冨田今昔を作成した時は、T平次を庄屋宅と理解していましたが、多くの史料をまとめる内に間違いに気付きました。

T平次家は、天保元年には親T郎兵衛が年寄を勤めていますが、天保二年には年寄役に名が見えません。

T平次については、婚礼から二〇年を経た嘉永年間頃より百姓代として登場するようになります。

また、T平次・T郎兵衛家は延享三年(一七四六)～安永五年(一七七六)の間、T郎兵衛が西組庄屋を勤めていますから上層百姓であったろうとは思いますが、天保二年には庄屋ではなく、「庄屋宅の婚禮」は間違った見出しであったことになります。訂正するとともに、陳謝したいと思います。

また、この婚礼に際しての、縁付送り手形、宗門送り手形等がは残されておらず、嫁が何処から嫁いできたかは不明です。

※2
年代不明の文書ですが、次のような結納目録が残されています。

《未整理六三》

目録
一結納　　金弐千八百疋
一上着料　金四千疋
一御樽料　金七百疋
一御肴料　金五百疋
一末廣　　壱箱
以上
月日　　（※個人名略）

何時、誰の縁組の際の結納目録かは分かりませんが、貴重な資料だと思っています。

古くは一〇文を一疋としたようですが、後には二五文を一疋としたと、辞書にありますから、一文二〇円程度として換算すると、

一疋二〇〇円程度とする場合
金二八〇〇疋＝　五六万円
一疋五〇〇円程度とする場合
金二八〇〇疋＝一四〇万円

となり、四筆合計すれば、いずれにしても高額な金額になります。

一般庶民としては手の出せない金額であったのかもしれません。まさに上層百姓の縁組を示す史料だと思います。

また、年代が不明ですが、「結納」という習慣が成立していたことも判明します。

結納の起原は、皇室や貴族等についてはかなり昔に遡ることが出来るようですが、庶民の間に広がり始めたのは江戸時代末期から明治初期だと言われていますから、それほど古い歴史を持つ習慣ではないのかもしれません。

本来は帯や着物地などに縁起物を添えて贈ったのだと言います。

「結納」の語源は「言納(イイイレ)」が「結納(ユイイレ)」と訛り、更に「納」をノウと音読し、「ユイノウ」となったと辞書にあります。(広辞苑)

一昔前までは、帯地料や肴料等々と上書きされた金封(結納金)や熨斗等の飾り物を、仲人が婚家に持参するという一大行事でしたが、現在は両家の家族で食事会などで済ませる場合もあるようで、簡素化も進んでいるようです。

病気見舞覚より

第０５０号
1995．12．10

前回に続き、婚礼祝儀受覚帳や七夕御礼入用帳・病気見舞之覚・疱瘡見舞覚帳・安産祝儀受納帳・御香典帳・・・等の冠婚葬祭に関する覚帳の中から話題を取り上げたいと思います。

《習俗六》

延享三年
親父　T郎右衛門
病気見舞覚
丙寅二月廿七より煩《わずらい》出シ

一氷砂糖　弐両半ほど
拾弐三匁ほど　□左衛門より　借り
三月八日かへし

（略）

一書状壱通　A□村彦右衛門方より
□右衛門方江見舞
書状参り申候

一干うどん弐把　B□村　□□寺
是□右衛門ヲ銀子取ニ遣シ申
候節帰りニことづけ相渡さ
れ申候

一C□村平右衛門も見舞い参られ
候。何も持参ハ御座無く候

一C□村□助見舞い立寄り申され
候。見舞いも御座無く候も・・・

・・・（略）・・・

一酒壱升　□□寺様
一酒壱升始メ　D□村　弥兵衛
一酒壱升　當村　□太夫
一酒壱升　當村　□左衛門
一白砂糖壱箱　C□村　新助
一酒壱升　當村　□左衛門
一ぼた餅小壱ひツ　當村　□左衛門
一餅壱ひツ　C□村　太郎助
一赤飯壱荷　E□村　源十郎
一酒弐升　C□村　新兵衛
一酒壱升　在所　□右衛門
一そうめん　當村　□兵衛
一赤飯大壱ひツ　F□村　長兵衛
一■■（破損）匁ほど　（破損）
一とうふ三丁　D□村　徳兵衛
一そうめん　□六
一うぐひ五ツ　□左衛門
一ふなすし弐枚　□五之助
一酒壱升　□左衛門
一そうめん　□郎左衛門
一柿十ツほど　□郎兵衛
一いり米　□正
一あぶりくし　□左衛門
一いり米　□内
一つり柿十ツほど　□兵衛
一茶弐升ほど　□□寺
一茶　□右衛門
一□魚一本始メ　□左衛門
一茶　□左衛門

一小鮎始メ　□右衛門
一うぐひ五ツ始メ　□五助
一いり米　□左衛門
一そうめん始メ　同人
一とうふ弐丁始メ　□助

・・・（以下　略）・・・

※その他の見舞い品として

・白餅米（弐升・五升等）
・魚□ノあぶりくし
・・・※（炙り串か？）
・氷砂糖弐匁ほど
・氷砂糖壱箱
凡(ｵｵﾖｿ)拾四五匁ほど
・まんちう(饅頭)壱包　数六ツ
・菓子壱包　落雁十三
・干大根弐把
・醒井餅十枚ほど
・うどん壱把
・外郎餅弐本
・あひり餅壱重
・いり粉壱重
・みりん酒（弐合・五合）
・はす廿・・・※魚の「ハス」か
・はちミツ
などなど

※氏名を伏せ字としてあるのが冨田村の住人です。（北冨田は他所扱い）
※A～Fは他所村を分類しています。
他所は字名を伏せ字としました。
※延享三年（一七四六年）

病人のためを思っての見舞い品

個人の控え帳ですので、丁寧には書かれておらず、読みにくかったり、全く読めない箇所もありますので、正確とは言えませんが、大凡《おおよそ》の様子が分かると思います。

多少の誤差もあるかと思いますが、左頁に項目別にまとめてみました。（数量については省略しました）

これを見る限り、病人に滋養をとってもらうための品々がほとんどです。

力を付けるためにでしょうか、赤飯や餅の類の多いのも目を引きますし、干し柿といった、現代では考えられない品々も見受けられます。また、そうめん・うどん・豆腐といった食べ易い食品も注目できます。

また、当時としては貴重であったと思われる氷砂糖等が見られるのには多少驚きます。

これは、□郎右衛門が庄屋であったため見舞い客も多く、見舞いの品々も貴重品が多いのだと思われます。

一般百姓ではこういった貴重品はないと思います。

現代では見られなくなった「あぶり串」（小鮎などを串に刺して焼いたもので、私の子供の頃(昭和三〇年前後)にはまだ見られました）、貴重品となってしまった「鮒ズシ」など時代を感じさせる品々が目に付きます。

また、「醒井餅」「外郎餅」「あひり餅」など名物の品々も意外性があって目を引きます。

◆見舞い品の様々

種類	他所	當村
見舞いの書状	二	
見舞い立ち寄りのみ	三	二
手伝い	二	
酒（一升・二升）	一〇	七
うどん	一	一
白もち米	一	三
白砂糖	三	
ぼた餅		一
餅	一	
赤飯	四	二
そうめん	一	四
とうふ	一	四
うぐい（魚）	一	二
ふなずし		一
柿・干し柿	一	六
いり米	三	六
あぶりくし	一	一
茶	一	六
小鮎		一
氷砂糖	二	一
菓子	一	
饅頭	一	一
醒井餅		一
外郎餅	一	
あひり餅		一
干し大根	一	
いり粉	一	
みりん酒	二	
はす（魚）	一	
はちミツ	一	
不明（破損・他）	三	七

玉子や鯉・鮒等の類等もあるかと想像していましたが、それらが無いのは以外でした。

しかし、身近な品々を、病人に食べてもらい、良くなってもらおうとする気持ちのこもった見舞いの品々に、当時の人々の気持ちが伝わってくるように思います。

しかも、自分の出来る範囲で見舞っていることも、よく分かります。

現代では廃れつつあるように思いますが、相互扶助という助け合いの気持ちや、親身になって思いやるという気持ちが、当時は当たり前であったのではないでしょうか。

現代医学のなかった当時としては、体力の付く食べ物を届けることが、最大の思いやりであり、助け合いであったのではないでしょうか。

そういう感覚で上の品々を見ると、気持ちがよく分かるように思います。

そんな意味で、現代の我々の生活全般を見直してみることも大切ではないかと思えてなりません。

勿論、当時は当時としての薬があったのだと思います。この帳面の後半には、

> 廿八日夜より　　山本
> 一薬三ふく　　圖書様

のような、『薬之覚』が記入されていて、二月廿七日より七月二日までの記録も残っています。

それを見ると、三人の医師から薬を貰っていたことなども分かりますし、途中二人の薬は効果がなかったのか、途中からは、ある一人だけから薬を調合してもらっていること等も分かってきました。

《参考》　川崎文書（滋賀大学史料館）

※1

乍恐以書付御届奉申上候　《未整理一三五》

浅井郡冨田村
庄屋　川崎S兵衛
母　貞春
御百姓　Y兵衛
母　妙内

右之者、當村庄屋川崎S兵衛母貞春當辰年九十才相成申候。并、御百姓Y兵衛母妙内、當辰年八十才ニ相成申候。此外吟味仕候得共、八十才・九十才・百才之者　壱人も無御座候。
此段、乍恐以書付御届奉申上候。　以上

天保十五年　浅井郡冨田村
辰正月　（年寄二名略）
（庄屋三名略）
濱松御役所

（※天保十五年（一八四四））

一方で病人あれば、片や長寿の人もあります。

恐らく、八〇才以上の調査を命じられ、その報告書だと思われますが、冨田村（含北村・除西郷支配）には八〇才以上は右の二人で、八〇・九〇才であったようです。但し、数え歳ですが。

もしかすれば、八〇・九〇・一〇〇才丁度の年齢になる人を聞いていたのかもしれませんが・・・。

時代が少し下がりますが、明治一一年（一八七八）の「戸籍簿」には、

《祭器庫文書》

浅井郡第拾三区冨田村
人員惣計三百三十三人
男　百六拾三人
十四才十一月以下　四拾人
満十五才～二十歳十一月　十三人
満二拾壱歳～三十九歳　六十五人
満四十歳～五十九歳　廿五人
満六十歳～七十九歳　廿人
女　百七十一人
十四歳十一月以下　四十二人
満十五歳～三十九歳　七十七人
満四十歳～七十九歳　五十二人
内
夫婦　男六十人・女六十人
出生　男　七人・女　五人
死亡　女　二人
内二僧二人

（※　表現を一部変更）

とあり、八〇才以上は男女ともありません。

このデータは、江戸期とは異なり、藩や知行所といった区別がなくなっていますので、北冨田村を含む全冨田村の人口になります。

当時は七十才の喜寿を迎えるのすら稀で、米寿を迎えるのは、更に一層難しい時代であったのかもしれません。

また、集計の区切りが男女によって異なるのも、明治初年の時代を反映しているのかもしれません。

百姓の盛衰 ―持ち高の推移―

第０５１号
1995.12.24

次の文書は天保十年「亥年御高帳」の最初の一部と最後の部分です。

このような「御高帳」が連続して、十年分くらい残っていますので、個人の盛衰を調べる上では貴重な史料となります。

今回は個人の持ち高の推移から、その盛衰を見てみたいと思います。

《土地六一》

天保十年
亥年御高帳
十一月十二日　西組

一拾九石五升弐勺四才　A兵衛
一拾八石六斗八升四合三勺三才　B郎兵衛
一拾三石三斗壱升三合六勺九才　C右衛門
　五口〆三石八升七合五勺引
　残テ七石弐斗弐升六合壱勺九才
　内七斗壱升五合　東組D左衛門
　又九升　E左衛門
　又壱石壱斗壱升　F九郎
　〆又壱斗　組G郎右衛門
　又壱石七升弐合五勺　H兵衛
一拾石九斗壱升八合七勺六才　I左衛門

一　J右衛門
一四拾石八斗三升四合壱才　K兵衛
　内八石九斗壱升三合　H兵衛譲
　引残テ三拾壱石九斗弐升　壱合壱才
一五斗四升六合六才　門徒高
一四斗八升八合四勺　源慶寺
一壱石九斗八升八合四勺五才　H兵衛
　又壱石七升弐合五勺　C右衛門より入
　〆三石六升九勺五才
　又八石九斗壱升三合　入
　〆十壱石九斗七升三合九勺五才
一拾弐石壱斗九升七合三勺　L右衛門
……（※二名省略）……
一弐石五斗七升五合　M右衛門
一五升五勺壱才　N右衛門

一壱石四斗九升九合壱勺壱才　O右衛門
一七石六斗三升五合六勺　P右衛門
　又壱斗　C右衛門より入
　〆七石七斗三升五合六勺
……（※途中省略）……
一壱石六斗五升　Q右衛門
一弐斗七合四勺　十九　R右衛門
高〆弐百五拾五石四斗　七升六合九才
　内壱石九斗壱升五合　東江越
残テ弐百五拾三石五斗　六升壱合九才
外ニ
　四斗九升九合　神田

※天保十年（一八三九年）
※文書の内容より察し、G郎右衛門とP右衛門は同一人物か同じ家だと考えられます。

この史料をみると、持ち高に差があることが分かると思います。

この持ち高（経済力）によって、生活が左右されたのです。生活だけでなく、その他、諸々のことに影響しました。

当時、収入は百姓しかありませんでしたから、持てる者と持たざる者との差は歴然としていました。

持てる者は高持ち百姓として、村の会議等にも参加し、発言力もありました。

一方、持たざる者は水呑み百姓として、小作人とならざるを得ませんでしたし、村への発言力も全くなかったようです。

左頁の表は、上記「御高帳」より持ち高別に分類した人数です。

最近、天保元年（一八三〇年）頃の屋敷地を調べていて、間違いがあるかも知れませんが、当時の住人の屋敷地をほぼ確定できたと思っています。

そのデータと「御高帳」とのデータとを比較してみると、意外な(当然な)結果が分かってきました。

これによれば、冨田村西組三十九人(軒)の内、両寺等を除いた三十四人の中で、

屋敷地が判明(推定可能)　二十六人
屋敷地が不明(推定不能)　八人

ということになります。

《石高と屋敷地判明関係》

所持石高	人数	屋敷	不明
無高(所有無)	二	一	一
○～一石	六	二	四
一～五石	九	六	三
五～一○石	六	六	○
一○～十五石	八	八	○
十五～二十石	二	二	○
二十石以上	一	一	○

※不明の欄は、屋敷地が不明である人数
※屋敷の欄は、屋敷地がはっきりしているか、予測のつく人数
※源慶寺・圭林寺・門徒高・神田及び、十九R右衛門は除きました

そのうち、持ち高五石以上の者の屋敷地は全員判明するのに、屋敷地が不明なものは、五石未満の者に集中しています。

これは、私の調べ方が十分でないこともあるでしょうし、数年の間に代替わりがあって、不明となった者もあるかも知れませんが、持たざる者の置かれていた現状を如実に表しているものと思われます。

また、それが故に、K兵衛は自分の持ち高四拾石八斗三升四合壱才の中から、八石九斗壱升三合を、持ち高が壱石九斗八升八合四勺五才しかないH兵衛に譲っているのではないかと思います。

恐らく、別家か婚姻があったのだと思いますが、それもあって、H兵衛は高拾壱石九斗七升三合九勺五才という中堅の高持ち百姓になったことになります。

逆に、C右衛門は持ち高拾三石三斗壱升三合六勺九才の内、五口合わせて三石八升七合五勺を手放し、残り残高が七石弐斗弐升六合壱勺九才となっています。

C右衛門は、翌天保十一年は持ちこたえましたが、翌々年の天保十二年には、更に壱石五斗壱合を手放し、結局は、残高五石七斗弐升五合壱勺九才にまでになっています。

天保七年の拾八石七斗壱升三合八勺八才あったことから考えると、わずか五～六年で三分の一以下になっています。こんなことを知ると、C右衛門の家で何が起こったのか知りたくなりますが、それを確かめる史料はなさそうです。

このように、字内でも年々盛衰が見られるようです。次号でもう少し見てみたいと思います。

《参考》
川崎文書（滋賀大学史料館）

※1
平成の現在に至っても、H兵衛家はK兵衛家を「母屋(おもや)」と呼んでおられます。

恐らく、八石九斗壱升三合を持って(持参金の形で)K兵衛家からH兵衛家へ養子、又は、子養子に入ったものと考えられます。

今から約一七○年前の出来事(婚姻)ですが、母屋・分家の関係の意識は多少薄らいで来つつありますが、連綿と続いています。良きにせよ悪しきにせよ、田舎に残されている慣習であるのかもしれません。

家の繋がりが、個人の繋がりに変わりつつある現代にも、依然として家の繋がりが残されているのが現状です。若い世代には嫌われつつありますが、封建時代の辛い時代を支え合って生き抜いてきた遺産でもあったことも、心に刻んでおきたいと思います。

同様に、運命共同体としての村意識も薄らいで来つつあるのが現状ですが、村請負制の時代、すべての面で村全体が支え合わねば生きていけなかった環境の中で育まれた知恵と意識を大切にし、次世代へ伝えたいと思っています。

※2
次は、寛文元年(一六六一)の「江州西冨田村名寄帳」の一部です。

《土地七(部分)》

みそばた
一上田廿弐歩四リン　／S五助入
　壱斗三升四合五勺　Q三郎
同所
一上田壱セ六歩　／同断
　弐斗壱升六合　同人

(中略)
一中田五セ廿四歩　／S六入
　九斗五升七合　同人
下つくた
一下畠壱セ拾九歩五リン
　壱斗一升五合六勺　同人
三ノ坪
一下田壱反弐セ四分　／I兵衛入
　壱石六斗九升九合　同人
十四
一中田壱反　／S兵衛入　S五助入
　壱石六斗五升　同人
十四
一上田五セ廿歩
　壱石弐升　Q三郎
けん取　／S六入
一上田壱反拾五歩
　壱石八斗九升　同人　H兵衛入
居や敷
一上畠壱反壱セ四歩
　壱石四斗四升七合三勺　同人
合拾五石五斗七升

右の文書からは、Q三郎の所持する一八筆(持高一五石五斗七升)の内、一四筆が寛文元年直後に他人名義に替わっていることが判明します。つまり、Q三郎は大半の資産を手放してしまったことが読みとれます。但し、屋敷地は残されています。

同様に、Y三(一四石五升九合)は一一筆中八筆と、屋敷地と思われる上畑の一部を手放しています。

その他、中には数筆を手放している村人はいますが、Q三郎やY三のような極端ではありません。

この二人に何があったのかは分かりませんが、百姓の盛衰は病気等、紙一重の積み重ねであったのかもしれません。

持ち高の推移を見る

第０５２号
1996.01.10

前号で、「御高帳」を見ることによって、字内でも年々個人によって盛衰が見られることを書きました。
今回も引き続き、「御高帳」を見て見たいと思います。

この年代の「御高帳」は、天保七年（一八三六）～天保十二年（一八四一）の六年分と、弘化二年（一八四五）～嘉永七年（一八五四）（但し、嘉永二・三年は紛失）の八年分と、及び、文久元年（一八六一）～文久三年までの三年分、合わせて十七ケ年分のものが残されています。

つまり、天保七年から文久三年までの約四分の一世紀間の史料が断続的に残されていることになります。

これを全部調べれば、可なり正確に江戸時代末期の村の様子が分かるのではないかと思います。

しかし、残念ながら、まだ全てを調べられてはいません。

私の手元には、天保年間の六ケ年分しかありませんが、それを基にして、下のような一覧表を作成しました。

この中で、特徴的な傾向が見られる者が何人かいるように思います。

①C右衛門
前回も書きましたが、六年間で、拾四石四斗余から五石七斗余まで落ち込んでいます。

しかも、毎年のように二石余づつ減少しています。
天保七年では第四番手の高持ちだったのがこの有り様です。
何らかの原因があったのでしょうが今となっては、分かりません。

②E右衛門・O右衛門
二人とも、天保七年には若干の高を持っていますが、天保八年以降には無高に転じています。
全体的に天保八年の移動が著しく、天保七・八年の天保の大飢饉と一致します。
二人とも水呑百姓だと思えますので年貢の都合がつかず、僅少な所有地まで手放したのだと思えます。

③J太郎
天保七年では、一石にも満たない零細百姓でしたが、逆況の中で四石余の高を手に入れています。
これは全て、C右衛門から手に入れており、C右衛門と明暗を分けた形になっています。

④T郎右衛門
彼もJ太郎と同じく、八升五合という零細百姓でしたが、天保九年には二石弱の高を持てるようになっています。
彼もまたC右衛門から手に入れています。

せっぱ詰まったC右衛門からの譲り受けは、J太郎にしろT郎右衛門にしろ、苦しい中にも、安い買い物だったのかもしれません。

⑤F兵衛
前号で紹介したように、天保十年にG兵衛へ八石九斗余の分譲をしていますが、天保十二年には早くも一石分五斗弱の高を増やしています。
持ち高が多いということは、余剰米（余剰金）も多く、直ちに次の資産を増やせるという見本みたいなケースだと思います。

上田一反で一石八斗、中田で一石六斗五升、下田一石四斗、下々田七斗、上畑・屋敷一石三斗、中畑一石、下畑は七斗として計算しますから、F兵衛の四十石余は約二町五六反相当になり、とても家族だけの作業ではやれるはずもなく、小作に頼ったものと思われます。そして、小作料という収入も多額になったものと思われます。

ちなみに、一人当たりの可耕面積は二反強程度（三石強）と記された論文を読んだことがあります。

資産（田畑・金）を持っている所へは、何もせずに金（資産）が集まってくる、ということは、今も昔も変わりがないようです。

《参考》
川崎文書（滋賀大学史料館）

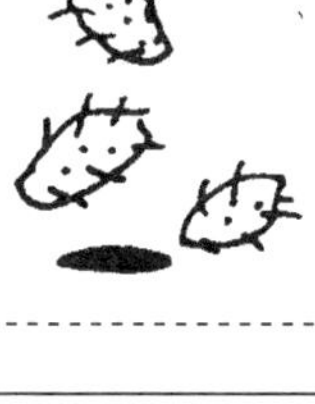

氏名	持ち高（石）
①右衛門	13.6795石
②郎右衛門	18.0521石
③左衛門尉	18.916石
④郎兵衛	16.742石
⑤太郎	13.482石
⑥左衛門尉	10.488石
⑦左衛門尉	15.713石
⑧郎作	15.8737石
⑨喜作	13.7397石
⑩才口	21.957石
⑪兵衛	7.5253石
⑫与兵衛	12.5773石
⑬猪右衛門	18.864石
⑭門太郎	16.109石
⑮太夫	14.3015石
⑯次	10.9067石
⑰太夫	8.1064石
⑱兵衛	17.4747石
⑲内	7.4747石
⑳左衛門尉	4.2896石
Ⅰ太郎	21.8376石
Ⅱ介	12.2735石
Ⅲ神	22.042石
Ⅳ三郎	6.5222石

「寛永拾九年江州之内西冨田村各帳」
《土地四》より作成

※１
上の史料は冨田村全体でなく、冨田西村の分だけです。
また、年代は天保年間の六年間ですが、最高高が四〇石余、最低は持ち高なし、一〇石以上は約三分一の人数となっています。
これを史料が残されている江戸初期（寛永一九年（一六四二））と比較してみます。

氏名	天保七年	天保八年	天保九年	天保一〇年	天保十一年	天保十二年
A兵衛	19.05024	19.05024	19.05024	19.05024	19.05024	19.05024
B郎兵衛	18.71388	→18.67328	←18.68432	18.68433	18.68433	18.68433
C右衛門①	14.41279	→12.99519	→10.31369	→ 7.22619	7.22619	→ 5.72519
D左衛門	8.91876	8.91876	←10.91876	10.91876	10.91876	10.91876
E右衛門②	0.76480	↓ 0	0	0	0	0
F兵衛⑤	←40.83401	40.83401	40.83401	→31.92101	31.92101	←33.38631
G兵衛	1.71650	← 1.99950	→ 1.98845	←11.97395	11.97395	11.97395
H右衛門	12.19730	12.19730	12.19730	12.19730	12.19730	→10.73173
I右衛門	13.56600	13.56600	13.56600	13.56600	13.56600	13.56600
J太郎③	0.77500	← 2.57500	2.57500	2.57500	2.57500	← 4.07600
K右衛門	0.05051	0.05051	0.05051	0.05051	0.05051	0.05051
L五郎	1.49911	1.49911	1.49911	1.49911	1.49911	1.49911
M右衛門	7.63560	7.63560	7.63560	← 7.73560	7.73560	7.73560
N太夫	6.76240	6.76240	6.76240	6.76240	6.76240	6.76240
O右衛門②	0.41995	↓ 0	0	0	0	0
P兵衛	11.02302	→10.37302	→ 9.37302	9.37302	9.37302	9.37302
Q左衛門	10.32100	10.32100	10.32100	10.32100	→ 9.39100	9.39100
R兵衛	0.49400	0.49400	0.49400	0.49400	0.49400	0.49400
S兵衛	12.37806	12.37806	12.37806	12.37806	12.37806	12.37806
T郎右衛門④	0.08530	0.08530	← 1.98030	1.98030	1.98030	1.98030
U右衛門	1.12300	1.12300	1.12300	1.12300	1.12300	1.12300
V左衛門	5.42505	5.42505	5.42505	5.42505	5.42505	5.42505
W右衛門	0.40510	→ 0.20610	0.20610	0.20610	0.20610	0.20610
X次郎	0.82790	0.82790	0.82790	0.82790	0.82790	0.82790
Y左衛門	0.18000	0.18000	0.18000	0.18000	0.18000	0.18000
Z左衛門	4.88000	4.88000	4.88000	4.88000	4.88000	4.88000
a兵衛	4.43735	4.43735	4.43735	4.43735	4.43735	4.43735
b右衛門	11.10780	11.10780	11.10780	11.10780	11.10780	11.10780
c兵衛	8.98920	8.98920	8.98920	8.98920	8.98920	8.98920
d藤次	12.33940	→12.27740	12.27740	12.27740	12.27740	12.27740
e郎左衛門	→13.47300	13.47300	13.47300	13.47300	13.47300	13.47300
f右衛門	0.67130	0.67130	0.67130	0.67130	0.67130	0.67130
g兵衛	4.59050	4.59050	4.59050	4.59050	4.59050	4.59050
h左衛門	—	1.65000	1.65000	1.65000	1.65000	1.65000
西組惣石高	254.39645	254.39645	255.47609	253.56109	253.56109	252.63109

※氏名の頭文字を伏字としました

※第五十一号のアルファベットとは異なります

※「4.43735」は四石四斗三升七斗三勺五才の意

※↑印は前年度より持ち高増加

※↓印は前年度より持ち高減少

※惣石高は西組合計

※両寺・門徒高・神田・十九村入作は除外しました

Ⅴ兵衛	8.576 石
Ⅵ兵衛	6.79 石
Ⅶ兵衛	32.3321 石
Ⅷ兵衛	2.208 石
十九分	7.383 石
安養寺分	12.743 石

右のデータも西村のみの史料です。人数的に天保の史料より若干少ないのは、高持ち百姓のみの記載で、水呑百姓が記入されていない可能性もあります。

または、約二〇〇年の間に家数が増加したことも考えられます。

史料からは何れとも判断出来ないと思います。

しかし、何か気が付きませんか？

記載のある二八人中二〇人が一〇石以上の持ち高になっています。

まとめると左の表になります。

	寛永19	天保七
一〇石以上	20人	12人
一〇石未満	8人	21人
最高持高	32石余	40石余
最低高持	2石余	5升余
総人数	28人	33人

江戸初期は、大半が一〇石以上で、持ち高の差も少ないのが読み取れます。

ところが、約二〇〇年後の天保の頃になると、大半が零細化し、持ち高の差が大きくなります。

この変化は何を意味するのか、栄枯盛衰とは言いますが、汗と涙の物語が各家毎にあったのだと思うと、生活の苦しみが伝わってきます。

冨田西村・冨田東村

第０５３号
1996.01.24

冨田村は江戸時代、冨田村西組・東組・北組(西村・東村・北村とも言う)の三組(村)に分かれていました。

そして、その各組(村)に村役人として、庄屋・年寄等がいました。

従って、西郷氏の村役を含めて、冨田村には

西組(村)の庄屋・年寄
東組(村)の庄屋・年寄
北組(村)の庄屋・年寄
西郷氏支配の庄屋・年寄

の四人の庄屋と四人の年寄が居たことになります(ただし、年寄は時期によって、冨田村合わせて三人であった時もあったようです)。

下の文書は享和二年(一八〇二)の御物成割付之覚です。

このように、西・東・北組(村)で別々に年貢高を計算し、組毎に各人へ賦課徴収し、各組(村)毎に年貢を上納していたようです。

「御物成米銀納請取通」という文書が何枚も残されています。

これは、代官所が発行する年貢の請取書のようなもので、何日にどれだけの年貢を受け取ったかが記入されています。

これによれば、西・東・北組が別々に納めているように読み取れます。

そして、各組ともが完納すれば、冨田村として一通の「皆済目録」が発行されることになります。

冨田村という一つの村の中に三(四)つの自治体があると考えてもらえばいいのではないかと思います。

◆冨田村西組・東組の家屋推定図

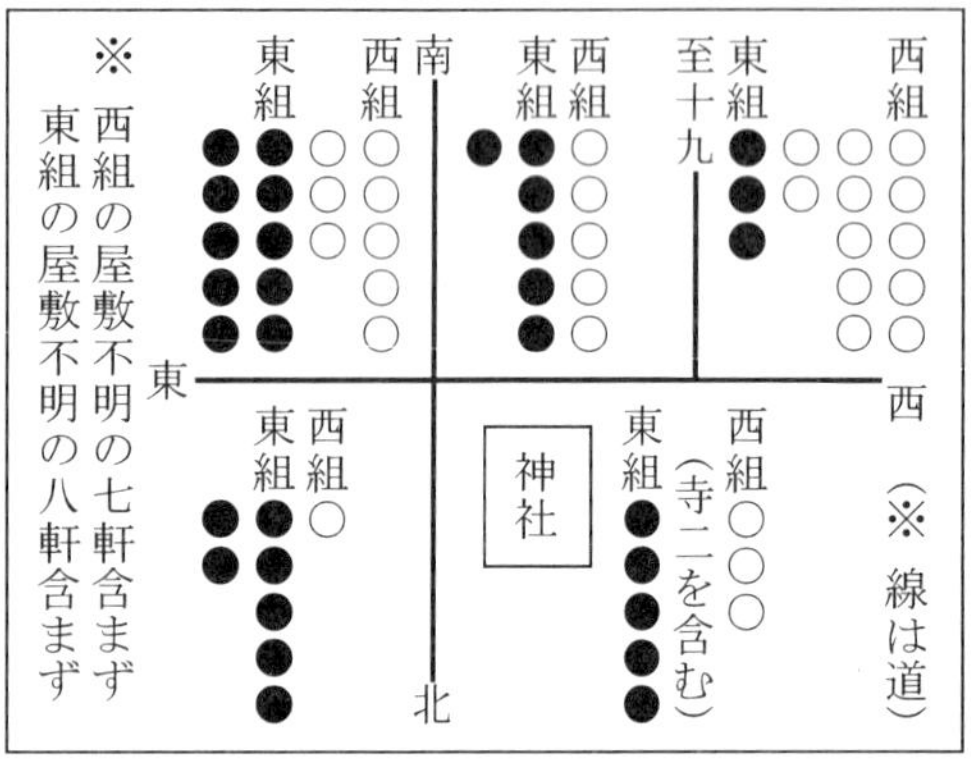

(○印は西組、●印は東組)

享和二年戌之御物成割付之事

西組
一高弐百七拾弐石九斗九升三合七勺弐才
　内弐斗六升　郷蔵敷引
残テ弐百七拾弐石七斗三升三合七勺弐才
此取米
　八拾四石五斗四升七合四勺五才

東組
一高三百弐拾弐石八斗六升三合
　内壱斗三升　郷蔵敷引
残テ三百弐拾弐石七斗三升三合
此取米
　百石四升七合弐勺三才

北組
一高六拾六石三斗三升六合九勺三才
　内壱斗三升　郷蔵敷引
　又弐石九斗弐升七合　溝敷永荒引
残テ六拾三石弐斗七升九合九勺三才
此取米
　拾九石六斗壱升六合七勺八才
　免三ツ壱分

割付高
六百五拾八石七斗四升四合

《租税二八七》

では、西・東組(村)はどのように分かれていたのかという興味が湧いてきます。

しかし、当時の全ての屋敷地と住人を一致させることは今では不可能に近い作業です。

上の図は、可能な限り当時(天保年間(一八三〇〜))を復元した結果です。

間違いがあるかもしれませんが、これらの推定の大枠はは変わらないと思っています。

※天保三年　冨田村検地帳
天保六年　西組神事文書
天保十年　東組神事文書
天保七年〜西組御高帳
天保二年　某婚礼祝儀覚
天保頃(?)　冨田村絵図
などの史料を参考に比定してみました。

※また、文化八年(一八一一)には軒数八十、文久元年(一八六一)には軒数八十二となっていて、北村を入れると、軒数が合わなくなります。重複している場合も有り得るようです。

※ある道から西、東などのように別れていたのではなく、家屋は混在しており、どちらの組(村)に属していたかによったようです。

※各屋敷を示す史料(絵図)は残念ながら皆無です。上の推定はあくまでも推定です。念のため!

混在していた西組(村)・東組(村)

北組(村)は現在の北富田だと思われますので、省略します。

西組(村)・東組(村)の区別は、いずれかの境界の西・東として区画されていたのではないかと想像していましたが、上の図を見るとそうではなかったことが分かります。

確かに、冨田村の西出の方に西組が多く、東出の方に東組が多いようですが、混在している状況が一目瞭然ではないでしょうか。

つまり、西村・東村ではなく、西組・東組としてまとまっていたことになるようです。

従って、例えば、市場村・種路村・河原村が集まって山本村と言ったようなこととは異なり、冨田村は冨田村として一つの村だったのだと思います。

ただ、何らかの必要があって、西組・東組の二つの組に分けられていただけだと思われます。

しかし、あくまでも冨田村は一つであって、年貢の「皆済目録」も一通ですし、年貢の「免定」も一通です。

神事も同一の日(正月十八日)に実施されています。

村普請や御料所井普請等も冨田村として参加していますし、参加割当や負担金が掛けられています。

村役人が署名するときも、冨田村として、三人の連名(西郷氏支配は別なことが多い)がなされています。

では、何故二つの組に分かれる必要があったのでしょうか。

今となっては、全く分かりません。

しかし、考えられる一つは、北村を除いた六十~七十軒は一人の庄屋では対応出来なかったのではないか、ということが上げられます。

また、冨田村には大工職の者が十数人も居住していましたから、純粋な百姓との生活の違いがあったかもしれません。それが原因したことも考えられます。

また、上の参考文書の東組神事文書には、苗字が記入されていますが、それには特徴があって、限られた苗字しか記入されていません。

一方、西組神事文書は苗字が記入されておらず、はっきりしませんが、類推すると、同様に、限られた苗字になります。

つまり、同族の集まりではないかとも考えられます。

しかし、「婚礼祝儀控」等では、西組の家と東組の家との親戚関係も伺い知れますので、これも、はっきりした理由とも思えません。

結局は不明のままにしておいた方がよさそうです。

理由については、結局はっきりしませんが、冨田村には西組・東組(・北組)があって、しかも、混在していたことだけは事実のようです。

現在の、一~五組が西組・六~十組が東組といった分け方ではなかったことだけは事実のようです。

《参考》
川崎文書(滋賀大学史料館)
冨田神事文書(大字冨田区所有)
冨田村絵図(個人蔵)

注1
執筆当時は西・東二村について、上のように考えていましたが、現在は次のように考えています。

西村・東村が入り組んでいる(区画で分けられていない)状態から複数の村が合併したのではないと判断せざるを得ないと思います。

また、中世に存在した藤ノ木村の名称もなくなり、浅井様證文には「冨田庄」とあり、冨田庄として惣村が成立していた事実があります。

にもかかわらず、江戸期に西村(組)・東村(組)と二組に分けています。

八〇〇石弱の村高ですから、庄屋は一人で足りる筈です。他村でも庄屋は一人の例が殆どです。

にもかかわらず二村(組)に分けた理由は・・・。

太閤検地で村切りされた冨田庄内には幾つかの生活を異にする集団があったのではないでしょうか。

古くから土着していた農業を糧とする一団、中世以降に住み着いたと思われる大工職を糧とする一団・・・。

または、同族としての幾つかの集団、郎党を率いる土豪の集団・・・。

どのような実態であったかは分かりませんが、結局、一つの村「冨田村」としてまとまりきれなかったことに起因するのかと思っています。

表向きは一村でも、実態は二村としての冨田村、権力の二分化といったところではないでしょうか。

そのことが、寛永十六年(一六三九)北村の分村にも繋がったのかもしれません。

また、延宝元年(一六七三)頃から始まる「浅井様證文」の保管所持を巡っての西・東村庄屋の対立・闘争、北村庄屋給田地五反の支配をめぐっての対立等々は、私欲もあったのかもしれませんが、冨田村の支配権をめぐっての闘争であったのかもしれないと考えています。

延宝の闘争は敗者の所払いで決着し、西組庄屋の保管所持となり、以降は冨田村の代表庄屋を勤めることになりますが、西組・東組は明治まで続く事になります。

注2
江戸時代の神事(おこない)講組も西組と東組とがあって、これらの組も混在していました。

古老によれば、昼神事(おこない)・夜神事(おこない)の区別があり、どちらかの組は夜にしか神社に参拝出来なかった・・・、と聞かされたこともあります。真偽は分かりませんが西・東の溝の深さであったのかもしれません。

昭和の頃の神事(おこない)は、東西両組と北冨田村が同時に参拝していましたが、神事講組の組織は昭和五十三年の神事改革まで続いていました。(講組織も解体し、氏子全員参加となりました)

土地の売買について

第０５４号
1996.02.10

左の文書は、元禄十年（一六九七）から正徳六年（一七一六）までの土地売買の台帳（庄屋記録）です。

《売買二》

……（前略）……
末代賣渡申一職之事
印）　冨田村郷内字
合上田四畝弐拾三歩下川田西ょり
弐反目也
分米八斗五升八合
右件之田地元者雖為我等先
祖之一職丑年三分一銀不罷
成候ニ付銀子百(印)七拾匁ニ末代
賣渡シ申所実正明白也然上ハ
猶此田地子々孫々後々末代
違乱煩他之妨有間敷候為後日
賣券状仍如件
西冨田村賣主
元禄十年　□兵衛
丑十二月十五日　□五郎
□兵衛殿
……（途中略）……
賣渡シ申本物返田地之事
印）　冨田村郷内
合四畝廿八歩五厘　字八之坪
分米八斗壱升七合
右之田地寅ノ年三分一御未進
不罷成候ニ付卯作ょり戊ノ暮迄
八年切銀子百五拾匁ニ賣渡し
申所実正明白也右百五拾匁
之内拾五匁すて銀以左様極
田地請取申時銀子百三拾
五匁相渡し田地請もとし
可申候万一右之百三拾
五匁銀子少ニても不罷成候ハゝ
田地末代御作り可被成候
其時一言之子細申間敷候
為後日手形仍如件
冨田村賣主
元禄十一年　□五郎
寅ノ十一月廿九日
庄屋　□兵衛
同村
□左衛門殿
……（以下省略）……

※原文のままとしました
※名前は伏せ字にしてあります

殆どが年貢が払えないため、土地を手放している証文なのです。

初めのものは、先祖相伝の字下川田五畝歩弱を、三分一銀(年貢の銀納分)が払えないため、銀子百七拾匁で永代売却しています。

次のものは、同様のため、字八之坪四畝強を、銀子百五拾匁で八年間の約束で売り渡し、八年後に銀子百三拾五匁で買い戻す。もし、買い戻せなかったら、永代耕作して下さい。一言の申し訳も致しません、という契約です。

幕府は寛永二〇年（一六四三）に田畑永代売買の禁令を出します。

また、延宝元年（一六七三）に分地制限令を出し、拾石以上を所有していない者に土地の分割（分譲等）してはいけないとします。

しかし、上のように、年貢（三分一銀納）が払えないとして、土地を手放しています。

しかも、契約日が殆ど十一月か十二月に集中しています。それが何を物語るのかは自明だと思います。

今回は、年貢についてはさて置き、土地の売買の実態を見たいと思っています。

左の表は元禄十一年（一六九八）の秋から翌年の春までの売買状況の一覧です。

月	字名	種類	面積	期限	代金
十一	玄取	上田	七畝十二歩	永代	四〇〇匁
十一	八之坪		四畝二八歩五厘	八年	一五〇匁
十二	よもぎ	上田	三畝二四歩	五年	一四五匁
十二	三の坪	下田	四畝一〇歩	末代	九〇匁
十二	七の坪	中田	二畝二五歩	末代	一九〇匁
十二	十四	上田	五畝二〇歩(質)	利二割	米一俵(四斗弐升入)
十二	若林	上田	一反	永代	三九〇匁
十二	十七	下田	一反二畝　七歩	末代	
		中田	一畝	末代	合三〇〇匁
十二	居屋敷	上畑	二二歩五厘(質)	一割	
	西屋敷	上畑	一九歩(質)	七分	※①
	□兵衛屋敷	上畑	一五歩七厘四毛・家一軒(質)		合(能銀)一〇〇匁
十二	墓ノ町	中田	九畝二〇歩	六年	
	溝尾	下田	五畝二一歩	〃	
	溝尾	下田	二五歩	〃	※②
	円光寺	上畑	一畝二〇歩	〃	合四五〇匁
正月	円光寺		一三歩一厘五毛	末代	三七匁

※　売り主・買い主・請け人・立ち合い庄屋等は省略しました。

右の表では十一件を上げましたが、この台帳には、

元禄一〇年・・・・十五件
元禄十一年・・・・十三件
元禄十二年・・・・十一件
元禄十三年・・・・　六件
元禄十四年・・・・十一件
元禄十五年・・・・　四件
元禄十六年・・・・　四件
元禄十七年・・・・　三件
（＝宝永元年）
宝永　二年・・・・　一件
宝永　三年・・・・　一件
宝永　六年・・・・　二件

が記録されています。但し、元禄十年は前半部分が欠落していますから、もっと件数は多いかも知れません。

また、表の※①は、前年・翌年・元禄十六年にも記載されているから、自転車操業を繰り返していたように思われます。

また、表の※②の原本には、斜線が施されていますから、返済が出来たものと思われます。

売買理由が、年貢未納のためとなっていますが、売買時期を考慮に入れると当然とうなずけます。

勿論、他の理由があったこともあったのでしょうが、例外的なものと思います。（この時も表向きは年貢未納）

その証拠に、売買される土地は大半の例が、一反以下の田畑（屋敷）となっています。

多くの銀(金)が必要なのではなく、当座の銀(金)が必要だったのだと思われます。

※①のように屋敷地や家まで抵当に入れているのをみると、その悲惨さが伝わってきます。

この台帳に記載されている七十一件の内、斜線が施されて、返済完了等になったと思われるのは六件だけです。（更に何件かは返済を類推できますが・・・）

このように、生活の基盤である土地が、頻繁に売買される時代や状況を想像することは、私達にとっては難しいことですが、事実だったのです。

このようにして、毎年、土地の売買が進み、富める者はより多くの土地を持つようになり、貧しき者はより貧しくなっていったようです。

そして、貧しき者は水呑百姓として生計を立てて行くことになります。

この史料では、年々、売買の件数が減少していますが、記録に残らなかっただけで、江戸時代を通じて、このような売買が行われたようです。

第五十二号で、ある時期の、西組の変化を書きましたが、次号ではもう少し長い期間での、その変化を見たいと思っています。

《参考》
川崎文書（滋賀大学史料館）

※1
川崎文書（滋賀大学史料館）の中には「貸借」と分類された八冊の帳面と二二四通の文書があります。

また、「売買」と分類された一〇冊の帳面と六一通の文書、「金融」と分類された一七四冊と四三通の文書があります。

個人情報に関わるということと、冨田村全体の流れに直接関係しないこと判断し、殆ど目にしていません。

しかし、これらの大半は土地の売買であったり、借用證文だと想像がつきます。

これらの文書を読めば、もっと土地の移動を含めて一人ひとりの生活が見えてくるとは思うのですが、最後までソッとしておきたいと思っています。

ただ、第五二号の註で示したように冨田西村だけでも、二〇〇年の間には、一〇石以上の高持ち百姓が二〇人から一二人に減少しています。

また、次号で紹介するように、寛文八年(一六六八)の西村の村高が三四四石余であったものが、一〇〇年後の明和四年(一七六七)では二六〇石余に減少しています。

これらの変化は土地の移動が起因していますので、ここで紹介したした以上の記事が書けるとは思うのですが・・・。

江戸時代、幕府は土地の売買を禁じたと学校では習いましたが、実際には頻繁に所有権が移動していたのです。

ここで、「売買」と書かずに「所有権の移動」と書いたのは、次のような意味があります。

土地の売渡し證文には二種類あり、

《売買三一》

末代賣渡し申田地之事
合三ケ所きそゑ畑壱ケ所
はかノ町南より四壱反
ミそお北ノ一壱反
・・・（後略）

右は元禄一六年(一七〇三)の売渡し證文です。この證文には「永代売渡し」とあり、我々が認識している売買證文です。ところが、

《売買三三》

賣渡申本物返シ田地之事
合壱ケ所　當村郷之内字名八ノ坪
西ノ四　中田九畝
分米御帳面之通
・・（中略）・・
未ノ年より亥年迄五年切、賣渡し申所実正明白也。然上ハ来ル亥暮、右之代銀返弁可申候。
・・・（後略）

これは正徳四年(一七一四)の本物返し證文です。

「本物返し」とは、一定の期間、田地を担保に借金をすることを意味します。

右の證文では一貫百匁を借金をする代わりに、五年間の耕作権を売り渡しています。そして、五年後に借金分を返すとしています。利足は五年間の耕作から得られた得分です。

しかし、収入源の田畑を手放しては五年後に元金が返済出来るとは考えられません。つまり、質流れになってしまう例の方が多かったと思われます。

「本物返し」は幕府も認めた合法手続きですが、売買ではなく、質流れという形で田畑の所有権が移動していたのです。

村(組)持ち高の変化

第０５５号
1996.02.24

前号で、必要に迫られて(年貢の納入のため)、土地の売買がなされていた(禁止であるにもかかわらず)ことを取り上げました。

毎年、土地の売買が進み、富める者はより多くの土地を持つようになり、貧しき者はより貧しくなっていったと思われます。

そして、土地を持たないか(無高)少ない土地の持ち主は水呑百姓として生計を立てて行くことになります。

左の表は、寛文八年(一六六八)から明和四年(一七六七)までの、冨田村西村(組)・東村(組)・北村(組)の村高の変化を抜粋して一覧にしたものです。

寛文八年以前は史料がありません。

また、天明五年以降はまだ調べられていません。(史料は残っています)

また、元禄十一年(一六九八)から、旗本西郷氏が、百七石余を支配しますが、西郷氏の史料は殆ど残っていませんので、比率計算から除外しました。(前号の史料は、この元禄十一年のものということになります)

西郷高は、西・東・北村(組)の計が九石一合で、残り九十八石二斗余は北村を中心として、西郷組として独立していたと思われます。

また、相給等の支配高に変化がありますので、割合(%)は、

①②は、惣高七六九石四斗
③は、惣高六六二石一斗九升一合
④は、惣高六六二石一斗九升一合
(但し、天領高は北村に割当)
⑤は、惣高六六二石一斗九升一合

冨田村西東村村高変化一覧　(単位:石・斗升合勺才)

	年号	西暦	領主等	村高計A	村高計B	村高計C	西村高	%	東村高	%	北村高	%
①	寛文八	1668	堀越中守通周	769.4000	――	――	344.76470	44.8	231.41330	30.1	193.22200	25.1
②	天和三	1683	天領(御領)	769.4000	――	――	338.50360	44.0	235.63010	30.6	195.26630	25.4
	元禄元	1688	天領(御領)	769.4000	――	――	333.48610	43.3	234.13480	30.4	201.77910	26.2
	元禄九	1696	天領(御領)	769.4000	――	――	322.22760	41.9	245.32870	31.9	201.84370	26.2
	元禄十	1697	天領(御領)	769.4000	――	――	323.60090	42.1	245.34930	31.9	200.44980	26.1
③	元禄11	1698	天領・西郷市正	662.1910	107.2090	――	314.83300	47.5	242.92490	36.7	104.43310	15.8
	元禄14	1701	天領・西郷市正	662.1910	107.2090	――	318.21220	48.1	238.97150	36.1	105.00730	15.9
④	正徳二	1712	大久保・西郷・天	500.0000	107.2090	162.1910	283.20610	42.8	216.79390	32.9	*162.1910	24.5
	享保元	1716	大久保・西郷・天	500.0000	107.2090	162.1910	280.40018	42.3	219.59982	33.2	*162.1910	24.5
	享保四	1719	大久保・西郷・天	500.0000	107.2090	162.1910	260.47750	39.3	239.52250	36.2	*162.1910	24.5
⑤	延享二	1745	松平伊豆守・西郷	662.1910	107.2090	――	292.48968	44.2	302.49192	45.7	67.20940	10.1
	寛延三	1750	松平豊後守・西郷	662.1910	107.2090	――	283.63551	42.8	315.40156	47.6	63.15393	9.5
	宝暦六	1756	松平豊後守・西郷	662.1910	107.2090	――	277.34750	41.9	320.28520	48.4	64.55830	9.7
	宝暦12	1762	井上河内守・西郷	662.1910	107.2090	――	266.36060	40.2	334.76260	50.6	61.06780	9.2
	明和四	1767	井上河内守・西郷	662.1910	107.2090	――	260.22352	39.3	333.94835	50.4	68.01890	10.3

※北村は寛永十六年に分村　(一六三九)

※北村については
+98.2余　計約 202.6
+98.2余　計約 203.2

※この時期、天領分の持ち高の配分は不明。北村に一括記入した。

+98.2余　計約 165.4
+98.2余　計約 161.3
+98.2余　計約 162.7
+98.2余　計約 159.2
+98.2余　計約 166.2

※※ 明和五年以降は、まだ未調査です。
支配形式が異なる毎にブロックに分けています。

(北村の *印は、天領高が全部北村に属したとしての推定です)

※ 別に、西・東・北村に合せて+9 余あります。

として計算しました。

　この表を見ると、時代によって、領主等の変化がありますので、同一に考えることはできないとは思いますが、西・東村(組)の盛衰が見えてくるように思います。

　但し、北村は元禄十一年以降急減していますが、これは他に、西郷高の九十八石二斗余が常にプラスされると考えなければなりません。

　従って、元禄十一年では、二百二石六斗余になり、決して急減したわけではありません。

　北村については、西郷高・天領等、ややこしいので、西村と東村とだけを比較してみたいと思います。

　最初の史料の寛文八年では、持ち高に対する比率が、

西村……約　四五%
東村……約　三〇%
北村……約　二五%

となっています。

　しかし、徐々に東村の所有する持ち高が多くなってきます。

　「年代記」の明暦二年(一六五六)の欄に、

此申ノ年ょり百八拾六石九斗大工高引ル

という記事があります。

　この意味がはっきりはしませんが、大工職の者は東村に集中していましたから、右の記事とは別にして、大工という百姓以外の収入があって、経済的にもゆとりがあったのではないかと思われます。

　その経済力が、持ち高の増加につながったのかもしれません。

　勿論、別の要素があったのかもしれませんが、現在までの史料では、解明できません。

　寛永八年から百年後の明和四年(一七六七)には、西郷氏の高百七石余を除いた、六百六十二石余の内

西村……約　四〇%　(※三四%)
東村……約　五〇%　(※四四%)
北村……約　一〇%　(※二二%)

(※)は西郷高も入れた概算数となっています。

　村高の変化については、西村の減少と東村の増加が目立ち、全く逆転していることが分かります。

　長い目で追跡すると、各村(組)の盛衰も一目瞭然となります。

　この村高以外に、十九村出作等もありますが、次回とします。

《参考》
川崎文書（滋賀大学史料館）

※1

「大工高引百八十六石九斗」について詳しくは、第九三号を参照してほしいと思います。具体的な数値も示しています。

ここでは簡単に「大工高」を説明しておきます。

大工頭中井家に支配される五畿内と近江六ケ国の大工・杣人等は、御所や幕府等の普請に従事する義務を負っていました。

その代りに、各種の夫役等を免除される特権が与えられていました。この特権を大工高(引)といいました。

中井家支配の大工の全員が大工高を認められていたわけでなく、認められていない大工も沢山いました。

また、認められていても一律に同じではなかったようです。

また、大工高は「〇石△斗」のように石高で表されます。

例えば、大工Aさんは土地等の持高が一〇石で、一方では大工高引三石を認められていたとします。

いま、国役金として持高の一割を徴収されると仮定した場合、Aさんは持高の一〇石の一割である一石の納入ではなく、大工高を差し引いた七石の一割、つまり七斗の納入で済むことになります。

但し、大工高は各種の夫役に対して有効であって、年貢等には関係しませんでした。

このような、夫役に対しての特権を「大工高引」といいました。

冨田村大工は、但馬を始めとする五人が大工高引の権利(必然的に義務も生じますが)を持っていました。

また、村預かりの大工高もあったようです。

※2

西村・東村の村高の減少傾向・増加傾向は、冨田村特有の現象です。

この現象を利用すると、年代不明の文書の年代推定が出来るようになります。例えば、

《未整理九八三》

三百三拾弐石七斗四升五合弐勺　西
弐百三拾弐石六斗七升三合八勺　東
弐百三石九斗八升壱合　北
弐拾七石七斗九升壱合　安養寺
拾四石弐斗弐合五勺　十九村
〆七百六拾九石四斗
巳十二月七日

(※村高の合計のみ抜粋)

この文書には記年はありませんが、惣村高が、七百六拾九石四斗とあることより、旗本西郷氏が入る前の、元禄一〇年以前の文書だと考えられます。

また、西村が三三二石余、東村が二三二石余は、右頁表の元禄元年と元禄九年の間ではないかと推定出来ます。

そして、その間の巳年を捜すと、元禄二年(一六八九)が候補として上がってきます。

これを今迄の既知のデータと照らし合わせると、《租税一六五》の元禄二年のデータと一致し、元禄二年と確定出来ます。

もし、既知のデータがなくとも、一〇〇%とは言えないまでも、九〇%程度の信頼度だと、自分では思っています。

このように、データの蓄積や十二支・閏月などを参考にすれば記年のない文書の年代を特定することも出来るのです。

民主的年貢の徴収!!

第０５６号
1996.03.10

次の文書は、明和五年(一七六八)の冨田村の年貢関係の文書一式です。

《租税二六七》

①　明和五年子御物成割付之事
一高弐百六拾弐石三升六合四勺壱才　西組
　内弐斗六升　郷御蔵屋鋪引
残テ弐百六拾壱石七斗七升六合
　　　四勺壱才
　此取米　免三ツ壱分七厘八毛
　　八拾三石壱斗九升弐合
　　　五勺四才
　　　　東組
一高三百三拾弐石四斗壱升四勺
　内壱斗三升　郷御蔵屋敷引
残テ三百三拾弐石弐斗八升四勺
　此取米
　　百五石五斗九升八合七勺壱才
　　　　北組
一高六拾七石七斗四升三合九勺
　内壱斗三升　郷御蔵屋敷引
　弐石九斗弐升七合　永荒引
残テ六拾四石六斗八升六合九勺
　此取米
　　弐拾石五斗五升七合五勺
割付高
　六百五拾八石七斗四升四合

②　西郷様高廻シ
　高身壱四三八
一高三石五斗六升弐合弐勺弐才
　　　西組
右同断
一高四石五斗壱升九合
　　　東組
右同断
一高九斗弐升七勺八才
　　　北組

③　明和五年子高廻シ
一弐百四拾七石七斗四升壱合
　　　西組
　　七勺弐才
身高二三分八厘弐毛
高九石四斗六升三合
　　七勺三才　安高
此取米免五ツ七分五厘七毛
身高二壱分九厘五毛
高四石八斗三升九勺六才
　　十ツ九高
此取米免六ツ五分
〆弐百六拾弐石三升六合四勺一才
一三百拾四石弐斗七升六合七勺　東組
(以下省略)

④　子年安(養寺村)出作米指引
　　西(組)
一五石四斗四升八合弐勺七才
　又六斗三升七合四勺五才
　　十一七
〆六石八升五合七勺弐才
内
六石壱斗八升八合六勺
　名前ニ有
　過
指引壱斗弐合八勺八才
一六石九斗壱升壱合四勺九才　東(組)
(以下省略)

⑤　子年十ツ九出作米差引
　　西(組)
一三石壱斗四升壱勺弐才
　又三斗六升七合三勺九才
　　十一七
〆三石五斗七合五勺壱才
内
三石六斗弐升四合壱勺
　名前ニ有
指引壱斗壱升六合五勺九才　過
一三石九斗八升三合四勺六才　東(組)
　又四斗六升六合六才　十一七
〆四石四斗四升九合五勺二才
内
四石四斗弐升八合六勺壱才
　名前ニ有
　不足
指引弐升九勺壱才
一八斗壱升壱合七勺九才　北(組)
(以下省略)

※年によって綴じられている順序は異なるが、欠損を除くと、江戸中期以降は、これら五枚の書類が、年々残されています。数字の羅列で面白くはないが、いろんなことが分かる史料です。

※「十一七」は、一分一厘七毛を意味しているようですが、詳しいことは不明です。

文書の引用が多かったですが、逐次説明をします。

また、③~⑤の省略部分には、東組・北組について、同様な内容(数値は異なる)が記載されています。

紙面の都合上省略しました。

①御物成割付之覚
各組の持ち高・年貢の割付高を記入しているものです。

これによれば、西組の持ち高は、弐百六拾弐石三升六合四勺壱才で、その内、弐斗六升を差し引いて、残高が弐百六拾壱石七斗七升六合四勺壱才となり、この分の年貢として、この高に免率三割一分七厘八毛を乗じた、八拾三石壱斗九升弐合五勺四才と計算しています。

他の組も同様な内容です。

③高廻し
各組の純粋な持ち高(身高という)と安養寺村と十九村との入作分とを合計したものが記入されています。

これによれば、西組の村人の、純粋な持ち高は、弐百四拾七石七斗四升壱合七勺弐才であり（身高）、それ以外に安養寺高と十九高とがあって、合計は①の弐百六拾弐石三升六合四勺壱才となることを意味しています。

ここで注目したいのは、安養寺高などの計算の方法です。

安養寺村から冨田村への入作高が、約二十三石九斗弱あり、その配分を、西・東・北組の身高に応じて平等公平に比例分配していることです。

そして、その分配された高に対しては、五割七分五厘七毛という課税をしています。

おそらく、年貢以外にも村入用等も必要であったであろうし、水利利用の諸経費も必要であったのかもしれません。

そのためか、自分達の年貢率の三割壱分七厘八毛よりも多く課税しています。（この点は自分勝手かな？）

その差額は自分達の組を潤すことになります。従って、その配分には注目したであろうと思われます。

そのため、各組の身高に比例して配分することは民主的であるように思います。

十九入作高十二石二斗余に対しても同様な方法で計算配分していますし、十九村に対しては、六割五分の課税となっています。

何らかの理由で、安養寺村と十九村との免率が違うのだと思います。

詳しい理由は分かりませんが、安養寺村は田方、十九村は畑方であるという相違かもしれません。

②西郷高廻し

西・東・北組が所持していた西郷高九石余の配分が記されています。

この西郷高についても同様に、平等公平に計算をしています。

西郷氏の年貢は重かったと聞いていますから、逆な面でも、平等に計算されていることが分かってきます。

更に、④⑤は、安養寺村と十九村への冨田村からの出作について記されています。

この文書でははっきりしませんが、この年貢支払に関しても、各組が過不足を補い合いをしています。

「西組より東組へ廻す」等の記載がされている年もあり、それを裏付けています。

このように見てくると、冨田村は以外と昔から民主的であったことが想像できると思います。

一人一人に持ち高等の差などがあっても、村全体の方針には民主的な要素が流れているように思えます。

そして、村人がお互いに助け合って生きていたのが、実感して感じられます。今も、こうありたいものです。

《参考》 川崎文書（滋賀大学史料館）

※1 「高廻シ」の理解を深めるために、左のような図を書いてみました。

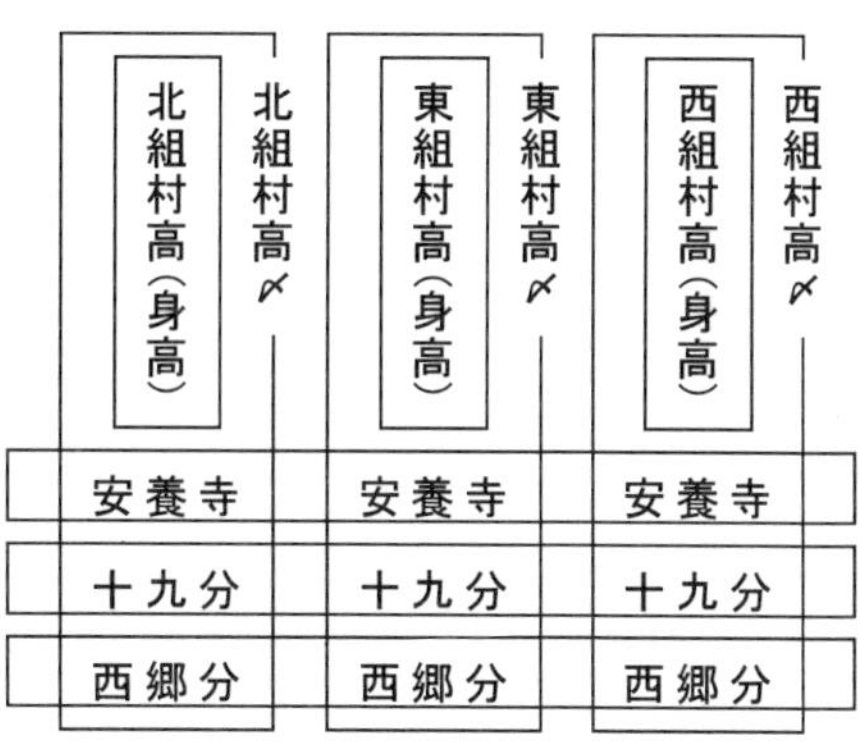

※安養寺出作・十九出作・西郷領の分は、各組身高に比例配分
安養寺分各組身高に　〇・〇三八二
十九分は各組身高に　〇・〇一九五
西郷分は各組身高に　〇・一四三八

※安養寺入作の年貢率　〇・五七五七
十九村入作の年貢率　〇・六五〇〇

つまり、各組の村高は純粋な組村高(身高)と、安養寺出作・十九出作・西郷領分の比例配布分の合計ということになります。

冨田村という一つの村が、西・東・北組という三組(村)に別れているばかりか、安養寺村からの入作、十九村からの入作、旗本西郷氏の相給地からの入作など複雑な村構成と地所有が複雑な計算を導いたことになります。

この「高廻シ」は早い時期から実施されていたようで、現時点での初見は左の元禄二年（一六八九）の文書です。

《未整理九八三》

一高三百拾四石五斗八升三合五勺　西
身高三分八り弐毛廻り
一高拾弐石壱升九合　安養寺村
但シ高二五ツ七分五り七毛
定米六石九斗壱升九合六勺
身高二壱分九り五毛弐余廻り
一高六石壱斗四升弐合七勺　十九村
〆三百三拾弐石七斗四升五合弐勺

一高弐百拾九石九斗八升弐合八勺　東
一高八石四斗四合五勺　安養寺村
定米四石八斗三升八合七勺
一高四石弐斗八升六合五勺　十九村
〆弐百三拾弐石六斗七升三合八勺
巳十二月七日

一百九拾弐石八斗四升弐勺　北
一高七石三斗六升七合五勺　安養寺
定米四石弐斗四升壱合七勺
一高三石七斗七升三合三勺　十九村
〆弐百三石九斗八升壱合

身高合七百弐拾七石四斗六合五勺
一高弐拾七石七斗九升壱合　安養寺村
定米拾六石
一高拾四石弐斗弐合五勺　十九村
惣〆七百六拾九石四斗

この時点では西郷氏領はありませんでした。各組の身高には変化がありますが、安養寺・十九入作に対する割合は変化がなかったように読み取れます。

武士の没落の波及

第０５７号
1996.03.24

少し長いですが、左の文書を見て行くことにします。

《租税二八三》

乍恐御訴訟

西郷齊宮殿御知行所
江州浅井郡冨田村
庄屋　A左衛門
年寄　B兵衛
百姓惣代　C次郎

井上河内守様御領分
同村出作百姓
D郎左衛門
E兵衛

・・・・途中三十三人略・・・・

西本願寺末寺　源慶寺
F郎助

一私ども村方、地頭高百七石弐斗九合の内、五拾九石壱斗余は右同村相手の者ども先年より出作仕り来り、地頭表より惣知行所え申し付けられ候高懸り・村諸入用等、これ有り候節は、出作百姓どもえも、同様高懸り割合相懸ケ、地頭表え相納め候義ニ御座候処、去ル子年迄は右出作の者ども滞り無く出銀いたし来り候処、子年より困窮申し立て出銀仕らず候ニ付、其の度々、掛け合い、承知仕りながら、等困(等閑)ニいたし、差し出シ申さず、彼是懸ケ合い居り候内、延引に及び、差支え相成り候故無拠(ヨンドコロナク)、私どもより他借仕り、取替え都合仕り相立て置き申し候。依之(ヨッテ)段々出銀いたし、ケ様催促仕り候得ども、兎角、勝手我が儘ばかり申し、差出シ申さず難儀迷惑仕り候。尤も、是迄ニも御願も申し上げたく存じ奉り候得ども、相成べく候ハヽ、御願申し上げず下ニて事済み仕りたく、色々懸合い候得ども、何分埒(ラチ)付き申さず候に付、やむを得ず、恐れながら、御願申し上げ奉り候間、何卒御慈悲ヲ以って右相手の者ども残らず召し出され、子年以来取替え置き候銀高、別紙の通り、都合銀弐貫拾弐匁九分ニて御座候間、右銘々銀高割合の通り、早々差出シ候様仰せ付けなし下され様、願い上げ奉り候。願の通り御聞き届ケ成し下され候ハヽ、一同有り難く仕合せに存じ奉るべく候。則(スナワチ)相手のものども銘々出銀仕るべき銀高別紙相□、御高覧に入れ奉り候。以上

寛政八年
辰八月十三日　　訴訟人
庄屋　A左衛門
年寄　B兵衛

百姓惣代　C次郎

出作滞高

一銀　九拾壱匁八分五厘　D郎左衛門
一同　弐拾八匁八厘　E兵衛
・・・・途中三十四人略・・・・
一同　六拾匁八分九厘　F郎助

〆弐〆(貫)拾弐匁九分

右之通り御座候以上

辰八月

(裏書)

表書の通り目安上ケ候。埒明け事ニ候ハヽ、相済まされ候。滞り儀之れ有るは返答書致し、来ル廿二日明六ツ時月番御役所え罷り出で儀對決すべく、もし参らざる者においては曲事となすべきもの也

辰八月十三日　伊勢
御奉行　下野

※寛政八年（一七九六）

西郷氏の庄屋A左衛門が井上河内守領分の三十七人の百姓を訴えている文書です。

と言っても、共に冨田村の住人であり、ただ、支配が異なるだけなのですが・・・・・。

逆に言えば、冨田村同志でも、訴訟を起こさなければならないほど、問題は深刻だとも言えます。

それは、武士支配の社会が、破綻に向って転がり始めていることを物語っているようにも思われます。

訴訟状の内容は、

西郷氏の高百七石余の内、五十九石余は、訴訟相手の三十七人の出作となっている。

今までは、地頭表(西郷方)から言ってきた高懸り・諸入用は出作に関わらず、負担してきた。

ところが、去る子年（寛政四年）より、困窮を理由に負担(出銀)をせず、何度督促しても差し出さない。

仕方がないから、私達が借金をして立て替えました。

その後も、何度も掛け合い、督促しても埒が明かない。

別紙の通り、〆弐貫拾弐匁九分になり、銘々の銀高は別紙の通りです。

どうぞ、支払うように取り計らって下さい。

と言う内容で、各分担銀が明記されています。

これだけ見ると、なんと横着な奴と思ってしまいますが、裏書きにあるように、八月二十二日の対決（御裁許）のために、井上河内守方の百姓が提出した、返答書の草稿が残っています。（またまた長いので省略します）

それによると、この度、問題になっている諸入用と申すは、御年貢入用ではありません。地頭（西郷氏）が申し出た借金（借り入れ成され候不時銀）であります。

これまでにも、度々差し上げていますが、その分を年貢から差し引いてくれることもありませんし、返済もありません。

今までの分は、我々も借金をし、今では、利米として、年々十七俵余づつも、年貢以外に支払っています。

子年以来三度も要求があり、我々が負担しないものだから、（西郷氏）の庄屋が勝手に借金して、我々が負担した形にしてあるだけであり、我々には何等相談はなかったし、負担することを承知しているわけでもありません。

このような年貢以外の不時銀を仰付られても、迚(とて)も差し上げられず、我々の方から直接断った筈で、村役人に立て替えて貰った覚えはありません……云々

つまり、西郷氏が年貢等以外の借金を申し出たのだが、当初は仕方なしとして差し上げたが、返済もなく、年貢の棒引きもしてくれず、井上方の百姓は怒って、借金の提出を拒否をするようになった。

西郷氏の庄屋は困って、しぶしぶながらも自分が借金をして、申し出に応じた。

こんなとこが、真相ではなかったのではないでしょうか。

大きい大名はいざ知らず、小さな大名や旗本は、財政が苦しくなってくると、このような年貢以外の借金を百姓達にも無心したようです。

勿論、返す当てもなく（年貢だけが収入であった）、借金は火だるま的に膨れ上がってくることになります。

このような状態の中で、お金で苗字帯刀を購入したり、武士の身分を買った百姓や町人があったと言います。

迷惑なのは、借金を申し込まれる百姓達です。

上のように、百姓にまでそっぽをむかれた庄屋等の村役人は、一層迷惑したことだと思います。

逆に、借金を断れるまでに、百姓の力が増大したのか、支配者が弱くなったのかは分かりませんが、時代の移り変わりを感じさせられます。

冨田村も時代の流れの中にあったんだということを実感しました。

《参考》
川崎文書（滋賀大学史料館）

※1
西郷氏支配の領分では、この寛政の事件以降も、庄屋の借財による上納金の独断納入や、出作者への借財の負担要求、庄屋の年貢勘定の等閑、年貢率や納入方法等の変更など、金銭に関わる問題が多々発生しています。

某氏（冨田村）所蔵文書を参考にすると、いろんな事が判明します。

元禄一一年（一六九八）、高百七石二斗九合で始まった西郷領も、嘉永五年（一八五二）には、七九石七斗八升六勺が出作（入作）になってしまっています。そのうち、西組・東組の持高が六四石七升三合二勺一才と書かれています。

一五〇年の内に約七四％の土地が他領へ流失してしまっています。これは西郷領々民の衰退や潰れを意味します。

原因は想像でしかありませんが、年貢収奪の厳しさではなかったかと思われます。某氏文書では、

……未年より米穀高直ニ付、御年貢米納ニ致可申旨申渡シ有之、古来加免共四ツ七分之處、未申両年（※弘化四年・嘉永元年）之間五ツ免之取立ニ相成候。然ルニ、翌年酉年（※嘉永二年）ニも前年通り五ツ免之取立ニ相成候處、追々凶作打續候故、去ル酉年通り之御取立ニ相成候而は、迚も取續難相成、尚又古来之規矩も不相立、何卒古来之通り御取立ニ可被成下趣、段々相願候へは、則、戌年（※嘉永三年）三月より古来通り銀納ニ相成、先納金相納申候處、新借財之向出銀致シ皆済可致候様……

とあり、従来の年貢率は四割七分（の銀納）であったことがわかります。

山形藩（西・東・北村）の弘化年間・嘉永年間の三割四分四毛（定免）とはかなりの差があることが分かります。

更に、この年（弘化四年）は米価が高値であったために、銀納を廃して米納にした上、年貢率を五割にアップさせたとあります。

あくどい仕置きとしか読み取れませんが、百姓は従わざるを得なかったのです。

この米納、年貢率五割が三年間続き、嘉永二年の不作を訴え続けた結果、嘉永三年には銀納に戻ったと示されています（年貢率不明）。

西郷領は他領と異なり、先納（収穫以前に年貢料を納入すること、植付以前に納入する場合を土免といいますが、土免かどうかは不明）であったようです。

そして、先納が完了した直後には、新たに借財金の負担を庄屋から要求されています。

百姓にとっては踏んだり蹴ったりの状況が続くことになります。

このことは、西郷氏の台所が火の車であったことに起因するのですが、封建体制全体が崩壊の危機に瀕していたことを物語っています。

それは、江戸幕府の基盤を農業にのみ置き、商業や工業を基盤に組み入れられなかった幕府の責任でもあったのです。

多少の運上金や冥加金を支払うばかりで巨万の富をえた商人、殆ど無税の町人を尻目に、農民の生活は日増しに厳しくなっていったのだと思われます。

籤《くじ》取りにて西郷氏へ

第０５８号
1996.04.10

江刕浅井郡冨田村之内百姓名寄帳《土地九》

一高拾九石九斗四升八合九勺　S郎兵衛
　内弐斗六升五合荒
一高拾三石五斗六升八合四勺　S三郎
　内三斗五升九合三勺荒
一高拾弐石七斗四升壱合壱勺　H兵衛
　内弐斗九升三合荒
一高八石八斗五升三合八勺　C次郎
　内弐斗九升四合九勺荒
一高七石三斗八合三勺　J兵衛後家
　内弐斗六升五合荒
一高拾石壱斗七升四合五勺　H右衛門
一高四石六斗八升八合　S次
一高弐斗八升壱合三勺　N右衛門
一高四石七斗九升五合弐勺　T左衛門組惣作
一高四石七斗九升五合弐勺　十九村　Y兵衛
一高四石七斗九升五合弐勺　十九村　S郎右衛門
一高五石壱斗八升七合　安養寺村　下作
〆百七石弐斗九合

右は冨田村高七百六拾九石四斗之内、御領と給人様へ割郷ニ成り、相渡り申し候ニ付、百姓銘々抱え高田畑上中下反畝幷地所善悪・百姓之強弱吟味致し、書上げ候様ニと仰せ付られ、庄屋年寄惣百姓立合い吟味仕り、帳面ニ記し指し上げ申し候所、其の帳面を以て御高ニ応じ御取合わせ、其の上、百姓鬮(くじ)取ニ仰せ付られ、右名前之百姓持ち高合せて百七石弐斗九合西郷市正様へ打ち渡り申し候。田畑ハ申すに及ばず、永荒れ迄睦(むつ)ニ御割付け、鬮取ニ仰せ付られ候ニ付き、百姓申し分少しも御座無く候。もし、御割付け方之儀ニ付き後々何角(なにか)と申し上げ候ハゝ何分ニも越度(おちど)ニ仰せ付られるべく候。其のため百姓共(ども)判形仕り、帳面差し上げ申し候所、仍而(よって)如件(くだんのごとし)。

元禄十一年寅ノ六月
江州浅井郡冨田村庄屋
T兵衛
J郎兵衛
T左衛門
K左衛門
J右衛門
G左衛門
S三郎
頭百姓　S郎左衛門
S三郎

西与一左衛門様
H兵衛
C次郎
H右衛門
S次
N右衛門

上の文書は、元禄十一年(一六九八)の「江州浅井郡冨田村之内百姓名寄帳」です。

冨田村の高七百六十九石余の内、百七石余が西郷氏へ渡ったときの文書の写しだと考えられます。

また、この文書には挿し紙があってそれには、

一高拾四石八斗四升九合五勺　十九村　Y兵衛
　同　S郎右衛門
　安養寺村　下作
内
高四石弐斗八升　西身高内ニて入
高三石三斗弐合　東身高内ニて入
高壱石八斗七升　北村身高内ニて入
高三石八斗七升□□(破損)　安養寺村
高壱石九斗七升六合五勺　十九村
此通ニ下ニて割合仕候手形面
寅十一月七日

西郷組は籤取りにて決定する!

元禄十一年、冨田村高七百六十九石余の内、百石余を旗本西郷市正に割渡すことになったのですが、誰が西郷組になるかというのは難しい問題であったと思われます。

時の代官西与一左衛門は、籤(鬮)取りによって、決めるように指示したように読み取れます。

各人の高・田畑の上中下・地所の善悪・百姓の強弱等々を吟味させ、その上で、高に応じて籤(鬮)取りをしたように思われます。

内容は分かりませんが、例えば、十五石以上から何人、十石から十五石の内から何人、五石から十石の内から何人、五石以下から何人とでも決めて置いて、各グループで籤(鬮)取りをしたように思います。

そして、その合計が百石程度になるようにしてあったのではないかと推測できます。

この決定以降、明治期まで、西郷氏の高の百七石弐斗九合は変化なく続くことになるのですが、この半端な数値は、この籤(鬮)取りの結果であったように思います。

恐らく、冨田村で百石程度を確保すれば良かったのではないかと想像します。残りは他の村で調整すればいいくらいな感じではなかったのではないでしょうか。

そうでなければ、合計高について、籤取りで決めるには無謀過ぎます。

反面、西郷組を構成する人々を決めるのに、籤によって決めるというのはいかにも民主的というか、公平というか、興味ある決め方だと思います。

大きな勢力の下に居る方が、年貢にしてもその他の事に関しても楽だと思われます。

西郷氏のような五千石の旗本の勢力下に組み入れられる方が、何かと不利だと思うのは人情です。

それを、籤取りで決定するのは公平であるかもしれませんが、一方では非情さも感じます。

前号（五十七号）で見たように、百年後には無理な借金を要求するようになっています。

また、村の言い伝えに「西郷氏の年貢はきつかった」とも伝え聞いています。

その意味でも、この籤取りで当選した(?)人々は、複雑な心境であったに違いありません。

籤取りの結果だけを見れば、冨田村以外が三筆、「荒高」が記入されているのは恐らく北(冨田)村だと思われますし、□左衛門組惣作も北村だと考えられますから、北村が六筆、他の三筆の詳細は分かりません。

こう見る限り、なにか意図されていたようにも思うのは考え過ぎでしょうか。

また、挿し紙の内容から、冨田村以外の三筆合計十四石八斗余は西郷組に入れずに、西村・東村・北村と安養寺村・十九村とに組み入れて、各村からの出作の形にしていることも、気になるところです。

直接、西郷組の出作にしてもいいと思うのですが、そうなっていないことに些かの疑問を感じます。

西郷氏支配の西郷組は、籤取りといった公平に興味ある方法で決定はしましたが、一抹の疑問を残していることも否定できません。

一時期、冨田村は三つの支配（大久保氏五〇〇石、西郷氏一〇七石余、残部が天領）に分けられることがありますが、その時の支配分けの様子は分かりません。

ただこの時も、北村が別支配になっていることも事実のようです。

籤取り後のことですが、西郷氏組の中で持ち高の多いS郎左衛門が西郷氏組の庄屋に就任していることも、別な各種の文書で確認することが出来ます。

また、文書にあるT左衛門は北村の庄屋であることも確認できます。

《参考》
川崎文書（滋賀大学史料館）

※1
西郷市正領に関わる文書は殆ど残されていません。従って、免率等も殆ど不明なのが現状です。
最近(二〇〇九年)、次のような文書を見つけました。紹介します。

《未整理四四〇》

覚
上田
一壱町六反三畝廿三分三り
　弐十九石四斗七升九合七勺
一中田壱町八反九畝四分
　三十壱石弐斗六合六勺
一下田弐町五反弐畝廿三分八り五毛
　三十五石三斗九升壱合三勺
一上畑三反弐畝壱分七り
　分米四石壱斗六升七合三勺
一中畑壱反壱畝五分七り
　分米壱石壱斗一升九合
下畑
一壱反八畝弐拾九分
　分米壱石三斗弐升七合六勺
屋敷
一七畝拾五分三り
　九斗七升六合三勺
　　〆六石六斗一升三合九勺
　〆六町七反五畝拾弐分八り五毛
西郷市正様へ渡り候町反畝歩
　・・（後略）・・

この頁に続いて、
田方惣畝歩(寄帳：一〇名＋惣作)
畑方惣畝歩(寄帳：一〇名)
上田小寄(一〇名)
中田小寄(七名＋惣作)
下田小寄(七名＋惣作)
安養寺出作(三反七畝壱分五り)
上畑小寄(七名)
中田小寄(六名)
下田小寄(三名)
屋敷小寄(二名)
が整理され記載されています。

時代は不明ですが、名前があるのは、冨田村八名、十九村二名、惣作、安養寺出作と、人数も名前も変わっていません(Y兵衛後家→Y兵衛)から、ほぼ同時期の記録と思われます。
この一〇名で西郷領を形成していたと見ていいと思います。

この史料は、右の史料と異なり、各々の持ち面積が記載されるのみで、持ち高は記載されていません。
一見して、下田が多いことが目に付きます。冨田村の総面積の中では下田は決して多くはありません。なのに西郷領は下田が多い。このことは、一つには冨田北村が中心であったことにも関係するのですが(北冨田郷に下田が集中)、西郷領の未来を暗示しているようにも思われます。

旗本西郷領は、冨田村百七石弐斗九合ばかりでなく、近郷では延勝寺村一二〇三石余、三川村六九石余、留目村四六三石余、山東町梓河内村一六一石余がありました。
近江国内に目を移すと、
浅井郡内で一八四三石五斗一升一合
坂田郡内で一六一石七斗七升三合
野洲郡内で一ケ村
　一二二八石四升九合余
甲賀郡内で五ケ村
　一七三六石二斗五升余
となっています。

江戸初期の取収米高

第０５９号
1996.04.24

右の文書は「万治三年田畠取上帳」の一部分です。

この文書は、万治三年(一六六〇)から寛文十一年(一六七一)までの冨田西村の惣田(共同所有田)の収穫の記録です。(寛文十二年の一部記録も収録されていますが、省略します)

寛文三年
卯ノ霜月十三日

一四斗弐升七合　斗《と》わせ
　弐セ分
一弐石三斗三升　［かけわせ
一三斗　　　　　同断
　九セ拾五歩分
一五斗　かわかり　こほれ
一八石四斗八升　同断
一三石三斗一升七合　もみ入
　四反壱セ分
一壱石八斗三升　京餅
　七セ分
一四石六斗五升五合　江《こう》のり
　壱反五セ分
一七石九斗三升　や睦《ろく》
　弐反五セ分
一九斗七升五合　具《く》わの
一五斗　五セ分　毛《も》み入
田合壱町四セ拾五歩
取上米〆三拾壱石弐斗
　四升四合
但壱反ニ付
　三石宛のまわ利《り》

《万治三年田畠取上帳抜粋　農業一》

つまり、二畝に「とわせ」という品種を作付けして、四斗弐升七合の収穫が得られ、九畝十五歩に「かけわせ」という品種を作付けして、弐石三斗三升と三斗の収穫(二筆)が得られ、：：：、合計壱町四畝十五歩の作付け面積に対して、三拾壱石弐斗四升四合の収穫があり、平均すると、一反当たり三石(七・五俵)の収穫となった、ということです。

但し、この中には、少なくとも三石三斗一升七合と五斗の計三石八斗余の籾米があり、玄米に換算すれば、収穫計は三拾石弱となり、反当たりの収穫は多少減少します。

右下の表は、記載されている年毎に資料を整理したものです。

これによれば、平均収穫は寛文三年の約三石が最大となっていますが、平均三石(七俵二斗)というのは大豊作であったようです。

逆に、寛文十一年では約一・八石(四俵二斗)の収穫で、出来は良くなかったようですが、免(年貢)率が四十一%となっていますから、決して凶作ではなかったようです。

万治三年(1660)～寛文十一年(1671)　収穫高と物成の一覧

年	面積	収穫高	平均量	年貢率	記事
万治三(1660)		18.408		0.3387	毛付に免率 0.365
寛文元(1661)	10.2.15	30.190	2.945	0.4950	文書の平均量 2.950
寛文三(1663)	10.4.15	31.244	2.990	0.4150	文書の平均量 3.000
寛文四(1664)	11.3.05	30.640	2.707	0.4200	文書の平均量 2.710
寛文五(1665)	11.7.15	31.512	2.682	0.4050	文書の平均量 2.690
寛文六(1666)	11.6.25	32.210	2.757	0.4100	文書の平均量 2.760
寛文七(1667)	10.9.20	31.040	2.830	0.4050	文書の平均量 2.830
寛文八(1668)	11.1.20	27.035	2.421	0.3600	文書の平均量 2.420
寛文九(1669)	11.8.20	23.355	1.968	0.2382	文書の平均量 1.960
寛文11(1671)	12.1.00	30.900	2.553	0.4100	文書の平均量 2.574
平均		29.792	2.649	0.3897	

※　籾米は玄米に換算(半量に計算)

※　右の資料の別資料よりの補足等

◇万治三年に虫・台風損引　55.455石
◇寛文二年の記載なし(記録なし)
◇寛文九年には、不作引　213.981石
◇寛文十年の記載はないが
［日損引 9.423石
　籾不足引 49.856石

この表より平均収穫を計算すると、二・六石余(約六俵二斗)となります。

現代の平均収穫高から考えると低いように思いますが、この数値は当時の水準を考えると決して低いものではありません。

逆に、全国的に見れば、かなり高い数値だと思います。

詳しい全国的数値を知りませんが、竹安繁治氏（元滋賀大学経済学部）の冨田村に関する論文「十七世紀近江の農業構造」の中に、

『…二石五斗を越える反収は、これまで知られているかぎりでは近世初頭はおろか、全期間を通じても異例の高さであるが…』とあります。

従って、この資料から読み取れる限りにおいては、冨田村は裕福な、収穫の多い村ということになります。

勿論、この資料だけから江戸時代の全てを決めつけてしまうことは出来ませんが、この種の資料が他に残っていない以上、この「田畠取上帳」を参考にするしかありません。

年々、農業の技術も多少なりとも向上したであろうと考えられますから、全国的な不作な年や、水不足等の年は別にすれば、冨田村の反収は江戸時代を通じて、二・六石（六俵二斗）はあったであろうと推察できます。

農作業の全てが人力で行われ、現代のような化学肥料もなく、水管理も十分でなかった時代に、この反収二・六石という数値は、私にとって予想外の高い数値でした。

何故なら、

《村政二》

高六百六拾弐石壱斗九升壱合
此田畑四拾弐町壱畝廿八歩八厘
田畑平均壱反ニ
壱石五斗七升五合九勺
※享保十一年（一七二六）
「高反別指出帳」より

という、資料を以前に見ており、反収約一・六石（四俵）と記憶していましたから、その名目反収約一・六石（四俵）と実質反収二・六石（六俵二斗）の差が二俵半もあることに驚くのです。

また、資料では、寛文九年の約一・九石（四俵三斗）の収穫が最低ではありますが、これさえ名目反収を上回っています。

しかし、実質反収一・九石もあるのに、不作引が二百十三石もあります。

もし、田畑が四十二町とすれば、不作引は反当たり〇・五石引となりますから、実質反収二・四石と同じことになります。

このように見てくると、冨田村の反収は二・六石（六俵二斗）前後だったと考えてよさそうに思います。

更に、冨田村でも裏作の麦の作付けも部分的にしていますから、更に収穫が付け加わることになります。

《参考》
川崎文書（滋賀大学史料館）
滋賀大学史料館研究紀要第七号
（昭和四十八年十二月）

※1
稲作収穫の量を具体的に示した文書は、この号で紹介した「万治三年田畠取上帳」以外には未だ発見出来ません。

従って、このデータが妥当なのか、否なのかは判断に弱るのですが、他にない以上信用するしかないと思っています。

ただ、この数値が江戸期を通じてのものと考えられるのか、中期、後期（末期）と、農業技術等々の発展によりどう変化していくのか、知りたいところですが、現段階では望むらくもありません。

特に、享保十一年（一七二六）の「冨田村高反別指出帳」《村政二》には、藁・山草以外に鰯や古ニシン等の魚肥を用いているという記録がありますので、魚肥の施肥により、収穫がどう変化したのかも知りたいのですが…。

また、享保十七年（一七三二）の「子田畑取米帳」《租税五三》には、

内見九合懸合ニて壱升壱合ニ成
一上田六町五反壱畝廿八歩三厘
此籾弐百拾五石壱斗四升
壱合三勺
一上田弐町九反壱歩五厘
わけ
内見八合坪壱升壱合五勺
壱反歩　地主孫兵衛
此籾三石四斗五升
内見八合懸合ニて壱升五勺ニ成
弐町八反壱歩五厘
此籾八拾八石弐斗壱升
五合八勺
（後略）

等の記録はありますが、これは検見巡検の事前準備としての内見（村役人が坪苅り等を実施して、出来具合を調べておくこと）の記録と、検見巡検時に検見役人との掛け合いの記録だと考えられます。

（詳しくは一三一号参照）

一筆目の記述は、内見で一坪九合と想定したが、検見役人との交渉の結果一升一合と決まった。その該当面積が六町五反余で、収穫籾高が二一五石一斗四升余となった。と読み取れます。

これによれば、九合と考えると反収二石七斗、一升一合と考えると三石三斗になりますが、これはあくまでも籾米であり、玄米にすれば半減します。となれば、反収一石半程度にしかならず、本文で紹介した数値との差が顕著です。

これは、内見の数値が大きくなれば年貢も多くなるという性格上、実態を正確に示した数値ではなく、内見そのものが控えめに見積もった結果から来ているのだと考えられます。

従って、これらの「内見帳」は各年代に亘って多数残されてはいるものの、収穫の量を正確に示した文書とは考えられず、収穫量を模索する史料として採ることは出来ません。

また、庄屋文書としては、個々の収穫高の記録よりも、年貢高や納入の決済等々に関する記録の方が重要であった筈です。

恐らく、収穫が終わった頃には、その年の収穫量が記録されたのかもしれませんが、不幸にもその記録は庄屋文書として残らなかった…。

そう考えられないでしょうか。

百姓に残る実質高は

第０６０号
1996.05.10

左の文書は、前回取り上げた「万治三年田畠取上帳」の最初の部分です。

メモ書きのように達筆で書かれていますので、読み辛いですが、一度チャレンジしてみて下さい。

古文書は少し読めるようになると、知らないことが書かれており、結構楽しくなってきます。

同好の人を募るためにも原文を載せてみました。

前号で、冨田村の反収は約二・六石(六俵半)だと書きました。

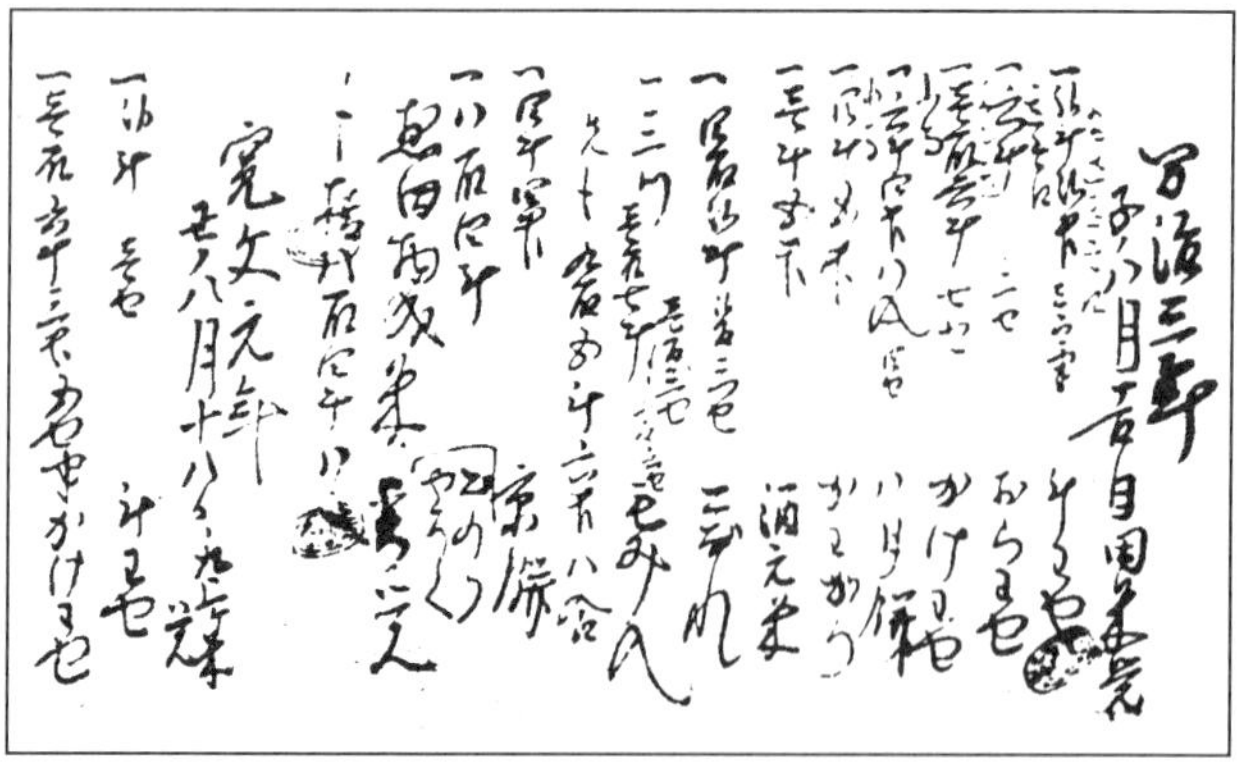

《万治三年田畠取上帳抜粋》

では、その反収より年貢を差し引きすると、百姓の手元にどのくらいの残高があったかを考えてみます。

左の表は前号でも紹介しましたが、更に新しい欄を作っています。

①年貢率については、別資料より転載しました。

分米と呼ばれる名目収穫(検地帳面に記載の持ち高)に懸かる年貢の割合です。

②物成(年貢)については、その田圃が上田(一・八石が名目収穫高)だと仮定しての物成高(年貢高)を計算してあります。

(0.747 は七斗四升七合の意です)

③差引残は、平均収穫高から物成高を減じた数値で、百姓の手元に残る残高になる数値です。

勿論、この全てが残るのではなく、この中から、村入用(現在の区費)や、その他の諸経費(肥料代等々)などが差し引かれることになります。

万治三年(1660)～寛文十一年(1671) 収穫高と物成の一覧 (※ 物成(年貢)は全耕作面積が上田(1.8石)だとして計算)

年	面積	収穫高	平均量	年貢率	物成	差引残	記事
万治三(1660)		18.408		0.3387	0.609		毛付に免率 0.365
寛文元(1661)	10.2.15	30.190	2.945	0.4950	0.891	2.054	文書の平均量 2.950
寛文三(1663)	10.4.15	31.244	2.990	0.4150	0.747	2.243	文書の平均量 3.000
寛文四(1664)	11.3.05	30.640	2.707	0.4200	0.756	1.951	文書の平均量 2.710
寛文五(1665)	11.7.15	31.512	2.682	0.4050	0.729	1.953	文書の平均量 2.690
寛文六(1666)	11.6.25	32.210	2.757	0.4100	0.738	2.019	文書の平均量 2.760
寛文七(1667)	10.9.20	31.040	2.830	0.4050	0.729	2.101	文書の平均量 2.830
寛文八(1668)	11.1.20	27.035	2.421	0.3600	0.648	1.773	文書の平均量 2.420
寛文九(1669)	11.8.20	23.355	1.968	0.2382	0.429	1.539	文書の平均量 1.960
寛文11(1671)	12.1.00	30.900	2.553	0.4100	0.738	1.098	文書の平均量 2.574
平均		29.792	2.649	0.3897	0.702	1.938	

万治三年
虫・台風損引 55.455石

寛文二年の記載なし

寛文九年
不作引 213.981石

寛文十年の記載ないが
［ 日損引 9.423石
籾不足引 49.856石
が別に判明している

《農業一》

従って、本当に百姓の手元に残る残高はは低くなりますが、今回は、他の諸入用や諸経費については考えないで考えていきます。

五俵弱も残る！

左の表から（九～一〇年間の）平均を取り出してみると、

◎平均反収　二石六斗四升九合
（六俵二斗四升九合）
◎平均免率　三ツ八分九厘七毛
◎平均物成　七斗　二合
（一俵三斗　二合）
◎平均残高　一石九斗三升八合
（四俵三斗三升八合）

※但し、不作引や日損引、籾不足引等は考慮していません。考慮すれば、平均残高は若干でも多くなると予想できます。しかも、物成は上田として計算してあるので、実際には残高はこれより多くなると思われます。

この資料と、他の免定から割り出した結果は以上のようなことになり、年によって異なるであろうが、一反の収益(残高)は、四俵三斗余になります。勿論、これから村入用や肥料代等が差し引かれることになりますが…。

現在の平均反収を九俵半とすると、機械代金・ライスセンター使用料・肥料代・苗代等々に約四～五俵分は掛かりますから、四俵半として、残高は約五俵となります。

冨田村の江戸初期（一六六〇年代）の反収が約四俵三斗（肥料代等々は含むが公的税金(年貢)は計算済み）となり、機械化した現代の反収が約五俵(所得税は含むが肥料代等は計算済み）と言うことになれば、実質の収益は、今も昔も変わらないことになります。

米の価値を考えると、昔の方がずっと高かったから、現代の今の方が、反収価値は少ないと考えられるかもしれません。

勿論、労力の上では雲泥の差があって、一人当たりの耕作可能面積が、昔は二反強とされていますから、総収入を考えれば、現代の方が遥かに上回っていることは間違いありません。

逆に、生活水準というか、生活に必要な経費は現代の方が遥かに多いと思います。差し引きして、…どちらが住み易かったんでしょうか…、私にはなんとも結論めいたことは言えそうにありません。

残された史料をそのまま読めば、冨田村の江戸初期（一六六〇年代）の反収が約六俵二斗であり、年貢を差し引き、百姓の手元に残る残高が約四俵三斗もあったことは意外でもあったし、驚きでもありました。

《参考》
川崎文書（滋賀大学史料館）

【いっぷく】
次の文書は年代不明の土地台帳の断片の部分です。
（一七世紀後半と推定しています）
《未整理五六〇》

ゐんかうし
A上　六畝十八分　一石三升六合
同　**助**五郎
B上　七畝十一分　一石三斗二升六合
同　太右衛門
C上畠一畝八分　壱斗六升四口
同　**与**二郎
D上畠一畝十五分　壱斗九升五合
同　新右衛門
E上田五畝六分　九斗三升六合
同　同人
上畠一畝四分　壱斗四升七合
同　権守
F上畠一畝十八分　弐斗八合
同　源二郎
上畠一畝十一分　壱斗七升八合
同　九介
上畠二畝二分　弐斗六升九合
同　権守
G上田一畝廿八分　三斗四升八合
同　**介**市
H上畠二畝廿八分　二斗八升二合
同　**右門太郎**
I上畠一畝四分　一斗四升七合三勺
同　**又**二郎
上　一畝四分　一斗七升四合
同　介三郎
K上畠一畝十三分　一斗八升六合
三吉

下の史料は、慶長七年(一六〇二)の検地帳の字「圓光寺」の部分です。両者の文頭のアルファベットは、面積が相応する箇所に付けています。約五〇～六〇年の間に、土地の面積が多少変化していますが、かなりの割合で同一面積を見つけることが出来ました。

また、太字で示したように、通字と考えられる、「**介**次→**介**市」のように親子または孫と考えられる、名前の継承、土地の相続が見て取れます。また、親族間の移動と考えられる土地も見受けられます。

この二件の史料からは、先祖代々の土地を守り続けてきた村人の姿が窺えそうです。

《土地一》
（前略）
F上畠壱畝十八歩　弐斗七合八勺
利兵衛
（四筆略）
同
G上田壱畝廿八歩　三斗四升八合
同　**介**次
上田廿九歩　壱斗七升四合
同　同人
K上畠壱畝十三歩　壱斗八升六合二勺
同　勘兵衛
I上畠壱畝四歩　壱斗四升七合弐勺
同　**又**助
H上畠弐畝廿八歩　三斗八升一合四勺
同　**衛門太郎**・茂助
E上田五畝六歩　九斗三升六合
同　左五助
D上畠壱畝十五歩　壱斗九升五合
同　与左衛門
C上畠壱畝八歩　壱斗六升四合四勺
同　**与**兵衛
B上田七畝十一歩　壱石三斗弐升六合
同　猪左衛門・奥左衛門
A上田六畝十六歩　壱石一斗七升六合
介次
（後略）

富田村と冨田村!!

第０６１号
1996.05.24

この「冨田今昔物語」書き始めて、質問された一つに、富田は『富田村』か『冨田村』のどっちや、ということがあります。

つまり、「ウ」冠か「ワ」冠かと言うことです。

古老の方は『冨田村』と書かれる人が多いと思います。また、若い世代は『富田村』と書いているのではないでしょうか。

江戸時代以前の史料には、私が今まで見た限り、『浅井郡冨田村』と書かれています。

従って、『冨田村』と古くは使われていたようです。

それで、古文書のときは、私は『冨田村』と書いているに過ぎません。

しかし、後で述べるように、どっちでもいいのだと、私は思っています。

また、読み方ですが、『とみた』と読む方もおられますが、現在は『とんだ』ですし、古文書の中で平仮名書きされているものはすべて『とんた』か『とんだ』です。

ずっと以前に「冨田村」の村名について記入したとき、「墾田(こんだ)」が訛って「冨田(とんだ)」となったという内容が記されている文書を紹介したと思いますが、それの正誤はわかりませんが、他の多数の古文書の示すように、昔から『とんだ』だったような気がします。

例えば、「十九村」については、「十九村」とある文書と「十ッ九村」と記されている文書があります。

おそらく「じゅっく」であったのだと思います。

その意味でも「とみた」と書かれた文書は、まだ目にしたことがありません。

漢字よりも音(おん)が大事

史料の中の人名を見ると面白い事実に出合います。

明らかに同一人物であることが分かるのですが、時によって名前の字が異なります。

でも、読み方は絶対同じなのです。

よくある例に、

次郎兵衛……治郎兵衛（じろべえ）
重兵衛……十兵衛（じゅうべえ）
億兵衛……奥兵衛（おくべえ）
助兵衛……介兵衛（すけべえ）
太兵衛……多兵衛（たへえ）
久兵衛……休兵衛（きゅうべえ）
佐兵衛……左兵衛（さへえ）
幸兵衛……小兵衛（こうべえ）（こへい）
利兵衛……里兵衛（りへえ）
伊兵衛……猪兵衛（いへえ）

などの様に、いろんな例があります。（～兵衛で統一して例を作りました）

このように、字は異なっていても、音（読み方）が一致すればそれで十分に通用したようです。

これは、訴訟状等の公式文書でも多々見られます。

現代のように、

「川崎」・「川﨑」・「川嵜」・「河崎」

のような、細かいことは気にしていなかったように思います。

とにかく、「かわさき」と読めればそれでよかったのだと思います。

そんな訳で、『富田村』であっても『冨田村』であってもいいのだと思います。

古文書を見ている限り、漢字にこだわっているようには思えません。

想像ですが、現代のように、字にこだわり始めたのは、皆んなが字の読み書きが出来るようになった明治以降のことではないでしょうか。

明治期に間違って届けた文字が受け継がれてしまったと考えた方が自然のように、私には思えます。

天保三年の冨田村の住人一覧

それでは、人名はどのように読んだのでしょうか。

左の人名は「天保三年（一八三二）検地帳」と表題にある、九百六十一筆が記入されている土地台帳に出てくる冨田村の住人(持ち主)の名前です。

但し、十九村・安養寺村よりの入作の名前については省略しました。

あいうえお順に、頭の漢字を揃え、若干の整理をしてあります。

読み違いや脱落があるかもしれませんが、ご容赦願います。

市右衛門	市左衛門	
伊兵衛	伊平治	伊右衛門
宇右衛門	宇平治（宇平次）	
億右衛門	億左衛門	
角左衛門	勝右衛門	
嘉兵衛	嘉左衛門	
勘右衛門	勘兵衛	神田
吉兵衛	吉右衛門	吉左衛門
喜太夫	喜作	喜内
喜兵衛	久太夫	
九兵衛	九右衛門	九左衛門
源太郎	源兵衛	源六
源慶寺	圭林寺（恵林寺）	
権太夫	権右衛門	権左衛門
五藤治	五平治	
小次郎	小右衛門	
佐右衛門	佐助	佐内(左内)
庄太夫	庄兵衛	庄右衛門
庄左衛門		
重兵衛	重右衛門	

重郎兵衛　重郎左衛門
甚五郎　甚右衛門　甚左衛門
繁右衛門　四郎左衛門
七左衛門　七郎右衛門
治右衛門　新左衛門　助左衛門
清兵衛　清五郎　清助
善太夫　善次郎　善左衛門
惣兵衛　惣七　惣右衛門
太兵衛　太郎兵衛　太郎左衛門
太左衛門
長介　長次郎
忠右衛門　津右衛門
傳右衛門　傳左衛門
寺屋敷
藤兵衛　藤右衛門　藤左衛門
徳兵衛　半兵衛　彦右衛門
兵衛太郎　兵四郎　兵右衛門
兵左衛門
平次郎（平治郎）　孫左衛門
弥兵衛
由兵衛　由左衛門
利右衛門　六右衛門

※人数的には、家の数より多いのですが、祖父・親・子・孫・兄弟等の所持というようなこともあるかも知れません。

そして、例えば

太兵衛　→（た）へぇ
重兵衛　→（じゅう）べぇ
助右衛門→（すけ）よも
億左衛門→（おく）ざ
太郎太夫→（たろ）だよ

のように、日常的には読んでいたようです。

そして、現在、富田村では「家名（いえな・屋号）」を使うことは殆どありませんが、現在でも、村によっては、家名（屋号）の方が通用する村も多く残っているようです。

その村では、今も
「おくざの孫」→（億左衛門宅の孫）
「おくざの嫁」→（億左衛門宅の嫁）
のような言い方をしています。

初めて冨田村の人名を書きました。問題があるかも知れませんが、これは天保三年の検地帳に載っている名前を上げただけだと解釈して下さい。

この中には、何筆も名前の上がっている人もあれば、数筆とかの人もいます。

また、最後に庄屋□□□（伏せ字）と四人の庄屋・四人の年寄の署名がされているのですが、その内の一人は、最後のそこにしか記名されていない事実もあります。（彼は田畑屋敷の所有者になっていないことになります）

村役を勤める人が全く田畑屋敷を所有していないということは考えられません。おそらく、台帳には親か子供の名前になってしまっているのだと思われます。

このように、記載人と現実の住人とはズレがあることも意識して見てほしいと思います。

《参考》
川崎文書（滋賀大学史料館）

※1
江戸時代は現在のような学校がある訳でなく、読み・書き・算盤は親や、寺子屋で教わりました。

寺子屋での学習は個人の能力に合わせ、個人レッスンが原則だったようです。

教材の断片が川崎文書（滋賀大学史料館《未整理》）の中にも見受けられますし、冨田村の某氏宅には、

「村名覚」・「詩歌御手本」
「御てほん」・「庭訓往来」
「五節往来」・「日本往来」
「商賣往来」・習字の教本

と題される冊子が残されています。

いずれも、全国的に寺子屋の教本にされたものだと言われています。

これらの史料が残されているということは、少なくとも村人達が文字を習ったことを裏付けるものだと思います。

「おまんとこは寺子屋やっとったけど、今でもぎょうさん本が残ったるかいな」と聞かれた人が、自宅を調べても何に残っていなかった。全部ヒバコ（火箱（昔のあんか））に貼ってしもたり、子供の落書きに破ってもたらしい、と言っておられたのを覚えています。

これらのことから、冨田村にも寺子屋があったらしいことは分かりますが、何時の頃からあったのか、誰が教えていたのか、内容は‥などの詳しいことを示す史料はなく、状況証拠だけに留まっています。

何れにせよ、江戸後期には村人の多数が文字が読めたと考えていいのではないでしょうか。

ただし、自由に書けた人はやや少なかったかもしれないと思います。

また、文字の習得は現在のような全国一律ではありませんでしたから、間違って次々に伝わる場合もあったようです。

竹生島文書の中に「年中行事口授指南集」という本があります。

この中で、現在では「榊（さかき）」と書く文字を「木」偏に「賢」と旁っています。漢和辞典を調べてみても存在しない文字ですが、頻繁に使用されています。

竹生島という閉ざされた世界で次々と伝授されていったのかもしれません。

※2
上の冨田村の人名は、〇兵衛、〇左衛門、〇右衛門、〇太夫などの官職名を付けた名前が多いことに気が付きます。

熊八、梅吉、鶴松など落語にも出てきそうな名前がありません。

これは、幼名から家名（いえな）に改名（襲名）しているからだと考えられます。

江戸時代の史料はありませんが、明治初期には何通もの改名願書が残されています。

生まれた時は、末吉・留吉などの名前が付けられますが、元服の頃、または、親が隠居して代替わりした頃に、幼名から家名に改名（襲名）したと考えられます。

現在では歌舞伎や落語等の世界でしか襲名はありませんが、当時は武士の世界だけでなく、農村の世界でも襲名の伝統があったのです。

その襲名の伝統は廃れたとはいえ、家名としての伝統が残っている村々は少なくはないのです。

冨田村より江戸までの旅

第０６２号
1996.06.10

《交通一》

但大かき(大垣)
銭買申候六月四日
宿すの又(州又)
一金壱分
六月五日
一金壱分銭買申候
宿なるみ(鳴海)
一金壱分　同断　同　由日(由比)
一金壱分　同断　同　ふちう(府中)
一金壱分　同断　同　三嶋(三島)
一金壱分　同断　同　藤沢(藤沢)
〆壱両弐分　道中
江戸へ六月十一日
ニ付申候
六月十二日
一壱分　江戸ニて銭買申候
宿　作左衛門
六月三日　国元ニて銭買申候
一四匁六分五厘　T郎右衛門
六月十三日
一壱匁六分　かつをノ代
同人江戸ニて
同五日
一弐匁　ちるい□ノ代　N左衛門
同断
一弐匁三分　同断　S五助

……(中略)……

一銭六百　J兵衛使礼
一銭三百　加左衛門宿　銭礼
九月六日
一壱分壱ツ　銭買申候

道中九月七日上り使金
一壱分　ふじ沢　N左衛門
九月八日
一壱分　ぬます　N左衛門
同九日
一壱分　嶋田　S五助
同十一日
一壱分　濱枩　N左衛門
同十二日
一壱分　ちりう　N左衛門
同十三日
一壱分　大がき　T郎右衛門
〆壱両弐分　使きん
一壱分壱ツ大井川ニて
S五助ながシ申候

江戸ょり上り
品川
川崎
金川(神奈川)
六五ノ橋大(六郷)
新町(程ケ谷?)
當徒か(戸塚)
ふじ沢(藤沢)
大いそ(大磯)
川むにうノ渡(酒匂)
大田原(小田原)
箱子當をケ(箱根峠)
三嶋
のます(沼津)
はら(原)
由原(吉原)
川をきツ川(木津川)
おきツ(興津)

セいけんじ(?)
ゑじり(江尻)
するが(駿河)
あべ川(安部川)
丸子(鞠子)
をかべ(岡部)
ふじゑ田(藤枝)
嶋田(島田)
大井川
かな田(金谷)
西つ坂(新坂)
懸川(掛川)
ふくろい(袋井)
三ツけ(見付)
川天里う渡(天竜川)
濱松
紙貼不明(舞坂)
(新居)
志らすか(白須賀)
ふた川(二タ川)
川大川渡□
よし田(吉田)
五い(御油)
あか坂(赤坂)
ひじ川(藤川)
をか崎(岡崎)
大橋
ちりう(池鯉鮒)
なるみ(鳴海)
三屋(宮)・・(※東海道終)
な五屋(名古屋)
きよす(清洲)
稲葉
はきわら(萩原)
をこし(尾越)
大川渡
すの又川渡大(洲股)
大かき川渡大(大垣)
たるい(垂井)
セきが原(関ヶ原)

たま(玉)
ふじ川(藤川)
すい上(春照)

※□は解読出来なかった文字です。

上の文書は、延宝二年(一六七四)の『江戸下り使銭拂日記』の最初と最後の部分です。

今回はその中で、冨田村から江戸までの行程と日数について確認したいと思います。

この日記によると、T郎右衛門・N左衛門・S五助の三人が、目的は分かりませんが(記述なし)、六月四日に江戸に向かって冨田村を出立し、八日後の六月十一日に江戸に到着していることが分かります。

そして、九月六日まで江戸に滞在しています。その期間、何をしていたのかはこの文書では不明です。

約三ケ月も滞在しているのだから、その間の行動が何か記されていてもいいのかもしれませんが、何も記されていません。記されているのは、金銭の支払いの記録(中略の部分)のみです。

これについては次号で紹介します。

そして、九月七日に江戸を出発し、九月十四日に冨田村へ帰ってきていることが読み取れます。

江戸まで八日の旅

冨田村から江戸まで、往復とも八日間を要しています。

復路(帰路)には通過した宿場名が書き上げられています。それを参考に、復元してみたいと思います。

◎帰途第一日目（九月七日）
江戸(日本橋)〈二里〉品川〈二里半〉(六郷川舟渡し)川崎〈二里〉神奈川〈一里九町〉程ケ谷〈二里九町〉戸塚〈一里三十町〉藤沢
計十一里三十町

◎帰途第二日目（九月八日）
藤沢〈三里半〉(馬入川舟渡し)平塚〈二十六町〉大磯〈四里〉(酒匂川徒越)小田原〈四里八町〉箱根(関所あり)〈三里二十八町〉三島〈一里半〉沼津
計十七里二十六町

◎帰途第三・四日目（九月九・十日）
沼津〈一里半〉原〈三里六町〉吉原〈二里三十町〉(富士川の舟渡し)蒲原〈一里〉由比〈二里十二町〉(薩陀峠)興津〈一里三町〉江尻〈二里二十九町〉府中(駿河)〈一里半〉(安部川徒渡)鞠子〈二里〉(宇都谷峠)岡部〈一里二十九町〉藤枝〈二里八町〉嶋田
計二十二里八町
(※三日目の宿泊地不明)

◎帰途第五日目（九月十一日）
嶋田〈一里〉(大井川徒越)金谷〈二里〉(小夜の山)新坂〈一里二十町〉掛川〈二里十六町〉袋井〈一里半〉見付〈四里四町〉(天竜川舟渡し)浜松
計十二里二十二町

◎帰途第六日目（九月十二日）
浜松〈二里三十町〉舞坂〈一里〉(海上舟渡(関所あり))新居〈二十六町〉白須賀〈一里十六町〉二タ川〈二里二十二町〉吉田(現豊橋)〈二里半〉御油〈十六町〉赤坂〈二里九町〉藤川〈一里半〉岡崎〈三里三十町〉池鯉鮒(知立)
計十九里五町

◎帰途第七日目（九月十三日）
池鯉鮒〈二里三十町〉鳴海〈一里半〉宮〈一里半〉名古屋〈一里半〉清洲〈一里半〉稲葉〈一里半〉萩原〈一里〉尾越〈二里二十町〉(尾越川・界川・洲股川舟渡)洲股〈二里四町〉大垣
計十九里

◎帰途第八日目（九月十四日）
大垣〈二里半〉垂井〈一里半〉関ヶ原　多摩　藤川　春照　冨田村
(※関ケ原以降の距離未調査)

この資料だけでは、旅の様子は知り得ませんが、多い日で、一日に十七～十九里（約六十六～七十五キロメートル）も歩いています。

恐らく、距離の長い日は晴で、短い日は雨ではなかったかと思います。

冨田村から江戸までを八日間で歩くというのは、現在の我々にとっては、とても真似できる事ではないと思われます。

昔の人の身体は丈夫であったのだとつくづく思います。

「お金(壱分壱ツ)を大井川ニて、S五助ながシ(流し)申し候」という記事が、一抹の滑稽さを味合わせてくれるように思いました。

《参考》
川崎文書（滋賀大学史料館）

※1
T郎右衛門ら三人の江戸行きの目的が何であったか、この時点では分かりませんでしたが、後になり、判明しました。

彼らの目的は領主（堀氏）への直訴であったのです。

三人が領主堀氏の江戸屋敷へ出かけたことが別の史料で分かってきました。

事の発端は、水争いの裁判の際、冨田村が必ず持ち出す証拠書類である「淺井様折紙」と呼ばれる文書の保管権（誰が所持保管するか）を巡って、西村庄屋と東村庄屋との間で熾烈な権力闘争を展開したことから始まります。

本来は西村庄屋が保管していたものを、強引に東村庄屋が隠匿し、村人の要請（裁判に必要となった）にも拘わらず、我が家の家宝として提出を拒んだようです。

水争いの公事を起こしたものの、必要な書類が提出できず、大騒動になったものと考えられます。

T郎右衛門ら三人は、「淺井様折紙」の返還を求め、江戸表まで直訴に及んだということです。

結果的には西村庄屋らの願いが認められ、保管権は西村庄屋となり、東村庄屋M左衛門は冨田村からの「所払い」という処置を受けることになります。

詳しくは、第一二八・九号を参考にして下さい。

※2
平成一四年(二〇〇二)は、中仙道四百年祭が実施されたと記憶しています。中仙道が整備されて四百年目のことのようです。

江戸幕府が開かれ、東海道など五街道や北国街道、脇往還などが整備されていきました。

このような街道には本陣や脇本陣が設置されるとともに、助郷の負担の上に問屋場の設置、旅人用の旅籠なども整備されました。

T郎右衛門ら三人の旅が無難に行えたのも、そのお陰だと言えます。

冨田村付近を通る大きな街道は、北国街道があり、彦根の鳥居本で中仙道から分岐し、長浜を通って木之本宿に至り、柳ケ瀬・中河内を通って北陸へ向かう街道でした。

この街道(往還)は戦国時代に、柴田勝家が開いた街道だと言われていますが、真意の程は知りません。

長浜から森町・曽根村を通った街道は唐国村に至り、速水・高月へと北上するのですが、季節により、唐国村付近で街道が冠水するため、旅人は長浜より十里街道を北上し、北国脇往還の伊部宿へ抜けた旅人が多かったと聞いたことがあります。

また、北国街道の曽根村や馬渡村、速水村で分岐し、西に向かうと西国三〇番札所竹生島への巡礼街道になります。早崎村や尾上村から船便があったようです。

冨田村内を通過する巡礼街道には、竹生島を目指す巡礼人、竹生島帰りの巡礼人が行き交う姿を見ることが出来たのだろうと思われます。

江戸滞在の記録

第０６３号
1996.06.24

次の文書は、前号と同じく延宝二年(一六七四)の『江戸下り使銭拂日記』の抜粋です。
前回は最初と最後の部分を紹介しましたが、今回は江戸滞在中の記録の部分(前号の中略の部分)です。

《交通一》

……(前略)……
六月十二日
一壱分 江戸ニて銭買申候
宿 作左衛門
六月三日 国元ニて銭買申候
一四匁六分五厘 T郎右衛門
六月十三日
一壱匁六分 かつをノ代
同人江戸ニて
同五日
一弐匁 ちるい□ノ代 N左衛門
同断
一弐匁三分 同断 S五助
六月十八日
一壱両四貫四百四拾五文
江戸ニて銭買申候
宿 長右衛門
一壱両 江戸佛(拂?)
七月十一日
一拾四匁四分 銭買申候
銀子ニて T郎右衛門
同十一日
一拾壱匁 道船ノ代
江戸長右衛門ニ渡ス
六月十三日
一六升白代銭 三百拾弐文
宿 長右衛門
同日
一百文銭 みそノ代 宿 長右衛門
六月十八日
一四升白代銭 弐百八文 宿 同
同十九日
一六升 白 代 三百拾弐文 同
同廿四日
一六升五合白代 三百拾五文 同
同廿八日
一弐升 白 代 百文 同
同晦日
一六升 白 代 三百拾文 同
七月二日
一七升 白 代 三百六拾五文 同
同日
一貳百文 味噌ノ代
但にと尓(二度に)買申候
……(中略)……
七月廿三日 江戸宿 加左衛門
一弐升 白 代 百拾七文 所
同廿四日
一壱升八合 白代 百文 同断
同廿四日ノ晩
一壱升八合 白代 百文 同
……(中略)……
八月廿九日
一金弐分 □太郎 多右衛門
使金渡ス
同日
一銭壱貫弐百文 同衆ニ渡
先金壱分ノ代□金三分□
八月晦日
一八匁銀 加左衛門宿ちん
T郎右衛門引かへ
重兵衛ニ渡
六月十二日より
七月廿三日までの分
一銭壱貫 長右衛門 宿ちん
一拾壱匁 同断 道船ノ代 同断
一〆弐拾四匁五分
一三百銭 せんたくちん
長右衛門か□尓
七月十三日
一壱匁五分 湯嶋作左衛門礼
六月十一日
一弐匁五分 □□□□□納不申候
作左衛門江進上
□月二日
一弐拾八匁八分 銭買申候
使長右衛門 T郎右衛門□
九月三日
一金壱分 使
同四日
一三升四合 白代 弐百文 宿同
……(後略)……

※□は解読出来なかった文字です。メモ同然で読み難い史料でした。

※所々に「銭買申候」の文字が見えるが、これは両替と考えればいいと思います。
江戸は金(両・歩・朱)、関西は銀(匁)日常の小銭は銅貨(文)でした。
生活のために小銭が必要であったのであろうと想像しています。

六月十八日
壱両 → 銭四貫四百四拾五文

八月六日
壱両 → 銭四貫四百七拾六文

に両替しています。
その他、壱分・弐分・弐拾八匁八分等々、銀を銭に交換して、小銭に両替しています。

米と味噌だけを購入して生活する

記録(文書)には、殆どが白(白米)と味噌の代金だけが記入されています。
味噌については量が記録されていませんので、白米の値段を見てみたいと思います。
一覧にしたのが左頁の表です。

旧暦の六月から八月にかけては、米の端境期ですから、米価も徐々にですが上がっていることが分かります。

勿論、七月二十三日より宿を替わっていますので、その影響があったのかも知れませんが‥‥。

高値になってからは、小量づつ購入している状況も窺えます。

「日本史総覧」(新人物往来社刊)によると、江戸での米一石(二俵半)が

◎

寛文一二年	金〇・九六両
延宝元年	金一・〇一両
延宝二年	金一・一七両
延宝三年	金一・〇九両
延宝四年	金〇・九一両
延宝五年	金〇・七九両
延宝六年	金〇・七六両

とありますから、この年は高値の年であったことも事実のようです。

また、白米を購入している記録を抜き出してみると、

6/13～6/17 六升 一日当り1.2升
6/18 四升 〃 4.0升
6/19～6/23 六升 〃 1.2升
6/24～6/27 六升五合 〃 1.6升
6/28～6/29 二升 〃 1.0升

右の表より白米の購入についても、一日当りの量が不規則になっているのが分かります。適宜購入していたように思われます。

上の表より、購入白米量百二十四升六合五勺、三人で七十二日・五人で十二日とすれば、延べ二百七十六日分となり、平均一人一日当り四・五合となります。

帰路、白米持参で出発する意味の記事がありますので、一人一日当り四合ぐらいではないでしょうか。

《参考》
「日本史総覧」（新人物往来社刊）
川崎文書（滋賀大学史料館）

《白米代金支払及び一升当たりの単価一覧表》

月日	量升	支払銭	単価	備考	月日	量升	支払銭	単価	備考
6·13	6.0	312文	52.0	宿A	27	1.8	100文	55.6	宿B
18	4.0	208文	52.0	〃	28	6.0	300文	50.0	〃
19	6.0	312文	52.0	〃	8·06	6.0	300文	50.0	〃
24	6.5	315文	48.5	〃	11	1.8	100文	55.6	〃
28	2.0	100文	50.0	〃	13	3.6	200文	55.6	〃
晦日	6.0	310文	51.7	〃	17	1.8	100文	55.6	〃
7·02	7.0	365文	52.1	〃	18	1.8	100文	55.6	〃
09	2.0	105文	52.5	〃	20	1.8	100文	55.6	〃
10	8.0	412文	51.5	〃	22	1.7	100文	58.8	〃
12	8.0	412文	51.5	〃	23	1.8	100文	55.6	〃
16	2.0	104文	52.0	〃	25	1.7	100文	58.8	五人B
20	6.0	309文	51.5	〃	25	6.0	300文	50.0	〃〃
22	2.0	104文	52.0	〃	28	0.85	48文	56.5	〃〃
23	2.0	117文	58.5	宿B	28	10.0	545文	54.5	〃〃
24	1.8	100文	55.6	〃	9·04	3.4	200文	58.8	〃〃
24晩	1.8	100文	55.6	〃	06	1.7	100文	58.8	〃〃
26	1.8	100文	55.6	〃					

※ 宿Aは長右衛門宿・宿Bは加左衛門宿・八月二十五日より五人分

※1
T郎右衛門らの江戸滞在とは関係ないとは思えるのですが、左のような文書があります。

《未整理五七一》

覚
一壱貫弐文
七月五日より八月二日まで
一米六斗五升
代弐貫弐百七拾五文
壱人ニ付三百弐拾五文當
一五百四拾三文 志やうゆ（醤油）
みそ
すミ
壱人ニ付七拾六文
一三貫八百拾六門
壱人ニ付五百四拾五文當
又三拾六文 たゝみ代
壱人前
一百八拾六文 ふとん代
一百文 壱人前ニ付拾四文
（後欠）

文字等から見て、江戸前期のものと思われますが、はっきりしたことは不明です。

また、何の記録かも分かりませんが、七人分の長期滞在の勘定であろうことは確かです。

上のような、村を代表しての旅や出訴であったのか、個人的な湯治等であったのかは分かりませんが、長期滞在の様子から前者ではなかったかと想像しています。

恐らく郷宿での支払いの記録ではなかったかと思っています。

この記録でも分かるように、米・醤油・味噌・炭・蒲団代などが計上されています。このことは、自炊をしていたことを意味します。

また、「ミそノ代」は味噌も含みますが、「副食代」の意味で使われている場合も多いようです。

江戸期、各地を巡る旅（旅行）は別かもしれませんが、出訴や湯治など長期滞在型については自炊が原則であったようです。

特に出訴の場合は最終的には村人全員による経費負担であったため、少しでも経費削減を計ったものと思われます。

当時の訴訟は、奉行所の近くの定宿となっている「郷宿」という旅籠に泊まり、奉行所からの呼び出しを待つという形になります。郷宿での食事はどうしたのかはっきりしませんが、上のような自炊であったと思っています。但し、時代によって昼食代等の請求書も目にしますが……。

奉行所では、内済で済ますことを勧めるのが常で、互いの郷宿を行き来し、郷宿での示談を試みました。示談が成立すれば奉行所に報告し、了解を得るという形で訴訟が終了します。示談が成立しないときは滞在も長引き、長期滞在を余儀なくされ、宿代などに莫大な経費を要したと言います。

話が横道に逸れてしまいましたが、TV等で見るような旅籠で食事が提供されるようになったのは、もう少し後の時代、元禄の頃（一七〇〇年前後）からだったようです。

江戸滞在記には、連日のように白米味噌代の記述がありますが、その外の支出としては、「かつおノ代」「うすべり三枚」「せんたくちん」「かつぱノ代」がそれぞれ一度だけ記述されているだけです。

嫁はどこから嫁いできたか

第０６４号
1996.07.10

次の文書は「寛文十弐年 家並田畑持高帳」（寛文十二年（一六七二））の抜粋です。

《土地五一》

…（前略）…

家並田畑持高帳
一高拾貮石五斗一升五勺　田畠辻
内
△拾壱石五斗六升弐合　田方
一七斗四升九勺　畠方
〆九斗四升八合五勺○
一弐斗七合六勺　屋敷
一A兵衛　年三十四
一女房　年廿六
当村B郎太夫と申者之娘
八年以前ニよひ申候
（呼び）？
（寄ひ）？
一男子　八之助　年七ツ
一同　かめ助　年四ツ
一女子　よし　年二ツ
一祖母　年五十四

家並田畑持高帳
一高拾三石七升三合　田畠辻
△内一拾一石八斗六升六合弐勺　田方
同一壱石一升一合八勺　畠方
〆二石二斗六合八勺○
同壱斗九升五合　屋敷

一C六　年五十
一女房　年四十
但柴山小□兵衛様知行山本村
D左衛門と申者ノ娘廿六年以
前ニよひ申候
一男子　E蔵　年廿二
一同　新九郎　年十七
一同　七太夫　年九
一同　六ノ介　年五
一女子　志も　年十一

…（中略）…

一高四拾壱石六斗七升九合　田畑
△内三拾八石六斗七升八合八勺　田方
同三石弐勺　畠方
内六升六勺　屋敷
一F郎右衛門　年三十
一女房　年卅二
但當村G郎太夫と申者之娘十
七年以前ニよひ申候
一男子　H兵衛　年十六
一同　三郎助　年十
一同　木之助　年七ツ
一同　庚之助　年四ツ
一女子　こや　年十一
一同　るい　年二ツ
一祖母　年五十
一下女　かめ　年三十
但本多下総守様御知行安養寺
村I郎右衛門と申者之娘一年
季ニ置申候
一下女　たま
但當村J助後家娘十五年季ニ
置申候

…（後略）…

この「家並田畑持高帳」には、各人の持ち高・家族構成・年齢・女房や下女の実家・婚礼時期・下女の年季等が記されています。

これらの資料の中から気の付くことをまとめてみたいと思います。

女子は結婚すると名前がなくなる

この中で、先ず目につくことは、女房や祖母などの既婚の女子には名前が記入されていません。

また、後家になっても、「△兵衛後家」といった表現でしか記されていません。

当時、女子が結婚する（嫁ぐ）ということは、その時点で一括して、「△兵衛の女房」「△兵衛の嫁」として文書の上では扱われ、処理されていたように思われます。

日常生活では勿論、名前で呼ばれていたのでしょうが、公式な文書の上では人格を持たない「女房」としてしか登場できなかったようです。

現在では、男女別姓まで論じられていますが、当時は、記録上では夫の附属品のような扱いがなされていたように思われます。

男性、しかも家長中心の社会であったことが想像できます

従って、子供の記入順も、男子を年齢順に記し、その後に女子を年齢順に記しています。

その後へ祖母・妹・姨・姪等を記入し、最後に下女を記入しています。（但し、この資料では、下女奉公は全部で三人だけです）

このような風潮はつい最近まで受け継がれてきたのではないでしょうか。

在所や近郷からの嫁ぎがほとんど

次に、何処の村から嫁いできたかを調べてみると、左の一覧表のようになりました。

《嫁ぎ元村》

冨田村　九・山本村　三・益田村　三
田中村　二・小倉村　一・野寺村　一
井口村　一・川道村　一・新居村　一
十九村　一・稲葉村　一
小観音寺村　一・破損のため不明　一
合計　二十六

資料は三十四人分しかなく、おそらく、記入はないですが、西冨田村全員と思われます。（江戸時代の早い時代ほど、東西の区別が鮮明に現れます）

また、「當村誰々の娘」という記述があっても、その誰々の名前はこの資料には出てこない人が多々あります。おそらく冨田東村・北村の誰々であるのだと思えますし、予想のつけられる人名も出てきます。

従って、この資料は、西冨田村の一覧だと思って見て下さい。

これを見る限り、在所（冨田村）から嫁いできた人が、全体の三分の一程度で、最も多くなっています。

井口村からが少し遠いだけで、殆どが近郷から嫁いでいることが分かります。

この傾向は、資料は残っていなくても、冨田村全体の傾向だと思います。

在所や近在の郷から嫁を貰うというのが当時の状況であったようです。

現代とは違い、交通手段もなく、狭い範囲内での生活ですので、当たり前と言えば当たり前であったのかも知れません。

ただ、ある人から聞いた話の中に、「水争い等をする（している）村との縁組みは少ないようだ。」という言葉がありますが、確かによく水争いをした三郷（香花寺村・弓削村・稲葉村）とは縁組みがあまりありません。

上の資料でも、稲葉村との縁組みが一件あるだけです。

これもあくまで予測ですが、『御料所井』の水をめぐっての不思議な関係であったのかもしれません。

寛永三年（一六二六）には上三郷と、正保四年（一六四六）には香花寺村と、この寛文十二年（一六七二）には何処とだか分かりませんが水論（水争い）をやっていますから、そのことも頷けるものがあります。

また、もう少し時代が下がると、領主が同じであった村々（浜松藩の飛び地であった村々）との縁組みも目立ってくるように思います。

ただ、この資料のようにまとまった資料がなく、断言は出来ませんが、個々の資料からは、そんなことが想像できると思います。

逆に、この時代は堀越中守の時代ですから、野寺村・新居村等も堀越中守の領地ですから、その意味での縁組みがあったのかも知れません。

地縁・血縁と言いますが、この時代も生活の中に地縁・血縁が生きていたものと思われます。

そのため、地縁を頼っての縁組みも多かったと思います。

在所から以外は、この地縁や血縁に基づく縁談が多かったのではないのでしょうか。

ともかく、在所内の縁組みがこれだけ多いとは思っていませんでした。

《参考》　川崎文書（滋賀大学史料館）

※1　ジューンブライド(June bride)といって、六月に結婚すると幸福になるという習慣が西洋から入ってきたため、六月に結婚するカップルも多い昨今ですが、江戸期の婚姻の時期は何月が多いのか調べてみました。元禄一二年（一六九九）から明治四年（一八七一）の間の「縁付送り手形」「宗門送り手形」から婚姻の時期を拾ったのが次の表です。

《戸口二九～一一二》

月	嫁出入	婿出入	不縁帰
7		1	
8		1	
9	1	1	2
11		1	
12	2		1
1	16	5	1
2	16	8	
3	4		
4	1	1	

※「婿出入」には養子・一家全員の養子縁組も含む
※「不縁帰」は男女を考慮していません
※手形が二通（縁付証文・宗旨証文）ある場合は一例とした

時代も違い、例も六三例と少ないのですが、大方の傾向は見えてくるように思われます。

大半の婚礼が一二月～三月に集中しており、六三例の中には他の月は見あたりません。

つまり、殆どの婚礼が農閑期に行われていることが判明します。

農繁期には婚礼どころではなかったでしょうから、農閑期という時間の余裕のある時期を選んだとも考えられますが、一方では、農作業が始まる前に（作業）手間を獲得するという期待もあったのではないかとも考えられます。嫁や婿に農作業の手間を期待したのだとも思います。

つい最近までの婚礼の挨拶に「結構な御手間を頂き…」というフレーズあったことを覚えています。

江戸期の婚礼は、単なる男女の結びつきではなく、「家」の存続（子孫繁栄・手間の獲得…等々）を願い、期待するという大きな目的もあったのです。

逆にその条件が満たされない時、例えば、「三年たっても子なきは去れ」というような言葉があるように、子供が授からず「不縁帰り（離婚）」になるような場合もあったり、怠け者であったり、農作業等が不本意で「不縁帰り」となる場合も多かったようです。

上の四例の「不縁帰り」の理由ははっきりしませんが、何かの条件が満たされなかったのだと思います。

なお、第一五三号に関連する紹介記事があります。

但し、註の未整理分四件は上の表に加味されていません。

江戸初期の家族構成

第０６５号
1996.07.24

前回の文書の
「寛文十弐年 家並田畑持高帳」
（寛文十二年（一六七二））
《土地五一》
から、家族構成について見てみたいと思います。

左頁の表は、「家並田畑持高帳」に記入されている冨田西村三十四人分の資料をまとめたものです。

これによれば、全体の村の構成人数は、

男子七十七名	十六才未満	二十七
	十六～六十	四十五
	六十才以上	五
女子八十九名	十六才未満	三十二
	十六～六十	五十三
	六十才以上	四
計百六十六名	十六才未満	五十九
	十六～六十	九十八
	六十才以上	九

となり、

全体的には十六才未満（子供）の人数が若干多いように思われます。

また、十六才～六十才を成年（働き手）と考えると、九十八人が三百二十一石余を耕作していることになり、若干きつい労働ではなかったかと思います。

（当時の標準が一人当たり、二～三石であろうと、ある研究にありました）

また、一世帯当たりの人数は、合計百六十六人を三十四軒で割って、
一世帯当たり人数 四・八八人
となります。

平成六年冨田区の平均が、
一世帯当たり人数 四・四三人
ですから、現在とさほど変化がないと考えてもいいかと思われます。

子供の数は 二三人

この表の中から、その夫婦の子供の数を数えると、最高は七人ですが、大方が二～三人のようです。

平均すると、三・〇四人となり、現在よりも若干多いくらいです。

勿論、出産はもう少し多かったと思いますが、病死したり、育たなかったり、間引きと言われるようなこともあったのかもしれません……。

ともかく、この資料のデーターから見る限り、家族数にしても、子供の数にしても、今と昔とはさほどの変化はないように思われます。

「昔は子沢山」と言いますが、あれは戦前までの政策の影響だと言われています。

最後に、最下欄に「可耕高」という項目を設けましたが、これは、その家の成人一人当たりが耕作している石高を意味します。

例えば、持ち高五石の家の成人人数が二人だとすれば、二・五という指数になります。

この「可耕高」が二～三であれば、家族だけで、自分の持ち高（田畑）を維持運営できると思われます。

しかし、「可耕高」が三以上になると、自分の家族だけでは維持運営するのが困難になり、一部田畑を小作に出す必要が生じてきます。

逆に、「可耕高」が二以下ですと、労働力（人数）が余ってしまい、どこかの小作をしなければ食べて行けなかったのではと思われます。

勿論、子供であっても十才くらいになれば手伝ったであろうし、六十才を越えても仕事が出来たであろうから、きっちりした判定できませんが、

小作を雇った側としては、

J・N・U・V・X・Y・d

等が挙げられると思います。

逆に、小作を引き受けた側として、

A・I・K・R・W・Z・b・h

等が考えられます。

このように、持てる（富める）者と持たざる者との明暗がはっきり出てきます。

この差は、縁組みにも影響します。

そのことについては、次号とします。

《参考》

川崎文書（滋賀大学史料館）

※1
上の「可耕高」の概念は筆者が勝手に考えた指数ですが、自分ながらグッドアイデアだと自負しています。
但し、労働力の過剰、不足のボーダーラインが指数二～三で妥当なのかどうかは確証はありません。
男手間・女手間の差や、一五六才の手間と壮年四〇代の差もあると思いますから、幅をもたせる必要があるとは思いますが……。
最近読んだ本の中に、「仙台藩では、一貫文（石高制の一〇石程度に相当）の土地に三人以上は不要、余力があれば他に廻せ……」とありましたが、この主張によれば、「可耕高」のボーダーラインが三・三ということになります。
自分のグッドアイデアと思っていましたが、何百年も前に同じようなことを考えた人が居たことを知りました。
筆者の場合は机上の議論に過ぎませんが、当時の人は生活に密着していたのですから、当然と言えば当然だったのかもしれません。
労働力が不足すれば労働力を求め、

《持ち高・家族構成等一覧》

名(年)	田畠石高	屋敷石高	嫁(年)出	婚後	家族（年齢）	計	男	女	可耕高
A(53)	2.0496	1.3173	(48)小倉	26年	男(23)男(14)女(18)女(11)女(8)女(4)	8	3(2)	5(2)	0.5124
B(34)	12.5105	0.2076	(26)冨田	8年	男(7)男(4)女(2)祖母(54)	6	3(1)	3(2)	4.1702
C(55)	13.0730	0.1950	(43)山本	26年	男(22)男(17)男(9)男(5)女(11)	7	5(3)	2(1)	3.2683
D(33)	8.9390	0.3590	(26)田中	9年	男(4)女(7)	4	2(1)	2(1)	4.4695
E(61)	8.5570	0.1300	(?) 冨田	39年	男(38)男(34)男(26)	5	4(3)	1(1)	2.1393
F(26)	7.5242	0.3510			祖母(63)妹(19)	3	1(1)	2(1)	3.7642
G(45)	10.8170	0.4073	(35)冨田	17年	男(14)女(9)女(3)	5	2(1)	3(1)	5.4085
H(55)	6.8273	0.1993	(?) 冨田	(?)	女(16)女(11)	4	1(1)	3(2)	2.2758
I(5?)		0.1800	(48)(?)	26年	男(19)女(20)女(16)	5	2(2)	3(3)	
J(47)	11.6077	0.5400	(39)野寺	12年	男(10)女(4)	4	2(1)	2(1)	5.8039
K(20)	1.3777	0.8400			祖母(41)妹(13)妹(11)姨(21)	5	1(1)	4(2)	0.4592
L(27)	5.9390	0.1600	(18)益田	1年	祖母(62)	3	1(1)	2(1)	2.9695
M(48)	7.3000	0.1300	(36)山本	25年	男(21)女(10)女(7)女(3)	6	2(2)	4(1)	2.4333
N(38)	10.2720	0.2753	(32)冨田	9年	女(4)	3	1(1)	2(1)	5.1360
O(54)	23.8004	0.8640	(46)稲葉	27年	男(24)男(18)男(13)女(19)女(1?)	10	4(3)	6(3)	3.9667
P(46)	10.2525	0.4808	(38)小観	23年	女(21)女(18)女(8)女(4)下女(41)	4	1(1)	3(3)	2.5631
Q(62)	8.3018	0.1733	(48)井口	31年	男(14)女(7)	4	2(0)	2(1)	8.3018
R(66)	2.1457	0.2600			男(27)女(30)	3	2(1)	1(1)	1.0729
S(38)	6.4577	0.2080	(36)冨田	8年	祖母(61)男(6)女(2)	5	2(1)	3(1)	3.2289
T(34)	3.7294	0.0433			祖母(51)	2	1(1)	1(1)	1.8647
U(34)	41.6790	0.0606	(32)冨田	17年	男(16)男(10)男(7)男(4)女(11)女(2)	11	5(2)	6(3)	8.3358
V(40)	10.3730	0.1040	(32)川道	9年	男(7)男(4)祖母(56)	4	3(1)	1(1)	5.1865
W(60)		0.1590	(56)田中	16年	妹(54)姪(36)下女(30)下女(15)	4	1(1)	3(3)	
X(62)	15.3840	0.1072			男(31)女(18)姪(16)	4	2(1)	2(2)	5.1280
Y(44)	8.5640	0.1072	(35)益田	16年	男(8)女(4)祖母(76)	5	2(1)	3(1)	4.2820
Z(68)	3.8440	0.3640	(51)新井	21年	男(29)男(20)	4	3(2)	1(1)	1.2813
a(38)		寺0.0650				1	1(1)	0(0)	
b		畑0.1646	後家(46)		男(10)	2	1(0)	1(1)	
c	2.4663	0.3360	後家(43)		男(15)女(7)	3	1(0)	2(1)	2.4663
d(37)	10.7473	0.2730	(?) 十九	(?)	男(5)男(3)	4	3(1)	1(1)	5.3737
e(45)	14.3165	0.2235	(43)冨田	26年	男(10)男(8)男(6)女(18)女(16)女(14)	8	4(1)	4(3)	3.5791
f(51)	14.3530	0.2488	(49)冨田	26年	男(25)男(14)男(11)女(6)	6	4(2)	2(1)	4.7843
g(41)	9.3930	0.4056	(38)益田	18年	男(10)女(15)女(12)姪(10)姪(7)	5	2(1)	3(1)	4.6965
h(56)	1.9370	0.1820	(51)山本	26年	男(22)男(16)女(24)女(19)妹(44)	9	3(3)	6(4)	0.2767

（※ (?)は、資料破損のため解読不能・男女の( )内数は成人(16才～60才)人数です）

（※「可耕高」は、その家の成人一人当たりが耕作している石高を意味します）

労働力が余れば、仕事を求め、土地を求めるのは当然ですから、机上で計算するまでもなく、肌で感じていた筈ですから、理屈でない一人当たりの労働力を把握していたのだと再確認しました。

しかし、実際には労働力があっても適当な小作地がなかったり、必ずしも机上の計算通りにはいかなかったのではないかとも思ったりします。

一方、二三石余のO、四一石余のUは労働力不足でしたから、勿論耕作の出来ない土地を小作にも出したのでしょうが、下女を置くことによっても解決を図っています。下女を置けるのは、それだけの経済的ゆとりがあるばかりか、ステータスシンボルでもあったのです。

下女は農作業ばかりでなく、家事一般も任せましたから、かなりの労働力アップだと思います。

また、逆にｈは持ち高一石九斗余と高が少ないのに、成人の子供が四人に、出戻りと思われる妹と姪が二人と、生活には苦労したのではないかと思われます。

小作に精を出したとは思いますが、小作は小作、どれだけ頑張っても、どれだけ作柄を上げても小作料を支払う必要がありましたから、生活が楽になることはなかったのかもしれません。

同じ村の中に持てる者と持たざる者が同居する。本百姓がいる反面、水呑百姓もいる。村での発言権も異なる、それが封建時代の特徴であったです。受け入れざるを得ない現実でもあったのです。

結婚適齢期と持ち高

第０６６号
1996.08.10

前回、前々回の文書の「寛文十弐年 家並田畑持高帳」(寛文十二年(一六七二))《土地五一》を引き続き見たいと思います。

この文書には、現在の年齢と何年前に縁組みしたかが記されています。差し引けば、結婚年齢が割り出されます。

それを一覧にしたのが次の表です。但し、年齢は前回もそうですが、「かぞえ」の年齢です。

《石高と結婚年齢の一覧》

《結婚年齢》　(平均)

20石以上	男	17 19	18.0
	女	15 17	16.0
20石～10石	男	23 20 26 28 27 25 29 31 35	28.1
	女	15 17 18 18 18 23 23 23 27	20.3
10石～5石	男	22 24 26 31 28 28 23 30	25.9
	女	□ 17 17 17 19 20 21 28	19.9
5石未満	男	27 □ 30 44 47	37.0
	女	22 25 25 30 30	25.8

二十石以上は早婚！　五石未満は晩婚？

結婚の年齢を男女別・持ち高別にまとめてみました。

男子の平均……二八・〇〇才
女子の平均……二一・〇〇才

これだけ見ると、現在の状況とさほど差がないようにも見られます。(女子が若干若いかもしれませんが)

しかし、持ち高別に集計すると、様子が変わってきます。

二十石以上を所持する両家では、夫婦ともに十代での婚姻ということになります。

しかも、子供も六・七人と多く、下女まで置いています。

ところが、五石未満(または皆無)の家では、夫の平均が三十七才、女房(嫁)の平均が約二十六才と、特に男子の婚姻時期が遅い様子がはっきり分かってきます。

男子は三十、女子は二十五才以上での婚姻例を数えると、

20石以上　男子〇人　女子〇人
10～20石　男子二人　女子一人
五～10石　男子二人　女子一人
五石未満　男子三人　女子三人

となり、持ち高によって婚姻時期も変わって来ていることが分かります。

当時は、持ち高によって生活が左右されましたから、当然と言えば当然の結果ですが、生活感が如実に現れているように思われます。

その反映でもあるかのように、持ち高五石未満の家庭を覗いてみます。

Kは二十才の独身
　父は他界・四十一の母
　妹二人と姨との同居
Rは六十六才やもめ(妻は他界)
　息子は二十七才で独身
　娘は三十才の独身
Tは三十四才の独身
　父は他界
　五十一才になる母と二人暮し
Wは六十才
　五十四才の妹・三十六才の姪
　(出戻りか？)
Zは六十八才
　息子は二十九・二十の独身
　結婚後二十一年とあるから
　今の女房は後妻か連れ子か?
bは四十六才の後家(夫は他界)
　十才の息子と二人暮し
cは四十三才の後家(夫は他界)
　十五才の息子・七才の娘
hは五十六才
　二十四才の娘を頭に子供四人
　四十四才の妹・姪二人の同居
　(出戻りか？)

苦労のためか、亭主や妻・父や母が早世している状況や、年を過ぎた息子や娘、出戻りなのか妹や姪との同居等々、悲しみが伝わってくるようなことも見えてきます。

生活では、小作人としての厳しい現実からも、彼らには逃げることが出来ないのです。

遅くても、結婚できればいい。中には出来ない場合だって出てきます。

左頁の表は、男子は二十才以上、女子は十八才以上の独身者(出戻り？・姪・姨等を含む)と、その家の持ち高との関係です。

二十石以上は別とすれば、他の三つのグループは、それぞれ十・十一軒で同数なのに、独身者の数は持ち高と逆比例して、三角形を作っています。

つまり、持ち高が低いほど独身者が多いこと(五～十石の女子を除いて)が一目瞭然です。

結婚は、愛情ではなく経済・生活そのものなんだということを如実に物語っているとは思いませんか。

《石高と未婚者年齢の一覧》

《男20才・女18才以上の独身者》　　(合計)　(軒数)

			(合計)	(軒数)
20石以上	男	24	1人	2軒
	女	19	1人	
20石～10石	男	31　25　22	3人	11軒
	女	21　18　18　18	4人	
10石～5石	男	38　34　26　21	5人	10軒
	女	19	1人	
5石未満	男	38　34　29　27　23　22　20　20	8人	11軒
	女	54　44　36　30　24　21　20　19　18	9人	

この『家並田畑持高帳』を読んでいて、ふと、

「江戸時代の人は、何才ぐらいで結婚するんだろう?」

と、思ったのがきっかけで、最初の表(前頁上表)を作ってみました。

そこで、持ち高に関係していることが分かってきて、独身者のみを拾ってみたのが右表です。

この二つの表を目にすると、歴然とした貧富の差が現れています。

江戸時代は、庄屋や年寄等の村役人・高持ち百姓・水呑百姓(小作人)等の差があることは十分知っていたし、理解していました。

しかし、それがこのような形でまとめることで、身近かな現実のものとして直面すると、不思議な気持ちになるとともに、恐いような、悲しいような気持ちにもなってしまいました。

この親の元に生まれたばっかりに……。そんな声さえ聞こえてきそうで恐い気がします。

また、子供の名前についてはいろんなのがありました。特に女子の名前を上げておきます。

さあ・きり・よし・とど・しも
とじ・ゑん・くり・まし・こちよ
ひめ・たま・つま・へじ・ふく
とく・はた・りん・やい・まん
みい・うし・かつ・やく・おいち
ねい・こや・るい・かめ・すぎ
さご・たつ・すう・くま・まし
なつ・いと・いら……等々

《参考》川崎文書(滋賀大学史料館)

※1

上では、単純に年齢と石高の関係で一般論を書いてみました。

しかし、個々の家庭を垣間見ると、石高だけではない事情も見えてくるように思います。

例えば、R(66才)は一男(27才)一女(30才)と同居していますが、妻の欄は空白です。恐らく、先立たれたのだと想像出来ます。

妻がいないため、三〇才になる女子が炊事等を担当していたのだと思われます。

R家では、二七才の男子に嫁を貰わない限り女手がありません。

しかし、持ち高が二石余ではなかなか縁談もまとまらない状況にあります。三〇才の女子は家の犠牲になったというか、嫁に出られない状況に置かれていたのです。

このような、家庭事情のため婚期を失した場合もあったと思われます。

同様な状況にあるのがX家です。

X(62才)は、男(31才)、女(18才)、姪(16才)の四人家族ですが、妻に先立たれています。

一八才の妹や一六才の姪が女手を勤めています。三一才の男子に嫁が来ない限り、妹は家を離れられない状況です。

幸いにも、X家は一五石余の高がありますので、経済的にはゆとりがありそうです。近い将来に嫁取りが可能です。

一八才の妹も婚期を失せずに済みそうです。

このような状況は現代にも通ずるものがありますが、ガスや電機製品のない時代ですから、切実であったように思っています。

また、江戸時代の農業は機械化している訳ではありません。すべてが手作業、肉体労働でした。

そのため、労働力の関係を無視することは出来ません。

嫁に入ることは一人前の労働力を得ることであり、嫁に出すことは一人前の労働力を失うことになります。

例えば、F(26才)は、祖母(63才)と妹(19才)の三人家族です。

もし、妹が嫁に出たとしても、祖母が炊事等を担当することは可能なように思います。

ところが、Fの持高は七石余ですから、妹に出られてしまえば、祖母と二人では労働力不足となってしまいます。

これまた、兄に嫁が来ない限り、労働力としての妹は婚期が来ないことになりそうです。

一昔前、といっても三〇年程前のことですが、婚礼の仲人などの挨拶に「結構なお手間を頂戴しまして……」と言うことを教わりました。

現代でこそ、個人と個人の関係になりつつある結婚も、田舎ではついこの間迄は、家と家の関係であり、江戸時代からの考え方が流れていたのです。

R、X、Fの三人の家庭を例にして述べましたが、あくまでもこの史料から筆者が想像して説明しただけであり、現実がどうであったかは一切分かっていません。

想像通りの結末を迎えたのか、別の結末を迎えたのかは知る術もありません。(念のために)

源慶寺鐘楼堂再建願い

第０６７号
1996.08.24

左の文書は安政五年（一八五八）のものです。

《宗教五〇》

乍恐以書付奉願上候

弐間

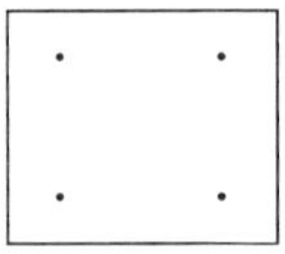

弐間

鐘楼堂
弐間四方

一従往古在来鐘楼堂及大破ニ候ニ付此度建替仕度候因依右墨引ヲ以御願奉申上候何卒御憐愍之御慈計ヲ以御見分之上右奉願上候通り御聞済被成下候半者難有仕合ニ奉存候以上

安政五年
午三月日　浅井郡冨田村
源慶寺(印)
門徒惣代
S左衛門(印)

山形
御役所

右件奉願上候通御聞済被成下置候様奉願上候依之奥印仕候
庄屋T兵衛　(印)
年寄K右衛門(印)

読み下さないで原文のまま紹介しました。（一行の文字数は紙面の関係で、原文通りではありません）

上の文書は、安政五年（一八五八）の源慶寺の鐘楼堂の再建願いです。

「以前のが大破したので（壊れていなくても、願書の常套文句として使用します）、この度、建て替えたい。許可をして下さい」という内容です。

今の源慶寺の鐘楼堂は、おそらく、この時建ったものだと思われます。石垣の半分が暗渠で埋められたり、最近と言っても少し前ですが、屋根瓦の葺き替えがありましたが・・・。

さて、この年に冨田村から、同様にして、ある建物の「再建願い書」が出されていたことを覚えておられるでしょうか。

実は第九号で書きましたように、八幡神社の再建願いも、同年同月の安政五年三月に提出されているのです。

下段にその時の文書を再掲します。

年寄の名前が、上は「K右衛門」で下が「S左衛門」となっていますが、「K右衛門」は下では氏子総代の肩書きで押印しています。

また、上の文書は領主（地頭様）宛の文書であり、左は畿内の大工頭中井家役所宛の文書ですが、上には左のような文書が付随していた筈なのです。

《安政五年　八幡社修理願書》
《宗教四九》

水野和泉守様御領分
江州浅井郡冨田村
八幡社

図（省略）

一三尺四方屋根瓦葺
御□壱尺ニ弐尺

古来より有り来り候処、大破ニ及び候ニ付、此度建て直し申し度段、御地頭様えは私ども御願申し上げ、相済申し候。右願の通り仰付けなされ下されるべく候ハゝ有難く存じ奉り候。以上

安政五年
午三月　庄屋　T兵衛(印)
年寄　S左衛門()
氏子総代　K右衛門()

右の通り相違御座なく候。細工つかまつるべき哉、御窺い上げ奉り候。以上

江州下浅井組
請負大工
同郡下八木村　繁右衛門
組頭　新右衛門

中井小膳様
御役所

《裏面》は省略

何故に、この年に八幡神社社殿の再建と源慶寺の鐘楼堂再建という二つの大事業に取り掛かったのか、取り掛かれたのかは分かりません。

ただ、当時の冨田村にそれだけの財政的余裕（もしくは積立金）があったであろうと想像できます。

ここで、いろんな推測をする前に次のことを承知しておかねばならないと思います。

江戸時代は神仏混合であって、八幡神社も源慶寺や圭林寺も、いわば一体であり、神社は神さん・寺は佛さんといった明確な区別はなかったということです。

勿論、氏子は全員、両寺の旦那（門徒）は別々だったと思います。

明治の廃佛毀釈の中で、神仏分離がなされ、現在のような明確な区別をするようになったのです。

従って、湖北の神事（おこない）でも、観音堂で行ったり、住職のおつとめがあったり、般若経が読まれたりする地区が残っているのは、その名残だと思われます。

こういう認識に立てば、八幡神社の建築と源慶寺鐘楼堂の建築は共に、冨田村の大事業なのです。

一方（寺）は門徒だけの事業だとは決して言えなかったと思われます。

そこで、冨田村神事文書の中に気になる史料が残されています。

それは、

文化十五年（一八一八）
御神事祠堂銀勘定帳
寅正月十八日　連中

という表紙がある分厚い史料です。

これは、文化十五年（一八一八）から安政三年（一八五六）までの、勘定帳です。

内容はよく分からないので、気に止めていなかったのですが、毎年正月十八日（当時の神事当日）に改められていますから、八幡神社か神事関係の勘定帳だったと思われます。

その記述の中に、途中からですが、（嘉永二年（一八四九）より）

「金拾三両　源慶寺祠堂」

という記録が五ケ年分見られます。

また、

「何々匁何分　源慶寺懸銀引」

という記録が三度見られます。

更に、安政三年の最後に
「〆金五拾四両三朱ト
壱貫弐百五十文」

とあります。

私の推測では

ここからは、あくまで私の推測ですから、もしかすれば事実と反するかも知れません。（念のため）

この勘定帳は、当初は何かの借金返し等の勘定であったものが、清算が終って、逆に残金が残るようになり、今度は積立勘定帳に変化して行ったのではないかと想像します。

勿論、毎年支出もありますし、神事の費用も支出されています。

そして、少しずつ貯まって行き、ある部分が源慶寺祠堂の積立に、残金が八幡神社の積立になって行ったのではないでしょうか。

勘定帳が安政三年で終わっているのも、一応のメドが立ったのだからかも知れません。

その積立金を元にこの二大事業を起こしたのだと考えるのは無理でしょうか。

（六十五両と五十四両余）

経過はどうであれ、安政五年（一八五七）三月より、八幡神社と源慶寺鐘楼堂の再建が同時にスタートしたことだけは紛れもない事実なのです。

《参考》
川崎文書（滋賀大学史料館）
冨田区神事文書（冨田区）

※1
江戸時代、寺社などの新築は禁止されていましたから、（その建物が新築でもあっても、大破していなくても）前の建物が大破したので、従来通り再建したい…、と書くのが通例になっていました。

今回の場合は、正真正銘の再建ですが移築しています。

旧の鐘楼堂は門を入った右手にあったようですが、今回の鐘楼堂は境内の南西の隅に基礎の石垣から建築したようです。

現在の石垣の南面は暗渠になってしまっていますが、それ以前は在所川の底面から綺麗なカーブを描いた石垣でした。

旧鐘楼堂の位置については、第八九号に嘉永三年（一八五〇）の源慶寺墨引き図を掲載していますので参考にして下さい。


【いっぷく】

年代不明の文書ですが、仏壇が売りに出ている事を知らせる書状です。

跡敷き断絶の場合ではないようですが、藤岡和泉作の仏壇の値段を想像させる史料です。

《未整理一〇三〇》

前文御高免可被下候。
此頃、國友村宇太夫方ニ佛檀、泉甚兵衛二代目かみなり重兵衛作ニ而、雨戸金物類名作ニ御座候間、長濱喜兵衛、先日見に参り、六拾両斗りと先方段相附候へ共、八拾五両斗りと直ニは被申候間、全此檀も此頃南浜買人より喜兵衛同道ニ而罷参候と被申候間、何卒火急ニ見ニ御出可被成と御知セ可申上候。以上
（追伸省略）
八月七日　　小沢村
　　　　　　宮村紋次郎
冨田村
河崎T兵衛様
火急用書
（※江戸期末の書状と考えられる）

（藤岡）和泉甚兵衛は、長浜町伊部町の人で、当初は彫刻を学び、長浜八幡宮の御輿や、長浜曳山の製作に関与した人物ですが、仏壇の製造を始め、その仏壇は「和泉檀」と呼ばれました。

『近江人物志』には、五代目甚兵衛が「雷甚兵衛」と称したとありますが、右文書では、二代目かみなり重兵衛とあり、判然としない面もありますが、初代に変わらず名手だったようです。和泉作の仏壇の値段は家一軒分が相場で、一〇〇両を越すものもあったと聞きました。

右の文書にも六〇両余とも八五両余とも書かれています。

しかし、時代が降って、浜仏壇が大量に生産されるに伴い、仏壇も大衆化し、その値段も下がったのだと聞きました。

しかし、一六九号で紹介しますが、百姓M助の跡式が断絶することになり、その古家や諸道具が売りに出されますが、古家が一五両、諸道具の代金が一両、合計して一六両とあります。時代がはっきりしないので一概には言えませんが、右の仏壇の値段と比較すると雲泥の差です。

M助の持高が不明ですが、持てる者と持たざる者の差かもしれません。

それが江戸時代だったのです。

見つかった関名右平次の免定

第０６８号
1996.09.10

古文書を読み始めてから、自分なりの研究テーマを設定しています。
その一つが「年貢について」ということで、自分なりに頑張っています。

冨田村の年貢免定については、紹介した頃（二十一～二十四号）には、最も古いものは、寛永元年（一六二四）の猪飼次郎兵衛のものでした。

勿論、慶長十六年（一六一一）の日下部善助の時代のものも残されていますが、これは当時の写しでしかありませんでした。

ところが最近、慶長十九年（一六一四）から元和六年（一六二〇）までの七年分、丁度、關名（関名）右平次が代官であった時代の分が見つかりました。

年代不詳の分として扱われていたものの中にあって、見つけたときは感動しました。

江戸時代初期の幕府が確立していく頃の、このような免定は、大抵散逸してしまっていて、現存している例もあまりないのではないでしょうか。

いわば、今から三百八十年程前の税金の冨田村宛請求書です。

その三百八十年程前の免定が七年分も連続で見つかったのです。

貴重な史料になるものと思っています。

《慶長十九寅年（一六一四）の免定》
《租税三一四》

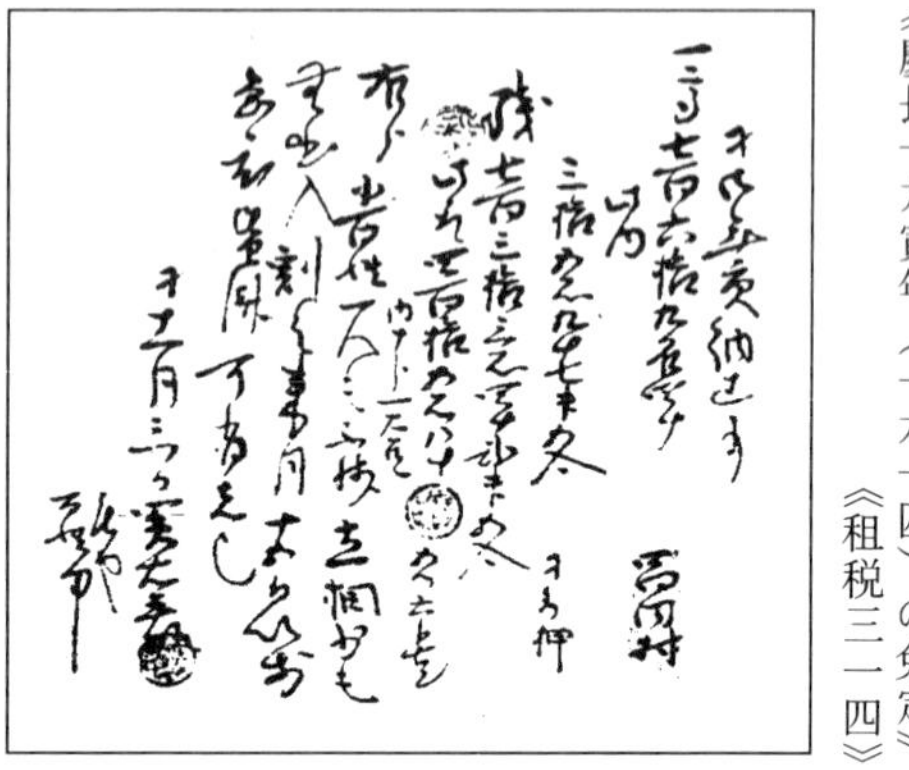

この文書を活字にすると、下のようになります。

刁御年貢納辻事　冨田村
一高七百六拾九石四斗
　此内
三拾五石九斗七升五合　刁《とら》水押
残七百三拾三石四斗弐升五合
印）此取四百拾五石八斗（印
　五ツ六分七リン
　内十分一大豆
右分小百性一人も不残立相少も
無出入割りて来月十五日以前
急度皆済可有者也
刁十一月三日関（名）右平次（印
　庄や
　百性中

（※「刁」＝「寅」の異体字）

また、内容を要約すると、

寅年の年貢は

高七百六拾九石四斗に対して、

三拾五石九斗七升五合を水押（大水）

損害のため差し引いて（控除して）

残り七百三拾三石四斗弐升五合が

課税対象高（額）となり、

年貢（税額）四百拾五石八斗とする。

免率（税率）は五割六分七厘である。

但、十分の一は大豆で納めること。

以上を百姓全員が立ち合って、もめることなく割り振りし、来月（十二月）十五日までに完納すること。署名捺印。

と言った簡単な内容です。

しかし、この免定の発見により、慶長十九年には大水・洪水の類の災害があったこと、大豆納があったこと、大豆納に対応するために、かなりの大豆を作っていたであろうことなどが窺われます。

たった一枚の免定からでもいろんな事が分かってくるものです。

また、免率（税率）について見ると、

慶長	六年（1601）	七割二分
慶長	十六年（1611）	七割
慶長	十八年（1613）	六割八分
慶長	十九年（1614）	五割六分七厘
	（※水押引）（高二）	五割四分四毛
元和	元年（1615）	五割三分五厘
元和	二年（1616）	五割六分五厘
元和	三年（1617）	五割四分
元和	四年（1618）	五割八分六厘
元和	五年（1619）	三割八分五厘
元和	六年（1620）	四割七分四厘
	（※永荒水込引）（高）	四割三分二厘

となって、慶長十九年の関名右平次の時から、免率が下がっていることが分ります。

理由は分かりませんが、百姓達にとっては歓迎されたに違いありません。

特に、元和五年（一六一九）の三割八分五厘は異常な低さで、江戸期を通しても、四割を下る免率は数えるほどしかありません。

ところが、次頁のような史料も残っています。

紙質も前のと同じように思われますから、同時代のものと思います。

何故に、関名右平次宛（兵右衛門尉は父か？）の文書が冨田村に残っていたのかは、全く不明です。

これによれば、右平次に免率六割に当たる四百四十石の納米を督促しています。

おそらく、代官関名右平次の更なる上司（勘定奉行）からの書状かもしれません。

とらとし御年貢米納辻事
高七百六拾九石四斗
　内卅五石九斗七升五合　水おし二引
残者七百卅三石三斗九升五合　→　有高
　（※計算間違い）
此取四百四十石　定納六ツ取
　此内十分一分大ツ（大豆）
右者當月廿五日以前ニ皆済可有
者也
　十二月二日
　　関名兵右衛門尉殿
　　　右平次殿

《租税三一八》

しかし、右平次は指示された免率六割（四百四十石）どころか、それより低率の五割六分七厘（四百拾五石八斗）を既に課税しています。

その差二十四石二斗（六十俵半）はどう処理したのでしょうか。

今となっては全く知ることは出来ませんが、興味の残る事柄です。

このことは、代官関名右平次が、百姓にとって名代官であったことを裏付けるのか、それとも計算の出来ない愚かな代官であったことを裏付けるのかのいずれかだと思われます。

ともかく不思議な史料です。

元和元年（一六一五）より元和五年までは、数字こそ変化していますが（損免引はない）、全く同じ字句が使われており、面白味には欠けますが、資料は得難いものがあります。

また、慶長十九年の免定には毛付高（控除後）に対しての免率が明記されているのに対して、元和六年の免定では、損免引（控除）が同様にあるにも拘らず、村高に対しての免率が明記されているのが変化している位で、殆ど同文です。

また、この文書の発見により『東浅井郡志』には、「慶長十九年まで日下部善介」とありますが、少なくとも年貢の取立時期には関名右平次に替わっていたことになり、訂正が必要になってきます。

免定等が残されている事によって、時の代官が誰れであったことが分かる以外にも、「水押引」等の損免引があることによって、洪水があったとか、台風が来たとか、日損（日照り）があったとか…天候に関する状況や、不作・豊作の状況等も分かりますし、更には、百姓の苦労・喜び等々の生活も見えてくるように思います。

また、免率の変化から村全体の財政状況も分かると思われます。

免率が低くなれば余裕が出てきますし、高くなれば生活は苦しくなってきて、土地を手放す百姓も出てくるようにも思われます。

それらの意味を考えると、免定が残されていればいるほど、村全体・世の中全般のことが少しづつでも知ることが出来るのです。

《参考》
　川崎文書（滋賀大学史料館）

※1
関名右平次に関して、右に見たように、慶長十九年（一六一四）の免定が二通存在し、疑問が残ることを示しました。

ところが、また次のような文書を見つけました。

（A）　《未整理二二八》
巳ノとし分
高七百六拾九石四斗
　此内四拾四石八　あて作引
　　三十七石　永荒引
残て六百九拾弐石四斗也
此取四百七拾石八斗三升　六ツ八分
右分かいせ可有候
巳十一月十五日　右平次殿判
※かいせ（皆済）
※天和三年巳（一六一七）推定

一方、次のような文書もあります。

（B）　《租税三二四》
巳ノ御年貢納辻之事
一高七百六拾九石四斗　冨田村
（印）此取四百拾五石四斗八升（印）
　五ツ四分
　内十分一　大豆
右之分小百性一人も不残立相少も
無出入割りて来月十五日以前急度
皆済可有者也
巳十一月十一日
　関（名）右平次（印）
　庄屋百性中

（B）については、関名右平次の署名押印があり、正式な免定と考えられます。

（A）については、押印がなく写かと考えられます。

年代の推定が間違いとも考えられるのですが、関名右平次は慶長一九年（一六一四）～元和七年（一六二一）の間しか代官職になく、その間の巳年は天和三年（一六一七）しかありません。

上の二通には村高以外に共通する数値はなく、全くの矛盾を呈しています。何れが正しい数値なのか、迷っています。

（A）については、最大のポイントとなる「右平次殿判」の部分が読み辛く、場合によっては筆者の誤読であるかもしれないのですが……。

冨田村では、免率が五割を越えるのは江戸初期しかありませんので、時代的には間違いないと思っているのですが……。

慶長一八年（一六一三）には日下部善助の名で六ツ八分の免となっています。

何れにしても、関名右平次に関しては、難問が多いです。

その一つには、右のように同一年に二通の免定の件もあります。また、観点を変えると、彼の免定には干支は記載されていますが、年号は一切記載されておらず、干支で年代を判断せざるを得ないのです。

そういった意味で、もしかすれば誤った情報を提供しているのかも……という不安もあるのですが、右の事情も御理解下さい。

定免請負證文のこと

第０６９号
1996.09.24

前号は江戸初期の、冨田村としては最古の免定を紹介しました。
今回は江戸期の半ば頃より始まった請負免について書きたいと思います。
次の文書は文化六年（一八〇九）のものです。《租税二九一》

乍恐以書附御願申上候

一當村御定免之儀、去る辰年限りにて、年明きニ御座候ニ付、又々、當己年より酉年迄五ケ年之間、御定免御願い申し上げ奉り候。併わせて、當村之儀ハ元来旱損所故、御田地養水(用水)難渋仕候。何卒、此の(用水の)末へ御憐愍を蒙り、大小之百姓相続仕つり候様ニ、偏(ひとえ)ニ御願い上げ奉り候。右願之通り仰せ付けなされ下し置かれ候ハヽ、惣百姓一統有り難く仕合ニ存じ奉つるべく候。以上

文化六年己五月日
浅井郡冨田村
惣百姓代J郎右衛門(印
年寄H太夫(印
同断S兵衛(印
庄屋I郎右衛門(印
同断G左衛門(印
同断T郎右衛門(印
小池真左衛門殿

検見(けみ)から定免に

冨田村を支配してきた領主達は、古来より検見(毛見(けみ))法という方法で、年貢を徴収してきました。

検見法というのは、秋になれば代官がやって来て、坪刈りを実施します。その坪刈りで、その年の豊作・不作等の出来具合を検分し、その成果によって年貢率(免率)を決定する方法です。

検見法は、不作等の年には、実際に検分に来るのですから、状況をよく把握してもらえる利点もありますが、逆に、刈り取りの時期になっても検見が終わらない限り、刈り取りが出来ないという欠点もあったようです。

冨田村は江戸時代の初期から検見取りで年貢を納めていました。ところが、半ば頃から、上のような定免(請取免とも言う)を御願いするようになってきます。

定免法というのは、ある一定の免率を決めておき、出来が良くても悪くても、その一定の免率で年貢を支払う方法です。

定免法は煩雑な坪刈り等はしなくてもいい代わりに、不作の年でも約束の年貢を支払わなければなりません。

そのため、定免を請け負うとき、次の文書にあるように、条件を付けるのが常であったようです。

次の文書は天保十五年（一八四四）の文書で、冨田村に残されている水野和泉守忠邦(浜松藩領主)の時代の定免請負証文です。
(冨田村は浜松藩の飛び地でした)
《租税二九五》

差上げ申し定免御請證文之事

近江国浅井郡冨田村

一高六百六拾弐石壱斗九升壱合
此御取米弐百弐拾弐石
九斗四升五合

右は私共村方御取り箇《とりけ》定免御願い上げ奉り候処、御吟味の上、書面の通り御取り箇にて、當辰より申(さる)迄五ケ年、定免仰せ付けられ候旨、仰せ渡され、村中一統有り難く存じ奉り候。御定免の御年貢、御割賦、御日限の通り滞り無く急度(きっと)御上納仕(つかまつる)べく候。然る上は、半高以上の大変御座候ハヽ、御見分願い上げ奉り候。半高以下の不作ニては、御訴訟がましき義、申し上げ間敷く候。尤も、諸引き高の内、起返地御座候ハヽ、早速御注進申し上げ、御差し図次第御上納仕るべく候。且つ又、惣百姓小手前割賦の儀、依怙贔屓仕らず、甲乙無くの様、割り合い仕るべく候。仍(よって)、連判證文差し上げ申す処(ところ)如件(くだんのごとし)

天保十五辰年二月
冨田村
百姓代T兵衛(印
年寄K兵衛(印
同断K右衛門(印
同断Z左衛門(印
庄屋I平次(印
同断K兵衛(印
同断S兵衛(印

濱松
御役所

上の文書では、冨田村々高六百六十二石壱斗九升壱合に対し、年貢米を二百二十二石九斗四升五合と決めています。率に換算すると、三割三分六厘七毛弱になります。

豊作でも、不作でも、この二百二十二石九斗四升五合は年貢として納めるという契約書なのです。

期間は天保十五年（弘化元年）から嘉永元年（一八五〇）の五年間です。

但し、上の内容にもあるように、出来具合が半作以下の場合には、御見分を御願いする。(つまり値切りたい)

しかし、不作であっても半作以上だったら、訴訟がましいことは致しませんとあります。

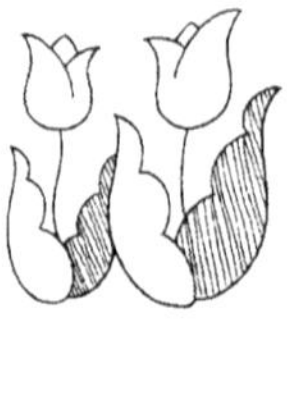

元文元年（一七三六）より定免？

では、この定免（請負免）は一体何年頃から始まったのでしょう。

領主によっては、早くから実施しているようですが、冨田村では元文元年（一七三六）からではないかと、考えられます。

年	免率
享保十七年(1732)	〇・四一二〇
享保十八年(1733)	〇・三九八〇
享保十九年(1734)	〇・三〇五六
享保二十年(1735)	〇・四〇九六
元文　元年(1736)	〇・四〇四〇
元文　二年(1737)	〇・四〇四〇
元文　三年(1738)	〇・四〇四〇
元文　四年(1739)※	〇・四〇四〇
元文　五年(1740)	〇・四〇四〇
元文　六年(1741)	〇・四〇四〇

右の表を見ると。享保二十年（一七三五）までは免率が一定ではありません。

しかし、元文元年からは免率が一定になっています。

元文元年から元文三年までの史料は残されておらず、『年代記序』と題する後世のまとめたものから数値を取っています。

しかし、元文四未年（一七三九）には、「未より戌までの四ケ年請負免の證文」が、代官堀口治太夫・波多野惣七両名に宛てた証拠書類が残されています。

また、この文書には「先達而御請免奉願候処去年限ニ御座候間又々當未年□戌年迄四ケ年・・・・」とありますから、請負免の延長願いであることが分かります。

従って、元文四未年（一七三九）からは確実ですが、元文元年から三年間のものは、不十分でありますが、信頼できる史料ですので、結論的に、冨田村が定免（請負免）となったのは、元文元年（一七三六）だと断言してよさそうです。

元文四年の『御請負免證文之事』には、「高六百五拾五石弐升壱合に対して請負免四ツ四厘」と記入されていますし、「世間一同大変の節は格別、少々の旱損水損不作これあり候とも、御訴訟ケ間鋪儀、一言も申し上げ間敷候・・・・」とあります。

村高六百六拾弐石壱斗九升壱合に対して、「永荒」が差し引かれていることや、免率が四ツ四厘だということが明記されています。

また、格別の不作の時は、請け負えない事が、やはり明記されています。

《参考》
川崎文書（滋賀大学史料館）

※1　前号で幕府代官、関名右平次を取り上げました。次のような、関名右平次に関する文書が新しく見つかりましたので、引き続き、関名右平次に関して紹介します。

《未整理六八二》

右條々被■■■■■・・・
不相替被仰付■■■■・・・
可奉忝存候。
元和六年九月拾八■・・・
□□
関名右平次様
（※元和六年（一六二〇））
（※■■は破損失の部分）

たったこれだけの文書で、下半分が破損し、失われています。従って、誰が関名右平次に宛た文書かも分かりません。「右條々」とありますから、この文書の前に何かの条文等があったと類推できます。また、「不相替被仰付」は「あいかわらず仰せ付けられ」と読み、「可奉忝存候」は「かたじけなく存じ奉るべく候」と読みます。これだけでは何の意味もない文書のようですが、この文書以外の、彼に関する文書は年貢に関する文書ばかりでした。しかし、この文書の詳しい内容は分かりませんが、幕府代官として何かの法度らしきものを通達した。それに対して、村人から提出した請け状の写ではなかったかとも考えられます。つまり、関名右平次も年貢の仕事だけでなく、日常の政治も担っていたことを示す文書だと、私には感じられました。

江戸期の代官・郡代は、代官職の任期中に、免定（年貢）以外にも何かの足跡やエピソードを残しているのですが、関名右平次に関してはまったく何も残されていません。元和年間という古い時代で、残されている文書自体も非常に少なく、仕方がないことなのですが、私にとっても、冨田村にとっても貴重な断簡だと言えます。尊勝寺村（旧浅井町）にあった代官屋敷での生活の様子がもっと判明するといいのですが・・・・。

※2　本文では、元文元年より定免と書きましたが、寛延三年（一七五〇）、浜松藩の領主が松平豊後守になると、定免でなくなります。しかし、宝暦一二年（一七六二）、領主が井上河内守になると、再度定免になり、免率〇・三一七八となります。しかし、明和八年（一七七一）頃から免率が一定ではなくなります。定免でなくなったのかもしれませんが、免率が三割を切る年も見られるようになり、寛政一一年（一七九九）から五年間は、免率〇・三一〇〇という定免が確認できます。また、文化一四年（一八一七）、再度領主が替わり、水野和泉守（越前守）になると、残された史料が殆どなくなってしまいますが、垣間見える限り免率〇・三一〇〇の定免であったようです。時代が新しくなるに従って免率が分からず、傾向しか掴めません。

免割賦と納入の変化

第０７０号
1996.10.10

前回は、元文元年（一七三六）から定免請負免となったと書きました。

ところが、この後の史料は不可解な数値を残すようになります。

若干時代が下がりますが、明和四年（一七六七）の史料を見て行きたいと思います。

①　《租税二六四》

戌御年貢可納割付之事
戌ょり子迄三ケ年定免
近江国浅井郡冨田村
一高六百六拾弐石壱斗九升壱合
内五斗弐升　郷蔵敷引
六石六斗五升溝敷土取後永引
小以七石壱斗七升
残高六百五拾五石弐升壱合　毛附
此取米　免四ツ七厘
弐百六拾六石五斗九升四合
外
一米拾壱石九斗壱升九合　夫米
一米七石九斗九升八合　口米
納合米
弐百八拾六石五斗壱升壱合
右者當戌年御取箇書面之通相究候間村中大小之百姓入作之者共立會無高下割合来ル極月十日限急度可令皆済者也
明和三年丙戌年霜月
中畝忠助　印
馬目七郎右衛門　印
右村庄屋年寄惣百姓中

②　《租税二六五》

明和四年亥御物成割附之事
一高弐百六拾石弐斗　西組
弐升三合五勺弐才
内弐斗六升　郷御蔵屋敷引
残テ弐百五拾九石九斗
六升三合五勺弐才
此取米　免三ツ壱分七厘八毛
八拾弐石六斗壱升六合四勺
一高三百三拾三石九斗　東組
四升八合三勺五才
内壱斗三升　郷御蔵屋敷引
残テ三百三拾三石八斗
壱升八合三勺五才
此取米　免三ツ壱分七厘八毛
百六石八升七合四勺
一高六拾八石壱升八合九勺　北組
内壱斗三升　郷御蔵屋敷引
弐石九斗弐升七合　永荒引
残テ六拾四石九斗六升壱合九勺
此取米　免三ツ壱分七厘八毛
弐拾石八斗四升四合九勺
割附高
六百五拾八石七斗四升四合

①については、明和四年のものではありませんが、明和三年～明和五年の免定ですから、対応しています。
①は代官所より冨田村に宛てられたものです。
②は冨田村内で割付して、作成されたものです。
二通を比較すると、

◎免除（控除）について

①　郷蔵屋敷引‥‥五斗二升
　　溝敷土取跡永引・六石六斗五升
②　郷蔵屋敷引‥‥五斗二升
　　永荒引‥‥‥二石九斗二升七合

となっていて、「永荒引（溝敷土取跡永引）」が在所内では三石七斗二升三合分も少なく見積もっています。

これは、代官側が「永荒引」を多めに見積もっているのか、冨田村側が無理をしているのかは分かりません。

ただ、村側と代官側では取扱いが違うことがはっきりします。

このことは、以前にはなかったことで、溝敷土取跡（昔の字溝尾にあった堀のことか？）の扱い（永荒引）が変わったためかもしれません。

ちなみに、「溝敷引」が見える最初は、貞享元年（一六八四）の土屋相模守の領地になったときからで、次の様な変遷を辿っています。

貞享元年（一六八四）～
溝敷引　四石四斗三升五合引き
元禄十一年（一六九八）～
永荒引　二石九斗五升七合八勺
※この年より西郷市正との相給になるので、差し引き一石四斗七升七合二勺は西郷氏に引き継がれたのではないかと思われる。
この「永荒引」が確認できる最後は、寛延二年（一七四九）です。（以降の文書は未記入）
明和三年（一七六六）～
溝敷土取跡永引　六石六斗五升

こう変化を辿ると、「永荒引」が増えたにも拘らず、村側は以前のままで計算していることが分かってきます。

◎免率・取米（年貢）について

①　免‥‥四ツ七厘
　取り米（本年貢）
　二百六拾六石五斗九升四合
　夫米　十一石九斗一升九合
　口米　七石九斗九升八合
　納合米
　二百八十六石五斗一升一合
②　免‥‥三ツ一分七厘八毛
　割付米（西東北合計）
　二百九石五斗四升八合七勺

となっていて、惣年貢米として、二百八十六石五斗一升一合を要求しているのに、冨田村側は二百九石五斗四升八合七勺しか割り振りしていません。

つまり、七十六石九斗六升二合三勺不足することになります。

この不足分七十七石弱はどうしたのかが、書類上は全く分かりません。

もし、安養寺村・十九村の出作年貢が別徴収だとしても、

安養寺村
十三石七斗六升八合二勺九才
十九村
七石九斗三升五合三勺四才
惣取米
二十一石七斗三合六勺三才

となり（計算上）、まだまだ不足します。

考える一つの手がかりとしては、延享二年（一七四五）の「御物成割賦之事（抜粋）」に

残弐百九拾壱石四斗六升八合九勺
高壱ツ五分弐厘五毛　三分一口米銀方
此取八拾三石五升壱合五勺四才　弐ツ八分五厘

とあり、その後の「御物成割賦之覚」には、三分一銀納の分が省略されて、「免弐ツ八分五厘」のように記入されるようになります。

おそらく、明和四年の①②の矛盾についても、三分一銀納の分が省略されているのではないかと思われます。

そう考えれば、不足分の七十七石弱も解決が出来ます。

しかし、延享二年（一七四五）「御物成割賦之事」では、
一ツ五分二厘五毛　三分一口米銀方
二ツ八分五厘　米納分
とあり、計四ツ三分七厘五毛になりますが、この年の免率は四ツ四厘です。これでは合計が合いません。これは夫米・口米等を含んで徴収計画を立てる（村側が計算する）からだと思うより仕方がないと考えます。
従って、この時期から正確な年貢高が分からなくなります。
三分一銀納分の史料が一切残されずに、米納分だけの史料となってしまうためです。
銀納には三分一銀納分だけでなく、口米分も含みますから、単純に三倍すれば……とはいかなくなります。
米納は三分一銀納の残の三分二と夫米（通常一分八厘）ですが、これで計算してもやっぱり合いません。
従って、年貢の全体像を確認するには、「御物成割賦之覚」では不可能のようです。個人毎の明細帳のような資料を調べるしかありません。
年貢について、史料のある限りを調べることで、江戸時代の冨田村の経済状態を探ろうとしていましたが、史料が残っているのに、頓挫しそうです。

《参考》
川崎文書（滋賀大学史料館）

※1
前号で定免四ツ四厘となったことを紹介しましたが、定免四ツ四厘について、次のような文書を見つけました。

《未整理七九》
冨田村　定免四ツ四厘
當村之義ハ旱損所ニ御座候ニ付、照續候節者田畑旱損仕候ニ付、定免も御請難申上候得共、右旱損ニ及候ハヽ、御見分之上御用捨可被成下段、先々ゟ被仰渡候ニ付、御請申上候。尤、少分之義ハ御訴訟ケ間敷義申上間敷候。

メモ的な文書で、記年はありませんが、元文元年（一七三六）ではないかと思っています。

内容は、冨田村は水利に不便な旱損所のため、日照りが続くと田畑共に旱損してしまうので（被害が出て、収穫が減じるから）、定免は受けがたいのだが、旱損の場合は見分を実施して、年貢の用捨（減免）をするからと約束をされたので定免を承知しました。ただし、被害が少ない時は見分をお願いするようなことは致しません……といった所です。

御検見から定免への変化は、領主側からの一方的な押しつけではなく、原則的には、村から領主へのお願いという形を採っていますから、最初に導入された時も説得があり、請書の提出が不可欠であったのだろうと思われます。

そのことを示す文書もあります。次の文書は訂正に訂正を重ねていますので、冨田村役人が作成した文書だと考えられます。

完成したであろう形で紹介します。

《未整理九三》
乍恐書付を以御願奉申上候
一當村之義、御免合御検見取ニ而、鎌留メ被仰付候。苅入等殊外勝手悪敷御座候間、此度亥年ゟ卯年迄五年之平均を以、當辰年ゟ申年迄五年之内御請負免被仰付被下候得ハ、御年貢収納・耕作等之勝手も宜御座候間、願之通被仰付被下候ハヽ、難有可奉存候。勿論、少々風雨・旱損御座候とも御訴訟ケ間敷儀、一切申上間鋪候。尤、世上一同之大変之義御座候ハヽ御見分可被成下候。右御請負免奉願候通、被仰付被下候ハヽ惣百姓とも難有可奉存候。以上
浅井郡冨田村庄屋
享保二拾一年辰二月　T兵衛（印）
（庄屋二名年寄二名省略）
百姓惣代S太夫（印）
波多野惣七様
堀口治太夫様
（※享保二一年（元文元・一七三六）
（※一部原文を直しています）

御検見が実施されるまで鎌止め（収穫禁止）となり、苅り入れ時期など勝手が悪いため、過去の五年間の免率の平均をもって　五年間の請負免（定免）をお願いしたい。勿論、多少の損害は値引きをお願いしないが、全国的な凶作の年には御検見をお願いしたい、と述べています。

また、訂正の中では、定免の期間を三・五・七・一〇年間の候補を挙げています。

この文書だけから見れば、冨田村が自主的に請負免（定免）を願ったようにも考えられますが、両者の利益が一致したからこそ定免になったのだと考えたいです。

最後の年貢割賦状について

第０７１号
1996.10.24

次の文書は明治四年（一八七一）の「御物成割附覚」です。

《租税三一〇》

明治四未御物成割附之事

西
一御高弐百七拾三石九斗七升
　六合五勺五才
内　弐斗六升　郷蔵敷引
又　弐斗五升　永荒引
残テ
弐百七拾三石四斗六升六合
　五勺五才
此取米
　三ツ壱分
米八拾四石七斗七升四合六勺三才

東
一御高三百弐拾壱石五斗四升
　四合弐勺三才
内　壱斗三升　郷蔵敷引
残テ
三百弐拾壱石四斗壱升
　四合弐勺三才
此取米
　三ツ壱分
米九拾九石六斗三升八合四勺壱才

北
一御高六拾六石六斗七升弐勺四才
内　壱斗三升　郷蔵敷引
又　弐石九斗弐升七合　永荒引
残テ
六拾三石八斗六升三合
　弐勺四才
此取米
　三ツ壱分
米拾九石七斗九升七合六勺

三組
御高六百六拾弐石壱斗九升壱合
内　三石四斗四升七合　三組諸引
残テ
六百五拾八石七斗四升四合

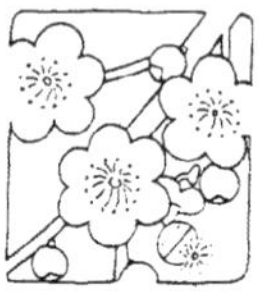

これによれば、西・東・北組合わせて、二百四石二斗一升余を年貢として割り当てています。

実際に年貢米として納入しているのは、別史料より、百六十八石四斗（四百二十一俵）なのだが、それはさておき、この史料が冨田村年貢関係の最後の史料になります。

江戸時代を通じて（それ以前から）領主の農民支配（年貢や諸役の割当等や法の遵守等々）は、「村請制」と呼ばれる方法が採られてきました。

この「村請制」とは、領内の個人を支配するのではなく、村を単位として支配し、村役人を通じて年貢や諸役を請け負わせる支配の方式で、例えば、年貢に関しても、個人（家）に課せられるのではなく、村高に応じて村に課せられ、村役人によって各個人（家）に割り振られることになります。

ところが、明治維新を迎え、明治四年（一八七一）七月に廃藩置県が行われ、当冨田村も朝日山藩から朝日山県になり、同十一月には長浜県となります。翌明治五年二月犬上県と改称されますが、九月には滋賀県となり、ほぼ現在の滋賀県が出来上がります。

そのためか、明治四年の「納米通」（年貢を納めた日時・量の記録）には『旧冨田村』と記されているのが印象的です。

また、明治六年（一八七三）に地租改正条例が公布され、税（今までの年貢に相当）が個人に対して行われるようになりました。

江戸期の年貢（税）は村単位・米納（一部銀納）で、しかも村高（収穫量に準じる量）に対して課税されましたが、地租改正以後は個人単位・金納となり、土地の地価に対して課税されるようになり、「村請制」はここに終焉を迎えることになったのです。

その意味でも、上の「年貢割賦覚」は冨田村の最後の年貢関係史料ということになります。

現在の個人宛の税制度に慣れてしまっている我々の生活では実感はありませんが、当時の人々にとっては、村組織がなくなってしまうと感じるほどの大きな出来事だったと思います。

なにしろ三百年間も続けられた制度が変わったのですから……。

従って、冨田村に残されている「村請制」による年貢関係の史料は、最古が慶長十九寅年（一六一四）の関名右平次のもので、最後が明治四年の上の「年貢割賦覚」と同年の「納米通」ということになり、その間、約二百六十年という長い年月に及ぶことになります。（勿論、欠落している年も多く、全ては分かりませんが……）

冨田村の変遷（後半）

第二号で冨田村の支配者（領主）の流れを提示済みですが、江戸期末から現在までの流れを確認しておきたいと思います。

一七二九年（享保十四年）
◎《浜松藩》に所属
　松平伊豆守・松平豊後守
　井上河内守・水野越前守
　と領主は変遷する。
◎一部は旗本の西郷氏支配

一八四四年（弘化元年）
◎《出羽山形藩》に所属
　水野和泉守の移封による
◎一部は旗本の西郷氏支配

一八七〇年（明治三年）七月十七日
——◎《朝日山藩》に所属
　水野忠弘、湖北五万石支配

一八七一年（明治四年）七月十四日
——◎廃藩置県
　◎《朝日山県》に所属

一八七一年（明治四年）十一月二十二日
——◎《長浜県》に統合、所属

一八七二年（明治五年）二月二十七日
——◎《犬上県》に改称、所属

一八七二年（明治五年）九月二十八日
——◎《滋賀県》に統合
　浅井郡第十三区に所属

冨田・十九・上八木・下八木
益田・安養寺・早崎・海老江
延勝寺・今西・尾上

一八八〇年（明治十三年）
——◎浅井郡を東西二郡に分割

一八八九年（明治二十二年）四月一日
——◎市制町村制度施行
　東浅井郡竹生村に所属

冨田・十九・上八木・下八木
益田・安養寺・早崎・香花寺
稲葉・弓削・小観音寺

一九五六年（昭和三十一）九月二十五日
——◎竹生村・大郷村合併
　東浅井郡びわ村に所属

一九七一年（昭和四十六年）四月十一日
——◎びわ町成立
　東浅井郡びわ町に所属
——現在に至る（平成八年）

二〇〇六年（平成十八年）二月十三日
——◎平成の大合併により
　びわ町・浅井町・長浜市合併
　長浜市誕生
　長浜市富田町となる

江戸時代の初期から現在までの約四百年の動きを調べてくると、冨田村も大きく歴史の中にあったことが伺い知れます。

「村請制」最後の史料から、思わぬ方向に発展しましたが、たった一枚の史料が想起させる事柄の大きさを痛感しています。

毎日挑戦している個々の史料（古文書）の一枚一枚、一頁一頁には、それだけの重い歴史が刻まれているのであり、人々の熱い息づかいが刻まれているのだと思います。

冨田村に住んだ一人一人の生活が綴られているのだと痛感すると共に、これらの史料は、冨田村の財産として、今後も大切にしていかなければならないものだと思います。

《参考》
　川崎文書（滋賀大学史料館）
　角川日本地名大辞典《滋賀県》

※1
明治一八年（一八八五）～明治二一年の文書の中に、
「浅井郡富田村外十ケ村戸長役場」という記載を見受けます。

明治二二年に竹生村誕生するまでに準備期間として、東浅井郡第十三区が編成替えになった可能性があります。

詳しくは不明ですが、明治一八年五月二八日に連合戸長役場制実施とありますから、その時点で竹生村の母胎となる、冨田村を含む一一ケ村が集まって、「浅井郡富田村外十ケ村」というまとまりを形作ったのだと考えられます。

行政変遷年表にも詳しい記載がなく想像の域を出ませんが、史料から確かな事実だと思われます。

地租・田租・聯合村會費・教育費・備荒公儲金・畑税・山林原野租・役場費・村費・地方税など、種々の請求兼領収書が、明治一八年～明治二一年の間、浅井郡富田村外十ケ村戸長役場の名で発行され、三一通が残されています。

《未整理六一一～六二七》

村費は戸数割と地価割、役場費は戸数割、備荒公儲金は地租割などその賦課方法も判明します。

また、時の村長は森幸太郎氏であったことも判明しました。

江戸期からの村請制の年貢納入が終焉を迎えると、新しく地租などに対して税が掛かるようになったと学校では習いました。

その時は、土地を持たない者は税が掛からないと思っていましたが、右の史料からはそうでなく、国税の地租以外に、村税として村費や役場費などについては戸数割であったことが分かります。

土地を持たない者も、多少であっても村費などの地方税の納入が義務付けられたのです。全くの新しい税制がスタートしたことになります。

しかし、現在とは異なり、個人に賦課されるというより、家（家長）に納税の義務があったということです。

その意味では、江戸時代の税制を引き継いでいたとも言えます。

【いっぷく】

《未整理二一一》

一筆令啓上候。然ハ立銀九十三匁、又外ニ壱匁八分、左右衛門殿ニ相渡し申候。其元ニて御取可被下候。此方ニハ貴様ニ付置申候。
一米之相場も先日迄、弥々高直ニ御座候。餅米ハ下直ニ候。恐々謹言
　二月廿三日
（端裏書）　冨田丁兵衛様　拝下

年代も差出人も分かりませんが、恐らくは冨田村専属の蔵宿からの書状だと思われます。

米相場の連絡で、米は高値で、餅米は下値だとあります。米の相場を知ることによって米の売り時を窺っていたのだと思われます。

年貢の大半は米納ですが、三分一銀納という銀納もありましたから、現金（銀）が必要でした。そのためには米を売却して現金（銀）化する必要があった筈です。

そのため、こうした情報が必要だったのだと思います。

"大工日数覚帳"について

第０７２号
1996.11.10

《家五》

享保十五年
大工日数覚帳
戌十一月十四日　川崎T兵衛

Z太夫
G之正
K兵衛
相済申候

十一月十四日
一Q次　一一　四十五
同　Z太夫　一一一　六十三
同　G之正　一一一一

亥ノ正月八日より始
八日より
一G之正　●●●●●●●●●●●
十日より
一K兵衛　●●●●●●●●●●●　廿二迄
正月廿三日より
一D兵衛　●●●●　—　●●
同日より
一K兵衛　●●●●　—　●●
廿四日より
一G之正　●●●●●●
□四日より　廿七日
一Z太夫　●●●●●
正月廿九日迄四十五工

亥二月朔日より晦日迄之内
朔日より
一G正　●●●●●●●●●●●●
同日より
一K兵衛　●●□●○●●●●●●●　（欠損）
同日より
一Z太夫　●●●●●●●●●○●●
七日より
一D兵衛　●●●●●●●○休●●●●●
十三日より
一K兵衛　●○○●●●●●●●●●●
十三日より　休休休
一G正　○○○●●●●●●●●●●
十三日より　休休休
一Z太夫　○○○●●●●●○休●●●●
廿日より
一D兵衛　●●●●●○休●●●●●
廿七日より　二月晦　三月朔日
一K兵衛　●●○●　●●○●
廿七日より　是より三月朔日
一G之正　●●●●　●●○●
廿六日より休　三月朔日
一Z太夫　○●●●●
三月一日より
一D兵衛　●●○休●●●●●●●○休
三月五日より
一K兵衛　●●●●●●●○●
三月五日より
一G之正　●●●●●●●○●
三月五日より
一Z太夫　●●●●●●●
十二日より
一D兵衛　●●

外ニ
一八日　内造作　Z太夫
亥春普請日かず（※数（かず））
一五拾五日　G之正
一五拾四日　K兵衛
一三拾九日　Z太夫
一三拾九日　D兵衛
〆百八拾七工
外
一八日　内造作　D兵衛分
D太夫・出入□
あいたい無之候
一五十九日
八
一四拾弐日
五十匁四厘
（ラベル貼付で不明）
〆百□十八匁九分四厘
G正出入　九匁三分
十一月廿九日あいたい仕候而相
K兵衛出入□□□□□□□
□□□□　→（全く読めず）
相済候

また、仕事をした日には●印、仕事を休んだ日には○印が付されており、何日に誰が休んだのかも判明します。

左の文書は、享保十五年(一七三〇)〜享保十六年(一七三一)の『大工日数覚帳』です。(主に享保十六年)

内容は、T兵衛宅の家作普請の大工手間の記録のようです。

これによると、大工として、G正・K兵衛・Z太夫・D兵衛の四人が仕事をしていることがわかります。

この記録から見ると、二月十三日には二人、十四日には四人全部、十五日には三人が仕事を休んでいます。このことから、二月十四日前後に何か休む必要があったようです。(当時の神事は一月十八日でしたから、改革以前の神事が二月十四日だったこととは、直接の関係はないと思います)

「二月中頃の仏滅の日に涅槃会があった」との記事を見た事があり、それに関係しているのかもしれません。

また、三月三日は四人全員が仕事を休んでいます。

ある本に「節句等の日は、業を休むことができた」とありましたが、この日は桃の節句として、休んだものとわれます。それを実証出来るように思います。

逆に言えば、そのような「はれの日」以外は、休めなかったのが現実だったようで、これは百姓にも同様でした。

大工手間はどれ程必要だった

この記録からでは、大工手間の合計は百八十七日(人)であったらしく、これが内造作までの大工手間であったようです。

享保十五年十一月の九人手間は、今で言う水盛り等ではなかったかと想像しています。

翌享保十六年一月八日より本格的な仕事が開始され、三月中頃に一応の完成を見たように思われます。それまでの大工手間が百八十七日(人)であったということです。

その前後から、内造作に入ったようで、この記録からではっきりしませんが、「外ニ八日内造作Z太夫」「外八日内造作D兵衛」「五十九日」「四拾弐日」という記録が、その内造作の大工手間を表しているのではないかと思います。合計すれば、百十七日になります。

総計すれば、三百十三人手間となります。


また、別の資料、『酉之年家作こちやうの覚』(宝永弐年(一七〇五))《家四》の記録では、右の記録のように詳しくはありませんが、次にまとめたようなデータも得られます。

J三郎	……	一〇七日半
Q左衛門	……	七三日
D兵衛	……	十七日半
J兵衛	……	二六日
B太夫	……	六一日
G左衛門	……	十五日
その他		一日が五人
合計	……	三〇一日

という記述があり、この中に内造作の手間が入っているのかどうかは不明ですが(五月八日より十月四日までとなっており、期間から考えると内造作を含むように思います)、この二つの記録から、家作大工手間は約三百人ぐらいが必要であったのかも知れません。

現在のように、電気ノコギリや電気カンナ等々も無い時代ですから、全てが手作業ですので、当時としてはこの程度は手間が必要であったのだと思われます。

また、大工手間の外にも、左官や屋根葺き(葦葺き)・建具などの手間も必要になってきます。

現在でも家を建てることは大変なことですが、当時は今以上に職人手間が必要で、大仕事であったことが伺われます。今も昔も、家作普請は大事業のようです。

《参考》
「近世農民生活史」(吉川弘文館)
川崎文書(滋賀大学史料館)

※1
次の文書は西嶋文書「年代記」からの抜粋です。

《西嶋文書》
(寛政四子年の項)
一五村御坊太鼓番屋十月十六日札口《ヒラキ》
同十九日より大工初ル。雨森村芳沢寺頭取、脇取田村浄楽寺是弐ケ寺何分手前へさし不申候。其上雨森左次兵衛悪人ヲ取込入札ニいたし持寺村甚蔵・井ノ口村喜右衛門・定木(常喜)村太兵衛札三枚削合三人してする。

(寛政五丑年の項)
一五村御坊太鼓番や丑ノ二月下旬ニ立
棟上三月六日、手間五百二十工之請合
同普請共
定木村太兵衛
井ノ口村喜右衛門三人請取
持寺村甚蔵
(※寛政四・五年(一七九二・九三))

五村御坊の太鼓番屋建築に際し、入札が行われたことを示しています。冨田村大工西嶋但馬家は、五村御坊付の大工でありながら、入札には負け、定木(常喜)村太兵衛・井ノ口村喜右衛門・持寺村甚蔵の三人の請負となったことが窺われます。

その普請は五二〇人手間で請け負われたと記されています。

五二〇人手間が多いと見るか、少ないと見るかは分かれるところかもしれませんが、寺社建築は一般住宅より手間入りであったのだと思われます。


また、普請費用に関しては次のような記事を見つけました。

《西嶋文書「年代記」》
(安永八亥年の項)
山本川原村清内殿家
三月二立ル 立前代八百匁
此木代四百七十匁
(※安永八年(一七七九))

この記事は、記憶の間違いか、×点で抹消され、改めて安永九年の項に
山本川原清内殿
家三月十五日立
と、改めて記載されています。

家の大きさや、造作の程度が分かりませんが、手間賃が八〇〇匁、材料費(木代金)が四七〇匁とあります。

一匁二〇〇〇円として計算すると、二五四〇万円となります。

当時としてはかなり立派な普請であったと思われます。

ちなみに、川原村清内家は寛保元年(一七四一)には大工西嶋家の手で蔵を建て、更に、宝暦一三年(一七六三)八月には、再び大工西嶋家の手によって書院も建てられています。

詳しくは調べられていませんが、庄屋などの村役を勤めた屋敷の普請であったようです。

また、この頃には、西嶋但馬を中心とする大工のグループは、五畿内の大工頭中井主水の支配下に入り、大工浅井組(後の冨田組)を作っていましたから、山本川原村は彼等の仕事場になっていたことも窺えます。

更に、次のような記事もあります。

《西嶋文書「年代記」》
(安永九子年の項)
・(山本川原清内殿の件は既述)
・竹生嶋宝蔵九月二立ル
九月五日棟上
・手前親子主水様ニ而出入
・山本川原口右衛門殿家立ル
代銀八百匁
四百七十匁木代
(※安永九年(一七八〇))

安永九年、山本川原村の二軒、竹生嶋宝蔵、中井主水役所での公事‥‥このの年、西嶋但馬は大忙しであったようです。

逆に言えば、一年間に従事できる普請場の数も類推できそうです。

暦《こよみ》について・普請の祝い

第０７３号
1996.11.24

前回は、家作大工手間について、享保十五年の『大工日数覚帳』を中心に大工手間について書きました。

　その資料の中で気がついた、もう一つの事実について書いてみます。

　次の資料は、前回の文書の一部抜粋です。

《家五》

……（前略）……
廿日より　休
一D兵衛●●●●●○●●●●●
廿七日より　二月晦　三月朔日
一K兵衛●●○●　●●○●
廿七日より　是より三月朔日
一G之正●●●●　●●○●
廿六日より休　三月朔日
一Z太夫○●●●●　●●○●
……（後略）……

　何か気がつきませんか。

　実はこの○●表から、二月は三十日まであったことが読み取れます。

　例えば、D兵衛・K兵衛で見ると、右下のようになります。

　従って、二月は三十日あったことになります。逆に、同様に数えると、正月（一月）は二十九日しかありません。

二月二十日より
D ●●●●●○●●●●●
20 21 22 23 24 25 26 27 28 29 30

二月二十七日より
二月晦　三月朔日
K ●●○●｜●●○●
27 28 29 30｜1 2 3 4

　当時の暦は太陰暦を使用していました。この太陰暦は、大の月（三十日）と小の月（二十九日）があり、それを交互に繰り返し、一年は三百五十四日であったのです。このままでは季節が徐々にずれてきますから、調整のために、二・三年に一回の割合で閏月なるものをいれて、一年を十三月、三百八十三日としていたのです。

　この資料の享保十五年前後の暦を調べてみると、

享保　六年（一七二一）……閏七月
享保　九年（一七二四）……閏四月
享保十二年（一七二七）……閏正月
享保十四年（一七二九）……閏九月
享保十七年（一七三二）……閏五月
享保二〇年（一七三五）……閏三月

のような閏月が設定されています。

　現在使用されている太陽歴（明治六年一月より実施）に慣れてしまっている我々には、この太陰暦は不便で、不思議な暦のように思われますが、江戸時代はこれで普通だったようです。

太陰暦から太陽暦へ

　太陽暦（現在の暦）は、明治五年十二月二日（太陰暦）でもって明治五年を終わらせて、翌三日を明治六年一月元旦（太陽暦）としました。

　そのため、江戸時代の旧暦（太陰暦）と現在の暦（太陽暦）には、ほぼ一ケ月のずれがあります。

　従って、江戸時代に五月とあれば、現在の六月に相当します。十二月とあれば、一月に相当します。

　富田の「神事」が、一月十八日から二月十四日に変更されたのも頷ける所以です。

　また、忠臣蔵でおなじみの討ち入りに雪が降っているのも、十二月は現在の一月だと知っていれば納得できると思います。

　逆に、このことを知っていないとんだ間違いを起こすことがあります。

　ついでに、江戸時代の時刻についてもまとめておくと、

午前	○時	九ツ時《とき》	子（ね）の刻《こく》
	二時	八ツ時	丑の刻
	四時	七ツ時	寅の刻
	六時	六ツ時	卯の刻
	八時	五ツ時	辰の刻
	一〇時	四ツ時	巳の刻
午後	○時	九ツ時	午（ｳﾏ）の刻
	二時	八ツ時	未（ﾋﾂｼﾞ）刻
	四時	七ツ時	申（ｻﾙ）の刻
	六時	六ツ時	酉の刻
	八時	五ツ時	戌の刻
	一〇時	四ツ時	亥の刻

とし、午前一時は九ツ半、三時は八ツ半のように呼んだようです。また、三十分を四半時とも言ったようです。

再び、家作普請関係の文書より

　さて、話が横道に逸れましたが、話を元の家作普請に戻します。

　前回紹介した文書、『酉之年家作こちやうの覚』（宝永弐年（一七〇五））には、その時の祝いの控え（記録）が残されています。

　その記録の中より話題を見つけたいと思います。

　祝いの品目として多いのは、酒や白（白米）ですが、その他の品々を書いてみると、

《食べ物等》
鯖串・小鯛・鮒・鮒ずし・鱒
そうめん・はすずし・干し鰯
もろこずし・芋　…等
《建築資材等》
縄一束・葦(よし)・くだり竹
小竹・大竹・とひ(?)…等
《その他》
鈴一対・しいら(不明)

となっていて、普請が進むに従って、建築資材の品々が多くなってきます。

くだり竹十本　A村　B太夫
くだり竹拾本　C村　D太夫
同　弐拾本　五知院
同　拾本　E右衛門
よし　五しめ　F村　G右衛門
よし　一しめ　H村　白梅寺
小竹　五拾本　I郎兵衛
小竹　壱束　F村　J左衛門
大竹　弐本　K村　L次郎

といった具合です。（抜粋）

恐らく、相互扶助といった感じであったのだと思われます。特に他所から多いのは、それらが手に入り易かったのだと思われます。
また、それを想像できる村々でもあるのです。

もう一つ目につくことがあります。

酒弐升　A村　B介
酒　京舛壱升　C村　D三郎
酒　小舛弐升　E太夫
酒三升　但京舛　F六

などと、酒については

京舛　……　十二件
小舛　……　十三件
注釈なし　……　二十七件

などと、三種類の舛(枡)の存在が記入されています。

枡については、当時「京枡」が統一枡とされていましたが、それは豊臣秀吉が太閤検地の実施の際の基準とした枡であったが、それ以前も以後も、種々の枡が存在したようです。

江戸幕府も、寛文九年(一六六九)に「京枡」の統一令を出し、江戸と京都に枡座を置き、枡の統一・検査等を図りますが、生活に密着した慣習を改めることは困難であったようです。

右の記録についても、統一「京枡」以外に、「小枡」の存在もあったようですが、冨田村では、その「いずれでもない枡(注釈のない枡)」が最も用いられていたのではないかと想像できます。何故なら、「京枡」や「小枡」などと但し書きをする必要がなかったのですから……。

しかし、その枡がどのような大きさであったかは、知る由もありません。残念ながら、そこまでは記録には残っていません。

ただ、現在のように、統一された画一的な枡ばかりでなく、いく種類かの枡が存在した事実だけは確認できました。

《参考》
川崎文書（滋賀大学史料館）他

※1
江戸時代の時刻について、大凡の時刻を説明しましたが、基本的には、日の出を明六ツ（あけむつ）、日の入を暮六ツ（くれむつ）とし、その間を六等分していることに特徴があります。

そのため、季節によって時刻が異なることになり、夏と冬ではかなりの差がでます。夏至の頃の昼間の一時（いっとき）は現在の二・六時間になり、冬至の頃のそれは一・八時間ということになります。

逆に、夏至の夜は一時が一・八時間に、冬至の夜は二・六時間になります。

このような方法を不定時法といいます。現在の季節に関係なく一定時間を刻む方法を定時法といいます。

江戸時代の不定時法は、日の出が明け六ツ、真昼が九ツ、日の入りが暮れ六ツと、夜になれば寝て、夜明けには起き出すといった生活のリズムをとるうえでは理に叶った方法であったのかもしれません。

従って、本文の説明はあくまでも目安に過ぎません。

「お江戸日本橋七ツ立ち、初登り：：」という童謡を知っておられる方も多いかと思います。

江戸時代は領主は参勤交代という制度のため、江戸屋敷と領地とを隔年で行き来していました。しかし、奥方や子供は江戸屋敷住まいです。

この歌は、初めて領主になった殿様が国(西国)入りする時の、出発の様子をうたった歌なのです。

「江戸日本橋(東海道の起点)を出発して、初めてのお国入り…」、出立は七ツ（午前四時頃）頃、大名行列を整えて…」ということを意味しています。

また、「草木も眠る丑みつどき（午前三時頃）」とか「おやつ(午後二時頃)」などは、現在の生活の中にも残されている旧暦の名残です。

※2
太陰暦は、大の月(三〇日)と小の月(二九日)があり、それを交互に繰り返し…、と書きましたが、これは月の満ち欠けを基準にしていたためです。

新月から次の新月までの期間が、二九・五日ということですから、三〇日と二九日を繰り返すことで、月の成長と日数が一致することになるのです。新月の日が一日(朔日)で、満月の日は一五日、新月の前日が二九日か三〇日(ともに晦日)ということになります。

つまり、月の満ち欠けでその日にちが分かったのです。三日月は三日、寝待月（月が出るのが遅く、寝て待つの意味、ねまちづき）は一九日、立待月(たちまちづき)は一七日、十六夜(いざよい)は一六日…など、月の状態で日にちが分かったり、日にちの別称もあったのです。

また、現在の太陽暦は月の運行を基準にしていませんので、一日が満月になることもあり得ますが、太陰暦では絶対あり得ないことで、満月は一五日と決まっていたのです。

だから、大晦日や正月には、月が見えなかった(出てなかった)筈です。

不定時法や太陰暦は、私達には不便に思いますが、実は生活に根ざした方法だったのです。

村落景観情報調査（一）

第０７４号
1996.12.10

今年度、長浜城博物館・びわ町教育委員会の依頼を受け、富田区の村落景観情報調査をすることになりました。

この「村落景観情報調査」とは、

> 最近のめざましい近代化により、高度成長期まで残されていた江戸時代以来の景観は、大きく変貌しようとしています。この調査は、失なわれていく歴史的景観を記録保存することを目的とする調査であります。

また、

> 圃場整備が実施され、昔の景観は一変し、遺跡・史跡・伝承など不明な点が多くなってきています。今の時期に明確にしておかないとせっかく我々の先祖が残してくれた文化財が消滅するのではないかと懸念されます。古い歴史と文化を持ち景観豊かな村から「うるおい」がなくなり、魅力やロマンを失う村になってしまいます。
>
> （※ 一部加筆訂正しました）

ということです。

簡単に言うと、今はもう無くなってしまったけれど、あそこに何々があった。ここには何々があった。昔はこんなことをした、こんな風習があった、などの記録を保存しようとしているのです。

江戸時代から終戦までは、少しづつの生活の変化はありましたが、自然や村の景観については、大きな変化は少なかったように思われます。

しかし、戦後の様子は一変し、圃場整備で代表されるように、大きく変化してしまいました。

田圃に見られた榛(はんのき)や万年杭もなくなりました。鯉やガンゾが取れた小川や田圃道もなくなり、川の土手はコンクリートで固められました。小学校や農協等も木造からコンクリートになってしまいました。

そんな変化でさえ、知っているのは四十才台以上の年代になってしまっています。ましてや戦前や戦後直後のことを知っておられるのは、六十才以上の方になってしまいます。

本当に、今、昔の富田を残しておかないと、永久に、先祖が暮らした昔の富田の姿は忘れ去られるようになってしまいます。

文献では、何年頃、何々があったことは調べられますが、それがどこにあったとか、どんな建物だったかは分かりません。

また、富田という一地域では、何が何年頃あったということですら、文献にも残されていないのが現状です。

「麻疹（はしか）」にかかると、「さんだわら」に御幣と赤飯のおにぎりを乗せ、川に流した（川下に置いた）、等の風習は、既になくなっています。でもそれは、つい最近まで続けられていた習慣だったのです。

我々の年代では、ほとんど知らない風習もいっぱいあったことだと思います。でも、残念ながら、その風習は我々の代で途切れていきました。それが何百年も続いてきた風習・習慣であるにもかかわらず‥‥。

そのためにも、大正や昭和初期の生まれの方々に協力を願って、昔の富田を記録にだけでも残しておきたいと思っています。

何でも結構ですので、そんな情報を教えて頂きたいと思います。

「村落景観情報調査」からの報告

富田にあった、廣知学校（その後のびわ北小学校）については、以前に書いたことがありますので、それ以外の項目について、調べられたいくつかを紹介します。

竹生村役場

富田村は明治五年から明治二十二年の間は、浅井郡第十三区に所属し、今の朝日学区の一部が含まれていた。

◎明治二十二年竹生村誕生
臨時竹生村役場として、字大海道三六二番地の川崎専治郎氏宅に仮設される。（字南大海道と思われる）
（市町村沿革史巻四）

◎明治二十三年
字天神九〇番地の旧廣知学校跡に設置される。
（以下同書）

◎明治二十六年
字南海道三〇八番地に移転（？）

※市町村沿革史巻四・東浅井郡志ともに、このように記入されているが、富田には「字南海道三〇八」は存在しない。字名は「南大海道」の誤りだと思われますが、番地の「三〇八」は、字小寺の番地です。「南大海道三八〇番地」でなかったかと推測しています。

◎明治二十八年六月
字天神九一～九四番地に再移転。

◎明治三十四年
大竹二六九番地に移転。

※新役場建築のための暫定的処置だと思われます。

◎明治三十五年
字天神九〇～九二番地に新築移転。

◎昭和十八年十月
字宅屋二四七番地に新築移転。建築費は一四、七〇〇円であったと記録には残されています。

◎昭和三十一年
びわ村が成立。その後もびわ村役場富田支所として使用されたようです。

◎昭和四十三年
びわ村新村庁舎完成、移転。

※なお、この建物は、昭和四十七年十二月より竹生農協として使用される。昭和六十三年四月には竹生農協も字下川田に新築移転することになり、現在は、使われないまま建物だけが現存しています。

文献からだけですが、竹生村役場も富田の中を転々としていた様子が伺えます。

竹生農協（ＪＡ）

◎明治四十三年十二月八日
竹生村信用組合として、字大竹の個人宅で事務を開始する。

組合員三〇名・出資金百五十五円

◎年月日不詳
大竹の個人宅から、字宅屋(旧跡地)に新築移転する。

◎大正十三年四月十六日
有限責任竹生村信用販売購買組合と改称する。

◎昭和九年三月七日
保証責任竹生村信用販売購買組合と改称する。

◎同年六月四日
農業倉庫経営開始される。

◎昭和十四年四月六日
保証責任竹生村信用販売購買利用組合と改称する。

（以上「滋賀県産業組合史」より）

◎年月日不詳
竹生村農業共同組合となる。

◎昭和四十七年十二月
竹生村役場跡を事務所として使用。

◎昭和五十年
ライスセンター建設・稼働。

◎昭和六十三年四月
現竹生ＪＡ（字下川田）に移転。


どんな件に関しても年代が新しくなるほど、年月日が分かりません。聞いても、「さあ・・・」という返事が返ってくるばかりです。

今回は、記録の大切さが身にしみて感じました。

《参考》
「市町村沿革史巻四」
「滋賀県産業組合史」
その他、古老からの聞き込み等

※１
本文で紹介出来なかった分を追加しておきます。

・冨田駐在所は、明治22年に弓削村に開設された駐在所が、昭和４年に冨田村字堀の空き家を借りて開設されたのが最初だと言います。かなり長い期間使用されたようで、井畑さんと言う巡査が居たと聞いています。
次に、字天神（旧廣知学校・旧竹生村役場跡）に移りますが、年代がはっきり調べられませんでした。

昭和40年前後まで虎姫警察所冨田派出所として使用され、昭和30年頃から昭和35・36年頃まで森島さんと言う巡査が居られました。

そして、昭和40年頃、現在の場所（字小寺）に移転されました。

・郵便局は字円光の上野氏の敷地内で開設され、昭和６年４月より昭和50年10月まで竹生郵便局として郵便業務がなされましたが、昭和50年10月より字大海道の現在の竹生郵便局に移転しました。

・びわ診療所は、昭和31年２月～昭和54年２月まで字小寺に診療所がありました。医師は当初は岩崎氏、その後、村頭氏になりました。
その後は益田地先に移転していますが、町営の診療所の役割を終えています。
※旧診療所跡地は、昭和55年より平成８年まで、共同作業所「さぼてん作業所」として使用され、現在は個人の私有地となっています。

・旧竹生村役場前に消防車格納庫があり、昭和30年代中頃まで、竹生村の消防車が格納されていました。
昭和34年、伊勢湾台風で近くの柳の大木が倒れ、崩壊したと聞いていますが、詳しくは分かりません。

また、旧びわ北小学校敷地の南西隅に、二階建の警防団事務所(詰め所)があったとも聞きましたが、詳細は不明です。

平成元年より益田区に東浅井消防署西出張所が出来ています。

・し尿処理場
昭和63年稲葉地区（冨田・香花寺・稲葉・弓削・小観音寺・十九）の共同処理場として稼働開始しています。

・第21銀行冨田支店跡
大正時代に冨田54番地にあったと東浅井郡志にありますが、資料のみで全く不明です。古老や現在の相当番地の当家に聞いても分からず、番地の間違いと思われます。

第21銀行は湖北銀行に合併されますが、湖北銀行は昭和初頭頃より冨田出張所として営業されていました。

湖北銀行は、更に昭和17年、滋賀銀行へと合併されていき、冨田出張所は昭和22年８月に廃止されました。

・竹生嶋道(巡礼街道)
湖北町馬渡村より北国街道をそれ、びわ町早崎村までの道を「竹生嶋道」と言いました。冨田村内を竹生嶋道が通っていました。冨田村・益田村を経て、早崎村にある一の鳥居までの道がありましたが、益田村からの道は田地化してしまいました。

また、村内を通る竹生嶋道の分岐点(八幡神社境内隅)道標があり、「右山本・左竹生嶋道」と刻まれています。

村落景観情報調査（二）

第０７５号
1996.12.24

前回、村落景観情報調査の内容等の説明と一部の調査結果（竹生村役場・竹生農協（ＪＡ））について報告しました。

今回は、それ以外のいくつかについて報告します。

井（い or ゆ）

◎御料所井
以前にも書きましたが、富田村の大きな水源は、湖北町小倉地先（賀村橋真下）にあった「御料所井」と言う井の水でした。

その水は「御料所井川（中川）」を流れ、二ノ坪井で分かれ、富田の在所の中に流れ込みました。

「富田区有文書」として残されている浅井久政の裁定状は、この井に関するもので、江戸時代以前から存在していたことがわかります。

◎上佃井
古文書にも度々「上佃井伏樋伏替」の記事が残されており、長さ二間という記述もあります。

富田村東北部の水源として利用されたようです。

古地図にはすべて、南速水郷内にあったように記載されています。昔の畑田（上佃）の上にあった上佃井と呼ばれた上佃井堰の場所とは違うように思われます。

◎北仲町井
「上佃井」と同様に、古文書にも度々「北仲町井伏樋伏替」の記事が残されており、長さ二間という記述もあります。
富田村北西部の水源として利用されたようです。
古地図には、鳥居の絵と、水が湧き出るような絵が書かれており、井堰ではなく、水が湧き出る場所であったと思われます。（伏流水を取り込んだ場所であったと思います）
「上佃井」にも鳥居の絵が書かれていますから、同様な場所であったと思われます。

◎益田井
圃場整備までは、十一川に益田井があった。この井堰より分かれて益田川が流れていた。

益田井の周辺は、子供時代の遊び場所であり、魚とりや釣り場でもあったのです。

益田井のすぐ北に、大きな池（堀跡）があって、よく釣りをしましたが、これは、益田川を作ったときの土取り場の跡だと言われています。

明和三年（一七六六）の年貢免定から「溝敷土取跡永引六石六斗五升」とあり、この堀跡の分の減免だと考えられ、益田川がこの頃普請されたのだと考えています。

また、この益田川を普請するのに、富田郷を通すように計画されたのでしたが、当地の反対と地頭の派遣した武士が昼夜警護したため、富田郷を通すことはなかったのだとも、古老に聞いたことがあります。ただ、文書が残されているわけではありませんので、真偽のほどはわかりません。古くからの言い伝えだけが残されたものだと思っています。

遺跡として

◎馬場跡
天保年間頃の古地図に「西出馬場」として見られる。

広さは、東西に長く、東側の部分で東西九間半・南北十五間、西側の部分で東西二十五間・南北二十一間だとある。

別な文書では、東西十九間・南北十八間余で、一反二畝十八歩余だとしています。

どちらにせよ、現在の神社田（堀角）付近に馬場があったことだけは確かなようです。

◎高札場跡
現在、八幡神社境内に住宅表示板がありますが、その付近に竹菱結垣で囲まれた高札場があったようです。
古文書によると、安永七年（一七七四）に殿様（井上河内守）より賜った、とあります。
なお、八幡神社本殿内に高札が二枚残されています。（一枚はキリシタン禁制の内容、もう一枚は長く晒されていたためか、墨跡が殆ど残っていませんが、「浪人・・・云々」とあるようです）

◎郷蔵屋敷跡
富田村内には、三つの郷蔵があったことははっきりしています。

西村は二間×四間の藁葺きの蔵、東村は二間×三間の藁葺きの蔵、北村は二間×二間半の藁葺きの蔵であったことは、種々の古文書でわかっていますが、場所が特定できたのは、西村の郷蔵だけです。東村、北村の郷蔵の所在はいまだわかりません。

その所在した場所をお知りの方がありましたら教えて下さい。

※郷蔵とは、各村が年貢米（俵）を一時保存しておく蔵のことで、公的な建物でした。この郷蔵より、公通知があり次第、早崎より大津に向けて荷出しをしました。

その他

◎通称「あげ場」
村内を流れた川は、字天神・字蓬の間を流れ、十九村神社裏に流れます。

昔は、この川を小舟が上がってきたといい、「あげ場」で荷物の積み下ろしをしたと言います。

字天神・字蓬・字宅屋・字堀角の境辺りの場所を指したようです。

◎長さ五間の板橋
西与一左衛門が代官支配の時（元禄十年(一六九七)頃）設置された、長さ五間の板橋があったと記録にはあります。特定は出来ませんが、富田・北富田の間の十一川に架かっていたのではないかと想像しています。

◎富田・北富田間の道の改修
現在、富田・北富田間の道は南北に直線ですが、昔の地図ではそうはなっていません。江戸時代の地図も、明治時代の地図も、十一川付近で西に迂回しています。おそらく、大正四年朝日道改修の折に、現在のような真っ直ぐな道になったのだと思われます。

◎つり橋
字蓬の南には、十九川が流れています。現在、西側は南山道が通っています。（勿論、昔は田圃道でした）この南山道の下を十九川が横切るあたりに、昔、「釣り橋」があったということです。小舟が通る時だけ、綱で上げ下げできたといいます。詳しい構造はわかりませんが、全く知らなかったことでした。

◎伝承寺小屋跡
はっきりしないので何ですが、富田村にも寺小屋があったとか聞きました。現在は当家すら知らず、資料等も何も残っていませんし、古文書にも記録されていません。

◎駐在所
明治二十二年に弓削村に駐在所が開設されましたが、昭和四年に富田村に移され、当初は字円光寺の空き家を借りて開設されたと聞きます。その後、字天神の役場跡に移り、昭和四十年代に今の字小寺に移り、現在に至っています。

字天神に移った時期を各方面に聞いたのですが、はっきりしません。知っておられる方がありましたら教えて下さい。お願いします。

その他、近江バスや国鉄バスが富田内を走っていた時期とか、農協が字宅屋に移った時期とか、第二十一銀行富田支店・湖北銀行の開設されていた時期‥等々、分からないことがいっぱいです。
また、昔の畑田に隔離病棟があったとも聞きますが、開設されていた時期や内容についても分かっていません。

このように、今、知っておられる方が健在な内に、少しでも記録に残しておかなければ、永久に分からなくなってしまいます。知っておられる方は、調査にご協力下さるようお願い致します。

《参考》
川崎文書（滋賀大学史料館）
各種の文献・聞き取り調査 他

※1
富田村営業雑種税品目明細簿（明治一八年(一八八五)）には、様々な業種が書かれています・
醤油・乾物・菓子・石炭油・油製・豆腐・大工職・染物職・蚕種・古道具・古書画・呉服・乾物・荒物・小間物・雑貨・蚊帳・生糸・米・鋳掛・理髪・古着・質・筆墨・魚類・酒・陶器・塩・紙・蝋燭‥等々
また、その後の業種としても、
自転車屋・農機具屋・旅籠屋・餅屋・写真屋・料理屋・素麺屋・文房具屋・ガラス屋・養鶏・仏壇洗濯・美容院・電機屋・水道工事・薬屋・セメント瓦・鉄工所・井戸鑿泉・和菓子屋・歯医者‥等々
しかし、現在(二〇一〇年)残っている業種はほんの一握りで、大半が廃業されてしまっています。
「誰が」「何処で」は置くとしても、富田村に一時はあった業種として、リストだけでも残しておきたいとは思いますが、個人情報との問題との狭間で悩むところです。

※2
農村の風景は、昭和四〇年代の圃場整備事業によって全く変わってしまいました。農業の方法も大型機械に取って代わられ、その風景も変わってしまいました。

昔の懐かしい「はさ(架)」掛けの風景や榛の木、用水川周辺の畑に植えられた桑の木なども見ることはなくなりました。

せめて、地割や用水溝などの状況だけでも残したいと思い、昭和四〇年以前の地図を捜していますが、手に入れることができません。役場や市役所等には残されているのかもしれませんが、閲覧さえままならないのが現状です。購入する場合は、最新版の地図しか購入出来ないと、地図を扱う本屋さんに聞きました。

昭和四〇年代と思われる、竹生・朝日・速水地区が撮された航空写真を所有しているのですが、一枚に広範囲の地域が撮っており、富田村の地割や用水溝などを復元することはかなり難しく、おぼろげな状況しか把握できません。

幼い頃、釣りに行った十一川の蛇行部分や、中川の流れ等を確認することは出来ますが、小さな水路等々は残念ながら、この写真からは復元できません。

ちなみに、この航空写真では、速水地区の一部だけが圃場整備されているのが確認でき、撮影時期を特定できる貴重な資料になるかもしれませんが‥。

また、富田村や竹生村の、圃場整理前の最後の姿が写っている資料にもなるのですが‥。

時代と共に富田村の風景も、刻々と変化していきます。

しかし、昭和四〇年代後半からの変化は、古代からの田園風景を全く否定するような急激な変化でした。有史以来、一回目の大変化が条里制の施行、二回目が圃場整理ではないかと、私は思っています。

それ故にこそ、圃場整備以前の姿を図面にだけでも残しておくのが我々の義務だと思っているのです。

明治三年朝日藩支配所

第０７６号
1997.01.10

明治四年七月十四日、廃藩置県が行なわれ、冨田村は朝日山縣に所属することになりますが、同年十一月二十三日には長濱縣に合併され、明治五年二月二十七日に犬上縣と改称、明治五年九月二十八日に滋賀縣に合併され、殆ど今の滋賀県となったようです。

《藩政一》

明治三年
朝日藩
水野忠弘御支配所村々記
庚午七月十六日太政官ニて改
壬申三月十七日犬上縣ニ改ル
庄屋 川崎T兵衛

一高七百六拾九石四斗　冨田村
内六百六拾弐石壱斗九升壱合　旧領之分
内百七石弐斗九合　元大津縣支配
一高七百拾四石四斗九升　益田村
元彦根藩預リ所
一高五百七拾壱石九斗五升　早崎村
内三百石　元彦根藩預リ所
竹生嶋領

内弐百七拾壱石九斗五升　元彦根藩預リ所
一高八百拾石八斗四升七合　下八木村
内四百九拾壱石七斗五升六合　旧領之分
内拾六石八斗七升　元大津縣支配
内三拾石五合　大津縣支配
徳勝寺領
内拾七石壱斗四升弐合
同 知善院領
畝引検見
弐百五拾五石七升四合　元郡山藩支配
一高三百六拾八石弐斗五升　上八木村
一高百九拾石三斗七升　十九村
内拾九石七斗四升弐合　旧領之分
内百七拾石六斗弐升八合　元大津縣支配
一高五百三石弐升　弓削村
元郡山藩支配
一高五百五拾壱石九斗三升　香花寺村
元郡山藩支配

一高五百弐拾石八斗　稲葉村
元大津縣支配
……《以下省略》……

この資料は朝日山藩(縣)に関する資料で、朝日山藩水野氏の領分が記載されています。

表紙の庚午年は明治三年に、壬申年は明治五年に当たります。

「旧領之分」とあるのは、旧山形藩水野氏が支配していた領分を意味しているものと思われます。

「元大津縣支配」とあるのは、旗本達が支配していた知行所で、総括的に大津県が管轄したものだと思います。

「元彦根藩預リ所」とあるのは、旧彦根藩が支配した領地か、彦根藩に預けられた旗本等の知行所であると考えられます。

「元郡山藩支配」とあるのは、旧郡山藩領を意味していると思います。

この資料は、ところどころで合計があわないのですが、

大津縣支配分
〆壱万七百八石八斗三合
彦根藩支配分
〆六千六百八拾八石六斗三升壱合
彦根藩預リ所分
〆壱万八百拾四石五斗八升四合
淀藩支配分
〆五千六百八拾四石五斗四升七合
郡山藩支配分
〆七千四百六拾五石弐斗壱升

膳所藩支配分
〆弐千弐拾五石弐斗壱升弐合
豊橋藩支配分
〆三千百三拾八石五斗
山上藩支配分
〆八百八拾六石八斗六升五合
旧領之分(山形藩)
〆三千六拾八石壱斗五升五合
惣〆高　五万四百八拾石五斗七合

となっており、朝日山藩としては、約五万石ということになります。

つまり、水野忠弘は近江浅井郡の地に約五万石の領地を得て、山形藩から移封してきたことになります。

これを旧支配別に分類すると、

◎元大津縣支配
冨田村・下八木村・十九村・稲葉村・小観音寺村・錦織村・大濱村・大濱請新田・八木濱村・南濱村・曽根村・大井村・酢村・月ケ瀬村・三川村・宮部村・乗倉村・當目村・大門村・木尾村・木尾新田・留目村・別所村・青名村・五ノ坪村・大安寺村・市場村・延勝寺村

◎元彦根藩支配
馬渡村・大井村・尊勝寺村・伊部村・郡上村・丁野村・二俣村・山ノ脇村・今村・八日市村・(上八木村)

◎彦根藩預り所
益田村・早崎村・難波村・田村・中野村・八嶋村・大依村・飯山村・加村・猫口村・田中村・市場村・河原村・種路村・尾上村・今西村

◎元淀藩支配分
東福寺村・大寺村・三川村・田川村
瓜生村・山前村・河毛村・加村・速水村

◎元郡山藩支配
下八木村・弓削村・香花寺村・小観音寺村・新井村・野寺村・大濱村・川道村・唐国・宮部村・小倉村・青名村・五ノ坪村・津ノ里村

◎元膳所藩支配
野寺村・高田村・青名村・海老江村
(安養寺村)

◎元豊橋藩支配
落合村・大井村・五村・小今村・南速水村・海老江村

◎元山上藩支配　……　三川村

◎旧領分(元山形藩)
冨田村・下八木村・十九村・八木濱村・月ケ瀬村・大寺村・三川村・醍醐村・岡谷村・大安寺村

◎不明（支配藩縣の未記入）
上八木村・安養寺村
※ 上八木(彦根藩)・安養寺(膳所藩)

◎彦根藩預り所（竹生嶋領）　早崎村
◎大津縣支配（徳勝寺領）　下八木村
◎大津縣支配（知善院領）　下八木村
◎彦根藩支配（称名寺領）　尊勝寺村
◎彦根藩支配（小谷寺領）　伊部村

※ 何度か出てくる村は、相給といって、複数の領主が支配していたことを意味します。例えば冨田村は、旧領(山形藩)でもありますし、一部を旗本西郷氏の知行所でもありました(元大津縣支配)から、二度、村名が出てきます。

以上の七十七村が朝日山藩(縣)となったということになります。

このような一覧で、村の旧支配の関係を調べることができます。

ただ、元大津縣支配に分類されている村の詳しいことは、この資料でははっきりしません。(旧の旗本等の知行所を一括管理のため)

また、益田村・早崎村・難波村等々は、江戸期を通じて彦根藩支配ですから、この資料では区別していますが、実際には、「彦根藩預り所」イコール「元彦根藩支配分」と考えていいと思います。

また、浅井町東部南部等々は含まれていないことにも気がつきます。

《参考》
川崎文書（滋賀大学史料館）

※1
朝日山藩は、明治三年七月七日～明治四年七月一三日の一年間だけ存在した藩です。藩主は水野和泉守忠弘(水野忠邦の息子)でした。

朝日山藩は、明治四年七月一四日朝日山藩縣に、同年一一月二一日長浜縣になります。たった一年間しか存在しなかった朝日山藩の貴重な史料を紹介します。

《未整理七七三》

(印)　朝日山藩廳(印)　(※径六七㎜)
冨田村
庄屋

馬渡村普請所、明廿三日より取掛り候間、棒・もつこう(※モッコ)・鍬志よれん(※鋤簾)持参、朝五ツ時、右場所江相揃候様取斗可申候。尤、日刻・人足左之通、
一人足百三拾人
内
三月廿三日　同廿五日　同廿四日
四拾四人　四拾三人　四拾三人
三月廿二日　(※三段に記載)

明治四年三月二二日付の文書で、御料所井の普請人足の要請ではないかと考えています。

この文書の表に押印の「朝日山藩廳」の印が印象的です。

また、次の文書は、朝日山藩縣に移行した時の、地元からの雇用リストではないかと考えています。

《未整理九七四》

一小参事　一人　彦右衛門
一租税司　弐人　米蔵
同属吏　弐人　衛中
一刑法局属吏　二人　丹下
一監察　壱人
監吏　三人　念信寺
一主用　四人　大井　西雲寺
一捕亡　同し　万兵衛
一〃
〆拾六人
一番卒　三人　大寺　利助
〃　四人
一駅逓司　二人　助左衛門
一口械司　二人　北大井　銀右衛門

朝日山藩は五村御坊に仮藩廳を設置し、旧湖北町山本の朝日山に藩廳を設置する予定でしたが、たった一年で廃藩置県を迎え、朝日山藩縣に移行してしまいます。

これだけの文書ですが、五村周辺からの雇用をしている所から、朝日山に藩廳を設置することもなく、朝日山藩(縣)は終わってしまったことを窺い知ることが出来るように思います。

朝日山藩関係の文書は少なからず残されており、文面は省略しますが、《未整理七九五》では、講金として何千両もの調達金を準備していることも判明し、合計では一万五千両を超える金額に達しています。

また、金銭の返済に関して、旧朝日山藩士と庄屋T兵衛との往復書簡が《未整理文書》の中に多数残されています。

冨田村と下八木村の水損

第０７７号
1997.01.24

左の文書は嘉永二年(一八四九)の文書です。《租税三〇三》

一高七百六拾九石四斗　江州浅井郡　冨田村
内
高六百六拾弐石壱斗九升壱合
　水野大監物殿領分
内七石壱斗七升　郷蔵敷溝敷
　土取跡引高
残高六百五拾五石弐升壱合
此取米弐百弐拾弐石九斗四升
　五合
高百七石弐斗九合
　西郷賢之丞殿知行所
内壱石六斗七合　郷蔵敷井溝
　成引高
残高百五石六斗弐合
此取米四拾弐石
右之通定免所ニ御座候
一高七百六拾三石七斗　同国同郡
　下八木村
内
高四百九拾壱石七斗五升六合
　水野大監物殿領分
内拾三石七斗四合　郷蔵敷堀
　溝敷永引高
残高四百七拾八石五升弐合
天保九戌年
一取米六拾六石八斗九升五合

天保十亥年
一同　八拾石壱斗六合
天保十一子年
一同　四拾壱石三斗六合
天保十二丑年
一同　弐拾弐石九斗弐升九合
天保十三寅年
一同　五拾七石三斗三升七合
天保十四卯年
一同　六拾八石七斗三升七合
天保十五辰年
一同　三拾三石五斗三升六合
弘化二巳年
一同　百拾六石壱斗六合
弘化三午年
一同　六拾六石五斗六合
弘化四未年
一同　拾四石九斗六合
高弐百五拾五石七升四合
　松平時之助殿領分
内拾三石七斗三升九合
　郷蔵敷草葭引高
残高弐百四拾壱石三斗三升五合
天保九戌年
一取米四拾三石壱升五合
・・・《途中省略》・・・
弘化四未年
一同　拾三石五升壱合
高拾六石八斗七升

大岡豊後守殿知行所
・・・《途中省略》・・・
右、下八木村之義は年々水損凶作ニて、御年貢納高は書面之通ニ御座候。尤も昨(年の)申年は存外之大洪水ニて、村方の田畑並びに人家までも泥水が込み入り、村方一同必至難渋の極みニ付、地頭表より救米等申し受け候程之仕合ニて(収穫は)皆無ニ御座候。以上

江州浅井郡冨田村
水野大監物殿領分
　庄屋　A兵衛(印)
　年寄　B衛門(印)
　百姓惣代C左衛門(印)
西郷賢之丞殿知行所
　庄屋　D次郎(印)
　年寄　E平次(印)
　百姓惣代　F平次(印)
同州同郡下八木村
水野大監物殿領分
　庄屋　G右衛門(印)
　年寄　H五郎(印)
　百姓惣代　I太夫(印)
松平時之助殿領分
　庄屋　J左衛門(印)
　年寄　K三郎(印)
　百姓惣代　L左衛門(印)
大岡豊後守殿知行所
　庄屋　M左衛門(印)
　年寄　N左衛門(印)
嘉永二酉十二月
　右拾四人物代
　庄屋　A兵衛
　同　D次郎
　同　G右衛門
　同　J左衛門
　同　M左衛門
御奉行様

（名前は伏せ字としました）

少し引用が長くなりましたが、下八木村の当時の現状が書かれています。

これによれば、冨田村も下八木村大半は水野大監物の領分（山形藩）になっていますが、

冨田村は蔵敷き等を除いた、
六百五拾五石弐升壱合 に対して、
弐百弐拾弐石九斗四升五合 の年貢を納めています。
計算による年貢率は 三十四％ です。

それに対して、下八木村は、
四百七拾八石五升弐合 に対して、
天保九戌年には
六拾六石八斗九升五合 （約十四％）
天保十亥年
八拾石壱斗六合 （約十六・八％）
天保十一子年
四拾壱石三斗六合 （約八・六％）
天保十二丑年
弐拾弐石九斗弐升九合 （四・八％）
天保十三寅年
五拾七石三斗三升七合 （約十二％）
天保十四卯年
六拾八石七斗三升七合 （十四・四）
天保十五辰年
三拾三石五斗三升六合 （約七％）

弘化二己年
　百拾六石壱斗六合　（二十四・三％）
弘化三午年
　六拾六石五斗六合　（約十四％）
弘化四未年
　拾四石九斗六合　（約三％）

という年貢を納めることしか出来ない状況であったようです。

嘉永二年の前々年の弘化四年には、たった三％の年貢率となっています。現在の消費税程度という割合いですから、殆ど収穫はなかったものと思われます。

年貢率が低いのは、年貢を取ろうにも、収穫がないから、免率を下げざるを得なかったのです。

上の十年間を単純に平均しても、免率は十一・八九％にしかなりません。

冨田村の約三十四％に対して、約三分の一程度です。

冨田村は十一川付近を除けば、水に苦労した土地柄でした。

字又才や小寺・川田・大海道・角田・堀・木添・円光・玄取・下川田・堀角・蓬・田ノ下などは、昔から旱損場として記録に残っています。

上の三ケ村と水争いも度々行っています。

それに対して、下八木村は、上の文書にもあるように、水損のための凶作続きの土地柄であったようです。

嘉永元年申年（一八四八）には、大洪水のため、田畑ばかりでなく、人家にまで泥水が入り込み、収穫はなく、逆に領主より救済米を受けるほどであったとあります。

当時は、琵琶湖の内湖がもっと入り込んでいたたと思われます。（我々の小さい時には下八木の葭切り場までよく釣りにいったものです）

また、琵琶湖から流れる瀬田川に土砂がたまると、水の流れが悪くなり、湖辺の各地に水の被害を出したと言われています。

高島郡深溝の庄屋藤本太郎兵衛による親子孫三代の悲願が達成された、天保二年（一八三一）の瀬田川大浚え普請は有名ですが、当時の湖辺の村々は、水害による被害に悩まされ続けていたのです。

下八木村も例外にもれず、上の文書のように、水の被害をうけ、収穫皆無といった年もあったのだと思います。

それに対して冨田村は、水不足という苦労はあったかもしれませんが、下八木村と比較して、ずーっと暮らし易い所であったのかもしれません。

《参考》
　川崎文書（滋賀大学史料館）

※1
直接水損の件ではないのですが、幕末の琵琶湖の水位上昇を示す史料を紹介します。

《未整理九五四》

…（前略）
然ハ此度、冨永氏御登り被下候ニ付下拙義十二日大津迄罷帰り申候處、大津表大洪水ニ付、帰村之義御差留ニ相成、色々日々片付物等仕罷在候處、追々大水ニ相成、杉原様・山内様御両家共水込ニ相成、誠ニ以大変ニ相成、杉原様御家内中御出宅ニ相成、柳町伊勢屋吉兵衛殿方江仮宅ニ被遊候次第、尚又、米千俵斗り在之候處、外蔵江為持出置候處、是又、不安心ニ相成、又候、丸屋町米庄殿土蔵仕り受、夫迄為持出候次第ニ御座候。…（中略）…
日野岡峠十二日より山崩ニ而往来留ニ相成、今ニ往来出来不申、
…（後略）
五月十六日　大塚治兵衛
　大津ニ而相認メ
川崎T兵衛様

年代不明ですが、幕末から明治初年の頃と考えられます。

大津が大洪水で、山形藩役人の家宅が浸水し、柳町伊勢屋吉兵衛の仮宅に移ったこと、千俵の米の浸水を恐れて、外蔵へ移動させたが、まだ心配なので丸屋町米庄の土蔵を借り受け、移動させたことなどを、書状で知らせています。

山崩れの報告もあり、降雨による洪水だったようですが、当時は南郷洗堰付近に土砂が溜まり、琵琶湖の排水が最悪の状況であったことが分かっています。

従って、大津ばかりでなく、琵琶湖周辺の村々は洪水や水損に泣かされたことになったのです。

また、次は慶應四年（一八六八）と推定出来る文書です。

《交通二一》

…（前略）
先達以来雨天打續、未降續キ、拾五日之間弐日晴天有之、就夫、川々高水、長濱舩町御堂前魚屋町辺、水上り、下川水込之様子ニ相聞申候。
然ル処郷夫入替之義と申越被下、早速取調見ツるも、當節百姓之世話敷折柄ニ而、右不都合付、山面三ケ村江も頼遣候得共壱人茂出来不申、伊吹村慶次郎・弟當村喜兵衛、大久保村由五郎、右三人差登申候間、左様ニ御承引可被成下候。尤、…
…（後略）
閏四月廿九日　藤田完次郎
大塚治兵衛様
川崎T兵衛様

雨が降り続き、未だ雨降りで、一五日間の内晴れたのは二日のみで、川の増水もあり、長浜町船町、御堂前、魚屋町まで水込みになっていると聞こえてきた…とあります。

このとき、大塚・川崎氏は大津に居り、藤田氏は地元の坂田郡に居たようです。

長雨による洪水の状況を、大津に書き送っているのですが、長浜市内の御堂前・魚屋町まで水が来ているということは、かなりの増水を意味しています。

幕末から明治にかけて、湖辺の村々の苦労が偲ばれます。

土地の番地について!!。

第０７８号
1997.02.10

昔の人は住所を書くとき、「竹生村大字冨田字堀角二〇六番地」のように書きます。

しかし、今の我々は、「びわ町富田二〇六番地」と書くのが普通です。（登記等では、やっぱり大字と字名を書くのが正式のようです）

以前に、小字名については書きましたので、今回は番地等の土地の呼び名についてまとめてみたいと思います。

阿部文書（四）

> 合壹段者
> 　在近江國浅井西郡富田庄地頭
> 　方字下里十八坪東縄本ヨリ於
> 　五反次上半折壹段也　……
> 文明十五年卯歳九月八日

※「字下里十八坪」は現在の「田ノ下」
※ 文明十五年卯歳は西暦一四八三年

これによると、

> 字下里十八坪（田ノ下）の東より五反をおいた、次の（六枚目の）上半分（北半分）の壱反　……

という呼び方をしており、現在のような番地ではなく、小字の東より何枚目の田圃　……　のような言い方をしています。

阿部文書（五二）

> 合壹段者
> 　江州浅井郡富田庄内字フカマ
> 　チ南ヨリ貳反目壹段也　……
> 永禄五年拾一月十六日

※ 永禄五年　は　西暦一五六二年

これも同様に、「字深町の南より二反目の一反　……」のような表現になっています。

川崎文書《売買二》

> 末代賣渡申一職之事
> 合上田四畝弐拾三歩
> 　冨田村郷内字下川田西ょり弐反
> 　目也　……
> 元禄十年丑十二月十五日

※ 元禄十年　は　西暦一六九七年

これも同様に、「字下川田の西より二反目の上田四畝弐拾三歩　……」のような表現になっています。

このように、江戸時代や、それ以前の時代は、小字の中で、東より（北より・南より・西より）何枚目というような呼び方をしていたように思われます。もしくは、何枚目の上半分とか、何枚目の三分の一（小）とか言っていたようです。

もちろん、

> 合中田弐畝弐拾五歩　字七之坪

> 合上田壱反　冨田村郷之内字又
> 　さい　高八水帳次第

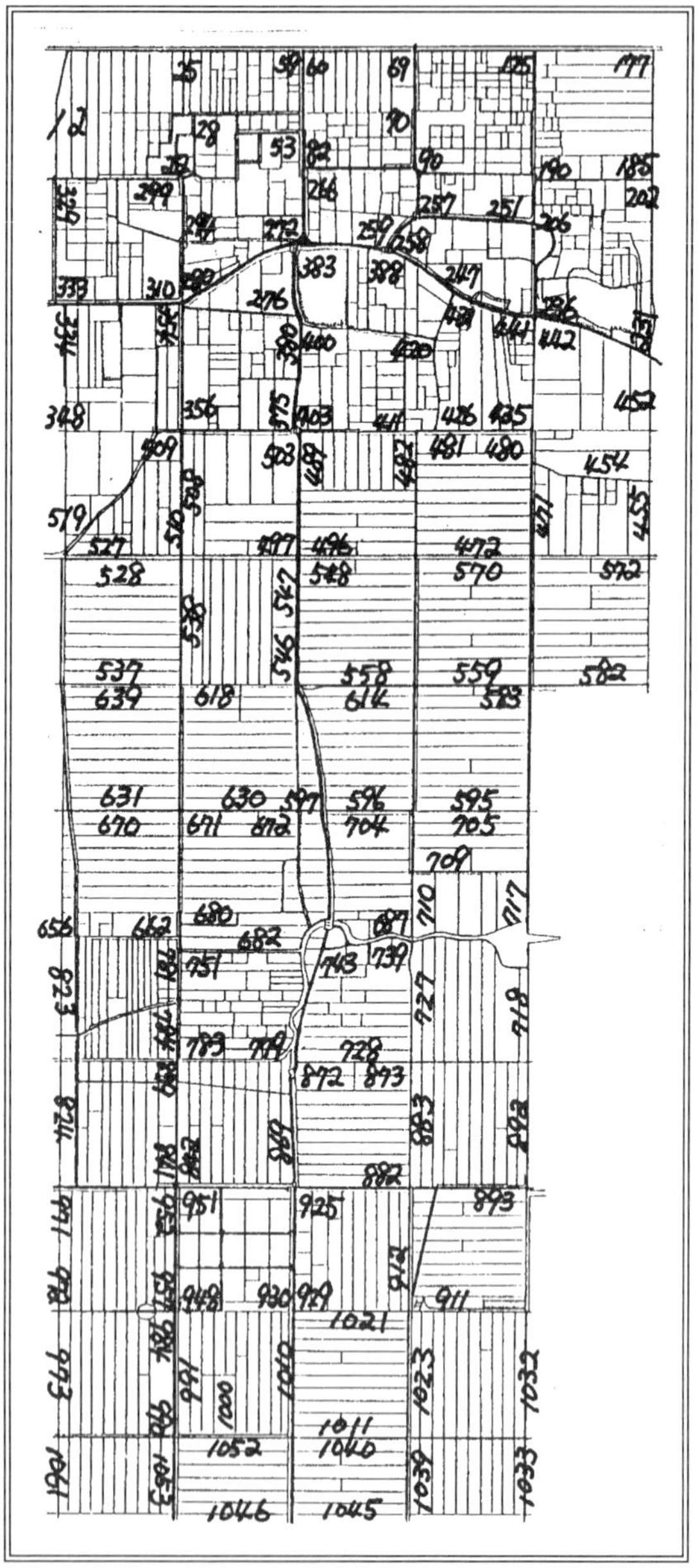

のように、小字名だけで済ませている証文も多く見受けられます。

　また、何種類かの検地帳（水帳）の写しが残されていますが、これらはすべて小字の記入のみです。

　我々の子供時代は、まだ圃場整備が実施されていなくて、一反一枚であったのですが、その頃は、自分の家の田圃は「玄取の東から三枚目の万年杭のある田圃」「三反田の北から四枚目の田圃」‥‥のように覚えていたのを思い出します。

　丁度、そのような言い方が正式であり、今の「番地」のようなものはなかったのであろうと想像されます。

　前頁の図は冨田村の番地の概略です。

　地図は江戸末期のもので、番地は明治時代当初に付けられたものですのですから、完全には地図と一致しませんでしたが（田畑の形状が変化しています）、ほとんど問題ありません。

　冨田村の一番地は、字又才の東側より始まっています。最後の一〇六一番地は北一ノ坪の一番東側で終わっています。

　当時、冨田村には一〇六一筆の土地があったことになります。

　その土地に、順番に番号を付けているのですが、「又才」から始まって、東から西に向かって進み、「蓬(ﾖﾓｷﾞ)」に至ります。

　次に、「堀角」から東に向かって進み、「小寺」に至ります。更に、今度は、「川田」から西に向かって進み、「下川田」に至ります。後は、この繰り返しで、「玄取」から「角田」まで‥‥のように、順次進んでいます。

　そして、最後に「傍田」から「北一ノ坪」まで進んで終わります。

　つまり、「又才」から始まって、千鳥式に進み、最後に「北一ノ坪」で終わることになります。

　この番地は、明治六年(一八七三)の地租改正の際に、土地一筆ごとに通し番号を付けたものです。

　従って、それ以前は上のように、番地という概念はなかったようで、「字何々の北から三番目」等の言い方しかなかったようです。

　また、冨田村の場合、番地を千鳥式に付けてありますから、隣の家であっても、小字が違うと番地も大きく変わることになるのです。

《参考》
　阿部文書（東浅井郡志巻四）
　川崎文書（滋賀大学史料館）
　「改正模範地繪圖」（区長所有）

※1
太閤検地によって、三〇歩が一畝、一〇畝で一反(三〇〇歩)、一〇反で一町と決められました。それ以前は三六〇歩で一反(一段)としていました。
その頃の通称として、一反の半分を「半」と呼び、三分一を「小」、三分二を「大」と呼んでいました。
このような表現を見かける文書は、冨田村には殆どありませんが、中世文書には時々見られるようです。
太閤検地まで、三六〇歩一反というのは、奈良時代からの条里制に起因しています。一條一里四方を一坪から三六坪に分けた六進法（三六進法・六〇進法）の考え方に一致しています。
二の坪・六の坪・十七・十八などの小字名はこのようにして区分けされた一画なのです。

※2
既に御存知だと思いますが、現在の番地に、「字堀角二〇六の一」などのように枝番が付されている場合があります。
これは、明治六年の番地決定後に一筆の土地に分割が生じ、「二〇六の一」「二〇六の二」のように分筆されたものです。
従って、枝番がある土地は明治六年以降に何かの分筆を余儀なくされた土地だということになります。

※3
昭和四〇年代の圃場整理により、原則的に、三反(三〇アール)一枚になり筆数が減少し、田圃部分の地番が変更されています。
田圃の地番なんて気にしませんでしたが、今回再確認しました。
しかし、番地が繰り上げられると、北冨田村の住宅地の番地も繰り上げられそうですが、住宅地の番地はそのままの数値が使用されています。
ということは、八〇〇番代に欠番がありそうですが、そのことについては未調査です。

※4
番地が又才(ﾏﾀｻｲ)から一番地として始まるのは、明治六年の番地決定の時期が初めてではなく、慶長七年の慶長検地のときも検地帳には又才から記載が始まっています。
太閤検地の検地帳は残っていませんので、それ以前のことは判明しませんが、偶然ではなく、何かルールがあったのではないかと思えます。
例えば、村の南東隅から数え始めるなどの約束があったのかもしれませんが、筆者のような素人には調べる術もなく、想像の域に留まっています。

※5
明治初年の地租改正に関わって作成された『野帳一～八』によれば、地番は「又才の一番」から「北一ノ坪の一〇九五番」までの番号が振られており、本文で示した地番とは若干異なります。
筆者の宅地は、現在は二〇六番地ですが、『野帳』では一九五番になっています。
このことは、地租改正時に地番が付けられたと思い込んでいましたが、その後のどこかで見直しがあったことを示唆しています。

番地と屋敷番地について

第０７９号
1997.02.24

前回、番地について整理しました。

この番地は、明治六年(一八七三)の地租改正の折に、土地一筆ごとに通し番号を付けたもので、冨田村の場合、字「又才」から始まって(一番地)、千鳥式に進み、最後に字「北一ノ坪」で終わる(一〇六一番地)ことになるのだと報告しました。

ところが、上や左のような文書にも出会う事が多々あります。

……《前略》……
姓名　川崎　A左衛門
住所　二番地
誕生　弘化三丙午七月五日
族職業　平民農
……《後略》……

(明治十八年「国民軍名簿」)

絶家再興御願書
……《略》……
浅井郡冨田村番外四番地
赤松　B観　印
同村三番地平民農
川崎　C造　印
同村八番地平民農
川崎　D内　印
同村拾番地平民農
川崎　E市　印

(明治二十年「絶家再興御願書」写)

土地所有権保存ニ付登記申請
……《略》……
同郡同村大字稲葉第九番屋敷
右代人　○○　○○　印
(※ 氏名を伏字としました)

(明治三十九年「必要書類編冊」)

上の文書等の住所は、現代風ではなく(番地記入ではなく)、屋敷番地が記入されています。

当時は、現在使用している番地は存在しました(田畑には使用されています)が、それとは別な、「屋敷番地」があったようです。

「一番屋敷」「二番屋敷」……のような具合です。

今までに私が目にしたのは、北冨田も含めて、九十六番屋敷が最大数の屋敷番地です。(九十六軒はあった)

また、この屋敷番地は、現在の冨田区の名簿と同じように、西出から順次通し番号が打たれているようです。

しかし、なにせ明治時代前半の人ですから、史料が残されていても、なかなか、どの家か、何処の誰だか分からなかったのが正直な所です。

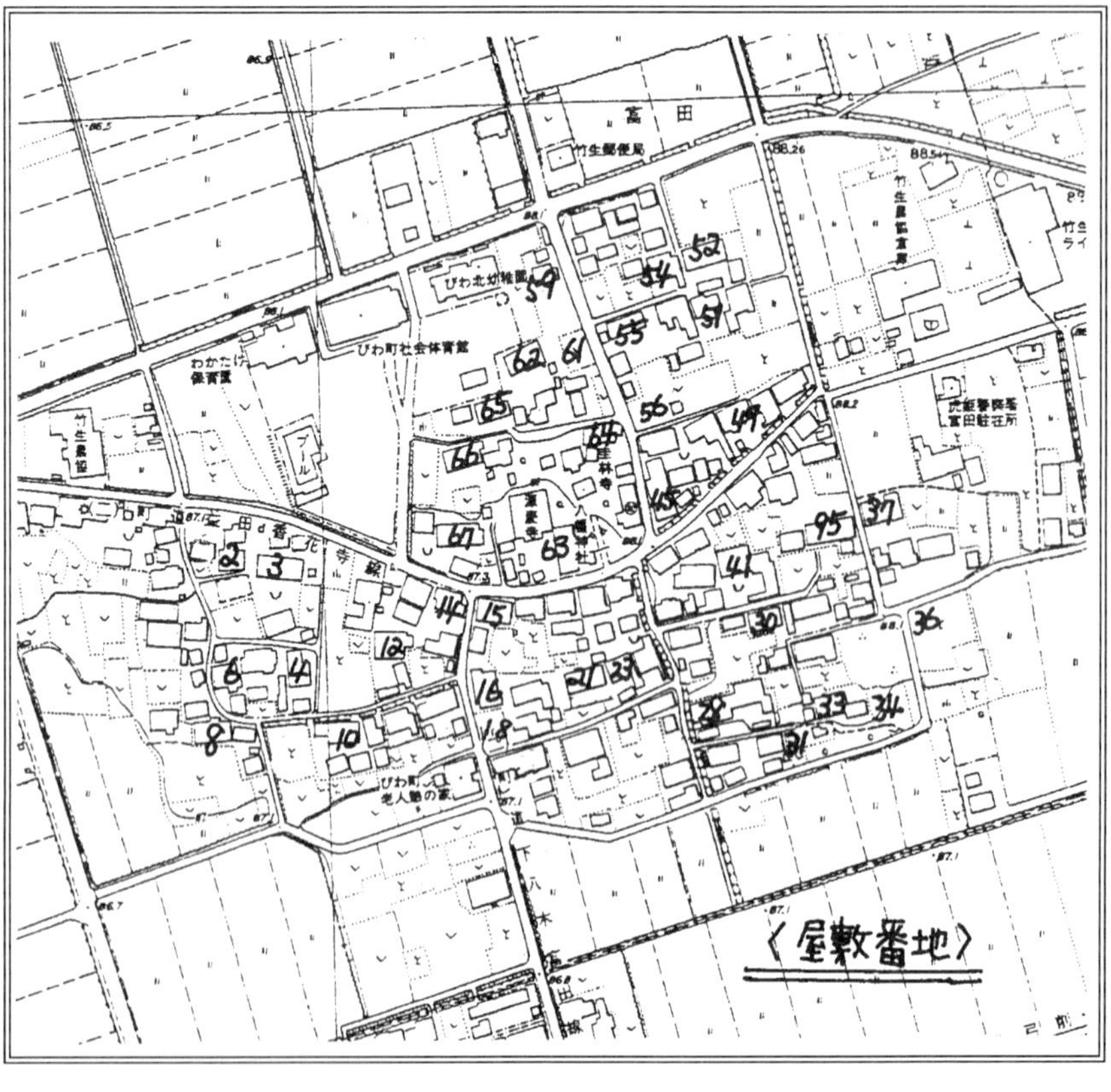

江戸時代は、何代もF兵衛とか、G右衛門とか、H左衛門などのように、その家の屋号(家名)のような名前が多いので、その人がどこの誰かが分かる場合が案外多いのですが、明治時代になると、思い思いの名前を付けますので(一部は屋号(家名)が出てきたり、推測できる名前もありますが)、たとえ史料があっても、家を特定するのが難しくなってきます。

各家の祖父・曾祖父・曾々祖父あたりまで遡れれば、もっとはっきりしたことが分かってくると思うのですが、なかなか人の記憶ははっきりせず、苦労しています。

今の人にとって、三・四代前となると、赤の他人のようで、知らない人の方が多いのかもしれません。

私ごとで恐縮ですが、私も、太源・太一郎・太作・太内・太郎太夫の五代前までしか辿れません。それ以前は、甚右衛門・甚兵衛が何代か続いたということしか分かっていません。

従って、幾つかの史料を読んでも、名前が分かっていても、この屋敷番地については、一番屋敷から九十六屋敷(もっと多いかも知れないが)までの特定した完全な地図は作れそうにないのが現状です。

勿論、全部の史料があるわけでもありません。(一～九十六までの全ての史料はありません)

しかし、親父や古老に聞きながら該当する家を当てはめていくと、史料の約四分の三ぐらいは判明しました。その中には、既に無くなっている家がいくつもあります。

前頁の地図は、その「屋敷番地」のまとめです。

史料があって、確実であると思われる番地のみ記載しました。それでも間違いがあるかもしれませんが・・・。(北冨田は考えていません)

明治四十年の史料には、現在と同じように、「竹生村大字冨田字□□第〇〇〇番地」という表現が現れますから明治四十年頃まで、屋敷番地が使われていたように思います。

また、「番外一番地」「番外四番地」等の「番外」番地についても、はっきりとは分かりません。屋敷番地が決まった後、分家等があった場合のように感じられますが・・・。

たった住所の記入の仕方だけですが歴史を感じさせてくれる課題でした。また、無くなった家の多さにも驚いています。

《参考》
「国民軍名簿」　富田個人蔵
「絶家再興御願書」写　富田個人蔵
「必要書類編冊」　八幡神社蔵
その他 古老からの聞き取り等

※1
屋敷番地(屋敷番号)は、いわば住民名簿の番号のようなものです。

どのような自治会(村)でも住民名簿が作られていると思いますが、その整理番号・名列番号と考えれば理解しやすいと思います。

現代の番地表記では、隣であっても数値が一〇〇番も違うとか、逆に、番地は数番しか違わないのに、家はかけ離れている場合があります。

しかし、屋敷番地は通し番号であるため、分かりやすい便利な表記だと考えられます。

では、屋敷番地がいつ頃始まり、いつ頃使われなくなったのかを知りたいのですが、史料から特定することは出来ませんでした。漠然と明治末期頃まで使われていたと考えています。

しかし、なぜ屋敷番地が姿を消してしまったのでしょうか。

冨田村の屋敷番地は、(南)冨田から北冨田へ飛び、再度(南)冨田へ戻っています。また、番外一番地などの表記も見られます。

屋敷番地が確定された後、分家があったりすれば新しく追加する必要が生じてきます。また、逆に家が絶えれば抹消する必要もあります。

丁度、転入や転出があって、自治会名簿を作り直す必要が出てくる場合がありますが、それと同じようなことが起こり、不便になったと考えることも出来ます。

特に、冨田村のような田舎でなく、市・町地域では出入が顕著であったと考えられます。

また、屋敷番地が決定される際に、紙面では公表を憚るような意図が持ち込まれている節があります。そのことも一因になっているかもしれませんが、内容は伏せたままにしておきます。

最終的には、冨田村ばかりでなく、他村も含め、日本全体から屋敷番地がなくなっていますから、政策の一旦として実施されたのだろうと思います。

ちなみに、祭器庫文書の中の明治一一年の戸籍簿と現在を比較すると、約三分一程度の家が絶え(転出)て、畑地になっていたり、別の人が家屋敷を買い取っていることが判明します。

その意味でも屋敷番地が廃れ、絶対的数値である番地の使用になったのかもしれません。

ただし、筆者の想像の域を出ないのですが・・・。

冨田村の場合、江戸時代の検地帳は冨田村の南東隅の字「又才」から始まっています。同様に、地番も字「又才」から始まっています。

しかし、屋敷番地は現在の自治会名簿の順番とほぼ同じで、北西隅から南下し、東に向かって進み、北へ上がり、現在の一〇組で終わり、北冨田村へ飛んでいます。

地番と屋敷番地の性格の違いといえばそれまでですが、何故出発点を変更したのか、誰が指示したのか・・・分からないことが一杯あります。

現在の自治会名簿の順番について、考えたこともなかったのですが、どうやら、明治の頃に使用された屋敷番地が基礎になっているように思われます。

拾ケ村郷寄献立覚帳

第０８０号
1997.03.10

《飲食一》

文化元年三月十八日
　會所冨田村ニて
拾ケ村郷寄献立覚帳

拾ケ村郷寄之献立

十八日
一落付の酒の取肴
　さこ（雑魚）の□□ちり
一昼飯等ハ餅ニさと（砂糖）
　羽こんふ
御汁すまし　とうふ
　こんふ
ちよく二菜の志たし

夜十八日の夕飯献立
一御飯　御汁あら
指身（刺身）膳付
　手塩皿　焼しを（塩）
　　このもの
　　（香の物）
　　志やうかおろし
　　（生姜）
引物　壱番ニ平ニ
　に五郎（鮒）の引落し
弐はんニ生鯛
三はんニ
　うなきか又ハはすヲ引シ
中酒の取肴　蛸の桜いり

一夜酒の取肴
　さこ（雑魚）のにしめ壱はち
　酢蛸壱はち
十九日朝飯献立
一御飯　御汁あらニとうふ入
□會　平ニ鯉のツヽ切味噌
引物　壱はんニ
　に五郎（鮒）の白やき
弐はんニ
　ちよくからしのた
　　但シ生す
三はんニ　うくひの味噌付
四はんニ　わたかのすし
一立酒の取肴ニハ鯉からしのた
　但ニハ何なり共有合物ニ
　而可仕候
落付餅　壱斗三升仕候
　小豆九升
　　庄屋Ｓ五右衛門
　　　餅一重遣ス
　年寄Ｉ右衛門右同断
　年寄Ｚ太郎　右同断
　D吉よぶ
十八日夕飯ニ　Ｓ門よぶ
　O左衛門よぶ
　Z大夫よぶ
十九日昼飯ニ　Ｓ兵衛よぶ
　T平次よぶ
　庄屋T郎右衛門

上の文書は文化元年（一八〇四）の「拾ケ村郷寄献立覚帳」の全文です。

拾ケ村とは、浅井郡内の浜松藩支配地、つまり

冨田村・下八木村・十九村
八木濱村・月ケ瀬村・大寺村
三川村・醍醐村・岡谷村
大安寺村　　　以上十ケ村

を指すものと思われます。

恐らく、定期的に十ケ村の庄屋達が集まり、交流や協議をしたものと思われます。

残念ながら、詳しいことを示す史料は殆ど残っていませんが、別の史料でも、十ケ村が連合していたことが判明しますので、何らかの交流があったと思われます。

上の史料に示されるように、文化元年（一八〇四）には、その寄り合いが冨田村で開催されたようです。

そして、その時の接待の献立が上のようなものであったと思います。

上の献立を貧弱と見るか、贅沢と見るかは、現代人の私達には判断はつきませんが、恐らく趣向を凝らしたものであったのではないかと思います。

寛永十九年（一六四二）、幕府が発した農民法令の中に、

在々百姓食物の事、雑穀を用ひ、米おほくたべ候はぬ様に申し付けらるべく候事

とあるように、身分によって、食べる物さえ規制されていたのである。

勿論、現実として、百姓が「米」を食べられたのは、「ハレ（祝い）」の日ぐらいではなかったかと思われます。平生は、麦・粟・稗等々を食していたと考えられています。

また、「ハレ（祝い）」の日であっても、規制があったようです。

岡山藩が寛文十一年（一六七一）に出した法令では、

年寄中は　一汁三菜・外に肴一種
千石以上は一汁二菜・外に肴一種
五百石以上一汁二菜のみ
小身物は　一汁一菜
　　　（但し一種は精進物）

とありますから、身分に応じた饗応の際の内容や膳の数まで制限されていました。

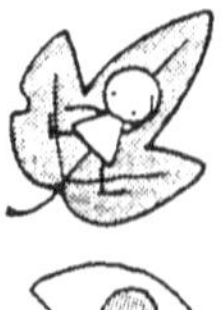

そんな前提のもとで、上の献立を見るとき、一汁一菜であっても、引き物

として四種が供応されているなど、贅沢な席ではなかったかと思います。

今では、婚礼の時にしか用意しない「落ち着き餅」も、当時にもあったようで、九ケ村の庄屋衆が集まるだけであるのに、壱斗三升の餅米と小豆九升を使っています。

勿論、他にも振る舞っていますが、大盤振る舞いを感じさせるに十分な数字です。

また、献立の内容を見ると、殆どが琵琶湖や周辺の河川で取れる川魚が中心になっています。

ただ、鯛と鮪が海の幸となっています。若狭街道を通って運ばれてきた物かもしれません。

また、昆布は日常に使われていたのかもしれません。（勿論、ハレの日などの時に・・・・）

また、「鯉のツヽ切味噌」「うぐいの味噌付け」など、料理の方法は分かりませんが、味噌を味付けの基本にしています。

更に、「にごろ鮒の白焼き」等は、にごろ鮒を塩焼きのようにするのでしょうが、現在では、海の魚を焼くことはあっても、鮒を焼くということは経験がありません。

わたかの寿司は現在でも聞くことはありますが、全般的に、上の史料の時代と現在とでは、調理材料が一緒であっても、調理方法が違うものが多々あるように思われます。

また、

指身（刺身）
手塩皿　焼塩・香の物・生姜おろし

という記載は、想像ですが、刺身を焼き塩や生姜おろしで食したのではないかと思えてなりません。

味噌付けにしろ、刺身にしろ、味の基本が味噌と塩であるように思われます。当時の醤油事情がどうなっていたのか、興味が湧いてきます。

「鯉のからしのた（ぬた）」とか「酢鮹」「雑魚のにしめ」「あら汁」等は現代でも作られているようです。

このように、たった一冊の史料からでも、当時の食生活を想像することが出来ます。

現在と違って、調理方法も、材料も恐らく違ったであろうと思います。

現在、よく用いる玉葱やトマトなどは、この時代にはなかったのです。明治とともに入ってきた食材だと知ったのは最近です。

《参考》
川崎文書（滋賀大学史料館）
「江戸の料理史」（中公新書）

※1
食に関しての史料は殆ど目にすることはありません。

稀に見過ごすような片隅に、ちょっとした記事を見つける場合があります。

次の文書はそうした稀なる記事で、時代も不明の一枚の断片ですが、葬儀、又は逮夜（法事）の膳の内容だと思われます。

《未整理六二九》

昼飯
一　汁　　汁　豆腐
一　猪口　　八ハイ汁
　　　　　葉砂産葛
一　平（※ひら）　油上
　　　　　湯葉
　　　　　干瓢
　　　　　椎茸

夕飯
一　焼豆腐　平
　　湯葉
　　椎茸
　　干瓢
　小豆　坪

祖父　父
逮夜　（※実際は「台」に「辶」）
■布施目録

たったこれだけの記載ですが、精進料理の内容（一汁二菜）が目に浮かんできます。

「平」「猪口」「坪」などの言葉が懐かしいです。

パックで済ます現代とは趣が異なるとは思いませんか。

※2
川崎文書未整理の中に、掛け売りの請求書や領収書、村入用の請求書などが多数含まれています。

これらの文書は、達筆すぎて私には読めない文書が多く、紹介出来ずにいましたが、断片的にでも読めた文書（一部分）の中から、食に関する記事を多少抜き出すと、

・注文の覚　《未整理一三四》
赤飯米・鮒寿司・牛蒡・かずのこ
・掛売り覚（立合勘定）　《〃二三五》
鮒・にごろ・うなぎ・焼串
・請求の覚　《〃二八〇》
かれ（鰈）一〇枚・小かれ三枚
・請求の覚　《〃二九四》
ぶり・千切り・昆布・こんにゃく
人参
・請取の覚　《〃四二〇》
がんぞ・にごろ・じゃこ（雑魚）
ゑびじゃこ・・・・
・村入用の覚　《〃八八三》
鰯・鯖・鳥貝
・村入用立替の覚　《〃九〇六》
湯花米三升三合三勺
そお面（素麺）・かつお三匁
・掛売り請求の覚　《〃九〇七》
酒・豆腐・みかん・でんがく・・・・

などが見られます。

右には上げませんでしたが、村普請等の際には「（豆腐）〇丁」や酒の文字をよく目にします。

何れも年代の記入はなく、日付だけですので、時代は不明です。

商人等から買い取るものは、魚類などが多かったのかもしれません。

七夕御礼入用帳より

第０８１号
1997.03.24

前回は、「拾ケ村郷寄献立覚帳」を取り上げ、浜松藩支配の浅井郡十ケ村が定期的に集まり、交流や協議をしたと思われる。十ケ村が連合したこともあったようだと書きました。

次の史料は、それを裏付けるものだと思います。《習俗四》

元文二年（※一七三七）
己歳七夕御礼拾ケ村引替入用
七月朔日　大寺村　北川長右衛門
冨田村　川崎T兵衛

覚
大極上
一大鯖五さし
代九匁五分
一諸白五升
代六匁壱分
一古銀弐拾匁　惣七様（波多野）
一同弐拾匁　治太夫様（堀口）
一同拾五匁　武八様（金古）
一同拾匁　越右衛門様（三田）
一同七拾目　御同心七人
一銭七百文　御召遣小もの
一中鯖四さし　久兵衛殿
代五匁　九兵衛殿

一四匁五分
御頭様若頭　秀七殿
六十弐文ツヽ
一酒弐升
代壱匁六分　万是屋
一四拾八文　かミ代
一銀弐匁　さかな代
とりや七兵衛方ニ而遣申候
一諸白三升
代三匁六分
一七匁五分
おなき代
右神山権兵衛様遠州御出御
［破損］
〆百八拾三匁八分
内九拾壱匁五分
大寺村長右衛門殿引かへ
残九拾弐匁三分　T兵衛

・・・・《途中省略》・・・・

五月
一宗門帳上村ニ預り阿り申候
たちん弐百文
三田村兵太郎殿船ちん取様
ニと被仰候得共相預り申候
右御相談被成様ニ存候不書候

・・・・《途中省略》・・・・

閏四月廿四日
一百三拾八匁四分五厘
七夕礼　T兵衛

弐拾弐匁八分　同
大津わりせり米方入
・・・・《以下省略》・・・・

元文五年（※一七四〇）《習俗五》
申歳七夕御礼入用帳
申七月三日　北川長右衛門
川崎T兵衛

（※元文二年とほぼ同内容）
・・・・《前半省略》・・・・
五月三日より太兵衛手形取かへ
一日数五日　○
并　神山権兵衛様御死去
一金子百疋　○浅井郡村々
T兵衛
□□□□香典
霜月三日
一日数五日　○人足
霜月四日
一日数五日　○おく左衛門
右ハ拾ケ村引かへ御手形
大津迄持参仕候
宗門御礼
一金子壱分　御頭様
一同弐分　惣七様

一同壱分　治太夫様
一銀拾匁　武八様
一同弐匁　越右衛門様
一同弐匁ツヽ　御手代衆六人
〆百三拾匁弐分ほと
・・・・《以下省略》・・・・

引用が長くなりましたが、浜松藩支配浅井郡十ケ村の代表、大寺村長右衛門と冨田村T兵衛の覚え帳です。

内容は、はっきりとは分からないのですが、十ケ村連合から、浜松藩大津役所の役人に対しての七夕御礼（中元か賄賂または接待）の記録らしいと推察できます。

文書に出てくる、波多野惣七・堀口治太夫・金古武八・三田越右衛門は、免定等にも顔を見せる代官で、大津役所勤番であったと思われます。

また、神山権兵衛は享保十四年から享保二十年（もしくは元文元年）までの代官で、その後を、堀口治太夫等が勤めていることが分かっています。

元文二年・元文五年の両年とも最初に「大鯖五さし」と出てきます。この「鯖」に意味があったのかもしれませんが、当時の貴重品といったところかもしれません。

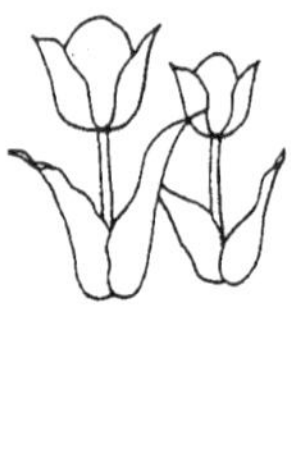

また、波多野惣七と堀口治太夫に銀弐拾匁（元文五年は金子弐歩）を贈っています。金古武八と三田越右衛門に対しては、それより低額となっています。恐らく、波多野惣七を筆頭にしての序列があったのだと思います。

これらのお金が、十ケ村からの、彼らに対する御中元（賄賂）であったのではないかと思われます。

次の、万是屋の酒代やとりや七兵衛にて支払ったさかな代等が接待費であったのかもしれません。

また、両文書とも、宗門帳とか宗門御礼という言葉が出てきます。もしかすれば、宗門改めに関する御礼、もしくは事前の御挨拶（賄賂）であった可能性もあるかと思っています。

そして、無事終わると、元文五年のように、再度御礼をしたのではないかとも思われます。

また、宗門改めの証書や宗門帳は、十ケ村の代表が大津役所より預かって来たのではないか（取りに行った）とも思われます。

「宗門帳上村ニ預り阿り申候。駄賃弐百文……」とあるのと、省略した中に、「八月ニ切替御証文大安寺當村御預成され候……」とあり、そのことを意味しているように思います。

また、「日数五日　おく左衛門　右ハ拾ケ村引かへ御手形大津迄持参仕候」とか「日数五日　人足」等々の記載が省略部分に多く見受けられます。

これは、十ケ村を代表して使いや人足に出た記録で、文書の後で、「日数五日」に対して「弐拾壱匁」が支払われています。（一日当たり四匁二分）

最後に（省略しましたが）、元文二年は「高百石ニ付三拾七匁三分三厘」と清算され、元文五年は「高百石ニ付四拾弐匁弐分五厘打」という分担がなされています。

つまり、十ケ村代表しての仕事や使い、必要経費の立替等を、大寺村長右衛門と冨田村T兵衛が掌握しており、最後に、十ケ村で勘定するようになっていたのではないでしょうか。

「七夕御礼」の意味ははっきりわかりませんが、浜松藩支配浅井郡十ケ村が一つの連合体として機能していた証拠にはなると思います。

これ以外に、年貢納入時の立ち合い（大津にて）についても、共同で願書を出している史料も残っています。

《参考》

川崎文書（滋賀大学史料館）

※1 他の資料等々から判断して、「七夕御礼」とは、現在の御中元に当たる性質のものと考えられるように思います。

※2 次の文書の性格は、はっきりとは分かりませんが、内容から、御検見や役人の廻村に関わる金銭の記録ではないかと考えられます。いわば、役人に関する接待費の記録ではないかと推測しています。

《未整理一〇〇八》

（前欠か？）

三〆（貫）三百九拾弐匁　御買上物

内　代銀

七百八拾四匁　御役方江

残而弐〆六百八拾匁　御礼

一壱〆八拾八匁　夜具代

戻り銀

一七百七拾五匁五分　用達縮緬

四り　代引

〆拾五〆三百拾六匁八分八り

差引

弐拾壱〆三百八拾三匁三分九り

此割高

一五千六百九拾弐石八斗三升五合

但シ

百石ニ付

三百七拾五匁七分二り

醍醐村

一高六拾九石五斗三升七合

此掛り

一弐百六拾壱匁弐分五り

所へ

五拾弐匁八分八厘　取替

残而

弐百八匁三分七り

此金

三両壱歩ト　三分七り

（余白）

米百俵ニ付

六十八両壱分壱朱

壱匁三分三り

記年はなく、年代は不明です。また前後に記事があったのか否かも不明ですが、「醍醐村」や「五千六百九拾弐石八斗三升五合」から、浅井・坂田郡の浜松藩関係の史料（醍醐村の分担金の覚）だと判断することが出来ると思います。

浅井・坂田郡の浜松藩領の合計は約五七八〇石を多少超えた石高になります。その中から、荒れ引高を差し引けば、記事の「五千六百九拾弐石八斗三升五合」に近づけることが出来ると考えます。

「御役方江御礼」「夜具代」「用達縮緬」等から、廻村役人への賄賂的性格をもった金銭だと推測していますが、飲食費等々の記載がありませんので、的が外れた愚論かもしれませんが……。

百石当たりの負担額が三七五匁強とありますから、当時の冨田村の浜松藩領が六六二石余ですから、冨田村の負担額は、約二貫四八七匁となります。上の文書の換算率で計算すると、金に換算して約三八両三歩となり、米に換算すれば約五七俵となります。

恐らく、これらの負担額は年貢とは別の負担であったと考えられますから、当時の村人にとって、年頭や中元等の御礼（贈答）、宗門改めや御検見等の藩役人の廻村・巡検等の接待などは大きな負担であったと考えられます。また、別の文書では、代官の妻の病気見舞いや香典等の臨時出費の記録も見た覚えもあります。

いずれにしても、歴史書には出てこない、藩役人と百姓の裏面の歴史を垣間見たような気がします。

濱松藩江州三郡について

第０８２号
1997.04.10

浜松藩支配浅井郡十ケ村が一つの連合体として機能していたことについて「拾ケ村郷寄献立覚帳」(80号)や「七夕御礼入用帳」(81)で見てきました。

これ以外にも詳しくそのことが分かる文書があるので紹介します。

《租税二一八九》

恐れながら書付を以って
願い上げ奉り候

一當御年貢御収納之儀、當国御領分ハ残らず遠村ニ付、御収納方郷宿奥屋源六桝取ニ相頼み、并せて、御米河岸揚げ諸事、仲仕へ相頼み置き候處、欠米多く御座候ニ付、御米運送道筋念を入れ候様、段々申し付け候得ども年々欠米多く相成り申し候て、百姓一統難渋仕り、段々相歎き申し候間、去ル酉年、箇條之通り御願申し上げ候。

一御米河岸揚げ御廻シ方諸事、郷百姓へ仰せ付けられ候様、御願い上げ奉り候

一御廻シ方壱升桝ニ仰せ付けられ候ハヽ、四斗弐升御上納仕べく段御願い申し上げ奉り候

右二ケ條御願い申し上げ候処、御聞き済み之無く候ニ付、尚又御百姓壱両人差し出シ、御米着船仕り候ハヽ、早速参り□番・箕取等仕りたく候様御願い申し上げ候処、御聞き済み之有り候て、去ル酉年より當年迄、右躰相勤め罷り在り候。然ル所今般右出役三郡一躰ニ之無き段、御尋ね遊ばされ候ニ付、一同相談仕り候上、書付を以って御断り申し上げ奉り候。すなわち浅井郡より別紙を以って御願い罷り出で候間、委細調べ遊ばされ候て何卒是迄仕り来り之通り出役、仰せ付けられ下し置かれ候ハヽ一同有り難く存じ奉り候。以上

丑十月
坂田郡惣代
上夫馬村庄屋
三郎右衛門
小堀村庄屋
三左衛門
蒲生郡惣代
猫田村庄屋
勘右衛門
馬渕村庄屋
三郎兵衛

海老沢孫右衛門殿

恐れながら書付を以って
願い上げ奉り候

一當御年貢米之儀、當国御領分ハ何連も遠村ニ付、御収納米御廻シ之所前々より郷宿奥屋源六に相頼み任せ置き申し候処、年々欠米多く御座候て、百姓ども段々難渋申し立て候間、五ケ年以前、三郡とも申し合せ、右納方郷中百姓へ仰せ付けられ候様、御願い申し上げ候處、段々御調べ之上、郷役人立ち合い箕取り壱人ツヽ罷り出るべく候様仰せ付け候。然ル所、當郡之儀ハ別して遠村ニ御座候上、水旱難之村々多ク御座候て、年々米数も数無く御座候ニ付、春節より納方出役之所、蒲生坂田二郡へ相頼み申し候処、四ケ年以前戌年大洪水ニて不作仕り候村々多ク候間、右出役少々入用も厭い候趣ニて、百姓共かれこれ申し立て候間、是非無く御断り申し上げ、當郡ハ前々通り郷宿へ相頼み申し候。

…《途中省略》…

先年之通り出納之儀ハ両郡へ相頼み申したく存じ奉り候。何卒先だって御赦免成し下され候通り、出納仰せ付けられ下し置かれ候様願い上げ奉り候。委細之儀ハ三郡とも相談仕り置き候間両郡共御調べ遊ばされ下され候て御聞き済み成し下され候ハヽ一同有り難く存じ奉り候。以上

丑十月
浅井郡惣代
八木濱村庄屋
宗右衛門
冨田村庄屋
佐五右衛門

海老沢孫右衛門殿

恐れながら書付を以って
願い上げ奉り候

一御収納米御廻シ俵之儀、壱俵ハ振り縄、壱俵は御見斗らイニて仰せ付け候得ども、先年より御廻シ俵弐俵とも振り縄ニ成し下され候間、何卒先年通り弐俵とも振り縄ニ仰せ付けられ候様、願い上げ奉り候。右願之通り仰せ付け下し置かれ候ハヽ、三郡一同有り難く存じ奉り候。以上

《三郡の総代の署名省略》

海老沢孫右衛門殿

引用が長くなってしまいましたが、上の文書は文化二年(一八〇五)の願書の写し(三通分)です。

これによると、

私達の村々はいずれも(大津より)遠方にあるから、年貢米納入の際の枡取り等を郷宿奥屋源六に、船からの荷揚げ諸事一般を仲仕に、依頼していたのですが、年々欠米(輸送途中での欠損米)が多くなってきました。そこで去る酉年(享和元年(一八〇一))より百姓が出向いて、箕取り等をしています。しかし、この度、「三郡全部が出役していないではないか」と尋ねられましたので、今まで通りにしただければ有り難い、との旨を、坂田郡・蒲生郡の惣代が返答しています。

一方、浅井郡は別紙で、

百姓が出向いて、箕取り等をする筈ですが、当村々は別して遠方で、水難旱難の多いところで、年々収穫も少ないため、出役を坂田郡・蒲生郡に頼んでいます。四年前(享和二年)には大洪水で不作の村々がおおく、この出役での出費を厭うので、無理もないと思

い、当郡は（出役せず）郷宿（奥屋源六）に依頼していた。ところが、この度、両郡より相談があり、当郡の方法は心得違いだから、当郡の出役は以前ように、両郡に依頼することにしました。これは三郡で相談しましたことなので、よろしくお願いします、といった旨を浅井郡の惣代（冨田村庄屋・八木濱村庄屋）が返答しています。

このように、浜松藩支配の村々が、浅井郡・坂田郡・蒲生郡として、郡単位で連合し、更には、三郡が協議・連合して事に当たっていたことが伺えます。

また、これにより、浜松藩の飛び地として浅井郡十ケ村以外にも、坂田郡（上夫馬村・小堀村ほか）にも蒲生郡（猫田村・馬淵村ほか）にもあったことがわかります。

おそらく、浅井郡同様、郡単位でまとまっていたものと思われます。

これは、領国が遠く、飛び地であったために必要なことであったように思います。

また、そうすることによって、村々の（百姓の）要求等もある程出来たのではないでしょうか。

その意味で、三通目の文書の要求が出てくるのだと思います。

それによれば、

年貢の俵の検査については、一俵は振り縄、一俵は見ばからいにする、と仰せていますが、今までは二俵とも振り縄できましたので、今後も、今まで通り振り縄にして頂きたい。

とあります。

「振り縄」の意味がはっきりしませんが、実際に計量検査をすることで、「見ばからい」とは、外見を一見して合否を決める方法ではなかったかと思われます。

外見だけで判断されれば、「ノー」と言われないためには、普通以上の米を入れなければなりません。

実際に計量検査するのは、手数が大変であったでしょうが、余分を入れる必要はないのです。

「少しでも…」と言う、百姓の願いであったのではないでしょうか。

《参考》

川崎文書（滋賀大学史料館）

※1

箕取りについて、時代が下がって、朝日山藩時代と思われますが、箕取り経費についての文書がありますので紹介します。

《未整理八六四》

覚

一銀四貫九百三拾匁　　箕取入用
三分七厘　取集
種路村
一金拾五両　　文右
又　三拾三匁　　市場渡ス
箕取ちん渡ス
川道村當り
万石割
一銀七百三拾四匁　　取替　右ハ
七分弐厘
箕取手間江行
又　百拾七匁五分　　大濱村當り
万石割
右ハ川道箕取手間
行
又
六拾壱匁三分八厘　　川道村箕取
當り
三口〆九百拾三匁六分
…（後略）

種路村（山本村）・川道村・大浜村等が同領になるのは朝日山藩時代だけですから、明治三年、または四年の文書だと思われます。

同じ綴りの中に次のような文書もあり、時代が判明しそうです。

《未整理八六九》

覚

午八月廿三日より未三月五日迄
一弐百廿日手間
此内二而
午年
一五十九日　　箕取手間
未正月十八日より二月十五日迄
一弐拾八日　　右同断
箕取手間
合八十七日
一金壱分壱朱　　拝借仕候
一同弐分　　口代借用
一壱歩　　借用
外　　貝屋拂
乍恐右之通ニ御座候間、宜敷御取斗之程偏ニ奉願上候。
未三月　　惣兵衛
川崎T兵衛様

午年は明治三年（一八七〇）、未年は明治四年と判断しています。

箕取りとは、年貢米を御蔵に納入する際、正規の量が入っているかどうかを改めるとき、枡で再度計量する役割を、箕取りとか枡取りと呼んだようです。

年貢米の納入毎に現地（大津蔵）に行き、仕事をしなければなりません。

そこで、浜松藩三郡が相談し、結果、遠方の浅井郡は不便であるということで、南郡の村々が担当したということだと思います。

浜松藩三郡については、第一一五号で取り扱っていますが、

浅井郡（一〇ケ村）
冨田村・八木浜村・下八木村
十九村・大安寺村・醍醐村
岡谷村・三川村・大寺村
月ケ瀬村
坂田郡（一〇ケ村）
多和田村・山室村・上夫馬村
伊吹村・小泉村・大久保村
戌亥村・辰巳村・小堀村・保多村
蒲生郡（※二一ケ村）
河原村・松尾山村・上野田村
南蔵王村・西明寺村・小野村
庄村・中在寺村・寺村・川合村
宮川村・葛巻村・川守村
川上村・薬師村・小口村・武佐村
千僧供村・馬淵村・新巻村
東横関村

以上の村々が近江国にある浜松藩の飛び地でした。

ただし、蒲生郡については、年代により別の支配に入った時期もあったようで、詳しい確認が出来ていません。

不作の御検見に失態のこと

第０８３号
1997.04.24

《租税二九〇》

差し上げ申し一札之事

一當村田方不作ニ付き、御見分願い上げ奉り候処、願之通り仰せ付けられ、御奉行様御始め御一統様御越し成され、御見分成し下され候処、内見仕り方不行き届き義ども之れ有り、御察當とも蒙り、真□字通ひ上田壱畝分地主S兵衛皆無立札之場所ニおゐて、右皆無之畝歩に御案内申し上げ候様仰せ付られ候故、全て皆無之立毛御座無く、御案内ニ差し支え、申し上げべるく様も之れ無く、當惑仕り、一向御免之儀願い奉り候様、内見不埒之帳札相仕り立て、御案内等も出来仕らず義、御察當を蒙り、一言之申し訳も御座無く候。當村百姓一同恐れ入り奉り候。

右ニ付、帳札認め直し御案内仕り候様仰せ付られ、畏れ奉り候得ども、差迫り相直り兼(かね)當惑至極ニ仕り、恐れ入り奉り候義ニ御座候。よって此の上何卒御憐愍之御慈悲ヲ以って右之不届き御見免(のがし)下し置かれ、御見渡し御目鑑(かがみ)ヲ以って、如何様之御取り箇ニも仰せ付けられ下し置かれ候様、近村役人を以って恐れ乍ら申し上げ候処、御憐愍を以って御聞き済み成し下され、村役人小前之者迄も一同有り難く存じ奉り候。然ル上ハ如何様之御取り箇仰せ付けられ下し置かれ候とも、以来、御願いケ間敷き儀申し上げ間敷く候。よって近村役人奥印仕り、一札差し上げ奉り候。よって件の如し

文化四年　浅井郡冨田村
卯十月二日　百姓代　J郎右衛門
年寄　H太夫
〃　S兵衛
庄屋　I郎右衛門
〃　G左衛門
〃　T郎右衛門

小池真左衛門殿

右、冨田村役人ども申し上げ候通り、少し茂相違御座無く候ニ付、私ども奥印仕り差し上げ申し候。
以上

大安寺村
庄屋　兵介
八木濱村
庄屋　宗右衛門
下八木村
庄屋　次郎兵衛

※文化四年（一八〇七）
察當：：法に背き、咎められること
立毛：：農作物の収穫前（生育中）の米・麦等
取り箇（とりか）：：年貢のこと

第六十九号で、冨田村は元文元年（一七三六）年より定免（請負免）になったと推定できると書きました。

定免（請負免）とは、豊作・不作にかかわらず、一定の年貢を納めるというもので、冨田村は四ツ四厘（四割四厘）であったようです。

ただし、非常な不作の時は、その年貢を払える訳がありませんから、請負免の証文には、

（天保十五年　定免御請証文）
……半高以上の大変御座候ハヽ御見分願い上げ奉り候。半高以下の不作ニては、御訴訟がましき義申し上げ間敷く候。……

とあって、大変な不作の年には御見分をお願いします、とあります。

上の文書の書き出しにあるように、『當村田方不作ニ付き、御見分願』を提出したようです。

ところが、その御見分の際、失態があり、不作で困っているにも拘らず、『如何様之御取り箇、仰せ付られ下し置かれ候とも、以来御願ケ間敷き儀、申し上げ間敷く候。』ということになってしまったのです。

具体的に見ていくと、

当年（文化四年）は稲作が不作のため御見分をお願いした処、御奉行はじめ役人方がお越しになり、御見分をして頂きましたが、当方の事前調査に不行き届きがあって、お咎めを蒙りました。

S兵衛の土地壱畝を「収穫皆無」と記しておきましたところ、「この「皆無」の場所に案内せよと言われ、立毛「皆無」の所は(実際には)なく、案内に差し支え、どう説明することも出来ず、当惑してしまいました。

減免をお願いしていたのに、当方の事前調査に不埒なことがあり、案内も出来ず、お咎めを蒙ったことに対しては、一言の申し訳もありません。村人一同恐れ入っております。

右の予備調査をやり直し、再度、案内するように言われますが、(収穫が)差し迫っていますので、再調査も出来ず、当惑至極で恐れ入っています。

従って、この上は御慈悲で、先の不行き届きを御見逃しして頂き、更に、ざっと見ていただくことによって、どれ程の年貢になるか調べてほしいと、近村の村役人が(間に入って)申し上げたところ、御聞き届け下され、(冨田村)の村役人はじめ百姓一同有り難く思っています。

つきましては、どれ程の年貢がかかっても、これ以上の(無理な)お願いは致しません。

よって、近隣の村役人を証人に立て、一札差し上げます。

そして、大安寺・八木浜・下八木村の各庄屋が証人となっています。

この史料から、「御見分」は奉行が直接するのではなく、該当の村が事前に調査をし、帳面等に記録しておき、その調査に基づいて、奉行が現地で確認するといった方法で実施されたようです。

勿論、冨田村中の全ての田畑を確認することは出来ず、一部を確認しただけであろうと思います。

そんな中で、壱畝歩に「皆無」と記した場所が問題にされてしまったのです。

「皆無」である限り、一粒たりとも実っていてはいけないのです。ところが、その場所がなかった……。

案内する場所もなく、当惑するばかりであり、再調査するには収穫時期が迫っている（十月二日では刈り取り時期を逸するほど遅れているように思います）……。

ほんの少しのごまかしが発覚したため、当惑している村役人や村人一同の様子が思い浮かぶようです。

今回は、袖の下（賄賂）がなかったのか、接待が悪かったのか、本当にごまかしが悪かったのか、いずれにせよ冨田村としては大事件になってしまったようです。

残念ながら、この年の年貢に関する書類が残っていないため、その後がどうなったかは分かりません。

しかし、文化六年五月付の文書で、文化六年以降五年間の「定免」を願い出ているところから見る限り、二年前の文化四年に重い年貢がかかったようには思えません。

文化四年と文化六年は、百姓代・年寄・庄屋の村役人は全て同一人になっています。この事件の責任問題までは発展していないようです。

結果として、不行き届きがあったけれど、それなりの年貢（率）で済んだ様に思います。

年貢（率）は、百姓にとって最大の関心事であり、生活そのものであったと思います。

年貢が多くなれば生活は苦しくなります。年貢が少なくなれば、余裕が出来るまではなくとも、一息は入れられます。

《参考》
川崎文書（滋賀大学史料館）

※1
検見の場合は次のような手順で実施されました。（定免法の場合。検見取法の場合は必ず検見があるから、①〜②はない）

①検見のお願い（御見分願書）
村役人が半作以下と判断したときに限って、御見分願を提出することになっていました。しかし、実際は百姓達からの要求など、下からの突き上げも大きな要因だったことが、他の文書から察せられます。

②代官所からの許可通知
多少の不作などでは御見分は行われない。御見分が実施してもらえるか否かは、第一の関門でもあるのです。

③庄屋・年寄などの村役人が一筆毎に内見（作柄の下調べ）をして、内見帳を作成します。
多少帳面の名前は変わりますが、「内見帳」「立見帳」「内見小前帳」などが何冊も残されています。
今回は、この内見帳に「皆無」の記載があったと思われます。
文化四年の「内見帳」は残念ながら残っていません

④役人の廻村（御見分）
村境までの出迎えや接待等、書面に表せない対応があった筈です。
役人が一人で来るのでなく、下代や小者などを含め、数名の来村になった筈です。心付けという名の金封（賄賂）から料理の内容に至るまで、対応に苦慮したと思われますが、記録には残されていないようです。

⑤内見帳の提出
村役人が事前に調査した結果を提出します。
今回は、この時に「皆無」の場所に案内せよ、と言われたのだと想像出来ます。

⑥本来は、内見帳を元に、村役人の案内により、役人一行の視察が行われ、必要に応じて坪刈りなどが行われます。
今回は、この時点で案内を躊躇せざるを得なくなり、お咎めを受けることになります。

⑦本来なら、役人の御見分の結果が連絡される筈です。
減免になるとは限りませんので、報告が届くまでは一喜一憂であった思われますが、今回は結果どころか、役人の怒りをどう収めるかに奔走することになったようです。
同領の大安寺村、八木浜村、下八木村の庄屋衆に中に入ってもらうことで決着をみているようです。
前者二人は苗字を許された庄屋ですから、多少の力になったのかもしれません。

この年の年貢関係の書類が残っていないのが残念ですが、この事件から想像出来ることは、以前なら、③の内見帳の提出で済んでしまい、④の役人の見分も形だけで済んでいたのではないでしょうか。
村役人も、それを見越して不作を過大評価して内見帳に記載した。
ところが今回は見分すると言う・・・
困り果てた村役人の顔がちらつきそうです。

堀市正禁制状より

野寺村
佐野村之内
大井村之内
右百姓中

第０８４号
1997.05.10

《法令一六》

定

一竹木ミだりにきり取べからざる事

一前々よりの年貢并諸事ありきたり候儀をかくしおく間敷き事

一盗人并らうぜき(狼藉)人・手負主などかくし置くまじき事

一此れ以前かけ落之百姓、これ有に於いてハ、下代ニ申しことわり、罷り帰るべき事

一下代へ無断して何方へも奉公ニ出候は、其の身、親兄弟之儀ハ申す　に及ばず、其の村之名主曲事ニ申し付けるべき事

付《つけたり》　此己前他所へ奉公ニ出候ハ書付上ぐべき事

右條々かたく相《あい》定め候。若《もし》違背之輩等候ハ、訴人ニ罷り出べく、急ほほうびせしむべき者也。仍(よって
如件(くだんのごとし)

寛永十年酉五月日　堀市正(花押)

冨田村
十九村
新井村

上の文書は、寛永十年(一六三三)の堀市正利重よりの禁制(定め)状です。

これまでは、冨田村は天領(幕府の直轄領)でしたが、この年より堀氏の支配を受けることになります。

江戸時代の当初、近江の国は天領が多かったようですが、幕府が安定してくると、その地を知行地として与えて行きます。

寛永十年四月二十三日、堀秀政の弟堀利重は、常陸国土浦(玉取藩)にて一万石、近江国浅井郡・安房国長狭郡・上総国望陀郡にて四千石の加増を受けたと言います。

この時、浅井郡の内、冨田村(七百六十九石四斗)・十九村(百九十石三斗七升)・新井村(五百十六石八升)・野寺村(百九十五石二斗九升)・佐野村の一部(二百七十三石八斗)・大井村の一部(五十五石六升)、以上六ケ村合計高二千石が、堀市正利重の知行所として組み入れられ、冨田村等は堀氏の支配下に入ることになります。

寛永十年五月、家老の吉村兵右衛門を派遣し、支配を開始します。

その時に出された定め書が上の禁制(定め)状だと思われます。

花押(印に代わるサインの様なもの)が書物にある花押と同一だと認められますので、本状は正真正銘の本物だと思います。つまり、堀氏より直接遣わされた禁制状だと確認できます。

この禁制状によれば、

①竹木の無断伐採の禁止
※詳しくは分かりませんが、戦国時代の禁制状にも同一内容を多々見かけます。
武器との関係かもしれませんが、詳細を知りません。

②以前からの年貢(率)や諸事等を隠しおく事の禁止
※領主が代わる事によって、その機会を利用して、過去の年貢率等を虚偽の申告で軽減する等の行為を禁止したものと思われます。

③盗人・狼藉者等の隠匿禁止

④駆け落ちした百姓の帰村命令
※現在の意味での駆け落ちではなく、年貢が払えず逃亡したり、無断で離村したりした者のことで、農作業の人数確保(しいては年貢の確保)を目的としたものと考えます。
江戸時代、度々「人返し令」が出されますが、同様の趣旨だと思われます。

⑤無断奉公の禁止
※④と同様に、百姓の人数(労働力)の確保が目的だと思われます。
我々の概念とは違って、戦国時代や江戸初期には、一攫千金を目論で離村したり、都市部へ流入した人々が以外に多かったようです。
そのため、農村が荒廃することを支配者は危惧していたのだと思われます。
これは、そのための政策だと考えていいと思います。
また、これに違反した者を訴え出たら、褒美を遣わすとあり、その初心の一端を伺えます。

新しく領地を得た領主にとっては、その領地を上手に治める必要があります。苛政だと農民から反発を買い、甘くすれば年貢の未納もありえます。

上の禁制状を見る限り、堀氏の初心(基本的方針)は、極く一般的なもののようにも思われます。

②の「以前の状況を隠すな」ということは、以前の状況を継続することを意味しているとも考えられます。

いわば無茶はしないと言うことを暗に言っているようにも受け取れます。

④⑤の「人的確保」ということは、耕作されないような土地（放棄田）を避けたい、つまりは、年貢収納を確実にすることを期しているように思われます。

しっかり働いて、しっかり年貢を納めよ、と言っているように受け取れます。

年貢を取る側の理屈としては正当だと思われます。

③に至っては、支配者としては当然のことだと思われます。

このように考えれば、上の禁制状は治める側からすれば当然の内容だったと思われますが、実際はどうだったのでしょうか。

百姓側の思惑を示す記録は残っていませんので、実際の年貢等の結果で見てみたいと思います。

江戸時代初期の年貢の記録は、以外に多く残されていますので、それを整理することで、堀氏の支配がどうであったかを知ることが出来るのではと思います。

右下の表を見る限りにおいては、天領時代よりも年貢高は厳しくなっているようにも見えます。

しかし、寛永元年頃よりは低くなっています。

《年貢(御物成高)の記録（部分)》

年	御物成高
【天領】	
寛永元年	四三二石一斗九升
二年	四〇九石三斗七升
この数年間不作続きで例外削除	
七年	二八八石七斗二升(☆)
八年	二八五石一斗六合(☆)
九年	三一六石六斗一合(☆)
【堀氏】	
寛永十年	三〇七石七斗六升
十一年	三七二石四斗
十二年	二四六石二斗
十三年	三六九石四斗
十四年	三七九石二斗二升九合
十五年	三八五石九斗二升四合
十六年	三四三石五斗三升五合
十七年	不明
十八年	三五〇石七升七合
十九年	三三八石五斗三升六合
二十年	不明

（☆印は損免引き後の物成高）

江戸幕府が安定してくると、徐々に年貢率も低くなっていくようですが、堀氏支配からは、明らかに若干ですが増税傾向にあるようです。

上の禁制状で見た、「しっかり働いて、しっかり年貢を納めよ」と言う精神が貫かれているように思われます。

《参考》

川崎文書（滋賀大学史料館）

「東浅井郡志」巻三　他

※1

一般的に「禁制状」とは、戦国時代の大名や武将が合戦の時、戦地の村々に下す制札で、「この村での乱暴狼藉を禁止する」といった内容のものが大半です。しかも、この「禁制状」は村々が大金を出して買い取ったものと言われています。

ツテを頼り、苦労して、しかも大金を支払って村の安全を買い取った権利として、「禁制状」が下されたのだとされています。

また、武将は「禁制状」を書くことは懐に大金が入るばかりでなく、その力の誇示にも繋がったのです。

従って、織田信長などの大将が発給するのが普通でした。

しかし、最近の研究では、たとえ「禁制状」を下されたからといって、大名や武将が村を守ってくれる訳ではなく、自力で村を守る必要があったようです。

ただ、村に対して乱暴狼藉が起こりそうな場合は、その「禁制状」を示すことで牽制が出来たり、もし、乱暴狼藉があった場合は、「禁制状」を下した武将に、「配下の〇〇の軍勢が乱暴を働きました。」と訴えることが　出来たようです。それにより、配下である〇〇が処罰されたのかもしれません。

いわば、「禁制状」は牽制球にはなりえたのでしょうが、直接村を守る武器にはならなかったのです。

しかし、大金を支払ってでも村の安全を願った村々はあったようで、そうした「禁制状」は、近くの村々にも少なからず伝わっているようで、資料館や博物館では時々目にすることが出来ます。

ところが、堀市正利重よりの禁制状は寛永年間のものですから、戦国時代も終わり、江戸時代も安定期に入りつつあった時期のものです。

一般的な「禁制状」ではなく、自領に対して禁制（禁止）事項を示すために発給した文書だと考えられます。

本文でも示したように、堀氏の初心（基本的方針）を示したものだと思います。

ただ、複数の村々に宛てた文書が、何故に冨田村に残されているのかは分かりません。

戦国時代の一般的な「禁制状」を示しておくと、

禁制　〇〇郡〇〇村
一（當手軍勢）濫暴狼藉之事
一伐採山林竹木之事
（當社〇〇宮境内之竹伐採之事）
一陣取放火之事
右条々堅令停止訖。若於違反之輩有之者、速可處厳科者也。仍而執達如件。
永禄〇〇年〇〇月日　〇〇〇(花押)

多少の文面や条目の順序が違う場合がありますが、①濫暴狼藉、②竹木伐採、③陣取放火を禁止しているものが大半です。

その他、④境内殺生、⑤牛馬放置、⑥猥りな徘徊、⑦刈草・・・等々の禁止事項が入る場合もあります。

いずれも村や寺社の安全を保証する内容となっているのが理解していただけると思います。

堀氏支配の時代

第０８５号
1997.05.24

前回は江戸初期の堀氏禁制状について考えました。

堀市正利重は、寛永十年に加増をされて、浅井郡六ケ村二千石を支配するようになりました。

その寛永十年に出されたのが、前回の禁制状であったのです。

今回は、寛永十年（一六三三）から延宝七年（一六七九）までの四十七年間の堀氏支配の様子をまとめてみたいと思います。

◆堀氏関係の年表

寛永十年（一六三三）四月二十三日
　堀市正利重加増
　この時より冨田村支配始まる
　代官（家老）吉村兵右衛門
寛永十一年（一六三四）
　御蔵所　服部弥三右衛門
　　　　　猪飼次郎兵衛
寛永十二年（一六三五）
　御蔵所　服部弥三右衛門
寛永十三年（一六三六）
　御蔵所　服部弥三右衛門
寛永十四年（一六三七）
　御蔵所　猪飼次郎兵衛
　（記載なく免定より判明）

寛永十五年（一六三八）
　四月二十四日堀市正利重没
　七月二日　堀利長襲封
　代官については記載なく不明
寛永十六年（一六三九）
　◎北田に新村を立つると言う
　　南より十三人越す
　　屋敷割八反三畝二歩
　代官（家老）中山吉右衛門
↓
正保四年（一六四七）
　◎冨田村と香花寺村との出入
　　公事（訴訟）となる
　代官（家老）中山吉右衛門
↓
承応二年（一六五三）
　堀越中守
　代官（家老）吉村兵右衛門
承応三年（一六五四）
　◎源慶寺・圭林寺の寺株を立る
　代官　記載なく不明
明暦元年（一六五五）
　代官　簗瀬三郎右衛門
↓
万治元年（一六五八）
　十月十二日　堀越中守利長没
　閏十月十二日堀通周襲封

　代官　簗瀬三郎右衛門
↓
万治三年（一六六〇）
　◎虫・台風損引　五十五石余
　代官　簗瀬三郎右衛門
寛文元年（一六六一）
　代官　大野第右衛門
寛文二年（一六六二）
　畿内で大地震・彦根城倒壊等
　代官　簗瀬三郎右衛門
↓
寛文六年（一六六六）
　◎御料所樋伏替（幅一尺）
　代官　簗瀬三郎右衛門
↓
寛文九年（一六六九）
　◎不作引二百十八石四斗余
　　屋敷荒引四石四斗余
　　洪水等があったと想像する
　代官　簗瀬三郎右衛門
寛文十年（一六七〇）
　◎日損引九石四斗余
　　籾不足引四十九石八斗余
　◎分木伏替実施
　代官　簗瀬三郎右衛門
寛文十一年（一六七一）
　代官　長谷川八左衛門
寛文十二年（一六七二）
　◎水論があったと言う
　代官　君嶋理右衛門
↓
延宝四年（一六七六）

　◎水論があったと言う
　代官　君嶋理右衛門
延宝五年（一六七七）
　◎下田一町四反日損十八石余
　◎近畿諸国に延宝検地実施
　　冨田村は実施されず
　代官　君嶋理右衛門
延宝六年（一六七八）
　◎この年より荒引五斗五升余
　代官　矢嶋宗右衛門
延宝六年（一六七八）
　代官　矢嶋宗右衛門
　十二月十一日堀市正通周除封
◆堀氏の支配が終わり、再度天領

（※川崎文書「年代記序」他を参考）

年表が長くなりましたが、堀氏支配の概略です。ここへ年貢関係の資料を付け加えればよかったのですが、煩雑になりますので省略しました。

この資料から若干の考察をしてみたいと思います。

寛永十年、家老吉村兵右衛門が赴任しますが、翌年からは、服部弥三右衛門が代官として支配します。

しかし、この服部弥三右衛門は天領代官猪飼次郎兵衛と共同支配をしている事実もあり、当面は、冨田村の支配は天領代官が代行したのか、堀氏との共同支配の時代があったのではないかと思われます。

特に堀市正利重の時代は、代官所の設置も直ちには出来ず、代官の業務を天領代官に肩代わりさせていた時代ではなかったかと思われます。

そのため、寛文十一年から寛文十五年の間は、天領に戻ったと錯覚する時期もありましたが（冨田今昔物語第二号）、今ではそう考えています。訂正したいと思っています。

従って、代官所を当地に作って、本格的支配が始まったのは、堀利長の時代（寛永十六年）からだと思っています。

そして、家老中山吉右衛門が浅井郡の二千石分を支配する事になります。

代官所は浅井郡新居（にのい）村にあり、そこで政務を沙汰せしめたりといいます。

この代官所の設置については、寛永十六年前後かと私は思っています。

しかし、東浅井郡志には、寛永十年の知行を受けた直後のように記載されています。

結局、設置の時期ははっきりしませんが、浅井郡新居村に代官所があったことは確かです。

また、現在の野寺橋から西を見ると姉川北側の畑の中に、一基の墓石がありますが、これは堀市正利重の墓だと言われています。

堀市正利重は高野山三宝院に葬られたといいますから、こんな所に墓があるのはおかしいんですが、これは、新居の圓光寺の住職釈了祐が建立したものだと言われています。

恐らく、堀市正利重の徳を慕って、後の世に建立されたものだと思われます。

現在でも、堀氏に縁のある人々によって守られていると聞いています。

堀氏の治世をどう見るかは、人によって、時代によって変わるものと思います。

堀氏の治世中に、北冨田村の成立等もありましたが、今となっては、昔物語になってしまいました。

《参考》　川崎文書（滋賀大学史料館）　他
「東浅井郡志」巻三

◆野寺村の河川敷にある墓石
「堀市正之墓」の刻字

※1 堀氏支配の約五〇年間は、江戸幕藩体制の確立時期にも当たり、江戸時代最後の合戦とでも言える島原の乱（寛永一四年（一六三七））後は、安定期を迎えることになります。

平和を体感する中で、華やかな元禄文化を花咲かせる土壌を培ったといえます。

農村では新田の開発や治水・灌漑工事も進行し、農業技術も徐々に発達することになります。

元和・貞享を経て、元禄期に入ると千歯扱（せんばこき）や唐箕（とうみ）が発明されたと言われています。

冨田村でも堀氏支配の時代に大きな出来事が幾つか起こっています。

最大の出来事は、寛永十六年（一六三九）の北冨田村の分村が挙げられます。「北田に新村ヲ立ル。南より十三人越ス。屋敷割八反三畝二分縄なり」の記載が、そのことを物語っています。詳しくは第一一号を参照して下さい。

その後、正保四年（一六四七）には、香花寺村との用水について出入を起こしています。このときの史料は水利関係の記述に頻繁に引用されており、事の大きさや重大さを確認できると思います。

また、承應三年（一六五四）、川崎文書では、「源慶寺・圭林寺の「初て寺をかぶ立ル」の記事を見出すことが出来ます。西島文書では、万治三年（一六六〇）「源慶寺・圭林寺の本堂始まり」、寛文九年（一六六九）「圭林寺御堂立初」、寛文一一年「當村源慶寺御堂立初」の記事が見出せます。

更に、延宝元年（一六七三）、免定の保管（受取）をめぐって、西・東組の庄屋の争い事があり、十九村・新井村・野寺村庄屋の扱いで一応の決着を見ますが、翌延宝二年には「浅井様證文」の保管を巡って村内の対立が起こり、西村庄屋が江戸表の堀氏へ直訴するという事件が起こっています。詳しくは、六三・一二八・一二九号を参照して下さい。

また、延宝四年には北冨田村庄屋役の隔年勤務についてのトラブルなども発生しています。

また、寛文二年（一六六二）には、畿内・東海・東北・西海諸国で大地震があり、彦根城倒壊、近江国で死者四百十二人という自然災害の記録も残されています。

冨田村の大きな出来事を眺めると、太平の視点から、将来を見据えた北村の分村や、源慶寺・圭林寺の建設などが挙げられます。

反面、免定の保管や浅井様折紙の保管、北村の庄屋役隔番と庄屋給田の問題等々は、庄屋や有力者の村内での権力争いと想像することが出来ます。

江戸幕府は設立直後、関ヶ原合戦の西軍大名の処分、武家諸法度による大名の処分など、力を誇示した政治を行いますが、九〇軒ばかりの片田舎の冨田村においても、同様な権力争いと敗者の失脚…、全国の縮小版を見るような思いがします。

堀氏支配の約五〇年間は、次に続く江戸期二〇〇年弱の冨田村の基礎を作ったと言っても過言ではないのかもしれません。

代官よりの御廻状について

第０８６号
1997.06.10

江戸時代、代官から冨田村への連絡方法について見てみたいと思います。

免定のように宛名が冨田村に限った場合は、冨田村の庄屋（四人の庄屋の代表者）へ直接書状が届きます。

ところが、支配している村々へ同一内容を伝えたいときは、「廻し状」と呼ばれる文書を回覧します。

庄屋は、「廻し状」が廻ってくると、内容を記録し、請け印をして、次の村へ廻します。

現在、旧庄屋宅にいろんな記録が残されているのも、この廻し状の写しが（記録が）多々残されているからです。

回覧が最後の村を、「留め村」と言い、「留め村」は、その廻し状を再度代官所へ返します。そうすることによって、回覧が一巡したこと（村々に伝達完了）が確認出来る仕組みになっていました。

勿論、各村々の庄屋が請け印していますから、より厳格に確認出来ます。

各村々には、庄屋の下使いとして、その「廻し状」を届ける役を持った人があったようですが、冨田村については、詳しい事は分かりません。（記録に残っていません）

ただ、この役にも若干の手当があったようだと書物にはありますが、そのことも冨田村については確認は出来ていません。

冨田村では、享保十一年（一七二六）「高反別指出帳」の記録によると、

《村政二》

> 御廻状継
> 大安寺村より請取（道法九丁）
> 下八木村へ相渡シ申し候（道法八丁）

とあり、大安寺村より廻ってきて、上八木村へ廻したことが分かります。（浜松藩同領村々への廻状です）

廻し状の形式等は不明ですが、内容を写し取った記録は多々残されています。

ただ、その時その時に必要な事項の連絡等ですから、年代が不明なものも多いのも事実です。

左の文書は、年代不詳ですが、江戸末期のものと思われます。

《法令一九》

> 追触之写
> 其村々、今十一日より廻村見分之様、先触を以て申し達し置き候処今暁より両天風烈ニ付き、見分差し支え候間、日送り之様、相心得べく候。此の追触、留り村ニ留め置き、廻村之節、相返すべく候。以上
> 未十二月十一日
> 論所地改　森　惣蔵
> 御普請役　丹羽幸一郎

この文書のように、年号が記載されていない文書が多く残っています。

役人の手違いも百姓には迷惑?

左の文書は冨田村に残っていた香花寺村文書の写しです。

《法令二〇》

> 御公儀様御触れ之節、京都御奉行所様御書面ニは、近江国浅井郡寺社・庄屋・年寄と御座候。猶亦、御箱御上書き等ニも近江国浅井郡村々と之れ有り候得ども、御請書帳之御案文ばかり、犬上郡何村と御書き付け御座候。よって私ども組合村々役人ども立ち合い、□意ながら彼是れ相談仕り候処、右之趣、京都御番所様え御届ケ申し上げ候上、御請印相調べ候ては御大切之御触れ順達差し滞り候儀、恐れ入り奉り候ニ付、犬上郡と御案文は御座候得ども、浅井郡何村々と相認め、御請印仕り、早速順達仕り候。右御触れ書御返上之節、郡違い之儀御改め申し上げず候段、万一、御察當も有るべく御座哉と此の段も恐れ入り奉り候。其の上私ども組合之外、郡中村数も多く御座候ニ付き、村役人存念ニより請取り渡し故障（さしさわり）之儀も計り難く候間、先ず右之趣、貴所様迄御断り申し上げ候。貴所様御勘弁を以て御當地御役所え御伺い下され、如何様とも御差し図を以て、村々御請け印遅滞無く相済ませ、猶亦、御触れ書御返上之節滞り無く相納め候様仕りたく願い上げ奉り候。右趣然るべく様御取り成し仰せ上げられ下されたく願い上げ候。以上
> 亥
> 八月廿四日　浅井郡香花寺村
> 大庄屋
> 林傳右衛門
> 高為右衛門様

これも年号がありませんが、「御触れ書」の廻し状についての内容です。

これによれば、廻し状の形態がはっきりしてきます。

> 「御書面」‥‥ 本文（廻し状）
> 「御請書帳之御案文」
> ‥‥ 各庄屋が請け印する帳面
> 「御箱」
> ‥‥ 書面と請書帳を入れる箱

いわゆる「廻し状本文」と「請け印帳」が木の箱に入れられ、回覧されたものと考えられます。

これらの廻し状が廻ってくると、庄屋は本文を書き写し覚えとして記録に残し、請け印帳に押印し、決められた次の村へ回覧したことになります。

場合よっては、昼夜を問わない場合もあります。

西浅井町沓掛の徳雲寺には、木箱に入った寺関係の廻し状が多数残されていると聞いています（一部を見せて頂きましたが）。

これは、京都の本山より湖西地方の各寺を廻され、最後に、そのお寺がゴール地点だった（いわゆる留め寺）からだと思われます。

現在のように、電話・ＦＡＸ等のない時代には、こうして役所等の指示を伝えていたのです。

さて、上の文書の内容ですが、廻し状が廻ってきたが、その宛名が

「御書面」・・宛名　東浅井郡村々
「御箱」・・・・宛名　東浅井郡村々
「御請書帳之御案文」
・・・・宛名　犬上郡村々

となっていたことによる、村々の混乱と当惑について書かれています。

つまり、箱と本文は浅井郡宛のものであったが、請書帳だけは犬上郡宛であったと言うのです。

明らかに、役所の入れ間違いであるが、当時のことだから、お伺いが必要となってきます。

しかも、廻し状であるから、順達（回覧）を急がなくてはなりません。

村役人達は相談をし、これを浅井郡宛の文書だと判断の上、請け印して廻すことにしたようです。


しかし、最後に廻し状を返却する際に文句を言われても困るので、遅滞無く回覧する（した）から、その際は宜しくお取りなしをお願いしたいと言うことのお願い文書です。

役人の手違いでこのよう混乱が生じたのだが、怒られるのは庄屋・百姓側であったのが当時の状況でした。

こんな理不尽なことは無い筈であるが、楯突けない故に、このような断り状を出す羽目になってしまう。

日付は、八月廿四日とあり、旧暦で言えば稲刈りの最中の筈である。

百姓仕事が忙しい時期になんとも迷惑な話ではないでしょうか。

それが江戸時代であったのかもしれません。

香花寺村関係の文書の写ですから、直接冨田村に関係はなかったと考えられます（香花寺村は大和郡山藩でしたから、支配関係が違う）。

しかし、「役人も間違いを起こす」という、一つのエピソードとしては滑稽な話の記録だと思います。

《参考》
川崎文書（滋賀大学史料館）

※1
江戸時代の役所と村々（庄屋など村役人）との連絡等については、各種の願書や、田植えが終わったとか今年は立毛が順調に育っている、不作のようだ・・等々の注進状の提出は、庄屋が役所まで持参するのが原則であったようです。

また、免定などの下付についても、庄屋が役所に出頭して頂いてくることになっていました。

一方、役所から、〇〇についての報告が必要な場合は、報告書の雛形（案文）などを付して、廻状を用いて指示してくるのが原則であったようです。

廻状の内容は、報告の指示、廻村の予定、役所への呼出、領主の昇進や藩人事の報告、貴家の不幸のときの「鳴り物停止令」の実施指示・・等々、多彩な内容になっています。

特に《村政八三》の廻状写帳は、記載期間が、享保八年（一七二三）から～享保十二年（一七二七）迄の五年間ですが、頁数一八〇余頁の膨大な資料で、しかも、天領から浜松藩へ移行する時期に当たり、新領主からの指示等も興味が持たれます。

また、《法令八》の「御触書写」は、慶應二年（一八六六）七月～明治三年（一八七〇）閏一〇月までの文書ですが、二〇〇頁に及んでいます。

この中には、王政復古の大号令が慶應四年二月付で回覧されています。

（※実際は慶應三年十二月の布告）

また、五箇条の御誓文が慶應四年三月付で、神仏分離令が閏四月付で回覧されています。


殆ど時を移さず、片田舎まで原文のまま廻状で回覧されています。

廻状は指示・連絡ばかりでなく、新情報（ニュース）の情報源でもあったのです。

上記の文書から興味ある記事を紹介します。

《村政八三》
来ル正月年始之嘉義、不相替、我等方勝手次第ニ御入来待入存候。
乍去、年玉御持参候儀者（は）御無用ニ存候。尤、御出家衆、御寺方江茂村々役人中より右之旨御断申被述可給候。以上
十二月廿五日　（※享保八年）
同　冨岡源之進
浅井郡村々役人中

役所へ年始の挨拶に来ていいよ。お金やお土産を持たずにネ、の意味。

《法令八》
奉上
崩御ニ付、普請鳴物停止之事。
右之通奉得其意、小前々々江茂不洩様可申聞、且、寺院有之村方ハ村役人より申通、請印帳相添早々順達可致候。
（※慶應三年）
正月廿一日　山形役所　浅井郡
村々庄屋

皇室や将軍・領主家に不幸があった場合、普請や鳴物（歌舞音曲の類）の停止を求めました。

これにはありませんが、何日から何日迄の日数が指定されるのが常でした。身分により日数に違いがありました。

喪に服するという意味だったのですが、大工や遊里などは商売上がったりでした。

御廻状について（その二）

第０８７号
1997.06.24

前回、代官所から各村々への伝達方法として、「廻し状」が回ってくると書きましたが、実際に村々を回覧するには、どれくらいの時間・日数がかかったのかを見てみたいと思います。

普通では、「廻し状」と「請け書」は、最後の留め村より代官所へ返却してしまいますから、実態は分からないのが実状かもしれません。

冨田村が浜松藩の時代（享保十四年（一七二九）から弘化元年（一八四四）頃までの間）は、

大津代官所
←蒲生郡の各村々（浜松藩支配）
←坂田郡の各村々（浜松藩支配）
←浅井郡の各村々（浜松藩支配）
醍醐村　→岡谷村
→三河村　→大寺村
→月ヶ瀬村　→大安寺村
→冨田村　→十九村
→下八木村　→八木浜村
※浅井郡内は巡視等の順路です。
実際は不明。前号と相違する。

と想像しています。

蒲生郡・坂田郡の浜松藩支配の村々がどれだけあったか、私は把握できていません。

従って、廻し状の回覧に要した日数を想像することは難しいと思います。

従って、廻し状回覧に要した日数の確認は不可能ですが、冨田村には関係ありませんが、次のような資料があって、そこから若干でも想像することができるように思います。それを紹介したいと思います。

次の資料は、西浅井町沓掛の徳雲寺に所蔵されている文書の一部です。

◎嘉永五年（一八五二）の「廻し状」
（浄土真宗大谷派本山より西近江の大谷派各寺を回覧した記録です）

拝見帳

坂本
立専寺（印）
（下坂本）
二月十二日　長善寺（印）
堅田
同十四日　光徳寺（印）
木戸
〃　正覚寺（印）
荒川
同十四日　萬福寺（印）
比良
同十五日　本立寺（印）

（南小松）
〃　聞名寺（印）
北小松
〃　法泉寺（印）
右同所
同十六日　徳善寺（印）
上小川
同十七日　如専寺（印）
下小川
同日　鉤玄寺
横江濱
同日　真光寺
伊黒
同日　願龍寺
（畑）
同日　琳明寺
東万木
十八日　徳正寺
同村
同日　勝安寺
同村
同日　善号寺
西万木
同日　西廣寺
同村
十九日　妙願寺
五番領□
同日　信廣寺
三重生
廿日　西寶寺
庄境（庄堺）
同日　福因寺
中ノ
同日　良因寺
……《途中省略》……
一拝見十一日　覚傳寺
大浦
一同日拝見　正願寺

同所
一同日拝見　本照寺
小山
一同日拝見　願心寺
山田村
一同十二日拝見　願成寺
同村
一十三日拝見　聞明寺
同村
一同日拝見　長敬寺
同村
一十四日拝見　永教寺
三月□□　八田部村
一拝見　應善寺（花押）
三月十九日　同村
一拝見　西得寺
三月廿二日　中村（塩津中）
一拝見　福玄寺
〃月廿六日　横波村
一拝見　浄徳寺

※地名の（　）は補充しました。
廻し状の本文は省略しますが、「御開山様六百回忌相迫・・・云々」とあります。

以上六十七ケ寺を約一ケ月半近くかかって回覧を終わっています。

この「拝見帳」が百姓文書では「請け書」となるのだと思います。

この資料では、後半の数ケ寺で停滞が見られますから、差し引くと、約一ケ月半程度だと判断してよさそうだと思われます。

別な資料では、九月二十九日より十二月二十二日までかかっていますから少しゆっくり目かなとも感じます。（この時は六十二ケ寺を回覧させています。年代は不詳ですが、同時代のものと思われます）

距離によっても違いますが、一日に三ケ寺から四ケ寺程度を回覧させる速さで回っているように思われます。

廻し状が廻ってくると、本文を写しとり、請け書（拝見帳）に記帳して、次に廻したと思われます。

次の所までは徒歩で持参したのであろうし、また、次の所が不在であるかもしれません。

そう考えると、一日に、三ケ所ないし四ケ所というのは、妥当なところだったのかもしれません。

勿論、廻し状にも普通の回覧と、急を要する回覧とがあったことは想像できます。

急を要する廻し状が廻ってきた場合には、恐らく倍以上の速さで回覧されたものと思います。

ただ、実態を示す資料が手元に無い限り、結論づけることだけは避けておきたいと思います。

急に代官の巡視が行われるとか、それらの巡視が、天候等の関係で日延べになった、…等々の急を要する廻し状については、上のようなゆっくりとした回覧ではなかったと思われます。

もしかしたら、飛脚を使うような場合だってあったかもしれません。

今となっては、それらの実態すら、残された史料から類推するしかありません。

別な史料で、川道村から信楽代官所まで一日で書状が届いていることが分かりますから、我々が想像する以上に速く届けられている事実もあるようです。（廻し状の類ではないが…）

このように見てくると、少なくても大津代官所から冨田村まで、約一ケ月もかかれば、情報がもたらされたと考えてよさそうです。

現代の我々にとって、これが速いと思うか、遅いと思うかは人によって判断が異なるかもしれません。

《参考》
徳雲寺所蔵文書（西浅井町沓掛）
川崎文書（滋賀大学史料館）　他

※1
寺院文書と武家文書の違いがあり、役所から村々庄屋への廻状の回覧速度は、もっと速かったと、今では考えています。廻る村々の数も異なります。また、昼夜を問わず廻せとの指示もあります。

多少の根拠から、大津の役所から浅井郡一〇ケ村々に行き渡るまで、二三日、長くても五日以内であったと思っています。

廻状の写には、内容しか写し残っていないのですが、次のような記事を見つけました。

《村政八三》

…（前略）
二月朔日迄ニ追々急度可令皆済候。万一令遅滞村方有之候ハヽ、庄屋年寄ハ不及申、品ニより組頭之者共迄茂、可為越度候条、此旨相心得候。日限無遅、廿五日ゟ朔日迄ニ追々可被相納候。尤此段、冨岡源之進方ゟ猶又可被申渡候間、可被得其意候。
以上

正月十七日　　小嶋与惣右衛門
　　　　　　　井上友右衛門

同十九日戌ノ上刻致拝見候
（※享保九年（一七二四））

これによれば、年貢皆済を求める廻状が、一七日付で大津から廻されています。それに対し、冨田村庄屋が「一九日戌ノ刻致拝見候」とメモを残しています。

一七日の何時頃に大津から廻されたのかは不明ですが、冨田村へは一九日の戌の刻（午後八時頃）に到着し、内容を確認したということです。

少なくとも三日後には到着していま す。

この時期、天領から浜松藩へ移行する直前の時期に当たり、天領代官が年貢の皆済を急がせたという状況の中での廻状、という特別な事情があるにせよ、三日程で回覧していることを確認出来ると思います。

《村政八三》

今七ツ時分大津ゟ書状到来候処、是迄村々ゟ江戸屋敷へ御奉公ニ罷出候者共、新古共ニ何程有之哉、相勤居申候奉公人ノ名書付、村毎ニいつれ村々者何人［　］書付、明日中ニ早々書付可被指出候。尤、我等儀、御用之儀申来候。十二日ニハ大津へ出立［有之候］。十一日晩迄ニ可被相出候。
　　　…（中略）
是又、右書付与壱所、十一日之晩迄持参可被致候。此廻状昼夜無滞可被相廻候。

四月十日
（※享保九年（一七二四））

大津役所から馬渕村（近江八幡市）の代官所へ七ツ時（午前四時頃）書状が届いた。村々から江戸屋敷へ奉公に出ている人数と名前を明日中に報告せよ、との内容です。

現在の近江八幡市馬渕村から一〇日（早朝か）に廻された廻状の指示は、一一日の晩までに報告書を持って来いとの日時を限っています。

馬渕村からどのような経路を辿って廻状が廻されたかは定かではありませんが、「昼夜滞りなく廻せ」の指示通り回覧されたとしても、冨田村が指示を一〇日中に受け取れたのか、指示が届いたとしても、報告書を作成し、一一日の晩までに馬渕村まで届けられたのでしょうか。

経験的に可能と考えて指示したのでしょうが、多少の驚きを隠し得ません。

我々が考えている以上に、迅速な対応が出来るシステムが構築されていたのかもしれません。

源慶寺薬医門建設

第０８８号
1997.07.10

左の文書は安政六年(一八五九)のもので、冨田村が山形藩領であった時代(江戸末期)のものです(但し、写しです)。

《土建二七》

恐れ乍書付を以て願上げ候

一拙寺儀、古来より薬醫門在り来たり候処、先年大破ニ及び、取り拂い、木財(材)囲み置き之れ有り候處、年数相立ち(経ち)、悉く朽損申し候ニ付き、此の度新之木財ヲ以て再建仕り度、存じ奉り候間、此の段願上げ奉り候。右願之通り御聞き済み成し下され候ハゝ、有り難たく仕合せニ存じ奉り候。以上

浅井郡冨田村門徒惣代
川崎Ａ兵衛
源慶寺

安政六未年
八月

山形
御役所

前書之通り相違御座無く候ニ付き、私ども奥印仕り、差し上げ奉り候。以上

右村庄屋
Ｂ兵衛
〃 Ｃ平次
〃 Ｄ左衛門
年寄 Ｅ右衛門
〃 Ｆ左衛門

「日本国語大辞典」(小学館)で調べてみると、

やくいもん【薬医門】
門の一種。現在は本柱と控柱各二本ずつと、冠木、男梁(おうつばり)、女梁(めうつばり)などから成り、屋根が切妻破風造りのものをいう。桃山時代の大工書「匠明」では棟門の簡単なものとし、「裏門也」と記しています。

薬医門〈愛知県 天恩寺山門〉

説明文や図を参考にすれば、現在の源慶寺の表門だと考えられます。

私の子供の頃、かくれんぼで屋根裏等に隠れたことを覚えています。

源慶寺の薬医門の建築許可願い書の写しだと断定できますが、それが、安政六年(一八五九)に出されていると言うことは、同年か、翌年の万延元年頃に完成したと思われます。

安政五年(一八五八)には、「冨田今昔物語」(六十七号)で紹介しましたように、源慶寺の鐘楼堂・八幡神社社殿の再建と言う大事業を実施しており、更に、続けて源慶寺の薬医門の再建という事業を起こそうとしています。

恐らく、一連の大事業だとは思いますが、当時の意気込みと、経済力の豊かさを感じさせてくれます。

何故、当時の冨田村にこれだけの経済力があったのかは分かりませんが、ただ、不思議さを覚えるばかりです。

現在確認できる事業をまとめると、

◎安政五年(一八五八)
源慶寺の鐘楼堂建築(願)
八幡神社社殿再建(修理願)

◎安政六年(一八五九)
源慶寺薬医門再建(願)

のようになります。

これだけでも大変な大事業なのに、実は、安政四年(一八五七)には「圭林寺本堂再建修理願書」も提出されています。

請負大工は冨田村繁右衛門・下八木村新右衛門となっており、京都の中井小膳の許可印も押されています。

この安政四年の「圭林寺本堂再建修理願書」提出に至るまでには、紆余曲折の経過があったことがうかがわれる記録が残されています。

弘化三年(一八四六)(弘化四年)に圭林寺の庫裏が再建されます(願書の提出は、弘化三年一〇月)。

そのため本堂と庫裏との間隔が狭まり、積雪等のとき不都合を生じるということで、続いて弘化四年(一八四七)に「本堂再建修復願」が出されます。

その内容は、本堂を南に引き出したい旨が訴えられています。

しかし、土地の問題等々で悶着が起こり、着工には至らず、安政四年頃までトラブルが解消されずにいたようです。

その間には、嘉永二年(一八四九)にも「本堂・鐘楼堂の引き出し願書」が提出されているが、やはり、トラブルが解消されず、安政四年頃まで至っています。

しかも、その間の文書の中に、「本堂の葭葺きを瓦葺きにする・・・」とありますが、現在も葭葺きのままですから、圭林寺本堂の再建については、着工できなかったように思われます。

古文書に残る記録からは、それ以上のことは分かりませんが、圭林寺本堂再建は何らかの事情があって、見送られたものと思います。

しかしながら、八幡神社社殿(観音堂)の再建をはじめ、源慶寺に関わる

事業が集中して行われた背景がなんであったか、今では知る由もありませんが、当時の人の信仰心や意気込みを感じるばかりです。

ある古老に聞いた話に、

「八幡神社の本殿は源慶寺の建築より(費用が)高かったと聞いている」

「源慶寺はお寺が三ツ以上建てられる木材を用意して、吟味してある。その残りの木材で□□村のお寺が建ち、更に、その残りの木材で□□村のお寺が建ったと聞いている」

(※□□村については伏せ字)

などの話があります。後の源慶寺の話は、私だけでなく、何人もの人が聞いている話だと思います。

つまり、八幡神社の本殿の建築費が高かったこと、冨田村の普請は木材が吟味してある(多勢の大工がいたことと関連があるようです)、つまりは、これまた、費用がかかっているということです。

おそらく、薬医門の建設や鐘楼堂の再建についても、木材が吟味されているものと思われます。

信仰の力か、経済力か、時代の流れなのかは分かりませんが、現代人には想像もつかない実行力があったように思われます。

神社境内の菩提樹の木

また、上の圭林寺本堂再建関係等の文書の中に、圭林寺南側に菩提樹の木や楓・杉垣のことが何度も記載されています。

現在でも、小宮堂(旧八幡社)の背後にかろうじて菩提樹の木が残っています。

おそらく、この木を指しているのだと思いながら文書を読みました。

このように身近な題材を古文書の中に見つけたときは、不思議な親近感を感じるものです。

この弱った菩提樹の木のことは、知らない人々も多いとおもいますが、約百五十年前には村人に意識されていたことが分かります。

《参考》

川崎文書(滋賀大学史料館)

※1

「八幡神社の本殿は源慶寺の建築より(費用が)高かった…」云々については、経費の実態が判明しませんので、真偽は分かりません。

はっきりしていることは、源慶寺は文化三年に工事が始まり、完成は文化十年(一八一三)ですが、八幡神社は安政年間の普請です。

建物の大きさ等から考えると、古老の言葉は信じられないのですが、時代の変化がありますので、一律に費用だけでは比較出来ない要素があるのです。

文化・文政期は安定していた物価も天保の頃から徐々に上がり始め、幕末には超インフレが進行していました。

文化十年では米一石が六〇~六五匁でしたが、嘉永・安政年間には一〇〇匁を越えてしまいます。

安政の末期から万延年間には一三〇~一四〇匁になっています。

つまり、物価が二倍程度になっていたのです。

例えば、文化年間に一〇〇両で可能だった建築物も、安政年間には二〇〇両以上が必要となるということです。もし、安政年間の一〇〇両の建築物は、文化年間では五〇両で可能だったことになります。

戦後直ぐに米何俵分かの生命保険を掛けたら、一〇年後の満期には飴玉幾つしか買えなかった、という笑っても笑いきれない話を聞いたことがありますが、これと同じようなことが起きていたのです。

普請の金額だけでは比較出来ない要素がありますので、経費が判明したとしても、その価値を比較することは難しいのです。

価値の問題より、信仰の対象として、冨田村の財産として、文化財として大切に子孫に伝えていく方が大切だと思います。

源慶寺にしろ、八幡神社本殿にしろ、もし不幸にも大破するようなことが起これば、技術的にも、資金的にも再建は不可能に近いのではないかと思います。

その意味でも、現在の文化財的建築物を大切に守っていきたいと思うのです。

(※第二三七号註の米価変遷を参照)

【いっぷく】

幕末の頃、源慶寺赤松家の弟子になった人に赤松諦観(たいかん)という人がいます。

諦観は弘化三年(一八四六)三月の生れで、文久元年(一八六一)、一五才で宏恩功学師の門へ入り、元治元年(一八六四)、一八才より美濃国本郷村光慶寺・尾州佐藤楚材方へ遊学し、明治一一年(一八七八)、三二才になった時、西本願寺教校校入学し、仏教を学んだ人物です。

その後、明治二〇年(一八八七)、四一才で神戸廣福寺住職となり、絶家再興という形で、楠諦観と改姓しています(筆者の曾祖父等三人が絶家再興願に押印しています)。

この諦観のメモに、

「…/同志社女学校英学校/二条殿ノ両方エ立テゝ耶蘇/古宮様方皆□□□□/□寺トナル」

という短いメモがあります。

《川崎文書未整理二二八一》

明治一一～一二年頃のメモでないかと思われますが、薩摩藩邸跡・公家二条家邸宅跡等に同志社が、紀州藩邸跡に京都帝大(京都大学)が設立されるのを目の前にして、江戸期生まれの仏教者が見た、消えゆく公家屋敷の姿、キリスト教系の学校の設立等々、時代の流れを肌で感じ取った心情を吐露したメモではなかったかと思っています。

源慶寺墨引き絵図

第０８９号
1997.07.24

下の絵図は、嘉永三年（一八五〇）に冨田村より大津山形御役所へ差し出された源慶寺の墨引きである。

今回は、現在の源慶寺の本堂等の建立時代を追跡したいと思います。

この絵図によると

◎敷地
源慶寺の敷地は、約三分の二弱が除地（宮地）で、約三分一強が年貢地となっています。別な文書で、年貢地は源慶寺所有の土地と門徒の某家の寄付地でまかなわれたことが判っています。つまり、この本堂建築の際に、敷地が拡大されたことになります。以前は、本堂中心線より東が寺境内であったようです。

◎本堂
七間四方の本堂に、軒が五尺（縁は四尺）、御拝が二間。
建立は、文化二年（一八〇五）の正月に再建願書提出。完成は文化一〇年（一八一三）であるとあります。
少し前の本堂瓦葺き替え事業の際、鬼瓦に文化十年と刻まれた銘があったと聞いていますので、この古図面の記載と一致することになり、築後約二百年の歳月が経過していることも分かってきました。

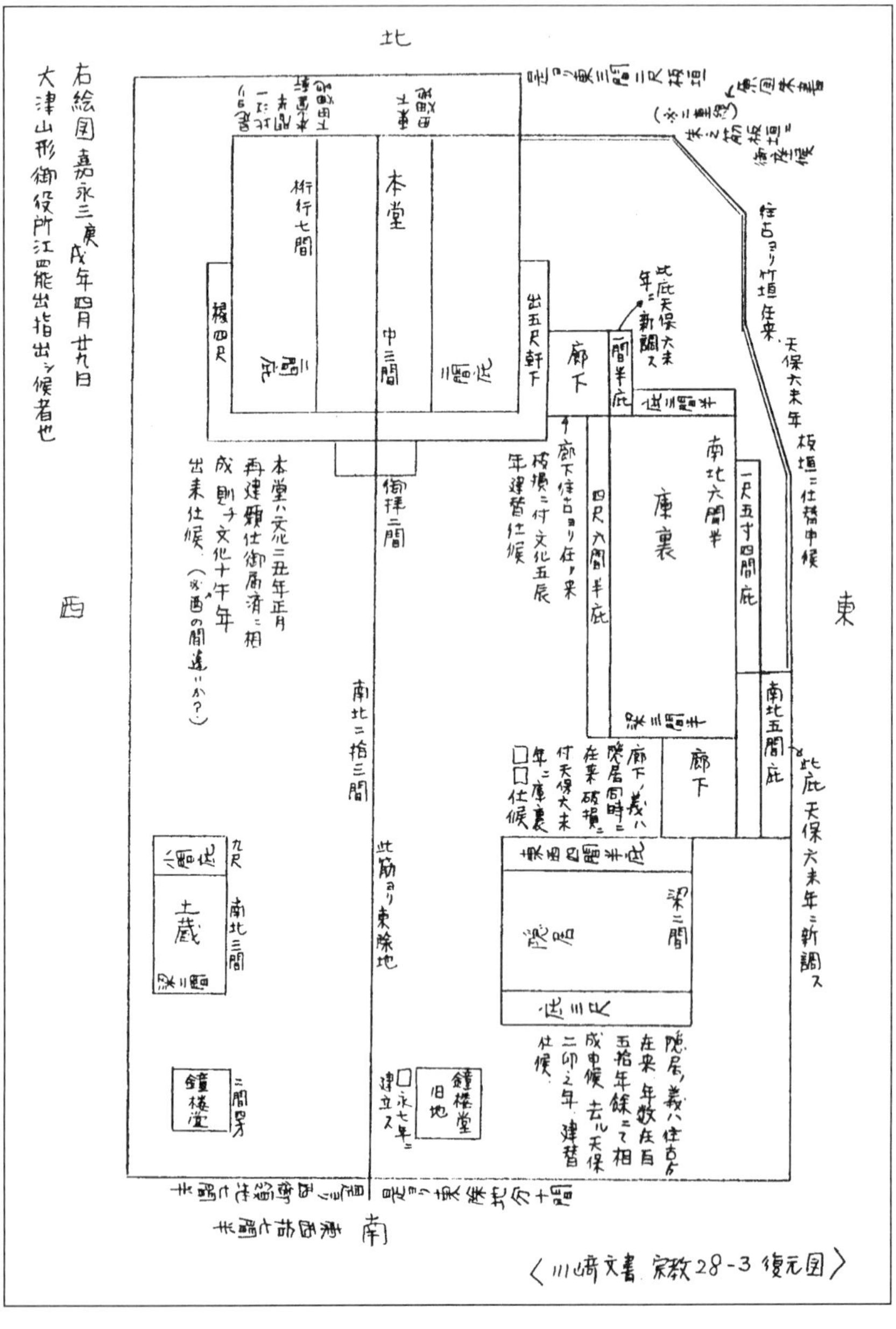

〈川崎文書 宗教28-3 復元図〉

◎庫裏
庫裏の建立年月日は不明ですが、本堂と庫裏を結ぶ廊下は、文化五年に建て替えとあり、一連の工事の中で再建され、翌文化六年に庇も付けられたと考えていいようです。
ちなみに庫裏は、六間半の三間半となっています。それに西に四尺庇、東に一尺五寸の庇とあります。

《宗教二八－一三》

◎隠居

四間半に梁二間。北側・南側に三尺の庇だとあります。

以前の隠居が百五十年余経たので、天保二年(一八三一)に再建したとあります。

現在は、隠居はありませんが、この天保二年に再建した隠居は、現在、冨田村の某家に移築されていると聞いています。

◎鐘楼堂

前号でも触れましたが、二間四方の鐘楼堂は、安政五年(一八五八)の建築です。

以前は、門を入った東側にあったようで、鐘楼堂旧地として図面に記載されています。

はっきり読めないのですが、「□永七年ニ建立ス」とあります。

恐らく、宝永七(一七一〇)年か安永七(一七七八)年のどちらかではないかと思われますが、断定は出来ません。機会があれば、再度、史料を閲覧し判読したいと思っています。

ただ、旧の鐘楼堂があったことは、意外な事実でした。

◎宮地との境

現在は、宮地との境には何もありませんが、当時には板垣があったようです。

本堂から東に向かって、三間二尺の板垣があり、南に向かっては、昔から竹垣があったようですが、天保六年(一八三五)より、板垣に仕替えたと記載されています。

その板垣もいつなくなったのかは分かりませんが、往時の面影は跡形もなく無くなっています。

今の、榊などの木々が生えている外側当たりに垣根があったらしい。

また、同年代と思われる史料の中に別の絵図(神社墨引き)があり、その絵図より、当時の八幡神社の建物の位置が記載されている。

それによると、源慶寺本堂から北東十間の所に観音堂(現八幡神社)があり、本堂の真東十九間の所に正観音堂(今はなき二宮堂)があり、庫裏北側から真東十一間の所に八幡宮(現小宮堂)があるように記載されています。(正観音堂・八幡宮は西向きに建立)

また、八幡宮の前には沼があり、八幡宮と正観音堂の間には、蓮池があるように書かれています。更に、参道の橋を渡った左右に御手洗(池)があったようです。

今、ゴミ焼き用のドラム缶が置かれている辺りにも御手洗(池)があったことが分かります。

たった百五十年前のことすら、我々には新鮮な情報に思えてきます。

《参考》 川崎文書(滋賀大学史料館)

※1

この八九号を配布した直後、村内でトラブルが発生しました。

右頁の復元図の中に次のような記載があります。

(本堂の中心線より)
是ヨリ東除地分十間
是ヨリ西御領地七間半

この数値について騒ぎが大きくなりました。

冨田村の宮地は除地(年貢が対象外の土地)になっており、その東北隅に圭林寺、南西隅に源慶寺という寺院が建てられています。

今回の問題は、源慶寺と神社地の境が違うと言われるのです。

確かに両寺と神社地の境は、現在でも曖昧な部分があります。村人はともに信仰の場所、公共的な土地という観点から、あまり境について言及することはありませんでした。

しかし、今回、右の寸法から「源慶寺は神社地に侵入している」とクレームがついたのです。門の中心から東側は一〇間以上ある、と言われるのです。

時の区長(自治会長)には御苦労をかけたと思います。

筆者が、昔の地図を紹介したまでで他意があるわけではない、現に何年前かの地籍調査で境界は確定している筈でしょう、と言っても納得して頂けませんでした。

そのときは、気が付かなかったのですが、図面の見方に問題があることに最近気付きました。

源慶寺は、宮地の南西隅を敷地として存在していたのですが、文化三年(一八〇六)より本堂の再建を開始します。その際、敷地が狭いということで、西隣の畑地の寄進を受け、敷地を拡張しています。この畑地の寄進については元の持ち主も判明しています。(文書に記載があります)

その拡張された敷地に現在の本堂を建立し、文化一〇年(一八一三)に完成しています。

さて、右図を見ると、本堂の中心線だと思っていた線は、除地(宮地)と寄進を受けた畑地の境だと気付きました。

確かに「此筋ヨリ東除地」と書かれています。

図では中心線のように見えるため、中心線から東側を計測すると一〇間以上あるのかもしれませんが、基準は中心線ではなく、除地(宮地)と寄進された畑地との境から一〇間ということになっています。

敷地の寄進から約二〇〇年が経過していますから、除地(宮地)と寄進された畑地との境は確かめる術もありません。

当時、このことに気が付いていれば納得していただけたものを…と思う次第です。

また、この時の教訓として、古文書に書かれていることをそのまま紹介しても、読者には受け入れられない内容があったり、別の視点から眺める人があることを知りました。

事実は一つであっても、その時代の記録者の目が一〇〇%の事実を伝えているとは限りません。更には、現代の読者の目も、右からも左からも上からも…見ることが可能です。

その意味でも、数値一つであっても注意して扱う必要があることを学びました。

年貢以外の賦課金

第０９０号
1997.08.10

《交通一一》(正徳五年(一七一五))

覚
一銀三拾八匁四分弐厘
右者正徳元卯年朝鮮人来聘之節御
入用人足賃銀之御割賦銀ニ而掛改
之慥請取申所如件
近江国浅井郡冨田村
庄屋
年寄中
正徳五年未九月十九日
笹井弥七

※この文書は写で、他に慶安二年(一六四九)一條殿御内室御上洛分担銀請取の記録も書かれています。

《租税二五一》(寛延三年(一七五〇))

覚
役高四百七拾五石弐斗
九升壱合
一銀弐百拾三匁八分八厘壱毛
但百石ニ付金三分宛
金壱両付銀六拾目替
右者去々辰年朝鮮人来朝御入用人
馬賃国役銀嶋本三郎九郎方江上納
候證文請取申候以上
寛延三年午正月　黒川傳次(印)
浅井郡冨田村
庄屋中

《交通十五》(文化五年(一八〇八))

覚
一銀七拾七匁四分七厘弐毛
掛り高四百七拾五石弐斗
九升壱合
百石ニ付拾六匁三分掛
右者去々寅年琉球人参府帰国供道
中人馬継立方諸入用銀掛改慥請取
申所如件
文化五年辰六月廿六日
三井三郎助(印)
江州浅井郡冨田村
庄屋
年寄中

以上の文書は、国役金(銀)として冨田村に課せられた賦課金(銀)の領収書とその写しの記録です。

国役金(くにやくきん)とは、「日本史用語辞典」(柏書房)によると、『国役として納める金銭で、国役を負担する国に割り当てた。江戸時代、重要な国役は河川改修であり、これは享保五(一七二〇)年に国役金賦課の規則が定められた。：・云々』とあり、国家事業に対する賦課金のことのようです。

これは、年貢とは別な納入金(銀)であり、年貢とは別な負担増を百姓に負わせたものであったようです。

支配側にとっては、負担を百姓に負わせると言う都合のいい方法であったかもしれませんが、百姓にとっては、辛い出費増であったと思われます。

幸か不幸か、今までに目にした文書はこれだけです。

もし、これだけであったら、冨田村としての負担増は非常に軽かったものと考えられますが、おそらくは、紛失してしまった(まだ目にしていない)多くの領収書の類があったものと思われます。

現在残されている文書は、河川改修等に関するものはなく、琉球人使節・朝鮮人使節(通信使)来朝に関わるものだけが残っています。

下の「東浅井郡志」収録の阿部文書『朝鮮人来朝国役触書』によると、近江は、朝鮮人来朝国役金を分担する国になっていたようです。

そのため、琉球人使節や朝鮮人使節が来朝したときの費用を課せられていたと思われます。

また、徳川氏は、天皇や公家との縁組をしていますから、降嫁等の道中費用の負担等も課せられていたと想像しています。

その一つの証拠が、慶安二年(一六四九)一條殿御内室御上洛分担銀であり、和宮様御下向の際の分担金等があったようです(文書は残っていません)。

朝鮮人来朝国役触書《阿部文書76》

當申年朝鮮人来朝並帰国之節、人馬割諸入用、其外御賄方入用共、先格之通、山城・大和・河内・和泉・摂津・近江・丹波・播磨・美濃・尾張・三河・遠江・駿河・伊豆・相模・武蔵国、御領・私領江国役懸り候に付、此度割合候。尤禁裡御領・御門跡領・公家衆家領・御朱印寺社領・本海道宿場並助郷御傳馬役勤候村高、朝鮮人御用に付渡シ場船渡シ役・御賄御用として人足等差出候村方、其外前々より譯有之高掛り諸役免除高等之分者除之、其餘者御領知高・込高・新田・改出等、都而其村之有高百石に付金三両壱分・永百弐拾五文宛、其所之通用次第に、金に而成共、銀に而成共、来十二月を限大和・丹波は京都三井三郎助、山城・近江は同所島本三郎九郎、摂津・河内・和泉・播磨は大坂平野五兵衛・鴻池善右衛門方江御納、美濃より武蔵迄八ケ国之分者、於

江戸御代官吉田久左衛門・山本平
八郎両人方江御納可被成事。
右高掛金納済候上、別紙案文之通
書付並御納候節之請取手形共に、
御勘定所へ御差出可被成候事。

一朝鮮人諸御用勤候村々之内、御
賄方江鶏差出候一役村方・御扶
持方被下人足勤候方・玉薬被下
猪方勤候村方、右村高等之分者
半高掛り・百石に付金壱両弐歩
永八拾八文宛之積たるべし。其
餘少分之役勤候分者、除高並半
高掛り之内江は不入候間、一統
割合之通り御取立御納可被成候
事。以上

申十月（※明和元年（1764）?）

右従公儀被仰出候御触書、別紙帳
相認相廻候。披見可致候。右触書
之通、助郷並謂有之前格相除候村
方も有之候はゝ早々役所へ可申出
候。右御触書之趣致披見早々令順
達、留り村より可相戻候。以上

十月十五日　中野忠助　印

（付記別筆）
右之通十一月朔日に御廻状到来、
則御地頭様より相廻ル。

寛延三年（一七五〇）には、百石につき金三両宛、合計銀弐百拾三匁八分八厘壱毛を、文化五年（一八〇八）は、百石につき十六匁三分宛、合計銀七拾七匁四分七厘弐毛を負担しています。

文化五年の負担は軽くはなっていますが、これらの国役金は、予定のない負担ですから、多くても少なくても、百姓泣かせのものだったと思います。

また、納入先が、上の阿部文書にあるように、京都の嶋本三郎九郎方であったり、三井三郎助方であることが判明します。

いくつかの史料をつき合わせると、このような歴史的事実が証明されることになります。

また、明和元年（一七六四）の朝鮮人使節来朝のときは、百石に三両一分と銭百二十五文とありますから、寛延三年の時より負担が重くなっていることも分かってきます。

今も昔も、税金で苦労しているのは国民や百姓であったようです。

次号では、朝鮮人使節や琉球人使節の来朝がどのくらいあったのかを調べてみたいと思います。

《参考》
川崎文書（滋賀大学史料館）
阿部文書（東浅井郡志巻四）

※1
《未整理一二八一》

御進發ニ付
人馬賄金并諸入用勘定書
浅井郡
冨田村
高七百六拾九石
一三貫八拾五匁　割當り
内
八百拾匁　出人足
百三拾五人
九百六拾八匁　彦根通し
四拾四人
引残
壱貫三百七匁　六四金也
此金弐拾両壱歩弐朱　不足
三匁
壱歩弐朱　人足四人分
又
□□□□
弐匁　七月廿七日
日役壱人分
に渡
右之通、慥ニ請取申候。巳上
醒ヶ井宿
丑七月　助郷會所［印］
右村
御役人衆中
（※慶應元丑年（一八六五）と想定）

右は国役金ではありませんが、助郷に関する課役金の領収書です。

冨田村の村高七六九石に対して、助郷負担高として三貫八五匁を割り当てられています。

冨田村は助郷人足として、一三五人を出すことにより、一人六匁の人足賃、八一〇匁を支払います。

「彦根通し」の意味がはっきりしませんが、醒ヶ井宿から彦根城下迄の出役であったと思われ、その出役に四四人が従事し、一人二二匁の人足賃、九六八匁を支払います。

人足分で賄えなかった差額、一貫三百七匁（金貨に換算して二〇両一歩二朱余）を金銭で決済しています。

冨田村は竹生嶋神役を勤仕するという名目で、助郷は課されませんでしたが、幕末頃より助郷役が賦課されるようになります。

（※一一八号～一二〇号参照）

交通量の増大に伴って、賦課される対象の村々も拡大されていったようです。

助郷役は宿駅の夫役として課されるもので、低額ながら賃金も支給されたのですが、農繁期に課されることも多々あり、実際は金銭を支払うことで済ませる（その金銭で地元の人に代行してもらう）場合も多かったようです。

また、農繁期ばかりでなく、地域的にも遠方の場合もあり、冨田村では草津宿・石部宿の助郷が課されたこともあったようです。

彦根藩が支配する柳ケ瀬（余呉）の関所の助郷に、丹後か丹波の村が助郷役を命じられたということを読んだ記憶があります。

助郷役は国役ではありませんが、年貢とは別な夫役・賦課金であり、百姓にとっては臨時の出金を余儀なくされました。

江戸時代、百姓は年貢の他に、このような臨時の賦課金も課せられていたのです。

更には、村入用金といった、現在の自治会費であったり、代官への接待や中元・歳暮などの贈答等々も負担していたことが知られています。

朝鮮琉球来府賦課金(二)

第０９１号
1997.08.24

前回は、朝鮮人使節や琉球人使節が来朝すると、国役金(銀)として年貢以外の予期せぬ負担銀を賦課されたことを書きました。

それでは、江戸時代を通じて、どの程度(何回ぐらい)朝鮮人使節や琉球人使節が来朝したのかを調べてみました。

冨田村に残されている史料(川崎文書や阿部文書等々)の中には、前号で紹介した、正徳五年(一七一五)・寛延三年(一七五〇)・文化五年(一八〇八)・明和元年(一七六四)のものしか目にしていません。

まだ、川崎文書の中やその他の所にあるかもしれませんが、各使節団の全てに関して残されているとは思えません。

ところが、昨年の暮れ、冨田村の某氏より厚さが六センチ程もある和綴じの本を拝借しました。

その本は、文政元年(一八一八)に京都で出版された本で、表紙のみ後補されていますが、中身は完全に揃っています。表紙がなくなっていますので、正式な本のタイトルは不明ですが、多分、「倭節用悉改袋増字」と題された本だと思われます。

その中に年表のような記入があり、朝鮮人使節や琉球人使節の来朝についても記載があり、下の一覧表に抜き出してみました。(△印)

また、「「朝鮮人街道」をゆく」と言う本(彦根東高校の門脇正人先生著)には、朝鮮通信使の記録(「海游録」より引用)がまとめてありましたのでこれも参考にしました。(◎印)

更に、日本史年表(河出書房新社)で確認し、使節が将軍等と引見した日が確認できるものは、日時もまとめてみました。(〇印)

以上の結果が左の一覧表です。

これによると、もれがあるかもしれませんが、朝鮮使節団の来朝が十四回を数え、琉球使節団の来朝が十三回を数えます。

おそらく、その都度、国役金(銀)として何らかの分担金を納めたものと思われます。

冨田村が負担したことが分かっている分(前号紹介)を米に換算すると、次のようになります。

◆正徳五年(一七一五)朝鮮人来聘
銀三十八匁四分余…約二斗
(米一〇〇匁で換算)

◆寛延三年(一七五〇)朝鮮人来聘
銀二百十三匁八分余…約四石

◆明和元年(一七六四)朝鮮人来聘
百石に三両一分余
冨田村の役高四百七拾五石弐斗余
約十五両(約十四〜五石)相当?

◆文化五年(一八〇八)琉球人来聘
銀七十七匁四分余…約一石四斗
(加賀米五十五匁で換算)

米に換算してみると、冨田村の分担も、時によって異なります。

従って、一概には論じられませんが、明和元年(一七六四)の朝鮮人来聘の国役金(銀)は少ない負担とは思えません。

他の三回については、最高約四石程度ですから、大した負担ではなかったかもしれません。

しかし、その国役金(銀)は、余分な出費であったことにはかわりありません。

このように、当時の百姓に課せられた負担は、年貢の外に、このような国役金や助郷と呼ばれる賦役もあったのです。

従って、百姓としては、このような朝鮮人使節や琉球人使節の来朝を歓迎したとは思えません。

農繁期に助郷を命じられたら、百姓にとってはたまったものではなかったと想像できます。

冨田村が主要街道から遠隔の地であったことが、若干の救いであったのかもしれません。

冨田村の助郷については、まだ詳しくは調べられていませんが、(助郷免除願書や和宮降嫁の際の助郷関係の文書が残っていることは分かっていますが…)助郷以外の労役として、以前に書きましたように、北国脇街道のうち馬渡村付近の四十八間(約八十六m)の道沿いの掃除が、冨田村に課せられていた事は確かなようです。

《参考》
川崎文書(滋賀大学史料館)
東浅井郡志巻四「阿部文書76」
日本史年表(河出書房新社)
「朝鮮人街道」をゆく(淡海文庫)
倭節用悉改袋増字(冨田個人蔵)
讀史備要(東京大学史料編纂所)

※1
次号で紹介しますが、国役金については大工高引の免除がありました。詳しいことは次号を参考にしていただきたいのですが、最近、大工高の実態に触れる文書を見つけましたので、ひとまず紹介しておきます。

《未整理三八七》
松平伊豆守様御知行所
冨田村
一拾五石五斗七升五合 繁右衛門(印)
同　同村
一拾五石五斗七升五合 次郎左衛門(印)
同　同村
一拾五石五斗七升五合 重兵衛(印)
同　同村
一拾五石五斗七升五合 七兵衛(印)
同　同村
一拾五石五斗七升五合 喜兵衛(印)
同村
一百九石弐升五合村預り 善左衛門
重郎左衛門
伊兵衛
九左衛門
権之正

年	月日	記事	出典
慶長　九年(1604)	12/20	☆朝鮮使節入洛(宗義智が同伴)	○
慶長一〇年(1605)	3/05	☆家康、朝鮮使節を伏見城で引見	○
慶長十二年(1607)	5/06	☆朝鮮使節国書を送る　(使節団467人)	○◎△
慶長十三年(1608)	5/06	琉球に来貢を要求する	○
慶長十五年(1610)	8/25	★琉球王尚寧、江戸に到着	○△
元和　三年(1617)	8/26	☆秀忠、朝鮮使節を伏見で応接　(428人)	○◎△
寛永　元年(1624)	12/19	☆家光、朝鮮使節を江戸で応接　(300人)	○◎
寛永十三年(1636)	12/13	☆家光、朝鮮使節を引見　(475人)	○◎
寛永二十年(1643)	7/18	☆家光、朝鮮使節を引見　(462人)	○◎△
慶安　二年(1649)	?	★琉球使節来府	△
承応　二年(1653)	9/ ?	★琉球使節来府	△
明暦　元年(1655)	8/ ?	☆朝鮮使節来府　(488人)	◎△
寛文十一年(1671)	7/28	★家綱、琉球使節金武王子を引見	○△
天和　二年(1682)	4/11	★家綱、琉球王子を引見	○△
天和　二年(1682)	8/27	☆家綱、朝鮮使節を引見　(475人)	○◎△
宝永　七年(1710)	11/18	★家宣、琉球使節を引見	○△
正徳　元年(1711)	10/07	☆新井白石、朝鮮使者に会見　(500人)	○◎△□
正徳　四年(1714)	?	★琉球使節来府	△←
正徳　五年(1715)		朝鮮使節来貢のため国役金を賦課	□
享保　三年(1718)	11/18	★吉宗、琉球使節を引見	○△
享保　四年(1719)	10/01	☆吉宗、朝鮮使節を引見　(475人)	○◎△
享保　六年(1721)	2/08	朝鮮使節来貢のため国役金を賦課	○
延享　五年(1748)	6/01	☆家茂、朝鮮使節を引見　(475人)	○◎△□
寛延　元年(1748)	12/15	★家茂、琉球使節を引見	○△←
寛延　二年(1749)		朝鮮使節来貢のため国役金を賦課	□
宝暦十四年(1764)	2/27	☆家治、朝鮮使節を引見　(472人)	○◎△◇
宝暦十四年(1764)		琉球人参府帰国入用金を賦課	◇
明和　元年(1764)	11/21	★家治、琉球使節を引見	○△
寛政　二年(1790)	12/02	★家斉、琉球使節を引見	○△
文化　三年(1806)	11/23	★家斉、琉球使節を引見	○□
文化　五年(1808)		琉球人参府帰国入用金を賦課	□
文化　八年(1811)	5/22	☆朝鮮使節を対馬で応接　(336人)	○◎△
天保　三年(1832)	11/04	★琉球使節来府	○△

☆:朝鮮使節関係　○:日本史年表(河出書房新社)　□:川崎文書(滋賀大)
★:琉球使節関係　◎:「朝鮮人街道」をゆく(淡海文庫)　◇:阿部文書(郡志)
△:倭節用悉改袋増字(文政元年(1818)出版)

※ 元和三年(1617)の朝鮮使節来府を、△印の「倭節用悉改袋増字」、は天和二年としていますが、日本史年表の記載(天和三年)を採用しました。結論的には、どちらかが一年ズレているのだと思います。日時のはっきりした方を採りました。

※2 彦根市から南に向け朝鮮人街道が走っています。この朝鮮人街道は朝鮮使節が通った道でした。
現在の野洲市で中仙道から分岐した朝鮮人街道は、近江八幡市、彦根市を通り、鳥居本宿から中仙道に合流し、摺針峠を越え番場宿に出ます。

中仙道を通らなかったのは、彦根城下を通すためとも、わざと遠回りをさせ、日本を広く見せようとしたともいいます。

彦根では城下にある宗安寺に宿泊しました。宗安寺の黒門は精進が本来である寺院へ、魚肉などを運び込んだ、使節団だけのための特別の門であったといわれています。

また、朝鮮使節団の来聘には、高月町雨森村出身で、対馬藩の儒学者雨森芳洲の果たした役割は大きかったと言われており、彼の人柄は使節団からも高く評価されたと伝えられています。

同村
　権左衛門(印)
右七人之惣代

御免御高
一百八拾六石九斗
　冨田村大工人別ニ割合

延享四年大工高御ふれ二条より者御ふれなく、■条町奉行より以御意、中井主水様御役所より御ふれ有之候。高引主水御役所書上ケ、御役所より二条上り申候。

右之趣松平伊豆守様御役所へも指上申候。

　　無高大工
　　　　　小倉村
　　　　　　久左衛門(印)

郡山

(中略)

　人数〆弐拾六人
役引高百八拾六石九斗
右之通此度相改候所相違無御座候。
以上
　延享四年卯九月
　　　浅井郡冨田村
　　　大工組頭繁右衛門
中井主水様御役所
　　(※延享四年(一七四七))

冨田村一二人全員に一五石五斗七升五合宛の大工高引があったことが判明します。しかも、西島系列は個人所有、阿部系列は村預りとなっています。

また、小倉村一名、唐国村一名、大井村一名、曽根村四名、大濱村一名、野寺村一名、延勝寺村一名、川道村四名の一四名が無高大工として登録されています。

国役金の免除願い

第０９２号
1997.09.10

前号・前々号で話題にしました朝鮮人来朝国役金・琉球人来朝国役金に関して、更なる史料が見つかりましたので、取り上げたいと思います。

「冨田今昔物語」の九〇・九十一号を作成・印刷を完了してから、見つけましたので、若干前回の記事と矛盾するところがあるかもしれませんが、ご容赦下さい。

《川崎文書　租税三八〇》

乍恐書付以奉申上候

冨田村大工高

一高百八拾六石九斗

右大工高之儀ハ往古より禁裏并に御公儀様御用之儀ニ付御除高ニ相成り候處、去ル文化三寅年琉球人通行之節相除キ、同六年巳年朝鮮人通行之節は相懸り、此之儀ニ付、京都中井藤三郎様御役所え相伺い候得ば、其の儀、此方ニて吟味致すべくと直様御吟味下され候処、先だって当御役所より公儀え書上げ帳面附け落ちニ相成り候様、仰せ聞かされ候間、左様ニ御座候はゞ、私共より御上様え出願仕つるべく候と申上候得ば、当役所より願い出候間、其の方共一と先ず差し控え申すべきと之儀ニ付、其の後度々御伺い申上げ候得ば、未だ相分からず旨ニて御下知も無く御座候処、猶又、去ル天保十三辰年琉球人通行之節、国役金仰せ出され候ニ付、早速中井藤三郎様御役所え御伺い申上げべくとも存じ奉り候得共、是迄も度々御伺い申上げ候ても御下知も御座無くこと故、迚(とて)も先年通り除高ニは相成らざる儀と存じ奉り、去ル辰年ハ相納め申し候。然ル處、又々、此節琉球人国役金ニ仰せ出承知畏れ奉り候得ば、前書き申上げ奉り候通り、往古より御免除高之儀ニ付、何卒去ル文化三寅年琉球人通行之節通り、此度琉球人参府国役金之儀は御免除成し下し置かれ候様、其の筋え御願い申上げ度存じ奉り候間、猶御慈悲之程偏(ひとえ)ニ願上げ奉り候。右願之通り御聞き済み下し置かれ候ハゞ、有難く仕合せニ存じ奉り候。以上

浅井郡冨田村
年寄　A右衛門
同断　B左衛門
庄屋　C兵衛
同断　D左衛門
同断　川崎F兵衛

濱松
御役所

※右の文書は、写しか下書きであったと思われますので、庄屋・年寄の押印はありません。

※文化三年寅(一八〇六)
※文化六年巳(一八〇九)
※天保十三年辰・・・・この年は寅年
天保三年辰(一八三二)の誤記と思われます。天保三年には琉球使の来府が確認できます。

内容を要約すると、

冨田村は昔から百八拾六石九斗の大工高を許されていました。

文化三年の琉球人通行の際は、その分を免除されたのに、文化六年の朝鮮人通行の際には大工高の分を免除されなかったので、京都中井御役所へ御伺いをしました。

中井御役所吟味されたら、帳面の付け落ちと分かり、冨田村からその旨を願い出ようとしましたが中井御役所から報告するからというので、願い出を控えました。

その後、何度となく中井御役所へ結果を伺いましたが、未だはっきりしたことが分からず、下知もありません。

ところが、天保十三年(三年?)辰年に琉球人通行の国役金を仰せ付かり、前回のことで未だ御下知もなく、とても免除してもらえそうにないと思い、辰年の国役金は納入致しました。

ところが又々今回、琉球人通行の国役金を仰せられましたが、前に書きましたように、昔からの免除高(大工高)の分は、文化三年の時のように、今回の国役金は免除していただきたくお願い致します。願いのようにお聞き下されば有り難く幸せに思います。以上

庄屋・年寄署名(連印)

ということになります。

それでは、上の文書の内容が事実であったかどうかを点検して行きたいとおもいます。

★文化三寅年(一八〇六)

村高六百六十二石壱斗九升壱合より大工高百八拾六石九斗を差引き、残四百七拾五石弐斗九升壱合に対し(百石に付十六匁三分の国役金賦課)銀七十七匁四分七厘弐毛の納金

(西郷領分は除く)

但し、納金は文化五年六月です。

《川崎文書　交通十五》

☆大工高の免除がなされています

★文化六巳年(一八〇九)

記録の上では、琉球人の来府が確認できませんが、上の文書では、大工高の免除がなされず、御伺いをした所、帳面附け落ちのため六百六拾弐石余に賦課されたようです。

残念ながら、証拠となる文書が現段階では見あたりません。

文化八年（一八一一）に朝鮮使節が送られますが、この時は日本本土までは来ず、対馬で引見しています。

この時の費用としての国役金であった可能性があります。そうだとすると、「文化八年未」の誤りとなります。


また、文化六巳年の出来事として、有栖川宮織仁親王の王女が十一代将軍徳川家斉の世子家慶（後の十二代）に降嫁しています。

もしかすれば、この時の国役金と間違えているのかもしれません。

☆不明ながら、大工高の免除なし

★天保三辰年（一八三二）
冨田村の史料は残されていませんが記録の上では、琉球人の来府が確認できます。
この時は、大工高の免除をあきらめて、六百六拾弐石余に賦課された分を納金したものと想像できます。

☆大工高の免除を当初より諦める

★今回
上の文書で分かるように、大工高の免除を願い出ています。結果がどうなったかは今の時点では不明です。

冨田村にも結果を示す史料が残されていません。


上の文書には年号が記載されていませんので、正確な時代は確定できません。

しかし、嘉永三年戌十月、将軍が琉球使節を引見していますから、この時の国役金についての免除願いではなかったかと想像出来ます。

そうだとすると、上の文書は嘉永三年以降の一～二年、つまり、嘉永四年か五年頃の文書だと見なしていいことになります。

ところが、署名されている庄屋・年寄の名前から判断すると、天保十四年を下ることはない、言い替えると天保十年前後だと判断できます。

（庄屋Ｄ左衛門は天保十四年までで翌年からＧ平治に交替しています）

結局、此節（今回）とある記事の年代も、大工高の免除があったかどうかも分からず仕舞いです。

ただ、国役金の支払をめぐっての経過らしきものが確認できたに留まりました。

《参考》
川崎文書（滋賀大学史料館）他

※1
大工高による免除について、次のような文書があります。

《未整理一三六》

（前欠）
此割
一高三百拾八石弐斗一升弐合弐勺西
内拾五石五斗七升五合
大工高引
残而三百弐石六斗三升七合弐勺
但高百石ニ四分三厘四毛當ル
一拾三匁壱分
内三匁壱分四厘　西當り
残九匁九分六厘取　北ニ遣ス
一高弐百三拾八石九斗七升壱合五勺　東
内百五拾五石七斗五升
大工高引
残而八拾三石弐斗弐升壱合五勺
三匁六分七厘　當り
内弐匁五分弐厘欠米銀不足ニ
残而壱匁壱分五厘　北村へ遣ス　取
一百五石七合三勺　北
四匁五分三厘
外欠米銀割損引口ニ付
五匁六分六厘　欠米銀過上分
〆拾匁壱分九厘
…（後略）

前半部分が欠如していますので、何の分担金計算か不明ですが、西組・東組に大工高引が見られますから何れかの国役金の負担計算と考えられます。
西・東の大工高引の合計が百六十一石三斗二升五合となり、本文の大工高百八十六石九斗との差が気になりますが、その差二十五石五斗七升九合は、相給の西郷氏領に割り振っていると考えられます。
何故なら、西・東・北の高合計が六百六十二石一斗九升一合となり、西郷氏分が含まれていませんので、そう考えても許されると思います。
右の史料によれば、大工高百八十六石九斗を
西村　　十五石五斗七升五合
東村　　百五十五石七斗五升
西郷領（二十五石五斗七升九合）
と、軽重をつけて割り振っています。
西村・東村については、一対一〇の割合になっています。恐らくは各村に所属する大工の人数割でなかったかと想像出来ます。
また、年代が未記入ですが、
西村高　三百十八石弐斗一升余
東村高　二百三十八石九斗七升余
北村高　百五石余
から史料に当たると、《租税一九九》より、元禄一四年（一七〇一）の高と一致し、上の文書を元禄一四年と確定する事が出来ます。
従って、冨田村の大工に宛われた大工高は元禄年間以前に遡れること、国役金負担についても同様に元禄期まで遡って、大工高引が適用されたことが確認出来ます。
更に、本来は大工高ですから、大工当人の減免の権利の筈ですが、上の史料は、その権利を所属する村全体に適用させていることになります。
自分は大工でなくとも、村に大工が居住していることによって、その権益を享受することが出来たようです。
その意味では、大工さまさまであったように思います。
ところが、西島文書「年代記」には、
・享保辛亥十六年（一七三一）条
　浅井郡大工中間組立
　七十年余中絶
・元文戊午三年（一七三七）条
　是迄浅井郡無役大工也
　當村之役高半分村へ出タ
・明和卯八年（一七七一）条
　役高皆村方より大工中へ帰ル
などとあり、無役大工の意識がある反面、大工高が一人歩きしていたようです。

大工高百八拾六石九斗

第０９３号
1997.09.24

前回、朝鮮人来朝・琉球人来朝国役金に関することで、大工高による免除のことを書きました。

冨田村は、十五人前後の大工が生活していたようで、阿部権正に代表される竹生島の宮大工の一団と、西島但馬に代表される中井家支配冨田組の一団(組頭は西島但馬)があったようです。

阿部家・西島家とも江戸時代以前から竹生島の宮大工として、また豊臣時代には竹生島に限らず、中央(京都・大坂等)の神社仏閣の建築や築城の際にもかり出されたと思われます。

それらの関係でか、功績があったからか、公儀の御用を勤めたためか、理由は分かりませんが、大工高百八十六石九斗分の出役免除の特権が冨田村に与えれれていたようです。

その大工引き百八十六石九斗が、何時、どの様に与えられたのかは、残されている文書には何も記載されていませんが、下の文書が最も古い(記事として)文書だと思われます。

『年代記序』《川崎文書家一》にも記事があり、明暦二申年(一六五六)の項に

此申ノ年より百八拾六石九斗
大工高引ル

とありますが、左の文書を引用したものと思われます。

《川崎文書　交通十一》

請け取り申し銀子之事

一高弐千石　堀越中守様分
内百八十六石九斗　大工引
残千八百拾三石壱斗　人足賃
此銀弐拾匁三分　給賃
九匁三分

右は慶安弐年丑ノ十一月、一條殿御内室様御上洛之時、水口より草津迄御一泊、又、草津より京二条迄送り申し候人足内用賃・給賃、但し、日数二日宛四日分之銀。御割付御触れ之通り請け取り、日用頭ならびに馬借ニ相渡し申すべき所、件(くだん)の如し。

明暦弐年申
九月十一日
観音寺内
久松清兵衛
石川主教内
西村源十郎
山口但馬内
海野庄左衛門
庄屋百姓中

覚

一銀三拾八匁四分弐厘

右は正徳元卯年、朝鮮人来聘之節御入用人足賃銀之御割賦(かっぷ)銀ニて掛け、之を改め慥に請け取申す所、件の如し。

近江国浅井郡冨田村
庄屋
年寄中

正徳五年未九月十九日
笹井弥七

※　この文書は後世の写(覚)だと思います。写した当時には原本があったものと思われます。

※　慶安弐年(一六四九)
明暦弐年(一六五六)
正徳元年(一七一一)

七年前の人足賃等を請求・支払・請取という不思議な、いかにもゆっくりと時間が流れていると言うか、時間が止まっているのでは、としか言い様のない感覚を持つのは私だけではないと思われます。

堀氏支配の二千石とは、浅井郡の内で、冨田村・十九村・新井村・野寺村・佐野村・大井村の一部または全部であることが分かっています。

この文書では、大工高百八十六石九斗が冨田村の分であるかどうかは分かりませんが(享保十六年(一七三一)の西島文書によれば、大井村に四郎兵衛という大工がいたことが分かりますが)、その後の流れや史料から、冨田村の分と考えてよさそうです。

つまり、この時には村高から大工高を引いた残高に対して、人足賃等の国役金が掛けられているようです。

従って、慶安弐年(一六四九)もしくは明暦弐年(一六五六)には大工高なる制度があったことになります。

宝暦十三年(一七六三)の西島文書には、「享保十六年(一七三一)に頂戴した百八十六石九斗の御赦免高を先年の様にしてほしい云々」とあります。

西島但馬は享保十六年からと思っていたようですが、上の史料が示すように、それより八十年以上前から「大工高引」制度があったように考えられます。

つまり、冨田村は、少なくとも一六五〇年頃(慶安の頃)には「大工高引」なる免除される権利(特権)を持っていたことになります。

しかし、年貢の免定を見る限りにおいては、「大工高引」なる言葉は、どの時代においても見かけることはありません。

「大工高引」は年貢に関しては、何の力(権利)にはならなかったように思われます。では一体、何の権利であったのでしょうか。

「大工高引」の実体とは何か？

残されている史料から判断する限りでは、「大工高引」が功を奏するのは国役金等の賦役（夫役）に関する場合に限られています。

そこで、『日本史用語辞典』で調べてみると、

> 大工高（だいくたか）
> 京都大工頭の支配に属する五畿内、および近江の大工・杣は、従来より禁裏および将軍家普請造営のときに臨時に徴発され、それを勤める義務を負わされていたが、その持高に対しては諸種の夫役・雑役免除の特権を与えられていた。大工の場合、これを大工高、杣人の場合は大鋸高または大工杣高と称した。

とあり、史料が示すように、夫役に関する免除高であったのです。

しかし、それは冨田村としての権利（特権）ではなく、大工仲間達の権利であったように思われます。

当時、どの様な村運営がなされていたのかを知る術もありません。

従って、国役金の徴収についても、大工衆のみ免除として扱ったのか、それとも、免除後の残高を大工衆も含んで均等（と言っても持高に応じて）に割ったのか、ということまでは分かりません。

これらの「大工高引」については、問題としている国役金負担ばかりでなく、助郷等の夫役についても該当したものと思われます。

残念ながら、冨田村の助郷に関しては、私としては、全く手が付けられていませんので、今は紹介すら出来ません。今後調べる際には「大工高引」のことも意識して調べたいと思っています。

百姓の年貢以外の負担として、国役金から始まり、朝鮮人使節・琉球人使節の来朝回数等、そして、大工高引と書いてきました。

小学校の歴史では学ばない歴史も、小さいきっかけから調べて行けば、以外といろんな展開をしていくものです。

そのためには史料です。史料を残してくれた冨田村の先祖に感謝しています。

《参考》
川崎文書（滋賀大学史料館）
西島文書（びわ町教育委員会）
『日本史用語辞典』柏書房刊

注1

二〇〇九年夏、川崎文書の未整理分の中から次のような文書を見つけました。

《未整理三八七》

松平伊豆守様知行所
　冨田村
一拾五石五斗七舛五合　繁右衛門
　同村
一拾五石五斗七舛五合　次郎左衛門
　同村
一拾五石五斗七升五合　重兵衛
　同村
一拾五石五斗七升五合　七兵衛
　同村
一拾五石五斗七升五合　喜兵衛
一百九石弐升五合　村預り
　右八百姓持分　同村
　善左衛門
　口郎左衛門
　四郎左衛門
　伊兵衛
　九左衛門
　権ノ正
　同村
　権左衛門
　右七人之惣代

御免御高
一百八拾六石九斗

延享四年大工高御ふれ二条より御ふれなく、二条御町奉行より以御意中井主水様御役所より御ふれ有之候、高引主水様御役所書上ケ御役所より二条上り申候

右之趣松平伊豆守様御役所へも指上申候

無高大工
　小倉村
　久左衛門
郡山（藩）
……（中略）……
人数〆弐拾六人
役引高〆百八拾六石九斗
右之通此度相改候所相違無御座候
以上
延享四年卯九月　浅井郡冨田村
　大工組頭　繁右衛門
中井主水様御役所
（※延享四年（一七四七））

上の文書では延享四年からのように書かれていますが、《交通十一》では明暦二年（一六五六）には大工高引が見受けられ、矛盾するようにも思いますが、延享四年は再確認かもしれません。

また、大工高百八拾六石九斗の内、百九石弐升五合を村が預かっていることが分かります。

大工高引は前号・前々号でも見たように、朝鮮人来朝国役金・琉球人来朝国役金・助郷…等々、夫役に関わる負担金の軽減に関係しました。

冨田村は村高七百六十九石四斗の村でしたが、これらの夫役負担金に関しては、村高から大工高を差し引いた五百八十二石五斗に対して負担金が掛けられることになり、約二十五％引になります。

大工高を個人で持つのでなく、村預かりとすることで村全体の負担減にもなったと考えられます。

新川（二ノ坪～上佃）普請（一）

第０９４号
1997.10.10

《川崎文書　水利五十二》

享保拾壱年
江州浅井郡冨田村新郷堀見分
目論見覚
午霜月日

冨田村新井筋堀郷桁
築立候土坪人足積覚

上佃壱町之内水口より一
一長拾八間　　堀床三尺
　　　　　　　深平均四寸三分
　　　　　　　　　　　　　堀立
但　高壱尺弐寸　馬踏壱尺弐寸
　敷四尺之土手両方ニ有之
此土　三坪壱合壱勺四才
同　六合四勺八才
　　　　深平均四寸三分之
　　　　　　堀立土を用
此人足八人　　壱坪弐人半

一長拾弐間　　堀床三尺
　　　　　　但堀敷土手敷共
　　　　　平均壱寸九分
但右同断　　　　　　築上ケ
此土坪　弐坪七合七勺弐才
此人足五人半　　壱坪弐人

一長九間　　　堀床三尺　但同断
　　　　　　平均三寸一分
但右同断　　　　　　築上ケ

此土坪　弐坪四合壱勺弐才
此人足五人　　壱坪弐人半

　　…《途中　省略》…

一長拾弐間　　堀床三尺　但同断
　　　　　　深平均壱寸一分
但右同断　　　　　　　　堀立
此土坪　弐坪七勺八才
　内壱合八才
　　　　深平均壱寸一分
　　　　　堀上ケ土を用
此人足五人　　壱坪弐人半

惣間数　三百間也
此土　九拾六坪八合三勺三才
此人足　弐百九拾五人

右新郷筋相立候ニ付潰地之分
一上田壱畝拾四歩　井敷郷桁敷共
　分米弐斗六升四合壱勺
　　　　　　　　　石盛十八
一中田五畝廿六歩　同断
　分米九斗六升八合
　　　　　　　　石盛十六五
一下田壱反壱畝歩　同断
　分米壱石五斗四升　石盛十四
高〆弐石七斗七升弐合壱勺
一上田拾七歩　　土取跡荒地
　分米三升六勺　　石盛十八

　　…《途中　省略》…

高〆九斗弐升壱合
引高〆三石六斗九升三合壱勺
　　　外
字下佃壱ケ所　　内法幅弐尺
一槇筧長三間　　高壱尺四寸
　　　　　　　板厚一寸五分
字六ノ坪壱ケ所
一同断長弐間　　同断　同断
武士町壱ケ所
一同断長弐間　　同断　同断

〆三ケ所

　此入用
銀百九拾弐匁六分　　材木代
銀八拾匁壱分　　　釘□代
銀五拾匁　　　　大工木挽
　　　　　　　　扶持作料

〆三百弐拾弐匁六分

右之通り江州浅井郡冨田村願い
ニ付き、新郷堀之場所見分之上
人足積もり并に敷地・筧等入用
積もり此の如く御座候。己上

午十一月　　　山内秀八郎

右之通り、この度笠松御郡代所え
浅井郡冨田村惣百姓中、新川御願
い申し上げ候処、仰せ付けなされ
有り難く忝なく存じ奉り候ニ付、
御請け御礼として笠松へ庄屋年寄
罷り出、いよいよ惣百姓共一身同
心仕り候段、相違御座無く候由、
申し上げ候ニ付、當冬中より取り
掛り、惣小百姓共残ず立ち合い、
普請仕り、来年植え付け迄新郷堀
立て、猶又、御注進申し上げ候。
後日の為、連判仕り、指し上げ申
し上げ候。以上
　　　近江国浅井郡冨田村
　　　　庄屋　T兵衛（印
享保十一年
　午十一月日
　　　［以下八十一人
　　　　署名押印］
笠松御郡代所
　山内秀八郎様

引用が長くなりましたが、上の文書は享保十一年（一七二六）の新川普請の設計・見積の文書です。

場所は二ノ坪から上佃に至るまでの長さ三百間（五町・約五百四十ｍ）の区間に新しく川（新井筋）を作ろうというものです。

圃場整備が実施される前、二ノ坪から武士町・六ノ坪・下佃（畑田）・上佃まで、田圃の上（東側）を流れていた川を覚えておられるでしょうか。

今は、二ノ坪井から北冨田に向かって用水工事がされ、立派な川となっています。

あの川は享保十一年十一月に設計・見積が完成し、翌享保十二年冬に新築工事が村人によってなされ、完成された川のようです。

上の文書は、冨田村の願いにより、笠松郡代所の山内秀八郎が設計・見積（必要な土の量や人足数・経費等）をしたものであり、後半部分には、冨田村一同が力を合わせて、来年の田植え時迄に普請を完成させる誓約書になっています。

誓約書には庄屋三名・年寄四名・百姓七十二名・西郷氏の庄屋・年寄・惣百姓代各一名の合わせて八十二名の署名と押印があります。

普請が冨田村の願いであり、総出で工事に取り組もうとしている様子が伺え、この新川が如何に必要であったかが分かるような気持ちになります。


二ノ坪・武士町・六ノ坪一帯は、この新川の用水がなかったならば、水に苦労する旱損場であったのではないかと思えます。

上の見積り書を見ると、二ノ坪から上佃までの田圃の高低がかなりあることに気がつきます。

高い場所では、田面より川床を掘り下げ（堀立）、低い場所では川床を作るために盛り土（築上ケ）をしていることがわかります。

詳しい資料は次号に回しますが、六ノ坪・下佃付近はかなり低地であったようで、最高一尺の盛り土をしています。逆に上佃の北側では四寸三分の掘り下げをしています。

そうしないと、川床が平にならなかったものと思われます。


新川は、川床幅が三尺で土手の高さが一尺二寸、馬踏（土手の平らな所）幅が一尺二寸、土手の敷地幅が四尺と設計されています。

また、土手を作る土の計算もされており、現在の計算結果とほぼ一致します。例えば左の例で計算すると、

> 馬踏一尺二寸・土手敷き四尺
> 高さ一尺二寸・長さ十八間(両方)
> → 土坪三坪一合二勺
> (※土砂六尺立方を一坪と言う)

となり、史料の最初の部分の「土三坪壱合壱勺四才」とほぼ一致します。

ただ、川床の掘り下げや盛り土の計算分が誤差となるのかもしれません。

ともかく、二ノ坪から上佃に至るまでの川が、享保十一年から十二年にかけて普請された事実が分かっただけでも、私にとって大きな発見でした。

《参考》
川崎文書（滋賀大学史料館）他

※1
二ノ坪・武士町・六ノ坪一帯の水の確保のため、新川の設置普請について紹介しましたが、新川を作るためには用地も必要です。所謂潰れ地について記載されたものであろうと考えられる文書も残っています。おそらく計画段階での資料だと思われるのですが、紹介しておきます。

《租税四四》

(一表)
北一ノ坪
一下田三歩
分米壱升三合九勺　　S郎兵衛
同所
一下田三歩
分米壱升三合九勺　　T左衛門
同所
一下田三歩
分米壱升三合九勺　　I郎右衛門
同所
一下田三歩
分米壱升三合九勺　　Y一郎
(中略)
(四表途中より)
同所(※ふし町)
一中田五分
分米二升七合五勺　　S左衛門
二ノ坪
一中田五分
分米二升七合五勺　　J郎兵衛
同所
一中田五分
分米二升七合五勺　　Z左衛門
(中略)
(四裏途中より)
同所(二ノ坪)
一上田五分
分米三升　　同人　(※T兵衛)
畝合弐反七畝七歩
内
弐畝分　　西郷市正様分
分米三斗弐升五合八勺
弐反五畝七分　　御給人分
分米三石弐斗七升七合七勺

元禄拾四年
巳ノ五月七日
冨田村庄屋
T兵衛
S郎兵衛
J郎兵衛
年寄
K右衛門
S右衛門
J右衛門
(五表)
御領惣畝
弐反八畝七分
西郷様惣畝
四畝三分
〆三反弐畝拾分
(後略)

表紙のない文書ですので、碇とは断言出来ませんが、新川設置計画が元禄十四年(一七〇一)には始まっていたと考えられます。実施される二十六年前のことになります。
北一ノ坪から二ノ坪まで七二筆が記載され、この計画段階では、
長さ　　四三三間
畝歩　　三反二畝一〇歩
分米高　四石一斗七合
となっています。
その後、領主との交渉が続いたことと思われますが、経過を示す文書は見つかっていません。
ちなみに、新川普請直前の享保十一年(一七二六)の見積目論見帳《水利五二》では、
潰れ地高　二石七斗七升二合一勺
土取跡荒地高　九斗二升一合
合計高　　三石六斗九升三合一勺
となっています。

新川(二ノ坪～上佃)普請(二)

第０９５号
1997.10.24

前回、新川（二ノ坪より上佃まで）の設計・見積等について書きました。
今回は、その普請の様子を取り上げたいと思います。

《川崎文書　水利五十一》

・・・・《前半　省略》・・・・
享保十一年午霜月廿三日
一同廿三日よりふ志ん（普請）
一同廿四日　　ふ志ん
・・・・《途中　省略》・・・・
　　上徒く田新川之仕立覚
享保十一年午十一月廿三日
一同廿四日　　ふ志ん　酒有
一同廿五日　　ふ志ん　酒有
同十二年未壬(閏)正月十六日
一同十六日　　ふ志ん　酒有
同十七日　　ふ志ん
二月朔日
一〃朔日　　ふ志ん　酒有
一〃四日　　ふ志ん
　　大小之百姓残らず出　酒有
一〃五日　　ふ志ん

未ノ二月十三日
一十三日　　ふ志ん　酒有
一十四日　　ふ志ん
・・・・《残り　省略》・・・・

上の文書より、新川普請は享保十一年（一七二六）十一月廿三日より始まったことが分かります。

また、二十四日・二十五日には「酒有」とありますから、仕事始めに振る舞い酒が出されてのではないでしょうか。

雪の関係でか、この年の普請は三日間のみで、享保十二年を迎えます。年が改まっても冬の雪に閉じこめられていたのか、閏正月の十六日・十七日の両日に普請があったに過ぎず、本格的な普請は二月に入ってからのように思われます。

文書の記録には、二月十四日以降の記録はありません。

省略した一頁程は、木挽の記録が記載されているのみです。

これだけで、全ての普請が完了したとは思われません。

他に記録が残っていないか調べた結果、下のような一枚の文書が残されていました。

これによれば、上の文書には記載されていない人足数が分かってきます。

一日に約二十五人前後が人足として出役していたようです。

この文書の記録だけでは、二百六十四人手間となっています。

《川崎文書水利一八六》

新川人足扣(控)

T兵衛
出勤扣(控)

二月十六日
一弐拾五人
〃十七日
一弐拾五人
〃十八日
一弐拾七人
〃十九日
一弐拾七人
〃廿二日
一三拾弐人
〃廿四日
一弐拾人
〃廿六日
一弐拾人
〃廿七日
一弐拾人
〃廿八日
一拾人
三月八日
一三拾人
〆弐百三拾六人
〃十五日
一拾四人
〃十六日
一拾四人

二月
一廿二日
一廿三日
一廿四日
一廿五日
三月
一四日
一五日
一六日
一七日
一八日
一九日
一十日
一十一日
一十三日
一十四日
一十五日
一十六日
一十七日
一廿九日

閏月（閏三月）
一二日
一十日昼四ツ時より
　　夜遅し
一十一日夜九ツ迄
一十二日
一十三日
一十四日
一十五日
一十九日
一廿日
一廿九日
一□日
四月朔日
　　半日

これにより、上の史料と繋ぎ合わせると、二月以降はほぼ全日普請があったように思われます。

普請のない日は雨天の日ではなかったかと思っていますが、二月・三月になると、畦突き（くるつき）等の農作業もありますので、それらを優先した日であったのかもしれません。

ともかく、雪解けを待って普請作業がフル活動し始めたように思います。

また、享保十二年の人足手間が延べ百六十四人を数えます。更に享保十一年の人足手間（人数は確認できない）を加えると、前号の見積書に見積もられた「弐百九拾五人」を越えることが確実だと思われますので、これで普請は完了したものだと思われます。

つまり、新川(二ノ坪より上佃まで)は享保十二年(一七二七)春に完成したことになります。

それから二百七十年後の現在は、同じ川筋が残され、護岸工事もされ、川幅も広くなり、立派な農業用水として使用されているのです。

思えば、当時のご苦労があったおかげで現在があるのだと、実感できるのではないでしょうか。

中段の文書は、庄屋T兵衛の出勤控までが記載されています。

記録では二十九日半の記録があります。しかも、それらには人足手間のない日まで記載されています。

これは何を意味するのでしょうか。私も推測の域を出ないのですが、これらの普請に関わって、木挽きや筧の記事が残されています（紙面は省略）。

例えば、木挽として、二月十三日から十七日までの五日間と三月十日の計六日間の手間の記録があります。

《水利五十一》

また、大工手間二十五日半で三十八匁二分五厘の手間賃を支払っている記録も残されています。

《水利五十三》

木挽や大工手間は何に必要であったのかですが、新川三百間の間には、三本の川が流れています。今回は、その川の上に筧を設置しています。そのためには、大工仕事が必要だったと思われます。

《参考》

筧（かけひ）

埋樋（うずみひ）に対する語。樋掛渡井（かけどい）と同じ。樋（とい）の一種。通水量の多少によって大小がある。川の上を横にかけ渡して通水する。

《日本史用語辞典》

つまり、二ノ坪と武士町の間、六ノ坪と下佃の間、下佃と上佃の間の川に筧（樋の大きいものと考えたらいいと思います）を三ケ所に渡して、三百間の間に一本の川筋を通したのです。

村の百姓が出役しない日にも大工等の仕事が平行して進められていたのではないでしょうか。

庄屋T兵衛は、現場監督として、それらの工事を指揮していたのではないかと考えられないでしょうか。

あくまでも推測ですが、そのようにでも考えないと、人足の出ない日に現場に出勤する理由が考えられません。

《参考》

川崎文書（滋賀大学史料館）

「日本史用語辞典」（柏書房）

※1

前号の補足の中で、元禄一四年（一七〇一）頃から新川普請の計画があったのではないかとしました。その当時は北から南へ、北一ノ坪・北二ノ坪・三ノ坪・十ケ坪・下佃のラインと、深町・六ノ坪・七ノ坪・武士町・二ノ坪のラインを考えていたように見受けられます。下の文書はそのことを裏付ける史料です。

これによれば、北一ノ坪井・上佃井の用水を南へ流す計画であったことや、村人全員の希望・了解の上であったことが判明します。

しかし、実際は上佃・下佃・六ノ坪・武士町・二ノ坪ラインとして普請が実施されています。

そのプランの変更は、笠松郡代所の山内秀八郎の設計・見積によるものと思われますが、上佃井から北へ延びるラインが棄却された理由などは不明です。

享保一〇年（一七二五）一〇月一八日付で、冨田村は天領となりますが、その年の年貢は旧領主大久保氏へ納入しています。

天領の本格支配が始まるのが、享保一一年（一七二六）の春頃からだと思われます。代官の新領地廻村視察が九月と一〇月に行われています。

そのことを考えれば、享保一一年中には笠松郡代所の目論見があり、年末には普請に掛かれるというのは、手際の良いと言うか、迅速な対応と考えられます。

反面、時間がなかった分、すべての希望が聞き入れられなかったとも考えられるのではないでしょうか。

《凶災六》

乍恐書付を以御願申上候

一江州浅井郡之内冨田村之儀日損所ニ付、年々難儀仕候処、當巳年別而日損故、植付不相成、少々植付候分者及日損ニ難儀仕候。依之、枝郷北村井水之余り、一ノ坪湯井上つく田湯筋ょり新溝新堤仕、用水引取申度奉願候。左候へハ、御領私領共御田地拾三町余之分相續仕事ニ御座候。此新溝成新堤敷ニ罷成候御田地、御領分弐反八畝七歩、分米三石五斗弐升九合、私領分四畝三歩、分米五斗七升八合ニ而御座候。此分新溝新堤敷ニ被仰付被下候ハゝ、右拾三町余之御田地向後日損無之年ニ相續仕、口ニ御座候間、願之通被仰付被下候ハゝ、惣百性中自普請ニ仕立可申候。尤御領私領共百姓中ハ不及申上、其外他領ょり湯筋之儀ニ付障り申義毛頭無御座候。右之趣被為聞召上、願之通被仰付被下候ハゝ、難有可奉存候。為其御領私領惣百性不残連判仕差上申候。以上

江州浅井郡冨田村

御領分

元禄十四年巳五月　庄屋　T兵衛

〃　S郎兵衛

〃　J郎兵衛

（以下年寄三名・百姓四八名略）

西郷市正様御下庄屋

S郎左衛門

（以下年寄一名・百姓六名略）

百姓の自普請を覚悟の上で新川普請（新溝新堤）を願い出ていることから察して、日損の状況の厳しさを思い計ることが出来そうです。

新川(二ノ坪～上佃)普請(その三)

第０９６号
1997.11.10

前号・前々号は二ノ坪から上佃までの新川普請について紹介しました。

今回はその普請を具体的にまとめてみたいと思っています。

下の図は、見積書にある寸法を図にしたものです。

右の図が川床を田面より高くしてる場合です（築上げ）。左の図が田面より川床を掘り下げている（堀立）場合です。

どちらも、馬踏（ばふみ）を一尺二寸幅とし、高さを一尺二寸、土手敷きが四尺で川床幅が三尺です。

土手の高さはあまりありませんが、川幅は三尺（約一ｍ）で、かなり広い川幅となっています。

これらの土手を造る土をどこから運んできたかは分かりませんが、文書に「土取跡荒地」として、六畝十八歩の土地（高〆九斗弐升壱合）が荒地扱いになっていますから、付近の畑や田圃の土を使ったと考えられます。

土を扱うのに、一坪（六尺立方）の土を二人手間とか二人半、場所によっては三人手間とか三人半、最大四人半となっています。

六畳間に鴨居の高さまで土を埋め尽くすとしたら、三坪の土砂が必要になります。

従って、三人手間とすれば延べ九人、四人半手間では延べ十二人半が必要になるということですが、現代人では、少し無理のようにも思います。

《土手の寸法の図》

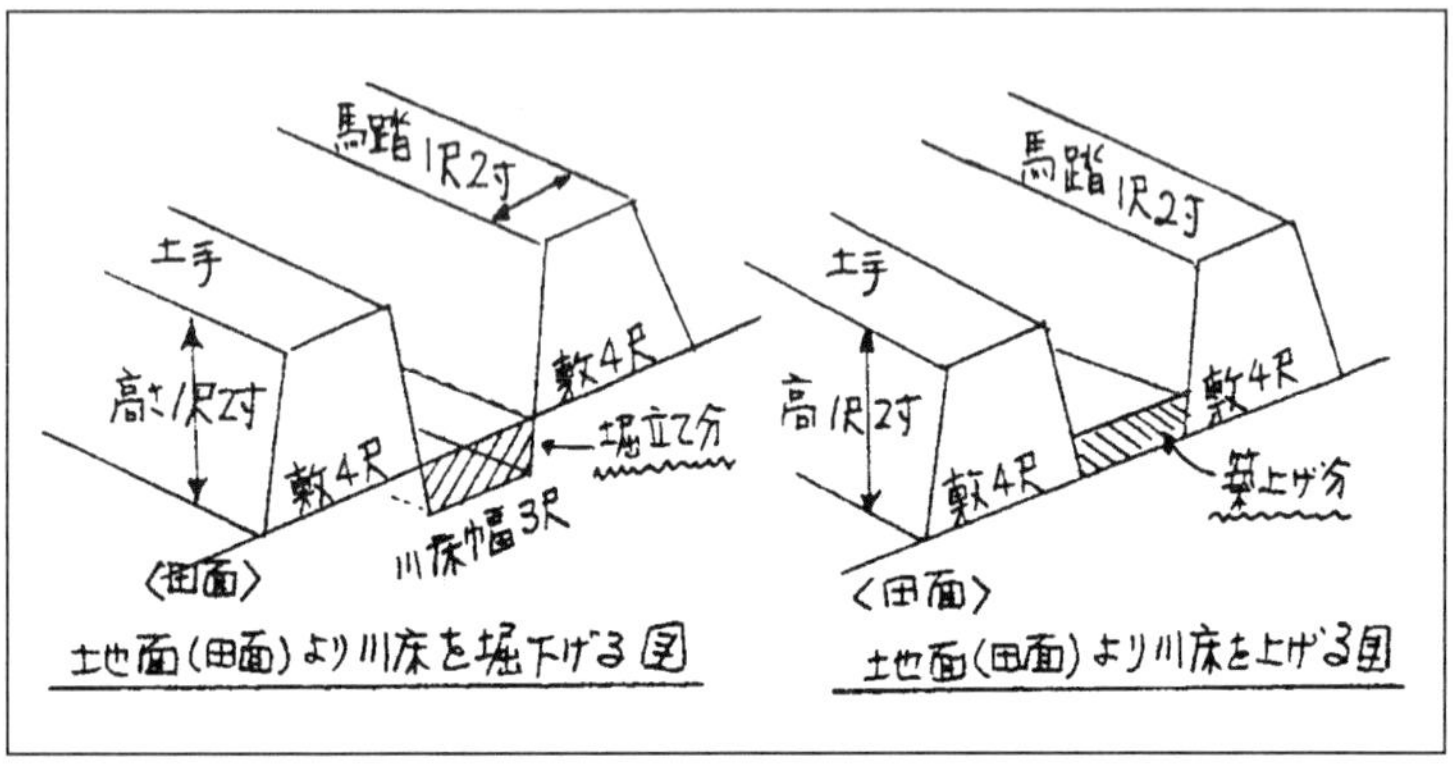

土扱いは体力がいる辛どい仕事です。小さな土手と言っても、三百間もの長さは大変な労力が要ったものと想像しています。

また、次頁の図は、川床を田面より掘り下げた場所（堀立）と、田面に盛り土をした場所（築上ゲ）を、見積書に従って復元した図です。

二ノ坪と上佃の両側の地盤（田面）が高いため、両側は掘り下げ、その間は盛り土をして川床を高くしているようです。

そうしないと、川床が平行にならなかったのです。

逆に見れば、上佃の南側・下佃・六ノ坪・武士町の南側は地盤が低かったことを意味します。

特に下佃・六ノ坪は地盤が低かったようで、殆ど一尺近くの盛り土をしています。

従って、下佃・六ノ坪・武士町の人足が多く要ったようで、これらの部分で三人から四人半（一坪当たり）となっています。

ちょうど、中段の図を天地逆さにしてもらえれば、その頃の地盤（田面）の現状を見れるように思います。

現在は圃場整備によって、ほとんど均等の地盤になっています。勿論、水が流れるための傾斜はつけてありますが、ほぼ均等です。

水が溜まり易いというような低湿地等はありません。

しかし、この図を見る限りにおいては、特に下佃・六ノ坪は低地で、水押損（水害）がよく起こりそうな田圃であったような気がします。

享保十一年「冨田村高反別指出帳」には、水押場として、古座・溝尾・深町・十七・十四・十八の六町が揚げられているだけですが・・・。

次頁下の図は冨田郷の地図の上から、今回の普請場所を確認する意味で示しました。

現在は、武士町や下佃の小字名が地図から消えました。

角田と二ノ坪を二ノ坪、武士町と六ノ坪を六ノ坪、下佃（畑田）と上佃を上佃と呼ぶようになって久しくなり、消えた小字名は段々忘れられて行くのだと思うとさみしい気もします。

実は、武士町と六ノ坪の間は、歴史的には意味があり、古代の条里制の条里の境であったのです。

武士町（一ノ坪）から始まって南へ二・三・四・五・六坪、戻って、七ノ坪・八・九・・・という条理制が残されていたのです。

六ノ坪は、北一ノ坪・北二坪・・・・ときて、北六ノ坪であったのです。

《参考》
川崎文書（滋賀大学史料館）他

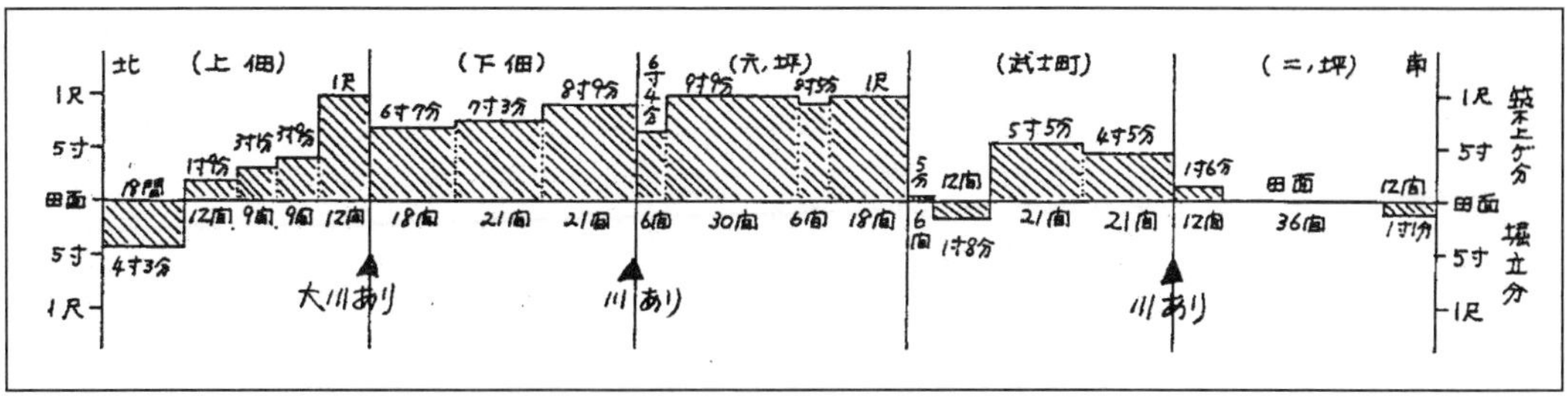

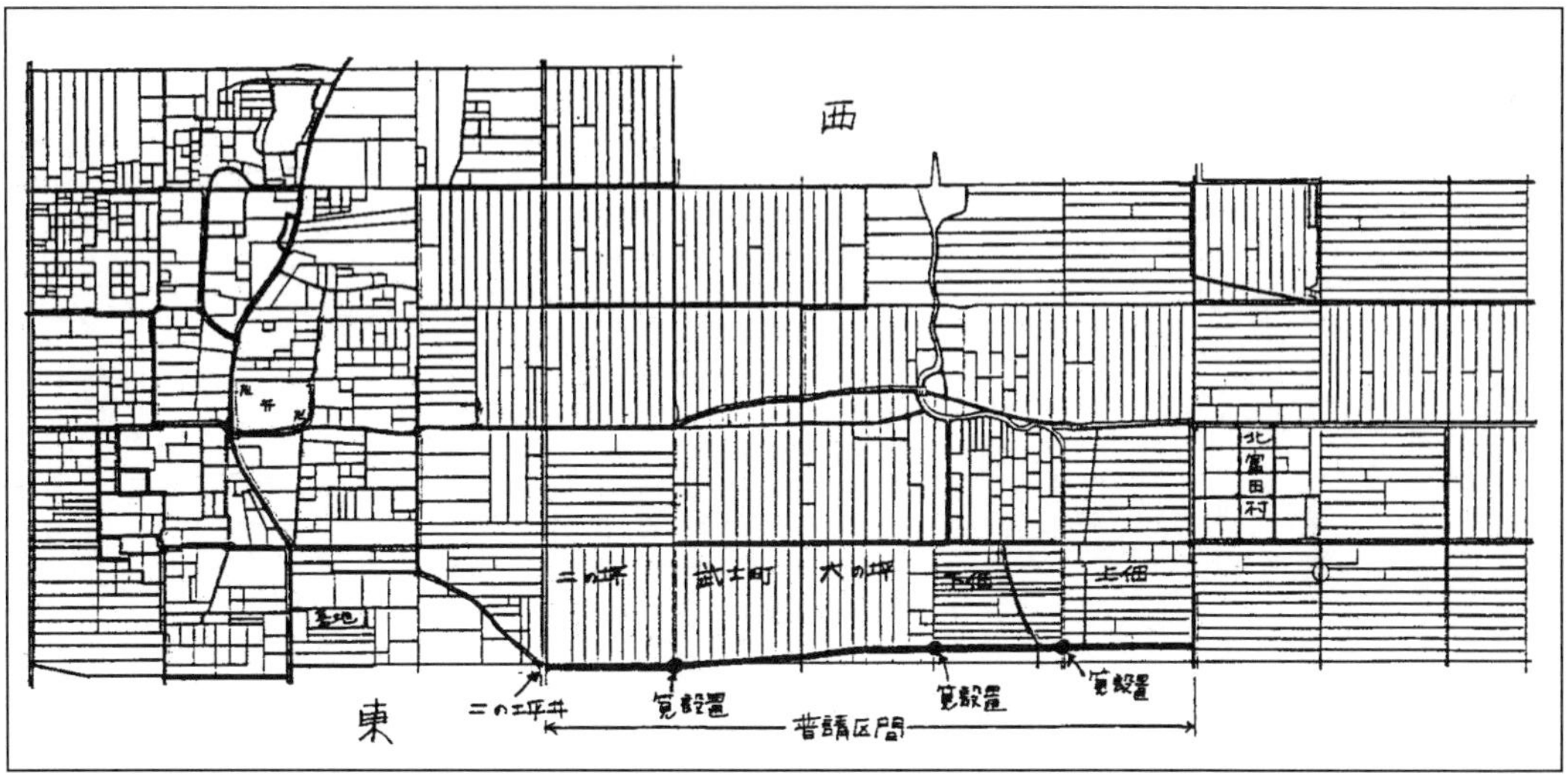

※1　上図の(上)は右が南、左が北となっています。逆に(下)は右が北、左が南となっており、資料としては見にくいことをお詫びします。

※2　この新川は上佃・下佃・六ノ坪・武士町・二ノ坪を通過していますが、これらの田を潤すことは勿論でしょうが、二ノ坪井で御料所井と合流させて、下々の田圃を潤すことを目的にしたものだと思われます。二ノ坪井からの水は、一方は角田を通って村の中へ流れ、他方は中川を通ってそれより西の田圃を潤したと考えられます。

現在は新しい道路がつき、竹生支線という基幹の水路が流れ、中川は消滅するなど、当時の様子を思いやる方法もありませんが、昭和四〇年代までは享保の頃と殆ど変化のない状態だったのです。第一四〇号に水路に関するまとめをしてありますので参照して下さい。

※3　江戸期を通じて、冨田村は日損場所であったことは事実のようで、新川普請もそれを解消するための一手段でした。

冨田村が旱損場所であったことを示す文書を紹介しておきます。

《凶災七》

乍恐口上書ヲ以申上候

一江州浅井郡冨田村之儀、當植之時分水きれ申付、植付も難成迷惑仕候処ニ、植付時分過(すぎ)候へハ、如何存候而、村中申合水ニ付植出可申相談仕、早稲田地之分ハ水無御座候ニ付、先わセ方指置候而、おくて方より水付候而植出申候。然處ニ、おくて方六日ほと植申時分雨ふり、わセ田地も不残植付申候。然共時分過植付申候へハ、わセ方五六町出来悪敷、其上打續大日てり二而難儀仕候。雨こい(雨乞)なとも仕候へハ、土用中時分ニあめふり申候。然共田地ひわれ白成申候得共百性迷惑ニ奉存候。尤御検見之時分、委細ニ懸御目可申候ても、あまり百性迷惑ニ奉存候ニ付為御注進以書付ヲ申上候。以上

寶永元年申七月　浅井郡冨田村

庄屋　T兵衛(印)

同　J左衛門(印)

年寄　K右衛門(印)

雨宮庄九郎様

(※宝永元年(一七〇四))

(雨宮庄九郎・天領代官)

田植えの時期に水がなく、田植えも出来ず困っていた。植え付け時期を外したらどうしようと思い、村中で相談した結果、水を工面して早稲は諦め、晩稲の植え付けをした。晩稲の植え付けから六日程して降雨があったため、早稲も全部植え付けが出来た。しかし、時期が過ぎていたため、五六町は出来が悪い。その上、日照りが続いたため、雨乞いなどもし、土用時分に多少の降雨があったが、田圃はひび割れし、土も白く乾いている。御検見の節にお目に掛けますが、大変困っていますので注進します。

といった内容です。

田植え時の水すらなく、困っている状況が見えてきそうです。

新川普請のその後（四）

第０９７号
1997.11.24

三回に渡って、新川の普請について書いてきました。

この普請の史料はそう多くは残っていないのですが、少ない中でいろんな面を読みとることが出来ました。

今回は、新川の普請について、その他のことや、普請の完了した後のことについて考えたいと思います。

《川崎文書　水利一〇九》

乍恐口上書以奉願上申上候

一近江国浅井郡冨田村、去ル午ノ年御願い申し上げ候新川堀敷筧御検分遊ばされ下され候て、則ち、代銀之儀ハ御頂戴仕り候得ども、御目録いまだ御頂戴仕らず候間、下し置かれ候様御願い申し上げ候。以上

享保十三年
申正月日
江州浅井郡冨田村
庄屋Ｔ兵衛(印)
年寄Ｚ太郎(印)
同　Ｓ内　(印)

笠松
御郡代所

※享保十三年(一七二八)
※御目録とあるものがどういうものかは分かりません。

この文書から、享保十一年から十二年春迄の新川普請は自普請で願い出たのですが、公費負担となったようで、普請完了の後に検分があり、代銀を頂戴しています。

金額は分からないまでも、普請代銀を受け取っていることは事実のようです。

このように、水利関係の普請については、領主から普請費が支払われたようで、御料所井の普請や、分木伏替・樋筧等の伏替などには領主から代銀を受け取っています。

特に、御料所井の普請については、各村の複数の領主から分担金が支払われています。

ちなみに、冨田村は普請総額の四分の一に当たる代銀を領主から受け取っています。(冨田村は御料所井からの用水の四分の一の権利を持っていたためで、馬渡村・小観音寺村で二分の一の権利を、弓削村・稲葉村・香花寺村で四分の一の権利を持っていました)

また、元禄十一年(一六九八)からは西郷氏(百七石余)と御料または浜松藩(六百六十二石余)が持高に応じて冨田村分を分担しています。

また、下の史料は、享保十二年の樋筧伏替普請の際に、領主(郡代所)から支払われた代銀の領収書の写です。

《川崎文書　水利一〇八》

請取申樋筧代銀之事

合弐百弐拾匁弐分七厘
御目論見帳御證文之面

右は、近江国浅井郡冨田村當未年伏せ替え仰せ付られ候樋筧代銀、書面之通り、御渡し遊ばされ下され、慥ニ請け取り申し候。早速、請負人方え相渡し申すべく候。後日のため、庄屋年寄連判仕り、差し上げ申し候。巳上

江州国浅井郡冨田村
享保十二年未六月
庄屋　Ｔ兵衛
同　Ｔ左衛門
同　Ｍ助
同村年寄　Ｚ太郎
同　Ｓ内
同　Ｓ次兵衛
同　Ｊ郎左衛門

……《余白メモ省略》……

《川崎文書　水利五十二》

……《前半　省略》……

右新郷筋相立候ニ付潰地之分

一上田壱畝拾四歩　井敷郷桁敷共
分米弐斗六升四合壱勺　石盛十八

一中田五畝廿六歩　同断
分米九斗六升八合　石盛十六五

一下田壱反壱畝歩　同断
分米壱石五斗四升　石盛十四

高〆弐石七斗七升弐合壱勺

一上田拾七歩　土取跡荒地
分米三升六勺　石盛十八

一中田壱畝廿五歩　同断
分米三斗弐合四勺　石盛十六五

一下田四畝六歩　同断
分米五斗八升八合　石盛十四

高〆九斗弐升壱合

引高〆三石六斗九升三合壱勺

……《以下　省略》……

右の文書は、新川を造るために田圃を潰した面積と石高の明細部分です。

つまり、実際の耕作面積が減ったことになりますから、石高も減ったことになります。

その合計が、「三石六斗九升三合壱勺」と言うわけです。

この高に対しては、普通は「荒れ高引き」と言って、年貢が免除されるのが普通です。

この「引高三石六斗九升三合壱勺」が年貢にどう影響しているか、実際にこの高の分が免除されているかを調べてみました。

ところが、残念な事に、年貢に関する史料はたくさん残されているのに、享保十二年の関係書類は残されていませんでした。

また、享保十三年の年貢皆済状（享保十四年八月付）には「荒高引」「溝敷引」らしき文言は一切ありません。

更に享保十四年には、冨田村は天領から浜松藩松平氏の領地になります。

領主が替わったためとは言えませんが、この後、享保二十年までの間の史料が残されていません。

翌元文元年（一七三六）の史料として『御請負免證文』が残されているのですが、これには、七石壱斗七升の高引き（免除）がなされていますが、その明細は記載されていません。

従って、新川のための高引きかどうかは判明しません。

以前から、荒れ引き高二石九斗五升七合八勺と郷蔵屋敷引き高五斗二升はありましたので、その差引をすると、三石六斗九升二合二勺となり、上の史料の三石六斗九升三合壱勺と近い数値になります。

従って、もしかすれば、新川造成による荒れ高引きがなされたのかもしれません。

ところが、延享二年（一七四五）前後からは、荒れ引き高二石九斗五升七合と郷蔵屋敷引き高五斗二升のみの引き高〆三石四斗七升七合となってしまいます。新川のための高引きと思われるものは見られなくなります。

しかし、明和三年（一七六六）になると、再度、七石壱斗七升の高引きが復活します。

何故そのような流れになったのかはわかりませんが、新川完成の翌年に、領主が替わったことが一つの原因であったような気がします。

そして、何度となく訴える中で、領主も松平氏から井上氏に替わり、やっと認められたのかもしれません。ただ、あくまでも想像ですが・・・・。

《参考》
川崎文書（滋賀大学史料館）

※1
本文では普請後（享保一三年以降）に「荒高引」「溝敷引」の記載が見つからないと記しましたが、享保一二年（一七二七）の史料には、《租税八》

（表紙）
享保十二年
江州浅井郡冨田村未年御免割帳
未十二月　申ノ二月諸書帳

（本文）
江州浅井郡
一高六百六拾弐石壱斗九舛壱合　冨田村高辻
五斗弐舛　郷御蔵屋敷
内弐石九斗五舛七合　前々溝敷永引
三石六斗九舛三合　當未井桁敷并土取諸荒地
三百四拾五石七斗六舛　當未ノ日損皆無同検見引
残高三百九石弐斗六舛三合　有高
此取百弐拾三石七斗四合　毛付四ツ
高ニ壱ツ八分六厘八毛余
（後略）

とあり、三石六斗九舛三合の當未井桁敷并土取諸荒地引（新郷堀永引）の記載があり、新川完成の年から溝敷引の記載があることが確認できました。

私の史料収集ミスによって不確実な情報提示となったことをお詫びします。

実は、この年は江戸期中第二番目の不作（旱損）年で、三百四拾五石余の損免引がされています。多い人は持ち高の八〇％以上の損免引が認定されています。

※2
享保一二年、新川造成が完成し、旱損の心配が無くなったかというと、そうでもなかったようです。次の文書は享保一六年（一七三一）の文書ですが、やはり旱損を訴えています。《凶災八》

乍恐口上書を以御願申上候

一江州浅井郡冨田村之義は、旱損場処ニ而御座候得而、五年以前未之年、別而殊之外旱魃ニ而、其以後土地元之ことくニわきあひ不申、何共難儀ニ奉存候。井水等も六ケ村立合ニ而、流之末ニ罷在候得ば用水等も旱魃之節、且而懸り不申迷惑仕候。依之、御田地金こやし等も大分ニ仕候得共、立毛出来不申候儀は、夏中少々之旱りにも御田地ニ水たもち不申候故、立毛も悉悪敷罷成申候。當御検分以後、苅取御米ニ仕候得ば、殊之外取実無御座、何共難儀迷惑奉存候。殊ニ當村之義は畑方も無御座候得ば麦稗等も買調作食ニ仕候間、彼是ヲ以百姓困窮仕罷在候間、乍恐以御慈悲百姓相續仕候様、被為仰付被下候ハヽ難有可奉存候。以上

享保十六年亥十月　冨田村庄屋　T兵衛（印）
同断G左衛門（印）
同断S次兵衛（印）
同村年寄Z太郎（印）
同断S内（印）
同断C左衛門（印）

波多野惣七様
堀口治太夫様

減免を願い出る願書は、大袈裟に書くのが常套手段ですから、必ずしも真実を伝えているとは限りません。しかし、全くの嘘も書かれませんので、話半分として理解するといいのかもしれません。

①五年前（享保一二年）の旱魃の後遺症が残っている。
②用水も末端のため迷惑している。
③金肥（干し鰯などの魚肥）を投入しているが出来が良くない。
④夏は多少の日照りにも田圃の水が保てない。
⑤そのため実入りが悪かった。
⑥畑作もないから、麦・ひえ等は買い調えている。
⑦年貢をまけて下さい。

と言ったところです。話半分としても、新川が造成されたとしても、用水不便・旱魃が減免理由の核となる村であったのです。

神事《おこない》勤方諸入用控帳

第０９８号
1997.12.10

《川崎文書　宗教三》

安政四年
御神事勤方并諸入用控帳
巳正月吉日　川崎T兵衛

一御鏡　白糯　壱斗弐升
一花ひら　白糯　弐升
一白(米)　弐升五合　とりこ
十七日
一白糯　六斗四升
〃朝
一白　壱斗五升
昼から夜食共
一白　壱斗五升
十八日
一白糯　五斗三升
同日
一白　壱斗五升
十七日
一小豆　八升
十八日
一小豆　七升五合
内五合目程G太夫遣ス
十六日
一白　壱斗
一たし昆布　三百目
一葉昆布　三百目
一あけ　五十
代　百五拾四文

一人参　三わ
代　八拾壱文
一こんにやく　四丁
代　五拾弐文
一燭蝋　四丁
代　壱匁六分
一酒　壱斗三升　神事中

御礼物受納扣(控)
一葉昆布　百目　G右衛門
一みかん　十一　S介
一葉昆布　五拾目　T馬
一〃　六拾五　S右衛門
一切麩　九ツ　J左衛門
一丸麩　九ツ　K作
一中茶　M左衛門
ミの紙ツゝミ壱
一刻昆布　六拾匁　S右衛門
一千切　百五拾　□G平
一酒葉麺(?)六百五拾　Z太夫
一葉昆布　五分　S左衛門
一干わらひ　Y兵衛
紙ツゝみ一
一三文物(?)　七ツ　S太夫
一茶　I左衛門

右の文書は安政四年(一八五七)の神事(おこない)の諸入用控帳です。

これにより、T兵衛が安政四年當役(頭役)であったことが分かります。

また、神事が正月十七・十八の両日に行われたことも、冨田区神事文書と一致し、確認されたことになります。

神事に用意された糯米の合計が一石四斗六升(三俵半強)となっていますから、食用があったとしても大層な量だと思われます。

白米が一食に付き、一斗五升の準備がなされていますから、参加人数もかなりの数に上っていると思われ、食用の糯米が多かったのだと、うなずけます。また、餡ころ餅にして、各戸に配ったのではないかと思います。

鏡餅の糯米が「一斗二升」となっていますが、分かる範囲で比較すると、天保六年(一八三五)『祭礼當番廻帳』では、一臼に一貫四百四十目(四枚)とありますから、計算して「一斗四升四合」となり、同様に、安政七年『祭礼当番廻帳』では「二斗三升七合」、明治二十五年の神事規則「一斗五升」大正十年の神事規則「一斗三升七合」となり、多少の変更はあっても、ほとんど変化はないようです。

現在は二升七合を六面ですから、一斗六升二合となり、昔の一組で一斗二～五升と比べれば、約半分強にしか過ぎません。

また、御礼物受納控とあるのは、恐らく、配り餅をもらった御礼であったと思います。

気持ちばかりの品々や神事に必要な物を御礼としてもって行ったのではないでしょうか。

また、ひと昔前の神事直会(なおらい)は芥子大根と牛蒡のたたき・沢庵の膳で御神酒を頂いた記憶がありますが、それを連想させるものは殆ど記録にありません。

逆に、だし昆布・あげなどの記載から、汁物があったであろうことが想像できます。

また、人参三把とかコンニャク四丁とありますが、糯米や白米と比べて量も少なく、食用というより儀式関係に使用したのではないかと思います。

あくまでも想像ですが、改革前の神事と安政四年の神事とには、御鏡・餅という共通点はあっても、直会等にはかなりの違いがあったのでは・・・と思っています。

明治・大正の時代を通じて徐々にかもしれませんが変化したものと思われます。もしかすれば、明治期当りに改革があったとも考えられます。

史料が出てこない限り、はっきりしたことは分からないのが現状です。

明治になり、東西組別々に行っていた神事が、東西組同時に参拝する等の変化があることから、改革らしき協議があったことだけは想像できます。

上の文書だけからでは分からないの

ですが、他の文書と比較することによって、甚だ困惑していることがあります。

それというのも、冨田区神事文書より、当時の神事頭役を推定しておいたのですが、この文書と一致しなくなってしまったのです。

太兵衛は安政三年だと推定していたので、一年のズレが出てしまったことになります。

このことについては、次号で！

《参考》
川崎文書（滋賀大学史料館）
冨田村神事文書（冨田区有）

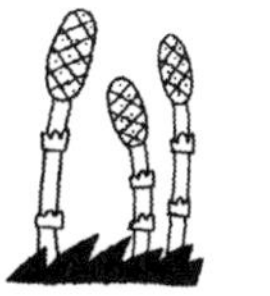

※1
神事については、現在(二〇一二年)存続の危機にも直面しています。

年々増加する欠席届、鏡餅の業者委託、頭役の転出など、過疎化が徐々に始まり、一〇年後、二〇年後の展望が見えにくくなっています。

昭和五五年、大改革がありましたがその改革内容も見直す必要が出てきているようにも思われます。

若い世代が冨田村に留まらなくなったことや、村への帰属意識が希薄になったこと等々が大きな原因なのかもしれません。

神事の起源は定かではありませんがその原型は、中世の惣村が出来た頃に遡れるのではないかと、私は思っています。

中世の惣村は、宮座を中心に村が出来、村がまとまりを持つようになってきます。

戦乱から自分を、自分の村を自力で守るためには結束が必要でした。

独りでは不可能なことも、村として結束すれば可能となります。そのため、人々は一家という小さな集団から更に大きな集団へと結束を固めるようになります。そうして出来上がった集団が惣村(現在の村)へと発展していくのです。

惣村は共通の宮座(氏子・祭祀組織)に集い、村の運営を決定していくようになります。

百姓の命である用水に関すること、豊作を祈願する祭祀、対支配者対策や減免願・・等々、いろんな事を協議し、結束を堅めて行ったであろうと想像出来ます。

一揆などの大きな事を起こす場合、共同の盟約をするため、神前で起請文を書き、全員が連署した上、その起請文を燃やした灰を聖水に混ぜ、それを全員が飲み干すという「一味神水」という儀式も行われました。

冨田村で一揆が行われたという記録は存在しませんが、中世の水争い等の際には一味神水が行われたかもしれません。特に、現在「浅井様御折紙」と呼ばれる御料所井用水の裁許状を貰い受ける過程では、そんなことがあったかもしれません。

そうした中で、豊作を祈願する祭祀として定着していったものが、湖北地方に残っている「神事(おこない)」ではなかったかと、私は思っています。

その根本には村への強い帰属意識があったのだと考えています。村の一員として、協調し結束していかなければ生きていけない時代だったのです。

村への帰属は、時には面倒であったり、負担になることもあります。

しかし、帰属しているがため、目に見えない部分で守られていることも多々あったのです。我々の先祖は何百年とこの伝統を受け継いできました。

しかし、全戸が多少とも農業に従事する時代は去り、農業離れが進む中で、近くの就職先から県外の就職先に移り、若者が居なくなりつつあります。また、経済的にも独立することができるようになり、村などの集団に帰属しなくても生きていける時代が到来するなど、昨今の事情は大きな変化を見せています。

「神事」ばかりでなく、村そのものの存続が心配される時代が到来しつつあるのです。

創刊から四年 有り難うございました

平成五年(一九九三)十一月に「冨田今昔物語」を開始して、昨月で丸四年になりました。

第一号は冨田区有の浅井久政の書状三通について書かせて頂きました。

この三通の書状は長浜城博物館の太田氏からも本物と確認され、冨田区有の財産としても、浅井氏の研究としても貴重な史料だと言えます。

また、冨田村の歴史、特に水利に関してはこの書状の持つ意味が重要な役割を担ってきたことも、何度となく起された水争いの史料を見ても明らかになってきています。

この書状は区長に保管をお願いしていますが、今後とも冨田村の財産として、後世に伝えて行きたいものです。

幸いにも冨田村は、歴史的史料にも恵まれ（阿部文書・西島文書・川崎文書・個人蔵文書等）、それらはどれもが冨田村の往古の姿を想像するに足る貴重な記録だと思われます。

現代の自己中心的な時代にあって、冨田村先祖が歩んできた一歩一歩を知ることは、現代に生きる我々にとっては、大切なことのように、今更ながら感じています。

当初はご批判も頂きました。お叱りを受けたこともありました。

しかし、ここまで続けられたのは、先祖が残してくれた文書を埋もらせてはダメだという、私なりの信念があったからのように思います。

毎月二号の負担は大きいですが、今後も、先祖の文書がある限り、私の信念が続く限り、続けて行きたいと思っています。

今後ともご批判やご教授をお願いします。

また、配布にご協力頂いた五代に渡る区長（良直様・總男様・重右門様・高様・秀春様）に感謝致します。

神事《おこない》頭役勤めについて

第０９９号
1997.12.24

：《前書 省略》：

		筆者の頭役推定年←
一未	太郎左衛門	天保六年
一申	五藤次	〃七年
	(後筆)億右衛門	
一酉	徳兵衛	〃八年
一戌	(東)源兵衛	〃九年
一亥	傳右衛門	〃十年
一子	与兵衛	〃十一年
一丑	但馬	〃十二年
一寅	西 源兵衛	〃十三年
一卯	勘右衛門	〃十四年
一辰	藤兵衛	弘化元年
一巳	助左衛門	〃二年
一午	清兵衛	〃三年
	(後筆)四郎右衛門	
一未	億左衛門	〃四年
一申	市右衛門	嘉永元年
一酉	宇兵衛	〃二年
一戌	善五郎	〃三年
一亥	藤左衛門	〃四年
一子	伊右衛門	〃五年
一丑	甚右衛門	〃六年
一寅	休太夫	安政元年
	(後筆)清左衛門	
一卯	源太郎	〃二
一辰	太兵衛 ↓	〃三
	(後筆)久左衛門	
一巳	次郎兵衛	〃四
一午	孫左衛門	〃五
一未	彦右衛門	〃六
一申	喜作	万延元年

上の文書は、天保六年(一八三五)の『祭礼當番廻帳』《富田区神事文書》と、神事頭役を勤めた(筆者の)推定年です。(但し、神事西組分)

推定と一年のズレがあります。

ところが、前号で書いたように、安政四年に太兵衛が頭役を勤めていることが分かってきました。

つまり、予定では安政三年に太兵衛が頭役を勤める筈であったのが、誰かがその間に入った(頭役を勤めた)ため、一年ずれて、安政四年に頭役を勤めることになったと考えられます。

では、誰が…と想像してみると、冨田村の神事は、当時は、加入してから十ケ年を経過しないと頭役は勤められませんでした。(規約があって、加入後十年目に頭役を勤める)

従って、後筆(後から記入)の四人の内、億右衛門は除いてもいいと思われます。また、久左衛門は太兵衛の後に記載されていますから、これも除いていいと思います。

そうなると、四郎右衛門・清左衛門のどちらか一人が頭役を勤めていると考えられます。

そう考えると、推定との一年のズレが理解できることになりますが、二人の内の一人は誰か…、と言う点では決定打がなく、一人に絞りかねているというのが現状です。

私としては、この『祭礼當番廻帳』が作成された天保六年(一八三五)の直後に四人もの加入があったとは考えられませんから(四人は同一筆で記入されている)、四郎右衛門の線は薄いと考えます。

また、四郎右衛門が頭役を勤めているとすれば、同様に、清左衛門も頭役を勤めてもいいはずですから、間に二人となって、またまたズレが生じますので、四郎右衛門とは考えられ難くなります。

すると、最後に残るのが清左衛門ということになりそうですが、これはあくまでも予測に過ぎません。

ともかく、弘化三年(一八四六)の清兵衛までは確実だと考えられます。

このように、たとえ史料が残されていても、ちょっとした記入の仕方で、確定的な事実を得られないこともあるのです。

今度は、東組の頭役を見てみると、東組には、文政三年(一八二〇)の『頭番席料扣(控)』という文書が残されています。(下の文書)

これによると、文政三年(一八二〇)から、明治七年(一八七四)までの當役(頭役)がほとんど判明します。

「席料遣ス」とある人物が、頭役であったと見なされます。

ただ、残念なのは、嘉永三・四年(一八五〇・五一)と、安政五年(一八五八)〜明治四年(一八七一)については、単に「席料」とのみあって、頭役の名前がありません。

《冨田村神事文書 頭番席料扣》

辰正月十八日(文政三(一八二〇))
一五匁四分　重郎兵衛 渡し
巳正月十八日(文政四(一八二一))
一拾匁八分　傳左衛門 遣ス
午正月十八日(文政五(一八二二))
一金壱歩　吉兵衛 遣ス
未正月十八日(文政六(一八二三))
一金壱歩弐朱　庄兵衛 席料遣ス
申正月十八日(文政七(一八二四))
一金弐歩　伊左衛門 〃渡ス
酉正月十八日(文政八(一八二五))
一金弐歩　吉右衛門 遣ス
戌正月十八日(文政九(一八二六))
一金弐歩　惣兵衛
亥正月十八日(文政十(一八二七))
一金弐歩　當役 佐五右衛門
席料え渡ス

子ノ正月十八日(文政十一年)
一金弐歩 當役 権左衛門
　席料渡ス
丑正月十八日(文政十二年)
一金弐歩 當役 佐右衛門 席料
一金三歩 御幣仕替代同人渡ス
寅正月十八日(文政十三年)
一金弐歩 當役 林右衛門 席料
　渡ス
卯正月十八日(天保二(一八三一))
一同弐歩 権太夫 席料
辰正月十八日(天保三(一八三二))
一同弐歩 伊兵衛 右同断
……《以下 省略》……

※( )内の年号は筆者による

このような史料が残されていると、誰が何年の頭役であったかが、完全に調べることができます。

頭役の名前のない、嘉永三・四年と安政五年~明治四年についても、別の『神事頭役人別帳』(天保十年)により補うことができました。

また、『神事頭役人別帳』には、東組の全員に苗字まで書かれていますので、ほぼ完璧な復元が出来たと思っています。

ところが、明治二十五年(一八九二)の『神事規則并頭役人名簿』になると順番だけの記載となってしまい、また、復元が困難になってきます。

ただ、〇〇入席とか、〇〇年退席とかの文言が記載されていますので、何とか復元可能ということになります。

何年頃から神事が始まったかは、どうしてもわかりません。

しかし、文化八年(一八一一)から、片方の組だけでも頭役の比定ができますので、少なくともその頃には、おこないという神事が行われていたことが判明します。

東西両組の頭役が比定できるのは文政三年(一八二〇)からです。但し、上に書きましたように、記載の仕方によってズレが生じていますので、それらを推定で補っての話ですが……。

《参考》
川崎文書(滋賀大学史料館)
富田区神事文書(富田区所有)

※1

古文書を読み始めて、昔はあんなことがあった、こんな苦労があったんだ…など、身近な世界の出来事に感心したり、頷いたりすることが楽しく、現在まで続けることが出来ました。

現代の私達にとっては、古文書は過去の記録として捉えますが、当時の人々には将来に残す記録だとの意識はなく、当座の覚・メモとして書かれたものが一般的です。

村の記録として残されたものもありますが、将来の参考にするため残されたものであり、何世代も受け継がれるという性質のものではありません。

年代記などの書物は後世の子孫に書き残すために綴られたのかもしれませんが、特別な場合だと思います。

そのため、年代の未記入の文書が多いのです。

例えば、有名な戦国武将の書状も世間には多く残されていますが、「〇月△日(花押)」などのように、干支も名前もない文書も存在します。当時はそれで事足りたのです。名前がなくても花押で判断出来たのです。年号などなくてもよかったのです。

ところが、現在の私達は年号がないから時代が分からない、花押だけでは誰からの書状か分からない、せめて干支が分かったら内容から判断出来るのに……と残念がるのです。

冨田村に残されている文書も同様のことがいえ、年号のない文書も多数存在します。

我々は、干支や内容、代官の名前等々から時代を特定するしか方法がないのです。

右の「祭礼當番廻帳」であってもしかりです。後筆の書き込みは、当時の人々は十分分かっていた筈なのです。しかし、百何十年も経過してしまうと、当然のことが分からず、ズレがあると騒ぎます。

現在「〇〇さん宅」と言えば、村の方なら誰もが知っていますから、屋敷地図なんて不要です。住宅案内板がありますが、外来者用の案内板です。必要なのは、事務処理等で必要な名簿だけで事足ります。

同じような理由で、昔の屋敷地を示す地図は存在せず、名前(家名)しか残っていないのです。

現代の我々には知りたい史料なのですが、さもありなんと諦めるしかありません。

神事祭(おこない)・四月祭(島の祭)など、冨田村では昔から行われてきました(起源は不明です)。毎年誰かが頭役を勤めてきました。

しかし、神事祭については何年誰某が頭役などと記載された文書は存在しません。残された神事文書で推測をするとズレが生じて、実際のことは結局分かりません。

竹生島の行事である四月祭については、安永五年(一七七六)から明治初期までの記録は竹生島文書の中に記載があります(第一四六号参照)。

しかし、それ以前の記録や、明治以降の記録はありません。

各家に残されている「頭箱」の存在から、自分の家の過去は多少分かるかもしれませんが……。

今回は、昔の日常生活の中で作成された文書を、歴史の文書としてみた場合の限界を知ったように思いました。

冨田村地目録について

第１００号
1998.01.10

《川崎文書　土地一二三》

冨田村地目録

上田
一拾七町九反五畝廿歩　上田分
　分米三百廿三石弐斗二升　當森(盛)十(八)
中田
一拾壱町五反四畝廿四歩　中田分
　分米百九拾石五斗四升壱合　當森十六半
下田
一拾三町弐反九畝五歩　下田分
　分米百八拾六石八升三合　當森十四
同下々田
一九反三畝廿七歩　下田五(作)
　分米六石六斗三升四合
田〆四拾三町七反三畝十六歩　當森七
　分米合七百六石四斗七升八合
一上畠弐町五反廿七歩
　分米二十二石六斗一升八合　上畠十三
一中畠九反一畝九歩
　分米九石一斗三升　中畠(十)
一下畠八反四畝廿九歩
　分米五石九斗四升八合　下畠(七)
屋敷一町一反七畝三歩
　分米拾五石弐斗二升三合
畠屋敷合五町四反四畝八歩　屋敷十(三)
　分米〆六十弐石九斗一升九合
田畠屋敷合四拾九町壱反七畝廿四歩
　分米合七百六拾九石四斗

※（）は破損部分を計算等々で補充等

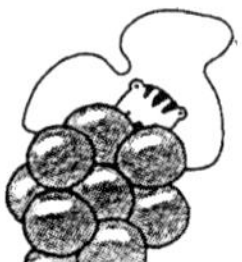

上の文書は年代が記載されていませんが、紙質・筆の具合(書体)等から考えて、江戸時代当初、早い時代の文書だと思われます。

ちなみに、上の内容は慶長七年（一六〇二）の検地帳(写)と一致します。

また、次の文書は、紙質・書体等が殆ど同質の文書ですので、同時期の文書だと思われます。

《川崎文書　土地一二五》

上田弐拾弐町八反弐畝十弐歩
　分米四百拾石八斗三升弐合　十八
中田拾町三反八畝弐拾八歩
　分米百六拾六石弐斗三升　十六
下田八町八反三畝弐十歩
　分米九拾七石弐斗壱合　十一
田以四拾弐町五畝
　分米合六百七拾四石弐斗三升三合
上畑弐町四反四畝三歩
　分米三十壱石七斗三升三合　十三
中畑壱反壱畝六歩
　分米壱石壱斗弐升　十
下畑壱畝歩
　分米七升　七
屋敷壱町六反六畝八歩
　分米弐拾壱石六斗四升弐合(十三)
畑屋敷以四町弐反弐畝廿七歩
　分米五拾四石五斗六升五合
田畑屋敷合四拾六町弐反七畝
　弐十七歩
　分米都合七百弐拾八石八斗三升
右帳之内
上田九反八畝四歩
　分米十七石六斗六升四合
中田七反七畝四歩
　分米十弐石三斗四升壱合
田合壱町七反五畝八歩　徳正寺殿
　分米三十石五合
上田九反五畝七歩　知善院殿
　分米拾七石壱斗四升五合
　分米合四拾七石壱斗五升
　右本領分

下八木村水帳奥書

上田合八町八反七畝
　分米百六拾四石壱斗(十八半)
中田合壱町壱反三畝廿歩
　分米十七石五升五合　（十五）
上畑合四畝廿四歩
　分米五斗八升
屋敷五反六畝廿弐歩　(十二)
　分米七石三斗七升
田畑屋敷合拾町六反弐畝六歩　(十三)
　以上百九拾石三斗七升
　此内壱石弐斗六升五合　不足

十九村水帳奥書

上田六町七反弐畝十九歩
　分米八拾七石四斗四升弐合　十三
中田三町三反壱畝十六歩
　分米三月拾六石四斗六升八合　十一
下田五町八畝五歩
　分米四拾五石七斗三升五合　九
上畑拾壱町三反九畝拾弐歩
　分米百拾三石九斗四升　十
中畑壱町九畝四歩
　分米八石七斗三升　八
下畑六反壱畝拾六歩
　分米三石六斗九升弐合　六
屋敷壱町七反七畝七歩
　分米拾七石七斗弐升三合　十
田畑屋敷合弐拾九町九反九畝
　十九歩
　分米合三百拾三石七斗三升

八木濱村水帳奥書

引用が長くなりましたが、下八木村・十九村・八木濱村の検地帳（水帳）の最期の部分の写しのようです。

最上段の文書と同時期の早い時代の文書だと思われます。

これらの四ケ村の数値を比較してみると、意外な結果が現れてきましたので紹介します。

慶長七年に実施された検地は、土地を田圃と畑(畠)と屋敷に分類し、更に田方は上・中・下・下々の四段階に、畠方は上・中・下の三段階にランク付けを行います。

　また、田畠一反歩からの予想収穫を設定します（石盛りといいます）

　冨田村の場合、上田は一石八斗（十八と表現）、中田は一石六斗五合、下田は一石四斗・・・と言ったふうに決められました。

　それらを全ての土地に適用し、合計されたものが村高となるのです。

　いま、四ケ村の石盛りを一覧表にすると左のようになります。
　一見して、村によって（村の置かれた環境・土質・水利・・・等）、かなりの差があることがわかります。

《村別石盛り一覧(斗)》

	上田	中田	下田	下々	上畠	中畠	下畠	屋敷
冨田村	18.0	16.5	14.0	7.0	13.0	10.0	7.0	13.0
下八木	18.0	16.0	11.0		13.0	10.0	7.0	13.0
十九村	18.5	15.0			12.0			13.0
八木濱	13.0	11.0	9.0		10.0	8.0	6.0	10.0

　同じ一反歩を耕しても、収穫が見込める土地と、そうでない土地の差が、石盛りに現れていると考えられます。

　四ケ村の中では冨田村の状況が良さそうなことが分かります。逆に、八木濱村の状況は他の村より良くなかったことが分かってきます。


　いままで、湖北一円の石盛りは同じだと思っていましたが、こんなにも違っていたということは少し驚きです。

　冨田村は他村に比べて、富める田地を持っていたのかもしれませんが、一概に富めると考えるのではなく、水損等の被害の少ない場所という意味合いもあったのではないかとも考えられます。

　ただ、この石盛りは江戸期を通じて変化しませんので、ある意味では厳しい状況（年貢徴収はこの村高に免率が掛けられる）を生み出したことも否めません。

《参考》
　川崎文書（滋賀大学史料館）

※1
右の史料から各村の土地の面積比を一覧にしてみました。

特徴的な事は、十九村は村も小さいため九四%が田圃となっています。畑地が少なく、そのため、冨田村字天神の大半が十九村の野菜畑として出作となっていました。

また、八木浜村は田圃が五〇・四%しかなく、畑地が四三・七%と、畑地面積の占める割合が極端に多くなっています。

葭地等がこの中に含まれるのか、荒れ地として含まれていないのかは不明ですが、多少の驚きです。

湖辺の村として、水損も多く、田圃には不向きで、畑作に頼らざるをえなかったのかもしてません。

桑の栽培による養蚕などが盛んであったのかもしれませんが、一方では漁業や海運業に従事することが主である村であったのかもしれません。

幕末には、「八木庄」と呼ばれる鋳物師を輩出しますが、農業以外に生活の糧を見いださなければならない状況もあったのかもしれません。

また、八木浜村には江戸期を通じて士分を認められた中村氏が居住していましたので、検地の際に影響を及ぼしたという下賤な見方も出来なくはないのですが・・・。
等級は別にして一反当たりの石高を計算すると、
冨田村　一・五六四五二一石
下八木　一・五七四九七五石
十九村　一・七九二二二四石
八木浜　一・〇四五八九四石
（※(村高)÷(総面積)）
となり、八木浜村の石盛りは他の三村より極端に低い数値を示しています。
この四ケ村は一部の相給はあるものの、同一領主ということで、詳しいデータが得られましたが、いろんな村々のデータが得られると、もっといろんなことが見えてくるのかもしれません。
残念ながら、現在筆者の手元にはこの四ケ村のデータしかなく、確信の持てる説明が出来ないのが残念に思います。

《村別の面積割一覧(%)》

	上田	中田	下田	下々	上畠	中畠	下畠	屋敷	合計面積（※町）
冨田村	36.5	23.5	27.0	1.9	5.1	1.9	1.7	2.4	49.178
下八木	49.3	22.5	19.1		5.3	0.2	0.0	3.6	46.27567
十九村	83.5	10.7			0.5			5.3	10.622
八木濱	22.4	11.1	16.9		38.0	3.6	2.1	5.9	29.99633

石高とその明細の変化

第１０１号
1998.01.24

前回、検地によって土地のランク付けが行われていることを書きました。田方については、上・中・下・下々の四ランクに、畑方は上・中・下の三ランクに、そして屋敷方の計八ランクに分類されていました。

それらのランク付けは「検地」と呼ばれる、支配者の測量と検分によって決められたと理解しています。

冨田村は慶長七年（一六〇二）に検地が実施されていますが、それ以降については、「検地帳」と呼ばれるものは（各時代の）何種類かありますが、検地はこの一回だけです。

近隣の村々では、延宝五年（一六七七）に延宝の検地が実施されていますが（郡山藩本多氏・膳所藩本多氏・彦根藩井伊氏など）、冨田村は天領ということで、実施されていません。

従って、冨田村の村高は江戸時代を通じて、七百六十九石四斗と変化はありませんでした。

但し、途中より西郷氏との相給となり、浜松藩が六百六十二石一斗九升一合、西郷氏が百七石二斗九合と分割されましたが、村高には変化はありませんでした。（元禄十一（一六九八）〜）

	慶長七（一六〇二）検地	年代不詳① 高目録	年代不詳② 田畑歩目録
上田	十七町九反五畝廿　歩	十七町九反五畝廿　歩	十七町四反六畝廿一歩
中田	十一町五反四畝廿四歩	十一町五反四畝廿四歩	十二町　七畝十九歩二毛
下田	十三町二反九畝　五歩	十三町二反九畝廿七歩	十三町二反八畝十九歩一毛
下々	九反三畝廿七歩	九反三畝廿七歩	八反五畝十八歩
上畑	二町五反　廿七歩	二町五反　廿七歩	二町四反九畝十八歩二厘
中畑	九反一畝　九歩	九反一畝一〇歩	八反七畝廿八歩
下畑	八反四畝廿九歩	八反四畝廿九歩	八反二畝一〇歩六厘
屋敷	一町一反七畝　三歩	一町一反七畝　三歩	一町一反七畝十二歩四厘
合計	四九町壱反七畝廿四歩	四九町壱反八畝十七歩	四九町　五畝廿六歩 余
村高	七百六十九石四斗	七百六十九石四斗	七百六十九石二斗七升八合

《川崎文書 土地一》
《同 土地十》元禄十一年（一六九八）
《同 租税三七九》
《同 租税三七七》

上の一覧表は各時代の冨田村の上・中・下・下々田等の面積の史料を一覧にしたものです。

間に検地が実施されていませんから、本来は一定である筈の数値が、文書によって、多少ですが異なることに気がつきました。

また、左頁の宝暦九年・天保三年の史料は合計が若干ですが合いません。

両方とも、惣面積四十一町五反二畝十一歩(前後)に、郷蔵屋敷引（上畑三畝・下田廿七歩八厘五毛）、溝敷永荒引（下田二反一畝三歩八厘）、新井桁敷引（上田一畝廿歩・中田七畝廿歩・下田一反五畝六歩）を加えた数字を揚げました。

特に、年代未詳②と宝永二年の史料の変化の大きさに目がいきます。

年代未詳②については、田畑歩目録の作成目的が異なるのかもしれませんが、上の二つの史料と数値が異なり過ぎますし、村高が一致しません。

これをどう解釈したらいいのか、見当がつきません。

また、宝永二年以降の文書は、西郷氏の百七石余が記載されていませんので、上の三例と数値が一致しないのは理解できるとしても、三例とも微妙に数値が異なります。

三例とも、高別帳・高反別帳・検地帳という正式文書(の写)ですのに、この微妙な違いは何を意味するのでしょうか。

実際には、冨田村内でも田畑の移動や、名目変更（上畑→屋敷）などもあったと思われますが、冨田村に検地が実施されていない限り、公式資料（公式の土地台帳）に変化があってはおかしいことになります。

	宝永二年(一七〇五)高別帳	宝暦九年(一七五九)高反別	天保三年(一八三二)検地帳
上田	十六町三反一畝廿六歩七厘	十六町一反三畝十二歩七厘	十六町一反三畝十二歩六厘
中田	九町五反五畝　四歩七厘	九町八反三畝　四厘	九町八反三畝　四厘
下田	一〇町六反二畝十六歩七厘	一〇町八反一畝　二歩七厘	一〇町八反一畝　二歩七厘
下々	九反四畝廿七歩	五反七畝十八歩	五反三畝十八歩
上畑	二町一反八畝　九歩八厘	二町一反四畝十五歩九厘	二町一反四畝十五歩九厘
中畑	八反二畝十六歩六厘	七反三畝廿一歩	七反三畝廿一歩
下畑	六反五畝　八歩六厘	七反一畝十二歩一厘	七反一畝十二歩一厘
屋敷	一町　九畝十七歩七厘	一町　七畝　六歩二厘	一町　七畝　六歩二厘
合計	四二町一反九畝　七歩八厘	四二町　一畝廿八歩八厘	四二町　四畝廿七歩九厘
村高	六百六十二石一斗九升一合	六百六十二石一斗九升一合	六百六十二石一斗九升一合
	《同　土地一一》	《同　土地一五》	《同　土地二二》

数値の変化は実質を反映しているものとは思いますが、支配者に対してどう対処したのか、支配者はどういう反応をしたのか知りたくなってきます。

以上の事から、教訓として、一枚の文書に書かれている内容は、その時は有効であっても、長い期間をその資料で推し量ることは無理だと知りました。

検地がない限り、村高や反畝歩に変化がないという、常識で判断してはならないという教訓を得たように思います。

《参考》
川崎文書（滋賀大学史料館）

※1
右のデータは資料にある数値を転載しましたが、後にパソコンで計算し直すと、若干の計算違いが見出せました。
ただし、上田～屋敷までの数値をそのまま信用しての話ですが・・・。

◆慶長七年検地帳
田畑計　四九町一反七畝二四歩
惣村高　七六九石三斗三升六合

※2
高反別帳は領主へ提出した公式の書類です。
支配者の交替の毎に、新しい領主へ提出しました。
細部に変更があっても、領主が替わっていますから、その変更には気が付かなかったであろうと思います。
また、それ程丁寧にチェックすることもなかったでしょうし・・・。

◆年代不詳①高目録
田畑計　四九町一反八畝一七歩
惣村高　七六九石四斗四升二合

◆年代不詳②田畑歩目録
田畑計　四九町〇反五畝二六歩余
惣村高　七六七石九斗三升六合九勺

◆宝永二年高別帳
田畑計　四二町二反〇畝七歩八厘
惣村高　六六二石一斗九升六合六勺

◆宝暦九年高反別
田畑計　四二町〇反一畝二九歩
惣村高　六六二石一斗九升一合

◆天保三年検地帳
田畑計　四一町九反七畝二八歩九厘
惣村高　六六一石九斗一升一合四勺

当時は、一〇〇〇筆近くのデータを算盤だけで計算するのですから、多少の間違いが合っても不思議とは思いませんし、よくここまで計算したと驚きます。

特に、町・反・畝は一〇進法ですが、歩は三〇歩で一畝となりますから、単純には計算出来ません。

私は一歩＝〇・三三三三畝と換算し直してから計算しています。

当時の人がどうして計算したかは不明ですが、計算技術にはびっくりします。

しかし、上の六点の資料は計算間違いというより、明らかな数値の変更だと思うしかありません。

当時も過去の資料が残されている筈ですから、その資料と比較することで相違があることは明瞭です。

にも拘わらず、敢えてこれらの数値をはじき出したことには、当時の人の意図を感じるのです。

第一八〇～一八三号で、村高の変化と「ならし」と題して再紹介していますので、参照して頂きたいのですが、村独自で田畑などの評価替えなど、何等かの操作をしていたのではないかと私は考えています。

支配者としては、村高七六九石四斗（または、六六二石一斗九升一合）分の年貢さえ納めれば文句はなかったのではないかと思えるのですが、真偽の程は・・・です。

年貢の村請け制がもたらした一面であったのかもしれません。

年季奉公について

第１０２号
1998.02.10

恐れ乍書付を以て願い奉り候

一私娘きさと申す者、年二十一ニ罷り成り候。私儀渡世送り兼ね申し候ニ付、右娘儀、浅井郡安養寺村権右衛門と申す者方え、申(さる)年より子(ね)十月迄五年季奉公仕り罷り有り候所ニ、右之年明キ申し候間、又候、右之主人権右衛門方へ當丑正月より寅ノ極月(十二月)迄弐年季奉公相勤めさせ申し度、願い奉り候。御慈悲を以て願い之通り仰せ付けなされ下され候はゞ、有り難く存じ奉るべく候。以上

江州浅井郡富田村願主
J郎兵衛(印

右J郎兵衛願い奉り候通り、相違御座無く、此の者渡世送り兼ね申し候ニ付、願い之通り仰せ付けなされ下され候ハゞ、私共迄有り難く存じ奉り候。御入用之節ハ何時成り共取り戻シ申すべく候。以上

享保十八年
丑正月

同村庄屋T兵衛 (印
同断G左衛門(印
同断S右衛門(印
年寄Z太郎 (印
同断S内 (印
同断T左衛門(印

波多野惣七様
堀口治太夫様

※ 享保十八年(一七三三) 《身分三》

上の文書は、代官に宛てた奉公許可願いです。このような文書が少なからず残されています。

渡世がまま成らず、私の娘（二十一才)を五年季奉公に出していましたが、年季が明けた故、再度、二年の年季奉公に出したいので許可してほしい、という内容です。

奉公先は、安養寺村権右衛門方とあります。権右衛門という人がどのような人かは分かりませんが、安養寺村の庄屋級の大百姓だと思われますが、詳細を知りません。住み込みの下女としてであったろうと思います。

(※後に、権右衛門は廻船稼業だと判明しました。)

五年季奉公が明けた現在が、二十一才ということは、十六才 (満十五才)で奉公に出たことになります。

そして、更に二年の年季奉公に出るというのです。

まさに、文書にもあるように、渡世送りかね、口減らしのための奉公であったように思われます。

少なくとも行儀見習いといった奉公ではなかったと思われます。

しかし、更なる二年季奉公が終われば、彼女は嫁に行くなり、将来の可能性が残されていたように思われます。

更に五年ではなく、次は二年ということは、そのようなことを物語っていると思います。

そのような配慮があったものと思えます。

しかし、次の文書は・・・

《川崎文書 身分四》

恐れ乍書付を以て願い奉り候

一私娘けん、年二拾五ニ罷り成り京都四条通柳馬場西え入町海老屋与兵衛方え (※奉公仕り候處當春、年明き候ら得共、引き込み候ては渡世難儀仕り候間、右海老屋与兵衛方ニ)、當寅三月より来る卯三月迄壱年季奉公ニ仕りさせ度、存じ奉り候。願い之通仰せ付けなされ下され候はゞ、有り難く存じ奉るべく候。以上

江州浅井郡富田村願主
M右衛門(印

右M右衛門願い之通り、相違御座無く候間、願い之通り仰せ付られ下され候ハゞ、私共迄有り難く存じ奉るべく候。以上

延享三年
寅三月

同村庄屋T郎兵衛(印
同断H右衛門(印
同断C次郎 (印
年寄H之丞 (印
同断I郎兵衛(印

堀口治太夫様
柴田猪介様
三田越右衛門様

※※ 延享三年(一七四六)
※ 本文に修正書き込みがあります。

(※・・・) の部分は加筆の部分で、修正追加として補って掲載してあります。

この娘けんは京都まで奉公に出されています。

奉公先の海老屋与兵衛なる人がどのような商売をやっていたかを知る術もありませんが、地元ならともかくも、知らない土地での奉公は厳しかったものと思います。

下手をすれば、故郷冨田村にはもう帰って来れない・・・、そんな気持ちでこの一年季奉公を勤めたのではないかと思うと、貧しさの犠牲とはいえ、悲しい定めだと思われてなりません。

残念ながら、現在の段階では、上のJ郎兵衛やM右衛門の持ち高が判明する史料がありません。

もし、その様な史料があれば、どの程度の持ち高をもっていれば、不自由のない生活が出来たのか、どの程度なら、娘等を奉公に出さなければならなかったのか、などが分かってくると思いますが、十分な史料がなく、結論を出すことは出来ませんでした。

しかし、この娘も年季が明ければ、二十六ですから、嫁に行く可能性は残されています。

ただ、このような奉公に関する願書が少なからず残っているという事は、当時の生活が決して楽ではなかったのだということを物語っているのだと思います。

特に、持ち高（田圃等）が少ない百姓や水呑百姓にとっては、決して楽な渡世ではなかったと実感します。

　反面、下女等を雇入れている庄屋クラスの百姓も同時に存在したのです。

　TV等でよく見る、借金のカタに娘や女房を身売りするなどのシーンは、決して空事ではなく、身近な我々の先祖の世界にもあったのではと思われます。

　文書の中に膨大な量の金融・貸借関係の文書があります。

　まだ、全く手を付けていませんが、これらの借金関係の文書を調べていくと、それらの生活苦のことが浮き彫りになってくるのではと思っています。

　借用證文の中では、金子の借り入れしか書かれていませんが、土地を質流れにしてしまった百姓に、再度の土地の所持が出来たかは疑問です。

　場合によっては、娘を売ることもなかったとはいえません。

　下の文書は、縁組み関係の書類を作成する際の、ひな型とした文書だと思います。

　本来、同様の内容の本文があったと思われますが、それを模してひな型としたと思います。

　このようなひな型文書が多々残っていますが、いわば、文書作成形式のテキストとして使用していたようです。

　右の文書の傍線に注目したいと思います。

《戸口三五》

覚

一其御村G九郎妹さよ、私妻ニ貰い申し度く候。其元御地頭様御願い相済み候ハヽ、縁談仕り度く存じ候。偽り奉公様ニ召し抱え候儀ニては御座無く候。以上

江州浅井郡延勝寺村
御地頭だれ様御領分

延享五年　　願主　だれ　印
辰二月　　庄屋　だれ　印
年寄　だれ　印

松平伊豆守様領分
同郡冨田村
庄屋年寄中

（※ 傍線は筆者）


「縁組みは、偽りの奉公様に召し抱えるのではない」とあり、いわば、偽装結婚ではないのだとあります。

逆にいえば、偽装結婚のような形をとった奉公ということがあったのかもしれません。また、そうであれば、奉公に出るためには、ある程度の条件等があったのかもしれません。

簡単に身売り等をさせないために。

《参考》
川崎文書（滋賀大学史料館）

※1 右の娘けんの奉公について、京都の地理を知らず、遊里勤めのようなニュアンスで記事を扱いましたが、商家勤めであることを某氏より指摘されました。
つまり、商家への下女奉公だったようです。

右娘けんの奉公については、次のような史料もあります。

《戸口一三》

延享二年（一七四五）
丑増減帳　三月　浅井郡冨田村
増人
一甚之介男子　出生　万之介
一市太夫男子　出生　秋之介
一源之介男子　出生　浅吉
…（中略）…
〆八人内　六人男
弐人（女）
減人
一K郎兵衛　o病死 o祖母
一又助妻　病死　妻
一金三郎父　病死　父T兵衛
一D内悴　病死　庄吉
…（中略）…
一T郎右衛門下女　へり（減り）かん
〆七人内　三人男
四人女
外ニ
一M右衛門女子　けん
奉公ニ罷出申候

延享二年の冨田村人の増減が記載されています。

出生が男六人・女二人の計八人で、死者は男三人・女三人の計六人、他に、一名の下女奉公の年季明けがあり、減員計が七人。

それ以外に、M右衛門娘けんが奉公として、村外へ出ていることを示しています。

この文書から、他村から太郎右衛門宅へ下女奉公に来ていた、「かん」という娘（?）が年季が明け、帰村していることも判明します。

下男奉公・下女奉公などの年季奉公に関しての史料はあまり残されていません。

間接的には、第六五号で紹介したように、寛文一二年（一六七二）、O宅に下女が一名、U宅に下女が二名居たことが確認出来ます。

（第一〇三号でも触れています）

また、一六七号で紹介するように、主人と心中事件を起こした下女の存在もあります。

また、享保一八年（一七三三）には、右で紹介した娘きさの奉公願いの他に、もう一通の年季奉公願いが提出されています。

Y兵衛後家悴次之助（一七才）が、安養寺村市左衛門方へ五年間の年季奉公をしていたが年季が明けたので、更に二年間の奉公をしたいというものです。

一般的に、丁稚奉公や下女奉公の入れ替り時期（受け入れ時期）は、江戸時代初期は二月二日で、寛文の頃に三月五日に変わったと読んだことがありましたが、Y兵衛後家悴次之助の奉公願いには、
年季奉公…

當丑正月より寅極月（一二月）迄弐
とあり、正月を起点としていたように思われます。

日雇い奉公について

第１０３号
1998.02.24

前回は、年季奉公について書きました。

　生活苦のため、口減らしのため、他所の裕福な家へ年季奉公に行った娘・京都まで年季奉公に行っていた娘もあったと書きました。

　年季奉公は娘ばかりでなく、男も行っています。

　前回は紙面の関係で書けませんでしたが、前回と同じ年、つまり、享保十八年(一七三三)には、Y兵衛後家の息子(廿七才)次之助が、安養寺村市左衛門方へ奉公に行っていることを示す文書も残っています。《身分二》

　彼は、享保十八年で五年の年季奉公が明けたのですが、再度、二年の年季奉公に出ようとしています。

　このように、男も娘も、生きていくためには年季奉公に出ざるを得なかったのだと思われます。

　それが江戸時代の(戦前までかもしれませんが…)生活だったのです。

　大半の人々が、現金収入を得ず、自給自足の生活であったでしょうから、自分の田圃を持たない小作などにとっては、渡世もままならなかったのだと想像できます。

「寛文十弐年家並田畑持高帳」
寛文十二年(一六七二)

…(前略)…
一高四拾壱石六斗七升九合　田畑
△内三拾八石六斗七升八合八勺　田方
　同三石弐勺　畠方
　内六升六勺　屋敷
一T郎右衛門　年三十四
一女房　年卅二
　但當村T郎太夫と申者之娘十七年以前ニよひ申候
一男子　T兵衛　年十六
一同　三郎助　年十
一同　木之助　年七ツ
一同　庚之助　年四ツ
一女子　こや　年十一
一同　るい　年二ツ
祖母　年五十
一下女　かめ　年三十
　但本多下総守様御知行安養寺村五郎右衛門と申者之娘一年季ニ置申候
一下女　たま　年十五
　但當村G助後家娘十五年季ニ置申候
…(後略)…
《土地五一》

　では、冨田村の人々は年季奉公として、他所へ行ってばかりであったのかと言うと、そうでもないようで、他所から年季奉公に来ている娘もあり、また、日雇いとして、冨田村の有力者に雇われたりしていた場合もあったようです。

　上の文書は、寛文十二年(一六七二)の文書です。

　前回の文書より六十年も以前の文書ですから、比較は出来ませんが、安養寺村から下女かめが一年季奉公に来ていますし、冨田村の娘たまが十五年季奉公として下女働きをしていたことがわかります。

　當村たまは年季が明けるときには、三十才前後になってしまうことになります。

　次の文書は時代がずっと下がった安政五年(一八五八)の文書です。

　前回の文書より百二十～三十年も後の文書ですから、実体は変化しているであろうし、情勢も変化しているかもしれませんが、参考にはなると思います。

「日記萬覚帳」安政五年(一八五八)

早崎　善太夫殿　雇人扣
正月廿二日　廿四日　廿五日
一○　○二人　○二人
おと　善小
廿六日　廿七日
○壱人半　○小
廿八日　廿九日　二月五日
一○　○　○
六日　七日　八日
○半　○　○
九日　十八日　廿二日
○善　○おと　○
　小
廿三日　廿六日　三月十九日
○　○　○二人
　おと　善
廿日
○二人　○　○
善　おと
〆廿三人
代弐拾三匁
…(後略)…
《家二二》

※善太夫雇人控は十一月廿九日まで記録が続き、延べ百九人手間となっています。

※手間賃は、一人手間一匁が大半ですが、糸引は一匁二分となっています。

・・・・（前略）・・・・
二月廿六日
一壱人　□取　早崎　藤介
〃
一壱人　弐匁　村　Ｉ右衛門
二月廿九日
一壱人　木切　二匁　賀西　喜之介
晦日
一壱人　三匁　同人
四月七日　木枝打　早　藤介
一壱人　台打
・・・・（途中略）・・・・

《家二二》

このように、村（冨田村）・他所を問わず、必要に応じて、日雇いの雇人(やといど)をしたようです。

手間賃は、特殊な仕事は別にして、一人手間一匁が相場であったように読み取れます。

この賃金が妥当かどうかは分かりませんが、このような日雇い仕事をせざるを得ない家も多々あったと思われます。

また、早崎善太夫のように、専属的に雇われていた家もあったようです。

「善」・「小」・「おと」などのように注釈が記入されている所から、家族全体で（家として）雇われていたように思います。

このような専属的契約を結んでいる家(?)の記録もあって、この雇人は、二月廿二日から四月十五日まで、延べ五十人半手間の仕事をしていますが、手間賃は、三十五匁三分五厘とあり、計算すると、一人手間七分となり、かなりの低賃金であったことが分かります。

春先の忙しい時期だけ雇われているのも意味があるのかもしれません。

この場合は、家としてではなく、個人として、そして、恐らく住み込みではなかったかと想像しています。

忙しい時期のみ雇われる、流れ者的な性格を持っていたのではないでしょうか。

それを裏付けるものとして、二月廿二日から四月十五日まで、二日の休みがあるものの、毎日仕事をしているように書かれています。

自分の家の仕事を一切していないようです。

従って、住み込みと考えると、食事代として、手間賃を差し引いたとも考えられ、低賃金も止むなしだったのかもしれません。

このような日雇いが生活の重きをなしていた家々も多々あったのです。

《参考》
川崎文書（滋賀大学史料館）

※1　《未整理三一七》

T郎右衛門様
正月十二日
一半人　こゑ持
二月八日
一壱人　麦堀
〃　十六日
一壱人　分田
三月六日
一壱人　重田
〃　晦日
一壱人　籾すり
九月朔日
一半人　米〆
三日
一半人　こゑ持
五日
一半人　米突
六日
一壱人　同
八日
一壱人　麦突
十日
一壱人　〃
（中略）
一壱人　枝仕
十四日
一壱人　〃
九月十六日
一壱人　〃
〃　十一日
一壱人　麦堀
〆十五人手間
内七人廿八匁
内八人二十匁
又二十匁
右之通ニ御座候間、鳥渡御算用
御頼申候　同苗T内
川崎T郎右衛門様

上の史料は氏名から幕末期のものと考えられます。

幕末期の超インフレを反映して、日当は仕事内容に応じて、四匁、五匁（二匁五分?）となっています。

T内はT郎右衛門家の分家筋で、忙しい時にのみ労力提供したようですが、結い（相互助け合い）という形でなく、日雇いという形を取っています。

日当については、分家筋ということで多少高めであったのかもしれませんが・・・。

本文の専属的雇用とは形態が異なりますが、T郎右衛門の農業経営はこのような日雇い雇用を前提として成り立っていたと考えられます。

一方、雇用される側は労力に見合うだけの土地を持たず、その余力を日雇いという形で糧となる現金収入を得ていたことになります。

これだけから結論的なことは言えませんが、高持百姓であっても、その余力を日雇いで稼ぐ必要があったと思われます。いわんや水呑と言われる無高の百姓は、小作と日雇いで生計を立てていたのです。

江戸期の農業経営は、持てる者と持たざる者の差が歴然としていたように思われます。

持てざる者は小作、日雇い等の別の収入源を必要としました。それらの中から、縮緬、養蚕、商い、奉公、漁業、大工、各種工業関係等々、いろんな産業が発達していったのだと思われます。

近江縮緬（後の濱縮緬）などもそのような観点で考える必要があると思っています。

江戸時代の養蚕について

第１０４号
1998.03.10

前回、「日記萬覚帳」安政五年（一八五八）を引用して、日雇いや専属の雇い人があったことを書きました。
この「日記萬覚帳」には、その他にも多くの情報が記載されています。

今回は次の記事に注目します。

「日記萬覚帳」　安政五年（一八五八）

……（前略）……
早（崎）　藤介様
一四〆（貫）三百匁
四月廿五日
一五〆三百目
五月九日
一四〆六百目
十日
一九〆八百目
十日
一拾弐〆目
十五日
一拾〆百匁
一拾三〆六百目
一九〆目　　T郎太夫行
〆六拾八〆七百匁
六月廿一日
一三〆弐百目
廿二日昼
一六〆匁
同日
一弐拾四〆匁
廿三日
一拾一〆五百目
〆四拾四〆七百匁
二口〆百拾三〆四百匁
代(金)百拾三匁四分
又弐匁　□折一人
又弐匁　□茶代
又十二匁六分二厘　新兵衛行
〆百拾八匁六分
又拾匁三分四厘　米代過
八月廿二日ニ　算用致し
済
……（後略）……

《家二二》

上の文書は、桑の葉の買い付け記録のようです。

このような桑の葉の買い付けは、早崎村藤介ばかりでなく、次のような人々からも桑を買っています。

早崎村太助　より　四十三貫六百
早崎村三四郎　〃　五十貫
早崎村与介　〃　十七貫三百匁
下八木村忠右衛門〃十四貫
益田村与左衛門〃　二十九貫
冨田村J兵衛　〃　四貫
冨田村O左衛門　〃　四貫八百匁
下八木久太夫　〃　十四貫

総計二百九十貫百匁になります。

しかも、日付の抜けた史料もありますが、記入された日付は、

四月　廿二日・廿五日
五月　八日・九日・十日・十五日
六月　廿一日・廿二日・廿三日
　　　廿四日・廿五日・廿六日

となっています。

養蚕のことは分かりませんが、春蚕（はるこ）と夏蚕（なつこ）に必要な桑を買った記録だと思われます。

一昔前、と言っても私の子供の頃、十～二十年前までは、冨田村でも養蚕が盛んでした。

五月の中ごろから六月初旬にかけてが春蚕、七月頃が夏蚕、八月の盆過ぎから九月の初旬にかけて秋蚕が飼育されたようです。

旧暦と新暦では一月程のズレがありますから、四月終わりから五月にかけてが春蚕、六月が夏蚕と考えられますから、上の史料とも一致します。

同じ文書の少し前の頁に、次ページのような記事もあります。

これは春蚕・夏蚕の繭の収穫の記録だと思われます。

前半が春蚕、後半が夏蚕に相当するようです。

春蚕合計　十二貫二百匁（操）
　　　　　一貫八百五十匁（あら）
夏蚕合計　十四貫八百十匁（操）
　　　　　二貫七百八十匁（あら）

次ページの、「操」・「あれ」の意味がはっきりはしませんが、春蚕は両方で十四貫程度、夏蚕は両方で十七貫半程度です。

これが多いのか少ないのかは判断は出来ませんが、桑を買い付けて（勿論自給もしたと思いますが・・・）飼育した「お蚕さん」の結果です。

一昔前の養蚕では、上手な人は一gの蚕種で一貫目の繭をとったといいます。それを、各戸二十gほど飼育したと聞きました。

桑一貫に対して一匁で購入していますから、桑の買い付けと繭の収穫を比較して、採算が取れたのかが興味あるところですが、その部分は分かりません。

ともかく、江戸時代の末期ですが、冨田村でも養蚕をしていた（一部の家だけだったかもしれませんが・・・）ことの確認は出来たように思います。

「日記萬覚帳」

……（前略）……

五月十七八日　下八木茂左衛門
一四〆(貫)四百目　操　行□□
同日
一五百匁　あら
同十七八日
一七〆八百匁　新井□□
同日
一壱〆三百五十匁　あら

……（改頁）……

夏蚕

六月廿八日
一四〆(貫)五拾目　操　源兵衛種
同日
一六百五拾目　あら
七月朔日
一壱〆弐百六拾匁　操手□
同日
一弐百八拾匁　あら
三日
一四〆目　操
同日
一壱〆目　あら
三日
一壱〆八百五拾匁　操
同日
一百五拾目　あら
一三〆弐百匁　操
一七百匁　あら

……（後略）……

《家二一》

※おそらく、「あら」とあるのは不良品で、「操」とあるものから糸取りをしたのではないかと思われますが、養蚕の知識が全くありませんので、間違っているかもしれません。

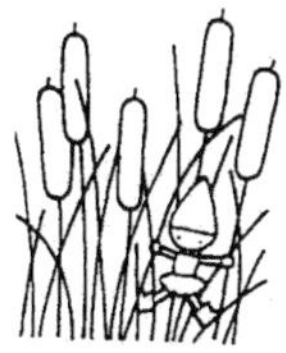

養蚕に関する史料は殆ど残されていませんので、このような個人的な記録が頼りとなってきます。

また、享保十一年(一七二六)の『冨田村高反別指出帳』にも養蚕の記録が残っています。

紙面の都合上、次回に回しますが、これによって、冨田村の養蚕は江戸時代の中期まで遡れそうです。

《参考》
川崎文書（滋賀大学史料館）

※1
養蚕については、昭和五〇年代前半頃まで冨田村においても行われていました。

私の子供の頃は、桑もり(桑の収穫)や「しりかえ(尻替え?)」といって蚕の糞を取り除き、新しい桑を与えることなどを手伝わされました。

子供心に、見た目も気持ち悪く、触るとひんやりして(蚕の体温が低い)嫌だったのを覚えています。

最盛期には小屋だけでは狭いというので、畳を上げて、家の中まで蚕棚を作りました。

当時は現金収入の唯一の仕事でしたから、家族総動員でした。

しかし、繭の出荷時期になると繭の値段が下がってしまうと、父が嘆いていたことも覚えています。需要と供給の関係で仕方がないことでしたが、農家にとっては悩ましい問題でした。

また、昭和三〇年前後だと思いますが、祖母が土間に鍋を備え付け、繭から真綿を作っているのを微かに覚えています。

繭を煮て糸を取るのですが、その臭いが何とも独特の臭いで、これまた嫌だった覚えがあります。

農家に育ちながら、養蚕だけは馴染めませんでした。

「日記萬覚帳」にある「操」というのは「糸繰り」だとも思えますが、糸繰り、糸取りの際に出る、あの独特の臭いの中で行われたのです。

女工哀史で有名な製糸工場もあの独特な臭いで満たされていたと思います。

※2
湖北の地は、難波村の中村林介・乾庄九郎によって始められた江州縮緬(後の浜縮緬)に関わって、養蚕が盛んであったと言われています。

寛政一〇年(一七九八)、新しい桑葉を見つけ、桑苗木の改良に努めた細江村の高橋文右衛門の業績や、文政年間(一八一八〜一八三〇)の頃、健良なる蚕種(南浜種)を発見し、蚕種の改良に努めた南浜村の西川太郎兵衛の養蚕に関する業績も残されています。

彦根藩の御年貢縮緬として始まった江州縮緬織も他領にまで広がり、明和七年(一七七〇)には彦根藩以外の他領株仲間も結成されます。

このとき、九一名の織屋を数えることが出来ますが、その一軒が冨田村にあったようですが、名前は分かりません。

また、文化六年(一八二三)三月、縮緬織屋株仲間へ新規に参入した者の中に、冨田村G太夫の名前を見つけることが出来ます。

糸を繰り、機織り機で縮緬を織る風景があちらこちらに見られたのかもしれません。

縮緬等の史料は残されていませんので断定は出来ませんが、冨田村で作られた繭は、こうして縮緬に姿を変えて市場に出されたのかもしれません。

享保十一年(一七二六)には冨田村の養蚕を確認でき、江戸中期には始まっていたようですが、桑葉の売買などの記述が見られるようになるのは江戸後期、幕末になってからになります。

寛保年間(一七四一〜一七四四)頃から始められ、紆余曲折を経て、宝暦七年(一七五七)に彦根藩の御年貢縮緬として認められるようになった江州縮緬は、その後、湖北一円に広がっていきます。

冨田村も含めて、湖北の養蚕は、縮緬織屋の広がりと比例して拡大、盛んになっていったのではないかと、私は推定しています。

そう考えると、江戸中期に養蚕の史料がないことも理解出来るのですが……。

江戸時代の養蚕について（二）

第１０５号
1998.03.24

前回は、安政五年（一八五八）の「日記萬覚帳」から、江戸時代末期の冨田村の養蚕について触れました。

前回書いたように、享保十一年（一七二六）の『冨田村高反別指出帳』にも、養蚕に関する記載がありますので紹介します。


「近江国浅井郡冨田村高反別指出帳」

《村政一》

……（前略）……

右畑間々に茶園、桑之木御座候。

茶園ハ少々ならては御座無く候故内保村八嶋村にて買調え申し候。

桑之貫目、春子ニ壱反ニ平均四拾五貫目くらい。

夏子ニ三拾貫目くらい。

二季合七拾五貫目くらい。

蚕壱枚ニ八貫八百匁程ツゝ桑くい申し候。

壱枚ニ付き、まへ（繭）目四百七八拾匁。

まへの売かへ（売買い）銀子拾匁付き壱貫匁より壱貫五拾匁くらい。

まへニて売り申し候て、糸引き申さず候。

……（後略）……


畑には野菜の外には、茶と桑の木が植っていたようです。

ただ、茶園は少ないから、内保村や八嶋村から茶葉を買っていたことが伺われます。

養蚕については、蚕一枚で八貫八百匁ほどの桑が必要だとあります。

また、蚕一枚から四百七八十匁ぐらいの繭が収穫されるとあります。

その繭は約一貫目が銀子十匁で取り引きされるともあります。

また、当時（江戸時代中期）では、冨田村では繭のままで売ってしまうので、糸引きはしなかったとあります。

（前号の江戸後期では糸引きをしていますが…）


記録はこれだけですが、この記録が残っているおかげで、江戸時代の中期には、冨田村で養蚕が行われていたことを知ることが出来ます。

これ以上古い記録は、あるのかも知れませんが、私はまだ目にした中にはありませんでした。


前にも書きましたように、養蚕に関する史料は、独立したものとしては殆ど残されていません。

川崎文書（滋賀大学史料館）にも、二点あるのみです。

従って、「覚帳」などの他の文書の中の小さな記録を寄せ集めなければ、時代々の様子が分かってきません。

根気の要る仕事ですが今後も記録の断片を集めたいとは思っています。

そのような断片の集積が、何年頃から冨田村で養蚕が始められたのか、糸引きは何年頃から始められたのか…、などを推測する史料になるだろうと思っています。

もし、小さな事柄でも知っておられる人がありましたら教えて下さい。


ちなみに、前々回の安政五年の史料（第一〇三号で紹介）では、「早崎村善太夫殿雇人扣」の頁（該当箇所は省略しましたが）に、

糸取〆八人　　代九匁六分

などの記載があり、安政年間には冨田村でも糸取りをしていたことが確認できます。

また、上の文書を元にして考えてみると、「蚕一枚」というのが、どんな意味であったかは知ることは出来ませんが（蚕種の量の単位だと推定はできますが…）、繭一貫目を収穫するのに、蚕二枚強の蚕種が必要で、約十八貫目半の桑が必要だとあります。
繭一貫目が約銀子十匁で売買されるとありますから、安政五年の時のように、桑一貫目を一匁で買い付けていては、採算が合いません。
勿論、時代も百年以上開きがありますので、相場も変わっていると思いますが、享保年間の桑の値段は、残念ながら、これだけの史料では分かりません。

蚕種を商売にしようと画策する

時代は分かりませんが、左のような文書が残されています。

書付けを以て申し上げ候。先達って蚕紙指し上げ候処、如何相調べ候哉、承知仕り度存じ上げ奉り候。尤も、養人相添え申すべく候得ども、此の度いささか之蚕紙ニ候ハゞ、人相添え候ても失□ニ□イ申し候間、養□儀委細相印し申し候。然れ共、初て之事ニ御座候へバ、篤と合点も参り申す間敷く候へども、兎角ハ桑沢山ニして切々ニ養い申すべく候事ニ御座候。相続繁多ニ相成り候てハ、人相添え候てとくと熟談申すべく候。夫に就き候て、一国一統相弘め申し度、志願兼ねて申し上げ候趣、御威光を以って蚕紙改会所と申す壱ケ所御立て下され、印形を相改め、外より入交これ無くようニ仕り度候。左様ニ相成り候得ば、紙高応じ御役所様表へも御益指し上げ、滞り

無く相弘め候様、御勘考御願い申す御事ニ御座候。もし、外ニ御領主相交え候て一統之御定め成り候承り候筋合も御座候ハゝ、外々之御役所へもたね筋を以て願い出候て、其之地々ニ改会所指し置き候て、蚕紙多少を以て配分、相応之御益ヲも指し出し申すべく候事。右宜敷く御勘考成し下され候様願い奉り候。ケ様ニ外をせき候儀は、全く身一分之利欲ばかりニては決して御座無く候。其の故ハと申し候へゞ、外々よりセり合い候時は、我劣らじと紙下直(値)ニ仕り候様ニ、賣り先得意を争い取り申すべく様、セり合い申し候。左様ニ相成り候てハ好き蚕紙ハ遣シ申さず候て、土砂種と申す不吟味之紙ばかりヲ賣り勝ニ仕り候。然る上ハ蚕之育(そだち)又ハ仕業等も悪ク御座候て、銘々養主も手を吹き損□仕り候事も度々ニて、且つ□□難渋仕り候儀ハ目前世間ニ今有る事ニ御座候。其御国ハ初て之儀ニ御座候へハ、左様之儀これ無く様ニ、私壱人之分配以て幾年を経(へ)、又々繁多ニ相成り候ても、蚕紙能く々々吟味仕り、互いニ難渋之筋合これ無く様ニ相勤め度候間、右改会所を以て一統之分配仕り度く候趣、御願い申し上げ候。乱筆事、意を尽し申し候ハゝ、篤と□拝□候て申し上げ奉るべく候。不呈恐惶謹言

江州浅井郡冨田村
霜月廿八日　川崎□兵衛

御奉行様

《養蚕二一》

読めない文字が多く、年代も不明ですが、蚕紙（蚕種）の販売をお願いしている文書です。

「蚕紙改会所」という機関を作ってくれれば、印改めにより利益も得られ、品質の管理もでき、悪質な蚕紙を配給することもない。しかも、相応の利益を役所にも差し上げることもできますので、宜しく…といった内容です。

この結果がどうなったのか知ることはできませんが（結果を示す文書は残されていません）、蚕紙（蚕種）を商売にしようとした計画がなされたということは、当時、養蚕が盛んに行われていたことを意味します。

難波村の中村林介・乾庄九郎によって広がった近江縮緬の原料としての生糸生産・養蚕は、村々のいたる所で行われていたのだと思います。

そして、そのための蚕紙（蚕種）商売だったのではないでしょうか。

《参考》　川崎文書　（滋賀大学史料館）

※1 幕末から明治にかけ、冨田村の人々も養蚕や蚕紙商いに精を出したようです。

明治一八年(一八八五)の「冨田村営業雑種税品目明細簿」《祭器庫文書》は、農業以外の雑種な営業実績を記載した文書と考えられ、三三人の起業家(北冨田村を含む)の販売実績が示されています。

老婆が酢・乾物・紙・菓子の商いで六円余の売上げを挙げているかと思えば、米の販売で五二〇円とか三九三円の売上げを出している人もいます。

村全体の総売上げ合計は、四七二二円六〇銭八厘となっています。

その内、

・蚕紙　八軒
　合計売上　一三三八円八六銭二厘
　全体割合　二八・三五％
・生糸　三軒
　合計売上　五四一円九三銭
　全体割合　一一・四八％
・繭　一軒
　合計売上　二七円二七銭
　全体割合　〇・五八％

となっています。

繭の売上げが少ないですが、農業としての売上げは別で、右の数値は仲買などの売上げかもしれません。

蚕紙や生糸関係だけで、村全体の四〇％に及んでいます。

また、湖北ばかりでなく、南郡まで蚕紙の販売ルートを広げた家もあったとか、戦後も蚕紙に関わっていた家があったとも聞いていますから、明治以降の産業としての位置を占めていたものと思います。

また、《祭器庫文書》の中に、昭和一一年と一五年の「竹生島養蚕供養米徴収簿」が残されており、それぞれ五九人・五四人の寄進者名があります。

竹生島宝厳寺で養蚕供養が行われていたことすら忘れられていますが、供養米を寄進する人が多数居られるということは、当時、養蚕家が多かったことを意味しているのではないでしょうか。

ちなみに、二〇一〇年二月頃、長浜城歴史博物館では竹生島宝厳寺の「養蚕童子」の展示をしていました。竹生島宝厳寺でも拝観出来るかもしれません。

※2 恐らく江戸末期だと思われる文書に桑葉の購入と価格(支払い)の記録があります。(記年なし)

《未整理一一四四》

覚
申四月廿二日
一 桒三〆(貫)四百匁
〃廿六日
一 七〆百匁
(中略)
廿八日
一 四〆匁
〆弐拾九〆百匁
代三拾四匁九分弐厘
…(後略)…

とあり、桑一貫目が一匁二分相当となっています。

六月六日～一一日の間は、
〆三三貫九〇〇匁(代四四匁七厘)
桑一貫目が一匁三分相当
五月朔日～九日、
〆四六貫三〇〇匁(代金未記載)
六月一七～二〇日、
〆四一貫四〇〇匁(代金未記載)
と記録されています。

これらの桑を納めたのは「豊三郎」とあります。豊三郎(早崎村か?)以外からも買い付けしたと思われますが、同時期の史料が散逸しています。

春蚕(はるこ)、夏蚕(なつこ)用の桑でなかったかと思っています。

冨田村役人について

第１０６号
1998.04.10

江戸時代の冨田村の村役人（役員）には、庄屋・年寄（肝煎）・百姓代と呼ばれる役人がいました。これを村役と言います。

「庄屋」は、今の区長(自治会長)に該当するのでしょうが、仕事の内容も多岐にわたっていましたし、任期も十年二十年と長いのが一般的であったようです。

また、冨田村の庄屋は当初は西・東の二人であったようですが、早い段階で、四人となったようで、

冨田村西組(村)・冨田村東組(村)
冨田村北村　　・西郷氏支配組

の四組に分かれて、それぞれの組(村)をまとめていたようです。

仕事の内容は多く、村の長として、

①村外・領主との折衝等々の窓口
②年貢の割賦・勘定・取立て等々
③村内の治安維持・仲裁等
④村内水利土木等の計画・責任等
⑤宗門関係の諸手続き等
⑥村の祭礼等に関すること等
⑦野止・勧農等の農事関係等
⑧家督相続・借金等の立ち合い等
⑨諸帳簿の作成・記録
⑩訴訟等の保証人など
……………………等々

などの村政全般を務め、現在の役場・警察等の仕事を含めた多岐多用な範囲を受け持ったのです。

また、「年寄」（初期は肝煎と称す）の仕事は、庄屋を補佐することで、冨田村には三～四人がその任に当たっていたようです。

また、「百姓代」は百姓の代表で、年貢・村入用等の割賦等に立ち合い、庄屋・年寄に不正がないか、公平であるかを監視したようです。

また、村の願書等に庄屋・年寄とともに署名加判した文書も見かけます。

村役に対しては、手当として給米や田地給・入用金免除等があったようですが、享保十一年(一七二六)の『近江国浅井郡冨田村高反別指出帳』によれば、

年寄給米　　御座無く候
(西組庄屋)T兵衛　　一石二斗五升
(東組 〃)M右衛門　　三斗
(北村 〃)T左衛門　　五斗二升
《村政一》

とあり、庄屋に対して給米があったことが知れます。

ただ、西組庄屋の給米が格段多い理由は分かりませんが、江戸時代を通じて、西組の庄屋が冨田村を代表している節が多々見られます。そのことと関係しているのかもしれません。

また、年寄には給米がなかったようです。

これは、この時にはなかったのか、全期間においてなかったのかは分かりません。村役給米に関した記事を上の史料以外ではまだ見ていません。

当然、百姓代にも、この時は給米はないようです。

また、百姓代の別称かもしれませんが、時々「頭百姓」という役名が書かれていることもあります。

村役一覧について

冨田村に残されている古文書には、いろんな分野に関したものがあり、農業に関するもの・訴訟に関するもの・金融に関するもの・大工や建築に関するもの・年貢に関するもの…等々の多岐にわたっています。

それらの文書の相当数には、奥書があり、庄屋・年寄の署名加判があります。また、直接差出人が庄屋・年寄である場合もあります。

それらから、庄屋・年寄を抜き出して一覧表にすれば、冨田村の村役一覧が出来る……と思って作業を進めていますが、残念ながら完成にはまだまだのようです。

最も早い時期が、元和六(一六二〇)年で、庄屋一人と肝煎三人が分かってきました。

しかし、江戸期の前半は飛びとびにしか分からず、また、文化九年（一八一二）～天保十三(一八四二)の約三十年間も空白期間になっています。

つまり、この時期の文書が殆ど残っていないことになります。

理由は簡単です。この三十年間は、庄屋がT兵衛からS兵衛に替わっているからなのです。

何らかの理由で庄屋が交替した時、庄屋は自分が関係した書類は自宅に残して置きます。水帳（検地帳）などの重要な書類のみ引き継ぎをします。

従って、庄屋を勤めた期間の書類を中心として、A家に、B家に、C家に・・・と残されていくのです。

もし、A家が災害を受けたようなことがあれば、全てを放出してしまうようなことがあれば、その時期の関係文書は残らないことになります。

その期間が冨田村にとって、空白の期間となってしまうのです。

また、冨田村は浜松藩と旗本西郷氏との相給であったのですが、現在残っている文書は殆ど浜松藩関係の文書のため、西郷氏関係の文書は殆ど目にすることがありません。

従って、西郷氏関係の村役については空白が多いのもいなめません。

勿論、年貢関係等々も殆ど分かっていません。

また、同じ年に全く別な名前の庄屋・年寄が署名加判している場合も多々あります。これが何を意味するのか分かっていません。

可能なこととして、当時は別名をも持っていたのではないかとも考えています。これについては、今後の史料で補っていきたいと思っています。

《参考》 川崎文書（滋賀大学史料館）

※1 江戸時代初期の庄屋は領主からの任命であったといわれています。庄屋は村の長として、村内を統率するばかりか、支配者機構の末端をも担っていました。
そのため、扶持分として給田の支給もあったようです。

ある時は村人の代表であり、ある時は役人の顔をもつ存在でした。

いわば村の権力者であり、ボスであったのです。

また、年寄は庄屋の補佐する役でしたが、歴史的には中世の惣村の長老・乙名・年寄といった長老衆の名残であったようです。

年寄の代表格が庄屋でもあったともいわれています。

あるときは年寄として、あるときは庄屋として署名している場合もあったとも読んだことがあります。

年寄が場所により、肝煎・組頭などと呼ばれた地域もあり、彦根藩では横目と言いました。文書に「横目」とあれば、調べなくても彦根藩だと判断が出来ます。

百姓代の成立については、一七世紀中頃以降だといわれており、小百姓の発言権が強くなった頃からのようです。

中世の惣村では、長老・乙名などと呼ばれる経験豊かな人々の合議で自治を保っていました。

江戸時代になると、支配者の末端を担う者として、村々の代表として庄屋を任命します。

初期の庄屋は支配者の末端機構を担い、長老衆(年寄)は村の自治を担う役割だったと思われます。

しかし、庄屋・年寄の権力が強かったり、年貢等の不正があったりすると、村人が立ち上がり、発言権を強めていきます。そうして成立したのが百姓代だといいます。

村役人の役職も、時代の流れの中で作られていったのです。

一般的には、江戸時代初期には年貢の割付等を巡って、庄屋×惣百姓の対立構造があり、年寄役は仲裁人的立場に立ったようですが、それが、元和の時代には、庄屋・年寄×小百姓の対立に変化し、一七世紀中頃に百姓代の役職が作られたという経過があるようです。

時代が下がると、庄屋の支配者の末端的な性格も変質し、庄屋・年寄・百姓代を村三役といい、村人の推挙・支配者の承認・任命という形になっていったようです。

冨田村に残された初期の文書が少ないため、その流れを確認することは不可能ですが、第一二八・一二九号で紹介していますように、一七世紀中頃、冨田村でも村内の権力闘争があったらしいことが判明します。

また、江戸時代の年貢は村請け制でした(個人の責任でなく、村として年貢納入を請負った)から、未納の年貢の代納や村入用の立替などの必要もあり、経済的にゆとりのある者しか務まらなかったともいわれています。

反面、経済的負担などのため、庄屋役就任を嫌い、庄屋役を村人の輪番にしていた村もあったようです。

一口に庄屋(関東では名主)といっても、時代や地域により、その性格も変わっているのです。

たわら汁のこと

私達の家庭では、正月には餅の入った「雑煮(ぞうに)」をいただいて、新年を祝います。

しかし、新年に「たわら汁」をいただく家庭があることを聞いたのは、今から何年か前のことでした。

冨田村には、江戸時代において庄屋を勤めた家が何軒かあります。

その中の二軒の家では、正月は「雑煮」でなく、餅の入らない「俵汁」で新年を祝ったと言います。(他にもあったかもしれませんが・・・)

一軒はその風習を戦後にやめてしまったということです。もう一軒は最近まで続いていたようです。

では、「俵汁」とは何かと言うと、今の「おこ汁(お講汁)」のように、味噌汁の中に「かぶ」が入っていたものだと聞きました。

謂《いわれ》れについては、現在では伝承もなく、分からなくなっています。

昨年の暮れの新聞記事の中に、サトイモだけを入れた「雑煮」を祝う地域の紹介があり、東北から九州まで多くの各地に事例があるようです。

このことと何か通ずるようなところがあるように感じました。

もちろん、経済的に苦しくて餅が準備出来なかったのではなく(正月用の鏡餅等々は準備したそうです)、庄屋として、村長(むらおさ)的な何か謂れがあったものだと思います。

謂れが分からなくなっても、明治・大正・昭和と受け継がれてきた事に、その習慣の重要性を感じました。

神事(おこない)や嶋の祭(頭受け)も「何のために・・・」は分かっていませんが続けられています。

このような謂れが分からず続けられている行事や習慣がまだまだ残っています。今の内に記録を・・・と思うのは私だけでしょうか。

村役人の推挙について

第１０７号
1998.04.24

今回は、次の関連する三文書を考えていきたいと思います。

※安政五年（一八五八）
※原文のままとし、関係者の名前は伏せ字としてあります。

乍恐以書付奉願上候

一當村庄屋K兵衛儀私共扱方之儀不行届キ之儀有之難渋仕候ニ付不得止事同人相手取旧冬御歎願奉申上候処此度御呼出蒙御理解右K兵衛心得違之段恐入依之内熟仕度旨同人より御願申上大安寺庄屋藪田権右衛門當村庄屋T兵衛取噯ヲ以於御宿示談仕候處双方無申分内熟事済仕候ニ付此上之御憐愍ヲ以差上置候願書御下ケ戻被下置候様奉願上候右願之通り御聞済被成下候ハゞ一同難有仕合ニ奉存候以上

浅井郡富田村
安政五午年　百姓J太夫（印
正月　〃　K右衛門（印
庄屋K兵衛（印

山形御役所

前書之通り私共立會相違無御座候ニ付奥印仕奉差上候己上

大安寺村庄屋
藪田権右衛門（印
冨田村庄屋
T兵衛（印
年寄I左衛門（印

《村政九四》

乍恐以書付御願奉申上候

私儀
一是迄庄屋役相勤居申候處近年病身相成候ニ付右庄屋役勤兼候間役儀御免被為仰付候様奉願上候何卒御憐愍御慈悲ヲ以右願之通り御聞済被成下候ハゞ難有仕合ニ奉存候己上

浅井郡富田村
庄屋　K兵衛
安政五午年正月

山形御役所

前書之通少茂相違無御座候依之奥印仕候己上

T兵衛（印
I平次（印
K右衛門（印
S左衛門（印
I左衛門（印

《村政九三》

上の文書は、庄屋のK兵衛が、何か不行き届きか不都合なことがあったらしく訴えられます。結果、K兵衛に心得違いがあったということで、大安寺村の庄屋の仲介をもって話し合いが行われ、決着がついたので、訴訟を取り下げたいという内容です。

二番目の文書は、上の内容を踏まえて、庄屋K兵衛が病気を理由に庄屋退役願いを提出します。

恐らく余程の事情があったのだと思われます。その不行き届きの内容については分かっていませんが、それが原因で庄屋退役に追い込まれていることだけは事実のようです。

この退役願いは受理され、K兵衛は庄屋役を降りることになります。

庄屋役が欠員となりますので、補充しなければなりません。それに関する文書が下の文書です。

これによれば、村中で相談したところ、現在年寄のI左衛門が実躰なる者だから推薦したいと願い出ています。

役所からの承認文書はありませんがこの年より明治に至るまで、庄屋I左衛門の署名が多々あり、右の願いは認められたものと思われます。

ここで注目したいのは、村役（庄屋・年寄）の決定について、この時代、少なくとも江戸時代末期には、村人の相談・推薦があったということです。

乍恐以書付御願奉申上候

年寄
I左衛門
年廿四
一指高拾石余

右者此度庄屋K兵衛儀退役御願奉申上候処御聞済相成候ニ付村中相談仕候處右I左衛門儀実躰成者ニ付同人江右後役被仰付被下置候様奉願上候右願之通御聞済被成下候ハゞ一同難有仕合ニ奉存候以上

浅井郡富田村
安政五午年　年寄S左衛門（印
二月　〃　K右衛門（印
庄屋I平次（印
〃　T兵衛（印

山形御役所

《村政九五》

上の内容から見ると、I左衛門の人物がいいからとありますが、人物・家柄…等々の何れを基準にしたのかは分かりません。

上のK兵衛の庄屋退役についても、退役願いは表向きは病気が理由になっていますが、村人とのトラブルが直接の原因のようです。

今も昔も、本音とたてまえがあったようですが、ともかく、村人の推挙によって村役が決まっていたことは大きなことだと思います。

どんな本を見ても、近世初期の庄屋（名主）は、中世以来の在地有力農民の系譜を引いていて、多くは世襲であったと書かれています。また、当然、庄屋を勤め得る家柄は決まっていたともあります。

その庄屋等の決定は、世襲であったり、入札（選挙）であったりしたようですが、江戸時代当初は有力農民（郷士の帰農した者等）が世襲していたのが、新たな有力農民の台頭によって、選挙等による村人の推挙という形に変化していったのだと思われます。

冨田村も例外でなく、同じ様な道を進んだのではないでしょうか。

I左衛門は二十四才の若さですが、それまでに年寄役を五～六年勤めています。

おそらく、十七～八才で年寄に就任していますから、選ばれるべき家柄であったのでしょうが、人物も申し分ないと村人が認めた上での推挙ではなかったかと思っています。

つまり、冨田村でも百姓の発言権が増大していったのではないかと思うのです。あくまでも推測ですが‥‥。

そのことに関しては、別な記事で紹介してみたいと思います。

このI左衛門が庄屋に就任した安政五年（一八五八）は、冨田村にとっては大変な年で、三月には八幡神社再建願いが出されます。また、同じく三月に源慶寺の鐘楼堂の再建願いが出されます。更に、九月には圭林寺本堂引き出しに係わっての村内で出入等があった年になります。

I左衛門が冨田北村の庄屋だと言っても、全く関係しないということにはなりません。

ともかく、大変な年の庄屋就任であったのです。

××××××××××××

このような村役交替の史料は幕末頃のものしか残されてはいないのですが、この二年後の万延元年（一八六〇）の場合も史料が残っています。

それは、万延元年十二月、一挙に

東組庄屋I平治退役
S左衛門（旧年寄）の庄屋就任
S左衛門の年寄就任
西組年寄K右衛門退役
O左衛門の年寄就任

という村役交替劇がありました。

これも病気を理由にしていますが、何かのトラブルの結果ではないかと思われてなりません。

但し、詳細は分かりません。

《参考》
川崎文書（滋賀大学史料館）他

※1 純粋に病気、年齢、経済状態等を理由に庄屋役を交代した場合も多々ありました。

《村政一九》

乍恐以書付御願奉申上候
川崎T兵衛
倅T郎右衛門
年三十二
一高弐拾六余
右は先達而庄屋川崎T兵衛病気ニ付退役御願奉申上候處、御聞済被成下候。然處此度庄屋後役之義、村中相談仕、右T郎右衛門尤実躰成者ニ而御座候間、何卒庄屋後役之儀被為仰付被下置候様奉願上候。右願之通り御聞済被成下候ハヽ、村中一統難有仕合ニ奉存候。已上
浅井郡冨田村
慶應二寅年　年寄　Z左衛門
八月　〃　I右衛門
庄屋　I左衛門
山形　〃　S五右衛門
御役所

（※慶応二年（一八六六））

倅の年齢から、T兵衛は五〇才を超えている年齢だと想像できます。また、このT兵衛は山形藩の御用掛として、長年冨田村を離れていた経歴をもっています。

（※二三〇号等々参照）

その頃の心労が重なったのかもしれません。

T兵衛の地元不在中は、倅T郎右衛門が代行を果たしていたと思われますから、妥当な交代であったのかもしれませんが、親から息子への交代という、庄屋という家柄が見え隠れすることも事実です。

但し、T兵衛はその後の文書にも、庄屋T郎右衛門とともに村役人の署名に顔を出します。今でいう顧問として村政に参加していたのかもしれません。

また、村に関する支出は、当座は庄屋等の立替で賄われ、小入用帳等に記録されました。そして、数ヶ月、または一年後に勘定され、村入用という形で村人から徴収しました。

（※一三四・一三五号等参照）

この立替金に関して、利息の計算をしている文書も少なからず存在します。但し、享保一二年（一七二七）の天領代官からは立替金の利息禁止を命じられいるのですが‥‥。

従って、庄屋や年寄は経済的に余裕がなくては（立替ができること、時間的な余裕を持てること等々）勤まらなかったことも事実です。

もし訴訟が起こったら多大な費用と労力と日数を要しました。

ただ有能であれば誰でも出来るということではなかったのです。

某家では何代か庄屋役を勤めましたが、経済的な理由で一時の間、庄屋役の退役を余儀なくされたとも伝わっているようです。

更には、当たり前のことですが、読み・書き・算盤は必須条件でした。

当時、村人全員が読み書きが出来たわけではありません。

従って、村役人を輩出したり、しそうな裕福な家では子供の頃から、読み・書き・算盤を練習させたのだと思います。今でも「〇〇庭訓」と呼ばれるような教本が残されている家もあるようです。

北村の年貢別納について

第１０８号
1998.05.10

前号で庄屋の推挙について書きました。その中で、百姓の発言権が強くなったのでは…と、少しですが触れました。

《租税三〇四》

議定書之事
一當村之儀は村居南北之相隔居
御上様之儀は不及申村法不寄何
事一躰ニ而無覆蔵申談候処御年
貢上納等ニ付自然不都合之義茂
有之候間無古来新規之儀ニは候
得共御年貢上納南北別段ニ致度
存候ニ付北組内一統申談此旨
御上様江出願仕度儀ニ付御相談
申候処其御組内御承知之上奥印
被成下候然ル処出願相調御上様
御聞済ニ相成候上は己後此儀ニ
付其御組々之御了簡ニ難相叶新
規不當之儀一切申間敷候若後代
ニ至里心得違之者有之右議定書
ニ相洩候様之儀有之候共決而御
取□被下間敷候此上御互ニ睦間
敷御百姓大切ニ相働可申候為後
證村役人并百姓惣代連印以議定
書仍如件

北冨田村
百姓惣代　K右衛門（印）
嘉永七寅年
正月　年寄　I左衛門（印）
庄屋　K兵衛（印）
南冨田村
御役人衆中

今回はそれに関連した記事についてまとめてみたいと思います。

このおおよその内容は、

北冨田村は冨田村と南北に離れているが、支配者はもちろん、村法など何事に寄らず一体である。しかし、年貢の上納等についてはは不都合だから、今までにないことであるが、年貢上納については南北別々にしたい旨を相談し、(南)冨田村の承知の上、願い出たら認められた。この上は、(南)冨田村の了簡に叶わない事は一切しない。もし、心得違いの者があっても取り上げないでほしい。今後はお互いに睦まじく百姓に精を出すつもりである。後日のため村役が連印するものである。

ということです。

つまり、年貢上納に限って、南北別々にするというものです。

確かに、北冨田からすればいろんな面で不都合が多かったと思われます。相談事にせよ、冠婚葬祭にせよ、年貢割賦や上納にせよ、離れている分だけ不便な事が多かったと思います。

年貢上納については、北冨田から安養寺村へ運び、そこから船積みした方が便利です。

おそらく、以前は冨田村まで運び、益田経由で早崎より船積みしたものと思われます。

考えれば無駄が多かったようにも思われます。

しかし、年貢は冨田村として掛かってきます。便宜上、西組・東組・北組と三つに分かれているに過ぎないのですから、年貢は冨田村として上納する必要があったのだと思います。

そのために、三組同時に同一歩調で上納していたのだと思います。

ところが、北組(北冨田)の中から声が上がったのだと思われます。

安養寺村経由の方が楽ではないか、何も冨田村と一緒でなくてもいいではないか…と。

つまり、各々の百姓の発言権が高まってきたのではないでしょうか。

そのための結論であり、願い書であり、議定書ではなかったかと思われます。

いわば合理主義的な発想だったと思われます。

当時の人がこのことをどう捉え、どう考えたかは分かりません。

しかし、私から見れば一種の独立宣言のスタートではなかったかと思えて仕方ありません。

何故なら、江戸時代の年貢は村単位で請け負い、村単位で納めていたからです。実際は、個々人が納めるのですが、それらをまとめて、冨田村として納めていたのです。

上納が別々なら、冨田村上納・北冨田村上納となり、二つの村からの年貢のように考えられないこともありません。

しかし、年貢皆済目録は冨田村一村として出されたでしょうから(当時の皆済目録は残されていません)、さほどの違和感はなかったのかもしれません。

ところが、安政五年(一八五八)と思われる次の文書(提出されたか否かは不明)を見てみたいと思います。

《租税三〇六》

乍恐以書附御願奉申上候
一當村御高之儀は是迄　御上様ニ
而御定免之趣ニ御座候得共　村
方ニ而は高分ニ相成有之候事故
組内ニ而仕来り之通年々御年貢
取立御上納仕申候然ル處北組之
儀は隔有之事故御上納米津出し
之儀も安養寺浦江仕候尚又道法
七丁相隔居候得共　御上様より被
仰出候趣并諸相談早魃之畑雨乞
等之人足ニ至迄老若之事夜分之
砌ハ一統之談等ニも相成不申候
依之甚歎ケ敷次第ニ御座候尚又
御大切成御年貢御上納取立之砌
も折節は差支候義も出来自然御
上納日延ニ相成　御上様江も奉
恐入且又御上納相済跡勘定等も
組入既ニ日数等も相懸り雑用等
相嵩迷惑難渋仕申候右ニ付此度

村中一統立合相互ニ熟談仕是迄
北組之義ハ北冨田村等唱御高持
所支配分御免定引分ケ御下ケ被
成下候様奉願上候尚又小前取〆
ニも抱候ニ付御高札等も御渡し
被下置候而村方取〆申度奉存候
間何卒　御上様格別之御憐愍と
御慈悲ヲ以右願之通り御聞済届
ケ被成下置候ハゝ村中一同難有
仕合ニ奉存候以上
浅井郡冨田村百姓惣代
年寄　K之丞
K右衛門
庄屋　I左衛門
K兵衛

《裏面》

前書之通り相違無御座候尚又以
来村方ニ差支之節聊無御座候依
之奥印仕候右願之通御聞済被成
下候ハゝ難有仕合奉存候

この文書を要約すると、冨田村が南北に隔たっていることの不都合さを色々述べた後、

①北組を北冨田村と称して、
②北組の持ち高分に対して免定を別にしてほしい。
③取締りのためにも高札等を渡してほしい。

ということをお願いししています。

こうなれば、村名もあり、その村に対して免定も来る。高札も頂けるとなれば、れっきとした独立した村の体裁を調えることになります。

この文書が下書きで、年代の記載もなく、押印や奥書もありませんので、正式に提出されたものかどうかは分かりません。

ただ、この内容は北冨田村の独立の意思表示であるとともに、村人の中にそれだけの意気込みがあったことを伺い知ることが出来ます。

冨田北村の正式成立は、寛永十六年(一六三九)ですが、慶長七(一六〇二)年の検地の時には「北屋敷」として、その存在が確認できます。

それから二百五十年余を経て、やっと物申すことが出来るようになったと理解することも出来るのではないでしょうか。

時代は幕末、北冨田だけでなく、やっと庶民(高持百姓も水呑百姓)も自由な発言が出来るようになったと理解してはダメなのでしょうか。

この前後の村役の交替、神社や寺の施設の充実‥‥等々、村人の意志が前面に現れるようになったのではないかと思えるようになってきました。

《参考》
川崎文書(滋賀大学史館)

※1
北村の独立運動については、その後を示す文書はありませんが、直後の年貢割賦状には次のように、西・東・北の三組に割賦していますから、実現はしなかったと思われます。

《租税三〇七》

安政六未年御物成割附之事

西
一御高弐百八拾石壱升七合三勺壱才
内弐斗六升　郷御蔵敷引
又弐斗五升　永荒引
残テ弐百七拾九石五斗七合三勺壱才
此取米　三ツ壱分
米八拾六石六斗四升七合弐勺七才

東
一御高三百拾三石八斗弐升壱合七勺
内ヲ壱斗三升　郷御蔵敷引
残テ三百拾三九石六斗九升壱合七勺
此取米　三ツ壱分
米九拾七石弐斗四升四合四勺三才

北
一御高六拾八石三斗五升壱合九勺八才
内ヲ壱斗三升　郷御蔵敷引
又弐石六斗七升七合　永荒引
残テ六拾五石五斗四升四合九勺八才
此取米　三ツ壱分
米弐拾石三斗壱升八合九勺四才

三組御高
〆六百五拾八石七斗四升四合
(※安政六(一八五九))

同様な割賦状は明治四年(一八七一)のものも存在します。
明治四年は廃藩置県、地租改正などのため、長く続いた村請け制での年貢徴収が終了する最後の年になります。その年まで西・東・北の三組に割賦されています。

また、明治に入っても、戸籍簿の作成、地番の決定、屋敷番地‥等々は南北に分離された形跡はありません。
ちなみに、祭器庫文書から拾い読みすると、

・明治二九年(一八九六)
「所有地被害明細書」
・明治三八年(一九〇五)
「籾種料下附割付人名帳」
・昭和四年(一九二九)
「御領所井費徴収簿」
・昭和五年(一九三〇)
「雹害救助金義捐金配当帳」
・昭和六年(一九三一)
「新調輿代徴集簿」

などの史料は、南北両村の氏名が記載されています。ところが、

・昭和元年(一九二六)
「税金徴収台帳(一月分)」
・昭和四年(一九二九)
「協議費徴収帳」

などの史料には、北村の氏名がありません。
明治の史料は少なく、大正年間の史料がありませんので、はっきりは分かりませんが、農業関係、井関係、冠婚葬祭などは南北一村として、村の協議費等はある時期から分離されています。
つまり、現在のように行政が分離されるまでは一村として存続したようです。
現在は、神事関係、葬儀墓地関係、竹生島関係、川掃除など、冠婚葬祭だけが南北別なく、冨田村として扱われています。
冨田村、北冨田村と行政が分離された時期については未調査です。

冨田デコ芝居について

第１０９号
1998.05.24

昨年の九月二十四日の読売新聞に、「『冨田人形』が初喜劇」…とか、十一月十日同新聞に「地域の伝統いつまでも…語り手ら襲名披露」…などの記事が載っています。

県選択無形民俗文化財に指定されている『冨田人形』については、皆さんも周知のことだと思います。

冨田人形が北冨田村に伝えられたのは天保六年(一八三五)だと伝えられていますが、それを証拠立てる記録は何も残されていません。

当時の北冨田村は冨田北村であり、冨田村と一体であったはずですから、北村に史料が残っていなくても、冨田村にも多少の史料が残っていても不思議ではありません。

阿波から巡業に来ていた一座が、雪のため興行に失敗し、帰りの路銀の代償として人形の頭や道具類を残していったと言うのが、そもそもの発端なのです。

従って、興行のことや、人形一座を泊めたことなどは記録に残っていても不思議ではありません。

逆に言えば、旅一座を泊めるということは通常ではないことですから、庄屋や代官所へ報告する必要があった筈です。

報告があれば、庄屋の日誌なり報告書なりに記録があって然るべきだと思うのです。

しかし、記録は残っていません。

これについては、どこか別の所から史料が出てこない限り、冨田村での史料発見は不可能のようです。

何故なら、以前にも書いたように思いますが、文化九年(一八一二)～天保十三年(一八四二)の約三十年間は、冨田村においては歴史の空白期間となっているからです。

この期間、S兵衛が庄屋を勤めていますが、何らかの理由で、当家には何の文書も現在は残されていません。

冨田村にも北冨田村にも史料がないのですから、伝承を信じるしかないと言うことになります。

冨田人形についての歴史をひもといてみると、次のようになります。

天保六年(一八三五)(一説には天保十年(一八三九))に阿波から巡業に来た人形一座が、北冨田村において雪に降り込められ、興行不能に陥って、帰りの路銀の代償として、人形の頭や道具類を残していったのが、冨田人形の始まりだと伝えられています。

何年か待っていたが、荷物を引き取る人が現れないので、村人達が人形の稽古を始めます。

その後、嘉永年間に大坂豊竹座系の吉田金吾という首作り名人が来村し、人形座としての条件整備が進み、基礎が出来上がったらしく、近隣の祭礼等で上演活動を行っていたようです。

明治七年九月九日付の「人形入浄瑠璃出稼願書」には、

『當村□□□□(人名)□□□□(人名)申し上げ候。私共義、農業透(すき)間ニ従前より人形入浄瑠璃吉田座等唱え出稼ぎ仕り居り候。：(略)：』

とあり、以前から吉田座と称して興行をしていたことが分かります。

また、県から正式の興行許可を受けたことになります。

また、明治十四年八月十二日付の「俳優渡世願書」には、

『今般、私儀俳優渡世仕りたく候間、御鑑札御下げ渡し下されたく、税金相済み、此の段願い上げ奉り候也』

とあります。経済的にも安定していったようで、人形座(人形連中)宛の借用証文も残っているそうです。

これは、興行等の収入があり、経済的余裕もあったことを裏付けているものと思われます。

その後、農閑期を利用した興行は続けられ、岐阜や彦根まで出かけたと言います。いわば「冨田人形」「冨田デコ芝居」の最盛期を迎えたようです。

戦争のため中断はありましたが、昭和二十年四月、木之本町川合で公演が行われてから、昭和三十九年に至るまで「冨田デコ芝居」は続きます。

その間、昭和二十六年二月には文化財保護委員会の郷土芸術調査があり、昭和二十八年一月再調査によって郷土芸能としての価値が認められ、同年十一月には近畿地区郷土芸能大会に滋賀県代表として参加しています。

更に、昭和三十二年八月、滋賀県無形民俗史料に選択されます。

また、昭和四十年には収蔵庫も建設されています。

専業農家が少なくなる中で、「冨田人形」の後継者難のため、昭和四十年から一時中断に追い込まれます。

そして、昭和五十四年春、消えかかった伝統の火が復活し、昭和五十六年十一月七日、第一回びわ町ふるさと文化祭で「冨田人形」の復活公演が行われたのです。

その後、皆さんもご存知のように、海外公演を始めとして、様々な活動が続けられています。

また、北冨田村に限らず広く人材を集め、人形遣手・語り手(太夫)・三味線のすべてが共遊団内部でまかなえるようになったのは、つい最近だと聞いています。

また、平成三年には冨田人形会館が竣工し、会館での練習をはじめ、定期公演などに活用され、約百五十年の伝統を守り続けているのです。

「冨田人形共遊団」所蔵の首（かしら）は、昭和五十六年の調査で四十八点あると言います。（一点所在不明）目録によれば、

文七・大団七・検非違使・与勘平
源太・金時・又平・沢七・三枚目
子役・鬼一・舅・武氏・斧右衛門
蟹・鼻動き・三番叟・端役・お福
娘・老け女・八汐・莫耶・梨割り
がぶ・婆・平作・猿・定之進
（順不同）

等の名称の首があるようです。

以上、「冨田人形」の流れを見てきましたが、昭和六十年、長浜文化芸術会館で行われた『冨田人形展』のパンフレットの中の、早崎観緑氏の調査報告の中で、

これらを総合して考えられることは、遠い昔から「阿波から巡業にきた人形座」として伝わっていた伝説が、実際は大阪の豊竹座から伝承した芸能であることが、始めて立証された。そんな因縁の芸能を北冨田の村の人々が自分らの手で大切にうけつぎ、しっかり守りぬいて、今日を迎えているのである。

とあって、伝承の「阿波の人形一座」というのは、実は「大阪の豊竹座系の人形一座」という結論に至ったと言うのです。

伝承は伝承、調査は調査と割り切る方がいいのかもしれませんが、冨田村の歴史についても、「言い伝え」と古文書の内容が一致しない場合も多々あります。

どちらを信用するかは、その人のこころだと思っています。

ともあれ、今の私達にとって、十年前・二十年前ですらはっきり覚えていないことが沢山あります。

言い伝えや伝承は、事実と、こうあってほしいという願望が入り交じって伝えられます。従って、人によって伝え方も内容も微妙に異なってきます。

百年・二百年前の事実はこのように微妙に屈折して伝えられているものも往々にしてあるのだと思います。

《参考》
「冨田人形会館パンフレット」
「冨田人形」（冨田人形共遊団）
「冨田人形展」
（昭和六十年長浜文化芸術会館）　他

※1

高月町の西野村は余呉川の氾濫等により水害に悩まされていた村です。周りを山に囲まれているため、一度氾濫が起きると排水が出来ず、困っていました。

その打開策のとして、村の住職である恵荘上人は、山を掘り貫き、悪水を琵琶湖に流す計画を立てます。江戸時代の技術では簡単な工事ではなく、多大の苦労があったと云います。

工事は天保一一年（一八四〇）より開始されますが、ノミによって岩を掘り進むという工法ですので、岩盤が固く難渋したようです。

途中で石工が帰郷してしまい、石工の交代ということもあったようですが、弘化二年（一八四五）六月三日、念願のトンネルが貫通します。

こうして作られたのが「西野隧道」であることは、皆さんご存知のことと思います。

村では、この貫通を祝って祝賀行事を行い、そのとき、冨田芝居を取り寄せた、との記録が存在します。

この冨田芝居が冨田人形の興行であった考えられているのです。

次の文書は、高月歴史民俗博物館の佐々木氏より頂いた史料です。

用悪水引尻　堀抜穴書類
伊香郡西野村
野洲村右衛門

天保七申年ニテ初願思念立申候。是又先前ヨリ村方之穴ハ度々咄合モ御座候得共、是迄時節至り不申候故、
：・（中略）・：

弘化元甲辰年正月、建神祠、同二年巳九月一日ヨリ十日間、村方一統御悦ニ付、御寺様ニハ開帳、冨田と申処之芝居ヲ取寄セ、外宮々興行宥テ群集ヲナス事無際、穴西ノ方大浦ト云フ処ニ山神宮様ノ開扉、堀抜穴通行人壱人宛ニ着合羽ヲ貸、草履廻シ料壱人ニ付小人三文、大人五文、穴ノ中ハサヽヱノ貝ニ火ヲ燈シ白昼之如シ。又、東之山ヨリ西之山迄種々之見世物多クシテ、誠ニ大勢人ニテ候得ハ、我モ人モ賑々敷事也。
（※傍線は筆者による）

右傍線のように、弘化二年九月に冨田芝居の興行のあったことが判明します。

この文書では冨田人形とは記載されていませんが、一〇年ほど前に見た別の文書には冨田人形とあったように思うのですが、その時のメモが見つかりません。ただ、その時、冨田人形の初見だ、と興奮したのだけは覚えています。

若干の不安はありますが、私としては、冨田人形の興行だと考えます。

そうだとすれば、冨田人形の伝来は、天保六年（一八三五）、または、天保十年（一八三九）と言われていますから、天保六年とみなせば、伝来から一〇年後には、興行が出来るまでの力量を村人が付けていたことになります。

もし、そうでなかったとしたら、冨田村の若連中の芝居が考えられますが、その当時から若衆芝居が成立していたのか、その証拠を示す史料を目にしたことはありません…。

ただ、歌舞伎の台本を見たことはありますが…。

大工浅井組々頭について

第１１０号
1998.06.10

以前、三十七・三十八号で冨田村大工のことについて書きました。

その中で、京都御大工頭の中井主水(中井御役所)によって支配されていた浅井郡冨田組の存在について触れました。

享保十六辛亥年(一七三一)八月とある「大工仲ケ間定帳」によれば、浅井郡十九人の仲間をもって一組(浅井組↓後に冨田組)を再組されたとあります。

初代の組頭は紆余曲折の結果、唐国村の兵左衛門が就任します。

その後について、まとめてみたいと思います。

宝暦十年(一七六〇)頃と思われる、「浅井郡大工古組之事」とある文書を抜粋すると、

・・・(略)・・・
一初組立ル所
享保十六年亥八月より元文元年辰迄六年、唐国村兵左衛門、組頭勤められ候。
元文元年辰ノ五月より寛延二年己ノ七月(迄)組頭年番こて勤め申し候。但馬
一寛延二年己ノ七月二年番之組頭役、當村次郎左衛門江替ル。
同申ノ年春迄四年、次郎左衛門勤められ候。宝暦二年申
同春より野寺村清左衛門年番ニて同戌年春迄三年、年番ニて勤められ候。
同春より寅ノ暮迄五年、年番ニて落合村内右衛門勤められ候。
同卯年曽根村善兵衛年番。
同辰年冨田村七兵衛年番、宝暦十年辰、右十年之内年番持ち
宝暦十年辰九月廿七日、年番江又組頭仰付け為され候。但馬

《西嶋文書》

とあり、図式的にまとめると下のようになります。

これによって、宝暦十年(一七六〇)冨田村但馬が浅井郡大工組頭に命ぜられたことが分かります。

この時の「但馬組頭請連判書の写」《西嶋文書二八》が残されており、冨田村五人を始め、十七人の署名があります。

また、冨田村五人のみの「連判御請書」《西嶋文書七》等も残されています。(このページ下段)

享保十六年亥(一七三一)八月
←唐国村兵左衛門　組頭
←元文元年辰(一七三六)五月
←冨田村但馬(親)　組頭年番
←寛延二年己(一七四九)七月
←冨田村次郎左衛門　年番組頭
←宝暦二年申(一七五二)春
←野寺村清左衛門　年番
←宝暦四年戌(一七五四)春
←落合村内右衛門　年番
←宝暦八年寅(一七五八)暮
←宝暦九年卯(一七五九)
←曽根村善兵衛　年番
←宝暦十年辰(一七六〇)
←冨田村七兵衛　年番
←宝暦十年辰(一七六〇)九月廿七日
←冨田村但馬(子)　年番組頭

（宝暦二年〜宝暦十年：十年）

組設立の享保十六年になぜ但馬が組頭にならなかったのか、なぜ唐国村兵左衛門だったのか、なぜ元文元年まで待たなければならなかったかという点ですが、次のように考えられます。

但馬は竹生島の宮大工として、阿部権正とともに、竹生島の支配下にありました。おそらく、この竹生島との立場を憚って組頭就任には躊躇し、遠慮したのだと思います。

竹生島の承認が成立したのが、元文元年頃だったと思われます。

　乍恐奉指上御請書
一浅井那冨田村ニ限り御赦免高百八拾六石九斗御座候。組頭之儀ハ永々冨田村但馬親、御上様御堅慮之上、先年御普請御用(※)ニ召し出され相勤め申し候。其の後、永々組頭相勤め罷り在り候處、病気故、暫く年番持ちニ仕り罷り在り候。然ル處、此の度、御上様御堅慮を以て、組頭役忰但馬江仰付けなされ候處、有り難く存じ奉り候。依之承知奉り、則ち仰波され通り、連判指し上げ奉り候。以上
　江州浅井郡冨田村
宝暦十年
　辰十月
　但馬 (印)
同村 九左衛門 (印)
同村 繁右犠門
同村 平助 (印)
同村 七兵衛 (印)
中井主水様
　御役所

《西嶋文書》

(※)「先年御普請御用」とは元文元年(一七三六)、御所の普請か、大坂天皇寺(天王寺)に関する普請に召し出されたことのどちらかであろうと思われます。記載が曖昧で詳しくは分かりません。

右の文書から、但馬(親)が中井家支配の大工浅井組組頭を勤めてきたが、病気のため、頭役を退き、やむなく年番制をとったと読み取れます。

そして十年後、後継者但馬(子)も成長したため、改めて但馬に浅井組組頭を命じたといったところだと思われます。

ところが、

《西嶋文書》

此の度、浅井郡大工与頭(組頭)役之儀、但馬江仰付られ候間、其の段組中江申し聞かすべく候。且又組内拾五人之者共、今壱人、但馬同役与頭相願い候に付き、格段之思し召しを以て、仰付られ候間、今壱人組頭之儀□組人数入札ニ仰付けられ候間、来ル廿八日迄ニ間違無く入札取□持参致すべく候。此の段厳く申され候。以上

辰
十月廿一日　水田勝左衛門(印)
中井主水役人
原　恒右衛門(印)
舟橋九兵衛　(印)

江州浅井郡大工年番
七兵衛　組中

とあるように、恐らく、但馬の組頭就任を快よく思わない人々があったらしく、組内十五人が新たな願書を提出します。

上の「但馬組頭請連判書写」の十七人の署名の中にあって然るべき人の名前がない人があります。その人達のグループが事を起こしたのだと考えられます。

願書の内容は、但馬以外にもう一人の組頭を決めてほしいと言う内容だったように思われます。

この願いは、格別の思し召しを以て認められ、入札(選挙)によって選ばれることになったようです。

その入札を取りまとめるように、年番七兵衛に指示しているのが上の文書です。

具体的な事は一切分かりませんが、入札の結果(だと思われますが‥‥、)結果的には、高田村の清助(清介)が選ばれたようです。

従って、宝暦十年十一月頃より、浅井郡の組頭は、冨田村但馬と高田村清助の二人三脚ということになります。

しかし、経過が経過ですからうまく事が行くとは思われません。

次の文書はそのことを物語っています。

《西嶋文書》

申渡

江州浅井郡
大工組頭　但馬
同　清助

此の度差し出し候願い返答之趣、段々吟味を遂げ候處、両人不和之様相聞え候。最初申し渡し候通り両人腹蔵無く、諸事和明ニ取り計い致さず而ハ、組治り申さず候条此れ己後、両人申し合せ、腹蔵無く相勤め申すべく候。去年中より権正儀ニ付き、度々罷り出候入用并びに當春より之入用共、組中惣人別ニ割付申すべく候。年頭八朔等之儀も隔番ニ相努め申すべく候もし、組内彼是申す者これ有り候ハヽ、其の者召し連れ罷り出られるべく候。右之通り急度相守り申すべく事。

割印）己十二月朔日

とあり、二人三脚の組運営はなかなかうまくは行かなかったことを伺い知ることが出来ます。

ところが、一方では、この前後の時期、冨田村権正の仕事場をめぐっての出入・訴訟等も重なり(宝暦十～十一年頃)、容易ならざる方向へ発展していくのです。

《参考》
西嶋文書（びわ町教育委員会）

※1
大工組のその後、但馬家のその後については、第一一一～一一三号を参照して下さい

※2
文化四年(一八〇七)の文書に次のような文書があります。

《西嶋文書》

乍恐口上書

一真立寺本堂及大破候ニ付、此度私居村ニ有之古堂買求メ度世話致呉候様、檀下より被相頼候ニ付、居村ニ有之古堂之事故、賣買之儀世話致遣候。然ル所、右之手續を以右組建造作之儀被相頼候得共、此細工之儀は先出入并職法等も有之段申談候ヘバ、當村は大工入こミニて、別而當寺之儀は往古は不相知、中古出入大工と申者一圓無之候旨被申之ニ付、細工受負候儀ニ御座候。乍恐御糺之上、甚太夫場所ニ紛無御座儀ニ候ハヽ、私ニおゐて右細工断遣申引辿き可申候。乍恐如何様共御下知奉願上候。
已上

卯四月廿三日　江州冨田組大工
組頭但馬(印)

中井藤三郎様御役所

安養寺村在の真立寺が大破したので(常套文句かと思いますが)、私の居村にある古堂(源慶寺古堂)を買い取ることを世話してくれるように檀家より頼まれ、世話しました。

この縁で再建(古材の組立)を依頼されました。　‥‥(以下略)

丁度、文化三年から冨田村では源慶寺の建設を開始しています。

恐らく、「古堂」とは旧源慶寺本堂だと考えられます。その古堂の買い取りの斡旋をしたのが但馬だということになります。

その後、源慶寺の古堂が実際に安養寺に移転されたのか、否かは判明しません。

また、別文書に、

《西嶋文書》

(前略)

‥‥右権右衛門被申候趣は、是迄信立寺出入大工之義は何方を雇被入候哉、職法之筋も有之候間、容易ニ難成候旨被申候。　‥‥(後略)

とあり、大工組にとっては大事な職法(仕事場の件)を心配しています。

と同時に、大工組に属することは、保護されるなどの義務もあったのです。

浅井郡大工組の分裂

第１１１号
1998.06.24

前回、浅井郡大工組頭冨田村但馬と同役高田村清助の確執について書きました。

中井御役所からも「両人申し合せ、腹蔵無く相勤めよ」と申し渡されています。

しかし、二人（派）の溝は益々深くなっていったようです。

《西嶋文書九》

乍恐奉差上候口上書
一御表印之儀ニ付き、先達而御願申し上げ候通り、地方より差し問え(つかえ)之村々も御座候間奥印之儀、両人之内一判で仰付けなされ下されるべく候様ニ御願申し上げ候。右相違御座無く候處、両人相続仕り、何卒御願之通り仰付けられ下され候ハゝ有り難く存じ奉るべく候。以上

江州浅井郡冨田村
組頭 但馬
宝暦十三年
同郡高田村
未二月
同役 清助

中井主水様
御役所

とあり、これによれば、

本来ならば、建築許可伺い書の奥書に両人の署名押印が必要なのだが、どちらか一方の署名押印で済ませてほしいと願い出ています。

これは、当の但馬・清助の二人の確執ばかりではなく、背後の支持母体である各大工の意向なのだと思ってもいいと思われます。

「地方より差し問え之村々も御座候」と言う字句が、そのことを物語っているように思えてなりません。

言い替えれば、伝統や格式を重んじる一派と新しき勢力との確執であったのかもしれないと思えるのです。

一方では、この時期、竹生嶋の衰退に関わって、竹生嶋宮大工権正の仕事場をめぐる出入や訴訟も並行して存在します。

《西嶋文書一〇・一五～二二》

仕事場の確保は生活、強いては命に係わる重大事です。仕事がなければ食うことすら問題になってきます。

彼らにとって、仕事場の確保は生きる証であったのです。

そのための訴訟であり、派閥争いであったのかもしれません。

また、今庄村庄次・瓜生村半左衛門等五人が浅井組本組へ組入れられるなど、大工組内部の混乱や再編成を計るなどの動き等もあったのではないかと思われます。

《西嶋文書二三～二七》

そんな中で、次のような願書が提出されます。

《西嶋文書十二》

乍恐書付を以奉願上候
一江州浅井郡大工仲之儀ハ享保十六ニ冨田村ニ於いて、御赦免高百八拾六石九斗、我々頭戴仕り罷り在り候ニ付き、私親繁右衛門、當御役所え御願申し上げ奉り、御赦免蒙り奉り、大工仲間取立て相続仕り候ニ付き、其の後、無高之大工共組入り仕り度申すニ付き、組仲間へ加置き、凡三拾人余ニ相成り候處、近年猥レニ我儘を申し、組入用も差出さず、組仲間も面々勝手を申し、退キ申し候ニ付き、組治まりかた悪ク迷惑仕り候。依之、此の度願い上げ候儀ハ、先年之通り無高之大工共ニハ相抱ず、冨田村御赦免高所持仕り罷り在り候大工共斗(ばかり)、組相立て支配仕り、御用向ハ申すニ及ばず、年頭八朔、急度相勤め申し度、何卒御慈悲を以て、先年之通りニ御赦免成し下され候ハゝ有り難く仕合せニ存じ奉るべく候。以上

江州浅井郡大工組頭
宝暦十三年
西嶋但馬(印)
未正月十七日

中井主水様
御役所

これは、大工組として冨田村の独立（冨田組）願いと考えられます。

古格の御赦免高を所持する冨田村の者どもで組を立てて行きたいと言うのです。

大工仲間の定めを守れない者は不要であると言うのです。

一方、二人の組頭によって、次のような願書も提出されます。

《西嶋文書十四》

奉指上口上書
一去ル己年、仰渡され通り承知仕り候。組内申し聞かせ候處、双方不和故、治り方悪ク御座候。依之、両人相続之上、取り計い仕り候處、少シ間、組内和様ニ相成り候節迄、物事分容ニ取り計い仕り候様ニ存じ奉り候。何卒組内和様ニ治り候様ニ、両人相続仕り候間、右之通り願上げ奉り候。又、和様に相成り候ハゝ、又々一集之御願い申し上げ奉り候間、右両用之願、御聞き届ケ成し下され候ハゝ有り難く存じ奉るべく候。以上

江州浅井郡宮部村
宝暦十三年
組惣代 丈左衛門
未二月
同総代
組頭 但馬
同役 清助

中井主水様
御役所

これによれば、二人の組頭が努力をするのであるが、双方（の者ども）が不和のため、治まりが悪く、当面は、但馬組（冨田組）と清助組（高田組）とに分離をしたいと申し出ています。

双方が和睦したときには、再度一組として願い出る所存であると言い、宮部村の丈左衛門が仲裁に入る形で願書を提出しています。

中井家支配の浅井郡大工組が復活してから三十余年、早くも分裂の危機が迫ってきました。

組頭二人の性格や技量等のことでの対立であったのかも知れませんが、私は、時代の流れであったのではないかと思っています。

何時の世も同じで、伝統を重んじるか、合理的な考え方を支持するかといったことは、現代でも多々あります。

今回の浅井郡大工組の分裂の危機はこのことに起因しているように、私は思っています。

「無高之大工共ニハ相抱ず、冨田村御赦免高所持仕り罷り在り候大工共斗（ばかり）、組相立て‥‥」

「近年猥レニ我儘を申し、組入用も差出さず、組仲間も面々勝手を申し、退キ申し候ニ付き、組治まりかた悪ク迷惑仕り候。‥‥」

右のようなぼやきが生まれる背景には、御赦免高を所持する冨田村の集団は、伝統や格式を重んじる集団であったのではないでしょうか。

現代で言う「職人気質」を持つ集団であったのではないでしょうか。

そんなところから、溝が出来たのではないかと、私は思っています。

この分裂の危機の結果については、はっきり分かりませんが、文化十三年（一八一六）の記録では、

冨田組・大光寺組・高田組
今庄組・高田向寄組

の存在を知ることが出来ますので、何時とは断定できませんが、浅井郡大工組は、五つの組に組分けされていったようです。

《参考》　西嶋文書　（びわ町教育委員会）

※1
中井家役所支配の大工組について、その流れを見ると、

①明暦二年（一六五六）には、
冨田村大工高百八拾六石九斗引が見受けられる。
（慶安二年（一六四九）には存在？）
この頃の大工組名は不明

②享保十六辛亥年（一七三一）八月
大工組設立（復活か？）
設立当初は浅井郡組と称す

西島文書「年代記」には、
「浅井郡大工中間組立　七十年余中絶是迄浅井郡無役大工也」
時期は不明だが組立以前に、大工組の消滅期間があったらしい!!
但し、大工高は維持したままで

③宝暦五年（一七五五）
浅井組が浅井組と上浅井組に分裂
・浅井組　（組頭冨田村但馬）
・上浅井組　（組頭今庄村庄次）

④宝暦十年（一七六〇）頃より
組内不和を示す文書多数
（組頭二人制など）

⑤宝暦十三年（一七六三）
宝暦十年来の内部不和より分裂
・冨田組（組頭冨田村但馬）
・高田組　（組頭高田村清助）

⑥安永六年（一七七四）九月
西島文書「年代記」には、
「大光寺組大工冨田村ょり組われ」
これは安永三年頃よりの但馬親子不和に起因する
・冨田組に但馬（権右衛門）所属
権右衛門組と記載の文書あり
・大光寺組に繁右衛門所属

⑦文化元年（一八〇四）十一月
竹生嶋大工阿部権守が中井主水家支配下に入りたいとの願書
冨田組大工より中井家役所へ混乱なきようの願書を提出

⑧時期不明
高田組が分裂（詳細不明）
高田組と高田向寄組とに別れる

⑨文化十三年（一八一六）
「大工仲間定書」には、
・大光寺組（組頭　太郎右衛門）
・冨田組（組頭冨田村西島但馬）
・高田組（組頭錦織村彦右衛門）
・今庄組（組頭高畑村安兵衛）
・高田向寄組（〃谷口村惣左衛門）
・竹生嶋御宮大工（阿部権正）
阿部権正も中井家役所支配に繰り入れられたと思われます。

⑩文政二年（一八一九）
冨田組より冨田組西浦が独立

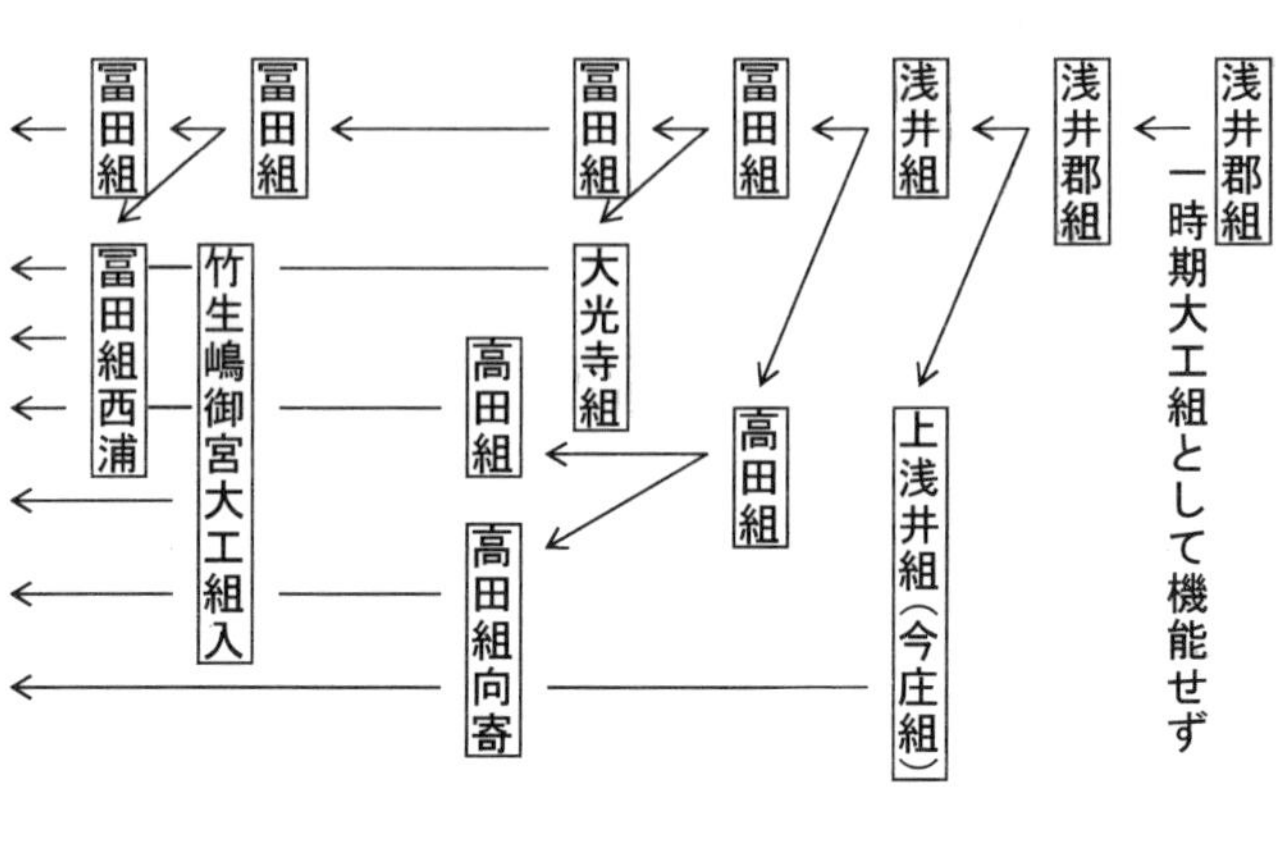

大工仕事場のこと（1）

第１１２号
1998.07.10

江戸時代、冨田村には何人もの大工が住んでいたことは周知のことだと思います。

京都御大工頭の中井主水（中井御役所）の支配を受けていた但馬を中心とするグループ（赦免高百八十六石九斗を所持する）が一つありました。

但馬のグループは古くは浅井氏の小谷城の建設にも係わったと言います。主に五村御坊を中心に、他の幾つかの村々を仕事場にしていたようです。

また、中井御役所の支配を受けず、竹生嶋を主な仕事場とする権正を中心とするグループが別にありました。

権正のグループは、一四〇〇年代から全盛を誇り、全盛期の竹生嶋の各建築に携わってきました。

中世の古文書も多く収録されていて（現物は散逸）当時の様子を垣間見ることができます。

ところが、時代も下がり、江戸時代中期頃になると、竹生嶋は衰退し、いくつかの院・坊を残すのみになって来ます。再建の様子もありません。嶋での仕事量も減ってきたものと思われます。

五村御坊もおそらくさほどの普請はなくなってきたものと推測されます。

大工を職とする者は仕事場の確保をするために、動かざるを得なくなってきたのではないでしょうか。

その一つが浅井郡大工組の復活ではなかったかと思っています。

また、宝暦十年（一七六〇）頃、冨田村権正も中井御役所支配下に入ること（組入り）を計ります。

そして、自分の仕事場の認定を受けようとします。

そのことに関して、中井家支配の組中から反対の声が上がります。

□□村は我々が仕事場にしてきた村で、権正の仕事場ではなかった・・・と訴えます。

それが次の文書です。

《西嶋文書一六》

乍恐書付を以奉申上候
一此度私被召出候而権正より指出
候仕来場所七ケ村之儀私共組内
より指障り申間敷旨御請書指上
可申旨被仰渡奉畏候乍併右之通
ニ被仰付候而ハ私共組内甚難儀
ニ罷成候ニ付其訳左ニ奉申上候
一延勝寺上八木下八木早崎増田今
西津里右七ケ村共権正仕来場所
ニ被申上候得共以外(意外)ニ奉
存候右七ケ村之内延勝寺上八木
弐ケ村之儀ハ御支配大(工)但馬
古来より仕来ニ紛無御座候依之
先々より今以年頭年暮等茂相勤
罷在候御事尤右村方ニ御支配大
工三人も御座候御事
一下八木村之儀は是迄御支配大工
仕来ニ御座候則寺社普請願御裏
印茂頭戴(頂戴)仕罷在候所持仕
候御事
一津里之儀も是迄御支配大工仕来
ニ御座候御事
一増田村今西村弐ケ村之儀ハ是迄
権正場所ニ御座候然共右弐ケ村
并早崎村三ケ村之儀ハ組中仕来
入込場所ニ御座候へ共権正壱人
ニ限場所ニ被仰付候共是悲も無
御座奉畏候右三ケ村之外私共仕
来村場所之儀は是迄之通被仰付
被下置候様ニ御願奉申上候若又
権正江被仰付候様ニ罷成候得ハ
下々の私共困窮仕及渇命難渋至
極　御上々様御用等も難勤歎ケ
敷奉存候ニ付御願申上候何卒御
慈悲之上組大工相続仕候様ニ被
仰付被下候ハゝ難有可奉存候
以上
宝暦十年　浅井郡大工年番
辰十月　冨田村　七兵衛　印
右之通年番七兵衛より書付を以
奉申上候通相違無御座候ニ付組
惣代連判之奥書仕奉指上候以上
浅井郡大工惣代
宇兵衛　印
同　十次郎　印
同　内右衛門　印
同　善兵衛　印
中井主水様
御役所

これによれば、権正が自分の仕事場だと主張した村々は

延勝寺村・上八木村・下八木村
早崎村・増田村・今西村・津里村

の七ケ村であったようです。

それに対して、組中からの反論によると、

◆延勝寺村・上八木村は
支配大工但馬の古来よりの仕事場に紛れもなく、また、同村には支配大工が三人も居ます。

◆下八木村は
今まで支配大工の仕事場で、普請願（建築許可書）の裏印も頂戴しています。

◆津里村は
今まで支配大工の仕事場でありました。

◆増田村・今西村（・早崎村）は
増田村・今西村は権正の仕事場であったことを認めつつ、増田村・今西村・早崎村の三ケ村は、組中も仕事場としてきた入れ込み場所であり、権正一人に限られてしまうと、自分達が困窮し、渇命難渋至極に及ぶので、今まで通り我々が仕事場としてきた所はそのままにしてほしい。

としています。

特に延勝寺村に対しては、村役人から「但馬の仕事場であった」旨の確認書を取ったりしていて、関連する文書が残されています。

しかし、これをそのまま信用するのも、一方的な主張ですので、危険があると思います。


例えば、時代は遡りますが、元和三年（一六一七）銘の津里村白髭神社の上棟文に「安辺権守」の名があるようです。


上の反論の中にも、津里村についてはあっさり書かれています。もしかすれば、津里村は古来より権正（権守）の仕事場であったのかもしれません。

その結果がどうなったかは、現在の段階で、私には分かっていませんが、次に述べる事柄から推測すれば、この時には、権正の組入りは叶わなかったように思われます。


【事柄一】

明和七年（一七七〇）には、延勝寺村の山王社の再建を但馬が請け負っています。

従って、延勝寺村は但馬の仕事場として存続したようです。


【事柄二】

また、文化元年（一八〇四）十一月、権守の組入り（新たな組の創設）に関して、再度、仕事場をめぐる訴えがあったようです。

それによると、権守の主張する仕事場は、

竹生嶋・香花寺・大寺・弥勒寺
大濱村・八木濱村・上八木村
下八木村・津里村・今西村
延勝寺村・増田村・河毛村
早崎村　　以上十四ケ所

とあります。


それに対し、竹生嶋以外の十三ケ所は、冨田組・大光寺組・今庄組・高田組・権守等々が互いに入れ込みになっていると反論しています。

その外、十四ケ所以外には一切立ち入らないように……等々も求めています。

そして最期に、権守の組入りについては、後々、当組（冨田組）は勿論、外の三組とも混乱が起きないような御下知をお願いしています
権守が中井家支配に入ったのは文化十三年（一八一六）の頃であったようです。
同年の「大工仲間定書」には、竹生嶋御宮大工として、大光寺組、冨田組、高田組今庄組、高田向寄組と一書に名を連ねています。

《参考》
西嶋文書（びわ町教育委員会）他

※1
下図は稚拙ながら、仕事場に関わる位置関係の図です。

実際は山本村の背後に山があり、片山村へは山裾を迂回するなど、交通の便は記されていません。

また、村の大小についても考慮していませんが、仕事量はその大小に左右されたのだと思います。


権守（権正）・但馬に関する仕事場位置関係図

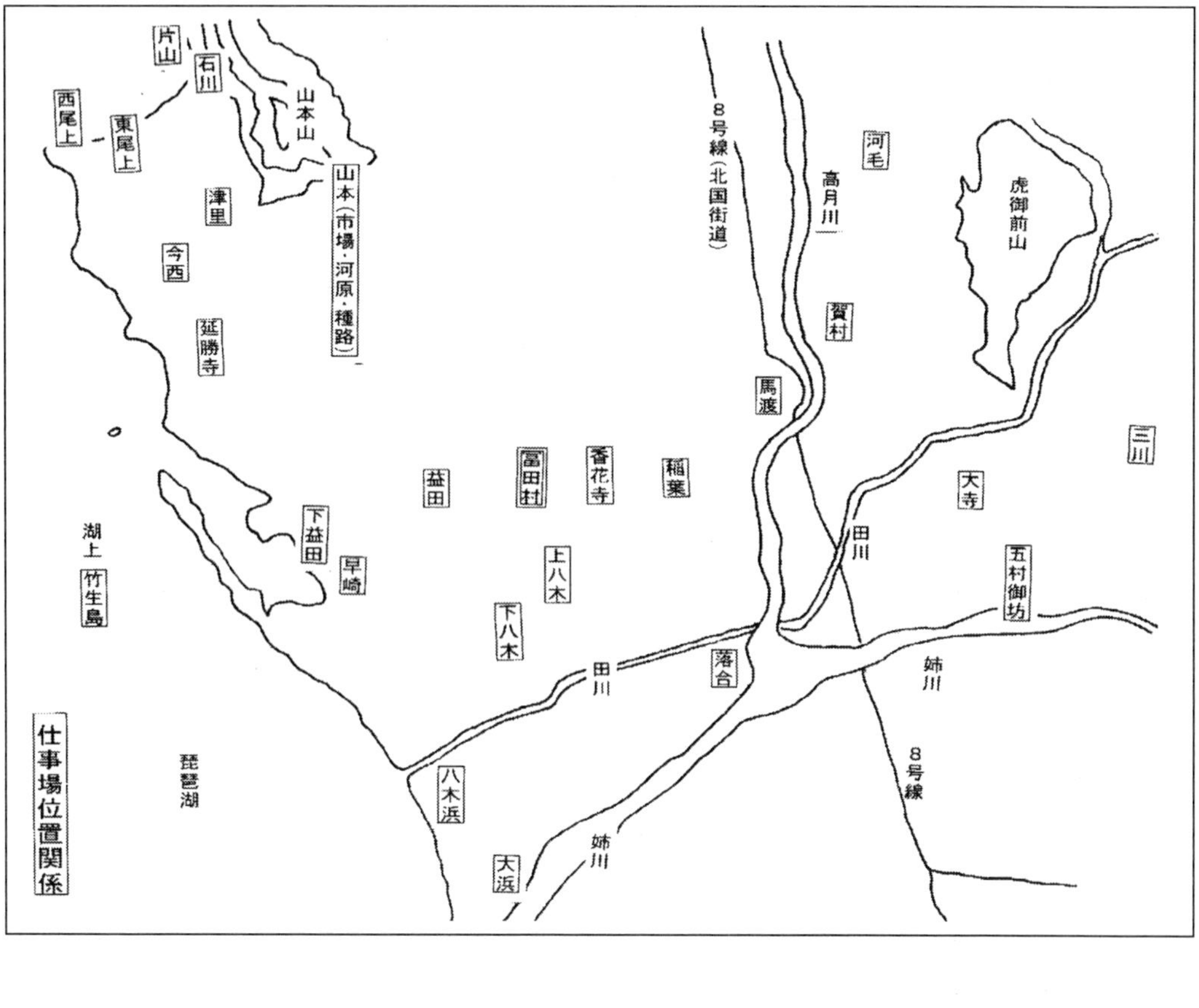

大工仕事場のこと(2)

第１１３号
1998.07.24

江戸時代の大工にとっては、仕事場の確保は重大なことであるのだと、前回に書きました。

今回も同様なテーマで書いてみたいと思います。

《西嶋文書》

乍恐以書付ヲ奉申上候
一當郡中私共組々働場所村々ニおゐて素人并外国より入込候日雇手傳躰之者無役ニて自儘ニ業専ケ相働申ニ付自然と私共仲間之働方衰微仕職分相続難相成難儀仕候ニ付何卒国中御触流シ右御指留之儀御願申出度儀先達而より毎々申出居候へ共容易不成御儀ト奉恐入是迄指扣居候得共段々猥ニ相成仲間之規矩取崩組取締難出来組一統難義至極仕候ニ付無據奉出訴候恐多キ御願ニて御座候へ共何卒御奉行所様へ被為仰立向後右躰素人無役之者自侭ニ大工業不仕様勿論村方ニおゐても右躰之者決而不雇入様国中御触流之儀被為仰立被下候様乍恐此段奉願上候間格別之御憐愍を以右願之趣御許容被成下候ハヽ組々一統永続可仕と難有仕合ニ可奉存候
文化十四年丑二月
浅井郡五組
中井藤三郎様
御役所

上の文書を要約すると

我々の働き場所である村々において、素人や外国人(近江国以外の者と言う意味)等が入り込み、日雇い手伝い風の者や無役の者(中井家支配外の者)がわがままに働くので、自然に我々仲間の働きが衰退して、大工を続けることも難しくなってきました。何卒、国中にお触れを流して頂き、不埒な事をさせないようにして頂きたいと前々から思っていました。しかし恐れ多いと、今迄は差し控えてきましたが、段々乱れてきたので、このままでは仲間の規則も崩れ、組の取締りも出来ず、組内の皆も弱り果てて、訴訟に及びました。どうか、お奉行様に仰せられて、右のような素人・無役の者がわがままに大工業をしないように、また、村々においてもそのような者を雇入れないように、お触れを国中に流して頂けるようにお願い致します。この願を叶えて頂けると組中一統有り難く思います。

といった内容です。

文化十四年(一八一七)といえば、権守も組み入れになっていて、

冨田組・大光寺組・竹生嶋御宮大工
高田組・今庄組・高田向寄組

という六つの組があった筈ですが、浅井郡五組とありますから、まだ、竹生嶋御宮大工は別扱いであったのかもしれません。

つまり、国外からの大工(敦賀の大工か?)や支配外の大工の横暴を嘆いています。

このような大工が働き場所を求めて郡内に入ってくると、郡内の大工の仕事場所が減ってしまいます。

仕事が減れば、死活問題となってきます。

そのための申上書だったのです。

残念ながら、その結果を知ることはできませんが、中井家支配下の大工を保護したであろうことは想像されますので、何かの手が打たれたものと思われます。

この事件も大工職の仕事場をめぐる動きの一つだと思われます。

下の文書も、仕事場の相続をめぐった内容になっています。

この文書は、冨田村但馬家の相続に関する文書ですので、要点のみの記載としておきたいと思っています。

但馬家兵衛の子供には、兄傳内と弟清吉があり、兄傳内が但馬の名跡を相続します。(元文四年(一七三九))

安永二年(一七七三)、清吉が病死すると、兵衛は清吉の孫庄七の後見役として庄七と同居します。

この頃から、兵衛と傳内(但馬)との仲は不和の様子を見せ始めます。

その間、紆余曲折があり、安永九年に右の文書が中井家役所へ提出されます。

《西嶋文書》

乍恐口上書
江州浅井冨田村
大工 兵衛
一私件但馬儀先年同村江別家為致弟繁右衛門ハ私と同家仕居申処繁右衛門儀ハ八年以前病死仕只今孫庄七と私同家仕大工職仕居申候然ル処両家之徳居庭所近在ニ拾壱ケ村御座候此度但馬方へ竹生嶋下升田西尾上村石川村市場村庄七方へ五村御坊加村東尾上村延勝寺村稲葉村山本村と私存命之内両家へ立入場所訳ケ置申度奉存候得共下ニ而仕ケ仕候へハ勝手儘可被成と奉存候間何卒此度御役所様より御書付頭戴仕両人之者共へ相渡置申度奉存候間何卒御慈悲之上私願之通被仰付被下候ハヽ難有奉存候以上
安永九年
子三月廿四日
江州浅井郡冨田村
大工 兵衛
中井主水様
御役所

※ 安永九年(一七八〇)

内容は

傳内(但馬)へは
　竹生嶋・下益田村・西尾上村
　石川村・山本村(市場村)
庄七(繁右衛門)へは
　五村御坊・賀村・東尾上村
　延勝寺村・稲葉村
　山本村(川原村・種路村)

のように割り振って相続させたい、というものです。

これも仕事場を分け与えるという、仕事場に係わっての相続ということになります。

大工職にあるものは、このような仕事場、強いては生活の基盤を重要視したように思われます。

いわば、縄張りと考えられる仕事場の良し悪しで、仕事場の多少で、大工の生活の糧が左右されたものと思われます。

兵衛の傳内(但馬)・庄七(繁右衛門)への分割相続については、その後、問題を残し、尾を引くことになります。

私達素人目から見ても、庄七の仕事場の方が優っていると思われます。

但馬の名跡を継いだ傳内(但馬)にとっては心外であったと思われます。

特に、竹生嶋と五村御坊は、昔から但馬家が得意場所として続いてきた仕事場です。

その五村御坊を但馬家から手放さなくてはならないことに抵抗します。

それらに関連する文書が多く残されていますが、割愛したいと思います。

結果的には、　《西嶋文書抜粋》

…《前略》…
右御坊之儀は庄七得意場所ニ相究
可申候乍然門徒并村方雇主より庄
七不相雇儀は不及貧差ニ候将又…
…《後略》…

という裁許が下され、五村御坊は庄七の仕事場として認定されます。

ただし、門徒や村方の雇い主が、庄七に仕事を依頼しなかった場合は別であるとしています。

門徒・村方へ下駄を預けたような裁定になってはいますが、正式に庄七の仕事場として認定されたものと考えられます。

八十を越える老人(兵衛)の孫可愛さのゴリ押しが通ってしまったのです。

しかもこの件を契機として、大工組の分裂を引き起こすことにもなっていくのです

《参考》
　西嶋文書　(びわ町教育委員会)

※1
但馬親子の不和について、安永三年(一七七四)の文書には、

《西島文書》
奉願上口上書
隠居
一親兵衛私當春頃より何となく不和之様ニ相成、御坊表而両人共細工方ニも指問へ候様ニも罷成、此義不届キ思召候共、永々御出入之者亦而、御憐愍を以和睦之儀被仰付弥々右和睦之上而此末へ御出入儀御願可申上、當時御出入方御指留メ被仰渡驚入承知仕候。依之私義ハ勿論一家共迄何分気之毒ニ奉存候。何れ親子職争ひ之様ニ罷成候而者外聞実縁共相立不申、歎ケ敷仕合奉存候。右ニ付一家共相頼、親兵衛へ段々相詫、何とぞ所存ニも相叶一悔ニ而向後之御出入も申上度、彼是辛労仕候得共、兵衛義得心無御座、且御日切ニも相成、歎ケ敷恐入仕合ニ奉存候。此上彼是間取候内ニ御憐愍ニも相離レ候而ハ、両人共渡世方指問難儀千萬ニ奉存候間、私シ共親子之儀、當分和睦相調一悔ニ御出入御願申上儀延引ニ罷成候得共、以来打捨置不申、一家共甚外慈意方相頼幾重ニも和睦不仕候テ者不相成儀ニ御座候間、是悲共和睦仕候而、其節私儀ハ御願可申上候。先兵衛江御憐愍を以御普請被為　仰付可被下様奉願上候。以上
　西嶋但馬

とあり、この時点で不和が始まっており、五村御坊から出入差止めとなっています。

安永五年(一七七六)には、村役も間に入り

《西島文書》
曖證文之事
此度兵衛傳内親子無何不和ニ罷成、其上及上論候而従　御役所様御慈悲を以村役人へ和談之曖被仰付候所、御役所様御権威ニ奉恐、和談仕り申候次第左ニ可被相認事
　傳内一札
一居屋敷地斗り貰イ申事
一細工場所旦那方出入、私シ方より相勤申間敷候。惣而親兵衛指圖ヲ請不申候而者一日抹仕間敷候以上
　傳内印
兵衛一書
一向後より親子ニ而御座候事
一細工之義ニ付、又者何亦よらず私シ申通り随ひ候ハ者、細工一日之遊び無之様指圖致、其上気ニ入次第相應目分料双方可仕候。以上
　兵衛印
右之通御役所様御慈悲を以和談被為仰付候所、和談曖相調申候而、我々共迄難有奉存候。右双方共ニ為致印形、御届ケ奉申■■。以上
　村役人印
御役所様

一旦は和睦し、相続した田畑も親兵衛へ返すことになりますが、真の和睦とは成らなかったようです。

親子の不和が発端となり、安永六年には大工組も組割れとなり、冨田組組頭を但馬が勤める一方、親の兵衛、甥の庄七(繁右衛門)は大光寺組に属するなど、溝は深まるばかりでした。

そして、右本文の安永九年の仕事場分与と発展することになります。

但馬や但馬の一門にとっては生活にも拘わる重大事であったため、多数の文書が残されています。

五村御坊宛、村役人宛の下書きの端裏書きには「出シ不申候」「五村下書不納候」等とあり、但馬の苦悩していた姿が見えるようです。

結果的には、中井家役所へ上の仕事場で了解する請書を提出することになるのです。

近江国に富田庄は二ヶ所

第１１４号
1998.08.10

「近江国浅井郡冨田庄」は、現在のびわ町冨田村付近を中心とした荘園であったと考えられています。

永和二年(一三七六)九月六日、冨田庄にあった京都仁和寺南院領の田地三町五段が、速水庄の地頭代によって押妨される記録が残っています。

> 仁和寺南院領、江州冨田庄内田地三町五段事、雑掌申状如此。子細見状。同国速水庄地頭代混當庄内押妨云々。近日門跡領等事、別而所被興行也。早相尋實否、為事實者、任先例可被全寺家所務之状、依仰執達如件。
> 永和二年九月六日　　武蔵守　判
> 佐々木四郎兵衛殿

〈仁和寺文書〉

この文書の存在によって、十四世紀の冨田村には、京都仁和寺南院の荘園があったことを知ることができます。
また、その荘園を「冨田庄」と呼んでいたことも分かります。

永和二年のこの文書が「冨田」と言う地名の最古の史料だと思われます。十五世紀・十六世紀になると、阿部文書の中にも「冨田庄」として何度も登場しますし、他の文書からも拾うことができるようになります。

従って、古記録から「冨田村」をたどり得るのは、この十四世紀頃の「冨田庄」という荘園からで、それ以前のことは全く不明です。

> 富田庄(とんだのしょう)
> 現びわ町富田・北富田付近にあった荘園。天元三年(九八〇)二月二日の某寺伽藍縁起資材帳(金比羅宮文書)に「冨田庄田四町　畠一町　山十二町山北」とみえ、京都の某寺領であった。この寺は奈良東大寺僧朝南が建立し、甥の印聖に譲られた後、・・・(略)・・・とあるので、庄の成立は一〇世紀初頭にさかのぼるものと考えられる。下って永和二年(一三七六)九月六日、当庄にあった京都仁和寺南院領の田地三町五段が速水庄(現湖北町)地頭代によって押妨されている(「室町幕府御教書案」仁和寺文書)。延徳三年(一四九一)八月十五日にも幕府より「富田庄福永内散在田畠」の当知行を安堵されており(「幕府奉行人連署奉書」同文書)、仁和寺の当庄領有が部分的にせよ、引継がれていたと考えられる。
> ・・・・(後略)・・・・

(※ 傍線は筆者)

ところが、先日、「滋賀県の地名」(平凡社刊)を調べていると、「冨田庄」について、上のように説明がされていました。

上の説明の中で、天元三年の記事(傍線部分)に「山十二町」とありますが、冨田庄には「山」があった筈もなく、また、山を削って田地としたという言い伝えもなく、不思議に思っていました。

ところが、同書「滋賀県の地名」の頁をペラペラと見ていたところ、偶然にもう一つの「冨田村」「冨田庄」を見つけました。それによると、

> 戸田村(とだむら)　　現 守山市立田《たつた》町
> 立花村の南西、野洲川南流右岸に位置。富田村・留田村とも記した。天元三年(九八〇)二月二日の某寺資材帳(金比羅宮文書)に「富田庄」とみえ、田一町・畠一町・山一二町山北とある。同庄を領したのは東大寺僧朝南により建立された甥の印聖へと伝えられた寺であるが、寺名は不明。「蔭涼軒目録」文正元年(一四六六)三月一〇日条に夏阿弥知行の富田庄をめぐる争いについて裁定が下され落居したことがみえる。・・・・(略)・・・・
> 天正一九年(一五九一)四月の徳川家康知行目録写(大谷文書)に「千参百九拾四石三斗五升　富田」とある。・・・・(略)・・・・
> 明治七年(一八七四)から翌八年にかけて立花村と合併、立田村となった。
> ・・・・(後略)・・・・

※「田一町」は、「田四町」と思われるが、原文通りとした。傍線は筆者
・・・・・・・・・・・・・・・・・・・・

とあり、現在では「富田」とは言わないまでも、昔は「富田」と言った村があったことを発見しました。

今までは、「近江国富田村(庄)」とあれば、「浅井郡富田村(庄)」とばかり理解していましたが、「野洲郡富田村(庄)」の可能性も出てくることになります。

従って、「滋賀県の地名」の著者はこの点に気づかず、天元三年(九八〇)の金比羅宮文書を吟味せずに、浅井郡の冨田村にも適用してしまったのだと思われます。

ちなみに、角川書店刊の「日本地名大辞典滋賀県」では、天元三年の記事を「野洲郡富田庄」として扱っています。

今年の三月一日(日曜日)に、守山市立田町まで行ってきました。

地図の上では、野洲川左岸の旧堤防沿いにある村ですが、「山」らしきものが見当たらないため、現地を確認しようと思って行ったのです。

野洲郡立田村(旧戸田村・富田村)は、広々とした田圃のど真ん中で、ここにも「山」はありませんでした。

ただ、野洲川の旧堤防沿いに雑木林や竹林がこんもりとあり、その広さは

二〜三町程だと思われました。また、この雑木林の一角に村の神社があります。

おそらく、これらの雑木林が「山」と記載されたのではないかと思われました。

また、この雑木林や竹林は村の東側一帯にあり、「山十二町山北」の記事にあるように、村の北側かと思っていましたが、それもアテ外れでした。

しかし、立田町の住宅案内板には、山林・竹林という説明があり、緑色に塗られていたのが印象に残りました。

付近には守山北高校があり、北東には野洲川が流れ、開けた田圃の中にはビニールハウスや温室が立ち並び、野菜を栽培しているようで、村の中に野菜集積場があるという、田圃に囲まれた村でした。

結論的には、天元三年(九八〇)の記事は、「野洲郡富田庄」の記事だと解釈した方がいいのかもしれませんが、ここだという断定は出来かねます。

また、ある人の助言では、山地を飛び地として持っていたのではないかという指摘を受けました。

例えば、湖北町延勝寺等が奥琵琶湖に「向かい山」を持っているように、どちらかの「冨田村」が北の方角に山地を持っていたのかもしれません。

ともかく、中世以前から「浅井郡」と「野洲郡」に『冨田庄』と呼ばれる荘園があったことは事実のようです。

従って、古文書(古記録)からどちらの『冨田庄』と解釈するかは、地名ばかりでなく、その状況やその他の記載事項から判断をしなくてはならないと思います。

近江国の出身の武士で、豊臣秀吉に仕え、伊勢国安濃郡で五万石を領し、江戸時代には、その子、冨田信高が伊予宇和島藩主となった「冨田(とみた)知信」という人物がいます。

彼が近江出身いうことと、姓の冨田とを関連させ、「冨田知信」の出身地を、浅井郡びわ村冨田に比定している『松本城とその城下町』(中島次太郎著)という本があります。

しかし、これは近江国の中で冨田村を捜した結果なのかもしれませんが、浅井郡びわ村冨田出身については首をひねらざるを得ません。

ただ、木下藤吉郎(秀吉)が長浜城を築いた頃からの人ですから、浅井郡びわ村冨田出身というのも捨て切れないものもありますが・・・。

《参考》
「滋賀県の地名(日本歴史地名大系)」(平凡社)
「日本地名大辞典滋賀県」(角川書店)
「松本城とその城下町」(歴史図書社)
「東浅井郡志」巻四　他

※1
浅井郡の冨田庄の初見は、永和二年(一三七六)九月六日の京都仁和寺南院領云々(仁和寺文書)ですが、その文書には近江国冨田庄とあるだけで、浅井郡の記載はありません。しかし、同文書に速水庄云々と続くことによって、この冨田庄は我等が村の浅井郡冨田庄だと判断することが出来ます。

冨田村の前身である冨田庄の歴史もこの一枚(永和二年)より前には遡ることが出来ません。

それ以上古い時代を示すものは何ひとつありません。将来何かが見つかるかもしれませんが、現在では最古の史料です。

しかし、上の一枚の仁和寺文書を詮索すると、もう少し遡れるのかもしれないのです。

詳しいことは分からないのですが、仁和寺で伺った話では、永和二年には仁和寺南院は既に廃寺となっていた、との旨を聞きました。

それが事実なら、この文書の存在はどう考えたらいいのか、私としては何とも言えないのですが、逆に見れば、冨田庄が仁和寺南院領になったのは更に遡れるのではないかと思うのです。

どのような経緯で仁和寺南院領になったかは不明ですが、少なくとも仁和寺南院が存在している時期に荘園化されている筈です。そう考えれば少なくとも仁和寺南院が廃寺になる以前までに冨田庄の成立を遡ることが可能になります。

仁和寺南院が廃寺になった後も、何等かの理由で仁和寺南院領として存続した、実質的には仁和寺そのものの荘園となった・・・と考えられないでしょうか。

では、仁和寺南院が廃寺となった時期が何年頃なのかが問題となってきます。

仁和寺南院が成立したのは、仁和寺史料では長承元年(一一三二)と思われ、その後、塔、経蔵、釈迦堂、迎接堂が建立されたようですが、その後、一三世紀初頭には多少の記事を見つけることができます。

しかし、その後、記事も見られなくなります。

反面、一四世紀になると常瑜伽院という寺院が存在し、

常瑜伽院南北南院之跡也、今田地計也、三四段許歟、御池昔南院之池也、是寛平法皇之御所也、近来常瑜伽院御池成也、

「仁和寺史料寺誌編二」より

という記事に出合います。

おそらく、南院は一三世紀中頃には廃寺となっていたようです。

そして、一三〇〇年頃には、仁和寺南院の跡地に常瑜伽院が建立されていたようです。その後も常瑜伽院の記事を見受けることが出来ます。

ところが、冨田庄の初見として登場する仁和寺文書は、一三七六年のものです。この頃といえば、南院が廃絶して一〇〇年近くも経ています。これは一体どういうことなのでしょうか。文書そのものが偽文書か、誤読があったのか・・・、どう理解していいか分かりません。

もしかすれば、地元では南院の廃絶すら知らなかった(?)のかもしれません。

浜松藩近江三郡の村々

第１１５号
1998.08.24

　冨田村は享保十四年(一七二九)以降は、大半が浜松藩の支配になります。(百七石余は旗本西郷氏の支配です)

　藩主は、松平伊豆守・松平豊後守・井上河内守・水野越前守と変化していきますが、水野越前守の子の水野和泉守が山形藩に移封される弘化二年(一八四五)まで、浜松藩に属します。

　この間の百二十年余の史料の中に、「三郡」とか「近江国三郡」とか「浅井・坂田・蒲生郡」という記事や署名をした文書が多々残されています。

　これは、浜松藩が近江の中に浅井郡・坂田郡・蒲生郡の飛び地を持っていたことを意味しています。

　これらの三郡は、各郡に代表庄屋をを決め、三郡の交流があったことが分かっています。

　また、各郡毎の中でも交流があり、少なくとも年一回(七月?)は、庄屋連中が当番庄屋の村において会合を持っていたように思われます。

　冨田村では、文化元年(一八〇四)に「十ケ村郷寄」が庄屋太兵衛宅に於いて行われたことが確認できます。

　また、元文二年頃(一七三七)には、冨田村庄屋太兵衛と大寺村庄屋長右衛門が浅井郡十ケ村の代表であったことが確認できますし、文化二年(一八〇五)には、冨田村庄屋佐五右衛門・八木浜村庄屋宗右衛門が浅井郡十ケ村の代表であったことも確認できます。

　今回は、浜松藩支配の近江国三郡に属した村々を調べてみたいと思っています。

　私の調べられる範囲では、浜松藩の全体を把握できる文書はありませんので、地名辞典を一ページづつ調べる方法をとりました。従って、見落としがあるかも知れませんが、以下のようなことが判明してきました。

　「滋賀県の地名」日本歴史地名大系二五(平凡社刊)によって確認できたものを、下記の表にしてみました。
　下表の①～⑤は時期を表し、その年代は次のようになっています。

①松平(大河内)伊豆守支配の頃
　(一七二九～一七四九)
②松平(本庄)豊後守支配の頃
　(一七四九～一七五八)
③井上河内守支配の頃
　(一七五八～一八一六)

郡	村名	現在の地名	村高	①	②	③	④	⑤
浅井郡	冨田村	びわ町富田	内六六二石余	○	○	○	○	○
浅井郡	八木浜村	びわ町八木浜	三一三石余	△	△	○	○	○
浅井郡	下八木村	びわ町下八木	内四九一石余	△	△	○	○	○
浅井郡	十九村	びわ町十九	一九石余	△	?	○	○	○
浅井郡	大安寺村	湖北町大安寺	内三〇〇石	?	?	○	○	○
浅井郡	醍醐村	浅井町醍醐	六九石余	△	△	○	○	○
浅井郡	岡谷村	浅井町岡谷	一五二石余	△	△	○	○	○
浅井郡	三川村	虎姫町三川	内二〇〇石	?	?	○	○	○
浅井郡	大寺村	虎姫町大寺	内二六三石余	△	△	○	○	○
浅井郡	月ケ瀬村	虎姫町月ケ瀬	内五九六石余	?	?	○	○	○
坂田郡	多和田村	近江町多和田	内一七八石余	?	?	○	○	○
坂田郡	山室村	山東町山室	内一七八石余	?	?	○	○	○
坂田郡	上夫馬村	山東町上夫馬	五〇六石余	?	?	○	○	○
坂田郡	伊吹村	伊吹町伊吹	五三二石余	?	?	○	○	○
坂田郡	小泉村	伊吹町小泉	一四五石余	?	?	○	○	○
坂田郡	大久保村	伊吹町大久保	一一三石余	?	?	○	○	○
坂田郡	戌亥村	長浜市山階町	内一三四石余	?	?	○	○	
坂田郡	辰巳村	長浜市山階町	内二七八石余	△	△	○	○	○
坂田郡	小堀村	長浜市小堀町	五一九石余	△	△	○	○	○
坂田郡	保多村	長浜市保多町	内一三四石余	?	?	○	○	○
生郡	河原村	日野町河原	五九三石余	○	○	○	○	
生郡	松尾山村	日野町松尾	四九〇石余	○	○	○	○	
生郡	上野田村	日野町上野田	内三九七石余	○	○	○	○	
生郡	南蔵王村	日野町蔵王	一四六石余	○	○	○	○	
生郡	西明寺村	日野町西明寺	六二八石余	○	○	○	○	
生郡	小野村	日野町小野	二六五石余		○			
生郡	庄村	日野町杣	七九〇石余		○			
生郡	中在寺村	日野町中在寺	八〇七石余		○			
生郡	寺村	蒲生町寺	三六八石余			○		
生郡	川合村	蒲生町川合	一〇三八石余			○		
生郡	宮川村	蒲生町宮川	五八二石余			○	○	
生郡	葛巻村	蒲生町葛巻	六四三石余		○			
生郡	川守村	竜王町川守	内七三九石余			○		
生郡	川上村	竜王町川上	内五三石余			○		
生郡	薬師村	竜王町薬師	内六二一石余			○		

④水野越前守支配の頃
（一八一六～一八四五）
⑤水野和泉守支配［山形藩］の頃
（一八四五～一八七一）

また、蒲生郡の支配の変化は、浅井郡・坂田郡のように、藩に固定された領地と、藩よりも領主に付随して動く領地があったように思われます。

浅井郡・坂田郡の村々も、水野和泉守に従って山形藩支配に変化しています。

このように、「飛び地」支配は領主の移封等によって、度々、領主を替えたり、支配される藩が替わったりしたようです。

また、「飛び地」である村々は、同一支配の村々と、一つのまとまり(組)をつくり、独自の会議（郷寄）をもっていたように思われます。

浜松藩浅井十ケ村のように、酢村・錦織・稲葉・小観音寺・大安寺の五ケ村が、旗本仙石氏の郷組を持っていたらしいことも知られています。

このように「飛び地」である村々は郷寄によって、ひとつにまとまり、その組の代表庄屋が大庄屋的な役割をになって、藩や領主との交渉や連絡、諸経費の立替や徴収等々の役務を果たしていたのではないかと考えられるのです。

特に、藩主の所替えなどがあった場合は、それに対応するための郷寄を開催したようです。③井上河内守の所替えの折りには地元浜松を始め、各地でも郷寄りなどが行われたようです。

《参考》
川崎文書（滋賀大学史料館））
『滋賀県の地名』日本歴史地名大系
（平凡社刊）

蒲							
小口村	竜王町小口	内 四九七石余		○			
武佐村	近江八幡市武佐町	一九一石余			○		
千僧供村	〃 千僧供町	一〇五一石余			○		
馬淵村	近江八幡市馬淵町	内 一〇〇四石余			△	○	
新巻村	近江八幡市新巻町	一四五石余	○				
東横関村	〃 東横関町	内 二九石余			○		

※「内」とあるのは相給の村を表す
※「△」は辞書では確認できないが、別史料で推定できるもの。
※「？」はどうとも確認ができない村
※空白は別支配の確認ができる村

※辞典によれば
②は「宝暦郷帳」が出典であり、
③は「天明村高帳」が出典です

※配布後に一部訂正しています

※1
右の村々は浜松藩の同領として、浅井・坂田の村々とは交流が深かったようですが、支配が代われば、同領の村々も異なります。

次の文書は浜松藩とは異なるメンバーの村々を示す史料です。

《未整理二三八》

此状當り村々相廻シ可申候。以上
當御取ケ御免定相渡可申候間、庄屋年寄之印判持参、壱ケ村ゟ右役人之内壱人宛、此状参着次第罷上可申候為其如此候。油断有間敷候。以上
戌廿三日馬場　　馬場茂右衛門
小堀村
辰巳村
川崎村
大井村
延勝寺村
冨田村
下八木村
八木濱村
右村々庄屋
年寄中

「免定を取りに来い」という内容ですが、メンバーの村々が一部変わっています。

時代は未記載ですが、浜松藩支配以前の時代だと思います。

天領時代は周囲の村々も天領支配でしたから除外しても可と考えられます。また、新井・野寺・十九村等が含まれていませんから堀氏時代も除外出来ます。冨田村の土屋氏支配は四年しかなく、その間に戌年はありませんから、土屋氏支配も除外できます。

残るは、大久保佐渡守の支配しか残りません。当時、下八木・八木浜村も大久保氏の支配を確認出来ますから、宝永二年(一七〇五)から、享保一〇年(一七二五)迄の間の二一年間の同領メンバーの村々だと断定出来ると思います。

従って上の文書の時代は、宝永三年(一七〇六)戌、享保三年(一七一八)戌のどちらか絞れます。

享保三年の代官は富岡源右衛門だと分かっていますが、宝永三年はわかっていませんでしたから、宝永三年に比定出来そうです。

となると、取りに行った、この年の免定には四ツ二分と書かれていた筈です。

話が多少横道に入りましたが、小堀村・辰巳村・川崎村・大井村・延勝寺村・冨田村・下八木村・八木濱村の八ケ村が、大久保氏支配の同領として坂田・浅井郡の大組んだ時代があったことが判明します。

この内、大井村・川崎村を除く六ケ村は引き続き浜松藩のメンバーとして同じ道を歩むことになります。

また、寛永一〇年(一六三三)から延宝七年(一六七九)の間、冨田村は堀氏の支配下に入りますが、寛永一〇年五月、堀市正よりの禁制状宛名に冨田村・十九村・新井村・野寺村・佐野村之内・大井村之内とあり、これら六ケ村が浅井郡の同領としてメンバーを組んだ時代もありました。

噯《あつかい》人は誰がつとめた!?

第１１６号
1998.09.10

左は「年代記序」とある文書の抜粋です。　《家一》

寛文拾二子　免四ツ三厘
堀市正様代官
君嶋理右衛門
此子ノ年ニすけつぎニ大木ヲ入ほくりかたニて水取申し候ヲ、冨田村より見付け、去年おこし候ゆへ、論これ有り候て、近所庄屋衆取あつかひ申し候。
噯人《あつかい》　香花寺　博太夫
落合　庄兵衛
中野　伊右衛門
新井　半右衛門
十九　右衛門介
冨田庄屋　三名連記(略)

宝永五子　免四ツ二分
大久保佐渡守様代官
冨岡源右衛門
此子年ニすけつぎ伏替の論有り近在之庄屋衆とりあつかひ、有り来り之通りニふせ申し候。
噯人《あつかい》　上八木　平内
難波　林助
香花寺　博太夫
弓削　治太夫
下八木　□□(破損)
大安寺　□左衛門
稲葉　傳之丞
延勝寺　四郎太夫

享保拾七子　免四ツ壱分弐厘
松平伊豆守様郡代
神山棒兵衛
此子ノ年ニすけつぎ伏替□論これ有り、近在庄屋衆とりあつかひ、ふせ申し候。
噯人《あつかい》　香花寺　傳内
いなは　傳之丞
弓削　治太夫
月ヶ瀬　喜内
大安寺　小左衛門
延勝寺　四郎太夫
冨田庄屋　三名連記(略)

宝暦六子　松平豊後守郡代
後藤斧右衛
此子ノ年ニすけつぎ又伏替有り
噯人《あつかい》　香花寺　傳太夫
いなは　傳之丞
弓削　久左衛門
月ケ瀬　喜内
大安寺　左助
延勝寺　善次郎

※寛文拾二年子(一六七二)
※宝永五年子(一七〇八)
※享保拾七年子(一七三二)
※宝暦六年子(一七五六)

百姓にとって水は命である。命の用水(御料所井)の確保は死活にもつながる重大事であったと思われます。

用水を確保するため、底樋の整備、用水路の整備、用水の分岐点での分木の設置等が重大であったのです。

上の文書の「すけつぎ」「すけつぎまた」(すけ継又)は、これらの用水関係の設備であったようですが、実態ははっきりとはわかりません。

しかし、二〇～三〇年毎に伏替作業を実施しています。用水にとっては、重要な役割をになったものだと思われます。

用水関係の工事は、関係する村々が共同作業をしていました。

また、底樋などの大規模な工事については、各領主が相応の費用を分担しました。しかし、分木伏替やすけつぎ伏替については当事者負担であったようです。

領主が費用を分担する工事については、支配者側の監視もあったでしょうが、すけつぎ伏替のような工事は当事者間で実施したと考えられます。

このような際に、公平を期するための立会人・仲裁人・調停人等のことを「噯(あつかい)人」と言いました。

従って「噯人」は第三者的立場の人(第三者的立場の村の庄屋)に依頼することになります。

寛文十二年(一六七二)のときは、当事者の冨田村・香花寺村以外からは、落合村・中野村・新井村・十九村の各庄屋が当たっています。

しかし、この当時、

冨田村・新井村・十九村　‥‥　堀氏支配村々
香花寺村・落合村　‥‥　天領(?)支配
中野村　‥‥‥‥‥‥　彦根薄支配

つまり、自分の村にとって有利になる同一支配の村々の庄屋に依頼しています。

その関係も、村々の力関係ではなかったかと想像しています。

そのような視点で見ると、

宝永五年(一七〇八)では、

冨田村・下八木村　‥‥　大久保氏領
冨田村・延勝寺　‥‥‥　旗本西郷領
香花寺村・弓削村　‥‥　本多氏領
稲葉村・大安寺村　‥‥　旗本仙石領
上八木村・難波村　‥‥　彦根藩領

となり、ほぼ平等に仲裁できる数的関係になっています。

また、享保十七年（一七三二）では、

冨田村・月ヶ瀬村・大安寺村　……浜松藩領
冨田村・延勝寺　……　旗本西郷領
香花寺村・弓削村　…　郡山藩領
稲葉村　…………　旗本仙石領

となり、当事者以外は冨田村関係の村々のメンバーになっています。数的には冨田村有利の状況であったのかもしれません。

更に、宝暦六年（一七五六）では、

冨田村・月ヶ瀬村・大安寺村　……浜松藩領
冨田村・延勝寺　……　旗本西郷領
香花寺村・弓削村　…　郡山藩領
稲葉村　…………　旗本仙石領

となり、浜松藩の領主は、松平氏から井上氏に変わっているものの、享保十七年の時と支配関係は変わっていません。やはり、冨田村関係が数的に勝っています。

「すけつぎ」「すけつぎまた」の実態は分かりませんが、用水に関するこれらの工事（伏替え）で、噯人が、冨田村と同一支配の村々の庄屋であったことは、少なからず冨田村優位の伏替えが行われた可能性もあります。

そのような不平等なことはなかったのかもしれません、あったかもしれません。実態は不明ですが、噯人の関係から見る限り、冨田村がもの申す立場にいたことは否定できないと思えるのですが…。

それは、冨田村が用水の末端に位置したため、数の上でも、力の上でも勝ることによって初めて、平等が保てたのかもしれません。

上流の村々は、水を途中で止めてしまうという、実力行使という切札を持っていたでしょうから…。

前号で、冨田村と同一支配の村々をリストアップしましたが、これらの村々の連帯意識というものは、現在の我々が考える以上に強かったように思われます。

その一例が、今回の噯人の問題でもあると思っています。

人の他の例では、冨田村内のトラブルの仲裁に、同一支配グループの八木濱の庄屋が立ち会ったこともあったようです。（内容は若干公表をはばかりますが…）

また、縁談等についても、結び付きが強かったとも思われます。

《参考》
川崎文書（滋賀大学史料館）
「滋賀県の地名」（平凡社刊）
「日本史広辞典」（山川出版社）
「びわの歴史トピックス」
（びわ町教育委員会刊）

※1
訴訟事が発生すると、江戸時代初期には奉行所が直接裁許したようですが、一七世紀中頃以降は、内済を勧めるようになったと云い、以後定着化していったようです。

「内済」とは、奉行所から指名された第三者（噯人）が仲裁調停に入り、当事者と解決の方法を模索する方法です。

一般には、複数の噯人が問題解決の条件・方法・策を提示し、当事者が受け入れるという形で行われたようです。どちらか一方が不承知の場合は更なる提案を計ることになります。

「内済」で和解が成立した場合は、その旨を奉行所に報告（内済證文）することで一件落着となります。双方には済證文が噯人より渡されます。

噯人の仲立ちでも「内済」が妥結しないときは、奉行所が介在することになったようです。

また、噯人なしで当事者双方が熟談し、和解を図る場合もありました。

出訴中、互いに郷宿を行き来して内済に向けて熟談している様子を示す史料も残されています。

幕末、安養寺出作一件では何ケ月にもわたって熟談を続けています。

上のように、複数の村の利害が衝突する水利関係の普請にも噯人が登場しますが、この場合は、仲裁調停人というより、証人として立ち会ったと見ることが出来ます。

もし、揉めることがあった場合は仲裁調停をしたものと思われます。

このような時の噯人は、複数の第三者と、双方の同領庄屋が立ち会うことが原則だったようです。

本文で紹介した、力関係ではなかったようです。一部訂正します。

次の文書はその噯人についての習慣を示していると思います。

《村政三一部分》

乍恐口上書を以御注進申上候

一御領分月ヶ瀬村、他領小今村与出入之儀ニ付、大ツ本會所町一文字屋久兵衛、金蔵町饂飩屋長兵衛取噯申度由、京都御町奉行様へ願出候処、月ヶ瀬村・小今村近村庄屋共召連罷出候様ニと久兵衛・長兵衛江被仰渡候ニ付、右両人方より罷出候様ニと罷出候様ニと申来候。御領分ニ而ハ罷出候様ニと三人、松平豊後守様御領分南速水村庄屋理兵衛・大井村庄屋所左衛門・海老江村庄屋加兵衛罷出候。依之御注進申上候。以上

冨田村庄屋
太兵衛

享保十五年
戌八月十三日　大寺村庄屋
長右衛門

三河村庄屋
善太郎

吉野逗八様
波多野惣七様
堀口治太夫様

（※享保一五（一七三〇））

月ヶ瀬村と小今村の井水の出入について、大津の町人二人が仲介に入っているのですが、京都町奉行は噯人として更に、月ヶ瀬村（浜松藩松平伊豆守領）の同領から、冨田村・大寺村・三川村の三人の庄屋を、また小今村（三河吉田藩松平豊後守領）の同領から、南速水村・大井村・海老江村の三人の庄屋を呼び出しています。

つまり、双方から同数の噯人を準備したと考えられます。

冨田村の産業について

第１１７号
1998.09.24

江戸時代の冨田村は、百姓と大工が住んでいたことは周知のことだと思います。

それ以外の職業に就いている者はなかったのでしょうか。

今回は、冨田村の産業について考えたいと思います。

百姓と大工以外に、百姓の傍ら酒造業を営んでいた（酒株も持っていた）家が三軒あったことは、以前にも取り上げました。（第四四～四七号）

今回は、それ以外のことについて見ていきたいと思います。

先日「長浜縮緬の専売と織元」という本を読みました。

江州縮緬（長浜縮緬・濱縮緬）を湖北地方に創始したのは、難波村の中村林助・乾庄九郎であることはご存じだと思います。

時代は寛保年間（一七四一～四四）頃だと言われています。

宝暦年間（一七五一～六四）には、この縮緬が江州縮緬として、京都で販売されています。

また、彦根藩の保護の下で、宝暦十年（一七六〇）、林助・庄九郎の「織元」制度が確立されます。

更に、明和七年（一七七〇）には縮緬織屋株仲間が結成されます。

その株仲間九十一人の内訳は次のようになっています。

南浜村　三六名
川道村・曽根村　各 九名
落合村　六名
宮部村・新井村・八木浜村　各 三名
弓削村・錦織村・中浜村・野瀬村
各 二名
大浜村・冨田村・十九村・小倉村
唐国村・酢村・五村・山本村
津野里村・大寺村・大井村
口分田村・田川村・鍛冶屋村
各 一名

※※傍線は筆者

※史料には名前があるようだが、本には省略されていて不明

当時、冨田村にも縮緬織屋業をしていた人があったようです。

その後の動向は、何も分かりませんが、百姓以外の稼業をしていた人の存在だけは確認ができました。

また、文化六年（一八一三）三月に、新たに新規として株仲間に加わった者の中に、冨田村G太夫の名前があります。

又また、G太夫のその後についての動向を知る史料はありませんが、幕末の冨田村においても「ガッチャンガッチャン」の音が聞こえていたものと思われます。

乍恐書付を以御願奉申上候

一北冨田村染物職に、私幼少之時より奉公仕、三拾年之間久業ヲ相勤、内會共ニ世話仕候。且又今ニて職も随分繁昌致シ候。此末ながら右染物大切と存候。又ハ外より同職五六人も立廻候。それ故、右親と相談上、同様ニ染物致ス様と被申候。夫レから私儀思ひ立候て、道具并督イ先迄、山本村より買求置候處、然所ニ六之助と申者、殊之外無躰成ル哉、私ヲ新職と申立、甚私難儀迷惑ニ存候。私三拾年久業□レ其かいも無之候。染物職より外事は且而不存候。何分私儀渡歳之すきわい致し方も無御座候。八拾余之老母ニ難儀致させ何共歎ケ敷存候。哀御慈悲ヲ以何卒染物職被為仰付置被下候ハヽ、難有仕合奉存候。以上

辰十一月日　南冨田村願主
K兵衛

《工業一》

※年代は辰年としか分からないが、江戸後半～幕末の時期だと思われます。

右の文書からは、北冨田村で染物業を稼業としていた者があり、三十年間も奉公していた南冨田村K兵衛が、今独立をしようとしている姿が浮かび上がってきます。

染物業が繁盛していることや、独立に際して、道具や得意先を山本村より買い求めたことなど、興味ある話も書かれています。

又、六之助という無躰なる者の存在すら興味を覚えます。

ともかく、染物業を稼業とする者が存在した事が確認できると思います。

縮緬織屋・染物業など、養蚕業につながる稼業があったことが確認できました。

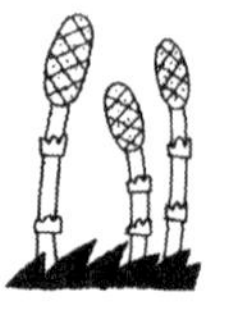

また、次の頁の文書は読み辛く、正確に読めているかどうか心配ですが、織屋に関する文書だと思われます。

これは、縮緬三疋（一貫二百匁余）に対する受取金・残金等の記録のようです。

これからは、T兵衛がI左衛門から幅廣縮緬を購入し、代金の一部二十五両を支払い、残金が元利合計九両余残っていることを示しています。

直接、I左衛門が縮緬織屋であったかどうかは不明ですが、少なくとも何等かの形で関与していたことは間違いなさそうです。

しかし、上の名前不詳の縮緬織屋、または、新規に縮緬織屋を始めたG太夫との関係も分からないままです。

覚
一大廣縮緬三疋　目方
　　壱貫弐百十三匁
　　百九拾八廻
代弐貫四百壱匁七分四厘
　金三拾弐両壱歩三朱
　　壱匁八分三厘
此利百廿匁九厲　子正月より
　　六月六日迄
　　五ケ月分
一金弐拾五両　六月六日
　　受取
残而五百五拾壱匁七分四厘
　此利五匁五分弐厘
元利〆残
六百七拾七匁三分五厘
此金九両弐朱ト百八拾文
□島事之葉目方五貫四百匁
七月朔日　庄屋　I左衛門
御庄屋T兵衛様

《工業二》

※縮緬一貫目↓銀一貫九百八十匁
　銀七十四匁↓金一両　の計算
※庄屋T兵衛が個人的に他所より購入した時の文書かもしれません

現存、私が知り得た百姓や大工以外の稼業に従事しているのはこれだけです。また、文書類もこれ以外には残されていません。

従って、江戸時代後期の冨田村の住人は、

百姓　…　大半の住人
　　高持ち百姓と水呑百姓
酒造業…　三名(軒)　酒株所有
大工職…　十名前後
　　冨田組大工と
　　竹生島大工の二系列
僧侶…　二ケ寺
縮緬織屋…一～二名(軒)
染物業…　二名(軒)

という稼業であったように考えられますが、酒造業以下は農業との兼業と考えていいのではないでしょうか。

従って、生活に必要な小売業や鍛冶屋等がなかったため、自給自足の中でも、肥料・紙・油・農具等々の、最小限必要なものは、近郷や長浜町より買い求めたものと思われます。

山林のない冨田村では、柴などの燃料も必要でした。その柴などは杉野村から買い求めた記事を見たことがあります。

当時の冨田村は純農村一色であったように思われます。

《参考》
川崎文書（滋賀大学史料館）
「長浜縮緬の専売と織元」
（甲南大学経済学叢書）
「びわの先人たち」
（びわ町教育委員会刊）

※1
第一五六号で紹介しますが、竹生島にて茶屋を営業していたS介の存在を知ることになりました。

また、幕末に近い時期では雑貨を商うM右衛門の存在もあります。

更には、T兵衛・K兵衛など金融関係(金貸し)の方面の史料に顔を出す人々もいます。

もっと捜せば、農業以外にも従事していた村人の姿が見いだせるのかもしれません。

しかし、史料として残されているか、各家の伝承として伝わっている場合に限ります。

それらの発掘に努力したいと思うのですが…、難しい作業です。

何れにしても、純農村一色であった村々にも、江戸時代後期になると、少しずつですが、他の産業に従事する村人が現れて来たことを意味しています。

この流れは、明治に入ると加速度的に広がることになります。


明治一八年(一八八五)の「冨田村営業雑種税品目明細簿」という文書には、農業以外で上げた売上及取扱金高が記載されています。

《祭器庫文書八一》

これには、三三名の名があり、何人かの大工職や酒類を除けば、主な品目には、
醤油製、石炭油、油製、豆腐、染物職、蚕種、古書画、油、太物、呉服、古着、荒物、塩、生糸、米、繭、質、染物職、筆墨、魚類、飲食、菓子
（二〇円以上）
その他には、古道具、雑貨、小間物、理髪、蚊帳、鋳掛など多彩にわたっています。(紙、蝋燭、荒物、乾物等々は雑貨として処理しました)
中でも目を引くのは蚕種で、六名が従事し、売り上げの最高が三八九円余、最低でも六〇円余で、その合計は一三〇〇円を超えています。
如何に蚕種の収益が多かったことを物語っています。大工職の最高二五円余と比すれば歴然です。
また、米五二〇円余・三九三円余、生糸三六三円余が大口収入となっています。
米の流通、蚕種、生糸などの農業地盤に関連した職種が花開いたのかもしれません。

江戸時代の農業一本(大工職を除く)の生活から、時代が経るに従って、農業以外から富(貨幣・銭)を求める人々が現れ始めます。それは、農業だけでは食べていけなかった、土地だけでは生きていけなかった人々の一大決心の起業であったのだと想像出来ます。

反面、貧困という持ち高による貧富の差、農業社会の行き詰まりとともに、貨幣経済の浸透を垣間見るような気持ちにもなります。

明治維新以降のぱっと開いた他職業への転換は軌道に乗る者、乗らない者と様々であったようですが、武士の商法と同様に、そう長くは続かなかったのか、現在まで続けられているものはなく、屋敷跡だけになったり、それすらもなくなっている家が何軒も存在します。

冨田村と竹生嶋の関係

第１１８号
1998.10.10

昔から、冨田村と竹生島は関係が深く、現在も「竹生島神社」「宝厳寺」という、在所内の係があり、竹生島関係の世話等（仕事の内容は詳しくは知りませんが…）をしておられます。

また、区長や氏子総代も、島の三大祭を始めとする諸行事に参列しています。年間十回程度は竹生島に渡ることになるようです。

更には、「島の祭」と呼ばれる「頭受け」という祭事も行われています。この「島の祭」は冨田村・下八木村（四月祭）・早崎村（寅の祭）にのみ行われています。

ただ、「島の祭（四月祭）」の「頭家」の決め方は村々によって異なっています。

冨田村は、冨田村生まれの、冨田村在住の長男（跡取り）のみに資格があって、南北冨田村の年齢順（誕生順）ということになっています。

昔は厄年前後に「頭受け」をしたようですが、最近は戦後のベビーブームの関係で、五十才前後から六十才頃になってしまうようです。

下八木村は結婚前の長男が（結婚したら資格がなくなる）、早崎村は区長が「頭受け」をすると聞いています。

私達や今の若者にとっては、冨田村と竹生島との関係は全くといっていいほど知りません。

勿論、「島の祭」の起源やいわれについても知りません。

先輩である古老に聞いても、竹生島との関係ははっきりしません。ある人より、いわれとして、「竹生島二十人衆」のことを聞いたぐらいです。

「島の祭」についても、聞く人によっていわれの内容が異なります。又、宝厳寺の峰住職にお聞きしても、これまたはっきりしません。

結局、冨田村と竹生島とのつながりや関係の起源は、不明なまま子孫へと引き継がれて行くしかなさそうです。

勿論、「島の祭」の起源等についても、しかりと言えそうです。

しかし、先日ある古文書より、次のような記載を見つけました。

少々長いですが、引用します。

口上書覚

一江州浅井郡冨田村下八木村両村共、今般、中仙道筋柏原宿助郷人足被仰付候様、取沙汰仕儀ニ付、右両村より竹生嶋へ申出候ハヽ、此度助郷加役仰付を蒙り候ては、是迄勤来候御神役も難勤、御差支にも相成可申候。左様候ては、往古より之由緒も忘却仕、歎ケ敷奉存候趣、両村同様ニ申来り候。萬一右様相蒙り候ては、以誠、祭礼は勿論臨時之神役等迄差支、難渋仕候。右両村此度助郷之内ニ相加り候ハヽ、御仁賢を以、何卒御除免被下候様、御内々御含被為置候て御哀之御取斗奉願候。右両村由緒左ニ申上候。

一神亀元甲子年

聖武天皇竹生嶋御幸為被有候節両村より鳳輦前後警護仕候。

聖武天皇竹生嶋御在嶌中、御膳具内々献上仕、帰路之砌、和州青柳迄御輦送り仕候。毎年四月中之卯之日、

聖武天皇御祭奠執行仕候。其節両村より神輿人足差出シ、但シ頭之者御旅所ニ別ニ仮家を結、相守申居候。

一六月蓮華曾霜月直礼春三月□□春四月神礼、其外神役臨時用向両村同様ニ相勤申候。

一聖武天皇堂社建立之節、大工小工阿部権ノ正、小工西嶋但馬両道棟梁仕候て、冨田村ニ居住仕候。共後、

秀頼公御建立之砌も、右大工小工両道棟梁被仰付候て、片桐東市正且元在判之棟札ニも、右両道之名書記御座候。當時も冨田村ニ居住仕候。

右之通千有餘歳之暦代も無間断是迄相勤来り候處、此度柏原宿助郷加役御手當ニ相成候ては、神役之儀差支ニも相成、且は前々より勤来り候古格例式も廃シ何共歎ケ敷奉存候間、當村より助郷加役之儀、御免除之程御含御賢慮奉願上候。以上

文化十二年亥九月

竹生嶋惣代
吉祥院

《助郷一一》

※神亀元年（七二四年）
※「輦」こし・レン
天子の乗る手引き車のこと
※文化十二年（一八一五年）

要約すると、

今度、冨田・下八木村とも中仙道柏原宿の助郷人足が仰せ付られるようだが、そうすると今まで勤めてきた竹生嶋の神役等に支障をきたす。昔からの由緒が忘れられ、嘆かわしい事である。どうか助郷加役を免除して頂きたい。そのため次に、両村の由緒を述べます。

一神亀元年、聖武天皇が竹生嶋に御幸された際、両村は「鳳輦」の警護をし、また、在島中は食事を献上し、帰路に際しては、奈良青柳までお送りしました。又四月卯の日、聖武天皇の祭典を執り行う折も、人足を出し、頭の者はお旅所の仮屋でお守りをするしきたりになっている。

一六月の蓮華曾、十一月の直礼、三月の□□、四月の神礼の神役や、その他臨時の神役・用事等も勤めている。

一聖武天皇が堂宇を建立された際阿部・西嶋両名が棟梁を勤め、両人は冨田村に居住している。又、秀頼公の建立の際も両名が棟梁を勤め、片桐且元の棟札に

も両名の名が記録されている。
この通り、千有余年も間断なく、竹生嶋神役を勤めて来たのに、今度、柏原宿助郷加役を仰せ付けられては支障が出て、古来からの古格例式も廃さざるを得ない。どうか助郷加役を免除して頂きたい。

という事になります。

文化十二年（江戸時代後半）には、伝承であるかもしれませんが、竹生嶋と冨田・下八木両村の関係が意識されていて、その由緒を理由に、両村が竹生嶋の神役等を勤めていたことが分かって来ます。

聖武天皇御幸の際の「鳳輦」の警護のことは、若干、古老の「二十人衆」の話として聞いていました。

それによれば、冨田村二十人、下八木村二十人、早崎村二十人の計六十人が警護（輿かきとも言う）に当たったようで、今だに「二十人衆」の家柄という村もあるとか……。

しかし、この文書からは、冨田・下八木村が警護したとあります。また、この記事が正しいとしたら、当時、早崎村は存在していませんので、古老の六十人説はあやしくなってきます。

ともかく、これらの事で分かることは、冨田村と竹生嶋の関係は、

①　聖武天皇の鳳輦警護・食事献上等の任務を負った関係で、竹生嶋の四祭礼等の神役を勤めている。

②　竹生嶋御堂等の建立を手掛けた両棟梁（阿部・西嶋）が冨田村に居住している。

ということに尽きるようです。

又、それ以外に聞いた話では、

③　他の村に比べて裕福であったため托鉢等の献上物が多かった。

④　竹生嶋で修行する者の出身地であった。（一部は確認できます）

⑤　冨田村に竹生嶋の院・坊が存在した。

等々が上げられます。しかし、この文書にあるように、①②の理由が最も大きな理由であったように思われます。

聖武天皇の話は疑問ですが、何かの縁で、冨田村が竹生嶋の神役職を勤めていたことは事実のようです。

《参考》
川崎文書（滋賀大学史料館）他

※1
竹生島と聖武天皇との結びつきは強く、竹生島は、神亀元年（七二四）、聖武天皇が御神託を受け、僧行基を遣わして堂塔を開基させたものだと言われています。
また、竹生島には聖武天皇奉納の石造五重塔や神輿があるとか、堂ケ浜（海老江村・安養寺村地先）は、聖武天皇の后である光明皇后の由縁の地であるとか、遙拝所があったとか書き記されている古文書も存在します。

事実の云々は別にして、古来より聖武天皇と由縁をもつ縁起が作られ、伝承してきたのだと思われます。

※2
明治以降の文書では、冨田村・下八木村、早崎村は「信徒惣代」という肩書きが付いています。
現在は、村から選出された役員は、竹生島宝厳寺総代という肩書きになっています。
江戸時代の早崎村は竹生島の神領の領民としての関係にあり、強い関係があったのですが、明治以降は信徒惣代という立場に変わったのだと思います。
一方、冨田村・下八木村は江戸時代から、浅井郡一円の「信徒惣代」的な立場にあったのではないかと思っています。
浅井郡の総代としての立場から、儀式に参列参拝したり、奉仕していたことを神役と呼んでいたのではないかと、私は考えています。
いわば、浅井郡の代表世話役的立場にあったのが、冨田村・下八木村であったと考えることが出来ます。
更に、戦前までは、冨田村の四月祭は毎年勤めますが、下八木村は隔年でしたから、戦前までは、冨田村は筆頭総代とでもいえる立場にあったのかもしれません。
「冨田邑」「下八木邑」と刻まれた石灯籠があったり、両村連名で絵馬を奉納するなどを考えると、昔の繋りや因縁が何であったのか、何故現代にまで続いているのかは分かりませんが、現代の私達が知らない強い結びつきが古い昔からあったようです。

※3
年代不明の文書ですが、次の文書は冨田村・下八木村に対して助郷が課されそうな情報を得た竹生嶋吉祥院からの書状です。
竹生嶋吉祥院は竹生嶋の出先機関として江戸に在府していましたから、情報を得やすかったのかもしれません。

《未整理一〇三五》

一翰啓上仕候。追日甚暑之節御座候得共、弥、御安康被成御座、珍重奉存候。然は、此度、伊左衛門殿當地用向ニ付出府被致、拙院えも當月六日ニ被参、委細承り候處、又々助郷色々取沙汰御座候に付、御願被越、又候、先月廿七日大津出之御書面、當十日至着いたし、弥々御見分も御座候由、承知仕候。早速夫々え向合、相頼候処、尓今有無も相分り不申、迚も急々之事ニは返事も出来兼候間、左様御承知可被下候。何れニいたし候ても六ケ敷□□□之義ニ候。扨々同様困り入候事ニ御座候。併、相成ル丈ケハ□□ニも工夫仕、成就いたし度心底ニ御座候間、必御安事被下間敷候。余も難尽筆儀、委は伊左衛門殿え申入候間、委細御聞取可被下候。右為可得御意、如斯御座候。以上

六月廿五日　吉祥院

両村
御役人中

追伸に
「…有無相分り次第御懸合可申候」とあり、助郷の課された場合は、（免除されるように）掛け合っていきたいとあります。それが上の口上書に繋がったのかもしれません。

冨田村大工と竹生嶋!!

第１１９号
1998.10.24

前回、冨田村と竹生嶋の関係を考えてみました。
不十分ながらも、次の二点が大きな要素だとしました。

① 聖武天皇の鳳輦警護・食事献上等の任務を負った関係で、竹生嶋の四祭礼等の神役を勤めている。

② 竹生嶋御堂等の建立を手掛けた両棟梁（阿部・西嶋）が冨田村に居住している。

しかも、聖武天皇の話は眉唾ものですが、何かの縁で、冨田村住人達が竹生嶋の神役を勤めていたことは事実のようです。

その神役は、冨田村住人達は勿論ですが、②の両棟梁（阿部・西嶋）についても同様に、建築関係ばかりでなく竹生嶋の祭礼にも関わっていました。

《西嶋文書五三〇》

西嶋但馬守
宜禰　元蕃
宝暦八戊寅載四月吉日

※ 宝暦八年（一七五八）

そのことを示す史料の一つとして、次の西嶋文書（びわ町教育委員会）から見たいと思います。

《西嶋文書五三一》

西嶋但馬
宜禰　諸與
天明六丙午載四月吉日

※ 天明六年（一七八六）

この二枚の文書は、横長の大きな紙に楷書で大きく記載されています。

詳しくは分かりませんが、六月の蓮華會に先だって、西島但馬元蕃・西島但馬諸與が宜禰(禰宜(ねぎ))役を命じられている文書だと思えます。宜禰がどんな役割なのかは分かりませんが、何らかの任務を与えられたのだと思われます。

竹生嶋大工の西嶋但馬、阿部権守は嶋の建築の造営に関わる棟梁である反面、竹生嶋に直属する家柄でもあったのです。

従って、嶋の祭礼等の行事には相応の役割を果たしたと考えられるのではないでしょうか。

享保十八年に西嶋但馬、阿部権守が蓮華會の見廻り奉行を勤めたことを示す文書があります。

「竹生嶋蓮華會本渡規式」抜粋
（竹生嶋宝厳寺蔵）

（前略）
一弁才天尊像一躯　新ニ造立ス
一仮神輿　作法有り　新ニ造立ス
　大工安部権守奉之
一仮屋壱軒新ニ立之
　安部権守奉之
但シ御躰ヲ安置シ、頭人夫婦朔日より十五日迄別火ニ而精進シ毎日御供献之、尤榊持両人装束ニて御旅中守之
一勧請所　頭人之境内宜キ所ニ社ヲ立、但シ勧請之時牛王遷ス
一榊御正躰出御六月朔日
衆徒両人、安部権守、西嶋但馬難波兵庫、長浜与市兵衛、当山承仕、榊持両人、雑仕弐人、清道十弐人致供奉候事
一法華経　一部
一仏具　一面
右弐品新ニ調之、開眼供養之時用、六月上旬宿坊請取
一金翅鳥王壱形　新ニ造立ス
但シ大キサ六尺張り貫キ彩色アリ、六月上旬宿坊請取、十四日拝殿ニ飾之
一六月上旬於宿坊管弦師終日振舞有之候事
一六月十四日於宝前舞楽有之候事
一神事見廻り奉行　安部権守
　西嶋但馬
但シ十五日草天、頭人之方へ参り、道中行列并渡海ノ列、着嶋上列之作法可致指図事
一清道拾弐人　門前神役也
十五日草天、頭人之方へ参候事
一駕輿丁廿人早崎四長之走夫勤之
十五日草天、頭人之方へ参候事
一幣竿　作法有り　壱本
一御面板　作法有り　一枚
但シ雲形ヲ画ク、左右ニ日月金銀ニ而畳之両面也
　小工西嶋但馬奉之
一幣絹五端　但シ五色之絹也、或ハ弐端赤白也
一幣本米拾弐石
一掛銭　青銅拾貫文拝殿ニ荘之、
百物百共云ナリ
（中略）
一神輿船ハ大船弐艘組合セ、屋形ヲ構へ、幕ヲ打、幣竿ヲ立テ、榊御正躰神輿ヲ遷シ、頭夫婦管弦師各乗船
右屋形ハ、安部権守、西嶋但馬金具ハ難波兵庫奉之
（後略）

（※ 傍線は筆者による）

これは、享保十八年(一七三三)、下山田村山田林右衛門が先頭を勤めた時に、常行院欽興が記したもので、蓮華會頭人のための手引書としての性格をもつものだといいます。

この中で、西嶋但馬・阿部権守とも「神事見廻り奉行」を勤めていることが分かります。

この任務は、道中行列・船渡御について、頭人へ作法を教える役目だったようで、蓮華會全般の事を熟知していなければ勤まらない役目でもあったと思われます。

この意味でも、西嶋・阿部両名ともに、毎年この役目を担っていたと思われます。

竹生嶋蓮華會専属の「神事見廻奉行」の家柄でもあったのです。

また、この中にいろいろな奉仕すべき役職が書かれています。例えば、

榊持両人・雑仕弐人・管弦師
清道拾弐人（門前神役・警護人）
駕輿丁廿人（早崎村人が勤める）
道具供廻り・内室道具供廻り
囃役人・舞楽役人…………等々

これらの神役を、領民である早崎村の村人が勤めたのは勿論、冨田村・下八木村の村人達も勤めたのかもしれません。それらの記載はありませんが、そう考えると、前号からの竹生嶋神役のことも分かって来るような気になります。

いわば、冨田村・下八木村は竹生嶋の世話人的役割を担ってきたのだと言えるのかもしれません。

その意味で、冨田村・下八木村に残されている「島の祭（四月祭頭受け）」の祭事が、古老の言う「竹生嶋の世話をしているから、その御礼として、冨田村・下八木村には『頭が差す』んだ」と言う言葉の意味が分かって来るのではないでしょうか。

「島の祭（四月祭頭受け）」の起源についても、その由緒についても、はっきりした記録は残されてはいません。

しかし、天保十五甲辰年（一八四四）冨田村（阿部）徳右衛門が頭を受けていることが分かっています。（頭受けの箱蓋が残されています）

従って、その当時には「島の祭（四月祭）」が行われていた（形は異なるかもしれませんが）ことが確認できます。

「島の祭（四月祭）」は歴史をもった祭事であったのです。

《参考》
　西嶋文書（びわ町教育委員会）
　「竹生嶋宝厳寺」
　　（長浜城博物館特別展冊子）
《取材協力》
　　冨田村阿部總男氏

※1
西島但馬元蕃・西島但馬諸與という表現ですが、「但馬」は個人名というものではなく、大工職に関しての名乗りであり、実名が「元蕃」だと考えています。

いわば、「但馬」は家名であるといってもいいと思います。

例えば、冨田村の庄屋を勤めたT兵衛家は代々、T兵衛、T郎右衛門を名乗り、文書にもT兵衛、T郎右衛門と署名していますが、幕末の庄屋T兵衛については、T兵衛直榮という記載を見いだせます。しかもその署名に「直榮」とはっきり刻字された印鑑を使用しています。

西島但馬家では、代々の戸主が但馬を名乗りますから、その区別を必要とした事から、正式には西島但馬○○と名乗ったのです。

いわば、元蕃・直榮は実名と考えればいいのですが、昔の人は子供の頃は幼名を持ち、成人して家名に改名し、隠居をすれば法名を名乗ることが多かったようです。

現代人にはうまく理解出来ないのですが、字（あざな）、諱（いみな）、諡（おくりな）、長幼の順を示すという排行名、仮名（仮名）、幼名、実名：：などいろんな種類の名前を持っていたようです。

また、戦国時代などの武士はよく改名をしている実際もあります。

また、一族の嫡流を示す一字を名前に用いる「通字」という風習も残されています。

一方、姓についても、姓（かばね）、氏（うじ）、苗字（みょうじ）、名字（みょうじ）、姓（せい）など、分かったようと説明されますが、分かったような、分からないような：：、現代人には不可解です。

氏名と書くのか、姓名と書くのが正しいのか：：？

公式見解では、文部省が管轄する教育現場では「名字」を用い、法務省は「氏」を正式とするという見解のようで、法律上は「氏名」が使われているようです。

※2
「竹生嶋蓮華會先頭後頭略規式事」
《竹生嶋宝厳寺文書》
（前略）
一鳥目壱〆弐百文　頭文料
**　但シ四人配當**
一銀拾弐両　宿坊納　御供料
一銀五両　其年當番へ納　經佛具料
一鳥目壱貫弐百文　同断　産屋免状料
一鳥目壱〆弐百文　同断　鯰免状料
一鳥目五百文　御殿へ納　御殿銭
一酒三舛　御殿へ納　御三献
一酒五舛　御殿へ納　御散米
**　右三口両頭人共六月十三日四日**
**　或者参詣候ても十五日御殿番へ**
**　納也**
一銀弐枚　夏足料
**　衆徒中承事へ銀壱両宛残ハ宿坊**
**　へ納也**
一鳥目四貫八百文
**　児ノ舞四人田屋九人冨田村権守**
**　但馬守〆十六人　三百文ツヽ遣ス**
一銀弐枚　宿坊納
**　御酒上饗應調薬料**
一精米壱石　同　右同断
（中略）
**　明和八辛卯歳十一月廿日**
**　（※明和八年（一七七一））**
右の史料より、先頭・後頭より奉納される献金の中から、鳥目四貫八百文が、児ノ舞・田屋・冨田村権守・但馬守の十六人に三百文ツヽ手当として支払われたことが判明します。
神事見廻奉行としての権守・但馬への全ての手当であったのかどうかは不明ですが、全てだとしたらかなりの低賃金であったと思われるのですが：：、実態はどうであったのでしょうか。

助郷免除願いについて

第１２０号
1998.11.10

前回・前々回と、冨田村と竹生嶋の関係らしきことを取り上げました。

特に、前々回に引用した文書は、内容的には嶋との由緒、関係に視点を置きましたが、本筋は「助郷」免除の願い書であったのです。

竹生嶋の神役として、人足を出すから、「助郷」を免除してほしいというのが本来の内容でした。

この「助郷免除の願い書」は幕末の頃のものが数通残されています。（上記一覧）

これらの共通することは、竹生嶋神役のため、助郷免除を願い出ていることです。（慶應四年の時は、大工高を理由に助郷免除を願い出ているが）

下の文書は、嘉永元年三月の文書と慶應四年七月の文書です。

文化十二年（一八一五）九月
　中山道柏原宿助郷人足
文化十四年（一八一五）九月
　中山道醒井宿助郷
嘉永元年（一八四八）二月
　東海道草津石部代助郷
嘉永元年（一八四八）三月
　宿役とのみ記載
嘉永三年（一八五〇）七月
　宿役とのみ記載
万延元年（一八六〇）十一月
　甲賀郡石部宿助郷
慶應元年（一八六五）十一月
　宿役とのみ記載
慶應四年（一八六八）七月
　中山道柏原宿助郷
年不明　亥年
　中仙道柏原醒井宿助郷加役
酉（文久元年（一八六一））八月
　和宮下向街道筋改め
辰（慶應四年（一八六八））閏四月
　御一新宿助郷組替に関する書

「助郷」とは？　近郷の助郷は‥

江戸時代、宿駅の補充・保護の目的で宿駅近郷の農村に課した夫役。またその夫役を課された郷村。

助郷の中心は恒常的にこれを勤める定助郷だが、負担軽減のため大助郷・代助郷・加助郷・増助郷・等分助郷などが周囲に設定された。

近世後期には免除訴願等が頻発したといい、明治五年に助郷制度は廃止されたといいます。

近郷で助郷を勤めた村を調べると、本などで分かる範囲では、次のような記録が分かってきました。

弓削村→天和三年（醒井宿加助郷）
　嘉永二年（草津宿加宿助郷）
稲葉村→文政十一年（柏原宿加助郷）
香花寺→天和三年（醒井宿加助郷）
　文政十一（柏原宿加助郷）
落合村→文政十二（番場宿加助郷）
錦織村→嘉永二年（草津宿加宿助郷）
南浜村→文政十一（柏原宿加助郷）
曽根村→文政十二（柏原宿加助郷）

まだまだあったと思われますが、筆者の調査不足を恥じ入ります。

また、彦根藩領の村々には、北国街道柳ケ瀬関所への助郷使役が課せられていた事実もあります。

《助郷一六》

乍恐御歎願奉申上候

一當村之儀は水旱愁之地郷ニ御座候村方ニて、其上、往古より竹生嶋神役仕来り、既ニ四時之祭礼并献日御供候ニ付、村方人夫夥敷相懸り候。且又、御田地井懸り水元遠方之儀御座候故、多分之人足相懸り申候ニ付、則、地頭所江も是迄申立、臨時之足役等も免除被致、猶又、竹生嶋之儀は由緒も御座候て、年内不時之足役数應懸り候。村方今般宿役等被仰付被下候ては、古来より仕来候竹生嶋神役等も勤兼候ては歎敷候間、何卒此段、乍恐御賢察被成下、御憐愍御慈悲を以、宿役御赦免含被成下候ハゝ、難有仕合ニ可奉存候。

一水野監物様御所替ニ付、多分之御臨時被仰付候。厳重之御利解無是非、引請仕候処、割源ニも不相成、他借致候處、追々大借ニ相成、必至難渋仕候。

一西郷賢之丞様御【　】大借二相成仕法ニ付、以割合、高百石ニ付金四百両余も引請、其上、組借金百両余御座候ニ付、元入利渡等不埒ニ相成候て、京都御奉行所并紀州御貸附所其外緒名目口々【　】状差紙奉請、必至難渋落入候訳柄故、右両百姓共一同難渋仕候得共、細々も相続いたし度候間、此段乍恐以書付御歎願奉申上候。以上

嘉永元申年
　三月
西郷賢之丞知行所
　三役連印
　（三人省略）
水野監物領分
　三役連印
　（九人省略）

森　惣蔵殿
中川亮平殿

乍恐以書付御願奉申上候

水野和泉守領分
近江国浅井郡
冨田村

一高六百六拾弐石壱斗九升壱合
　内
　百八拾六石九斗　大工高

右は今般生キ高四分通り、中仙道柏原宿助郷被仰付、御一新之折柄、奉恐入御請申候処、往古より村内ニ大工職之者住居罷在御所向御造営度毎、連綿御用相勤来候儀ニ付、右大工高之儀は外ニ村類例も可有御座候ニ付、

外村大工高之儀、助郷御免除相
成候ハヽ、當村大工高も御差除
ニ被下置候様奉願上候。右願之
通り御聞済被成下候ハヽ、難有
仕合ニ可奉存候。以上
近江国浅井郡冨田村
庄屋 T右衛門（印）
大工組頭 但馬（印）

慶應四戊辰年七月

駅逓司
御役所

右之通り此度、駅逓御役所江奉
願上置候間、此段以書付御届奉
申上候。何卒宜敷御取成可被下
候様、偏ニ奉願申上候。以上
近江国浅井郡冨田村
庄屋 T右衛門（印）
大工組頭 但馬（印）

中井主水様
御役所

《助郷二二》

※【 】は虫喰いのため文字不明

一枚目では、竹生嶋の神役を理由に、助郷の免除を願い、

領主水野氏の転封（浜松→山形）による出費・借金を理由に、助郷の免除を願い、

領主西郷氏の無茶な負担金・借金を理由に、助郷の免除を願っています。

下段では、年代が異なりますが、助郷の仰付に対して、大工高により、助郷の負担軽減を計ろうとしています。

それほど、助郷は百姓にとって負担であった。ある本から引用すると、

『助郷は、自身が出掛ける場合、代人を雇って出す場合、請負人に頼む場合と色々あったが、助郷に支払われる公定給料はたいへん安かったためその差額は村が負担する必要があった。この費用は年々増す一方で農民に大きな負担を掛けた。』

「近世地方史研究入門」より

つまり、助郷を命じられれば、自身で出掛けたら農作業はできない。代理人等で対処するにはお金がかかる。どちらも有難い話ではない。だから必死に免除願いを上申することになります。

たった数通の文書でしたが、百姓の生活を守る知恵を見たように感じました。

また、二次的には、竹生嶋との関係や竹生嶋祭礼の時期・水野氏の移封に伴う負担金・西郷氏の無理な御用金等々…も知ることができました。

《参考》
川崎文書（滋賀大学史料館）
「日本史用語辞典」（柏書房）
「日本史広辞典」（山川出版社）
「滋賀県の地名」（平凡社）
「近世地方史研究入門」（岩波書店）

※1 文久元年の「和宮様御下向ニ付柏原宿助郷入用四ケ村惣引大割帳」によれば、

《助郷七》

人足七十七人
馬十疋
一金弐拾五両弐歩　人馬賃銭
　此銀壱〆(貫)六百八拾三匁
一金三両三歩　宿入用
　此銀弐百四拾七匁五分
一百八拾匁　柏原行
一九匁壱分六厘　人足給戻り
　六十人
一拾三匁弐歩　蝋燭代
　把灯弐張
　高張壱
一金壱歩　勝栄(専)寺礼
一壱匁　西楽寺茶代
一拾匁　醒ケ井行
　T兵衛
一拾匁　二人手間
　同断
　Z太夫
一五匁　二人手間
　同断
　Z太夫
一弐拾匁　壱人手間
　同断
　U平次
　四人手間
〆弐貫百九拾五匁壱分八厘
此割
　高百石ニ付
　弐百八拾五匁三分三厘　西當り
一七百九拾三匁弐分四厘
　所へ七拾三匁　引かへ
　又五百四十六匁三分五厘　出
差引百七拾三匁八分九厘　不足

一九百壱匁壱分六厘　入東當り
　所へ百三拾四匁六分八厘　引替
　又九百十一匁六分弐厘　出
差引百四拾五匁壱分四厘　入過
　入北當り
一百九拾五匁三厘
　所へ拾六匁　引かへ
　又百八十一匁五分　出シ
差引弐匁四分七厘　入過
　西郷當り
一三百五匁九分
　所へ四十一匁　引かへ
　又弐百九十一匁一分八厘　出
差引廿六匁弐分八厘　過
…・（後略）

また、「和宮様御下向ニ付柏原宿助郷入用帳」《助郷八》で、個人の負担を勘定をしています。

一七拾九匁六厘　T兵衛
　壱両弐分取釣弐匁壱分弐厘
　右両家
一六拾三匁三分一厘　T平次
　壱両取
　釣弐百五十弐文戻ス
一四匁四分三厘　D右衛門
　壱朱ト五分取
一三拾七匁七分九厘　O左衛門
　釣十三文戻ス
一百弐匁弐分七厘　S兵衛
　壱両弐歩壱朱取
　釣八分六厘　かり
…・（後略）

とあり、かなりの負担であったことが分かってきます。

冨田村は二一人が助郷として柏原宿へ出向いています。

冨田村と竹生嶋(続)

第１２１号
1998.11.24

冨田村に残されている「助郷」関係の文書を読んでいると、必ず、「竹生嶋神役」のことが出てきます。

既に、一一八号～一二〇号で触れてきましたが、再度、観点を変えて取り上げたいと思います。

次の文書も「助郷免除願」と思われる文書です。

《助郷二一》

乍恐御歎願奉申上候

一當村之儀は、①水旱愁之地郷ニ御座候村方ニて、其上②往古より竹生嶋神役仕来り、既ニ四時之祭禮并献日御供候ニ付村方人夫夥敷相懸り候。且亦、③御田地井懸り水元遠方之儀ニ御座候故、多分之人足相懸り申候ニ付則、御地頭所江も是迄申立、臨時之人夫等も免除被致、尚又、④竹生嶋之儀は由緒も御座候て年内不時之足役数多相懸り候。村方今般、宿役等被仰付被下候ては、古来より之仕来り候竹生嶋神役等も勤兼候。尚又、⑤湖水より水込増候得ば、日々、御膳具等も早崎村ニては献上不被致候得ば、冨田村より日々献上仕候儀ニ御座候間、何分往古より之仕来り勤兼候ては、歎ケ敷次第ニ御座候。何卒此段、乍恐御賢察被成下、御憐愍之御慈悲を以、宿役御赦免御含被成下候ハゝ、廣太之御高忍、如何斗難有仕合ニ奉存候。以上

慶應元丑年十一月

江州浅井郡冨田村

百姓代　四名(略)連印

年寄　四名(略)連印

庄屋　四名(略)連印

中川亮平様

後藤忠一郎様

※ 慶應元年(一八六五)

※ ①～等は筆者による整理番号。

※ 傍線は筆者による。

上の文書を要約すれば、

① 冨田村は水利の不便な所である。

② 昔より竹生嶋神役を勤めており、村方人夫を多数負担している。

③ 水源(御料所井)が遠方のため人足が多数必要で、領主にお願いして臨時の人夫等も免除されている。

④ 竹生嶋との由緒もあって、不時の人足も多数負担している。

以上の理由により、宿役を命令されると、古来からの竹生嶋神役が勤めかねることになる。更には、

⑤ 湖水が増水すれば、(水害のため不作となり)早崎村より竹生嶋への膳具(食材・食料品)を献上しなくなり、毎日、冨田村より献上しています。

このような事ですから、宿役の御赦免を宜しくお願いします・・・。

この文書には、庄屋四人(西・東・北・西郷氏)、年寄四人、百姓代四人という、冨田村々役全員の押印があります。

支配の関係や願書の内容によって、二人か三人の押印は多々ありますが、支配に関係なく、冨田村々役全員の押印がある文書は珍しいものです。

逆に言えば、助郷(宿役)赦免については、それだけの切実な願いでもあったのだと思われます。

膳具献上の意味・・

この文書には⑤として、

⑤尚又、湖水より水込増候得ば、日々、御膳具等も早崎村ニては献上不被致候得ば、冨田村より日々献上仕候儀ニ御座候間、何分往古より・・・(略)・・・

という記事があります。

また、一一八号で紹介した文書の中にも、

一神亀元甲子年

聖武天皇竹生嶋御幸為被有候節両村より鳳輦前後警護仕候。聖武天皇竹生嶋御在嶌中、御膳具内々献上仕、・・・(略)・・・

※ 傍線は筆者による。

とあり、聖武天皇の話は眉唾ものですが、この時も「膳具の献上」という記載があります。

この「膳具の献上」という記事について、私なりに考えてみました。

竹生嶋は孤島であり、食料は周辺の村々に頼らざるを得なかった筈です。米等の穀類はもちろん、野菜に至るまで自給できる状態ではありません。

竹生嶋惣中は秀吉の時代から、早崎村の内に三〇〇石の領地を持っていましたから、早崎村から年貢を取り立てていました。

それが米納であったのかは分かりませんが、その外にも野菜の提出や夫役の出役も課せられていたものと思われます。

早崎村は、竹生嶋惣中の領民という立場で、竹生嶋に仕えていたものと思われます。

一方、冨田村・下八木村と竹生嶋との関係は、支配・被支配関係ではありませんが、何らかの縁で密接な関係にあったようです。

　私見ですが、冨田村・下八木村と竹生嶋は、寺院の旦那的な役割ではなかったかと考えています。

　冨田村では今も夏には、竹生嶋に供える（献上する）野菜を集めます。

　この野菜の提供は強制ではありませんが、放送により全戸に呼び掛けられます。

　いわば、個人的な提供ではなく、冨田村としての提供になっています。

　これは、上の文書等に記載されている「膳具の献上」が連綿と続いているのだと考えられます。

　今まで、「何故」という疑いもせずに、野菜等の御供えを出していましたが、ずーっと昔から行われていた名残りであったのだと思うようになりました。

　この考えが正しいならば、何百年も野菜を出し続けていた事になります。

　また、正月前に組長が「竹生嶋の餅米を…」といって、餅米一升を集めに来ます。

　最近の事情で、餅米のない家庭はお金で出すことも多くなってきたようですが…。

　これについては、冨田村全戸より集められます。


　また、正月が終れば、「おさがり」として、餅が全戸に配られます。

　言い伝えか、「竹生嶋の餅を食べれば、風邪をひかない」と言い、家族で少しづついただく事になります。

　この「竹生嶋の餅米」についても、同様に、「膳具の献上」とのつながりがあるように思えてなりません。

　もしくは、檀家や氏子が寺院や神社の鏡餅を準備するのに似ているように思えてなりません。

　いわば、竹生嶋の旦那的役割を担っているようにも思われます。

　いずれであっても、野菜同様に、食材（膳具）を提供していることに変わりはありません。

　冨田村は、古い昔から竹生嶋に対して、蓮華會を始めとする祭礼には人足を出し、日常的には、食料を提供する（お供えとしての献上か？）村であったのではないでしょうか。

　ただし、その関係は従属的いう形ではなく、旦那総代・門徒総代のような形であったと思います。

　その御礼が四月祭だともいわれています。

　それらの伝統が現在まで続いているのだと思われてなりません。

　ただ、その起源については分かっていませんが…。

《参考》
　川崎文書（滋賀大学史料館）他

※1
冨田村に存在する文書、竹生島文書などを調べても、右本文のような「膳具の献上」についての記事は見つかりません。いずれの文書も「助郷免除願」についてのみ、その記事が記載されているに過ぎません。

日常的な当たり前であったため記録に残らなかったのか、助郷免除願の記事は創作、作り話であったのか、今となっては真偽は不明です。

ただ現実には、夏野菜の献上と、正月の餅米献上だけが連綿と続いていますが、この献上も古くからの継続なのか、新しい時代に作られたのかも判明しません。

※2
冨田村と竹生島の関係について、若い世代からは、「なんで？」という言葉が返ってきます。「昔からそうしてきたからや」では近い将来には通用しなくなります。

そのため、根拠となる伝承なり、証拠書類なりを捜しているのですが、なかなか見つかりません。

膳具云々については右のような状況です。

その他、四月祭等々については、第一五四～一六〇号で紹介していますが、「年中行事口授指南」によって宝暦七年（一七五七）には確立されていた事実は確認出来ますが、開始時期や謂われは不明です。

同様に、天明年間の竹生島一の鳥居建設への奉仕、明治の国有林買上への支出、竹生島茶屋の経営…等々いくつもの歴史的事実は、江戸時代の中頃までは確認出来ますが、その繋がり（関係）を示す根拠を見出すまでには至っていません。

あるのは、助郷免除願の「聖武天皇の御鳳輦」に関する記事だけです。これが眉唾であれば、何の証拠もなくなってしまいます。

例えば、早崎村は竹生島の領民であったという根拠がありますが、冨田村・下八木村にはその関係もないのですから…、若い世代が不思議がるのもやむを得ないことかもしれません。

また、神役を勤めた…云々の記事を目にしますが、これについても内容がはっきりしません。

いかにも漠然的で、実態も開始時期も、何から何まで全く分かっていません。


世が殺伐としていた戦国時代、年貢が搾取された江戸時代、現在以上に人々の信仰は厚く、竹生島弁才天への信仰は広く深く人々に浸透していたと思われます。そんな時代に、弁才天に関与出来ることはこの上もない名誉であり、有難いことではなかったのではないでしょうか。

その一端を示すのが浅井郡の蓮華会の先頭・後頭であり、冨田村の四月祭であったのです。

古老達は「弁天さんがうち（家）に入って下さる、有難いことや」と言われます。一昔前までは弁才天信仰が生きていたのです。

現在では負担と考えることが、当時には誇りであり、特権ではなかったかと私は考えています。

どんな縁があったのかは分かりませんが、その特権を得たのが冨田村であり、下八木村ではなかったのかと考えています。

享保十四年の不作？

第１２２号
1998.12.10

次の文書は享保十四年(一七二八)のものです。

《救恤八》

乍恐口上書以御歎申上候御事

一江州浅井郡冨田村之儀は旱損場処ニて御座候間①、何共難儀奉存候。井水等も干魃之節は、且而掛り不申、別而迷惑仕事候。依之、御田地悪敷罷成申候ニ付御田地こやし之儀も、別而大分仕候②。凡壱反歩ニ付、ふか・いわし・にしん等之類代銀廿五匁餘買調入申候。殊更當村之儀は山濱等之草刈場も無御座候得ば、藻草等も大分買調入申候。次ニ畑方も無御座候得ば、麦稈も買調作食ニ仕申候。依之、一切御田地斗ニて渡世ヲ送り申処ニて御座候得ば、百姓困窮仕罷有候。哀御慈悲を以、百姓共相続仕候様、被為仰付被下候は難有可奉存候。以上

浅井郡冨田村
享保十四年　庄屋　T兵衛(印)
酉九月　同断　G左衛門(印)
同断　S次兵衛(印)
同村年寄
[以下破損失]

※訂正挿入加筆
①処、別而五年以前未之年殊之外旱損ニて□地、元の□□□□□□(※元に戻らないの意か？)
②當御検分以来苅取御米ニ仕候得ば、以之外取実無御座。

この年は、冨田村が天領支配から浜松藩松平伊豆守の支配になった年でもあります。

この年の免定は残っていませんが、別の史料から、年貢免率四ツ(割)五分であったことが分かります。免率が四ツを越えると、かなり厳しい年貢であったとも思われます。

現在掴み得た史料の中で、浜松藩支配の百十余年間では、最高の免率となっています。

上の文書を要約すると、

冨田村は旱損場のため、地味も悪く、肥料に随分お金を掛ている。しかし、今年の検分(毛見)は終わったものの、いざ収穫をしてみると、取り実が少なく困っている。今後も百姓を続けて行けるようにお願いします(年責をまけてほしい)。

といった内容になります。

領主が交替した年に、不作で弱っている百姓の困惑が分かるような気がします。以前の支配者(天領代官)なら、冨田村の状況を知っています。少しなら無理が言えたかもしれません。

しかし、今年からの領主に対しては何も言えません。

上の文書が「願い事」でなく、「歎き書」であるのは、そのような意味があったのかもしれません。逆に、初めての領主に対して、先手必勝で、一発牽制を投じたのかもしれないと考えるのは現代人ですが・・・・。

また、半年程前の文書で、上の文書との関係は直接ありませんが、次のような文書も残されています。

《租税九》

享保十四年
西組惣田地銀子割賦帳
酉ノ二月朔日　冨田村西組
惣百姓中

覚
一惣田地銀子九百目　但シ新銀元銀也
内四百五拾匁ハ頭打
壱人ニ付銀子弐拾匁六分ツヽ
無役ニ付　銀子拾匁三分ツヽ
水呑ニ付　銀子五匁一分五厘ツヽ
右頭打銀質物として
銘々屋敷□入置申候。若、田地請戻シ申候時節、遅滞仕候ハヽ、右之しち物、銀子惣中へ御取上ケ可被成候。其時一言子細申間敷、為後代、手形仍如件。

一弐拾匁六分頭打　T兵衛
百四拾匁弐厘　高打
〆百三拾四匁六分弐厘
一弐拾匁六分頭打　D太夫(印)
弐拾九匁六分六厘　高打
〆五拾匁弐分六厘
一弐拾匁六分　頭打　R左衛門(印)
八匁六分四厘　高打
〆弐拾九匁弐分四厘
・・〈二十六人中略〉・・
一五匁壱分五厘　頭打　K次郎(印)
九厘　高打
〆五匁弐分四厘

字くろしつか
一下田九畝廿弐歩
分米壱石三斗六升弐合八勺
・・・〈八筆中略〉・・・
字北八ノ坪
一下田壱反壱畝拾八歩
分米壱石六斗弐升四合

売渡申本物返シ田畑之事
合拾ケ所分米御帳面之通
右件之田地、申ノ御年貢皆済不罷成候ニ付、銀子九百目ニ酉ノ春より午ノ暮迄拾年切ニ売渡申處、実正明白也。然上ハ来ル午ノ暮ニ銀

子返弁仕、田地受返シ可申候。右田地之銀頭打高打共ニ、来ル午ノ暮ニ帳面之通急度返弁可仕候。若壱人ニても無沙汰仕候ハゝ、右しち物之屋敷惣中江受取、田地之銀子少シ遅滞仕間敷候。為後證、手形仍而如件。

享保拾四年
西ノ二月朔日　D太夫　(印)
R右衛門　(印)

…〈十四人中略〉…

當村買主　J右衛門　(印)
T兵衛殿

上の文書によれば、享保十三年申年の年貢が皆済出来ず、冨田村西組は、共同所有の惣田一〇筆、合計九反九畝十二歩の田畑を九〇〇匁にて売り渡してしまいます。(但し、十年後に買い戻す約束で、各自の屋敷を低当に宛てています。このような期限を切った借金を「本物返し」と言います)

つまり、享保十三年の年貢が皆済出来ず、田畑を売り払ってまでして、年貢を納めたのです。

ところが、翌享保十四年、支配主が替わって、浜松藩の飛び地支配を受けることになってしまう、更に、年貢免率は高い…、初めての領主だから、なかなか物申すことも出来ない…。

そんな状況の中で、上の文書となるのです。百姓の嘆きが聞こえて来ませんか。

当時の米の相場は、一石(二俵半)について、

享保十一年	春	京都	七三・〇匁
十二年	春	〃	六三・〇匁
十三年	秋	〃	四九・〇匁
十四年	春	〃	四四・〇匁
十五年	春	〃	四八・八匁

と史料にありますから、享保十三・十四年は一般的には不作の年ではなかったようです。

その状況の中での、以上のような困窮状態です。これをどう考え・感じるかは皆さんに任せたいと思います。

《参考》
川崎文書(滋賀大学史料館)
「近世地方史研究入門」(岩波書店)

※1
享保一二年(一七二七)は天領六六二石余と西郷氏一〇七石余の相給の時代ですが、次のような高廻シ覚が残されています。何気なく読んでいた中に、冨田村の歴史の上で貴重な暗示を与えてくれるような気がしましたので紹介します。

《未整理九八六》

未歳廻シ高覚

① 一高弐百五拾壱石弐斗弐升三合三勺　**にし**
内
三石八斗六升六合　西郷様分
残而弐百四拾七石三斗五升七合
身高二三分八厘弐毛
一高九石四斗四升九合三勺　安
定米高二五ツ七分五厘七毛
五石四斗四升八勺八才
身高二壱分九リン五毛
一高四石八斗四升三合四勺六才　十九村
定米高六ツ五分
三石壱斗三升五合弐勺

② 一高弐百弐拾三石五斗五升七合　**ひがし**
内　四勺口才
弐石九斗四升五合　西郷様分
…(中略)…

③ 一高五拾八石七斗四升壱合九勺　**孫助分**
…(中略)…

④ 一高九拾六石四斗六合四勺　**太左衛門分**
…(中略)…

享保十弐年
未ノ十二月五日
(※太字、①～④は筆者による)

以前にも話題にしたように、安養寺村・十九村からの入作(出作)高に対する、各組への配分を示しているものですが、この高廻シは元禄期には確認出来る方法ですので、何等問題はないのですが、本来は西村(組)・東村・北村の三村(組)に配分されているものです(元禄年間も)。しかし、この年は、①西村分、②東村分とあり、北村分がなく、③孫助分、④太左衛門分の四組に配分されています。太左衛門は北村の庄屋であることが分かっていますので、④が北村分である可能性が高いと思います。残された③の孫助分の性格がはっきりしません。

天領六六二石余を四組が分割統治していたように読み取れます。別な史料にも庄屋孫助が登場していますから、少なくともこの時期は、西・東・北・孫助支配・西郷氏の五人の庄屋がおり、五つのグループに別れていたことが想像でき、享保九年には五人の庄屋を確認することが出来ます。

一七世紀中頃後半、村内での権力闘争があったらしいことは既に紹介しましたが、一八世紀に入っても、このような組分けが一時的にもあったことは、冨田村内の不安定さを示しているのかもしれません。

ただし、本文の享保一四年には三人の庄屋(西郷氏領は別)になっていますから、その問題も決着が付いたものと思われます。(庄屋孫助と書かれた文書も存在しますが…)

旱損による不作…、現実的な不作であったかどうかは不明ですし、新しい領主に対する先手を打つという政治的手腕とも考えますが、享保一一年(一七二四)には村普請として新川の造成を完成させていることもあり、不安定さと村内一致という要素が混在した時代だったのかもしれません。

いわば、享保一〇年前後は、村内のまとまりや平和を計る上での最後の窮乏・混乱の時期であったことを示しているのかもしれません。

享保十四年稍作肥料

第１２３号
1998.12.24

前回、享保十四年の不作(?)を取り上げましたが、その時の文書を再度取り上げたいと思います。

《救恤八》

乍恐口上書以御歎申上候御事

一江州浅井郡冨田村之儀は旱損場処ニて御座候間①、何共難儀奉存候。井水等も干魅之節は、且而掛り不申、別而迷惑仕事候。依之、御田地悪敷罷成申候ニ付御田地こやし之儀も、別而大分仕候②。凡壱反歩ニ付、ふか・いわし・にしん等之類代銀廿五匁餘買調入申候。殊更當村之儀は山濱等之草刈場も無御座候得ば、藻草等も大分買調入申候。次ニ畑方も無御座候得ば、麦稈も買調作食ニ仕申候。依之、一切御田地斗ニて渡世ヲ送り申処ニて御座候得ば、百姓困窮仕罷有候。哀御慈悲を以、百姓共相続仕候様、被為仰付被下候は難有可奉存候。以上

浅井郡冨田村

享保十四年 庄屋 T兵衛(印)
酉九月 同断 G左衛門(印)
同断 S次兵衛(印)
同村年寄

※①②部分は訂正挿入加筆あり。

右の文書の本筋については、前回の通りですが、今回は、この文書の枝葉部分について注目したいと思います。

この文書には、こやし(肥料)について、

① ふか・いわし・にしんの類
　一反に二十五匁程購入・施肥
② 草刈場は存在しない
③ 藻草等も購入・施肥(値段不明)
④ 麦稈を購入し作食する

と記載されています。

現代の農業は殆ど化学肥料が中心ですが、江戸時代のこやし(肥料)は、藁(わら)・草・堆肥・灰肥・人糞等々が使われたようです。

特に湖国では、湖の藻も真重な肥料になったようです。

残念ながら、冨田村には山や雑草地等もなく、また、湖から藻を得ることも出来ず、肥料となるものは購入に頼るしかなかったようです。

記事の「ふか・いわし・にしん」については、鮫(?)・鰯・鰊等の魚肥を意味します。

鰯や鰊は、干鰯や干鰊として、また鰯粕・鰊粕として使用されました。

鰊粕は鰯粕の三倍以上の生産量となり、魚肥の中心となったと言われています。

魚肥の商品化は江戸時代中期以降であったようですから、冨田村としては以外に早い時期から導入されたようです。いわば干鰊・鰊粕等使用の先進地であったのかもしれません。

昭和初期まで、干鰊は使用されていたとも聞きました。カマスに入った干鰊の中には、今では貴重な数の子も混入してあったとも聞きました。

その魚肥(ふか・いわし・にしん)を買い調えるのに、一反当り二十五匁ほど出費をしたとあります。

当時、一石が約五十匁前後だったようですから、約一俵～一俵半程度の出費を余儀なくされたようです。

現在の化学肥料では、一俵分も肥料代に出費することはありませんから、当時は大変な負担であったと思われます。

また、冨田村は草刈り場がないために、他所より藻・草等を買い調えたとあります。

どこからとか、費用はどの程度かということは記載されていませんが、別史料には、

《村政一 冨田村高反別指出帳》

……〈前略〉……

片山之

一田地こやし所々藁用、其外大浦山より之山草ヲ用、其外ニいわし・ふか・にしん合代銀壱反ニ付銀子弐拾六匁宛こやし仕候。當村之儀ハ旱損場所ニて御座候故、こやし之義大分入申候。

一麻畑こやしハ、ふか油かす仕候壱反ニ付代銀百弐拾匁くらいより入申候。

……〈中略〉……

一薪ハ村中ニ無御座候故、杉野村より売物、高月川へながし被申候。道法五里。銘々薪代銀出シ申候。藁等も御座候得共、田地ほり田故入レ申候。

……〈後略〉……

〈享保十一年午七月〉

とあり、値段は分からないまでも、片山村の大浦山(葛篭御崎辺りか?)より山草を調達していることが確かめられます。

どこかの村の史料で、肥やしとして湖の藻を入れるという記載を見たような記憶があるのですが、冨田村はどこから買い求めているのかは分かりません。恐らく、近郷の早崎村・八木浜村辺りではないかとは思いますが…。

また、麻畑には「ふか油粕」を施肥するとありますが、反当り銀百二十匁位の出費だとあります。

銀百二十匁といえば、米価に換算すると二石半程の代銀になり、七～八俵分にもなります。

どう考えても、数値的に誤りではないかと思ってしまいます。

この麻畑の記載については、詳しくは分かりません。

また、上の文書では、「麦稈を買い調え、作食に仕る」とありますが、麦藁を買うことはあっても、作食（食べるという意味か？）するということには、首をひねるばかりです。

この部分についても分からないままにしておかざるを得ません。

冨田村には山も原野もないために、冨田村高反別指出帳（享保十一年）にあるように、薪は杉野村から購入しています（高月川の水流を利用して当地まで運搬したようです）。

燃料として藁はあるが、田圃の肥料として使用するために、燃料としては無闇には使えない。やむ得ず、燃料用の薪は買うことになります。

冨田村に山野がないことは、ある意味で、こんな面では不利な点でもあったようです。

ともかく、当時の百姓にとって、こやし（肥料）には大変な出費を余儀なくされたようです。

上田一反の石高は一・八石ですから一反に四俵半程度の収穫があったとします（実際には七俵程度あったようですが…）。

年貢の免率が四ツだとすると、二俵弱の年貢となり、肥料の一俵強の出費を加えると三俵程度になります。

これに、村入用、来年の種籾等々を加えると、手元には一俵程度しか残らなくなります。

実際には、六〜七俵あったようですから、一反当り手元に残るのが二〜三俵あればオンの字であったと思われます。

しかし、小作だけに頼る水呑百姓には、ここから小作料を納めねばなりません。

小作料がどの程度必要だったのかは分かりませんが、結局、手元に残るのが、反当り一〜二俵あれば上出来であったと思われます。

その意味でも、干鰊・鰊粕等の肥料購入代銀二十五匁は大きな負担であったに違いありません。

かと言って、肥料を入れなければ、収穫が低下してしまいます。

百姓にとっては苦渋の選択だったのだと思われます。

《参考》
川崎文書（滋賀大学史料館）
「国史大辞典」（吉川弘文館）
「近世地方史研究入門」（岩波書店）

※1
冨田村には入会地が存在せず、肥料となる緑肥には事欠いたようです。入会地をもち、時には複数の村々がグループを作り、厳密な規制の元に草刈りをしたといいます。

一般的には平野部であっても、入会地をもち、時には複数の村々がグループを作り、厳密な規制の元に草刈りをしたといいます。

入会地は、ひとつの草を刈る権利が生じますから、出入（紛争）が起こることもママあったようです。

立ち入ってもいい日、時間を厳密に決め、多少でもルールを破れば村八分もあり得た程の厳密さだったといいます。

入会地は肥料用に刈り取る草ばかりでなく、屋根を葺くための材料となる葭や萱などの場所もあったといいます。

冨田村は村が所有する、または権利を共有する入会地的な場所を持ちませんでした（知らないだけかも）から、肥料にするものは藁や人糞などしかなかったようです。

そのため、魚肥を使用したと思われるのですが、肥料に関しての記事は殆ど目にすることはありません。

多少とも状況が分かる、享保一一年（一七二六）「高反別指出帳」からその状況を見たいと思います。

《村政二より抜粋》

・四町六反歩（※田方）
麦壱反ニ付平均壱斗五升蒔付申候
毎年麦蒔付候分
麦壱反ニ付平均壱石壱斗位取申候
右麦こやしハ早崎村よりもう（藻）
草を買入レ申候
わかしこゑニはふか油かす等仕候
麦壱反ニ付こやし代銀拾五匁ツヽ
仕候

・田地こやし、所之藁八拾束程つゝ用
其上ふか干鰯に志ん、合田地壱反歩
ニ銀弐拾五匁宛こやし仕候
畑方ニはふかあぶらかす畑壱反ニ銀
拾五匁つゝのわかしに仕かけ申候
・麻畑こやしハあふらかす（油粕）用、
其上ふかをわかしに仕、麻畑壱反ニ
三拾匁くらいより四拾匁ほどつゝ用
申候

肥料に関する記事はこれだけです。

稲作に対しては、藁と干鰯や干鰊を用い、反当二五匁程度の出費とあります。

また、畑作や麦作に対しては、藻草やふか油粕を用い、反当一五匁程度の費用とあります。

更に、麻畑には油粕やふかのわかしを用いて、反当三〇〜四〇匁程度だとあります。

主となる稲作には、藁を鋤込み、干鰯や干鰊を元肥にしているようですが、その方法や仕入れ方などについては記載がありません。

一町二反歩ばかりに麻を植え付けていますが、麻作の肥料は更に高額の三〇〜四〇匁となっており、その費用に見合うだけの収穫があったのかが心配になりますが、「苧九貫目取」の記載があります。

また、年代不明の断片には次のような記載があります。

《未整理五六抜粋（二一頁重出）》

一肥シ買所　長濱町より■■
是ハ、當村ニ田地肥シ類無御座候ニ付、干鰯其外ふか買、こやし仕候。

この文書によれば長浜町からとありますが、片山湊の荷揚げ記録に魚肥の記録があるようです。

惣田売渡銀の配分

第１２４号
1999.01.10

前々回使用しました、享保十四年の「冨田村西組惣田地銀子割賦帳」を再度取り上げたいと思います。

《租税九》

享保十四年
西組惣田地銀子割賦帳
酉ノ二月朔日　冨田村西組
惣百姓中

覚
一惣田地銀子九百目　但シ新銀元銀也
内四百五拾匁ハ頭打
壱人ニ付銀子弐拾匁六分ツヽ
無役ニ付　銀子拾匁三分ツヽ
水呑ニ付　銀子五匁一分五厘　ツヽ
右頭打銀質物として銘々屋敷□入置申候。若、田地請戻シ申候時節、銀子遅滞仕候ハヽ、右之しち物、惣中へ御取上ケ可被成候。其時一言子細申間敷、為後代、手形仍如件。

一弐拾匁六分　頭打　T兵衛
百四拾匁弐厘　高打
〆百三拾四匁六分弐厘
一弐拾匁六分　頭打　D太夫(印)
弐拾九匁六分六厘　高打
〆五拾匁弐分六厘

……〈二十七人中略〉……

一五匁壱分五厘　頭打　K次郎(印)
九厘　高打
〆五匁弐分四厘

宇くろしつか
一下田九畝廿弐歩
分米壱石三斗六升弐合八勺

……〈八筆中略〉……

宇北八ノ坪
一下田壱反壱畝拾八歩
分米壱石六斗弐升四合

売渡申本物返シ田畑之事
合拾ケ所分米御帳面之通

右件之田地、申ノ御年貢皆済不罷成候ニ付、銀子九百目ニ酉ノ春より午ノ暮迄拾年切ニ売渡申處、実正明白也。然上ハ来ル午ノ暮ニ銀子返弁仕、田地受返シ可申候。右田地之銀頭打高打共ニ、来ル午ノ暮ニ帳面之通急度返弁可仕候。若壱人ニても無沙汰仕候ハヽ、右しち物之屋敷惣中江受取、田地之銀子少シ遅滞仕間敷候。為後證、手形仍而如件。
享保拾四年
酉ノ二月朔日　D太夫　(印)

……〈十六人中略〉……

當村買主
T兵衛殿　J右衛門(印)

※享保十四年(一七二八)

上の文書によれば、享保十三年申年の年貢が皆済出来ず、冨田村西組の共有の惣田、合計九反九畝十二歩の田畑を、十年切本物返しにより、銀九〇〇匁で売り渡し、その代銀を惣中に分け与えたことが分かります。

一町弱の田畑が銀九〇〇匁というのは、安い気がしますが、それは差し置いて、代銀の分配方法について考えたいと思います。

代銀の分配については、

① 半分の四五〇匁を頭打に、残りの四五〇匁を高打にし、
② 頭打は、
一人当り銀子弐拾匁六分宛
但し、無役は銀子拾匁三分宛
水呑は銀子五匁一分五厘宛

という勘定をしています。

「頭打」とは人数割の意味ですが、無条件の人数割(平等割)ではなく、一般の百姓(庄屋・年寄・百姓代・組頭…など高持ちの百姓)と無役の者(高持ちだが、村役を持っていない者のこと…か?。ここまでが高持ち百姓と言い、村政に対し参政権や発言権があると考えられる)と水呑百姓(土地を持たない百姓)との三段階に分けています。

一般百姓を　一〇〇% と考えると
無役百姓は　五〇% の割合
水呑百姓は　二五% の割合

をもって分配しています。

人数を数えてみると、

二〇匁六分受領の者　一五人
一〇匁三分受領の者　一二人
五匁一分五厘受領の者　三人

となり、半数が銀二〇匁六分を受領しています。

残り半分の四五〇匁は高打という方法で分配しています。

「高打」とは各自の「持ち高」割りを意味し、現代語で言えば「所得割」に相当します。

持ち高(土地の所有地面積)が多ければ多くの分配を、持ち高が少なければ少しの配分を、受けることになります。

「高打」の最高は、T兵衛の百十四匁余で総額の約四分の一になります。

逆に、低額に留まっているのは、

T左衛門　二分四厘（頭打十匁余）
D右衛門　二分四厘（頭打十匁余）
S左衛門　一分七厘（頭打十匁余）
K次郎　　九厘（頭打五匁余）

の四人は一匁以下となっています。

特に、最低のK次郎は、最高のT兵衛の千二百六十七分の一しかありません。頭打の額で分かるように、水呑百姓です。水呑百姓と高持ち百姓の差がいかにあったかが歴然としています。

惣田売渡し（質入）銀子九〇〇匁の配分方法について、見てきましたが、当時の配分方法について、皆さんはどうお考えでしょうか。

当時の考え方の基礎には「持ち高」というものがあって、年貢も、村入用（区費）等も、すべて「持ち高」に対する賦課割合となっていました。

村の寄合い、協議にも「高持ち」百姓しか参加できませんでした。

そういう観点で考えるとき、半分が「頭割」、半分が「高割」というのは非常に進んだというか、民主的な考え方ではなかったかと、私は思っています。

「頭打」は均等割りだと言っても、三段階の差があるではないかと思われる方もあるでしょうが、十年後の請け戻しのことを考えたら、妥当な考え方ではなかったかと思います。

分配したときは良くても、十年後に返済するメドがないのですから・・・。

年貢納入には、余裕のある者（土地を多く持っている者）は容易であっても、土地を少ししか持たない者や水呑百姓にとっては困難な場合が多いものです。

年貢高は小量であっても、家族人数分の生活費（飯米）等は同様に必要です。そのため、小量の年貢さえ皆済がおぼつかなくなります。

上の文書によれば、昨年の年貢が皆済できないために惣田を質に出しているのです。当然、分配金は年貢皆済に使われてしまいます。

余裕のある百姓は、その分配金をストックしておくことも可能ですが、難渋している者にとっては、それは不可能です。

十年後に、この分配金がストックされているとは考えられないことです。勿論、その間に貯蓄出来る見通しもありません。

そうなれば、高額の分配金は、逆にそれらの百姓を潰す原因になってしまいます。

そんな意味で考えると、よく考えられた分配方法だと思えます。

《参考》
川崎文書（滋賀大学史料館）

※1
西組(村)惣田については、紆余曲折があったのか、多くの文書・記事を目にすることが出来ます。
現段階で判明分を年代順に整理してみると、

①万治三年(一六六〇)
「田畠取上帳」により惣田の存在が確認出来る。《農業一》
（※第五九・六〇号参照）

②寛文一〇年(一六七〇)
「西冨田村田畑数高之寄帳」により惣田の存在が確認出来る。
《土地五〇》

③宝永二年(一七〇五)
惣田九反三畝を銘々が三畝宛支配してきたが、玉籤により一〇人へ売却したことが判明する。
《租税二二三》《土地一二〇》
（※第一七七・一七八号参照）

④正徳五年(一七一五)一二月八日
惣田惣百姓中より惣田九反三畝を請け戻したい旨の寄合する。
一二月二五日（小百姓の寄合？）
《未整理九四一・租税二二三》

⑤正徳六年(享保元年(一七一六))
正月六日に請け戻し連判状提出。
正月一六日に土地取上られる。
閏二月二八日に名寄帳・奥書提出する。
《未整理九四一》
八月一六日江戸表取上げになり、双方呼び出される。(七兵衛と同道)
八月一九日入札を仰せ付かる。
九月一日決裁書を提出する。（この間に入札等の実施か？）
《未整理九四一・土地五四》
一〇月、惣田入札余金を西組困窮者五人に五〇匁宛下付される。
《税二二四》
一一月九日付「惣田地請銀渡帳」により、惣田を買い取ったと思われる一〇人の名と金額が判明する。
《小作二》

⑥享保二年(一七一七)
惣田九反三畝の内、畑三畝ついてD左衛門とトラブル発生する。
《土地一二〇》

⑦享保一四年(一七二九)
「西組田地銀子割賦帳」より、二月、西組惣田を一〇年切本物返しにて銀九〇〇目にて再度売却する。
本文で紹介した、頭打・高割等の記載がある。《租税九》
同二月、「惣田地米銀指引帳」あり。
《租税五一》

⑧元文三年(一七三八)
享保一四年の「一〇年切本物返し」満期の年ですが、何の文書も見つかりません。これ以降「惣田」の文字を見つけることは出来ません。

イメージ的にはもっともっと沢山の「惣田」の記事を見たように感じます。まだまだ書き残した文書があるかもしれません。

冨田西村(組)にとっては、惣田の存在は想像以上に大きかったことが伺えます。

しかし、その絆的な惣田も貧困や困窮には勝てなかったのです。

このような流れは、西村の団結が弱まって来ていることや貧富の格差の進行を物語っています。それは第五二号で紹介した持ち高の変化にも如実に現れています。

年貢皆済が出来ず、売却を提案するのは小百姓達であった筈です。その結果が惣田の皆失に繋がっていったのだろうと思います。

享保十二年の不作

第１２５号
1999.01.24

前回まで三回に渡って、享保十四年の減免嘆願書・惣田地売払銀子割賦帳を見てきました。

その中で、肥料のことや銀子割賦の方法等について触れました。

享保十四年は、全国的には不作でもないのに、困窮の至りになっていると書きました。

今回はその困窮の原因がどこにあるのかを考えたいと思います。

《租税八》

享保十二年
江州浅井郡冨田村未之年御免割帳
未十二月　　申ノ二月諸書帳

一高六百六拾弐石壱斗九升壱合
　　江州浅井郡冨田村高辻
　五斗弐升　　郷御蔵屋敷
内　弐石九斗五升七合
　　前々溝敷永引
　三石六斗九升三合
　　當未井桁敷土取跡等地
　三百四拾五石七斗六升
　　當未ノ日損皆無同様之引
残高三百九石弐斗六升壱合　　有高
　此取百弐拾三石七斗四合
　　毛付四ツ
　　高ニ壱ツ八分六厘八毛余
　内
　拾弐石三斗七升四勺　拾分一銀納
　此銀五百八拾三匁八分八厘
　此割毛付高ニ壱石四升
　　但シ御米壱石ニ付
　　御直段四拾七匁八分替
　三拾七石壱斗三升壱合弐勺　三分一銀納
　此銀壱貫六百六拾六匁三分
　　但シ御米壱石ニ付
　　御直段四拾四匁九分替
　此割毛付高ニ壱石壱斗弐升　壱才余
残七拾四石弐斗弐升弐合四勺　三分二米納
外
一米拾壱石九斗壱升九合四勺　夫米
　此割本高壱石ニ壱升八合
一米三石三斗四升壱勺
　三分一三分二米　御口米
　此銀百六拾六匁六分六厘七毛
　　但シ御米壱石ニ付
　　御直段四十九匁九分
　此割毛付高壱石壱升八勺
一米三斗七升壱合壱勺三才
　十分一御口米
　此銀拾九匁三分七厘
　　但御米壱石ニ付御直段
　　五拾弐匁弐分
　此割高壱石ニ壱合弐勺
一米三斗九升七合三勺
　　當未御傳馬宿入用
　此割本高ニ六勺四

‥‥〈以下省略〉‥‥

※以下は個人の分担明細が同様形式で、八十二人分と安養寺村出作分が記載されています

※享保十二年(一七二六)
※傍線等は筆者による。

上の文書は享保十二年の「免割帳」です。

膨大な内容は省略しましたが、冨田村八十二人分の支払い明細が記載されています。

昔の村役人は、村人各自に対してもこのような計算を算盤のみで計算し、記録に残していったのです。しかも、毎年十二月頃には必ず計算する必要があったのです。

これには、村人八十二人の計算がしてあります。

これを調べると、一人ひとりの年貢納入高(額)が読み取れるのです。

これら村役人の計算は、現代の役場による税務の仕事に相当していたのです。

享保十二年大旱魃

上の史料から判明することは、この年が大日照りであったことです。

当時、冨田村は六百六十二石余の村高(高辻)を持つ天領でした。

しかし、この年「日損皆無同様引」として、三百四十五石余を課税対象高から免除されることになります。

つまり、村高(課税対象額)に対して、三百四十五石余が旱損引として免除(控除)されているのです。

実に村高の五〇%強になります。つまり、収穫が例年の半作以下であったことになります。

半作以下ということは、実感的には皆無に等しかったのではないでしょうか。

その原因は、夏の日照りであったようです。

記録によれば、六月中より雨が降らず、竹生嶋「阿伽井の水」を月定院から貰い、六月十四日・七月一日・七月七日の三度にわたって、冨田村の神社で雨乞いを実施しています。

雨乞いの後、その甲斐があって、三度とも若干の雨が降ったと記録されてはいますが‥‥。

詳しくは平成六年一月第五号を参照して下さい。(この時は日損引きについては分かってませんでしたが‥‥)

しかし、焼石に水といった有様であったろうと推察出来ます。

その結果が上の旱損引となって、具体化されてしまったです。

享保十一年暮～十二春、冨田村は上佃から二坪井までの、三百間の長さの新川造成普請を完了させます。

そして「今年の用水は大丈夫」と思っていた矢先の大旱魃です。

ショックも大きかったであろうと思われますが、それ以上に大変なのは、年貢納入です。

本年貢は、五〇％以上の控除(損引)がありますが、控除後の高に四〇％の年貢が掛かります。

持ち高には約十八・七％ですが、それでも大きな負担になります。

しかもそれだけではありません。夫米・御口米・十分一御口米・御傳馬宿入用など高掛物といった付加税もあります。

例えば、上の史料の中から一人の記録を抜き出して整理すると（D太夫の場合）次のようになります。

持ち高	一三・三六一三石
毛付(免引後)	六・七三六二石
本年貢	二・六九四五石
夫米～等合計	〇・三二九六石
納入合計	三・〇二四一石

となり、実質は持ち高の約二十三％の年貢納入となっています。

享保十二年の大旱魃によって、冨田村百姓は難渋の極地にまで達していたと思われます。

いま解読中の分厚い文書の中にも、再三再四の年貢督促状が何通も記録されています。

この年は年貢未納者が多数出たと思われます。

未納ならば未納でよし、といった具合いにはなりません。借金をしてでも納入しなくてはなりません。

それが当時の（今もですが）支配だったのです。

そのツケは翌年にも、翌々年にも回ってきます。

そのツケの一つが、享保十三年の年貢未納に端を発した享保十四年二月の惣田売り渡し、享保十四年の減免嘆願書につながっていったと推定できないでしょうか。

そう考えることで、享保十四年の減免嘆願書の意味が分かって来る気がします。

《参考》
川崎文書（滋賀大学史料館）
「冨田今昔物語」
第五号・第九四～九七号
第一二一～一二四号　他

※１
次の文書は第九七号註にも取り上げた文書ですが、再度取り上げます。

《凶災八》
乍恐口上書を以御願申上候
一江州浅井郡冨田村之義は、旱損場処ニ而御座候得而、五年以前未之年、別而殊之外旱魃ニ而、其以後土地元之ことくニわきあひ不申、何共難儀ニ奉存候。井水等も六ケ村立合ニ而、流之末ニ罷在候得ば用水等も旱魃之節、且而懸り不申迷惑仕候。依之、御田地金こやし等も大分ニ仕候得共、立毛出来不申候儀は、夏中少々之旱りにも御田地ニ水たもち不申候故、立毛も悉悪敷罷成申候。當御検分以後、苅取御米ニ仕候得ば、殊之外取実無御座、何共難儀迷惑奉存候。殊ニ當村之義は畑方も無御座候得ば麦稗等も買調作食ニ仕候間、彼是ヲ以百姓困窮仕罷在候間、乍恐以御慈悲百姓相續仕候様、被為仰付被下候ハゝ難有可奉存候。以上
享保十六年亥十月　丁兵衛(印)
冨田村庄屋
同断G左衛門(印)
同断S次兵衛(印)
同村年寄Z太郎(印)
同断S内(印)
同断C左衛門(印)
波多野惣七様
堀口治太夫様
（※享保一六年（一七三一））

享保一六年の減免願いですが、この中で、五年前（享保一二年）は殊の外の旱魃で、それ以後は土地（田圃）が以前のように戻らない（わきあひ不申）ので…云々とあります。

「わきあひ申さず」の意味がはっきりしませんが、現在でも田圃等に藁や草を鋤込んだりしたとき、発酵することを「わく」といいますから、藁や草を鋤込んでも発酵しない、肥料とならないという意味ではないかと考えています。

「わかない」理由は藁や草が腐らない、つまり、土地の保水性がないからだと考えられます。

享保一二年の大旱魃で、土地の保水性が失われ、多少の降雨では回復しなかったとは考えられないでしょうか。


文中に、旱魃の際には用水が懸からないから、金こやし（干し鰯等の魚肥のこと）を施しても収穫が増えない（肥料として効かない）、御田地に水が保ちにくい…とあります。

つまり、土地の保水性に問題があったと考えられます。

その原因を作ったのが、享保一二年の大旱魃だったのです。土がカラカラに乾いて、砂漠状態になってしまったのが、享保一二年の旱魃の状況だったようです。

旱魃で土が痩せることについては、次のような文書もあります。

《凶災一四》
乍恐書付を以奉願申上候
一當村之義は元来旱損場之所、當年も追々御注進とも申上通り、田方畑作り共旱損仕、御見分茂御願申上度奉存候処…（中略）…
去々年来之旱損ニ土も疾候故か、見格之不作仕候而、御皆済之程も無覚束程之凶作ニ難渋仕候故、
…（中略）…
御慈悲之上御済米六七拾俵被為仰付被下置候ハゝ、一統難有可奉存候…（後略）…
寛政八年
辰十一月日
浅井郡冨田村
（村役五名連署略）
田沼市兵衛殿
菊池友右衛門殿
（※寛政八年（一七九六））
（※傍線は筆者による）

旱損によって土が疾（やまい）に罹っていると表現しています。

当時の百姓がどのような認識をしていたのか、その一端を垣間見るようにも思います。

御救い米の下付願い

第１２６号
1999.02.10

次の文書は享保十八年二月の文書です。

《救恤九》

乍恐口上書を以御願奉申上候

一當村之儀は先々より旱損場所ニて、百姓困窮仕何共難儀ニ奉存候所、去ル亥子両年共ニ以之外深雪ニて、麦作も曽而無御座、別而迷惑仕候虚ニ、米穀殊外高直(値)ニ罷成申候ニ付、及□候百姓之内、S郎左衛門・D右衛門・K治・H左衛門．R左衛門後家・H介・M左衛門・S兵衛Y兵衛後家・T左衛門・K兵衛後家・Z郎兵衛・G兵衛・K兵衛、都合拾四軒、家内人数四拾八人之者、困窮仕難儀迷惑仕候間、為御救米拾弐俵程、御慈悲を以、被下置候様ニ奉願上條。願之通被為仰付被下候ハヽ難有可奉存候。則別帳差上申候。

一右奉申上候通、近年不作ニ付、當村百姓之内、R右衛門・T右衛門・R左衛門・J右衛門・J九郎・Z右衛門・□次郎・T助G左衛門・N左衛門・T右衛門I郎左衛門・T右衛門・M太夫S左衛門・T兵衛・Z左衛門後家・J兵衛・H右衛門・G次郎H太夫・S郎左衛門後家・S五右衛門．Y三左衛門．H右衛門S次兵衛・S三郎・I郎右衛門

G郎兵衛後家・K兵衛、都合三拾軒、家内人数百弐拾人之者共因窮の百姓ニて、作夫食無御座御田地耕作難仕罷成迷惑仕候。御慈悲を以、何とぞ右之者共江作夫食米四拾俵(三十五俵訂正)御拝借奉願上候。左も無御座候てハ耕作植付等可仕方便無御座候。當年之儀ニ御座候得ば、他借一切不罷成、難儀至極仕候。願之通被仰付被下候ハヽ、難有可奉存候。右之御米、當暮二無相違急度御返納為仕可申候。右御慈悲之上被為仰付被下候ハヽ難有忝可奉存候。以上

享保十八年
丑二月　浅井郡冨田村庄屋
同　T兵衛
同　G左衛門
年寄　S右衛門
同　Z太郎
同　S内
同　T左衛門

波多野惣七様
堀口治太夫様

※享保十八年(一七三三)

右の文書を要約すると、下のようになります。

去る享保十六(亥)・十七(子)両年ともに豪雪であったため、麦作が不作で（食いつなぐこともできず）、米穀も高値のため、S郎左衛門以下十四人(軒)四十八人が困窮している。御救米を十二俵程度お下げ願いたい。
また、近年不作続きで、R右衛門以下三十人(軒)百二十人が困窮しているので、作夫食米四十俵（三十五俵に訂正）を御貸し願いたい。そうしないと、この春の耕作・植付けは出来そうにありません。暮には返済しますので、宜しくお願いします。

※【御救米】
江戸時代、不時の飢饉・災害のとき救済を目的として放出する応急の施米のこと。

※【夫食(ふじき)米】
農民の食料のこと。

近世凶作のさいに、農民に食料を貸し付けることを「夫食貸」と言った。

しかし、農民側では返済に窮することも多く、しばしば半免・全免などを行わざるを得なかった。


文面から見る限り、近年不作続きのため、また、昨年・一昨年の豪雪で麦が不作となり、食料とする穀物（主に麦だと思われる）がなく、百姓一同が食うにも困っている様子が見えて来ます。

特に十四軒の百姓（四十八人）は、困窮状態がひどく、御救米に頼らざるを得ない状態のようです。

三十軒の百姓（百二十人）については、困窮状態ではあるが、次の収穫まで食いつなげたら何とかなりそうな状態（実際は想像以上に厳しいのだが）のようです。

また、文面には出てきませんが、残り四十軒程も状態は良くなく、自分の家族で精一杯であったろうと推察できます。

もし、状態が良ければ相互扶助の形で少しは援助も出来たでしょうが、このような「御救米」を願い出るのは村中の百姓が困窮していたのだと思われます。

八月の収穫まであと半年、四十四軒百六十八人が米五十二俵で食いつなげたのか、と心配にはなりますが…。

御救米・夫食米の下付があったとしても、餓死寸前であったろうと思われます。

それもその筈、享保十七年は江戸時代の三大飢饉（享保・天明・天保）の一つに数えられるほどの飢饉であったのです。
享保十七年の「享保の飢饉」は、近畿地方から西の地方（中国・四国・九州）にわたって、ウンカ（蝗）の大虫害になり、凶作となったようです。
ウンカ（蝗）の被害は九州から始まり、近畿までに及んだと言います。

九州では「其虫水に浮て川に流れ出るに、水の色も変る程なり」と記録されているようです。

近畿以西の十九藩において、過去五年間の平均収穫が二百三十六石であるのに対し、この年は六二・八石であったとあります。

実に平年の四分の一の収穫であったようです。

この年、西国では何万人という餓死者が出たということです。

ウンカ（蝗）の被害は、西国が中心で、近畿地方の被害は少なかったのかもしれません。勿論、冨田村がどうであったのかも分かりません。

史料によるとこの年、冨田村は年御貢米として、米七百二十四俵二斗八升四合を皆済しています。

《租税二三六「子御年貢米納通」》

この年の免率は四ツ（割）一分二厘と記録されています。

本年貢の約六百八十俵と付加税の四十数俵分の合計が納入されているのです。

従って、冨田村については、西国のような大凶作ではなかったようです。

しかし、例年並の作柄であったならば、上の文書の内容にはなりません。

ウンカ（蝗）の被害を受けたが、凶作までにはならず、収穫は例年以下ではあったが、年貢納入は何とか皆済することは出来た。

しかし、手元に例年並の飯米等の余裕は残らなかった。

食いつなぐための麦も不作であったため、困窮状態に陥ってしまい、御救米・夫食米にすがるしかなかった。

私は、そのように想像しています。

また、享保十六年の願い書に

享保十二年の大旱魃以来、土地が元に戻らず、多少の日照りでさえ水が保てず、肥料も大量に入れるのに作柄がよくない。

とあります。

当時の実態を最も端的に表している文書なのかもしれません。

御救米・夫食米の下付があったかどうかは見つからず、確認することはできませんでした。

《参考》
川崎文書（滋賀大学史料館）
「饑饉の歴史」（至文堂）
「日本史用語辞典」（柏書房）

※1
江戸時代の食糧事情について記されている文書を目にしたことはありません。
しかし、この文書には、深雪で麦作が不作になりそうで迷惑している旨が書かれています。
つまり、麦は食糧として捉えられていることが分かります。

一般に、米を作っている百姓は殆ど米を喰うことは出来ず、麦・稗・粟などの雑穀を食し、その中へ大根などを入れたともいいます。しかも、雑炊やお粥のような状態でしか食べれなかった。米が食べられるのはハレの日しかなかったと言われていますが、やや疑問も感じています。

享保一一年（一七二六）の「高反別指出帳」によれば、
《村政二（一部二四七頁重出）》

・四町六反歩（※田方）
麦壱反ニ付平均壱斗五升蒔付申候
毎年麦蒔付候分
麦壱反ニ付平均壱石壱斗位取申候
右麦こやしハ早崎村よりもう（藻）
草を買入レ申候
わかしこゑニはふか油かす等仕候
麦壱反ニ付こやし代銀拾五匁ツヽ
仕候
・壱町壱反六厘弐毛　　畑居屋敷
ちさ　なすひ　いも　唐黍　（中略）
ひへ
壱斗平均ニ壱升五合蒔作り申處
稗壱反ニ平均壱石七斗くらい
：：（中略）：：
・八反程麦蒔付申候（※畑方）
平均壱反ニ壱斗七升蒔付申候
壱反ニ付平均壱石壱斗くらい
・右畑之跡ニ
九反ほと大豆蒔付申候
壱反ニ付平均六七斗つヽ取申候
四反六畝廿壱歩余小豆蒔付申候
壱反ニ付平均四斗くらい
：：（中略）：：
一種麦ハ當村ニハ早稲麦六角麦撰立壱反ニ付平均壱斗五升つヽ蒔申候蒔付しゆん秋土用中時分より十月廿日頃迄蒔付申候

省略した部分も多少がありますが、雑穀に関する部分だけを抜き出してみました。
冨田村での雑穀生産は麦が主で、次に大豆や小豆があり、多少の稗があるにすぎません。
麦は、田方・畑方合せて五町四反程度で、収穫量は単純計算すると、五九石余になります。次年度の種として八石余を差し引き、約五〇石程度が食糧になったと考えられます。
大豆は約五～六石程度に過ぎず、小豆一石五～六斗程度、稗は作付け面積がはっきりしませんが、五～六石程度ではなかったかと考えます。
これだけの史料では断言は出来ませんが、冨田村の食糧事情は、米・麦を中心にして、大豆や稗、唐黍などを多少加えた程度でなかったかと想像しています。
一般的に言われるような、雑穀しか喰えなかったという貧農とまではいかなかったような気がします。但し、あくまでも平均であり、持ち高の多い者は裕福に、持ち高も少なく、小作に頼らざる得ない者は雑穀中心の食糧事情であったろうことは否めませんが：：。
世情一般に、当時は春先から秋の収穫までをどう喰い繋ぐかが最大の問題でした。
その喰い繋ぐ最大の食糧が麦だと考えられますから、麦が不作の年は厳しいものがあったと想像出来ます。
しかも、豊凶に拘わらず、肥料代として一五匁程度は必要だとありますから、米にしろ、麦にしろ、収穫量イコール食糧ではありません。
私達には想像も付かない状況だったのかもしれません。

五村別院重要文化財に

第１２７号
1999.02.24

《平成十・十・一七 朝日新聞》

『虎姫の「元本願寺さん」
国の重文に"昇格"』

……〈前半省略〉……

国の重要文化財には、意匠的、技術的に優秀なもの、歴史的価値の高いもの、流派や地方の特色が顕著なものが指定される。

五村別院は真宗大谷派に属する寺院で、一五九七年（慶長二年）に、地元の有力な郷士、大村刑部左衛門らが、真宗大谷派の始祖、教如上人のために堂を建立したのが始まり。地元では「元本願寺」とも呼び親しまれ、一九九四年には町の有形文化財に指定された。

今回、国の重文になったのは、一七三〇年（享保一五年）に建て替えられた本堂（厨子一基、棟札一枚を含む）と、一六七四年（延宝二年）に築かれた表門の計二棟。江戸時代に竹生島の宝厳寺などの造営にかかわった西嶋家の代表作ともいえる寺院建築で、表門は、同家が大工を務めた建造物で最古のものとされる。同別院は「これからも、湖北一円の人々の心で守っていただければと念じています」と話している。

〈以下省略〉

昨年一〇月一七日の新聞に、上のような記事が載りました。

《平成十・十・一七 読売新聞》

『重文に虎姫・五村別院』

……〈前半省略〉……

重文に指定される五村別院は真宗大谷派の寺院で、一五九七年、始祖教如上人（一五五八〜一六一四）のため創建。現在の本堂は一七三〇年の建築。入母屋造の大型仏堂で、古風な趣を持つ。表門は切妻造、銅板ぶきの一間一戸の薬医門で、一六七四年に建立された。湖北地方で活躍した大工・西島家の代表作ともいえ、表門は西島家が手がけた中で建立年代が判明している最古のもの。

……〈後半省略〉……

《平成十・十・一七 滋賀夕刊》

五村別院が重文に
湖北の名匠西嶋家最古の建造物

文化庁は十六日、国の重要文化財に虎姫町五村の五村別院（宗教法人真宗大谷派本願寺別院・越岡耀瑞代表役員）本堂と表門の二棟を登録した。全国では一七七件目。県内真宗寺院本堂の重文指定は五件目となる。

同別院は慶長二年（一五九七）に地元の大村刑部左衛門らが教如上人のために建立。その後、本堂を建て替えるなど順次伽藍を整備したと伝えられる。本堂の正面は約二四㍍、奥行きは三四・七㍍。両側面の後方と背面に庇があり、屋根は入母屋造、桟瓦葺。間取りは広い外陣と余間・内陣からなる真宗本堂特有の形式。柱や虹梁の木材が太いこと、彫刻の渦が円形に近く若葉が控えめであるなど古風な趣。また正面と両側面の縁の吹き放しに用いられた蟇股が大柄で、成が高いのが特徴。現本堂は享保十五年（一七三〇）に近郷の富田村（現びわ町）の大工・西嶋但馬家によって上棟された。

表門は正面の柱間一間、出入口も一間の本柱と控柱の上に屋根を乗せた「一間戸の薬医門」。屋根は切妻造で銅板葺。延宝二年（一六七四）に本堂同様西嶋家により建てられた。

本堂・表門とも湖北で活躍した西嶋家の代表作ともいえるもので、同家が大工をつとめた建造物としては最古のもの。本堂・表門・鐘楼の三棟は九四年に町の有形文化財に指定。湖北の真宗本堂で国の重要文化財指定されたのは長浜の大通寺（一九一五年）、木之本の西徳寺（八六年）に次ぐ三番目となる。

引用が長くなりましたが、冨田村の大工西嶋但馬が建てた五村御坊（別院）が、国の重要文化財に指定されたという記事を三紙から拾ってみました。

但馬家は周知のように、大工の棟梁の家柄で、大工冨田組の組頭を勤め、代々、五村御坊を始めとして、多々の村を仕事場としていました。

五村御坊付きの大工として、京都本願寺の門主が来訪した折は「お目見え」を許されるほどであったと言います。

今回、重要文化財に指定された五村御坊については、作風もさることながら、製作年代とともに、大工がはっきりしていること、それを証明する種々の文書が残されていることが大きな要因だったと聞いています。

五村御坊が重要文化財として指定されたのは、数年前に西嶋幸男氏宅から、びわ町教育委員会に委託された文書によるところが大きいと聞いています。

もし、この西嶋文書が存在しなかったり、破棄されていたら、今回の重要文化財指定はなかったと思われます。

そんな意味でも過去の遺産や文書は大切にしなければならないと思われます。

過去には、某村区有の文書がいつの間にか流失してしまったことがありました。流れ流れて、現在は大阪城博物

館の所有になっていると聞きます。

そうならないためにも、遺産・遺物や文書類の保管は、個人が持つのではなく、公的機関で保管してもらうのが適切なのかもしれません。

冨田村にも歴史的価値のある物としては、区長保管の「浅井様折紙三通」を始め、神事（おこない）文書、八幡神社本殿保管の「小嶋権現棟札」や元禄十五年（一七〇二）銘の鰐口、正徳三年（一七一三）銘の鰐口などは大切に保管する必要があると思います。

更には、個人所蔵の文書類がかなりあるように思われます。一部図面等を見せていただいたこともありますが、大多数は秘蔵されているようです。

個人が所蔵する文書もやはり大切にしたいと思っています。冨田村の歴史を知る上で、非常に大切な文書かも知れません。散逸してしまわないように保管をお願いしたいものです。

過日、知り合いから、「これおまえの村やろ。古本市で売ってたさかいに買おてきたったわ」と言われて、一冊（四枚仕立）の古文書を貰いました。

それは、明治五年の北冨田村の「社寺取調御届書」でした。

どの様な経過で古本市に並んだのかは分かりませんが、このようなことが起こらないように、地元の文書等は地元で保管・共有すべきだと思います。

昭和三十四年の伊勢湾台風の時、祭器庫が大木の下敷きとなって倒壊し、保管されてあった文書類が水に濡れ、ズタズタとなり破棄されたと聞いています。

この中には、もしかすれば冨田村にとって非常に大切な文書があったと思われます。

今回、五村御坊が重要文化財指定になったことで、もしもの場合は国の予算で維持管理・修理がされる事になります。

その意味でも重要文化財指定は価値のあることだと思います。

その基になったのが「西嶋文書」の存在でした。

その文書を解読することで約二百五十年前へタイムスリップすることが出来たのです。

《参考》
平成十・十・十七日付「朝日新聞」
平成十・十・十七日付「読売新聞」
平成十・十・十七日付「滋賀夕刊」

※2
護身法の印　《西島文書六一より》

おんそばハんばしゆたさらばたらば
そばはんばしゆとかん
おんたぎやとはんばやそわか
おんはんとほとはんバやそわか
おんばぞろとはんバやそわか
おんばさらきにはろちはツたや
　そわか

※1

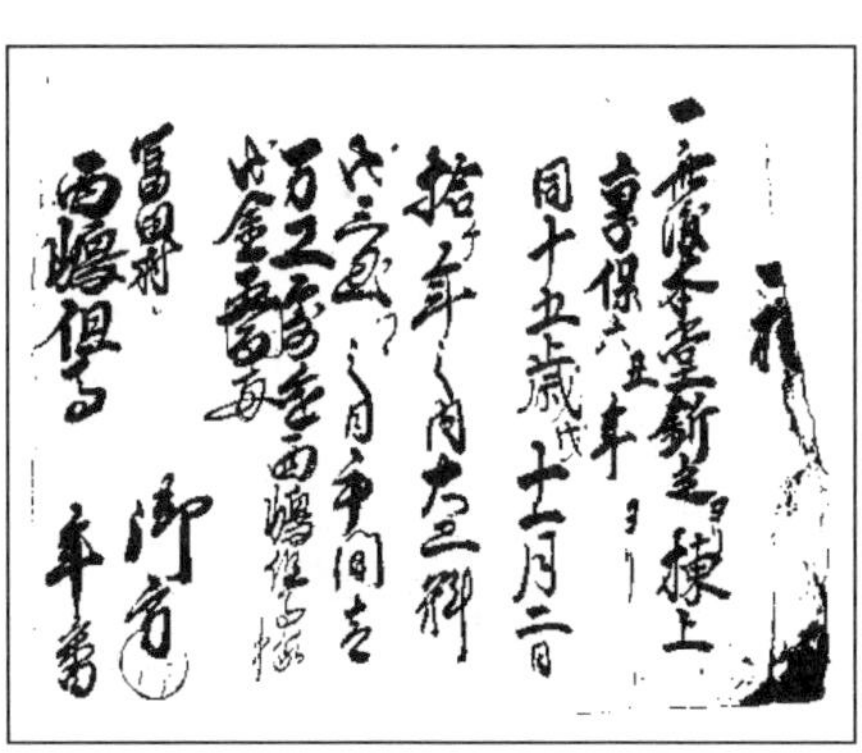

《西嶋文書五八》

右端が一部破損していますが、現存の五村御坊本堂建立に関する契約書だと思われます。

一札
一此渡本堂釿立ヨリ棟上
享保六丑年ヨリ
同十五歳戌十一月二日
拾ケ年之内大工料
代三匁ツヽ之日手間壱
万工前懸　西嶋但馬家中
代金（印）五百両
冨田村　　　御方（印）
西嶋但馬　　　年寄

享保六年（一七二一）から享保一五年（一七三〇）迄の一〇ケ年の大工料を定めています。釿始めから上棟まで日当三匁で、一万人手間の前金として五〇〇両と定めています。

また、「五村御坊本堂」と題された寸法書によれば、　《西島文書六〇》

一柱大さ中四本壱尺五寸
　　木たけ弐丈八尺
一外かわ壱尺角
　　おちゑん石より弐丈三尺七寸
一入かわ壱尺三寸
一障子通壱尺弐寸
一御はい柱壱尺四寸
一来光柱壱尺弐寸角
一うら柱八寸角
一四分一柱壱尺角
・・・（後略）

のように、ぎっしりと寸法が記されています。

また、釿始めの儀式について、　《西島文書六三》

五村御坊大工棟梁
一ちやうの（釿）立ノ時ハ先座ニ付、ちやうのいたゝき（頂き）御しんぼうのいん（護身法の印（※２））となへ、次に下五このいんとなへ、ぼろん三度、らん三度、ばん三度かしわ手（柏手）打てはずる。ちやうのもち立て、右の方へ中《より》右の方へふり出ス、左へ三度又、木ノ本ニて右の通りふり、次ニ木の中ニて右へ三度、ひたりへ三度、みとこ合九度、又みとこ合九度、ちやうの下ニ居て打たて、拝して下ニおく。
・・・（後略）

続いて、清め神酒の作法が書かれています。同様に上棟式の作法と思われるメモ書き《西島文書六一》も残されており、神聖な儀式があったことを想像させます。

浅井様折紙の所有をめぐって

第１２８号
1999.03.10

次の文書は冨田村の水争い（水論公事）の記録が書かれていた厚い冊子の一部分の抜粋です。

《水利二の八枚目表裏》

冨田村用水川之内、馬渡村之郷字介次又と申所ニて、往古より杭木莚張り之場所江いかり木ヲ入候ニ付、水論仕候故、浅井様御證文ヲ拝ミ可申与村中相談ニて、同役庄屋T郎太夫江使ヲ以申入候処ニ、太郎太夫被申候ハ、此御證文我等家之□宝ニて候へば、村中江拝ませ申ものニては無之と被申越候。此義村中難儀ニ存、此御證文代々T郎右衛門方ニ預り来り置候得共幼少ニて、T郎右衛門親父ニおくれ罷在候故、殊ニ春時節香花寺村と出合、次郎丸と申処ニて出入有之候故、御公儀より御尋之筋ニより、同役T郎太夫方江相渡し申、則、T郎太夫より預り證文取ニて預ケ置申候処ニ、何角と我儘被申候ニ付、其節、近村御同領庄屋中右御證文村中へ御返シ取ル様ニと銘々被申候へ共、一切無得心出シ不申候所ニ、此T郎太夫一家龍味と申者罷出申候は、此御證文我ラ家ニ持来り候。先年、竹生嶋ニ預ケ置、四拾八年以前、拙者父竹生嶋より取戻シ、T郎太夫に渡シ預ケ置候へば、M左衛門より取返し可申与存候所ニ、ケ様之僉儀出来仕候段、中々之事ニ候。我等八拾ニ及毛頭偽り不申候由、扱衆へ被申候故、庄屋年寄村中惣百姓猶以難心得存候間、惣中より右之子細使ヲ以龍味方江両三度迄申遣シ候へば、其返事ニ龍味申候は、聞傳たる迄之分何ケ成子細不存、此手形御證文只今誰人之手前ニ有之も不存候。私大工之家なれど左様之儀中々不存候。庄屋ニてもなく組頭仕たる事もなく、則、廿七年以前香花寺と井水僉儀之節、其対決仕候衆中ニ御尋可被下由と返答被致候。右之通龍味口上てんでん仕候故、依之無是非、御地頭堀市正様御役所君嶋理右衛門様、右之趣御断申上候処ニ、君嶋理右衛門様より T郎太夫被呼寄、右御證文出シ候て、御役所へ持参候様被仰付候へ共、不得心ニて終ニ出シ不被申候ニ付、御地頭市正様江戸屋鋪へ、庄屋組頭御願ニ罷下申候へば御屋敷ニて是非御聞届ケ被遊、古来之通被仰付候御事。

御地頭堀市正様より御添江書弐通

御家老
冨田七左衛門様御判
坂西七郎兵衛様御判
大野第右衛門様御判

冨田村名主
惣百姓中ト被遊被下候

※ 傍線は筆者によるものである。

「廿七年以前香花寺と井水僉儀之節……云々」とあることから、香花寺村との出入は正保四年（一六四七）だったから、この文書の記事は延宝二年（一六七四）と考えられます。

丁度、延宝二年に庄屋T郎右衛門他三名が江戸に滞在した（六月四日出立・九月十四日冨田村帰着）記録が残されていますので、辻褄が合うことになります。

そうだとすると、四十八年前は寛永四年（一六二七）となり、丁度、上三ケ村との水論出入の年となり、この浅井様折紙が持ち出された年と重なり合うことになります。

よって、上の記事には記年はありませんが、延宝二年（一六七四）の記事と結論付けたいと思っています。

内容は、

①馬渡郷字介次又の水利をめぐって水論があり、
②浅井様折紙（現在の冨田区有文書）を証拠にしようとしたが、
③庄屋T郎太夫は我が家の家宝だから百姓等に拝ます物ではないと拒否した。
④浅井様折紙は、代々、庄屋T郎右衛門方に保管していたが、T郎右衛門が幼少のため、（正保四年の）香花寺村との出入後、公儀より庄屋T郎太夫に預けられ、その預り証文を取った。
⑤その後、近村の庄屋衆が返却を迫ったが返さなかった。
⑥T郎太夫の一族の龍味という者が言うには、「この証文は四十八年前に父が竹生嶋から取り戻し、T郎太夫に預けた物であり嘘を言っているのではない」
⑦しかし、村中は納得せず、三度も龍味に掛け合うが、「私は聞き伝えを言っているのであり、私の家は大工の家だから、村役になったこともないから、詳しいことは知らない。二十七年前の出入の際の関係者に聞いたらどうだ」と言う返事である。
⑧龍味の返事がいい加減で、埒が明かないから、堀市正様の代官君嶋理右衛門にお願いして、取り戻そうとするが、代官の言にもT郎太夫は応じない。
⑨仕方なく、庄屋組頭が堀市正様の江戸屋敷に伺い（直訴し）、こちらの言い分を認めて頂き、「古来からの様（T郎右衛門が保管）にせよ」と言われた。
⑩堀市正様から、家老の冨田・坂西・大野の御印のある添え状を二通預かった。宛名は冨田村名主（庄屋）百姓中とされた。

と言うことであろうかと思います。

浅井様折紙（冨田区有文書）の流れ

右の文書をそのまま信用すると、浅井様折紙の流れ（保管）は次のように推測できます。

浅井久政（弘治三年（一五五七））
↓
冨田村惣中（庄屋T右衛門方保管）
↓
正保四年（一六四七）香花寺と出入
　証拠書類として提出
↓
T郎太夫預け（預り証文とる）
　庄屋T兵衛死去
　T郎右衛門幼少のため
↓
現在（延宝二年（一六七四））
↓
（庄屋庄屋T右衛門方保管に戻る）

しかし、T郎太夫や龍昧の主張は、

浅井久政
↓
冨田村惣中（当時の保管は不明）
↓
竹生嶋保管（年代不詳）
↓
T郎太夫父竹生嶋より取り戻す
　（寛永四年（一六二七）か？）
↓
T郎太夫へ預け渡し（父より）
↓
現在（延宝二年（一六七四））
　T郎太夫の家宝と主張する

ということになります。

実際はどちらが正しいのかは分かりませんが、この折紙が竹生嶋に渡っていたことは疑問に思います。

また、寛永四年や正保四年には、この浅井様折紙が公事の証拠書類として提出されていますから、流れから言うと、村人達の言い分が現実ではなかったかと思われます。

この浅井様折紙は何通もの写しが存在します。また、浅井久政の花押をコピーした物もあったように聞きます。

また、明治期には冨田八幡神社所蔵目録に記載されています（現在は区長保管ですが……）。

この浅井様折紙は、水論がある度に冨田村を救った文書ですが、それが故に、保管（所有）をめぐって数奇な運命に流されたのかもしれません。

《参考》
　川崎文書（滋賀大学史料館）

※1
本文の「浅井様折紙」については、第一号で紹介しています。
現在は自治会長保管となっていますが、三通の文書は簡単な桐箱に入れられ、今ではぼろぼろになった錦の袋に入れられ保管されており、目にする機会も殆どありません。

※2
領主堀市正への江戸屋敷直訴については滞在記録があり、第六二・六三号を参照して下さい。

※3
延宝二年（一六七四）と類推出来る右の文書の内容と、次号で紹介するその後の動向から考えて、単発的な事件ではなく、時の流れの中で、冨田村の主導権争いの一環と、私は位置づけています。
詳しくは第一二九号を参照して下さい。尚、一二九号でも記載出来なかった関係部分を掲載しておきます。
《小作一》

（前略）
一御検地此方之御地頭関野（関名）宇平次様、猪飼二郎兵衛様、堀市正様御代々之御免状は、不残私方ニ所持仕候。其中越中様御代之時、私幼少ニ而、親相果十方も無御座候義ニ而、諸事T郎太夫ニ任置申候ニ付、其間廿ケ年計之御免状、T郎太夫方ニ御座可有候。其後、私共御公儀様前へ罷出、諸事御公儀役相勤候ニ付、それより私方ニ先規之通又御免状所持仕候へハ
一九年以前
丑ノ年御免状之儀、M左衛門取可申と申候而、君嶋理右衛門殿へ何かと我ままを被申上候へハ、君嶋殿より十九村右衛門助、新井村半右衛門、野寺村八郎兵衛、此衆ニ被仰付、先規を相尋下ニ而済シ候様ニと被仰、則右三人之衆、前々之様子を被相尋、先規之通相済申所、又江戸ニ而M左衛門より此義被申上候へハ、去年村ニ而相済候通、先規之ことくニ可仕と被仰付、則、御家老様方より御打越又候哉御手下ニ罷成、長谷川又右衛門殿、越石半右衛門殿御入郡ニ御越被成候。一両日前、二八年此方之御免状を渡シ候へとG兵衛我侭を申、両度迄使を私方へ越し申候ニ付、御免状ハ庄屋役ニ此方より上ケ可申候、其方ハ庄屋ニ而も組口ニ而も無之、妻子、家をも不持候躰ニ而、其方へ御免状取、其方より上ケ可申とハ合然不参候。乍去、御免状見度候ハヽ見被申候様ニと申、写しを仕り遣候。本紙ハ右御両人様御入郡ニ私方へ御越被遊候時、直ニ私指上候。御入郡之折柄をかこ付ケ、年々御免状を取我まゝ可仕たくミニ而、何かと押領被申候。剰、去年申ノ御免状御下札口口被為成御座遅成可申と御觸状御廻し被為成候ニ付、其段M左衛門ニ申渡候。本郷へ私共参上仕、御かり御免状頭戴仕罷帰、如先規、私方ニ而免割算用仕相済申候。其後極月廿九日、歳暮ニ参上仕候時、御本紙之御下札被為下候所、M左衛門、又々我侭被仕、私躮を遣し候へハ、御下札此方へ渡し申間敷と、躮を散々ちうちやく仕候而、頭戴仕らせ不申、いすれ之小百姓ニ至迄不審ニ奉存候。此方拝見仕候様ニ被仰付被下候ハヽ、忝可奉存候。

延寳九年
**　酉ノ五月日**
**　　冨田村庄屋**
**　　　T郎右衛門**
**　　同村組頭**
**　　　巾右衛門**
御代官様

右之趣被為聞召被為仰付被下候ハヽ、忝可奉存候。謹而言上如件
（※延宝九年（一六八一））

免定の請取保管権で争っています。

浅井様折紙の所有問題その後

第１２９号
1999.03.24

前回、「浅井様折紙」の所有（保管人）をめぐっての公事・所有の流れなどについて書きましたが、今回はその後について取り上げます。

川崎文書《小作一》

……《前半省略》……

一此田地、先年御地頭様御取上ケ被為成候。子細我々井水之義ニ付、馬渡村と出入御座候て、則村中毎日寄合相談仕候。此井水之義ニ付往古より慥成御證文御座候て、則、M左衛門父T郎太夫方ニ村中預ケ置候ニ付、御證文T郎太夫ニ出シ被申候ニと様々村中之者申候へ共、相手方と一同被仕、何かと我まゝ被申、御證文出シ不被申候故、何共迷惑仕、江戸へ罷下り御地頭様ニ御理り申上候へバ、T郎太夫理不尽之段明鏡ニしれ申候て、則T郎太夫子G兵衛共ニ所を御拂被成、田地之分不残御取上ケ被成、両年ハ村中作毛仕付、御地頭様御かり上被成ニて、其後田地ぢかたニ被仰付候事。

一T郎太夫妻子共ニ所を御拂被成殊T郎太夫義は老人ニて御座候間、御慈悲ニ所ニ御入被下候様ニと、君嶋殿へ私母妙慶色々御理り申上候へバ、科人之義ニ候へバ、我等自分ニ免ジ候事ハ不成候間、江戸へ申遣見可申と被仰、其後被仰遣候へバ、大分之科人免ジ所へ入置度と沙汰之限ニ存候。従百姓共其理り申候とも其方其元ニ仕置仕罷在、左様之猥成義此方へ被申越候段沙汰之限と被仰、殊外御しかりの御返事上り申候ニ付、則、加様之御返状参候間、T郎太夫免じ候義不罷成候と被仰、御免じ無御座候得共、又、私母新井村庄左衛門・野寺村久左近・十九村右衛門助・左野村弥兵衛、此四人之衆頼色々御理り申上候へ共、終御免じ無御座候ニ付、何共可仕様も無御座候故、右四人之衆相談之上ニて、とかくT郎太夫を坊主ニ仕り、隠密ニて所へ入置可申と申、かくれかへりニ所へ立帰り申、其時分G兵衛義ハ親T郎太夫と同事ニ所を御拂被成、住家も無御座候ニ付、方々流牢仕候上ニて本郷御家中ニ御奉公仕罷在候。未G兵衛ハ妻子も持不申、家持ニても無御座候へバ、諸事之田地義ハ不存候へバ、M左衛門・B右衛門、何も一門共物たくミの上ニて、何かと我儘を申上させ候御事。

……《以下省略》……

引用が長くなりましたが、上の文書は、延宝九年(一六八一)の文書です。

この文書は、前回の「浅井様折紙」の所有をめぐっての文書ではなくて、①北冨田村庄屋給分田地の扱いをめぐってのトラブルと、②御免定の請取・保管所有をめぐってのトラブルに対する公事（訴訟）文書です。

②延宝元年(一六七三)には、免定の請取・所有（冨田村の庄屋を代表する庄屋が代官所より免定を請取・保管する）をめぐって、庄屋T郎右衛門と庄屋M左衛門が争っています（庄屋の勢力争い？）。

また、延宝二年(一六七四)には、前号のように「浅井様折紙」の所有をめぐっての争いを、T郎太夫（M左衛門の父）と村人（庄屋T郎右衛門方？）が起こしています。これも同様に冨田村代表庄屋をめぐっての動きだと思われます。

①寛永十六年(一六三九)、北冨田村成立以来、庄屋役をB右衛門が勤めます。ところが、延宝四年(一六七六)より庄屋をB右衛門とT郎右衛門が隔年交替を命じられますが、延宝八年までB右衛門が庄屋役を独占します。

北村庄屋には五反歩の庄屋給分田地が与えられていましたから、その給分の件で、延宝八年(一六八〇)には訴訟事になってしまいます。

②また、丁度この延宝八年に、再度庄屋T郎右衛門と庄屋M左衛門の間に免定の請取・保管をめぐっての確執が生じます。

上の文書は、それら一連の事柄に対する訴訟事に関するT郎右衛門の返答書の下書きであったのです。

T郎太夫の所拂い

前号で紹介しました「浅井様折紙」の所有をめぐっては、T郎太夫が理不尽であるという科(とが)のため、妻子共に「所を拂いなされ」ることになってしまいます。

時代劇に「所拂いを命じる」なんてのよく出てきますが、T郎太夫の所拂いは、文面から察せられる限り、住居や田地を没収され、冨田村から追い出されることのようです。

しかし、T郎太夫は年齢八十才を数える老人のため、村人が代官君嶋理右衛門に赦免のお願いをします。

代官君嶋も一存では判断できず、江戸表へ注進しますが、殿様は御立腹の様子で、結局、赦免は聞き入れられません。

仲立ちの四人の衆は、T郎太夫を坊主に仕立てて冨田村に隠し置く事になります。

T郎太夫のその後は、これらの文書からは判明しません。

また、妻子のその後も判明しませんが、子G兵衛の動向は多少分かっています。

時代劇でしかお目にかかったことのない「所拂い」という処置が、身近な村でも起こっていたことに遭遇して、正直なところびっくりしています。

江戸時代、二百六十年余の間には、片田舎の冨田村でもこのような事件が多少はあったようです。

いつかは書こうと思っていますが、喧嘩による人殺しの罪状を背負った村人があったこともあります。

水争いによって死者が出たこともあります。

平和ばかりでもなかったようです。

一連の事件の決着

延宝元年(一六七三)頃より延宝九年(一六八一)頃まで続いた一連の確執・訴訟事(北冨田村庄屋給田地にからむ問題や免定の請取・保管の問題)については、

庄屋T郎右衛門
×
庄屋B右衛門(北冨田村)
庄屋M左衛門
(T郎太夫・G兵衛)

という、庄屋間の主導権争いのような図式が成り立ちますが、その結果を示す文書には未だ巡りあっていません。

しかしながら、その後の庄屋役の動き等を見ると、次のようなことが分かっています。

②の免定の請取・保管はT郎右衛門がこれ以降も(江戸時代大半の時期)勤めているようです。
また、M左衛門も貞享四年(一六八七)までは庄屋役を勤めていたことが確認できます。

しかし、B右衛門についてはこれ以降の確認がとれていません。

また、①の北村庄屋給分の田地五反歩の扱いについても、これといった文書を発見できずにいます。


結果は十分には分かりませんが、昔もいろいろあったんだなあと考えさせられる史料でした。

《参考》
川崎文書(滋賀大学史料館)

※1
一七世紀後半に展開された冨田村の主導権争い(権力争い)の流れをまとめてみます。

・慶長の検地以来、関名字平次・猪飼二郎兵衛・堀市正など代々の免定はT兵衛(T郎右衛門)方が所持してきた。
《小作一など》

・堀市正支配の後半(時期不明)
庄屋T兵衛が死去、T郎右衛門幼少のため、T郎太夫に一任する。

《小作一》

・寛文年間頃
T郎右衛門が庄屋に就任?(寛文一二年(一六七二)には確認できる)
《家一》

・寛文一二年(一六七二)
介継又について水論があったが、T郎太夫の我が侭で「浅井様折紙」が提出出来なかった。

《水利二・五・小作一等々》

・延宝元年(一六七三)
T郎右衛門より免定等の返還を要求か?
M左衛門(T郎太夫子)は自分が保管と主張し、代官君嶋理右衛門にも我が侭を言うので、三人の噯衆が中に入ったが、M左衛門は江戸へ直訴する。(結果的にはM左衛門の敗訴)
《小作一》

・延宝二年(一六七四)
T郎右衛門等、「浅井様折紙」の返還を求めて、江戸表へ直訴する。

結果的に、T郎太夫・(子)G兵衛等の所払い(失脚)、T郎右衛門の保管に帰する。

《水利二・五・小作一等々》

・延宝三年(一六七五)
庄屋T郎右衛門により、西村惣作・安養寺出作・十九村出作高帳などの作成される。(主導権握る?)

《未整理四二八》

・延宝四年(一六七六)
北冨田村庄屋を、T郎右衛門とB右衛門との一年毎の隔番に申し付けられるが、延宝八年までB右衛門が庄屋役・庄屋給田五反を独占する。

《村政八四・農業一一・小作一等々》

・延宝八年(一六八〇)
北村庄屋について、B右衛門・T郎右衛門の庄屋隔番給分の件で訴訟となる。

また、庄屋給のことでG兵衛とも訴訟、免定請取保管の件でM左衛門・G兵衛とT郎右衛門の間で確執(免定を渡せ云々)再燃する。

《村政一三九・農村一四・農業一一等》

・延宝九年(一六八一)
T郎右衛門より代官宛に返答書提出し、経過報告する。

・これ以降の動向を示す文書なし。
《小作一》

T郎右衛門の父T兵衛が生存中は村内に睨みをきかせていて問題が起きなかったのが、T兵衛の死去により、T郎太夫(M左衛門・G兵衛・B右衛門)一派が台頭してきたのだと想像出来ます。

しかし、T郎右衛門の成長に従い、また、T郎太夫の村の立場を考えない我が侭などにより状況が一変し、逆襲に合って、主導権を握れなかったように思えます。

表面的には、北村庄屋隔番制・北村庄屋給田地・浅井様折紙保管・免定請取保管等々の形で争いが表面化していますが、実際には利権や、冨田村の主導権争い(権力闘争)でもあったように思います。

B右衛門は延宝八年以降、M左衛門は貞享三年(一六八六)以降は村役人としての登場を見なくなります。

(※北村庄屋はT左衛門が就任)

失脚によるものか、死去によるものか、代替わりかは不明ですが、何れにせよ表舞台からは脱落していったようです。

年貢免率（坪刈り）について

第１３０号
1999.04.10

冨田村は江戸時代の間、支配者はいろいろと替わりますが、年貢という税金を納めることには変わりありませんでした。納める相手が替わったというだけです。

以前にも書きましたが、江戸時代を通じて、冨田村の年貢に関する文書は多数残されており、全時代の半分以上が確認することができます。

それによると、享保二十（一七三五）年までは、検見による年貢納入で、翌元文元年（一七三六）からは定免（請負免）になったと考えられます。

検見による年貢納入とは、いわば出来高制とでも言った方が理解できるかもしれません。

毎年、検見（下見）が実施され、坪刈り等によって「上入」とか「中入」「下入」等の収穫の出来具合を査定します。

その検見（査定）具合によって免率を決めるというものです。

定免（請負免）による年貢納入とは、過去五年ないし十年間の免率の平均を計算し、その率（定率）で一定期間の年貢を納入するというものです。

この場合、半作以下の凶作の年には検見の実施を申し出て、免率を下げてもらえることになっていましたが、やや不作ぐらいでは免率が変わることもなく、百姓に負担が強いられました。

しかし、豊作の年には百姓に余剰が残ったものと思われます。

《村政八三抜粋》

※享保九年辰年（一七二四）の項
九月五日馬淵村立
同日上夫馬村着毛見上夫馬村泊り
同日高宮迎人足　かご四挺上四人
　　　　　　　　扶箱四荷下五人
此人足〆拾八人此割九人上夫馬村
　　　　　　　　九人小堀村
右之通人足可被差出候。尤、中食ハ両村として支度、高宮迄持参可被致候。
六日伊吹村　毛見伊吹村泊り
　保多村
　大久保村
七日岡谷村　毛見三河村泊り
　醍醐村
　三河村
八日月ケ瀬村　毛見月ケ瀬村泊り
　大寺村
　大安寺村
九日冨田村　毛見八木濱村泊り
　北冨田村
　八木濱村
十日辰巳村　毛見小堀村泊り
　下八木村
　小堀村
十一日山室村　毛見多和田村泊り
　多和田村
十二日高宮迄送り人足
　九人多和田村
　九人山室村
右之通可被相心得候。毛見之節迎送り人足不足之村方ハ無油断前方より申談、差支無之様可被致候。尤、毛見帳面之儀、夫迄入念認置可被申候。役人、其村江参候ハヽ早速可被差出候。
一坂田郡八ケ村今年茂江戸廻米、去年之通被仰付候。其内早速ニと少シニ而も早米相納、津出シ被致候様ニ可被相心得候。以上
八月廿八日　冨岡源之進　判
辰巳村　小堀（村）　多和田村
山室村　上夫馬村　保多村
伊吹村　大久保村　醍醐村
岡谷村　三河村　大寺村
月ケ瀬村　大安寺村　北冨田村
冨田村　下八木村　八木濱村
　右庄屋
　年寄中
八月晦日七ツ半致拝見候。

※上の文書（川崎文書《村政八三》）は、廻状の写しを綴ってあるぶ厚い文書の抜粋です。

※馬淵村に浜松藩の代官所があったと考えられます。従って、御検見巡検の代官衆一行は馬淵村から出立しました。

※各村名は浜松藩支配の坂田・浅井郡の村々です。

※この廻状が冨田村に回ってきたのが八月晦日七ツ半ということです。

※冨田村は九月九日に検見（毛見）が予定されています。

上の文書からわかるように、支配の村々を御検見巡検することで、その年の出来具合を査定していたのです。

その結果が免定（免率）として通達されることになります。

また、検見の際に村々が準備することについても指示が出されており、

《村政八三抜粋》

※享保十一年年（一七二六）の項
（前略）
‥‥‥‥庄屋年寄村境江罷出、可被致案内事。
一先達而申渡候通、立毛下見小帳随分入念、合毛相改帳面方差出候。自然心得違いたし、何合よりり何合をならし、何合ニ當り申候と申様成□乱成儀仕間敷候。同之為念、先達（而）案紙帳差遣

候間、弥、合毛無相違様ニ可□候。右帳面類惣而書物□□□可申事。
一百姓目□□し坪□□場所札を建置可申候。尤、村境ニ白志るしの葉竹立可申候事。
一村中毎田小札立、合毛稲葉あさな(字名)田主之名記置可申事。
一引方申立候とも、田手入あしき分ハ引方立間敷候間、可得其意候事。
一新開・切添・起返有之分隠なく書出可申候事。
一坪刈ニ入候道具
　むしろ四枚程・こきはし
　かま四五挺・もミ袋三四ツ
　箕弐丁・壱升ます弐ツ
　枡かき・五合枡弐ツ
(以下略)

これによれば、庄屋・年寄が村境へ出迎えることから始まりますが、それまでに、

①事前に村役人によって入念な下見をして、記録しておく事。
②村境には葉竹を立てるとともに、坪刈りする場所には札を立てておく事。
③各田圃に品種名・小字名・所有者名を書いた札を立てておく事。
④坪刈りに必要な道具、
　むしろ四枚程・こきはし(箸)
　鎌四五挺・籾袋三四つ・箕二丁
　一升枡二つ・枡かき・五合枡二つ
　を準備しておく事

などが要求されています。

上の文書から分かるように、一日に三ケ村を検見するのですから、全部を坪刈りするわけにはいきません。そこで、村役人に下見をさせ、その確認程度であったと思われます。

また、坪刈りに必要な道具を見ると大体の様子も分かります。

先ず、一間四方の場所を選定し、刈り取ります。それを穂先だけ「こき箸」によって籾だけにします。その籾の量を一升枡・五合枡で計量し、計算から一反歩の収穫の予想をたてます。

おそらく、坪刈は冨田村の十数カ所から、多くても二十数カ所で行われた程度だと思われます。

坪刈の実施カ所の程度は不明ですが享保十七年(一七三二)《租税五三》の記録では、上田七カ所・中田六カ所・下田七カ所・下々田一カ所の計二十一カ所で実施されているように読み取れます。

今回は、御検見巡検を中心にまとめてみました。

《参考》
川崎文書(滋賀大学史料館)

※1
村役人が検見の前に下見をして記録した書類を「内検見帳」などといい、沢山残されています。

例えば、元禄五年(一六九二)、「江州浅井郡冨田村申年内毛見帳」では

《租税三》抜粋

…(前略)…
田下
一上田壱畝三分　　　源右衛門
　分米壱斗九升八合　五合
同所
一上田三畝廿九分　　次郎右衛門
　分米七斗壱升四合　四合
同所みそ畑
一上田壱反弐畝　　　庄兵衛
　分米弐石壱斗六升　九合
同所
一上田五畝　　　　　左右衛門
　分米九斗　　　　　七合
…(後略)…

のように、小字毎に二・三ケ所の坪刈りを実施していることが分かります。

また、天明元年(一七八一)、「内見合附小前帳」(《租税一一》抜粋)でも、

…(前略)…
下川田
上田壱反四分　わせ三合　小左衛門
同所
上田壱畝弐分　六合　小左衛門
同所
上田壱畝弐分　六合　善太郎
きそへ
上田三畝分　わせ三合　太兵衛
…(後略)…

のように、よく似た形式で記録されています。(この文書には、一筆毎に通し番号が付されていますが省略しました)

しかし、寛永十二年(一六三五)の「立見帳」(《租税二》抜粋)では、

…(前略)…
東大かいと△
上壱畝六分　・中入　甚内
同△
上廿七分　・中入　又助
同○
上八畝廿六分　上入　三太夫
同△
上壱反六分　・中入　才ノ次
同ト
上壱反八分　×下入　孫三
…(後略)…

のように、「上入」「中入」「下入」「下々入」「下々〱入」などの評価で記載されています。

この形式の場合は、ほぼ全筆にわたって評価がなされています。

(この文書では、「上入」には「○」印が、「中入」には「△」印が、「下入」には「ト」印が、「下々入」には「トト」印等が付されています)

「立見」は日損・水損等による災害による不作の場合の検見ということで、多少のニュアンスが異なるのかもしれません。

しかし、何れにせよ、検見は村役人の下見(内検見)がベースになり、廻村の奉行は追確認程度で済んだものと思われます。

但し、接待・袖の下が物を言ったのかもしれません。

検見坪刈の実際から

第１３１号
1999.04.24

前回、御検見巡検について書きましたが、今回はその結果についてまとめてみました。

《租税五三》

子田畑取米帳　浅井郡
冨田村

内見九合懸合ニて壱升壱合ニ成
一上田六町五反壱畝廿八歩三厘
此籾弐百拾五石壱斗四升
壱合三勺
一上田弐町九反壱歩五厘
わけ
内見八合坪壱升壱合五勺
壱反歩　地主孫兵衛
此籾三石四斗五升
内見八合懸合ニて壱升五勺ニ成
弐町八反壱歩五厘
此籾八拾八石弐斗壱升
五合八勺
内見七合掛合ニて九合五勺ニ成
一上田弐町五反七畝拾壱歩四厘
此籾七拾三石三斗五升
三合三勺

内見六合掛合ニて八合五勺ニ成
一上田壱町壱反七畝拾三歩六厘
此籾弐拾九石九斗五升六勺
内見五合懸合ニて七合五勺ニ成
一上田壱町七反廿弐歩
此籾三拾八石四斗壱升五合
内見四合掛合ニて五合五勺ニ成
一上田壱町弐反五畝五歩九厘
此籾弐拾石四斗九升弐合五勺
内見九合掛合ニて壱升壱合ニ成
一中田七反八畝拾七歩
此籾弐拾五石九斗弐升七合

……《途中省略》……

右寄
上田拾六町壱反壱畝廿弐歩七厘
分米弐百九拾石壱斗壱升六合
盛壱石八斗
中田九町七反五畝拾歩四厘
分米百六拾石九斗三升弐合
盛壱石六斗五升
下田拾町四反三畝廿五歩五毛
分米百四拾六石壱斗三升七合
盛壱石四斗
下々田五反七畝拾八歩
分米四石三升弐合
盛七斗
〆三拾六町八反八畝拾六歩
壱厘五毛

分米六百壱石弐斗壱升七合
籾〆九百八拾九石弐斗七升
四合九勺
此米弐百四拾七石三斗壱升九合
畑方
一高五拾三石八斗四合
當免四ツ弐分取
右は當立毛見分之上、取米相定候。銘々書面之通、無相違取立可納者也。
享保十七年
子十月
飯田理右衛門(印)
金古武八(印)
堀口治太夫(印)
波多野惣七(印)
神山権兵衛(印)
庄屋
百姓中

※　享保十七年（一七三二）

上の文書の意味は、例えば、

内見九合懸合ニて壱升壱合ニ成
一上田六町五反壱畝廿八歩三厘
此籾弐百拾五石壱斗四升
壱合三勺

とある記事は、

「上田六町五反壱畝廿八歩三厘」を村役人段階では、「一坪九合」の収穫と見込んで掛け合ったが、検見では、「一坪一升一合」の収穫と見込まれ、該当面積の収穫予定籾高は「二百十五石一斗四升一合三勺」となった。

と言う意味だと理解されます。

上田についても七筆もあるのは、上田であっても出来の善し悪しがあるためであろうと推測できます。

特に、孫兵衛所有の一反歩については、村役人が「坪八合」と見込んでいるのに対し、特別扱いで「坪一升一合五勺」の最高の見込みになってしまっています。

実際に出来が良かったのかもしれませんが、田圃の手入れ不十分というペナルティを科せられたのかもしれません。（※一坪一升一合で石盛と一致）

このような例が、下田一反一畝歩（地主半助、坪五合が坪八合に見込）にも見受けられます。

一般的には、右の例外二例を除くと左のような掛け合いになっています。

上田	九合掛合	→	検見一升一合
〃	八合　〃	→	〃　一升五勺
〃	七合　〃	→	〃　九合五勺
〃	六合　〃	→	〃　八合五勺
〃	五合　〃	→	〃　七合五勺
〃	四合　〃	→	〃　五合五勺
中田	九合掛合	→	検見一升一合
〃	八合　〃	→	〃　一升五勺

〃	七合	〃	↓	〃 九合五勺
〃	六合	〃	↓	〃 八合五勺
〃	五合	〃	↓	〃 七合五勺
〃	四合	〃	↓	〃 五合五勺
下田	九合	掛合	↓	検見 一升一合
〃	八合	〃	↓	〃 一升五勺
〃	七合	〃	↓	〃 九合五勺
〃	六合	〃	↓	〃 八合五勺
〃	五合	〃	↓	〃 七合五勺
〃	四合	〃	↓	〃 五合五勺
下々田	六合	〃	↓	検見 八合五勺

村役人と御検見巡検の役人とがどのような掛け合を演じたのかは分かりませんが、その結果がその年の年貢高に反映されるというので、村役人は気を配ったであろうと思われます。

もしかすれば、袖の下…というこどもあったのかもしれません。

ただし、享保十一年九月付廻状に

> …《前略》…
> 右之通検見ニ付、手代共誓詞申付差遣候間、少茂音信礼物馳走ケ間敷事、堅仕間敷候。右之趣相背候ハゝ庄屋年寄共可為曲事候。此段村中百姓共ニ可申聞候。
> …《以下略》…

とあり、

> 代官から御検見巡検手代衆に対し「不正をしない」旨の誓約書を書かせているから、村役人方も少しも袖の下や御礼の品々を禁止し、又、御馳走することも禁止する。もし、これに反した場合は、庄屋・年寄ともに処罰する。百姓達にも申し聞かせて置くように。

と言った内容ですが、

改めて誓約書を書かせたり、袖の下や御礼、御馳走を禁止するということは、逆に見れば、そのような習慣があるからこそ、誓約書を提出させたり、禁止したりする必要があったのだとも考えられます。

このような内容の廻状が、享保十一年だけについて見ても、

午八月(日付なし)廻状	【手代衆】
九月六日付廻状	【手代衆より】
午九月(日付なし)廻状	【代官】
九月九日付廻状	【代官より】
九月十一日付廻状	【手代衆より】
九月十一日付廻状	【代官より】

の五回も回されていることからしても想像できるのではないでしょうか。

《参考》
川崎文書（滋賀大学史料館）

※1
検見の手順については次のような手順を辿ってみると、
①検見の実施を知らせる廻状到着
②庄屋・年寄を中心に郷内の内検見
・作毛の出来の判断
坪刈りの実施もあったかも
・内検見帳(立見帳)の作成
③奉行による検見の巡回
・内検見帳の提出
・内検見帳を参考に実地見分
坪刈りの実施(数ケ所程度?)
④検見を参考に免定作成(奉行)
⑤免定の下付
といった手順で実施されました。
その他、奉行到着に際しては、村外れまで出迎えるとか、接待等も必要とされましたし、宿泊が予定されている場合はその準備も必要でした。
また、検見坪刈りの手伝いをする人足の準備、道具等の準備も怠ることなく用意します。

検見の実態を示す文書は見かけませんが、内検見帳はかなりの数が残されています。

天明元年
内見合附小前帳
丑九月
《租税一一》
(中略)
堀ノ角
上田弐畝八分　わセ弐合　壱はん　K左衛門
下川田
上田三畝十分　わセ四合　弐はん　I左衛門
同所
上田五畝五分　四合　三はん　I左衛門
同所
上田八畝廿三分　五合　四はん　T郎兵衛
同所
上田五畝十八分　四合　五はん　G左衛門
下川田
上田壱反四分　わセ三合　六はん　K左衛門
同所
上田壱畝弐分　六合　七はん　K左衛門
同所
上田壱畝弐分　六合　八はん　Z太郎
きそへ
上田三畝分　わセ三合　九はん　T兵衛
…(後略)
(※天明元年(一七八一))

この年の内検見は、坪刈りを実施したのか、各田圃毎に二合とか三合とかの記録があります。また、通し番号が一番・二番…と付されています。
この内検見の記録が籾で記載されているとしたら、反当
三合→ 籾九斗　→ 玄米約六斗
四合→ 籾一石二斗→ 玄米約八斗
五合→ 籾一石五斗→ 玄米約一石
と考えればいいのではないでしょうか。
または、二合＝二〇%の出来、三合＝三〇%の出来…とも考えられるかもしれません、
何れにしても平年を下回る出来だと考えられます。
時代により記載形式は異なりますが沢山残されています。

検見坪刈から免率決定まで

第１３２号
1999.05.10

前回・前々回は検見の様子を取り上げましたが、今回は検見から免率決定までを考えたいと思います。

江戸時代、百姓が年貢を納めなければならなかったことは周知のことと思います。

代官所から、今年の年貢はどれだけ納めよという免定が下されます。

その中には、取米（物成とも言い、納米すべき石高が書かれています）とその免率（村高に対する割合）が記載されているのが普通です。

では一体どのようにして免率なり取米の値が決まるのでしょうか。

領主側としては、一定の収入(年貢)を得ようとすれば、村高が一定である以上、一定の免率にしなければなりません。

しかし、免率は年々変化があったことが分かっています。

次に考えられることは、領主側がその年の収入目標を設定し、それを各村に配分する方法があります。逆算的に免率も計算でき、免率の年々の変化も領けます。

しかし、不作の年にはそのような決定が可能だとは思えません。

いろんな本を調べるのですが、取米（免率）の決定方法が考察されている本が見当たりません。

もちろん、どこかで、誰かは研究されているんでしょうが、まだ目にすることがありません。

いろんな人に聞いても知らないと言う返事しか返ってきませんでした。

ところが、前回取り上げた文書（川崎文書《租税五三》）にそのヒントを見つけましたので紹介します。

前回の文書の一部を再掲します。

《租税五三》

内見九合懸合ニて壱升壱合ニ成
一上田六町五反壱畝廿八歩三厘
　此籾弐百拾五石壱斗四升
　　壱合三勺
一上田弐町九反壱歩五厘
　わけ
内見八合坪壱升壱合五勺
壱反歩　　地主孫兵衛
　此籾三石四斗五升
内見八合懸合ニて壱升五勺ニ成
　弐町八反壱歩五厘
　此籾八拾八石弐斗壱升
　　五合八勺
内見七合掛合ニて九合五勺ニ成
一上田弐町五反七畝拾壱歩四厘
　此籾七拾三石三斗五升
　　三合三勺

……《途中省略》……

〆三拾六町八反八畝拾六歩
　　壱厘五毛
①分米六百壱石弐斗壱升七合
②籾〆九百八拾九石弐斗七升
　　四合九勺
③此米弐百四拾七石三斗壱升九合
一高五拾三石八斗四合　　畑方
　④當免四ツ弐分取

右は當立毛見分之上、取米相定候。銘々書面之通、無相違取立可納者也。

享保十七年　　飯田理右衛門(印)
　子十月　　金古武八(印)
　　堀口治太夫(印)
　　波多野惣七(印)
　　神山権兵衛(印)
　　　庄屋
　　　百姓中

※享保十七年(一七三二)
※傍線・番号は筆者による。

検見坪刈によって、掛け引きがあったものの、冨田村の総籾高（収穫されると予想される籾の総量）は、

②　九百八拾九石弐斗七升四合九勺

と計算されました。

そして、今年の取米が、

③　二百四拾七石三斗一升九合

と計算されています。

丁度、②総籾高の四分の一が、③取米の数字になっているのです。

次のような考え方で、年貢取米を決定しているように思われます。

籾九百八拾九石弐斗七升四合九勺

←精米すると半分になる

米四百九拾四石六斗三升七合五勺

←五公五民による年貢
←(収穫の半分を年貢にする)

取米　二百四拾七石三斗一升九合

こう考えると、納得できるのではないかと思われます。

残念ながら、この年の免定は残ってなく、右の推察が確認できませんが、幸いにも、『子御年貢米納通』《租税二三六》が残されており、

納米　七百二拾四俵二斗八升四合
（二百八十九石八斗八升四合）

を皆済したことが確認できます。

数字が合わないようにも思われるかもしれませんが、④による畑・屋敷分の年貢が、

五拾三石八斗四合　×　④〇・四二

として、

畑屋敷二十二石五斗九升七合七勺

更には、この年の「夫米・口米・宿入用米・御蔵入用米」の様子が分かりませんが、享保十三年(一七二八)には約二十一石九斗余ありますから、この年にも二十石程度の「夫米・口米」等の諸々の賦課米が課せられたと考えられます。

そう考えてくると、

取米　二百四拾七石三斗一升九合

畑屋敷二十二石五斗九升七合七勺

諸賦課米　二十石程度
（逆算十九石九斗六升七合三勺）

←　合計すると

納米　七百二拾四俵二斗八升四合
（二百八十九石八斗八升四合）

となり、上の推測が正しいのではないかと考えられます。

もし、この考えが妥当だとすれば、領主側から見れば、実に不安定な財政状況であったことも推察できます。

豊作であれば収入(年貢)も増加するかわりに、不作であれば収入も減少します。大凶作の年は収入を見込めないことも有り得るのです。

反面、不作や凶作の年には、御救米等を要求され、全面的ではないにしても、それに応える必要もあったわけですから、領主(施政者)の政治手腕が要求されたとも思われます。

従って、大きな大名はいざ知らず、一・二万石の大名、それ以下の旗本等の財政は火の車であったのかもしれません。

《参考》
川崎文書(滋賀大学史料館)

※1　免率の決定の方法については、冨田村に残されている文書からは分からず、手元の本や図書館で調べても、その過程が見えてきません。検見の坪刈りがどのように生かされているのか、代官所等の支配側の文書を調べれば多少は分かってくるのかもしれませんが、残念ながらそれは叶いません。或る知行持ちの武士の日記に、「適当に決めた云々‥‥」という記事を紹介した本をどこかで目にした覚えはありますが、免率の高下に一喜一憂した百姓の立場に立てば、なんともやるせない決め方だと思います。しかし、大藩ともなれば、何等かの方法があったと思われるのですが、未だ私には見えてこないのが残念です。

残されている内検見帳をいくつか拾ってみると、

元禄五年(一六九二)「内検見帳」
《租税三》
(前略)
田下
一上田壱畝三分　　G右衛門
　分米壱斗九升八合　五合
同所
一上田三畝廿九分　　J郎右衛門
　分米七斗壱升四合　四合
同所みそ畑
一上田壱反弐畝　　S兵衛
　分米弐石壱斗六升　九合
同所
一上田五畝　　S右衛門
　分米九斗　七合
‥‥(後略)

元禄六年(一六九三)「酉秋検見帳」
《租税四》
分米三百二拾三石弐斗壱舛八合八勺
一上田拾七町九反五畝弐拾歩
　壱石八斗代
内
分米百七拾四石五斗弐舛八勺
　九町六反九畝拾七分　上毛
分米七拾石三斗六舛弐合
　三町九反弐拾七分　中毛
分米七拾八石三斗三舛六合
　四町三反五畝六分　下毛
‥‥(後略)

元禄九年(一六九六)「御検見案内帳」
《租税五》
(前略)
字はかの町　若林　十八　かうざ
田四町三畝拾四分
　上田壱町五反弐畝弐拾九歩
　内中田弐町四反壱畝三歩
　　下田九畝拾歩
此分米六拾八石六斗弐升壱合六勺
内
　壱升七合
上立毛壱町九反六畝廿八分
　壱升五合
中立毛壱町九反六畝六分
　壱升壱合
下立毛壱反拾歩
〆四町三畝拾四分
‥‥(後略)

など、内検見の方法も、帳面の形式も異なります。

各帳の違いについては詳しい説明は省略しますが、元禄五年は一筆毎に記載、元禄六年は上田、中田‥の各中での作毛の上中下を、元禄九年はまとまった地域を一括して作毛の上中下を記載しています。

しかし、いずれも内検見からも、収穫予想量の合計は記載されていません(逐一計算すればいいのかもしれませんが‥‥)。

逆に言えば、本文で紹介した「田畑取米帳」が例外的な記載だったのかもしれません。

その例外的な標記が本文でしたような仮説を導いたことになります。

あくまでも仮説に過ぎませんが、私にとっては、この仮説だけが免率が見えてくる唯一のヒントなのです。

検見から定免(請負免)に

第１３３号
1999.05.24

前回まで検見に関する内容を取り上げました。

《租税二四〇》

御請負免證文之事

一高六百五拾五石弐升壱合　毛付田畑
　　請負免四ツ四厘

右は御検見取ニては苅入収納等遅成難儀仕候ニ付、先達而御請免奉願候處、去年限ニ御座候間、又々當未年より来ル戌年迄四ケ年之内願之通被仰付、難有奉存候。然上ハ世間一同大変之節ハ格別、少々之旱損水損等之不作有之候共、御訴訟ケ間鋪儀一言も申上間敷候。右之通御請負免仕候上は御蔵納随分差急キ上納仕候。勿論御皆済之儀も例年より早々御定之通、急度御皆済可仕候。仍御請負免證文、如件。

　　　　　　浅井郡冨田村庄屋
元文四巳未年　　　　　　T兵衛(印)
　六月　同断　　　　H右衛門(印)
　　　　同断　　　　C次郎(印)
　　　　年寄　　　　H之丞(印)
　　同村頭百姓J郎右衛門(印)
　　　　同断　　　　S太夫(印)

波多野惣七様
堀口治太夫様

今回は、定免(請負免)についてまとめてみたいと思います。

上の文書は、冨田村に残されている請負免に関する最も古いものです。

この元文四年(一七三九)には、冨田村も検見から請負免に移行していたと考えられます。

元文元年(一七三六)の十九村の請負免證文が残されている事と、免率の記録が次のように残されている事から推測して、冨田村も元文元年(一七三六)から請負免に移行したと結論付けることが出来ると思います。

川崎文書《家一》「年代記序」より

享保十五年(1730)	四ツ一分
享保十六年(1731)	三ツ五分三厘六毛
享保十七年(1732)	四ツ一分二厘
享保十八年(1733)	三ツ八分九厘
享保十九年(1734)	三ツ五厘六毛
享保二十年(1735)	四ツ九厘六毛
元文　元年(1736)	四ツ四厘
元文　二年(1737)	四ツ四厘
元文　三年(1738)	四ツ四厘
元文　四年(1739)	四ツ四厘
元文　五年(1740)	四ツ四厘
元文　六年(1741)	四ツ四厘

ただし、請負免率「四ツ四厘(四割四厘)」については、過去の免率を三年平均~七年平均(浜松藩は享保十四年(一七二九)より支配のため、過去には七回の検見が実施されているため)の何れを取っても計算が合いません。

天領時代を含めた十年平均をもってしても計算が合いません。

享保十年(一七二五)以前は、大久保佐渡守支配で、このときは免率が高くて、免四ツ五分~免四ツ八分も多々あり、享保九年には免四ツ八分九厘にまで達しています。

これらを含めた二十年平均を出せばいいのかもしれませんが、残念ながら所々免率不明の年があり、確認は出来ませんでした。

従って、免率四ツ四厘がどのようにして計算されたのか、妥当なのかどうかはわかりません。

上の證文を見ると、

請負免である限り、世間一同大変の節(不作の時)は格別として、(その時は例外的に検見をお願いするが・・・)、少々の旱損(日損等の旱魃被害)や水損(洪水等による被害)等の不作があっても、訴訟の様なことは致しません。

とあります。

それでは百姓が不利なように思えますが、上の證文の前書にあるように、

御検見取にては苅入(時期)や収納(時期)等が遅れ、難儀するので・・・

という、検見には検見の問題もあったのです。

また、検見ともなれば、役人衆に対する賄いや袖の下も必要になってきます。

定免(請負免)は、その意味では、村や個人の自由裁量で刈り入れ時期を決めることもできますし、検見以前に刈り取りをしてしまって始末書を提出するという、不調法もすることがないものと思われます。

請負免後の検見等

冨田村は、元文元年(一七三六)から定免(請負免)になったと書きましたが、自然災害による旱損・水損の年には検見が実施されています。

その様子を分かっている分だけまとめてみました。

◆延享三年(一七四六)旱魃
→三分一銀納相場の用捨のお願い
　検見は実施されず

◆延享四年(一七四七)旱損
→検見をお願いするが叶わず

◆寛延元年(一七四八)台風損
→検見をお願いする
免三ツ三分九厘の記録あり
◆明和七年(一七七〇)大日損
→検見実施される
納米二十三石余 (夫代ともに)
◆明和八年(一七七一)
→納米七十六石五斗六升五合余
(免一ツ三分八厘八毛)

翌年二月作夫食手当十五両下付
◆安永八年(一七七九)天候不順
→浅井十ケ村願書 (結果不明)
◆天明二年(一七八二)~天明四年
→諸国大冷害というが記録残らず
◆寛政元年(一七八九)
→定免を依頼する願書
明和八年頃から再度検見実施?
◆寛政八年(一七九六)
→一昨年以来以来の旱損
御救済米六七十俵の下付願
年貢米百八十三石八斗余
◆寛政九年(一七九七)旱損
→年貢についての勘考願書
難作手当米十五俵下付される
◆享和二年(一八〇二)大洪水
→冨田村については被害等不明
不作であった旨のみ判明

◆文化四年(一八〇七)大水・大風・虫害
→検見をお願いする
「皆無」と報告した田圃を見せよといわれ、大騒動となる
翌年二月作付け種米の下付願
◆天保七年(一八三六)大雨
→七月字ヨモギ一尺六七寸浸水
八月字ヨモギ二尺四寸浸水
冨田村の作柄不明
◆嘉永六年(一八五三)大旱魃
→八月雨乞いを実施
立毛皆無の所もあるが「定免」
◆万延元年(一八六〇)雨天続き
→検見のお願い
御救い米四拾石の下付願
◆明治元年(一八六八)大洪水
→四二町余の内三六町余の株腐る
八十七軒中三十二軒が浸水
(五寸~二尺九寸の浸水)
納米九十石七斗六合

《参考》
川崎文書 (滋賀大学史料館)

※1
年貢徴収については、検見法と定免法(請負免)がありました。

検見法とは、代官等が現地を巡回視察し、その作柄を確認した上で免率を決定する方法です。

現地確認には坪刈りがなされたり、事前に村役人による内毛見が実施され、内毛見帳の提出を必要としました。

検見法は、豊凶により免率が変化しましたので、特に不作のときは有効に働きました。

しかし、代官等の役人が巡回視察が終わるまでは一切の刈り取りが禁止されましたので、刈り取り時期を逸するとか、また、役人等の接待費用などの村負担も必要になるなど、デメリットもありました。

一方、定免法(請負免)は、過去三〇年とか、一〇年とか、一定期間の免率を平均して、免率を決定する方法です。

定免法(請負免)は、役人等の巡回視察もなく、決められた免率分の年貢を負担することで、巡回視察や接待等が不用になり、刈り取り時期を逸することもなくなります。

しかし、不作の年も決められた免率による年貢納入が義務付けられるため大変でした。

そのため、本文に、
然上ハ世間一同大変之節ハ格別、少々之旱損・水損等之不作有之候共、御訴訟ケ間鋪儀一言も申上間敷候。

とあるように、大不作の時は格別、多少の時は文句を言わない旨、誓約することになります。

大不作の時は、検見を申請し、認められれば検見が実施されることになっていました。

しかし、申請してもすべてが了解されたとは言えなかったようで、上の結果を見れば、実施されていない年もあります。

また、定免法(請負免)は、この免率で村が請け負います、といった契約でしたから、四年とか、五年とかの契約期間があり、期間が過ぎると契約更新をする事になっていました。

いずれの方法も一長一短がありましたが、一般的には江戸期初期は検見法が行われ、暫時、定免法(請負免)に移行していったようです。

冨田村は元文元年(一七三六)から免四ツ四厘の定免法(請負免)となったと紹介(浜松藩松平伊豆守時代)しましたが、その後、免率の増減が見られますし、その後、浜松藩が松平豊後守の支配になると、史料は多くありませんが、定免法(請負免)ではなかったように見えます。

更に、浜松藩が井上河内守支配になると、一定期間の定免法(請負免)が四ツ七厘として見受けられるようになりますが、史料が少なく断言は出来ません。

但し、四ツ七厘が数年続いた後、三ツ七分前後を上下しています。明和八年(一七七一)には一ツ三分八厘八毛などの低い数値が見られますが、明和七年の大不作(納米二三石余)との関係だと思われます。

総じて井上河内守時代は免率が低く、定免法(請負免)→検見法→再度定免法(請負免)と推移したようですが、再定免は三割三分四厘四毛と低く、それに感謝して、年貢以外に上ケ米と称して二二石余の献上米を上乗せしています。

上ケ米について詳しくは二一〇・二一一号を参照して下さい。

水野和泉守時代は定免三ツ四分四毛であったと考えられますが、全期間の史料はありません。


【追記】

元文三年二月付の「定免願」が見つかりました。

《未整理九三》

小入用帳の下賜

第１３４号
1999.06.10

次の文書は、享保十二年(一七二七)「冨田村小入用帳」の前書部分です。　《村政三五》

享保十弐年
江州浅井郡冨田村未年小入用帳
未正月

覚
一當未正月より同極月迄村入用米金、當座ニ此帳書載、割合可申候事。
一人馬遣方之儀、兼々被仰付候。遣米金之割不仕、人馬割ニ可仕候事。
一諸初尾奉加并雨乞風祭之入用、高割ニ仕間鋪候。其もの相應ニ出之候様可仕候。尤、百性寄合酒肴等給之、村割ニ曽而以仕間鋪候事。
一村入用之儀、米金取替利足を加へ割合候儀曽而以仕間鋪候事。
一地方堤方惣役人江音物禮物堅仕間鋪候。若、がさつを申掛、音物礼物ねだり候様成役人於有之は、早速注進可申候。勿論、御用ニ付相廻候節ハ、泊休ニ而飯米木銭出之(候)得ば、村入用少も無之筈ニ候。若、入用於有之ハ可申聞候事。
右之通急度可相守候。惣而此帳面之外、村入用有之由、庄屋年寄中といふ共、惣百姓割合出申間敷候。若、右之仕方差支候儀有之候ハゝ此方へ相達候上、惣百性之ため能様ニ可仕候。此方江も不相達不届之仕方於有之(ハ)、庄屋年寄曲事ニ可被仰付候。以上
未正月　山内秀八郎(印)
就病□□無加印　早藤猪左衛門
前書之通堅可相守者也　(辻)甚太郎(印)

享保十弐年冨田村小入用覚
正月廿一日
一米八斗六合四勺
是ハ未年御城米はこび賃増田村より早崎浦迄
石ニ三合六勺ツゝ
但シ八斗石ニ付割合
正月廿六日
一米五斗八升
是ハ彦根御詰米御蔵敷并松原ニて艀賃入用。但シ御米高七拾七石三斗六升壱合八勺
正月廿六日より日数五日
一銀六匁五分　M左衛門
是ハ彦根上乗并ニ木銭代一日壱人ニ付壱匁三分ツゝ
一銀百五匁七分八厘
是ハ二條御詰米諸事入用、大津ニ而水揚、蔵敷惣而入用
但シ御米壱石ニ付壱匁三厘八毛余
・・・〈後略〉・・・

「小入用帳」とは、

江戸時代、領主または村用のために負担した人足等の夫役負担を記録した帳面のことで、年間の入用額は、原則的には百姓の持ち高に応じた高割にして徴収した。

ということで、

上の小入用帳には、村全体に関わる人足、代官所迄の出張路銀、村普請や井普請等の飯代・酒肴代、井普請の分担入用金、井川水番篝火の諸代金、他村(南速水・田中)への井料・・・等々が記録されています。

いわば、村全体として負担しなければならない費用で、現在の区会計(協議費・自治会会計)に相当するものと考えて下さい。

この「小入用帳」は、支配役所から(当時は天領で岐阜笠松に代官所がありました)支給されています。

表紙と前書きが書かれ、以下が白紙の「小入用帳」が支給されたものと思われます。

前書きには、その取扱の一般的な注意が書かれています。

奉加・祭事等の寄進については、高割にせず、各自相応の寄進とせよ。
村入用の立替金については、利足を取ってはならない。
役人が賄賂や贈物を要求したら、直ちに注進すべきである。
毛見等の役人の見回りについては、飯代・宿代を支払うから、村入用として出費はしてはいけない。(実際は、役人の支払い以上の出費が必要だったようですが・・・・)

等々を急度守れ、とあります。

小入用帳記事から

この小入用帳に記載されている幾つかの記事を紹介します。

◆正月廿八日　日数四日
一銀八匁八分　T兵衛
是ハ三分一銀御上納仕候時、木銭路銀共。
一日壱人ニ付弐匁弐分ツゝ

◆三月十二日より日数五日
一銀拾壱匁　M右衛門
是ハ笠松へ御宗門帳差上ケ参候時、木銭路銀。
一日壱人ニ付弐匁弐分ツゝ

◆十一月十六日より日数五日
一銀拾壱匁　M右衛門
是ハ御役所へ御免定頭戴仕ニ参候時、木銭路銀。
一日壱人ニ付弐匁弐分ツヽ

◇これらの記事から、必要な書類等の受け渡しは、村役人が御役所へ赴き上納したり、下付されたりであったように考えられます。

◆四月八日
一米五升
是ハ井上り、植付前ニ六ケ村立會井普請仕候節飯代割合
同日
一米三升　味噌代

◆四月十三日
一米壱石弐斗
是ハ當村大小之百姓不残井川堀ニ参候時、両日之飯代。他領之郷三拾町余修理仕候故、如此御座候。
同日
一米八升　味噌代

◇田植え前に井川（用水川）の修理・普請をしています。冨田村は特に流れの末でしたから、重要な普請だったと思われます。
また、飯代と味噌代は必ずセットで記入されています。味噌代は副食費だと考えればいいと思われます。

◆六月十五日
一米六斗
是ハ下四ケ村井河水番ニ替ルヽヽ仕候時ニ篝火。此木代諸事入用。
同日
一銀壱匁三分　右同断割合

◇分木付近で、夜を徹して水番をしたのであろうと思われます。当時は、水は命でもあった筈です。田植えの後の水管理に欠かせない水でした。

◆九月朔日より日数四日
一銀八匁八分　Z太郎
是ハ小検見御願ニ参候時木銭路銀
一日壱人ニ付弐匁弐分ツヽ

◆九月十日
一白四升　（※白米の事）
是ハ小検見帳相認井下検見仕候時
庄屋・年寄・長百姓、中飯代。

◆九月八日
一米三斗六合
是ハ御検見前方九月八日より廿三日迄、庄屋・年寄・長百姓、下検仕候時、中飯。
代壱人ニ付米六合ツヽ
同日
一米壱升弐合　味噌代

◇これらの諸費用は、前々号に書きました、御検見巡検の準備に関する諸費用と考えられます。いわゆる内毛見での昼食代等と考えられます。内毛見に約半月も要していることに多少の驚きを感じます。

《参考》
川崎文書（滋賀大学史料館）

※1　元禄十七年(一七〇四)「江州浅井郡冨田村未年小入用帳」《村政二九》から、紹介出来なかった内容の項目を抜粋します。

◆正月十八日
一米五斗
是ハ氏神祭礼毎年例として村中寄合食給へ申候。

◇神事祭の記事かと考えられる。とすれば、元禄の頃には神事祭が行われていたと考えられます。

◆一米六石
是ハ三人として壱人ニ弐石ツヽ　庄屋給米
一米壱石五斗
是ハ三人として壱人ニ五斗ツヽ　年寄給米
一米六斗　舛取給米
是ハ御納米舛取所ニ而斗申候
給米三人として壱人ニ弐斗ツヽ

◇役員手当と考えられるが、舛取役というのが興味深い。

◆一銀弐拾匁
是ハ御料所井普請かへ桶五ツ代
壱ツニ付四匁ツヽ
一銀三拾六匁
是ハ右之井杭木四拾本
但弐間木壱本ニ付九分ツヽ
一銀拾弐匁
是ハ右之井志からミ竹代
一銀拾匁五分
是同筵縄そうけ代

◇御料所井普請関係の資材代等も小入用として扱われています。本来は水利関係の賦課金として扱われる内容です。

◆一米六石七斗四升八合四勺
是ハ御口米
一米六斗四升四合
是ハ六尺給

◇本来年貢として賦課するべき項目ですが、この年は小入用として計上されています。

◆六月廿三日　長濱町
一米壱石四斗　重兵衛
酒七斗代
是ハ氏神へ雨乞度々の三寸　（※三寸＝神酒）
一銀百四拾目　小倉村　市殿
是ハ御湯立釜七口之礼ニ遣し申候
一銀拾匁五分　右柴代
一白米弐斗三升壱合　T兵衛
是ハ右之はらい米
但釜一口ニ三升三合ツヽ
(三筆略)

◇雨乞い神事に要した費用で、湯立神事も行われていた事が分かります。

◆一米壱石　鳥追給
是ハ郷中立毛を鳥あらし申候ニ付、日々ニ番付置申候

◆一米四斗八升
是ハ字名上つく田井・同北中町井堤修理仕人足六十人
壱人ニ八合ツヽ昼食給へさせ申候

◆一米三斗　K右衛門
是ハ郷之御蔵三ケ所普請仕人足五十人之昼食米一人ニ六合ツヽ

◆一百拾七匁　御拝借銀利銀

その他、役員の出張費、紙代、人足昼食代、御蔵前之入用銀、込米、筆代…等々が記載されています。
今から約三〇〇年前の村人の生活が見えてくるようです
最後に、村役人六人・村人五四人の計六〇人の押印があります。

小入用帳から（その二）

第１３５号
1999.06.24

前回、享保十二年（一七二七）の「冨田村小入用帳」からの話題でしたが、前回、紙面の関係で書けなかった分を追加しておきたいと思います。

小入用帳記事から

《村政三五》

◆四月十三日
一米九斗七合弐勺
是ハ南速水村へ井料として、毎年遣シ申候。御相給より割合。
但シ高ニ壱合三勺七才ツヽ
同日
一米弐斗壱升五合弐勺
是ハ田中村井料として、毎年遣シ申候割合。
但シ高ニ三勺弐才余當り

◇水源の上佃井が南速水郷にあるため米一石を井料として支払っており、他の水源の北中ノ町井の井溝十一丁の内四丁が田中郷内のため、米二斗五升を支払っていたことが知られています。その内、西郷氏領分を除く負担分ということになります。

◆正月廿一日
一米八斗六合四勺
是ハ未年御城米はこび賃。増田村より早崎浦迄。石ニ三合六勺ツヽ
但シ八斗石ニ付割合

◆正月廿六日
一米五斗八升
是ハ彦根御詰米御蔵敷并松原ニて艀賃入用。但シ御米高七拾七石三斗六升壱合八勺

◆正月廿六日より日数五日
一銀六匁五分
是ハ彦根上乗并ニ木銭代　M左衛門
一日壱人ニ付壱匁三分ツヽ

◆一銀百五匁七分八厘
是ハ二條御詰米諸事入用、大津ニて水揚、蔵敷惣而入用。
但シ御米壱石ニ付壱匁三厘八毛余

◆十一月二日より十三日迄日数十三日
一銀拾六匁弐分五厘　D左衛門
是ハ御城米上乗費傭賃。
一日壱人ニ付壱匁弐分五リンツヽ

◆十一月十六日より廿五日迄
一銀拾匁　D太夫
是ハ御城米上乗費傭賃。
一日壱人ニ付壱匁弐分五厘ツヽ

◇年貢を納めるにも、冨田村から早崎浦まで荷車等で運び、早崎浦から舟積みして目的地（当時彦根城多し）まで運びます。それらに必要な諸費用も村が負担していたのです。

以上が目立った項目になります。もちろん、村役人が御役所へ出向くなどの回数はもっともっと多いのですが、割愛しました。

《村政三五》

…《前半部分省略》…
十一月十六日より廿五日迄
一銀拾匁　D太夫
是ハ御城米上乗費傭賃。
一日壱人ニ付壱匁弐分五厘ツヽ
右之歩
銀〆四百七拾七匁三分五厘
此米拾四石六斗八升八合
但シ御米壱石ニ付
三拾弐匁五分かへ
米〆拾石九斗弐升弐合五勺
弐口合
米弐拾四石六斗壱升五勺
高ニ三升八六勺八才當合
右之割賦
高拾三石三斗六升壱合三勺
一米五斗壱升六合八勺
D太夫（印）
高四石七斗壱升七合四勺
一米壱斗八升弐合弐勺
R右衛門（印）
高弐拾五石七斗五升弐勺
一米九斗九升六合
S兵衛（印）
高八石六斗七升七合弐勺
一米三斗三升五合六勺
C右衛門（印）
高弐拾壱石弐斗八合四勺
一米八斗弐升三勺
Y兵衛（印）
高六拾五石弐斗三合三勺
一米弐石五斗三升七合壱勺
T兵衛（印）
…《途中部分省略》…
高拾三石
一米五斗弐合八勺　安養寺村宛作
右之通村中小入用、惣百姓立會吟味仕、割合申候。右之外、米銀壱銭目も割懸ケ不申候。若、右之外少ニても小百姓へ米銀割懸ケ申候て、後日相聞申候ハヽ庄屋年寄長百姓之曲事ニも可被仰付候。以上
近江国浅井郡冨田村
庄屋　T兵衛（印）
同断　T左衛門（印）
同村年寄　M右衛門（印）
同断　Z太郎（印）
同断　S内（印）
同断　J郎左衛門印
同断　S次兵衛（印）
笠松
御郡代所

入用米銀の負担

享保十二年(一七二七)の小入用帳に記載された合計は、

弐口合
米弐拾四石六斗壱升五勺
高二三升八六勺八才當合

となり、約六十一俵余が村費用として必要だったようです。

この必要経費は百姓の持ち高によって計算されました。

いわば、現在で言う所得・資産割といったところだと思います。

これによれば、一石当たりの負担額が、三升八六勺八才と計算されています。

従って、例えば

高拾三石三斗六升壱合三勺
一米五斗壱升六合八勺　D太夫

とあれば、D太夫の持ち高は十三石余で、その分担は、五斗一升六合八勺になります。

この「小入用帳」には西郷氏支配の百姓を除いた、冨田村住人六十三人と十九村宛作・安養寺村宛作の六十五筆が計算されています。

特別大きな負担のT兵衛(二石五斗余)を除くと、一石以上の負担は二名(J郎左衛門の一石一斗余・G左衛門の一石九升余)だけだと分かります。

逆に、一升以下の負担しかない者が三名(S左衛門の三合五才・D右衛門の四合二勺・C左衛門の四合三勺)もいます。

持ち高(負担高)の最高と最低では九百倍余の差があります。

この差は我々の想像以上の差だと思われます。

一方は何をしなくても富が増え、一方はどれだけ汗を流しても、食うことすら難しいことだったのかもしれません。

それはともかくとして、当時の百姓には、本年貢の外に、口米・夫米・御蔵入用等の諸賦課米や、これらの村入用の負担等が課せられていたのです。

たとえ年貢の免率が四ツ程度の免率であったとしても、これらを加えることで、四ツ八分前後になってしまった筈です。

従って、持ち高(収穫高ではない)の約半分が年貢・諸経費等の納米に当てられたことになります。

《参考》
川崎文書(滋賀大学史料館)

※1
「上乗費傭賃」・「上乗」という言葉が何度か出てきます。ここで「上乗」というのは、年貢納入は船で湖上を運ぶことになりますが、この時、船の中で不正な抜き取り等がないかを監視するために乗り込む荷物主の監督責任者と考えればいいと思います。

中世は琵琶湖の上乗権を堅田が握っており、堅田の上乗が乗っている船に対しては危害を加えず、乗っていない船には通行料を取ったと云われています。

当時、堅田衆が上乗をしたのか、地元の荷物主の代表(雇用人)が上乗をしたのか、はっきりとは分かりませんが、筆者は地元民が抜き取り防止監督のため乗り込んでいたと理解しています。

今は米は紙袋に入れますが、つい最近までは藁で編んだ俵でしたから、竹筒でも差し込めば、簡単に中身を抜き取ることが出来ました。もし、中身を抜き取られれば、納米時に量が不足し、欠米を追加徴収されました。その予防として、上乗が必要だったのです。

※2
村入用費(小入用)は、必要に応じて庄屋や年寄、または、村人の支払い(立替)が原則だったようで、年末に精算をしていたように思われます。

史料としては、「村引替帳」でその様子が見えてきます。

元文三年の「午ノ組引替」帳を見ると、　《村政三九》

(前略)
一白五升 川ほり　○ T兵衛
　四匁三分
一三升　F右衛門
　弐匁五分八厘
一三升　○ S兵衛
　弐匁五分八厘
一三升　S右衛門
　弐匁五分八厘
一三升　B兵衛
　弐匁五分八厘
(中略)
一壱匁五分 川ほり　○ S兵衛
一ミそ弐升 川ほり　T兵衛 ○
　弐匁六分
一酒三升 井上り　同人○
　三匁
一白五升 打口わり　同人○
　四匁三分
一ミそ壱升 打口わり　同人○
　壱匁三分
一百文　Z太郎
　弐匁四分 かミ直之代
(後略)　(※元文三年(一七三八))

このように、品物の提供者名前と代金が記載されています。提供者は庄屋・年寄ばかりではありません。

また、元文元年(一七三六)の「辰三ケ村惣引替帳」では、　《村政三七》

(前略)
一六分　S郎左衛門
　り九厘
一五匁三分　G左衛門
　り七分九厘
一四分　同人
　り六厘
(後略)

金銭の引替(立替)については、出金の額とその利子額が記載されています。利足として一割五分が計上されています。

そして、何れも十二月二〇日前後に帳面が作られています。つまり、精算されています。これ等を基にして小入用帳が作られたと想像しています。

享保十一年支配の変替

第１３６号
1999.07.10

冨田村は宝永二年(一七〇五)からは大久保市十郎（後、大久保佐渡守）の支配の下にありました。

但し、村高内の五百石分で、残りは天領（百六十二石余）と西郷氏知行所（百七石余）になっていましたが…。

ところが、享保十年(一七二五)大久保氏は下野烏山藩に移封となり、享保十一年より、再度、六百六十二石余が天領支配となります。

今回は、支配者が替わったときの動きについて見たいと思います。

「享保十一年午歳小入用帳」より抜粋
《村政三三》

◆午四月朔日より八日迄日数八日ツゝ
一銀五拾弐匁三分五厘　T兵衛
T左衛門
M右衛門
右ハ地頭様御替り御曳渡シ被遊候ニ付、大津へ参り三人遣銭。
一日壱人銭百六拾五文

◆午四月十四日より十七日迄日数四日
一銀八匁七分弐厘　T兵衛
右、笠松へ始て参上仕候時遣銭。

同日
一銀八匁七分弐厘　T左衛門
右同断遣銭

◆八月十九日より廿三日迄日数五日
一銀拾匁八分五厘　T兵衛
右、夫代之儀御尋被遊候ニ付、笠松へ参り候時遣銭。

◆八月晦日より三日迄日数四日ツゝ
一銀拾七匁四分四厘　T左衛門
T兵衛
右ハ反町歩御改并溝敷斗代違ひ、御尋被遊候時、笠松参候遣銭。

◇これらの記事から分かることは、新しい殿様（代官）への御曳渡シ（顔つなぎ）を庄屋三人がしています。

また、今後の代官所となる、美濃笠松代官所へ庄屋が挨拶に行っています。

また、代官所の方でも今までの様子が分からず、夫代のことや溝敷斗代違（溝(川)を作ったために、面積や村高が一致しなかった）等について質問をしてくるので、庄屋が代官所へ出向いています。

お互いが慣れるまでは、今も昔も変わりがなかったようです。

領主（支配者）が替わると、村役人は大変です。右のような挨拶廻りや、お尋ねへの返答（役所へ赴く）もしなければなりません。

また、次に取り上げる『高反別帳』等を作成しなければなりません。

支配者が替わるときは、『冨田村高反別指出帳』または『反畝歩割帳』の類を提出しています。

ちなみに、領主変遷をまとめると、

①慶長八年(一六〇三)天領
②寛永十年(一六三三)堀市正支配
③延宝八年(一六八〇)再度天領
④貞享元年(一六八四)土屋相模守
⑤貞享四年(一六八七)再度天領
⑥元禄一一(一六九八)一部西郷氏
『町反分米御領分西郷様割帳』
⑦宝永二年(一七〇五)大久保佐渡
『大久保様反畝分高わけ帳』
⑧享保一一(一七二六)再度天領
『冨田村高反別指出帳』
⑨享保一四(一七二九)松平伊豆守
『冨田村高反別指出帳』　浜松藩
⑩寛延二年(一七四九)松平豊後守
※相応のものが残らず。　浜松藩
⑪宝暦九年(一七五九)井上河内守
『冨田村高反別帳』　浜松藩
⑫文化一四(一八一七)水野越前守
※相応のものが残らず。浜松藩
⑬弘化二年(一八四五)水野和泉守
※相応のものが残らず。山形藩
⑭明治三年(一八七〇)水野和泉守
朝日山藩

『高反別帳』とは、村の一切のことが書き上げられた報告書だと考えてもらえばいいかと思います。

ちなみに、享保十一年『高反別帳』を見ると、
《村政二》

▽村高・領主関係・面積
▽上田～下畑・屋敷の面積と分米
▽田畑の作付け状況
早稲・中稲・晩稲・麦の面積
品種名・種蒔付け量・肥料
屋敷畑の野菜・雑穀・麻(苧)
大豆・小豆・桑・茶
▽井料に関する事
▽宮地の大きさ・面積
▽家数・人数・牛馬数
▽神社(三社)の梁行×桁行・藁葺
▽寺院(一寺)の梁行×桁行・藁葺
宗派・庫裏大きさ・開基不明
▽神事米
▽荒馬場の大きさ・面積
▽御料所井に関する事・由来
仕様木材の明細など
▽分木に関する事・由来・仕様

▽伏樋(北中町井・上佃井)・仕様
▽石坪・板橋
▽旱損場所・水押場所
▽薮の事
▽庄屋給・年寄給・水番給の事
▽床付座敷の有無
▽田地肥料・麻畑肥料
▽麦播種品種・収穫量・刈取時期
▽種籾品種・播種量
　苗代時期・田植時期・植付株数
▽田方土目・畑方土目
▽養蚕・糸引・桑・木綿と交換
▽特産品
▽医師・山伏・鍛冶屋・左官…等
▽大工・紺屋・油屋
▽男女かせぎ(夜なべ仕事)
▽薪の仕入れ先・値段
▽荒地・古城・市場・溜池
▽北国街道掃除場
▽酒株の事
▽各町・各宿場への道のり
▽廻状の受け渡しについて

省略した項目もありますが、五十ページに細々と書かれています。

現代の我々が、江戸時代の生活の様子なり、百姓の農作業の様子なり、どんな作物を作っていたのか、何処に何があったとか、どんな職人が居たのだろうかとか…、そんなことを広範囲に最も知り得るのは、これらの『高反別帳』等を紐解くのがてっとり早いのではないかとも思います。

『高反別帳』を支配者が交替する度に提出するのは、現代人の我々に祖先が残してくれたように、全く冨田村のことを知らない、新しい殿様(支配者・代官)に冨田村の置かれている状況なりを説明報告し、知ってもらうためであったと思われます。

冨田村方からは知ってもらうのですが、支配者側からは知る必要があったのです。

そのための『高反別帳』であったのです。

他の『高反別帳』等では見かけなかったのですが、今回取り上げている享保十一年の『高反別帳』には、巻末に冨田村地図が書かれており、道・川・橋・伏樋等の所在がはっきり分かります。(二三九号で紹介予定)

更には、支配に入る百姓の家の所在(西郷氏支配は除く)まで記載されています。

数軒分には名前(屋号)も書かれているのですが、面倒になったのか、繁雑になって見にくくなるためか、九軒分だけしか書かれていません。

途中で止めずに全てを書いて置いてくれたら…と思うのは私だけではないと思いますが……。

《参考》
川崎文書(滋賀大学史料館)

※1
支配者が替わったときの動きについて、今回の時代ではないのですが、濱松藩が井上河内守から水野越前守に替わった文化一四年(一八一七)の史料が見つかりましたので、参考までに紹介します。

《未整理一四九》

尚々急々御順達可被下候
(挨拶略)
然者、昨日者御代官様ゟ之御差紙ニ而、殿様御所替之趣被仰聞、御同前ニ奉恐入候。ケ様之儀者最早有之間敷、奉存安心仕候所、存外之儀出来、数拾年来之御領主様之御儀、甚以歎ケ敷奉存候。然ル處、昨夜八ツ時、植井忠次様ゟ之御用向御状到来ニ付、拝見仕候所、濱松御城付村々惣代世話掛り之庄屋両人ゟ之御差立ニ而、致拝見候処、御城付五万石之村々打寄、極内々相談之趣被申越、當国御領分庄屋中江御咄致呉候様之儀ニ付、則、今朝同役江見世、右忠次様御状之写并御国元引請世話掛り庄屋ゟ之書状之写左ニ相成記シ入御覧申候。
此壱封濱悉御代官役所同役ゟ急使ヲ以差越候之間、則、今酉刻差立候ニ付、落手可被致候。以上
九月廿四日　植井忠次印
馬渕村
長右衛門殿

濱松庄屋両人ゟ書状写
尚々
飛脚便りを以、始御文通申候。
(挨拶略)
然者、殿様御所替被　仰出、御領分一統奉恐入候。依夫、御城付五万石早速村々相寄、極内々相談之上、御所替年延御願ニ、今晩江戸表へ出立仕候。其御地茂近国之義ニ御座候へ者、御相談も可仕所、遠国故恐成事、御城付斗りニ而、為惣代左之者共出立仕候。御領分之事故、内々以書状を御知らせ申上候御序之節、御領分御庄屋中江御咄可被下候。先者取込早々。以上
御領分惣代
金打村庄屋　市右衛門
(五名略)
右之者、極内々ニ而出立仕候。
国元引請世話掛り
若林村庄屋　金重
丑　九月廿一日　原嶋村庄屋　八右衛門
馬渕村
御庄屋　長右衛門様
(後略)

まだ続きますが、殿様(井上河内守)の所替が判明した時の慌ただしさが伝わってきます。
代官所→国元引請世話掛り→馬渕村庄屋長右衛門→坂田浅井郡庄屋の流れで、所替の情報がもたらされています。併せて、各村々での相談を指示すると共に、領分惣代が所替延期を願うために江戸表へ出発していることも伝えられます。(馬渕村長右衛門の廻状は九月二十五日付)
近江では、蒲生郡が二十六日日野にての集会を予定、また、三郡が大津等で相談したい旨も伝えられます。
極内々の相談で、何が相談されたのかは不明ですが、領主の所替について、村々(の庄屋)が何等かの働きかける(所替反対)という行動があったことが見えてきます。
実際には、「所替中止の嘆願運動」に発展したのですが…。
また、弘化三年(一八四八)、井上氏が陸奥棚橋から再度浜松藩への移封を命じられた節にも、近江蒲生郡の一七ケ村が井上氏の仁政を慕って、移封不服(領地離反反対)の駕籠訴をしたといいます。

享保十一年支配交替(その二)

第１３７号
1999.07.24

前回、享保十一年(一七二六)に支配者の交替があり、冨田村方にての対応を書きましたが、今回は、新しい支配者の側からの対応の様子を見てみたいと思います。

と言っても、支配側の史料が在るわけではなく、支配者(代官)が出した廻状(支配の村々への回覧板と思って下さい)の写しが残っていますので、その廻状を頼りに探ってみたいと思います。

《村政八三》抜粋(以下同)

> 殿様御儀、去十八日於御殿中、野州烏山御城主、其上御加増五千石御拝領被遊候間、江戸表より被仰下候間、於村々、可奉至悦候。右之段為可申觸如此御座候。尤、於祝義ニ村々より罷出候儀可為無用ニ(候)。以上
>
> 十月廿九日　冨岡源之進
> 岸上善左衛門
> 小嶋与三右衛門
>
> 追而申合候當納米之儀、段々申觸候通、此節別而御入用多く有之候間、一日茂早ク可被相納、追而御免定も可致到来□も無油断、片時も早ク可相納候。為念如此ニ候。以上

十月十八日付で、大久保佐渡守が若年寄就任、下野烏山城主拝領のニュースは、十月二十九日付の廻状で、支配の村々に知らされています。意外と早い展開となっています。

去る者は、今年の年貢の収納を完了したいと思うのが筋です。

廻状の追伸に、もうすぐ免定も到来するから、一日も早く納入せよと指示しています。

史料は省略しますが、十一月十五十六日に免定を渡す旨の廻状が来ます。

また、十二月四日付では、今年は年貢皆済の日延べは認めない旨の通知ができます。言葉を借りれば、

> ・・・今暮之儀ハ格別之事故、何分ニ茂断難相立《ことわりあいたちがたく》・・・小百姓へ此段得申含、いか様ニして成共、片時も早ク皆済可被致様ニと・・・

催促は、十二月六日付、十二月十三日付の廻状が記録されています。

十二月十三日付廻状には

> ・・・・無余日(よしつなく)罷成候間・・・・

と、せっぱ詰まった状態であることが伝わってきます。

この廻状を最後に、大久保側からの廻状は回ってきていないようで、記録されていません。

年貢が皆済になったかは不明です。

新しく天領代官となったのは、辻甚太郎です。

辻甚太郎の手代衆から回された、最初の廻状(?)は次のものです。

川崎文書《村政八三》抜粋

> 一切支丹御高札　弐枚　醍醐村
> 一火之用心御高札　　　冨田村
> 一同断
>
> (※途中を省略したと考える)
>
> 〆札数弐拾壱枚
>
> 右之通出来申候ニ付、此度伊吹村庄屋江渡之遣候間、銘々請取之、建置可被申候。尤、御高札場ニ竹矢来詰、麁末ニ無之様入念可被申候。
>
> 一右札数三拾七枚之内拾九枚は、先達而申渡置候通、其村々ニ火之用心札無之候ニ付、此方ニて新規ニ被仰付候。右之内十九村ニハ切支丹札も無之候付、以上十九枚新規ニ申付候。右札板代金之儀重て可申遣候間、可被得其意候。
>
> 一右御高札伊吹村庄屋へ渡シ遣候間、笠松より其村々迄持運人足賃、右村々より割賦候て、伊吹村庄屋江可被相渡候。此書付重て可被相返候。以上
>
> 午五月十七日　山内秀八郎
> 早藤猶左衛門
> 源奥治部助
>
> 浅井郡
> 坂田郡村々庄屋
> 年寄

何か意外な気もしますが、火の用心と切支丹禁止の高札の下げ渡しに関する廻状です。

以降の廻状から、新しく支配に入った次の十九ケ村が分かります。

伊吹村	多和田村	冨田村
大久保村	醍醐村	北冨田村
上夫馬村	岡谷村	十ツ九村
保多村	三川村	下八木村
辰巳村	大寺村	八木濱村
小堀村	月ケ瀬村	
山室村	大安寺村	

後の廻状によって、高札一枚三匁六分づつの徴収をしていることも分かります。

最初の廻状にしては物足らない気もしますが、村人としての心構えを植え付けるための配慮とも考えられます。

村支配としての本格的な廻状は、一

段落した夏以降に見られるようになります。

夫米の徴収が、高百石につき
上夫馬村等六ケ村は、
一石宛　　（一・〇％）
冨田村等五ケ村は
一石八斗宛（一・八％）
月ケ瀬村等二ケ村は
一石五斗宛（一・五％）
大安寺村は
三石宛　　（三・〇％）
八木濱村は
一石五斗八升二合六勺宛
（一・五八二六％）

という違いがあるため、何年頃、誰の支配から始まったのか、または、年々変化があるのか…等のお尋ねがあります。（八月十四日付）

次には、左の廻状に

其村々元禄九子ノ年より正徳五未年迄、廿ケ年分取米、随分入念書付、来ル十五六日迄之内ニ急度帳面仕立置、御添検見衆へ御廻村之節、差上可被申候。尤奥書上書之儀は、先達而申付候帳之様ニ相認可被申候。
一先達而申渡置候、寶永三戌年より去巳年迄、廿ケ年分取米帳壱冊、并、享保元申年より去巳年迄十ケ年分之帳面壱冊ハ入不申候間、可被得其意候。此廻状とくと披見之上、村下ニ庄屋致印

形、早々夜通相廻し、留村より可被返候。以上
九月十日
山田□右衛門
山内秀八郎
早藤猶左衛門
源奥治部介
追て取米之内用捨米引不申、御門立之取米書記被申候。随分無相違様ニ可被相心得候。以上

とあり、過去三十年前から十年前までの二十ケ年間、過去二十ケ年間、及び過去十ケ年間の三種類の年貢状況を報告せよと言ってきます。

過去の年貢を調査することにより、これからの年貢高の決定に役立てたものと思われます。

支配が替わって、急激に年貢を上げることも出来ません。また、下げるとも出来ませんから、妥当な線を出すための方法だったと思われます。

《参考》
川崎文書（滋賀大学史料館）

※1
寛永九年（一六三二）までの天領時代は、同領となる村々が沢山あり、詳しくは調べていません。
次の、貞享四年（一六八七）から宝永三年（一七〇三）間の天領時代の同領は、確認は出来てないものの、元禄九年（一六九六）と思われる、西与一左衛門廻状断片には、
《未整理一四四》
池下村・上夫馬村・小野寺村・醍醐

村・徳山村・岡谷村・宮部村・雨森村・五坪村・市場村（山本村一部）・延勝寺村・冨田村・十九村・下八木村・八木浜村・大井村・川崎村・辰巳村・小堀村
右の村々への順達を指示していますから、浅井・坂田の天領としての同領と考えられます。
今回の天領支配は、また、多少のメンバーの村々が変わっていますが、同じ顔ぶれも見られます。

支配が交替する時、どのような観点で領地の村が選考されるのか、偶然なのか、意図があるのか、根底には村高がベースにある筈ですが、それ以上の判断基準は分かりません。意外と適当であったのかもしれませんが…。
しかし、今回の天領としての同領の村々は、その後、全村々がそのまま浜松藩の飛び地に組み込まれることになります。但し、この時、戌亥村と小泉村が仲間に入りますが…。村高総計が予定より少なく、やむなく二ケ村を追加したものと思われます。

※2
支配が交替する時、年貢の請取はどうなっていたのでしょうか。
大久保佐渡守の場合、十月十八日付での移封となります。本文で紹介したように、焦り感を持ちつつの免定交付、年貢徴収指示でした。
もし、この時未進（未納）や延引が多かった場合、誰が徴収したのでしょうか。それともチャラとなってしまったのでしょうか。
冨田村の支配の交替を見てみると、

◆寛永一〇年（一六三三）四月二三付
天領支配 → 堀市正支配
時期的に問題は起こらなかった。
◆延宝七年（一六七九）
一二月一〇日付堀氏除封
年貢皆済の可能性大（堀氏の免定）
◆貞享元年（一六九四）七月一〇日付
天領支配 → 土屋相模守支配
時期的に問題は起こらなかった。
◆貞享三年（一六八六）
一〇月二一付土屋氏土浦へ移封
土屋氏代官高木武兵衛の記載あり
◆元禄一一年（一六九八）六月
西郷氏へ一〇七石余渡る
時期的に問題は起こらなかった。
◆宝永二年（一七〇五）
天領支配 → 大久保氏へ五百石渡
高別帳の日付は六月二〇日
時期的に問題は起こらなかった。
◆享保十年（一七二五）十月一八日付
大久保佐渡守支配 → 天領
大久保氏代官冨岡源之進の記載
◆享保一四年（一七二九）二月二九日
天領支配 → 浜松藩松平伊豆守
時期的に問題は起こらなかった。

年貢徴収時期の支配交替では、いずれも旧支配側が免定を発給しています。皆済まで至ったかどうかの点は不明ですが、年代記などの残された史料には御物成高が記載されていますので、恐らく皆済に至ったものと考えられます。

享保十二年支配交替（その三）

第１３８号
1999.08.10

前回の続きで、支配者交替の折、新しい支配側がどのように定着していくのかを、続けて見たいと思います。

前回までは、

①代官・庄屋・年寄が最初に顔合わせをしたこと。
庄屋が代官所（笠松）へ挨拶に行ったこと。

②支配側から、火の用心・切支丹禁止の高札が下げ渡されたこと。

③支配側から、夫米が村々によって、率が違うためお尋ねがあったこと。

④過去三十年前から十年前までの二十ケ年間、過去二十ケ年間、及び、過去十ケ年間の三種類の年貢状況を報告せよと言ってきたこと。

までを紹介しました。

其村々為當先検見、我等共来十一日ニ笠松出立相廻候。泊休書付遣候間、日限相□□、庄屋年寄村境江罷出案内可有之候。

《村政八三》抜粋

一合毛帳并合毛寄帳、先達而役人中差圖之通認、我等共へ可被指出候。合毛帳ハ見分仕廻候者、可相返候間、旦那御廻之節、其帳を差出候様可被致候。合毛寄帳ハ我等共方ニ留置候間、旦那江は別ニ認候て可被差出候。

一村々ニて坪苅いたし候間、六尺壱分之坪苅竿こしらへ可被差出候。尤、壱升ます壱ツ・莚二三枚・新敷ぞうり弐三足・こきはし、田場江持参候て、坪苅不指支様ニ可被致候。

一駕篭弐挺分人足六人、馬弐疋、但壱疋ハ乗掛、一疋ハ駄荷にて候間、其心得ニて可被差出候。尤、駕篭□□□ニ有之候。

一泊休ニてハ野菜二三種之外、馳走がましき儀少も致間敷候。委細之儀ハ旦那より御書付被成候間、拝見仕堅相守可申候。以上

九月六日　佐藤丈太夫
山本浅野右衛門
山岡程右衛門

九月十二日泊り　守山宿
十三日休　東横関村
同日泊　馬淵村　小口村
十四日休　葛巻村　宮川村
同日泊　猫田村　上野田村　松尾山村

十五日休　河原村　南蔵王村　西明寺村
同日泊　小野村　庄村　中在寺村
十六日泊り　小堀村
十七日休　辰巳村　八木濱村　下八木村
同日泊り　十ツ九村　冨田村　大安寺村
十八日休　月ケ瀬村　大寺村　三河村
同日泊り　岡谷村　醍醐村　伊吹村　大久保村
十九日休　保多村　上夫馬村
同日泊り　山室村　多和田村

右村々庄屋
年寄中

※※文中の「旦那」は代官辻甚太郎の事

あえて全村名を掲げました。この村々が、四年後の享保一四年（一七二九）に浜松藩へ編入されることになります。

今度は検見の実施を通達してきています。

別に数通、代官辻甚太郎より、手代衆に誓詞を書かせたとか、馳走がましき事はするなとか、御礼や贈り物はするな、等々の書かれた廻状も廻ってきています。

記録の方も錯綜しており、必ずしも順序よく整理されていないのですが、前後に、検見に関する廻状が何通も廻ってきています。

最初の検見ということで、代官側も気をつかったものと思われます。

若干飛ばしますが、次には、

被仰渡候御用之儀有之、我等儀明五日笠松出立、蒲生郡村々江罷越、御用相仕廻、来ル九日小口村迄罷越、其れより冨田村へ参候て逗留、御用相達候間、右之村々、十日十一日両之日冨田村へ庄屋年寄可有印刻持参候。

一當御年貢米拵之儀、一論可申候間、随分入念、未米・青米・死米・秕籾・あらくだけ小米等無之様ニ拵、壱ケ村より弐三合宛冨田村へ持参可被申候。

一二條納當御年貢津出之儀、湖水何と申候浦江附出し舟積いたし大津江上ケ、夫より二條迄陸附ニ致候わけ、一ケ村切ニ其村より附出し浦方迄之道法、浦之名書付右之節可有持参候。

一我等儀、冨田村ニ一両日致□□在留候間、可有其心得候。其村々より我右村迄参着之儀、無油断聞合無間違様可被罷出候。村々庄屋年寄笠松へ被召呼候てハ遠路費方立候儀御いとい、我等儀右村迄被遣候間、可被得其意候。此廻状早々相廻シ村下ニ庄

屋致印形、留り村より我等方へ
慥可被相返候。以上
十一月四日　赤坂高右衛門
（※宛名村々省略）

今度は、村々の視察（巡検）といったことでしょうか。

年貢納入の道順・距離・津出の港などを聞いています。

また、年貢に納入する米についても注文がされており、米二〜三合を逗留先の冨田村へ持参するようにとの指示を出しています。

おそらく、米質の検査を実施したのではないかと思われます。

ある意味では、強い態度に出ているようにも思われますが、何しろ最初が肝心ですから、当然なのかもしれません。

申し訳に、村々を笠松代官所に呼び寄せるのが筋だが、それでは費用もかかるだろうから、こちらから出張してやるのだ（有り難く思え）、と書いているあたりが面白いです。

その後、年末までは年貢免定のことや、年貢納入高、年貢金割賦、蔵詰めのこと、等々何通もの廻状が廻されています。

また、支配最初の年であったからかも知れませんが、「御蔵改め」として年末から正月にかけて、坂田・浅井郡を巡検しています。

明晩は月ケ瀬村に一泊・・・大晦日には八木濱村に泊り、越年の申すつもりに候間・・・

とあり、村人も大変なら、役人衆も大変であったように思います。

年が明ければ、各村々の「圦・樋・埋樋・水門・溜池・伏樋」等々についての報告を指示しています。

普請勘定は高割か、半分割かとか、誰と誰の相給で、その割合は・・・等々の報告を求めています。

一般に、用水関係の普請は領主負担ですから、知る必要がある訳ですが、今までには手が回らず、四月の用水修理等に控えた準備だと考えられます。

ともかく、やっと支配が軌道に乗ってきたようにも受け取れます。

《参考》
川崎文書（滋賀大学史料館）

※1
享保一一年（一七二六）一〇月一〇日・一一日の天領代官辻甚太郎の冨田村逗留云々についての史料は、残念ながら残されておらず、本文の記事がすべてです。
代官が宿泊するともなれば、代官一人でなく、供の者や中間など上下一〇名は下らなかった筈ですから、宿舎の問題、食事や接待の問題、村の人足など、多くの準備と対応が必要であったと思われます。
浅井・坂田郡の村々の庄屋等村役人を冨田村へ呼び寄せていますから、その対応も必要だった筈です。
庄屋宅は勿論、どのように宿舎を割り振りしたのか、どのような食事を準備したのか、その費用はどうしたのか、興味は尽きませんが、一切の記録が残っていません。
もし残っていれば貴重な史料だったと思うと残念です。

※2
冨田村は、この年の十一月より新川（二ノ坪〜上佃の三百間）の新規造成普請を始めます。《水利五二他》
（※第九四号〜九七号参照）
長年の計画でしたから、一概には言えませんが、この逗留時に許可が与えられたと考えることも出来そうです。もしそうだとすれば、代官辻甚太郎の逗留は冨田村にとってはありがたい出来事であったのかもしれませんが・・・。

※3
話が明治まで飛びますが、冨田村は明治三年七月から明治四年七月までの一年間、朝日山藩の支配を受けます。（朝日山藩の存在が一年間）
その後、朝日山縣になり、一一月には長濱縣となります。
この朝日山藩（縣）がなくなった頃の文書に、

《未整理八一一》
金子受取一札之事
一金三拾両也
右者未二月慥ニ請取候。然ル處、證子（證拠）残り有之、其後、藩用證書引譲り之節、右書類江混入致シ相納候哉、出納掛り三好正次より右證書を以御手前江返金之談シ有之候ニ付、右者枚原宛之證書口ニ返金相済居候金ハ證子之訳相答候得共、承知無之就而ハ其節、拙者江一應之懸合も無之候て差出候段、不都合之筋とハ乍申、如何ニも気之毒千万ニ付、右金子同人より御手前江返金有之候様、精々可申遣候。以上
壬申
八月　　枚原利置（印）
冨田村
川崎T兵衛殿
（※未二月（明治四年二月））
（※壬申　明治五年（一八七二））
何のための金子であったかは不明ですが、T兵衛から朝日山藩へ明治四年二月、三〇両のお金が納められます。しかし、廃藩置県の関係か、その他の理由からかは不明ですが、そのお金は返金する事になったようです。
しかし、T兵衛の納金の証拠は誤って引継文書に混入してしまい、返金されなかったようです。
そのため、T兵衛は返金を要求します。その時の様子を窺い知る文書が数点見つかりました。
右の文書の他、三好正次、安本冨美連署の明治五年六月付の領収覚、中根義利宛の提出書類目録、枚原からの書状、書状の写しなどです。
支配が替わるというどさくさに紛れて、証拠書類が紛失（引継文書に混入）するという一件でした。お金に関わる事でしたので、表沙汰になっていますが、この明治の時ばかりでなく、何時の時代にも、支配の交代時にはよく似た事件が起こったのかもしれません。意外な一面を窺い知る事ができました。

享保十一年高反別帳図面より

第１３９号
1999.08.24

前回まで、享保十一年(一七二六)の支配者交替について書きました。

その折、第一三六号で領主交替のときは「高反別帳」を提出することや、享保十一年の「高反別帳」巻末には村地図が書かれていたと書きました。

左頁の図はその『享保十一年冨田村高反別指出帳』《村政二》巻末地図の復元図です。

見てもらうと分かるように、家の所在が書かれています。

江戸時代の史料で、村絵図の中に家屋敷の所在が書かれているのは、今までに目にしたのは、この史料と、某氏所有の村絵図だけです。

その意味でも貴重な史料だと思います。しかも享保年間です。

この図の家々は、寺社と思われる建物を除いて、南村に七十三軒、北村に十一軒の、合計八十四軒(建物)記載されています。

この「高反別帳」の記事の中には、

> 家数合八拾四軒　本百姓六拾九軒
> 　　　　　　　　大工拾三軒
> 　内寺弐ケ寺　本願寺宗
> 　　　　　　　仏光寺宗

とありますから、数の上では軒数が一致します。

「郷蔵」等の別の建物があった筈ですが、記載されていないようです。この図は、一軒一宇という記載だと考えていいと思われます。つまり、図の家の一軒一軒に一つの家族(一世帯)が暮らしていたことになります。

今は跡地(畑地)しかない家、図にはなくても(余白)現在は家が建てられているなど、家の盛衰も多少とも分かってきます。

また、図を見る限り、北村の家数が少ないことに気がつきます。

もしかすれば、この図の家々は、天領支配となる六百六十二石余の百姓の家々と社寺を表しており、西郷氏百七石余の百姓の家は記載されていないのかも知れません。

何故なら、西郷氏支配の百姓は、北冨田村に多かったことと、この「高反別帳」が天領代官に提出したものですから、西郷氏支配の百姓までを記載する必要がなかったのかもしれません。

原図では、○印をつけた九軒のみ名前も記載されています。(原図も半紙位の大きさですから、面倒になり途中で記入を放棄したものと思われます)

もし、全部が記載されていると、約二百七十年前の冨田村の住民地図が復元でき、今迄の課題(村の成り立ちの考察)も解消するのですが、望めそうもありません。

そういう意味では貴重な史料ではありますが、残念な点も残されている史料でもあります。

逆に考えると、当初の目的が、各家(家名または屋号)の記入であったとも考えられますから、その意味では、家の所在は確かなものだと考えてもいいのではないかとも思います。

御代官が支配なされるのは、この家の誰兵衛でございます、と言う意味があったのかもしれません。

その意味では、支配に必要な高札場が、南北とも、その所在が書き込まれています。

冨田村は、今の住宅案内板付近と見れますし、北村は今の鳥居付近にあったように思われます。

また、水路(川筋)については、在所内は現在とさほど大きな変化はありません。

一部、道の両側に川があったと言うことくらいが変化のあった点です。

田圃の方は、現在とはかなり違っていますが、四十才以上の年輩の方ならほとんどがうなずけるのではないでしょうか。

圃場整備以前、私達が知っていた川がほとんどあります。

約二百七十年前と三十年前とは殆ど変化していなかったことになります。

(この地図が書かれた享保十一年暮から享保十二年春にかけて、二の坪から上佃までの新川が造成されますが、その川は記入されていません。)

また、水利関係の史料に頻繁に出てくる「上佃井」(南速水郷)と「北中ノ町井」の所在がはっきりすると思います。

「北中ノ町井」には、石走りとか石坪という言葉が書かれていますが、図のように、廻りに石垣があった様子もうかがえます。

この二つの伏樋(井)と御料所井とが冨田村の水源であったのです。

そう思ってこの地図を見ると、

> 旱損場所
> 　小寺・又才・川田・角田・木添
> 　大海道・堀・円光寺・下川田・
> 　玄取・堀角・よもぎ・南大海道
> 　田の下
> 水押場所
> 　古座・十八・深町・溝尾・十七
> 　十四

という記事も頷ける気がします。

今もそうなのだと思うのですが、昔の記録も、人名や地名はたくさん記録され残っているのですが、地図や絵図類は殆ど残されていません。

『享保十一年（一七二六）冨田村高反別指出帳』巻末地図復元図

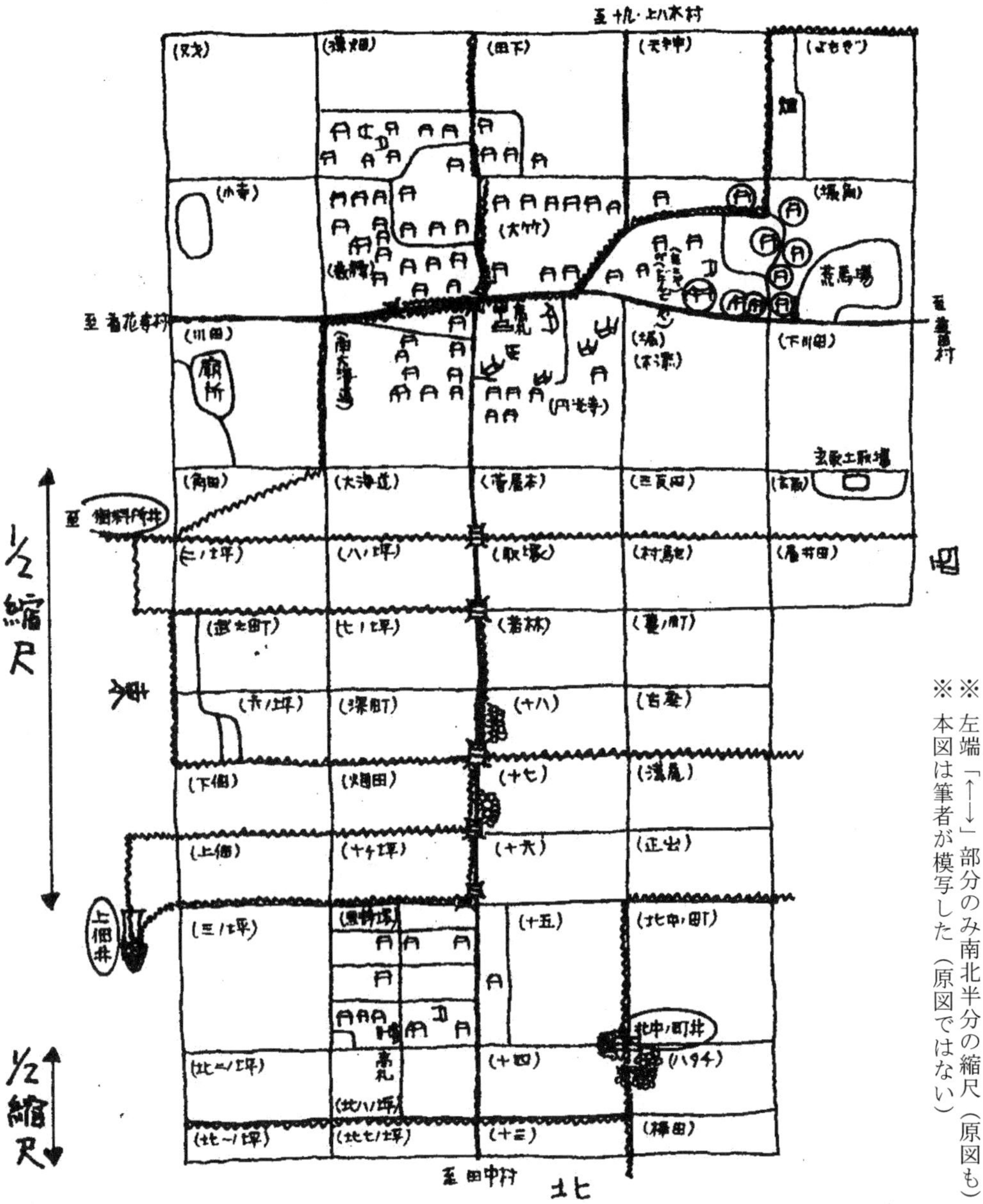

※ 文字は筆者の書込みである（原図にはない）
※ ○で囲んだ家には原図に家名の記入があり
※ 波線の部分は川を意味（原図青線）する
※ 左端「←→」部分のみ南北半分の縮尺（原図も）
※ 本図は筆者が模写した（原図ではない）

当時としては（今も同じですが）、誰兵衛の家がどこにあるとか、字玄取がどこにあると言わなくてもよかったのです。当たり前の分かりきったことだったのです。

しかし、年月が過ぎると、それが当たり前でなくなってしまいます。

そんな意味で貴重な地図だと思い、紹介してみました。

《参考》
川崎文書（滋賀大学史料館）

※1
現在、冨田村中を通る東西の幹線（神社南側の道路）はいつ頃から使われているのかと聞かれ、はたと困りました。

上の享保一一年の図には、神社境内に高札場が書かれていますから、少なくとも当時は往来の多い道であった筈です。

しかし、西出道から中出道へ抜けるのが冨田村の幹線だったと聞いた覚えもあります。誰から聞いたのか忘れてしまい、不確かな話で確証はないのですが・・・。

神社前の道路は、古代からの条里制の東西のラインとは一致せず、条里制以前からあった道、または古い河川敷の堤防跡とも考えられます。

しかし、中世の頃、この道を横切った堀で囲まれた施設があったとも聞いたことがありますので、何れが本当か断言しにくいです。

江戸時代中期以降は幹線として使われいたようですが・・・。

冨田村養水井川について

第１４０号
1999.09.10

前回、村地図について触れました。
今回は、冨田村の井川についての記録を見たいと思います。

次の史料は明治五年（一八七二）の文書です。

《村政二一》抜粋

壬申正月
自普請所取調書上
浅井郡冨田村

以書付御届奉申上候
浅井郡冨田村
高七百六拾九石四斗
字御料所井川
一養水井川浚　延長三千百弐拾間
内
同郡馬渡村郷字助次俣水割
分木より下冨田村當り二本木迄
長サ五拾八間　巾六尺五寸
同郡同村郷馬渡俣迄
長サ百拾間　巾八尺
同郡香花寺村郷大安寺俣迄
長サ百六拾八間　巾九尺
同郡同村郷境冨田村郷字角田迄
長サ弐百弐拾八間　巾壱丈弐尺

同村郷字角田俣ヨリ在所川
長サ三百弐拾四間　巾四尺五寸
同村郷字角田俣ヨリ字中川
長サ弐百七間　巾五尺
同村郷字大海道俣ヨリ
長サ弐百五拾間　巾弐尺
同村郷字小寺ヨリ
長サ弐百弐拾間　巾弐尺
同村字藪腰俣ヨリ
長サ九拾間　巾四尺
同村郷字団子屋俣ヨリ
長サ百弐拾間　巾弐尺
同郡香花寺村郷字北俣ヨリ
長サ百五間　巾四尺
冨田村郷字二ノ坪ヨリ
長サ百七拾九間　巾四尺
同村郷武士町俣ヨリ
長サ百拾間　巾三尺
同村郷字七ノ坪俣ヨリ
長サ百拾間　巾四尺
同村郷字下佃ヨリ字十七川
長サ百四拾間　巾八尺

同村郷字十七川益田井橋迄
長サ百弐拾間　巾九尺
同村南速水村郷字清水ヨリ
長サ六拾間　巾六尺
同村郷字上佃井川
長サ百五拾四間　巾六尺
同村郷字黒志塚川
長サ百拾間　巾三尺
同村郷字北八ノ坪川
長サ百弐拾間　巾三尺
同村郷字北仲町井川
長サ六拾五間　巾六尺
字右同断
長サ拾間　巾三尺
一石橋　拾三ケ所
字小寺　長サ六尺　巾六尺
字藪腰　長サ六尺　巾六尺
字大竹　長サ五尺　巾四尺
字同所　長サ五尺　巾四尺
字団子屋　長サ六尺　巾五尺
字同所　長サ六尺　巾六尺
字南大海道　長サ六尺　巾六尺
字中川　長サ六尺　巾六尺
字若林　長サ六尺　巾六尺
字十七　長サ弐間弐尺　巾四尺
字筋違　長サ七尺　巾六尺
字十六　長サ六尺　巾六尺
字十ケ坪　長サ六尺　巾五尺
一分木　弐ケ所
内
馬渡村郷ノ内字助次
分木　壱ケ所

但シ長サ壱丈八寸角
同村郷ノ内字二本木
分木　壱ケ所
但シ長サ弐間弐尺　丸木弐本
字下佃
一井堰　壱ケ所
右之通相違無御座候。以上
明治五壬申年　同村
正月　※村役人七人署名押印略
犬上縣御廳

引用が長くなりましたが、以上の三千百二十間（約五六〇〇ｍ）の区間が冨田村が川浚えをする、自普請所（自分達の費用でする普請場所）だと報告しています。

現在では、夏に十七川の堤防の草刈りと、字よもぎ（現在名天神）・字角田（現在名二ノ坪）の川浚えをするだけになっています。

前回の地図を利用して、該当の養水や石橋を捜してみて下さい。記述が曖昧な部分もあり、全てが確定はしにくいですが、ある程度のことが分かってきます。

圃場整備以前の河川を知っておられる方は、懐かしく思い出されるかもしれません。

例えば、在所の中を流れる川は、幅四尺五寸となっています。現在では暗渠になったり、コンクリートで狭くなっていますが、昔は約一ｍ三五㎝の幅があったことになります。

また、中川（二の坪から屋井田に至る川）は、幅五尺（約一ｍ五〇㎝）と記録されています。

また、下佃から深町の北側を流れた川、は幅八尺（約二ｍ四〇㎝）あり、その下の十七川は、幅九尺（約二ｍ七〇㎝）となっています。

この十七川ではよく釣りをしたものです。がんぞ・もろこ・なまず等々、季節により獲物は違っても、よく釣れました。時には、亀やいもりも釣れたことを思い出します。

また、畑田川、南下して十七川に合流する川は、幅六尺（約一ｍ八〇㎝）とありますが、子供の頃の思い出ではもっと川幅が広かったようにも思うのですが…。

ちょうど十七川に合流する辺りに、長い石の一本橋が架かっていたように記憶しています。

また、郷内に十三カ所に石橋があったように記録されています。

いろんな史料から推定すると、左地図の●印の所にあったのではないかと思われます。（一カ所不明）

《参考》　川崎文書（滋賀大学史料館）

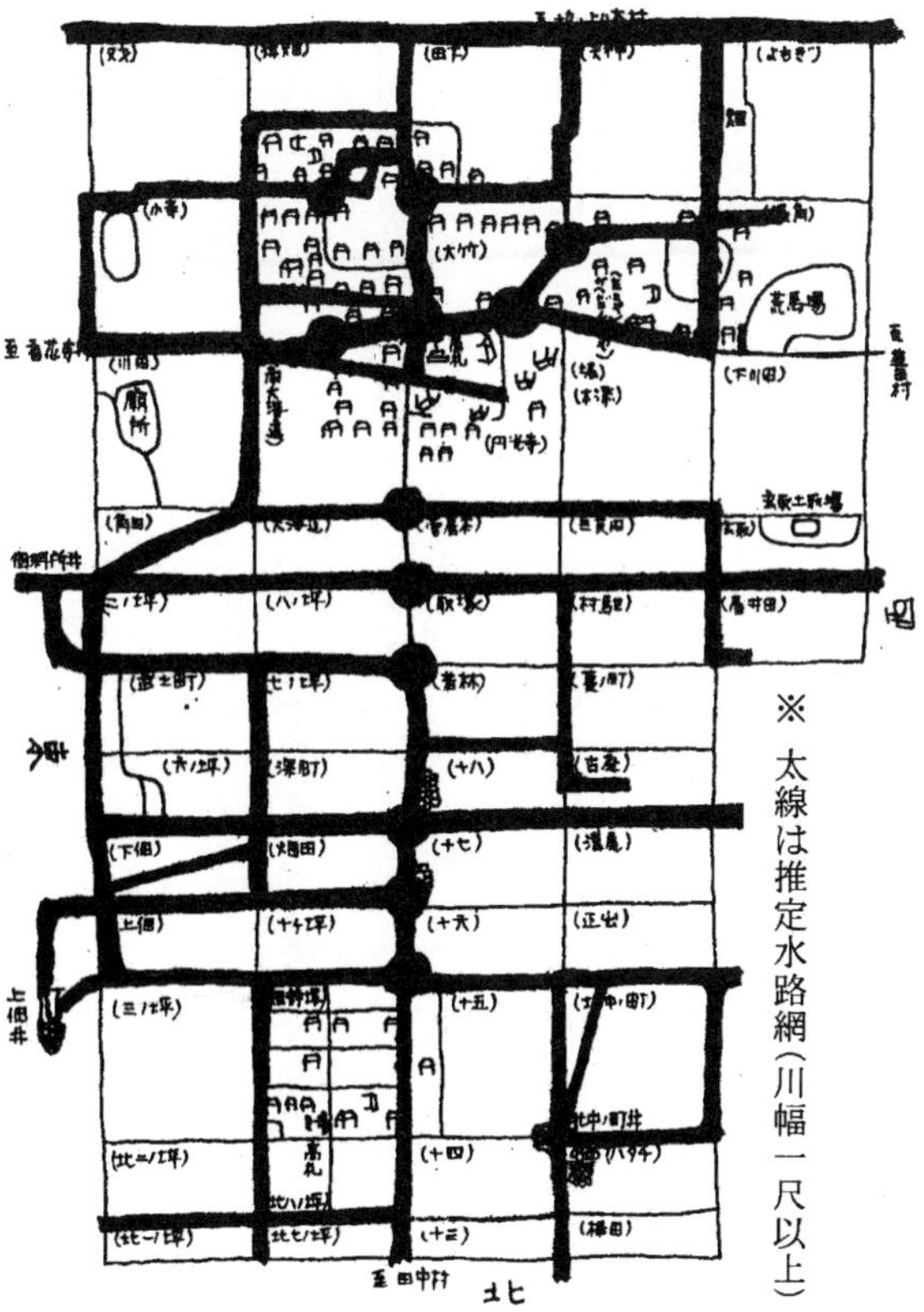

※　太線は推定水路網（川幅一尺以上）

※1
昭和四〇年代後半の圃場整備により農村風景は一変しました。

田圃の区画の大きさの変化、架掛け用の榛の木の消滅、水路や農道の変更、水路周辺の畑地（桑畑）の消滅、幹線用水路の変更、北中町井や上佃井等の消滅…等々、昔の懐かしい風景は姿を消しました。

特に現代までに大きな影響を与えたのが、幹線水路・水路の変更ではなかったかと思われます。

十七川（十一川）の直線化とコンクリートによる護岸化、農業用水路のコンクリート化、給水路と排水路の分離化がもたらした影響は大きく、汚染物質や残留農薬の琵琶湖への直接排出に繋がる結果となりました。

一方、幹線水路・末端水路のコンクリート化により、琵琶湖の魚類の遡上を困難にし、鮒・ぼて・もろこ等の絶滅化に拍車をかけたように思います。

圃場整備以前には、上（かみ）の田圃から下（しも）の田圃に水が掛かるなど、水を循環させる再利用がされてきましたが、現在は排水路から一気に琵琶湖へ排出されてしまいます。汚染物質や残留農薬などが沈殿する場所と時間を排除してしまったように思います。

また、梅雨の時分を中心に、琵琶湖から遡上した鮒・鯉・鯰など多くの魚が田圃の中を泳ぎ回っている姿を目にしたものです。特に、大雨の後は大賑わいで、子供にとっても楽しみでしたし、大人の人は「ともし」といって、夜に魚捕りに出かけたものです。

琵琶湖からの水や魚類が田圃に逆流入も可能だったのが、排水路の分離で、逆流は不可能になり、魚類の産卵等を疎外することに繋がったように思います。

用水路の変更は琵琶湖の汚染、富栄養化とつながり、琵琶湖の魚類の産卵・孵化の場所の消滅など負の遺産を残してしまいました。

また、幹線用水路については、河川の両岸には必ず畑地があり、桑が植えられていました。（中川だけは土手の両側が田圃でしたが…）

これは養蚕のためもあったでしょうが、護岸強化の意味合いが強かったと考えられます。大雨などの増水時に土手（堤防が）崩れないための生活の知恵だったと思われます。

米を作ることで生活してきた江戸期の人々にとって、田圃を犠牲にして畑地を維持することは、個人よりも村の用水を守ることに主眼を置いていたことになります。村あっての個人という考えが大切に守られてきたのだと思います。

本文で紹介した冨田村の用水路の全長は約五六〇〇ｍになります。その区間を川浚えするなどの用水管理は大変な事であったと想像しますが、百姓にとっての「命の水」でしたから、先祖代々、村の用水として大切に管理してきたのだと思います。

すべての村々でこのような用水路の管理を続けたお陰で、自然が破壊されずに済んだのだと思います。

その意味でも、現代の施策に疑問を感じざるを得ません。

便利さを追求するあまり、失ったものも大きいことを再確認したいと思います。

田川新川普請人足の事

第１４１号
1999.09.24

びわ町内を流れる田川はいつ頃に出来たのか、知っておられる人は少ないと思います。

田川は、浅井町谷口村の山中に源を発し、小谷・虎姫を流れて落合村付近で姉川と合流します。

江戸時代は姉川河口から舟が入り、中野村当たりまでは荷を運んだといいます。

しかしながら、落合村付近で、姉川と高月川（現在は高時川）・田川の三川が合流するため、田川の合流する地点には土砂が溜まり易く、川底が高くなっていったようです。

そのため、一旦大雨等の洪水が襲うと、月ケ瀬村・唐国村・田村・酢村等は、家屋に至るまで浸水したといいます。

そのため、その悪水を抜くため、高時川底に伏樋を通し、湖水に至る新川の工事を願い出ます。

時に、安政五年（一八五八）だったようです。

支配する領主がまちまちであり、田圃を潰しての工事であるため、紆余曲折があったようですが、安政六年には実地検分も済み、安政七年（万延元年）二月より工事に入ります。

五月には高さ四尺・幅七尺・長さ六十九間の伏樋も完成し、下流の川幅四間・両岸堤防三間の田川の竣工を見るのですが、五月十三日夜の大風雨により、月ヶ瀬村を始めとする四ケ村は、悉く浸水してしまったといいます。

翌万延二年（文久元年）二月より、姉川逆水防止水門伏込み工事に着手し、最終八月に竣工したといいます。

現在の田川となるには、更にいろんな経過があったようですが、割愛します。

冨田村からも普請人足にでる！

次の文書は、万延二年（一八六一）のものです。

《水利六二》

萬延弐年
田川新川人足帳
二月十六日　庄屋Z太夫

十六日
一J左衛門○　一K右衛門○
一□郎右衛門○　一H介○
一S七○　一F兵衛○
一R右衛門○　一M左衛門○
一S五○　一G左衛門○
一K左衛門○　一J郎兵衛○
一N源○　一T平治○
一I兵衛○　一G左衛門○
一G右衛門○　一I平治○
一I右衛門○　一S太夫○
北弐人
〆廿弐人
外付添　S左衛門

…《※以下名前省略》…

十九日　〆十人　外ニ付添T兵衛
廿五日　〆廿人　付添O左衛門
三月六日人足　〆廿人　付添Z太夫
三月廿日人足　〆拾人　半日
付添O左衛門
廿一日人足　〆拾人　付添Z太夫
廿二日人足　〆拾人　付添S左衛門
廿三日　〆拾人　付添T兵衛
四月弐日人足　〆廿四人
外ニ付添　T兵衛
四月三日人足　〆拾七人　北壱人
付添　S左衛門
四月五日半日　〆三拾壱人　北三人
付添　I左衛門
八月二日人足〆廿三人付添Z太夫
三日人足　〆十五人　付添T兵衛
六日人足　〆拾六人　付添S左衛門
八日人足　〆十四人　付添O左衛門
〆弐百三拾三人
内　北弐拾五人
残テ
弐百八人　南出分
役人不入

※名前の下の○印は出勤点呼の印？

田川新川普請の第二期工事とでもいう普請に、冨田村も人足として駆り出されていたのです。

今、もう一冊の史料をひもとくと、人足の記録を元に、村内での手間賃等の勘定がなされています。

《水利六四》表紙省略

勤人足
一弐百八人　南出分
一弐拾五人　北出分
〆弐百卅三人
此割付　軒ニ半分
高ニ半分
軒数
五十八軒　南分
十一軒　北分
軒〆六十九軒

高　百拾六人半　軒當
　但シ壱軒ニ付壱人六分八厘八毛
六百五拾八石七斗四升四合
此内百廿弐石五升六勺六才　T兵衛
　Z太夫
　S左衛門
　S兵衛
　O左衛門
　I左衛門
　右六人所持高引
残而
　五百三拾六石四斗九升三合三勺四才
所江
　百拾六人半　高當り人足
　但シ壱人ニ付　三匁手間
此代
　三百四拾九匁五分
所江
　弐百三拾三匁　被下物
金直し
　弐百拾三匁五分九厘
引残而
　百卅五匁九分壱厘　不足
残り高 拾石ニ付
　弐匁五分三厘四毛　打立
一　T郎太夫
①三人半
②差引　壱人八分壱厘弐毛
③此代　五匁四分四厘
④　内　壱匁五分壱厘　高掛り
⑤差引　三匁九分三厘　過
・・・・《以下省略》・・・・

人足二百三十三人について、半分は均等割（軒當）、半分は高割をしています。

計算によると、軒當は一軒について一・六八八人の手間としています。

また、高割については、一人手間を三匁計算で、三百四十九匁五分の手間賃が必要ですが、役所から二百三十三匁が下付されており、残金百三十五匁九分一厘の徴収と計算しています。

計算により、持ち高十石に対して、二匁五分三厘四毛の徴収となっています。

例えば、T郎太夫を見ると、

①人足に出たのが三人半手間
②軒當一・六八八人手間を引いて
　一・八一二人手間の残
③この残手間が　五匁四分四厘
④高割の徴収が　壱匁五分一厘
⑤差引　三匁九分三厘の人足過剰

となり、T郎太夫は約二人半の手間でよかったのに、三人半の手間を提供したので、追って銀三匁九分三厘のお金を受け取ることになったようです。

直接は冨田村と田川は関係ないようですが、月ヶ瀬村の領主が同じだということで出役したのかもしれませんが、理由は不明です。

労力提供ばかりでなく、少なからずの出費も必要としたのです。

《参考》　川崎文書（滋賀大学史料館）

※1

川崎文書未整理の中から、次のような文書を見つけました。記年はありませんが、山形藩出役役人から田川普請への人夫要請状です。

《未整理三三八》

急御用
大安寺村
冨田村
十ツ九村
　庄屋
　年寄中
　　従月ヶ瀬村出役先
　　田村五百代（印）
　早々順達可致事
一人夫拾壱人　大安寺村
　外ニ村役人壱人
一同拾六人　外ニ右同断　冨田村
一同壱人　十ツ九村
右者田川水門取付之場所築立ニ入用ニ候間、じよれん・棒・もつこう持参ニ而、明三日、右人夫差出候様、尤朝六ツ半時到着候様可致、雨天ニ候ハヽ、日送り之積りニ相心得可被申候。普請茂大躰明日手離之心命ニ候間、可相成弱人足不差出候様いたし度存　候。以上
　四月二日
追而本文次第ニ付、御用掛り之面々被罷出候様いたし度候。以上

※田村五百代（保満）山形藩出張役人
　後、東浅井郡初代郡長に就任

右頁の史料三段目に、「四月三日人足〆拾七人 北壱人 付添S左衛門」とあるデータと一致しますから、万延二年の文書だと思われます。

これによれば、人夫要請は山形藩の役人より出されています。

田川伏樋普請については、関係諸藩の出役が現地まで出張していました。大津役所・山形藩は月ケ瀬村、彦根藩は田村、郡山藩は唐国村といった塩梅です。

出役の役人達が相談し、必要に応じ支配の村々へ人夫の要請をしたものと考えられます。

従って、冨田村は山形藩の人夫として出役したものと考えられます。当然、出役手当も山形藩から支給されたと考えていいと思います。

また、右の廻状から察せられるのは、人夫要請は、前日など直前に指示されているようです。普請の進捗状況で人夫の数も変わってくるので、当然と言えば当然ですが、百姓にとっては迷惑なことではなかったかと思います。

※2

次のような戯れ歌が残されています。田川普請を詠んだ歌のようですが、百姓の気持ちをよく表現していると思います。

《未整理文書二八三》

春過て夏きにけらし長普請
　ころもいとわずかける人足
あし引てやすまずニふむ蛇車ハ
　長ゝし夜をとろりとも寝ず
此頃ハ行もかつるも人足が
　しるもしらぬもそしる川堀
道畑のあれハたれゆへ込所ゆへ
　ミされそこら我わ水ならなこに
世の中ニ金のないのニおもいゆる
　川か堀たら四ケそなくなり
御普請ハ早ふすむらと田村かし
　大寺の田地水ニ月ケ瀬

江戸時代の貨幣計算

第１４２号
1999.10.10

冨田村に残されている文書の中に、金銭の授受のことが書かれている文書がたくさんあります。

年貢・村入用・貸借等々に関する文書はすべて金銭に関することが書かれています。

今回は史料の中から、金銭等に関することを考えます。

江戸時代の通貨は三本立てでした。関西は主に銀貨が中心で、関東は金貨が中心であったと言われています。

また、一文・二文…と数える銅貨は全国的に使われたようです。

各通貨、は次のようには単位が違っていました。

◎金貨の場合
一両は四歩に、一歩は四朱にと細分化されます。従って、十六朱で一両となります。
金貨は、四つ毎に単位が上がる四進法の世界となります。

◎銀貨の場合
単位は匁しかありませんが、一匁は十分に、一分は十厘に、一厘は十毛に…と細分化されます。
また、千匁を一貫と呼ぶようになります。

銀貨は、我々にも身近な十進法の世界です。

◎銅貨の場合
銭と言い、一文・二文…と数え、千文で一貫文となる、いわば庶民生活の中で使用される日常の貨幣でした。

つまり、円とドルとマルクが同時に使用されていたようなものです。

しかも、一両は六十匁と決められていた（当初は五十匁）にもかかわらず（公定相場）、変動相場制をとっていましたので、必ずしも一両が六十匁とはなっていなかったようです。

同様に、銭についても、金一両→銀六十匁→銭四貫文という公定相場にはなっていなかったようです。

従って、日常生活の中では、相当複雑な計算がされていたものと思われます。

そこで、当時の人々がどのような計算をしていたのかを、垣間見てみたいと思います。

《助郷七》抜粋

人足七十七人
馬十疋
一金弐拾五両弐歩
此銀
壱貫六百八拾三匁
人馬賃銭

※ 文久元年（一八六一）
「和宮下向柏原宿助郷入用惣引大割帳」

とあり、文久元年には、

金一両 ⇄ 銀六十六匁

であったことが分かります。また、

《助郷八》（適宜抜粋）

①一六拾三匁三分一厘　T平次
壱両取
釣弐百五拾弐文戻ス

②一拾八匁四厘　S右衛門
壱分（歩）壱朱取
釣弐百四拾弐文戻ス

③一拾五匁五分六厘　T右衛門
壱歩取
釣札壱匁四文

④一弐拾五匁六分三厘　S左衛門
壱歩弐朱ト札壱匁

⑤一拾八匁分四分一厘　H源
壱分（歩）壱朱取
釣弐百九文戻ス

⑥一三拾匁八分六厘　F兵衛
弐分（歩）取

釣弐百弐文戻ス

⑦一三拾七匁壱分三厘　U兵衛
弐歩壱朱取

※ 文久元年（一八六一）
「和宮様下向ニ付柏原宿助郷入用帳」

使われている単位は、両歩朱（金）、匁分厘（銀）、文（銅）、札匁（藩札と呼ばれる現在の紙幣に相当、価値がやや下がる）です。

数字が半端になるため、四捨五入をすると、

⑦一両→六六・〇〇九匁→六六匁
①一匁→九三・六八文　→九四文
②一匁→九三・六一七文→九四文
⑤一匁→九四・三六文　→九四文
⑥一匁→九四・三九文　→九四文
④札一匁 → 八分八厘 → 九分
③釣九分四厘 → 札一匁（九分）
四文（四厘）

となり、大概の見当は

金一両 → 銀六六匁
金一歩 → 銀一六匁五分
金一朱 → 銀四匁一分二厘五毛
銀一匁 → 約銭九四文
札一匁 → 約銀九分
銀一匁 → 約札一・一匁

となるのではないでしょうか。ただ、銀一匁を九十四文として計算すると、合わない場合もありますから、大概の見当だと思って下さい。

この相場が、文久元年十月十一月頃の相場だったと考えられます。

当時の人々は、これらの四種類のお金を自由に使いこなしていたのです。

勿論、現在のように頻繁に買い物等をしていた訳ではありませんから、何とかなったのかもしれません。

現代の我々のように、毎日買い物をしたなら、到底対応できなかったのではないかと思われます。

しかも、時代や季節とともに変動相場ですから、勘定といえども大変であったように思われます。

金貨・銀貨・銭(銅貨)の変動を見るため、次に、享保十一年「新川入用帳」を取り上げます。

《水利五〇》(適宜抜粋)

⑧一銭四百五拾五文
いろいろ　夫銭
代五匁九分弐厘
⑨一金三分(歩)
壱両ニ付五拾九匁四分　同人
内弐拾匁　J左衛門分
代四十四匁五分五厘
⑩一金子壱両弐歩
十一月十六日
内三歩　本人殿(代官)
弐歩　秀八郎様(手代)
壱歩　□左衛門(手代)
代八拾七匁
同日
⑪一銭壱貫三百八文　T兵衛
内六百四文　S内かし
代七匁八分五厘

※「享保十一年新川入用帳冨田村」
享保十一年(一七二六)

これにより、享保十一年相場は、

⑨一両 ↓ 五十九匁四分
⑩一両 ↓ 五十八匁
⑧一匁 ↓ 七六・八五八文
⑪一匁 ↓ 七六・九四三文

となり、一匁は約七十七文と考えられますが、一両については、日々変動ありと言うしかないようですが、大概は五十八～九匁であったと考えてよさそうです。

文久元年と比較すると、金安・銀高銭高の様子を示しています。

《参考》
川崎文書(滋賀大学史料館)

※1
一両小判はあくまでも一両ですが、時代によって、小判の金の含有率が変わっています。そのため、一両の価値も時代とともに変化しました。

関西で通用した銀貨はその重さで通用しましたから、価値の変動はなかったようです。そのことから為替レートの変動が生まれたといえます。

小判一枚にも価値の高低があったことを示す史料として、

《法令八・四三表～》

御觸
一慶長金　小判百両目方
壱歩判四百七十六匁
内
金四百壱匁二二六
銀七十四匁七七四
此通貨九百五両壱歩二朱換
一武蔵判　右同断
一□字金　百両目方
二百五十匁
内
金弐百拾匁七三
銀三拾九匁二七
此通貨四百七十五両弐分換
一元禄金　小判百両目方
壱分判四百七十六匁
内
二朱
金二百七十三匁〇六三
銀二百〇弐匁三七
此通貨六百三拾五両三朱換
一享保金　小判百両目方
一分判四百七十六匁
内
金四百十三匁〇九六六
銀六十弐匁九三四
此通貨九百三十両二分二朱換

一右文字金　小判百両目方
壱分判三百五十匁
内
金弐百三十匁
銀百弐十匁
此通貨五百弐拾八両二分二朱換
一真字金二分判　百両目方
三百五十匁
内
金百九十七匁四三五
銀百五十二匁四六五
此通貨四百六十両
(中略)
大政　御一新ニ付、宇内貨幣之定價御吟味之上、古今通用金銀銅銭等別紙之通被　仰出候間、支配末々迄不洩様可相觸者也
慶應四辰年　太政官
閏四月　裁判所
(※慶應四年(一八六八))

明治維新の際、江戸時代の貨幣について、その交換率を通達した文書です。

慶長小判一枚が四・七六匁、右文字金が三・五匁と一枚の重さが異なります。また、金と銀の含有率も異なり、慶長小判が金八四・三%、銀一五・三%に対して、右文字金は金が六五・七%、銀が三四・三%となっています。

全体の重さも、金の含有率も慶長小判の方が勝っています。そのため、交換価値も九百五両余と五百弐拾八両の差に現れているのです。

江戸時代の二二種の貨幣について交換価値が示されています。

金銀の換算レートはこのような要因も一つの影響をもたらしたと思われます。

江戸時代の米価の変遷

第１４３号
1999.10.24

前回は貨幣計算について書きましたが、これらの計算に不可欠なものとして、米価の変動があります。米価は凶作の年は高く、豊作になれば安くなるのは現在と同じですから、江戸時代を通じての作柄や気候の変化も知ることが出来ます。

しかし、貨幣の改鋳により貨幣価値の変動もあり、米価が同じであっても豊作や凶作の程度が同じという訳でもないと思われ、一律には論じられない面もあります。

また、時期によっても異なります。

左の表は、「川崎文書」の中から米価関係の記載があるものを整理した資料の抜粋です。

特に注目したいのは、太枠で囲んだ「一石の推定相場」ですが、文書の性格上、全国的な相場とは限りません。冨田村と支配者との関係での相場だと考えられますが、大まかには全国的な相場を反映していると思われます。

一石(二俵半・一五〇kg)の相場が、江戸初期では三〇匁程度であったのが、元禄十六年頃には九〇匁を越えている

年(西暦)・月	米量	此代銀	注記ある場合の注釈文	計算上の相場	一石の推定相場	出典
寛永三年(1626)極月	四斗二升一合	一三匁一分		三一・一一六	三一匁(程度?)	1
寛永一一年(1634)三月	一二石九斗七升八合	三九三匁二分五厘	一〇匁三斗三升かへ	三〇・三〇一	三〇匁三分(?)	352
寛文三年(1663)	三七石四斗八升九合	二貫一七四匁三分八厘三毛	石五八匁	五八・〇〇〇	五八匁	395
寛文六年(1666)四月	三五石二斗 八合四勺	一貫八一三匁二分二厘二毛	石五一匁五分	五一・四九九	五一匁五分	394
貞享五年(1688)正月	四六石一斗三升六合七勺二	二貫六七五匁九分三厘		五八・〇〇〇	五八匁	157
元禄四年(1691)七月	一一八石八斗二升五合	六貫一七八匁九分	石五二匁かへ	五二・〇〇〇	五二匁	166
元禄七年(1694)三月	一石五斗 五合一勺	五五匁七分四厘	銀一〇匁二斗七升	三七・〇三四	三七匁	353
元禄七年(1694)九月	一一五石三斗一升五合	六貫二二七匁 一厘	石五四匁替	五四・〇〇〇	五四匁	171
元禄一〇年(1697)五月	一一三石七斗一升八合	六貫八二三匁 八厘	石六〇匁かへ	六〇・〇〇〇	六〇匁	179
元禄一一年(1698)五月	一〇八石六斗六升四合	七貫六〇六匁四分八厘	石七〇匁替	七〇・〇〇〇	七〇匁	184
元禄一五年(1702)三月	三石 五升 七勺	二三四匁九分	七七匁かへ	七六・九九八	七七匁	328
元禄一六年(1703)正月	二七石一斗七升七合	二貫五五四匁六分四厘	石九四匁也	九四・〇〇〇	九四匁	201
元禄一六年(1703)六月	一一石七斗九升九合	一貫 七三匁七分	石九一匁相対	九〇・九九九	九一匁	173
宝永二年(1705)九月	三〇俵	七一四匁	俵二三匁八分極	五九・五〇〇	五九匁五分	205
宝永二年(1705)極月	五一俵三斗八升六合一勺	一貫二七三匁一分五厘	二俵半石六一匁二分五厘	六一・二五〇	六一匁二分五厘	208
宝永三年(1706)極月	五六俵	一貫四二八匁	六三匁七分五厘かへ	六三・七五〇	六三匁七分五厘	212
享保九年(1724)極月	三九俵一斗 一合	五一八匁一分三厘	二俵半三三匁	三二・九九九	三三匁	231
享保一二年(1727)極月	一二石三斗七升 四勺	五八三匁八分八厘三毛	四七匁八分替(1/10銀納)	四七・二〇〇	四七匁二分	8
	三七石一斗一升一合二勺	一貫六六六匁三分	四四匁九分替(1/3銀納)	四四・九〇〇	四四匁九分	〃
享保一四年(1729)八月	八二石八斗二升七合	三貫五九四匁七分四厘	石四三匁四分(1/3銀納)	四三・四〇〇	四三匁四分	235
	二四石八斗四升八合	一貫二七七匁一分九厘	石五一匁四分(1/10大豆)	(五一・四〇〇	大豆(五一匁四分)	〃
享保一八年(1733)極月	二二六俵六分二厘六毛	四貫三六七匁 八厘三毛		四八・一七五	四八匁一分七厘	237
寛政三年(1791)極月	五六石九斗四升六合	四貫八〇〇匁五分五厘	八四匁三分直	八四・三〇〇	八四匁三分	278
寛政四年(1792)極月	七四石三斗一升五合	五貫九七四匁九分三厘	八〇匁四分直	八〇・四〇〇	八〇匁四分	279
寛政五年(1793)極月	七四石三斗一升五合	四貫六〇七匁五分三厘	六二匁直	六二・〇〇〇	六二匁	280
文化一三年(1816)極月	七四石三斗一升五合	五貫四五四匁七分二厘		七三・三九九	七三匁四分	294
明治四年(1871)霜月	九石五斗四升五合	二貫 五二匁六分九厘		二一五・〇五三	二一五匁	311

ことが分かります（三倍）。

明治になると、二〇〇匁を越えるという急激なインフレとなっています。

また、元禄七年の資料で分かるように、三月と九月ではかなりの変動があります。夏以降の米の端境期には米価が上昇することも確認できます。

また、宝永三年や享保十二年の史料で分かるように、換金する年貢米の性質によっても相場が変動しています。

享保十二年の史料では、

十分の一銀納 → 四七匁八分替え
（※計算上は四七匁二分替え
三分の一銀納 → 四四匁九分替え
口米 → 四九匁九分替え
十分の一口米 → 五二匁二分替え

となっており、このようなことは、何れの史料でも確認できますので、当時は何かのルールがあったのではないかと思われます。

また、享保十四年の史料では、

三分の一銀納 → 四三匁四分
十分の一大豆 → 五一匁四分大豆
口米 → 四八匁四分
口大豆 → 五六匁四分大豆

となっており、米価の違いも確認できますが、大豆の値段についても言及しています。

米よりも大豆の方が高値であったことが確認できると思います。

※享保十二年・十四年とも左の表以外の史料（割愛した分）を使用しました。
このように米価の変遷は、同一年であっても季節により、また、換金する米の性質によっても異なりました。

米価の変遷が簡単には論じられない所以だと思います。一般的にはこのような理由から、米価の変遷一覧が作製できにくいものであることをご理解下さい。

また、これらの史料は百姓の手を離れる時の相場であり、白米や城下町の小売り値段でないことは言うまでもありません。

上の史料には、一七〇〇年代中頃の史料がありませんが、冨田村に残されている史料がなかったことを意味し、他意はありません。

また、これ以外にも多少の史料がありますが、割愛しました。
※前ページ一覧表の最下段の数字は川崎文書《租税》の整理番号を意味します。出典として掲載しました。

《参考》
川崎文書（滋賀大学史料館）

※1 本文と重複しますが、為替レートの表現方法（明記ある分のみ）も見ていきたいと思います。

◆元禄四年（一六九一）　《租税一六六》
皆済勘定目録
石五拾弐匁かへ

◆元禄七年（一六九四）　《租税一七一》
御物成納拂目録　壱石五拾四匁替

◆元禄一〇年（一六九七）　《租税一七九》
上納目録
三分一銀納分　石六拾目かへ
米納分　石五拾八匁かへ

◆元禄一一年（一六九八）　《租税一八四》
上納目録
三分一銀納分　石七拾匁替
米納分　石六拾七匁替

◆元禄一六年（一七〇三）　《租税一七三》
請取申残木代銀之事
石九拾壱匁相対

◆元禄一六年（一七〇三）　《租税二〇一》
覚
石二九十四匁也

◆宝永二年（一七〇五）　《租税二〇五》
覚
壱俵二弐拾三匁八分極
（※石五十九匁五分）

◆宝永三年（一七〇六）　《租税二一二》
皆済目録
弐俵半石六十九匁三分かへ

◆享保一四年（一七二九）　《租税二三五》
御年貢米銀納拂御勘定目録

十分一大豆銀納
壱石二付五拾壱匁四分
三分一銀納
壱石二付四拾三匁四分
御口大豆
壱石二付五拾六匁四分
御口米
壱石二付四拾八匁四分

◆寛政三年（一七九一）　《租税二七八》
皆済目録
八拾四匁三分直

◆寛政四年（一七九二）　《租税二七九》
皆済目録
八拾目四分直

◆寛政四年（一七九三）　《租税二八〇》
皆済目録
六拾弐匁直

◆寛文三年（一六六三）　《租税三九五》
納所通
石二五拾八匁

原則は一石一両六〇匁ですが、元禄一六年には九〇匁を越えています。史料にはありませんが、幕末は超インフレでそれ以上の値が付いています。

天保の飢饉、天保八年（一八三七）には「京都ニてハ米壱俵ニ付代三百匁ニ成ル」という記事も見受けられます。

《西島文書「年代記」》

通貨の換算レート以上に、米の為替レートは時代を反映しています。不作時は高く、豊年時は低くといったように世情を判断する目安にもなり得たのです。

また、年貢に関しては米納分と三分一銀納分の為替レートが異なっていることが分かります。徴収する側としては確実に現金となる三分一銀納で徴収しておきたい、米は相場の高い時に売ればいい、そんな意味合いもあったのかもしれません。

米価と免率・豊凶の関係

第１４４号
1999.11.10

前回は米価変動について書きましたが、米価は凶作の年は高く、豊作になれば安くなるのは今と同じですから、江戸時代を通じての作柄や気候の変化が分かる筈だとして、左の表を作成してみました。

冨田村は検見による年貢徴収でしたから、年貢免率が低い年は凶作、高い年は豊作だと考えられます。

江戸期を通じて豊作であったという記録は残っていませんが、凶作であった（日損・洪水・台風害・虫害等の記録が残されている）という記録は多々残されており、凶作でもなく免率の高い年が豊作の年であったと考えられます。

左の表から確認できることは、

元禄六年豊作(?)
←
元禄七年春米価が安値に!!

元禄十一～十六年頃不作傾向
←
この時期米価がかなり高値に!!

享保十二・十八年旱魃不作
←
この時期米価が多少高値に!!

寛政三・四年頃不作(?史料なし)
←
米価かなり高値に!!

年(西暦)・月	一石の推定相場	出典
寛永三年(1626)極月	三一匁(程度?)	税 1
寛永一一年(1634)三月	三〇匁三分(?)	税 352
寛文三年(1663)	五八匁	税 395
寛文六年(1666)四月	五一匁五分	税 394
貞享五年(1688)正月	五八匁	税 157
元禄四年(1691)七月	五二匁	税 166
元禄七年(1694)三月	三七匁	税 353
元禄七年(1694)九月	五四匁	税 171
元禄一〇年(1697)五月	六〇匁	税 179
元禄一一年(1698)五月	七〇匁	税 184
元禄一五年(1702)三月	七七匁	税 328
元禄一六年(1703)正月	九四匁	税 201
元禄一六年(1703)六月	九一匁	税 173
宝永二年(1705)九月	五九匁五分	税 205
宝永二年(1705)極月	六一匁二分五厘	税 208
宝永三年(1706)極月	六三匁七分五厘	税 212
享保九年(1724)極月	三三匁	税 231
享保一二年(1727)極月	四七匁二分	税 8
享保一四年(1729)八月	四三匁四分	税 235
享保一八年(1733)極月	四八匁一分七厘	税 237
寛政三年(1791)極月	八四匁三分	税 278
寛政四年(1792)極月	八〇匁四分	税 279
寛政五年(1793)極月	六二匁	税 280
文化一三年(1816)極月	七三匁四分	税 294
明治四年(1871)霜月	二一五匁	税 311

参考村高	年貢高	年貢免率(高)	出典	備考
七六九石余	三四石三斗四升	〇・〇四四六	税 110	大旱魃大凶作（江戸期最悪の凶作）
七六九石余	三七二石四斗	〇・四八四〇	税 117	
七六九石余	三一九石三斗　一合	〇・四一五〇	税 125	
七六九石余	三一五石四斗五升四合	〇・四一〇〇	税 129	
七六九石余	三二一石二斗八升五合	〇・四一七六	税 164	
七六九石余	三二四石四斗二升五合	〇・四二一七	税 168	
七六九石余			税 171	前年豊作？（免率 〇・四四九六）
七六九石余		〇・四三七五	家 1	
七六九石余	三二五石九斗九升三合	〇・四二三七	税 181	
七六九石余	二七〇石　七升二合	〇・四〇七八	税 190	
七六九石余	二二四石七斗四升五合	〇・三三九四	税 200	不作？前年日損洪水不作《税198》
七六九石余				前年不作？
七六九石余		〇・三三九七	家 1	水論（日損？）あり《凶災11》
七六九石余			凶災 7	前年日損
五〇〇石	二四五石七斗一升五合	〇・四六〇〇	税 208	
五〇〇石		〇・四二〇〇	税 212	
五〇〇石		〇・四八九〇	税 232	豊作？
五〇〇石	一二三石七斗一升四合	〇・一八六八	税 8	大旱魃雨乞（凶作？）《凶災8》
六六二石余		〇・四五〇〇	家 1	
六六二石余	二六八石九斗　一合	〇・三八九〇	家 1	米高値《税237》救米夫食米下付願
六六二石余	一七〇石八斗三升九合	〇・二五八〇	税 278	不作？《救恤 9》
六六二石余	二二二石九斗四升五合	〇・三四〇四	税 279	
六六二石余	二二二石九斗四升五合	〇・三四〇四	税 280	
六六二石余	二二二石九斗四升五合	〇・三四〇四	税 294	
六六二石余	二〇四石二斗一升　余	〇・三一〇〇	税 310	

できませんでした。

この程度のことしか知り得ることができませんでした。


右表の「備考」欄にあるような、豊作凶作についての史料がもっと分かってくると、もっと米価と気候や豊凶の様子との因果関係がはっきりとするのだと思います。

年貢免率の史料はかなり多くのデータが残されているのですが、米価に関する史料が多くはないため、冨田村の史料からはこれ以上のことは言及できそうにありません。

ただ、上のような若干の因果関係を確認するに留まざるを得ないのかもしれません。

凶作関係年表（冨田村関係のみ）

※〈 〉内は出典

元和六年(1620) 水込引三〇石余 〈租税339〉
元和七年(1621) 日損引三一石余 〈租税346〉
寛永三年(1626) 大日照 日損引五八三石余 〈租税110他〉
寛永七年(1630) 川旱引二四石余 〈租税114〉
寛永八年(1631) 日損引二一石余 〈租税115〉
寛永九年(1632) 日損引三六石余 〈租税116〉
正保四年(1647) 香花寺と水論出入 〈家1他〉
萬治三年(1660) 虫台風損引五五石余 〈租税123〉
寛文九年(1669) 不作引二一八石余 〈租税131〉
寛文10年(1670) 日損引九石余 〈租税132〉
寛文12年(1672) 馬渡村と水論出入 〈水利70他〉
延宝五年(1677) 日損引一八石余 〈租税135〉
延宝八年(1680) 水損引七一石余 〈租税138〉
天和元年(1681) 風損引五四石余 〈租税139〉
天和三年(1683) 水損引二二石余 〈租税147〉
貞享三年(1686) 馬渡村等と水論出入 〈水利84他〉
元禄13年(1700) 検見引三四石余 〈租税195〉
宝永七年(1710) 不作引四五石余 〈租税214〉
享保12年(1727) 日損引三四五石余 〈租税8〉
享保18年(1733) 救米・夫食米下付願
元文五年(1740) 大風被害大報告 〈凶災9〉
延享三年(1746) 旱魃(免引なし) 〈租税244〉
延享四年(1747) 旱魃(免引なし) 〈凶災10〉
寛延元年(1748) 虫害大風 (若干免引)〈凶災13〉
明和七年(1770) 大日損 〈租税269〉 二四石余の納米のみ
安永八年(1779) 天候不順 〈租税276〉 免率〇・二九八七
寛政八年(1796) 救米下付願 〈凶災14〉
寛政九年(1797) 旱損 〈凶災15〉 御手当米一五俵下付
享和二年(1802) 大洪水不作 〈租税289〉
文化四年(1807) 大水大風虫害 〈租税383〉
天保七年(1836) 雨天続冠水被害 〈水利5〉
嘉永六年(1853) 大旱魃雨乞 〈凶災16〉
明治元年(1868) 大洪水(三二軒浸水) 〈村政21〉

《参考》
川崎文書（滋賀大学史料館）

※1
右の説明で、冨田村は検見だったと書きましたが、第六九号で紹介したように、元文元年(一七三六)から定免(〇・四〇四〇)になっています。
しかし、定免法・検見法は領主が替わったり、時代の流れで変化したようです。
右表では、寛政四年から再度定免になった(〇・三四〇四)ことが判明します。
また、幕末の史料を掲載していませんが、幕末は超インフレであったこと、湖辺の村々は水損に悩まされたことが各種の史料より分かっています。

※2
右史料の、一石相場(●印)と年貢免率(■印)の変化をグラフにしてみました。

左側が寛永三年、右側が明治四年になっています。

一目盛が一石相場は五〇匁、免率は二ツ五分です。

また、年代順とは言え、史料がアトランダムで、年代が等間隔ではないため、スムーズな流れにはなっていないことをお断りしておきます。

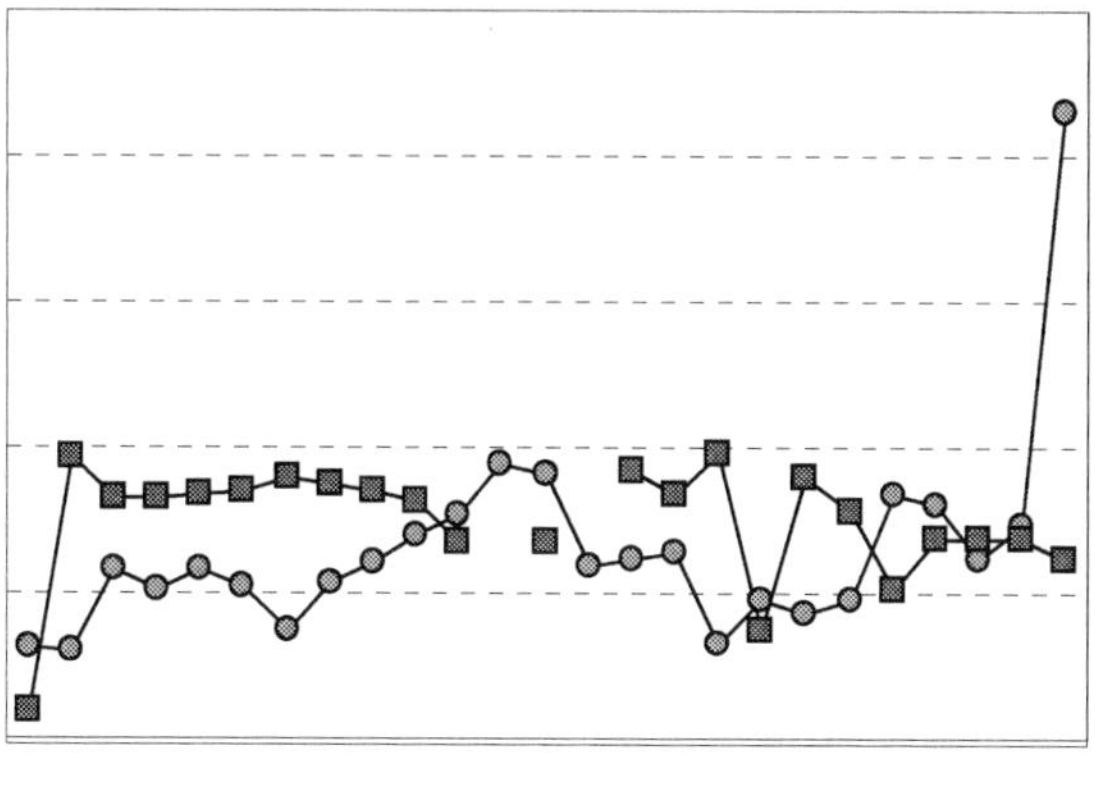

グラフから、一石相場が低い時が豊作、高い時が不作と想像出来ます。
(明治四年はインフレ事情もあり)
また、一石相場が低いと免率が高くなるような傾向が見出せるように思えます。

延喜式『上許曽《かみこそ》神社』について

第１４５号
1999.11.24

湖北の地は歴史が古く、古い昔から生活が営まれていました。

　詳しいことは分かりませんが、伝承として、また条里制の遺構等として残っています。

　特に「式内社」と呼ばれる古くからの神社が数多く残されています。

　「式内社」とは「延喜式」神名帳に登載されている神社で、全国に三一三二座、神社の数にして二八六一座あります。

※「延喜式」
　律令法の施行細則を集成した法典。
　醍醐天皇の命により、延喜五年（九〇五）より編纂が開始され、延長五年（九二七）撰進。その後修訂作業の後、康保四年（九六七）施行された。

　滋賀県では一五五座、一四三神社が記載されており、

坂田郡	五座・	五神社
浅井郡	一四座・	一三神社
伊香郡	四六座・	四五神社
高島郡	三四座・	三一神社

と、圧倒的に湖北・湖西に集中していることがわかります。

　この地域は、古くから開けた土地柄であった証拠とも思われます。

　浅井郡の一四座については、

都久夫須麻神社・波久奴神社
矢合神社・湯次神社・小江神社
麻蘇多神社・岡本神社・大羽神社
上許曽神社・比伎多理神社
（以下は現在の伊香郡）
［塩津神社・下塩津神社
　片山神社（二座）

となっています。

『上許曽（かみこそ）神社』について

　今回問題とするのは、浅井郡「式内社」の内、『上許曽神社』について考えたいと思います。

　この『上許曽神社』については、現在は浅井町高山の上許曽神社（祭神草野姫命）に比定されています。

　一説に、びわ町川道神社に比定する説もあるとも言います。

　世間的には右の二説しか流布されていませんが、冨田村八幡神社についても『上許曽神社』に比定する考え方があったと言うので、考えていきたいと思います。

　「滋賀県神社誌」（昭和六十二年）の冨田村八幡神社の由緒の項目に、

> 由緒
> 　創祀の年代は詳かでないが、式内上許曽神社は当社であるとの説があり、社蔵の神鏡箱に「上許曽之神鏡」元亀三年二月奉納の銘がある。
> 　古くは社（杜（もり）？）明神と称した。明治九年村社に列せられた。境内社であった三（二？）宮神社の祭神息長帯比売命を大正二年に合祀した。
> 　※（？）は筆者による訂正

という記載があり、村人によって「上許曽の神社」と伝えられていた事実があったようにも思われます。

　我々氏子であっても、本殿の神鏡箱など見る機会もなく、記事にあるような銘を確かめることもできません。

　また、昭和三十四年の伊勢湾台風の折、古文書類と一緒に廃棄処分されてしまっているかもしれません。

　ともかく、右の記事を確認することは出来ていません。

　もし機会があれば見せて頂いて、追って報告したいと思います。

　ところが、「八幡神社取調帳」（明治七年）に次のような記載があり、注目したいと思います。

> 八幡神社（祭神應神天皇）
> 由緒
> 古老ヨリ申傳ヘニ式内上許曽神社称シ来リ候。併、證據ケ間敷書物も相見不申候得共、神鏡之箱ニ上許曽之神鏡ト書証シ有リ候得者、傳説ニ相違無御座候。
> 以上
> 俗説ニ杜明神ト称シ来リ事も御座候。右杜明神ハ許曽明神ニ相當リ哉ト存候。又、大樹も有之候得者、古キ地理哉ト存候間、乍恐此段御届奉申上候。以上

とあります。

　「八幡神社取調帳」は県令松田道之宛の公式文書ですから、一応の所、根も葉もない報告ではないはずです。

　また、年代が不明ではありますが（源慶寺の鐘堂の位置等から幕末期のものと推定されます）、川崎文書の中に一枚の絵図があり、「浅井郡上許曽社地麁（そ）絵図冨田村」とあります。

《絵図六》

　私が今までに「上許曽神社」という資料に出会ったのは、これら三点のみです。

　「滋賀県神社誌」の由緒は「八幡神社取調帳」の由緒に依ったと考えられますので、実質は二点であるのかもしれません。

江戸時代に書かれた史料から、冨田村の神社（この頃は八幡神社とは言わなかったと思っていますが・・・）についての記事を紐解くと、《村政一》抜粋

◆八幡神社
（二尺八寸×三尺・板葺）
◆二宮諸観音
（一丈五寸×一丈二尺・藁葺）
◆観音堂
（九尺×一丈二尺・藁葺）
◆勧請年代を知らず

とあり、「式内社」とか「上許曽」の言葉は見つかりません。

また、弘化三年（一八四六）の「上申書」にも、《宗教二七》抜粋

◆除地氏神三社
観音堂（二間半四方）
正観音堂（九尺×二間）
八幡堂（二間四方）
◆除地の書物・御黒印等も所持いたし者一人も無御座候・・・

とあり、これまた「式内社」とか「上許曽」の言葉は見つかりません。

その他、種々の文書に「冨田八幡社」のことが書かれている文書がありますが、「式内社」とか「上許曽」の言葉は見つかりません。

八幡神社＝上許曽神社 は創作？

見てきたように、「冨田八幡神社」を「上許曽神社」に比定する文書や書物が一部現存しますが、江戸時代を通じて「上許曽神社」の言葉は出てきません。

これらのことから推測するに、明治初期の混乱期に乗じ、冨田八幡神社の上許曽神社説が創作された可能性が高いのではないかと思います。

あくまでも想像の域を出ませんが、上許曽神社説を持ち出すことで、格式を上げようとした、もしくは勧請の古いことを強調しようとしたのではないかと、現在は思っています。

また新しい資料が出てくることによって、真実がよりはっきりするのかもしれません。

ただ、上許曽神社説が創作だと仮定しても、「上許曽社」等の式内社のことを知っていたという、博識の村人が冨田村におられたことは間違いありません。

《参考》
「日本史広辞典」　山川出版社
「滋賀県神社誌」　滋賀県神社庁
「八幡神社取調帳」　冨田神事文書
「川崎文書」（滋賀大学史料館）

※1
古代においては現在のような村落があった訳ではなく、川筋を避けて、堤防などの水の心配のない高台などに三々五々に家（現代では想像も付かない竪穴式住居か、それに近いものであったと思われます）を結び、住んでいたと考えられています。

現在の村落のような、運命共同体としての村（惣村）が成立したのは中世以降だといわれています。

惣村の成立以前、九世紀末頃、現在の冨田村を含む旧竹生村西部地域は益田郷と呼ばれていました。

益田郷の周囲には、南には新居郷、錦織郷、川道郷（南北郷）、北には朝日郷、都宇郷（津里周辺）、速水郷がありました。

この地域の式内社としては、竹生島の都久夫須麻神社、小江神社、麻蘇多神社などがありました。

しかし、波久奴神社・矢合神社・大羽神社・上許曽神社・比伎多理神社などは比定が難しく、多々説もあるようですが、現在では、上許曽神社は旧浅井町高山村、大羽神社は虎姫町酢村、矢合神社は虎姫町中野村、波久奴神社は旧浅井町高畑村の神社とされています。

一方、比伎多理神社は比定された神社は定かではありません。

式内社は郷社として、何ケ村からも信仰を集める神社でした。

おそらく益田郷の郷社として、麻蘇多神社が位置づけられたものと考えていいと思います。

ひとつの郷に何個もの式内社があったとは考えられませんので、冨田村の神社が式内社上許曽神社ということの可能性はないと思っています。

冨田村の神社が上許曽神社云々という思いは、明治の廃仏毀釈、神道中心の体制の中で浮上してきた、郷社・村社としての格を上げたいが為の苦肉の策であったと考えています。

※2
神鏡箱に「上許曽之神鏡」云々とあることを紹介しましたが、記年はありませんが、江戸後期と思われる次のような文書があります。《未整理一一〇》

残暑之節、弥々御□全珍重之御儀ニ御座候。然は、先達は御上京之節、御注文之御神鏡御臺壱面、御注文之御句手紙七月七日之正四ツ時参り、早速拝見仕候。承知仕□奉候。大早□句ニ候□へど、我方□ひく手當仕御日限當月十三日中ニ無相違、□□出来仕候。此段御案心被下候。且又當度御手附金弐両御登せ被下、右慥ニ入手仕候。此段□奉候。直々（尚々）宜敷御願上奉、念為御状御下ニ申上候。

七月八日

京寺町二條上ル町
御佛師
安井□紹

川崎様
但馬様

読み辛い文書で、完全ではありませんが、御神鏡（とその台）の注文請け書と考えられます。

大急ぎで造作して、七月一三日中には渡せるとあります。

私はこの文書を、観音堂の普請のあった安政の時期だと思っています。

つまり、現在の御神鏡はこの時期に作られたものだと考えられ、神社誌の由緒は捏造されたとも考えられるのです。

四月祭(嶋の祭)頭役の事

第１４６号
1999.12.10

冨田村には昔から、「嶋の祭」という竹生嶋宝厳寺に関わる祭事が行われてきました。

正式には「四月祭」頭役と言い、一月の吉日に「頭受け」をし、三月の吉日に頭受けの披露をします。また、盆には竹生嶋宝厳寺に参拝をします。

以前にも紹介しましたが、この「四月祭」の頭受けをするのは、冨田村・下八木村（早崎村は寅の祭）に限られていました。

冨田村では、冨田村で生まれ、育った長男にのみ回ってくると言う約束ごとになっています。

但し、長男が早世した場合は、跡を取った次男等でもいいなどの例外はありますが、古くから「長男」という封建的な要素を持っている祭事です。

この「嶋の祭(四月祭)」が何時頃から、どの様な意味を以て始まったのかは詳しくは分かっていません。

ただ、次のような事実が分かっているに過ぎませんでした。(筆者の資料の中では・・・ですが)

【事実一】

天保十五年(一八四四)に、冨田村阿部T右衛門尉が頭受けをした事

この時の頭箱の蓋が阿部某氏宅に保管されています。

【事実二】

《・・・前略・・・》
一六月蓮華會霜月直礼春三月□□春四月神礼、其外神役臨時用向両村同様ニ相勤申候。
《・・・後略・・・》

文化十二年(一八一五)「口上書覚」《助郷一一八号》

※ 詳しくは冨田今昔物語一一八号
※ 傍線は筆者による。

右の文書により、四月神礼(四月祭)が冨田村・下八木村で、文化年間には行われていた事が判明します。この内容は他の文書でも見受けられます。

しかし、それ以上の資料がなく、また、竹生嶋宝厳寺の峰氏に尋ねても色よい返事はもらえないままでした。

従って、起源はもとより、江戸時代の「嶋の祭(四月祭)」の実態すら掴めずに諦めていたのですが、びわ町教育委員会の北村氏より史料の紹介等があり、江戸時代の頭役の記録が見つかりましたので紹介します。

この史料は「竹生嶋文書」(長浜城博物館)の中にあったものです。

びわ町では、この「竹生嶋文書」を新設の図書館にコピーとして常備しておられます。

その膨大な文書の中から見つかったのが次の史料です。

《竹生島文書2-0204》

安永五年丙申年
四月祭頭役記録
正月吉祥日

一 安永五丙申年 冨田村 上野S内尉 (一七七六)
一 安永六丁酉年 下八木村 G左衛門尉 (一七七七)
一 安永六丁酉年 冨田村 S三郎尉 (一七七七)
一 安永七戊戌年 冨田村 K兵衛尉 (一七七八)
一 安永八己亥年 下八木村 G右衛門尉 (一七七九)
一 安永八己亥年 冨田村 O右衛門尉 (一七七九)

《・・・中略・・・》
一 寛政二庚戌年 冨田村 T左衛門尉 (一七九〇)
一 冨田村 上野C右衛門尉
一 寛政三己亥年 下八木村 秋野J郎兵衛尉 (一七九一)
一 寛政四辛子年 冨田村 I平次尉 (一七九二)
一 冨田村 阿部I平次尉
一 寛政五癸丑年 下八木村 辻K右衛門尉 (一七九三)
一 寛政六甲寅年 冨田村 阿部I平次尉 (一七九四)
一 冨田村 角川S五之助尉
一 寛政七乙卯年 下八木村 八若C右衛門尉 (一七九五)
《・・・後略・・・》

この記録は、安永五年(一七七六)から明治十六年(一八八三)までの、百八年間の「四月祭(嶋の祭)」頭役の記録が綴ってあります。

但し、次の八年分の記録は記録漏れ（中止か？）となっています。

▽萬延二年（一八六一（文久元年））
▽慶應四年（一八六八（明治元年））
　～明治四年（一八七一）
▽明治九年（一八七六）
▽明治十三年（一八八〇）
　～明治十四年（一八八一）

しかし、江戸時代の後半、約百年間の記録が残されていたのは、今となっては貴重な史料です。

但し、一部には明かな間違いもあるようにも思われますが・・・。

この記録によって、安永の頃には、既に嶋の頭受けが実施されていたことが判明します。

今から約二百二十年前には「四月祭（嶋の祭）」が行われていたことになります。

また、冨田村の頭役は毎年であるのに対して、下八木村は隔年で頭役を勤めていることも判明します。

何故そうなっているのかは分かりませんが、史料のある安永五年からそうなっています。

但し、本来なら萬延二年は冨田村一村（記録漏れ）で、文久二年は二村である筈が、文久二年に冨田村一村、文久三年は二村の頭役という変則的な形なっています。

もしかすれば、萬延二年には四月祭頭役がなかったのかもしれません。

また、頭役についても、現在の「長男で誕生日順」といったようではないようにも思えます。

上の史料にもあるように、（阿部）I平次は、寛政四年から三年連続で頭役を勤めています（明治六年も）。

このような連続頭役は、I平次だけですが、逆に、頭役記録にあって然るべき名前がなかったりもします。

「嶋の祭（四月祭）」の頭役については、現在のように、南北冨田村を均等に廻していたのではなく、よくわかりませんが、勤める家・勤めない家等の区別など、別の約束ごとがあったようにも思われて仕方ありません。

記録の中に、下八木村某氏は蓮華会家筋だから、四月祭の頭役は勤めないと言って、「頭役を勤めなかった」とあります。

蓮華会とは、浅井郡（東浅井郡・西浅井町）の裕福な家が勤める「先頭・後頭」のことで、「頭がさす」などと言われる、蓮華会頭役のことを指しています。

冨田村にも蓮華会家筋のような別の区別があったのかもしれません。

《参考》
竹生嶋文書（マイクロフィルム版）
（びわ町図書館）
川崎文書（滋賀大学史料館）

注1
「年中行事口授指南集」という文書の中に、

《竹生島文書 21-0185》

（前略）
（一月）
一六日執當番ニ於テ蓮華會ノ牛玉、先頭後頭へ二幅宛畳之上包モ同キ紙ニテ致、表書
　竹生島蓮華會頭役事
　　　浅井郡何村
　先頭　　何某尉
　年号干支正月八日
如此相認、箱ノ上ニモ此通リニ書也
後頭へハ
　竹生嶋蓮華會頭役事
　　　浅井郡何村
　後頭　　誰尉
　年號干支正月十日
如此相認、箱ノ上ニモ此通リニ書也
四月祭ノ牛王ハ一枚ツヽ畳上包致書付者
　竹生島頭役之事
　　　冨田村
　四月祭　　誰尉
　年号干支正月吉日
如此相認、箱ノ上ニモ此通ニ書、但四月祭冨田村ヘハ毎歳、下八木村ヘハ隔年也、ヱノ年ハ冨田村計トノ載ハ下八木村ト両村ト可ク知
右之通相調ニ筥ヘ入封ヲ附置也
　但箱ノ寸法ハ長七寸巾（ハヽ）五寸七分深サ一寸也
（中略）
（四月）
一朔日四月祭榊、早朝御殿并両明神鳥居共ニ本ツヽ都合八本承事立之右榊入ノ舟早崎ヨリ参着執當番ノ役也、御正體榊二本冨田村分、早崎一二ノ華表へ榊二本ツヽ、五所ノ宮二本
右之通御乗船執當番供奉ス、下八木村ヘモ冨田村ノ如是ハ隔年也
（中略）
時寶暦七丁丑正月十一日書写之畢
　　　　金剛佛子
　　　　　文定（印）
（※宝暦七年（一七五七））
（※華表・・・鳥居のこと）

とあり、少なくとも宝暦七年には四月祭が定例化していることが判明します。

この「年中行事口授指南集」を文定が書き写したのが、宝暦七年であることは、原本は宝暦七年以前に成立していることになり、四月祭の成立は更に遡る可能性があることになります。

四月祭の成立を知る史料として、管見の及ぶ所は、現段階では、安永五年の「四月祭頭役記録」、宝暦七年の「年中行事口授指南集」しかありません。

また、村内においてもそれ以前の「頭箱」の伝来を見聞きすることはありません。

従って、四月祭の成立時期やその由緒（四月祭のいわれ）について、それ以上の追求は困難なように思われます。

結論的には、一八世紀初頭には四月祭が存在したこと。戦前までは、冨田村は毎年、下八木村が隔年実施であったこと。蓮華會に準じた祭典であったこと等しか確認出来ません。

何故冨田村が・・・、そのいわれは・・・は、不明としか言えません。

竹生嶋蓮華會について

第１４７号
1999.12.24

前回、竹生嶋四月祭（嶋の祭）頭役について書きました。

いわれや起源についてははっきりしませんが、少なくとも安永五年（一七七六）までは遡れることを確認しました。

現在、竹生嶋四月祭(嶋の祭)頭役は八月十五日、弁財天を奉じて参嶋します。

この時、蓮華會の「先頭」「後頭」と四月祭の頭役（冨田・下八木・早崎の三人）が同席して参拝します。

今回は、この蓮華會について見たいと思います。

「竹生嶋誌」によれば、

『八月十五日の盂蘭盆の日がこの島の祭礼である。毎年浅井郡一円の篤信富豪の旧家から抽籤でもって先頭一名、後頭一名の二名を選んで弁才天尊像一躯ずつ奉納し法会を行う儀式である。由来としては貞元二年（九七七）天下は大旱ばつで、時の円融天皇は深く心を悩まされ、天台座主良源大僧正に勅令され雨を祈らしめられたところ、僧正の祈念に霊夢のお告を受け、竹生島において舞楽を奏し法華の妙典を講ぜられると大雨が降り上下みな歓喜したという。この日は先に聖武天皇が竹生島御開創に際し、親しく行幸されて豊饒会を行なわれた日と同じであったので、弁才天の御祭日とされたのである。ちょうど盛夏蓮花咲き、併せて法華経を講ぜられたのでこの法会を蓮華会とよび今日にいたっている。』

と説明されています。

また、平成四年長浜城歴史博物館特別展「竹生島宝厳寺」の資料には

『…蓮華会という名称の由来は、もともと妙法蓮華経を講讃し、神仏に供花として蓮華を献じたことから名付けられたとされる。竹生島の蓮華会は、法華経の読誦や船渡御の際の散華など、その「花の祭礼」としての性格を維持していたことは確かだが、歴史的には現代に至るまで頭人二人が島から迎えた神霊を、もう一度島へ還御するという行事を中心に展開する。

その初見は、源仲により撰述された「慈恵大師僧正拾遺伝」の貞元二年（九七七）の記事であるといわれる。…

竹生島に残る古文書上で、蓮華会が初めて登場するのは、正安元年（一二九九）三月五日付の「山門衆会事書案」である。……

…その莫大な費用が問題の原因となっていたと思われる。それ故、現代に至るまでも蓮華会の頭役は、浅井郡内の富貴の者から選ばれる。そして、郡内の人々にとって、竹生島の「頭がさす」（頭役に選ばれる）ことは最高の名誉と言われるのである。…

…このように、蓮華会の頭役は、中世から近世にかけて、浅井郡ゆかりの領主と村落上層によって担われてきた。…

中世の蓮華会の具体的な内容を記した資料は残っていないが、近世の場合は、享保十八年（一七三三）三月にまとめられた「竹生嶋祭礼記録」があり、ある程度追うことができる。…

頭役が用意するものは多い。新造した弁才天像・神輿、はりこの金翅鳥（仏教の想像上の鳥）、それに弁才天像を安置する仮屋一軒と、御正体（鏡）を入れると推定される勧請所も一軒建てねばならない。六月一日に、榊と御正体が頭役の家に迎え入れられ、これから十五日まで頭人夫婦は精進し、仮屋へ供物をささげる。

六月上旬に、宿坊で管弦師への振舞があり、十四日神前で舞楽がなされ、十五日の船渡御をむかえる。当日、まず竹生島大工阿部権守、小工西嶋但馬が頭人の所へ行き、道中から着島までの作法を教える。巳の刻までには行列を整え、早崎の一の鳥居まで至る。頭人は束帯にて騎馬、夫人はさげ髪・うちかけにて輿に乗る。榊・御正体などを持ち、幣竿を立て、清道（前駆）、駕輿丁（輿かき）三十人余りが従う。

管弦師は、島から金翅鳥を乗せ、早崎まで出迎えに来る。いよいよ渡海。金翅鳥船を先頭に神輿船、その左右に警固船、最後に台所船が続く。いわば、蓮華会のミニチュア版とも頭人が乗る神輿船は、榊・御正体・神輿を乗せた二艘一組の組船で、屋形を構え幕を懸け、幣竿をかかげる。

着島は、鳥居の下の宮崎へ。金翅鳥・榊・御正体・神輿を拝殿に上げ頭役も続く。先頭は東へ、後頭が西に着座し、管弦が鳴り法会が始まる。この席で、両頭が奉納する弁才天の開眼がなされる。当日、風雨にて渡海しがたき時は、開眼が翌日となるが、法会のみは十五日に行われる。はりこの金翅鳥は、十五日の亥の刻に壊され、宮崎より湖中へ投下された。

こういった一連の行事は、規模の大小こそあれ、また簡略化の傾向こそあれ、明治に至るまで守られていた。明治二十八年（一八九五）の「内務省訓令ニ付調」では、「当寺蓮華会ハ、毎年六月十五日、太陽暦御発行後ハ八月十五日トス。…』

と説明されています。

引用が長くなり、また割愛した部分もありますが、蓮華会の内容をなんとか分かってもらえたと思います。

現在は簡略化されていると思いますが、本質的には弁才天を奉じること一点に集約できるのではないのでしょうか。

このように見てくると、四月祭（島の祭）も同じ系譜として考えられるのではないでしょうか。

冨田村の四月祭（島の祭）は、自宅に「弁才天」をお迎えし、供物を捧げて法会を行い、一定の期間お守り答拝（たっぱい）し、その「弁才天」を竹生島宝厳寺にお返しに行く、というのが流れです。

いわば、蓮華会のミニチュア版とも考えられます。

四月祭は蓮華会のような派手さはありませんが、蓮華会の本質的な部分のみを模して行われているように思われてなりません。

全くの私見ですが、四月祭は、水の神の信仰の延長上にあるのではないかと思われます。

正月、水の神をお迎えし、農耕や植え付けを終え、実りの時期を迎える頃まで答拝（たっぱい）し、無事なる収穫を感謝して、神様ををお送りするような信仰があったのではないかと思えるのです。

その信仰が、蓮華会と結び付き、水の神を弁才天に置き換えることによって形となったのが四月祭ではなかったかとも思われます。

これは、あくまで私見であり、確証もないことを断って置きます。

「冨田今昔物語」第一一九号（平成十年十月二四日付）では、

『・・・「島の祭（頭受け）」の祭事が、古老の言う「竹生嶋の世話をしているから、その御礼として、冨田村下八木村には『頭が差す』んだ」と言う言葉の意味が分かって来るのではないでしょうか。』

と書き、別な見方があることも紹介しておきました。

今となっては、祭事や神事に理由付けをしようとすること自体が問題なのかもしれません。

昔から伝わる祭事や神事を、あるがままに受け入れることが大切なのかもしれません。

あるがままに受け入れることが祖先の意志や信仰を伝える事になるのだとも思います。

《参考》
「竹生嶋誌」（宝厳寺寺務所刊）
特別展「竹生島宝厳寺」（長浜城歴史博物館）
「冨田今昔物語」第一一九号

※1 冨田村は四月祭の村ですので、蓮華會の先頭・後頭を勤めたことはありません。
蓮華會の先頭・後頭の様子は詳しくは知りませんので、冨田村で現在も行われている四月祭について、その祭典のあらましを、順を追って記して置きたいと思います。

①前年十二月、頭役と早崎村神役と頭受の日程を決定する。

四月祭床間祭壇飾り（四月祭マニュアルより）

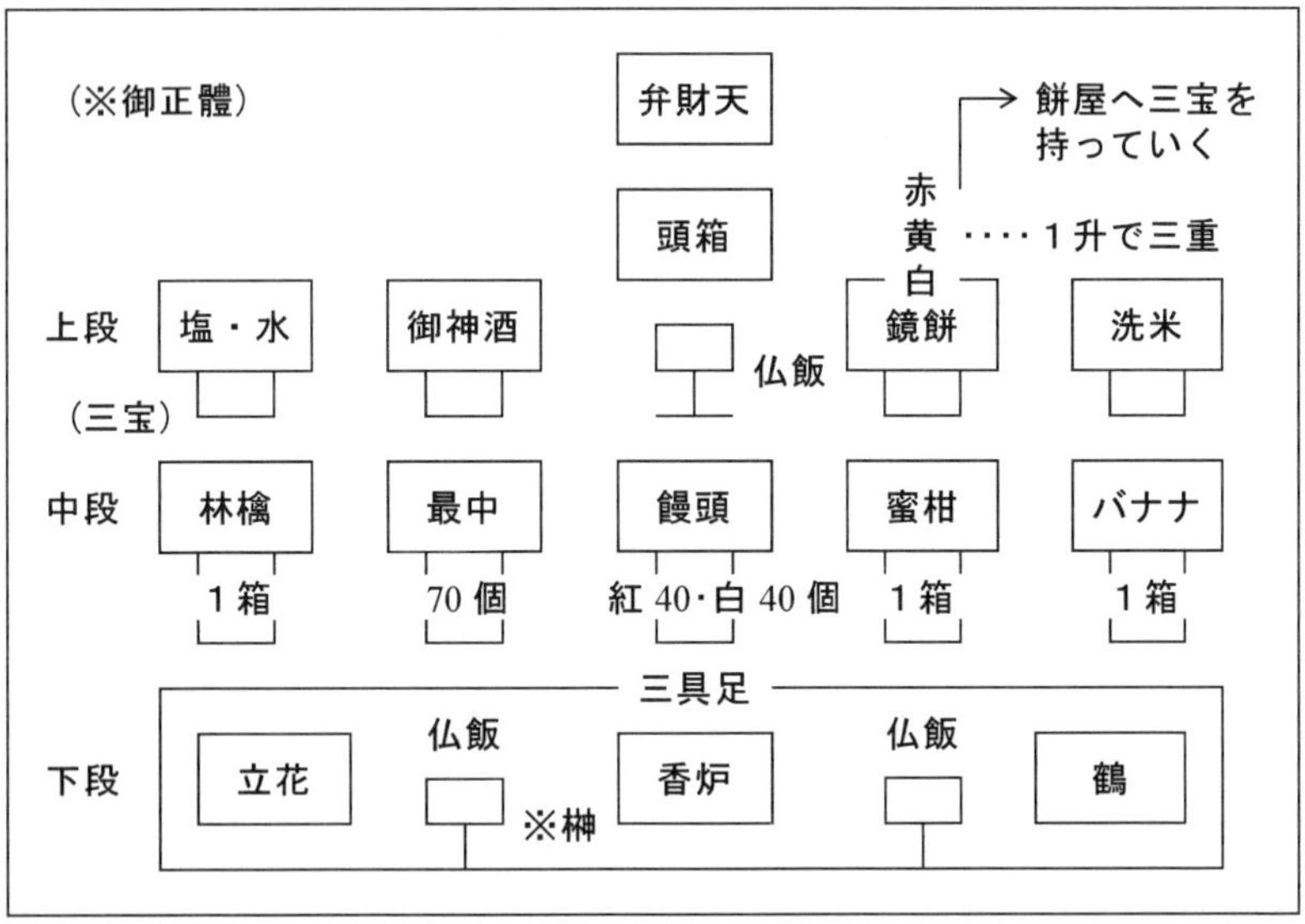

②頭受の前日までに、早崎村神役方より弁才天（厨子）を借り安置、塩・水・洗米を供え、頭受の準備をする。

③頭受当日（一般に一月一〇日前後）神役が到着し、頭箱を受領する。祝宴（最近は近親のみが多い）

④四月祭当日迄は毎日水を取替、答拝する。

⑤四月祭当日
最近は三月二〇日前後に実施するが古くは四月一日と聞いています。
神役が到着し、上図※印の場所に御正體・榊を置き、三具足前に仏具を準備する。
竹生島宝厳寺住職峯氏が到着し、読経が始まる。
頭役夫婦を始め、親戚一同参拝。
読経が終われば祝宴（近年、別席を設ける場合が多くなった）。

⑥翌日、弁才天を早崎村神役へ返納。
又は、八月迄自宅にて答拝する。この場合、八月一五日、竹生島宝厳寺へ返納する。

⑦八月一五日
蓮華會・四月祭・早崎村寅祭の合同祭典が行われる。
頭役夫婦・家族などが参拝し、祭典後祝宴。

⑧次年度頭役に引き継ぎ、頭役は完了する。

大まかな流れを紹介しました。

寛文十二年助継又の水論

第１４８号
2000.01.10

冨田村の水利に関わる文書は数多く残されています。

大別すると次のような件に分類できると思います。

①御料所井（伏樋・埋樋）の件
②分木に関わる件
③北中之町井・上佃井の件
④助継又に関わる件
⑤井川浚え等の件
⑥新川普請・覚伏替の件
⑦その他旱魃時の用水確保の件

今回は、④助継又に関わる話題を拾ってみたいと思います

もう御存知のように、冨田村の用水の主幹は現在の賀村橋直下に埋められた伏樋（埋樋）「御料所井」に頼っていました。

そして、馬渡村郷にある「分木」によって冨田村と弓削村・稲葉村・香花寺村とに用水を半分づつに折半していました。

今回の「助継又《すけつぐまた》（助次又・介次亦）」とは、「分木」によって折半された冨田村への用水が流れる井川にあった地名（または施設名）であったようです。

位置的には、馬渡村郷内の「分木」の下一町（約一〇〇ｍ）にあったようで、馬渡村郷内にあったと言います。

《御料所井の流れ》

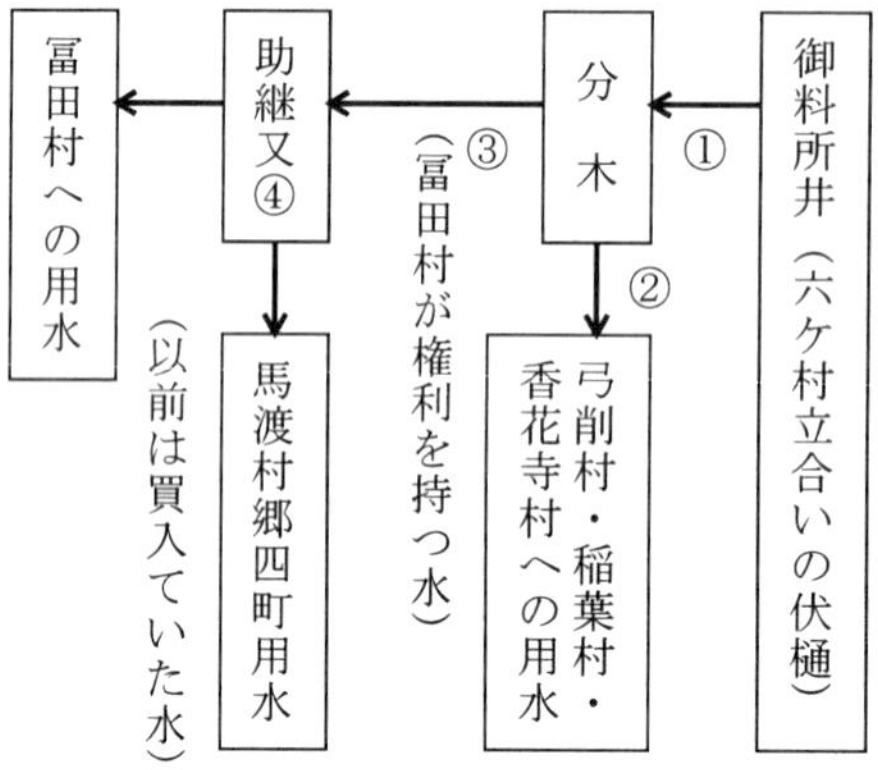

右図で概略を説明すると、「御料所井」から取り出された用水は、馬渡郷を流れて（①この段階では六ケ村共有の水です）、馬渡郷内の「分木」に至ります。

「分木」で折半された用水は三ケ村（②弓削・稲葉・香花寺の水）と冨田村（③冨田村が権利を持つ水）へと分けられます。

ところが、この「分木」以降の水は冨田村が権利を持つことになる筈なのですが、「分木」が馬渡郷内にあったため、「分木」の下にある馬渡村の田圃四町歩の用水について問題が生じることになったのです。

詳しくは分かりませんが、この馬渡郷の四町歩の用水については、慣例的に冨田村用水③を馬渡村が買い入れていたようです。

その取水口が「助継又④」であったと考えられます。

「御料所井」の存在は江戸時代以前から確認できますので、この「分木」や「助継又」も古い時代まで遡れるのかもしれません。

従って、馬渡村の冨田村からの用水の買い入れも古い時代からの慣例であったのかもしれません。ただ、詳しい事は全く分かっていません。

ところが、寛文十二年（一六七二）に馬渡村より「助継又」に丸太三本を入れ、水を止めてしまい、出入になります。文書では、

《水利一三二》抜粋

・・・（前略）・・・
寛文十二年子五月、新法ニいかり木三本入、我儘ニ買留申候ニ付、冨田村よりはねおこし申候ニ付、出入ニ罷成候處、近在より取曖罷成、中ノ村伊左衛門・新井村半右衛門・落合村庄兵衛・十ツ九村四方助・香花寺村傳内・稲葉村長兵衛・弓削村太郎右衛門取曖ニ而いかり木弐本入、右いかり木入候而茂上下取拂、木の間ともにほりさらへ、水自由ニ引取申筈ニ仕、たてあけの場所と相極申候而、冨田村・馬渡村より立會不申、右曖村之内稲葉村・弓削村より人足出シ右曖村庄屋中立會伏被申候。尤、其節之曖證文ハ無御座候得共、右之趣、村方留帳ニ付御座候。
・・・（後略）・・・

※「曖」は「あつかい」と読む。

この時の約束事として、

(a)たてあけの場所と相極申候
　冨田村が自由に水を取れる場所であるという保証の確認
(b)冨田村・馬渡村より立會不申
　当事者は立ち合わない確認
(c)稲葉村・弓削村より人足出シ
　普請人足は稲葉村・弓削村
(d)右曖村庄屋中立會伏被申候
　七ケ村の庄屋衆が普請に立合って伏替える

を取り決めたようです。

この取り決めは、その後の動きに大きな影響を及ぼす事になるのですが、それを述べる前に、寛文十二年以前の」状態がどうであったのかを見てみたいと思います。

《水利一三二》抜粋

……（前略）……

古来ハ杭・むしろ・俵を以、冨田村用水之内買入養被申候。尤、冨田村用水入用之節、何時ニても勝手次第引明ケ、水取来り申候。

……（後略）……

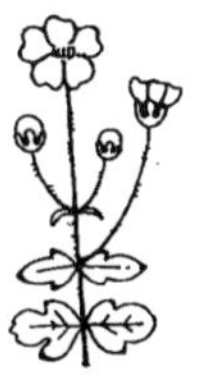

寛文十二年以前は、杭を打ち、莚や俵表で止めをしていたようで、恒常的な施設ではなく、水を買い入れる時のみ、莚や俵表で堰を作っていたようです。

この際も、冨田村に用水が必要なときは「勝手次第」に水を取り込むことができたようです。

従って、この頃までは「分木」以降の用水は冨田村に権利がある事が、お互いに確認されていたように思われます。

馬渡村が必要な折には、冨田村が入用でないときに限り、買い入れという形で使用することが認められていたに過ぎないと思われます。

ところが、この寛文十二年五月、馬渡村は新たな企みとして、「いかり木」を設置することで、恒常的に用水の使用を図ります。

近在の七ケ村の庄屋の仲介で、一応の決着を見ますが、上の約束事も確認されますが、右の「(a)冨田村が自由に出来る水」と言う点では、一歩も二歩も後退した形になってしまったように思われます。

それは、馬渡村の既得権として「いかり木」という常設の施設が出来てしまったことにあります。

既得権を確保すれば、次は、それを自由にさせない運動が起こってくるのは当然の成り行きです。

案の上、宝永五年(一七〇八)、享保十七年(一七三二)…と次々に「助継又」に関わる出入が勃発することになります。

《参考》

川崎文書（滋賀大学史料館）

※1

次に紹介する文書は訴状類の下書きと思われ、抹消や加筆が多々あるばかりか、後半部分が損失していますが、ある意味では貴重な資料ですので、私なりに整理してみました。

《水利一六三》

乍恐書付を以申上候

一此度冨田村用水之内ニ馬渡村いかり木臥替之儀ニ付、右いかり木、古来發り(はじまり)之訳(わけ)御尋被遊候。私共承傳候趣は、當村井川分木ょり壱町下ニ字介継又と申、馬渡村田方四町歩御座候處、古来ハ杭・むしろ・俵を以、冨田村用水之内、買上入養ひ被申候。尤、冨田村用水入用之節、何時ニても勝手次第引明ケ水取来申候処、冨田村百性之内出入御座候ニ付（※村内のトラブル）、江戸江罷下り、御地頭堀市正様江御願申上罷有候内、寛文拾弐年子五月、新法ニいかり木三本入、我侭ニ水関留申候ニ付、冨田村ょりはねおこし申候ニ付、出入ニ罷成候處（※馬渡村とのトラブル）、近村ょり取嗳ニ而いかり木（後欠）

(同文書付帯文書)

冨田村之内ニ、寛文十弐年子春、井水御證文ニ付、出入御座候て、庄屋年寄は勿論、頭立候百姓とも、御地頭堀市正様江戸屋敷へ罷越、相詰居申候内、馬渡村ょり新法ニいかり木三本入、我侭ニ水関留申候間、右出入相済、江戸ょり罷帰り、右いかり木おこし申候ニ付、出入ニ罷成候所ニ、近村（後欠）

本文で紹介したように、寛文一二年迄は、介継又は杭・莚・俵等々で堰を作った臨時的な施設であったことが確認できます。

しかし、両文書が示すように、その頃、冨田村内部では浅井様折紙の所有(保管)を巡ってのトラブルが起きていたようです。

この村落内のトラブルは、他の文書等々から、延宝二年(一六七四)の事件だと考えていましたが、既にこの頃にはトラブルが表面化していたのだと思われます。

詳しくは、一号、六二・六三号、一二八・一二九号を参照して下さい。

「付帯文書」によれば、寛文一二年の春、村落内のトラブル、（井水證文ニ付）某氏の横暴を訴えるため、領主である堀市正の江戸屋敷へ、庄屋や年寄は勿論、「頭立候百姓」（有力百姓）まで直訴に赴いていたとあります。

いわば、村落内の有力者の大勢が江戸に詰めていたということになり、村落内は手薄になっていたと考えられます。（庄屋・年寄のすべてが下向したとは思われませんが）

冨田村にとっては村役人の不在という最悪の時期に、馬渡村にとってはこれ幸いに「鬼の居ぬ間の洗濯…」と考えて、介継又に私的な井堰（丸太三本のいかり木）を作ってしまったのではないかと考えられます。

慌てて江戸より帰った冨田村の役人達はいかり木を撤去するのですが、今度は馬渡村との出入となり、結果的には介継又が公共性を帯びた半公的な井堰として歩み始めることになります。

自分の村の用水に、丸太を三本も入れられ、用水を横取りされるとことは、冨田村にとっては最大の屈辱と感じられたことだと思います。

この寛文一二年は、村の内外に問題が発生するという最悪の年となってしまったようです。

しかも、この問題は村落内については延宝九年(一六八一)頃まで、介継又の問題は江戸期を通じて続くことになるのです。

助継又の水論（その弐）

第１４９号
2000.01.24

前回は寛文十二年（一六七二）の「助継又」の水論について書きました。

「分木」以降の冨田村用水井川の途中の「助継又（すけつぐまた）」において、馬渡村が新たに「いかり木」を設置してしまったと言う内容でした。

近在の七ケ村の庄屋の仲介で、一応の決着を見、「冨田村が自由に出来る水」と言う約束事も確認されますが、馬渡村の既得権として「いかり木」という常設の施設が出来てしまったことも事実として残りました。

今回は「助継又」のその後を見たいと思います。

《水利一三二》抜粋

…（前略）…

宝永五子三月、右介継又いかり木朽損シ候ニ付臥替申候間、冨田村江立會申候様ニ馬渡村より申越候得共、以前より立會不申場所在之候間、立會申間鋪と申越候得ば、馬渡臥替相止、物工ミ御座候哉、馬渡村より右之場所江大数を釣番を付水一滴茂遣シ不申候間、當村より同五月百性弐三人水引ニ遣シ申候所、馬渡村より大勢罷出、當村之小百性Ｉ兵衛と申者とらへ、右いかり木を打かき候と申、馬渡村江つれ行、郷蔵へ押込置申候。依之出入ニおよび可申所、近在より取嗳被申、右いかり木用水之節、前々之通上下取拂、弐本之間ともに堀さらへ、自由ニ水引取申筈ニ仕立明の場所と取嗳被申候ニ付、得心仕候。則、嗳人稲葉村傳之丞・弓削村治太夫・香花寺村傳太夫・上八木村平内・下八木村新左衛門・難波村林介・大安寺村小左衛門・延勝寺村四郎太夫、右之衆中ニ而御座候。尤、いかり木臥替候節ハ馬渡村冨田村よりハ立會不申、人足茂出シ不申、嗳村之内弓削村稲葉村より人足を出し、右嗳之衆中茂立會伏被申候。尤、嗳證文ハ無御座候。

…（後略）…

※「嗳」は「あつかい・扱い」の意

宝永五（一七〇八）年五月、「いかり木」が朽損したので、伏替たいと言う希望が馬渡村より出ます。

ついては、冨田村に立ち合ってほしいとの申し出がありますが、冨田村は寛文十二年（一六七二）の約束事により立ち合いを拒否します。

結果的には、近隣の庄屋八人（稲葉村・弓削村・香花寺村・上八木村・下八木村・難波村・大安寺村・延勝寺村の八ケ村）の仲介があり、寛文十二年の約束事に従って伏替られます。

この時点では、寛文十二年の約束事が生かされ、その約束通りに事が行われています。

ただし、仲介の庄屋衆のメンバーはかなり変化しています。

従って、この宝永五年の時点では、「助継又」の施設は冨田村の勝手次第と言う、水が自由に出来る権利が保たれていると言えます。

前回は触れませんでしたが、今回も「…嗳證文ハ無御座候。」とあります。そのことについて考察しておきたいと思います。

本来ならば、水利に関する普請等では証拠となる文書が重要になものとして残されます。何故なら、何時の日かトラブルが発生したときには、証拠として提出できます。

ところが、前回も今回も証文は作られていません。

この事について、残されている多くの文書がはっきりとは書かれていませんが、次の文書等の言葉から類推したいと思います。

《水利一三三》抜粋

…（前略）…

馬渡村より水買上ケ置候而茂、冨田村用水障（滞）茂成候得ば、明ケ引冨田村勝手次第ニ仕候場所ニ御座候ニ付、前々より立會不申候。此度茂右之趣ニ御座候間、前々之通立會申間鋪候間、勝手次第ニ被致候様ニと申置候。

…（後略）…

つまり、冨田村の考え方は、

「助継又」については、本来は冨田村が勝手次第、自由になる所であり、馬渡村が水を買い入れるための単なる取水口であり、公的な施設ではないから、必要ならば普請をしてくれてもいいが、私的なものであるので、どうぞ御勝手に…と言う認識であり、そうであるから、立ち合いもしないし、証文も必要でない。

冨田村が用水が必要なときは、勝手に引明けにいくまでだ。

と考えているように思われます。

「御料所井」や「分木」が数ケ村の公的施設であるのに対して、「助継又」は冨田村の（馬渡村に便宜を図る）私的な施設と考えているように思われます。

ただし、完全な私的施設ではないので、近在の庄屋衆の立ち合いを必要としているのだと思われます。

《水利一三三》抜粋

……（前略）……

其上、従御公儀被仰出候茂、用水井道井関普請等之節双方立會、以後争論無之様可致旨御觸有之候。旁以立合候而可然旨被仰、右之趣奉承知候。併此度立會候へ而ハ冨田村用水之方、立會之場所と罷成□□と只今之通……

……（後略）……

この文書は、享保十七年（一七三二）の「助継又」水論のとき、代官宛の文書の一部分です。

享保十七年（一七三二）の「助継又」の水論については次回にまわしたいと思いますが、この時も冨田村は立ち合いをしていません。

公儀（江戸幕府）からの御触書にも用水井等の普請の際は、双方が立ち合って、以後争論の起きないようにとあるようです。

しかし、冨田村はその御触書を承知し、もっともな事だと認識していながらも立ち合いませんでした。

それは、もし立ち合ったならば、この場所（「助継又」）が立會の場所（公的な場所・施設）になってしまう。

だから立ち会えないのであると言っているのです。

これを見れば一目瞭然ではないでしょうか。

証文がないのも、普請に立ち合わないのも、上で推測したように、冨田村は「助継又」の「いかり木」を私的なものと考えていたのです。

馬渡村は既得権として「いかり木」を設置してしまっています。

もし仮に、この「助継又」の伏替に冨田村が立ち合ってしまったら、最初は私的なものであっても、それ以後は立會の場所（公的な場所）となってしまう、それを恐れているのです。

従って、冨田村としてはどうしても「助継又」の伏替には立ち会えなかったのです。

逆に、馬渡村は立ち合うように再三再四催促します。

次回は享保十七年の「助継又」水論を考えます。

《参考》　川崎文書（滋賀大学史料館）

※1

宝永五年の介継又伏替には、嗳證文を作らず、とあったと紹介しましたが、記年はありませんが、宝永五年と思われる文書があります。

《未整理三六九》

済状之事

一冨田村井川筋、馬渡村郷之内字名介継又、水引井関朽損し候ニ付、馬渡村より被伏替度之旨、對談ニ付、出入ニ罷成候所、各御出被成、弐拾五年以前取嗳ニ而伏替之通、又々御取嗳ニ而有来（ありきたり）通、松丸木弐本重之伏替相済、立會見届候所相違無御座候ニ付、此上申分無御座候。為後日、仍而如件。

年号月日　　　（※宝永五年？）

宛名も差出人もありませんが、冨田村から嗳衆に対して出した文書の案文だと思われます。

これによれば、少なくとも伏替の事後には立ち合い、見届け、従来通りで、申し分はないと言っており、嗳衆に対しては、丁寧な対応をしていると思います。

済状はあっても、嗳證文はないということかもしれませんが、形はどうであれ、證文を作っていたことになりそうです。

※2

水は百姓の命とでも言える重要なものでしたから、水利に関する文書も多数残されています。

あまり紹介する機会がなかった文書を一点紹介しておきます。

記年はなく、年代不明ですが、少なくとも享保一一年（一七二六）の新川造成以降のものだと分かります。

《未整理三七二》

乍恐書付を以申上候

一新川筋筧樋朽損シ御座候。此義は辻甚太郎様御目論被成下候。則、當殿様江相渡候節、指出シ書面ニも越置候絵分ト、御座可有奉存候。然共、筧樋朽損シ、跡無御座候間、御窺奉申上候御事。

一十七川筋字名十八橋下を立切、水関上ケ候而、御田地五六町養申候。此義何卒門樋ニ仕度存、奉窺候事。

一高月川筋、小倉村郷字御料所井、六ケ村立會樋、裏土砂大分吹出シ、年々五月節以前より六ケ村立會、度々、土砂川原へ持返シ申候。依之、水替樋籠・そうけ代銀、人足飯代、組合不残御地頭様より被下候。乍少々、百姓永々之義ニ御座候得ば、被下置候様ニ奉窺候。以上

新川普請直後に、天領、浜松藩と立て続けに支配が替わります。

恐らく、新しい支配者、浜松藩へ宛てた文書の下書きと考えられます。

この中で、御料所井など公認の水利設備の普請費用は、他の村々もそうしているように、藩の負担だと念を押しています。

そして、十七川に門樋に作り替えたい、新川の筧を修理したいと訴えています。

十七川に門樋とは、圃場整備前まであった益田井(ますだゆ)のことではないかと思われます。

右の文書に記年のないのが残念ですが、そうだとすれば、一八世紀前半頃に益田井が作られた考える証拠の文書になるのかもしれません。

助継又の水論（その三）

第１５０号
2000.02.10

前々回は寛文十二年（一六七二）の、前回は宝永五年（一七〇八）の「助継又（すけつぐまた）」の水論について報告しました。

今回は享保十七年（一七三二）の「助継又」朽損伏替について特集します。

《水利一二五》抜粋

…（前略）…

…馬渡村之内字介継又と申所ニ田方四町、引續香花寺村田方弐町〆六町之田方江、冨田村井川之内江いか里木を入、水買上ケ、右御田地養ひ被申候処、右いか里木朽損シ候由ニ而、此度入替申度由ニ付、私共立會之様と此間被申越候得共、右いか里木之場所は馬渡村より水買上ケ置候而茂、冨田村用水之障ニ成候得ば明ケ引冨田村より勝手次第ニ仕候場所ニ御座候ニ付、前々より立會不申候。此度茂右之趣ニ御座間、前々之通立會申間鋪候、勝手次第ニ被致候様ニと申遣候。井組四ケ村を双方より相頼、前方いかり木臥替候与馬渡村より被申上候得共、私共用水之妨ニ罷成候儀を頼可申様無御座候。依之右四ケ村之庄屋共相談ニ被参候得共、馬渡村江申遣候挨拶之通仕候。

…（中略）…


…併此度立合候得而ハ冨田村用水之内立會之場所と罷成、末々ニ至、只今迄之通り自由不相成様可罷成哉と奉存候。殊ニ右いか里木を馬渡村より分木と被申立候。分木と申候は右場所より壱町水上ニ而、稲葉村・弓削村・香花寺村三ケ村五分、冨田村江五分水引分ケ候所、右四ケ村御地頭様より御入用被下居置申候。此外分木と申者無御座候処、右いか里木を分木と被申上候儀、難心得奉存候ニ付、先達而も立會申間敷旨馬渡村へ返事仕候。併立會候而宜被思召候ハヽ、いか様共御下知次第可仕候。唯今迄之通ニさへ伏替候得ば何之申分も無御座候。…

…（後略）…

※享保十七年（一七三二）子五月付文書
※宛名は浜松藩代官衆
波多野惣七・堀口治太夫・金子武八宛

前回の宝永五年（一七〇八）から二十四年後の享保十七年（一七三二）、又しても「助継又」が朽損し、伏替が実行されようとしています。

今回も冨田村は六十年前・二十四年前の趣旨（約束）を通して立ち合いを拒否しています。
前回でも見ましたように、今立ち合ってしまえば、「助継又」は立會の場所（公的な場所）となることを最も心配しているのです。
そうなれば、冨田村に用水が必要な時、勝手次第に引き明け、水を自由にすることが出来なくなります。

> 此度立合候得而ハ冨田村用水之内立會之場所と罷成、末々ニ至、只今迄之通り自由不相成様可罷成哉と奉存候。

右の抜き出し部分に、そのことが端的に表されています。

そのためには、伏替普請に冨田村が絶対立ち合ってはならなかったのだと思われます。

そのために、冨田村は浜松藩役人へ立ち合いの可否の伺いを立て、

> 併、立會候而宜被思召候ハヽ、いか様共御下知次第可仕候。

と、役人の指示次第であると言っています。

しかし、冨田村の本心は、

> 唯今迄之通ニさへ伏替候得ば何之申分も無御座候。

とあるように、今迄通りさえなったら（冨田村が必要なときは勝手自由にすることが出来る）いいのだと言っています。

しかし、今回は前回のようには簡単にはいきません。

別の問題が生じてきています。それは、

> 殊ニ右いか里木を馬渡村より分木と被申立候。

とあるように、馬渡村は「助継又」を「分木」であると言い始めます。

また、彦根藩へもそのような虚偽の報告をしていたようです。

そのため、「助継又」をめぐる問題は大きな事件となったようで、沢山の文書が残されています。
下八木村庄屋年寄から浜松藩役人への返答書の写し、曖衆九ケ村庄屋から冨田村庄屋年寄中宛の覚書、冨田村から浜松藩役人への報告書下書き…等々が残されています。
しかし、何れの文書にも「助継又」を「分木」と申し立てた事に関する件の出入内容や後日談等々については全く書かれていませんが、次の案文によれば、

《水利一二九》

覚
一冨田村井川筋馬渡村郷之内字助継又いせぎ朽損シ候ニ付、被伏

替度之旨、馬渡村と対談ニ付、出入可罷成候處、廿五年以前子年伏替之節取曖ニ而被伏替候格を以、此度も又々取曖ニ而双方得心之上、廿五年己前伏替之通いせき吟味仕、古来之通、双方御同領方庄屋中立會、相違無御座候。為後日仍而如件

九ケ村
庄屋印

享保十七年壬子閏五月

冨田村
庄屋年寄中

とあります。

おそらく、二十五年前の宝永五年の出入のときと同じように、近在の庄屋中の仲介で、同じ様な内容で決着したものと思われます。

その間、冨田村の役人は浜松藩役人（波多野惣七宛）へ訴え状や口上書、注進状、御尋ね返答書等々を提出し、また、彦根藩役所へは願い書を提出するなど、かなりの動きや掛け引きがあったようです。

その甲斐があってか、上のような決着を見たのだと思われます。

但し、「助継又」を「分木」と申し立てたことに対しての解決案がどの様なものであったかは分かりません。

裁ち切れになったものか、役所よりの判断が下されたものかは詳しくは分からないままです。

この享保十七年のときも、あくまで證文については拒否しているようで、四ケ村庄屋衆が両村から伏替普請前の「任せ證文」を取ろうとしますが、

《水利一二七》抜粋

…先達而まかセ證文成申間敷候と曖衆へ申上候…

とあるように、断固拒否しています。あくまでも寛文十二年（六十年前）の約束事の趣旨を貫く姿勢を保持し続けています。

《参考》

川崎文書（滋賀大学史料館）

※1

助継又に関して、記年はありませんが、享保一七年ではないかと思われる次のような文書があります。

《水利一七五》

たいけつ之覚

馬渡村寄新規仕、冨田村への井川立切、水少も下け不申候。先年之通被仰付可被下候。其時馬渡村寄ハ先年よりとい木をふセ…（中略）

あの三町余へハ馬渡村ニ水御座候。一日一夜ハ馬渡村小観音寺村両村取被申候。次一日一夜を三ケ村と冨田村ニツニわり取申候。其時一水彼所へ引不申候と申上候。其時いつ番水ニ仕事無御座候、と馬渡村より相尋時、樋の入用普請役ハ水之割符寄へ出不申候て、いずくから出申候と、ひらき候。

（※　棒線は筆者による）

途中を略しましたが、冨田村と馬渡村の応酬内容がある程度は分かります。特に私が注目したいのは棒線部分です。

馬渡村郷の三町（四町）へは馬渡村の水を引くべきであると主張します。そもそも、御料所井用水は、馬渡村と下四ケ村が半分宛の折半の筈であるから、その折半を一昼夜宛隔日送水しようというのです。そうすれば確実に折半となります。そして、四ケ村使用の日には、助継又から（馬渡村へ）水を引くことを認めないというのです。これは暗に、助継又から取水したければ馬渡村使用の日に引けばいいと言っているのです。

御料所井普請の費用は、取水の水割量（冨田村は四分一）に応じて支払うのだから当然だというのです。

冨田村としては、御料所井からの用水の四分一は飽くまで冨田村のものであり、助継又からの盗用は許さないという主張であったようです。当然といえば当然な主張です。

水が欲しかったら、自分が権利のある日に引水したらいいじゃないか、冨田村の水を盗む必要がないではないかという突き放したような態度ですが、理に叶っていますので、馬渡村としてはなんとも反論できなかったのではないかと思います。

実際には、一昼夜づつの隔日送水となったのかどうか、結論は分かりませんが、冨田村としては強硬な態度に出ています。しかし、助継又の件は以降も問題を残すことになっていくのです。

※2

この享保一七年の介継又伏替については、冨田村代官神山権兵衛と彦根藩北筋奉行と思われる勝野五太夫との往復書簡が残されています。

冨田村は浜松藩松平伊豆守領、馬渡村は彦根藩井伊掃部頭領であり、支配が異なっています。

このような時は、関係する村々の代官が相互に連絡を取り合っていたらしいことが分かります。

お互いの村々の証言も異なり、二十数年も前の伏替時の記録とてなく、曖衆も代替わりしている場合も多い筈です。

また、一方では、両支配者が面目を保つ必要もあります。そのためには、このような横の連絡も必要であったのかもしれません。

この往復書簡については第二七〇号を参照して下さい。

《八幡神社祭器庫文書一五》

未得御意候得共、致啓上候。然者、掃部頭領分江州浅井郡馬渡村、伊豆守様御領分同郡冨田村、湯組（井組）ニ御座候。湯水之内、従往古分木臥有之用水懸来候…（後略）

勝野五太夫より神山権兵衛への最初の書状ですが、この時点で、馬渡村側は「分木」と称していることが判明します。

助継又の水論(その四)

第１５１号
2000.02.24

三回にわたって「助継又」の水論を紹介してきました。

「助継又」水論の全文書を読破できないのですが、その後をまとめておきたいと思います。

◆寛文十二年(一六七二)子年
新規に「いかり木」を入れ出入となる
(※水利一三二・今昔一四八号)

◆宝永　五年(一七〇八)子年
寛文十二年の約束事が守られる。
(※水利一三二・今昔一四九号)

同年
「助継又」いかり木をはね起こしに行った百姓三人の内、百姓I兵衛を馬渡村の大勢が拉致し、郷蔵に監禁する事件が起こり出入に発展する。
この事件を契機として、「助継又」伏替となっていった事が分かる。
(※水利七〇・一三二　他多数)

◆享保十七年(一七三二)子年
馬渡村が「助継又」を「分木」と言う結果的に過去の約束事を守る。
(※水利一三二・今昔一四九号)
(※水利一一〇～一三四　他多数)

同年
西国では大飢饉(享保の飢饉)に。

◆宝暦　六年(一七五六)子年
「助継又」伏替あり。
(※家一・水利一三五～一三六)

◆安永　九年(一七八〇)子年
「取替相済為取替證文覚」が残る。
(※家二・水利一四五～一四六)

◆文化　元年(一八〇四)子年　？

◆文政十一年(一八二八)子年　？

◆嘉永　五年(一八五二)子年
「伏替相済證文」が残っている。
(※水利五・一五五)

川崎文書の中には、文化年間(一八〇四～)から天保年間(一八三〇～一八四三)頃の、約四十年間の記録が殆ど残されていません。
若干のことは分かりますが、史料が皆無の状態です。(庄屋交代のため)
従って、文化元年と文政十一年の両年の記録を確認することが出来ないので、はっきりとは断言できませんが、次のような推測をしています

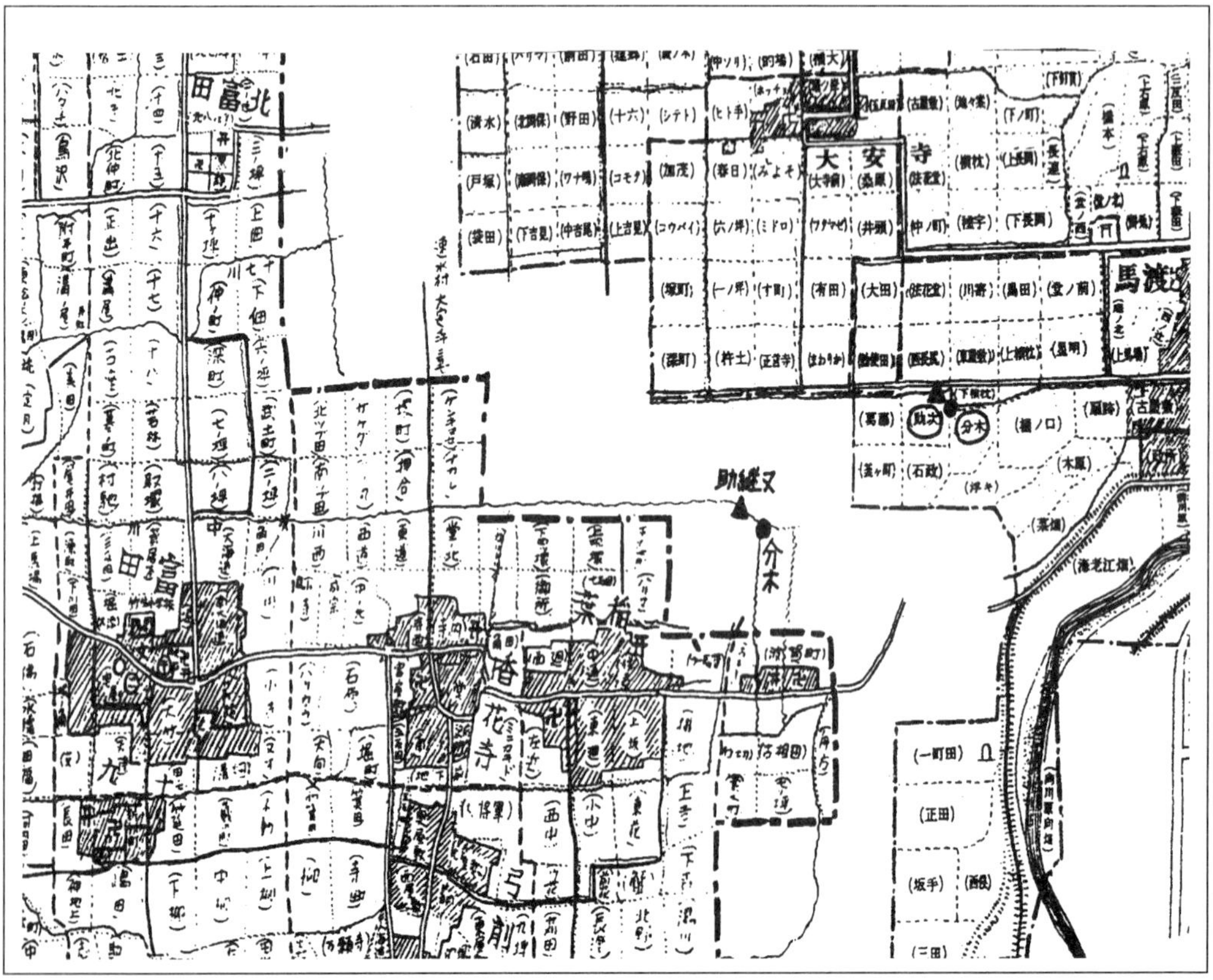

「分木」・「助継又」の所在概略図
(地図はびわ町教委・湖北町教委より)

確認できる範囲では、「助継又」伏替は子(ね)の歳に実施されています。

従って、もし文化元年と文政十一年にも「助継又」伏替が実施されていると仮定すると、

寛文十二年(一六七二)子	←	三十六年
宝永　五年(一七〇八)子	←	二十四年
享保十七年(一七三二)子	←	二十四年
宝暦　六年(一七五六)子	←	二十四年
安永　九年(一七八〇)子	←	二十四年
文化　元年(一八〇四)子?	←	二十四年
文政十一年(一八二八)子?	←	二十四年
嘉永　五年(一八五二)子		

となり、最初の伏替だけは三十六年目に伏替がされていますが、三回目からは二十四年目に伏替が実施されている事になります。

偶然の一致なのか、定例化されていたのかの判断は出来ませんが、法則のようなものを感じるのは私だけでしょうか?

享保十七年の頃からは、断定はできませんが、暗黙の内に約束が出来上がっていたような気がしてなりません。

右下の地図は、びわ町・湖北町教育委員会より協力して頂いた地図を使用して、問題となっている「助継又」「分木」の所在を示したものです。

現在では圃場整備の結果、何の跡形もありませんが、参考にしていただければと思います。

但し、ページの都合上、縦横の圧縮比率が異なっています。実際より縦長の図になっていますが、「分木●」・「助継又▲」の所在位置の確認は出来ると思います。

びわ町地図と湖北町地図の境界がきっちり一致しないため、多少ずらしています。

湖北町地図には、「分木」・「助継又」地点に○印を施しています。

びわ町地図には書き込みで示しています。

実際には、○印と書き込みが一致する筈なのですが‥‥。

《参考》

小字地図(びわ町教育委員会)
小字地図(湖北町教育委員会)
川崎文書(滋賀大学史料館)

※1

水利に関する出入などについては各種の文書が残されていますが、それらの文書群は、「御料所井水出入」《水利二》と題された、享保十七年六月二日付の文書にまとめられています。

二九枚綴り、五五頁にわたってまとめられた冊子ですが、この中から一部を紹介します。

(前略)

一宝永五年子五月、馬渡村郷字介継又いかり木朽損シ候ニ付、入替被申候節、嗳衆中上八木村平内、下八木村新左衛門、難波村林介、大安寺村小左衛門、延勝寺村四郎太夫、弓削村治太夫、香花寺村傳太夫、稲葉村傳之丞、其外、人足之儀ハ弓削村・稲葉村ゟ出之、入替被申候。其節冨田村之儀ハ立会不申候御事。

右之訳ハ廿五年以前宝永五子五月、御地頭大久保佐渡守様御領分之節、馬渡村江水引ニ弐三人参申候所ニ、馬渡村ゟ番を付置、大勢罷出、当村之者右ノいかり木打かき申候と、無躰成儀申掛ケ、小百姓I兵衛と申者馬渡村江つれ行、郷蔵江押入置候ニ付、段々出入ニ罷成候故、右九ケ村之衆中取嗳被申候而、相済申候。當村I兵衛つれ行之義は右ノいかり木入替度たくミニ而、つれ行申候。依之、右九ケ村嗳衆被罷出、伏替被申候。人足之儀ハ稲葉村・弓削村ゟ出之、嗳衆斗ノ立会、馬渡村・冨田村之義ハ、庄屋年寄ハ不及申、人足等壱人も出シ不申候。以上　‥‥(後略)

右によれば、宝永五年の介継又伏替が穏便、平和裡に行われたのではないことを物語っています。

寛文一二年(一六七二)、新しく介継又が設置された時、介継又は「たてあけの場所」と決め、冨田村が自由に水を取れる場所であるという確認をしています。

つまり、冨田村に水が必要な時は勝手次第にすることができる場所であった筈です。

この場所へ冨田村の三人が水引きに行った処、馬渡村は大勢が番水をしており、「冨田村からいかり木を引き上げに来たぞ」ということで、大勢が繰り出し、小百姓のI兵衛を束縛し、郷蔵に監禁してしまったと、あります。

逃げ帰った二人が村役人へ報告し、大事になり、一触即発の緊張感が両村に走ったであろうと想像することが出来ます。

このI兵衛を監禁したのは、馬渡村が介継又の伏替を目論むための契機にしたのだともあります。

この文書を信じるならば、介継又伏替が平和裡に申し込まれたのではなく、事を起こすことできっかけを作ったようにも思われます。

このような事態を作らなければ対応してもらえなかったのかもしれません。謂わば、冨田村の権利・立場がそれほど強かったと考えますが、馬渡村の真意は分かりません。

分木より下(しも)は冨田村権利の水ですから、当然と言えば当然ですが、この馬渡村の知恵と策略で、徐々に「たてあけの場所」から立合の場所、公共の場所に変貌して行くのは既に見てきた通りです。

最終的に立合の場所、公共の場所となるには一〇〇年以上が必要だったのかもしれませんが、馬渡村の思惑が実現していったようです。

一方、I兵衛の監禁が罪に問われたかどうかは全くわかりません。I兵衛にとっては、とんだトバッチリであったと思います。

江戸時代には新しい事(新法)を起こす事は、出入や公事(訴訟)を伴い、並大抵ではなかったことを知る一例にもなりました。

縁付送り手形と宗旨證文

第１５２号
2000.03.10

現代では結婚するとき、婚姻届を役場や市役所に提出します。
正式には、婚姻届を提出し受理されることが結婚するということになっています。

江戸時代は、庄屋年寄が現代の戸籍関係の仕事もやっていましたので、庄屋等の村役人宛に「縁付送り手形」を持参しました。

また、切支丹が禁止されていましたので、身元を保証するものとして、旦那寺が「宗旨證文」を書きました。
この「宗旨證文」は、村役人宛の文書であったり、旦那寺宛であったりします。

これらの「縁付送り手形」や「宗旨證文」が多数残っています。

ちなみに、私(筆者)の五代前の先祖太郎右衛門(改名して太郎太夫)の妻の「縁付送り手形」も残っており、嫁取りの年代や妻の年齢等もわかってきました。
言い伝えの通り、妻の里(実家)の村や家の名前も一致しています。

逆に考えると、「縁付送り手形」等を安易に扱うと、プライバシーの侵害にも成りかねませんので、配慮しつつ紹介したいと思います。

古いものは殆ど残っていませんが、残された一部を紹介します。

《戸口三一》

寺請状之事

一江州浅井郡十九村G郎右衛門娘
同郡冨田村B左衛門方へ極月ニ
縁付仕候。當村ニ而ハ浄土真宗
ニ而代々拙僧旦那ニ而御座候。
若、脇より切死丹宗門之由訴人
御座候ハゝ何時成共拙僧罷出、
急度申分可仕候。為後日寺請状
仍而如件
江州浅井郡五村御堂末寺
同郡十九村
元禄十二年　縁映寺(印)
卯二月　祐敬(花押)
小野半之助様

※元禄十二年(一六九九)

「寺請状」は、寺院が切支丹宗門等でないことを証明するものでした。
右の場合、十九村の縁映寺が発行した「寺請状」です。
時代が下がると、宛名は村役人宛になるのですが、右の場合は天領代官の小野半之助宛になっています。

《戸口四三》

宗旨證文之事

一江州浅井郡落合村太助娘ぎん事
代々浄土真宗ニ而拙僧旦那ニ紛
無御座候。若、御法度之切支丹
宗門或類族轉并日蓮宗之内不受
不施悲田宗と申者有之候ば、拙
僧何方迄茂罷出、急度可致申披
候。為其寺證文仍如件
松平伊豆守様御領分
同郡同村
宝暦三年酉正月　専明寺(印)
圓暁(花押)
松平冨之助様領分
冨田村庄屋
年寄中

《戸口四二》

覚

一私娘きんと申者年廿三ニ罷成、
其御村S郎右衛門妻ニ遣シ申候
此方何之構茂無之候。則、宗旨
證文茂取遣シ申候。右縁談相済
候様ニ宜敷奉願候。以上
松平伊豆守様御領分
浅井郡落合村願主
太助(印)
右太助書付之通相違無御座候間
弥縁組相済候様ニ頼入存候　以上
同村庄屋
宝暦三年　市左衛門(印)
酉二月　年寄
佐七　(印)
松平冨之助様領分
冨田村庄屋
年寄中

※宝暦三年(一七五三)

右の二通の證文は、同一の婚姻に関して、村役人からの證文一通と、旦那寺からの「宗旨證文(寺請状)」一通のペアになっています。
また、村役人からの證文が、若干古い形式を残しています。

一般的には、上のように村役人よりの證文「縁付送り手形」と、旦那寺からの證文「寺請状(宗旨證文・宗旨送り手形)」の二通が原則ですが、次のように一通にまとめてしまったものもあります。

形式や文言は村々により多少の違いはあっても、形式のひな型があったようで、同様の書き方をしている文書が大半ですが、左は例外的に他の文書にない文言があったり、宗旨證文と一体になっています。

《戸口七六》

縁付送り手形之事

當村百姓
H兵衛
妹　たね
年廿九才
一右之者當村H兵衛妹ニ御座候処
此度其御村T郎右衛門方江縁付

ニ参申候。則宗旨は代々本願寺
宗旨當村西照寺旦那ニ紛無御座
候。尤當村ニ罷在候内は何之悪
事不届之筋少茂無御座候。然ル
上は其御村御願相調候上、来ル
辰之宗門御改御帳面其御村ニ而
御書載可被成候。尤當村帳面相
除キ可申候。則寺證文一紙ニ認
送り可申候。為後日之、縁付手
形仍而如件
水野越前守様御領分
浅井郡八木濱村
天保十四年　年寄和助(印)
卯四月　〃　五兵衛(印)
庄屋中村市右衛門(印)
西照寺(印)
御同領
同郡冨田村
御役人衆中

※天保十四年(一八四三)
※傍線は筆者によるものである。

江戸時代の中頃にもなると、右の文書傍線のような、

……當卯宗門御改御帳面ニ其御村ニ而書載可被成候。尤當村宗門御改帳面相除キ可申候。……

という文言が必ず見られるようになります。

つまり、「宗門改御帳面」が現在の戸籍原簿の役割を果たしていることが分かります。

今年から、あなたの村の「宗門改御帳面」に該当の者を記載して下さい。私の村の「宗門改御帳面」から除籍しておきますから・・と言う意味になります。

この「宗門改御帳面」は、おそらくは村役人(庄屋・年寄)か寺院が保管していたものと思われますが、現在まで冨田村の「宗門改御帳面」を目にしたことはありません。

失われてしまったものか、どこかにひっそりと保管されているのかも分かりません。

私が目に出来る範囲にはないようです。但し、某宅に「宗旨改帳」が保管されていると言うことも聞きますが、それが「宗門改御帳面」であるかどうかは不明です。

私が日頃、史料としている文書の中にも「宗旨改帳」が存在しますが、問題とする「宗門改御帳面」ではなく、単に人数等が書かれている物であり、個々の情報を記載したような「宗門改御帳面」ではありません。

もし、その「宗門改御帳面」が出てきたら、何年頃、誰が、何処から、誰の所へ縁付いて来たかが分かるのではないかとも思います。

庄屋文書というより、旦那寺保管であったのかもしれません。

《参考》
川崎文書(滋賀大学史料館)

※1
縁付送り手形は、養子や嫁入りばかりでなく、不幸にして離縁した場合も発行されました。一端を紹介します。

《戸口六〇》
一札
一當村甚助妻県、御村G左衛門娘縁付ニ参り申候処、此度右甚助死去致候ニ付、不縁帰り申■■段相願申候ニ付、當帳面相除申候。以後御村御帳面ニ■■■被■故不縁帰り一札、仍而如件
稲葉丹後守御領分
加村　口口助(印)
文化弐丑正月
~~井上~~河内守様領■
冨田村御役人衆中
(※文化二年(一八〇五))
(※■は破損失、口は読めず)

夫が死去し、不縁帰りを希望したため離縁となり、冨田村へ戻ることを証明しています。

不縁帰りを本人が希望したのか、形式上、そう書かれているのかは分かりません。

《戸口六二》
不縁帰り一札之事
一當村源助女房いよと申者、去巳二月其御村G六方ゟ縁取致候。然ル処、此度不縁ニ付罷帰り申候間、御請取可被下候。尤當村住居之内何之不審も無御座候間、此方宗門御帳面相除可申候間、其御村御帳面ニ御書載可被成候。為後日、帰り證文、仍而如件
彦根領分
浅井郡上八木村庄屋
文化七年
午九月　那須源五右衛門(印)
横目　九左衛門(印)
井上河内守様領分
同郡冨田村
庄屋T郎右衛門殿
年寄S兵衛殿
(※文化七年(一八一〇))

これは、夫の死去による離縁ではないようで、何があったか知る由もありませんが、約一年半の結婚生活後の離縁だったようです。

當村住居之内何之不審も無御座候、とあり、家庭内のゴタゴタではないと書かれていますが、真相は分かりません。

また、縁付送り手形を受け取った場合、次のような請取手形を出す場合もあったようです。

《戸口八一》
請取手形之事
一其御村孫左衛門娘、當村S兵衛方江縁付いたし、則、送手形慥請取、其御村御帳面相除可被下候。當村御帳面ニ書載申候。為後日之、請取手形依而如件
水野大監物様御領分
浅井郡冨田村
嘉永五子年　庄屋　I平次
弐月　年寄　Z左衛門
松平伊豆様御領分
同郡岩熊村
御役人衆中
(※嘉永五年(一八五二))

岩熊村孫左衛門娘についての縁付送り手形は残っていませんが、右の請取手形により、その縁組みが確認出来ます。(下書きとして、同文が二枚残されていました。)

縁付送り手形から見る地縁

第１５３号
2000.03.24

前回、「縁付送り手形」等を紹介しました。

今回は、その「縁付送り手形」から嫁・婿の出身地を調べることで、冨田村の地縁・血縁の地域的範囲を考えたいと思います。

「冨田今昔物語」六四号（平成八年七月一〇日付）で、寛文十二年（一六七二）の史料「家並田畑持高帳」から西冨田村の嫁の出身地を考えました。

西冨田村三十四軒中、

冨田村九・山本村三・益田村三
田中村二・小倉村一・野寺村一
井口村一・川道村一・新居村一
十九村一・稲葉村一・
小観音寺村一・不明一
合計二十六人

と言う記録があったことを紹介しました。

冨田村同志であったり、近郷の村々から嫁いでいました。

当時は交通手段も徒歩か船が頼りでしたから、地縁と言っても大きな広がりはなかったように思われます。

残されている文書には、八十余通の「縁付送り手形」等が残されていますので、その内容を紹介し、地縁の広さを検討したいと思います。

《戸口二九～一一二》より

■元禄七年（一六九四）
冨田村医師 → 新居村へ引越し
◇元禄十二年（一六九九）
十九村より嫁入（十一月）
◇享保十八年（一七三三）
戊亥村（現下益田村）より嫁入　（正月）
◇元文三年（一七三八）
馬渡村より嫁入（三月）
◇寛保三年（一七四三）
冨田村内で嫁入（三月）圭林寺證文
◆延享三年（一七四六）
冨田村より十九村へ養子出（二月）
◇延享三年（一七四六）
稲葉村より嫁入（三月）
▼延享五年（一七四八）
冨田村より延勝寺村へ嫁出（二月）
▼延享五年（一七四八）
冨田村より野寺村へ嫁出（二月）
◆寛延元年（一七四八）
冨田村より速水村へ養子出（七月）
◇宝暦三年（一七五三）
落合村より嫁入（二月）
◇宝暦七年（一七五七）
西阿辻村より嫁入（正月）
◇宝暦八年（一七五八）
中野村より嫁入（正月）
◆明和九年（一七七二）
冨田村より鍛冶屋村へ養子出　（二月）
本人・女房・子供三人とも

◇安永二年（一七七三）
弓削村より養子入（二月）
◆安永十年（一七八一）
冨田村より増田村へ嫁出（二月）
◇天明二年（一七八二）
速水村より嫁入（正月）
◇寛政三年（一七九一）
高山村より嫁入（正月）
◇寛政十年（一七九八）
西物部村より養子入（二月）
◆寛政十年（一七九八）
冨田村より延勝寺村へ嫁出（二月）
◇寛政十一年（一七九九）
長浜宿より養子入（二月）
◇寛政十二年（一八〇〇）
市場村（山本村）より嫁入（十二月）
◇享和四年（一八〇四）
石川村より嫁入（二月）
▼文化二年（一八〇五）
冨田村より加村へ不縁帰（正月）
□文化二年（一八〇九）
上八木村より嫁入（二月）
◇文化七年（一八一〇）
落合村より嫁入（正月）
◆文化七年（一八一〇）
冨田村より上八木村へ不縁帰　（九月）
◇文化八年（一八一一）
下八木村より嫁入（三月）
◇文政二年（一八一九）
南濱村より嫁入（正月）
◇文政七年（一八二四）
下八木村より嫁入（正月）
◇文政十二年（一八二九）
落合村より嫁入（正月）
◇天保五年（一八三四）
海老江村より養子入（二月）
◇天保五年（一八三四）
伊香郡洞戸村より嫁入（二月）
◇天保六年（一八三五）
上山田村より養子入（正月）

◇天保六年（一八三五）
坂田郡下之郷村より養子入（九月）
◇天保十二年（一八四一）
川道より嫁入（正月）
◇天保十四年（一八四三）
西阿閉村より嫁入（正月）
◇天保十四年（一八四三）
熊野村より嫁入（正月）
◇天保十四年（一八四三）
八木濱村より嫁入（四月）
◇嘉永二年（一八四九）
京都三宝院より嫁入（正月）源慶寺
◆嘉永三年（一八五〇）正月
冨田村より坂田郡小澤村へ養子出
◇嘉永三年（一八五〇）
海老江村より養子入（四月）
◇嘉永五年（一八五二）
岩熊村より嫁入（二月）
◇嘉永六年（一八五三）
宇根村より嫁入（正月）
◇嘉永七年（一八五四）
下八木村より養子入（正月）
◇安政二年（一八五五）
松尾村より不縁帰（極月）
◇安政三年（一八五六）
落合村より養子入（十一月）
◇安政三年（一八五六）
落合村より嫁入（九月）
◇安政五年（一八五八）
冨田村より宮部村へ不縁帰（九月）
◇安政六年（一八五九）
十九村より嫁入（二月）
◇萬延二年（一八六一）
今西より嫁入（正月）
◇文久二年（一八六二）
犬上郡森野村より嫁入（正月）
◇文久四年（一八六四）
西野村より養子入（正月）
◇文久四年（一八六四）
十九村より嫁入（二月）

◇文久四年(一八六四)
湯次村より嫁入(二月)
◇慶應四年(一八六八)
馬上村より嫁入(三月)
◇明治二年(一八六九)
月ヶ瀬村より嫁入(二月)
◇明治三年(一八七〇)(正月)
美濃国池田郡戸入村より養子入
◇明治三年(一八七〇)
雨森村より養子入(八月)
◇明治四年(一八七一)
小今村より嫁入(二月)

※《年代が不明のもの》
◇寅年二月
香花寺村より養子入
◆辰年二月
冨田村より西野村へ養子出
◆戌年二月
冨田村より磯野村へ嫁出
◆(年月日記載なし)
冨田村より上八木村へ嫁出
◇(年月日記載なし)
西野村より嫁入

ただし、出入については右のように分類してあります。

※
◇→冨田村への転入　◆→転出
▽→確認不十分な転入　▼→同出
□→文書なし　■→縁組以外転出

以上が川崎文書に残されている「縁付送り證文」等の内容です。

上に挙げた史料については、本人や相手の名前等が分かっていますので、個人的には具体的内容を提示できると思います。

心当たりがあればお尋ね下さい。もう少し詳しく知っていただけると思います。

上の残された史料から見る限り、例外はありますが、大半は寛文十二年の史料「家並田畑持高帳」で見た通り、近郷の、生活圏内を同じくするような村々からの縁組みが多いことが分かってきます。

また、びわ町はもちろんのこと、現在の湖北町などの東浅井郡内や、高月町との地縁については強いものがあるようですが、現在の長浜市などの坂田郡になると、その結び付きが薄いようにも思われます。

これは、生活の実態なり文化的なものが、冨田村以南の村々より以北の村々とが似通っていたり、交流があったりしたのではないかと思われます。

勿論、上の史料は多くの縁組みの一部でしかないのでしょうから、結論めいたことは言えませんが、感じとしてそんな感じがします。

それは、徒歩や船しか交通手段がなかったため、狭い生活圏でしかなかった、しかも、長浜宿の様な町の生活とは異なった百姓を中心とする村々の結び付きしかなかったと考えられます。

現在の状況から考えると、なんと狭い生活圏だと思いますが、一日で東京まで往復出来る時代と、江戸まで十日もかかった時代の認識の違いだと思われます。

また、正月(一月)・二月の農閑期に縁組みが多かったことも実証出来るように思います。

更に、嫁入や養子入の件数が多いのも文書の性質上、出した書類は残らないということで納得して頂けるものだと思います。

《参考》
川崎文書(滋賀大学史料館)

※1
右の各地域を集計すると、

冨田村内の婚姻	一件
びわ町内 〃	二五件
湖北町内 〃	一三件
高月町内 〃	一一件
浅井町内 〃	三件
虎姫町内 〃	二件
余呉町 〃	一件
西浅井町 〃	一件
長浜宿 〃	一件
その他	五件

となり、少なくとも半日程度で歩いて行ける生活圏内からの婚姻が殆どです。寛文一二年と比較すると、多少範囲が広まったようにも思いますが、殆どが同一郡内か、隣接する郡内に留まります。

昭和の時代まではこの地縁・血縁が殆ど維持されたのではないでしょうか。しかし、昭和の後半から平成にかけ、職場や生活範囲が広くなり、地縁・血縁の概念も徐々に薄れていっているように思われます。

※2
その後、次のような縁付け證文が見つかっています。

《未整理六》
◇寛保三年(一七四三)
坂田郡新庄小澤村より嫁入(三月)

《未整理七》
◇元文三年(一七三八)
馬渡村より嫁入(三月)

《未整理一六》
◇安永四年(一七七五)
田村より嫁入(二月)

《未整理一九六七》
◆安永六年(一七七七)
冨田村より伊部村へ嫁出(二月)

【いっぷく】

《未整理六七三》

(前略)
葉月十日大安寺村寄合　時分
一銭廿八文　舟ちん　同人
■月廿九日
■■三拾弐文　なんば　同人
馬渡
舟ちん
■■廿九日
■■三拾八文　同人
舟ちん

右の文書は、時代も不明な雑文書の断片の一部ですが、「舟ちん」という言葉に惹かれて紹介します。

現在の我々にとって、「舟賃」といえば湖上を運行する船の料金等々を思い浮かべますが、右の「舟ちん」は、姉川や高月川の渡し舟の代金だと想像しています。

略した箇所にある名前から、一七世紀中頃から後半にかけての頃の文書だと思われます。

その頃には、馬渡村を通っていた北国街道には橋がなく、渡し舟を使っていたと想像できます。また、現在の難波橋もなく、ここも渡し舟を使っていたように想像できます。

当時の技術は未熟で、大洪水により度々橋が流されました。そのため、架橋はせず、渡し舟という手段をとる方が多かったようです。

江戸期の馬渡橋、難波橋について、詳しくは不詳です。

江戸時代の四月祭(嶋の祭)

第１５４号
2000.04.10

四月祭(嶋の祭)について第一四六号で紹介しましたが、その後、新たな史料が見つかりましたので、紹介したいと思います。

昨年八月にオープンしました、びわ町図書館に保管されている「竹生島文書」の中から『四月祭出御行列配役之次第』(七③0513〜)と題する文政七年(一八二四)の文書を見つけました。

この文書は文政七年の四月祭の際、早崎村々人の役割分担等々を記録したものと考えられます。

四月祭(嶋の祭)の頭役は、冨田村と下八木村から出しましたが、その世話方は早崎村が奉仕したようで、早崎村のほぼ全戸に役割が配置されているように思われ、百人前後の名前が書かれています。

この文書を中心に、再度、四月祭を見ていきたいと思います。

先ず、日程については、

> 四月廿日　丑日ニ相當ル也

とありますので、四月下旬の丑の日に実施されていたものと思われます。

この日は、現在では三月末に行っている「本日」に当たり、少し前までは四月一日と決まっていたようです。四月祭の所以ですが、昔は四月下旬の丑の日に大きな儀式が実施されていたと推測ができるように思います

> 文政七甲申年
> 四月祭出御行列配役之次第
> 四月廿日　丑日ニ相當ル也

> 大船弐艘　早崎村　三太夫
> 堂ケ嶋ニ而待請候事　安養寺村　市左衛門
> 御迎船　五拾石　源左衛門
> 丸船　源内
> 施主　源左衛門　佐十郎
> 其外若者中不残可罷出其
> 内ニ而八人斗大船ニ相残可申事
> ……《中略》……
> 宿　嘉左衛門　働人　四人の記名
> 宿　藤左衛門　働人　四人の記名
> 宿　源五右衛門　二人の記名

文政七年(一八二四)四月廿日四月祭出御行列配役次第

頭役　冨田村　川崎奥右衛門　下八木村　池田左内

若者中　○　★★　雑式　○　○　此間　○　◎　日月御旗◆　児弐人▼
七ツ道具ヤツコ(奴)　雑式　太鼓　雑式　榊○御太刀○金鉾○御旗　薙鑾奴○　雑式　前駈　御●　▼
ニハカ相勤　○　★★　○　○　三間程　○　◎　日月御旗◆　児弐人▼
(※俄芝居?)

早崎村
老夫弐十人
冨田村十人
下八木村十人
◆◆◆◆◆◆◆◆◆◆◆◆◆◆◆◆◆◆◆◆◆◆◆◆

◆◆◆◆◆◆◆◆◆◆◆◆◆◆◆◆
臺持　★　★
田屋面々　◎◎◎◎◎◎◎◎◎
神供★　神酒○　承事◎徒侍　一對　◎　◎
長刀▲祭文箱◎
一乗院
侍　◎　◎
沓■　床机■
長柄傘■挟箱■
此間　三間程
徒侍　◎　◎
平等坊
侍　◎　◎

沓■　床机■
長柄傘■挟箱■殿　◎　◎
拍子木▲行列指揮　△　△
諸事使番　◆　◆
児之世話方◆

凡例：●頭役?　○裃　◎裃・帯刀　▲羽織　△羽織・帯刀
★ハッピ　■カンバン　▼稚児　◆服装不明

国友宿　働人
弥右衛門　兵太郎
惣宿　働人
惣助　半次郎
衆徒宿
庄屋 三左衛門
神輿 奉 冨田 両村より新造
下八木
金鉾袋 奉 京都室町
御旗等ハ 八文字屋吉兵衛
日月御旗 奉 八文字屋与兵衛
・・・《中略》・・・

文政七年の四月祭の記録ですが、これによれば、竹生島までの船が四艘も準備されています。

二艘は世話方が乗船し、五十石船と丸船に頭役等が乗船したものと思われます。

また、早崎村に六軒の宿が準備されています。何軒かは早崎村世話方の宿となり、冨田村・下八木村頭役等の宿や阿部権正・西嶋但馬等の嶋関係者の宿もあったものと思われます。

宿に集合した関係者が、そこで服装等々を準備したり、食事を取ったりしたものと思われます。

そして、堂ケ崎（海老江付近の浜）まで行列を組み、そこから乗船し、参嶋したものと思われます。

その行列が右の行列の図です。百名前後の行列になったようようです。

行列の各々の役割は早崎村の住人が分担しました。名前が記録されています。

また、服装は裃帯刀であったり、裃竹杖であったり、紋付袴帯刀であったり、ハッピであったりしています。

カンバンというのは不明ですが、役割に応じて服装は定められていたように思われます。

この行列には頭役や世話方以外に、冨田村衆一〇人・下八木村衆一〇人・早崎村老夫衆二〇人も並んでいます。

現在の四月祭（嶋の祭）から考えると、祭事の規模も形態や方法も異なっているように思われますが、当時の規模の大きさから考えて、四月祭は竹生嶋にとっては、意味のある大きな行事であったことが察せられます。

《参考》
竹生島文書（マイクロフィルム版）
（びわ町図書館蔵）

※1
「カンバン」は「ハッピ」のことだと、後に聞きました。

背中に「〇〇〇」などの文字が染め抜かれ、看板の役割をしたからだと教えて頂きました。

四月祭の「カンバン」には「竹生嶋」とか、「四月祭」「辯才天」等と染め抜いていたのかもしれませんが、今となっては想像の域を出ず。全くの不明です。

また、「田屋面々」とある「田屋」は、竹生島各院坊の庄屋的な存在だと理解出来ます。

竹生島の各院坊は、寺領高三〇〇石を分配して所持していました。各院坊の所持高は異なるのですが（その理由はわかりません）、例えば、一乗院は高二九石余を所持していましたが、その高に対して、年貢の徴収や賦役などに責任を持った庄屋的な役割を負った人を、「田屋」と呼びました。（この場合、一乗院の田屋）

右図に九個の◎がありますが、当時九院坊ありましたから、田屋も九人居たことになるのです。

（※第四〇号註参考）

また、「承事」は日常的な雑務・雑役を担当しました。

※2
文政七年の四月祭出御行列と同様な行列が毎年執行されていたかは不明です。

記事にもあるように、この年は冨田村と下八木村で神輿を新調しています。それを祝っての特別な行列であった可能性も残されています。

何故なら、四月祭出御行列の次第を記した文献がこの文政七年のものしか、竹生島文書にも冨田村の文書にも残されておらず、不明としか言いようがないのが現実です。

勿論、このような四月祭出御行列が執り行われていたという言い伝え等も、冨田村には残されていませんでした。

ただ、六月に行われていた蓮華会については、想像の域を出ませんが、このような出御行列が盛大に執行されていたかもしれません。

現在、八月に行われる蓮華会では、本坊より宝厳寺本堂までの行列で、稚児が先導する役割を担い、出御行列の面影を多少とも残しています。

四月祭の頭役は、蓮華会先頭・後頭に続いて、この行列に並び、弁才天の奉納（返納）を行います。

文政七年のこの年は、特別な四月祭として蓮華会に準じたのかもしれません。

※3
出御行列の中に「平等坊」と出てきますが、平等坊は享保十三年の「当山重書記」（竹生島宝厳寺文書）に記載されるのみで、当時は跡地しかなかったようです。

文政の頃には、竹生島宝厳寺は八～九院坊を残すのみとなってしまっていると思われますが、平等坊の名前はありません。

従って文政の頃には平等坊は存在しません。

その平等坊が出御行列の中に記されていることが疑問です。

文書が偽書なのか、四月祭を執行する寺院が伝統的に一乗院と平等坊であり、平等坊の役割を何れかの寺院が代行していたのか・・・、想像は膨らみますが、結論めいたことは避け、文書の内容紹介だけに留め、後の研究・調査に待ちたいと思います。

江戸時代の四月祭（その二）

第１５５号
2000.04.24

前回、文政七年(一八二四)の四月祭(島の祭)について紹介しました。

今回も引き続いて「四月祭」を紹介したいと思います。

竹生嶋文書「年中行事口授指南集」宝暦七年(一七五七)に蓮華會や四月祭の件が記載されています。

以前に紹介しました「四月祭頭役記録」(第一四六号参照)では、安永五年(一七七六)以降の頭役しか分かっていませんでしたが、右の史料から、少なくとも宝暦年間には四月祭が執り行われていた事が判明します。

「年中行事口授指南集」の該当部分を紹介すると、

竹生島文書(二一②0203・0204)

※正月(一月)の項

一　六日　執當番ニ於テ蓮華會ノ牛王先頭後頭ヘ二幅宛畳之上包モ同キ紙ニテ致表書ニ

竹生島蓮華會頭役事
浅井郡何村
先頭　何某尉
年号干支正月八日

如此相認箱ノ上ニモ此通ニ書也

…《後頭の記述を省略》…

四月祭ノ牛王ハ一枚ツヽ畳上包致書付者

竹生島頭役之事
冨田村
四月祭　誰尉
年号干支正月吉日

如此相認箱ノ上ニモ此通ニ書、但四月祭冨田村ヘハ毎歳、下八木村ヘハ隔年也。ヱノ年ハ冨田村計ト載ハ下八木村ト両村ト可ク知、右之通相調、二箇ヘ入封ヲ附置也。

但箱ノ寸法ハ長七寸巾五寸七分深サ一寸也。

一　七日　早朝早崎ヨリ神役四人并庄屋政所両執當田屋共、執當ノ寺ヘ参着。

一　同日　本堂修正結願ノ鐘導師ヘ伺ヒ鐘大鼓例日ノ如クス……

…《後省略》…

※ヱノ年…甲(きのえ)乙(きのと)丙(ひのえ)丁(ひのと)…のように「え」のつく年、つまり隔年を意味します。

と記述されています。

「頭箱」は正月六日に竹生嶋にて準備され、七日に祈祷された後、早崎の神役に渡され、一月八日に蓮華會先頭と四月祭冨田村頭役に「頭差し」を執行したようです。

蓮華會後頭と下八木村頭役には、一月一〇日に「頭差し」が執行されました。

また、四月の項を見ると、

竹生島文書(二一②0215)

※四月の項

一　朔日(一日)　四月祭榊早朝御殿并両明神鳥居共二本ツヽ都合八本承事立之。

右榊入ノ舟早崎ヨリ参着、執當番ノ役也。御正體榊二本冨田村分、早崎一二ノ華表ヘ榊二本ツヽ、五所ノ宮二本

右之通御乗船執當番供奉ス。下八木村ヘモ冨田村ノ如、是ハ隔年也。

右御正體持ハ早崎G郎兵衛I兵衛J郎助K兵衛、例年相勤也。

尤、御正體榊等ノ幣祝詞幣等ハ執當番ニテ用意スル也。

一　右頭人ヨリ幣布献シ候ハ年行事へ可出事。

一　同日　右執當番早崎邑ニ於惣百姓共宗旨改帳寺判等見届帳面取之。

…《後省略》…

※華表…鳥居の別称

※右文の「榊」の字は本文では「木」偏に、旁が「賢」と記されています。

竹生嶋としての対応が書かれてはいますが、冨田村での様子は残念ながら記載されていません。

従って、冨田村での四月祭の内容は未だ詳しくは分かっていません。

勿論、起源や由緒いわれ等についても、全く分からないのが現状ですが、祭の内容は違っても、蓮華會と同様な「頭箱」の存在などを考えると、蓮華會の先頭・後頭との関係があるようにも思われますが、不明としか言えないのが現状です。

四月祭の頭役は、現在では八月に寶厳寺に参詣しますが、古老から「昔は小嶋に参詣した」とも聞いたことがあります。

竹生嶋の小嶋は、以前はこの小嶋が信仰の主なる対象であったと言いますから(小嶋権現とか嶋繋ぎの儀式等もなくなってしまいましたが…)、もしかすれば、四月祭の起源も相当古いものであったのかもしれません。

どこかから四月祭に関する史料が出て来るまで、起源や由緒いわれ等ははっきりしないようです。

竹生島文書の中に何かが残ってないか期待していましたが、上のようなことしか、現在段階では分かりませんでした。

文政七年（一八二四）四月祭
「奉献御膳覚」より参列者は・・・

前号で見ました文政七年（一八二四）の四月祭の折、祝儀を持参した者、又は本膳に直った者として、

竹生島文書（七①②0189～0210）

冨田村頭人	川崎奥右衛門
下八木村頭人	池田左内
増田村	穴太九兵衛
増田村	橋本仁左衛門
増田村	橋本角治郎
酢村	桝屋万助
京	八文字屋吉兵衛
早崎村	三左衛門
下八木村	秋野□兵衛
	土田三右衛門
	西嶋太郎兵衛
下八木村	弓削吉右衛門
	同人 倅
冨田村	阿部権正
	奥村権右衛門
速水村	松井清兵衛
早崎村	杉田源内
長濱	青柳与市兵衛
尾上村	尾上城左衛門
冨田村	西嶋但馬
早崎村	源左衛門
増田村	小笹仙菴

京三條　十一屋妙圓

が記載されています。恐らく竹生嶋に関係の深い人々が参じたのだと思われますが、どういう関係かは不明です。

それ以外では、

冨田村・下八木村より金二両
冨田村役人中より　御膳料四百二十四文

が献じられています。

《参考》
竹生島文書（マイクロフィルム版）
（びわ町図書館蔵）

お願い！

安永年間から明治初期までは、史料により、四月祭頭役を勤めた人の名前がほぼ分かっています。

明治以降、うちの〇〇じいさんが明治〇〇年に、大正〇〇年に、勤めたとかの情報がありましたらお知らせ下さい。

メモ用紙をポストにでも入れていただけると幸いです。

よろしくお願いいたします。

※1
上の「奉献御膳覚」の参列者の中に（冨田村）奥村権右衛門との記載がありますが、この件については「?」を付けざるを得ません。

冨田村に「奥村」姓があったという史料はありません。また、現在もありません。史料の間違いか（村名の書き忘れ、または、名前の書き間違い）と思いますが、断定は避けておきます。

また、増田村に「穴太」姓が書かれていますが、現在は「穴太」姓は改姓されています。子孫の方々は益田村に在住されています。

※2
前号で紹介した、文政七年「四月祭出御行列配役之次第」の行列については、註でも記したように、この年一回きりの「御練り」であり、四月祭が中心というより、冨田村・下八木村が新調した神輿の奉納がメインの行事であったのではないかと今では考えています。

特に、行列の中心だと思われる部分では、「前駆」・「日月御旗」に続き、「御」（これが何かがはっきりしませんが行列の主役の筈です）、三ケ村長老衆が続き、その後ろにハッピの「臺持」が二名続いています。この「臺（台）」こそ神輿を置く台ではないかと考えられるのです。

もし、そう考えると、「御」は頭役ではなく、神輿と考えられるのです。

そこで、文政七年に奉納された神輿の存在について考えておきたいと思います。

私の知る限り、現在の竹生島には神輿は一基しか存在していません。観音堂から舟廊下に至る回廊の隅（観音堂北東隅）に、約三尺四方位の大きさの神輿が放置されたように置かれています。

痛みもひどく、何の案内板もないのですが、担い棒も別に保管されているのも確認することが出来ます。

案内板もなく、また、一見するだけでは墨書銘などもありません（神輿内部にはあるかもしれませんが）から、はっきりしたことは断言出来ませんが、この神輿が文政七年に冨田村・下八木村が奉納した神輿のようだと私は思っています。

ただ、私の知らない場所に保管されている別の神輿があるのかもしれませんし、火災などの災害・・等々のため、既に処分されていたりしている場合もあるかもしれませんので、断言することは出来ません。

もし、この神輿が日の目を見て、修理するような機会があれば、内部から何等かの墨書銘が発見されるのではないかという淡い期待は残されています。

神輿は神社のものと考えますが、当時は神仏混合の時代ですから、特に珍しいことではなかったようです。

［冨田・下八木村奉納神輿写真］

竹生嶋順礼衆災難のこと

第156号
2000.05.10

今回は冨田村とは若干離れますが、竹生嶋茶屋一件について書きます。

現在も竹生嶋には茶屋(みやげ物)が何軒か軒を並べていますが、江戸時代もあったようで、そこでの事件について見てみたいと思います。

竹生嶋文書の中から、「茶屋之上山抜一件」寛政元酉年(一七八九)閏六月という史料を見つけましたので紹介します。

《竹生嶋文書七③0513～0518》

寛政元酉年
茶屋之上山抜一件
閏六月

寛政元年酉壬六月五日
順礼舟弐艘着船今津新左衛門舟
八兵衛九郎舟
外ニ壱艘塩津与惣次郎舟
一 七拾六人 新左衛門舟水主三人
一 拾壱人 八兵衛九郎舟水主弐人
一 四人 与惣次郎舟水主共
合九拾五人、雨天不日和ニ付舟入茶屋ニ逗留之所、翌六日七ツ半時大雨ニ而茶屋之上山崩落、

建物不残打潰シ候。右人数之内四人潰家之下ニ相成候所難知、仍而山内之人数、同行乗合之衆中潰家之屋ね引拂相尋候所、右之内暮合迄ニ三人取出シ、尤怪我有之気付等相用、観音堂へおひ上ケ同行介抱、壱人難相知レ各々尋候へとも及暮ニ、殊ニ大雨ニ而同行中被申候は、是迄相尋候而も難知、尚又崩候危ク候へば、夜中旁々無是非候間、尋之儀是迄ニ被成下候様被申候。仍而其夜ハ尋事相止メ、三人之怪我人へ薬相用、其外人数へ寺々ニ而粥をたき、堂へ持運セ通夜山内□勤ス。尤七ツ半時より早鐘早太鼓、仍之早崎よりも早船仕立出候所、大雨さき風強ク夜中旁不及力、船帰り候由也。

一 七日未明より□雨風次第止ミ、早鐘早太鼓、早崎船五ツ半時弐艘被参候者、同早夫与山内人数并出羽之同行中取懸り相尋候所五ツ時、大怪我人尋出シ、今津新左衛門船積ミ、秋田拾壱人も右之船ニ乗ル。

・・・・《後略》・・・・

引用が長くなりましたが、内容は、寛政元年六月五日の夜、大雨のため逗留中の順礼等九十五人が、山崩れによる家の下敷きとなり、四人の行方が分からなくなってしまった。

翌六日の暮までに三人は見つかったが、残る一人は見つけ出せず夜になってしまった。

早鐘や早太鼓で連絡したが、早崎からの救援は風雨のため六日は来れず、七日になってようやく到着。七日朝より捜索の結果、大怪我をしている残り一人も発見し、今津船に乗せた・・・といった内容です。

引用は省略しますが、その後の様子については、

◆七日今津役人二名が参着、取調べ。
◆出羽秋田の順礼等より証文をとる。
◆順礼を今津まで送る。
◆長命寺・長濱方面行の順礼は観音堂等にもう一泊する。
◆菅浦村役人・尾上村役人参嶋。
◆延勝寺村人足参嶋。
◆海津船や替わりの水主参嶋。
◆八日冨田村某見舞・早崎人足参嶋。
◆五ツ時順礼出船(弐艘)
◆伯州順礼八人組の遺失物捜すが発見できずのまま乗船。(書付取置く)
◆九・十日茶屋崩材を早崎まで撤去。
◆十日朝伯州順礼遺失物(柳ごうり)湖中より発見、目録作成。
◆八日～十二日、権正・但馬等により弐間×三間の仮茶屋建築。

といった内容が続きます。

また、その時の被害は茶屋の倒壊だけでなく、

▼小嶋道東南坊屋敷、幅十間余抜け落ち、通行不能。
▼常行院下道五六間割れ目が入る。
▼妙覚院がんぎ・吉祥院入口の下二間余が実相院屋敷へ抜け落ち、吉祥院入口の上五六間余に割れ目が入る。
▼吉祥院勤堂の裏、大凡三間土抜け落ち、柱・壁等押込状態。
▼山の西北表、所々抜け落ちの有様。
▼その他、道などに多々割れ目入る。

といった状況で、よほどの集中豪雨であったことが分かります。

さて、次は原文を紹介します。

《竹生嶋文書七③0518》

……《続き》……
一八日茶屋S介儀順礼衆留置候。雨天凡八ツ時過、茶屋之上より小石落候由、兼而右之場所ハ危ク有之候而、大雨之時ハ気遣成所乍存、大勢留置、右之大変ニ相成、且又今津表へ対し旁以不相済、遠慮申付、九日ニ冨田村へ引返サセ候事。……
……《後略》……

茶屋のある場所は、大雨等のときは危ない場所である事が分かっていながら、大勢の巡礼者を宿泊させたことは遺憾なことであり、そのために大変なことになってしまったので、S介に営業遠慮を申し付け、冨田村へ帰らせたとあります。

幸いにも死人は出なかったものの、大惨事となった茶屋の持ち主（または営業者）は冨田村出身の人物だったというのです。

S介については、冨田村出身で竹生嶋に住んでいた者か、冨田村に自宅がある者であったのかは、はっきりとはしませんが、少なくとも冨田村にゆかりのある人物であったことは間違いがないようです。

この事件の後、S介がどうなったかとか、茶屋の営業がどうなったかは分かりません。

また、巡礼者用の便宜を図るため、直ちに（七日連絡・八日〜十二日普請）権正・但馬・利右衛門・利介らによって接待所が再建されています。

この迅速な対応には若干の驚きを隠せませんが、これは彼らが竹生嶋直属の宮大工であったことに因るものだと思います。

また、二間×三間の建物が八日から十二日の五日間で普請されています。このことから見ても、接待所（茶屋）が簡単な構造であったことも分かるようにも思われます。

そのために、ちょっとした山崩でも倒壊する…そんな茶屋であったのだと想像することも出来そうです。

また、巡礼が出羽秋田（秋田県）とか伯州（鳥取県）であったということも、少なからず意外な事実でした。

以上、竹生嶋茶屋一件の話でした。

《参考》
竹生島文書（マイクロフィルム版）
（びわ町図書館）

※1
下図は明治三六年（一九〇三）の「宝厳寺寺有財産簿」末尾の宝厳寺寺領地図です。《竹生島文書 08-0338》
この時点では、現在の宝厳寺・宝物殿等は存在していません。
茶屋があった場所は、現在売店がある場所であることが確認出来ます。
（※筆者書き込み部分）

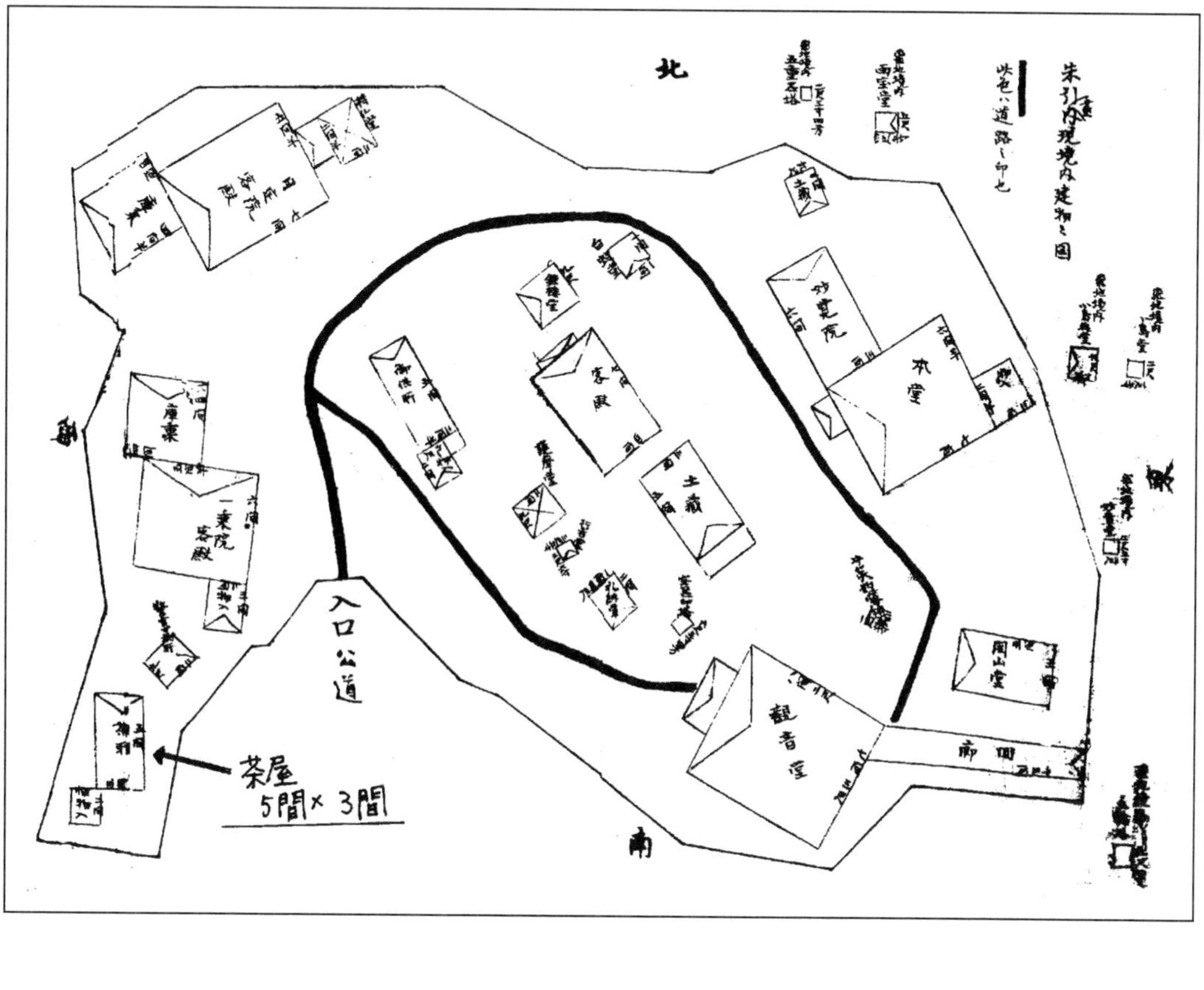

竹生嶋一の鳥居の建設について

第１５７号
2000.05.24

早崎村の東の畑の真ん中に大きな鳥居があります。竹生嶋一の鳥居と呼ばれるものです。

圃場整備までは、益田村から早崎村へ至る幹線道路がその脇を通っていました。

我々が子供の頃、早崎の浜へ水泳に通ったのもその道でした。

今では幹線道路が別につけられたので、殆ど昔の道を通ることはなくなりました。

そのため、竹生嶋一の鳥居の存在すら忘れ去られようとしています。

今回はこの「竹生嶋一の鳥居」について書きたいと思います。

この鳥居について、冨田村に残された古文書には記載されたものがありません(まだ見つけていません)。

そこで、びわ町図書館所蔵の「竹生島宝厳寺文書」から考察していきたいと思います。

天明六年六月に鳥居が建立される

この鳥居は、天明六年(一七八六)の六月に建立されたと言われています。

鳥居の建立には多大の資金が必要です。そこで「鳥居講」を設立し、呼びかけ発起人になったのは、江戸の商人江嶋屋甚兵衛(増田村出身)という人物であったようです。

鳥居横の石碑銘には「願主江島甚兵衛」とあります。

この呼びかけに応じたのが、江戸の商人で、石碑銘には、

近江屋善六・　近江屋安兵衛
高嶋屋伊兵衛・　近江屋善五郎
山田屋吉右衛門・山田屋源兵衛
山田屋与兵衛・　同倅　又兵衛
山田屋喜兵衛・　山田屋傳兵衛
江嶋屋甚兵衛・　同倅　三五郎

等の十九名が世話役となっていたようです。

彼らの出身は、増田(益田)村(三人)戌亥(下益田)村(一人)香花寺村(一人)唐国村(一人)酢村(一人)中野村(一人)高田村(一人)であったといいます。

《「早崎のムラの昔」》

つまり、湖北の土地に縁ある人々やその縁故者によって事業がスタートしたのです。

事業は「竹生島一之鳥居再建」ということで開始されましたが、場所が早崎村と増田村の郷境にあるため、土地の問題や、基礎土台の石組等について多々悶着があったようです。

(※次頁註参照)

しかし、紆余曲折はあったものの、安永五年(一七七六)の四月に許可も下り、建立場所も定まったようです。

更に紆余曲折があったようですが、天明四年(一七八四)二月七日には水盛にこぎつけているようです。

その様子を古文書は次のように記録しています。

(天明四年二月)
一、同廿九日曖人入来ニ付、御申越被下趣組中へも致披露候所、御曖之御了簡ニ候間無據承知候間、弥其通りニ御聞被下候様ニ与致返事候所、然ハ弥其通ニ極メ可申候間、近日御勝手ニ水もり等被成候様ニと被申候故、然ニ二月七日水もり、夫より直ニ地築ニ相懸り可申候間、ケ様御承知被下候様ニ与申入候事。且又曖人被申候様ハ、双方無相違様ニ為念双方より書付取可申との儀被申候。仍而・・・(略)

《竹生島宝厳寺文書 13-0167～》

※ 傍線は筆者による。

一方、作業現場には人足の休憩場所や茶沸かし場等の仮屋の設営に、冨田村大工阿部権守が指揮に当たっています。

また、冨田村大工権守・西嶋但馬・悴権右衛門等によって地形定めや水縄引きを終わり、検分も済まし、一応の準備が完了します。

続く二月八日から人足作業が始まりますが、人足は近隣の村々から労力奉仕(寄進人足)で出役したようです。

毎日の出役や仕事の記録から、下に抜き出してみると、

(天明四年二月八日)
一、同日より地形穴堀□始、昨日頼ニ遣し置候故稲葉村より三拾人斗寄進人足来ル。右之穴ハ幅三間長サ十間深サ八尺余ニ堀候也。
一、同日権守・但馬、矢倉之支度等懸らセ候事。右矢倉ハ去年拵置候故仕組候事。
一、同九日香花寺村より四拾人斗人足来ル。穴堀。尤水涌出候ゆへ早崎人足も毎日七八人宛も申付、水かへさセ候也。

・・・・・《略》・・・・・

一、十三日冨田村より四拾人来ル酒弐斗持参候事。

・・・・・《略》・・・・・

一、十七日馬渡村五拾人斗来、酒壱斗持参候事。昨日迄ニ穴堀ハ相済、今日杭打也。右杭ハ荒川村より嘉左衛門買調へ来ル。松丸太凡壱尺弐三寸廻之物、長サ四尺ニ切取、右穴八尺堀り下へ打入候也。杭数凡六百本斗打込候也。

……《略》……

一、同廿四日増田村・冨田村百人斗来ル。

……《略》……

（三月）

一、同十五日八木濱村・冨田村百拾人斗、金百疋八木濱より持参中村市右衛門殿より人足五人、酒五升持参候也。

……《略》……

※冨田村関係の記事の部分を中心に抜粋しました。

寄進人足の合計は、記録にあるだけでも二千八百人余に上ります。

更に、早崎村の人足や菅浦からの寄進人足、荒川村（志賀郡）の石屋からの人足等を加えると、三千人を遥かに上回る人足であったことが分かります。

しかも、残されているこの記録は、一之鳥居の基礎普請関係のみの記録です。鳥居の建立普請は含まれていません。（残念ながら、この時の記録は残されていませんが・・・・）

予想以上の人足ですが、鳥居基礎の穴堀については、幅三間、長さ十間、深さ八尺余とあるようですから、かなりの労力を要したと思われます。

更には、すぐ東側に川が流れていましたので（十九川が下益田北側へ北上していました）、多量の湧き水に悩まされたようで、「毎夜地形之穴に四尺余り宛も水溜り候也」とあり、毎日四ツ時（午前十時頃）までは水替え作業にかかった模様です。

人足の具体的な出役については次号に譲るとして、この三千人以上の寄進人足を支えたものが何であったのかと考えさせられます。

史料では「中飯ハ持参有之候様、人足頼ニ遣し候節申入置候事」とあり、人手弁当であったことが分かります。

その中での寄進人足を支えたのは、当時の人々の信仰の深さ、竹生嶋弁財天への敬虔な思いが伝わってくるように思うのは、私だけではないと思っています。

その厚き信仰を忘れぬためにも、竹生嶋一の鳥居は立ち続けているのだと思います。

《参考》

竹生島文書（マイクロフィルム版）
（びわ町図書館）

「早崎のムラの昔」（早崎観緑氏著）

※1 鳥居建設の場所について、益田村と早崎村との間で悶着があった件については、嗳人として馬渡村庄屋九郎右衛門と上八木村庄屋孫四郎が調停に入ったことがわかります。

竹生島文書に、「増田村早崎村嗳絵圖」と題された文書の中に、関係地図と「嗳済證文」がありますので紹介します。

《竹生島文書 19-0562～》

済證文之事

一浅井郡増田村と同郡早崎村郷境之所ニ竹生嶋一之鳥居と唱、先規より野面之石弐ツ土中ニ埋有之候処、此度竹生嶋一山中より鳥居相立申度念願ニよつて、早崎村。増田村江及相談候所、右場所故障有之處故、増田村不得心ニ付、此段彦根御役所表江御窺申上候處、馬渡村庄屋九郎右衛門・上八木村庄屋孫四郎、右両人江嗳被 仰付、則、右場所見分之上、双方江被仰聞候趣、左ニ書記候事。

一右場所、領地之義は増田村領地と相見江申候処、舊所ニ相成候躰は神領之様ニ茂相見江、是以何れ之領共難見分、依之、右場所間尺坪数等相改メ、杭木拾本打之、絵圖ニ書記、領地は増田村と相定メ、竹生嶋鳥居相立、且又御旅所故、諸事引請早崎村より致世話候様相定申候。依之、鳥居建立并神輿出御ニ付、右場所被繕之節は彦根御領分馬渡村九郎右衛門殿・上八木村孫四郎殿、右両人衆御立會、鳥居建立普請等無支障致出来候様御取持可被下趣、御挨拶被申聞、則、右場所有姿表書絵圖面ニ書記、双方江御渡被下、以後互ニ申分無之内済相調申候ニ付、両村役人立會得心印形仕候處、仍而如件

彦根御領分増田村
（村役四名略）

安永五年丙申四月

竹生嶋領同郡早崎村
（村役四名略）

彦根御領分同村
（村役三名略）

前書之通毛頭相違無之ニ付、嗳人共奥印致シ指遣置之条、永遺失有之間敷候。以上

同郡馬渡村嗳人庄屋
九郎右衛門（印）

同郡上八木村嗳人庄屋
孫四郎（印）

（図面は略）

（※絵師曽根村西岡元蔵）

（※安永五年（一七七六））

鳥居建設用地が益田村と早崎村郷境付近となり、トラブルが発生したようです。

図面から見ると、鳥居予定地の東南側は早崎村畑、西側は早崎村に食い込むような形で益田村田地があったように見え、その境目が予定地であったようです。

嗳人の判断は、どちらとも考えられる場所だとしつつも、測量などの結果から、対象となる地は益田村領と定めます。但し、御旅所等になる場所故、諸事の世話は早崎村が執り行うように定めます。

また、鳥居建立普請時にはトラブルが発生しないように両嗳人が立ち会う事も条件になっています。

また、現状を図面に残しておく事、双方が保管する事も記載されています。

しかし、天明四年（一七八四）、普請が始まるや、地形高さ、石垣の大きさ等で、両村の思惑が異なり、再度彦根役所へ出訴に及ぶことになるなど、スムーズには運ばず、再度、嗳人が登場することになります。

最終的に、石垣地盤にて八間、上にて六間ということで双方が了解する事になります。また、田や川へ土砂流れ落ざる様…などの諸条件も付加されることになりました。

竹生嶋一の鳥居の建設（その三）

第１５８号
2000.06.10

前号で、早崎郷にある「竹生嶋一之鳥居」の普請について書きました。

記録が残っているのは天明四年（一七八四）二月～三月の土台基礎普請の件ですが、寄進人足として三千人を越える手伝いがあったと書きました。

その記録をまとめてみました。

《竹生島文書 13-0167～抜粋》

二月

八日	稲葉村	三〇人
九日	香花寺村	四〇人
一〇日	下八木村	五〇人
一二日	下八木村	五〇人
	菅浦村	三人
一三日	冨田村	四〇人
一五日	海老江村	四〇人
一六日	田中村	四〇人
一七日	馬渡村	五〇人
一八日	安養寺村	五〇人
	十九村	一五人
一九日	増田村	八〇人
二〇日	村人足(早崎)	八人
二一日	〃	三〇人

三月

二三日	下八木村	八〇人
二四日	増田村 冨田村	一〇〇人
二六日	山本三村	一三〇人
二七日	上八木村 高田村	八五人
二八日	延勝寺村	八〇人
	菅浦村	三人
三〇日	南速水村 小倉村	八〇人
二日	五坪村 大光寺村 猫口村 沢・今村	一〇〇人
七日	大安寺村 稲葉村 小観音寺	一〇〇人
九日	弓削村 錦織村	九〇人
一〇日	難波村 落合村	一一〇人
一二日	新井村 野寺村	九〇人
一四日	香花寺村 青名村	一二〇人

一五日	大浜村 八木浜村 冨田村	一一〇人
	八木浜中村氏	五人
一六日	今西村 安養寺村	一二〇人
一七日	津里三郷 海老江村	一二〇人
一八日	月ヶ瀬村 唐国村 小今村	一四〇人
一九日	細江村 田中村	一〇〇人
二〇日	曽根村	一二〇人
二一日	大寺村 加村 十九村	一一五人
二二日	三川村	一〇〇人
二三日	延勝寺村	八〇人
二四日	下八木村 若連中 冨田村 若連中	一一〇人

※ 欠日は雨天による作業休止日
又は、村人足(早崎)等の準備など

※ 三月二四日は矢倉等の仕舞作業

※ 表以外に、早崎村人足等出役あり

また、普請中、酒や祝儀の寄進は勿論のこと、石や砂等の寄進も多々あったようです。

菅浦村	八人持石一〇個
	四人持石六～七〇個
尾上・片山	ごつ石・山土
中濱村	砂船五〇艘
川道村	砂船八〇艘

また、有力者からの人足・酒・祝儀等も寄進があったようです。

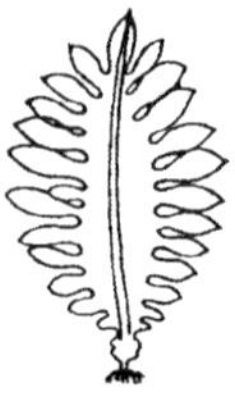

そして、鳥居の土台の準備ができた天明四年(一七八四)の三月二十八日、鳥居積取の船が志賀郡荒川村石屋嘉右衛門方へ向け出船します。

四月五日に笠石が、十日に柱石一本が早崎村に到着します。

その後の記録が欠如のため（天明四月十日が最後)、その後のことは詳しくは分からないのですが、鳥居の棟上式(建立)は、天明六年(一七八六)六月二十一日に計画されていたようですが、一日延期され、六月二十二日に執り行われたようです。

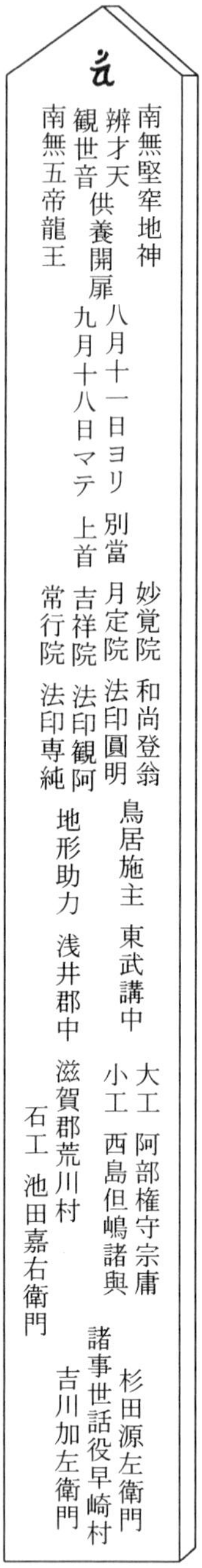

《竹生島宝厳寺文書 26-0257》

「竹生嶋一之鳥居棟札」の写しと思われます。

裏面分に、「天明六年丙午歳」とあります。

何故、二年間も棟上式が行われなかったのか。

今となっては、新しい史料が見つかるまで、詳しい事情は分かりません。今後の史料の発掘に待ちたいと思います。

最後になってしまいましたが、この鳥居の建設費用について見たいと思います。

人足関係の諸経費の明細は分かりませんが、鳥居の注文書が残っていますので、紹介します。

《竹生島文書 24-0294》

竹生嶋石鳥居注文之事

一、柱長弐丈四尺　廻七尺
一、沓石六尺四方　但厚弐尺五寸
一、笠石嶋木共三本
　但切出しニ而
右之外別紙絵図面之通
　但御施主百人程之御名
　前柱ニ彫付可申候候
右之鳥居代金百拾五両ニ而一宮請取申候。右之内手附金三両御渡被下、慥請取申候。相残ル金子之内江三拾両来ル寅正月御渡被下、又三拾両鳥居早崎浦へ着船之節御渡被下、残ル金子は鳥居立終り之節不残御渡可被下候
一、立渡之内鳥居早崎へ着船後、石屋拾人斗之飯事雑用ハ其元様御賄可被下候。且又、早崎へ着船後、平人足之儀者其許様ょり御出可被下候。右者竹生嶋一之鳥居相對之請取申候。然ル上者石道具何れもきづ無之物、地形等も永々狂ひ不申様万事入念、寅八月中ニ急度相立渡可申候。為其庄屋加判仕候。仍而一札如件。
　志賀郡荒河村
　　石屋　嘉右衛門(印)
　同村庄屋　鉄右衛門(印)
　北小松村　孫右衛門(印)
安永十年丑二月
竹生嶋
　御年行事様
浅井郡増田村
　穴太九郎左衛門様
同郡早崎村
　杉田源左衛門様

※ 安永十年(一七八一)

代金百十五両が現在の価値でどのくらいになるのか分かりませんが、米一石一両で計算すると、約米二百九十俵分となり、又、一両一〇万円で計すると一千万円を越える事になります。

代金百十五両を分割納入しており、現在の契約パターンと同じであることも確認できます。

《参考》
竹生島文書(マイクロフィルム版)
　(びわ町図書館)
「早崎のムラの昔」(早崎観緑氏著)

※1

竹生嶋一之鳥居完成のメドが立った頃、鳥居に掲げる扁額についての動きが見られます。

《竹生島文書 18-0209》

目録
奉納　額
御神号染筆　弐枚
御初穂　銀三枚
　以上
井上儀作
村上大之進
若狭屋太郎兵衛
笹屋傳介
近江屋喜兵衛
矢野長兵衛
同　恒三郎
西村権右衛門

年代不明ですが、一之鳥居に掲げる扁額の奉納だと判断しました。

ちなみに、近江屋喜兵衛は、難波村中村林助・乾庄九郎が始めた江州縮緬(後の浜縮緬)の京都に於ける唯一の販売店でした。

林助・庄九郎の織元を通した江州縮緬は、彦根藩年貢縮緬という名目で近江屋喜兵衛に届けられ、近江屋で販売されたのです。

林助・庄九郎の縁をもって、竹生嶋への寄進があったものと思います。

また、次のような文書もあります。

《竹生島文書 18-0210》

御尋ニ付御答申上候覚
~~申上覚~~
御室御所ょり御状到来ニ付、御尋之趣承知仕候(※この一行後筆)
竹生嶋鳥居額之儀
御室御所御真筆頂戴仕度段、智山安養院ょ里御願申上被呉候所、未御治定者無御座候候得共、大方無相違相叶可申趣、安養院ょり承之候。此上、何分宜御取成御仰上被下候様奉願候
以上
天明六年午三月五日　竹生嶋惣代
　月定院(印)
御本寺
　両御役者中

(※天明六年(一七八六))

時期、内容から見て、一之鳥居の扁額に御室御所御真筆をお願いしたことを示す文書だと思います。

結果的に御真筆が頂戴出来たのかは不明です。

その後、明治維新を迎え、この扁額に対して大変な問題が持ち上がることになるのですが、此処では割愛します。

※2

《竹生島文書 07-0284》

奉差上御請書之事
一　一之鳥居御再建御普請方、被仰付難有仕合ニ奉存候。然ルニ今般退役被仰付承知仕、依而請書奉差上候。
　以上
寛政十一年
　未八月　源左衛門(印)
　　傳右衛門(印)
年行事様

(※寛政十一年(一七九九))

天明六年(一七八六)六月の上棟から一三年後の文書で、普請方役を退役の請書です。残務整理があったのかもしれませんが、年月の掛かりすぎのようにも思えます。

とにかく完了という事になります。

竹生嶋国有林下げ戻しの件

第１５９号
2000.06.24

現在の竹生嶋の木々は鵜や鷺の害によって絶滅寸前となっています。
船上から見ると、北側の木々は立ち枯れが大層目立ちます。
公的機関もその対策に乗り出していますが、効果が上がらず、風前の灯火となっている現状です。

今回は竹生嶋山林下げ戻し一件について書いてみたいと思います。

次の文書は竹生嶋宝厳寺文書の中から見つけたものです。

《竹生嶋宝厳寺文書 30−0330》

目録
一、金参百参拾参圓也
右上納仕候也
明治四十年十二月三十日
大字富田
寶厳寺殿

《竹生嶋宝厳寺文書 30−0329》

上納証
一、金参百参拾参円也
右者寄附金壱千円之内第弐回上納
明治四十弐年一月元旦
大字富田

《竹生嶋宝厳寺文書 30−0332》

領収証(印)
一、金参百参拾参圓
右者當島國有林拂受代金之内江御寄附被下正ニ受納仕候也
竹生島寶厳寺住職
峰 覚以(印)
明治四拾弐年一月元旦
東浅井郡竹生村
大字富田区御中

これらの文書は、竹生嶋国有林の下げ戻しを受けた時、その代金を捻出するために寄附金を募ったことを示しています。

下記の史料でも分かるように、竹生島は全島を竹生島領として明治維新を迎えます。しかし、明治七八年の頃、宝厳寺境内と都久夫須麻神社境内のみを残した全ての山林を上地(奉還する)させられてしまいます。

その面積が十五町八反四畝余になったようです。

つまり、宝厳寺と都久夫須麻神社の境内以外は国有林となってしまったのです。

千年以上も続いた竹生島の所有が、一瞬の内に国有林となってしまったのです。

《竹生嶋宝厳寺文書 30−0020〜》

國有林下戻申請書
寶厳寺住職
峯 覚以

……《前略》……

一、當竹生島寶厳寺ハ神亀元年聖武天皇ノ御願ニ由リ、行基菩薩ノ開創ニシテ辨才天女ヲ鎮護シ千百七拾余年、御代々勅願ノ霊場ニ有之、最モ當島ハ往古ヨリノ除地ニシテ、當寺ノ所有ニ有之、加フルニ當島外ニ於テ三百石ノ御朱印ヲ賜リ、伽藍堂宇連綿維續罷在候處、御維新ノ際、御朱印ヲ奉還シ、次テ明治四年當寺本尊辨才天本堂ヲ以テ都久夫須麻神社ト改称被仰出候ニ付本尊辨才天ハ當寺中ニ遷シ、塔中寺院住職者ノ内復飾セシメ、該寺院ヲ以神職ノ居宅トナシ、尚當島ハ西國三拾番ノ札所ニテ其本尊千手観世音菩薩ヲ併テ當寺ノ所徳ヲ以テ法會祭典諸経営ヲ為セリ。而シテ明治七年及八年ニ當寺ノ境内ヲ八反拾三歩トシ、神社境内ヲ弐反壱畝拾三歩トシ、残地則前記ノ拾五町八反四畝弐歩ハ上地(※奉還する事)ヲ命セラレタリ。尓来弥衰頽大ニ舊観ヲ失ヒ候モ衆庶ノ信仰猶浅カラス法燈稍ク保持罷在候。前陳之通當竹生島ハ御朱印地内ニ非スシテ元ヨリ當寺ノ所有タリシヲ以、旧来當島樹木ノ伐採植等適宜所理シ、且塔中坊舎ノ敷地建物随意譲與賣買等シタル實蹟明瞭ニ有之候。

……《中略》……

右申請仕候也
明治三拾三年二月
右 峯 覚以(印)
右寺塔中惣代 峯 覚専(印)
右信徒惣代 竹生村大字早崎 吉川外吉(印)
同 村大字富田 川崎太造(印)
同 村大字下八木 藤木傳三郎(印)
同 村大字早崎 吉川治三郎(印)
竹生村長伊藤平太郎(印)
農商務大臣曽禰荒助殿

(※ 傍線は筆者による)

竹生島国有林の下げ戻しの運動が、何年頃から始まったのかは、はっきり掴んではいませんが、上のような「国有林下げ戻し願書」や全島が竹生島領であったという証拠となる「古文書の写」が多々残されています。

その全てに目を通したわけではありませんが、明治二十四年頃に一つの波が見られます。

しかし、この時は認められなかった様で、次の大きな波は明治三十三年頃に始まります。

国有林を管轄する大坂大林区署への願書がいくつか見られます。

また、「国有林特賣願書」なるものも多々見られるようになります。

結果的には、明治三十五年九月二十二日付で大坂大林区署から、竹生島国有林拂下許可指令書が届いたように思われ、やっと念願が叶ったことになります。

《竹生島宝厳寺文書　30-0240》

国有林の払い下げを受けるに当たって、どのような条件であったかは詳しくは分かりませんが、金銭の支払が必要であったと思われます。

冨田村からの一千円の寄附（三回に分けた分割であったようです）は、この資金に当てられたのではないかと思います。

他村の記録は残っていませんが、竹生島に縁のある冨田村・下八木村・早崎村が、これに対応したのだと思われます。

別史料《30-0195》によれば、

…《略》…　宝厳寺ニ縁故アル竹生村大字冨田・早崎・下八木ノ三部落ヨリ　…《略》…

とあり、それを裏付けるものだと思います。

また、その同史料に「神社参分寺七分ノ持分ヲ以テ共有特賣ヲ受ケ…」とあり、資金の分配まで決めていたことも分かってきます。

神社と寺とには、更に冨田村に関わるような契約がなされていたようですが、今回は割愛します。

また、上の文書でも分かるように、明治以降、竹生島関係の願書等の署名には、信徒惣代として、冨田村・下八木村・早崎村の代表者（現在冨田区の宝厳寺係・都久夫須麻神社係に相当するのか？）が連署捺印しています。

この関係がいつの頃から始まったのかは不明ですが（恐らく何百年も前からと思いますが…）、これらも竹生島と冨田村とのつながりを示す一端だと思います。

《参考》
竹生島文書（マイクロフィルム版）
（びわ町図書館）

※1　明治維新後、竹生嶋は最大の危機を迎えます。紹介したように、竹生島自体の国有林化、都久夫須麻神社の分離創設、領地の召し上げ…等々、竹生島にとっては宗教活動、生活など根幹に関わる諸問題に直面することとなります。

都久夫須麻神社の分離創設については、難しい問題もありますので、割愛し、生活苦に対しての史料を紹介しておきたいと思います。

《竹生島文書　31-0002》

歎願御伺旁々御願書
　東浅井郡早崎村ノ内竹生島
　　寶厳寺

去ル十六年七月廿七日附ヲ以テ奉歎願候當寺門代華表、并益田村郷中ニ建設有之石華表之儀ニ付、詳細履歴上言歎願仕候次第、然ルニ當寺儀御維新迄ハ相應之寺領モ頂戴仕居候テ諸堂宇修繕、一山中生活罷居候処、上知以後逓減ニ被仰出、其逓減禄モ暫クシテ、初四ケ年逓減則之半高ヲ賜リ、其後ハ悉皆神社江御下附相成一山永續之目途ヲ失シ、只信者之帰嚮而巳(ノミ)ニテ、細々保存罷在候。中ヨリ信者ヲ協同シ、永續之法方誘導中ニ御座候処、右両所之華表神社所属ト被仰付候者ゝ、郡内之人気ニモ差障、現今信徒之帰嚮ヲ失シ、一山ノ体戴ヲ損スルノミナラス、一山ノ生活ニ差閊候ハ眼前ト悲歎ニ打沈ミ罷居候。何卒前願之通リ御聞届ケ被成下度、前歎願御伺旁々奉歎願候也。

　右寺総代
　　妙覚院住職
明治十七年三月廿二日　峯覚以（印）
　右寺信徒総代
　同郡同村
　　吉川弥右衛門
同郡冨田村
　　川崎S兵衛
同郡下八木村
　　秋野五右衛門
滋賀縣令篭手田安定殿
　前書之通ニ付奥印仕候也
　　右村戸長
　　　吉川惣右衛門
　　同郡益田村戸長
　　　植松市右衛門

庶丙第三八五号
　書面之趣ハ其筋へ稟申中ニ付、逐テ可及何分指揮事
　明治十七年三月廿四日［印］

明治政府は廃仏毀釈等、神道中心の政策を始めます。そのため、都久夫須麻神社の分離創設を指示したのですが、竹生島が持っていた禄高も減じた上、その全てを神社へのみ下付する事になります。

更に、竹生島一之鳥居（早崎村在）も島の鳥居も神社所属と通達してきます。

宝厳寺としては、禄高も失い、生活にも窮することになり、信者からの食材等の寄進による生活を余儀なくされます。

更に鳥居の所属まで神社に帰したら郡内の信者も離れてしまうと嘆いています。

鳥居の所属については、後々まで尾を引く事になりますが、この明治政府の政策に面と向かって対処したのが峯覚以氏でした。

史料も多数残されていますが、割愛します。ただ、今日の宝厳寺の礎を作ったのは峯覚以氏の努力奮闘であった事だけを紹介するに留めたいと思います。

竹生嶋国有林下げ戻しの件(三)

第160号
2000.07.10

前回は、竹生嶋国有林下げ戻しに関わって、冨田村より一千円の寄附金があったことを書きました。

また、冨田村と竹生島の関係についても若干触れました。

今回もその続きを話題にしたいと思います。

《竹生嶋宝厳寺文書 30−0195》

(収入印紙貼付)
受取證書
東浅井郡竹生村大字早崎字竹生嶋
一、山林反別拾八町四畝拾七歩
前記ノ土地ハ元國有林ニシテ、嚮ニ都久夫須麻神社ト宝厳寺トノ間ニ契約ヲ締結シ、明治参拾五年十月参拾日、神社参分寺七分ノ持分ヲ以テ共有特賣ヲ受ケタルモノニ有之候処、右契約付帯条件トシテ宝厳寺ニ縁故アル竹生村大字冨田早崎、下八木ノ三部落ヨリ、都久夫須麻神社并ニ前記大字ニ縁故アル拙者ニ地價百円ニ相当スル地所ヲ無償ニテ譲與セラルヽコトヲ神社ニ誓約相成リ候。然ルニ今般其誓約ニ基キ、
東浅井郡竹生村大字冨田
字古座第七百拾番
一、田反別壱反壱畝弐拾歩
外壱畝五歩畦畔
地價六拾八円弐拾四銭
同上第七百拾番ノ壱
一、畑反別拾歩　外四歩崖地
地價九拾四銭
同字溝ノ尾第七百拾八番
一、田反別七畝拾九歩
外弐拾七歩畦畔
地價参拾参円六拾銭
前記ノ土地譲與セラレ候ニ就テハ所有権移轉手續上ノ都合ニヨリ拙者ニ於テ所有者竹生村大字冨田□番屋敷川崎□□ヨリ賣買ノ名義ニテ直接授受ノ手續ヲナス為メ、實價金弐百七拾五円ヲ贈與ニ相成リ正ニ授受申候処實正也。然ル上ハ事實前記ノ土地ヲ譲受ケタルモノナレハ永久ニ保存シ、該土地ニ関シ喪失ヲ目的トスル行為ハ聊カ致間敷候。為後日一札如件
明治参拾　年　月　日
東浅井郡竹生村大字早崎
竹生嶋住
生嶋礼智(印)
宝厳寺縁故者
東浅井郡竹生村大字冨田
同　大字早崎
同　大字下八木
御中

※※ 傍線部分は前号の話題部分(筆者)
収入印紙が貼付されていますが、最後の日付は未記入のままです。正式に発効した文書かどうかは、確信が持てない面もあります。
※ 個人名は伏字(□□)としました。

前号で紹介した、竹生島国有林下げ戻しに関連する史料には違いないのですが、もう少しその性格がはっきりしないところがあります。

しかし、冨田村字古座・溝尾の約二反余の土地が譲与されるという記事がありましたので取り上げました。

現在のところ、竹生島国有林払い下げ代金の総額は把握できていません。

しかし、竹生嶋に縁のある冨田村・下八木村・早崎村の寄進を中心に、宝厳寺・都久夫須麻神社の信者等からの寄進に頼って金策がなされたのだと思われます。

また、買い戻した国有林の登記名義(所有者)が宝厳寺となったのか、都久夫須麻神社となったのかは分かりません。

しかし、出資は宝厳寺七分、都久夫須麻神社三分の割合となっています。

更に、上で見たように、冨田村の土地を都久夫須麻神社に譲渡する契約がなされています。

恐らく、払い下げ土地の登記の際、宝厳寺に登記した面積と都久夫須麻神社に登記した面積の割合と、出資金の割合の七対三が一致せず、その差を埋めようとしたのが、上記の冨田村の土地の譲渡ではなかったのではないかと想像しています。

冨田村の土地二反余を、何故都久夫須麻神社に譲渡しなければならなかったのか。

公表されている史料にはその記載がなく、今となっては詳しく分かりませんが、そう考えると納得が出来そうです。

ただ、何故冨田村の土地でなければならなかったのかは不明です。

契約書には「譲渡された土地は永く保有し、売り払うようなこと(喪失ヲ目的トスル行為)は絶対にしない」とありますが、現在の冨田村には都久夫須麻神社名義の土地はありません。いつの時期かは分かりませんが、売り払われたものと思われます。

冨田村と竹生嶋の関係

冨田村と竹生嶋の関係は、いつ頃から始まったのかは分かりませんが、冨田村と下八木村の両村は竹生嶋と密接な関係であったようです。

例えば、四月祭(島の祭)が冨田村と下八木村にしか行われないことも、その関係を物語っています。

また、前号や上記の文書にあるように、旧領地早崎村とともに冨田村と下八木村は、信徒惣代(総代)として名を

連ねています。

明治以降の公式文書には、全ての公文書に名を連ねていると言って過言ではないと思います。

現在の冨田区役員の中に、宝厳寺係や都久夫須麻神社係が設定されているのも、その延長線上にあるものだと思います。

また、年に一度だけですが、野菜を竹生嶋へ献上する事や、正月のもち米を集める事なども続いています。

これも冨田村が竹生嶋の膳具を奉仕したと言われていることの名残だと思われます。

また、冨田区長は竹生島の行事がある度に出席を要請されます。また、氏子総代は神社の行事には出席します。

勿論、宝厳寺係や都久夫須麻神社係は言うまでもありません。

これも冨田村が信徒総代の一翼を担っていることを示しています。

また、今年の五月、三重塔落慶法要と本尊開帳の折も、お世話(奉仕)に出かけました。

これまた、昔からの縁故を理由とするためなのです。

では、「何故に冨田村は竹生嶋と密接な関係であるのか・・・」と聞かれると、はっきりした返事が出来ないのが本音です。

一説には、一一八号(一〇年一〇月)で書いたように、神亀元年(七二四)の聖武天皇の行幸の際、鳳輦を担いだとか警護を担当したためだとも言われています。

また一説には、竹生嶋の宮大工である阿部権守や西嶋但馬が冨田村に住まいしていたためだと言う人もいます。

また一説には、冨田村の経済力と関係するのかもしれませんが、冨田村が竹生嶋を援助(金銭的・物資的に)したためだと言う人もいます。

どの説が正しいのか、何れも的を外れているのか、私には判断が出来ません。

ただ、どこかの時期に、何らかの理由で関係が深くなったことは事実ですが、その理由は確定すらできません。

時代が過ぎ、関係の理由すら不明のこの時期、先日の三重塔落慶法要・開帳の奉仕など、負担を感じている人々が増えていることも、また事実です。

冨田村と竹生嶋の関係を見直す時期が来ているのかもしれません。

《参考》
竹生島文書(マイクロフィルム版)
(びわ町図書館)

※1
竹生島の国有林は下図の、宝厳寺境内(斜線部八反一三歩)と都久布須麻神社境内(点々部二反一畝一三歩)を除いた一五町八反四畝二歩となっていました。

関係堂宇、院坊の敷地については不明ですが、宮崎は国有林部分に入れられています。

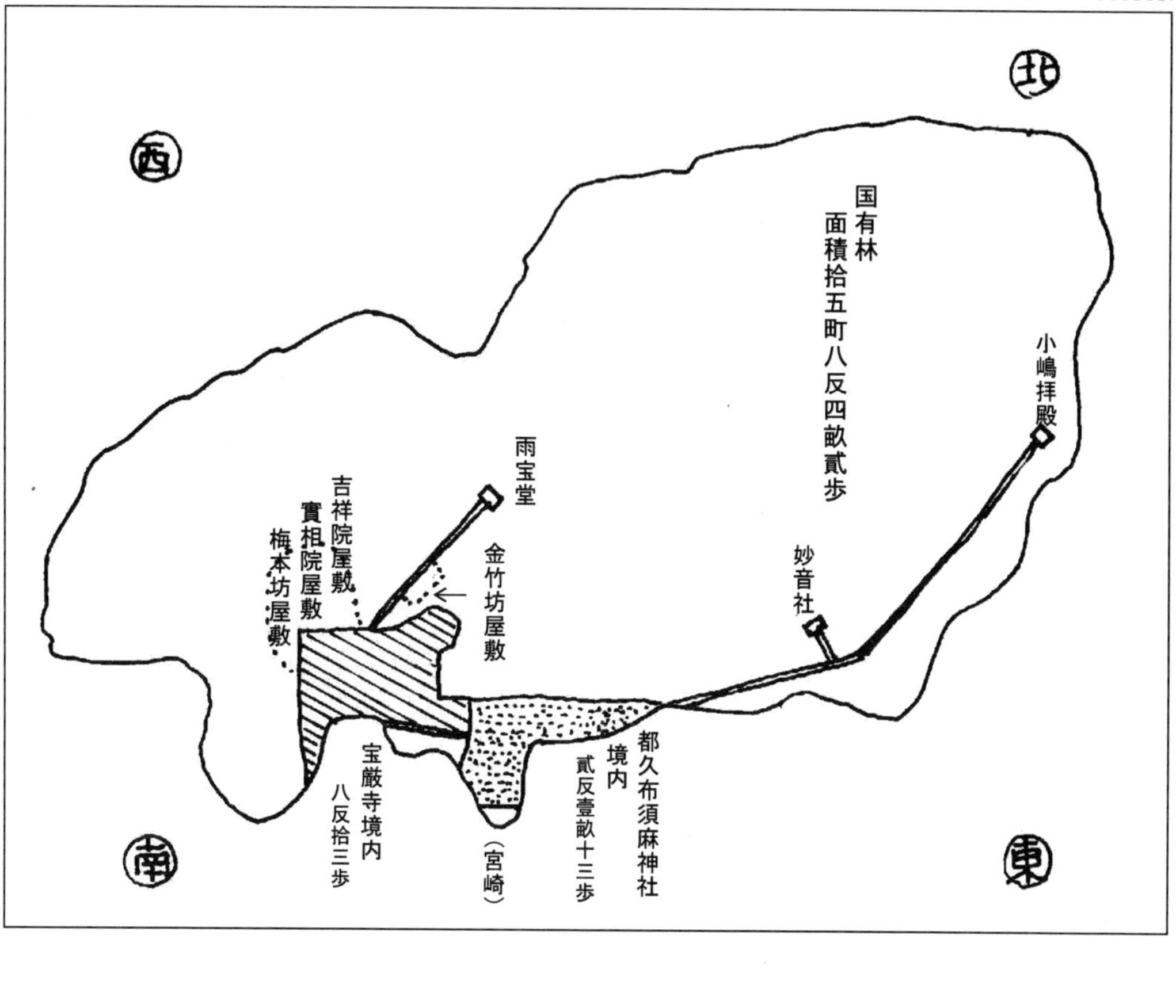

《竹生島文書(マイクロフィルム版) 30-0036(32-0042の一部付加)》

古文書の印影について

第１６１号
2000.07.24

左の文書は慶應三年(一八六七)の文書です。翌年が明治元年ですから、つい最近の、と言っても百三十年程前の文書です。
今回は、この文書から始めます。

《法令一〇》

定

一昨寅年凶作ニ而安養寺村出作御年貢御収納米不納ニ付、彼是故障与相成、従旧冬御上様御役人衆中之御苦労ニ相成候処、未ダ済寄不致候故、此度不得止事無拠、二条御番所之御出願ニ茂可相成様之始末柄ニ相成候得者、如何様之御裁許ニ相成候共、公□裁ニ候得者、万一村中立寄耕作致、御年貢御上納致様相成候共不苦候。猶亦時節柄之公□ニ候者、入用等相嵩ニ候共、小前々々ニ至迄納得之上ニ而御座候間、一言之申分無御座候。依之為後日、村中規定書仕候処如件

慶應三丁卯年
四月八日
川崎S兵衛 (印)
百姓代 T平次 (印)
同断 J左衛門 (印)
組惣代 K右衛門 (印)
同断 K左衛門 (印)
同断 G左衛門 (印)
東 G兵衛 (印)

《....以下省略....》

内容は、

昨年(慶應二年)が凶作であったため、安養寺村からの出作の分の年貢米が未納となり、差し支えが起きてしまった。御役人に御出向を願ったにもかかわらず、未だ上納されない。仕方なく裁判沙汰になったが、どのような裁許が出ても、村中が共同作業をして御年貢を上納するようになっても、また裁判の費用が多額になっても、全員が納得の上だから、一切の文句を言わない。そのための證文として全員が押印するものである。

と言ったところではないでしょうか。

今回は、内容は置くとして、冨田村全員の署名・押印(捺印)について考えてみたいと思います。

上の文書には、当時(慶應三年)の冨田村の全員(戸主)の名前と印影が残されています。

「川崎S兵衛」以外は苗字(姓)は書かれてありませんが、冨田村八十六人(北冨田も含む)の名前があり、明家(空き屋)Q太夫以外は全員が捺印しています。

戸主だけとはいえ、約百三十年前の冨田村住人の名前がはっきり分かることになります。

左はその一部です。

一頁に五人づつ署名捺印がなされています。適当に四頁分を掲載します。

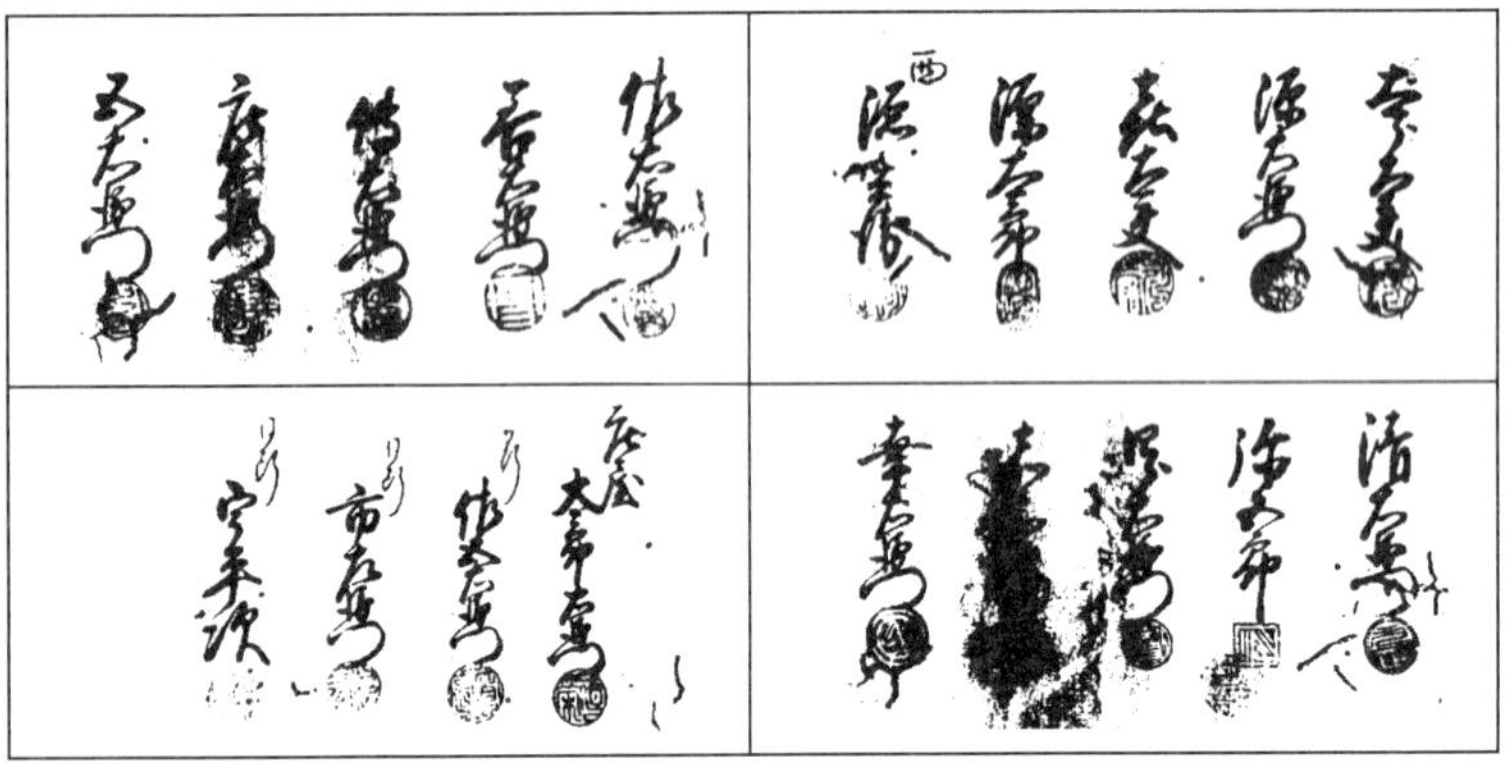

※「原本→写真→コピー」の順に処理していますので若干見にくいのは御容赦願います。

※更に今回、スキャナーでの処理をしたので見づらくなっているかもしれません。

この印影を追跡することで、その家の相続(親→子→孫→....)その関係や本家・分家の関係が判明するのではないかとも考え、印影(捺印)を目にすればチェックしています。

特に特徴的な印影は、チェックもしやすく、印象も強いので追跡するのが容易になります。

ただし、江戸時代の文書に押印・捺印してあるのは、殆どが村役人(庄屋・年寄など)しかなく、上のような冨田村全員の連判してあるのは数通しか目にしていません。

しかし、冨田村では特別な事情として、西嶋文書のような大工文書には多くの印影を確認することが出来ます。

更に、時代が不明なのですが、村役人が所有していた印影帳と思われるものが一通残っています。

これは、誰兵衛の印鑑はどの印鑑かが分かるようになっているもので、いわば印鑑登録書のようなものだと考えられます。

江戸時代は、庄屋が村人の印鑑を預かっていたとも聞きますから、その対比表であったのかもしれません。

左はその一部です。

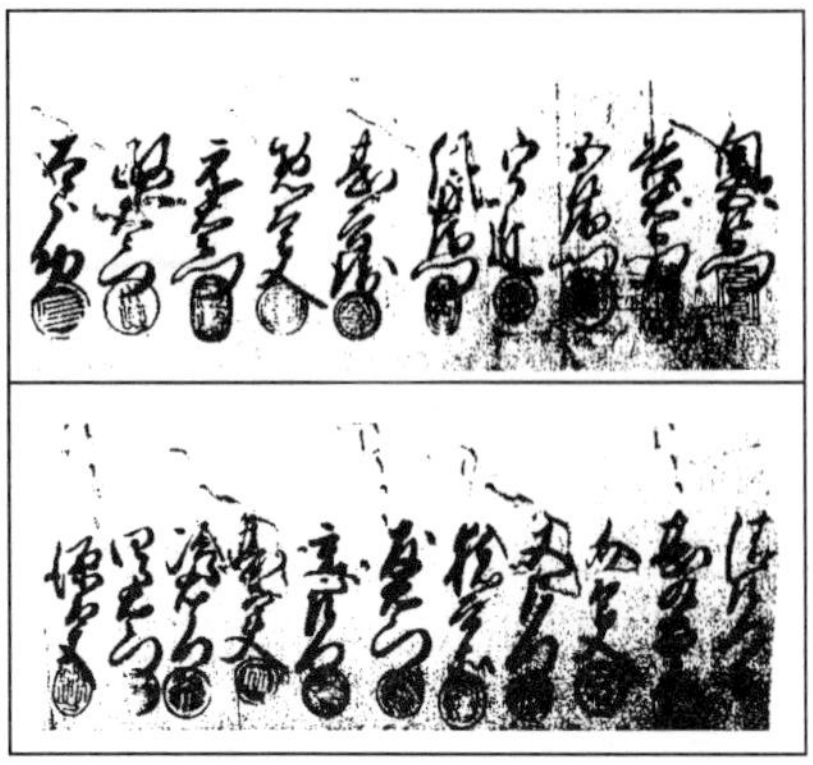

※慶應三年の史料（三段目）と同様な理由で、若干見にくいのは御容赦願います。

この二つの史料の中にとある印影があります。

年代不明の印影帳では「M右衛門」として押印され、慶應三年の史料では「G太郎」として押印されています。

これは時代がこそ違いますが、「M右衛門」と「G太郎」が同じ家であったことを意味していると思われます。別の史料で、この家は「T右衛門」と名乗っている時代もあることが確認されています。

また、現在は「河崎」でなく、「川崎」と名乗っておられます。

逆に、両方の史料に「Z右衛門」と署名された家がありますが、両者の印影は異なります。代々「Z右衛門」もしくは「O右衛門」と名乗りますが、家は同じであっても印鑑が変更されている例になります。

実際にはこのような例の方が多いように思われます。

また、特異な例として印鑑が移動していることも多々あります。

例えば、慶應三年の史料には、庄屋「T郎右衛門」として押印されている印影は、実際の印影は左のようなものです。

（発行時は実際に押印した実物大でしたが、写真処理のため、実物大ではありません。径一・七cm）

この印鑑は「T郎右衛門」家を離れて、分家である筆者宅に伝えられているのです。

幕末以前に分家されているにもかかわらず、幕末の本家の印鑑が、何故に分家に伝わっているのかは分かりませんが、少なくとも所有者が変化したことは間違いありません。

この例のように、印鑑は先祖相伝で伝えられる場合ばかりでなく、分家等々の理由によって移動する場合も有り得ます。

この続きは次回にします。

《参考》
川崎文書（滋賀大学史料館）
筆者宅相伝印鑑

※1

「河崎」とある印鑑は「M右衛門」「G太郎」「T右衛門」家を離れ、現在は別の某家に伝わっていると、某家の主人から聞きました。

「M右衛門」「G太郎」「T右衛門」家より某家に養子に入った際に移動したようです。

筆者宅に本家の印鑑が伝わったように、この「河崎」と読める印鑑も所有者が替わっても大切に相伝されているようです。

後に、何人かの方から「家から出てきた」という印鑑や印影を見せて頂きましたが、私が収集した印影の中には見つけることが出来ませんでした。まだまだ、冨田村には未知の印鑑が伝わっているようです。

現代に生きる我々にとっては、「家」という感覚や、相伝の「印鑑」等には関心が薄くなっているのですが、一世代前の人々にとっては家の歴史を伝えるという、重要な要素であったと思われます。

その意味では、歴史を語る証拠品として大切に子孫に伝えたいと、私は思っています。

印鑑以外に、同じように家を伝える物に「焼き印」があります。焼き印は農作業などの道具に押すことで、記名の代わりとしました。

架杭(はさぐい)やスコップの柄などの木製品に押されました。焼き印は家によって文字や絵柄が異なるため、その家の目印となっていました。

我が家では、現在も使っているスコップや鍬の柄、枡などに押されています。

我が家には今も使い古された二種の焼き印が伝わっていますが、これまた大切に子孫に伝えたいと思っています。

※2

次の印影は年代不明（天保年間頃？）の抜粋です。

《村政一二四》

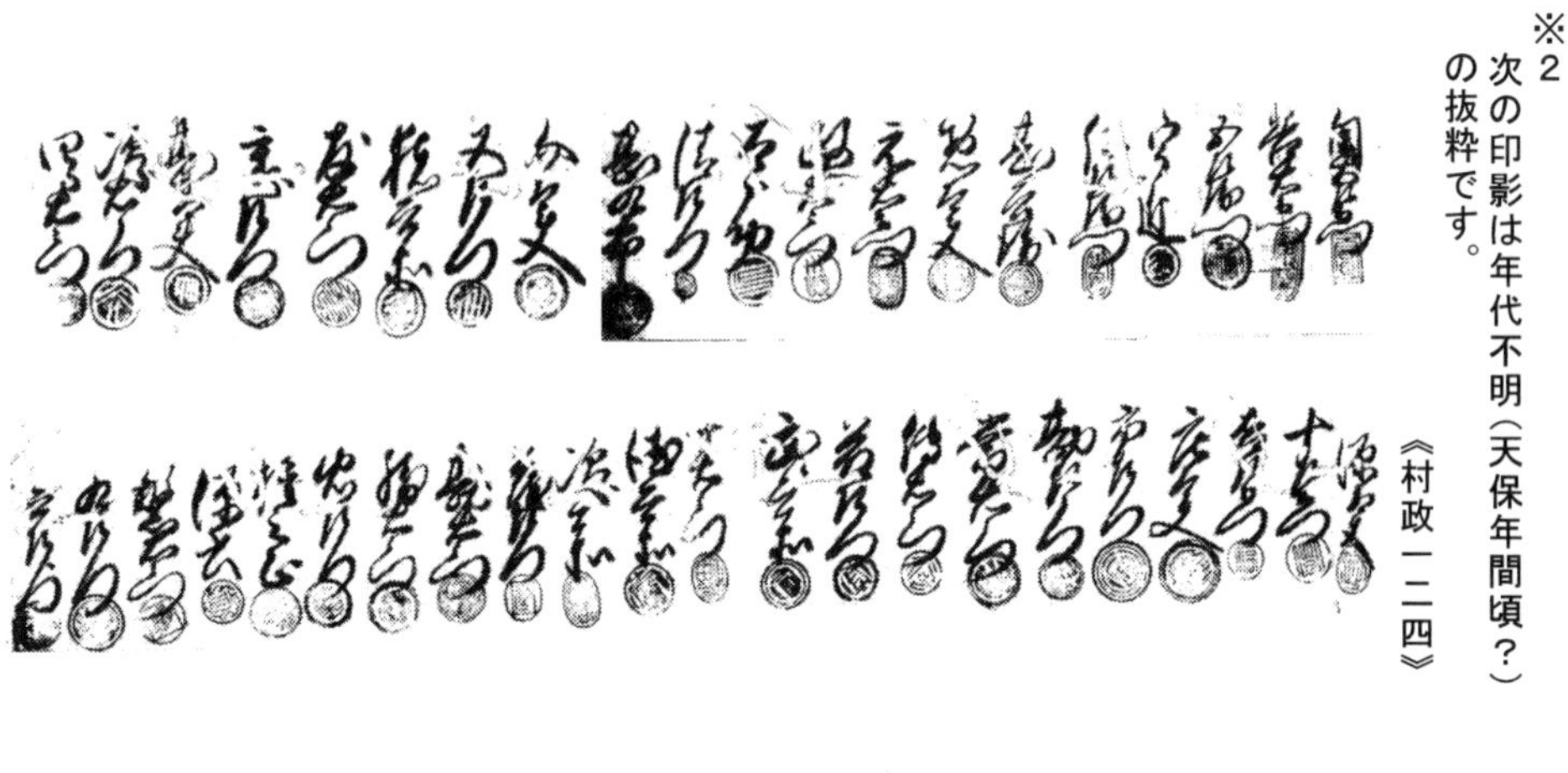

古文書の印影について（三）

第１６２号
2000.08.10

前回は古文書に残された印影について書きました。

印鑑は、その家その家で代々相伝される場合もあれば、代が変われば印鑑も変わる場合もあり、更には、印鑑が移動する場合もあることなどを書きました。

このような事に注意しながら、古文書に残された印影を探していくと、先祖や本家・分家等の関係などの諸々のことが明らかになってくると思われます。

もし、皆さんの家に古い印鑑が残されていたら、先祖の詳しいことを発見することが出来るかも知れません。

先日、某氏より古い印鑑を見せて頂き、印影を取らせて頂きました。

早速、前回の史料の中の印影と比較しましたが、残念ながら同じ印影を見つけることは出来ませんでした。

おそらく代が変わって印鑑も変わったものと思われます。

また、我が家に伝えられている別の印鑑を調べてみましたが、同様に史料の中からは見つかりませんでした。

逆に、前回の慶應三年の史料にある我が家の先祖の欄に押されている印鑑については、現在では我が家には伝わっていません。

慶應三年四月八日の印影を探すと！

前号で取り上げました史料、慶應三年（一八六七）四月八日付の「定」にある印影を別な史料で探してみると、いくつかの古文書の中に、その印影が見つかりましたので紹介します。

◆権右衛門の印影

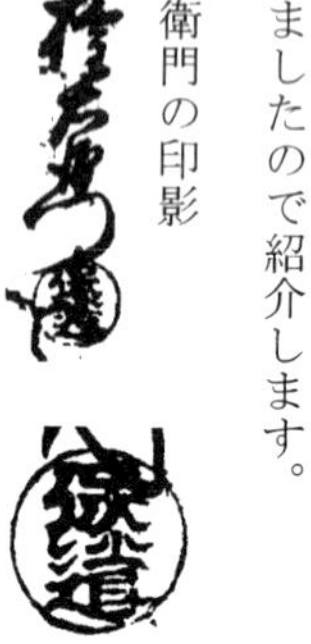

宝暦十三年（一七六三）正月十七日
中井主水御役所宛文書
西嶋但馬の印影
《西嶋文書》

明和七年（一七七〇）八月
延勝寺村山王社建立願書
組頭但馬の印影
《西嶋文書》

※但馬は権右衛門とも名乗っていますので、相伝の印鑑だったと思われます。

◆利右衛門の印影

享保十六年（一七二一）八月
大工仲ケ間定帳
冨田村但馬の印影
《西嶋文書》

◆勝右衛門の印影

享保十六年（一七二一）八月
大工仲ケ間定帳
冨田村七兵衛の印影
《西嶋文書》

※相伝か移動かはっきりわかりません。

◆源右衛門の印影

宝暦七年（一七五七）五月
冨田村二宮堂建立願書
年寄源右衛門の印影
《西嶋文書》

嘉永七年（一八五四）三月
冨田村五人組合帳
組頭傳左衛門の印影
《戸口二八》

※時代が百年余の間に名前も替わりますが、相伝と思われます。

◆権太夫の印影

享保十六年（一七二一）八月
大工仲ケ間定帳
冨田村次郎左衛門の印影
《西嶋文書》

宝暦十年（一七六〇）十月
中井主水御役所宛請書
冨田村平助の印影
《西嶋文書》

※相伝か移動かは不明。

◆太郎右衛門の印影

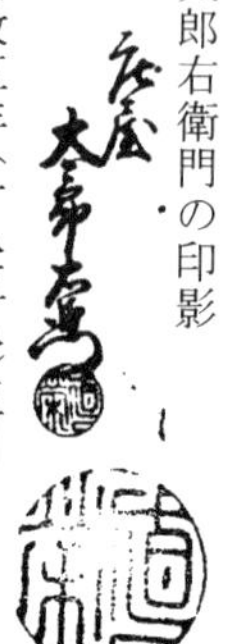

安政五年（一八五八）三月
冨田村八幡社建立願書
庄屋太兵衛の印影
《宗教四九》

※その他、多数の文書にこの印影を見つけることができます。代が替わったのだと思われます。

また、時代が近い文書には、同名で同一印影が幾つも認められますが、省略します。

また、時代が殆ど同じであっても、別名の所に同一の印影を認めることがあります。例えば、

◆宝暦七年（一七五七）五月
冨田村二宮堂建立願書
冨田村請負（大工）傳内の印影
《西嶋文書》

宝暦十年（一七六〇）十月
中井主水御役所宛請書
冨田村但馬の印影
《西嶋文書》

宝暦十一年（一七六一）十一月
延勝寺村役人宛覚書
冨田村役大工西嶋但馬の印影
《西嶋文書》

※ 対外的・大工としては「但馬」と名乗り、村内では本名「傳内」と名乗っています。従って、名前は異なっても同一人物ですので、同じ印鑑を使っていて不思議ではないのです。

＊＊＊＊＊＊＊＊＊＊＊＊＊＊

これ以外にも多々の例があると思われますが、百姓個人の印影の例が少ないため、冨田村全般について調査することは無理があるようです。

我が家にも二個三種（一個は表裏に印刻されている）の印鑑が伝わっているように、皆さんの各家にも伝わっている印鑑があるとおもいます。

それらを丹念に調べることで、冨田村内での家の動き（戸主の名前や分家等の関係・盛衰など）が分かってくるようには思いますが、実際にはなかなか難しい話なのかもしれません。

これからも機会ある毎に印影を収集し、手軽に追跡出来るような「印影帳」の充実に努めていきたいと思っています。

また、下の寛文十二年（一六七二）の文書「来丑ノ正月より法度之事」には冨田村三十三人の印影があります。

慶應三年の史料と比べて、印鑑が粗末であるように思います。

これは時代が下がるに従って、百姓も若干でも裕福になり、立派な印鑑を持てるようになった証左だとも思われます。

《法令一七》

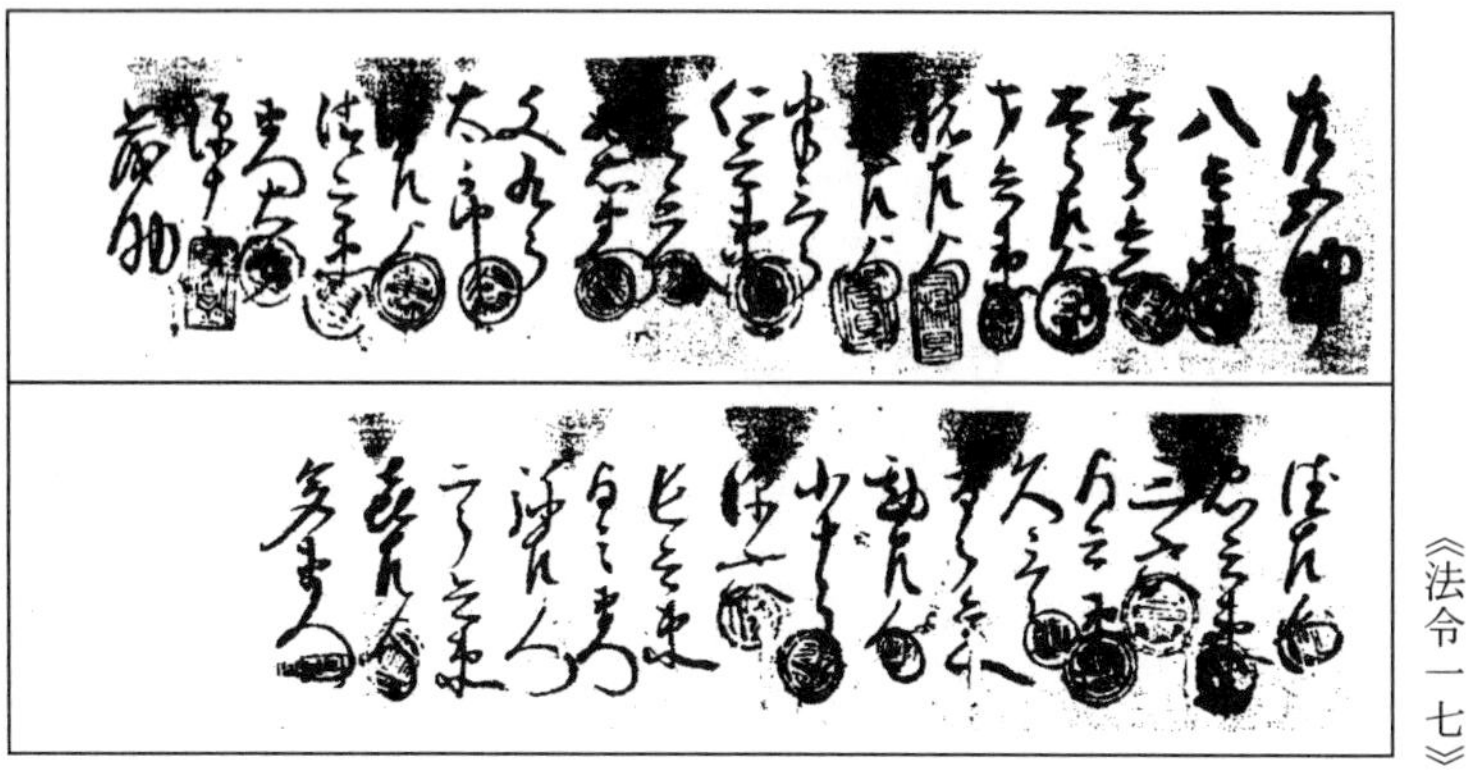

※ 本文は省略しました。

しかし、当時のものは粗末かもしれませんが、印影の形なども色々あって、別の意味での興味を感じます。

《参考》

川崎文書（滋賀大学史料館）

西嶋文書（びわ町教育委員会）

※1 現在、私達が押印する場合は朱肉を使います。従って印影は朱色になります。

これを朱印と言いますが、冨田村に残されている文書の印影はすべてが墨を用いた黒い印影です。これを黒印と言います。

江戸時代、公式文書に朱印を押せるのは将軍だけでした。百姓は黒印しか押すことを許されませんでした。

従って、冨田村に残された文書には黒印しか見つかりません。

例外的に、第二三五号の註で紹介した八木奇峰の領収書には朱印が押されていましたが・・・。

また、明治以降の文書には、現在のような朱印が定着していくのが確認できます。

戦国時代の信長や秀吉の文書にも朱印を見ることが出来ますが、明治以前迄は、朱印は権力の象徴であり、庶民は勿論、大名ですら使用できなかった言います。

このことは、あまり知られていないことですが、江戸時代を知る上で大切な知識だと思います。

朱印が押された文書を朱印状と言いますが、朱印状によって寺社領等の知行・除地を指示し、その地を朱印地と言いました。

竹生嶋は三百石の知行地を得ていましたが、それは将軍の朱印状によって示され、将軍の代が替わる度に朱印状が発給されたと聞いています。

実物は見たことはありませんが、竹生嶋にはそれらの朱印状が残されているものと思います。

※2 時代は不明ですが（江戸期後半？）、次のような文書があります。

《未整理一六八》

覚

一御印形　壱顆

水牛角材物池付

代　金弐朱

右受取申候

五月廿四日

京寺町通
高辻上
駒井清七

浅井郡冨田村

丁兵衛様

金二朱と言っても、時代と共に価値も変化しますので一概には言えませんが、現代では大雑把に見て約二万円程度でしょうか。

この印鑑の印影がどんなものであったかは不明で、図案（刻文字）を指定しての作成か、お任せ注文かは分かりませんが、わざわざ京都で求めていることが判明します。

次号で紹介しますが、江戸初期には花押であったり、略押や粗末な印鑑でしたが、時代が下がるにつれて立派な印鑑を持つようになります。

幕末の頃は、現代の印鑑より立派な印影を持つようになります。

これらの印鑑をどのようにして手に入れたのか、常々疑問でしたが、この一枚の請取書により多少の答を見つけたように思います。

或る者は既製品を、或る者は注文品を、或る者は近くの町で、或る者は京都まで出向いて手に入れたように思われます。そんなことを答えてくれた一枚でした。

古文書の印影について（その三）

第１６３号
2000.08.24

今回も古文書に残された印影について見ていきたいと思います。

現在の段階で、私が確認している古文書に残された印影は、冨田村（江戸時代）の住人だけでも三〇〇種類を越える数になります。

印影の中には、鮮明なものがあると思えば、殆ど区別がしがたいものもあり、同一と判断している印影が別のものであったり、別のものと思ってる印影が同一であったりする可能性があるので、何個の印影を認識しているとは断言できないでいます。

古い時代ほど、印肉（黒色）が粗末なのかどうかはわかりませんが、鮮明度が低いようにも思います。

同じ時期の同じ印鑑であっても、潰れているというか、滲んでいるというか、墨がはみ出していたりと言う状況が見られます。

印肉というより、直接墨を塗ったのではないかとも思えるのですが、どういう状況だったのかは分かりません。

下の印影は、寛永三年（一六二六）の「西村御物成帳」《租税一》に残された印影です。

この「西村御物成帳」には冨田西村の二十二名の署名がありますが、四人には押印がなく、残り十八人に対して使用されている印鑑は一〇個分しかありません。

つまり、何人かは印鑑を共用していることが分かります。

左の印影は、一個の印鑑を四人（兵衛五郎・甚三郎・衛門太郎・衛門介）が使用した印影の一部です。

墨のにじみや、墨のはみ出し等が感じられると思います。

折角ですから、残りの九個も左に紹介しておきたいと思います。

これらの残された印影等から判断して、この時代の印影の特徴は、

① 力強さ(荒さ)を感じるが、文字を印刻している風には思えない。
② 輪郭に二重線が使われることが多いように思われる。
③ 印影が鮮明でなく、墨のにじみや墨のはみ出し等が見られる。
④ 丸や四角ばかりでなく、変わった形の印影も見受けられる。
⑤ 百姓が印鑑を使い始めた時期ではなかったかと思われる。
（全員が印鑑を持っていない？）
⑥ 花押と併用される場合もある。
（中期以降、花押は見られない）

等々が上げられるように思います。

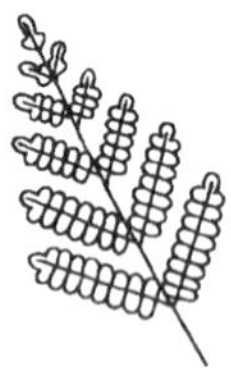

古い印影の色々！

現段階で、私が確認している冨田村の古文書に残された印影を古い順に見てみると、次のようになります。

上段で紹介した寛永三年（一六二六）「西村御物成帳」《租税一》の一〇個の印影が冨田村々人の最古の印影になります。

しかし、この一〇個の印影は、これ以外には登場しません（他の印影がはっきりせず、確認できないだけかもしれませんが・・・）。

次に確認できる古い印影は、承應二年（一六五三）五月の跡目相続に関する訴状書ですが、あまりはっきりとした印影ではありません。

次に確認できる古い印影は、萬治元年（一六五八）十二月の「田畠取上帳」《農業一》です。これには花押と印影が併用されています。

印影は長円形で、二重輪郭の印鑑が使われています。（左図参照）

次に、寛文十二年（一六七二）の「村御法度付請証文」では多くの村人の連印があります（三十三人中、八人が無印で、二十五人が押印しています）。

これらの印影の中には、幕末の嘉永年間まで使用された印鑑も含まれています。

恐らく、この頃から百姓も日常的に印鑑を使用する（印鑑を持つ）習慣が完成しつつあったのではないかと、個人的には思っています。

更に、この頃から印影の記録も徐々に増加し、元禄年間（一六八八～一七〇四）には爆発的に多くの印鑑の使用例が見られるようになります。

元禄十二年（一六九九）以前に使用された印鑑（印影）は、確認できただけでも八十七種類に上ります。

丁度、元禄年間の一七〇〇年頃を前後して、「売渡證文」や「秤御改連印手形」・「御物成納拂目録」・「酒取売手形」・「割村目録覚」・「井水相論言上書」・・・等々と多くの確認例を挙げることが出来ます。

特に、多くの「売渡證文」の中に、村役人（庄屋や年寄等）以外の村人の印影が見られるようになります。

更に、時代は不明ですが（享保十五・六年頃（一七三〇～三一）と推測しています）、村役人を除いた冨田村々人八十三人全員の印影が記録された文書が残されています。

何の記載もなく、名前の下に印影があるだけの文書ですが、村人の所有印鑑の覚え（村役人用）として使われたものだと思います。

この、村人全員の印影が記録されているということは、この頃（江戸時代中期）には、完全に印鑑使用が定着していたものと思われます。

そのため、どの印鑑が誰のものであるかを覚えているためには、一覧表が必要であり、そのために作成された資料が、この時代不明の「冨田村印影覚帳」であったのだと思われます。

また、本当かどうかは確認できないのですが、村人の印鑑は全て庄屋が預かっていたのだとも聞きました。

もしそれが本当であったら、右のような印鑑の対照表が必要であったと思われ、その存在も頷けます。

ともかく、江戸時代初期には全ての百姓が印鑑を持っていたとは言えないようです。

しかし、元禄年間頃から徐々にその所有が広がってきます。

そして、享保年間には百姓全員が印鑑を持つようになってきます。

そして、その後は、稚拙な印鑑から完成された印鑑へと変化していったように思われます。

【お願い】

ふとした事から、古い印鑑が出てきたり、または、古い印鑑を所有されている方がおられましたら、よかったら一度お見せ願えると有り難いです。

もしかすれば、御先祖のことが分かるかもしれません。

連絡をお待ちしています。

また、

※印影の大きさは、
史料　→　写真
　　　→　コピー（再コピー）
　　　→　スキャナー処理
という手順を踏んでいますので、実物大ではありません。念のため

《参考》
川崎文書（滋賀大学史料館）
西嶋文書（びわ町教育委員会）

※1
西暦五七年、倭の奴国王が後漢に朝貢し、光武帝から「漢委奴國王」と刻まれた金印を授与されたことを教科書で学びました。

印を用いることは中国から入ってきたようですが、古代では権力の象徴であったようです。

古代の日本では、天皇（御璽）や太政官・貴族などが使用しました。

戦国時代に入ると、織田信長が「天下布武」印を使い始めるなど、支配者の印鑑の使用が見られるようになります。キリシタン大名が十字をあしらった印を使っていたことも知られています。

しかし、江北の戦国大名浅井氏が印を使った形跡はありません。浅井氏の文書には花押が使われています（と思っています）

花押（かおう）は書判（かきはん）とも言われ、現代のサインを意味しますが、文字を図案化したものです。

左は冨田村区長が保管する浅井様折紙の部分です。

浅井
六月廿七日久政（花押）

名前の下にあるのが花押です。

花押は名前を図案化したもの、名前の漢字の偏や旁を図案化したもの、名前と関係ない佳字を図案化したもの、文字と関係ない図案など、花押のデザイン化にも法則があったようです。

また、公家風とか武家風とかの違いもあったようです。

花押は一人ひとり、その図案が異なり、また、同一人でも時代によって変化したといいます。

冨田村でも、江戸時代初期の文書には庄屋などの花押を見ることが出来ます。

太兵衛（花押）《租税三三六》（一六二〇）
太兵衛（花押）《農業一》（一六五八）
重左衛門（花押）
庄太夫（花押）《売買四三》（一七三二）

花押を持たない村人などは、花押の代わりに略押（りゃくおう）といって単に〇印を書きました。十字略押というのもあったようですが、見かけることはありません。

また、筆軸印といって、花押の代わりに、筆の軸に墨を付け押印したものもあります。（〇印が付く）

しかし、（一七世紀の文書が少なく絶対とはいえませんが）、一七世紀後半になると、冨田村の文書から段々と花押が減っていきます。ただし、一八世紀に入っても花押は見られますが・・・。

その代わりに、本文で紹介したような稚拙な印だったり、一つの印鑑を複数人が使うなど、押印の意味をなさないようにも思えますが、村人達の印影が現れ始めます。

これは徐々にですが、確実に村人達の間にも印鑑所持、押印の風潮が定着しつつあったことを物語っていると考えられます。

一七世紀中頃から、全国的に安定期を迎え、農村では小前百姓が自立し始める時期だと言われています。

時を同じくして、農村百姓達も印鑑を使い始める・・・。

その他にも一七世紀中頃から・・・という事柄がいくつか思いつきます。

例えば、免率が四ツ程度に安定する時期であったり、訴訟・出入に内済制度が入ってくるなど、一七世紀中頃というは農村社会にとって、江戸時代のひとつのターニングポイントであったのかもしれません。

外国ではサインが主流ですが、日本の印鑑主義はこの頃からスタートしたのかもしれません。

古文書の印影について（その四）

第１６４号
2000.09.10

前回は印鑑の所有（使用）に関する歴史的なものを考察しました。

今回は個々の印影について、特徴的なものを紹介したいと思います。

長〜く使われた印

確認した印影の中には、百年を優に越えて使われ続けた印鑑があるかと思えば、短期間しか使われなかった印鑑もあります。

史料が少なく、判断が出来ないもののほうが多いのですが、ここでは長い期間にわたって使い続けられてきた印鑑（印影）を紹介したいと思います。

【例一】

寛文十二(1672) 西右衛門
元禄十一(1698) 西右衛門
元禄十二(1699) 西右衛門
享保十一(1726) 甚右衛門
享保十二(1727) 甚右衛門
享保十四(1729) 甚右衛門
年代不明 甚兵衛
享保二十(1735) 甚右衛門
寛政　七(1795) 甚兵衛
享和　三(1802) 甚兵衛
嘉永　七(1854) 太郎太夫

史料が少なく、何十年も不明の期間がありますが、約百八十年間は使われていることが確認できます。

慶應三(1867)年に使われた太郎太夫の印影は別のものになっています。

【例二】

元禄一〇(1697) 権左衛門
元禄十一(1698) 権左衛門
享保十一(1726) 権左衛門
享保十四(1729) 権左衛門
享保十六(1731) 権左衛門
享保十八(1733) 権左衛門
元文　四(1739) 兵右衛門
延享　三(1746) 兵右衛門
寛政十一(1799) 権左衛門
文化　二(1805) 権左衛門
文化　五(1808) 権左衛門
文化　六(1809) 権左衛門
嘉永　五(1852) 権左衛門
嘉永　七(1854) 権左衛門
安政　五(1858) 権左衛門
慶應　三(1867) 権左衛門

この印鑑も不明の期間がありますが約百七十年間は使われていたことが確認できました。

【例三】

寛文十二(1672) 与兵衛
元禄　六(1693) 与惣右衛門
元禄　七(1694) 与兵衛
正徳　六(1716) 与兵衛
享保　三(1718) 与兵衛
享保十一(1726) 与兵衛
享保十四(1729) 与兵衛
年代不明 武兵衛
寛政十二(1800) 与兵衛
享和　元(1801) 与兵衛
文化　九(1812) 与兵衛
文政　七(1824) 由左衛門
天保　二(1831) 由兵衛
嘉永　七(1854) 由兵衛
慶應　三(1867) 由兵衛

この印鑑も不明の期間がありますが約二百年間も使い続けられたことが確認できます。

これら紹介した三例以外にも、いくつかの印鑑が、百五十年〜二百年にわたって使い続けられたことが確認できました。（紙面の関係で省略）

一代毎の印鑑作成

一つの印鑑が、長い期間にわたって使われた例を紹介しましたが、逆に、現代のように、一代一印鑑に近い例も見られます。

江戸期を通じて、それが確認できる例を紹介したいと思います。

①
寛永　三(1626) 太兵衛

②
萬治　元(1658) 太兵衛

③
延宝　元(1673) 太郎右衛門
延宝　二(1674) 太郎右衛門
元禄十二(1699) 太郎右衛門
（※享保年間より別家で使用）

④
元禄　七(1694) 太兵衛
元禄一〇(1697) 太兵衛
元禄十一(1698) 太兵衛
元禄十四(1701) 太兵衛
宝永　元(1704) 太兵衛
（※延享年間より別家で使用）

⑤
正徳　四(1714) 太兵衛
正徳　五(1715) 太兵衛
享保一〇(1725) 太兵衛
享保十一(1726) 太兵衛
享保十二(1727) 太兵衛
←←←（この間毎年使用）
享保十八(1733) 太兵衛
元文　四(1739) 太兵衛

⑥
宝暦十二(1762) 太兵衛
天明　八(1788) 太兵衛
寛政　二(1790) 太兵衛
寛政十一(1799) 太兵衛
文化　二(1805) 太郎右衛門
文化　三(1806) 太兵衛
文化　四(1807) 太郎右衛門
文化　五(1808) 太郎右衛門
文化　六(1809) 太郎右衛門
文化十一(1814) 太郎右衛門

⑦ 天保十一(1840) 太兵衛
天保十三(1842) 太兵衛
天保十五(1844) 太兵衛
嘉永　元(1848) 太兵衛
嘉永　二(1849) 太兵衛

⑧ 嘉永　五(1852) 太郎右衛門
嘉永　六(1853) 太郎右衛門
安政　四(1857) 太郎右衛門
安政　五(1858) 太郎右衛門
慶應　三(1867) 太郎右衛門
慶應　四(1868) 太郎右衛門
(※移動年不明だが筆者所有)

⑨ 萬延　元(1860) 太兵衛
慶應　元(1865) 太兵衛

※④~⑦の一部は省略しました。

見てお分かりのように、期間が飛んでいたり、逆に、期間がだぶっていたりしますが、一代または二代ごとに印鑑が替わっていることを確認できると思います。

(川崎)太兵衛家では、「太兵衛」・「太郎右衛門」を一代毎に襲名していたように思われます。

系図の有無は聞いていません。残された文書等からの推測に過ぎませんが、明治を迎えるまで一代毎の襲名が続いたようにも考えられます。

もしかすれば、幼名→「太郎右衛門」→「太兵衛」の流であったのかもしれませんが‥‥。

その襲名毎に印鑑を作ったのかもしれません。

また、⑥と⑦、⑧と⑨はよく似通っていて、一見すると同じ印影ではないかと錯覚してしまいます。

もしかすれば、同時に二個、よく似たものを作ったのではないかとも思ったりもしています。

また、江戸時代の初期から幕末までを通してみると、印鑑(印影)の変化(何を彫っているか)が分かってくるような気がします。

幕末になれば、大半の印影が⑧⑨のように、模様ではなく、文字(篆刻)が彫られているものが大半を占めるようになってきます。

また、上の③では「河崎」と刻印され、④では「川崎」と刻印されています。

現在、我々が用いている『姓』を彫った印鑑と同様な使い方をしていますが、このような印鑑(印影)は、他には一点だけあり、「上野」と刻印されています。(下図参照)

これは、江戸時代の百姓は苗字を名乗ることは出来なかったが、苗字を持っていた(私的な文書等には苗字を記入している例が多々あります)ことを示すものだと思われます。

古文書の中から印影を拾い集め、整理するのに何ケ月も掛かりましたが、その中からいろんな収穫があったように思います。

《参考》
川崎文書 (滋賀大学史料館)

※1 苗字を刻印している印鑑は、殆どなく、苗字や名前に関係のない漢字を篆刻していたり、漢字の原形が想像出来ないような図案化したものが多いのですが、何とか読める文字としては「福」「寶」「正」「吉」などが見られます。印鑑の中に福を求めたのかもしれません。

楕円形の中に「⊜寶」と彫られた印影もあります。 (元禄一〇年(一六九七)~享保一八年(一七三三)酒取屋J郎兵衛の印)

一七~一八世紀の印鑑は、一部を除いて、個人の識別さえ出来れば何が彫られていようが関係なかったのかもしれません。印の中に何が彫られているのかも知らなかったのかもしれません。

しかし、一八世紀~幕末になると印鑑の径が大きくなるとともに、実名と思われる名前を刻印するようになります。

例えば、⑧の印影は「直榮」と読めますが、(川崎)太郎右衛門直榮の印です。「川崎」は苗字、「太郎右衛門」は家名・通称、「直榮」は実名となります。

この場合、この印鑑は実名が刻印されている以上、一代限りの使用になってしまいます。

このように、「家」相伝の印鑑から一代限りの印鑑に変わってきたのだと思えます。

印影を調べていた二〇〇〇年頃以降も新しい印影や花押に出合います。

例えば、太兵衛の新しい花押も見つかっています。

右下図は、寛永一九年(一六四二)の文書《未整理九九》にある太兵衛の花押ですが、前号で紹介した元和六年(一六二〇)の太兵衛の花押とは異なります。

ということは、寛永一九年の太兵衛と元和六年の太兵衛は別人である可能性が大きいと思われます。花押を替えたとは考え辛く、おそらく代が替わっているのだと思われます。

このように、花押や印影を追跡することで、系図など持たない百姓家のご先祖様を多少とも追跡出来る可能性があります。

筆者宅は、甚右衛門、甚兵衛が何代か交互に続いた後、太郎太夫が後を継ぎ、その後は「太」が通字になっています。

甚右衛門、甚兵衛が何代続いたのかは不明ですが、それ以前については何の情報も持ち合わせず、不明でした。もちろん系図などありません。

しかし、【例一】で示したように、甚右衛門、甚兵衛が用いた印鑑は、元禄時代に西右衛門として使われています。元禄時代の先祖が「西右衛門」であった可能性が出てきたことを意味しています。

寛政九年の旱損の時

第１６５号
2000.09.24

次の文書は寛政九年(一七九七)の代官所に宛てた願書の下書きです。

《凶災一五》

乍恐口上書を以
御内々奉願上候

一當村田方畑共旱損之儀、御見分御願申上候通御聞届成下候段難有存候。此儀ニ付［破損］當村旱損地之内ニ壱丈壱弐尺斗地底ニ水少々御座候而、村役人より井戸堀申付、水汲上候得共中々地割レ故、壱軒斗より上は流不申候而、田之中カニ稲株を引取、溝付いたし所々ニ穴をほり、上より昼夜汲掛ケ候而、少々出穂と相なり申候。右之井戸数、水出候分四拾六御座候。井戸壱ツニ付銀弐拾八九匁より四拾匁迄、木代大工手間之分ニ相掛り、尚又其外手人無之ものども、又は替リ人とを他所より雇高手間賃相拂、様々之雑用ニ被追、利徳茂無御座候。此段乍恐御勘考成被下、憐れ御慈悲以、隣田之水掛ケ不申候立毛同様之毛附ニ被為仰付被下置候ハヽ、此上もなく冥加至極難有仕合可奉存候。以上

寛政九年　浅井郡冨田村
　　　　　年寄　S右衛門(印)
巳八月　　同断　Z太郎(印)
　　　　　庄屋　S右衛門(印)
　　　　　同断　K左衛門(印)
　　　　　同断　T兵衛(印)

菊池友右衛門殿

※下書きのため、冒頭の部分に修正がされており、正式の提出文書の冒頭は若干異なっていると思われますが、内容には変化がありませんので省略します。

要約すると、

水不足による干ばつの被害状況について、御検分をお願いした所了解していただき有り難く思います。

この干ばつの土地に対しては、深さ一丈一・二尺(三・六メートル程度)の所に少々の地下水があるので、井戸を掘らせ、水を汲み上げていますが、地割れがひどいため一間(一・八メートル)程以上は流れず、やむなく田圃の稲株を取り除いて溝付けし、所々に穴を掘って、昼夜水掛けをしたため少々の出穂を見ることが出来た。

水が出た井戸だけでも四十六個あって、井戸一個に対して銀二十八・九匁から四十匁ほどの費用が木の代金や大工の手間賃に掛かった。また、手間のない者は雇人の手間賃も掛かり、得になることは何もない状況である。

この事をよくお考えになって、御慈悲で、旱損の田で水掛けが出来なかった場所(隣田→出穂しなかった場所)と同様の年貢率(検見にって率の値切りが期待できると思える)となるように考慮して頂ければ有り難く思います。

と言った内容だと思います。

最後の部分の言い回しが微妙で、正確に内容が理解できているかは心配ですが、以下はその理解で進みたいと思います。

このような願書は大袈裟に書くのが常ですので、話半分と考えても大変な旱損の状況であったように思います。

残念ながら、この年の年貢に関する記録が残されていませんので、この年の旱損状況がどの程度であったかを確認することは不可能です。

全般的に年貢率が低いとか、上の願書にあるように、特別の田畑(水を掛けることが出来、出穂した場所)のみ年貢率が高くなっているのか、全く考慮されていないのかは、現在の段階では何とも言えません。

確認は出来ませんが、この寛政九年は冨田村にとって、旱損と言う苦境の年であったことは間違いないものと思われます。

以前、冨田村の凶作の年をリストアップしたことがありましたが、この時は、年貢率等の史料が残されている年のみを考えましたので、この寛政九年はリストアップされてませんでした。

今後は、年貢率(免率)から離れ、この様な願書も検討の対象としなくてはならないと思っています。

上の状況を、自分なりの理解の仕方で図示すると左ページのようになります。

断面図と平面図を組み合わせていますので、見にくいとは思いますが、点線で囲まれた部分は水が回り、少々でも出穂したと思われる場所。逆に、点線の外側は水を掛けることが出来ず、出穂しなかった(?)場所(隣田)と考えました。

文書の内容(説明)と一致しているかどうか、不安な面もありますが、このように考えると、上の願書の意図も理解することが出来ると思います。

この時掘った井戸が四十六個もあるとあります。

圃場整備の前は、冨田村の田圃のあちこちに井戸(涌き水の場所も含む)があり、用水として使用してきたこと

を覚えている方もあると思います。

　筆者の家の田圃にも井戸があったこと、その水が冷たかったことを思い出します。

　圃場整備後、これらの井戸はなくなってしまいましたが、未だにこの影響からか、地盤が軟弱な場所が多少残っています。

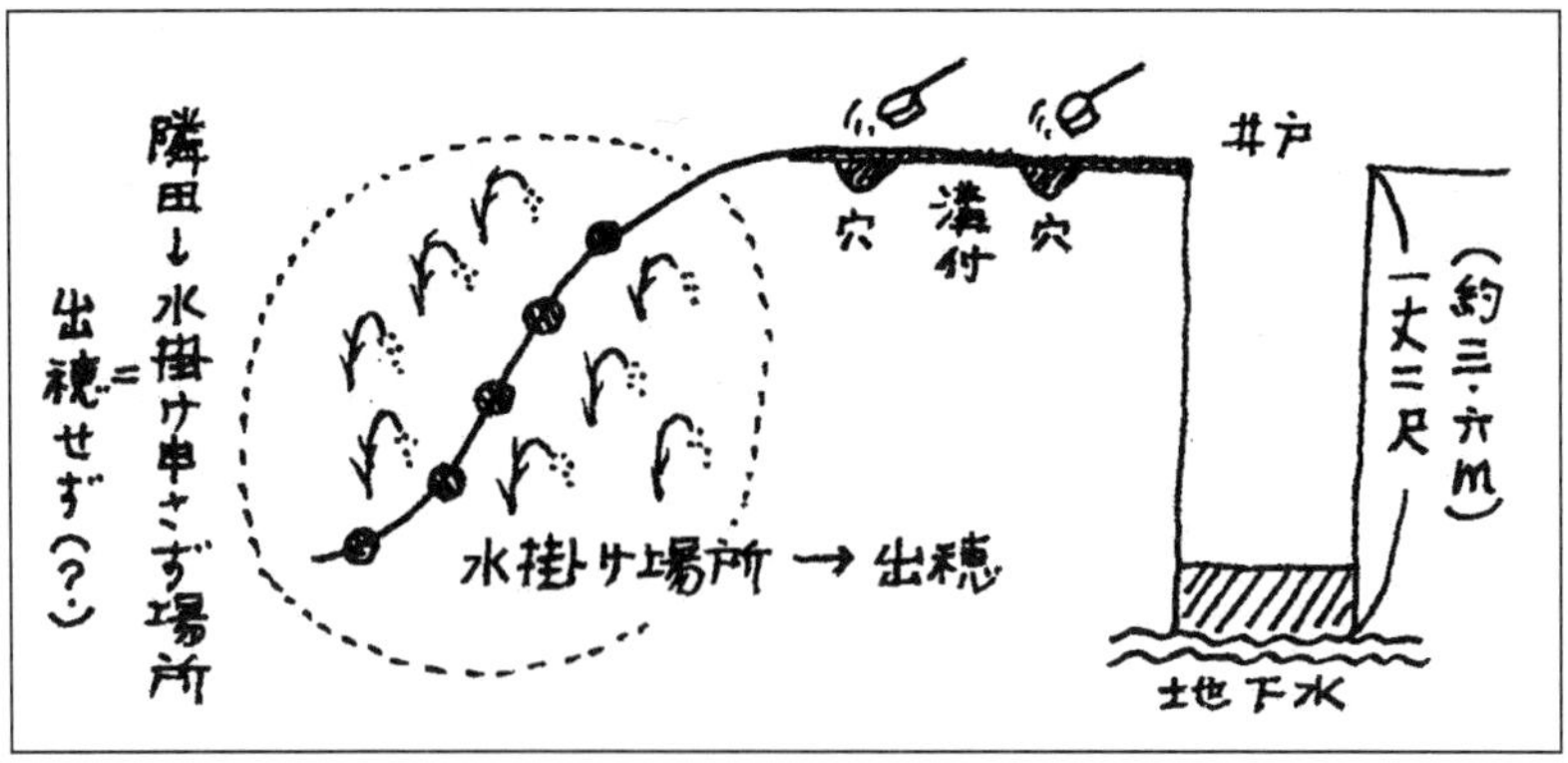

　これらは、もしかすればこの寛政九年の井戸に起源を持つのかもしれません。
　また、この井戸掘りにかかる費用が一個に付き、二十八匁から四十匁もかかったとあります。
　当時の貨幣価値がはっきり分からないのですが、資料によれば、

▼肥後米一石（一五〇kg）七〇匁
「読史備考」
▼京都で米一石
八二・六～八八・一匁
大坂で米一石
五九・三～六二・五匁
「日本史総覧」

とあり、地域や時期によってかなりの差があることがわかります。

　井戸掘りにかかる費用を、大まかに考えると、米一～二俵程度ではなかったかと思われます。

　一般に、収穫量から年貢米・肥料代金・村入用費を除いた残りが一～二俵程度と考えられますから、余禄も何もあったもんではなかった、と思ってもいいのではないでしょうか。

《参考》
川崎文書（滋賀大学史料館）
「読史備考」（東大史料編纂所）
「日本史総覧」（新人物往来社）

※1
寛政九年は、冨田村では旱魃であったと書きましたが、全国的な流れはどうだったのでしょうか。
全国的な動向を調べるために、米価の変遷を調べてみました。
「日本米價變動史」中澤辨次郎著（昭和八年明文堂）によれば、米一石の値段は、

寛政四年	八六匁九分
寛政五年	七三匁
寛政六年	六一匁五分
寛政七年	六九匁二分五厘
寛政八年	七五匁
▼寛政九年	七〇匁
寛政十年	六五匁
寛政11年	六八匁二分五厘
寛政12年	七六匁二分五厘
享和元年	六九匁二分五厘
享和二年	五八匁五分

となっています。

時期や場所によって数値も変動し、出典によってもデータが異なりますが、右の数値を代表値として考えていいと思います。

寛政九年の前後五年の一一年間の平均を計算すると、七〇匁二分六厘となり、寛政九年の七〇匁は、ほぼ平均値ということになります。

寛政九年の収穫の高下が、翌年の米価に影響したと考えれば、米価はより下がっていると考えてもいいのかもしれません。

ということは、米価と豊凶は反比例しますから、寛政九年は全国的には少なくとも平年作であったと推測されます。

しかし、享和二年以降は、一石の値段が六〇匁前後を推移しますから、決して豊作とは言えないまでも、ほぼ平年作に近く、凶作とは言えない状況だと窺えます。

しかし、《救恤一三》によれば
「…當年殿様御在城御物入ニ付、御利害御断被　仰付御尤千万ニ奉存候得共、御存知被下置候通、當年大旱魃ニ而、村々難毛所も在之難義千万ニ罷在候…」

とあり、浅井・坂田・蒲生の三郡惣代の六名の庄屋連印で「年賦御下ケ金」の下付を願い出ています。

（九月）

また、《救恤一四》では、冨田村よりの願書で、

「…今年ハ弐合五勺毛以上之分江ハ有毛割り付不申候而者、御皆済難成候故…百姓相續候様ニ御救米被為仰付被下シ置候ハヽ…」

と、坪二合五勺(反七斗五升)の収穫者へも割賦しなければならない状態であり、是非御救米の下付を願い出ています。

（十一月）

その結果、冨田村に対して
「…御手當米被下置候間、左様可相心得候以上」

と米十五俵の「御手當米」が十二月三日に下付されています。

《村政一一三》

冨田村全体に、米十五俵が下付されたとしても、雀の涙であったのかもしれませんが、少なくとも藩が不作を認めたことを意味しますから、年貢の免率にも影響した筈です。

この年の免定も残されておらず、免率も不明ですが、多少とも免率が下げられたと考えています。

この年は近江を含む、地域的な旱魃の年であったようです。

三川村にて手踊り中の喧嘩

第１６６号
2000.10.10

今まで、冨田村で起こった個人の不幸な出来事については、意識的に話題とすることを避けてきました。

しかし、これも歴史の流れの一側面であると考え、いくつかの事件を紹介していきたいと思います。

話題が個人的には不幸な内容のため全てを仮名にしています。

引用が少し長くなりますが、こんな事件もあったということが記録に残されています。

《治安七》

稲垣若狭守領分
江州浅井郡三川村
百姓M三郎
三十二才
百姓J左衛門悴
C郎兵衛
廿壱才
稲葉長門守領分
同村百姓K左衛門悴
B兵衛
十八才
申口

私共義、當三日夜四半時分、村方明地ニ而村内若キ者共□ひ手踊有之候ヲ、見物ニ罷越候同郡小谷村小谷寺ニ被雇罷在候友吉与申三十七才斗者与喧嘩仕、同人頭ニ疵ヲ付候ニ付、村方番人居小屋へ連帰り医師ニ遣候處、翌朝至り霍乱之疵差發(発)致シ、養生不相叶果候ニ付、御検使之上、様子御尋御座候。此儀、私共之内、M三郎義者母弟共家内三人相暮、C郎兵衛義者両親共家内三人相暮、B兵衛義者両親祖母共四人相暮、何レも百姓働キ罷在候處、當村玉泉寺本尊元三大師、八月朔日より同廿一日迄為拝在之、右為拝中ニ参詣人賑ひため、村方若輩之者共俄□、手踊相催候處、流行之麻疹相煩ひ候者多分ニ有之、延引相成候處、當三日元三大師縁日ニ付、村方明キ地面ニ而、右俄□手踊相始、私共手傳ニ罷越居、夜四ツ半時分、M三郎C郎兵衛義者手踊小屋後ロニ罷在、B兵衛義者支度ニ罷帰り、再場所へ出掛候。然處、不見知者脇差ヲ帯、土足ニ而手踊場へ上り夫より通ひ道際□敷在候場所江、土足儘罷越居候ヲ、村内子供共見受、土足ニ而上り居候旨、申聞候處、右男悪口申罵候ニ付、村内若キ者ども、誰發(発)言となく多数罷越、可及打擲旨口々ニ申候ヲ聞付、小屋場より雇入置候、同郡冨田村大工Q右衛門与申者、板切ヲ以罷出、右男頭ヲ敲キ付、私共ニも右之趣聞付、引続罷越M三郎B兵衛両人義ハ、右相手之者肩中ヲ拳ヲ敲、C郎兵衛義ハ、手踊有合候足次ヲ持相手者之足ニ打投候折柄、番人共罷越引分ケ、右之男、當村番人居小屋へ連帰り候處、右ハ同郡小谷村小谷寺被雇参候、越前堺(坂井)郡三国瀧谷町鍛治屋G平悴、無宿T吉与申者之由ニ而、頭ニ疵付在之候ニ付、村方より医師呼寄、膳薬療治為致候者候趣、跡ニ而承り、當惑仕罷在候處、T吉義翌朝ニ至霍乱之疵差發(発)シ養生不相叶、同五日朝相果候段承知仕、後悔奉恐入候。右之通り少も相違不申上候。以上

閏八月十一日
百姓M三郎
〃C郎兵衛
〃B兵衛

※文久二年(一八六二)の文書です。
※麻疹…はしかのこと。
霍乱…夏におこる急性の病気。激しく吐いたり下痢したりする。

手踊…俄(にわか)狂言・村芝居の類と思われる。

要約すると、

三川村(虎姫町)の玉泉寺元三大師の縁日で、村の若衆が手踊りを開催したところ、見物に来ていた人物の不埒な行動(土足で舞台を闊歩する等)から口論・喧嘩になった。

冨田村のQ右衛門が板切れで相手の頭を叩き、三川村の若衆二人は拳で相手の背中を殴り、もう一人の若衆は所にあった足次(踏み台のようなものか)を足に投げつけた。

番人が間を取り持ち、相手(T吉)を番人小屋へ連れ帰ったが、疵付いていたので、医者を呼んで介抱したが、翌朝になって、急に吐いたりして養生叶わず死んでしまった。


という内容です。


元三大師の縁日で、三川村若衆が計画したハレの日、その催しを侮辱するような部外者の狼藉行為を制止しようとして、対処しただけなのですが、偶然が重なったためか、結果的に相手が死んでしまいます。

原因については、三川村の若衆や冨田村Q右衛門の暴力であったのか、流行病(はやりやまい)が偶然重なったのかは分かりません。

しかし、相手が死んでしまったこともあり、事件として取り扱われることになってしまいます。

三川村の若衆や冨田村Q右衛門にとっては当然の対処だった筈ですが、とんだとばっちりを蒙ったとしか言いようがありません。

別の文書では、

《治安一》

…(前略)…尤T吉少々額ニ疵口在之候故、役人より医師呼寄養生致呉候處、疵口追々平癒仕、然ル處霍乱疵差発シ…(中略)…就夫、京都御検使被成御越、

死骸御見改之上、Q右衛門三川村江御呼出御糺ニ相成、右始末申上候故、御召捕、京都江御引立ニ相成、就而ハ村役人共、當十五日京都西御番所江御召ニ付罷出候處、・・・（中略）・・・去ル十五日御吟味中入牢被仰付・・・（後略）・・・

とあります。

この文書では、「少々額ニ疵口」とか「疵口追々平癒」とあり、大きな傷ではなかったようです。但し、被告人側の文書ですから、手前味噌であった可能性もあります。

そして、京都奉行所よりの御吟味があり、三川村・冨田村の村役人も呼び出されます。

村役人同席の上、御吟味が進められますが、結果的に、四人は京都で入牢を申し付けられます。

《治安八》

・・・（前略）・・・入牢被為仰付候ニ付、追々寒サ向ひ候間、蒲団壱枚ツゝ、為牢土産、芋こんふ（昆布）等之壱重、さこ(雑魚?)三升斗差入度候。此段御憐愍ヲ以御聞済届ケ被成下候ハゝ、難有仕合ニ奉存候。已上
戌閏八月十六日
冨田村願人
庄屋　S左衛門
三川村願人
年寄　T郎兵衛

これによって、Q右衛門等の四人が入牢したことが判明します。

また、蒲団の差し入れや、牢土産としての差し入れ等が村役人よりあったことを知ることが出来ます。

Q右衛門等の四人のその後については、別史料《治安十五》により、

同年十一月廿一日手錠にて村預け

となっていることが分かります。

それにしても、Q右衛門等の四人はとんだとばっちりを蒙ったものだと思います。

もしT吉が見物に来なかったら・・・、もし、舞台を土足で闊歩しなかったら・・・、もし、喧嘩の場所に居合わせなかったら・・・と考えると、彼らにはいい迷惑であったろうと思います。

不幸な出来事の一例でした。

《参考》
川崎文書（滋賀大学史料館）

※1
閏八月以降、十月十五日付で、京都番所よりQ右衛門・C郎兵衛・B兵衛の他、小谷寺住職・医師三名が呼び出されていますから、この時点ではQ右衛門達は解放されていたことが判明します。
《未整理一二六五参照》

※2
《治安十五》
奉差上一札
江州浅井郡冨田村
一戌十一月廿一日手錠　Q左衛門
四十三才
同州同郡三川村
一　同断　M三郎
三十二才
一　同断　C郎兵衛
廿一才
一　同断　B兵衛
十八才
右者、御吟味落着之上、手錠ニ而、村御預ケ被仰付奉畏候。然ル上者、右御預り申、欠落ク又者自滅等、為致候ハゝ、此判形之者共如何様共、可被仰付候。為後日之、奉差上一札仍而如件
文久二戌年
十一月廿一日
冨田村
庄屋　S左衛門
年寄　A左衛門
三川村
庄屋　M助
（※文久二年（一八六二））

閏八月三日夜に事件が発生し、翌五日朝にT吉が死去します。

直ぐに京都より御検使が使わされ、一五日には村役人等も奉行所へ呼び出され、御白洲での御吟味があり、四人には入牢を申し付けています。

その間、T吉の故郷越前国三国へも飛脚で連絡するも、T吉は二〇年以前に勘当願いが出ている事や地頭所から追放処分を受けていた事なども判明します。

また、一一日付で冨田村から、三川村から、T吉の雇主の小谷寺から、それぞれ、奉行所へ顛末書を提出しています。

一五日に入牢となり、翌一六日には上のような牢土産としての差入れや蒲団の差入れを願い出ています。

T吉の死亡から一〇日間の間で、色々な手配・対処がされたことが判明します。

しかし、事件から三ケ月後の一一月二三日、上のように、手錠にて村預け処分が申し渡され、冨田村・三川村の村役人が身元引受人として、上のような一札を提出しています。

もし、逃亡したり、自殺しないように十分監視し、何かあったときは押印した村役人が如何様なお咎めを受けてもいいとしています。

村預けのその後の様子を示す史料は存在しませんが、事件から約三ケ月後、改めて当分の間の手錠を余儀なくされたようです。

入牢中・解放中の様子を示す史料、村預けとなった経緯を示す史料は、残念ながらありません。

江戸時代の刑法は重く、一般的には相手を殺めた場合は、獄門・死罪になって当たり前でした。

今回の場合、入牢・解放・約三ケ月後の手錠での村預けで済んだことは、T吉の不埒さや、T吉に対する処置（土足へ排除）は正当であったことが認められ、多少の行き過ぎがあったかもしれない、という程度の判断が下されたと考えた方がいいのではないかと思います。

そうでないと、この程度での処罰では済みません。

四人彼等や村役人等にとっては、運が悪かったとしかいいようがありません。

《治安一・二・六〜八・一五参照》

冨田村での事件色々と

第１６７号
2000.10.24

不幸な事件をもう一・二件見てみたいと思います。

次の文書は、元禄五年（一六九二）の文書です。

《治安一〇》

手形之事

一當村Ｔ右衛門娘、此頃より乱気ニ罷成、方々わるき申候而、其村ニ而相果申候故、此方へ御届ケ被成、我々参吟味仕候へハ、主右之乱気之者ニ而御座候故、主とはからひ相果申ニ必実ニ相極り、少茂紛無御座候ニ付、此方へ死人取帰り申候。然上ハ此死人ニ付、其村へ後日之申分少茂無御座候。為其死人親一門・庄屋年寄連判仕進上候。以上

元禄五年　　Ｘ村死人親　Ｔ右衛門（印）
甲正月廿五日　伯父　Ｒ右衛門（印）
庄屋　Ｍ太夫（印）
年寄　Ｚ左衛門（印）
同　Ｔ太夫（印）
同　Ｄ介　（印）
冨田村庄屋
Ｔ兵衛殿
同　Ｔ左衛門殿
同　Ｊ郎兵衛殿
年寄　Ｇ右衛門殿

※傍線は筆者による。

上の文書の「主とはからひ相果申ニ……」とあることから推測すれば、冨田村に奉公に来ていたＸ村Ｔ右衛門の娘が、主人と心中を図ったのではないかと推測されます。

そして、不幸にも娘は死亡してしまうことになります。主人の生死は分かりません。

しかし、娘の乱気と言うことで、一方的に娘を悪者扱いで終わってしまいます。

死人に口なしということで、事が済まされてしまいます。

家が裕福なら奉公に出ることも無かったと思われます。

奉公に出した両親の嘆きは有り余るものがあったと思われますが、悲しみに耐え、娘を引き取りに来ます。

そして、後日も一切の文句は言わないという一札を差し出します。それが上の手形です。

上の文書は、私の推測で勝手に「心中事件」と判断し、取り上げました。しかし、もしかすれば、思い違いであるのかもしれません。

その時は読み違いと言うことで、御容赦下さい。

次の文書は、兄弟喧嘩の文書であるように思われます。

《治安一三》

差上申一札之事

一江州浅井郡冨田村百姓Ｂ之丞と申者、母親をちゃうちゃく仕候慮外もの之由、御代官様へ兄Ａ左衛門御訴申上候ニ付、両隣五人組村中寄合、吟味仕候へともちゃうちゃく仕候段、村中及見及聞申者壱人も無御座候。然處ニ御訴申上候故、私儀越度ニ及申處ニ、各々御役人衆御預ケニ而、兄弟共ニ無別条罷下申處、忝奉存候。以後親之儀ハ不及申何茂御意一事たりといふ共、相背申間敷候。為其手形如件。

宝永元年　　Ｂ之丞（印）
申五月　五人組　Ｋ左衛門（印）
他三人連印
惣百姓　Ｃ右衛門（印）

冨田村庄屋宅の御白州（おしらす）について

前回でも見たように、江戸時代は、何かの事件が起こると、御代官所や御番所へ連行され、御白州の上で御吟味がなされました。

遠山の金さんや大岡越前などのＴＶでおなじみの場面を思い出す人も多いと思います。

ところが、大きな事件や訴訟は別として、小さなもめ事等については、御代官（又は、手代）が冨田村まで出張して来て、當地で御吟味をしたようです。

冨田村の庄屋、太兵衛宅の座敷に面する縁側には二間四方ぐらいの御白州が作られていた（前栽（せんざい）入口付近にあった）と聞いています。

ＴＶと同じように、白砂がひかれていたようです。

御代官が座敷に座り、裁かれる村衆がその御白州に座らされ、御吟味があったのだそうです。

今はこの御白州の跡形はありませんが、戦前にはまだ残っていたと聞いています。

今はこの御白州の件について、知っている人は少なくなり、我々の世代は全く知らず、何かの形で言い残しておいた方がいいのではと考え、敢えて話題に取り上げました。

江戸時代の訴訟事件や犯罪事件について、日常的に身近な所で、御吟味がなされていたということは、少々驚きでもありました。

勿論、冨田村の御白州で裁かれるのは軽い問題に限られていたと思いますが……。

他十三人連印
（省略）
親類　G左衛門（印）
他三人連印
（省略）

T兵衛様

※　宝永元年（一七〇四）

「弟B之丞が、母親を打擲するので困っている」と、兄A左衛門が御代官所へ訴え出る。

そのため、五人組を始め村中の人々が寄り合って吟味をするが、誰一人として、B之丞が母親を打擲していることを見た者も、聞いた者もいない。

しかし、訴えがあったのだからもし、五人組（連帯責任）や親戚の落ち度となるところを、村役人御預けとなり、忝なく思う。

今後、親の事は申すに及ばず、このような事が一切起こらないように、一札手形を差し上げる。

といった内容だと思います。

兄弟喧嘩の腹いせに、兄が「弟が母親を打つので困る」と訴えますが、村人の中には、そのような事実を見た者も聞いた者もいない。

どうも兄の狂言であった可能性が大きいと思われます。

兄弟喧嘩の迷惑を蒙ったのは村役人や五人組・村人です。

当時は、五人組の誰かに問題が起っても、五人組全員が連帯責任を負わされました。もめ事・年貢・犯罪などいづれも連帯責任でした。

隣同志が監視し合い、協力することで、犯罪防止や年貢未納防止を図っていました。

右の證文には、本人、五人組は勿論のこと、惣百姓十四人（村全員？）の他に、B之丞母方親類、同母甥二人の押印もあります。

いわば、一族郎党すべてが証人とといったところではないでしょうか。

実際の所は、日頃から兄と弟（母親）の仲がうまく行ってない中、四月十四日に、兄弟の口論が起こり、兄の方が弟の女房を打擲したのが真相のようです。

弟は村役人に相談するのですが、兄弟のこと故、堪忍するように諭されます。

兄は、近年乱気のような躰であったと、別史料《治安　12・14・16・17》には記録されています。

《参考》
川崎文書（滋賀大学史料館）

※1
B之丞一件について、代官雨宮庄九郎宛口上書の下書きも存在します。書き込みや抹消などの訂正が多々ありますが、完成文の形として紹介します。

《治安一四》

乍恐口上書ヲ以御願申上候

一江州浅井郡冨田村百姓B之丞と申者母ヲちやうちやく仕候由、B之丞兄A左衛門と申者御訴申上候ニ付、私共御召状頭載仕候。先月十四日A左衛門、B之丞兄弟口論仕、互ニ申つのり、B之丞女房ヲA左衛門打ちやく仕候由、私共へB之丞相断申候ニ付、兄弟之儀ニ候間、少之儀ハ堪忍仕候様ニと双方へ異見仕罷帰申候。母親ヲちやうちやく仕候儀、村々ニ而曽而見及申者無御座候。當春ゟ隠居料仕わけ之儀ニ付、A左衛門并母とB之丞不間ニ御座候。自然ハ左様之儀ニ付、不都合成御訴も申上候哉兎角兄弟共、私共ニ御預ケ被下候ハヽ、召連罷下り、村ニ而母一門共一所ニ吟味仕、重而様子可申上旨願申上候故、願之通被仰付難有奉存候。則、召連罷下り、母一門共寄候而吟味仕候処、A左衛門儀、近年乱気之様ニ相煩在、弥母ヲちやうちやく仕候儀、村中ニ壱人も見聞申者、無御座候。當春ゟ本復仕候様ニ御座候へ共、不都合成儀何之弁も無之、御訴訟申上候故、此度、A左衛門書置仕いケ様共、下ニ而相済くれ候様ニと母并一門之者、A左衛門共、私共ニなけき申候ニ付、右之通ニ御座候へハ、A左衛門乱性故、不都合成儀申上候ニ紛無御座、母兄弟一門共少も申分無御座候。御慈悲ニ、A左衛門御訴申上候儀、御赦免被遊被下候ハヽ、母一門、村中共難有可奉存候。母隠居料之儀もB之丞方ゟ母姉存命候中之内口き申、諸役米等之員数、母并兄弟一門、村中相談之上相極、B之丞方ゟ代米等相渡申口相極、互ニ申分無御座、證文仕、自今以後、A左衛門、B之丞并母姉とも、少も申分無御座候。依之、A左衛門兄弟之者口口、庄屋年寄連判仕、御願申上候。御慈悲ニ御赦免被遊被下候ハヽ、難有可奉存候。以上

宝永元申六月日

兄　A左衛門
弟　B之丞
庄屋　T兵衛
年寄　F右衛門
〃　K右衛門

雨宮庄九郎様

紹介が長くなりましたが、乱気気味の兄A左衛門が、母親の隠居料の分担を巡り、弟B之丞と口論になり、腹いせに、「弟が母を打擲した」と訴えるのですが、天領代官まで届き、大事になったようです。

江戸時代は、現代と違って訴訟が多くあったと云います。水争い等々は勿論、右のような兄弟喧嘩でも訴訟の対象になったのです。簡単に訴訟として訴え出たのです。

しかし、その度に村役人が呼び出されることになります。

訴訟が長引けば、滞在費等々だけでも大変になります。そのため、訴訟願書の取り下げを願い、下（村内）にて済ませる（決着をさせる）ことを希望する事になります。

そして、その示談には従うということが多かったようです。

それなら何故訴えるのかと思うのですが・・・。

冨田村での事件色々(その二)

第168号
2000.11.10

次の文書は明治三年(一八七〇)の文書です。

《凶災一八》

乍恐以口上書申上候

浅井郡冨田村
百姓
乙太夫

一持高拾九石余　　年五十八才
一本家　梁間五間半　家内三人
　　　　桁行弐間半
一隠居　梁間弐間
　　　　桁行三間半

私居宅、昨五日夜出火仕候段御訴奉申上候処、従御役所、右之始末御尋被成候。此段私家内三人相暮候處、昨五日夕暮頃、家内者蚕糸制作仕候竈火能仕舞、一向火気無之様見請候而、竈軒下江片付置候處、其脇ニ苧種空(菜種殻か?)積有之、右竈灰ニ残有之候哉、雷鳴風烈敷種空江火移り焼上り、隣家始村内・近村之者迄駈附、相防候得共、藁葺之家候得度ば一時ニ焼失仕、其夜雷鳴大雨ニ相成、四ツ時過隠火仕候。私儀何方より茂意趣迷根等請候覚、毛頭無御座、全灰ニ火気残居處、風ニ而吹散、種空江火移り、全自火手過シ相違無御座候。外怪我人牛馬焼失等一切無御座候、火之元之儀可念入處、等閑ニ取扱候段、一言之申訳無御座奉恐入候。右申上候通少茂相違不申上候。己上

火元　乙太夫

明治三年八月六日
冨田村
御役人中

前書之通私共罷出承知仕候。委細乙太夫申上候通り、怪敷儀風聞等も不聞及候上は、全自火手過シニ紛無御座候。依之奥書印形差上申候。己上

右村年寄　A左衛門
〃　B左衛門
庄屋　C左衛門
〃　D右衛門
〃　E兵治

山形藩
御役所

※名前は仮名としました。
村役人名は伏せ字としました。

明治三年八月五日(旧暦)の夜半、冨田村乙太夫方から出火し、本家と隠居が焼失してしまいます。

原因は蚕糸を取る作業のための竈の火の不始末だようです。

竈火の灰を軒下へ片付けておくのですが、折しも雷が鳴り大風が吹き、片付けた灰より火が出て、近くに積んであった種空(菜種殻と思われる)に燃え移ったようです。

村中の人々が駆け付け、近村からも人々が駆け付けたのですが、藁葺きの家だから瞬く間に火の手が回ってしまったようです。

消火作業も手遅れだったように思えます。

文書には、日頃から恨まれるようなこともなく(放火ではない)、また、怪我人も、牛馬が焼け死ぬようなこともなかったとあります。

一切が、火の元の不始末であると書かれています。

今も昔も、火災の原因追求にはきびしいものがあったのだと思われます。

冨田村の火災の記録は、この一件のみで、これ以外の記録は残されていないようです(知らないだけかもしれませんが・・・)。江戸期を通じて火事がなかったとは言い切れません。

言い伝え等で、時代はわかりませんが、何件かの火事のことを聞いています。

最近までは、藁葺きや葭葺きの家が多く、ガスコンロもなく、藁や柴で煮炊きをしていましたので、火事の危険度も大きかったと思われます。

従って、記録には残されなくても、何度かの火災があったのでないかと思われます。

物騒な話で、本当の話かどうかは分かりませんが、遺恨から(田圃の水の取り合いの遺恨)火付けもあったとかも聞いています。

そんな事で火事になってはたまりませんが、昔は火事の危険度も、現在とは較べものにならないくらい高かったように思われます。

わき道に逸れるようですが、上の記事より、当時(明治初年)は、菜種を栽培していたことや、蚕糸作りをしていたことが分かります。

菜種については、我々の子供の頃まで(昭和三〇年頃まで)は、冨田村でも菜種を栽培していたと記憶しています。

子供の頃、刈り取ってきた菜種が山積みにされていたのを覚えています。殻がはじけて、地面に沢山の実がこぼれていたことも・・・。

また、蚕糸作りをしていたことは記憶にはありませんが、昭和四〇年代半ばまで、冨田村では養蚕が行われていましたし、屑繭から「まわた」を作っていたことも見ています。

あの繭を煮る、何とも言えない臭いとともに・・・。

竹生島へ出火見舞

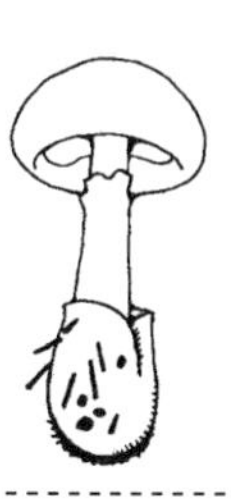

年代は不明ですが（諸般の状況から宝暦八年（一七五八）ではないかと推定はしていますが・・・・）、下の文書は、竹生嶋からの書状です。

今も昔も、近火見舞いがあったものと見え、この文書はその礼状です。

時代が推定については、西嶋文書の中に、宝暦八年（一七五八）竹生嶋出火の記事があり、それを該当年と推定しています。

時代は推定の域をでませんが、冨田村と竹生嶋との連綿と続いた関係を伺い知ることが出来る一つの史料だと思います。

以上、記録に残された冨田村に関わる火災の記録を紹介しました。

十年ほど前には、丁度、富田区民運動会のあった夜、籾乾燥中の農作業場が火事になったこともあります。

また、大事には至らなかったことも多々見聞きしました。

火事は、突然見舞われる最大の不幸な出来事です。これからも村中が細心の注意を図り、防火対策を図っていかなければならないと考えます。

《参考》

「日本史用語辞典」（柏書房）

西嶋文書（びわ町教育委員会）

川崎文書（滋賀大学史料館）

《宗教六三》

熊一筆致啓上候。然者、先頃此元出火之節者、為御見舞、其御地惣村中より一山中江、金子弐百疋被懸御意、御深切之段不儀者と奉存候。乍御□法、其御地惣村中何方様へ茂御挨拶頼入候。右為御礼、可申入懸礼、如斯御座候。恐惶謹言。

二月廿二日　　竹生嶋　一山中

冨田村
役人御衆中

※ 金子二〇〇疋・・・・
「一〇文で一疋、一〇〇疋で一分」だとの説明がありますから、二〇〇疋＝二分＝（一両の半分）となります。

****

※1 江戸時代の消火は、火を消すよりも類焼を防ぐというのが主であったようです。

出火当時は水をかけることで消し止めることが出来ますが、炎上してしまえば当時の手段では鎮火させることは不可能であったようです。

冨田村の記録には残されませんが、一般的には、火消し道具として水汲み用の桶、解体用の鳶口、照明用の高張り提灯、火の粉を防ぐ団扇、梯子などを村として所持していたと思われます。場合によっては時代劇でよく見る纏（まとい）などもあったかもしれません。

それらの火消し道具は、村役人宅や郷蔵、組頭宅に保管され、いざ出火というときは、いち早く持ち出せるように工夫されていたと考えられます。

現在の防災計画のように、各組に役割分担も定められていた可能性もありますが、不詳です。

また、近隣の村々からの消火応援態勢なども現在と同じだと思われますが、周囲の村々との防火・消火に関する取り決めがあったのかもしれません。

鎮火後の後始末（灰掻き）も村役人や親戚を中心に、村人の出役によってなされていたようです。また、近隣の村々から、縄・葭など再建に必要な物資が火事見舞いとして届けられたようです。村有の山林を持つ村では、罹災者に山の木を二・三本提供することも見られたと読んだこともあります。

また、現在も火事見舞いと称する風習が残されていますが、父親から「火事見舞いは届けた当家から、更に罹災者に見舞いとして届けたもんや」と聞かされたことがあります。現在は貰いっぱなしになっていることが多いと思いますが、これも相互扶助の一端の慣習だと思います。

また、出火については本文のように領主役所へ届け出る必要がありました。しかし、村内で再建が可能であったりした場合は内緒にしたとも読んだことがあります。

※2 火元となった当事者が、旦那寺等に駆け込んで、反省や謹慎の意を表明する習慣もあったようです。

公民館活動の郷土史教室の教材として読んだ古文書に、

「（前略）・・當月十一日昼四ツ時、灰屋より出火仕、類焼七軒御座候。依之、〇〇（人名）妻△△（人名）、當寺江駈込相慎罷有候。右之段御届申上候。・・・（後略）」

とした文書があります。

この文書は、明和七年（一七七〇）閏六月十一日、高島郡のある寺院より（郡山藩）寺社奉行所へ提出されています。

昼の一〇時頃に出火していますが、当日付の届書から推測すると、出火直後か鎮火直後かはわかりませんが、直ちに火元の〇〇、妻△△は寺院へ駆け込んでいるようです。

この時、夫〇〇はＡ寺へ、妻△△はＢ寺へと、夫婦別々の寺院へ駆け込んでいます。

夫婦が別寺へ駆け込むというのは例外にしろ、火元が寺院等へ駆け込み謹慎するといった内容の文書を何通か目にしています。他にも、同様の記事を本で目にしたことがありますので、江戸期の全般的な慣習であったと考えられます。

謹慎後、火元・村役人・寺の住職が奉行所に出向き、お叱りを受けたものと想像出来ます。

火元は更に、村内への謝罪等に廻ったのだと思います。

冨田村の言い伝えでは、火元は荒縄の帯に素足で全戸へ謝罪に廻らなければならなかったといいます。

「荒縄の帯に素足」という屈辱的な行為は、一瞬に家財を失うという火事に対しての戒めであり、火の用心の徹底を期したものであったようです。

家督相続をめぐって!!

第１６９号
2000.11.24

次の文書は、嘉永五年（一八五二）の相続に関する文書です。

《家七〇》

指入申済證一札之事

一今般當村M介一件ニ付、先年古家并諸道具、S左衛門取計を以売立被申候儀ニ付、K兵衛より相手取故障被申立候故、無據恐ヲ不顧、　御上様之御苦労ニ相成候処、御憐愍之御慈悲ヲ以、八木浜村中村市右衛門殿、月ケ瀬村稲沢兵左衛門殿御両人江仲人御取扱被仰聞候ニ付、度々御立入被下、右両人江再應御利解被成下、双方得心之上尓談仕、右S左衛門方より古家代金として封金拾三両、尚又、諸道具代金として封金壱両、親類R右衛門・H助右両人より弁金仕、出金被致候間、M助相続金ニ慥ニ請取事済仕候。然ル上者右一件ニ付、御両人ヲ初　御上様江御苦労相懸候儀、毛頭仕間敷候。依之連印済證文差入申所、仍而如件。

浅井郡冨田村
訴訟人　K兵衛（印）
相手　S左衛門（印）
嘉永五子年
十月　親類　S左衛門（印）
同断　R右衛門（印）
同断　H助（印）

年寄　I左衛門（印）
年寄　K右衛門（印）
庄屋　I平次（印）
庄屋　T兵衛（印）

中村市右衛門殿
稲沢兵左衛門殿

前書之通相違無御座候。私共立入尓談仕済方為致、依之奥印仕奉指上候。以上

稲沢兵左衛門（印）
中村市右衛門（印）

山形
御役所

冨田村M助の跡式が断絶（死去？）したため、S左衛門が取り計らって、古家や諸道具を売る払う計画を立てます。しかし、K兵衛より異議申し立てがあり、結果的に訴訟事になってしまいます。

八木浜村中村市右衛門と月ケ瀬村稲沢兵左衛門両人の扱い（裁定）を命じられます。

その示談の結果、S左衛門が古家の代金として十三両と諸道具代金として一両を支払い、そのお金をM助跡式の相続代金とすることで話がついたようです。

右のように、跡式が途絶えると市が開かれ、屋敷や諸道具の競売されたと聞いています。

その代金がどう使われたかまでは聞いていませんが、どこどこの仏壇はどこどこのを買ったとか、この道具はどこから買ってきたのだとか、亡父から聞いたことがあります。

残念ながら、当時は全く関心がなく覚えている事柄は全くありませんが、諸道具が市によって移動したんだという事実だけは覚えています。

さて、右のM助跡式については、幾分かの相続資金が出来たことになります。その相続資金をどう使ったのでしょうか。

それが、次の文書に間接的にですが残されています。

《家七一》

乍恐奉差上御請書之事

一M介跡相続方之儀、先達而已来村役人并曖人衆中より世話いたし被呉候通、庄屋K兵衛より女子壱人、年寄S左衛門より男子壱人貰請、右両人往々妻合相続為仕候儀承知仕、親類共一同連印之書面差出シ候上ニ而、みち儀不納得之旨、申出し及故障候處、此度御呼出シ御憐愍之御理解被成下候段、御尤之至難有仕合ニ奉存候。右者全みち愚昧より彼是　御上様江奉懸御苦労、重々奉恐入候儀ニ付、村役人曖人衆中より世話いたし被呉候通前件両人之小児往々引取、相続為仕度奉存候ニ付、此上者御憐愍ヲ以、是迄心違彼是奉□御苦労候段、御勘弁之程奉願上候。依之此段御請奉申上候。以上

浅井郡冨田村
M介跡
みち
嘉永五子年
十二月
親類　J兵衛
S右衛門

山形
御役所

前書之通私共立合仕、相違無御座候ニ付、奥印仕奉差上候。

右村庄屋
T兵衛
曖人八木濱村
中村市右衛門
同断月ケ瀬村
稲沢兵左衛門

これによれば、

村役人や曖人衆の話し合いの結果は、K兵衛の娘とS左衛門の息子を、往々は娶(めあわ)せ、M介の跡式を相続させる。
このことについては、親類一同も承知し、連印の書面も提出した。
しかし、跡目のみちが不納得であったために、再度の吟味を御願いし、色々とお世話になったが、結局、両人の子供を往々引き取り、相続させることになった(跡目みちも納得したようだ)。

と言うことになります。

このことから、跡式を継ぐ者が居なくなったとき、このように、村役人や曖人と言う第三者の斡旋により、跡目相続人を決めるようなことがあったと思われます。

常にそうであったかどうかは、分かりませんが、少なくともこのような例もあったことだけは事実です。

恐らく、放っておけば屋敷や所有の田地も荒れ放題となり、そこからの年貢を出すことが出来なくなります。

その屋敷や田畑にも年貢を割り当てねばなりませんから、結果的に他の村人(五人組や親類、或いは村役人等)の負担になってしまいます。

江戸時代は村請け制でしたから、田畑が荒廃しようが、しまいが、村高に対して課税されたのです。

そのような事を避けるため、いろんな方策や慣習があったのでしょうが、その一つの解決策として、上のような第三者の斡旋による跡目相続人の決定があったのだと思います。

上の例では、一旦は、S左衛門が家屋や諸道具の代金を払う形で収束し、次は、S左衛門の息子とK兵衛の娘を夫婦とし、その二人に相続させることで収束したようです。

別の見方をすれば、S左衛門がM助の跡式を相続する権利を買ったようなものだとも思われます。

そんな見方が、正しいのかどうかは判断しかねますが、上の二通の文書を私なりに理解したつもりでいます。

村の歴史を調べていくと、この百年から百五十年の間にも、多くの家が絶家になったり、冨田村から出て行ったりしています。

恐らく、その度々に上のような跡式の話や、家屋・諸道具・田畑の売買等がなされて来たのだと思われます。

《参考》
川崎文書(滋賀大学史料館)

※1　《家六六》

(包紙)
任證文　弐通　居村　F兵衛
〃　F左衛門

(本紙の一)
御任申一札之事
一Q兵衛跡敷、親共より是迄預り被置候處、此度本家F左衛門より跡敷相続相成候様被御願出候趣、早速此段被仰付候得共、私シ方ニも相続可致者も無之間、勘弁之上、Q兵衛家督不残御役所江御任申、跡敷相続相成候様御願申候處、早々御聞済被成下、難有仕合ニ奉存候。然ル上は、右之跡敷ニ付、子々孫々ニ至迄少も申分無御座候。依而任證文、如件
居村　F兵衛(印)
天保九年
戌正月
御役人
川崎S兵衛殿
T兵衛殿
K右衛門殿
T郎兵衛殿
(※天保九年(一八三八))

(本紙二略)

(故あってか、親の代より)、Q兵衛の跡敷きを預かっていたF兵衛は、跡敷き相続が成り立つ様に言いつけられるが、当てもないF兵衛は困り果て、Q兵衛跡敷きの一切を御役所に任せるという、任せ證文です。

結果については、子々孫々まで苦情は言わないと宣言しています。

その結果がどうなったかは、史料がなく不明ですが、荒れ地や空き家を放っておくことは出来ませんので、何等かの対応がなされたと考えています。

現在では、屋敷跡等は単なる固定資産として扱いますが、当時はこのように跡敷(相続する権利)として考えられていたようです。

【いっぷく】
《未整理二一三九》
以手紙令啓上候。弥御無事ニ御座候候哉、承度存候。然は、修理太夫方より銀子弐枚、例年之通進入被申候間為持進候。先日は、私宅江御出顔、御土産、辱存候。此邊ニ御出候は、御尋可在候。久々不得御意候間、緩々得御意度存候。何時分御帰候哉承度存候。以上
二月廿六日
(捻封ウハ書)
竹生嶋
妙覚院　田中又左衛門

右の文書は、竹生嶋妙覚院宛の文書で、差出人は若狭小浜藩酒井家家臣からだと思われ、妙覚院と小浜藩との関係を示す文書です。竹生嶋文書にも数通の小浜藩からの書状が残されています。

何故川崎文書の中に紛れ込んだかは不明ですが、妙覚院は小浜藩の他、禁裏等からの書状も多数残されており、所謂スポンサー的な深い関係にあったようです。

また、竹生嶋花王院は加賀藩前田家と関係があったようで、参勤交代の道中で前田家が木之本宿に投宿した際、花王院は御機嫌伺いに出向いていることも判明しています。

また、吉祥院は江戸幕府とのパイプ役として江戸に下ることも多く、幕府との関係が想像できます。

(竹生嶋文書より)

竹生島宝厳寺は三〇〇石を有していましたが、水損等も多く、経済的には苦しく、各院・坊は、このような後ろ盾となる後援者との繋がりを大切にしたようです。

家督を相続をめぐって（その二）

第１７０号
2000.12.10

前回は、跡目相続の例を見ました。今回もよく似た例を見てみたいと思います。

次の文書は、嘉永二年（一八四九）の文書です。

《家六九》

以書付奉申上候

一此度X右衛門病死仕候處、私儀愚意故心得違致、不縁返り仕候處、後家きの殿と一向ニ気談和合と不相成候故、彼是故障ニ相成、御役所江被願出候處、度々御苦労ニ相成候。就夫厚御利解も有之、其上以御憐愍、親類之内H助・T右衛門・S右衛門・O左衛門・K太夫・K左衛門被召出候處、取曖被仰付候ニ付、双方以實意ヲ示談仕候者、此度私儀又候、S兵衛方江再縁ニ相成候様願入、此儀調候ニ付、別付として字ふし町壱反ト金三拾両相譲り被呉、猶又後家きの殿餞別として金拾両被下忝存候。其上姉妹之別付として、字十ケ坪壱反字溝尾壱反ト金拾壱両弐歩相譲り被呉候上者、若、姉妹之者共不縁ニ相成候共、私方江引請世話仕候。其節後家きの殿并親類之衆江少茂世話懸申間敷候。右之通り取曖被致呉候上者

X右衛門之跡敷ニ付、如何様ニ相成候共、親類一同之御相談有ル之迄者、私儀勝手ケ間敷世話申間鋪候。依之以書付申上候。

以上

嘉永二酉年

十二月廿八日

本人　S兵衛（印）

親類惣代

H助（印）

S右衛門（印）

T右衛門（印）

御役人衆中

※《家六八》には、後家きのと親類惣代三名の連印のある文書が残されています。内容は殆ど一緒ですので省略します。

内容は、

X右衛門が病死し、後家きのが残された。（子養子か婿養子になっていた）弟のS兵衛が離縁して実家に戻り、X右衛門後家きのと所帯を持とうとしたようだが、後家きのとS兵衛の仲がうまく行かない。そのため出訴するが、親類六人の仲裁を申し渡される。

その仲裁内容は、S兵衛は離縁した家へ再縁し、別に武士町一反と金三十両を譲渡される。また、後家の餞別として十両を受け取ることになった。

また、姉妹にも十ケ坪一反と溝尾一反と金十一両二歩を譲渡されることになる。

また、今後姉妹が離縁等になっても本家には迷惑を掛けずに、S兵衛が引き取る事とする。

更に、X右衛門の跡式については、親類の相談がある迄は、一切勝手なことはしない。

といった内容になっています。

恐らく、X右衛門は若くして病死したのだと思われます。子供もなかったのか、小さかったのではないかと思われます。

S兵衛は、実家を守るためなのか、後家きのに気があったのか、実家の資産を考えたのか、親類の働き掛けがあったのか、理由は分かりませんが、養子先を離縁して実家に戻ります。

兄が亡くなったとき、兄嫁と弟が夫婦になるようなことが当時の慣習であったのかもしれません。

周りの親戚が世話をした可能性も高いと思います。

しかし、後家きのとS兵衛の仲がしっくり行かず、再婚話は成立しなくなります。

しかも、手切れ金の形で、弟S兵衛には田圃一反と金四十両を、姉妹には田圃二反と金十一両二歩を譲渡することになります。

現在では、「家を守る」という気風も廃れ、結婚も恋愛結婚が大半を占めるようになってきました。

右のような、兄嫁と弟が再婚するといったことは考えにくいことかもしれませんが、当時としては再婚話がまとまらなかった方が異例であったのかもしれません。

また、X右衛門（後家きの）家のその後がどうなったかは、知る由もありません。

養子を取ったのか、小さな子供が成長したのか、廃絶してしまったのか、全く分かっていません。

今回の跡式相続の件で田畑やお金の譲渡が記載されています。そのことについて見てみたいと思います。

まず田圃ですが、S兵衛に渡った武士町は中田ですので、石盛が一石六斗五升となります。

また、姉妹に渡った十ケ坪は下田ですので、石盛は一石四斗となり、溝尾も同じく下田で、一石四斗となります。（検地帳ではきっかり一反の田圃はありませんので、約一反（一筆）と考えられます）

合計すると、四石四斗五升となり、これだけの持高を譲渡できるということ

とは、X右衛門（後家きの）家は、相応の資産（持高）を所有していたと考えられます。

一般に当時は、持高が一〇石もあれば中程度かそれ以上の百姓であったと考えていいと思います。

また、金子については、合計五十一両二歩が譲渡されていますが、当時は米一石が一・六両（江戸値段）程度ですから、米約三十二石分（八十俵）の値段になります。

今の値段に換算すれば、百五十～百六十万円程になりますが、江戸時代の米の価値はもっともっと高いと考えられますから、かなりの額になったと思われます。

江戸時代には、一両小判を見ずに一生を終える人が大勢いたと言いますから、その価値の高さを想像できると思います。

X右衛門の死後、後家きのと弟S兵衛の再婚が破談したことによって、X右衛門（後家きの）家は、かなりの資産を譲渡する事になりました。

恐らく、再婚が破談したことの裏には、何か文書に書かれていない事情があったのだと思われますが、その見返りとして、身上（しんしょう）を潰しかねない出費（資産譲渡）を余儀なくされています。

いま、X右衛門（後家きの）家の持高の変化を調べようと思うのですが、X右衛門の名前はあまり出て来ず、史料がありません。

そこで、別の文書《家六八》に、きの押印があり、その印を以前使っていたY右衛門家を（＝X右衛門と見なして）調べると、

（Y右衛門家）
天保　七（一八三六）一四・四石余
天保　八（一八三七）一三・〇石余
天保　九（一八三八）一〇・三石余
天保一〇（一八三九）七・二石余
天保一一（一八四〇）七・二石余
天保一二（一八四一）五・七石余
←※この間、史料なし
←※四・二五石減少
嘉永　元（一八四八）　一・四石余

となっています。

時期が一年合わないのですが、嘉永元年前後頃、Y右衛門は四石二斗五升も持高を減らしており、上の記事と符合するようにも思います。

また、天保七年から持高が徐々に減少しているのは、X右衛門の病弱によることが起因しているのではないかとも考えられないでしょうか。

但し、Y右衛門＝X右衛門と見なせた場合の話ですが……。

《参考》
日本史総覧（新人物往来社）
川崎文書（滋賀大学史料館）

※1 第二八号で紹介していますが、江戸期の家督相続は、必ずしも嫡子相続ばかりではなかったようです。嫡子以外の子供達にも財産分与をしたように思われる史料も残されています。

勿論、全ての家で財産分与がされていたのではなく、経済的に裕福な家に限ったとは思われますが、二二八号でも紹介するように、現代に通じる相続権を行使していた例があることを紹介したいと思います。

《未整理二四八四》

（印）
あさなたこや（※字名たこや）
　壱反半　おひさ
　大八郎
　五郎治
三畝分ツ〆屋鋪　徳蔵
（印）　政治
よもき
一　壱反六畝　三人分
木添（印）
一　壱反　弐人分
五月廿一日
文政五年年
残り此家之かとく
みな大七郎八歩也
親T郎右衛門（印）
（※たこや・よもき・木添は小字名）
（※文政五年（一八二二））

上の文書は折紙という正式な形式を採っており、押印もあって、正式な文書だと考えられます。

文書の内容は、六人の兄弟姉妹に対して、おひさ・大八郎・五郎治・徳蔵・政治の五人には、

屋敷地の一反半を三畝歩宛
田畑に関しては約五畝歩宛

を分割相続させ、残りの家（家屋）や全田畑の八割相当の資産を大七郎に家督相続させるという内容で、遺言状か譲り状の類だと思われます。

この内容から逆算すると、親T郎右衛門の財産は、屋敷地・田畑の合計は二町を超える面積となり、持ち高は三〇石を超えるのではないかと推定できます。

その二町余の内、屋敷地の一反半を五人に三畝宛、田圃は二反六畝を五人に約五畝宛相続させ、残りを大七郎（嫡子かどうかは不明ですが）に家督相続させています。

実質的に土地の分割相続があったのか、金銭で処理したかは不明ですが、嫡子だけへの相続ではなかったことを示しています。

もし、五人の兄弟が右の土地を相続しても、それだけでは生活が成り立たないことは自明です。

その意味で、大筋では嫡子相続を前提としながら、一部を分割相続する権利を認めたようにも思われます。

この文書からはこれ以上の情報も得られませんし、六人の兄弟姉妹も幼名で書かれていますので、成人してからの追跡も出来そうになく、六人のその後や、分割相続の実態を知る術は残念ながらありません。

家督相続をめぐって（その三）

第171号
2000.12.24

次の文書は、承應二年（一六五三）の文書です。

前回や前々回は幕末の相続問題でしたが、今回は江戸時代初期の家督相続に関係した文書です。

《家五五》

乍恐言上仕候

江州浅井郡冨田村
甲之助

一伊香郡XY村乙兵衛と申ものハ甲之助いとこニ而御座候を、乙兵衛母果申ニ付、甲之助おや丙兵衛やしない申候。然處ニ丙兵衛十二年以前午ノ六月に相果申候得共、甲之助うばと乙兵衛と同心仕、種々に我母をめいわく仕せ候。御代官様中山吉右衛門殿被仰付、新井村野寺村冨田村庄屋きもいり衆御曖ニて、乙兵衛に田畑之わけ證文ニ印形を被仕候て、我所持仕候御事。

一十二年以前ニ丙兵衛相果申時、甲之助うばと乙兵衛と、丙兵衛おぢ坊主竹生嶋不動院と同心を仕、度々ニ我母をたらし、又ハおどし被申ニ而、諸道具金銀、刀ワキざしにておしつけ預り、不動院取かへられ候。然者不動院去年辰ノ八月ニ相果被申候ニ付、右之諸道具竹生嶋にてぎんミを被成候へバ、有ま〻御座候を、又乙兵衛おさへ取可申旨をせんさく仕候ニ付、先竹生嶋吉常院御預り被成候。右之様子、中山吉右衛門殿へ御断申上候へバ、段々聞召被分、壱書を以、冨田村庄屋肝煎共ニ被仰付候ニ付、大かた相渡り申候。其上、吉右衛門殿より小日記を被成被下候。又、段々之断書も被下所仕候御事。

一丙兵衛存生之時、丙兵衛田地之内上田壱反七畝宛作り候而、年貢諸役丙兵衛斗うばはん米ニ毎年あてがい申候。此田地を返し候へと度々乙兵衛ニ申候へ共、返し不申候ニ付、去年辰ノ十二月ニ吉右衛門殿へ御断申上候へハ、子細庄屋きもいりに御聞被成、うば一代ハ預ケ候へと被仰付候ニ付、任御意ニ候へバ、庄屋肝煎共ニ手形被仰付、下書被下候へ共、吉右衛門殿其時分より御煩ニ付、乙兵衛手形ニ取相不申候。我も遠慮仕、重而不申上候。并、丙兵衛おや浄念、丙兵衛家之うらに隠居家を立居被申候。則、其家ニ乙兵衛居申候ニ付、度々家を取のき候へと申候へとも終ニのき不申候ニ付、去年右同時御断申上候へバ、吉右衛門殿より前屋敷一ケ所とらせ候へと、冨田村庄屋肝煎衆をつかいニて被仰付候。任御意ニ□□作も付ケ申おき申候へ共、未乙兵衛屋敷をのき不申、めいわく仕候御事。

右之通聞召被分被下候へバ忝可奉存候。以上

承應二年　冨田村
巳ノ五月廿七日　甲之助（印）

堀越中守様御内
吉村兵右衛門様
大野大右衛門様

※代官名以外は仮名としました。
※大野大右衛門＝大野第右衛門？

これによれば、従兄弟同志の対立があったようです。

上の文書を要約すると、

伊香郡XY村へ丙兵衛の姉妹が嫁ぎ、乙兵衛が生まれます。しかし、母親が若くして亡くなったので、丙兵衛は乙兵衛を引き取り養育します。

ところが、十二年前に丙兵衛が死去すると、乙兵衛と甲之助の乳母は、甲之助の母親に辛く当たるようになります。そのため、代官中山吉右衛門に訴えたところ、新井村・野寺村・冨田村の村役人の仲裁で、乙兵衛に対する田畑の分け證文に印形をさせます。

また、丙兵衛が死去した後、乙兵衛と甲之助の乳母と丙兵衛の叔父坊主（竹生嶋不動院）が結託して、母親に刀等を押しつけ、道具類や金子を脅し取り、不動院へ持ち去ります。昨年叔父坊主が死去したので、不動院を吟味した処、道具類はそのまま残っています。

この時、乙兵衛はこれらを再び取ろうと企て、代官中山吉右衛門へ取り入って、大方を取ってしまいます。甲之助は代官からその記録を下付されます。

また、丙兵衛が存生中は、乳母の飯米用に一反七畝分を当てがっていましたが、これを返せと迫りますが返さないので、昨年、代官に訴え出たところ、村役人の仲裁で乳母一代は預けて置くこととなります。しかし、代官が病気のために手形（證文）を書くまでには至りませんでした。

また、乙兵衛は祖父の建てた隠居に暮らしていたので、立ち退くように何度も言ったが、立ち退く様子もなく、迷惑しています。

どうか、よしなに御裁許をお願いします。

といった内容になります。

六月五日付の訴訟状《家五六》もあり、相当溝が深かったことが読み取れます。

六月五日付の訴状には、「甲之助が幼少だから…」ともあり、乙兵衛の

方が年長であったようです。

　年長だけに智恵もあるのですが、所詮、家督を相続する立場ではありません。年少の甲之助が家督を継ぐ立場でいます。

　また、甲之助には母親が居ても、乙兵衛には父も母もなく、頼る丙兵衛も亡くなっています。

　自分の将来を考えると、年少の甲之助の居候で一生を終わってしまうかもしれない立場なのです。

　焦りや妬みの心が、乙兵衛に勝手な行動をさせているのだとも考えられます。

　不動院の叔父坊主も、恐らく弟であるが故に本家を出て、竹生嶋に行ったのだろうと思われます。

　乳母も、甲之助の乳母ではあるが、弱い立場であったろうと思います。

　乙兵衛の気持ちが痛いほど分かるが故に、乙兵衛に荷担したのであろうと思われます。

　一方、甲之助にとっては迷惑な話であり、自分が家督を相続するのが正当だと思っています。
　ＸＹ村から乙兵衛が戻ってこなければ、何の問題もなかった筈です。
　甲之助は丙兵衛の名跡を相続できる筈だったのです。
　いわば、甲之助にとって、乙兵衛は目の上のたんこぶであったのです。それが故の争いになったのです。

　今、我々第三者が考えると、両者の言い分はもっともだと考えられます。

　しかし、当時は乙兵衛の方に非があったと思われていたのではないでしょうか。

　この頃は、長男が家督を相続する習慣が定着していたと思われます。

　この水と油の関係の二人が、その後どうなったかは、文書が残されていませんので定かではありません。

　しかし、間接的な史料によって、乙兵衛は、何がしかの遺産を譲渡され、別家を立てたことが確認することが出来ます。

　また、甲之助は丙兵衛の名を継いだものと考えられます。

　そして、両家とも江戸時代、浮沈はあったかもしれませんが、直接的な争いもなく、また、絶えることもなく、何世代も続いたものと考えられます。

　但し、古老の話では、甲之助（丙兵衛）家と乙兵衛家とは江戸期を通じて縁組み等はなかったと（しなかった）と言います。

　両家は別々に分家等をしますが、縁組みだけはなかったようです。

　換言すれば、江戸初期のこの事件はそれほどまでに溝が深かったと言えるのかもしれません。

《参考》
　川崎文書（滋賀大学史料館）

※1　川崎文書未整理分の中に次のような文書があります。
《未整理九九》
寛永十九年乙兵衛わけ[redacted]
北二ノ坪半
中田四畝壱分五厘　六斗六升八合
すかい本半
上田六畝八分　壱石壱斗弐升八合
三たん田　是ハおわせ分
中田壱反一畝八分壱石八斗四升八合
やい田三たんめ
上田壱反弐畝　弐石壱斗六升
圓こし
上田壱畝十四分　弐斗六升四合
圓こし
上畠壱畝十六分　弐斗
石はら
上畠壱畝十六分　弐斗
北二ノ坪北田也
中田壱反七分　壱石七斗一升五合
〆
一銀子百目
午ノ六月日　丙兵衛（花押）
此外相残分ハ田畠皆具《とも》二
甲ノ介分也
※寛永十九年（一六四二）
これは、上の文書を遡る十一年前（昔流に数えれば十二年以前）の文書になります。

丙兵衛の死が十二年以前とありますから、丙兵衛の死の直前に記載されたものと思われます。もしかすれば遺言状であったのかもしれません。

内容は、田畑八筆高合計八石一斗八升三合と銀百目を乙兵衛に譲ることを示しています。

その他の残は嫡子甲ノ介への相続としています。

八石余の相続があれば、中級の百姓として十分生活が出来ると丙兵衛は判断したのでしょう。

しかし、丙兵衛の死去後、乙兵衛は日常的な不満がくすぶっていたのか、横領まがいのことを繰り返したためか、問題が表面化することになったようです。

恐らく、丙兵衛が健在であったなら問題は起こらなかったのでしょうが、周囲を取り巻く乳母・叔父が一層油を注いでしまいます。

結果的には、丙兵衛の「分付け状」（遺言状）の八石余で事が済んだのか、更になにがしかの田畑の追加譲渡があったのかは分かりませんが、以後に、この件を暗示する文書がありませんので（目にしないだけかもしれませんが）、一応の決着となったと思われます。

歴史に「もし」はない、と言いますが、もし乙兵衛がＸＹ村の嫡子として成長したら、このような問題は発生しなかったとも思われます。反面、ＸＹ村で後妻の子と悶着を起こすことになったかもしれませんが……。

また、「分付状」で、最初の二筆は、北二ノ坪半・菅井本半と表現されています。「半」とは土地割について、一枚の田圃を半分にした状態を言い、長さが半分になります。

現在でも菅井本・大海道などの南側に見られるような田圃の形状です。

菅井本については、当時からあのような区画割りであったことが分かります。

（※実名は、甲之助（Ｋ之助）・乙兵衛（Ｓ兵衛）・丙兵衛（Ｔ兵衛）です）

鉄炮改めの手形一札

第１７２号
2001.01.10

次の文書は、貞享五年（一六八八）の文書です。《治安九》

一札之事
今度、鉄炮御改被仰付候ニ付、拙者ふる鉄炮壱丁所持仕候得共、国友江指示仕、つふしニ仕処実正ニ御座候。則、つふし手形拙者手前ニ所持仕候。若、脇よりつふさ□せ申もの御座候ハヽ、何方江成共罷出、つふし手形懸御目、急度可申開候。為後日、手形仍而如件。
貞享五年辰ノ二月　つふし主　C郎兵衛（印）
庄屋　T兵衛殿
年寄　Y兵衛殿
同　G左衛門殿
五人組　C右衛門殿
S右衛門殿
K左衛門殿

要約すると、

鉄炮（鉄砲）改めを仰せつかり、私は古鉄炮を一丁持っていたが、国友村に依頼して潰してもらいました。そのことは確実で、潰し手形（証文）も所持しています。もし誰か、「潰していない」と言う者があった場合は、何処へでも出て、手形をお目にかけます。後日のため、手形を差し上げます。

といった内容になります。

百姓の家に、何故鉄炮（火縄銃）があったのかは分かりません。恐らく、戦場から拾ってきたものか、落ち武者等から譲りうけたものではないかと思われますが、所有していた一丁は国友村（長浜市）で潰されることになりました。

江戸幕府も安定期を迎え、世の中も平和になり、秀吉が「刀狩」を実施したように、兵農分離を目的として、不要な鉄炮（火縄銃）の取締を図ったものと思われます。

但し、狩猟目的や、害となす鳥獣に対する威嚇目的等には所持が許されたようですが、鉄砲運上金が課されたといいます。

以前（平成七年九月）、四十四号で紹介しました酒株改・酒運上の件で、運上金の上納を言われたとたん、酒造を中止するという一札を入れながら、実は、酒造を続けていたということがありました。

今回の鉄砲改めについても、酒運上金のように裏があったかもしれませんが、文書通りに潰されたものと考えたいと思います。

その潰してもらった所が、国友村だとあります。

国友村は、全国にも知れた鉄砲の生産地であったことは周知のことだと思います。

鉄砲（火縄銃）が種子島に伝来したのが、天文十二（一五四三）ですが、翌天文十三年（一五四四）には、将軍足利義輝が国友村に鉄砲製造の指示を出しています。

弘治元年（一五五五）には鉄砲の製造が確認できるようです。

以降、信長・秀吉・家康を始め、有力大名等へ鉄砲を造り続けることになります。

上の文書より、鉄砲を潰した場合、潰し手形が発行されたものと思われます。

恐らく、何時、誰の鉄砲を、何丁、誰が潰した等々が証明されていたのではないでしょうか。

C郎兵衛は、この潰し手形を所持しており、疑いが懸けられたら、いつでも、どこへでも出かけて、その手形を見せる（証明する）ことが出来るのだと言いきっています。

古文書に残された訴訟事を幾つも見てくると、江戸時代は現在と違って、ちょっとした事でも訴訟事になったように思えてなりません。

親子兄弟喧嘩等、いわゆる事件でないようなことも、民事に関する相続等にも例を挙げることができます。

そのため、自分の身の潔白を証明する手形が、絶対必要だったのかもしれません。

上の文書のように、江戸時代の百姓は、持っている筈のない鉄砲や刀・脇差し・槍等を所持していたようです。

古文書には出てきませんが、各家々の言い伝えの中に、「刀があった」ということはよく聞きます。

我が家においても、戦争中に供出するまで脇差しが何振りかと槍があったと聞いています。

つまり、戦争の前後まで百姓の家々が、刀や槍等を所有していたということは、江戸時代から受け継がれてきたと考える方が妥当です。

いつ手に入れたのか、何処から手に入れたのか…等は分かりませんが、百姓が武器を持っていたことは確かなことだと考えます。

そのための、刀狩や鉄砲改めであったと思われます。

江戸時代各種御改

江戸時代は各種の御改めがあったようです。

冨田村に残されている文書から見られる各種の御改めをまとめておきたいと思います。

◆宗門御改め
本来は、寛永十七年(一六四〇)より毎年実施された筈ですが、数点しか残されていません。
竹生島領早崎村では、例年三月に実施されています。

◆高反別御改め
支配者が替わる毎に実施されたようで、何点か残されています。

◆大人別御改め
家数・人数等の調査で、特に人数は①三才から十五才まで、②十六才から六十才まで、③六十一才から八十才まで、④八十一才以上に分類されています。
ちなみに、文化七年(一八一〇)の御改めでは、家数七十九軒(含両寺)、人数男百六十六人、女百八十三人で八十一才以上は、男二人女二人となっています。(但、西郷領を含まず)
《戸口三》

◆五人組御改め
冨田村の五人組は十六組(別に西郷領に二組)あったことが確認できますが、幕末のものしか残されていません。
本来は前書き(～をしてはいけない・・・等の条々が書かれていたと言います)のある五人組帳が作られた筈ですが、一冊も残っていないのは残念です。

◆秤御改め
近江の秤は、江戸の守随氏の管理下にありました。
元禄十二年(一六九九)の秤御改めについては「冨田今昔物語」三四号に詳しいので参照して下さい。

◆枡御改め
江戸の樽屋蔵左衛門、京都の福井作左衛門が支配していたといわれていますが、冨田村の史料には残されていません。

◆酒株御改め
元禄一〇年(一六九七)の酒株御改めなど、酒造に関する史料も五〇点余残されています。

◆鉄砲御改め
上記の貞享五年のものしか目にしていません。

その他にもあるのかも知れませんが目にしたもの等のみをリストアップしてみました。

《参考》
「国友鉄砲の歴史」
(サンライズ印刷出版部)
川崎文書(滋賀大学史料館)
「冨田今昔物語」34・44～47号等

※1
次の文書は枡御改に関する文書の案文ですが、年代は不明です。
《村政一二七》

證文前書之写

一先達而、桝御改被仰出御觸有之、承知仕候。右ニ付、今度為御改御廻り被成候間、私共支配之内百姓并穀物商賣、其外之者致所持候桝品々、不隠置不残差出、御改請可申候。若、御觸之趣相背、御改請残候者有之候ハヽ、何様ニ茂可被仰付候。勿論、無判之桝舛者不及申、御焼印無之紛敷舛并壱斗入、或者何升入与相定置候桶等茂、御取上被成候旨被仰渡、奉得其意候。支配之者共江急度申渡自今以後、御法度之趣為相背申間敷候。為後日、連印之證文差上申候。仍如件

月日

前書之通、私共組下、今日舛御改ニ付、不残差出、御改請申候。尤如何様成舛ニ而茂、又者何升入与相定候入物等ニ而茂、一切無御座候。此以後御改之節、若、御停止之舛所持仕候者有之候ハヽ、何様ニ被仰付候共少茂申分無御座候。以上

月日

年代も不明ですし、樽屋蔵左衛門・福井作左衛門の内、どちらの改めかも不明です。

しかし、このような案文(例文)が存在することは、枡改めが実施されていたことを示すものだと思います。

内容的には、
この度、枡改めを実施する旨を承知しました。改め係が来村の折には百姓や商売人等の所持している枡を隠すことなく、全部の枡の点検を受けます。趣旨に反したり、隠すようなことがあったら、如何様にも罰して下さい。また、判のない枡や焼印のない枡、又は(勝手に)何升入ると決めている(枡でない)桶等を取り上げられても仕方ないと思います。この旨を村人へ周知徹底し、今後は違反のないよう連判證文を提出する次第です。
といった内容です。

また、後半は、
本日村中が枡改めを受け、全部を点検して頂きました。不正な枡や自分勝手の枡は一切ありません。これ以後の枡改めの時、不正な枡があったら、どのような罰を受けても文句は言いません。
といった内容になります。

どれ程厳密に実施されたかは分かりませんが、枡は年貢米を計量する基準となる物ですから、慎重を期したものだと思います。

百姓にとっても、量に間違いがあれば、年貢納入時や蔵詰め時に刎ねられることは知っていましたから、不正なことは出来なかったと考えられます。

現に、一合一勺不足で蔵詰め時に刎ねられた俵があることを示す史料も存在します。(慶應元年)
《未整理九七七》

また、年代不明ですが、柏原宿まで分銅改めの役人が出張してきているので、分銅の有無、村高、家数などの報告書の提出を求める廻状が残されています。
《未整理一〇〇六》

「五人組」についてII

第１７３号
2001.01.24

「五人組」は江戸時代の村内における隣組組織です。現在でも各村において隣組組織として残されてる所が多いと思います。

現在の隣組と違う点は、江戸時代の五人組は連帯責任・連座組織であったという点に特徴があります。

五人組は組頭（現在の組長ですが、誰でも出来るものではなかった）がいて、組の責任者となります。

五人組は組頭の下に、全ての面で連帯責任を負っていました。

組の誰かが年貢未納となれば、他の組員でその埋め合わせをしなければなりませんでした。

犯罪者や身元不明の者があれば五人組を通じて届けを必要としました。

組の誰かが罪を犯せば、他の組員も連帯責任で罪を背負わなくてはならならないようになっていました。

いわば運命共同体として助け合う性質を持つ反面、組頭を始め銘々が、お互いに組中に目を光らせなければならなかったなど、いわば、年貢徴収の確保と治安維持を保証する支配体制の下部組織として機能していました。

冨田村での「五人組」の存在を確認できる文書のひとつに、貞享五年（一六八八）の鉄炮改めに関わる誓約書があります。

その誓約書の宛先は、庄屋・年寄・五人組の各人宛となっており、村役人や五人組に対して、「今後は鉄炮を所持しない（国友村に依頼して潰してもらう）」旨の誓約書となっており、連帯責任という面をよく表しています。《治安九》

また、年代不明の文書ですが、「常々よくよく五人組切りに相改め、村中にあやしきものこれ無きよう…」とか、「村中に田地も持たず、小作も請けず、家職もなく、日雇いも勤めず、ぶらつき渡世いたし候ものあらば、五人組よりよくよく気を付け…」などのように、五人組を利用した治安管理的な申し渡しも行われています。《租税三三三》

いま、幕末の冨田村の例で見ると、特に組頭は村役人に準ずる人物が勤めているため、地理的な関係が少ないように考えられます。

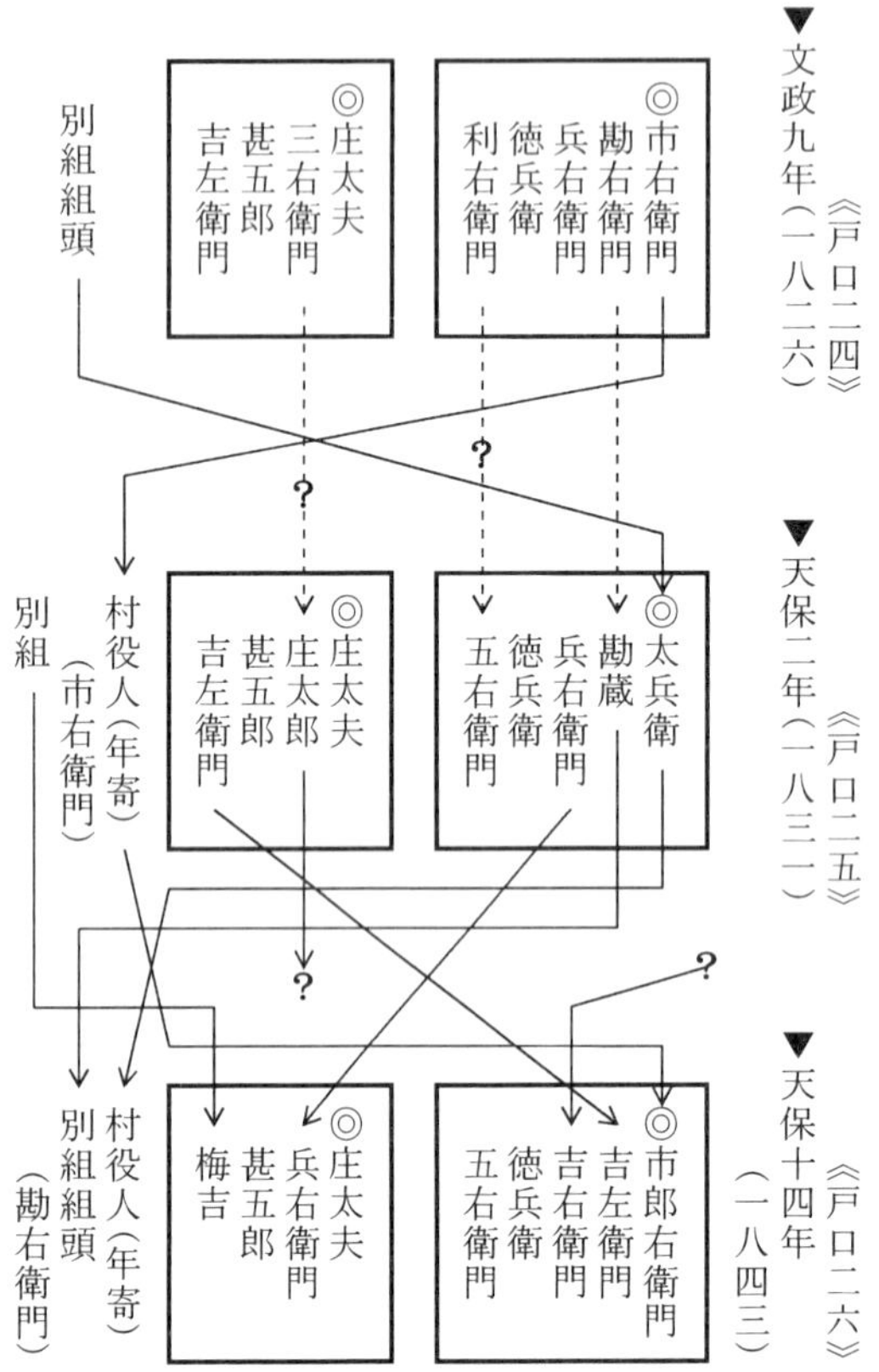

※◎印はその組の組頭を意味する。

また、北冨田村との関係もあって、南北混在した組分けになっているようにも考えられます。（ただし、旗本西郷氏支配の百姓は、その百姓達で別の二組を作っています）

例えば、左上の図は五人組の変遷を二組に限って図にしたものです。十七年間の間に、五人組のメンバーがコロコロと替わっています。

何故このように頻繁に組替えをする必要があったのかは不明ですが、組替えの複雑さには、相当のものがあります。

また、全ての住居が特定できていないのが現状ですので、確定的なことは言えませんが、向こう三軒両隣とはなっていないようにも考えられます。

但し、全ての五人組がコロコロ替わっていたわけでもないようで、メンバーが替わっていない五人組や、向こう三軒両隣に近い（近所だけの）五人組もあったようですが、確かなことは断言することは出来ません。

何故なら、たった百五・六十年程前の冨田村なのに、名前と屋敷場所がはっきりしないのですから…。

しかも、北冨田村の名前が混在していますので、余計に難しい問題が起こってきます。

上にある十数名の屋敷地がすべて分かっている訳ではありません。

また、図のように、例外的に四人の組もあったようですが、殆ど五人（五軒）で組織されているのも五人組たるところであったようです。但し、西郷氏支配組の二組は六人（六軒）で組織されています。

冨田村では、文政九年の五人組は、十五組と別枠の庄屋・年寄の一組、更に、西郷氏支配の二組（西郷氏の百姓は庄屋・年寄も組の構成員となっている）の合計十八組があったことを確認することができます。

ところが、弘化四年（一八四七）の時点では、村役人の人数が増加したためか、理由は分かりませんが、冨田村中が十四組となり、合計十七組になってしまっていることも確認できます。

明家（空き家）が増えたためかもしれません。

「五人組帳」には一般的に「前書」と呼ぶ、村人が守るべき条項がこまごまと書かれていて、村役人はこの「前書」を村人に読み聞かせ、請け印を取ったといわれています。

しかし、冨田村に残されている五冊はいずれも下書きであるためか「前書」は記載されていません。

現在の隣組組織は、回覧版を回したり、集配物の単位として機能していますが、この隣組も、江戸時代に始まったこのような五人組組織の名残でもあるのです。

冨田村のような田舎では、五人組の名残が強いですが、市部へ行けば一組が、二〇～三〇軒が当たり前になっているようです。

五人組の名残と言うより、行政の末端組織といった感じを受けます。

今回は、江戸時代の五人組について見てみました。

我々の現在の生活の中にも、このように、江戸時代から受け継がれてきた名残がもっともっと残されていると思います。一度捜してみてはどうでしょうか。

《参考》

川崎文書（滋賀大学史料館）

※1

天保一四年の「五人組合帳」は、一旦、天保一四年分として作成され、加筆・貼り紙などで訂正し、弘化二年（一八四五）の分として、再利用されています。《戸ロ二六》

本書では、天保一四年として扱いました。

「五人組合帳」は他に、弘化四年、嘉永七年（一八五四）のものが残されていますが、幕末のものしか確認出来ません。

五人組制度は、実際は一七世紀中頃までには確立していた筈ですし、各種の文書に五人組が登場しますが、「五人組帳」らしきものは残されていません。

※2

《租税三三三》

（前略）

一村々ニ而、はくち打候もの、并、野良遊女の類、所ニ留置宿仕候もの不及申、惣而、家業もなくうろんなる身持にて地所へ相越、夜泊り等いたし難口取ものあらハ、可申出候。在々ニ小盗人有之由、沙汰有之候間、常々能々五人組切ニ相改、村中ニあやしきもの無之様ニ、人別に可吟味仕事。

附、村中ニ田地も不持、小作も不請、家職もなく、日雇も不勤、ふらつき渡世いたし候ものあらハ、五人組より能々口付見届ケ候上、組頭より庄屋方へひそかに相達シ、御役人所へ注進可仕事。

一火用心随分大切にいたすへく候。御城米郷蔵に有之時は、郷蔵に昼夜番為仕、火用心大切ニ仕、若御宿場は一入大切に可仕候。五人組切ニ可申渡候。いつにかきらすといへとも、冬春迄風立之時は、別而入念火元昼夜共ニ無油断可申付候。風立之時は夜中も村方之内ニ而御番立置、両人ツ〆村中を相廻り可申付候。別而灰口江能々口を附候様ニ可申渡候事。

未十二月

（※棒線は筆者）

（※元和五年（一六一九）未と推定）

右は「申渡覚」とある文書の後半部分ですが、現在、確認出来る最初の「五人組」と書かれている文書です。

制度的に、五人組が確立されていたことを窺い知ることが出来ます。

但し、冨田村で五人組が組織されていたかどうかは、この時点では確認出来ません。

※3

《土地三》

（前略）

右寄帳、庄屋肝煎組頭百姓中、立合仕立申候者也

庄屋　T兵衛
肝煎　S五助
組頭　U近
　　　G六
　　　S介
　　　E門太郎

寛永八年未
十二月十八日

（※寛永八年（一六三一））

五人組ではありませんが、組頭の語が登場する文書です。（「名寄帳」）

《治安九》

一札之事

今度鉄炮御改被仰付候ニ付、拙者、ふる鉄炮壱丁所持仕候得共、国友江指示仕、つふしニ仕処、実正ニ御座候。則つふし手形拙者手前ニ所持仕候。若、脇よりつふさるせ申もの御座候ハヽ、何方江成共罷出、つふし手形懸御目、急度可申開候。為後日、手形仍而如件

貞享五年辰ノ二月

つふし主　I郎兵衛（印）

庄屋　T兵衛殿
年寄　Y兵衛殿
同　G左衛門殿
五人組　C右衛門殿
　　　S右衛門殿
　　　Q左衛門殿

（※貞享五年（一六八八））

五人組が組織されていたことを示す文書の初見です。

鉄炮を処分したことを、村役人と五人組宛に示した證文です。

五人組の肩書きがある文書の、最も古いものだと思います。

冨田村を支配した代官たち

第１７４号
2001.02.10

平成六年八月（冨田今昔一八号）で冨田村を支配した代官達を紹介しました。

　その折は、享保年間までの途中で終わり、その後の続編を約束しながら、果たせないでいました。

　今回、重複する部分もありますが、江戸時代初期から再度見てみたいと思います。


【天領（御領）の代官】

◎日下部兵右衛門定好
◇慶長六年（一六〇一）
　～慶長一〇年（一六〇五）
◇慶長六年の免は七ツ二分に上る

◎日下部善助玄昌
◇慶長十一年（一六〇六）
　～慶長十八年（一六一三）
◇五村別院の建立に尽力する
◇慶長十二年の免は七ツに上る
◇浅井町尊勝寺に代官所を設置

◎關（関）名右平次
◇慶長十九年（一六一四）
　～元和　七年（一六二一）
◇免は五ツ台～三ツ台に減少

◎猪飼二（次）郎兵衛光重
◇元和八年（一六二二）
　～寛永九年（一六三二）
寛永十一年（一六三四）服部と連名
寛永十四年（一六三七）
　寛永十五年（一六三八）
◇寛永三年は大旱損で免四分余に

【堀氏（市正・越中守）領】

◎吉村兵右衛門
◇寛永一〇年（一六三三）
　承應　二年（一六五三）

◎服部弥三右衛門
◇寛永十一年（一六三四）
　～寛永十三年（一六三六）
◇天領代官で堀氏代官代行

◎中山吉右衛門
◇寛永十六年（一六三九）
　～承應元年（一六五二）
◇免は四ツ五分前後に定着
◇寛永十六年に冨田北村が成立する
◇正保四年に香花寺村と出入あり

◎簗瀬三郎右衛門
◇承應三年（一六五四）
　～萬治三年（一六六〇）
　寛文二年（一六六二）
　～寛文一〇年（一六七〇）
◇免は四ツ三分～四ツ一分程度

◎大野第右衛門
◇寛文　元年（一六六一）
◇免は四ツ九分五厘

◎長谷川八左衛門
◇寛文十一年（一六七一）
◇免は四ツ一分

◎君嶋理右衛門
◇寛文十二年（一六七二）
　～延宝五年（一六七七）
◇免は四ツ三分～三ツ九分

◎矢嶋宗右衛門
◇延宝六年（一六七八）
　～延宝七年（一六七九）
◇免は四ツ四分五厘

　堀家が断絶し、延宝八年（一六八〇）よりの四年間、冨田村は再度天領となり、また、貞享元年（一六八四）より三年間は、大坂城代や京都所司代を勤めた土屋相模守の領地となります。

　そして、貞享四年（一六八七）より、再度天領となります。

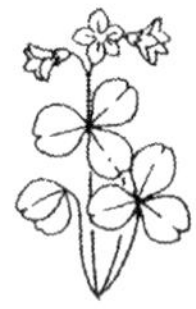

【天領（御領）の代官】

◎市岡理右衛門清次
◇延宝八年（一六八〇）
　～天和三年（一六八三）
◇湖北の八千石弱を支配する
◇免は三ツ九分前後

【土屋氏（相模守）領】

◎高木武兵衛 他
◇貞享元年（一六八四）
　～貞享三年（一六八六）
◇免は四ツ二分
◇貞享三年下四ケ村と馬渡村の出入

【天領（御領）の代官】

◎辻弥五左衛門守誠
◇貞享四年（一六八七）

◎長谷川六兵衛
◇元禄元年（一六八八）
　～元禄四年（一六九一）
◇免は四ツ六分六厘～四ツ二分

◎猪飼次郎兵衛
◇ 猪飼二郎兵衛光重の孫
◇元禄五年（一六九二）
　～元禄八年（一六九五）
◇免は四ツ六分五厘～四ツ

◎西与一左衛門
◇元禄九年（一六九六）
　～元禄一〇年（一六九七）
◇免は四ツ四分六厘～四ツ二分六厘
◇御料所井樋伏替・分木伏替等計画

　元禄十一年六月より、天領六六二石余と西郷氏一〇七石余の相給となる。但し、西郷氏の代官は史料がまったく残されておらず、誰一人として判明しませんでした。

◎小野半之助宗清
◇元禄十一年（一六九八）
　～元禄十二年（一六九九）

◎雨宮庄九郎寛長
◇元禄十二年（一六九九）
　～宝永　二年（一七〇五）
◇免は四ツ三分～三ツ四分一厘

宝永二年（一七〇五）より、天領六六二石余の内、五〇〇石が大久保佐渡守に分与され、天領一六二石余、大久保領五〇〇石、西郷氏一〇七石余の相給となることになります。

【天領（御領）の代官】

◎雨宮庄右衛門
◇宝永七年（一七一〇）？
◇免は四ツ一分

◎上林又兵衛政武
◇正徳三年（一七一三）
　～享保三年（一七一八）
◇免は三ツ七分八厘～三ツ五分五厘
◇主に冨田北村が支配の中心

【大久保氏（佐渡守）領】

◎冨岡源右衛門
◇宝永二年（一七〇五）
　～享保七年（一七二二）
◇免は四ツ八分～三ツ九分五厘
　（後年は高値が続く）
◇大久保氏の代官だが、後年、天領支配も兼務する。
◇小嶋惣与右衛門や岸上善左衛門と連名の文書が多い。複数支配か？

◎小嶋惣与右衛門
◇享保四年（一七一九）頃
　～享保八年（一七二三）

◎岸上善左衛門
◇享保四年（一七一九）頃
　～享保八年（一七二三）

◎冨岡源之進
◇享保九年（一七二四）
　～享保一〇年（一七二五）
◇免は四ツ八分九厘
◇冨岡源之進も天領の代官も兼務していたと思われる。
　冨岡源右衛門の息かもしれない。


　享保十一年（一七二六）より、天領一六二石余と大久保氏領五〇〇石の、合計六六二石余が、再々度天領六六二石余に戻ることになります。

　そして、冨田村は、その三年後の享保十四年（一七二九）から、松平伊豆守の浜松藩の飛び地としての長い歴史を歩むことになります。

　浜松藩は、松平伊豆・松平豊後・井上河内・水野越前守と領主は替わりますが、弘化二年（一八四五）に山形藩に移るまでの約百十五年間、浜松藩の支配を受けることになります。

《参考》
　川崎文書（滋賀大学史料館）
　冨田今昔物語一八号

【いっぷく】

《未整理五一》

　乍恐以書付申上候
一當春、江戸表御上屋鋪御類焼ニ付、御領分一統、調達金被仰付候得共、當所御領分之義ハ、是迄出精仕、調達金差上ケ候ニ付、今般被仰付候調達金弐千両之義、郷證文を以、御役所ニ而御引受御才覚被成下候段、難有奉存候。乍然、今以出金之處相分り不申ニ而、萬ケ一御才覚不相調候ハヽ、三郡村々ニ而引受、當暮迄、弐千両調達候義、相働ロ段被仰付、奉畏候。御返済之義ハ、来卯ノ御物成之内、請取勘定可仕旨、是又承知仕候。以上
　　　　　　三郡惣代
　　　　　　———
（※寛政六年（一七九四）と推定）

　江戸時代は、藩に急な入用があると右のような調達金などの、特別な賦課を命じてくる場合が多々ありました。

　右は、寛政六年一月一〇日の江戸大火で、江戸上屋敷が類焼したため、その建設資金を領民から調達したときの文書だと思われます。

　浜松藩の飛び地として、近江には浅井郡、坂田郡、蒲生郡に領地がありましたから、近江分として二〇〇〇両の資金を目論んでいます。

　文面では、今迄にも三郡は調達金を献納しているため、今回は三郡が保証人になることで、役所が出資してくれる人物を捜そうとしているようです。

　しかし、未だ出資人が決まらず、万が一の場合は三郡で引き受ける旨を申し出ています。しかも、暮れまでにとなっています。

　領主からの調達金は一方的で、返済すら無い場合が多々あったようですが、今回は翌年（寛政七年卯）の御物成（年貢）で勘定することを了解しています。

　一旦は献金するが、翌年の年貢で差し引きするというのです。

　二〇〇〇両と言えば、一両一〇万円として二億円になります。

　近江には大小の村々四〇数ケ村が支配地としてありますが、単純平均しても一ケ村五〇〇万円の負担となります。返済が見込めなければ調達出来る金額ではありません。

　この結果を示す文書は見つかってはいませんので、何れの方法になったのか不明ですが、二〇〇〇両の調達金は納められたのだと思います。

　このように、支配側に資金が必要な場合、領民に負担を押し付けるのが常であったようです。勿論、年貢とは別枠にです。

　今回のように年貢で勘定というのはまだしも、一切返金もせず、年貢での差し引きも行わず、百姓側が訴えるという例もあります。

　冨田村の一部を支配した、旗本西郷氏に関わっての文書が何点か残されています。　（※第一八七号参照）

　また、朝鮮使節や琉球使節が来府した場合の費用も、国役金として徴収しました。この場合は、支配に関係なく、近江国分として賦課されたのです。　（※第九〇・九一号参照）

　また、幕末の頃、山形藩から調達金という名目で多大の出費を余儀なくされている文書類が多数残されています。このときは、全額の返済が出来ず、返済のための講を組織していますが、明治維新、朝日山藩への移封等により、講そのものが消滅し、公事に及んでいます。

　いずれにせよ、支配側の身勝手な思惑が、村役人や百姓を悩ませていたのです。

冨田村を支配した代官たち（その二）

第１７５号
2001.02.24

前回は、大久保佐渡守の支配が終わるまでの、冨田村を支配した代官達を紹介しました。

今回は、享保十一年(一七二六)からの天領支配の代官から、続きを見てみたいと思います。

【天領（御領）の代官】

◎辻甚太郎
◇享保十一年(一七二六)
　～享保十三年(一七二八)
◇享保十二年大日照りで、三四五石余の日損引となり、免は四ツだが実質は免一ツ八分六厘八毛
◇美濃笠松郡代所より支配

◎清水沖之丞
◇享保十三年(一七二八)？

そして、享保十四年(一七二九)二月より、浜松藩松平伊豆守の七万石の領地となります。

【松平氏(伊豆守)領】

◎神山権兵衛
◇享保十四年(一七二九)
　～元文元年(一七三六)
◇免は四ツ五分～三ツ五厘六毛だが元文元年(一七三六)より定免（請負免）となったと考えられる。
定免は四ツ四厘

◎福冨弥五兵衛
◇元文二年(一七三七)
　～元文四年(一七三九)

◎黒川傳次
◇寛保元年(一七四一)
　～寛延二年(一七四九)
◇郡代とあるが不詳？
◇大津御蔵所の役人かもしれない？

◎波多野惣七
◇享保十六年(一七三一)～手代時代
　元文元年(一七三六)
　～延享元年(一七四四)
◇次の堀口治太夫との連署が多い
◇冨田村史料の中では、波多野・堀口連署の文書がかなり残っている

◎堀口治太夫
◇享保十六年(一七三一)～手代時代
　元文元年(一七三六)
　～寛延三年(一七五〇)
◇前の波多野惣七との連署が多い

◎金古武八
◇元文二年(一七三七)～　手代？

◎三田越右衛門
◇元文二年(一七三七)～　手代？

◎柴田猪助
◇元文二年(一七三七)～　手代？

寛延三年(一七五〇)より、浜松藩は松平豊後守の治める所となります。

【松平氏(豊後守)領】

◎後藤斧右衛門
◇寛延三年(一七五〇)
　～宝暦七年(一七五七)
◇物成一八九九石余(率二ツ八分八厘)

◎後藤傳内
◇宝暦八年(一七五八)

宝暦九年(一七五九)より、また、浜松藩の領主が替わり、井上河内守となります。冨田村は引き継き浜松藩の支配を受けます。

【井上氏(河内守)領】

◎谷中藤兵衛
◇宝暦九年(一七五九)
　～宝暦十二(一七六二)
◇物成二〇九石余(率三ツ一分七厘)
　(三分一銀納分を除く)
◇宝暦十一年御料所井樋・分木伏替

◎水谷吉兵衛
◇宝暦十三年(一七六三)
　～明和元年(一七六四)
◇免は三ツ一分七厘八毛
　(三分一銀納分を除く)

◎中畝忠介（改名して、文太夫）
◇明和元年(一七六四)
　～明和八年(一七七一)
◇明和三年定免四ツ七厘
◇物成二〇九石余(率三ツ一分七厘)
　(三分一銀納分を除く)
◇明和七年、御料所井樋伏替

◎加治四郎右衛門
◇安永元年(一七七二)
　～安永八年(一七七九)

◎田沼市兵衛
◇寛政元年(一七八九)
　～寛政八年(一七九六)
◇物成二一二石余(三ツ三分六厘余)
　～一七〇石余(二ツ五分八厘)

◎菊池友右衛門
◇寛政八年(一七九六)
　～寛政十一年(一七九九)
◇物成二〇四石余（率三ツ一分）
◇寛政九年大旱損

◎小山忠太夫
◇享和三年(一八〇三)
　～文化元年(一八〇四)

◎大山理左衛門
◇享和三年(一八〇三)

◎大山金兵衛
◇文化元年(一八〇四)

◎海老沢孫右衛門
◇文化二年(一八〇五)
　～文化四年(一八〇七)

◇文化四年
　大水・大風・虫害のため皆無・半作以下で御検分を願うが、御検分で大失態の事件あり、大騒動
◎小池真左衛門
◇文化四年(一八〇七)
　～文化七年(一八一〇)
◇物成二〇四石余（率三ツ一分）
◎海老沢左七郎
◇文化　八年(一八一一)
◎海老沢左七
◇文化十三年(一八一六)
◎藤田彦右衛門？
◇文化十三年(一八一六)

　文化十四年(一八一七)より、浜松藩は水野越前守忠邦の支配する所となります。

【水野氏(越前守)領】

◎落合武右衛門
◇文化十五年(一八一八)
　～文政三年(一八二〇)
◎値賀倉吉
◇文政四年(一八二一)
　～文政九年(一八二六)
◎吉原九兵衛
◇文政九年(一八二六)
　天保二年(一八三一)

◎値賀又蔵
◇文政一〇年(一八二七)
　～天保二年(一八三一)
◎岩本五兵衛
◇天保　三年(一八三二)
　～天保五年(一八三四)
◎八嶋中右衛門
◇天保六年(一八三五)
　～嘉永三年(一八五〇)
◇弘化元年、定免三ツ三分六厘七毛

　弘化二年(一八四五)二月、水野和泉守は山形藩に移封されます。それに伴い、冨田村は山形藩の飛び地として、その支配下となります。

　紙面の関係上、山形藩・朝日山藩の代官については、次号で紹介します。

　なお、江戸時代末期の史料は、殆ど残っておらず（数十年の史料空白時代があり）、間違いもあるかと思われます。

　見つけた史料のみで作成しましたので、詳しい状況は復元出来ていないと思われます。

　また、平成六年（冨田今昔一八号）の紹介と異なる部分もあります。史料のなせる技と御理解下さい。

《参考》
　川崎文書（滋賀大学史料館）

※１
次の文書は、年代不明の定免願に関しての文書です。

《未整理五〇の一》

昨日(今朝)被出候願書之儀、案文之通相認、可被差出候。此段申遣候。
以上
　五月廿六日　　小池真左衛門
　　　　　　　　冨田村
　　　　　　　　岡谷村
　　　　　　　　　庄屋方

《未整理五〇の二》

乍恐書付を以奉願申上候
一當村之義、去ル子年より辰年迄五ケ年之間、願之上、御定免被仰付、相續仕候処、當巳年明ニ御座候間、何卒當巳より酉年迄五ケ年之間、御定免、是迄之通被仰付被下置候様、奉願上候。以御慈悲、願之通被仰付被下置候ハヽ、百姓一同難有奉存候。以上
　　　　　浅井郡岡谷村
　　　　　　百姓代　だれ印
　　　　　　〃年寄　だれ印
　巳五月　　〃庄屋　だれ印
小池真左衛門殿

二通ともに年代が書かれていませんが、代官名の小池真左衛門、干支の巳年ということを参考にすれば、この文書は文化六年(一八〇九)と確定出来ます。

代官の一覧等、我々には価値のないもののように思いますが、このような年代不詳の文書の年代決定に役立つことになります。

出来るだけ記年のある文書から、正確を期して一覧を作っていますが、史料の少ない時代は難しいものがあります。


また、右の文書から、冨田村・岡谷村では文化元年子(一八〇四)から文化五年辰(一八〇八)までは定免、続いて、文化六年巳から文化一〇年酉までは定免であったことが判明します。

しかし、この文書を見るまでは、冨田村では文化五年に定免が切れ、文化六年に定免願を再提出したことしか分かっていませんでした。

そして、文化六年から文化一〇年までは定免であったと推測することしか出来ませんでした。(免率三ツ一分)

《租税二九二・三二〇》

しかし、これらの文書から確信に変わり、更に、それを裏付ける文書として、次のようになります。

《未整理五〇の三》

(前略)
一米弐拾弐石九斗弐升六合
右は當巳より酉迄五ケ年、定免被仰付候ニ付、別紙御請證文差上候。外ニ年々書面之通加免米上納可仕候。仍而如件。
　文化六己巳年五月
　　浅井郡冨田村
　　　百姓代　T左衛門
　　　年寄　H太夫
　　　〃　S兵衛
　　　庄屋　I郎右衛門
　　　〃　G左衛門
　　　〃　T郎右衛門
（※文化六年(一八〇九)）

とあり、定免の確認ばかりか、加免米(上ケ米)の存在すら判明します。

一枚の年代不明の文書でも、代官名等から年代が確定すると、他の文書と複合的に判断が出来、様々なことが分かってきます。

江戸時代の稲の品種・代官のつづき

第１７６号
2001.03.10

江戸時代、この地方の大方の人々は百姓で、稲作を営んでいましたが(もちろん麦や大豆・野菜等も栽培していました)、この稲の品種についてはあまり知られていません。

現在の稲の品種は「越光」や「日本晴」「夢ごこち」「キヌヒカリ」「秋田小町」…といった品種がありますが、今回は、江戸時代の品種について見てみたいと思います。

いま、「万治三年田畠取上帳」という、万治三年(一六六〇)から寛文十一年(一六七二)までの収穫高を記録した文書には、

《農業一》

とわせ・おらわせ・かけわせ
かわがり・こぼれ・ごのり・みの
くわの・やろく・すくばり
やまと・やたの米・くわの餅
京餅・うずら餅・八月餅・酒元米

などの品種名があげられています。

中心は「こぼれ・やろく・ごのり・みの」であり、餅米は「京餅・くわの餅」であったようです。

上の史料は、左の史料のように、早稲・中稲・晩稲等の区別ははっきりと分かりませんが、「とわせ・おらわせ・かけわせ」は、名前からも早稲品種であると考えられますし、「酒元米」は酒造米に用いられたのだと思われます。

また、享保十一年(一七二六)の「冨田村高反別指出帳」では、

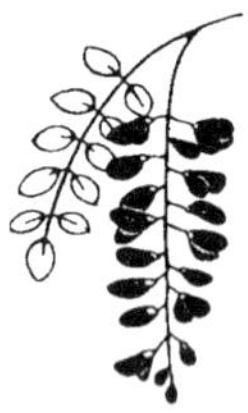

《村政一》

しらくわ　……………早稲
あかた・白八石　………中稲
よりたし・こみの　……晩稲
ひろ餅・くわの餅　……餅米

などの品種名があげられています。

時代によって品種が変わっていくことが分かります。

二つの史料の年代差が、六十六年もありますので、変化するのは当然なのかもしれませんが、その中で、「くわの餅」は六十六年も受け継がれています。きっと、貴重な品種であったろうと思われます。

また、品種名から見て、「こみの」と「みの」は、もしかすれば同一品種か亜種であったのかもしれません。

江戸時代、と言うより、つい三〇年余前までは、田植えにしろ、田刈りにせよ、すべて手作業でした。

一株一株づつ植え、また、一株一株づつ鎌で刈っていました。

また、一把づつ架(はさ)に掛け、自然乾燥させました。

このように、鎌で一株づつ刈り取るのですから手間と時間が掛かります。

そのために、収穫時期をずらせるなどの配慮をしていました。

早稲・中稲・晩稲と区別することによって、収穫時期を操作していたものと思います。

また、作業のことばかりでなく、史料にある当時は、冨田村は毛見(検見(出来高の調査))がありました。

冨田村を支配した代官たち(つづき)

弘化二年(一八四五)二月、水野和泉守は山形藩に移封されます。それに伴い、冨田村は山形藩の飛び地として、その支配下となります。

【水野氏(和泉守)領】

◎八嶋中右衛門
◇天保六年(一八三五)
　～嘉永三年(一八五〇)
◇弘化元年、定免三ツ三分六厘七毛

◎嶋半治郎
◇弘化二年(一八四五)
　～弘化四年(一八四七)

◎嶋貞人
◇弘化二年(一八四五)

◎山上三左衛門
◇弘化四年(一八四七)

◎杉原善右衛門
◇嘉永四年(一八五一)
　～安政元年(一八五四)
　文久　二年(一八六二)?
◇物成二二二石余(率三ツ四分余)
◇嘉永六年大旱損・雨乞

◎中川亮平
◇萬延元年(一八六〇)
◇物成一九九石余(不作引あり)
◇別文書でも多々名前が出てくる
　※中川亮平は山形藩の代官ではないかもしれません。(註1参照)

◎大木猪平太?
◇萬延元年(一八六〇)

以降、文久元年(一八六一)から明治二年(一八六九)までは記録もなく、代官は分かりませんでした。

また、明治三年(一八七〇)、山形藩(水野和泉守忠弘)は近江朝日山藩へ移封されますが、この時代の代官も不詳です。

場合によって、毛見の時期が遅れると刈り取りの適期を逃してしまう恐れもあったようです。

史料の中には、毛見（検見）が遅れて、刈り取り時期を逸してしまう。何とかしてほしいという願書が何通も残っています。

もし、毛見（検見）以前に刈り取りをしてしまうと、最高値の年貢がかかったといいます。

だから、毛見（検見）までは刈り取りが出来ず、百姓も往生したと思われます。

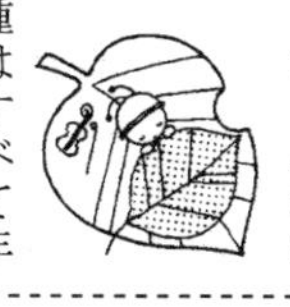

藩によっては、早稲品種はすべて年貢として納めさせたといいます。

少しでも早く市場に出せば、それだけ高値に売れるため、同じ年貢でも、現金化するには効果があったと思われます。

この藩では、百姓の手元に残せる米は晩稲で賄ったといいます。

そんな意味でも、早稲・中稲・晩稲の各々の品種が必要だったのです。

こんなことを書いていると、昔のことが少しづつ思い出されます。

品種で覚えているのは、「金波」とか「農林２９号」などの名前が思い出されます。

また、恐らく晩稲であったのだと思いますが、稲刈りに霜が降りていたりしていたことも思い出します。

また、稲刈り時期のおやつは柿であったと思います。休憩の時は、みんなで柿を剥いて食べていたことを覚えています。

考えれば、たった三〇～四〇年前ですが、刈り取り時期が今よりかなり遅かったんだなあ、と思います。

現在は、機械の大型化により能率は大幅に向上しましたが、作業の集中化を避けるために、早稲・中稲等の植え分けをしていますが、田植えも田刈りも、ひと昔から較べると一～二ケ月以上も早くなっているように思われます。

また、稲の品種は地域だけでなく、時代によっても、刻々と替わり、江戸時代にも品種改良があったらしいことが確認できたように思います。

《参考》

川崎文書（滋賀大学史料館）

※１ 代官の紹介の中で、「中川亮平」については完全に間違った情報であったようです。

幕末の助郷等の史料によく見受け、代官と思っていましたが、山形藩の代官でなく、幕府直轄の奉行と思われます。

特に街道関係に関した部署を担当していたように思われます。

本文はそのままにして、ここで訂正したいと思います。

「中川亮平」は和宮下降に関する文書・助郷などに関わった文書に度々登場します。

【いっぷく】

《未整理五七》

一筆申入候。然ハ江戸ゟ當月十八日之書状相届申候。来八月大坂加番被仰付候ゟ、八月段初、御上り候筈ニ申来候。就者、御つかい銀ふつと無之、御迷惑之由被申知候。各々指延申銀、少も六月以前取立、早々可指出之旨ニ候。各々内々ハ八月迄之様ニ被存候處、近頃笑止候へ共、春分之貢出来候ニて□□□候間、用意被致納可被申候。以上

四月廿八日　□□（簗瀬）三郎右衛門（花押）

冨田村
新井村　庄屋中
野寺村

尚々三ケ村指延申候銀子、何とぞ才覚、六月朔日頃ニ持参候様ニ才覚、さわ山た屋庄右衛門まで可上候。以上

達筆すぎて、多分に読み間違いがあるかと思います。ゴメンナサイ。

内容は、四月十八日付の書状が届いて、来る八月から大坂加番を命ぜられたので、八月初旬に、（就任のため）大坂に到着する予定である。

ついては、準備等の必要経費がまったくなく、困っていることを知らせてきた。各村は、遅延している銀子を少しでも六月迄に取り立て、早々提出せよ。本来は八月迄と思っていたが、近頃は大変だけれども、・・・（一部不明）・・・、用意して納めよ。

（追伸）

三ケ村が延引している銀子は、是非工夫して、六月一日頃には持参できるよう算段し、佐和山のた屋庄右衛門まで届けるように。

といった内容で、冨田村・新井村・野寺村宛てになっていますので、堀氏が支配した時代だと判断できます。

調べてみると、堀氏が加番を命じられているのは四度あるようです。

最初は、寛永一六年（一六三九）に、堀越中守利重が加番任じられ、七月一三日、加番任務のため、将軍に暇乞いの挨拶をしています。同一七年九月九日には任務が終わり、将軍に挨拶に出向いています。更に慶安三年（一六四八）七月一九日、利重大坂加番まかる、の記事が見られます。

利重の二度目の就封となります。

また、寛文九年（一六六九）、寛文一二（一六七二）の二度に亘って、堀越中守通周が命じられています。

上の文書は、日程の関係から、寛永一六年か、慶安三年のどちらかだと考えられます。（通周はいずれも六月か七月の就任）

大坂城加番は大坂城を守備する大坂城代・定番に加勢して、警備の役に任じたもので、山里加番など四ツの加番があったといいます。

大坂城加番は原則的に、八月に大坂城に入る（入城・就任）のが常であったようで（八月交代）、上記の記事と一致します。

また、大坂城入城の際には、家格に応じた大名行列を組んだと言われ、総勢三〇〇人～四〇〇人の大行列になったようです。道中は勿論、在坂費用など、その経費を賄うのも中途半端な額でなかったと思われます。

「御つかい銀ふつと無之」ということも頷けるような気がします。

しかし、こんな時の資金調達も、結局は百姓・領民に負担が強いられたのです。

惣田（惣作）について

第１７７号
2001.03.24

冨田村は、慶長二年（一六〇二）の検地帳では冨田村一村として扱われていますが、当時は少なくとも、「冨田西村」・「冨田東村」（後に冨田北村も成立）の区別がありました。

古い史料には「藤ノ木村」と呼ばれる地域もあったようですが、現在ではどのあたりかはっきりとは分かりません。

天正十九年（一五九一）の検地によって、「村切り」が行われ、当地が冨田庄（または冨田郷）と呼ばれていたことから、近世村落の一村としての冨田村（現在の大字冨田）が成立したと思われます。

つまり、始めから一村であったのかもしれませんが、原則的には、数ケ村が合体して、冨田村一村になったものだと考えられるのです。

その名残が、「西村（西組）」・「東村（東組）」だと思われます。

※「村切り」
太閤検地から江戸時代前期までの検地において、近世村落単位としての村境を定めることをいう。中世以来の散田的な土地所有形態を改め、村内の直接生産者である本百姓の土地所有を基礎として行政単位を定め、近世村落が制度的に成立した。‥‥
《「日本史用語辞典」より》

従って、中世以来の惣（村）経営形態は依然として残され、「西村」「東村」（後に「北村」も）の行政的区別があったものと思われます。

従って、「西村」「東村」は別々の村役人（庄屋・年寄等）によって治められていたようです。

《①土地一・②租税一・③⑤農業一・④土地五〇・⑥土地五一・⑦租税二二三・土地二一〇・⑧土地二一》

	年代	面積	石高
①	慶長　九年（一六〇四）	一町五反四歩（十五筆合計）	二二石余（冨田村全合計）
②	寛永　三年（一六二六）	？	八二石四斗四升
③	寛文　元年（一六六一）	一町二畝一五歩	？
④	寛文一〇年（一六七〇）	六反八畝余	一〇石五斗一升余
⑤	寛文十一年（一六七一）	一町二反一畝	？
⑥	寛文十二年（一六七二）	？ ？	田一〇石五斗一升余 畠二九石七斗四升余
⑦	正徳　五年（一七一五）	九反三畝	？
⑧	天保　三年（一八三二）	惣作記事なし	

また、現在我々が目にする村文書等も別々に保管・伝承されるなど、冨田村一村の動きの中にも、各村々の独自の動きもあったように感じられます。

いわば、行政が二重構造のようになっていたようで、必要なときは両村の庄屋の一方が、冨田村の代表庄屋として采配を振ったようで、「西村」の庄屋が「冨田村庄屋」となった場合が多かったように思われます。

曽根村内での市場村・綾戸村・金津村・東福寺村とか、川道村の何々庄司（小路）のようなものはその名残ではないでしょうか。

安養寺村は、川霜村と田井中村が合体して一村になったことが知られています。

また、各村は各村共有の「惣田」を持っていた（東西各村経費用等のためか？）ことが確認できます。

ここでは多少の史料がある「冨田西村」の惣田（惣作）について考えてみたいと思います。（「冨田東村」の史料は殆ど残されていません）

西村惣田（惣作）についての記録も不十分であるものの、左のような史料を見い出すことができます。

寛永三年を除けば、正徳五年頃までは一町前後（一〇～二〇石）の土地が「西村」の惣作だと考えられます。

しかし、宝永二年（一七〇五）に惣作の九反三畝を売りに出した頃から事情が変わってきたようで、天保三年の『検地帳』には惣作を思わせる項目は一筆もなくなっています。

惣（村）とは、水利等の農業生産に必要なものの共有・維持・管理のために作られた（出来た）共同体集団であり、それは祭祀を共有したり、領主に対して抵抗可能な共同集団でもあったりしました。

惣田は「冨田西村」の共有財産であり、惣作は共同体の基礎であったと思われます。

惣作を通じて共同体の仲間意識・相互扶助という共同体意識が確立されていたのだと考えられます。

しかし、宝永二年、年貢上納による困窮のため、組(村)中の惣田を玉クジにより一〇人に売り払う相談がまとまってしまいます。

享保二年(一七一七)には再度買い戻して、惣田(惣作)にしようとしますが、買い戻しに関して、既得権の主張や質地となってしまっているためのトラブルもあったようで、惣田(惣作)が復活した痕跡は見当たりません。

中世以来、培われてきた共同体意識も時代と共に徐々に崩壊し、惣田よりも我が生活・我が年貢という個人主義的傾向が見られるようになり、「惣田(惣作)」の意識も徐々に消えていったように思われ、史料にも現れなくなります。

完全に惣田(惣作)と言う文字が消えてしまった年代は不明ですが、天保年間の「検地帳」には「惣作」という項目は一筆もなくなります。

血縁的な小さな集団から始まったであろう村も、中世的な「惣」として、近世の「村」として成長する中で、いつしかの血縁的・共同体意識も薄れ、自分・家族・家を中心とする意識が強まってきた証のように思われます。

個々人の集まりである「村」に対する村落共同体意識は現在まで受け継がれていると思います。

「冨田村」に対する意識・愛着は今も昔も変わることがないと思っています。

しかし、村の共有財産である惣田が無くなり、個人の既得権を認めざるを得なくなった事実は、何を物語っているのでしょうか。

共同体の基礎であった惣田(惣作)が消えていった事実を、我々はどう受け取ったらいいのでしょうか。

恐らく、厳しい年貢納入に対して、少しでも自分の取り分を増やすためには、少しでも多くの土地所有が不可欠ではなかったのではないでしょうか。

場合によっては、年貢未進のために借金をし、そのカタにその土地をも失っていく‥‥、それが当時の現状であったのかもしれません。

近世の「村」として、そして現在の「大字(区)」として変化してきた中でも、人々の意識・考え方や取り巻く状況が変わってきたことを思わずにはいられない気がしました。

《参考》
「日本史用語辞典」(柏書房)
川崎文書(滋賀大学史料館)

※1
「惣田」がどうして発生したかについては、潰れ百姓の土地や、逃散した百姓の土地を、残った村人達が経営した(せざるを得ない)土地が始まりだと、どこかの本で読んだように思います。

つまり、耕作を放棄された土地を村人が代わって耕作した土地が「惣田」に化していったようです。

放棄された土地にも年貢は懸かります。年貢は村請け制でしたから、放棄したままなら残った村人の負担が増加するばかりです。

その対策として、やむを得ずして共同作業で耕作をしたのが「惣田」になったというのです。

ただ、潰れ百姓の存在は多少の情報はありますが、逃散した百姓の存在についての史料を見たことがないので、冨田西村の惣田に適用出来るかどうかは分かりません。

※2
川崎文書未整理分に次のような文書を見つけました。

《未整理九六》

一古惣作割田御年貢弐斗八升五合、我等作り申候。若御年貢停候ハヽ、圓かうし畑賣、御勘定仕候。為後日、手形如件

元禄四年未二月十一日

作主 N右衛門(印)

請人 弟 K兵衛(印)

T兵衛殿

惣中へ参

※ 元禄四年(一六九一)

この文書は右の宝永一〇年(一七〇五)以前の「惣作」の状況の一端を示す文書だと思います。

上の記述では、「惣作」は惣の共同作業で運営されていると考えて解説しましたが、右の文書は別の状況を示すものと考えられます。

つまり、「惣作」は共同作業ではなく、惣中の誰か個人へ貸し出していたように読み取れます。

個人の責任で借り受け、相当の年貢を納入していたようです。

もし年貢が滞る場合は、個人所有の土地(字円光寺畑)を売り払って勘定すると書かれています。

村の財産を貸付という形で運営されたのが「惣作・惣田」であったと、考え直さなければならないのかもしれません。

日付が二月付ですので、もしかすれば毎年、このような契約が結ばれていたのかもとも考えられます。

「惣作・惣田」の面積等については、少しずつですが史料を発見することがありますが、その運営方法については、当時としては日常的に当たり前の既成事実ですので記載例がありません。

今後の研究に待ちたいと思います。

※3
上の文書に「古惣作割田‥‥」とあります。惣作の頭に「古」とあるのが気になっていますが、現在の段階では不詳です。

「惣作」の中にも何等かの区別があったのかもしれません。

例えば、古くから惣が所有していた「惣田」、比較的新しい「惣田」などの区分がなされていたとか‥‥。場合によって、運営方法が異なったり、免率が異なったりしたのかもしれませんが、一切不明です。

川崎文書(滋賀大学史料館)未整理の中に、惣田に関する文書が含まれています。もう少し検討します。

西組惣田の売り払い

第１７８号
2001.04.10

次の文書は正徳五年（一七一五）の文書です。

《租税二二三》

乍恐口上書指上御願申上候

富田村庄屋T兵衛組中

一當村西組惣高貳百七拾六石余御座候処ニ、其内惣支配ニ仕候田地、古来より九反三畝歩御座候而、組中三畝歩宛割渡シ、銘々請取支配仕候。然処ニ年々困窮仕候而、暮々御年貢御上納仕候節、借銀等難義仕候ニ付、拾壱年以前酉之年、組中寄合相談仕候者、兎角如此銘々迷惑仕候上ハ、此惣田賣可申候。左候へハ所々高下有之上、田地ニ直段付賣可申と相極り、九反三畝ニ直打仕候へハ、代銀壱貫三百目ニ罷成候。依之其田地玉くじ仕、組之内ニ而身躰諸免を勤メ申者共拾人ニ賣申候而、則持高ニ結拾壱年以来支配被致候御事。

一右之田地賣申候刻、只今之庄屋T兵衛親代ニ名寄帳奥書ニ、何時成共右賣代壱貫三百目返弁仕候ハゝ、右之田地戻し可申と慥成奥書ニ御座候。名宛ハ庄屋T兵衛殿組中殿と御座候。依之今度名寄帳指上候。左候へハ今度組中より右之賣代返弁仕、田作請戻し、銘々支配可仕と申候へハ、以外成押領被申候而、右之田地ハ永代賣渡之田地ニ候へハ戻し申間敷と被申、何共難義仕候。左候へハ先庄屋T兵衛義、九年以前相果被申候。T兵衛存命ニ居被申候ハゝ、中々如此御苦労ハ申間敷候。乍恐御慈悲ニ御吟味之上、賣代請取田地返し申様ニ被為　仰付被下候ハゝ、難有忝可奉存候。以上

正徳五年未十二月

庄屋T兵衛

組中

御代官

富岡源右衛門様

前回に触れました、惣田（惣作）を玉クジによって売り払い、再度買い戻そうとしたときには、借金のカタになってしまっていた……云々の内容の元になった文書です。

内容を要約すると、

当村西組は二百七十六石余の所であるが、その内、古来より九反三畝の惣支配の田地があり、組中の各人が三畝づつ管理している。ところが、年々困窮になり、年貢納入にも借金するなど難儀しているので、十一年前に組中が相談して、この惣田を売却することになった。その土地に優良を考慮して値段を付けたところ、銀一貫三百匁となった。

よって、玉クジによって本百姓十人に売り払い、十人の持高として、十一年間支配してきた。

右の田地を売った時は、今の庄屋T兵衛の親の代で、名寄帳の奥書に「何時でも代金を返済してもらえば田地は戻す」と確かに書かれています。宛名はT兵衛組中となっています。よって、この名寄帳を御覧にいれます。

そこで今度、組中が代金を返済して田地を請け戻し、以前の様に組中の銘々が管理しようとしたところ、以っての外のことを言い出し「その田地は永代売り渡してしまったので、戻す事は出来ない」と難儀なことになってしまった。

庄屋T兵衛は九年前に亡くなっており、もし、T兵衛が存命であったら、決してこんな苦労することはなかったであろうに。

恐れながら、ご慈悲ですので、よくよく御吟味をなされて、この田地が返されるようにしていただけると、ありがたく思います。

と言った内容です。

年貢の未進分を補うため、惣田を一旦は売り払うのですが、十一年後にその惣田を買い戻そうとします。

しかし、一部は既に売りに出されてしまっていたということになります。

買い戻すことが出来ず、何とかしてほしいと代官に訴え出ることになります。

その結果がどうなったかは、次の文書にその一端が書かれています。

しかし、その文書には別の問題が発生したことも書かれています。

《土地一二〇》

……《前略》……

去ル未之暮出入と罷成、恐多御苦労申上候所ニ御慈悲之上、先規之通被為仰付、右之田地銘々當作より支配仕、難有奉存候。

一右之内ニ畑三畝歩御座候而、此畑D左衛門ニ拾ケ年余以前、五六年之間、宛作畑ニ仕置候。然所、拾三年以前酉之年、右之畑を田地質物ニ預ケ置候節、畑之義D左衛門ニ其儘ニ田地同前ニ預ケ置候。……

……《後略》……

享保貳年

酉之二月

冨田村

西組惣百性

御代官

富岡源右衛門様

※享保二年（一七一七）

二年後の享保二年（一七一七）の作付けから、以前の様に戻り、有り難いと言っていますから、上の訴えはうまく調停が成立したのだと思われます。

しかし、しかしです。またまた別の問題が発生します。

土地所有の既得権をめぐって問題が起こります。しかも、その家は代替りがあったようで、話が余計に複雑になっているようです。

冒頭部分しか記載しませんでしたが要約すると、

> 惣田九反三畝の内、三畝の畑を村役人のD左衛門に宛作畑として貸しておいた。
> 二年前の出入りの結果、惣田は戻り、以前のように銘々が支配することになったのに、この畑三畝はそのまま自分が管理すると我が儘を言う。みんなはびっくりするが代が替わったからだと言う。
> 組の人々や村役人が行って説明をした結果、D左衛門は「それでは返そう」と納得する。
> ところが今度は、F右衛門が横槍を入れ、「この畑はD左衛門に管理させよ」と言い出し、組中の者は納得をしない。
> F右衛門はいかなる企みを持ってこのようなことを言うのか、又々、御苦労をお掛けしますが、御吟味の上、古来の通りになるようよろしくお願いしたい。

百姓にとって、一坪でも一畝でも土地が多ければ、その収益が自分に戻ってきます。

従って、一坪でも多くの土地を所有したいと考えます。

昔は、年貢未納という理由で、土地の移動（売買）が頻繁にあったようです。

江戸時代、百姓にとって土地をどれだけ持つかが、直接生活に影響したのです。

いわば、土地こそ命であり、だからこそ、執着し続けたのだと思います。

《参考》

川崎文書（滋賀大学史料館）

※1

前号に引き続き、川崎文書未整理分に次のような文書を見つけました。

《未整理四二八》

西村惣分

九ろうまち
下田九畝廿弐分　壱石三斗六升弐合八勺
小寺
上田壱反廿分　壱石九斗弐升
同所
上田壱畝十八分　弐斗八升八合
ミそのを
下田九畝廿七分　壱石三斗八升六合
十ケ坪
下田三畝十六分　四斗九升四合六勺
北八ノ坪
下田壱反壱畝十八分　壱石六斗弐升四合
下川田
上畠六畝　七斗八升
十六
下田壱反弐畝　壱石六斗八升
十五
中田壱反十七分　壱石七斗四升三合五勺
十四
上田壱反廿分　壱石九斗弐升
同所
下田九石（畝）廿八分　壱石三斗九升八勺
正て
下田壱反十弐分　壱石四斗五升六合
田〆九反壱畝十八分
分米十五石弐斗六升五合五勺
内
上田弐反弐畝廿八分
分米四石壱斗弐升八合
中田壱反十七分
分米壱石七斗四升三合五勺
下田六反七畝三分
分米九石三斗九升四合
上畠六畝歩
分米七斗八升
田畑合壱町六畝十八分
分米合十六石四升五合五勺
冨田村
延寶三年　庄屋
卯ノ二月　T郎右衛門（印）

※　延宝三年（一六七五）

これにより、惣作の面積や高ばかりでなく、惣作の内訳を知ることが出来ます。

字「九ろうまち」は所在不明です。旧竹生村にはこの小字名をもつ村はありません。近隣の田中・南速水等々も調べましたがありません。

田畑は十二筆、約一町余を数え、現在の北冨田郷を中心としており、居村周囲には多少の田畑がある程度です。大半が十七川周囲の水損の多い場所がメインになっていて、下田が多いのが特徴と言えそうです。

また、地理的には居村から五〜六町離れた遠い所が多く、不便さを感じる場所にあります。

宝永二年（一七〇五）に売りに出した惣作の九反三畝の土地が、どれに相当するのかは面積が一致せず、不明ですが、大半は水損の多い、遠隔地の土地であったことは確かのようです。

しかし、少しでも多くの土地を持つことは、労力も必要ですが、収入の増加につながり、生活向上にもつながります。多少の不便地であっても、水損等の危険があっても、百姓にとっては貴重な土地であったと思います。

一つ疑問なことは、上のような土地をどうやって分割支配させたかということです。均等配分も難しい、また、一枚の田圃をどう受け持ったのだろうか：：等々、享保二年からの作付状況に興味と疑問を感じています。机上での数値は理解出来ても、現実はどうだったのか、筆者も農業をしていますので、この件については疑問は尽きません。

村の生活と暦〈今と昔の対比〉

第１７９号
2001.04.24

江戸時代の文書に接していると、現在と季節感が異なっていると思われることが多いです。

例えば、八月には収穫量が記載されていたり、九月の末から十月初旬には麦の播種とあったりします。

少なくとも一ケ月前後は、現代とズレています。

そこで、その対比表を作ったのが、次ページの表です。

かなり前に作ったもの（平成八年）ですが、参考になると思います。

現在の農作業は、平成八年の筆者の農作業日記から拾ったものです。

また、比較した「高反別指出帳」は享保十一年（一七二六）のものです。

《村政一》

また、旧暦は太陰暦と言い、明治五年十二月二日まで使われていました。

そして、明治五年十二月三日より太陽暦が採用され、明治六年一月一日となりました。

太陽暦はグレオリオ暦とも言い、現在我々が使っている暦です。

太陰暦は、月の満ち欠けに基づいた暦で、大の月三〇日と小の月二九日が月の満ち欠けに合うよう、大小の月が六回づつ設定されます。この方法では一年が三五四日となるため、その差を補うために、一九年に七回の割合で閏月を設定しました。

有り難いことに、この閏月があるため、古文書に年号がなくても、年号が判明する場合が多々あります。

例えば「閏八月廿日」とあったとすれば、閏八月があったのは、江戸時代では、次の十一回しかありません。

慶長九年辰1604・元和九年亥1623
寛文元年丑1661・延宝八年申1680
元禄四年未1691・元禄一五年午1702
宝永七年寅1710・文化二年丑1805
文化一三子1816・文政七年申1824
文久二年戌1862

従って、干支と時代を考えれば、ほぼ年代が決定することになります。

「丑閏八月廿日」とあれば、候補は二つで、更に時代背景を考えればほぼ決定します。

その意味では、閏月があることは、我々には有り難い面があるのです。

しかし、当時の人々にとっては不都合な面もあったと思われます。

十二ケ月の年と十三ケ月の年があって、しかも「八月廿日」と言っても、年によって若干の時期が異なります。

いわば、日付によって昨年の経験を生かすことは難しく、季節を読む必要があったものと思います。

カレンダー上での計画でなく、季節や気候・天候によって農作業をする必要があったと思います。

経験が大切にされたのではないかと思います。

《参考》
「古文書入門事典」（柏書房）
川崎文書（滋賀大学史料館）

※１
江戸期の農作業については、全くと言っていいほど史料が残されていません。米作の他、麦や大豆、菜種なども作っていたと思われるのですが、記録には登場しません。高反別帳には多少の記載がありますが、米作の含めて、年間の農作業関係を追跡出来るだけの史料としては十分ではありません。
勿論、野菜についても殆ど記録がなく、どんなものを食べていたのかも分からない事だらけです。トマト・白菜・キャベツなどは明治以降に入ってきた野菜ですから江戸期には存在しません。
現在の野菜事情と比較したいのですが詳しくはわかりません。
また、桑の葉を購入していた記録がありますので、養蚕が行われていたと想像出来るのですが、詳しい史料は残されていないのが現状です。
いつ頃、冨田村へ入ってきたのか、繭を売ったのか、生糸にしたのかなども不明です。

※２
私が小学生の頃、おやつ代わりに柿を持って稲刈りの手伝いに行ったことを覚えています。
また、稲株に霜が降りているのを払いながら稲刈りをしたことも記憶にあります。稲穂から芽が出ていましたが…。
今から考えると、十一月初中旬頃だったのでしょうか、晩稲の稲刈りだったと思います。
現在の晩稲は遅くても十月初旬、一ケ月以上の時間差があります。
新暦の十一月初中旬頃は、旧暦では九月末～十月初旬に当たります。
恐らく、江戸期の稲刈り時期もよく似た状況だったと考えていいものと思われます。
そして、旧暦霜月中旬（新暦十二月末）頃、年貢米の納入となります。
免定には霜月十日頃が年貢米納入の期限として示されています。
昭和四十年代中頃、圃場整備が完成し、大型機械が導入されるまで、江戸時代から受け継がれた農業暦で農作業が続けられていたことになります。出荷もこの少し前までは、米俵でしたが、紙袋に替わるなど、数百年続いた農業暦も大きく変化してしまったのです。

村の生活と暦（今と昔の対比）

平成８年(1996)新暦　旧暦（平成８年(1996)の旧暦換算）

村の行事・農作業など	年中行事	新
	01 元旦 07 七草 15 小正月 20 二十日正月	1月
神事(/11)(以前は2/14)	03 節分祭 03 初午 15 涅槃会	2月
種籾塩水選(/03) 種籾消毒(/15～18)・浸種(24～) 播種(/28～30) (荒耕作) 苗代作業・育苗(/31～)	03 桃の節句 15 月遅涅槃会 17 彼岸入 23 彼岸明け	3月
苗代育苗　春祭(/15) 二度打ち(トラクター作業)・波板 尻踏み(仕上げ・トタクター作業) 田植え(/29～)・除草剤散布	08 花祭り 15 旧三の午	4月
田植え完了(～/04) 水管理(4月～8月) 除草剤散布(/25)	01 八十八夜 05 端午の節句	5月
トラクター・田植機整備点検(/02) 麦収穫作業(/23) 大豆播種(中旬～下旬)	08 虫供養 11 入梅	6月
例年 十一川掃除(/14)　(6月下旬頃) 穂肥散布(各自適宜)(/13・21) 稗取り等(各自適宜)	07 七夕 13 盆向え火 15 盂蘭盆・藪入 24 地蔵盆	7月
航空防除 実肥散布(各自適宜)(/04) 水管理・土手(除草)管理 燈明祭(/25)	08 八朔 15 月遅れ盆 24 月遅地蔵盆	8月
稲刈り(コンバイン作業) 越光の刈取り(/04～12) 日本晴　〃　(/28～10/06)	10 二百十日 20 彼岸入 26 彼岸明け 27 仲秋の月	9月
コンバイン整備点検・藁上げ(/10) 麦地溝切り(トラクター)(/12・13) 次年度苗代準備開始(/13・20) 麦蒔(肥料・耕作・播種・除草剤)(/26・27)	20 えびす講 24 十三夜	10月
大豆刈取り(初旬)　新嘗祭(/03) 大豆脱穀(初～中旬) 荒耕作(各自11月～3月)	15 七五三詣	11月
閑期に田圃の整地作業等	13 正月事始め 21 しまい弘法 31 大晦日	12月

旧	新暦換算・行事	村の行事・農作業など
霜月	新暦 01/20	秋・冬は俵・縄・筵・蓑・草履等を作る(★)
極月	新暦 元旦　02/19	
正月	旧七草 02/25 旧小正月 03/04	旧暦 01/18 神事 この頃、クルツキ・畦塗り(?)
二月	新暦 03/19 旧初午 03/22 新暦 04/18 旧桃節句04/20	彼岸の中日頃より肥料蒔付(★) (藁・山草・鰯・古にしん等) 彼岸の朝 籾種を井池へ入、20日程・・？ 2月末堀田を終わる(★)
三月	新暦 05/17 旧花祭 05/24	3月になると、堀田のみみを取る(★) 3月中頃 苗代に蒔付 (五月節の49日前に苗代に蒔付(★))
四月	新暦 06/16 旧端午 06/20	この頃、砕き田・尻踏み作業(?) 4月初め 井川の掃除
五月	新暦 07/16	五月節3日前頃より田植えの旬(★) 22～23日間で植付け
六月	新暦 08/14 旧七夕 08/20 旧盆　08/28	
七月	新暦 09/13 旧八朔 09/13	夏は男女とも田の草取り(★)
八月	新暦 10/12	この頃、早稲の刈取り(?)
九月	新暦 11/11	この頃、稲刈りの完了か(?)
十月	新暦 12/11	9月末～10/15頃麦蒔付(1斗4・5升)(★) 脱穀・籾摺り作業(?)
霜月		免定到来(初)→年貢納入準備(俵作)(?) 秋・冬は俵・縄・筵・蓑・草履等を作る(★)

※（★）は「高反別指出帳」（村政1）1726年より
（？）は筆者の推定時期

慶長検地帳と天保検地帳

第１８０号
2001.05.10

　江戸時代に入ってからは、冨田村の検地は慶長七年(一六〇二)に実施されたのみで、以後明治まで実施されることはありませんでした。

　従って、村高七百六十九石四斗は変わることがありませんでした。そのことはいろんな文書からも確認することが出来ます。

　強いて言えば、年代によって荒れ高引きや溝敷き引き等が若干変動しているぐらいです。

　しかし、次に挙げるように、慶長検地帳と天保検地帳(検地帳とありますが、土地台帳の意味で使われていたようです)とを比較するとかなりの違いがあります。勿論、村高は七百六十九石四斗に変わりがないのですが、一筆一筆にはかなりの変化があることが判明します。

　例えば左の一覧表は、字二の坪・若林・十四の三小字についてまとめたものです。

◎字二の坪
一〇筆→九筆
面積合計は三歩の増加
分米十六石八斗四升三合五勺
　→分米十五石九斗七升七合二勺四
面積・分米とも変化なしは五筆のみ

◎二の坪〈慶長検地帳〉

種別	畝	歩	分米(高)
上田	9	27	1.78000
上田	10	24	1.94400
上田	9	0	1.62000
上田	10	24	1.94400
中田	9	27	1.63350
中田	9	0	1.48500
中田	8	3	1.33650
中田	10	24	1.78200
中田	9	27	1.83350
中田	9	0	1.48500
一〇筆	97	6	16.84350

◎二の坪〈天保検地帳〉

種別	畝	歩	分米(高)
上田	19	2	3.43199
上田	9	22	1.75200
上田	10	24	1.94400
中田	9	0	1.48500
中田	9	3	1.51500
中田	10	24	1.78200
中田	9	27	1.63350
中田	9	0	1.48500
中田＊	9	27	0.94875?
九筆	97	9	15.97724

（＊印は西郷氏領の意味）

※
慶長検地帳
《土地一》
天保検地帳
《土地二一》

◎字若林
一〇筆→一〇筆
面積合計は四畝十九歩の減少
分米十八石五斗四升五勺
　→分米十七石八斗三升七合四勺七
面積・分米の変化なしは五筆のみ

◎字十四
五筆→十二筆
面積合計は四反十二歩の増加
分米八石六斗六升二合六勺
　→分米十五石五斗五升四合八勺二
面積・分米の変化なしは見当たらない

◎字上佃
一〇筆→十四筆
面積合計は八畝二十九歩の減少
分米十六石一斗八升四合
　→分米十四石九斗三合六勺五才
面積・分米の変化なしは五筆のみ
(細分化したと思われるもの三筆)

◎若林〈慶長検地帳〉

種別	畝	歩	分米(高)
上田	13	13	2.41800
上田	9	12	1.69200
上田	11	23	2.11800
上田	10	3	1.81800
上田	11	23	2.11800
中田	10	23	1.77650
中田	8	13	1.38600
中田	11	13	1.88650
中田	11	23	1.94150
中田	8	12	1.38600
一〇筆	107	8	18.54050

◎若林〈天保検地帳〉

種別	畝	歩	分米(高)
上田	10	13	1.87799
上田	9	12	1.69200
上田	10	3	1.81800
上田	10	3	1.81800
上田	10	5	1.83000
上田	10	0	1.80000
中田	11	13	1.88650
中田	11	23	1.94149
中田	8	14	1.39699
中田＊	10	23	1.77650
一〇筆	102	19	17.83747

◎字正出
十四筆→十二筆
面積合計は八畝十歩の減少
分米十三石八斗八升三合三勺
　→分米十二石六斗五升八合六勺五
面積・分米の変化なしは一筆のみ

◎字七の坪
一〇筆→十四筆
面積合計は一反一歩の減少
分米十七石三斗八升五合
　→分米十五石七斗一升六合六勺三
面積・分米の変化なしは三筆のみ

◎字墓ノ町
一〇筆→十二筆
面積合計は二畝二十九歩の減少
分米十八石九斗五升七合
　→分米十八石四斗二升四合九勺六
面積・分米の変化なしは三筆のみ

一覧表にしたのが三小字、一覧表では紹介しなかったが四小字を追加してみました。

何れも面積・分米(高)・筆数などにかなりの変化が見られます。変化というより原型(慶長検地帳)すら留めないといっても過言ではないように思われます。

しかし、合計は両者とも帳面上は、村高七百六十九石四斗となっているのです(合計を実際に計算すると合わないように思うのですが・・・・)。

以上のことから次の事実や疑問点が挙げられます。

① 慶長検地帳と天保検地帳では筆数や各小字の面積・石高(分米)にかなりの差異(変化)が見られる。
② 慶長検地以後は冨田村では検地等は実施されていない。
③ 天保検地帳が写し間違いとは思われない(差異が多すぎる)。
④ ②③の観点から見れば、①は何故変化したのか。
⑤ 変化させる目的は何だったのか。
⑥ 変化させたのは誰か。
⑦ 変化させたのは何時頃か。
⑧ 変化させたとしたら領主や代官は承知していたのか。

等々の疑問が出てきます。次号で私なりの見解を発表したいと思います。

◎十四〈慶長検地帳〉

種別	畝	歩	分米(高)
中田	12	14	2.05700
中田	11	24	1.94700
下田	10	10	1.44700
下田	10	3	1.82000
下田	9	28	1.39160
五筆	54	19	8.66260

◎十四〈天保検地帳〉

種別	畝	歩	分米(高)
中田	6	29	1.14949
中田	10	0	1.65000
下田	9	28	1.39670
下田	3	7	0.45266
上田	5	20	1.01999
中田	11	14	1.89200
中田	11	0	1.81500
下田	6	5	0.86333
下田	6	15	0.91000
中田＊	11	20	1.92499
中田＊	7	7	1.19350
下田＊	9	5.82	1.28716
十二筆	95	1	15.55482

《参考》
川崎文書（滋賀大学史料館）

※1
冨田村は慶長検地以後、検地は行われていません。
また、慶長検地の際に作られた「検地帳」は紛失してしまっています。
本文に登場する「検地帳」は検地帳の写しであったり(慶長検地帳)、土地台帳(天保検地帳)であったりします。

「検地帳」といえば、検地結果を記載し、支配者から村へ下付された奥印のある基本台帳を意味しますが、冨田村に残されている「検地帳」のすべては「土地台帳」の意味で作成されています。

土地の所有者が替わったりした場合は、本来の「検地帳」に書き込んだり、付箋を貼ったりして訂正していたようですが、冨田村では何度か土地台帳を作り直しているようです。

それらに「検地帳」という表題をつけています。

但し、写しや土地台帳であっても、村の基本台帳ですから、何枚綴じであるとの記載があったり、割印を押すなど、不正が行われないようにしてあります。

古文書を読み始めた頃は、天保年間にも検地があった(?)など、錯覚していましたが、右のようなことだと気が付き、自分の未熟さ思い知らされたこともありました。

八幡神社所蔵の「必要書類編冊」の中に、次のような記事があります。

《明治四十一年十月十九日付》

神社寶物登録申請書
東浅井郡竹生村大字冨田
村社八幡神社検地帳壱巻
・紙本　竪九寸横六寸六分
・筆者不詳
・江州浅井郡冨田村御検地帳ト表題アリ
・本書、慶長七年寅九月吉日、奥ニ池田源五郎・杉田惣右衛門弐名ノ連署アリ
・従来大字冨田所有ノ処、明治四十一年九月一日寄附
（※冨田村→神社へ寄附）

しかし、この「検地帳」は、現在では八幡神社に存在せず、行方不明(紛失)となっています。心なき人が持ち出してしまったか、盗難にあったものと考えられます。

併しまた、この検地帳も怪しいもので、次のような文書も存在します。

《土地一一九》
右は慶長七寅年之古水帳紛失仕候ニ付、當村ニ写置候古水帳ニ、堀市正様家来君嶋理右衛門殿、御吟味被成奥印有之帳面之写、如此御座候。右理右衛門殿奥判之帳面、當村へ御渡被成、亦今所持仕候通無相違、写指上申候。以上
江州浅井郡冨田村
元禄五年申八月　（村役人略）
猪飼次郎兵衛様
（※元禄五年（一六九二））

検地帳(水帳)を紛失したので、写本を吟味してもらった・・・云々、それには君嶋理右衛門の印をもらったとあります。何れの検地帳が正本なのか、全く分からなくなります。

慶長検地帳と天保検地帳(その二)

第１８１号
2001.05.24

前回は慶長検地帳(一七〇四)と天保検地帳(一八三二)にはかなりの差異があることを説明しました。その中で、次のような事実と疑問があることを書きました。

① 慶長検地帳と天保検地帳では筆数や各小字の面積・石高(分米)にかなりの差異(変化)が見られる。
② 慶長検地以後は冨田村では検地等は実施されていない。
③ 天保検地帳が写し間違いとは思われない(差異が多すぎる)。

↓

④ ②③の観点から見れば、①は何故変化したのか。
⑤ 変化させる目的は何だったのか。
⑥ 変化させたのは誰か。
⑦ 変化させたのは何時頃か。
⑧ 変化させたとしたら領主や代官は承知していたのか。

今回はこれらの点について私なりに見解を書いてみたいと思います。

先ず史料の検討をすると、

◆慶長検地帳　《土地一》
七五一筆の内、上田・中田・下田・下々田・上畑・中畑・下畑・屋敷の全ての項目で土地面積・分米(高)の合計は一致します。

但し、項目小計の合計に若干の差異があり、高六升四合の誤差がありますが、郷蔵屋敷引と考えれば辻褄が合います。

つまり、慶長検地帳の数字は信頼に足る史料だと考えてもいいと思います。

◆天保検地帳　《土地二》
水野越前守領分と西郷筑前守知行所との二本立てになっています。

水野分八一一筆の内では、下田・下々田の項目で分米(高)合計に誤差があり、合計でも面積で六反六畝余、分米(高)で七石四斗五升余の不足が出ます。

西郷分一五〇筆の内では、中田・上畑の項目で分米(高)合計に誤差があり、合計でも分米(高)で五石六斗九升余の過多があります。

また、両者の合計でも面積で五反六畝余、分米(高)で一石七斗五升余のの不足があります。

従って、天保検地帳には数字的には誤差の多い史料と考えられます。数値を鵜呑みには出来ない場合もあると考えられます。

◆両検地帳の面積等の比較
左の表は両検地帳の筆数・面積を比較したものです。

筆数も二〇〇筆ほど増加していますし、各項目で面積も少しずつ異なっています。

冨田村の土地の面積が合計で二反三畝も減少しています。開墾等で増加するなら分かりますが、何故か減少しています。新しい溝敷(河川)の分かもしれません。

	慶長検地帳	天保検地帳(水野・西郷合計)
筆数	七五一筆	九六一筆
上田	一七町九反五畝二〇歩	一七町八反五畝二一歩一厘七毛
中田	一一町五反四畝二四歩	一二町三反五畝一四歩七厘
下田	一三町二反九畝　五歩	一二町七反二畝二八歩六厘
下々田	九反三畝二七歩	五反三畝一八歩
上畑	二町五反　二七歩	二町四反九畝一七歩九厘
中畑	九反一畝　九歩	八反三畝二二歩五厘
下畑	八反四畝二九歩	八反六畝一二歩一厘
屋敷	一町一反七畝　三歩	一町二反七畝　六歩二厘
総合計	四九町一反七畝二四歩	四八町九反四畝二一歩一厘七毛

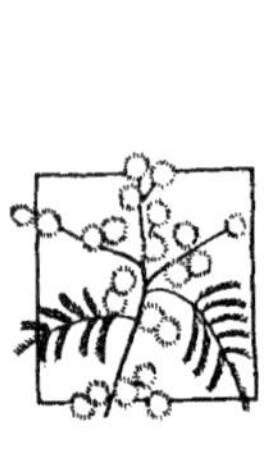

年貢と土地の面積（高）との関係

江戸時代はすべての土地を分米(高)に換算して、その持ち高に対して年貢が賦課されました。

上田一反の分米(高)は一石八斗と、中田は一石六斗五升と、下田は一石四斗などと決められていました。

従って、上田一反と中田一反の二反を所有する者の持ち高は、三石四斗五升となります。また、下田二反を所有する者の持ち高は二石八斗となり、同じ二反歩の所有であっても、一方は三石四斗五升で、一方は二石八斗になります。

上田・中田・下田…等々の区分は慶長検地の際に決められた等級で、上田は地味の肥えた土地であり、中田・下田…と地味が痩せていくと考えられました。

また、屋敷に近い田畑は上級に区分され、不便な田畑は下級に区別されたり、川が氾濫を起こし易い田畑を下級に割り振りすることなどもあったようです。

しかし、時代が過ぎ、農業技術や灌漑施設の発達などにより、上田・下田などの区別をするほど収穫の差がなくなってきたのではないかと思われるフシがあるのです。と言うよりそれを裏付ける史料を何度か見たこともあるのです。

そうなると、片や二反歩の所有でも三石四斗五升が基準になり、片や二石八斗が基準になったのでは持ち主によって不満が出てくるのは当然の成り行きです。

この不平等を解消するための操作がなされたのではないかと想像できるのです。

いわゆる「ならし」という操作が行われたと思われます。

そう仮定すると、上の表の上田・中田・下田…等々の面積が一致しないことに納得が出来るのです。

上田・上畑・下田・下々田などの面積が減って、中田・中畑などの面積が増加しているのは次のように考えられないでしょうか。

収穫の少ない上田を中田に格下げをする。逆に、収穫の多い下田や下々田を中田や下田に格上げをすることによって、冨田村の総村高を一定に保とうとしたのではないかと考えるのです。

いわゆる「ならし」が村内で実施された結果だと考えています。

また、筆数が二〇〇筆も増加したのは相続や土地の売買の折に分割を繰り返した結果か、慶長検地帳には一筆が複数所有になっていますので、その複数に分割した結果かのいづれかかと思われます。

これらの操作は、恐らく村独自で広範囲に行われてのだと思います。

実際には机上の計算で済ますことができますので、庄屋などの村役人を中心に行われ、村人の了解を得ていったものと想像しています。

残されている記録には「ならし」を想像できる記事は全くありませんが、そのように理解しないと天保検地帳の大幅な変化が説明つきません。

何時頃からこのような操作がなされたのかは不明ですが、少しづつ徐々に行われていたのではないでしょうか。

また、領主・代官所等には逐一の報告はしていないと考えています。

支配者側にとっては、年貢の納入については、村高七百六十九石四斗という数字が大事なのであって、各個人の持ち高の増減にはあまり関係がなかったと思われます。従って、村高が変更にならない限り関与しなかったと思われます。

《参考》

川崎文書（滋賀大学史料館）

※1

江戸時代、年貢賦課は村請制といって、個人に対して賦課されるのではなく、冨田村の村高七百六十九石四斗に対して賦課されたのです。

相給（領主が複数）になっても、その各々の村高に対して賦課されたのです。

従って、冨田村(高)に賦課された年貢の徴収方法については、領主は一切関知しませんでした。

冨田村内で個人個人にどのような形で、どのような内容で、どのような割合で賦課しようが、その方法は村に任されていました。

領主(支配者)の関心は年貢の基準となる村高だけであり、皆済されるか否かだけであったのです。

冨田村は慶長検地以来、検地はされていませんから、村高は変更がありませんでした。

しかし、慶長検地以後に開発された土地も多少はある筈です。それは、前号の表に、字十四の面積が五反四畝一九歩から九反五畝一歩に増加していることからも伺えます。

土地が増えても村高は変化しない、させてはならない。では、その増加分をどうするのか。増加した土地を無税にするのか、同様な年貢を取って、その増加分を皆で分ける…、などいろいろ考えられますが、村としてはこの増加分をある運用に用いたのだと思われます。

例えば、水害の多い上田を中田に読み替える、中田を下田に読み替え、その差額を増加分で補う。

また、面積に疑義がある場合、面積が減少した分を補填する…等々。

このような村独自での運用・操作を私は「ならし」と呼んでいます。

このような「ならし」は一度に行われたのでなく、村人との相談の上、少しずつ徐々に進行したのだと思われます。

「ならし」をしたという史料はありませんが、結果的にそう考えるしか説明がつかないのです。

土地の条件に優劣があった地方では年貢負担の公平性を期するため、定期的に耕作(所有)する土地を取り替えていたといいます。

つまり、一筆一筆を個人が固定的に所有するのではなく、村が全体を所有する形で、個人は耕作権を有し、定期的に耕作する土地を順々に入れ替えたようです。

例えば、A兵衛は土地甲から乙へ、B兵衛は土地乙から丙へ、C兵衛は土地丙から甲へと耕作する土地を入れ替えていったといいます。

このような制度を「割地」といい、日本の広範囲の地域で見られたようです。

「ならし」ではありませんが、村高を変更せず、年貢を皆済すれば、その運営は村に任されていた一例とも言えそうです。

私の考える「ならし」が、どんな理由で、どのようにして実施されたかは不明ですが、冨田村でも目立つ程ではないにしても、ならしがあったであろうとは思っています。

分筆を繰り返すなかでの手加減、新川の造成による溝敷き引きや、郷蔵建築による郷蔵屋敷引きなど地目を変更する時などに手心を加えたのでないかと考えています。

文書を紹介することは出来ませんが(文書の出典を忘却)、ある文書の中に「ならし」という言葉を見かけた覚えがあります。その「ならし」がどのような意味だったのかは分かりませんが、当時においても「ならし」という概念があったのかもしれません。

村高の変化と「ならし」

第１８２号
2001.06.10

前号で時代によって上田・中田・下田‥‥等々の面積に変化があり、各小字毎に見ると一筆一筆の記載内容が変化していることを紹介しました。

それは、私見で恐縮ですが、「ならし」が行がわれたのではないかとも紹介しました。

村高が一定ですので、極端な操作は出来ないのですが、一筆一筆の変化の大きさには驚くところです。

上田・中田・下田‥‥等々の面積の合計にあまり変化がなくても、一筆一筆にはかなりの変化があります。

逆に、上田・中田‥‥等々の総面積が多少でも変化していれば、一筆一筆の変化はそれ以上の大きな変化があった筈です。

今回は可能な限りの史料から、その操作（「ならし」）が行われた時代を探ってみたいと思っています。

	慶長七（一六〇二）検地	年代不詳① 高目録	年代不詳② 田畑歩目録
上田	一七町九反五畝二〇歩	一七町九反五畝二〇歩	一七町四反六畝二一歩
中田	一一町五反四畝二四歩	一一町五反四畝二四歩	一二町　七畝一九歩二毛
下田	一三町二反九畝　五歩	一三町二反九畝二七歩	一三町二反八畝一九歩一毛
下々田	九反三畝二七歩	九反三畝二七歩	八反五畝一八歩
上畑	二町五反　二七歩	二町五反　二七歩	二町四反九畝一八歩二厘
中畑	九反一畝　九歩	九反一畝一〇歩	八反七畝二八歩
下畑	八反四畝二九歩	八反四畝二九歩	八反二畝一〇歩六厘
屋敷	一町一反七畝　三歩	一町一反七畝　三歩	一町一反七畝一二歩四厘
合計	四九町一反七畝二四歩	四九町一反八畝一七歩	四九町　五畝二六歩　余
総村高	七百六十九石四斗	七百六十九石四斗	七百六十九石二斗七升八合
計算面積	四九町五反三畝二四歩	四九町六反三畝一七歩	四九町三反五畝二六歩八厘
計算石高	七百六十九石三斗三升六合	七百六十九石四斗四升二合	七百六十七石一斗五升九合

《川崎文書　土地一》　《同　租税三七九》　《同　租税三七七》
《同　土地十》元禄十一年（一六九八）

（※　左の「計算面積」・「計算石高」は右データより改めて石盛りから再計算した数値です）

左の表は、以前に一度紹介しました（「冨田今昔物語」一〇一号）データを一部手直ししたものです。

このデータでは元禄十一年（一六九八）頃までは慶長検地帳と同一であったように思われます。

しかし、高目録①を見ると、年代は不明なのですが村高が七百六十九石四斗になっていますから、西郷氏との相給となる元禄十一年（一六九八）以前の史料だと考えられます。

この史料では若干の変化が見られ、改めて計算をすると総面積、村高ともに変化を確認するとができます。

記録の間違いなのか、少しづつ「ならし」が始まっていたのかもしれません。

ところが、田畑歩目録②を見ると各項目で変化が見られます。村高の合計が減少しているのは郷蔵屋敷引分（一斗三升）ではないかと思います。

しかし、上田～屋敷まで全ての項目での面積が変化しています。

これは何を意味しているのでしょうか。一筆一筆を確認することができませんので、はっきりしたことは言えませんが、一筆一筆にかなりの変化があったであろうことが伺えます。

つまり、年代不詳なのですが、この頃迄には大幅な「ならし」が実施されていたことを示しているのではないでしょうか。

以上より、冨田村には、西郷氏との相給となる元禄十一年（一六九八）以前の史料の中に、慶長の検地と同じ（土地面積などが変化していない）ような史料と、大幅な「ならし」を想像させる史料とが並在していたことになります。

公の数値と、内輪の数値であったのかもしれませんが、奇妙なことだと言わざるをえません。

慶長検地が実施されて一〇〇年弱が経過している中で、農業技術の進歩や土木工事による水利の確保、百姓の努力等々で、慶長の頃の状況とかなり状況が変わり、上田・中田・下田などの差が少なくなってきたのではないでしょうか。

もしそうだとすると、前回も書きましたように、同じ一段歩では上田と下田では年貢にも差が出ます。

当然、苦情も出てきますから、その対応のためにとった手段が「ならし」ではなかったかと思っています。

これは、あくまでも私見であって、「ならし」の実施を示唆する文書は残されていませんので、断定は出来ません。

しかし、村内の公平を期すために村内のみで通用する「ならし」実施の裏帳簿と慶長の頃の表帳簿とが同時期に存在しても不思議ではないように思われます。

慶長検地から一〇〇年の間には、荒れ地を開墾したり（字十四は慶長検地から天保検地帳の間に四反十二歩の増加があり、開墾等がなされたと考えられます）、農業技術の進歩によって収穫が増加し、上田（一・八石）・中田（一・六五石）・下田（一・四石）などと区別するほど収穫の差がなくなったのではないかと考えられるのです。

個々の史料（検見帳等々）を見ると上田でも収穫が少ない田圃もあれば、中田や下田でも上田や中田を上回る田圃があったことが分かります。

水利や技術の発達などによって、地味が肥えた田圃も出てきたり、川の氾濫等で収穫が皆無同様の田圃も少なくなってきたり、逆に、旱魃を受ける田圃が少なくなったり、色々な条件が整備される中で、田圃の等級の格差が少なくなってきたのではないかと思われるのです。

村高七百六十九石四斗は変わりませんので、村人同志の「いたみわけ」として「ならし」の作業がなされたものと考えています。

逆に考えれば、実質村高が帳簿の村高七百六十九石四斗を越えていたから出来たことかもしれません。

《参考》　川崎文書（滋賀大学史料館）

※1

	慶長検地帳	高目録	田畑歩目録	天保検地帳（水野・西郷計）
筆数	751筆			961筆
上田	17.9.5.20	17.9.5.20	17.4.6.21	17.8.5.21.17
中田	11.5.4.24	11.5.4.24	12.0.7.19.02	12.3.5.14.7
下田	13.2.9.05	13.2.9.27	13.2.8.19.01	12.7.2.28.6
下々田	9.3.27	9.3.27	8.5.18	5.3.18.0
上畑	2.5.0.27	2.5.0.27	2.4.9.18.2	2.4.9.17.9
中畑	9.1.09	9.1.10	8.7.28	8.3.22.5
下畑	8.4.29	8.4.29	8.2.10.6	8.6.12.1
屋敷	1.1.7.03	1.1.7.03	1.1.7.12.4	1.2.7.06.2
総合計	49.1.7.24	49.1.8.17		48.9.4.21.1.7
	町反畝歩	町反畝歩	町反畝歩厘毛	町反畝歩厘毛
出典	《土地一》	《租税三七九》	《租税三七七》	《土地二一》

右頁のデータに、天保検地帳のデータ（水野領・西郷氏領合算）を、再度一覧にしました。

漢字で書かれると見にくいと思い、算用数字で表現しました。

慶長検地帳から天保検地帳への変化が見易くなったのではないかと思っています。

少しづつ変化していることを確認出来ると思います。

※2

次のような時代不明の奇妙な文書があります。　《未整理九四》

壱反ニ付九斗七升取
　上田拾七町九反五畝廿分
壱反ニ付九斗取
　中田拾壱町五反壱畝廿七分
　　内壱反七畝拾分ハ新屋敷衆ぞふし畠ニ成
壱反ニ付五斗八升取
　下田拾四町弐反三畝廿九分
　　内八反壱畝拾分新屋敷ニ成
　　　ヲ（寅）ノ年分ハ物成不納
壱反ニ付六斗弐升四合取
　上畠弐町六反八畝七分
　　内壱反七畝拾分ハ中田畠ニ成分
　　　但新屋敷ぞふし畠ニさげ也
壱反ニ付四斗八升取
　中畠九反壱畝九分
壱反ニ付三斗三升六合取
　下畠八反四畝廿九分
壱反ニ付六斗九升四合取
　屋敷壱町壱反七畝三分
〆

慶長検地と同じ数値も見られ、又、「新屋敷」などの語も見られ、北冨田村分村時の数値とも考えられます。

しかし、下々田の記載はなく、字体も江戸初期の字体とは思えません。

（※一八三号註につづく）

村高の変化と「ならし」（その2）

第１８３号
2001.06.24

前回は江戸初期まで（元禄十一年）の「ならし」について、私見ですが取り上げてみました。今回は宝永二年（一七〇五）から天保三年（一八三二）検地帳までの間について考えていきたいと思います。

左の表は高反別帳などから抜き出したデータの一覧です。

一〇七石余が旗本西郷氏の領地になり（西郷氏関係の史料は残されていません）ので、残り六六二石余について見ていきたいと思います。

	宝永二年（一七〇五）高別帳	宝暦九年（一七五九）高反別	天保三年（一八三二）検地帳
上田	一六町三反一畝二六歩七厘	一六町一反三畝一二歩七厘	一六町一反三畝一二歩六厘
中田	九町五反五畝　四歩七厘	九町八反三畝　四厘	九町八反三畝　四厘
下田	一〇町六反二畝一六歩七厘	一〇町八反一畝　二歩七厘	一〇町八反一畝　二歩七厘
下々田	九反四畝二七歩	五反七畝一八歩	五反三畝一八歩
上畑	二町一反八畝　九歩八厘	二町一反四畝一五歩九厘	二町一反四畝一五歩九厘
中畑	八反二畝一六歩六厘	七反三畝二一歩	七反三畝二一歩
下畑	六反五畝　八歩六厘	七反一畝一二歩一厘	七反一畝一二歩一厘
屋敷	一町　九畝一七歩七厘	一町　七畝　六歩二厘	一町　七畝　六歩二厘
合計	四二町一反九畝　七歩八厘	四二町　一畝二八歩八厘	四二町　四畝二七歩九厘
総村高	六百六十二石一斗九升一合	六百六十二石一斗九升一合	六百六十二石一斗九升一合

計算面積	四二町五反六畝　七歩八厘	四二町一反九畝二九歩	四二町一反五畝二八歩九厘
計算石高	六百六十二石一斗九斗六升	六百六十二石一斗九升一合	六百六十一石九斗一升一合

《同　土地一一》　《同　土地一五》　《同　土地二一》

（※　左の「計算面積」・「計算石高」は改めて右データより再計算した数値です）

宝永二年の高反別帳の内容と「宝暦九年（一七五九）の高反別帳の記載内容については、「上田」～「屋敷」の全ての項目で面積が変化しています。

しかし、再計算をするとピッタリと村高六六二石一斗九升二合に一致しています。

一見すれば何の問題もないように思えますが、以前のデータと比較すれば、こんな大きく変化しているのは何故だと考えたくなってきます。

しかし、冨田村に残されている史料の中には検地等の再測量 を実施した事実を記載した文書を見つけることは出来ません。

従って、宝永二年から宝暦九年までの間に何かの変更を余儀なくさせる事柄があったと考えるのが妥当だと 思われます。

それが前回までの「ならし」なのか、その他の要因であったのかを考えていきたいと思います。

享保十一年（一七二六）の新川普請

以前、冨田今昔物語（九四～九七）で紹介しましたように、享保十一年から翌享保十二年にかけて、二ノ坪から上佃に至る新川の普請が実施されています。

長さ三百間（約五四〇ｍ）、川幅三尺（一ｍ）、土手敷四尺×二（両土手）（約二・六ｍ）の規模の普請であったようです。

このための潰地は上田一畝十四歩・中田五畝廿六歩・下田一反一畝歩、及び、土取跡荒地として上田十七歩・中田一畝廿五歩・下田四畝六歩に上り、引き高三石六斗九升三合一勺となっています。

しかし、冨田今昔物語九七号でも書きましたように、その後の免定など租税に関する文書からは右の荒れ高引き

（免除）などの記載が見当たりません。
新川完成の翌々年享保十四年に天領から浜松藩に移行していますので、事務の引継がうまくいってなかったのかもしれません。

ともかく、断定は出来ませんが、享保十一年～十二年の普請により潰地ができ、その高三石七斗弱の荒高引が認められなかったと思われます。

そのため、村高は変更されず、旧村高に対して年貢が掛けられますので、潰地約三石七斗分の年貢（一石五斗前後）を冨田村で責任をもって納入する必要がありました。

そのため、どのような手段を冨田村がとったかは不明ですが、その一つに「ならし」があったのではないかと、私は考えています。文書もなく断定することは出来ませんが、可能性の一つには上げられると思います。

また、宝永二年の史料と宝暦九年の史料を比較すると、宝暦九年の史料では上田が八畝十四歩も減少していますが、潰地等で減少したのは二畝一歩に過ぎません。逆に中田は二反七畝二十五歩七厘増加しています。本来ならば七畝二十一歩は減少する筈なのです。

これらのことから、宝暦九年の高反別帳で変更された数値は、享保十二年の新川普請による潰地に関わる増減だけでは説明がつきません。

何か別の要因が働いているものと考えざるを得ないのです。

それが何なのかを示す史料が全く残されていませんので、今となっては詳しいことは分かりません。

残されている手段は推測するしかないのですが、一筆一筆の史料もありません（宝暦九年と天保三年との変化は少なく、宝暦九年は天保三年のデータを参考にできますが、宝永二年は参考にするデータがありません）。

従って、全くの推測しかないのですが、私はその原因が「ならし」にあると思っているのです。

江戸期を通じて、大きな「ならし」が二回はあったのではないかと思っています。

一回は元禄時代までの「ならし」、二回目は享保十二年の新川普請にともなっての「ならし」があったのではないでしょうか。

あくまでも私見であり、推測の域を出ないのですが、そうとでも考えない限り、残された史料（データ）の説明がつきません。

村高は江戸時代を通じて変化がなかったのですが、細部では変化があったのだということを紹介しました。

《参考》
川崎文書（滋賀大学史料館）

（※前号の註つづき）

また、北村分村の時は屋敷割が八反三畝二歩とあり、数値が若干異なります。

しかし、寅年分の物成（年貢）不納を寛永一五年（一六三八）寅年と考えれば、分村の前年となり、一応の辻褄は合うことになります。

また、上田からは五三・九％の、中田からは五四・五％の、下田からは四一・一％の、屋敷地からは五三・三％の、畠は全て四八・〇％の免率としていて、地面のランクにより免率を変化させていることも気になります。

時代背景も分かりませんので、無理な詮索はしないで置きます。

※３
二〇一一年に入って「ならし高」という語句が記載された文書を見つけました。概略を紹介します。

《未整理九八》

（前略（破損部分あるため））

身高　東村分
一弐百弐拾四石三斗三升八合
　但高二三分八厘四毛五ほツ
一高八石六斗弐升四合五勺
　安にようし村分
　但高二五ツ七分五厘五毛余
定米四石九斗六升五合四勺
一高四石四斗三升五合四勺
　十九村分
　但身高二壱分九厘七毛六ほツ
〆弐百三拾七石三斗九升七合九勺
（中略）
身高合七百弐拾七石三斗壱升七合

安にようし
　高合弐拾七石七斗九升壱合
　此定米合拾六石
十九
　高合拾四石弐斗九升弐合
惣高合七百六拾九石四斗
外二弐石三斗四升七合
　ならし高有
　但身高二三厘弐毛五ほツ廻り
　寛文拾壱年
　亥ノ十二月九日
（※寛文一一年（一六七一））
（※傍線は筆者による）

数字ばかりで面白くないのですが、西村・東村・北村の実質的な村高（身高）と安養寺村・十九村の出作分の配分を合計して、各村の名目村高を算出しています。

問題は、末尾に「ならし高有」とあることです。

恐らく、安養寺村・十九村からの出作分を処理する過程で、二石三斗四升七合の過剰分が発生し、その分は村として自由に処理が出来たのだと思われます。

その範囲内で村独自に「ならし」が出来たのではないかと解釈は出来ないでしょうか。

推測だけから結論を急ぐのは危険ですが、冨田村の土地を冨田村の村人だけで管理した場合には、このような事はなかったと思われますが、出作を抱えるが故に起こり得たゆとりであったのかもしれません。

もしこのように考えることが可能なら、時代とともに上田・中田・・等々の面積が変化していることも納得出来るように思われます。

百姓の台頭（したたかさ）

第１８４号
2001.07.10

今回は、左の文書を取り上げてみたいと思います。

これは元治元年（一八六四）の文書で幕末（明治維新直前）のものです。

幕末にもなると、領主や武士の権威は落ち、逆に商人が財力を蓄え、武士に替わって力をつけたばかりでなく、農民（百姓）までもが力を付けてきたと考えられます。

上の文書を要約すると、左のようになります。

乍恐以書付奉願上候

一當村田方之義、先達而御届ケ奉申上通り殊之他旱損仕、追々見苦敷罷成餘程之損毛ニ相見へ申候得共、御時節柄御検見御願申上候儀も奉恐入候ニ付、村中申合定免之通り御年貢上納仕度奉存候。然ル處四反弐畝歩程皆無場所有之、尚又七町歩程右ニ準じ候難毛有之、右持主之者共段々難渋申立、実以申立之通り必至當惑之次第ニ御座候ニ付、ケ様之儀御願申上候儀は重而奉恐入候得共 御上様格別之御慈悲ヲ以、右難毛場所為御手當御米六拾俵御救御下ケ被下置候様御願奉存候。右願□□御聞済御□済被成下候ハヽ村中一統□□冥賀至極□奉□難有仕合ニ奉存候己上

元治元子年　九月

（冨田村村役人　五人連名）

山形御役所

《村政一三》

当村の稲作の件については、先頃連絡したように、事の外旱魃で見苦しくなってきましたが、時節柄、検見もお願いできず、村中相談の結果、定免通り年貢を収めようと思っています。

しかし、四反二歩余は皆無の状態であり、七町歩余は皆無同様の状態となっています。そのため耕作者より相談を受けています。このままでは百姓の困窮は目に見えていますので、このような事をお願いしては恐れ多いのですが、上様の御慈悲によって、右の不作の田圃に対して御手当米として六〇俵を御下げ下されば、村中一同幸いに思います。どうぞよろしくお願い致します。

といった内容になっています。

日損（旱魃）で皆無か皆無同様の田圃が七町四反ほどあるのだが、それだけでは検見（作況の様子を下見すること。不作と認められれば年貢を減免されることがあった）はお願いできないので、せめて、御手当米として六〇俵（二十四石）を御下げしてほしいと、願い出ています。

文面には残りの田圃がどうであったかは触れられていません。

意地悪く考えれば、たまたま七町四反余は旱魃で皆無同様かもしれませんが、残りは豊作であったかもしれません。

逆に、実際も残りの田圃も厳しい状態ではないが、不作傾向であったのかもしれません。

どちらにしても、検見はお願いしないが、定免の通り年貢は納米する、ただし六〇俵の御手当米を下付してほしいというのです。

七町四反余の総石高がわかりませんが、すべてを中田と考えると百二十二石余になります。

定免の免率を四ツ（四割）と考えると、四十八石八斗余となります。

お願いしている御手当米が六〇俵（二十四石）ですから、丁度年貢を半分（該当の田圃のみ）にしてくれと言っているのと同じことになります。

本来、七町四反余は皆無か皆無同様の状態ですから、多少の年貢さえ出せないと考えるのが普通です。

このように考えたとき、私は、当時の百姓のしたたかさと生きる力とを感じるのです。

幕末期、ほとんど毎年のように、日損(旱魃)や、逆に、込み水による水損が報告されています。

これは、確かに天災が多かったとは思いますが、一方では村役人を始めとする村人の発言力が強まったことによるのではないでしょうか。

理由をつけて年貢を値切る、御救米や御手当米をお願いする（要求する）ことは、江戸中期まではそんなにありませんでした。

しかし、幕末になると上の文書のように、不作（日損・水損）の届書が毎年のように提出されます。

例えば

安政七年（一八六〇）五月
弐拾町……水下之分
当春以来雨天続にて湖水追々出水仕候…五月十一日大風洪水にて込増、郷下地低之場所は水深サ三尺九寸有之…

萬延元年（一八六〇）九月
御憐愍之御慈悲ヲ以御見分被成下、御引方御用捨被成下候様…

文久三年（一八六三）九月
殊之外旱損仕…四反弐畝歩程皆無場所有之、尚又七町歩程右ニ準じ候難毛有之…御手當御米六拾俵御救御下ケ被下置…

（上記内容）

慶應二年(一八六六)
六町八反……難毛
三町五反……皆無同様
二町一反五畝…皆無
八月大風雨ニ付郷中不残洪水…
当年は格別之不作…
上納米之内二百俵村拂御願…

《村政一三・一九》

などのように、枚挙にいとまがありません。

込み水は、琵琶湖の水位が上がった(瀬田川の土砂がたまったため)ことによるもので、湖辺の村々はこの込み水に泣かされたのですが…、早崎村や下八木村などの村では毎年のように皆無同様が続いたようです。

しかし、幕末の冨田村と下八木村との年貢の比較をすると、冨田村は下八木村ほど水害が起きていないように考えられます。

それにも拘らず、毎年のように減免を申告(お願い)するのはなぜなのでしょうか。

この頃は冨田村の領主は山形藩水野氏でした。支配者が遠方であったから年貢納入等の厳しい取り立てがなかったからなのか、百姓が発言する力が増大してきたからなのか、実際に厳しい不作が続いたからなのか、また、別の事情があったのかもしれませんが、とにかく書類の上では不作が続いています。

自分なりに考えてみると、私見で恐縮ですが、湖水の込み水が多かった事実はありますが、それにも増して、百姓の発言力が増加してきたのではないかと考えています。

幕末になると(冨田村の)百姓も経済的にも余力を残すようになり、現八幡神社(観音堂)の建設や源慶寺鐘楼堂の建設、源慶寺の薬医門の建設(移築)などを立て続けに普請します。

そこには、裕福ではないにしても、貧農という惨めな百姓の姿は浮かんできません。すべての百姓がそうであったとは思われませんが、全体的には若干なりとも経済的余裕が出てくるとともに、百姓の支配者に対する発言力等も増大してきたように思われてなりません。

悪い言葉で言えば、少しの不作にも減免を要求する智恵が付いてきたというか、したたかになってきたのではないかと思っています。

これは、冨田村の先祖を悪く言っているのではなく、全国的な流れではなかったかと思うのです。

《参考》
川崎文書(滋賀大学史料館)

※1

乍恐以書付御願奉申上候　《凶災一七》

一當村田方之儀、先達而奉申上候通、當夏已来雨天續ニ而、湖水ょり水込増候ニ付、小前一統相寄、當立毛不作ニ相見江候故、御検見御願被申呉候様願出候ニ付、村役人共種々利解申聞候處、納得致シ候得共、皆無并皆無同様之地所所持之者共、御年貢御上納米御手當無御座候ニ付、再應申出候間、無據、御見分之上御引方御用捨被成下候様、御願奉申上候處、御上様ょり御利解被成下候ニ付、右地所之者共江申諭候処、一旦納得致シ候得共、誠ニ當年は世上一統不作故近所村々御検見御願被申、御引方之次第承り候哉、又候打寄、當年は殊之外不作ニ付、先日書上候三町壱反余之所は不申及、都合弐拾町余水込場所は格外之不作ニ御座候故、御年貢御上納差支必至難渋仕候間、何卒御赦御用捨御願被成下候様、度々申出候ニ付、村役人共何共申利解無御座候。尤、村役人共當立毛之儀見込違ひ致シ御座候故、不得止事、此度御米四拾石御救御用捨之義ニ付、願上候処、御時節柄右様口分奉願上候処、追テ御理解被成下置て奉恐入候ニ付、右之内拾弐石之分を村役人共如何様共取斗可仕候ニ付、残弐拾八石之處、何分格別之水損ニ而必至難渋之場所ニ而、村役人共も至方無御座候ニ付、恐多御座候得共……(後略)

浅井郡冨田村
(村役人七名略)

萬延元申年十月

山形御役所

(※万延元年(一八六〇))

当村の田圃は、先に連絡したように夏以来雨天続きで、琵琶湖より逆水し、百姓達は寄っては「不作のようだ」と言い、御検見を願ってくれと言う。一旦は、村役人が宥め、納得させたが、皆無同前の田圃の持ち主から、「年貢も納められない」、質の形すらない」と言うので、御見分と水損引をお願いした処、御役人様より諭され、村人にその旨を伝え、納得させた。しかし、今年は世間一般に不作で、近所の村々は御見分や損引きが認められたと聞いて、再度寄合をすると、今年は殊の外の不作で、先日連絡した三町だけでなく、都合二〇町余の田圃は込み水で格別の不作である。年貢の上納に差し支えるのは必至だということで、御見分を願ってくれと言う。村役人が何を言っても分かってくれないし、村役人の作柄の見込み違いもあり、仕方なく、年貢四〇石の容赦をお願いした処、再度諭されたが、四〇石の内、一二石は村役人が分担するから、残りの二八石を猶予してほしい…。

幕末には、本当に琵琶湖からの込み水により不作が続き、上のような願書が沢山残されています。

上の文書には嘘は書かれていないと思うのですが、表現なり、言い回しなど上手いと思いませんか。

村役人が(村人に)必死に説得し、一旦は納得させたが、再度願うので仕方なく願い出た。再度諭したが、他村様子を聞くにつれ、納得させるのが難しくなった。私共の落ち度もあるので、四〇石の免除米の内、三割の一二石は何とかするから、二八石を免除してほしい…。

幕末期水損の背景

第１８５号
2001.07.24

幕末期、琵琶湖辺では込み水による水損（水害）が続いたということを資料の形で前号で取り上げました。

例えば、安政七年（一八六〇）五月の文書では

> 乍恐以書付御注進奉申上候
> 一田方惣町歩三拾六町八反
> 　八畝拾五歩弐厘三毛
> 此分米六百壱石弐斗六升七合
> 内
> 弐拾町　水下之分
> 此分米三百弐拾六石
> 拾六町八反八畝
> 拾五歩弐厘三毛　無難之分
> 此分米弐百七拾五石
> 　弐斗六升七合
> 右は當春己来雨天続ニて湖水追々出水仕候處、去四月下旬頃より當郷内え水込上ケ、尚又五月十一日之大風雨洪水ニて込増、郷下地低之場所は水深サ三尺九寸有之、右高水下ニ相成申候。尤、郷中植付候て日数も不相立、若苗之儀は御座候得ば一入歎ケ敷奉存候。右ニ付、此段御届ケ奉申上候。已上
> 安政七申年　浅井郡冨田村
> 五月　村役人五名連署
> （略）
> 山形
> 御役所

《村政一三　二〇頁～》

これによれば、

> 安政七年（一八六〇）は、春以来雨天続きで（琵琶湖の水位が上がり）込み水（琵琶湖からの逆流水）が入り込み、また五月十一日の大風雨により洪水が起き、当村の低地では三尺九寸（約一ｍ二〇㎝）の冠水となってしまった。
> 田植えが終わって日数もさほど経っていないので若苗が心配で、嘆かわしく思っています。

という内容です。

田植えが終わって日数も経たないうちに大水となり、田圃は水の下になってしまう。

当時の人々にとっては心配なことであったろうと想像できます。

その後の様子については、八月付けの文書がありますので紹介します。

> 惣田方町歩
> 一三拾六町八反八畝拾五歩
> 弐厘三毛
> 此分米六百壱石弐斗六升七合
> 此訳
> 一壱町六反八畝　皆無
> 分米弐拾七石六斗四升
> 是ハ株絶ニ相成申候分
> 一三町三反七畝　難毛
> 分米五拾三石九斗弐升
> 一三拾壱町八反三畝
> 拾五歩弐厘三毛　無難
> 分米五百拾九石六斗五升七合
> 是ハ當時無難ニ御座候分
> 右は春己来雨天続ニて湖水より追々込増候ニ付、右皆無之場所ハ株絶ニ相成申候。尚亦難毛之場所ハ水下ニ相成候故□□相成候間、只今ニては立毛聢与相分り不申候得共、追々順気宜敷打続候ハゞ立毛生立とも相成可申候。依之、乍恐取調、帳面ニ記奉差上候。已上
> 萬延元申年　浅井郡冨田村
> 八月　村役人五名連署
> （略）
> 山形
> 御役所

《村政一三　二三頁～》
（※安政七年＝万延元年）

これによれば、一町六反余は株が絶えてしまったため、収穫は皆無であろうと予想され、また三町三反余は水下となった影響で、今後の天気次第で多少の収穫が見込めるかもしれないと予想されるとあります。

五月の時点で考えられた状態よりも好転しているようにも思えます。

しかし、九月付けの文書では

> 乍恐以書付御願奉申上候
> 一當村田方之儀、先達而奉申上候當春己来雨天続ニて湖水より追々水込増候ニ付、皆無并皆無同様半毛以下之場所も相見へ申候ニ付、右地所所持之者共御年貢御上納米御手當無御座、必至難渋仕候ニ付、御歎願申上呉候様申出候間、私村方之儀は御定免所ニ御座候ニ付、色々利解申聞候得共、何分御上納米御手當無御座候様申出候ニ付、御上様御時節柄奉不顧恐候得共、何卒御憐愍之御慈悲ヲ以御見分被成下御引方御用捨被成下候様、御願奉申上候。何卒御憐愍ヲ以右願之通り御聞済被成下候ハゞ百姓一統難有仕合ニ奉存候。已上
> 萬延元申年　浅井郡冨田村
> 九月　村役人七名連署
> （略）
> 山形
> 御役所

《村政一三　二六頁～》

これにより、八月の予想を裏切り、半作以下の場所があって御検見を願い出なければならない状態であったことが分かります。

また、十月にも再度願書を提出し、「都合弐拾町余水込場所は格外之不作ニ御座候故…此度御米四拾石御救御用捨之義奉願上候処…」と御救い米の下付を願い出ています。

湖辺水損の背景

安政七年(萬延元年一八六〇)の冨田村の水損の状況について史料を見てきました。

何故、幕末期の湖辺では水損の記録が多々残されているのか、その背景を考えたいと思います。

琵琶湖へは何本もの川が注いでいますが、水の出口は勢多川(瀬田川)しかありません。その勢多川に土砂が流れ込むと川底がだんだん高くなっていきます。高くなる分だけ琵琶湖の水位が上がることになりますし、排水状況も悪くなります。

しかし、幕府や膳所藩は軍事上の理由などで勢多川の川浚えを禁じていました。

そのため、湖辺の村々は水害に苦しまなければならなかったのです。

寛文一〇年(一六七〇)、元禄十一年(一六九八)には幕府の手で勢多川浚えが行われましたが、経費負担の問題で再び取り上げられることはなく、百姓は水害に苦しみました。

それを解決するため、再度の川浚え普請(自普請)の許可を求めて立ち上がったのが高島郡深溝村庄屋藤本太郎兵衛でした。

天明五年(一七八五)には自普請の形で一度は施行されたのですが、下流の不安や反対もあって再度の出願に許可が下りることもなく、勢多川川浚えの嘆願運動は太郎兵衛・子・孫の三代にわたる運動となりました。

湖辺の村々百七十七ケ村が運動に加わる中、びわ町地域の湖辺の村々もこの運動に加わりました。特に、川道村の庄屋や八木浜村の庄屋らはこの運動に多額の私財を投じたことが知られています。

その甲斐もあって、天保二年(一八三一)に幕府からの許可がおり、翌天保三年に大津代官石原清左衛門の監督のもと、勢多川浚え普請が行われました。

しかし、普請の後には膨大な経済的負担(七千六百五十四両)を抱えることにもなりました。

また、この天保の川浚え以降は川浚えは実施されず、幕末に向けて湖辺の村々は再度水害に苦しむことになりました。

上記の安政七年は、まさにこの時期に当たっているのです。

この時期の水損は冨田村に限らず、湖辺の村々では一層厳しい水損の模様が記録されています。

この状況を打開するための本格的な対策工事が行われたのは、明治三十八年(一九〇五)の瀬田川洗堰の完成を待たなければなりませんでした。

《参考》
川崎文書(滋賀大学史料館)
東浅井郡志　他多数

※1

安政七年(万延元年(一八六〇))の水損を紹介しましたが、この年に限らず、幕末期の水損を伝える文書が多々あります。

《凶災二二》

乍恐以書付御歎願奉申上候
字畑田
一壱町六反分
分米何程
右地所之儀者、往古ょり畑田之義御座候。然ル處、當辰年去ル五月以来ょり雨天打續ニ而大洪水ニ相成、
…(後略)…

記年はありませんが、當辰年とあるところから、安政二年(一八三五)と考えられます。また、

《凶災二四》

乍恐以書付御願奉申上候
一當村田方之儀、先達而ょり奉申上候通、當春巳来雨天續ニ而湖水ょり水込増候ニ付、小前一統相寄當立毛不作ニ相見江候故、御検見御願被申呉候様願出候ニ付
…(後略)…

この文書も記年はなく、下書きだと思いますが、當巳年とあるところから、安政三年(一八三六)と考えられます。

いずれの文書も「春以来」「雨天続き」「湖水より込水」等のキーワードが登場します。

本来、冨田村は旱損する村として認知するところですが、幕末になると春(五月)以来の雨天続きという異常気象にも遭遇したようです。

更に、本文で紹介したように、瀬田川の土砂堆積による琵琶湖水面の上昇による込み水(逆水)による大洪水に見舞われました。

また、竹生島文書の秩禄処分(逓減禄)関係の書類の中に、次のような文書を見ることが出来ます。

《竹生島文書 1-210~》

元竹生嶋領収納高覚
慶應元丑年
一米三拾壱石五斗五升六合四勺
慶應二寅年
一洪水ニ付収納皆無ニ御座候
慶應三卯年
一米百拾四石壱斗弐勺
明治元辰年
一洪水ニ付収納皆無ニ御座候
明治二巳年
一元彦根藩御管轄中
明治三午年
一元朝日山藩御管轄中

とあります。本来竹生島は早崎村内に寺領三〇〇石を所有していましたから、その年貢としての収納米が一〇〇石以上はあった筈です。

しかし、慶應元年は約三〇石に過ぎず、慶應二年・明治元年は洪水のため「皆無」とあります。

つまり、幕末期から見られる水損は明治初年になっても続いていたことが分かります。

また、明治二年の版籍奉還後は、竹生島は彦根藩管轄になり、更には、理由は不明ですが、明治三年には朝日山藩管轄に転じたことも判明します。

従って、竹生島が寺領三〇〇石を支配出来たのは明治元年までということになります。残念ながらこの年は収納米皆無でしたが…。

文久二年の流《は》行《や》り病《やまい》

第１８６号
2001.08.10

前号で幕末期に水損（水害）が多々発生したことを、その背景を含めて書きました。

洪水や飢饉の後には疫病が流行すると言われますが、そのことと関連するのかどうかは分かりませんが、次のような記事を目にしましたので紹介したいと思います。

乍恐以書付御願奉申上候
一當村之者共、先達而より熱病流行致シ、追々病死仕候者夥敷御座候故、就夫當秋刈込之儀相□れ、尚又、雨天相続候ニ付、御収納米之義精々出精致シ候得共右様之訳柄故、自就御年貢御上納ニ差支候者共御座候間、何卒御憐愍之御慈悲ヲ以、御上納米之内米弐拾八石村拂御願奉申上候。何卒右願通り御聞済被成下候ハヽ、村中一同難有仕合奉存候。己上
文久二戌年
十一月
浅井郡冨田村
村役人四人連署（略）
山形
御役所

《村政一三》

※文久二年（一八六二）
傍線は筆者による。

最近、当村では熱病が流行し、それが原因で死者が多く出ている。そのため、秋の刈り入れが遅れ、しかも雨天続きと来ている。年貢米については精を出しているが、（期日内に納めることに）支障をきたす者が出てくる始末である。どうか御上納米の内二十八石については村払いにしていただけると村中一同ありがたく思います。

といった内容です。

「村払い」の意味がはっきりとしませんが、年貢上納期限が遅れることを心配しているようです。

その原因は、熱病の流行で死人が多く出たことと雨天続きで、刈り取りが予定通りにいかなかったからだとしています。

この熱病の流行が本当かどうか、水害続きの衛生上の問題であったのかどうかを確かめる術もありませんが、次の文書から、熱病の流行があったのかもしれないとも思えます。

左の文書は、冨田村年寄S左衛門と同年寄O左衛門が病死した届書とその関連文書と考えられます。

冨田村の二人の年寄が同じ頃、病死するということは、偶然かもしれませんが、同じ年の文書に「熱病の流行」とありますので、この年寄二人の死亡は流行り病が原因ではなかったかと思っています。

乍恐以書付御願奉申上候
O左衛門
同断之願
浅井郡冨田村
年寄
S左衛門
一
右之者是迄御上様之厚御思召ヲ以年寄役相勤居申候處、當月四日ニ病死仕候ニ付、此段乍恐書付ヲ以御届ケ奉申上候。以上
文久二戌年
十一月
浅井郡冨田村
庄屋三人連署（略）
山形
御役所

《村政一三》

乍恐以書付御願奉申上候
S五右衛門
同断御願書
一持高拾八石
年四十七
I右衛門
右は年寄O左衛門病死仕候ニ付先達而御届ケ奉申上候。後役之儀は村中一統相談之仕候處、右I右衛門実躰成者ニて御座候ニ付、御願奉申上候。何卒右願之通り御聞済被成下候ハヽ、村中一統難有仕合ニ奉存候。以上
文久二戌年
十一月
浅井郡冨田村
百姓代一人
庄屋三人連署（略）
山形
御役所

《村政一三》

つまり、

年寄O左衛門病死 → I右衛門
年寄S左衛門病死 → S五右衛門

という村役人の入れ替えがあったことが分かります。

蛇足ながら、二年後の元治元年（一八六四）九月には庄屋S左衛門も病死し、村役の入れ替えがあり、

庄屋S左衛門病死 → S五右衛門
年寄欠員 → 年寄U吉

という交代もありました。

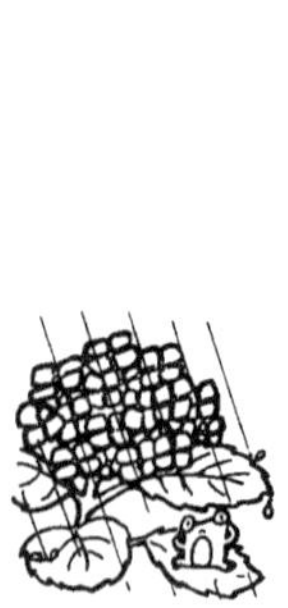

さて、この文久二年（一八六二）の熱病の流行というのは何であったのでしょうか。

それが何であったかは今となっては分かりませんが、文久二年には上記の

年寄O左衛門やS左衛門以外にも多数の死者があったように思われます。

私事で恐縮ですが、我が家の仏壇にも太郎右衛門（太郎太夫と改名）倅太三郎の法名軸が残されており、命日は文久二年閏八月となっています。これが流行り病による死亡であったかどうかは定かではありませんが、可能性も残されていると思われます。

お願いして源慶寺・圭林寺の過去帳を調べていただくと、文久二年の一年間の死亡者は源慶寺十六人（一部五村門徒を含む）・圭林寺四人の合計二〇人もの記録が残されています。

但し、五村門徒や津里門徒関係は調べられていません。

このうちの何人が流行り病であったのかは分かりませんが、北富田を含めた冨田村約八十軒・三百五十人弱の集落の規模から考えると、一年間の死亡者数としては異常に多いのではないでしょうか。

また、文久二年前後の死亡者も例年よりは多かったように思われます。

この流行り病は、コレラなどの伝染病でなかったかと思われますが、はっきりしたことは分かりません。

これらの流行り病（疫病）は想像の域を出ないのですが、幕末期の毎年のような水害が原因ではないかと、私は思っています。

前回も書きましたように、幕末期の湖辺の村々は水害に泣きました。毎年のように田畑は水に沈みました。

詳しい事は分かりませんが、家屋だって浸水したことは容易に想像できます。

当時は、上げ間のある家は庄屋宅などに限られ、大半の百姓の家々は土間（籾殻や藁をひいた上に莚を敷いた状態）であったように考えられます。

こう考えれば、健康の上でも、衛生の上でも決していい環境ではなかったと考えていいと思います。

疫病と呼ばれる流行り病が流行してもおかしくはなかった、と考えるのは考え過ぎでしょうか。

史料がない限り、想像でしか言えないのですが、文久二年の流行り病はこうした湖水の込み水が原因になっていた可能性が強かったと考えてもいいのではないでしょうか。

各家の御先祖様も、もしかしたらこの時に亡くなられた人があるかもしれません。

一度仏壇の法名軸を確かめられてはどうでしょうか。そうすることも供養になるかもしれません。

《参考》　川崎文書（滋賀大学史料館）

《取材協力》　源慶寺　伊藤賢隆氏
　圭林寺　冨士原光真氏

※1

慶應三年　《戸口六》
近江国浅井郡冨田村宗旨御改増減帳
卯三月十五日

増人
一御百姓G兵衛と八事　去ル寅九月出生仕候
一御百姓J左衛門事寅四月
小栗猶三郎様御領分伊香郡松尾村
三郎兵衛方より養子ニ呼有申候
一御百姓J蔵事去寅十二月出生仕候
一庄屋T郎右衛門女子くに事　去寅四月出生仕候
一御百姓S郎左衛門その事　去寅四月出生仕候
一御百姓J介悴T吉事　去寅四月出生仕候
〆六人　内男三人　内女三人

減人
一G兵衛K代吉事去ル寅八月病死仕候
一K右衛門くに事去ル寅十月病死仕候
一K左衛門事去寅十二月病死仕候
一I左衛門事去寅十月病死仕候
一D左衛門事去寅五月病死仕候
一G右衛門母そて事　去寅十二月病死仕候
一S郎左衛門Y次郎事　去寅五月病死仕候
〆六人　（※慶應三年（一八六七））

右の増減帳では、増加六人、減少六人となっています。
また、慶應四年の場合は、増加八人、減少一〇人となっています。《戸口七》
（※前年の増減数です）

また、時代は異なりますが、延享二年（一七四五）は、増加八人、減少七人となっています。《戸口二三》

増加・減少は出生・死去ばかりでなく、婚姻による出入もカウントされていますから、年間の死亡による減は六・七人といった所が平均のようです。両寺の文久二年の記録、二〇人は平均の三倍程度になり、やはり異常な年であったと思われます。

本書の草稿が完成後、『江戸の流行り病・麻疹騒動はなぜ起こったのか-』という本に出会い、その流行病が麻疹（はしか）であったことを知るに至りました。麻疹は軽い病気と考えられていますが、流行年により症状の重い年があり、それが文久二年であったようです。同書には、流行が十数年から二十数年の間隔であったため、幼児期に流行を経験しなかった大人も大勢発病して、犠牲者を増やしたようだ、ともあります。また、コレラの流行もあったようです。

冨田村の墓地は、原則的に一軒一坪として、碁盤の目に整理されていた筈なのですが、現在はデコボコ状態となっています。

一坪より大きい面積を有しているお宅も何軒かあるようです。

昭和の初期と聞いているのですが、肺結核が流行し、一軒から続けて仏さん（死者）が出た場合、冨田村は土葬でしたから、埋葬場所がなく、隣へ越境して埋葬したそうです。

当時はそれで済んだのですが、石で囲いをするなどしたため、固定化してしまい、デコボコ状態となったのだと聞いています。

村高をカタに竹生嶋より借金

第１８７号
2001.08.24

先日、ある事を調べる目的でびわ町図書館の竹生島文書のページを繰っていたら、次のような文書を見つけましたので、紹介します。

《竹生島文書 25-0008》

御拝借申金子之事
一合金百両也　但し文字金
右今般　御地頭様御借財引請之内、御公用金上納ニ付、此度、御山禁裏御所御祈祷御檀料金之内御拝借仕候処実正明白也。尤右質物として留目村郷之内高六拾五石、冨田村郷之内高拾石、三河村郷之内高五石、書入置申候。然ル上は来ル寅ノ十一月廿五日限、元利共急度御上納可仕候。萬一及遅滞、御祈祷御入用之節御差支ニ相成候ハヽ、右之質物賣拂無間違御上納可仕候。為後日之仍而證札如件。
文化十四年
丑十一月

※ 文化十四年（一八一七年）

この度領主の借金を引き受け、上納するために、竹生島禁裏御所御祈祷御檀料金の内から金一〇〇両を拝借します。この質物として、留目村の村高六十五石、冨田村の村高一〇石、三河村の村高五石を書き入れて置きます。この上は、来年十一月二十五日迄には元利金ともきっとお返しします。もし返済が遅くて差し支えになった場合は、右の質物（村高）を売り払って返納します。

という内容になっています。

借り主の署名がありませんので、借り主が判明しませんが、内容から留目村（現湖北町）が竹生島から金一〇〇両の借金をしたと思われます。

冨田村と竹生島のつながりから、冨田村が口利き（紹介）をして、冨田村と三河村（現虎姫町三川）が連帯保証人として、若干の質物を提供し、竹生島からの借金の了解を取ったのではないかと考えて間違いがないと思われます。

また、冨田村・三河村・留目村の三ケ村に共通するものは、村の大半または一部が旗本西郷氏の領地となっていることです。従って、本文の「御地頭様」とあるのは西郷氏だと考えられ、借金を村々に強要したのは西郷氏だと断定することができます。

ちなみに、三ケ村の旗本西郷氏の村高は次のようになっています。

冨田村　村高七六九石四斗の内
　一〇九石一斗九合
三河村　村高一五二九石余の内
　六九石一斗八升二合
留目村　村高四八三石余の内
　四六三石四斗九升

西郷氏は五千石の旗本ですが、江戸中期には既に財政が破綻していたようで、領民に年貢以外の借金を強要することが多々あったようです。

冨田村では寛政八年（一七九六）以前のある年（はっきりした年代は不明ですが何度かあったようです）、支配の百姓に借金（借入被成候不時銀）を申し入れます。

その件について、残されている文書には「これまでに度々差し上げていますがその分を年貢から差し引いてもらう訳でもなく、返済もありません。」と訴え、続いて「今までの分は我々も借金をしていて、その利米だけでも十七俵余にも上ります。」と訴えています。

しかし、西郷氏はそれでもなお再度の借金を要求したようで、時の西郷氏の庄屋は困って、しぶしぶながらも自分自身が借金をして領主の申し出に応じることになりますが、これが問題の発端となります。

西郷氏の庄屋は百姓の持高に応じて元金と利子の負担分を割り振りするのですが、一部の百姓たち（同じ冨田村の村人なのですが浜松藩に属し、西郷領へ出作する百姓達三十七人）は負担を拒否します。

困った西郷氏の庄屋は、寛政八年（一七九六）八月に至って訴訟に及びます。

その訴状には「今までは出作百姓（浜松藩所属百姓）へも年貢同様に割り振って納めてきましたが、去る子年（寛政四年（一七九二）以来、困窮を理由に負担をしません。何度も掛け合うのですが埒があかず、現在までの滞納分は二貫十二匁九分にも上っています。」とあり、三十七人分の負担すべき金額を示しています。

一方、浜松藩所属の百姓たちは「西郷氏の庄屋が勝手に借金をしただけで我々に相談もしなかったし、負担を承知したわけでもありません。不時銀のことは我々の方から直接役所に断ったはずで、庄屋に立て替えてもらった覚えはありません。」と応酬します。

藩や知行主など支配者の財政が苦しくなると、支配する領民に借財（不時銀とか馳走米・馳走金などと記載）を強要し、支配される百姓たちはそれ以上の火の車になってしまい、同じ村人でありながらも領主が違うというだけで村人がいがみ合う、そんな状況を作り出していったのです。

《冨田今昔物語第五七号記載済》
（平成八年三月二四日号）

今回はその白羽の矢が留目村に当たったとも考えられます。

領主の強い要望に抗しきれず、借財の道を模索した結果、竹生島に行き着いたのだと思われます。

この借用證文も冨田村と同様に領主からの借財に対応するための借金であったことは揺るがすことのできない事実のようです。

江戸時代も末期になると、右で見たように経済的に、武士の支配力は弱まり、逆に商人や百姓たち庶民の力が大きくなっていったのです。

いわば、幕府の屋台骨はぐらつき始め、崩壊寸前になっていたことを示す史料だとも言えそうです。

また、今回の借金には村高（年貢米と考えてもいいと思います）が質草になっています。

村高を質物にすることなど異例なことで、そんなことができたのかどうかも疑問ですが、これは留目・三河・冨田村がいずれも西郷氏の同一支配（浅井郡内では留目村の大半・三河村の一部・冨田村の一部・延勝寺村の全部が西郷氏の領地でした）であり、借金の目的が西郷氏への上納金（借金）であったため、可能であったのかもしれません。

また、返済未納の場合は質物を売り払ってでも返済するとあります。借用證文の常套文句であったとしても、村高や年貢米を売り払うことなど、常識では考えられないことでした。

このように、常識では考えられない西郷氏の借金強要や借金は、江戸時代（武士の世界）の終焉を示唆しているのかもしれません。

◆♂♀◆♂♀◆♂♀◆♂♀◆

たった一枚の古文書からいろんな事が分かってきます。

上の文書では、西郷氏の財政ばかりでなく、竹生島は宮中とも関係があって、禁裏御祈祷料という相当の資金援助があったことも、間接的にですが知り得ることができます。

このように、一点一点の文書を積み上げていくと大きな歴史の流れが見えてくるようになります。

冨田村の文書ばかりでなく、竹生島文書やその他の文書を積み上げることで、冨田村自体の歴史がより鮮明になってきます。

そのためにも、冨田村のいろんなことを知っておられたら、情報の提供をお願いします。

《参考》
竹生島文書（びわ町図書館）
川崎文書（滋賀大学史料館）

※1
多少長い引用ですが、旗本西郷氏の年貢等に関する史料を紹介して、その実態を見たいと思います。

《冨田村某氏所蔵文書》

（前略）

昨暮御年貢御皆済取立之砌ニ至り、多分相懸り候ニ付、何共相分廉候処御本米外之物も帳面ニ書載有之候ニ付、當春来案外之次第、役人方へ前件之始末、安井氏御請合之挨拶面等ヲ以、程々ニ掛合仕、御免合御本免之義、銀立ニ相成候共、如何程御取立ニ相成候哉相尋候所、御免合ハ乱免ニ而御取立有之候得ば、碇と難申抔被申候。左候得ば、御免合之義相定不申哉と相尋候得者、御定ハ碇と有之候とも、二様ニ被申、不案内之者共、猶更不安心ニ奉存候。是迄内様ニ年々多分之取立ニ相成候而は、御田地相續難相成、且は前件奉申上候新借之分出銀候はヽ、御田地之位も水野様内様ニ相成候得ば、為永續之と安井氏被申候處、村役人ニ而右様不分り之事のみ被申居候而は、往々御田地相續難相成、必至難渋仕候間、已来御本免ニ而米納取立ニ被致呉候様掛合仕處、右請合可申義も難相成被申聞候ニ付、左候得ば、御本米ハ何程、諸入用者何程と申、件々大當り之書附被致呉候様、出作之者共大躰當り之義得篤仕度趣、相頼申候而も、乱免之御取立ニ付、書附難出来被申聞驚入、御年貢米ニ取極無之、数十年多分之金高差出し候而は終ニは御百性相續難出来候様成行候ては、誠ニ以歎ケ鋪、米納ニ而取極相附候様相頼居候得共、役人前ニ而承知何分不被致呉、心配難堪候間、何卒已来御年貢之儀者御憐愍ヲ以米納ニ而御取立被下候様奉願上候。

・・・（後略）

安政四年
巳八月　　冨田村
出作惣代
西郷様御代官所様
（※安政四年（一八五七））

本来、西郷氏の年貢は銀納であり、春に納金、更に、年末に皆済と称して、検見による賦課金があったようです。文書からは、

昨年の皆済取立のとき、高額で、年貢以外の徴収金も書き上げられていたので、当春に交渉をし、どの程度取り立てるのか聞いた所、西郷氏は乱免だから明確には言えないと云うので、決まりがないのかと尋ねると、きっちりあると云う始末。・・（略）

それでは、銀納を止めて米納にしてくれと掛け合うと、それは出来ないと云う。では、本年貢は何程、諸入用は何程と概算でいいから書付をくれと頼むと、乱免取立だから出来ないと答えられ、驚くばかり。

年貢米徴収の取り決めがない中で、何十年も余分の御金を出し続ければ百姓は破産してしまう、嘆かわしい事だ。百姓としては米納を頼みたいが、役人が承知してくれず、心配している。今後の年貢納入には御憐愍をもって対処して頂きたい。・・・

「乱免」という言葉を初めて見ましたが、必要になれば取ったらいいさ的な感覚であったのかもしれません。

そうなれば、少なくなる事はなく、多く取るのが必然です。こうして、西郷氏の会計は破綻していったのではないでしょうか。

冨田村の太閤検地について

第１８８号
2001.09.10

天下を統一した豊臣秀吉が実施した政策の中で、有名なものに「刀狩」と「太閤検地」があります。

「刀狩」は百姓が刀などの武具の所持することを禁止したもので、百姓を農業に専念させる一方、武具などを持つ武士を城下町に住まわせるという兵農分離を目的とするものでした。

それまでは土豪と呼ばれる力のある者が各地に居住し、平時は農業に携わり、戦時になると刀を持って戦場に駆けつけました。

「刀狩」はこれらの土豪に帰農するのか武士になるのかを迫ることになったのです。

この地方にも多くの土豪がいたと思われますが、多くは百姓として生きる道を選び、村の指導者（庄屋など）になっていったようです。

一方、武士としての道を選んだ人々は各武将に仕え、湖北の地を離れていきました。

秀吉が行った検地は「太閤検地」とも「天正検地」とも呼ばれます。

この太閤検地以前の検地は「指出」が中心で、百姓側から土地の面積等を自己申告させていたに過ぎませんでしたから、実状を正しく把握したものではありませんでした。

太閤検地は支配する側の代官が現地に出かけ、直接に田地を測量し、土地の等級を決め、その面積と石高を計算するとともに、一筆毎にその土地の名請人（年貢負担者）を決めたことに特徴があります。

また、太閤検地では、今まで一反は三六〇歩であったものを、一反三〇〇歩とし、三〇歩で一畝、一〇畝で一反という畝・歩制に改めました。この太閤検地の畝・歩制はつい最近まで使用されていました。

また、今までいろんな大きさのあった枡を京枡に統一したことも大きな特徴に上げられ、この京枡は現在も使われている一升枡をさします。

また、この太閤検地で決められた村境が現在の村境なっていることも興味を引きます。

びわ町を含む浅井郡の「太閤検地」は天正十九年（一五九一）三月～四月に実施されたようです。

びわ町の各村とも「太閤検地帳」は伝わっておらず、有力百姓が自分の所有田畑を書き残しているなどの記録しか残されておらず、断片的に太閤検地の様子が分かる程度です。

天正十九年（一五九一）に実施された「太閤検地」は、冨田村では四月に行なわれ、検地御奉行は早川主米頭長政であったと考えています。

そのことは、「太閤検地」に関連しているであろうと思われる、次の二点の古文書によって推測することが出来ます。

この文書は、川崎文書の中で最も古い文書であり、今から約四百十年も前の史料になります。

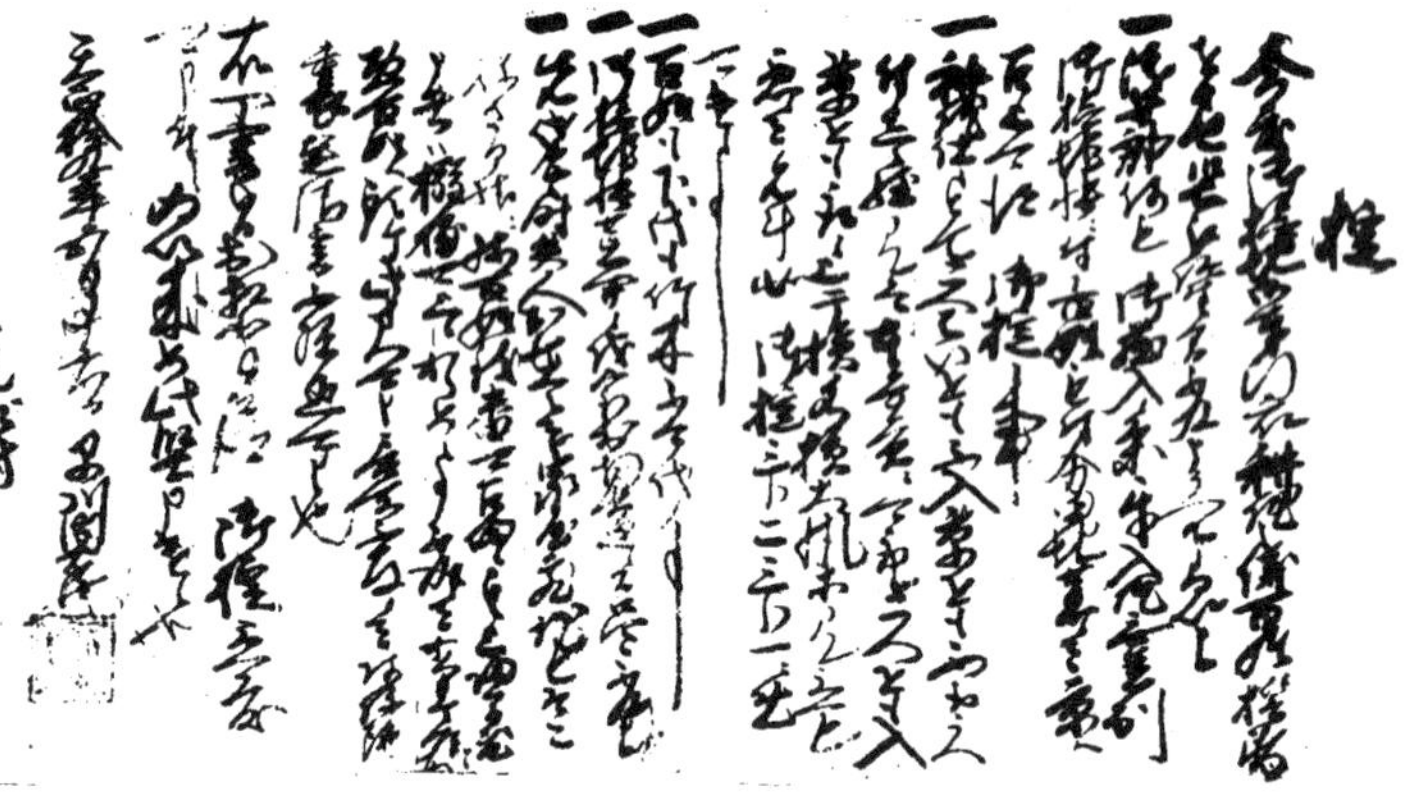

《法令一五》

この時代の文書は読み辛く、全てを解読することは出来ず、読めない箇所も多いのですが紹介します。

掟

今度御検地御奉行衆耕作之儀百
姓誓紙をさせ堅被仰付候間不及
申候へ共急申候
一浅井郡何毛御蔵入候条互入作無
差別御検地帳ニ付候百姓毛付分
田地荒候者京へ召上可得御掟候
事
一耕作仕候とてこへ（肥）はい（灰）をも不入
草をも不取うへ付迄程にて候ハ
ゝ本年貢ニ可取候こへをも入草
をも取候上干損水損大風にて立
毛悪候を見斗必御掟三分二三分
一ニ免可遣候事
一百姓も下代も竹木不可伐事
一御検地帳荒開之儀最前相違□候
間只々不及申候
一先代官之時失人於在之者家屋敷
然とそこねざる様ニ残百姓致番
可召帰候其上帰間敷と申者ハ搦
捕可上候からめ候事不成者かく
れ居所之惣百姓へ預ケ此方へ可
申居所不存候者阿弥陀裏起請書
不□□可申也
右一書旨於相背被得御掟急度可申
付候為以来如此堅申遣候也

天正拾九年五月十六日
早川内右衛門［印］
とんだ村
庄屋
百姓中

詳しくは理解できないのですが、大方の内容は次のようだと思います。

検地奉行衆より耕作の心得を既に誓約書を出させて申し渡しておいたが、再度申し渡しておく。
◎浅井郡はいずれも直轄地となるのだから入作や自作の区別なく御検地帳に記載し、田圃を荒させた名請人は京都へ召し出し御叱りがある。
◎耕作をしていても、肥料を入れず草取りもしない者に対しては規定の年貢を取り立てる。逆にきっちりと管理している者には旱魃や水害・台風等の被害があれば、掟の通り、三分の二・三分の一免除をしてやろう。
◎竹・木を切ってはならない。
◎御検地帳に偽りの記載をすることは言うまでもない事である。
◎前の代官の時に逃散した百姓があれば、その家屋敷が損ねないように、残った百姓が気を付けるとともに、逃散した百姓に帰るよう働きかけよ。帰らないと言う者は捕らえよ。捕らえられない時は、その家屋敷田地を惣百姓に預け連絡せよ。居所が分からない場合は、起請文を提出せよ。
右の事に背かないよう、きつく申し付けておく。

右の文書により、冨田村の太閤検地は、天正十九年五月十六日以前に実施されたのではないかと考えられるのです。検地御奉行は早川内右衛門（早川主米頭長政）ではなかったかと推測することができます。

紙面の関係で、二点目の史料の紹介は出来ませんが、「東浅井郡志」によれば、この時の検地による冨田村の村高は、七百五十六石九斗であったとあります。

それ以前の冨田村の状況は、三通の冨田区有文書（浅井久政文書）によって、水論（水争い）があったこと、別の史料により竹生島の宮大工として阿部家が活躍していたことなどは確認出来るのですが、江戸時代以前の村の田畑の面積や収穫の状況・村人の生活などは全く分かっていませんので、この検地による村高が冨田村の最初の基礎資料となるのです。

《参考》
川崎文書（滋賀大学史料館）
東浅井郡志

※1
右の文書の存在から、少なくとも天正一九年以降、冨田村は豊臣秀吉の直轄地（蔵入地）となっていたことが確認出来ると思います。
勿論、それ以前の天正一三年頃からかもしれませんが、それを確認する術はありません。

また、代官が誰であったかを確認する術もありませんでした。

天正一三年（一五八五）閏八月、山内一豊（伊右衛門）は長浜二万石の城主となり、近くでは八木浜・下八木・南北郷（川道・細江一帯）・賀村・速水・錦織・唐国・新居・弓削村等が領地になっています。

（※ 一九四号参照）

また、やや時代が下がりますが、文禄五年（一五九六）三月、石田三成は自領に九ケ条・一三ケ条の法令を出しますが、その中には、安養寺・速水・弓削・難波村等が含まれるといいます。また、慶長二年（一五九七）四月二〇日付の上八木百姓中宛の法令も現存し、石田三成支配の村々もあったことも判明します。

しかし、残念ながら、冨田村に関しては何の情報も残されておらず、秀吉の直轄地であったであろうと想像するより外はありません。

高々四〇〇年前の村人の生活すら、冨田村でも、一部の大工集団を除いて全く分からないというのが現状です。書かれた物が残っていないということは、その当時の状況が全く分からないということです。

その当時の事を知って何になるのだと言われればそれまでですが、村が歩んだ道、祖先が歩んだ道を知ることは、郷土を愛し育む心を養ってくれるのではないかと、私は思っています。

昨今の時代、とかく合理化や簡易化を追い求め、村への帰属意識も薄れつつあります。その解決策の一助になればと思っているのですが・・・。

※2
右の第五条では「失人（逃散or欠落）」百姓の件に触れています。
逃散とは字の通り、村から逃げ去ることを意味します。
兵火（兵禍）を避けるために逃げることもあったようですが、一般的に、中世・近世の時代、領主や代官の苛政に対抗するために村を捨て、他村や他領に逃亡し、年貢の軽減などを要求することをいいました。この場合、年貢を納入すれば合法的な手段と認められていたようです。
いわば農民が支配者に抵抗する最終手段であったと思われます。
一方、欠落（かけおち）とは、年貢が納入できない等の理由で村を捨て、他村などに逃げることをいい、結果的には潰れ百姓への道を歩むことになったり、都市部への流入につながったりしたようです。
逃散、欠落のいずれにしても生産活動の停止、農地の荒廃を招くなどのために支配側は厳しく禁じました。
このような場合、右の「掟」にもあるように、屋敷の保存や農作業の村での請負を命じるとともに、失せ人の捜索、帰村を促させることを命じたようです。
村人は失せ人の所在、逃亡先は知っていたようだともいい、村との繋がりまでは切れてなかったといわれています。

次のような法令も出されています。

《法令二》

（第五条）
一弟子・召仕・支配之百姓、欠落者有之候ハヽ、書付可被申聞候。
※寛延三年（一七五〇）

冨田村の太閤検地〔その二〕

第１８９号
2001.09.24

前回は、天正十九年（一五九一）の太閤検地を取り上げました。
今回は、太閤検地の実施を示す冨田村で唯一の文書を紹介します。

《土地四八》

天正十九年卯月吉日
御検地帳々面日記　T郎衛門尉分（弁）
よもぎ
上七畝十五歩　壱石三斗五升
ほりのすミ
上一畝四歩　弐斗四合　同
同所
上畠一畝　壱斗三升　同
同所
上畠廿五歩　壱斗九合　同
同所
上一畝　壱斗八升　同
同所
上畠廿八歩　壱斗弐升二合　同
同所
上一畝　壱斗八升　同
同やしき内　不作
上畠一畝　壱斗三升　同
同
上畠廿八歩　壱斗弐升二合　同
同
上畠一畝五歩　壱斗五升二合　同
同
上畠十歩　四升五合　□□分
いはらわり
上廿二歩　壱斗三升二合　同
同
上一畝廿六歩　参斗三升六合　同
下川田
上畠一畝十五歩　壱斗九升五合　同
同
上七畝十五歩　壱石三斗五升　同
下川田　ふさく
上畠廿歩　八升七合　同

……《中略》……

すかい本
上四畝十分　七斗八升
同
上反廿五歩　壱石九斗五升
北二ノ坪
上反一畝十五歩　弐石七升
田数貳町五反七畝三歩也
米数四拾四石弐斗五合也
江州浅井郡
冨田村太郎衛門尉分
与三次（花押）
益田方入作分
にしのかいと
一反七畝十五歩　弐石八斗八升八合
同所
畠廿歩　六升七合　荒

……《中略》……

うちかけ
一反二畝廿八歩　弐石壱斗三升四合
以上七石二斗六升六合

引用が長くなりましたが、上の文書は、冨田村T郎衛門尉が所有する田畑の目録、もしくは認定状だと思われます。

与三次（花押）とありますが、与三次なる人物が誰だか、どのような人物かが分かっていません。

この文書にある四十九筆、合計田数二町五反七畝三歩（米数四十四石二斗五合）が、冨田村のT郎衛門尉の分であることを証明していますので、検地奉行、もしくはその代官の誰かではないかと思われるのですが・・・・。

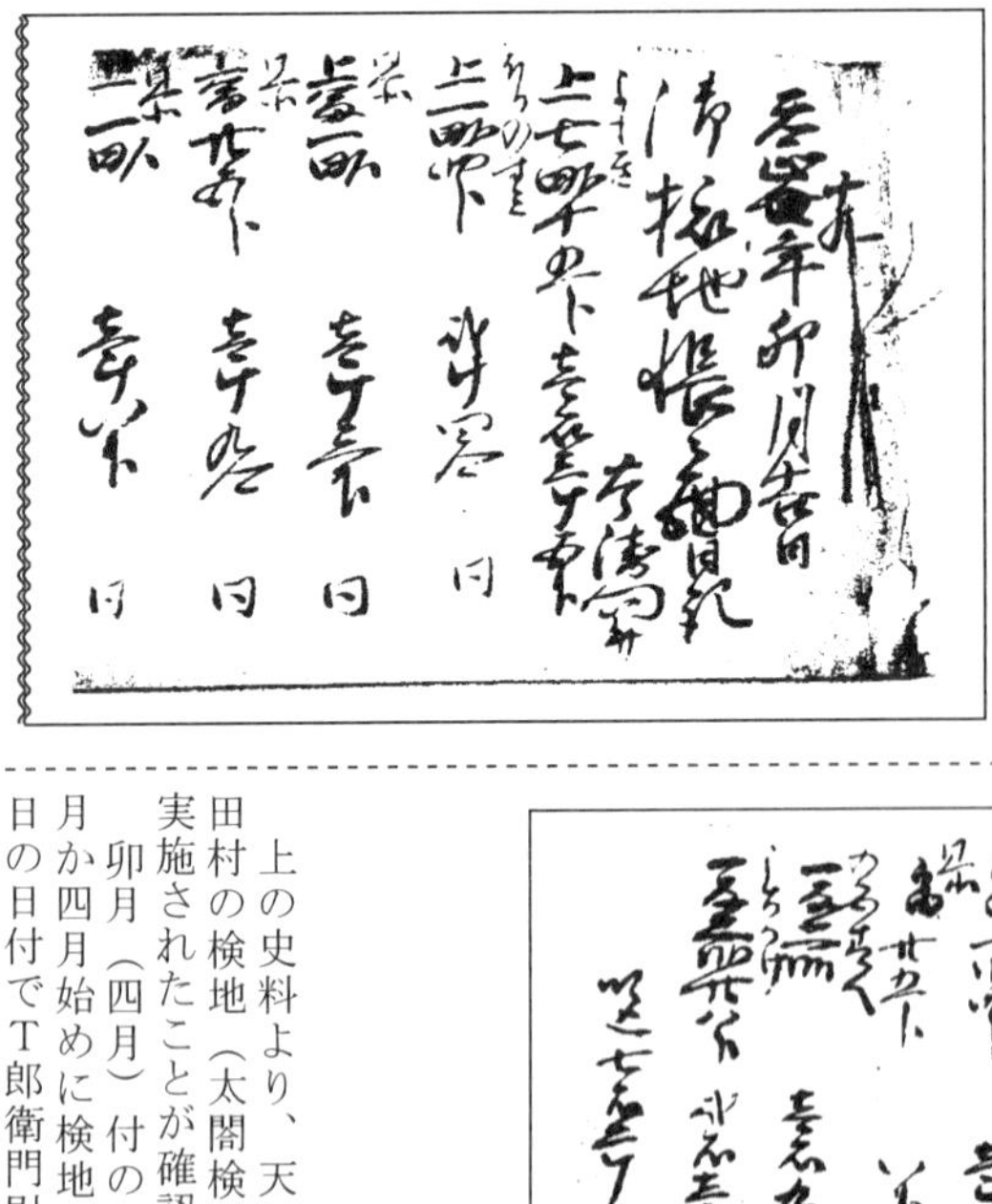

《土地四八（写真版）》

……《中略》……

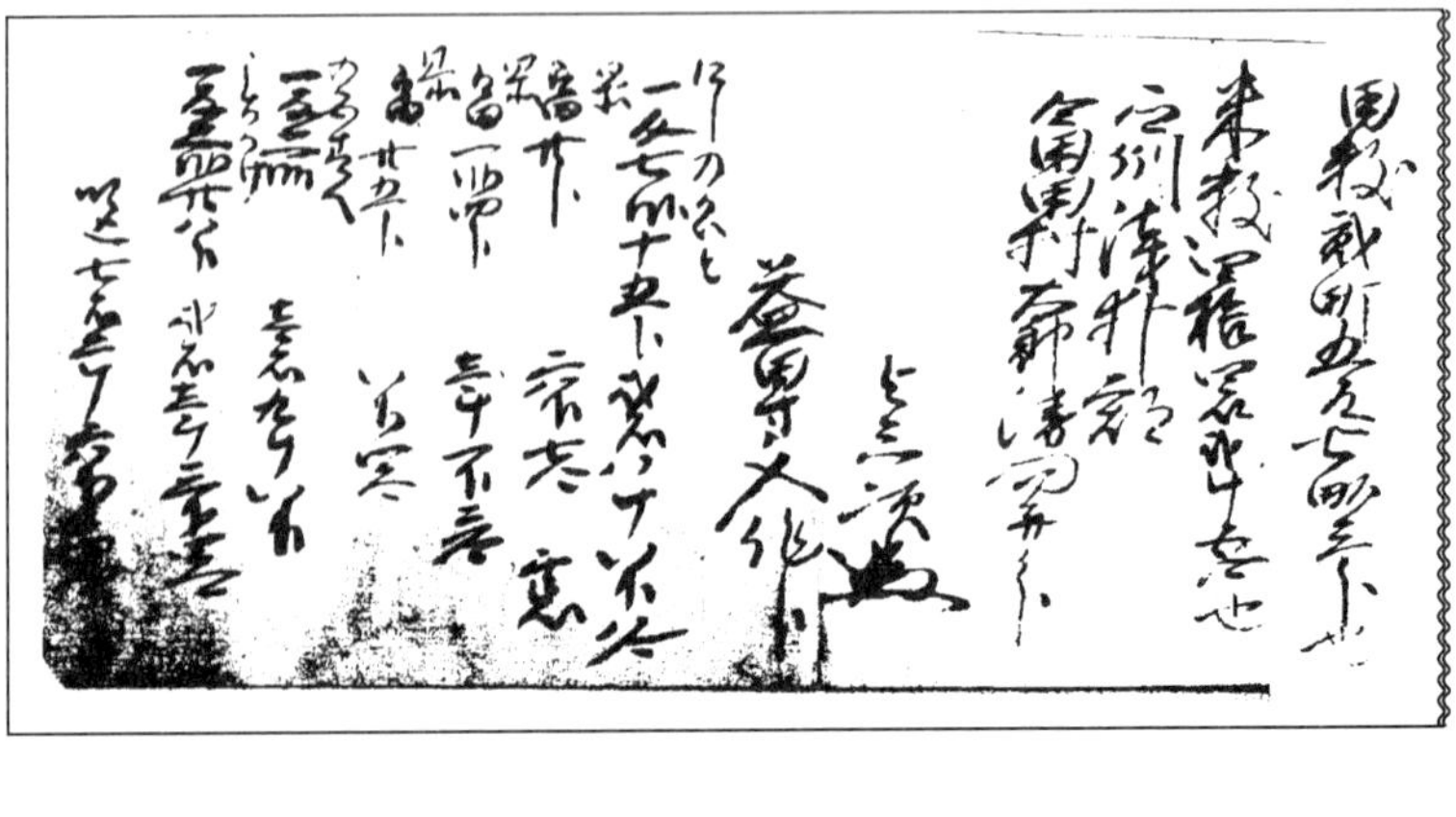

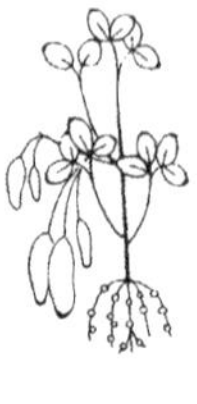

上の史料より、天正十九年春頃に冨田村の検地（太閤検地・天正検地）が実施されたことが確認できます。

卯月（四月）付の文書ですから、三月か四月始めに検地が行われ、卯月吉日の日付でT郎衛門尉の登記（?）を確認したということであろうと思っています。

この天正十九年の検地により、冨田村T郎衛門尉は、冨田郷内に四十九筆二町五反七畝三歩の田畑と、益田郷内に四反五畝二歩の田畑を所有し、持ち高は冨田郷内で四十四石二斗五合、益田郷内で七石二斗六升六合、合計すると五十一石四斗七升一合を所有していることになります。

当時の一人宛の持ち高の程度が分かりませんが、持ち高五十一石余というのはかなりの数値だと考えてもいいものと思います。

江戸期を通じて五十石を越えて所有した例は、冨田村ではなかったようです。

当時、T郎衛門尉は冨田村では最有力者であったことは間違いがないものと考えられます。

それは持ち高の数値のみでなく、名前の「〜尉」(侍分を表す)からもそのことを物語っています。

一方、上の文書に記載されている子字名を上げると、

よもぎ(蓬)・ほりのすみ(堀角)・いばらわり・下川田・げんどり(玄取)・やい田(屋井田)・まえはた・かさや畠・たこや(宅屋)・きぞえ(木添)・三反田・はかノまち(墓の町)・大かいと(大海道)・中ノ町・小寺・向・川田・二ノ坪・ぶし町(武士町)・六ノ坪・下つくだ(下佃)・ゑんこうじ(円光寺)・すがい本(菅居本)・北二ノ坪

とあり、「いばらわり・まえはた・かさや畠・向（現在の大向か？）」など既に江戸時代にも小字名としても残らなかった地名が上げられています。

また、益田郷の小字名では

にしのかいと(西海道)・のぶすえ(現在の美田)・うちかけ(打掛)

などが記録されており、冨田郷と境を接するような場所となっています。

また、石盛(一反の基準値)を見ると

	太閤検地	慶長検地
上田	一石八斗	一石八斗
上畠	一石三斗	一石三斗

となっており、太閤検地の時から冨田村の石盛は高く設定されていたことを確認することができました。

但し、一筆毎に見ると、四十九筆中の面積で、両検地とも一致するのは一筆しかありませんでした。

《参考》 川崎文書（滋賀大学史料館）

※1
太閤検地(天正検地)は、以前は一反が三六〇歩(坪)であったものを、一反三〇〇歩 としたこと、京枡（現在の一升枡・一斗枡）に統一したこと、田畑を上・中・下・下々の四段階の石盛りを設定したこと、村々の四至(境界)を明確にしたこと、名請人(土地の所有 者・年貢負担者)を決め、名請人を小作人にまで認めたこと、間竿を使っての実測…等々、全国統一基準で実施されたとされていました。

しかし、最近の研究では、土地の実測については疑義があるように言われています。

以前は、「指出(さしだし)」といい、村から領主へ土地の面積や収穫量等を自主申請し、それを追認する形で村高が決められていました。

太閤検地はその慣習を破って実測したのだと教えられてきたのですが、検地等の実際の日程の記録から、土地全筆の実測は不可能だと言われています。村からの指出(自主申請)について、多少の確認の実測があったのかもしれないが、全筆の実測はなかったのではないかと言われています。

一村の全土地を実測するためには何日も要し、莫大な時間が必要になります。その意味では納得のいく研究結果だと思います。

また、一筆毎の名請人を決め、その名請人を小作人の範囲まで認めたこと、実際の耕作者を所有者と認めたことは画期的なことだとされてきました。実際の耕作者(小作人)を名請人と認めたことは、戦後の農地改革に匹敵するような大きな政策であったと思われます。

しかし、名請人の扱いについては地域によって扱いが異なっていたようだといわれています。

ある地域では、大地主(土豪)の名請を一切認めず、実質耕作者(小作人)を名請人と認定しました。

また、別の地域では、所有は大地主(土豪)を認め、耕作者(年貢負担者)として小作人を認める、例えば

「上田一反 一石八斗
〇右衛門分 △兵衛作」

といった方法(分付記載)が採られたようです。

これは、検地奉行の方針の差なのか土豪の勢力が強かったからなのか、詳しいことは私には到底分かる筈はありませんが、土豪の力関係であり得る話かとも思います。

さて、本文の「御検地帳々面日記」については「T郎衛門尉分(弁)」とあるのみで、耕作者(小作人)の名前の記載はありませんが、「〇〇分」とありますから、所有をT郎衛門尉と認めたものと考えた方が良さそうです。

約三町・五一石余の田畑は、T郎衛門尉家だけでの耕作は不可能で、小作に出したり、家子郎党の耕作に依存していたと思われます。

太閤検地帳は伝えられてはいませんから、名請人がどのように記載されていたかは不明ですが、T郎衛門尉が名請人になっていたか、分付記載であった可能性が高く、実質耕作者が名請人になっていた可能性は低いと思っています。

太閤検地と慶長検地

第１９０号
2001.10.10

太閤検地が天正十九年（一五九一）四月頃に実施されたことは既に述べたところです。

慶長七年（一六〇二）、徳川家康によって全国的に検地が実施されます。これを「慶長検地」といいます。

天正十九年の太閤検地から一〇年余しか経っていませんが、太閤検地での漏れなどを補うことや、徳川家の威厳を示した検地だといえます。

冨田村などの湖北地方を担当した検地奉行は加藤喜左衛門正次でした。

湖北一帯は検地奉行加藤喜左衛門のもと、慶長七年（一六〇二）八月を中心に実施され、香花寺・弓削・上八木・下八木・落合・大浜・八木浜・早崎・安養寺・益田の村々は八月に実施されたことが確認できます。

特に早崎村は八月三日、安養寺村は八月三日～七日、益田村は八月七日～九日であったことが分かっています。

しかし、冨田村の検地日程は確認できる史料がなく、更に、冨田村の検地帳は原本が失われてしまっており（江戸時代初期の時点で紛失している）、慶長九年（一六〇四）の写本のみが伝来しています。その写本には九月吉日と記載されています。

慶長検地は太閤検地を踏襲し、六尺三寸の間竿を用い、一反三〇〇歩として実施されています。

また、冨田村の斗代（石盛）は前号で紹介しましたように、太閤検地と変わっていないように思われます。

ところが、太閤検地では冨田村の村高は七百五十六石九斗でしたが、慶長検地では七百六十九石四斗となり、十二石五斗の微増となっています。

村によっては大幅な変化があった村もあり、一例を挙げると、

早崎村
　三五四石九斗
　　→五七一石九斗五升
　二一七石五升の大増加
下八木村
　一〇四七石八斗二升
　　→七二八石八斗三升
　三一八石九斗九升の大減少

などの大増加・大減少となった村々もありました。

しかし、この慶長検地の結果は江戸時代二百六十年間を通じて使用されましたから、早崎村と下八木村は大きく明暗を分けたといえそうです。

全体的には、慶長七年の天領代官成瀬小右衛門正一が支配する湖東五十六ケ村については、村高が増加した村が四十五ケ村（増高三〇一〇石）、減少した村が十一ケ村（減高六二四石八斗一升）であったといわれています。

さて、太閤検地と慶長検地の時期が十年余しか経っていないのに何故このような差が出たのでしょうか。

早崎村や下八木村の大増加・大減少は、両村とも湖辺の村でしたから、湿地帯や葭原・浜洲などの扱い方によって、また、水損の具合によって大きく見方が変わったのであろうと考えざるを得ません。

しかし、冨田村は石盛も変化していないのに微増が見られたのは何故か、その点について史料を基に考えていきたいと思います。

前号の太閤検地の「T郎衛門尉」の地所として記載されたデータに該当する（であろう）慶長検地の地所を捜してみることで、その変化の具合を考えていきたいと思います。

ところが、慶長検地帳には「太郎衛門尉」の名前がでてきません。この頃までに死去したのか、別の名前で記載されているのか、真意のほどは確かめられませんので、今回は所有者の名前は無視して、面積の最も近い地所を捜してみることにします。

その結果は、次のようになっています。

ただし、「不明」と書いたのは、その小字に「田」や「畠」など該当の土地がなかったり、近似する面積が全くない（記載されていない）場合を表しています。

※上段は太閤検地《土地四八》
　下段は慶長検地《土地一》

◎よもぎ
上七畝十五歩 → 上田七畝二十歩
◎ほりのすミ
上一畝四歩 → 中田一畝六歩
上畠一畝 → 上畠一畝十二歩
上畠廿五歩 → 不明
上一畝 → 上田一畝六歩
上畠廿八歩 → 不明
上畠一畝 → 上畠一畝十四歩
上畠廿八歩 → 不明
上畠一畝五歩 → 上畠一畝五歩
上畠十歩 → 中畠八歩
◎いはらわり（居村割？）
上廿二歩 → 中田二十歩
上一畝廿六歩 → 中田二畝十歩
◎下川田
上畠一畝十五歩 → 不明
上七畝十五歩 → 不明
上畠廿歩 → 不明
◎げんどり
上畠七歩 → 下畠八歩
上八畝廿三歩 → 上田九畝二十九歩
◎やい田
上一反三歩 → 上田一反二畝二歩
◎まえはた
上一畝十歩 → 上田一畝十三歩
◎かさや畠
上畠一畝 → 上畠一畝
◎たこや
上一反十歩 → 中田一反一畝六歩

◎まへ□□
上十二歩　→不明
◎きそへ
上二反一畝廿歩　→不明
上二畝廿歩　→上田三畝
下畠二畝　→上畠二畝
◎三反田
上一反　→上田一反八歩
◎むらはぜ
上一反　→上田一反五歩
◎はかノまち
上九畝十五歩　→上田九畝二十歩
◎大かいと
上九畝　→上田九畝十歩
上一反二畝　→中田一反三畝
◎中ノ町
下畠三畝六歩　→不明
◎小寺
上四畝十歩　→不明
上九畝廿歩　→九畝二歩
上畠十六歩　→不明
上八畝　→上田七畝二十四歩
◎川田
上畠一畝　→中畠二十四歩
上十八歩　→不明
◎二ノ坪
上九畝　→上田九畝
◎ぶし町
上八畝十五歩　→上田八畝二十五歩
◎六ノ坪
上九畝十歩　→下田九畝十歩
◎下つくだ
下畠六畝廿歩　→不明
下十歩　→不明
◎ゐんこうじ
上一反廿歩　→不明
◎すかい本
上四畝十五歩　→不明
上一反五畝　→中田一反五畝十五
上四畝十歩　→不明
上一反廿五歩　→上田一反一畝十七
◎北二ノ坪
上反一畝十五歩　→中田一反十二歩

右の四十九筆のうち、十五筆が「不明」、つまり「該当地所なし」ということになります。

十年余のうちに分割や合併がおこなわれたのかもしれませんが、不自然さを感じるのも事実です。

同一面積がある(所有者は考えずに)のが五筆（内、一筆は上田が下田になっている）しかありませんし、それが太閤検地に記載された地所であった保証もありません。

太閤検地ではT郎衛門尉以外の人に登録されていた地所であった可能性も大きいのです。

測量技術の未熟さがその起因するとするところ大だと思われますが、想像の域を出ませんが、それ以外の要因（検地奉行の手心とか、村人の対応等々）もあったのかもしれません。

結論的に、太閤検地と慶長検地は連続性のない史料だと考えざるを得ないのです。

《参考》
川崎文書（滋賀大学史料館）
東浅井郡志
歴史新書「検地」（教育社）他

※1
検地・検地帳（水帳）に関して、次のような文書にも注目してみたいと思います。

《土地一一九》
右は慶長七寅年之古水帳紛失仕候ニ付、當村ニ写置候古水帳ニ堀市正様家来君嶋理右衛門殿御吟味被成、奥印有之帳面之写、如此御座候。右理右衛門殿奥判之帳面、當村へ御渡被成、尓今所持仕候通無相違、写指上申候以上

元禄五年申八月　江州浅井郡冨田村
庄屋　J兵衛
同　T兵衛
同　T左衛門
年寄　Y兵衛
同　S右衛門
同　G右衛門
同　S三郎
猪飼次郎兵衛様
（※元禄五年（一六九二）
（※猪飼次郎兵衛は天領代官）

慶長七年の検地帳（古水帳）を紛失しました。ついては、当村が控えのために写し取っておいた古水帳を、堀市正様時代の代官であった君嶋理右衛門様が吟味をされ、（原本の写しに間違いがないとして）奥印をしていただいた帳面があります。その帳面は現在当村で所持しています。その帳面の写しを提出します。（慶長七年の検地帳の代替え帳面として御認め下さい。）

といった内容になるかと思います。

検地帳を紛失するようなことはあってはならないこと、信じられないことです。幕府が村に与えた基本台帳ですから、如何なる災害があっても真っ先に持ち出すなど、その保全に全力を尽くさなければならない書類であった筈です。

紛失した罪科を咎められても仕方ないような失態だったと思います。

では何故そのような大切な水帳を無くしてしまったのでしょうか。

考えられる一つには、保管していた庄屋宅が火事に逢い、焼失してしまった可能性が上げられます。しかし多々の文書からは火事を連想させる史料は見つかっていません。

二つ目には盗難に遭った可能性も上げられますが、当時の村人であれば検地帳の大切さを知っていますし、盗んだとしても隠匿しているだけでは何の価値もありません。

三つ目の可能性としては、延宝元年（一六七三）頃から免状や浅井様折紙の保管、北村庄屋役を巡って、村内の権力抗争（?）が起こっています。

（一二八・一二九号参照）

この数年に及ぶ村内のトラブルが三つ目の可能性として上げられるのではないでしょうか。

時間差があるのは、延宝七年で堀市正の支配が終わり、天領、土屋相模守、再度天領と支配が目まぐるしく変化し、紛失の事実を隠し通せたのではないでしょうか。

元禄五年（一六九二）に就任した天領代官猪飼次郎兵衛により発覚してしまった…、とは考えられないでしょうか。

いずれにしても憶測の域を出ないのですが、元禄五年時点で検地帳の原本は紛失しており、慶長検地帳のデータはこの写した帳面によるデータを使っているのです。

太閤検地と慶長検地（その三）

第１９１号
2001.10.24

前号で太閤検地と慶長検地に連続性がないことを書きました。

慶長検地は、基準となる竿(物差し)は同一の長さを用い、石盛(基準値)も同一の数値を用いていると考えられるのですが、太閤検地の面積をそのまま継承するのではなく、改めて測量がやり直されたものと考えられます。

従って、太閤検地のときに計測された土地が、慶長検地には該当地所なしなどの不可解なことが起こっているとともに、一筆ごとに計測された面積が異なっていることが確認できます。

同じ土地でありながら、何故もこのように違ってくるのでしょうか。

今回はこのことに関して考えていきたいと思います。

太閤検地と慶長検地との間は十年余しかありません。従って、土地の大きさが変わる筈もありません。(所有者の移動はありえますが……)

それなのに村高はもちろん、一筆ごとの面積に差異があるのは何故でしょうか。

それは土地が変わったのではなく、測量そのものに問題があったのだと思われます。ちょっとした計測のズレが大きな差異を生じさせたのだと思われます。

例えば、次のような土地（実線）は仮想の長方形（破線）と考え、計測したといわれています。

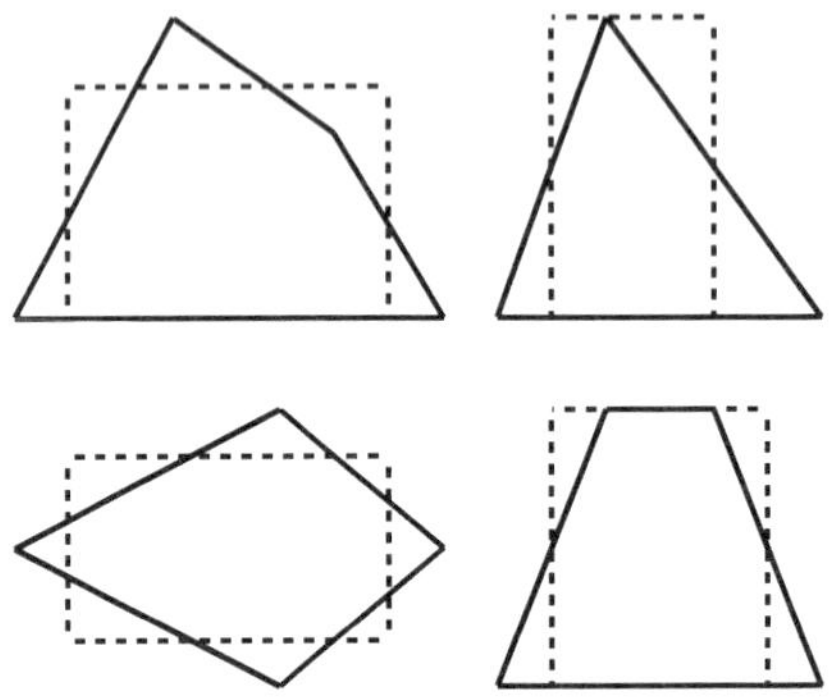

その仮想の長方形を作る作業の中で誤差が出るのは止むを得ないことであり、それが太閤検地と慶長検地との差異を生じさせた一つの原因だと思われます。

せめて、二つの三角形に分割して計測がされていれば、誤差が少なくてすんだのでしょうが、正方形・長方形で近似させたことにより誤差が増幅されたものと思われます。

逆にいえば、当時の測量の技術はその程度だったとも言えるのかもしれません。

また、太閤検地に屋敷地を考えていたかどうかの問題があります。

少なくとも太閤検地の太郎衛門尉の記録には屋敷地の記載がありません。

しかし、持ち高が五十石余もある人が屋敷地ゼロということは有り得ません。

これは何を意味しているのでしょうか。太閤検地では屋敷については計測されなかった（除外された）のかもしれません。

または、何筆かの「不作(作らず)」の記載がありますので、これが屋敷だったのかもしれませんが、小字「下川田」「中ノ町」等にも「不作」の記載がありますので、一概には断定はできません。

しかし、慶長検地には屋敷地も記載され、村高の中に計上されています。

この点も総村高に差異を生じさせた原因の一つかもしれないと思います。

また、太閤検地の太郎衛門尉の記録には、上田・上畠・下畠しか記録されていませんが、慶長検地では上田・中田・下田・下々田・上畑・中畑・下畑・屋敷の区別がきっちりされています。

もしかすれば、太閤検地にはこうした区別が甘かったのかもしれません。

こうした点も総村高に差異を生じさせた原因の一つになったのかもしれません。

ともあれ、太閤検地と慶長検地ではいずれの点においても差があったように考えられますが、太閤検地の史料があまり残されていません（びわ町の各村々についても同様のことが言えそうです）から、これ以上の推測や考察は無理があるように思われます。

冨田村のように若干でも史料が残されているほうが珍しいのかもしれません。

ただ、私としては個人的な好奇心から、早崎村・下八木村のように

早崎村
　三五四石九斗
　　↓五七一石九斗五升
◆二一七石五升の大増加
下八木村
　一〇四七石八斗二升
　　↓七二八石八斗三升
◆三一八石九斗九升の大減少

などの大増加・大減少となった村々の隠された事情が何であったのか、推測が正しいのかどうか等々を知りたいだけなのです。

恐らく、その事情が浮き上がってくれば、冨田村等の微増・微減についてもその理由が判断できるのではないかと思っているのです。

太閤検地にかかわる史料が、将来に見つかれば、再度考察するとして、今回はこのあたりまでとします。

慶長検地によるびわ町の村々の村高

次の一覧は慶長検地によるびわ町の村々の村高です。

村高のみの提示ですが、村によってはその村高を分割して複数の支配者によって治められていました。

最も多くに分割されていたのは下八木村で、五つに分割されていました。

また、江戸時代二六〇余年の間、同一支配であった村もなく、いずれかの時代に支配者の変遷がありました。

曽根村	一七三四石九斗二升
細江村	九〇三石四斗六升
川道村	一七〇八石六斗五升
南浜村	二五四石九斗一升
大浜村	二五八石二斗三升
八木浜村	三一三石七斗三升
野寺村	一九五石二斗九升
新井村	五一六石八升
難波村	五七五石七升
落合村	六二〇石六斗一升
錦織村	三六七石七斗八升
下八木村	七二八石八斗三升
上八木村	三六八石二斗五升
弓削村	五〇三石二升
稲葉村	五二〇石八升
小観音寺	一〇五石 余
香花寺村	五五一石九斗三升
十九村	一九〇石三斗七升
富田村	六七九石四斗
安養寺村	六五五石九斗八升
益田村	七一四石四斗九升
早崎村	五七一石九斗五升

※ 野寺村の川役・梁運上高一八石、下八木村神領高四七石一斗四升七合は含んでいません。

《参考》
川崎文書（滋賀大学史料館）
東浅井郡志
歴史新書「検地」（教育社） 他

※1 慶長検地は太閤検地を踏襲し、六尺三寸の間竿を用い、一反三〇〇歩として実施されています。また、斗代（石盛）は村々によって異なっており、左の表はびわ町地域の一部をまとめたものです。

	天正検地	冨田村	下八木村	八木浜村	十九村	野寺村
上田	一・五〇	一・八〇	一・八〇	一・三〇	一・八五	一・七〇
中田	一・三〇	一・六五	一・六〇	一・一〇	一・五〇	一・五〇
下田	一・一〇	一・四〇	一・一〇	〇・九〇		一・三〇
下々田		〇・七〇				
上畑	一・〇〇	一・三〇	一・三〇	一・〇〇	一・二〇	一・二〇
中畑	〇・七五	一・〇〇	一・〇〇	〇・八〇		〇・八〇
下畑	〇・五〇	〇・七〇	〇・七〇	〇・六〇		〇・六〇
屋敷		一・三〇	一・三〇	一・〇〇	一・〇〇	一・〇〇

※「一・八五」は石盛「一石八斗五升」を意味します。

斗代（石盛）とは、検地された土地を田圃・畑・屋敷に分類し、更に田圃（田方）を上・中・下・下々の四段階に、畑（畑方）を上・中・下の三段階にランク付けを行い、そのランク付けした一反（三〇〇歩）からの予想収穫量を設定し、それを斗代（石盛）といいました。

村々の置かれた環境や土質等々によって各村とも多少の差が見られました。右の表でも全く一致する村はありません。

また、村落（居村）に近い田畑は便利さを考慮してか殆どが上田とされました。

もし、上田一反二畝一五歩の土地を持っている場合は、

下八木村では、
一・二五×一・八＝二石二斗五升
八木浜村では、
一・二五×一・三＝一石六斗二升五合

となり、その差は六斗二升五合にもなります。その差は一俵半以上になっています。

江戸時代の検地では同じ面積を耕作していても、村により、またランクによって大きく変わりました。

現在は一二・五アールと同様の扱いなのですが・・・。

江戸時代の飛脚について

第１９２号
2001.11.10

江戸時代の街道を往来する人の中に飛脚と呼ばれる人がいました。飛脚は手紙や書類・金銀（お金）などの小物を運搬することを職としていました。いわば現代の郵便局や宅配便の役割を担っていました。

次の書状は、宝暦十年（一七六〇）九月廿二日、京都より冨田村の西嶋但馬に宛てられた書状です。

《西嶋文書三三七》

仕立飛脚を以啓上仕候。弥御堅勝ニ可被成御座珍重奉存候。然は御公儀様より御尋之儀ニ付、中井主水様へ御申達シ被為遊候義ニ付、急御用御差紙御下シ被遊候間、殊外之急御用之旨ニ而、御役所ニ而呉々御申付ニ御座候故、達者之飛脚相雇差下シ申候。当廿五日昼迄ニ当地御着被成候様、心得違無之様ニ御両人とも昼夜かけて成とも御上京可被成候。右日限相違候而ハ相成がたく、呉々御申付ニ御座候。若万々一遠方へ御出候ハヽ、繁右衛門様并ニ御年番、若又御年番も間違候ハヽ去年の御年番、いか様とも日限無相違廿五日昼までニ御上京可被成候。為其如此ニ御座候。恐惶謹言

辰九月廿二日　かぎや

久兵衛（花押）

浅井郡冨田村

但馬様

御年番

七兵衛様

尚々飛脚ちんの義は此節人も無御座候。殊以達者成飛脚相雇遣し申候。依之ちん銭も高値ニ御座候。尤飛脚廿二日立、同廿三日昼付相定、代壱〆（貫）九百文ニて御座候間、御渡被成下候。以上

これによれば、大工組に関わっての緊急の手紙（内容紹介省略）であるため、仕立飛脚を雇い、京都を二十二日に出発し、冨田村へは二十三日の昼には到着するという約束がされていることが読み取れます。

その飛脚代金が一貫九百文（銀二十匁程度）と非常に高い値段となったことを断っています。

また、飛脚賃の支払いが着払いであることも読み取れます。

この資料からは京都と冨田村までの所要日数が示されるとともに、飛脚賃金については仕立飛脚であることもあって、相場よりもかなりの高値であることが示されています。

しかし、書状一通の飛脚賃金にしては非常に高値だと感じます。

現在の貨幣に換算すると一～一・五万円程度になるのではないかと思われます。

封書一通が八十円の現在から考えれば、書状一通が一万円を越えるということは、途方もない大金であったと言えます。

しかし、往復に要する二～三日の手間賃が一～一・五万円と考えれば妥当か、もしくは安値だとも考えてもおかしくはありません。

また、延享元年（一七四四）の竹生嶋文書には、

延享元甲子年六月十六日大津御役所船方役服部丈右衛門殿より召之状船屋市左衛門方より飛脚九百文ニ而為持差下候……

とあり、大津から竹生嶋までの飛脚賃金が九百文（八～九匁程度）であったことが分かります。

これは、上の仕立飛脚の半額程度になっています。

時代の違い、京都からと大津からの距離の差との違いなどにより比較することは難しいと思いますが、飛脚賃金の様子が若干でも見えてくるように思います。

また、当時の物価がどのようであったのかにも影響されると思います。

代金の換算は米価と比較して、現在の相当金額を計算していますが、江戸時代の米価は、現在の米価に比較するとかなり高値であったと思われます。

「米」は現在よりもずっと貴重なものであったと思われます。

その中で、飛脚の手間賃が米三斗前後の手間賃であったり、その半分程度であったりしていますが、当時としては相応の値段であったのかもしれません。

また、貨幣価値も時代とともに変化していることも見逃せません。

以上の考察は、安永二年（一七七三）の米価を基準にして考えていますが、必ずしも的を得た考察になっているかどうかも疑問な点もあります。

びわ町地域では忘れてはならない産物に、難波村中村林助・乾庄九郎の始めた江州縮緬（後の長浜縮緬）がありますが、この江州縮緬を織り屋から京都へ運んだのも、その代金を受け取ってくるのも飛脚の仕事でした。

長浜町に飛脚仲間（組合）があり、その仲間に属している飛脚達が集まり掟となるルールを作り縮緬の運搬に携わっていました。

安永二年（一七七三）の長浜町飛脚仲間の掟には、

《中村家文書》

一御證文之通月ニ六斎相通ひ可申事。

……《中略》……

一縮緬之義ハ難波印ヲ相請候而不

何寄登り番方へ持寄可申事。

・・・《中略》・・・

一京都上下遣銭之義壱人前ニ拾五匁宛ニ而上下可致事。
一金銀は不及申諸荷物ニ至ル迄取渡し之義ニ付間違在之候ハゞ、其人々より埒明キ致、仲間之衆中へ難儀懸ケ申間敷事。
一縮緬御印抜ケ無之様ニ互ニ申合吟味可仕事。
件之趣堅相守可申事。万一相背候者於有之は仲ケ間一統相談之上御願申上相除キ可申候。以上

などとあり、仲間の結束ばかりでなくお客や仲間に迷惑を掛けないことなどを定めています。

しかし、安永五年(一七七六)には、曽根村の織屋善左衛門ら三人の縮緬を京都に届けた長浜町の飛脚久兵衛が代金を織屋に渡さずに持ち逃げするということが起こりました。

縮緬の織元である林助・庄九郎の両人が「このようなことがあれば今後安心して飛脚に縮緬を委ねることができません。よろしくお取り計らいを・・・」と奉行所に訴え出るという事件も起こっています。

縮緬の反物を届けて、現金を預かって帰ってくるのが彼らの仕事でしたから、応々にしてこのような事件もあったのかもしれません。

また、この掟により京都まで往復する賃金が十五匁(当時は京都で米一石が六十二〜七十一匁でしたから、米二斗五升前後に当たります)であったようです。

陸路をとったのか、湖上を舟で渡ったのかは判明しませんが、月に六回往復するとありますので、京都まで四日〜五日で往復していたように考えられます。

天気のいい日ばかりでなく、雨の日や雪や嵐で動けない日々もあったでしようから、大変な仕事でもあったようです。

文化六年(一六一三)三月、冨田村の権太夫も縮緬織屋仲間に加わっていますから、これらの長浜飛脚を利用したものと考えられます。

いわば現代でいう郵便屋さんが冨田村にも時々かもしれませんが出入りしていたようです。

《参考》
「日本史総覧」(新人物往来社)
竹生嶋文書(マイクロフィルム版)(びわ町図書館)
西嶋家文書 (びわ町教育委員会)
中村家文書 (びわ町教育委員会)

※1
飛脚代金を示す文書ではありませんが、書状などは飛脚を使う以外に、人に託す例が多かったようです。内容は別として、そのことを示す書状を紹介します。

《未整理一〇三七》

此間は熊願書書状、廿一日當着ニ而拝見仕候処、各々様益々御清栄ニ御座被在候段、珍重ニ奉存候。然は、其夜役人惣代トモ相談之上、明廿二日、惣代両人内々見分ニ遣シ候処、立帰り被申候は、出作之内下ノ町・西野本之内上二枚、高嶋早稲ニ而は無御座、並之早稲植置被申候様、此余は中稲・晩稲之様、見分之上、立帰り被申候間、此儀御承知可被成下候。早速長濱江御返事可出候処、廿二日夜、早崎舟上乗致シ候間、幸便ニI平次江為持登シ候間、右之趣御承知可被成下候。先は乱文御高免可被成下候。早々、以上

八月廿二日出　　庄屋　T郎右衛門

大津郷宿ニ而
冨田村
御役人衆中様
尚々長上津ニ而御窺口御心痛之段、奉察候。

(※棒線は筆者)

本来は飛脚で出そうと思っていた書状ですが、丁度、(年貢)搬送のため上乗役をI平次が勤めるので、持たせ登らせた、とあります。

冨田村から大津へ向かう場合は登るという表現をしました。

宛先は、郷宿に長期滞在している冨田村役人衆宛になっています。

このように、幸便で書状を届けていることを示す文書も多々あります。

この場合、飛脚代金も不要ですし、確実に相手に届くことになります。

武士の世界で、参勤交代等の際、国元の家族や友人から、江戸在勤者宛の書状を下向する者に多数託したと聞いことがあります。勿論逆に、江戸から国元へ戻る同僚に託す場合も多くあったようです。

川崎文書の中にも、多数の書状が残されていますので、書状の遣り取りも頻繁に行われていたことが分かります。

ただし、書状の内容は、当事者同士には分かり切った内容なのでしょうが、時代を経た我々にはその背景も分からず、内容が十分には伝わって来ません。

また、書状は日付だけで、記年のないのが普通ですから、一層内容が伝わりにくいのかもしれません。

また逆に、いつ頃のものか分からない場合もいっぱいあります。

上の書状は、内容から安養寺村出作からの年貢が不納の件に関して訴訟のため、大津膳所藩役所へ出訴中のものと思われます。

そうであれば、慶應三年(一八六七)八月二二日の書状だと考えられ、村役人が安養寺出作人と郷宿で懸合をしている時期と一致します。

具体的な内容については、第二二九号、第二三八・二三九号を参照して下さい。

ただし、書状には、作付け品種の確認に行ったことが書かれていますが、二つの小字名は安養寺にはなく、訴訟関係の文書にも作付け品種の件は出てきません。推測が間違っているのかもしれません。

冨田村でも水運の利用

第１９３号
2001.11.24

七月一日の川掃除が終わって何人かの人と話をしていたら、「昔、あの辺に田舟が沈んでいたなあ」という話が出てきました。

「そんなん覚えてないわ」という人もあれば、「そうそう、〇〇ちゃんとこの畑があって、その辺りに沈んでいたわ」と昔を懐かしむように思い出す人もありました。

覚えているのは四十代後半の人々、それより若い人は覚えていないようでした。

冨田村の中を流れた川（冨田川とも呼ばれていたようです）は西出の端まで流れ、筆者宅東で直角に南に折れ、そのまままっすぐ十九村神社の裏まで流れ、向川（十九川）と合流していました。

圃場整備後は、向川（十九川）との合流地点は東に移動し、筆者宅からまっすぐではなくなりましたが・・・。

冒頭の会話は、筆者宅南付近（この辺りを「あげば」といいます）から十九村の神社裏までの川の間に見られた情景のことです。

字天神の畑の西側に沿って（欅木が生えていたと思います）、三〜五尺幅の川が流れ、川の西側に二尺程の道があって、その西側に畑がありました。畑の西側に田圃があり、東西に仕切られていました（東西に長方形）。

左下の図で確認していただくと、年輩の方なら覚えておられることと思いますが、懐かしい風景です。

そして、あげばと十九村神社の中間辺りに一艘の田舟が沈んでいました。

この川に田舟が沈んでいたこと、筆者宅前付近を「あげば」と呼んでいたことなどを考えると、昔はこの川を水路として使っていた、言い替えれば、田舟程度かもしれませんが、舟が通行していたものと考えられます。

向川（十九川）は、現在は南山道をくぐると南に流れますが、以前はそのまま西に流れ、迂回はしますが、竹生島一の鳥居付近を通り、下益田村の北側へ流れていました。

従って、琵琶湖からは容易に入って来られたものと考えられます。

それを裏付けるものとして、十九川が現在の南山道と交差する所に、昔はつり橋（はね橋）があったと聞いています。舟が通るとき、紐（縄）を引っ張ると橋を持ち上げる（はね上げる）ことが出来たといいます。

大正生まれの父から聞いた話ですので、そう古い時代の話ではないようです。

何が運ばれてきたのかは分かりませんが、琵琶湖から早崎内湖を通り、下益田北付近から川を遡り、十九村神社裏から「あげば」まで荷が運ばれていたことは事実のようです。

現代ではトラックなどで荷物を運ぶのが当たり前ですが、江戸時代は陸路で荷を運ぶより、水運を用いて運ぶほうがスピーディに大量の荷を運ぶことができました。

そのため、内陸の村々にまで舟を利用できる水路が張り巡らされていたようです。

姉川・高月川（高時川）・田川などを幹線とし、そこから小さな川を利用し、かなりの奥まで舟が通行していたと言います。

琵琶湖からの荷を運ぶだけでなく、もしかすれば年貢米の一部を積み出したのかもしれません。

おかげさまで九年目を迎えました！

平成五年十一月末より始めさせていただいた「冨田今昔物語」も丸八年が経過し、今号で九年目に入ることになりました。

冨田区有文書である三通の「浅井様折紙」の紹介が第一号でした。それから八年の間にいろんなことを紹介してきました。中にはその家のプライベートに関わるような内容もあり、お叱りを受けるようなこともありました。

八年間の内容の中には、自分も全く知らないことの発見もありました。また、推測が中心となった内容もありました。

いずれにせよ、徐々に少しづつですが、江戸時代の冨田村の様子が見えてきたようにも自負しています。

支配者の変遷、年貢米の納入過程、村普請による新川の設置、旱損による水争い、御料所井川のこと、社寺の変遷、宮大工のこと、四月祭・・・などなど、言い伝えられていたことも、言い伝えが残されていなかったことも確認できたようにも思います。

最近は時間的余裕がなくなり、古文書の解読にあてる時間がとれず、毎月の話題に事欠く状態に陥っていますがせめて目標の十年をめざしたいと考えています。

年輩の方々と話をすると、戦前・戦後の話もよく聞きます。

若衆で村芝居の練習をしたとか、雅楽の練習をしたとか、戦後生まれの我々が知らないこともいっぱいあるようです。

今後はこれらのことにも目を向けていきたいと思います。

今後もご批判やご教授・ご協力をお願いします。

最後に配布の御協力をいただいた歴代の区長（阿部良直様・阿部總男様・笠松重右門様・阿部高様・阿部秀春様・上野三喜男様・阿部弘様・溝口治夫様・川崎一栄様）に感謝の意を表したいと思います。

私が小学校の頃（昭和三十年代前半頃）、下八木村では何艘もの田舟が使われていたり、村内の川に田舟が繋がれていたことを見聞きしています。

いわば、それほど最近までは江戸時代と同様に、生活手段の一つとして舟が使われていたのです。

この現象は交通関係ばかりでなく生活の中のいろんな場面にも当てはまります。

例えば、農業の面でも機械化が除々に入ってきたのも、昭和三十年代後半から四十年代でした。四十年代中頃までは「はさがけ」をしていましたが、四十七年頃からの圃場整備でその風景もなくなりました。

また、米俵が紙袋にとって替わったのも昭和四十年前後ではなかったでしょうか。

幼い頃には米俵や莚を編んでいた親の姿を覚えていますが、今は昔という風景になってしまいました。

家庭内でも、ガスの普及で「おくどさん」がなくなったのも、昭和三十年代から四十年代にかけてではなかったでしょうか。

このように見てくると、昭和三十年代から昭和四十年代にかけて、全ての面で著しく変化したように思います。

いわば、この頃が歴史上の大きな転換期であったのかもしれません。

従って、現在の年齢が四十代後半の人々は、多少とも往時の姿が記憶に残り、それより若い人の記憶には昔の姿がないのもうなずけます。

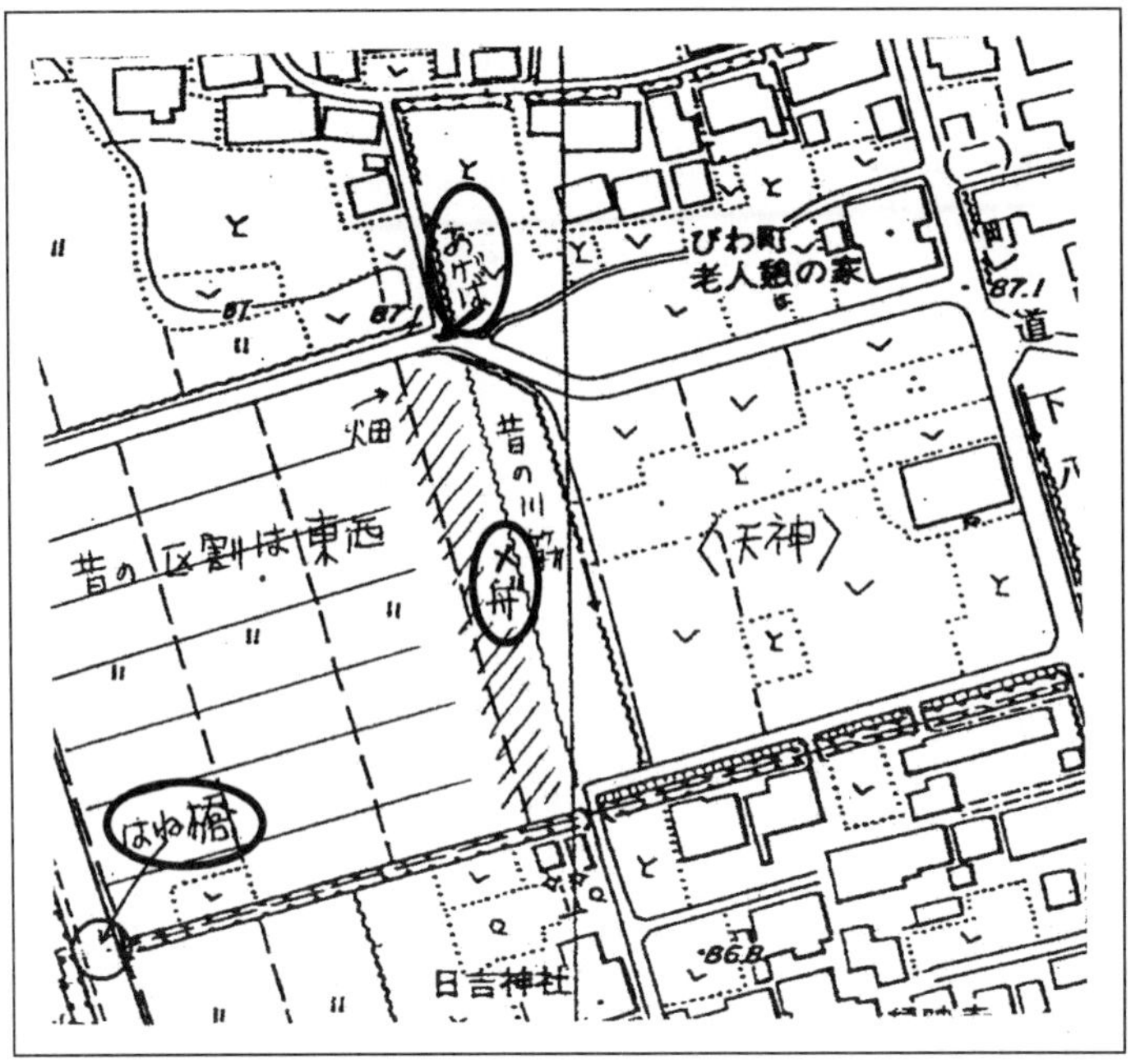

※
斜線部は圃場整理前は畑地で、桑が植わっていました
×印の所に柿の木があり、その近くに田舟が沈んでいました
○印の所にはね橋があったと聞いています

《参考》
筆者の経験・聞き伝え等々より

※1　《交通七・八》

（表紙）
余呉川通舩ニ付御歎願
第拾壱區惣代（二名略）
第拾三區惣代（二名略）

（本文）
乍恐以書付御歎願奉申上候
一余呉川通舩之儀ニ付、就ては、當両區ヲ始、外區々ニも夫故一害ヲ生シ既ニ追々御歎願申上居候村方も御座候。是尤通舩之一理ヲ差拒候ニ無之壁は甲之村方は水損、乙之村方ハ旱魃等ニて、各村此辟害ヲ恐レ、往々難渋不相成様苦心仕口る処、農業ニ身ヲ入居候より申立居候苦情ニて、實は無據次第ニ御座候。‥‥

右の文書は、明治六年（一八七三）の文書です。

詳しくは分からないのですが、高時川・余呉川の流れを利用した水運を目論んだことに対して、下流村々からの反対の歎願書です。

当時は車社会ではなく、水運が唯一の運搬手段でしたから、高時川と余呉川を結んで、余呉川流域の物流の便利さを企画したものと考えられます。計画の内容は明記されていませんが、歎願書から推測すると、大井付近（井明神橋下）から高時川を分流させ、余呉川と結ぶ計画であったようです（詳細は不明です）。

その計画に対して、高時川の水流や伏流水を利用する村々から反対の声が上がります。

この歎願書に署名しているのは、御料所井筋の村々、八木井筋・錦織井筋の村々の外、高月川右岸の湖北町・びわ町の多くの村々の惣代・副戸長・戸長が名を連ねています。冨田村も全体の代表者として活動しています。反対の趣旨は、計画そのものにではなく、分流によって、田地用水に支障が生じること、呑み水にも不足することを揚げています。

いわば、生活を賭けての反対運動であったように思われます。

しかし、歎願書に対する滋賀県の対応は、「聞き届け難く候」とあっけないものでした。

村々は直ちに再歎願を試みますが、結果は同じでした。再々歎願書までが残されていますが、三回目の回答には、

「‥新川分流之儀は無之、字大井用水在来之川水を用ひ、通舩願出候。今取調中ニ候条、其村々用水之心配ニ不及儀と可心得事。」

とあり、新たな河川の開鑿を企画しているのではないとしていますが、その後がどうなったのかを示す史料は見つかりません。

残された宗門往来手形

第１９４号
2001.12.10

左の文書は冨田村に残されている宗門往来手形といわれる文書です。

往来手形壱通　濃州廣瀬村
妙福寺

《交通一六》

宗門往来手形之事
美濃国池田郡廣瀬北村
弥四郎倅
友蔵
一右之者宗旨は代々浄土真宗ニ而拙寺檀那ニ紛無御座候。然ル処此度為渡世其御国江罷越候。若逗留中万一病死仕候ハヽ此方江御無断之、其御地之任御作法御取置可被下候。為後日一札仍而如件
同国同郡同村
妙福寺(印)
天保六年
未五月日
近江国村々
御寺院衆中
御役人衆中

※天保六年(一八三五)

江戸時代、近江と北陸地方を結ぶ街道である北国街道は、長浜町から森村を通り曽根村の村中を通って唐国村・馬渡村へと続いていました。

また、湖北町馬渡村で北国街道から西に分かれて高月川の土手沿いを進むと、西国三十三番霊場第三十番札所竹生嶋宝厳寺への巡礼の道に続いていました。

早崎村からは竹生嶋への巡礼者を送迎する船の往来もあり、竹生嶋巡礼道の道標には「早崎村に船あり」と刻まれているもの(香花寺村)もあります。

従って、冨田村でも竹生嶋巡礼の旅人や巡礼の往来がかなりあったと思われます。

江戸時代の旅は危険と隣り合わせでしたから、水杯をして旅に出たといいます。

庶民が旅に出る場合には、旦那寺より宗門往来手形を発行してもらい持参しました。

その手形の文面には上にもあるように、「‥‥万一病死仕候ハヽ此方江御断無之其地之任御作法御取置可被下候‥‥」とあり、万一病死した場合などは連絡していただかなくても結構ですので当地の方法で葬って下さいとあります。

上の冨田村に残されている宗門往来手形は、天保六年(一八三五)に美濃国池田郡を旅立った旅人のもので、冨田村に残されているということは、恐らく、竹生嶋巡礼・商売などの理由で当地(冨田村)まで来て、行き倒れたのだと思われますが詳しいことは分かりません。

曽根村は北国街道が村の中を通っていましたので当然ですが、稲葉・香花寺・冨田村なども巡礼道が村中を通っており、他国から来た巡礼者の往来がかなりあったものと思われます。

そのため他国の情報などが得られた反面、旅人の世話や行き倒れなどの面倒なことも多々あったように思われます。

前述のような美濃国の旅人の宗門往来手形が残されていたり、無縁墓の存在などがそのことを物語っています。

冨田村では無縁仏・無縁墓の話は聞いたことがありませんが、街道沿いの村々には無縁墓があった村もあったとものの本には書かれています。

竹生嶋の災難記録などには出羽秋田・伯州(伯耆国：鳥取県)などからの巡礼者の記録が残っていますから、かなりの遠方からの巡礼者も多かったものと考えられます。

中には旅の途中で子供が死んだという記録も残されています。

従って、不幸が起こると当地で埋葬する必要があり、街道沿いの村々には無縁墓などがあったようです。

また、そのような不幸な場合を考えて発行されてのが「宗門往来手形」だったのです。

いわば、身元を保証する唯一の証拠になったのだと思われます。

《交通 一四》

往来送り切手
井上河内守殿領内
江州浅井郡冨田村Ｊ郎右衛門
同　Ｔ八
今度此もの祖師聖人二十四輩順拝仕候度心願ニ付参詣仕候間、国々御関所等無滞御通可被下候様奉慮候。宗旨之儀者浄土真宗当院旦那ニ相違無御座候。万一此もの何方ニても急病頓死等仕候共御前之以御左法御取調可被下候。右宜敷御慮申上候。以上
冨田村
源慶寺(印)
□□十一未六月六日
(寛政)
所々御役所
所々御役人

※寛政十一年(一七九九)

右の往来切手は、冨田村J郎右衛門とT八の二人が祖師聖人二十四輩の巡礼に出た時のもののようです。

祖師聖人二十四輩巡拝とは、何処の寺や旧跡を巡礼するのかは調べていませんので、具体的に巡礼の地は分かりかねます。

しかし、この往来切手が冨田村に残されたということは、J郎右衛門とT八は無事に巡礼を終え、冨田村に帰ってきたことを意味するものと考えられます。

無事に帰って来れば、その無事を喜び、旅での思い出話に花が咲いたことだろうと思います。

しかし、一歩間違えば上のような不幸が起こるかもしれなかった。それが江戸時代の旅であったと思われます。

北国街道について

北国街道は鳥居本で中山道より分岐して、長浜・木之本・柳ケ瀬・椿坂・中ノ河内を通り、栃木峠を越えて越前へ抜ける道でした。

長浜町内を通った北国街道は、びわ町地域の曽根村を通り、姉川の渡しを渡って唐国・馬渡村から木之本へと続いていました。

また、柳ケ瀬には彦根藩が支配する関所があり、益田村など彦根藩支配の村々が助郷を勤めていました。

しかし、北国街道の唐国・曽根村の一帯は低地で道の状態が良くない（特に冬場）という理由で、旅人の一部は長浜町から十里街道を通って大寺村に至り、北国脇街道に抜け、馬上村から高月川の渡しで柏原村に渡り木之本宿に向かったともいわれています。

木之本には本陣が設けられており、大名などが利用しました。加賀藩前田家の参勤交代は北回りで江戸に参府していましたが、弘化二年（一八四五）、私的な理由で帰路は東海道・北国街道を利用し、四月朔日木之本の本陣に宿泊しました。

竹生嶋花王院は加賀藩の庇護を受けていましたので、その夜、花王院が木之本宿本陣へ御機嫌伺いに行ったことを示す文書が残されています。

木之本の本陣は現在「本陣薬局」の名で本陣の名残を留めています。

江戸時代は、旅をする者も命がけなら、宿場に助郷として駆り出される百姓達も大変でした。

気軽に旅行ができる現在の私達にとって、江戸時代の旅は想像もできない大変な苦労があったということを心にとめておきたいと思います。

《参考》
川崎文書（滋賀大学史料館）
竹生島文書（マイクロフィルム版）（びわ町図書館）

※1 《村政一三》

乍恐以書付奉願上候

御百姓 S右衛門

一 弟 H三郎 年三十三

右之者、身持不宜敷ニ付、色々異見仕、世話致候處、去七月廿五日頃ょり家出仕、行方相知レ不申候ニ付、段々聞合申候得共、尓今相知レ不申、自然行先如何様之者共と悪事組候而は奉恐入候間、御帳面御除キ可被下様奉願上候。何卒、右願之通御憐愍御勘弁ヲ以御聞済被成下置候ハヽ、難有仕合ニ奉存候。以上

浅井郡冨田村

萬延元申年 年寄 S左衛門
八月 〃 K右衛門
庄屋 I左衛門
山形 〃 I平次
御役所 〃 T兵衛

世上江申聞候は、去十月ニ御役所様江御願申候者、御内々御願申上置候。已上

（※万延元年（一八六〇））

宗門往来手形などを持参しているのは認められた旅の証拠ですが、右のように、身持ちが悪く、家出などの場合は、そのような手形類を所持しませんので無宿者と云いました。

一般的には、家出や逃散などがあった場合、親戚や五人組などが捜し出して連れ戻すのが原則でした。

何回かの捜索をしても見つからない場合は、内々に役所へ届けておき、最終的には、右のような除籍願いを提出することになります。

正式に除籍願いが出されると、家出人は「無宿者」となります。

江戸時代は連帯責任・連座制の社会でしたから、家出人などが事件を起こせば、家族も連座して処罰を受けることになります。最悪の場合は、家出人が犯罪を起こし、その連座によって死罪だってあり得ました。

その連座を避けるために除籍願いを提出したのです。これにより、もし家出人が事件を起こしても累が及ばないことになります。しかし、一方では、家族の縁を完全に切ることになってしまいます。

上の場合、前年の七月末頃に家出をしていますが、その間、何度かの捜索をしたのだと思いますが、一年後に除籍を願っています。

その間、家族の気持ちは複雑であったと思います。何とか捜し出したいと思うと共に、事件を起こしてくれるなと云う心配、そして、縁を切ることの決断……。

家族、五人組、村役人などの心配は一方ならぬものがあったと思われます。

逆に考えれば、連座制度があるために犯罪に走ることが少なかったとも考えられます。自分が犯した罪科のため家族や五人組、親戚、強いては村人にも罪が及ぶ場合もあり得たため、自らを律し、制する力も働いたのだと思われます。

現代では、日本の治安は世界のトップクラスだと言われていますが、その根元には、国民性は勿論、江戸時代から培われた自律の精神が生きているのかもしれません。

大政奉還・王政復古などの伝達

第１９５号
2001.12.24

江戸幕府十五代将軍徳川慶喜が大政奉還の上表を朝廷に提出したのは慶應三年（一八六七）十月のことでした。また、王政復古の大号令が出されたのは同年十二月のことでした。

これらの重大な情報が庶民に伝えられたのはいつ頃、誰によって伝達されたのだと思われますか。

史料によれば同年十二月中、遅くとも翌年正月（一月）中には津々浦々まで、各藩の役所によって正確に伝えられたと考えられます。

富田村に残されている文書「御触書之写」の中で、山形役所が十二月付で廻した廻文の記録に、

《法令 八》

此度公方様御政事向を御所江御返上、将軍職御辞退之処、両様共御聞済相成、以後於御所御政事被遊候ニ付、御達左之通徳川内府、従前御委任大政返上、将軍職辞退之両條、今般被聞召候。抑癸丑以来未曾有之国難、先帝頻年被悩宸襟候御次第、衆庶之所知ニ候。依之被決叡慮、王政復古、国威挽回之基被為立候間、不論既往更始一新自今摂関幕府等廃絶、即今假ニ總裁・議定・参與之三職ヲ置、萬機被行、諸事神武創業ノ始ニ原、縉紳・武辨・堂上・地下ノ別ナク、至當ノ公議ヲ竭シ、天下ト休戚ヲ同ク可被遊叡念ニ付、各勉励、旧来驕惰ノ汚習ヲ洗、皇國ノ為、忠誠可尽候事。

と記載されています。

公的な史料には右の記録の傍線部（筆者）はありませんが、的確に情報が伝わっていることが分かります。

しかも省略しましたが、廻文には朱書きで漢字の読み方や意味が付記されています。

「御触書之写」にはこの王政復古の大号令に続いて、議奏・武家傳奏・守護職・所司代などの廃止、太政官の設置：：：と布告の内容が原文のまま記録されています。

更に、翌慶應四年辰（一八六八）正月付の廻文には九通の布告が原文のまま伝えられ記録されていますが、二通目の布告

徳川慶喜、天下之形勢不得止ヲ察シ、大政返上、将軍職辞退相願候ニ付、朝議之上断然被聞食候處、唯大政返上与申而巳ニテ、於朝廷土地人民御保不被遊候而は御聖業難被為立候ニ付、尾越二藩ヲ以、其實効御訊問被遊候節、於慶喜は奉畏入候得共、麾下并會桑之者共承服不仕、暴挙可仕哉茂難計候ニ付、只管鎮撫ニ尽力仕居候旨、尾越ヨリ及言上候間、朝廷ニは慶喜真ニ恭順ヲ盡シ候様被思召候處、豈図ンヤ、大坂城江引取候ハ、素ヨリ之詐謀ニ而、去ル三日、麾下之者ヲ引率シ剰前々御暇被遣候、會桑等ヲ先鋒トシ闕下ヲ奉犯候。勢現在彼ヨリ兵端ヲ開キ候上は、慶喜反状明白、始終奉欺朝廷ヲ候段、大逆無道、最早於朝廷、御宥恕之道モ絶果、不被為得止追討被仰付候。兵端既相開キ候上は速ニ賊徒平治、万民塗炭之苦ヲ被為救度ク、叡慮ニ候間、今般、仁和寺宮征討将軍ニ被任候ニ付而は、是迄偷安怠惰ニ打過、或は両端ヲ抱キ候者ハ勿論、假令賊徒ニ従ヒ譜代臣下之者タリトモ、按悟憤発、国家之為尽忠之志有之輩は、寛大思召ニテ御採用可被為在候。依戦功、此行末徳川家之儀ニ付歎願之儀も候得ば、其筋ニヨリ御許容可有之候。然ルニ此時節ニ至り、不弁大義賊徒ト謀ヲ通シ、或ハ潜居為致候者ハ朝敵同様厳刑ニ所被處候間、心得違無之様可致候事。

但征討大将軍ヲ置レ候上は、即時前件号令可相発ハ勿論ニ候得共、猶旗下粗暴之徒壅弊爰ニ至り候事哉ト彼是深重之思召ヲ以御遅延之處、三日ヨリ今七日ニ至り、坂兵日々雖敗走□出兵候ニ付、不被為得止、断然本文之通被仰出候。各藩陪従吏卒ニ至迄、方向ヲ定メ、為天下之奉公可有之候事。

《法令 八》

この布告は、湖北町延勝寺の旧家から最近発見された高札の文面と同じであり、村によっては（藩の役所によっては）高札という形で通達した場合もあったことが分かります。

また、八通目は大赦の布告なのですが、日付が正月十五日となっていて、布告の直後、直ちに廻文によって伝達されたことを物語っています。

更に、九通目の布告は

三職分課

総裁　有栖川熾宮

副総裁
兼外国事務総督　三條前中納言
兼海陸軍務會計事務総督　岩倉前中納言

……《中略》……

（外國事務総督）
同掛　後藤象治郎
岩下左次右衛門

……《後略》……

正月

※ 岩倉前中納言（岩倉具視）

とあり、総裁・副総裁・神祇事務総督・國事務総督・外國事務総督・海陸軍務総督及び同掛などの新政府の陣容が伝えられています。

その中には副総裁兼海陸軍務會計事務総督に岩倉具視、外國事務総督同掛(係)として後藤象治郎など、私達が知っている名前を見つけることもできます。

その後も毎月廻文によって新しい布告や御沙汰などの情報を津々浦々まで伝えていることを確認することができます。

明治維新前後の時代にあって新聞や電話などのない時代にも拘らず、その情報伝達の早さに驚くばかりです。

これら情報伝達の早さは、江戸時代に培われ、情報伝達の手段として用いられた廻文(今で言う回覧版)という方法が効を奏しています。

廻文(廻し状)については第八六号第八七号(平成九年六月)他で紹介しましたが、役所から通達等の情報伝達が必要な場合、役所は各支配の村々の庄屋に宛て一通の廻文(回覧版のようなもの)を廻します。受け取った庄屋は内容を写し取り、次の村の庄屋へと順次廻します。村々を一巡すると最後の村から役所へ戻します。

廻文は昼夜を問わず廻されたといいますから、以外に早く用件が届いたと考えられています。

このような廻文という情報伝達手段が確立されていましたので、たとえ明治時代になっても、その方法が機能していたようです。

また、廻文は必ず庄屋の記録に残されました(書き写された)ので、どんな情報がいつ頃村に入ってきたかを知ることができます。

勿論、上のような「御触書写帳」等の文書が残されていたらの話ですが……。

江戸時代から明治初期にかけて、冨田村のような片田舎には、江戸や京都等の情報があまり入っていなかったと思われ勝ちですが、上で見たように、当時としてはかなりの早さで情報が届いていることが分かります。

大政奉還・王政復古等の情報は、津々浦々まで瞬時の内に伝わっていたことが確認できました。

《参考》
川崎文書(滋賀大学史料館)
八木重太郎氏所蔵高札
(延勝寺区飯開神社保管庫委託)

※1
紹介した布告以外の興味ある内容を適当に紹介します。

《法令八》

今度、慶喜以下賊徒等、江戸城江遁れ、益暴逆を恣にし、四海鼎沸萬民塗炭ニ堕むとするに忍ひ給はず、叡断を以　御親征被仰出候。然るは御人撰を以被置大総督候間、其旨相心得、畿内七道大小藩、各軍旅用意可有之候。不同軍議御決定可被　仰出御旨趣可有之候間、御沙汰次第奉命馳集るへく候。宜諸軍戦力、一同勉励可尽忠戦旨被　仰出候事。

右壱通

御親征　行幸可為、當月下旬被　仰出候事。

二月九日

(※読みや、返り点等あり)
(※闕字・改行等は無視した)

(五箇条の御誓文)

誓文

一廣ク會議を興シ萬機公論ニ決すべし
一上下心を一にして盛に經論ヲ行ふべし
一官民一途庶民に至る迄、各其志を遂ゲ人心をして倦さらしめんことを要す
一旧来乃陋習を破り、天地乃公道に基くべし
一智識を世界に求め、大ニ　皇基を振起すべし。我國未曽有之變革を為んとし、朕躬ヲ以て衆に先んじ天地神明ニ誓ひ、大ニ斯國是ヲ定め、萬民保全の道を立んとす。衆も亦此旨趣ニ基き協心努力せよ

年号月日　　御諱

勅意宏遠誠ニ以て感銘ニ不堪、今日乃急務永世乃基礎此他に出べからず。臣等々叡旨ヲ奉載し、死を誓ひ黽勉従事冀クバ以て宸襟をあんじ安し奉らん。

慶應四戊辰三月　　總裁名印
公卿
諸候各名印

東山道官軍先鋒既ニ戦争ニ及、賊軍敗走之旨ニ候得共、東海道亦何共難計趣言上有之、旁以海軍出帆被差違御出輦被遊候条各其分相心得、出精勉励可有之旨御沙汰候事。

三月十五日

御親征日限御延引之処、来ル廿一日御發途、石清水社御途詣、同所御一泊、廿二日森口御泊り、廿三日御着坂、其後海軍整備叡覧可被為在之旨被　仰出候事。

三月十五日

阿片煙草之儀は人之健康ヲ損し人命ヲ害し候品ニ付、御條約面ニ有之通り、外國人持渡り之儀は厳禁ニ候。然ル處、近頃外國人之内、阿片煙草密々持越候者有之哉ニ相聞え、右煙草之儀は前件生民之大害ニ相成候間、賣買いたし、或は呑用候儀堅く不相成候。若御法度相犯し他より顕るゝニ於ては厳重ニ咎可申付候間、心得違無之様末々之者迄可相守者也。

閏四月

次から次へ布告・通達が届いています。片田舎の隅々までに情報が届いている事が手に取るように分かります。

慶應二年(一八六六)九月から、明治三年(一八七〇)九月までの五年間の記録が二〇〇頁に及んで記録されています。

枡改めの史料など

第１９６号
2002.01.10

ずっーと以前の号で、江戸時代には「秤改め」「枡改め」などがあったことを書きました。（冨田今昔物語三四号平成七年四月一〇日）

その時には、「秤改め」が守随氏によって行われたこと、「枡改め」の史料は残されていない旨を書いたと思います。

ところが今に至って、「枡改め」の史料が不十分ながら見つかりましたので、紹介したいと思います。

《村政一二七》

證文前書之写

先達而枡御改被仰出御觸有之、承知仕候。右ニ付今度為御改御廻り被成候間、私共支配之内百姓并穀物商賣其外之者致所持候舛品々、不穏置不残差出、御改請可申候。若御觸之趣相背、御改請残候者有之候ハヽ、何様ニも可被仰付候。勿論、無判之舛は不及申、御焼印無之紛敷舛、并壱斗入、或は何升入と相定置候桶等も、御取上被成候旨被仰渡奉得其意候。支配之者共江急度申渡、自今以後御法度之趣為相背申間敷候。為後日、連印之證文差上申候。仍如件。

月　日

前書之通、私共組下、今日舛御改ニ付、不残差出御改請申候。尤、如何様成舛ニ而も、又は何升入と相定候入物等ニ而も、一切無御座候。此以後御改之節、若御停止之舛所持仕候者有之候ハヽ、何様ニ被仰付候共、少も申分無御座候。以上

月　日

右の文書は日付がありませんし、冨田村から奉行所等へ提出した證文等の写しでもありません。いわゆる、證文の雛形文書（案文）だと考えられます。

このような雛形文書については、いろんな内容、いろんな場合の雛形文書が冨田村にも種々残されています。村役人である庄屋は、これらの雛形文書を参考にして、いろんな報告書や嘆願書等々を作成していたのだと思われます。

右の文書には日付がありませんが、紙の様子や字体を見る限り、古くもなく、新しくもないように思われます。恐らく、江戸中期頃の雛形文書ではないかと考えられますが、断定はできません。

ただ、このような雛形文書が残されていることは、冨田村でも「枡改め」があったであろう、間接的な証拠となるのではないでしょうか。

今回は右の雛形文書から「枡改め」の様子を見ていくことにします。

「枡改め」の手順

◆「枡改め」を実施する旨の御触れ書が代官所などより廻される。

◆枡座の役人（枡座の樽屋蔵左衛門配下の手代など(?)）が村々を巡回してくる。

東日本は江戸の枡座樽屋蔵左衛門、西日本は京都の枡座福井作左衛門が独占的に枡座を経営し、枡の製造・販売・検査（枡改め）に当たった。二つの枡座によって一〇年毎に枡改めを実施していたようである。近江の国は枡・秤改めとも東日本の支配を受けた。（東山道に属する）

◆枡座の役人が村々に到着すると、庄屋など村役人が立ち会い、村人が所有する枡をすべて集め、枡座役人に差し出し検査を受ける。この時、隠しておいた枡があることが分かると厳罰に処せられた。

◆枡座役人により検査（御改め）がなされる。この時、「枡改め」が終了している旨の御判、もしくは御焼印がないものについては没収された。また、焼き印等が押されている枡でも不正枡は没収され、修理できる物は修理し、手数料を取られた。また、一斗入りとか五升入りなどと容積が定められた桶（枡の代用品）も取り上げられた（没収された）ように考えられる。

◆更に、「御法度に背かず、不正な枡は所持しない、使用しない」旨の證文を作り、村人全員の連判を押し、代官所へも提出したようです。

以上の手順で「枡改め」が実施されたように考えられます。

一〇年に一回とはいえ、生活や年貢等に関連した度量衡については、厳しい統制を受けていたのです。

江戸時代の米の計量については、現在のように重さで計るのではなく、すべて枡で計っていましたから、枡に不正があればすべての基盤が狂ってきます。

そういう意味では度量衡の統一や検査は重要であったのだと思います。

しかし、枡については種々の歴史があり、現在の枡に固定するまで紆余曲折があったようです。

古くは、「大宝律令」（七〇一）に量の単位として、合・升・斗・斛が定められました。

延久年間（一〇六九～）には、宣旨枡（せんじます）が定められたのですが、平安末期頃から私枡が広く使用され、量制は崩れていったようです。

永仁年間（一二九三～）東大寺大仏殿常燈料に用いる枡に椙枡・檜枡・山城枡・相楽枡・伊賀枡など十一種を数え

るなど、地域ごとに固有の枡が使用されたといいます。

豊臣秀吉は、度量衡統一の一環として、京枡（現在の大きさの枡）をもって収納の基準としました。

江戸時代に入ると、江戸の樽屋蔵左衛門、京都の福井作左衛門に枡座を経営させ、東三十三ケ国は江戸枡座、西三十三ケ国は京枡座にそれぞれ製造・販売・検査（枡改め）を独占させたといいます。

明治八年（一八七五）の度量衡取締条例の発布によって、枡座は解体しました。

《以上、日本史用語辞典より》

しかし、地域や藩によっては、実質八合入の一升枡など、様々な枡が使われたともいいます。

また、四角い枡、一斗枡のような円柱形の枡ばかりでなく、どんぶりや鉢のような形をした枡もあったようで、最近、鉢型の枡を某氏より見せてもらったこともあります。（枡の呼び名は忘れました）

また、同じ枡を使ったとしても、計る人によって中身の量が違ったと聞いています。

枡の内壁に沿って、静かに箕などで注ぎ込むのが正当らしいのですが、その後、枡をコンと叩くと中身が縮むといいます。

自分が幼少の頃、俵作りをしている親父が、「一斗枡の壁面に沿わして静かに入れよ」と言っていたのを覚えています。少しでも衝撃を与えると米が沈んでしまう（実質多く入ってしまう）ことを身を以て経験しています。


悪徳役人は、米を枡に入れた後、コンコンと枡を叩き、叩いて減った分、通常より余分に米を納めさせるなどの不正をしたともいいます。

また、例えば米を一升借りるとき、借りる時は実質には九合程しか入らない枡で計り、返却する時は実質一升以上も入る枡を使った・・・という話もよく聞きます。

枡に関わる逸話は沢山残されています。

また、「秤改め」「枡改め」以外にも、「分銅御改め」なる改めもあったようで、次の史料よりその存在を確かめることできます。

内容などについては詳しくは分かりませんが、「秤改め」と同様なものでかったのではないかと思います。

《村政六》

以書付奉申上候
一此度分銅御改ニ付取調之儀被仰付候ニ付、村中家別吟味仕候處前々より分銅所持罷在候者壱人も無御座候。依之右之段御届ケ奉申上候。以上
近江国浅井郡冨田村
西郷賢之丞様御知行所
年寄　U平次
庄屋　K兵衛
水野大監物様御領分
年寄　S左衛門
庄屋　T兵衛
嘉永三戌年七月
後藤分銅御役所

※嘉永三年（一八五〇）

右の文書以外にも多少の分銅改めの文書が残されています。

《参考》
川崎文書（滋賀大学史料館）
「日本史用語辞典」（柏書房）

※1
寛保三年（一七四三）と思われる文書を紹介します。

《未整理一四七》

覚
一冨田村H右衛門G吉持馬之儀■■■■今年より所持不仕候。其外村中二午(馬)無■■■■書付を以御断申上候。以上
浅井郡冨田村庄屋
T兵衛(印)
亥三月
同断　H右衛門(印)
同断　C次郎(印)
年寄　H之丞(印)
同断　S郎兵衛(印)
波多野惣七様
堀口治太夫様

※■部分は欠損

「馬改め」という制度があったかどうかは分かりませんが、実質的には「馬改め」に対する文書だと考えられます。

当時の冨田村には馬が二頭飼育されていたことが判明します。一頭は庄屋H右衛門、一頭はG吉と記載されています。農耕に使ったものか、駄賃をとるような馬方稼業をしていたものかは不明ですが、馬を飼育するだけの財力（余力）があったものと思われます。

※2
上の説明で、「秤改め」「分銅御改め」に触れましたが、嘉永年間の報告では分銅を所持する者はないと報告していますが、それにも拘わらず、T兵衛家には天秤秤と分銅が存在していたようです。
現在滋賀大学史料館の常設展示の中に、T兵衛家から委託された天秤が展示されています。（左写真）
「分銅」でなく、「秤」と判断したのか、虚偽の報告をしたのか分かりませんが、「〇〇改」の報告も全てが信用出来るとは限らないようにも思います。

※滋賀大学史料館の常設展示より
《未整理一〇〇六》にも分銅改めの史料があります。

湖北の本願寺寺院と教如上人

第１９７号
2002.01.24

元亀元年(一五七〇)、織田信長は中国地方平定の前進基地として石山本願寺(現在の大阪城の地に存在した)の地を羨望しますが、顕如上人によって拒否されます。

激怒した信長は石山本願寺を攻めることになり(石山合戦)、本願寺は存亡の危機として各地に檄をとばし、集まった門侶(門徒・僧侶)で本願寺を死守することになります。

湖北の地からも軍資金の提供や、兵士として多数の門徒が馳せ参じたと言われています。

顕如上人は湖北三郡の門侶にも檄をとばし、越前朝倉氏や近江浅井氏と共謀し信長を討伐するよう指示します。湖北一向一揆の始まりです。

この湖北一向一揆の拠点をなしたのが湖北十ケ寺と呼ばれる寺々であり、十ケ寺を中心とする分団からなっていたと伝えられ、浅井氏の滅亡までの三年間、よく団結を保ち、戦闘ある時は必ず第一線に立ったといいます。

特に元亀二年(一五七一)、湖北十ケ寺の門侶たちによって編成された五千の兵は浅井長政に組みし、織田信長の武将堀秀村の箕浦城を攻め、木下藤吉郎・堀秀村の軍勢と戦いますが、所詮組織されない烏合の衆、一向宗の門侶たちは後退を余儀なくされ、長浜下坂浜の「さいかち浜」で最後の一戦を交えますが、力及ばず全滅してしまったといわれています。

「湖北十ケ寺」とは、

長沢村福田寺	(覚芸)
大戌亥村福勝寺	(覚乗)
益田村真宗寺	(祐乗)
榎木村浄願寺	(勝理)
尊勝寺村称名寺	(性慶)
内保村誓願寺	(了乗)
西上坂村順慶寺	(珍乗)
十里村金光寺	(教通)
中道場	(願心・猶宗)
箕浦村誓願寺	(超宗)

をさします。

ここで、中道場は西上坂村授法寺を当てるのが有力視されていますが、木之本明楽寺を十ケ寺の一つとして記載されたものがあったりして、中道場の比定をめぐって、いくつかの説があるようです。

また、「平の衆」と呼ばれる各十ケ寺の末寺的寺院があったようで、最多は福田寺の六十二ケ寺を数えるといいます。

益田村真宗寺は十六ケ寺の末寺をもっていたと考えられます。この中には冨田村に関係するものがあったかもしれませんし、もしかすれば、真宗寺門徒として戦闘に参加していたものとも考えられます。

詳しい史料が残されていませんので確たることは言えませんが、冨田村の村人も一門徒として「さいかち浜」の戦いや、石山本願寺の合戦に参加したり、物心両面で援助もしていたと考えられます。

湖北十ケ寺は浅井氏滅亡後も徹底して織田信長に抗し、「信長一味の衆への交際の禁止、彼らの葬儀その他の仏事に参ずることの禁止、布施・喜捨などもこれを受けとりの禁止、下坊主・同ひらの衆も同前の事、以上を万一にも破った場合は如来上人の御罰を蒙るものである」という前文のある連判状を作成し、なおの団結を強化しようとしています。

※この連判状は信長に対してではないという説が有力ですが・・・

しかし、石山本願寺顕如は、天正三年(一五七五)に一旦、信長に講和を請いますが、天正五年(一五七七)、加賀一向一揆が起こるや、顕如上人は湖北・濃西の門徒に対して再び檄をとばすことになります。

しかし、天正八年(一五八〇)閏三月信長と本願寺顕如は和議を結ぶに至ります。

この織田信長と石山本願寺との石山合戦における湖北十ケ寺の活動は多くの文書に残されているようです。

また、びわ町地域の益田村真宗寺についても、「石山本願寺日記上」(証如上人日記)の天文五年(一五三六)正月条には、

「益田、金光寺上候。就其益田去十九日志五十疋あげ候」

また、同天文七年(一五三八)五月十八日条には、

「就当番儀如毎月益田真宗寺樽到来候」

などとあり、早い時期から本願寺との関係があったことが分かります。

また、この地方の真宗(一向宗、浄土真宗)の寺院・道場・門徒たちは益田村真宗寺などの元に一致団結して、支援活動や合戦に臨んだものと考えられています。

一方、顕如上人や湖北の門侶と共に元亀二年(一五七一)の箕浦合戦(さいかち浜合戦)を戦った教如上人は、法主第十二世を嗣がれていましたが、文禄三年(一五九四)九月、秀吉の朱印状により准如上人に法主の座を譲ることを余儀なくされます。

湖北の門侶は教如上人と強い絆で結ばれていましたので、教如上人に深く帰依し、湖北の三郡の門侶はその志を集め、その志しは青銅六千貫にも及んだといいます。

それに対して教如上人は湖北の門徒に厚く礼を述べる謝状を出していますが、この教如上人からの謝状を「青銅の御文」といい、手紙の日付が十四日であったことから、毎月十四日に集会を持つことになり、長浜大手門の中の空地に集会所を建て長浜御堂と称しました。後の長浜別院大通寺の誕生であ

るとともに、十四日講の始まりでもあるのです。

一方、関ケ原の合戦がまさに始まろうとするとき、徳川家の恩顧に報いるため、教如上人は大坂方の情報を徳川家康方に伝えるべく関ヶ原に向かいますが、途中大坂方に発見され美濃路に逃げ込みます。

なんとか難を逃れて関東へ下った教如上人は、家康と面会し情報を伝えた後、帰路に向かいますが、関ヶ原付近には大坂方が陣を構えていましたので関ケ原を通ることができず、伊吹山を越え北近江に出ます。

その経路についてはいくつかの説があるようですが、伊吹町吉槻・板並付近に出たようです。

浅井町八島付近に近づいたとき石田方の残党に襲われたようですが、湖北三十三ケ寺の門侶たちが命がけで守ったといい、この門侶たちを「湯次方」と呼んだといいます。

その後、びわ町香花寺村（慶信坊）を経由して早崎村にたどり着きます。早崎村からは早崎村又兵衛の船にて湖上を大津に向かい、京都に帰られたと伝えられています。

この「湯次方」に属するびわ町地域の寺院は香花寺村本誓寺・稲葉村光乗寺があり、近江・美濃国で二十二ケ寺を数えたといわれています。

この時、教如上人をお守りした五村の大村刑部は、慶長五年（一六〇〇）、一町四方の敷地を教如上人に寄付し、湖北六十四ケ寺（難波村養本寺・唯願寺・落合村専明寺・錦織村西入寺・十九村緑映寺・上八木村雲外寺・安養寺村正安寺・曽根村長善寺などが含まれています）の賛同のもと、時の代官日下部善介を普請奉行として仮堂を建立します。この懸所が後の五村別院に発展していくのです。

慶應七年（一六〇二）、本願寺は東（教如）西（准如）に分かれますが、湖北の門徒衆は教如上人を慕い東本願寺に帰依することになります。

また、十四日講は続けられますが、時が経るに従っていくつかに組に分かれ、東浅井郡も上下二組に分かれることになりました。

浅井郡下十四日講に入る寺院は、

曽根村広行寺	南浜村念善寺
川道村空念寺	川道村明願寺
八木浜村西照寺	中浜村白桜寺
大浜村唯行寺	野寺村玉泉寺
新居村円光寺	下八木村慈栄寺
弓削村来現寺	益田村真宗寺
冨田村源慶寺	南速水村明善寺

となっています。

しかし、安永四年（一七七五）六月の宣如御講の折には、既に種々の理由で冨田村の源慶寺は西派に転派しており記録に残されていないといいます。

《参考》
「東浅井郡志」
「長浜市史二」
「長浜御坊三百年誌」
「びわの歴史トピックス」他

※1
川崎文書の未整理史料から次のような文書が見つかりました。
多数の方の助力を得て読みました。

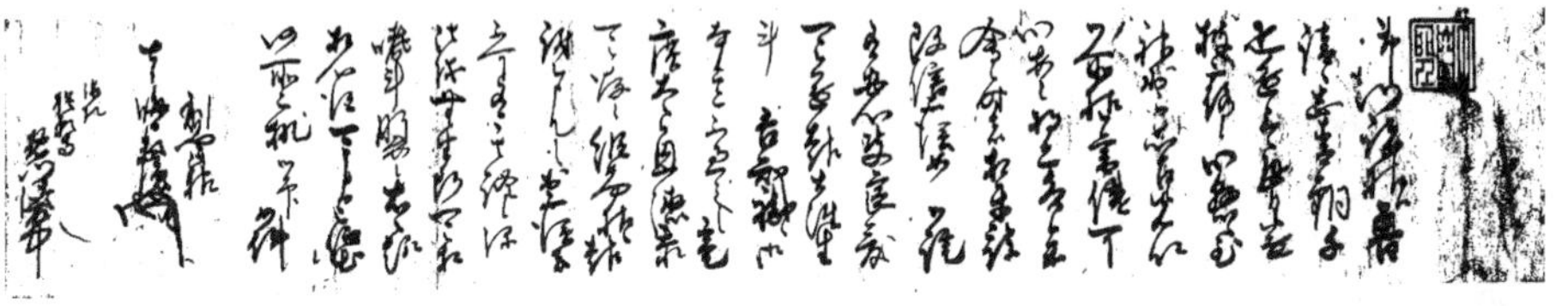

《未整理一五六》
［印（明聖）］
御門跡様へ普
請之志、青銅千
疋進上候通、具遂
披露候、御懇之至
神妙被思召候 先以
御所様御口健可
心安候、将又各参
會之時者、相互被
改信不信如 御掟
有安心決定、今度
可被遂報土往生
事 善知識へ御
本意不過之候、寔
廣大之恩徳忝
可被存候、
縦如何様へ報
謝被申ても、
於不信者
不可有其詮候、弥
法儀無油断、
可被相
嗜事肝要候、
右之趣
相心得可申旨、
被仰出候、
仍所被排御印 如件
刑部卿法眼
七月晦日 頼廉
（花押）
湯次
誓願寺
惣門徒衆中

本願寺の家老下間頼廉が法眼位であった時期は、天正七年（一五七九）頃から天正一五年頃迄だといいます。

従って、上の文書は天正七年～天正一五年の間の文書となります。

石山合戦で敗北した顕如は、天正八年四月、大坂を退去し紀伊鷺森へ移ります。

上の文書は、湖北十ケ寺の中でも最後まで徹底抗戦を貫いた湯次村誓願寺門徒宛になっています。

真宗史に詳しい宮川弘久氏によれば、湯次誓願寺門徒を代表して、青銅千疋を持参した人物に本願寺から手渡した（領収）文書であり、その文書が冨田村にあるということは、冨田村の村人がその役割を担ったと考えられること、また、天正一一年七月に完成した貝塚本願寺普請への寄進か、天正一三年八月の大坂中之島御坊普請への寄進であった可能性が大きいと言われています。（太田氏は天正八年と推測されています）

また、青銅千疋という額は大変な高額だとも言われています。

詳しいことは分かりませんが、織田信長に抗戦した石山本願寺を最後まで支援し続けた湯次誓願寺、その門徒代表として青銅千疋を本願寺へ届けた冨田村の村人がいたらしいことだけは、多少ですが理解出来たように思います。

この時点では、源慶寺・圭林寺とも存在してないと考えられますから、益田真宗寺門徒だと思っていたのですが・・・、意外な事実でした。

また、湖北真宗門徒の一員として、冨田村（村人）も石山本願寺に深く関わっていた可能性があったことに驚いています。

記録に見る自然災害

第１９８号
2002.02.10

江戸時代の記録には、旱魃・大雨・大風（台風）・洪水・地震等々の記録を散見することができます。当時としては自然災害は人間がどうすることもできない脅威として享受するしかなかったようです。

あるときは神や仏に頼み、あるときは呆然とあきらめるしかなかったと思われます。

自然災害や自然の脅威は百姓中心の時代にあっては、収穫を左右する死活問題であったのですが、土木技術の未熟さなどから甘んじなければならない試練でもあったのです。

大風におののき、大雨を心配し、降らなければ降らないで旱魃を心配するそれが当たり前の時代であったともいえるのです。

だからこそ神や仏に対する信仰の力も強く持たれたのであろうと考えられます。

また、自然災害は地域差があって必ずしも一律には論じられるものではありませんが、記録に見られる自然災害を抜き出してみましょう。

ただし、（ ）は記録を確認できた（記録が残されている）村々であり、冨田村に限った記録ではありません。いわば、湖北地方全般に関しての災害の記録だと思って下さい。

また、下の一覧には漏れがあったり大事なことが漏れているかもしれませんが、その点についてはご容赦を願いたいと思います。

この一覧は「余呉町史」にまとめてあったものを中心に、川崎文書から判明している災害（ただし、災害が顕著なものに限りました。小さな災害はもっともっとあります。）や「東浅井郡志」などで補ったつもりでいます。

一目すればお分かりのように、江戸時代は自然災害の連続であったと思うのは私だけではないと思います。

《江戸時代以降の自然災害一覧》　※目立つものだけ取り上げました。

慶長元年(1596)　閏七月大地震、倒壊家屋無数、人畜死傷夥多、八月大風
慶長五年(1600)　五月大旱魃
慶長九年(1604)　八月大風、立毛の損害甚大
慶長10年(1605)　五月～六月雨なく旱魃、七月洪水、各地で堤防決壊
慶長11年(1606)　五月大風雨、洪水、八月大風、諸国不稔
慶長13年(1608)　八月長雨、大水、橋梁流失、村里浸水、田園湖の如し
慶長14年(1609)　八月大風、洪水、作毛損亡甚大
慶長15年(1610)　七月大風、作毛損亡甚大
慶長17年(1612)　七月降雹あり、九月大風
慶長19年(1614)　五月長雨、大水洪水、堤防決壊、八月風雨、洪水
寛永三年(1626)　大日照り、水争いで死者、収穫皆無同様（冨田村）
寛永10年(1633)　八月暴風雨、大水、民家多く流失
寛永19年(1642)　五月長雨、大水、穀物不稔、飢饉にて死者続出
正保四年(1647)　水争い（冨田村）
慶安三年(1650)　各地に洪水
承応二年(1653)　込み水にて収穫皆無（大浜村）
万治三年(1660)　八月大風、大水、淀・宇治橋梁流失、水害・虫害（冨田村）
寛文二年(1662)　五月大地震・倒壊家屋無数・人畜死傷多し。六月大風雨、洪水
寛文八年(1668)　諸国大旱魃
寛文九年(1669)　六月大風雨、各地堤防決壊、家倒れ死者多し、大不作(冨田)
寛文10年(1670)　飢饉で死人多し、彦根付近のみで死者二五〇余人に及ぶ
寛文12年(1672)　水争い（冨田村）

延宝二年(1674)　四月洪水
延宝四年(1676)　夏洪水、彦根丸の木町付近にて街路に舟を通ず
天和元年(1681)　水害あり、風損あり（冨田村）
天和三年(1683)　五月大水、各地に山崩れあり
元禄二年(1689)　諸国長雨、洪水あり
元禄三年(1690)　八月暴風、洪水、山崩れ、人畜死傷
元禄四年(1691)　洪水、救済米給付（安養寺村）
元禄12年(1699)　八月一五日大暴風
元禄14年(1701)　八月大洪水・小倉地先の
堤決壊・冠水(冨田)・堤防決壊(曽根)
宝永四年(1707)　一〇月大地震、倒壊家屋無数、人畜死傷無数
宝永五年(1708)　七月大風
正徳四年(1714)　七月長雨
享保六年(1721)　閏七月洪水あり、被害甚大、湖水一昼夜に三尺上がる
享保10年(1725)　七月大旱魃、稲苗枯れ萎む
享保12年(1727)　大旱魃、雨乞（冨田村）
享保17年(1732)　穀物不稔、諸国飢饉、米価高騰、水争い（冨田村）
享保18年(1733)　米価奔騰、餓者続出（救米下付願：冨田村）（享保大飢饉）
享保19年(1734)　南浜大火、四七戸焼失
元文元年(1736)　八月大水、彦根四九町辺路上舟通す
元文二年(1737)　込み水、植え付け不能（大浜村・川道村）
元文三年(1738)　六月大水、込み水六尺、年貢免除（大浜村）
元文五年(1740)　閏七月大風、被害甚大（冨田村）
寛保二年(1742)　七月大風、大水、洪水氾濫、死傷者多し

延宝三年(1746) 旱魃(冨田村)
延宝四年(1747) 八月風雨、出水甚し
寛延元年(1748) 台風損(冨田村)
宝暦元年(1751) 二月二九日地震
宝暦六年(1756) 九月大風雨・樹を吹き家を倒・人畜死傷・淀川大洪水・橋梁流失
明和二年(1765) 五月長雨・冷気・人々綿衣を着・七月大風雨・大津山崩・人馬死傷
明和五年(1768) 大風水あり
明和六年(1769) 諸国疫病流行し死者無数
明和七年(1770) 七月大旱魃・湖水の水位低下一丈に及ぶ・大日損(冨田・稲葉村)
明和八年(1771) 夏また大旱魃
安永三年(1774) 七月大風、樹を倒し家を壊る
安永五年(1776) 八月長雨、洪水、塩津・集福寺など山崩れ、人畜死傷
安永六年(1777) 雨乞踊り(稲葉村)
安永七年(1778) 七月大雨、洪水
天明二～四年(1782～84) 穀物不稔、大飢饉・餓死者無数、天明二年南浜飢ゆ
天明六年(1786) 八月大風、倒壊家屋夥し
天明七年(1787) 五月米価奔騰、江戸に暴徒峰起米屋打壊、全国に暴挙波及
(天明大飢饉)
寛政元年(1789) 増水、堤防決壊(野寺村・錦織村)
寛政三年(1791) 八月大風倒家夥し、洪水、水害(冨田村)
寛政九年(1797) 六月～九月大旱魃(冨田村)
寛政12年(1800) 各地に洪水
享和二年(1802) 六月大洪水堤防決壊、橋梁家屋流失、被害甚大(冨田村)
享和三年(1803) 七月旱魃、百姓大いに苦しむ、湖水涸れること七尺
文化四年(1807) 五月大洪水、被害甚大、琵琶湖定水より七尺一寸余高くなる
九月大風、惨禍あり、大雨・大洪水、姉川など各地で堤防決壊
虫害(曽根村・大浜村・小観音寺村・安養寺村・冨田村)
文化五年(1808) 七月大風
文化六年(1809) 七月大水、各地に死人あり、家財流失夥し
文化12年(1815) 六月大水、八月洪水、田畑の損害夥し
文政二年(1819) 六月大地震・人畜死傷、九～十月雨降らず琵琶湖水位低下著し
文政三年(1820) 五月大雨、湖水大いに溢れる
文政四年(1821) 四～六月旱魃、挿苗不能、百姓苦しむ。八月大風雨
文政六年(1823) 七月大水

《第一九九号に続く》

《参考》
川崎文書(滋賀大学史料館)
「余呉町史」(伊香高校図書館)
「東浅井郡志」 他

※1
西島文書「年代記」より災害の記載を見てみたいと思います。
《西嶋文書二九八抜粋》

◆文亀癸亥三年(一五〇二)
大ひてり(日照り)

◆寛永丙刁三年(一六二六)
分水木出入、大日てり(日照り)

◆寛永辛巳十八年(一六四一)
大きゝん(飢饉)

◆明暦元年乙未(一六五五)
正月廿三日夜、西にたけ(丈)三間ニはハ(幅)二三寸斗あかき雲いつる(出る)

◆享保己酉十四年(一七二九)
きゝん(飢饉)

◆享保癸丑十八年(一七三三)
大きゝん(飢饉)

◆元文戊午三年(一七三七)
竹生嶋常行院
山くすれ海へつき出タ

◆宝暦卯九年(一七五九)
吉定院・梅本坊・実相院
二月十四日竹生嶋三ケ寺出火ニて

◆明和寅七年(一七七〇)
七月廿七日夜、大海北東へ海やけ
大ひてり(日照り)
御料所井底樋、長サ三十間ニ成

◆明和卯八年(一七七一)
二ケ年大ひてり(日照り)
役高皆村方ょり大工中へ帰ル
大ひてり

◆安永元年辰(一七七二)
江戸大火ニ而六ケ国大工申参、然共江戸へ参り不申候。六ケ国共ニ

◆天明四年辰(一七八四)
中前之きゝん(飢饉)

◆天明五年巳(一七八五)
勢田さらへ二月廿日ょり休ミ
江戸ょり見分ニ而見合シ止メ

◆天明六年午(一七八六)
大ふり
江戸大高水七月十二日ょり十八日迄
八月十九日晩大風大さきょり北へ廻ル、九月六日夜大風但シ南風
午ノ秋日本国中不作大きゝん

◆天明七未年(一七八七)
日本国大ほうねん(豊年)

◆天明八申年(一七八八)
正月晦日ょり二月朔日迄二日壱夜
京都大火ニて凡九歩之焼
禁裏中様不残焼候。東本願寺不残
佛光寺不残、其外洛中洛外凡焼候
西本願寺光正寺ニケ所ハ相残申候
四月十一日之夜暮六ツニ天ょり火玉
水下ニ而凡壱間四方くらい之大サ

略した部分(別号で紹介済)もあり、また、取捨選択した記事もありますが、自然災害や火事、地震、日食・怪奇現象等々の記録が簡潔に記録されています。

記録に見る自然災害 その二

第１９９号
2002.02.24

《第一九八号よりの続き》※ 目立つものだけ取り上げた。

文政七年(1824) 十一月大雪、彦根・長浜七～八尺という
文政八年(1825) 六月地震
文政11年(1828) 五月大雨、洪水
天保元年(1830) 七月地震、人心恂々たり
天保三年(1832) 七月洪水、彦根四九町のあたり路上にて舟を漕ぐ
天保四年(1833) 四月地震、穀物不稔、諸国飢饉（天保大飢饉）
天保七年(1836) 諸国不稔、八月大風、洪水、飢人続出、米一俵七六匁に高騰
姉川下流など被害甚大、二尺四寸冠水（冨田村・大浜村）
天保八年(1837) 穀物不稔、米価奔騰、米一俵銀百匁余、諸国大いに飢える
（天保の大飢饉）
天保13年(1842) 甲賀・栗太・野洲郡など天保の一揆
弘化二年(1845) 六月大水
嘉永元年(1848) 八月大水
嘉永六年(1853) 大旱魃、雨乞（冨田村）
嘉永七年(1854) 十一月四日安政東海大地震、十一月五日安政海南大地震
安政七年(1860) 春長雨、五月大風雨、込み水三尺九寸（冨田村）
万延元年(1860) 五月十三日大風雨、洪水
田川伏樋竣功の夜の出来事、十四日四ケ村悉皆水底となる
慶應二年(1866) 八月大風、稲の被害甚大、沿湖の村々水中に沈没の惨状
明治元年(1868) 閏四月暴風大洪水、稲株腐る、家屋浸水（八木浜村・冨田村）
明治三年(1870) 九月暴風雨、大水、堤防決壊多し
……【以上は旧暦の月日】
明治10年(1877) 十月暴風雨、諸川洪水、堤防決壊
明治12年(1879) 夏疫病流行、死者続出
明治18年(1885) 春長雨、七月暴雨大水、洪水、橋梁流失、堤防決壊
明治24年(1891) 十月濃尾大地震
明治28年(1895) 七月湖北三郡暴雨大水、各地の被害甚大、諸川橋梁流失
長浜雨量503.5㎜、木之本720.3㎜、湖水七尺三寸五分上る
明治29年(1896) 八月暴雨大水、諸川出水氾濫、堤決壊、橋梁流失、
沿岸の村々悉皆浸水
彦根雨量538.3㎜、木之本430㎜、湖水一丈二尺八寸上る
明治42年(1909) 八月十四日姉川大地震、倒壊家屋無数、人畜死傷
大正六年(1917) 九月大水、高時川決潰、各地の堤防決壊、橋梁流失、
立毛(稲作)被害甚大
昭和11年(1936) 豪雪・中河内積雪二丈四尺、夏六月に至っても山麓に堆雪あり

前号からスタートした自然災害の一覧が一枚の紙面に納まりきらず、続編となってしまいました。

逆に見れば、それだけ大きな災害が何度も起こったということになるのかもしれません。

現代の科学力をもってしても自然現象を操作することは出来ません。

しかし、現代は土木工事や治水工事・気象予報等々のいろんな技術が発達しており、自然災害を大幅に緩和することができるようになりました。

そのため、江戸時代にみられたような、毎年繰り返される旱魃・水害等を未然に防ぐことが出来るようになりました。

しかし、阪神大震災に見られるように地震、台風・集中豪雨などによる水害等々、いまだ現代の科学・技術でも防ぎきれない自然災害がまだまだあるのが現実です。

そう考えるとき、江戸時代（戦前までかもしれません…）の人々の自然に対する脅威は計り知れないものがあったであろうと想像されます。

二号にわたって紹介した江戸時代の自然災害、それらはすべて農民・百姓の生活に影響を与えました。

江戸時代は、大半の人々が農民でしたから、災害があれば稲作などが被害にあい、被害があれば収穫が減少したり、皆無であったりします。

収穫がなければ自分達の生活が出来ないばかりでなく、最優先しなければならない年貢の納入すら出来なくなります。

年貢納入は絶対ですから、土地を手放してでも年貢を納める、子供を奉公に出す、あるいは娘を身売りする…等々、そんな不幸がいつ起こるかもしれなかったのです。

現代では想像もできない事ですが、旱魃・水害・大雨・大風・洪水・地震・火山（この付近では心配なかった）などの災害の内、一つでも大きなものがあれば、家庭崩壊（生活の崩壊）だってありえたのです。

記録にある冨田村の災害（凶作関係の一部）は第一四四号で既に紹介したところです。

しかし、その時の三十三項目(年)の内、上の記録に記載されたものは十九

項目(年)に過ぎず、十四項目(年)は局地的であったり、災害の程度が少ないとして取り上げていません。

第一四四号で紹介した項目も冨田村のすべての災害ではなく(分かっていないものや省略したものもあり)、その半分弱が上記の自然災害一覧に記載されていないのですから、大小の災害を含めると上の倍近い災害が起こっていた勘定になるのかもしれません。

そう考えると、少なくとも二~三年に一回くらいの割合で、何らかの自然災害があったことになるのかもしれません。

自然に左右され、災害が来ないことを祈り、雲の流れにも一喜一憂した江戸時代の百姓たちの心労が伝わってくるようにも思います。

しかし、それらの災害による苦労が現在の私達にまで言い伝えられていないのも事実です。

よほどの大きな災害でも、子孫に伝えられるには限度があるようです。

それは災害の回数が多かったからかもしれませんが、忘れることに意義があったのかもしれません。

江戸時代のことを聞き伝えで知っている人はあまりないと思います。

しかし、明治二十九年(一八九六)八月の暴雨による大水によって、この辺りがすべて水に浸かってしまったことは聞き伝えている人はかなりあるようです。

二階から舟で出入りしたとか、洪水の跡が壁や腰板に残っていたのを知っているとか、まだ、自分の家にはその跡が残っている・・・・等々を聞くことができます。

また、明治四十二年(一九〇九)八月十四日の姉川大地震も言い伝えれている災害の一つだと思います。

また、昭和五年九月二十八日に安養寺村に降った雹(ひょう)のことは、安養寺村では永く言い伝えられており、この災害を忘れないため、毎年この日はお粥を振る舞っていると聞いています。

このように、大きな災害や事件は親から子へ、子から孫へと言い伝えられるのですが、余ほどでない限り三~四代、一〇〇年程は言い伝えられるのですが、本や記録に残されない限り、いつしか忘れ去られてしまう運命のようです。

災害でなくて、村の様々なことでも一〇〇年前のことを古老に聞いても、いい返事は返ってきません。

そのためにも、少しでも記録に残しておく必要を感じています。

《参考》
川崎文書　(滋賀大学史料館)
「余呉町史」(伊香高校図書館)
「竹生むかし話」(びわ北小学校)
「東浅井郡志」　他

【いっぷく】

次の文書は帳はずれと思われ、前後の部分が欠けており、時代も判明しません。その不十分な文書の、更にその一部分を取り上げることにします。

《未整理二部分》

一質地之裁判之格法前條之通、此度相改り候付、五ケ年以前酉年以来限之訴出候分ハ、只今迄之裁許を以流地ニ成来候分ニて茂、當然元金不残差出シ、田地取戻シ度と願出候ものニハ請戻させ可申候。但流地杯候者之方ニ而田地配分いたし置、又ハ年季賣質地所尓茂致置候分ハ、其侭致請戻させ申間敷候。流地取候者之手前ニ田地有之分斗■、右之通請戻させ候様ニ可申付候事。

貸借の質物の件に関わっての裁判取扱が前条(省略)のように改まった。過去五年以内に訴え出た分に関しては、その土地が質流れになっていても、元金を残らず出して、土地を戻したいと願い出た者には請け戻させる。しかし、その土地が小作に出されていたり、貸借関係の質地となっている場合は請け戻すことが出来ない。請け戻すことが出来るのは流地として取り上げた者が所有している場合に限り請け戻せる。

と言った内容かと思います。

現代では、期限内に返金が出来ない場合は、担保物件は質流となり、永久的に取り戻すことは出来ません。出来るとすれば、改めて買い取るしかありませんが、恐らく高値を吹っ掛けられるのが落ちではないでしょうか。

しかし、右の文書は、質流れになってしまっても、五年以内なら元金を返済すれば取り戻すことが出来るように改めたと言うのです。

恐らく、零細百姓の保護と言った点で改正されたのかもしてません。

しかし、実は日本の社会では中世以来、「売買の土地、貸借から生じた質流等の土地は、どれだけ年月が経ても、本来の(元の)持ち主に返るもの」という思想があったようです。

本来は鎌倉御家人に限って、一定の条件を満たした場合だけに適用されたようですが、時代を経るに従い、それが世間一般に流布し、いずれの売買・貸借にも主張され始め、定着していったようです。

特殊な例でしょうが、江戸時代、一〇〇年を経た質流れの土地を取り戻した例があったと、どこかで読んだ覚えがあります。

一〇〇年とは言わないまでも、元金を返せば質流れの土地を請け戻せるという考え方は根強く残されていたのかもしれません。

「本来の持ち主に返るもの」思想の極端な例が「徳政令」です。

「徳政令」は一定の条件を満たした売買や貸借の総てをチャラにし、土地を元の持ち主に返すというものです。

そのため、中世の證文には、この契約は徳政令から除外される旨の但し書きがあるものもあると言います。
(私自身は見たことがありません・・)

また、総ての貸借がチャラになるということで、中世には「徳政令」を要求する徳政一揆が多発することにもなったのです。

年貢の湖上運搬について

第２００号
2002.03.10

冨田村の年貢は、その殆どが早崎浦から大津に運ばれた（一部は安養寺浦から）と、以前に紹介しました。

江戸時代は陸上の運送より、湖上や河川の水上運送が発達しており、いずれの村々も年貢は湖上運送に頼るところが大きかったといいます。

例えば、貞享元年（一六八四）の高月町馬上村の記録には「山城守様御代津出しの儀は、浅井郡の内小堀和泉守様御知行所南浜と申所へ高月川筋……南浜問屋市郎兵衛と申候……」とあり、内陸部の村々も高月川を利用して南浜浦まで津出ししていたことを確認することができます。

《栗原基氏より》

また、冨田村の元禄十三年（一七〇〇）の年貢を運搬した舟賃請取証を見ると、安養寺村平右衛門舟の領収として、舟賃は積荷が五十五石で舟賃五斗五升となっています。

この時は安養寺浦からの運搬であったようですが、安養寺浦から大津の御蔵屋敷までの船賃は、積み荷の一％となっていることも分かります。

《租税一九六》

今回は、直接冨田村と関係がありませんが、早崎浦（竹生島領）が所有した丸子船などに関して、竹生島宝厳寺文書から判明した事を紹介したいと思います。

竹生嶋領早崎村の持船員数について

湖上を運航する船については運上金が課せられていましたので、持ち船の数が正確に記録・報告されているとは限らず、不明な点も多いのです。

また、支配する藩や知行所毎にまとめられ報告されているため、実態を複雑にしており、正確な実態を把握するのが困難になっています。

竹生嶋領早崎村の持船員数については、幸いにも竹生嶋文書に多少の史料が残されていますので紹介します。

寛永六年（一六二九）の『竹生嶋領艜判形之覚』には、

《竹生島文書24-0084》

竹生嶋領艜数二九艘	
彦根領一三艘	合計四十二艘

とあり、すべての所有者の氏名が記録されています。

（※艜＝ひらたぶね、以下同）

また、寛永二十一年（一六四四）『船改帳』には

《同24-0088》

竹生嶋領艜舟数		二九艘
	丸子舟	八艘
彦根領　艜舟数		一八艘
合計艜舟四十七艘、丸子舟八艘		

となっています。

特に、丸子舟の所有者として、吉祥院（二艘）・花王坊・一乗院・實相院・月定院・常行院（二艘）で、使用者（預り者）の名前も記載されています。

つまり、年貢を運送する丸子船は竹生島の各院坊の所有であり、それを早崎村の村人が預かり、運用していたことが分かってきました。

冨田村を始めとする村々が、年貢の運送を依頼した船（丸子船）は竹生島が所有する船であったということになります。

竹生島が入用の時は自家用船として使用し、それ以外のときは湖上の運送船として使われていたように考えられます。

更に、慶安四年（一六五一）の『竹生嶋領分早崎村丸舟平田舟之帳』によれば、

《同24-0021》

丸舟九艘	
常行院	一一〇石船
吉祥院	四〇石船
※吉祥院	一五石船
月定院	六〇石船
（安養寺平左衛門へ売却）	
実相院	五〇石船
実相院	五五石船
※一乗院	一五石船
花王坊	三〇石船
※金蔵坊	一六石船
（※印水入）	
平田舟一〇艘	

となっています。

しかし、このうち「水入」と書かれているのが丸舟で三艘、平田舟で四艘あります。恐らく使用できない状態になっていたのかもしれません。

また、この史料は『竹生嶋領分早崎村』のデータであり、彦根藩領のデータは含まれていず、村全体のデータではありません。

宝永二年（一七〇五）『酉年舟帳留』では、

《同24-0069》

丸船五艘		
一二〇石	運上金	七匁五分
一一〇石	同	七匁五分
一一五石	同	七匁五分
八六石	同	六匁五分
六〇石	同	六匁五分
小艜舟一艘	運上金	二匁

とあり、他に田地養船として小艜船が五艘あると記録されています。

ここで注目されるのは運上金の記載で、合計三七匁五分の運上金を納めています。

課税対象となる船と課税されていない田地養船としての艜船の区別があったことが分かります。

また、正徳三年（一七一三）の史料も丸船の石高は若干異なりますが、いづ

れも同数が記録されています。

《同24-0074》

享保九年(一七二四)には、

《同24-0017》

丸船二艘・小平太船一艘 田地養船小艜船五艘

が記録され、享保十年には、

《同24-0013》

丸船三艘・小平太船一艘 田地養船小艜船五艘

と記録されています。


しかし、享保十二年(一七二七)になると代官所小野惣左衛門より「湖上有来大小之船不残極印相改間‥‥」と船改め(極印改め)を通達してきます。

《同24-0007》

そこで竹生嶋は持船員数として丸船二艘、小艜船三〇艘と報告するとともに、「右諸役御免被成下、従往古當山極印打、通用仕来候。為御断如此御座候。‥‥」と、極印は許されて竹生嶋独自のものを使っている旨を證文を添えて報告します。

《同23-0569》

これが了解されたかどうかは不明ですが、享保十三年(一七二八)も同数を報告しています。

《同23-0571》

また、元文五年(一七四〇)には、艜舟三〇艘、他に五艘、運上金上納艜舟一艘とありますが、これが正直な実態ではなかったかと思います。

《同24-0026》

ところが、延享元年(一七四四)六月竹生嶋は新しく着任した船奉行石原清左衛門に宛て、

「竹生嶋弁才天神領三百石早崎村之儀者、従往古御手洗浦故諸役御免許致成下神役相勤来候。殊弁才天御供物等通舟弐艘、田地養小艜舟三拾艘一山之極印押之候儀、御免許被成下通用仕来候‥‥」


と、口上書を提出します。

《同24-0076》

一方、七月に入ると石原清左衛門は「諸小物成運上物之類、此度一同ニ令吟味諸運上相増候ニ付‥‥」と、運上金の値上げを通達してきます。

《同23-0574》

これに対し竹生嶋は九月初旬、神酒一樽と扇子一箱を贈り、

「當嶋御免船数之儀旧例之通帳面ニ相記之差上申候尓来毎度御苦労之儀可申上候条、万端可然様御差圖奉頼候‥‥」


と、書簡を出し、旧例の通りになるよう依頼します。

《同23-0575》

これに対して代官石原清左衛門からは神酒と扇子の礼とともに、

「其地御免之船数旧例之通帳面ニ被記被遣之‥致承知候‥‥」


との了解した旨の書状が届きます。

《同24-0099》

その後、延享元年から天保十五年(一八四四)までの一〇〇年間分の記録は残っていませんが、天保十五年から明治二年(一八六九)までの一〇通の『持船員数帳』などにはすべて、

丸船二艘、小艜舟三〇艘

とあり、延享元年からは実態の如何にかかわらず、これで押し通したものと推測しています。

《参考》
竹生嶋文書(マイクロフィルム版)
(びわ町図書館)
川崎文書 (滋賀大学史料館)

※1
享保十二年(一七二七)の代官所小野惣左衛門よりの通達は、

《竹生島文書24-0007》

湖上浦々江申渡覚

一湖上有来大小之舩、不残極印相改間、浦々ょり舩無遅々大津江相廻、極印請可申候。前々之通浦々之舩大小共ニ極印無之舩、堅令禁止条若、於相背ハ詮儀上可為曲事事。

付、舩大津江着候ハゝ、舩頭方より早速御役屋宛□(※一行不明)

一浦々渡舟・荷舩・漁舩、前々之御定之通無違乱、急度相守可申候。破舩、其外異變有之ハ可申出事。
一新造之舩ハ早速大津江相廻、積石并寸尺を請、極印相済候上通用可仕候。修復舩茂可為同前事。
一運上銀、前々之通取立之条、無遅滞上納可仕候。舩数増減於有之ハ其段可申出候。
一浦々ょり舩改役之者共江音物等ハ勿論、馳走一切仕間敷候。若、舩改役之者非儀有之ハ、其段早速可申出事。
右之条々堅可相守者也
享保十二年未四月
小野惣左衛門印
江州浦々
庄屋・舩年寄・舩持

とあり、他の文書からも、この享保一二年の通達が船持達に強い影響を与えたように思われます。

(※享保十二年(一七二七))


一方、竹生島はこの通達にに対して次のような願書を提出します。

《同24-0101》

奉願口上書

一竹生嶋神領早崎浦之儀、従往古當山門前ニ而、諸役御免許之地御座候。因玆、辯才天御供通舟等、當寺極印打、通用仕来候處、近年中絶仕候。今度新舟造り申候間、古来之通當寺極印打、通用仕候様奉願候間、古證文入御披見候間、古来之通被仰付被下候者、難有可奉存候。以上
享保十二丁未年五月四日
竹生嶋惣代
妙覚院(印)
御奉行所

勘ぐった考えかもしれませんが、通達が出されたと同時に新船が完成したとは思われません。今まで無届けで使用していた船があり、通達が来たため慌てて出した願書のように思われます。

同時期に、安養寺船も二艘を一艘に登録替えしています。

今まで等閑にされていた御定めの強化に慌てた浦々の様子が伝わってくるようにも思います。

びわ町地域の持ち船

第２０１号
2002.03.24

前号では、年貢納入に利用する湖上運送の丸子船は竹生島の院坊の所有するものであり、早崎村の村人が使用して運送業をやっていたことを紹介しました。

また、江戸時代初期には八艘あった丸子船も、享保年間頃には二～三艘になっていたことを紹介するとともに、持ち船に対する運上金や極印にかかわって、船奉行との経緯があったことにも触れました。

びわ町地域は琵琶湖の湖辺に位置したため湖上交通（水運）も発達していました。

安養寺・早崎・下八木・八木浜・大浜・南浜・川道村などには港（浦）があって、村々の年貢米としての米俵は各浦で丸子船に積み込まれ、彦根の松原港や大津の御蔵屋敷へと運ばれていきました。

もちろん、冨田村の年貢米もこれらの浦より大津蔵屋敷へ運ばれました。

また、村々へも川筋より平太舟が通行し、物資の運搬も行われました。

一方、早崎村からは竹生嶋への巡礼者を送迎する船の往来もありました。

今回も冨田村の話題とは直接関係しないのですが、びわ町地域の浦々の所有船数などをまとめてみたいと思います。

天正十五年（一五八七）年頃、豊臣秀吉は大津城の築城します。その整備の一環として港の整備も進め、坂本・堅田・木浜から百艘の船を集め、大津百艘船仲間定書を出します。大津百艘船の始まりです。

これにより、それまで湖上支配の特権を持っていた堅田衆に代わって、大津港が湖上支配の実権を握ることになっていきました。

また、秀吉は早崎村出身の早崎平三家久をして船奉行の職に任じ、水運と船を支配下におきました。

また、天正二十年（一五九二）には海路諸法度を制定し、船の所有権や船の運航義務・積み荷に関することなど十九項目を規定し、湖上交通に関わる法の整備を図るとともに、船の運行や湊への着船方法などのルールを決めました。

更に、船には極印（免許証明印）を必ず受けなければならないとし、不正な造船を禁止しました。

村名	慶長六年（一六〇一）	慶安四年（一六五一）	延宝九年（一六八一）	「淡海録」（一六八九）	「輿地史略」（一七三四）	寛延四年（一七五一）
川道村			丸船（＊一）	艜 七二		
南浜村	猟船 一二 艜 一七	丸船 一九	丸子船 一六 艜 一九	丸船 七 艜 六九	丸船 七	船株覚 二五株
大浜村	艜 一八		艜 一七	艜 三九	艜 三九	
八木浜村	艜 九	丸船 五	丸子船 一 艜 七	丸船 二 艜 一〇	丸船 二 艜 一〇	
下八木村	艜 二	丸船 一		艜 五	艜 五	
安養寺村	丸船 一 艜 一	丸船 二	丸子船 四 艜 九	丸船 三 艜 九	丸船 二 艜 九	船株覚 一株
早崎村 含戊亥村	猟船 三 艜 一五	丸船 九	丸子船 六 艜 一〇	丸船 一〇 艜 六		船株覚 九株

※延宝九年川道村丸船（＊一）は、延宝五年（一六七七）『江州湖水諸浦船員数帳』のデータより

※早崎村の数には戊亥村（現在の下益田村）のデータを含んでいます。

※艜＝ひらたぶね（舟遍に帯と旁る）

※船株については詳しい事は分かりません

江戸時代になり、彦根に井伊氏が入封すると、松原・長浜・米原の三湊と大津百艘船の間に軋轢が生じるようになります。

享保（一七二〇年代）の頃に彦根三湊が大津百艘船に勝訴すると湖上での立場は逆転していきましたが、湖上交通は利権や運上金に関わる複雑な問題を抱えていました。

このような複雑な湖上支配の背景の中で、冨田村を始めとする湖北の年貢米も湖辺の浦々から船積みされ、彦根の松原港や大津の御蔵屋敷まで運ばれていったのです。

また、北陸からの物資なども今津港・大浦港・塩津港などまで陸路を運ばれ、それらの港から彦根三湊や大津港・堅田港へと運ばれていきました。

琵琶湖が物資運搬などに果たした役割は大きなものがあり、丸子船といわれる琵琶湖独特の船が湖上を行き交っていました。中には二百石（米五百俵を積載できる）を越える大きな船もありました。

また、舟底が平たい艜（平太舟：ひらたぶね）や田畑用に使われた艜（田舟）も多く使われていました。

また、船の石高などに応じて運上金を上納するとともに、船の数などは船奉行の下に支配されていました。

びわ町地域の村々の船の所有数を文献から調べてみると、右の表のようになります。

表にあるように川道・南浜・大浜・八木浜・下八木・安養寺・早崎村の人々が湖上交通（水運）に携わっていたと考えられます。

現在は琵琶湖の湖上交通は竹生嶋などへの遊覧を目的としたもの、漁業、レジャーなどに限られていますが、当時は陸路よりも湖上の水運が最大の運搬手段でしたから、各浦々はその拠点として活気に満ちていて、船稼ぎをしていた人々も多かったものと思われます。

湖北一円の年貢米が各浦々に集められ、それが彦根湊や大津御蔵屋敷へと運ばれたのですからその繁栄を想像できます。

また、丸子船などを作る職人を船大工といいました。

びわ町地域の江戸時代初期・中期の船大工の状況は分かっていませんが、江戸末期の、天保十二年（一八四一）の湖辺の船大工が大津御役所へ差し出した『箇条取締并連印帳』に近江の船大工一〇二人が連署していますが、その中にびわ町地域では南濱村右門次郎や川道村久右衛門の名を見つけることができます。

また、右門治郎家など船大工は船作りばかりでなく、貸船業も営業していたといわれています。

水辺の農家にとって田地養船と呼ばれる農業用の船は作物運搬などには必需品であり、自前の船を持たない百姓などに貸し出していたようです。

《参考》
「淡海録」
「近江輿地志略」
「東浅井郡志」
「丸子船物語」（サンライズ出版）
「びわ湖の専業漁撈」
（滋賀県教育委員会）
「びわ湖の漁撈生活」
（滋賀県教育委員会）
「人づくり風土記滋賀」
「滋賀県の歴史」（山川出版社）
「びわの歴史トピックス」
竹生島文書（マイクロフィルム版）
（びわ町図書館）
他

【いっぷく】

明治になり、鉄道が発達するまでは琵琶湖の海運は、最重要の運搬手段でした。

湖北の大浦にあって、船問屋を兼ねた蓮敬寺という寺院があります。寺院でありながら実質的には大浦の湊を牛耳る実力者であったようです。

最近ある本の中で、元禄の頃、冨田村のT郎右衛門の娘が、この蓮敬寺へ嫁いでいることを知りました。

半信半疑で同寺を訪れましたが、寺は不在でしたが、近くの「丸子船の館」で手に入れた『舟寄せ村の歴史—蓮敬寺開基五百年法要記念—』の一頁には、系図の中で、

　内房　冨田村　東近江
　河崎T良右衛門娘

とあり、それを裏付けています。

しかし、同記念誌には、膨大な文書が掲載されている中、冨田村の文字を見ることはなく、依然疑問視していましたが、川崎文書からも次のような文書を見つけ、間違いのない事実だと判断しました。

《未整理九八五》

態（わざと）一筆致啓上候。先以、先日は御越被成候哉と相傳候所、指合御出ニも無之、残念至極ニ奉存候。弥々御堅固ニ被成御座候段、大悦至極ニ奉存候。扨（さて）、難波新介御死去之由承知仕候。圓諦遣可申所、日和悪敷、今日迄延引仕候。又、寺侶指合御無沙汰本意背申候。御断可被下候。扨、銀余候、合百匁指遣申候。御請取可被下候。利銀残銀は直懸打目御算用可仕候。猶以口口口之時候。恐惶謹言

十月十九日　　蓮敬寺（花押）

川崎T郎右衛門様

内容はさておきますが、文中の圓諦は外孫だと確認することが出来ました。また、圓諦の妹が五村大村左内の妻となっていることも確認できます。

どのような繋がりがあって、冨田村T郎右衛門娘と大浦蓮敬寺との縁組が可能だったのか、五村大村家との縁組みがあったのか、今となっては不明ですが、江戸期の交通手段の一翼を担っていたのが、琵琶湖の湖上水運であったことを考えると、現在の感覚と違い、冨田村（早崎浦）と大浦湊は目と鼻の先という感覚であったのかもしれません。

想像以上に種々の情報交換があったものと考えられます。

手紙の末尾に金銭的な内容がありました。もしかすれば商い的な繋がりもあったのかもしれません。

源慶寺の成立と転派の歴史

第２０２号
2002.04.10

冨田村には浄土真宗本願寺派（西本願寺派）源慶寺と、浄土真宗仏光寺派圭林寺の二ケ寺があります。

常々、この両寺の記事や記録があるとチェックしているのですが、思うようには歴史的なことなどが見えてきません。

二ケ寺が成立した年代や御堂の建設された年代、特に、源慶寺に関しては東本願寺派から西本願寺派へ転派した年代など、知りたいことはいっぱいあるのですが、断片的な記録しか残されていません。

今回は断片的な記録から、川崎文書に記録の多い源慶寺を中心に、両寺の歴史を見ていきたいと思います。

◆元弘元年（一三三一）
圭林寺開基（願教）と言うが詳しくは不明。　【浅井郡志巻参】

◆天正八年（一五八〇）七・三
源慶寺開基（松岸）と言うが、詳しい事は不明。　【浅井郡志巻参】

◆慶長五年（一六〇〇）
教如上人、香花寺村（慶信坊）に到着する。早崎村に至り、又兵衛の舟により大津へ。
この行程の中で冨田村を通過か？
【長浜御坊三百年誌】

◆慶長五年（一六〇〇）～
五村懸所建立
普請奉行日下部善介
【長浜御坊三百年誌　他】

◆慶長六年（一六〇一）八・十五
東西本願寺別立が決定的になる。
【長浜御坊三百年誌】

◆承応三年（一六五四）
「此年に源慶寺・圭林寺二ケ寺建ル」との記事あり。
《川崎氏蔵「年代記」》
「此午ノ年ニ源慶寺・圭林寺初て寺かぶを立ル」との記事あり。
《川崎文書家一「年代記序」》

◆萬治三年（一六六〇）
「両寺とも始り」との記事あり。
《宗教二八－一》

◆寛文九年（一六六九）
「圭林寺御堂立始り」との記事あり
《宗教二八－一》

◆寛文十一年（一六七一）
「源慶寺御堂立始り」との記事あり
《宗教二八－一》

ここまでの記録では、推測の域を出ないのですが、承応三年（一六五四）頃までは、源慶寺にしろ、圭林寺にしろ「道場」の形での存在ではなかったかと考えられます。

古老の伝える話では、源慶寺が道場であった頃（敷地は現在の場所ではない…推定している場所はあるのですが、確証がありませんので公表は差し控えます）、益田村真宗寺より僧が来て説法を講じたと聞いています。

『此午ノ年ニ源慶寺・圭林寺初て寺かぶを立ル』との記事は、道場から寺への昇格を期しての運動を始めるとともに、建設費用の準備を始めたものではないかと考えています。

そして、萬治三年（一六六〇）に「道場」から「寺」に昇格が許されたのではないかと考えています。

両寺の御本尊の御裏書きが確認できれば、はっきりしたことが分かるかもしれないのですが、恐れ多くて確認のお願いはしていません。

更に、寛文九年（一六六九）には圭林寺の御堂の建設が始まり、寛文十一年（一六七一）には源慶寺の御堂の建設が始まったのではないでしょうか。

この時、宮地の北東隅に圭林寺の敷地を、南西隅に源慶寺の敷地を等しく寺地として割り振ったのではないかと思っています。

現在は源慶寺の境内の方が広くなっていますが、これは文化二年（一八〇五）の現御堂建設の際（後述）、畑地を寄進する人があり、敷地が西側へ倍近く拡大されたものであることを、寄進文書などにより確認することが出来ます。

現在の御堂の中心線付近から西側はこのとき寄進された土地であったようです。

◆宝永七年（一七一〇）春
大津雨宮領　冨田村東本願寺派
（天領代官雨宮庄右衛門）
【長浜御坊三百年誌】

◆享保十一年（一七二六）
「高反別指出帳」に、長濱大通寺末寺東本願寺宗源慶寺雲晴とあり、御堂梁行三間桁行六間、庫裏梁行弐間桁行四間藁葺、と記録されている。
圭林寺は京四条仏光寺直末寺祐玄とあり、御堂梁行弐間桁行四間、庫裏梁行弐間桁行四間藁葺、と記録されている。
《村政一》

◆安永三年（一七七四）
源慶寺鐘楼堂建替（旧地）
※薬医門を入って東側の場所で、現在の鐘楼堂の地は、当時は寺の敷地ではなかった。
《宗教二八－三》

◆安永四年（一七七五）六・一
「…宣如上人御講には、浅井郡冨田源教寺（源慶寺）は本末のもつれから西派となって記入されていない。…」

十四日講浅井下の十四ケ寺から抜け、十三ケ寺となる。

【長浜御坊三百年誌】

◆安永八年(一七七九)
十四日講（浅井下）の定には冨田源教寺も含まれている由。

【長浜御坊三百年誌】

◆寛政八年(一七九六)八月
訴訟状の中に連署されている、三十七人の一人として西本願寺末寺源慶寺の名前が見られる。

《租税二八三》

上段の史料でも分かるように、享保十一年(一七二六)までは、源慶寺は東本願寺派の寺院であったことは間違いがないようです。

それは湖北の大半の寺院がそうであったように、織田信長の時代に僧侶も門徒も一向一揆を戦い、深く教如上人に帰依した湖北の人々としては当然の結果であったかと思われます。

また、慶長五年(一六〇〇)には、江戸に下向した教如上人が岐阜から伊吹山系を越え、浅井町を通って琵琶湖に逃れ、大津から帰京しています。

その折、教如上人は香花寺村（慶信坊）に至り、早崎村から又兵衛の船で大津へ向かったといいます。記録にはありませんが、この逃避行で冨田村を通っている筈なのです。

冨田村の人々も教如上人を喜んで迎えたものと思われます。

教如上人が東本願寺派を立てた時には、当然東本願寺派に帰依したものと考えられます。

しかし、安永四年(一七七五)、冨田村源慶寺は宣如上人御講「十四日講浅井下組」のメンバーから外れているらしいことが分かっています。

しかし、安永八年(一七七九)の十四日講（浅井下）の定には再度源慶寺も含まれるといいます。

どうもこの安永年間に、東本願寺派から西本願寺派に転派したものと考えられますが、きっちりとした年代を確定することは難しく感じます。

また、転派の理由については言い伝えも残されていますが、あえて割愛したいと思います。

《参考》
「長浜御坊三百年誌」
「浅井郡志」巻参
「年代記」（川崎太二郎氏蔵）
川崎文書（滋賀大学史料館）

※1
西嶋文書（びわ町教育委員会）の中より「年代記」と朱書きされた冊子に次のような記事を見つけました。

（平成一一年夏）

《西嶋文書二九八抜粋》

◆萬治庚子三年(一六六〇)
當村両寺始り
源慶寺・圭林寺　二ケ寺共
◆寛文己酉九年(一六六九)
圭林寺御堂立初
◆寛文辛亥十一年(一六七一)
當村源慶寺御堂立初
◆享保壬寅七年(一七二二)
當村観音堂寸し(厨子)
◆宝暦丙子六年(一七五六)
冨田村圭林寺二度目御堂立替
初より二度目
◆安永午三年(一七七四)
源慶寺鐘つり始
◆天明元年丑(一七八一)
當村源慶寺西様へきさん
七月四日より
◆天明三癸卯年(一七八三)
當村源慶寺一月四日二立
大工九左衛門
◆寛政十一未年(一七九九)
八月九日雨乞い礼 太鼓ばかり
踊りはなし 此時太鼓始り申候
◆宝暦四年戌(一七五四)
三月源慶寺隠居立ル

寺社に関係する記事のみを抜粋しました。（冨田村関係のみ）

これによれば、天明元年(一七八一)七月四日に正式に本願寺派(西派)へ転派したものと読み取れます。

安永の頃は揺れ動いた時期、正式には認められなかった時期と考えたいと思っています。

※2
同じく西嶋文書より次の文書を見つけました。

《西島文書五〇》

乍恐口上書

一真立寺本堂及大破候ニ付、此度私居村ニ有之古堂買求メ度世話致呉候様、檀下より被相頼候ニ付、居村ニ有之古堂之事故賣買之儀世話致遣候。然ル所、右之手續を以右組建造作之儀被相頼候得共、此細工之儀者先出入井職法等茂有之段申談候ヘバ、當村者大工入込ミニて別而當寺之儀者往古者不相知、中古出入大工与申者一圓無之候旨被申之ニ付、・・・(略)・・・

江州冨田組大工
卯四月廿三日　組頭但馬(印)
中井藤三郎様御役所

これによれば、冨田村の古堂（源慶寺古堂と考えられる）を真立寺本堂として買い求め、移転させることについて‥‥云々とあるように読み取れます。

現源慶寺本堂は文化二年丑（一八〇五）から普請が開始されていますから、卯年を文化四年卯（一八〇七）と考えると、古堂＝源慶寺古堂となり、辻褄が合う事になります。

源慶寺古堂（恐らく藁葺き）は他所真立寺（信立寺）として移転されたのではないかと思われます。

書面は古堂移転の可否でなく、大工の作法(仕事場の件)についてしか記されていませんので詳しくは分かりませんが、移転されたのは間違いがないと思っています。

源慶寺・圭林寺の御堂の変遷

第２０３号
2002.04.24

前号では、源慶寺・圭林寺の両寺は承応三年(一六五四)頃「道場」として設立(出発)し、萬治三年(一六六〇)頃に「寺」格を得て、寛文九年(一六六九)頃に圭林寺の御堂の建設が始まり、寛文十一年(一六七一)には源慶寺の御堂の建設が始まったのではないかと考えられることを紹介しました。

また、源慶寺は安永四年(一七七五)頃に、東本願寺派から西本願寺派に転派したものと考えられるのではないかと紹介しました。

以上の二点は断片的な史料からの推測に過ぎず、決定的に確かな史実であると断言できないのも事実です。

しかし、私は、限りなく史実に近いことであるとも考えています。

その一つの証拠に、次のような記録を見つけることができます。

◆宝暦十年(一七六〇)
「源慶寺・圭林寺建立より一〇七年目」という記録あり。
《家一「年代記序」》

宝暦十年(一七六〇)から数えて、一〇七年前は丁度承応三年(一六五四)となり、事実と矛盾なく考えることができます。

ただ、承応三年(一六五四)の記録も宝暦十年(一七六〇)の記録も、同じ史料である「年代記序」に書かれている点が問題ではあります。

もし、別な史料から同様な内容が示されると確定的になるのですが……、残念ながら、現在では他の史料を見つけることはできていません。

御本尊の御裏書きか、本山に史料が残っていれば……と思うのみです。

この事はさて置き、今回は源慶寺・圭林寺の御堂などの変遷について、史料の中から大きさやその他のことについて調べてみたいと思っています。

◆享保十一年(一七二六)
「高反別指出帳」に、長濱大通寺末寺東本願寺宗源慶寺雲晴とあり、堂宇については、

御堂梁行三間桁行六間　藁葺
庫裏梁行弐間桁行四間　藁葺

と記録されています。

また、圭林寺については、京四条仏光寺直末寺圭林寺祐玄とあり、堂宇については、

御堂梁行弐間桁行四間　藁葺
庫裏梁行弐間桁行四間　藁葺

と記録されています。

また、「二ケ寺とも開基を知らず」とも記録されています。
《村政一》

寺院としての寺格を得て建設された両寺は、藁(わら)葺きのこじんまりした堂宇に過ぎなかったようです。

庫裏にしても、両寺とも八坪という極く小さなものであったことが伺われます。

御堂にしても、庫裏にしても、現在の様子とは似ても似つかない状況であったのです。

一般的に、古代の湖北地方には天台宗や真言宗などの寺院が多く建立されたようで、弓削村は村全体が満願寺といわれた寺院跡として、国の史跡に指定されています。

一向宗(浄土真宗)が湖北地方に根付いたのは、室町時代後半十五世紀末の蓮如上人以降であると考えられ、益田村真宗寺などは、その初期の建立だと考えられます。

そうした益田真宗寺など、初期の有力寺院の下に道場や寺が作られていったのが、戦国時代から江戸初期にかけてだと考えられます。

そして、このような道場等が寺格を得て寺院として定着するのが、江戸時代初期から中頃だと言われています。

さらに、現在のような立派な御堂を建立したのは、江戸時代中頃から幕末にかけてだと言われています。

湖北の一部の寺院には建立の古いものもありますが、大半の村々の寺院は右のように、戦国時代や江戸時代初期の創建で、御堂は江戸時代後期から幕末にかけて建立されたものが多いと思われます。

その意味で、源慶寺の開基が天正八年(一五八〇)というのも頷けるかもしれません。

逆に、圭林寺の仏光寺派は蓮如上人以前から門閥が多かったと言いますから、元弘元年(一三三一)の開基というのも可能性はあるとは思いますが、史実を確認する術はありません。

ともかく、江戸時代初・中期といえば源慶寺や圭林寺の誕生直後ともいえる時期と考えられますから、御堂や庫裏の規模が記録にあるようにこじんまりとしているのも頷けるのではないでしょうか。

享保年間頃は、両寺とも小さな御堂と庫裏であったことは間違いないようです。

◆慶應四年(一八六八)
「御一新明細書上帳」では京都本願寺末寺源慶寺とあり、堂宇などについては、

本堂　七間四方
鐘楼堂　弐間四方
庫裡　三間半ニ六間半

との記録があります。

また、圭林寺については

京都仏光寺直末寺圭林寺とあり、

《村政二一》

本堂　四間弐尺　六間
鐘楼堂　弐間四方
庫裡　三間半　四間半

と記録されています。

《村政二一》

慶應四年(一八六八(明治元年))の記録では両寺とも本堂・庫裏ともに大きくなっています。また、両寺とも鐘楼堂を備えています。

しかし、この変化がいつ頃起こったのかというと、源慶寺についてはかなりのことが判明しますが、圭林寺については分からないことが殆どです。

源慶寺が現在の御堂になったのは、文化二年(一八〇五)の源慶寺再建願を提出した記事が残されており、着工が文化二年(一八〇五)で、完成したのが文化十年(一八一三)であったと記録されています。

これは以前の御堂大屋根改修時にも鬼瓦の記録からも確認できました。

また、この時、某氏より畑地の寄進があり、敷地が西側へ拡大されたことも同じ史料より確認できました。

箇条書きにまとめてみると、

◆源慶寺御堂再建
着工文化二年(一八〇五)
完成文化十年(一八一三)
《宗教二八-三》

◆文化五年(一八〇八)
源慶寺本堂・庫裏廊下再建
《宗教二八-三》

◆天保二年(一八三一)
源慶寺隠居建替
《宗教二八-三》

◆天保六年(一八三五)
源慶寺出庇新調
《宗教二八-三》

◆安政五年(一八五八)三月
源慶寺鐘楼堂再建願(弐間四方)を出願する。
門徒惣代・庄屋・年寄の署名押印
《宗教五〇》

◆安政六年(一八五九)八月
源慶寺薬医門再建願を提出。
門徒惣代・庄屋三人・年寄二人署名
《宗教五一》

※伝え聞くところでは、京都某寺の門を移築したもののようです。
これは、嘉永二年(一八四九)に京都の三宝院より源慶寺へ嫁した鶴尾(?)の関係によるものと思われます。

《参考》
川崎文書（滋賀大学史料館）

※1
平成二一年(二〇〇九)、源慶寺の門徒総会にて葬儀用臨時仏（仮ぼとけの軸）の修復をすることに決まりましたが、その臨時仏の御裏書きに、

本願寺釈宣如(花押)
方便法身尊形

とあることが紹介されました。

宣如上人は父教如上人の後を嗣ぎ、第十三代法主(東本願寺)になられた方で、慶長七年(一六〇二)に誕生、万治元年（一六五八）に五十七才で亡くなっています。

ですから、源慶寺の道場時代か、または、複数の古文書が示す、萬治三年(一六六〇)の寺の始まりのときの本尊ではなかったかと、個人的には想像しています。

ともかく、宣如上人存命中の万治元年以前の、江戸期初期という古い時代のものだと言えます。

当時の地方の寺院は須弥壇もなく、正面に本尊の軸のみが懸けられた素朴な造りではなかったかと想像しています。その正面に懸けられていたのが、この軸ではなかったのではないかと思っています。

一方、「長浜御坊三百年誌」第四項宣如上人の項に、

…例月十四日に巡番制でお講をつとめたのであるが、安永四年六月二日(※一七七五)の宣如上人御講には、浅井郡富田源教寺は、本末関係のもつれから西派となって記入されていない。
(※は筆者による)

との記述があり、十四日講が宣如上人御講とも呼ばれたこと、冨田源慶寺も講衆として、十四ケ寺の一ケ寺であったことが分かります。

因みに、安永八年(一七七九)の講の定には源慶寺も含まれているといいます。

この頃、源慶寺は東本願寺から離脱するか、しないのか揺れていた時期ではなかったかと思われます。

もしかすれば、上の軸はこの宣如上人御講(十四日講)との関係のものであったとも考えられます。

ただし、宣如上人御講(十四日講)の御裏は乗如上人御筆とあり、講の本尊ではなかったようです。

《参考「長浜御坊三百年誌」》

何れにしても、源慶寺は宣如上人との縁が深かったことが分かってきたように思います。

【いっぷく】

浄土真宗は、昔は「一向宗」と言ったのですが、何時の頃より浄土真宗と称するようになったのかを知りませんでした。

ところが、明治初期の太政官布告等を調べている中に、次のような条文を見つけました。

一　一向宗名之儀、自今真宗と可稱
旨御沙汰候事。
壬申三月(※明治五年)

従って、正式に真宗(浄土真宗)と称するようになったのは、明治五年からだと言えます。

それまでの文書にも浄土真宗の語が多々見られますが、正式名称となったのが、明治五年のようです。

郷御蔵目論《もくろみ》見帳より

第２０４号
2002.05.10

江戸時代、各村には郷蔵という共同の建物がありました。郷蔵は年貢米を一時保管する共同倉庫の役割を果たしていました。

年貢を納入する際、百姓達は自分に課せられた年貢米を一旦、郷蔵に納めます。納められた年貢米は郷蔵に保管され、津出しの機会を待つことになります。

代官等からの指示が庄屋に届くと、必要量を郷蔵から出し、早崎浦などまで運び、そこから大津の御蔵などへ船で送られたのです。

冨田村は西村、東村、北村とそれぞれが独立している（庄屋もそれぞれに居ました）ような形でしたので、それぞれの村に郷蔵がありました。

従って、冨田村には三つの郷蔵（正確には四つの郷蔵？）があったことになります。

これらのことについては、次の文書で確認することができます。

「享保十四年冨田村指出帳」には、

《村政三》

……《前略》……

一郷御蔵三ケ所　西組・東組・北組
　　上畑三畝分
　下田廿七付八厘五毛
右御蔵屋敷高之義ハ御免定ニ而御引被遊被下候。右郷蔵へ御年貢米入置も、御下知次第津出し仕候。當村より増田村迄道法八町百姓持出し、夫より早崎浦迄はしふねニて積送り申候。賃壱石ニ付四合五勺ツゝ百姓□□申候。

……《後略》……

※享保十四年（一七二九）

但し、それらの三つの郷蔵が何処にあったかというとなかなか難しく、その場所が判明しないのが現状です。

ただ、冨田西村の郷蔵跡地は、現在の井戸忠夫氏の宅地になっている場所であったようです。

東村、北村の郷蔵の場所を示す文書や言い伝えは残っていないようで、今となっては、何処にあったか分からないのが現状です。

次の文書は、安政四年（一八五七）の西村の郷蔵再建に関する「目論見帳」の写しです。

今回は、この「目論見帳」から郷蔵の様子などを見て行きたいと思っています

《村政一一》

安政四年
　郷御蔵目論見帳
己四月日　　浅井郡冨田村

一郷御蔵壱ケ所　但し桁行三間
　　此入用　　梁間弐間
一銀百八拾匁　栗柱弐拾本
　　但壱本ニ付九匁ツゝ
一銀弐拾匁　栗□□拾間
　　但壱間ニ付弐匁ツゝ
一銀拾六匁　松貫四拾間
　　但壱間ニ付四分ツゝ
一銀三拾匁　松丸物弐間三本
　　但壱本ニ付拾匁ツゝ
一銀弐拾匁　松桁拾間
　　但壱間ニ付弐匁ツゝ

……《中略》……

一銀弐拾匁　合掌拾弐本
　　但壱本ニ付壱匁ツゝ
一銀四拾四匁　竹百拾本
　　但壱本ニ付四分
一銀拾八匁　竹三拾本
　　但壱本ニ付六分ツゝ
一銀七匁　小竹七拾本
一銀拾八匁　壁した縄
　　三拾〆（貫）
一銀七匁弐分　葭四束
　　但壱束ニ付壱匁八分
一銀百五拾匁　大工料
　　五拾人
一銀六拾匁　屋根手間
　　弐拾人
〆七百弐拾八匁三分

右之通郷御蔵入用積り立前書奉入御高覧ニ候間、何卒御憐愍ヲ以、御下銀相成候様、此段御願奉申上候。以上
　浅井郡冨田村
安政四己年　　年寄　I左衛門(印)
　　四月　　〃　S左衛門(印)
　　　　　　〃　K右衛門(印)
　　　　　庄屋　I平次(印)
　　　　　　〃　K兵衛(印)
　　　　　　〃　T兵衛(印)
山形
　御役所

乍恐以書付奉願上候

一當村庄屋T兵衛組郷御蔵之儀、往古より梁間三間・桁行四間ニ而、明細帳ニも右之趣奉書上置候処、いつ之頃より歟、梁間弐間・桁行三間ニ取縮取建有之申候。然ル處、年数相立及大破、御収納度毎差支申候ニ付、此度取縮候間数ニ而再建普請仕度奉存由ニ付、別紙目論見帳を以此段奉願上候。何卒御憐愍以願之通り御聞済被成下、御見分之上御手當帳御下渡被下置候様、奉願上候。以上
　　浅井郡冨田村年寄
安政四己年　　　I左衛門(印)
　　四月　　〃　S左衛門(印)
　　　　　　〃　K右衛門(印)
　　　　　庄屋　I平次(印)
　　　　　　〃　K兵衛(印)
　　　　　　〃　T兵衛(印)
山形
　御役所

※安政四年（一八五七）

この文書は、郷蔵再建の見積書と考えてもらえばいいと思います。

　見積額は七百匁余となることが示されています。


二間×三間の建物に、柱が二十本も予定されています。半間（三尺）毎に柱が立つことになり、頑丈な建物をイメージします。

　また、竹が多く見積もられ、葭も見積られていますから、建設予定の郷蔵は葭葺きであったろうと想像することができます。


　願書では、以前の西組郷蔵は梁間三間、桁行四間であったと記載されています。十二坪あった郷蔵が、いつの時かの再建時に梁間二間、桁行三間（六坪）になったと記しいています。

　つまり、大きさが半分になってしまったが、今回もそのままの大きさで再建したいといっているのです。


　年貢については、時代とともに銀納の占める割合が増加し、米納の占める割合が減ずるとともに、西組の所持する田畑の面積も年々減少していることが確認できます（その代わり東組の面積が増加しています）から、西組にとって大きな郷蔵が必要なかったのかもしれません。

　しかし、以前の半分の大きさでの再建には、何か不自然さを感じます。

　この後ろめたさを感じさせる裏にはこの願書の記述に嘘があるからだと思われます。

　別の史料では、実際は二間×四間であったことが分かっています。

　何故、虚偽の記述をしたのかは分かりませんが、許可を貰うための手段ではなかったかとも思っています。


　百姓に必要な井川・伏樋・郷蔵などの普請については、原則的には支配者である領主が資金を出すことになっていました。

　上のような見積書（目論見帳）を提出し、それが認められれば、見積額は領主側の負担となりました。

　上の文書はそのための文書（の写し）であるのです。

　結果についての文書は、今の所、見つかっていませんが、もし許可が下りたとすれば、見積額の七百匁余は領主が負担したと考えられます。逆に、許可が下りていなかったら、郷蔵再建普請は中止されている可能性が大きいと思います。


　いずれにしても、郷蔵は村にとっては大切な施設であったと思われます。

　租税関係の文書の中に、「…の旨を紙に書いて、郷蔵に貼り置くこと」といった指示が出されているのを読んだ覚えがあります（内容はわすれました）。

《参考》
　川崎文書（滋賀大学史料館）

※1
年代不明ですが、古いものと思われる「覚」断片があります。

支配者側からの掟書だと思われますが、紹介しておきます。

《未整理九〇》

覚

一御入用之橋・樋ハ不及申ニ、百姓自普請■樋をも風雨之節、不損様ニ常々心を付可申候事。

一村惣中諸入用多入候村義、可有之候段、先規之例に泥ニ地法なとゝとて相止責候事も有之ものニ候。向後、急度相改、兎角入用少ニ而も減シ候様ニ常々相考可申候事。

一御蔵ニ米・大豆納置候節、昼夜之番を付、別而、火用心念ヲ入、若、御蔵近所出火之節、村中常々申合置、早速かけ付、防可申候事。

一御納米之儀、縄俵■随分念ヲ入津出し、并、舟積之時分、庄屋・年寄立合、麁抹無之様ニ可仕候。風雨之節ハ御米不濡様ニ念ヲ入、勿論、舟積之儀定り之外、石高多ク積不申、壱艘々ニ舟印立詰　　（以下破損失）

後半部分が欠損していますが、
一条は、橋・樋が風雨で破損しないよう気を付ける事
二条は、村入用を減じるように常々心掛ける事
三条は、郷蔵に米・大豆が保管されている時は、昼夜にわたって番を付け、火の用心に気を付け、郷蔵の近所で火事があった場合は、急いで駆けつけ、防火に勤める事
四条は、納米は縄俵まで念を入れ、船積みの時は村役人が立合、粗末にしないように。風雨の時は濡れないように気を付け、船積みには規定以上の量を積んではいけない…。
などと書かれています。
特に、三条では郷蔵についての注意が書かれています。
郷蔵は年貢米の格納庫として、支配側からも、村方からも大切にされた施設なのです。

《租税一八八》

預り申御蔵米之事　　　但京枡
一米何百何拾石
　　米合何ほと
右之通、冨田村當寅ノ年、御米御蔵納置、御手代衆庄屋年寄立合、相対付、慥ニ預り置申候。尤、御蔵番、昼夜念ヲ入付置可申候。万一、火事盗人、其外如何様之儀ニ付、米失損仕候共、為冨田村村中急度相済、何時成共、御内銀無相違御蔵詰可仕候。若、滞申儀候ハ者、如何様ニも可被仰付候。以上

　　　　　江州浅井冨田村
元禄十一戊寅十二月　　庄屋
　　　　　　　　同村
　　　　　　　　　年寄
　小野半之助様
　　（※元禄一一年（一六九八））

郷蔵へ納められた年貢米は、支配者側の所有になり、津出しするまでは村が預かり、管理することになります。その預かりを示す雛形ですが、出火や盗難に遭えば、村が責任を取ることになっていました。

また、何処で読んだか思い出せないのですが、「免定を郷蔵に貼り、百姓に周知徹底せよ」などと書かれた文書を読んだ覚えがあります。

郷蔵は支配者と村人を繋ぐ場所でもあったのです。

冨田村郷御蔵について

第２０５号
2002.05.24

前回は、冨田西村・東村・北村のそれぞれに郷蔵があり、西村が安政四年（一八五七）に郷蔵の再建のため、目論見帳を提出したことを書きました。

また、郷蔵が果たす役割（年貢米の一時保管倉庫）なども紹介しました。

今回は、文献に出てくる冨田村の郷蔵の歴史的なことについて調べてみたいと思っています。

◆郷蔵の初見
私が見た範囲内での初見は租税関係の文書に出てくる「郷御蔵引」という記載ではないかと思います。

> 未年免定之事
> 江州浅井郡
> 冨田村
> 一高七百六十九石四斗
> 内 四石四斗三升五合 溝代引
> 五斗弐升 郷蔵屋敷當未より引
> 九石九斗六升八合 當毛引
> 〆拾四石九斗弐升三合
> 残七百五拾四石四斗七升七合
> 此取米三百弐拾四石四斗弐升五合
> 高四ツ弐分壱厘七毛
> 毛付高四ツ三分
> ‥‥《中略》‥‥
> 元禄四年未十一月　長谷川六兵衛
> 冨田村庄屋・年寄

《租税一六八》

元禄四年（一六九一）の免定には、上のようにあり、この年より「郷御蔵引」が開始されたことが分かります。

「郷御蔵引」とは、郷蔵の用地に対しては年貢を掛けない（免除する）ということです。

この年よりの「郷御蔵引」が五斗二升となることが記載されていますが、この「五斗二升」は別の史料に、

《村政三》

> 一郷御蔵三ケ所　西組・東組・北組
> 上畑三畝分
> 下田廿七付八厘五毛

（享保十四年（一七二九）冨田村指出帳）

とあり、

> 上畑三畝分　　　　↓高三斗九升
> 下田廿七付八厘五毛↓高一斗三升

となって、合計高五斗二升となりますので、上の免定と一致します。

従って、この時点で西村・東村・北村の三つの郷蔵が存在したことを示しています。

それらの郷蔵がいつ建設されたかは不明ですが、元禄四年（一六九一）以前であったことは間違いがありません。

また、史料が出てきたら紹介したいと思います。

◆郷蔵の大きさ
享保十一年（一七二六）の「高反別指出帳」には、

《村政一》

> ‥‥《前略》‥‥
> 一郷御蔵三ケ所
> 壱軒　梁間弐間
> 桁行四間　藁葺
> 壱軒　梁間弐間
> 桁行三間　藁葺
> 壱軒　梁間弐間
> 桁行弐間半　藁葺
> 是レハ郷蔵敷地、往古より御高御免定ニ而御引被遊被下候。則蔵屋敷四畝歩、高五斗弐升‥‥
> ‥‥《後略》‥‥

とあって、西村・東村・北村の郷蔵の大きさが記載されています。

前号では、西村の郷蔵は、三間×四間の大きさと記載され、これは嘘ではないかと書きましたが、右の史料は、その根拠になっている史料の一つでもあります。

この史料によれば、

> 冨田西村　↓　二間×四間　藁葺
> 冨田東村　↓　二間×三間　藁葺
> 冨田北村　↓　二間×二間半　藁葺

と考えられます。

郷蔵の大きさは、西村・東村・北村の持ち高（村高）に比例しているように考えられますが、その大きさが年貢米の一時保管に妥当な大きさであったかどうかは分かりません。

冨田村全体の年貢米を二百～二百五十石程度と考えると、米俵は五百～六百俵余になります。それだけの米俵が三つの郷蔵に収納できたのか‥‥？イメージが湧いてきません。

どうも一時にすべてを納入したのではないようです。

◆郷蔵の棟数
また、文久元年（一八六一）の「村高家数人別取調帳」には、

《村政一七》

> ‥‥《前略》‥‥
> 五斗弐升
> 水野領分郷蔵引
> 壱斗三升
> 西郷知行所郷蔵敷引
> ‥‥《後略》‥‥

とあります。

慶應年間にも、これと同じ内容を記述した文書《村政一八》があります。

何か気がつくことがありますか。私も迂闊であったのですが、冨田村の郷蔵は三棟とばかり思っていましたが、右の史料によって、

「五斗弐升　水野領分郷蔵引」
↓
西村・東村・北村の郷蔵三棟分

「壱斗三升西郷知行所郷蔵敷引」
↓
旗本西郷氏領地の郷蔵一棟分

と考えられます。

つまり、水野氏領分西村・水野氏領分東村・水野氏領分北村・西郷氏領分の四つの郷蔵が存在していたことを示しています。

西郷氏の領分は、現在の北富田村郷が中心でしたから、庄屋宅も北富田村にありました。従って、郷蔵も北富田村にあったものと思われます。

冨田村の郷蔵は、冨田村に二棟（西村・東村）、北富田村に二棟（北村・西郷領）の四棟あったと考えられます。

四棟のうち、西村の郷蔵の跡地しか場所は判明していませんが、もし、事情をお知りの方がありましたらお教え下さい。お願いします。

村としての共有の建物の中で、神社や寺院については、祭神や建物の大きさが記入されている文書も多少なりともありますが、郷蔵については大きさが記入されている文書が殆どありません。上で紹介した程度しか分からないのが現状です。

同様に、馬場や廟所（墓地）・土取り場・高札場・橋・用水川の流れ等々については、郷蔵以上に記録がありません。

また、それらの場所や百姓の家々の位置（例えば、○右衛門の屋敷がどの当たりにあったか）については、当時としては当たり前のことであるためか記録に残されていません。

江戸時代の冨田村について、どんな人が、どんな生活をしていたのか、どんな出来事があったのか、どんなことで苦労していたのか、どんなことを考えていたのか・・・等々、我々がもっとも関心を持つことは、意外に記録に残されていないことが多いのです。

日照りがあったとか、水害があったとか、年貢はどの程度であったとか、用水（御料所井）がどうであった等々の農業に関する事柄については、逆に多くの記録が残されています。

今後も少ない記録から、いろんなことを見つけていきたいと思います。

《参考》
川崎文書（滋賀大学史料館）

※1
馬場や廟所（墓地）等々については次のような史料があります。

《家一抜粋》

◆宮地（寺社地）
南北三十八間半
東西三十間半
此坪千弐百八十九坪七分五

◆けん取（玄取 土取り場）
東西弐間・南北三間
此坪十五坪有

◆きそへ（木添 土取場？）
東西五間・南北五間半
此坪弐拾七坪有

◆廟所（墓地）
東西六間半・南北十八間
此坪百十七坪有

◆西出馬場
東西廿五間・南北二十壱間
東西九間半・南北十五間
東西弐間・南北九間
此三百七十八坪四分三厘有

※場所は一ケ所ですが、単純な長方形でなく、デコボコした台形のような形でした。

◆北田（用途不明）
東西十五間・南北五間
此坪七十五坪有

この記事は寛文七年（一六六七）頃の欄に記載されています。

多少とも当時の共有地の状況が分かってきます。しかし、時代と共に面積なども変化していったと思われます。

また、享保二〇年（一七三五）条に、

◆字北中町樋
長弐間内法弐尺五寸四方

◆字上つくた樋
長弐間内法弐尺五寸四方
石坪十四坪五合被下候

など、水源地の樋の寸法も示されています。

また、御料所井の樋は伏替毎に寸法が異なります。ちなみに、

・寛文六年（一六六六）伏替
幅二尺・高一尺八寸
・元禄十年（一六九七）伏替
幅一尺三寸五分・高一尺一寸五分

となっています。

また、「御料所樋分木伏替事／附井川筋出入由来／惣擔村方開基」によれば、《水利五》

宝暦八年（一七五八）の条に、

◆中川幅五尺三寸四月廿一日改ル
十七川大橋より下九尺
大はしより上八尺
弐又から畑田川七尺・十六川六尺

また、明和二年（一七六五）の条に、

◆此年川ふしん二ノ坪五尺由由
七ノ坪川かうざ若林川五尺五寸也
用水川四尺五寸改小寺迄

と、川幅等の記録も若干ですが残されています。

尚、河川（用水川）については、明治になってからの記録ですが、「自普請所取調書上」明治五年（一八七二）《村政二二》に詳しく記されています。一四〇号で紹介済みですので参考にして下さい。

冨田八幡神社老杉の年齢

第２０６号
2002.06.10

　昨年九月に、冨田八幡神社境内参道の入口にあった右側の老杉が伐採されました。

　高さ四～五メートル付近で上部は切り取られていましたが、かなりの太い老杉でした。

　冨田八幡神社正面入り口に、左右一対で植えられていたのですから、この老杉の年齢が分かると、八幡神社の歴史についても何か新しい事が分かるかもしれません。

　今回は、阿部弘幸氏からこの老杉の切り口の写真（下図）を頂きましたので、この写真から老杉の年齢や、冨田八幡神社の歴史について考えて行きたいと思います。

　下の写真は参道東側の老杉の切り口の写真です。

　縮小していますが、直径は約七〇cmで、外周（周囲）は約二二五cmとなっています。（紙面の関係で横幅を70％程度に圧縮しています）

　また、細かく年輪を数えてみると、約三三〇年分を数えることができ、中心部の空洞部分を含めると、樹齢はおおよそ三四〇～三五〇年と推定することができそうです。

《データは弘幸氏より》

　このことより、年輪のスタートはおよそ一六七〇年（寛文十年）頃で、中心部の空洞を加味すれば、一六五〇～一六六〇年頃の間に植えられたものと思われます。

　年輪年代法という鑑定をすれば、もっとはっきりするのでしょうが、私達には詳しいことは分かりませんし、無理な注文でしかありません。

年輪から読み取れることは、

◆一六七〇～一六八〇頃
年輪の間隔が大きく（成長が大きい）温暖な日々が続いたのかもしれない。
◆一六八〇～一六八三頃
この三年間は年輪の間隔が密である。
◆一六八三～一六八六頃
続く三年間は成長が大きい。
◆一六八六～一六九五頃
この一〇年余間は成長が小さい。（年輪の間隔が密）
◆一六九五～一七〇〇頃
この五年間程はかなりの成長があり、一六九七～九八頃は成長が最大となっている。
◆一七〇〇～一七一〇頃
厳しい一〇年間と思える。
◆一七一〇～一七四〇頃
順調な年輪が見られ、成育も順調であったようだ。
◆一七四〇～一七八〇頃
年輪からは、この四〇年間は一部の例外を除き成長が少ないようだ。
◆一七八〇～一八〇〇頃
再び成長度が大きくなり、温和日々が続いたのか？
◆一八〇〇～一九二〇頃
この一二〇年間の年輪は明瞭でないこともあるが、大凡、成長が少ないように思える。
◆一九二〇～一九七〇頃
この五〇年間は再び成長がやや大きくなっているように感じられる。
◆一九七〇～二〇〇〇頃
この三〇年間は年輪の間隔が密である。

　年輪の間隔の大小は何によって決まるのか、はっきりは分かりませんが、素人考えでは、温暖・湿潤の時期には成長が大きく、年輪の幅も大きくなるのだと思われます。
　逆に、寒冷・旱魃の時期には成長が止まり、年輪の幅も小さいのだと思われます。
　また、中心部（若木）の頃は成長が早く、外側へ行くほど成長がゆっくりとなるのではないかと思っています。
　従って、樹皮付近は年輪が密になっているのだろうと思います。

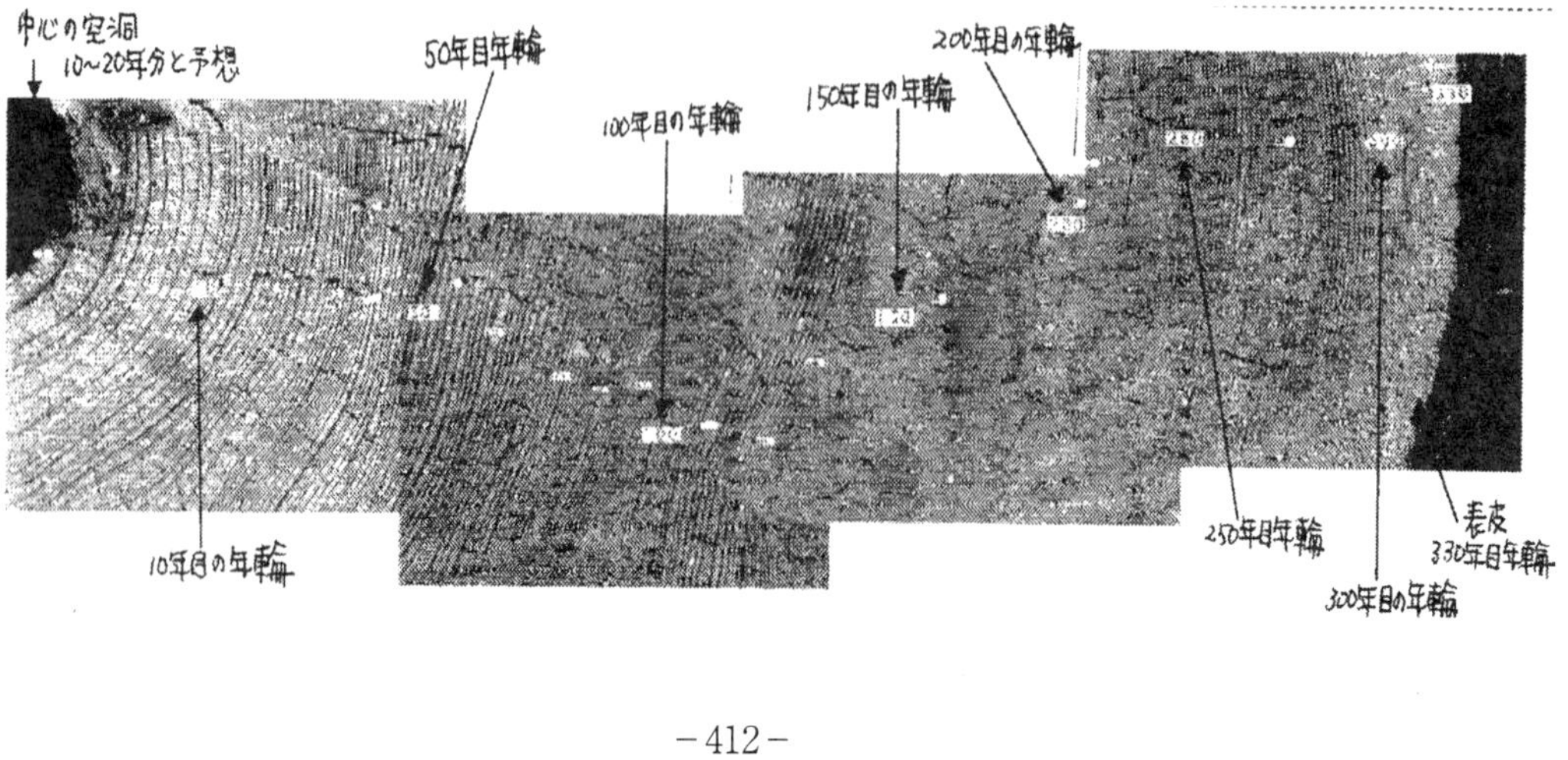

老杉切り株断面図（写真合成）

そう考えると、この年輪から読み取れる情報から、江戸時代の初期から現在に至るまでの気象の情報が得られるのかもしれません。

また、地球の温暖化と言われる現象の生き証人になるのかもしれません。

但し、この年輪からは、この三〇年間は成長が少ないのですが・・・。


昨年伐採の老杉は、周囲約二二五㎝・樹齢約三五〇年でしたが、大正十年（一九二一）の風害で伐採された杉は、

◇杉（周囲十五尺六寸高八十四尺）
（周囲五一五㎝・高二七・七ｍ）
売却金　四四六四円

◇杉（周囲九尺七寸・高六十尺）
（周囲三二〇㎝・高一九・八ｍ）
売却金　七五八円八八銭

◇杉（周囲九尺一寸・高五十九尺）
（周囲三〇〇㎝・高一九・五ｍ）
売却金　四二八円八八銭

◇杉（周囲七尺九寸・高四十七尺）
（周囲二六一㎝・高一五・五ｍ）
売却金　三五〇円八〇銭

◇杉（周囲五尺八寸・高五十三尺）
（周囲一九一㎝・高一七・五ｍ）
売却金　五一円二〇銭

となっています。「必要書類編冊」


大正十年の伐採杉は、昨年の伐採の杉より太いものが四本もあります。

最大のものは倍以上もあり、恐らく樹齢もそれに近いものであったろうと想像できます。

そのことを併せて考えると、冨田八幡神社境内には、江戸時代以前から老杉が繁茂しており、江戸初期に植樹された杉もあったと考えられます。

冨田八幡神社は「杜（もり）明神」と称したとも言われており、往古より大樹の繁る鎮守の森的な場所であったと想像出来るのではないでしょうか。

古老の言う宮さんのタカバンには巨大な老杉があり、遠方からでも冨田の神社の位置が分かったと言います。

現在とは較べものにならない大木の繁る大きな森であったと想像できるのではないでしょうか。

（参道東側の老杉の切り口全体像）

《参考》
資料・写真提供　阿部弘幸氏
全体像写真　筆者
「必要書類編冊」（冨田八幡神社）
川崎文書（滋賀大学史料館）

※1 大正十年頃、はがき一枚三〇銭ぐらいであったと聞きました。
現在が五〇円ですから、その比率で考えると、
四四六四円→七四万四千円
七五八円八八銭→一二万六千円余
となります。
必ずしも価値が比例するとは限りませんが、多少の参考にはなると思います。

※2 歴史を学ぶ中で、年輪年代法という一つの理論に出会います。
年輪年代法は、年代が不明な木材の年代を推定するのに有効な方法で、古い寺社の柱や、仏像の素材である木片等々に見られる年輪を調べることでその木が生きた年代、伐採された年代を確定する方法です。

年輪は年によって幅が広かったり、狭かったりします。それは当時の気象条件に影響されますが、樹木の種類や樹齢・立地条件等々によって、その影響の差異はありますが、同一地区のいずれの木にも同様な傾向を刻印していきます。

従って、年輪の成長の大小を調べることによって、その木の生きた年代を調べることが出来ます。

勿論、木のどの部分を調べるかによって、結果も異なってきます。中心に近い芯材は古く、樹皮に近い部分はその当時の年代を表します。

従って、調べる木片が、どれだけ製材されているか、どれだけ樹皮部が削り取られているかが不明な限り、下限（伐採時）は分からないと言います。

また、年代を確定するには、少なくとも百年以上の年輪が必要だとも言います。

難しい方法はよく分かりませんが、杉材では約三千年前まで、桧材で約二千年前まで、高野槙でＢＣ三百年頃までの編年モデルが確立されていると聞いています。

左は一六〇〇年～一七〇〇年の間の暦年標準パターングラフです。

一六一五年～五〇年は成長が少なかったと読み取れます。

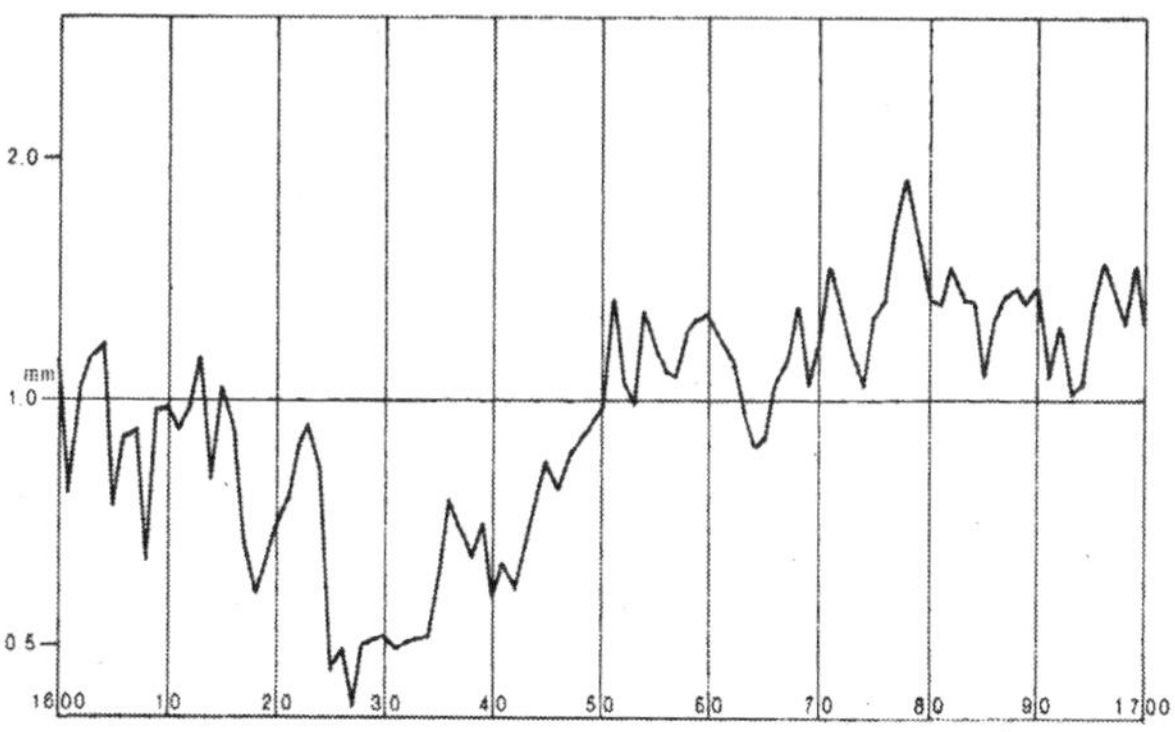

「年輪に歴史を読む」
―日本における古年輪学の成立―
奈良国立文化財研究所編より

明治初年の神仏分離政策

第２０７号
2002.06.24

江戸幕府が滅亡し、明治政府が樹立されると、矢継ぎ早に諸政策が出されますが、その一つが「神仏分離令」であり、神仏習合の風習が否定されることになります。

各地には廃仏毀釈運動が起こり、仏像の廃棄・焼却等もあったようです。

竹生島宝厳寺も神仏習合の寺でしので、その余波をもろに受け、神仏離政策が強引になされることになり宝厳寺と都久夫須麻神社が別々に独立することになりました。

その時の影響は大きく、蓮華会や月祭（島の祭）の主催をどちらが勤めるか等の問題があったり、社殿や弁天本尊の所属をめぐっての問題等、多くの問題があったようです。

竹生島の神仏分離政策はともかく、冨田村についてはどうであったのかを今回のテーマにしたいと思います。

「神仏分離政策」

明治初年、新政府神道国教化政策に基づき、神道擁護・神仏混淆の廃止を目的に出された政策。復古神道の影響下で天皇の神格化を目的とする。慶應四(一八六八)年神仏判然令により具体化。

《日本史用語辞典(柏書房)より》

「御一新明細書上帳」という慶應四年(一八六八(明治元年))の左の文書によれば、冨田村の三社はいずれも御神体が仏像でない旨が報告されています。

しかも、各社の名称まで変えて報告したものと思われます。

《村政二一》

・・・・《前略》・・・・
従前々除地四反歩
一冨田大神　社　梁間弐間五尺
　桁行弐間
　壱ケ所
　御神躰佛像ニ無御座候
一二ノ宮大明神　社　梁間弐間
　桁行九尺
　壱ケ所
　御神躰佛像ニ無御座候
一八幡大神　社　梁間三尺
　桁行三尺
　壱ケ所
　御神躰佛像ニ無御座候
一鰐口　無御座候
一梵鐘　無御座候
一佛懸類　無御座候

右之社地境内
観音堂・薬師堂等ヲ始、都而《すべて》佛像無御座候。
右之外ニ除地御年貢地無御座候。
今般神社明細帳被仰出候ニ付、奉書上候通り相違無御座候。以上
　浅井郡冨田村
　年寄　Z左衛門(印)
慶應四年　同断　I右衛門(印)
　辰五月日　庄屋　I左衛門(印)
　同断　S五右衛門(印)
　同断　T郎右衛門(印)
山形
　御役所
・・・・《後略》・・・・

※※ 傍線は筆者による
鰐口二個は神社本殿に現在も保管

ところが、享保十一年(一七二六)の「冨田村高反別指出帳」《村政二》によれば、

八幡社	梁行弐尺八寸	桁行三尺	板葺
二宮諸観音	梁行壱丈五寸	桁行壱丈弐尺	藁葺
観音堂	梁行九尺	桁行壱丈弐尺	藁葺

となっており、寸法は異なるものの、「八幡社」「二宮諸観音」「観音堂」という名称を使用しており、明らかに「観音堂」があり、二ノ宮も「二宮諸観音」であった筈なのです。

この時期に名称の変更(改竄)が行われたのは確かなようです。

現実には、明治初年までは神社に三体の観音像があり、この時に二体は源慶寺へ、一体は圭林寺へ預けたものと聞いています。

現在の神事(おこない)で、はなびらと称する鏡餅を両寺に供えるのは、その預けた観音像に供えているのです。

源慶寺に預けてある観音様の二体の内、一体は石造のおよそ観音様とは思えない仏像ですが、素朴な往古からの信仰を偲ばせる感じがします。また、もう一体は薬師菩薩のようです。

圭林寺の観音様は端正な三〇~四〇cmの立像です。

古来から冨田村の人々に拝まれてきた観音さまです。一度参拝されてはどうでしょうか。

また、江戸時代の記録《神事頭役人別帳(東組)(天保十年(一八三九))》には、祭神として「薬師如来」「八幡大菩薩」「勢至菩薩」「観世音菩薩」の御神体が上げられています。

これは、明らかに仏として信仰していたと考えられます。

つまり、江戸時代の神社の祭神は仏さんであると意識されていたことになります。

御神体が仏であるということは現代人には考えられない事ですが、当時は当たり前のことであって、境内に観音堂があっても何等不思議ではなかったのです。

逆に、神という意識の方は希薄でなかったかとも思われます。

当時は本地垂迹（ほんちすいじゃく）説といって、本地の仏が衆生済度のために、諸神に姿を借りて現れているのだと考えられていました。

いわば、仏も神も一緒にして混ぜ合わせた存在としての仏や神として意識されていたと考えられています。

従って、現在の神道の神という概念はなく、そのことが意識され始めたのは、この明治初年の神仏分離令からなのです。

神道の影響下で、天皇の神格化を目的とした明治政府の政策によって、また、先の大戦などを通じて、現在の我々が持つ意識が芽生え、定着してきたものと考えられます。

仏と神が別のものであるという考え方は、以外に歴史が浅いのかもしれません。

以上のような点から上の報告書を見ていくと、この報告書は虚偽の報告であったということになります。

もし、真実の報告をしていたら、今は両寺に預けてある三体の観音像は、現在まで存在していなかったのかもしれません。

廃仏毀釈運動の波の中で、廃棄されたり、焼却されてしまった可能性もあった筈です。

その意味では、当時の村役人は賢明な選択をしたのではないでしょうか。

たとえ嘘の報告書であっても、三体の観音像を寺に預けることによって、その場を凌ぎ、現代に至るまで冨田村の文化遺産を残す道を選択してくれたのです。

いつの時代に作られたものかは分かりませんが、少なくとも江戸時代中期以降の、冨田村村人の心の支えとなった、これらの観音像が残されてことは冨田村にとって、大きな遺産だと言えるのではないでしょうか。

また、上の報告書には鰐口もないと報告していますが、神社本殿には現在も鰐口が二個残されており、

◆元禄十五（一七〇二）
「元禄十五年壬午年　八月吉日冨田村」の銘
径九寸五分
◆正徳三年（一七一二）
「正徳三年癸巳年　七月吉日冨田村」の銘
径八寸三分
作者　藤原重次

といった銘などがあります。

鰐口は拝殿や本殿にある鈴の役割を果たすもので、現在でもたまに神社仏閣で見ることもできます。

これも虚偽の報告により伝来を許された冨田村の遺産だと思います。

我々の手で、更に未来の人々に受け継いで行きたいものです。

《参考》
川崎文書（滋賀大学史料館）
冨田区神事文書（冨田区会議所）
「必要書類編冊」（冨田八幡神社）
「日本史用語辞典」（柏書房）

※1　鰐口の写真と銘

奉掛二宮御宝前冨田村中
元禄十五壬午年八月吉日

⇔

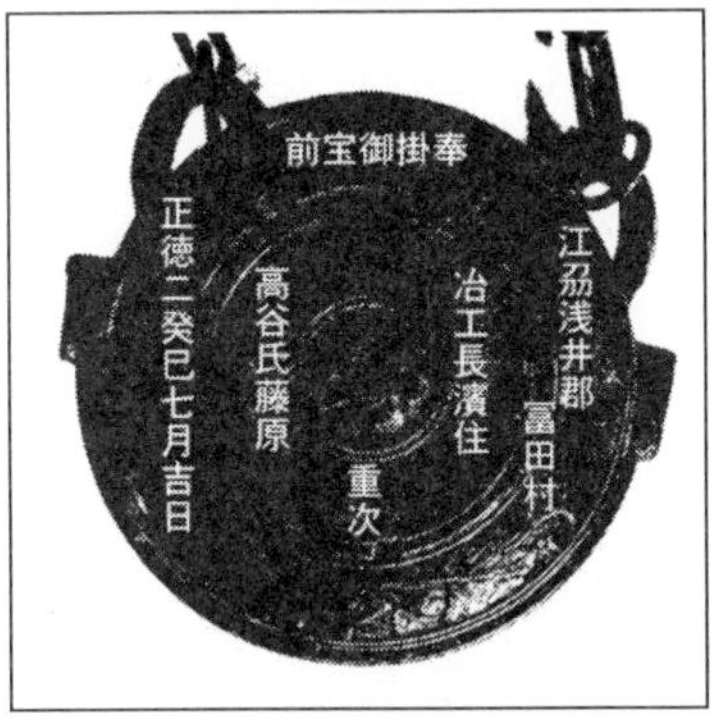
奉掛御宝前
江州浅井郡　冨田村
冶工長濱住
重次
高谷氏藤原
正徳三癸巳七月吉日

※2　圭林寺保管の旧御神体像（観世音菩薩像か？）

源慶寺保管の旧御神体像（薬師如来像）

（石造勢至菩薩像）

二〇一〇年二月一一日の神事祭の当日、両寺で撮影させて頂きました。

その後の富田八幡神社

第２０８号
2002.07.10

前回は、明治初年の神仏分離政策によって、富田八幡神社の祭神が薬師如来・八幡大菩薩・勢至菩薩・観世音菩薩等の仏様から神様に変わったこと、観音堂という名称を改め、富田大神と称するようになったこと等々を書きました。

今回は、その後の富田八幡神社の祭神などを確認したいと思います。

「御一新明細書上帳」によれば、

《村政二一》

近江国浅井郡富田村鎮座

一八幡神社　社梁間弐間五尺
桁行弐間

祭神
品陀和気命
祭日三月十五日
勧進年暦相知不申候

但、此御社ヲ古老よりの申傳ニ式内上許曽之神社と称シ来り候。併證拠ケ間敷書物等も相見へ不申候得共、傳説ニ相違無御座候。前々より是迄之見圖帳ニは八幡之社と在来り候得共、近来社地改之節富田大神と書誤り候間、此度神社御改ニ付八幡神社と社内ヲ奉遷替候間、此度御届申上候。
伝説ニ杜明神と称シ候事も御座候

一二ノ宮大明神　社梁間弐間
桁行九尺

祭神
息長帯比賣命
祭日正月十五日

一富田大神　社梁間三尺
桁行三尺

祭神
押開豊櫻彦命
祭日四月朔日

一神事祭禮之物置　但二間半
四間

一石灯籠　七本

一社地　東西三十三間半
南北三十八間半
但シ三社共同地鎮座

一造営之儀は氏子中ニ而御座候

右之外無御座候候。以上
同管轄之廳迄　三十丁

浅井郡富田村
年寄　Z左衛門　(印)
同断　G左衛門　(印)
庄屋　I左衛門　(印)
同断　S助　(印)
同断　S五左衛門　(印)
明治四年　同断　T兵治　(印)

辛未二月
朝日山藩
御役所

※明治四年(一八七一)

※品陀和気命(ほむだわけのみこと)
(明治二五年の記録は「誉田別命」)
応神天皇
息長帯比賣命
(おきながたらしひめのみこと)
神功皇后
押開豊櫻彦命
(おしひらきとよざくらひこのみこと)
聖武天皇

明治初年の報告書には祭神が記入されていませんでしたが、この明治四年の報告書では、

品陀和気命　(應神天皇)
息長帯比賣命　(神功皇后)
押開豊櫻彦命　(聖武天皇)

また、書き間違えという理由で次のように社名の変更をしています。

富田大神　↓　八幡神社
(旧観音堂)　(現在の本堂)
八幡大神　↓　富田大神
(現在の小宮)

祭神が変更されたのは、明治維新による神仏分離政策、天皇の神格化を図る政策の一環と考えられ、外からの流れの中で仕方がなかったともいえますが、社名の変更は何故だか分かりません。

本当に前の報告書が間違いだったのか、何かの意図があったのか、今となっては分かりません。

明治初年の頃、世間の急なる変化の中で、慌てての対応の中で間違いがあったことも頷けるかもしれませんが、私は別の意味があったのではないかと思います。

それは、享保十一年(一七二六)の記録、慶應四年(一八六八(明治元年))の記録、今回の明治四年(一八七一)の記録を見比べると、次のような変遷を辿ることができます。

八幡社　←　観音堂　←　二宮諸観音
八幡大神　←　富田大神　←　二宮大明神
富田大神　←　八幡神社　←　二宮大明神
(現小宮)　(現本殿)　(現在廃祠)

つまり、現在の八幡神社本殿は昔の観音堂であり、現在の小宮が往古の八幡社であったことになります。

以下は私なりの考えですが、当時の動きを類推してみたいと思います。

神仏分離令によって、「観音堂」という名称を隠す必要があって、「冨田大神」という名称を急遽作り上げました。

しかし、冨田村の氏神を冨田八幡神社と命名するためには、現在の小宮が八幡大神社では都合が悪いと考えたのではないでしょうか。

当時の「八幡大神」社殿は小さく、逆に、「冨田大神」社殿は立派な旧の「観音堂」であった筈です。

これでは、冨田村の氏神を八幡神社と名乗るより、冨田大神神社と名乗った方が理に叶うような状態であったと思われます。

しかし、当時の人々は冨田八幡神社と名乗ろうとします。そのためには、社殿の大きい旧「観音堂」を八幡大神としなければならなかったのではないでしょうか。

以上の変化の理由はあくまでも私見で、記録には残されているわけではありません。

残されているのは社殿の名称が変化した事実、祭神が変化したという事実の記録だけです。

念のため確認しておきたいと思います。

また、江戸時代の記録には、社殿毎の社名・祭神は記載されていますが、それらをまとめて冨田八幡神社とするような表現はされていません。

現在では、各村に○○神社などの氏神が鎮座していますが、江戸時代にはそういった一村一神社といった感覚ではなかったのかもしれません。

逆に、神社境内に三社（三座）あれば、古い時代に三ケ村が合併して一村となったのだというようなことも言われます。

冨田村の文書では三社の記載がほとんどですが、四社と記載されている文書が一通あります。

神事文書には御神体が四体書かれていますので、もしかすれば四社あったものが、一社が合祠され、三社になったのかもしれません。

しかし、これ以上の詳しいことは分かりません。

江戸時代を通じて冨田西村・冨田東村という流れがありました。

また、中世の時期には冨田藤ノ木村といった記録が何度も出てきます。

このことを考えると冨田村に三社か四社あってもうなずけるようにも思います。

《参考》
川崎文書（滋賀大学史料館）
冨田区神事文書（冨田区会議所）
「必要書類編冊」（冨田八幡神社）

※1
明治の初年頃、「合祀令」が出され、村に複数あった大小の神社が合祀され、一村一神社にした流れがあったようです。

冨田村では大正三年頃まで、八幡神社、二宮神社、冨田神社の三社があり、その後、二宮神社が八幡神社に合祀され、八幡神社と冨田神社（小宮）の二社となり、現在に至っています。

しかし、落合村では、大森神社・木下神社・宇多天皇社(藤岡神社)が一つに合祀され、現在の大森神社になったと聞いています。

明治の初め、各地で祭神の変更や、神社の合祀など、神社に関する大改革が行われたのです。

冨田村も例外ではないのですが、各地で神社の格を上げるため、古文書の偽造や書き換え、由緒の改竄等々が行われたようです。

その結果、村社や郷社に格上された神社も多数あるようです。

しかし、それらの不正等は闇に葬られ、伝承されずに現在に至っていますから、古文書の中の神社像とのギャップに驚くばかりです。

冨田八幡神社の由緒書も存在しますが、いずれも明治初期のものである(一五〇～一五二号参照)ことは、そのことを物語っています。

江戸期の文書では「由緒を知らず」と書かれているにも拘わらず・・・。

また、八幡神社蔵の竹生嶋小嶋権現社の棟札や擬宝珠(所在現在不明)もこの頃、冨田村にもたらされた可能性が高いのではないかと考えています。

※2
明治維新よって竹生島は一大転機を迎えることになります。

明治二年、延喜式に都久夫須麻神社の記載されていることを指摘され、その所在や古記録等の報告を命ぜられます。

竹生島惣代である妙覚院峯覚以は、古記録に都久夫須麻神社の社号がないことを報告すると共に、新たな神社のを創建を提言します。

しかし、明治四年二月、弁才天社を都久夫須麻神社と改称するように命じられます。

その後、縣との交渉が行われますが、同年七月、弁才天像を弁才天社から移し、常行院覚潮が復飾し神勤すること、寺社の境界を明確にすることなどを受諾することになります。

この間の詳しいことは割愛しますが明治四年七月、茲に都久夫須麻神社が誕生することになりました。

このように、明治初期には神社の大改革がなされています。況や冨田村でも・・・といったところです。

では、平安時代初期の延喜式に記録された式内小社としての都久夫須麻神社は何処へいってしまったのでしょうか。

平安時代以降、弁才天と観音を中心とする、全島が宗教的霊場と化す中で、神社らしき祠祭は忘れられていったように思われます。

しかし、全く忘れられたと云うことではなく、式内小社都久夫須麻神社は、近年まで「嶋繋ぎ神事」の行われていた、小島権現社ではなかったかという説があり、私もこの説に共感しています。

年貢の江戸廻米

第２０９号
2002.07.24

今回は年貢の江戸廻米について取り上げたいと思います。

年貢米は早崎浦より湖上を運ばれ、大津御蔵へ納められたり、大津へ荷揚げされた後、京都二条御蔵や高槻御蔵へ運ばれたものと思っていました。

残された年貢関係の文書はいずれもそのことを示していました。

ところが、今回、江戸廻米について書かれた文書が見つかりましたので、紹介したいと思います。

《交通一三》

乍恐書付を以御願奉申上候

一江戸御廻米近年ハ被仰付候。依之相定之駄賃銭并大垣より桑名迄ノ船賃不残是迄も被下置難有奉存候。在所村々より関ヶ原迄差出シ候駄賃は公儀御定之駄賃ニても無御座、在郷道ニて道悪敷、其上雪降之時分ニて駄賃も高直(値)ニ懸り、村惑御座候て迷惑仕候。又関ヶ原より大垣迄も内藤斎宮様御下シ之御膳米七八拾俵宛下り候外ハ何方様御米も出来無御座、依之宰領定付之御荷物ニて無御座、我儘仕、御米も所々ニて付落シ自由仕候ニ付、欠米も御座候得ば、御米出シ之内ハ改之宰領村よりも度々差出シ相改申候。御米桑名着候節ハ村々より壱人宛役人罷下り貫目旁改吟味引渡シ申事ニ候。ケ様之儀ニ候得ば此諸雑用皆々村出シ罷成候。又浅井郡村々ハ大垣桑名之内ニて買米五百俵ツゝ仕候。然処去丑寅両年ハ北郡高水ニて浅井郡村々過半水押ニ罷成り、出来米悪敷御座候を所拂仕候得共下直(値)ニ買立、此替米ハ吟味之能米相調候へば、直(値)段違も過分御座候。亦右米調ニ参候者ハ米方工者之者壱両人雇遣シ候ニ付、諸雑用多ク懸り候間、一俵ニ付四五匁宛之惑ニ罷成候。如此毎年之村惑仕候てハ困窮之上之又痛、御百姓相続も難成様ニ奉存候。兎角御知行米御廻米ニ被遊儀候ハゝ、御下一同ニ御廻米被仰付可被下候。左候へば村當り之御米少々減シ候筈奉存候へば俵数少ク候ては村惑も減シ候間、何とぞ御下一同ニ被仰付被下様ニ奉願候

以上

享保八卯　浅井
坂田村々庄屋
年寄中印

富岡源右衛門様

※享保八卯年(一七二三)

要約すると、

近年は江戸廻米を仰せ付けられており、定法の駄賃と大垣から桑名までの船賃は頂いています。

しかし、在所より関ヶ原までの駄賃は定法の駄賃以上の費用が必要で、道も悪く、雪降りの時分なので駄賃も高値になるので村々は迷惑しています。

また、関ヶ原から大垣までは内藤様の御米が七八十俵宛運ばれるだけで、それ以外の御米運搬はありません。また、(納入するまでは)公的な荷物でないため、運搬人が我が儘をして欠米も出るため、領地の村々から人を出して監視しています。年貢米が桑名に着くときは村役人が現地に行って吟味をしている状況です。

この様な事だから(法定の駄賃は頂いているが)村の雑出費を余儀なくされています。

また、浅井郡の村々は、大垣桑名の間で五百俵づつ買い米をしていますが、去年一昨年と湖北地方は水害があり、特に浅井郡の村々は大半が水害のため米の出来が悪くて地元での売米も下値に叩かれ、買米は良い米を調達しているので値段に(売米と)差があります。また、米を買う時は目の利く者を雇っているので、その費用も必要です。一俵に四～五匁も高値になっています。

こんな事が毎年続くと、困窮している百姓に追い打ちをかけることになります。

年貢の江戸廻米を命じられるのでしたら、御支配の全ての村々に命じて下さい。そうすれば一村当りの(江戸廻米の)量が減る筈だと思います。どうか全支配の村々に命じてほしいと思います。どうぞ宜しくお願いします。

といった内容だと思います。

当時、冨田村は相給(複数の領主)となっており、五百石が大久保佐渡守常春の支配、百石余が旗本西郷氏支配、残りの百六十石余が天領でした。

宛名の富岡源右衛門は大久保氏の代官であったのですが、天領についても代官代行をしていたようです。

大久保常春は元禄十二年(一六九九)九月に大久保忠高一万石を世襲しますが、甲賀・浅井・野洲・坂田・蒲生・栗太郡内で七千石を領していたといわれています。

宝永六年(一七〇九)三月山城守に任じられ、正徳三年(一七一三)若年寄、同四年佐渡守に任じられます。更に、享保三年(一七一八)には甲賀・浅井・坂田郡内で五千石の加増を受けます。

享保十年(一七二五)十月、下野国烏山城を賜るに至って近江国の領地は収公されることになります。

詳しい事は分かっていませんが、浅井郡内では少なくとも、三川・大寺・冨田・八木濱村は領地であったといいます。

しかし、冨田村の史料から分かることは、大久保氏の支配に入ったのは宝永二年(一七〇五)《租税二〇八》からで、終わりは享保十年(一七二五)となっています。

冨田村支配の開始時期が、大久保氏の右の節目のいずれの時期にも一致しないのが不思議に思っています。

今まで冨田村の年貢については湖上運搬とばかり考えていましたので、まさか年貢米が江戸まで回送されていたとは思いもよらない内容でした。

年貢米を指定された御蔵まで運搬するのは村々の仕事でした。勿論、運搬に必要な諸経費は支払われましたが、実費ではなく、定法などで決められた額であったようです。

従って、運搬費が大きくなれば、目に見えない形での村人の出費も多くなった筈です。

今回の江戸廻米については、年貢米の大半を地元で売却し、桑名付近で相応の米を買い整えて納入するという方法をとっているようです。

ところが、地元での販売値段と桑名付近での買い取り値段にかなりの差があることが、百姓の困窮を一層深刻にしている様子が分かってきます。

一俵に四～五匁程の差があるとありますが、一石が五〇～六〇匁であったと思われますから、年貢は二割前後の上増しだと考えていいと思います。

また、一部は直接運搬したようですが、年貢の納入時期は冬場で、雪が降ったりして道も悪く、運搬費も割高になってしまうと嘆いています。

しかも運搬人がわがままをするので欠米（運搬の途中に目減りする米）も多くなってしまうと訴えています。

いずれにしても百姓にとっては有り難くない江戸廻米であったようです。

当時、大久保氏の年貢は四ツ八分（四十八％）であったことが分かっていますから、かなりの重税であったように思います。

重い年貢の上に、運搬によって更なる経費を必要としたのではたまったものではありません。

また、江戸までの年貢米の経路は、在所（冨田村）→（陸路）→関ヶ原→（陸路）→大垣→（船：川を下った？）→桑名→（海路）→江戸、と考えられます。

現在でも大変だと思いますから、当時としてはもっともっと大変な大仕事であったように思います。

昔の人の苦労を偲びたいものです。

《参考》
川崎文書（滋賀大学史料館）
東浅井郡志巻参

※1

乍恐口上書を以御訴訟申上候　《租税二三二》

一浅井郡村々江、今年御江戸御廻米千俵、被為仰付候得共、五百表之儀は近年之通、御赦免被為遊被下様ニ奉願上候。残五百俵之儀ハ右御願申上候通銀納ニ被遊、弐俵半石ニ付御蔵直段ヲ以、壱匁高ニ銀御上納ニ被為仰付被下候ハヽ、難有可奉存候。右段々申上候通、御廻米御上納之儀ハ、浅井郡より桑名迄遠方ニて御座候故、村中難義迷惑仕候ニ付、度々口上書を以御願申上候。何とぞ御慈悲ヲ以、銀納ニ被為仰付被下置候ハヽ、難有忝可奉存候。以上

享保九年辰九月

（※享保九年（一七二四））

享保八年の江戸廻米に苦労した浅井郡の村々は、翌九年には何とか江戸廻米を断る努力をします。

右の文書は、原稿段階の文書だと思われますが、その一端を窺わせてくれます。

この文書には、江戸廻米一〇〇〇俵の内、五〇〇俵は江戸廻米を容赦してほしい。残りの五〇〇俵は銀納にしてほしい。銀納の場合は、一石について一匁の上積みしますから、宜しくお願いします、といった内容になっています。

この願いに従えば、浅井郡百姓の負担は、五〇〇俵、つまり、２００石の増加負担は二〇〇匁で済みます。

前年の一俵に四～五匁（一石一〇匁余）の増加負担とは雲泥の差があります。

百姓の負担も減り、領主の収入も多少でも増えるという、一石二鳥の提案ですが、受け入れられたかどうかははっきりしません。

ただし、次のような「御物成米銀納通」が存在することは、認められたのではないかと想像します。

《租税二三一》

享保九甲辰年御物成米銀納請取通

九月　冨岡源之進（印）
岸上吉左衛門（印）
小嶋与惣右衛門（印）

浅井郡
冨田村年寄
庄屋
惣百姓　中

九月廿四日　T兵衛請方納
（印）一米弐拾俵　中粒　請取
同日　J郎兵衛請方納
（印）一米拾三俵　中粒　請取
十月五日　J郎兵衛請方納
（印）一米五拾壱俵　請取
内拾壱俵大　四拾俵小
同日　T兵衛請方納
（印）一米三拾六俵　請取
内拾俵大　弐拾六俵小
十月廿五日納　T兵衛方
（印）一米五拾五俵　小粒　請取
…（中略）…
一米百六拾四俵　御廻米
十二月九日大津へ相納也
…（中略）…
■■■■通令皆済者也
（破損）
巳二月十六日　（※享保一〇年巳）

廻米を大津に届けていることが判明し、省略しましたが、銀納の請取記録もあり、上の願いは実現したと想像していいようです。

上ケ米廿三石九斗余

第２１０号
2002.08.10

次のような内容の文書を見つけましたので紹介します。

《村政一九「諸願書控」》

以書付奉申上候
寛政八年初發
米九石九斗七合　大寺村
寛政四年初發
同四拾壱石四升七合　月ケ瀬村
同八年同断
同拾弐石七斗九升九合　大安寺村
同十弐年同断
同弐拾弐石九斗弐升六合　富田村
〆但シ此分凶作御見分之年柄は
本免ニ準シ御引方ニ相成候事
寛政十二年初發
米四石五斗　大安寺村
宝暦年中初發
米六石　下八木村
寛延年中初發
同四石　八木濱村
〆但シ此分凶作御毛見之年柄は
丸引御用捨被成下候事
右上ケ米之儀は井上河内守様御領分之折柄、拾ケ年平均之上、御定免御受申上候後、凶作相続難渋仕候ニ付、村々歎願仕、格別之御用捨被成下、難有□ル処、其後格別之豊熟ニ付、是迄御用捨之御高恩ヲ相心得、願上、上ケ米仕、其後豊熟之年柄ニは上ケ米与相唱、御冥加之為、是迄上納仕来り、凶作之節は納方不仕、其年ニ田方上り柄之次第ニよつて納方可仕義ニ御座候。以上

浅井郡大寺村
庄屋　伊右衛門
月ケ瀬村
庄屋　前田庄助
大安寺村
〃　兼房傳右衛門
富田村
〃　川崎T兵治
下八木村
〃　水田庄右衛門
八木濱村
〃　中村市右衛門

明治五年
壬申三月

犬上縣御廳

※寛延年中(一七四八～一七五一)
宝暦年中(一七五一～一七六四)
寛政四年(一七九二)
寛政八年(一七九六)
寛政十二年(一八〇〇)

上ケ米

江戸時代、幕府が諸藩に、あるいは諸藩主が家臣に課した献上米のこと。
上の文書は転じて、百姓より領主献じた献上米の意。

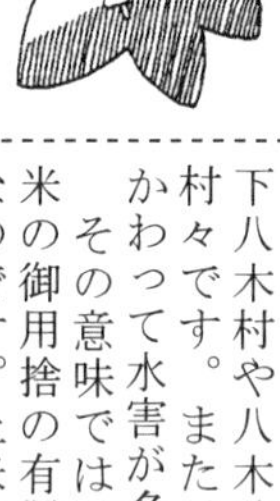

上の要約をすると、

井上河内守様の御支配(浜松藩)のとき、十年平均の年貢率をもって定免とされ、お受けしましたが、その後、凶作が続き難渋しましたので、お願いをして年貢高を用捨して頂きました。有り難いことだと思っていました所、その後、格段の豊作でしたので、以前に用捨して頂いた御厚恩に報いるため、上ケ米として献上してきました。その後は豊作の年には上ケ米と称して上納してきました。また、凶作のときは上納せず、その年々の出来高によって納めてきました。

といった内容になっています。

また、冨田村については、寛政十二年(一八〇〇)より上ケ米制度を始めたこと、その高は二十三石弱であったことが、前半部に記載されています。

更に、前半部には、大寺村・月ケ瀬村・大安寺村・下八木村・八木濱村の開始時期と上ケ米の石高が記載されています。

この史料からみる限り、下八木村や八木濱村は早い時期から実施されています。また、時期は下がりますが、月ケ瀬村も冨田村より早い時期にスタートしています。

これは何を意味しているのでしょうか。

答を見つける史料はありませんが、下八木村や八木濱村は水害が多発した村々です。また、月ケ瀬村も田川にかかわって水害が多かった村です。

その意味では、冨田村以上に御年貢米の御用捨の有難みを感じてきた村々なのです。上米の石高は少しですが、恩義に報いるための上ケ米の発想も強かったのだと思われます。

別の史料では、冨田村の上ケ米は寛政十一年巳未年(一七九九)の開始だと承知していること、定納二十二石九斗二升六合であったことを承知している旨が記載（明治五年文書）されています。

寛政十一年、または、寛政十二年には冨田村も上ケ米制度を開始したものと思われます。

律儀であった江戸時代の百姓?

上の内容は、定免（豊作の年でも不作の年でも一定の年貢を納める制度。半作以下の場合に限って、願い出によって御見分が行われた）にもかかわらず、不作が続いた時、御年貢米をまけてもらったことがあり、恩義・厚恩を

感じています。そのため、豊作の年には（御年貢米以外に）上ケ米を上納したというのです。

　冨田村は約二十三石（約五十七俵）を上ケ米として上納してきたというのです。

　勿論、不作の年は上納は出来ず、いつの頃からか、その年の出来具合で上納したり、しなかったりであったように書かれています。

　御年貢米以外の上納ですから、年貢関係の文書には一切の記載もありませんでした。従って、このような制度があったことすら知りませんでした。

　そのため、上納した年、上納しなかった年などの詳しいことは全く分かりません。

　しかし、この制度から昔の人々の律儀さを強く感じます。

　不作の年に年貢をまけてもらうのは当たり前、豊作の年はよかったよかったと思うだけで、以前のことなど忘れてしまっているのが現代人かもしれません。少しでも税金を安くする算段をしているのは我々です。宝くじが当たったからといって税務署へカンパすることなど考えもしません。

　しかし、往古の人々は、御年貢をまけてもらった恩返しに、豊作の年くらい上ケ米（税とは別の余分のカンパ）をしようとするのです。

　我々から見れば、当時の御年貢は四割前後でしたから、無謀な言われなき重税だと感じるのですが、当時の人々はそれを享受し、かつ、有り難い御厚情と感じたのです。

　現在の我々には見習えと言って見習うことのできない律儀深さだと思います。

　上の文書の中で気になることが一つあります。

　浜松藩井上河内守の時代（一七五九〜）に定免請負となったように書かれていますが、免定などから、冨田村は浜松藩松平伊豆守の支配であった元文元年（一七三六）であったように考えられます。

　松平伊豆守支配の後、松平豊後守支配を経て井上河内守支配となりますから（いずれも浜松藩）、この点については詳しくは分かりませんが、次号で若干なりとも判明していることに触れたいと思います。

　ただ、古老の伝承には井上河内守の時代を高く評価する言葉がありますから、人々にとって何か、何かは分かりませんが（免率の低さ以外にも）、有り難いと思える何かがあったのかもしれません。

　そして、それが低率の定免請負・上ケ米の納入となったことなのかもしれませんし、不作の際の御年貢免除であったのかもしれません。

《参考》
　川崎文書（滋賀大学史料館）
　「日本史用語辞典」（柏書房）

※1
第一七五号註でも紹介しましたが、次の文書で、文化年間も上ケ米が続いていることを確認出来ます。

寛政十二年（一八〇〇）より一〇年間は上納を続けたことになります。

《未整理五〇の三》

（前略）
一米弐拾弐石九斗弐升六合
右は當巳より酉迄五ケ年、定免被仰付候ニ付、別紙御請證文差上候。外ニ年々書面之通加免米上納可仕候。仍而如件。
　文化六己巳年五月
　　浅井郡冨田村
　　　百姓代　T左衛門
　　　年寄　H太夫
　　　〃　S兵衛
　　　庄屋　I郎右衛門
　　　〃　G左衛門
　　　〃　T郎右衛門
（※文化六年（一八〇九））

ところが、この上ケ米については、次号の、井上氏の代官海老澤左七宛の文書（文化一四年）には、寛政元年（一七八九）より冥加米として、二十二石九斗二升六合を上納してきたのは、井上河内守様が低い定免三ツ三分四厘四毛にしていただいた厚恩に報いてきたのであり、殿様が替わるまでという約束ですので、その件をよろしくとあります。

つまり、支配替えがあった場合は、上ケ米の件を引き継がないようにとお願いしています。

ただ、上ケ米の開始時期が一〇年も前に遡っていて、何れが正しいのか判断に苦しみます。

寛政元年からなのか、寛政一二年からなのかは確定出来ません。

　ただ、時代の近い文化一四年の文書に寛政元年からとあり、明治の文書に寛政一二年とありますから、時代の近い文化一四年の史料の寛政元年からという説を有力としておきたいと思っています。

　また、水野氏支配の時期まで続けられたかどうかは、水野氏時代の史料が全くなく判断出来ません。

※2
第一三六号で紹介した、井上河内守の「所替中止の嘆願運動」の原点はこのような低率の年貢徴収・上ケ米の献上など、百姓にとって善政と感じられた行政姿勢の延長線上にあったのかもしれません。

　そう考えると、その恩恵は冨田村ばかりでなく、近江三郡、強いては浜松藩全体の百姓が恩義を感じていたのかもしれません。

　冨田村の高札場は井上氏時代に作られたとか、庄屋T兵衛家の家紋は井上氏の「井」を頂戴して、〇に「井」の字の井筒に変えたとか、井上氏時代の伝承が多々残されています。

　その真偽は定かではありませんが、井上氏時代は苛政ではなかったようです。

　また、源慶寺の建立は文化二年（一八〇五）から始まり、文化一〇年（一八一三）完成となっています。

　丁度、この期間は井上氏の時代であり、上ケ米を献上していた時代に重なります。

　免率が低かった時代ですから、余剰米が建築費に廻せたのかもしれないとも考えられます。

上ケ米廿二石九斗余（続）

第２１１号
2002.08.24

　前号で上ケ米廿二石九斗余のことを書きましたが、前号を作成した直後に次の文書を見つけました。

　前に書いた上ケ米の開始時期などは若干食い違っていますが、上ケ米の進行中の時代の文書ですので信頼が置ける(?)とも思いますが……。

《救恤一五》

　　御尋ニ付乍恐口上書ヲ以
　　　　　　　　御願奉申上候
一私シ村方之儀は旱損所御座候処御殿様御領分ニ相成候は宝暦九卯年ニ御座候処、其砌、四拾八年以前明和七庚寅年、大旱魃ニ而郷中皆無同様之年柄ニ御座候故、御奉行中畝文太夫様御検見被成下候処、其後は年々打続、十九ケ年之内御検見取ニ被為遊候處、去ル廿九年以前寛政元己酉年、御奉行多川兵左衛門様江御受免御願奉申上候處、以御慈悲御聞届ケ被為成下、御免状十九年平均ニ被為遊候。然處、免三ツ三分四厘四毛ニ御定免被仰出、難有仕合ニ奉存候。其上、御厚恩之御冥加として米弐十弐石九斗弐升六合、上米奉指上候儀は末々に至テ万一御殿様御領分違有之候ハヽ、其節御上米之儀は御殿様限ニ相成候趣、村方ニ先方より段々申傳置候儀ニ御座候間、何卒此段御聞届ケ被成下、御冥加之儀は御殿様限ニ相成候様、乍恐以書付御願奉申上候。右願之通御聞届ケ被成下候ハヽ、子々孫々ニ申傳、重々御厚恩難有仕合奉存候。以上
　　　　　　　　　　浅井郡冨田村
　　　　　　　　　年寄　S助（印）
文化十四年　　　同断　T郎兵衛（印）
　丑十一月日　　庄屋　G右衛門（印）
　　　　　　　　同断　S兵衛（印）
　　　　　　　　同断　H右衛門（印）
海老澤左七殿

※宝暦九年(一七五九)
　井上河内守が領主となる(浜松藩)
※明和七年(一七七〇)
　大旱魃で、年貢は二十三石弱のみ
　免率は三分四厘余と異常に低い。
※寛政元年(一七八九)
　定免にしてほしい旨を申し出る。
※文化十四年(一八一七)
　九月、井上氏は陸奥棚倉藩へ
　同日、唐津藩より水野氏が浜松へ
※海老澤左七　井上河内守の代官

上の文書を要約すると、

私共の旱損所が殿様(井上氏)の領分になったのは宝暦九年でした。

今から四十八年前の明和七年は、未曾有の大旱魃で、村中皆無同様でしたので、御奉行中畝文太夫様にお願いをして検見をして頂きました。その後、十九年間は検見取りになされました。また、今から二十九年前の寛政元年に、検見取りが続きましたので、御奉行多川兵左衛門様に定免(請負免)をお願いしました所、お慈悲をもって御聞き届けて頂き、過去十九年間の平均免率とされ、免三割三分四厘四毛とお決めになり、有り難く思っております。その御厚恩に報いるため、その冥加として二十二石九斗二升六合を上米として差し上げてきました。しかし、将来に殿様が替わるようなことがあれば、上米は殿様(井上氏)限りにするのだという趣旨を先祖より申し伝えてきましたので、この事を理解され、冥加米(上米)のことは殿様限りになりますようお願いします。お聞き届けて頂ければ、子孫末代に至るまで感謝いたします。

といった内容になります。

　文化十四年(一八一七)九月十四日付をもって、井上氏は陸奥棚倉藩へ転封となり、浜松藩へは肥前唐津藩より水野忠邦が入ることになります。

　上の文書にあるように、上ケ米（冥加米）は井上氏の厚恩に報いるためのものであり、支配者が替われば意味をなさなくなります。

　そのため、藩主の替わり目に当たって、そのことを切に訴えているものと思われます。

　もし、上ケ米(冥加米)のことが、次の領主水野氏に引継がてしまうと、井上氏に対する感謝の気持ちで始めた上ケ米(冥加米)制度を、水野氏に対しても続けなければならなくなります。

　しかも、冨田村としては水野氏には何の恩義も感じてないのに……、ということになってしまいます。

　文書が十一月の日付ですから、必ずしも意図通りにいったかどうかは分かりませんが(九月十四日付で転封してしまっている)、明治五年(一八七二)の時点での報告の中に、「上ケ米」のことがあることを考えると、上の文書の趣意は伝わらず、制度のみ残ったのかもしれません。

　古老が伝える、井上河内守の時代を評価する内容はこのあたりにあったのかもしれません。
　ちなみに、井上河内守の時代の前後の免率(年貢の割合)を調べてみると、次のようになっています。

◆浜松藩(松平伊豆守)の時代
　享保十三(1728)～享保二十年(1735)
　　検見免で免率最高　〇・四五〇〇
　　　　　　免率最低　〇・三〇五六

元文元年(1736)～寛延二年(1749)
定免となり、免率 〇・四〇四〇

◆浜松藩(松平豊後守)の時代
寛延三年(1750)～宝暦八年(1758)
定免で、米納免率 〇・二八六五
1/3 銀納免率 〇・一五二五?
計免率 〇・四三九〇?
この時代は不明な点が多々ある。
定免でも若干の変化がみられる。

◆浜松藩(井上河内守)の時代
宝暦九年(1759)～明和六年(1769)
定免で、免率 〇・四〇七〇
明和七年(1770)
大旱魃で検見免率 〇・〇三四三
明和八年(1771)～安永七年(1778)
検見免で免率最高 〇・三七六〇
免率最低 〇・一三八八
安永八年(1779)～天明八年(1788)
検見免と考えられるが、免定等の資料が散逸し、免率は不明です。
寛政元年(1789)
定免を願い出る。

そして、

寛政元年(1789)～ 定免となり 免率 〇・三三四四

となった筈ですが、資料がなく、詳しい事は判明しません。


この流れの中で考えると、過去十九年間は不作の連続ですから、平均すれば免率は低くて当たり前です。

そのことに奉行が気がついていたかどうかは分かりませんが、百姓にとっては有り難い処置であったことに間違いありません。


また、時代が変わり、領主が替わる度に免率の計算方法も変化しており、時代が下がると、米納の免率しか記録が残されず、銀納部分に相当する免率が不明瞭になってきています。

そのため、免率のみで比較することが困難になり、十分に納得していただく資料を提示出来ないのが残念だと思っています。

その後の浜松藩水野氏については、次のようになっています。

◆浜松藩(水野越前守)の時代
文化十四年(1817)～弘化元年(1844)
免定等の資料が全て散逸し、定免か検見免か、免率等も全て不明です。

◆山形藩(水野和泉守)の時代
弘化二年(1845)～慶應三年(1867)
定免で、物成免率 〇・三二〇〇
夫米等含総免率 〇・三四〇四
一部の年は免定などの資料がなく不明の部分もある。
一部の年は物成(年貢米)が若干少ない年も見られる。検見実施か?
明治元年(1868)
物成九〇石七斗余(〇・一三七七)

《参考》
川崎文書 (滋賀大学史料館)

※1
過去一九年間の平均とあるのは、明和七年(一七七〇)～天明八年(一七八八)の一九年間の平均と考えられます。

本文にもあるように、明和七年は大旱魃で免率は約三・四%に過ぎません。また、明和八年～安永七年の間は検見免で免率の最高でも、約三七%強、最低は約一四%弱しかありません。安永八年～天明八年の一〇年間の史料がありませんが、トータルすれば低くなって当然です。

それが分かっていながら、一九年平均で可とした浜松藩の決断に頭が下がる思いがします。

それは、村人にとっても同じで、その恩義が上ケ米といった形で表されたのだと理解出来ます。

しかし、上ケ米高二二石九斗二升六合の算出基準は不明です。

村高六六二石一斗九升一合と免率の変化などから、いろんな方法で試算をしてみましたが、二二石九斗二升六合の数値を導くことは出来ませんでした。

検見となった一九年間のそれ以前は定免で、宝暦九年～明和六年の間の免率は、四〇・七%でした。計算すると御物成は二六九石五斗余となります。

また、寛政元年からの新しい免率が三三・四四%となり、御物成は二二一石四斗余となります。

その差額は、約四八石(一二〇俵)と計算することが出来ます。

上ケ米二二石九斗余は、その差額の約半分弱の数値となっています。

何等かの根拠があったのでしょうが今ではこの程度しか判明しません。

※2
井上氏時代の浜松藩は年貢に関しては、上のように寛容だったようで、次のような史料もあります。
《未整理一六三六》
(略)
寛政三辛亥年少々旱損仕候故、惣百姓一統ニ御検見寄合致し候処、左程ニも不見ヘ候而、百姓皆御検見を止メニト申候。然所、百姓S太夫・同T平次罷出、御検見ヲ御願イ被成と両人其場押而被申候。夫より御役所様江庄屋T兵衛御訴候処、御検分為被成下候而、御米百九拾六俵為被下候。其上、御哥被下置候。以上
月日

これは、掛け軸の裏に貼られていた覚え書きですが(表には賜った哥が表装されています)、寛政三年、多少の旱損があり、御検見を依頼するか否かの寄合を開いたところ、さほどでもないから、御検見依頼を止めにしようとの結果であったが、S太夫・T平次の両名が納得せず、結果的には、検見を依頼、実施してもらった所、御米一九六俵を差し引いてもらったばかりか、和歌(狂歌)まで頂いた、と記録されています。

多少の旱損だということで、百姓達は検見を諦めるつもりでいたのに、結果的には、一九六俵もの免除があったといいます。

諦めても仕方ない程度の旱損にも八〇石弱の免除を与える、それが井上氏の方針だったようです。

代官田沼市兵衛、軍代多川兵左衛門の二名が御検見のため来村したようですが、百姓達にとっては神か仏に見えたのかもしれません。

明治初期の社会の大転換
支配と村役人の変化

第２１２号
2002.09.10

「諸願書控」という文書が残されており、慶應二年(一八六六)～明治五年(一八七二)間の願書・届書の控の記録となっています。

この文書を読んでいて、文書の宛名や村役人の記載の仕方に興味を持ちましたので紹介したいと思います。

整理の都合上、文書の内容については省略します。

《村政一九》

①
◆明治三年午十月
　　年寄　Z左衛門
　　庄屋　T兵治
山形藩御役所

②
◆明治四年未五月
　　年寄　阿部Z左衛門
　　庄屋　川崎T兵治
朝日山藩御役所

③
◆明治四年未八月
　　年寄　阿部Z左衛門
　　庄屋　川崎T兵治
朝日山縣御役所

④
◆明治五年申正月
　　年寄　阿部Z左衛門
　　庄屋　川崎T兵治
元朝日山縣御役所

⑤
◆明治五年申四月
　　年寄　川崎O左衛門
　　庄屋　川崎T兵治
犬上縣御廰

⑥
◆明治五年申三月十七日
　　一區　戸長　山崎嘉左衛門
　　　　　惣代　山崎久右衛門
　　二區　戸長　西岡九右衛門
　　　　　惣代　川崎T兵治
　　……
犬上縣御廰

⑦
◆明治五年申六月
　　年寄　川崎O左衛門
　　庄屋　川崎T兵治
犬上縣御廰

⑧
◆明治五年申十一月
　　副戸長　川崎O左衛門
　　戸長　川崎T兵治
滋賀縣令松田道之殿

冨田村の江戸末期の支配・所属の関係は、

◎一七二九年(享保十四年)～
←←浜松藩支配
←←一部は旗本西郷氏支配
◎一八四四年(弘化元年)～
←←出羽山形藩支配
←←一部は旗本西郷氏支配
◎一八七〇(明治三年)七月十七日
←←朝日山藩支配　①②
◎一八七一(明治四年)七月十四日
←←朝日山縣（廃藩置縣）③
◎一八七一(明治四年)十一月二十二日
←←長濱縣（に統合）④
◎一八七二(明治五年)二月二十七日
←←犬上縣（に改称）⑤⑥⑦
◎一八七二(明治五年)九月二十八日
←←滋賀縣（に統合）⑧

となっています。

明治三年十月から明治五年十一月までの二年余の文書の中に、山形藩→朝日山藩→朝日山縣→元朝日山縣（長濱縣）→犬上縣→滋賀縣、と目まぐるしく変化しています。

長濱縣は三ケ月程しかなく、文書には残されていませんでした。その代わり、元朝日山縣という表現をしています。もしかすれば、情報伝達が混乱していたのかもしれませんが、詳しいことは分かりません。

また、明治三年十月①の文書では、庄屋・年寄は名前のみですが、明治四年五月②の時点では苗字も書かれています。

いつの頃から村人も苗字を名乗れたのでしょうか。これについては次のようになっています。

《名字・苗字・姓》

明治三年(一八七〇)九月十九日、政府は平民に対して苗字を名乗るのを許したが、平民たちは積極的につけたがらなかったので、同八(一八七五)年、強制的に苗字をつけることとした。

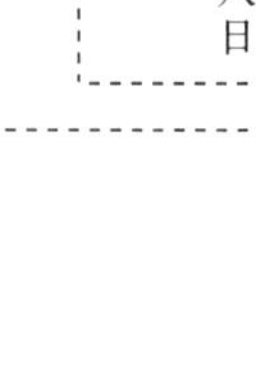

従って、明治三年十月①の段階で苗字を名乗れた筈ですが、はばかったのか、情報が徹底しなかったのかは分かりませんが、文書には翌明治四年になってからしか苗字の記入は出てきません。

但し、冨田村神事文書などから見ると、江戸時代を通じて、村人は苗字を持っていたようです。ただ名乗れなかっただけのようです。

学校の授業で教えられた事実とは一致しませんが、冨田村においてはこれが事実のようです。

また、村役人の肩書きについても庄屋・年寄から戸長に変化します。

これについては、次のように、明治四年四月に戸籍法が定められ、今の村長・町長に当たる役職を戸長と決めてからのようです。

明治五年三月⑥の文書の戸長については、浅井郡を一区～一〇区に分けたようで、三月十七日に代表が一斉に呼び出され、戸長の指名をされ、当日付の御請書を提出しています。

《戸長》
明治四年（一八七一）四月に戸籍法の行政担当者として設置。翌五年の大小区制の実施により大区は区長、小区は戸長となる。…明治二一年の市町村制の施行により町村長と改称。

しかし、明治五年九月二十八日、犬上県が滋賀県に統合されると、冨田村は浅井郡第十三区に所属することになりました。

また、明治五年十一月⑧の戸長・副戸長とあるのは、前記に反して、庄屋・年寄の名称を戸長・副戸長と改めただけのようで、区（現在の町・村）の代表という意味ではなく、村（現在の大字・区）の代表という意味で使われているようです。

明治初期の様子を記述する時には、区（現在の町・村）・村（大字・区）など、現在の我々の感覚と異なり、混乱を起こしそうですが、当時の人々にとっては支配や所属が目まぐるしく替わるばかりでなく、苗字のこと・村役人の呼称のこと・納税のこと…などなど、生活一般すべてに渡って変化していったのですから、その対応に大変であったろうと思われます。

ある庄屋の日記には、地租改正に関わって、連日の調査・事務・出張等々に従事したことが書かれています。

明治初期の社会の大転換は、村人にとっては驚きと困惑の連続でした。

《参考》
川崎文書（滋賀大学史料館）
「日本史用語辞典」（柏書房）
「日本史年表」（河出書房新社）

※1　《未整理七九五》

覚

一金弐千九百三拾三両　當未正月改 御調達
一金五百両　當未正月改 御調達
一金弐百五拾両　當未正月改 御調達
一金六百両　去午十二月改 御調達
…（中略）
一金五千両　去午十月元 御調達
一金弐千五百　去午
〆
外金　入御講金 但拾ケ年済
右之通、相違無御座候。已上
川崎丅兵衛
〃　丅兵次
中村市右衛門
朝日山藩

明治四年の文書ですが、朝日山藩への調達金の覚だと思われます。記載金額を単純に合計すると、一五七八三両にもなります。朝日山藩の新庁舎などの建設費が必要であったのだと思いますが、調達金といっても、領民からの借入金ですから、大きな借財を抱え込んだことになります。結果的には、七ケ月後には藩はなくなってしまいます。この多大な借財の返金がどうなったか、気になる所ですが、不明です。

※中村市右衛門は八木浜村の庄屋です。旧山形藩関係の庄屋が窓口になっていたと思われます。

※2　《金融三八》

（表紙）　元山形藩調達金御下ケ願
（本文）　乍恐以書付奉歎願候
一元山形藩會計方江調達金証書左之通
覚
金子七百五拾両也
但利足之義は年壱割弐分之定
右は今般要用之儀ニ付、借用申處実正也。返済之義は、来ル午年より卯年迄十ケ年賦ニ割下ケ返済可申候。為後日之證書、仍而如件。
山形藩会計（二名略）
明治二年巳正月
九ケ村惣代（三名略）殿
右は、口山形藩旧御支配處、浅井郡九ケ村百姓共より手繰集金ヲ以調達仕置書面證書、御約定之通午年分御割下ケ相成候処、…（中略）…未年分御割下ケ奉待候處、尓今御沙汰無御座故、調達之小前ともより手筈相違難渋之趣、惣代とも迄節々申出、教諭方必至迷惑仕候。甚以願兼候得とも、未年分至急御割下ケ被下候様、奉歎願候。…（後略）
九ケ村惣代（三名略）
明治五壬申年四月十五日
犬上縣御廳

金子七五〇両を一〇年賦で山形藩に調達したが、一年分は返済があったが、それ以降音沙汰がない。返金の手続きを宜しくといった内容です。山形藩がなくなり、朝日山藩もなくなり債務者がなくなったことで、この調達金の返済がどうなったか不明ですが、当時、このようなことが多々発生したようです。

幕末の水損旱損記録

第２１３号
2002.09.24

丁度一年程前、冨田今昔物語一八四〜一八六号で江戸末期の水損について書きました。

幕末期、琵琶湖の水面が上昇したため、雨天が続くと雨水は琵琶湖に注ぎ込めず、洪水を起こしたり、琵琶湖からの逆入を促したり、時には高時川・姉川などの堤を決壊させました。

冨田村も高月川の氾濫や琵琶湖の込水（逆流水）に苦しみました。また、それによる疫病も流行った様子が伺えます。

文書を読んでいく毎に水損の史料が増えていきます。

今回は新しい文書も含め、年代順に紹介したいと思います。以前の号で紹介したものも含まれますが、ご容赦下さい。

◆弘化三午年（一八四六）三月

…去六月中雨天続ニ而高月川筋洪水仕、御他領高田村堤押切、領内不残数日水下ニ罷成、塵芥夥敷押来り、其後追々減水仕候處、稲草之分水腐立毛有之候分ハ右芥之中より虫生じ悉々喰荒し、勿論、切所水先等ハ所々土砂押流、株絶仕候場所も有之…
…稲苅取仕候處、存外ニ而驚入候。今更致方無御座候。…
…何卒御上様之御慈悲ヲ以、御米弐拾五俵御赦御用捨として御下ケ被成下候様偏ニ奉願上候。…

《村政六》

◆嘉永三戌年（一八五〇）十一月

…夏以来より度々風雨、殊ニ九月三日大風雨ニ而田方稲穂一面ニ押伏、其上郷下江は湖水より壱町五六反程も五六寸込上御座候故、過半水中江折込、稲穂毛ゑ立候得ハ誠ニ以不作難渋仕候。…
…何卒御上様之御慈悲ヲ以、御米弐拾五俵御赦御用捨として御下ケ被成下候様偏ニ奉願上候。…

《村政六》

◆嘉永五子年（一八五二）七月

田畑惣町歩四拾壱町五反
弐畝拾弐歩三分五厘
郷中不残
居屋敷共水下

右は當月廿一日夜八ツ時頃より大風雨ニ而、高月川筋大出水仕、翌廿二日昼四ツ時頃…
…小倉村高田村領境ニ而六拾間余押切、其上翌廿三日五ツ時、高田村小倉村南早水村大安寺、右四ケ村大井袖堤押切、間数之儀は啶と相分り不申候。其外数ケ所切込當村江右之堤切口々水見シ相成、御田地之分深サ六尺余并畑方之分ハ四尺、田畑共不残水下ニ相成申候。右出水ニ而人家弐拾軒余水入難渋仕候。…

《村政六》

◆安政七申年（一八六〇）五月

田方惣町歩三拾六町八反
八畝拾五歩弐厘三毛
此分米六百壱石弐斗六升七合
内
弐拾町　水下之分
此分米三百弐拾六石
拾六町八反八畝拾五歩弐厘三毛
無難之分
此分米弐百七拾五石
弐斗六升七合

右は當春己来雨天続ニ而、湖水追々出水仕候處、去四月下旬頃より當郷内江水込上ケ、尚又五月十一日之大風雨洪水ニ而込増、郷下地低之場所は水深サ三尺九寸有之、右高水下ニ相成申候。…
（一八五号で紹介済）

《村政一三》

◆萬延元年（一八六〇）九月

御憐愍之御慈悲ヲ以御見分被成下、御引方御用捨被成下候様…
（一八四号で紹介済）

《村政一三》

（※安政七年と萬延元年は同年です。）

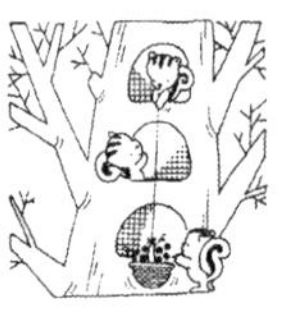

◆文久二戌年（一八六二）十一月

當村之者共、先達而より熱病流行致シ、追々病死仕候者夥敷御座候故、就夫當秋刈込之儀相□れ、尚又、雨天相続候ニ付、御収納米之義精々出精致シ候得共右様之訳柄故、自就御年貢御上納ニ差支候者共御座候間、…
（一八六号で紹介済）

《村政一三》

◆文久三年（一八六三）九月（旱損）

…殊之外旱損仕…四反弐畝歩程皆無場所有之、尚又七町歩程右ニ準じ候難毛有之…御手當御米六拾俵御救御下ケ被下置…
…《後略》…
（一八四号で紹介済）

《村政一三》

◆元治元子年（一八六四）九月

…然ル處、四反弐畝歩程皆無場所有之、尚又七町歩程右ニ準じ候難毛有之、右持主之者共段々難渋

《村政一三》

申立、実以申立之通り必至當惑之
次第ニ御座候ニ付、‥‥
（一八四号で紹介済）

《村政十九》

◆慶應二年（一八六六）
六町八反‥‥‥‥難毛
三町五反‥‥‥‥皆無同様
二町一反五畝‥‥皆無
八月大風雨ニ付郷中不残洪水‥
当年は格別之不作‥‥
上納米之内二百俵村拂御願‥‥
（一八四号で紹介済）

弘化二年（一八四五）～明治三年（一八七〇）までの二十五余年間で、少なくとも上の九件の水損・旱損の記録があります。

平均すれば二～三年に一回は水損か旱損の被害があったということになります。

当時、冨田村の領主は山形藩水野氏でした。領主が遠隔地でしたから、若干は大袈裟に表現をしているかもしれませんが、これらの不作の連続には百姓の困窮も大変であったと想像することができます。

大風雨（台風）・堤防の決壊・琵琶湖湖面の上昇など、自然現象に対してはどうすることも出来なかったのです。強いて言えば、琵琶湖湖面の上昇は人災と言えなくもありませんが、勢多川の浚え普請には膨大な費用がかかったし、軍事上の観点から簡単に実施できるものではなかったのです。

また、高月川の堤防と言っても、現在のような高い堤防ではなく、大きな洪水が来れば簡単に決壊してしまうものであったようです。

現在は、公共事業ということで簡単に工事が出来ますが、当時は費用の面でも、労力の面でも、すべてが百姓自身に懸かってきたのです。

しかも、災害があれば、唯一の収入源である田畑や米などの作物が大きな打撃を受けることになりました。

それは直接生活に影響を与えることになり、豊作・不作（水損・旱損・虫害・天候不順）は村人にとって最大の関心事でもあったのです。

自然現象を恨んでも詮無いことで、ひたすら我慢をする、信仰にすがるなど、耐えることしか村人には残されていなかったことも、非情な現実であったのです。

《参考》
川崎文書（滋賀大学史料館）

※1
惣田方町歩　《村政一三》
一三拾六町八反八畝拾五歩弐厘三毛
分米六百壱石弐斗壱升七合
此訳
一壱町六反八畝　皆無
分米弐拾七石六斗四升
是ハ株絶ニ相成申候分
一三町三反七畝　難毛
分米五拾三石九斗弐升
一三拾壱町八反三畝拾五歩弐厘三毛　無難
分米五百拾九石六斗五升七合
是ハ當時無難ニ御座候分
右は當春已来雨天續ニ而、湖水より追々込増候ニ付、右皆無之場所ハ株絶相成申候。尚亦難毛之場所ハ水下ニ相成候故□□ニ相成候間、只今ニ而は立毛碇と相分不申候。依之、乍恐取調帳面ニ記、奉差上候。已上
浅井郡冨田村年寄
萬延元申年　S左衛門
八月　〃　K右衛門
庄屋　I左衛門
山形　〃　I平次
御役所　〃　T兵衛
（※万延元年（一八六〇））

安政七年五月、二〇町歩が水下之分と報告された（前頁三段目）結果が、右の文書となります。

五月に水下になったのは二〇町歩でしたが、八月段階では、水下になって株絶になったのが一町六反余、不出来の田圃が三町三反余となっています。

残りの一五町程度は、水下になったに拘わらず無難であったようです。四月時点で。最大深三尺九寸との報告を見る限り、非常に大変な事態と思いましたが、結果は四分の一程度の被害で済んだようです。

奉行所への報告は、話半分と考えた方がいいのかもしれませんが、二町弱が株絶・皆無となるのは非常事態だと思います。

続く一〇月の文書では、

《村政一三》
（前略）
當年は殊之外不作ニ付、先日書上候三町壱反余之場所は不及申、都合弐拾町余、水込場所は格外之不作ニ御座候故、御年貢御上納差支必至難渋仕候間、‥‥（中略）
不得止事、此度御米四拾石御救御用捨之義奉願上候処、御時節柄、右様多分奉願上候段、追々御理解被成下‥‥（中略）
萬延元申年
十月　（村役人略）

とあり、やはり、都合二〇町余が不作のため、四〇石（一〇〇俵）の赦免を願い出ています。役所との交渉の中で、最終的には二八石（七〇俵）の赦免を願っています。
（※第一八四号参照）

村の南西隅にある、字艾（よごみ）が大雨で水没しているのを何度か私も見ています。圃場整備以降だったと思いますが、その状態を写真に撮った記憶はあるのですが、写真もネガも所在不明です。

冨田村の西出は土地が低く、右のような込み水が起こると、村の西の方や、十七川周辺は水没状態になったと思われます。

田圃の値段（元禄年間）

昨年、縁あって安政六年（一八五八）の「水引場所御見分御公役月ケ瀬村御着日記留」という文書を目にする機会に恵まれました。

これは田川新川の普請の顛末を記録した文書で、月ケ瀬・田村・唐国・酢村四ケ村の共有文書となっています。それを、びわ町郷土史教室の教材とされたのでした。

この文書の中に、

> 落合遣候書付写
> 一近年来田川尻水吐悪鋪相成、御田地相續難相成ニ付、錦織村地内おゐて、高月川底樋ヲ以伏越新規悪水路堀割之儀、私共四ケ村より奉願上候ニ付、此度　御公役様方御出役、場所御見分済之上、川幅萬端下方示談ニ被仰付、依之御示談左之通。
> ……《中略》……
> 一右潰地代金之儀、永世ニ相成候事ニ付、壱反歩ニ付代金六拾両ニ相定、反畝歩相改之上無相違御渡し可申候事。
> ……《後略》……

とあります。

また、八木濱村に対しては、

> 畑一反ニ付五〇両、田地一反七両
> 葭地一反七両、本田一反一〇両

という記載があります。

八木濱の単価が安いのは、砂地同然の地味の悪い場所であった、水損が毎年起こる場所であった……からと理解できますが、落合村の一反六〇両とはいかにも高値だと感じましたので、冨田村に残されている史料と比較してみました。

安政五年の米価は、名古屋相場で一石一・九三両、京都相場で一二六匁～一五四匁（一・八両～二・二両程度）ですから、落合村の田圃の単価は、一石を約二両として米三〇石（七五俵）余の値段となります。

【「日本史総覧」資料参照】

冨田村には同時代の史料がありませんが、手元にある元禄期の史料と比較してみます。

左の表は元禄一〇年（一六九七）～元禄一二年（一六九九）の「売券控帳」の抜粋を一覧表にしたものです。

「売券控帳」の中で、期限を切った貸借関係、面積の不明なもの等は割愛し、永代売り渡し関係のみを上げました。

また、一反当たりの換算計算は筆者がしたものです。

元禄一〇年の米価は、名古屋で米一石一・一八両（一両五八・三四匁とあ

元禄一〇年十二月～元禄十二年十二月　《賣買２》　（※米三俵は元禄一〇年の米価として一石六〇匁で計算）

年・月	場所・田圃等面積	代金	期間	反当の換算	文番
元禄一〇年十二月	下川田　上田　四畝二三歩	一七〇匁	末代	三五六・六匁	10-02
元禄一〇年十二月	菅居本　上田　四畝一八歩	一一〇匁	末代	二三九・一匁	10-03
元禄一〇年十二月	川田　上田一反五畝一六歩七厘	三〇〇匁・米三俵	末代	二三九・一匁	10-04
元禄一〇年十二月	よもぎ　上田　三畝二五歩	一六〇匁	末代	四一七・四匁	10-08
元禄一〇年十二月	円光寺　上畠　二四歩	七〇匁	末代	八七五・〇匁	10-11
元禄一一年三月	十四　下田一反	一五〇匁	末代	一五〇・〇匁	11-01
元禄一〇年十二月	木添　上田　四畝二四歩	一四〇匁	末代	二九一・七匁	10-13
元禄一一年十一月	玄取　上田　七畝一二歩	四〇〇匁	末代	五四〇・五匁	11-03
元禄一〇年十二月	道前　上田　一二歩	四三匁七分	末代	一〇九二・五匁	10-15
元禄一一年十二月	三の坪　下田　四畝一〇歩	九〇匁	末代	二〇七・七匁	11-06
元禄一一年十二月	七の坪　中田　二畝二五歩	一九〇匁	末代	六七〇・六匁	11-07
元禄一一年十二月	若林　上田一反	三九〇匁	永代	三九〇・〇匁	11-09
元禄一二年正月	円光寺　一三歩一厘五毛	三七匁	末代	八四四・一匁	12-01
元禄一二年十一月	北畑　二三歩九厘	七〇匁	永代	八七八・七匁	12-03
元禄一二年十一月	ねこさわ(?)　一畝一八歩	一〇七匁五分	永代	六七一・九匁	12-04
元禄一二年十二月	又さい　上田一反	四九〇匁	末代	四九〇・〇匁	12-07
元禄一二年十二月	下佃　上畑　一畝一九歩五厘	五五匁	末代	三三三・三匁	12-11
元禄一二年十二月	十三　下田一反八歩	一五〇匁	末代	一四六・一匁	13-04

りますから、一石約六八・九匁相当となります）、大阪の相場では六〇匁～九〇匁と幅がありますが、一石約七〇匁相当と考えると、元禄一〇年～一一年冬までの九筆については、米二石余～一五石余程度の値段になります。

　年貢未納のため、やむを得ず手放さなければならない田圃の値段と、落合村のように、手放したくない田畑を売却する値段とを、比較すること自体が無理なのかもしれませんが、また、時代もかなり差があるからかもしれませんが、田川新川普請の時とは比較できないくらい安値になっています。

　このことは現在にも通じ、公共事業での買い取りと、任意での売買とはかなりの差があることと同じではないでしょうか。

　また、元禄一一年の米価は、名古屋で米一石一・二二両（銀換算不明）、大阪の相場では一〇〇匁～一〇五匁となっています。

　元禄一二年は、名古屋で一・六一両（一両は四九・六匁～五五匁とあり、約八五匁程度）、京都福知山では七〇匁（大阪不明）となっています。

　従って、元禄一一年～一二年も二石余～一二石余となり、元禄一〇年とよく似た条件になります。

　冨田村においては、下田等の条件の悪い田圃は、米二石～五石相当の値段で、普通の田圃で米五石～一〇石相当の値段で、屋敷に近い畑地や条件のいい田圃で米一〇～一五石程度の値段がつけられたものと考えられます。

　もちろん、これらの値段は所有者が売却を望んだときの値段であり、所有者が望んでもいないのに、売却せざるを得ない必要性が出たときは、倍以上の値段が付いたものと思われますが、江戸時代にそんなことが起こることはなかったと思います。

　年貢が納められず、断腸の思いで田畑を質に出したり、末代売り渡しということになるのが実状であったと思われます。

　この場合、買い主がたとえ冨田村の住人であっても買いたたかれるのが常であった、と考えるのが妥当だと思われます。

　こうした事情を考慮すると、幕末に新設された田川については、莫大な資金や労力、水損四ケ村村人の熱い思いが注ぎ込まれていたのだということが理解できるように思います。

《参考》

月ケ瀬・田村・唐国・酢村
　　　　　四ケ村共有文書
川崎文書（滋賀大学史料館）
「日本史総覧」（新人物往来社）

※1

安政年間と元禄年間の史料を用いて田圃の値段を比較しましたが、その比較には米価を換算の基準として見てきました。

しかし、物価の換算、例えば一両の価値はいくらかと考えるとき、時代により、品物により、物価上昇率が異なり、一概に言えないのです。

例えば、現在の物価と比較すると、一両が、米の値段で換算すると五万～六万円程度、大工などの職人手間で換算すると二〇～三〇万円程度などとなってしまいます。

また、一両は六〇匁というのが原則であったのですが、実際には日々変化し、八〇匁になったり、五〇匁になったりと変動しました。

従って、免定などには、米一石の換算率（銀高）が指示されています。

元禄三年（一六九〇）
　五二匁替え　《租税一六六》
元禄七年（一六九四）
　五四匁替え　《租税一七一》
元禄一〇年（一六九七）
　六〇匁替え　《租税一七九》
　　（三分一銀納・口米代）
　五八匁替え　（米納分）
元禄一一年（一六九八）
　七〇匁替え　《租税一八四》
　　（三分一銀納・御口米代）
　六七匁替え　（米納分）
元禄一六年（一七〇三）
　九四匁替え　《租税二〇一》
宝永二年（一七〇五）
　五九・五匁替え《租税二〇五》
　　（※一俵に二三匁八分極）
宝永三年（一七〇六）
　六九匁三分替　《租税二一二》
享保一四年（一七二九）
　五一匁四分（十分一大豆銀納）
　四三匁四分替（三分一銀納）
　五六匁四分替（御口大豆代）
　四八匁四分替　（御口米代）
　　　　　　　《租税二三五》
寛政三年（一七九一）
　八四匁三分直　《租税二七八》
寛政四年（一七九二）
　八〇匁四分直　《租税二七九》
寛政五年（一七九三）
　六二匁直　《租税二八〇》

年々換算率が変化するばかりか、同一年であっても、納入名目によって換算率が異なっています。

以上は残されている免定から、換算率が記載されているものを抜き出しました。（洩れもあるかも）

また、この記録から換算率が書かれている時代と書かれていない時代があることも分かってきます。

これ以外に、銀納の場合には、納米高とその対応する銀高が書かれていますので、計算することで多くの資料が得られます。

例えば、貞享五年（一六八八）の「御物成割符覚」には、

　　　　　　《租税一五七抜粋》
四拾六石壱斗三升六合七勺弐才
　　　　　　　　　　銀納
此銀弐貫六百七拾五匁九分三リン

などのようにあり、計算すると、米一石が五八匁となります。

このようなデータを積み重ねることで、米価（玄米）の変化を知ることが可能になります。しかし、その他の物価変動については、手持ちの史料では追跡出来ませんでした。

寛永十九年全国不作

全国的飢饉状態

第２１５号
2002.10.24

いろんな歴史関係の本によれば、寛永十九年（一六四二）は未曾有の不作であったとあります。

近江高島郡では、前年（寛永十八年）末より大雪で、菜や大根はもとより、葛・蕨なども雪の下となって採りようがなく、村人が次々と飢餓に及ぶほど切迫した状況であったといいます。

武蔵川越では正月一日より大雪に見舞われ、鍋釜が割れるほど凍てつく寒波で、田畑も深さ一尺ばかり凍結し、こうした大雪が春のうち七度もあったと記録されているようです。

六月頃には五畿内・中国・四国では「殊の外の日照り」といわれる旱魃であったのに、九月頃からは大雨が続いたため虫が大量発生したといいます。

奥州会津では大雨と雹・大雪、秋田では八月の霜、豊後臼杵では大洪水、北陸加賀では長雨と冷風など…多くの異常気象が記録されています。

山形藩では寛永十五年の年貢米七万八千余石が、十六年には四万二千石余に激減し、十七年には四万石余に、十八年には三万六千石余に、十九年には三万一千石余と寛永十五年の半分以下になったまま、全く回復できない状態であったといいます。

このような全国的な飢饉のため、五月に入ると、幕府は諸大名に対して飢餓対策に当たるための帰国を指示しています。

しかし、この年は麦作はおろか、秋の収穫も大凶作で、会津藩・仙台伊達藩・山形上杉藩でも昨年よりも一層の深刻な状態となり、西国の萩毛利藩・佐賀鍋島藩では堤が切れるなどの洪水の被害が、北国では虫害が、関東でも七月に旱魃、八月には長雨と洪水となり、更に霜害が追い打ちをかけ、全国的な異常気象が続きました。

二年続きの凶作で飢饉と飢餓の一層の深刻化は避けがたいものであったようです。

寛永十九年の年末か二十年の春にかけて、全国各地で再び餓死者が増加し、飢人や乞食が巷に溢れ始めたといい、加賀藩の記録では、「江戸より京洛に至り、北国筋の街道は、人馬の餓死、路に間もなく臥したり」とあります。

江戸・京都・大坂などの都市に流入した飢人・非人の改めと人返しが行われ、江戸日本橋では一日に八百人が改められ、身元との判明した者は各大名などに引き渡されたといいます。

このような全国的な不作・飢饉の中で、冨田村の状況がどうであったのかを見ていきたいと思います。

しかし、寛永の頃の冨田村の状況をはっきりさせる資料は残されてなく、年貢の免定などの資料等から考察するしか方法はないように思わます。

寛永の頃の冨田村は堀市正の支配下にあり、その頃の免定等々から年貢率や御物成(年貢高)を調べると次のようになります。

寛永十四年（一六三七）　《家1》
　三百七十九石二斗二升九合
　（※四ツ九分二厘九毛弱）

寛永十五年（一六三八）　《家1》
　三百八十五石九斗二升四合
　（※五ツ一厘六毛）

寛永十六年（一六三九）　《税120》
　三百四十三石五斗三升五合
　（※四ツ四分六厘五毛）

寛永十七年（一六四〇）
　免四ツ七分　《家1》
　（※三百六十一石六斗一升八合）

寛永十八年（一六四一）
　三百五十石七升七合　《税121》
　（※四ツ五分五厘）

寛永十九年（一六四二）
　免四ツ四分　《税122》
　三百三十八石五斗三升六合

寛永二十年（一六四三）
　免定紛失　《家1》

正保元年（一六四四）
　免定紛失　《家1》

正保二年（一六四五）
　免定紛失　《家1》

正保三年（一六四六）
　免四ツ五分六厘　《家1》
　（※三百五十石八斗四升六合）

正保四年（一六四七）
　免定紛失　《家1》
　（※冨田村と香花寺村との出入

慶安元年（一六四八）
　免定紛失　《家1》

慶安二年（一六四九）
　免四ツ四分余　《家1》
　（※三百三十八石五斗三升六合）

※印は筆者の計算数値(四捨五入)等

この史料から見る限り（寛永二十年以降数年のデータがないのですが）、上に述べた全国的な飢饉を想像させる数値は見つかりません。

寛永十八年・十九年の両年は若干の免率の低下が伺えますが、大減少ではありません。多少の手心が加えられた程度に過ぎません。

それでは冨田村は不作や飢饉に縁がなく、例年並みの普通作の状態であったのでしょうか。

その点についての結論を出すことは難しい問題だと思っています。

もし、例年通りか、若干の不作傾向に留まっただけなら上のデータにも納得がいくものがあります。

しかし、不作にも関わらず、領主が血も涙もない年貢の取り立てをしていたとしたら、喰う物も喰わず年貢米を納入していたら…と考えると、これまた、上のデータでもさもありなんと納得できる部分もあります。

この場合、本当に言われるだけの年貢米が納められたのかという疑問も残りますし、納められたとしたら冨田村人々は飢餓がに苦しんだであろうと想像できます。

このことについて私なりに考えてみると、結論的には「冨田村はほぼ例年通りの作柄であった」のではないかと考えています。

全国的な不作・飢饉の中、何故そう考えられるのかを示してみたいと思います。

冨田村には江戸時代初期（寛永年間もその時期に当たります）の記録はさほど残されてはいません。

しかし、寛永三年(一六二六)の大旱魃の時の記録は多少なりとも残されており、他村との水論があったことが具体的に分かっています。

つまり、どの村がどうしたから冨田村はどうした‥‥などの記録が残されています。

また、その時の免定なども残されていて、その事実を確認することが出来ます。

寛永三年の免定によれば、村高七百六十九石四斗の内、五百八十三石六斗三升は日損引されています。つまり、殆ど収穫がなかったことになります。納めた年貢は三十四石余しかありませんでした。

また、正保四年(一六四七)の水論についても詳しい記録が残されています(免定は紛失していますが‥‥)。

（冨田今昔物語25〜27号）

つまり、大旱魃や水損・水論などの時の記録は結構残されているのです。そのことは免定などの年貢についての記録でも確認できます。

しかし、寛永十九年については不作等の記録が全く残されてなく、年代記《家一》にも記録されていません。

しかも、上の史料によれば、年貢高(御物成)は三百三十八石五斗三升六合(四ツ四分)となっています。

以上のような状況証拠から、私は寛永十九年の飢饉は冨田村にはなかったと結論づけています。

もちろん推測の域を出ない、私的な判断でしかありません。今後、飢饉を示すような古文書が出てこないとは限りませんが、まず間違いないと思っています。ただ、何故冨田村が不作・飢饉にならなかったのかについての理由は分かっていません。

《参考》
川崎文書（滋賀大学史料館）
「日本の歴史16/天下泰平」講談社

※1
種かし利分本文■■《未整理四二六》
一弐斗四升四(合)　U近
一壱斗一升弐合　S次
一壱斗七升弐合　Y左衛門
‥(中略)‥
一六斗四升八合　H兵衛
〆六石五斗

種かし利書出し
一壱斗五升　U近
一七升弐合　S次
一壱斗弐升弐合　Y左衛門
‥(中略)‥
一七庄屋五合　S兵衛
〆三石一斗一升

種かし本入出し
一九升　U近
一四升　S次
一五升　Y左衛門
‥(中略)‥
一一升　Z太郎
〆三石三斗九升

種かし書出し
十二月九日　一四斗 利八升　J内
〆十四石七斗　一三斗三升七合 六升六合　T兵衛
六合　十五石四斗二升七合
利合三石八升七合
一七斗五升　U近
此り 壱斗五升　二わり
一三斗六升　S次
七升弐合
一六斗壱升　Y左衛門
壱斗弐升弐合
‥(後略)‥

上の文書は、四枚綴り八頁分の史料の一部です。各項目に二七人〜三一人の記録があります。表紙がなく、時代や何の記録かは不明瞭ですが、種々の状況から延宝三年(一六七五)の西冨田村の史料ではないかと考えています。

また、内容は村の「出挙(すいこ)」の記録ではないかと考えています。

「出挙」は古代に行われたシステムで、春に種籾を農民に貸し出し、収穫を終えた秋に五割程度の利子とともに回収するという制度です。古代には国が行う「公出挙」と貴族や社寺が主催する「私出挙」があったといいます。後には農民が必要としなくても強制的に貸し出すなど、営利目的に変化していったようです。

上の史料は村が主催する「出挙」だと考えれば辻褄があうように思います。また、利息は二割であったように読み取ることが出来そうです。

天候に左右される農業は、旱魃などの気候不順で飢饉に遭遇することは間々あったようです。そのような時は飢えとの戦いでもあった筈です。大切な次年のために蓄えた種籾すら手を付けてしまうこともあったのかもしれません。種籾がなくては次年の作付けもままなりません。

その対策として考え出された村の制度が、上の「種かし」制度ではなかったかと思われます。

村落共同体の相互扶助という絆がもたらした、理に叶ったシステムだと思います。この制度が何時の頃からあったのか、何時の頃廃れたのかは今となっては分かりません。

八幡神社御手洗建設

第２１６号
2002.11.10

冨田八幡神社境内にある御手洗（みたらし）の屋根が年々傷み、修理が必要になってきました。

今年の宮世話のご苦労で、各種の見積を取っていただき、今年五月の臨時総会の中で修理の方法も含めて提案がありました。

臨時総会の中では、現状のように檜皮で修理すべきだという意見もありましたが、檜皮で修理する場合と、銅板葺きの場合を比較すると、経費に多大の差があり、銅板葺きでやむなしという結果になりました。

今回は、八幡神社御手洗の建設に関わっての内容とします。

昭和四年（一九二九）の資料に

> 兵第五三二六号
> 東浅井群竹生村大字冨田
> 村社 八幡神社
> 昭和四年九月一日附願水屋新築ノ件許可ス但シ竣功ノ上ハ神社明細帳竝財産台帳登録方申請スヘシ
> 昭和四年九月十四日
> 滋賀縣知事 田寺俊信 ［印

とあり、御手洗建設願書が、昭和四年九月一日付で提出され、同九月十四日に滋賀県知事より建設の許可が降りたことを示しています。

また、別の資料によると、

> 工作物登録申請書
> 東浅井群竹生村大字冨田
> 村社 八幡神社
> 種類名称 水屋
> 構造 入母屋造桧材
> 屋根檜皮葺
> 建坪又ハ間数 桁行真々七尺五寸九分
> 梁行真々六尺弐寸一分
> 所在地々目反別又ハ坪数 東浅井群竹生村大字冨田
> 字円光参八参番地
> 郷村社地
> 弐反六畝拾四歩
> 境内外ノ区別 境内
> 事由 昭和四年九月拾四日
> 兵第五三二六号ヲ以テ
> 建設許可ヲ受ケタルモノ
> 右神社財産台帳へ御登録相成度□□申請候也
> 八幡神社
> 社掌 生島禮智 ［印］
> 右八幡神社氏子総代
> ※三名連署
> 住所・氏名・印（省略）
> 滋賀縣知事 田寺俊信殿

> 兵五七二五号
> 昭和四年十月廿二日
> 登 録 済

［滋賀縣］（朱印）

※ 実際は表形式で書かれています。

また、その仕様については、

> 冨田八幡神社
> 御手洗仕様書
> 一桁行桝真々 七尺五寸九分
> 梁 桁真々 七尺五寸九分 壱棟
> 一構造ハ、凡テ一切木曾桧材無節物ヲ仕様シ、屋根形入母屋反り屋根造り、沓石上部ヨリ本桁峠迄九尺〇六分ト定メ、頭槓ハ虹梁造り、両面画様彫り、木鼻取附、日槓頭槓ノアキニハ菱挟間ヲハメ込ミ、基輪上部ニ三ツ斗組桝形ヲ据附、桝間ニハ蟇股ヲ据附、化粧桁ヲ納候事。化粧垂木ハ本繁割二軒ニシテ、天井桝組木張面取り、破風飾りハ狐格子、屋根ハ檜皮葺、軒附高サ六寸、平葺ハ長弐尺皮ニテ葺足、平均三分五厘トス。軒先周囲ニハ銅板九オンス三ツ切ニテ水切入ノ事。鬼板ハ十六オンスノ銅板包ミ、箱棟ハ九オンスノ銅板ニテ包ム事。
> 右木割寸法挽上ケ正寸ノ事。
> 滋賀縣伊香郡古保利村
> 大字西柳野
> 建築請負 岩佐榮助

以上が私の知り得る範囲内での八幡神社御手洗の建設に関わる資料です。

仕様書については日時の記載がありませんが、建設前の昭和三年か四年頃のものと思われます。

以上のことから、御手洗の建設は昭和四年十月頃に完成したものと思われます。

また、御手洗の池には、「昭和三年御大典記念」と刻まれていることからも、それを裏付ける事が出来ます。

また、御手洗の仕様書についても、建築用語などがあり、詳しくは分からない点もありますが、木材にしろ、工法にしろ、大変吟味した内容になっているように思われます。

現代の我々は、屋根の檜皮葺きにだけ注目していますが、細工仕事の中にも贅沢な工法が取り入れられているのだということが、上の仕様書から伝わってきます。

又聞きの話で恐縮ですが、社寺の屋根瓦工事をしておられる長浜の西川さんの話では、冨田の御手洗は近在にはない立派な造りであると言っておられたようです。

屋根の修理ということで、檜皮葺きの件ばかりが注目されていましたが、建物そのものも木材が厳選されているばかりでなく、造作も手間がかかっているようです。

左の写真から分かるように、天井は格天井(ごうてんじょう)になっていますが、社寺建築でも格天井となっている建築物はそう多くはないと聞いています。

また、蟇股(かえるまた)の細工も丁寧な造りになっています。本来ならばツカで済ませるところです。

更には、枡組・虹梁などは本格的な社寺建築の様式をとっていますし、菱狭間など細かい細工もされています。

また、柱の四隅上部には木鼻と書かれている彫り物が嵌められています。

総合的に見てみると、社寺建築としての冨田八幡神社の御手洗は、最上級の仕様になっていると考えられます。

今後は、屋根は銅板葺きに替わりますが、先人の残してくれた御手洗を大切にしていきたいと思います。

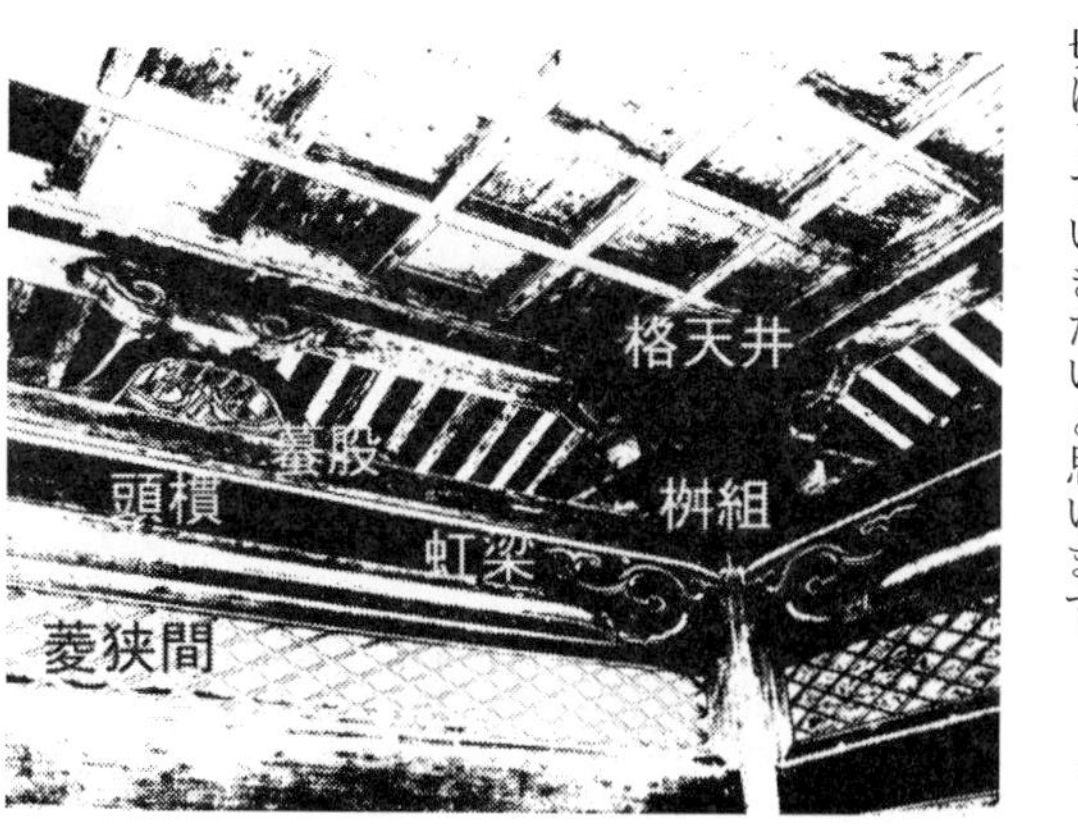

八幡社御手洗については、建設は上記の通りですが、昭和三十八年には御手洗井戸の掘削(今では殆ど水は出ませんが)と御手洗整備が行われています。

また、屋根の葺き替えも一度行われているのですが、日時が確認できていません。

《参考》

八幡神社「必要書類編冊」(冨田八幡神社所蔵)

写真筆者撮影(デジカメ処理済)

※1

区長(現在は自治会長)の引き継ぎ文書(大半は会議所ロッカーに保管)の中に、大正十三年一月起の「決議録」と題された一冊の厚さのある文書があります。

内容は、大正十三年二月から、昭和四十一年の初総会までの総会の議事録です。

その中に、昭和二九年(一九五四)二月一日決議事項として、

(一～五・七略)

六八幡神社本殿並ニ御手洗ノ修理ハ神社係リ担任早急実施ノ事

とあり、本殿も御手洗も修理を必要としていたことが分かります。

しかし、昭和卅三年(一九五八)度初総会決議事項の一項に、

(一二件略)

一御手洗の屋根は銅にて葺替する事とし、施行については宮世話に一任する事

と記録されていますから、昭和二九年の修理は出来なかったように考えられます。しかも、平成一四年までは檜皮葺きの御手洗でした。

つまり、この昭和三三年の初総会決議も実施されなかったことになります。

それは、直後の同年二月二四日の第二回總会の議事録に、

(三件略)

一御手洗は経費の関係、又は風致上、ヒワダにて破損せる個所のみ修理する事

とあり、実施されなかった訳が分かってきます。

つまり、銅板葺きで工事をする決議を挙げたものの、費用の件や景観上の問題から中止になり、修理するに留まったことが分かります。

なぜ普請が出来なかったのかは推測の域を出ませんが、昭和三二年三月の総会決議に、

(全件提示)

一農協不詳事件ニヨリ損害分擔ガ字選出役員ニカゝリタルトキハ、ソノ分ヲ字ニテ負擔スルコト

一対策委員ハ今後繁忙ヲ極ムルコトゝ予期セラレルタメ、字ノ他ノ職務ヲ□ヌルコトヲ解クコト

一農協ハ再建ノ方向ニ努力スルコト

とあり、竹生農協の倒産による負債の負担を余儀なくされ、経済的に苦しかったのかもしれません。

月日は流れ、それから四〇年余を隔てて、御手洗は銅板葺きが実現することになったのです。

現在の銅板葺きも檜皮葺きの時と同様な品格を保っています。

この品格は、屋根ばかりでなく、木材、造作のどれをとっても最高級の普請がされているからだと考えられます。その意味でも、後世まで大切に伝えたいものだと思います。

また、この御手洗で神事祭の餅米洗い(米かし)をするようになったのは昭和三九年二月一〇日の決議、

(六件略)

一神事に於て、従来川上にて行はれて居た「米かし」を神社の池にて行ふ、尚、当番間にて時間差を設けて混雑を防ぐ事

によるものだと確認が出来ました。

八幡神社拝殿の建設

第２１７号
2002.11.24

八幡神社御手洗の建設時期や仕様について、前回報告しました。

今回は冨田八幡神社拝殿の建設時期などについて調べたいと思います。

八幡神社拝殿建設について記録された文書は目にしたことがありません。もしかすれば、昭和三十四年（一九五九）の台風で水濡れになり、処分された文書の中に関係文書があったのかも分かりませんが、確かなことは分かりません。

但し、本殿にはその時の上棟札が保管されており、その上棟札には、左のように書かれています。

これによれば、昭和八年（一九三三）から工事が始まり、翌昭和九年五月に竣功し、十月に竣功祝いが行われたようです。

この竣功祝いの際には、健雄社主催の餅まきが行われたと聞いています。

それから約七〇年が経過していますが、左の上棟札が残されていなければ建築の時期や大工など、詳しいことは忘れ去られてしまっているのが現状ではないでしょうか。

たった五〇年前、百年前のことですら忘れ去られ、子孫に正確に伝わっていないのが歴史なのかもしれません。

その意味では、過去の記録は大切にする必要を感じています。

過去の些細なことまで詮索したいとは思いませんが、冨田村の先人が歩んできたこと、いろんな困難を乗り越えて、現在の冨田村を造ってきたことなど、冨田村の子孫として語り継いでいくべきことは多々あると思います。

せめて、村を左右した大切な事だけでも、現在の私達も語り継いで行かねばならないのではないでしょうか。

左の上棟札によれば、一〇人の建築委員の氏名が残されていますので、冨田村(氏子)上げての事業とだと考えられます。

そして、拝殿の建設費が概算で六千円と記録されています。この建設資金はどうして集めたのでしょうか。現在と同じように積み立てていたのでしょうか。

はっきりは分からないのですが、次のような記事が気になっています。

①大正十年（一九二一）十月の台風で、風害を受けた杉木五本の売却代金が六千五十三円七十六銭であった。
但し、支出額として七百十五円三十五銭（遷宮費用・拝殿や祭器庫風害の修理費用・競売費用・源慶寺屋根直しなどなど）が計上され、残金五千三百三十八銭が基本金として積み立てられています。
倒木により、拝殿・祭器庫・源慶寺屋根等が破損したことを物語っています。

②関連の記録の中に、
『賣却代金中伐採ニ要スル諸経費並本殿祭器庫破損ノ箇所修繕費ヲ控除シ残餘ハ全部基本財産ニ積立ツベシ』
という一項があり、売却金の大半は基本財産として積立られたと考えられます。

③次のような有価証券を所持していたことが記録されています。
「大正十一年五月十一日附
勧業債券額面五百円（七分利）二通」
但し、この二通は昭和二年七月一日

屋船久久能遅命
屋船豊受毘賣命
手置帆負命　守護
彦狭知命
奉建築八幡神社拝殿之棟札
國家隆昌
村内繁榮

社掌生島禮智
棟梁佐々木平三郎
脇棟梁　狩野修三

氏子総代
上野源吉
上野謙二
大工片岡専示
仝　宮崎捨造
仝　藤島富剛
仝　前田七郎
仝　金谷重郎
仝　金谷一夫
仝　狩野要三

建築委員
阿部綱吉
上野勘次
阿部吉吾
阿部秀也
川崎太七
川崎一
上野静夫
川崎敬三
上野佐喜
阿部僚三

（裏面）
起工　昭和八年十月十日
竣功　仝　九年五月十五日
上棟祭　仝　年十月十日
工費概算　金六千圓

附で
「滋賀縣農工債券額面千円(七分利)」に書き換えられています。
恐らくこれは①②の基本財産から拠出されたのだと思われます。
④昭和九年九月の暴風によって、目通八尺高さ六〇尺の杉が倒れ、売却しています。代金は不明ですが、かなりの値段で売れたと思われます。
この売り上げも基本財産として積み立てると書かれています。

以上が、私の現在までに知り得た記録ですが、これらの記事から考えられる結論は、

大正十年の倒木売却代金五千円余を基金として、氏子の積立金を加えた費用で、昭和四年には御手洗が、昭和九年には拝殿の建設がなされたと考えるのが妥当かと思われます。

また、昭和五年(願書は二月一日付)には個人の寄進(二名)により、狛犬一対が建設されます。

明治四十四年には七名の寄進により鳥居の建設が、同年、冨田村出身と思われる小澤村某よりの寄進で社標が、大正二年には二宮の廃棄と合祀、冨田神社の移動、社務所の建設…と八幡神社の様相が変化していきます。

更に、前号で紹介した昭和四年の御手洗建設、昭和五年の狛犬の寄進、昭和九年の拝殿建設…と、第二の建設ラッシュが続くことになります。

以上のように、八幡神社は氏子により、時代が変化しても、いつの時代にも守り続けられてきました。現在に生きる私達も、形はどうであれ、先祖の心意気を引き継いでいきたいものです。

《参考》
八幡神社所蔵拝殿上棟札 (写真 筆者撮影)
「必要書類編冊」(八幡神社蔵)

《八幡神社本殿上棟札写真》

※1
前号で紹介した、大正十三年一月起の「決議録」には昭和五年〜昭和九年のいずれの項にも拝殿建設に関しての記事は見当たりません。

総会の決定を経て、設計・建設と成ったと思われますが、その経過については分かりませんでした。

ただし、昭和九年二月一日決議に、

一八幡神社々務所ノ修繕改造スル事ヲ決議セリ

とあり、社務所の改修を決めていることのみ知ることが出来ます。

この「決議録」は、記録のない年もあり(昭和一〇・一一年…など)、また、二枚分が破られていることもあり、すべての村の流れが把握出来る訳ではありませんが、興味ある記事も多々見受けられます。

毎年のように、農道の改修や修繕・生活道の改修など、生活改善規約の改定などの記事が多く記録されています。

大正一五年二月一日通常総会では、

一立木保護上社地修繕ノ件
継續事業トシテ本年度モ土置スルコトニ決定
一祭器庫修繕ノ事
表戸ヲ舊来ノ如キ堅牢ナルモノニ取替ヘ、戸締ヲ嚴重ニシ庫内ノ材木其他ノ整頓ヲ期シ、發動器ヲ格 納シ得ル様為ス可キコト
一玉垣修築ノ件
延長高サ其他總テ現在通リトシ修築スルコトニ決定
右三件ハ材料及方法等宮講世話方ニ一任スル事

とあって、祭器庫修理、神社本殿の玉垣の修築のあったことを知り得ます。

また、昭和五年二月一日総会では、

一近来自動車ノ交通頻繁ニシテ、道路ノ荒廃其極ニ達シ、此ガ修繕ヲ今春工區ヘ交渉シテ施行スル事

自動車が普及し始めて来たことや、そのために道路の破損が著しくなっていることが分かります。

当時は、舗装もなく、水溜まりの多いデコボコ道であったようです。

更に、昭和六年二月一日総会では、

輿ノ件
輿入レ小屋ヲ墓地ノ適当ノ場所ニ建設シテ、其中ニ蔵置スル事。此代金ハ字有金ヲ借用スル事
輿ノ代金ハ字ヲ三等ニ區分シテ、直ニ徴収スル事

とあり、最近まで使用していた、葬儀の際の「輿」が昭和六年に作られたことが判明します。

そのことは、《祭器庫文書》の中に、「新調輿代徴集簿(三月)」「新調輿代徴集簿後半部」という二冊の帳簿の存在からも裏付けすることができます。

その後、約七〇数年間使用されましたが、その役割を終え、平成二〇年四月、長浜城歴史博物館へ寄贈されました。

今後、日の目を見ることはないかもしれませんが、貴重な民俗学的資料として後世に伝えられるものと思っています。

冨田八幡神社境内古図

第２１８号
2002.12.10

前号、前々号で、八幡神社御手洗と拝殿の建設について書きました。いずれもこれらの建設は昭和初期のものでした。

今回は、八幡神社の幕末期の簡単な古地図から紹介したいと思います。

左下の絵図面(筆者復元)は弘化四年(一八四七)のものと思われます（図面本紙には年号の記載はありませんが、付帯文書に弘化四年十一月廿三日の日付があります)。

冨田八幡神社境内と圭林寺・源慶寺の配置が書かれていますが、奇妙な絵図だとは思いませんか。

中央の破線(筆者記入)の部分は、冊子の中央部分(綴じ代部分)になっています。

この図面を書いた人は、北から圭林寺・観音堂・正観音堂を書き、また、南側の源慶寺・御手洗池・橋入り口などから書いていったため、中央の部分が余ってしまい、強引に線で結んでしまったと思われます。

つまり、左側に「本堂」と二箇所に書かれていますが、いずれも源慶寺本堂を意味します。本堂と庫裏の北東側斜めの境界線は、本来は一致しなければならない線なのです。

それらの注意すべきことを念頭に置いてこの地図を読むと、現在の私達が持っている八幡神社の概念と、この時代の様子とはかなり違うものがあったように思われます。

先ず、南側から石橋を渡ると、左手に御手洗池(みたらしいけ)があったようです。

御手洗という建物があったわけではなく、単なる池であったようです。この池の水は、冨田川から取り込んでいたのではないかと想像できます。

また、右手前方にも御手洗池があったようです。この池の水は川からの取り込みではなく、湧き水かため池ではなかったかと思われます。

続いて、右手に八幡宮の小さな社殿が西向きに鎮座していました。

八幡宮の社殿は、源慶寺境から東へ十三間(約二三・五ｍ)の距離にあったことが分かります。

また、八幡宮の前には小さな池があったように書かれています。

また、八幡宮の北隣の地には蓮池がありました。

境内にはこのようにいくつかの池があり、この内の幾つかは昭和になっても残っていたようです。昭和九年の拝殿の竣工祝いの時点でも池があったと聞いています（どの池かは不明)。

この蓮池を挟んで北側に観音堂の社殿が西向きに鎮座していました。

正観音堂の社殿は、源慶寺本堂から東へ十九間(約三四・五ｍ)の距離にあったことになります。

図面から見る限り、八幡宮社殿より大きな社殿であったと推測することが出来ます。

更に、現在の本殿の場所に観音堂社殿が南を向いて鎮座していました。

観音堂は安政五年(一八五八)の再建です。

観音堂西から源慶寺本堂東北隅までの距が一〇間(約一八・二ｍ)とあり、ほぼ現在の状態と変化していないようです。

また、左の図面には記載されていませんが、境内の至る所に老杉の大木が繁茂していたはずです。

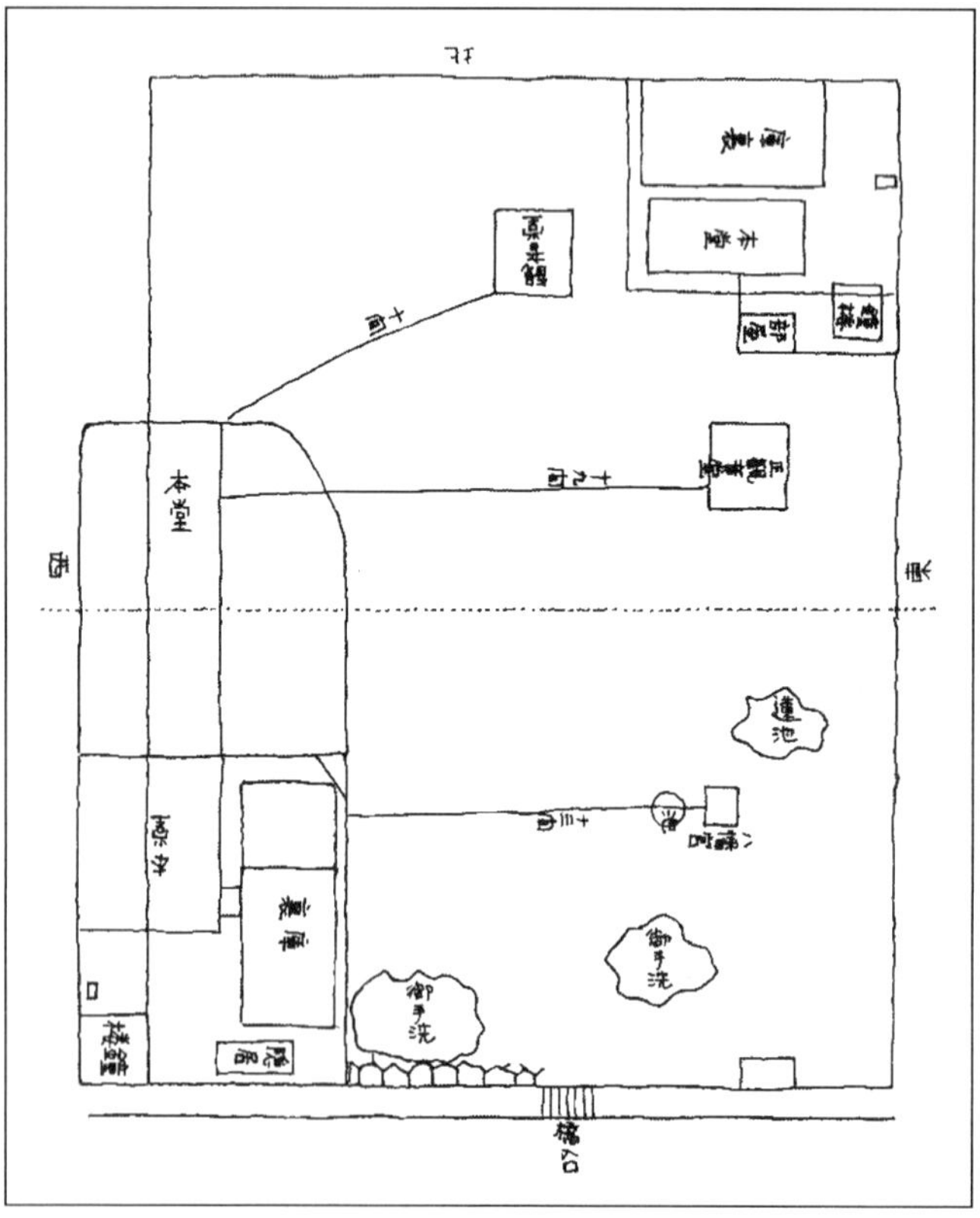

《宗教二八二よりの復元図》

このように見てくると、たった百五十年前と現在の八幡神社とでは、かなり様子が変わっています。
この時代から現在までに変化したものを列挙すると、

◆境内に増えたもの
鳥居・社標・御手洗・狛犬・拝殿・道路沿いの石灯籠・祭器庫・社務所(会議所)・消防ポンプ格納庫・防火用水貯水槽・石畳参道・神馬…など

◆境内から姿を消したもの
二宮社殿(正観音堂?)・御手洗池・蓮池など・杉などの老木・鎮守の森の風景…など

◆移動したり役割の変化したもの
小宮社殿(八幡宮?大正二年に移動)・石橋(以前は暗渠になった川に架けられていた)・三対の石灯籠(本殿前・小宮前・鳥居北側)・高札場・道標…など

などが上げられます。

八幡神社境内に限らず、村落の風景も年々変化しているのを実感します。

特に、昭和四十八年(一九七三)に完成した圃場整備事業は農村の風景を一変させました。

一反単位で広がる田圃、その一反を四枚に区切る畔、畔や土手には榛の木が列をなし、収穫期には榛の木を利用してのはさ架け、用水川周辺に広がる桑畑・河川土手の柳の木・田植え頃の鮒・鯉の田圃への遡上・霜を払い除けての稲刈り…、枚挙に困らないほどの風景が、今は跡形もなく消えてしまいました。

今となっては、人々の思い出や記録写真の中でしか見ることが出来ませんが、この風景こそ、江戸・明治・大正・昭和と連綿と続いてきた冨田村の原風景であったのです。

時代の変化と共に、合理的に生活できる空間が作られていきました。

反面、昔からの素朴な原風景が消えつつあります。時代の流れの中では当然のことだと思いますが、それだからこそ、子・孫へと往時の冨田村の様子を残していくのも私達の義務なのではないでしょうか。

写真であったり、記録であったり、家庭での言い伝えであったり、方法は様々ですが、何らかの方法で、冨田村の姿を未来へ伝えたいものだと思っています。

その意味で、情報の提供を頂けると幸いです。

《参考》
川崎文書(滋賀大学史料館)
必要書類編冊(八幡神社蔵)

※1 《法令一一(部分)》

某国某郡某村鎮坐
某社 但式内式外或は府藩縣別段崇敬之社等之別
一宮社間数并大小之建物
一祭神并勧請年記
附社号改替等之事
但神佛舊号區別書入之事
一神位
一祭日 但年中数度有之候ハヽ其中大祭ヲ書載スベシ
一社地間数 附地所古今沿革之事
一勅願所并ニ宸翰
勅願之有無・御撫物・御玉串献上等之.
一社領現米高 所有之国郡村、或ハ廩米并神官家禄分配之別
一造営公私、或ハ式年等之別
一摂社末社之事
一社中職名・位階・家筋・世代
附進年社僧復飾等之別
一社中男女人員
一社官若シ他社兼勤有之ハ本社ニテ某職、他社ニテハ某職等之別
一一社管轄府藩縣之内、数ケ所ニ渉り候別
一同管轄之廳迄距離・里数

太政官より今般國内大小之神社御規則御定相成候ニ付、別紙箇條委詳取調被仰出候間、至急ニ取調可差出、尤難相訳義も有之候ハヽ、取締役之者江篤与聞合可申、并神主有之村方は不洩様致通達、受引之上早々順達留村より此布令藩廳江可差戻候也。
正月八日　　朝日山藩廳

一今般太政官より被仰出候ニ付、神社取調至急ニ可差出旨別紙箇條書ヲ以、先達而相觸置候処、今以不差出等■ニ相心得候而は不相成義ニ付、来ル廿三日迄急度可差出、尤箇條書之次第難相分義も有之候ハヽ、神職之者江篤与聞合、不都合無之様取調可差出者也。
辛未正月十八日　　朝日山藩廳

右は、明治四年(一八七一)、朝日山藩庁から出された通達(廻状)の写しです。

村に鎮座している神社の詳細を報告せよとの内容です。また、一八日付の達書には、報告の提出が遅延しているための催促状です。

明治維新後は国家神道への道を進むことになりますが、その政策の一環であったのかもしれません。

冨田村がどのような内容で報告したかは不明ですが(明治七年一二月付の「八幡神社取調帳」は神事文書として残されています)、神主(社官)をどのように報告したのか、興味があります。

現在は、都久夫須麻神社宮司の生嶋氏が神主を勤めていますが、明治四年一月段階では、都久夫須麻神社が創建されておらず、誰が神主を勤めていたか不明です。

恐らく、現在の「鍵主」と呼ばれる役職を勤めている村人が神主を勤めていたものと考えています。

都久夫須麻神社は延喜式には登場するものの、現在の神社が竹生島宝厳寺から分離・創建するのは、明治四年二月で、常行院覚潮が復飾して生島常之進と改名、弁才天堂を都久夫須麻神社本殿としてスタートした新しい神社なのです。

明治十八年冨田村人口

第２１９号
2002.12.24

冨田村の某氏が所蔵しておられる文書に、次のような表紙をもつ文書があります。

第七十五号(後筆)
明治十八年
誕生簿
七月一日改
冨田村

※明治十八年(一八八五)

この文書には、三七五人(三七八人)の氏名と、その生年月日が記載されています。
(三人が付箋で追加されているので実質は三七八人)

内容を確認すると、明治十八年七月一日現在での、冨田村(冨田村と北冨田村)全ての住人の氏名と生年月日だと思われます。

その内容を一覧の形にしたのが左の表です。

これによれば、村内の最長老は、享和元年生まれの八十五才(数え歳)の男性(阿部)です。次の長老も八十一才の男性(阿部)、七十七才の男性(上野)、七十六才の男性(西嶋・赤松)と続き、六番手に七十五才の女性(阿部・西嶋)と続きます。

また、「誕生簿」とはありますが、記載されている三百七十八人の全てが冨田村生まれではありません。養子縁組や嫁入りなどによって冨田村へ入ってきた人も含まれます。

要は、明治十八年七月一日現在の冨田村住人の全てだと考えて下さい。

また、年齢別(数え歳)の分布状況については、次ページに一覧表に作ってみました

まとめてみて気が付くことですが、年齢別分布には大きなアンバランスがあることが分かります。

一〇才までの子供が多く居るのに、一〇才～二九才までの青年層が少な過ぎるのです。

この原因が何処にあるのかは分かりません。偶然なのか、理由があるのかは推測の域を出ません。

偶然にしては差がひどすぎると思わざるを得ない所です。

では、何が原因なのでしょうか。私なりに推理すると、次の幾つかの仮説が考えられます。

生年月日	男	女	計
享和01年(1801)	1		1
文化02年(1805)	1		1
文化06年(1809)	1		1
文化07年(1810)	2		2
文化08年(1811)	1	2	3
文化10年(1813)	1	1	2
文化11年(1814)		2	2
文化12年(1815)	1	3	4
文化13年(1816)	2	1	3
文化14年(1817)	1	1	2
文政01年(1818)		1	1
文政02年(1819)		1	1
文政03年(1820)	3		3
文政04年(1821)	1	1	2
文政05年(1822)	1	2	3
文政06年(1823)	1		1
文政07年(1824)	1	2	3
文政08年(1825)		4	4
文政09年(1826)	2	3	5
文政10年(1827)	1	1	2

生年月日	男	女	計
文政11年(1828)		1	1
天保01年(1830)		1	1
天保03年(1832)	1	2	3
天保04年(1833)	1		1
天保05年(1834)		2	2
天保06年(1835)	3	2	5
天保07年(1836)	1	1	2
天保08年(1837)	1		1
天保09年(1838)	1	2	3
天保10年(1839)	3	1	4
天保11年(1840)	4	3	7
天保12年(1841)	4	2	6
天保13年(1842)	3	3	6
天保14年(1843)	1	3	4
弘化01年(1844)	3	2	5
弘化02年(1845)	3	1	4
弘化03年(1846)	6		6
弘化04年(1847)	3	2	5
嘉永01年(1848)	3	3	6
嘉永02年(1849)	2	6	8

生年月日	男	女	計
嘉永03年(1850)	4	3	7
嘉永04年(1851)	1	8	9
嘉永05年(1852)	6	4	10
嘉永06年(1853)	1	7	8
安政01年(1854)	6	6	12
安政02年(1855)	4	3	7
安政03年(1856)	2	3	5
安政04年(1857)	3	2	5
安政05年(1858)	2		2
安政06年(1859)	2	2	4
万延01年(1860)	1	1	2
文久01年(1861)	2	2	4
文久02年(1862)	2	5	7
文久03年(1863)	2	2	4
元治01年(1864)		1	1
慶応01年(1865)	1	4	5
慶応02年(1866)	1	3	4
慶応03年(1867)		3	3
明治01年(1868)	4	2	6
明治02年(1869)	2	5	7

生年月日	男	女	計
明治03年(1870)	1	2	3
明治04年(1871)	1	2	3
明治05年(1872)	1	4	5
明治06年(1873)	3	2	5
明治07年(1874)	2	3	5
明治08年(1875)	1	2	3
明治09年(1876)	5	4	9
明治10年(1877)	6	4	10
明治11年(1878)	8	4	12
明治12年(1879)	2	4	6
明治13年(1880)	7	11	18
明治14年(1881)	3	6	9
明治15年(1882)	4	5	9
明治16年(1883)	12	4	16
明治17年(1884)	7	7	14
明治18年(1885)	9	4	13

(※18年は 7/1 現在の出生数)

①医療技術などが十分でなく、一般的に生まれる子供は多いが、幼くして亡くなる子供が居るなど、全ての子供が青年期まで育たなかった、とも考えられます。

②一〇才を過ぎた当たりから他所奉公に出る子供があり、冨田村から出てしまい、三〇才前まで他所で暮らすことになった、とも考えられます。

③一八六号で紹介したように、文久二年には冨田村で流行病が猛威をふるいました。その時、子供だった安政から文久の時代に生まれた子供が被害にあった。もしそうだとしたら、二〇才台がかなり少なくなった、とも考えられます。

④左の資料そのものが虚偽であるのかもしれない。

上の資料と同時に、明治十八年七月改の「国民軍名簿・冨田村」という資料も残されています。つまり、上の「誕生簿」は兵役に関係して作られた資料とも考えられます。

明治六年(一八七三)には徴兵令が公布されていますし、明治十五年には軍人勅諭が定められています。

しかし、明治九年の全国徴兵状況は二〇才の壮丁二九万余人の内、二四万余人が徴兵免役となっており、約八十二%の免役率となっていますので、無理してまで虚偽の申告をするとは思えません。

また、私の曾祖父夫婦や祖父の名も記載があり、祖父の生年月日は知っていることと一致しています。

このように考えると、嘘の報告と考えるには無理がありそうです。

年齢の幅	男	女	計
〇才～　九才	63	53	116
一〇才～一九才	16	28	44
二〇才～二九才	17	22	39
三〇才～三九才	36	42	78
四〇才～四九才	24	18	42
五〇才～五九才	8	12	20
六〇才～六九才	10	13	23
七〇才～七九才	6	8	14
八〇才～	2	0	2
合計	182	196	378

⑤発想を変えると、明治に入り、出生数が大幅に増加したのではないかとも考えられます。

明治になり、村人の生活がどのように変わったのか、詳しくは分かりませんが、精神的にも経済的にも余裕が出てくれば子供の数も増加する傾向にあります。

もしかすれば、一〇才までの子供数が急増するという異常現象であったのかもしれません。

昭和二十二～二十五年頃のベビーブームの時でも、冨田・北冨田の一学年の人数が一〇人前後だったことを考えると、明治一〇年前後以降の数字は平常ではないと考えるのも妥当である、とも考えられます。

左のデータから、いろんな事が考えられますが、明治時代の冨田村の様子が垣間見られたことは幸いだったと思います。

明治の頃に比較すると、現在の冨田村は、七〇才以上の増加と、二〇才以下の減少が顕著になっているのが大きな特徴です。

《参考》
「明治十八年誕生簿」(個人所蔵)
「国民軍名簿」(個人所蔵)

※1
冨田村の人口は江戸期を通じて、三五〇人前後と考えられます。
次の資料は、文化三年(一八一〇)の「大人別御改帳」を整理したものです。
《戸口三》

年齢の幅	男	女	計
二才～一五才	39	54	93
一六才～六〇才	97	107	204
六一才～八〇才	28	20	48
八一才～九九才	2	2	4
合計	166	183	349

《明治一八年資料より》

年齢の幅	男	女	計
二才～一五才	62	62	124
一六才～六〇才	93	109	204
六一才～八〇才	16	21	37
八一才～九九才	2	0	2
合計	173	192	365

また、後の表は右頁データを、同じ基準に再作成したものです。ただし、一才は除きました。

両者を比較すると、男子の場合は、二才～一五才の項と、六一才～八〇才の項に顕著な違いを見つけることが出来ます。

一方、女子の場合や合計数は、ほぼ同じ傾向を見出すことが出来ます。

男子の数の違いについては、どちらの表の数が一般的なのか、難しい問題ですが、女子の数から推測する限りは、男子の二才～一五才は、五〇～六〇人程度、同じく六一才～八〇才は二〇人前後が妥当な所ではないかと想像します。

他にも何点かの史料も存在するのですが、成年男子(一六才～六〇才)だけの数(家数も)であったり、村役人・大工等が別枠であったり、助郷を逃れるために意図的に改竄されていたりで、上と同じような基準で比べることが困難で、想像の数値が妥当かどうかの判断すら出来かねるのです。

私としては、両表の平均した数値が妥当な数値だと考えたいと思っているのですが……。

また、江戸期は支配者別にデータが記述される場合が多く、浜松藩領だけのデータなのか、西郷氏支配の村人を含んでいるのかどうか、判断に苦しむ場合もあり、そのデータの検討も大切になります。

現在の冨田村・北冨田村の年齢別分布を明示することはできませんが、二才～一五才の幅が異常に少なく、六一才以上の数値が異常に多い、頭でっかちの状態で、将来の冨田村の行く末が心配されます。

江戸時代の年始祝状

第２２０号
2003.01.10

次に紹介する文書は、圭林寺のフスマの下張りから出てきた文書だと聞いています。

その文書が冨田村の某氏に渡り、更に別の某氏に渡り、その人から見せてもらった(コピーさせてもらった)ものです。

どのような経緯で発見されたのかは分かりませんが、三通の文書が伝えられ、一通は相撲力士「今出川」よりの書状、一通は山形藩の指示(御觸書)を冨田村庄屋T右衛門が廻状に仕立てた幕末の頃の文書、そして、あと一通が次に紹介する文書です。

三通の文書の性格がはっきりしませんが、少なくとも二通は冨田村に関係する文書だと判断しています。明治の初期の頃、どこかの家が保存していた文書を一斉に放出した文書群の一部だと思われます。

紹介する文書は、文書の様式や字体などから、また、差出人が堀茂左衛門とあることなどから、寛永十年(一六三三)から延宝七年(一六七九)の間、冨田村を堀氏が支配していた江戸時代初期の頃、もしくは、その時代を若干下がった時期ではないかと思っています。(この頃の冨田東村の庄屋が堀茂左衛門であり、差出人はこの人ではないかと推測しています)

改年之御吉慶、何方も万々目出度申納候。弥々(イヨイヨ)其御地御寺内貴公様、御堅固ニ御越年被遊候与珍重目出度御義ニ奉存候。依之、當地壱家中無事ニ加年仕候間、乍憚、貴意安思召可被下候。度々御状ニ預り候ヘバ、遠方故御返事も不申出、背本意奉存候。此義御用捨可被下候。小筆義は今程ハ気分も能(ヨク)罷成候間、是又、御心遣被下間敷候。別而下拙仕合と悦申候。段々ニ是迄之通りニ可罷成与居申候間、御安堵被成可被下候。折節取込、荒々申上候。

恐惶謹言

正月十日　　堀茂左衛門より

本行寺様貴下

猶々其元どなた様へ、乍憚、宜御心得可被下候。

右の文書は、現代風に考えると年賀状に相当するものだと言えます。

以前にも冨田村某氏より、松平〇〇守云々(詳しい内容は忘れました)とある年始状を見せてもらったことがあります。

《上の書状の一部》

後年、再度見せてほしいと依頼しましたが、何処に保管したのか分からずになってしまったようで、見ることは出来ませんでした。

当時の年始状は、支配階級の人々だけのものであり、一般の百姓には無縁のものであったと思われます。

年始状は、越年のお祝いを述べるとともに、当方も無事に年始を迎えられたことを伝え、平素の厚情を謝し、安堵を促すものであったようです。

現代の、義理的な年賀状よりも実意がこもっていたものと思われます。

勿論、年始状を出すのは、平素から懇意にしているなど限られた人に対してだけだからかもしれませんが・・・。

次のページの記事は明治六年(一八七三)の庄屋日記の冒頭部分です。

この年は、地租改正に伴う地券の取り調べ、太陰暦の採用のため十二月が実質なかったなど、多忙の新年であったようで、ゆっくりとした正月気分などを味わっている余裕はなかったようです。

また、役職の忙しさだけでなく、村人(親戚K左衛門宅は昨年の末から葬式続きで、流行病などがあったのかもしれない)の死去・中陰逮夜など、個人的にも多忙であったようです。

村役人としての庄屋の一年は、年頭(年礼)に始まり、正月三ケ日が過ぎると御料所井の見分が始まります。

今で言う仕事始めが御料所井の見分だということは、如何に用水が大切であったかという証拠にもなります。

もしかすれば、積雪があって見分も十分出来なかったかもしれませんが、御料所井組合六ヶ村にとっては年頭の大切な行事であったと思われます。

この年は、六日K左衛門（養母）の葬儀が雪の中で行われた後、七日より十九村・安養寺村・早崎村の年貢の取り立てが始まります。
これは、自分の小作料の取り立てばかりではなく、冨田村へ入作している田圃への年貢取り立ても含むのではないかと考えられます。
これらの年貢の一部は、十七日（大津へ向け）津出しされていきます。
一般に冬場は年貢の納入時期に当たっていましたから、当然とはいえ忙しい日々を送ることになります。
断言は出来ませんが、当時の農村の正月は、年貢の徴収・津出しなど、以外と忙しい時期であったのかもしれません。

《参考》
川崎文書（滋賀大学史料館）

▽◇△　▼◆▲　▽◇△　▼◆▲　▽◇△　▼◆▲　▽◇△

明治六年（一八七三）の庄屋の正月

以下は明治六年の庄屋が残した「日誌」です。覚えとして残した物ですから読み辛く、いたる所読めませんでしたが、正月といえども慌ただしさが伝わってきます。

《村政二七》

一月一日 年礼 K左衛門法事
　午後J郎江神内賀夕帰
二日 K左衛門法事
三日 下八木九右衛門江二百匁講
　参会 夕岡谷佐左衛門泊り
四日 五ケ村より二百匁講金請
　瀬平江行 当村O左衛門J左
　衛門行 T兵治香花寺庄三郎
　小観音寺沢氏井川見分
五日 朝三臼米持
　午前K左衛門死去
六日 K左衛門死去 雪降
七日 十九年貢取立
八日 安養寺年貢取立
九日 早崎年貢取立
十日 海老江治平地券金納直段取
　極集会 夕迄
十一日 地券下取調丸一日
十二日 源慶寺御堂ニて地券下取
　調 村中丸一日
十三日 右同断丸一日 S五右衛門
　出□故障 夜ニ入
十四日 午前朝七字（時）より源慶寺
　御堂ニて蚕種色々参会
　午後地券下調手前ニて夕迄
十五日 貸附帳調 午後S七と地券
　論四字迄 夕迄居仕候
十六日 丸一日書出し仕居候
十七日 午前より十九皆済 北ニ組安
　養寺年貢津出し 夕迄居
十八日 午前迄居宅 源左衛門貢米
　送り 書直し米 午後早崎行
十九日 地券取調丸一日
廿日 右同断
廿一日 弐百匁雑費算用
　下八木九平次宅ニて丸一日
廿二日 右同断 前日ハ此寄合候得
　共源四郎大安寺行ニて延引
廿三日 長濱買物 小澤年頭
廿四日 T兵治母死去 拵申候
廿五日 同死去 午後源慶寺ニて祠
　堂給米参会
廿六日 内居
廿七日 内居 K右衛門右□祠堂給
　米俵仕上ケ
廿八日 T兵治七日逮夜中飯
　午後早崎行酒壱斗参夜入
廿九日 神天□□一礼

・・・・《後略（次号へ続く）》・・・・

※1 江戸時代の書状は原則的に次のような形式を備えています。
①前置き、時候の挨拶
②本文（然者（しかるは）～で始まる）
③書き止め（恐惶謹言など）
④日付（殆ど記年はなく、月日のみ）
⑤差出人名
⑥宛名
⑦追伸（尚々（猶々）～で書き始める）
追伸を書く余白がない場合は、文頭から行間に書く。

⑦――――
①――――
⑦――――
①――――②然ハ――
②――――
②――――
②――――③恐々謹言
④三月十四日　⑤△右衛門
⑥□左衛門様
⑦尚々――――
⑦――――

右頁の写真では、一行目は「猶々」で始まる追伸の部分になり、二行目が「改年之御吉慶」で始まる本文となり、三行目も追伸です。二行目から四行目に続くのが本文となります。（一行目・三行目が追伸です）

現代と違って、①の前置き・時候の挨拶も丁寧に書かれています。適当に何通かを抜き出してみると、

《未整理一一〇》
残暑之節、弥々（いよいよ）御安全、珍重之御儀ニ御座候。然者～

《未整理二〇四》
幸便之条、一筆致啓上候。貴公様其表御無事ニ御勤被成候由、大慶奉存候。依之～

《未整理八六三》
追日餘寒厳敷御座候処、先以御地益々御機嫌能御座候条、大慶至極ニ奉存候。然ル處～

《未整理九二四》
一筆致啓上候。冷気被成候得共、弥御安祥珍重御事と存そ。然者～

《未整理九三六》
御状令拝見候。仰之通ニ新年之御吉慶目出度申納候。弥御安祥被成、御越年珍重之御事ニ御座候。手前無異加年いたし、御休慮可被下候。～
（※924・936は同一人物より）

《未整理一〇三三》
以手紙、申上候。未除寒も厳御座候処、益々御安全ニ御勤役被遊、珍重之御儀奉賀候。次ニ、當方異儀無無事有罷候間、乍憚御安心成し被下候。～

決まり文句であったのかもしれませんが、現代の我々には丁寧な挨拶のように感じられます。
但し、次のような、大津へ出張中の庄屋から村役人宛の書状には、

《農村一一》
前置は真平（まっぴら）。然者～

とあり、挨拶もありません。

明治六年の庄屋日記

第２２１号
2003.01.24

前号に続いて、明治六年（一八七三）の庄屋の「日誌」から見ていきたいと思います。

左史料は前号と重複しますが、再掲しました。

前号では、ゆっくりとした正月気分を味わっている暇なく、年貢の徴収や津出しに忙しかったことを見てきました。

今回は、その後について見ていきたいと思います。

一月一日 年礼 K左衛門法事 午後J郎江神内賀夕帰
二日 K左衛門法事
三日 下八木九右衛門江二百匁講参会
　夕岡谷佐左衛門泊り
四日 五ケ村より二百匁講金請
　瀬平江行 當村O左衛門・J左衛門行
　T兵治・香花寺庄三郎・小観音寺寺沢氏井川見分
五日 朝三臼米持 午前よりK左衛門死去
六日 K左衛門死去 雪降
七日 十九年貢取立
八日 安養寺年貢取立
九日 早崎年貢取立
十日 海老江治平地券金納直段取極 集会夕迄
十一日 地券下取調丸一日
十二日 源慶寺御堂ニて地券下取調 村中丸一日
十三日 右同断丸一日 S五右衛門出□故障 夜ニ入
十四日 午前朝七字時より源慶寺御堂ニて蚕種色々参会
　午後地券下調 手前ニて夕迄
十五日 貸附帳調 午後S七と地券論四字迄夕迄居仕候
十六日 丸一日書出し仕居候
十七日 午前より十九皆済
　北二組・安養寺年貢津出し 夕迄居
十八日 午前迄居宅 源左衛門貢米送り 書直し米
　午後早崎行
十九日 地券取調丸一日
廿日 右同断
廿一日 弐百匁雑費算用 下八木九平次宅ニて丸一日
廿二日 右同断 前日ハ此寄合ニ候得共源四郎大安寺行
　ニて延引
廿三日 長濱買物 小澤年頭

《村政二七》

廿五日 同死去 午後源慶寺ニて祠堂給米参会
廿六日 内居
廿七日 内居 K右衛門右□祠堂給米俵仕上ケ
廿八日 T兵治七日通夜□□ 午後早崎行酒壱斗参夜入
廿九日 神天□□一礼
三十日 役人初寄 宿S七
三十一日 役人初寄 海老江ニて十三区総戸長入札
　午前右代金寄
二月一日 右代金二百□□□海老江重兵衛持参
二日 午前より大安寺年礼
　夫太□治 午後十九年礼
三日 午刻K左衛門通夜 午後餅仕
四日 午前宅居 午後早崎行
五日 O左衛門逮夜
　竹生嶋年礼 十四日五日神事 生嶋より申来る
六日 昨夜十四日五日神事東ニて極り 布令竹生嶋神□
　配り 夜I平次・S右衛門北組江申遣ス
　午後O左衛門廿八日賀祝
七日 午前八字より組内神事 神座披露 提灯出来相続成
　D右衛門逮夜 大安寺十九年礼来ル
八日 午前宅居 午後御座僧諦観年礼 夕迄
九日 宅居丸一日 夜G右衛門養子披露弁吉改名G助と成
十日 別所年礼 十一日十二字出頭旧廰調達ニ付差紙来ル
十一日 彦根出張宗安寺役所 宿丸屋
十二日 宿丸屋 宗安寺も
十三日 朝丸屋出 小澤に寄大安寺村江回達談ニ寄
十四日 村方調達□□ 十字より下八木九右衛門江談シ行
十五日 神事 座過より彦根行 長濱舟与泊り

……《後略（次号へ続く）》……

年貢の徴収などが終わると、十日頃から本格的に地券の取り調べや手続きに専念することになります。地券の件に関しては、後でゆっくり見ることにします。

また、一月末には源慶寺総寄・村役人の初寄が実施されているようです。現在も門徒寄や役員初寄などは、よく似た日程で行われていますが、この日程は、この時代からの延長線上にあるのかもしれません。

また、当時、冨田村は浅井郡第十三区（現在の村・町に相当）に属していましたが、その戸長（村長・町長相当）を決めるのに入札をしています。入札と言うのは現在の選挙に相当します。

選挙権や被選挙権がどういう人に与えられていたのかは不明ですが、少なくとも入札で戸長を選んでいたことを確認できたことは特筆されるものだと思います。

（※明治五年四月七日第十三区に編入）

また、この資料だけからでは分からないのですが、この前年の明治五年、江戸時代から使われていた太陰暦を廃止し、（現在使われている）太陽暦の採用を決定します。

これは、明治五年十二月三日をもって明治五年を終え、明治五年十二月四日を明治六年一月一日とするというものでした。

急な暦の採用のためか、新しい暦に慣れず、旧暦の感覚で生活も続いたようです。

旧暦の正月頃に該当する二月当初には、「年頭」や「年礼」の文字が目立ちます。

今までの習慣は急には直らず、旧暦でしか対応出来なかったものと考えられます。

暦が変わるということは、生活そのものが変わると言っても過言ではないと思います。さぞかし、この記事にある正月は村人に混乱を招いたものと思われます。

なにしろ、一ヶ月先だと思っていた正月が、一ケ月飛ばしてやって来たのですから……。

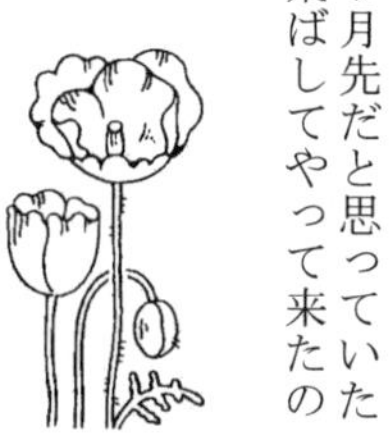

「年頭」「年礼」などの正月行事ばかりでなく、村の大祭である神事の日程についても同様のことが言え、新暦二月十四五日に実施しています。

本来だと、冨田八幡神社の神事は、旧暦一月十七日か十八日の筈なのですが、その日の記載は見当たりません。

また、最近まで、冨田村の神事は二月十四日でした。

これは上の資料にあるように、旧暦の一月に行われていた神事を、新暦の一月に行うのではなく、旧暦一月十八日に相当する二月十四五日と定めたのではないかと思われます。

そういう意味では、この資料は面白い貴重な資料だと思います。

また、

> 五日
> 十四日五日神事生嶋より申来る
> 六日
> 昨夜十四日五日神事東ニて極り
> 夜(略)北組江申遣候
> 七日
> 午前八字より組内(西組)神事・・・・
> 十五日
> 神事　座過より彦根行・・・・

という記事より、二月十四五日の神事を決めたのは、八幡神社社掌の生島氏であるらしいことも分かります。

更に、当年の神事は東組で行い、その旨が北組へ伝えられると共に、西組は事前に組内だけで済ましてしまっています。

当日の十五日は「神事」と簡単な記述で終わっています。

私達が現在行っているような、西東北の三組同席での実施ではなかったようにも読みとれます。

事実の確認は出来ていませんが、新しい課題が出来たように思います。

《参考》
川崎文書　(滋賀大学史料館)

※1
最後の「五日/十四日五日神事生嶋より申来る…」の部分について、某氏より次のような指摘を受けました。

---

①「五日/…神事生嶋より申来る」「十五日/神事座過より彦根行…」の「神事」は竹生島都久夫須麻神社の神事を意味している。

②六日・七日の「神事」は冨田村の神社の神事を意味している、のではないか。

もし、この指摘が正しければ、五日に生嶋氏が開催日時の案内に来たことも、十五日が簡単に記されていることも納得がいきます。

十五日は参列だけ済ませて、彦根行きとなったことも、主催者ではないので理解出来ると思います。

しかし、逆に、当時は竹生島都久夫須麻神社でも「神事(おこない)」が行われていたのか、という疑問も生じます。もしかすれば「おこない」でなく、「年頭祭」等の純粋な神事であったのかもしれませんが……。生嶋氏に尋ねたことがないので、詳細は分かりません。

また、指摘通りだとすると、冨田村の「神事(おこない)」は、
・五日夜　十四五日に東組が実施
・六日夜　五日の決定を北村へ通知
・七日八時～　西組神事…
・十四五日　(東組のみで神事)
・十五日　都久布須麻神社神事
となり、何かしっくり来ない感じもします。

「神事(おこない)」については、この史料からは、はっきりしたことが得られず、本文中の「旧暦の一月に行われていた神事を、新暦の一月に行うのではなく、旧暦一月十八日に相当する二月十四五日と定めたのではないか……」という見解にも疑問符が付くことになってしまいます。

また、「十四五日東組のみで神事」にも疑問が涌いてきます。

「神事(おこない)」の日程等については再検討が必要だと思います。

※2

《未整理一三九三》

以書付奉得御意候。然は、其御村方春祭りは如何ニ御座候哉、大(太)陽暦歟、太陰暦歟、男山八幡・西京八坂・坂本日吉等之神事は総て太陰暦ニ引合有之候様、大(太)陽暦上段之上ニ印、且、総て御代々御縁日も同様ニ相見え申候間、如何思召意ニ御座候哉は相心得候ニ付、此段御尋問奉申上候。早々、以上

妙覚院

〆三月十九日

冨田T兵衛様
當用尋問書

竹生嶋妙覚院からの書状は、記年はないものの、明治六年の記年のある文書群に紛れていましたので、明治六年のものと判断しています。

明治五年末からの太陽暦(新暦)に移行に関して、竹生嶋も春祭りや神事祭の実施を旧暦でするのか、新暦でするのか判断出来ず、意見を求める内容となっています。

T兵衛がどのようなアドバイスをしたのか知る由もありませんが、竹生嶋妙覚院峯覚以氏の困惑が分かるような気がします。

太陽暦(新暦)の導入により、社会のすべての面で混乱に陥っていた様子が伺える貴重な資料ではないかと思われます。

明治六年庄屋日記続

第２２２号
2003.02.10

《村政二七》

前号では明治六年の庄屋「日誌」より、正月の様子や新暦（太陽暦）の導入による習慣のズレなど、冨田八幡神社神事の日程変更など等々について見てきました。

今回は、更にその続きを見たいと思います。

庄屋は村の行事が一段落すると、地租改正に関わる地券の仕事に没頭することになったようです。

彦根の宗安寺に地券関係の役所が置かれたようで、庄屋を始め、数人の村役人達（世話方）が彦根に詰め、取り調べなどがあったようです。

宿は定宿となっている「丸屋」と書かれています。

彦根宗安寺での事務が終了すると、村に帰って村の行政に専念することになります。

一旦、彦根宗安寺から帰ると、近隣の村役と打ち合わせをし、十五日の神事に参列しますが、座が終わるのを待って、再度彦根へ出かけます。

彦根へ他の村役人をも呼び寄せ、関係の仕事に集中します。

彦根から帰った後、暫くは普段の生活に戻ったようで、年礼や法事・味噌搗き・畔仕など、平年通りの当たり前の記録が続きます。

三月に入ると、七日の圭林寺での地券集会、十日の組集会、十四日の源慶寺での地券寄（より）（集会や会合の意）などを続けて開催します。これは、地租改正・地券について、村中への説明会ではなかったかと思われます。

本格的な地券の仕事は、十五日午後から、村役S七宅で開始されるのですが、十六日には地券関係の仕事場（宿）として、G左衛門宅を提供してもらうことが決められます。

以後、地券関係の仕事・算用などは

……《前略（前号より続き・一部重複）》……

（二月）
十一日 彦根出張宗安寺役所 宿丸屋
十二日 宿丸屋 宗安寺□
十三日 朝丸屋出 小澤に寄 大安寺村江回達 談ニ寄
十四日 村方調達□□ 十字より下八木九右衛門江談シ行
十五日 神事 座過より彦根行 長濱舟与泊り
十六日 朝中飯舟与 午後彦根行 宿丸屋泊り
十七日 宗安寺役所行 帳面取調 役所江取上ケ
十八日 壱ケ村壱人ツヽ残り諸帰村 世話方S兵衛T兵衛呼
十九日 朝取調帳間□帳書上 九右衛門外村帳取帰村
廿日 朝彦根行 J左衛門T平治午後丸屋着 四字より役所行 六字證文写役所調事済
廿一日 古澤屋・伊津・□□掛拂
午後中飯より丸屋 帰村 長濱舟与泊り
廿二日 午後帰村 I右衛門改名□呼レ
廿三日 宅居 別所平重郎年礼来る 夜弐百匁掛り参詣
廿四日 米〆宅居 夜弐百匁講掛相終 S七□も呼
廿五日 午前迄米〆 午後T平治五七日茶呼レ
廿六日 K左衛門法事 番□持 朔日午後三字迄
廿七日 同断 午後味噌搗 午前講会参会 O左衛門行
廿八日 G左衛門法事 午刻 夕刻
三月朔日 G左衛門法事 午後十九こしき仕出し呼レ
二日 宅居 午後早崎傳七 □然算用
三日 宅居 午後源慶寺伊勢嫁入初帰り茶呼レ
四日 宅居 午刻S七法事 午後十九藤兵衛江算用行
五日 十字より二ノ坪畔仕 午後よもぎ畔仕 四字より入
夕飯十庄呼
六日 八字西村手代早源金段ニ来り 午後早源行
七日 午前圭林寺ニて地券集会
午後免割直ス O左衛門両人
八日 十九庄平法事 午後I太夫G太郎内々隠居呼
九日 右同断 午前より古座畔仕
十日 宅居野行 夜O左衛門退夜 組中集会
十一日 T平治法事 宅居
十二日 午前宅居 午後鮀江狂言行
十三日 弓削ニて地券掛取後集会并井水川幅相談 稲葉行
十四日 朝早崎行 八字より稲葉村井水算用割川幅六ケ村相談 源慶寺ニて地券寄
十五日 朝I右衛門江戸長退役組中寄願行 午後S七ニて地券
十六日G左衛門地券宿と極り 午前沢村行 午後村地券
十七日 午前G左衛門ニて評義 午後地券
十八日 宿ニて算用 朝下八木村江右代金遣ス
十九日 地券村東行 夕方O左衛門ニて酒壱升三合
廿日 右同断
廿一日 宿ニて算用
廿二日 午前田中へ地券聞合 午後G左衛門ニて算用
廿三日 地券村東行 午後G太夫死去
廿四日 算用
廿五日 算用 G太夫死去葬礼
廿六日 算用~~G太夫死去~~
廿七日 午前井川絵図引 午後香花寺弓削井川請行
廿八日 算用
廿九日 地券野□行
一卅日 算用 地券野帳仕舞
三十一日 午前算用 午後鮀治行 十三区内勘定
地券はり紙 集会圭林寺宿 夕八字地宿
四月一日 算用

……《後略》……

G左衛門宅にて行われたることになります。

十七日に「評議」とあります。冨田村にとって大切な井川等についての相談もあったのでしょうが、地券についての打ち合わせ、役所からの指示の説明等々が成されたのだと思います。

十八日からは、殆どが「算用」と記録されているのみで、何の算用(計算)かは判明しません。

また、字句がはっきり読めないので断言は出来ませんが、田畑の現地を見て回ったフシがあります。

これらから、当面の仕事は、畑・田圃(田方)などの掌握、面積の確認、所有者の確認等に当てられたのではないでしょうか。

長い長い地券関係の仕事がスタートしました。

掲載資料は明治六年三月末で終わっていますが、資料は明治八年十月まで残されています。

その後の地券関係仕事について、詳しくは次号に譲りますが、気が遠くなるような時間と労力・気苦労が消費されることになります。

本来ならば国や縣などの役所がしなければならない仕事も、当時は村役人によって担われていたのです。

当時は行政機構や制度も完成にはほど遠く、江戸時代から続いた村役の責任として、地方自治が支えられていたものと推測できます。

時間の表し方は・・

前号では触れませんでしたが、日誌の中(上の引用部分)に、「十字ょり」とか「四字ょり」「三字迄」・・・などの字句が散見します。

これは「十時ょり」・「四時ょり」・「三時迄」などの意味だと考えられます。

私も当初は「これは何だ」と思いましたが、読み進むうちに時間の表示だと気が付きました。

江戸時代、朝の六時頃を「明六ツ」、午前八時頃を「五ツ」、正午は「九ツ」と呼んでいたのが、太陽暦の導入によって、現在の一日二十四時間となったと考えられますから、これもまた、新しい習慣であり、慣れるまでには苦労したのかもしれません。

「十字」＝「十時」も過渡期の現象ではなかったかと思います。

ちなみに、明治七年の資料は「字」と「時」が混在し、八年になると殆ど「時」となります。

《参考》 川崎文書(滋賀大学史料館)

※1 次の文書は記年はありませんが、次号で紹介する地租改正に関する史料だと思われます。

村役員の努力により、冨田村の田圃を何等級かに分類した結果が集計されています。

但し、該当する字名は不明です。

《未整理一四二九》

壱等
〆九畝廿八歩　(※地価七八円二八銭)
収　二石壱斗三舛五合
價　七十七円七十六銭
小　壱石八舛八合

二等
〆二町一反八畝八歩　(※七五円)
収　四十六石四斗九升
價　千六百三十六円九十九銭
小　二十三石五斗七舛二合

三等
〆一町七反四畝十歩　(※七一円三四銭)
収　三十六石六斗九合
價　千二百四十三円六十一銭
小　十八石四斗九合

四等
〆四町六畝十三歩　(※六七円六三銭)
収　八十四石一斗三升一合
價　二千七百四十八円七十銭
小　四十一石七斗八升一合

五等
〆三町四反三畝八分　(※六四円〇九銭)
(以下略)

六等
〆五町三反三畝六歩　(※六〇円七五銭)

七等
〆四町七反九畝廿九歩　(※五七円五六銭)

八等
〆四町七反廿三歩　(※五四円五二銭)

九等
〆五町一反四畝十歩　(※五一円六三銭)

拾等
〆二町五反三畝十八歩　(※四八円八六銭)

十一等
〆三町三畝十歩　(※四六円二二銭)

十二等
〆一町四反壱畝廿七歩　(※四六円二二銭?)

十三等
〆六反六畝八歩　(※四一円二七銭)

十四等
〆三反七畝七歩　(※三八円九六銭)

十五等
〆壱町三反五畝廿七歩　(※三六円七三銭)

十六等
〆一町四反七畝十歩　(※三四円六〇銭)

十七等
〆三反二畝十六歩　(※二七円九二銭)

等外
〆四畝十四歩　(※六円六七銭)
収　二斗六舛八合
價　二円九十八銭
小　八升九合

惣〆
四十二町七反三畝二歩

田畑宅〆
五十七町三反九畝廿四歩
又壱反一畝十二分　口荒地
〆五十七丁五反一畝六分
(※一反当りの地価は筆者計算)

史料の「収」は反当りの収穫高を、「價」はその地価を意味しているようですが、「小」は何を意味しているのか分かりません。もしかすれば、小作料を意味しているのかとも思っています。

一八等級に分けられた基準は不明ですが、一等級と一七等級では地価について約三倍弱の開きがあり、その土地の肥沃度・水利・便利さ等々にかなりの差があったことが推測できますが、収穫高は約一・三倍弱ですから、実際には地価ほどの差があったのかは疑問です。

また、等外の約四畝については極端に地価も収穫高も低く、耕地としては期待できない土地だったのかもしれません。

明治六年庄屋日記続々

前回・前々回、明治六年の庄屋日記から地租改正に関わっての、地券事務が始められたことを見ました。

個人の「日誌」ということで、メモ書き同様で読み辛く、判明しない文字も多々ありますが、明治政府が断行した地租改正の全貌が分かってくるような気になります。

右の「日誌は」、明治六年一月一日より明治八年一〇月一八日までの、約三年間の記録が残されています。

明治六年は、出張中の数日を除いて毎日の記録が残されています。

また、七年八年は、地券に関わった日数分だけが記録されています。農繁期や地券事務のなかった日、大津や県外への出張中の日などは記事が省略されていますが、地券事務の日数だけでもかなりの日数になっています。

地券関係の記事があるのは、

《村政二七》

◆明治六年
▽一月十日～二十日
・地券下取調などが開始される。
▽二月十一日～二十一日
・彦根宗安寺役所へ出張する。
・三回・七日間、説明会などか？
▽三月七日～
・村内説明会など四回ほど
▽三月十五日～六月十一日
・この間ほぼ毎日、「算用」「地券行」「野帳」云々などの文言が連日記録がされている。
・五月一日より地価算定作業開始。
・六月十二日に「野帳納メ」とあり、一段落が着いたものと思われる。
▽九月二日～六日
・「地租改正御呼出シ」で大津へ出張
・「地券證」などの記録が連日あり。
▽九月二十九日～十一月十日頃
・十月二十四日～三十一日の間、大津出張、「片山蒸気船」の字句。
・十月下旬頃より「検見」などの記録が多出し、地券関係と秋の検見関係とが交錯する。

第２２３号
2003.02.24

◆明治七年
▽三月十三日～四月十八日
・数日の休み以外は地券関係仕事が続く。
・三月十八日、字天神より杭打を始める。
・「杭入」・「地価等級」・「畝歩算出」などの語句が続出する。
▽十一月一日～十二月三十一日
・「反畝歩算用(調査)」・「地券宿行」・「等級絵図」・「地価割付」・「夜延(よなべ)」・「地価計算」・「小前下調帳」「反別地価帳」・「畝引帳」・「畑地価」「田方地価金掛」・「畝歩間違調礼」・「宅地地価金計算」・・・等々の用語が見られる。

・二十八日から大津・水口へ出張している(～十二月八日迄)
・仕事が進まないのか、仕事量が多いのか、大晦日まで地券関係の仕事をしている。
・大晦日も正月もない多忙さの感じが伝わってくる。
・明治八年は正月元旦は仕事をしていないが、早くも二日より仕事している。

◆明治八年
▽正月二日～一月九日
・暮れも正月もない状態のようで、昨年からの作業が続く。
・「小前下調帳」・「小前帳」・「読合せ」「反別地価帳」・・・などの語が見られる。
・「九日　小前帳午前書上午後地券入用算用」とあり、一段落か。
▽二月四日～四月三十日
・「畝引帳」・「地券宿行」・「帳面読合」「地券書」・「更正野帳下調」・「寄算」「水損絵圖」・「測量」・「村中集会」「更正野帳絵図番打」・・・などの語句が並ぶ。
・この間、三月二十六日～四月二日には「滋賀縣行」とあり、大津出張と思われる。
▽八月三日～九月十一日
・「野帳下調直シ」・「宅地代金大割」・「田方代金大割」・「畑方代金大割目安」・「番地等級帳」・「畝歩帳」・「番地畝歩算出」・「畑方地価算出」・「地価書入」・「野帳書仕舞」・「小前畝歩地価帳面」・「番地□地取調帳直シ」・・・など、内容が想像できそうな語句が延々と続く一方、「～直シ」などの語句も目につく。最後の仕上げの段階か？
・お盆の前後に、畑方地価や田方地価の算出がされている。
・この野帳作成(地券作成)作業の過程で、現在使用されている番地が決められました。(七八号参照)
▽十月六日～十二日
・「取調帳直シ」・「畝杭番直シ」「帳面面直シ」など、最後の仕上げ段階の様子が見えてくる。
・十月十二日を最後に地券関係の記録が終わる。
・十月十八日信楽行の記事を最後に資料も終わる。

資料は、表紙を除いて四十八頁に及んでいます。

最後の四十八頁目、信楽行の記事が最後ですが、この後も地券の仕事があったのか、これで終わりであったのかは分かりませんが、三年分の、これだけでも膨大な仕事量だったと想像できます。

農繁期を除き、盆も正月もない日程で仕事をし、村役人達の苦労は並大抵ではなかったようです。

現在のような自治制度が確立されていませんでしたので、村役人の負担は大変でした。

「地租改正」とは、江戸時代の石高による年貢米の制度を改め、全国一律、土地に対して、金納よる税制を目指した明治政府の政策で、明治六年七月に地租改正条例を布告しました。

これは、年貢の軽減、税負担の不均衡(農民に重く、商工業者に軽かった)の是正、近代化を進めるための税収入の安定などを目指したものでした。


冨田村の一番地は、字又才の東側より始まり、最後の一〇六一番地は北一ノ坪の一番東側で終わっている。

当時、冨田村には一〇六一筆の土地があったことになる。

冨田村の番地は、「又才」から始まり、東から西に向かって、「蓬」に至る。次に、「堀角」から東に向かって進み、「小寺」に至る。更に、「川田」から西に向かい、「下川田」に至る。後は、この繰り返しで、「玄取」から「角田」まで‥‥のように、順次進んで、最後に「傍田」から「北一ノ坪」まで進んで、これで終わりとなる。

《冨田今昔物語七八号》より

税率は豊凶に関わらず、地価の三%(後に二・五%)を税としてお金で納入するという制度でした。

問題は基準となる地価の決定でしたが、その仕事をしたのが村役人の仕事であったようです。

地価の算定は、簡単に言えば

一反の収穫量×基準米価×八・五

であったようです。

そのため、田圃の面積やその収穫量を正確に把握しなければなりませんでした。


表面上、冨田村の公式基準は、慶長七年(一六〇〇)の検地帳しかありませんでしたから、測量などの仕事から始める必要があったと思われます。

また、収穫量の決定も難しく、一筆毎に見極めが必要であったろうと思われます。

資料では「等級」といった文言が多出しますし、「地価等級三十一割」という記載もあります。これらは田圃の等級(収穫量)を指すものと思われます。

その決定のため、村役人は昼夜を問わず仕事をしました。また、村中の集会もかなり開催し、村人に了解を得ていったものと考えています。

しかし、農民が申告した収穫量と、政府が言う収穫量や米価にはかなりの差があり、役所との板挟みで、村役人の苦労も多かったようです。

場所によっては、地租改正の反対一揆が起こったといいます。

また、見かけは税率三%ですが、小作人などは、江戸時代と実質負担に変化がなく、恩恵にあずかれなかったばかりか、重税に苦しんだと言います。

《参考》
川崎文書(滋賀大学史料館)
「新編日本史図表」(第一学習社)

※1 地券事務に関する「野帳」「地券扣帳」「寄帳」‥‥等々、多くの史料が現在も残されています。

次に示す史料は、土地の計測結果を図面にしたものです。この図面は個人ごとに一冊の冊子に作られています。(但し、一枚のみの人もありますが‥‥)また、村人全員の分は残っていません。

しかも、何れも用紙の大きさも、形式も、筆跡も、粗雑さも異なりますから、自分所有の土地を、各人が測量し、図面に表し、提出したものと思われます。

当時、「畝引帳」などと呼んだのか、何と呼んだのかは分かりません。

丁寧に書かれた数点を紹介します。

《未整理二二三六》

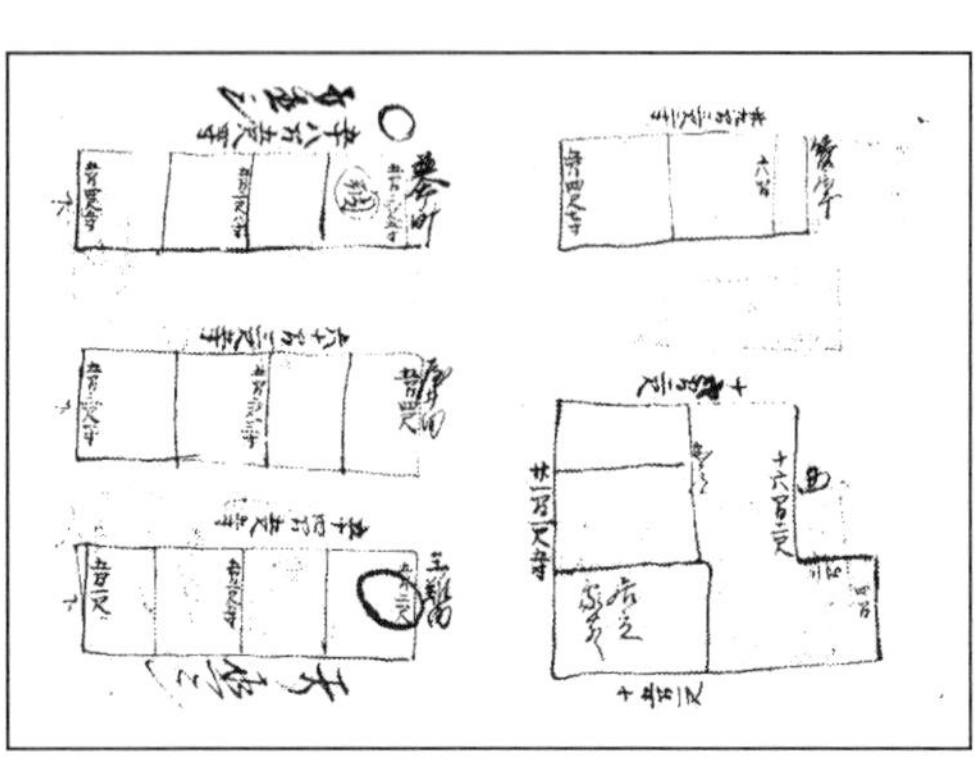

(※ 二頁分です)
右頁は、「菅居本」・「居立屋敷」
左頁は、「墓ノ町」・「屋井田」・「三難田(三反田)」 の図面

《未整理二二三四》

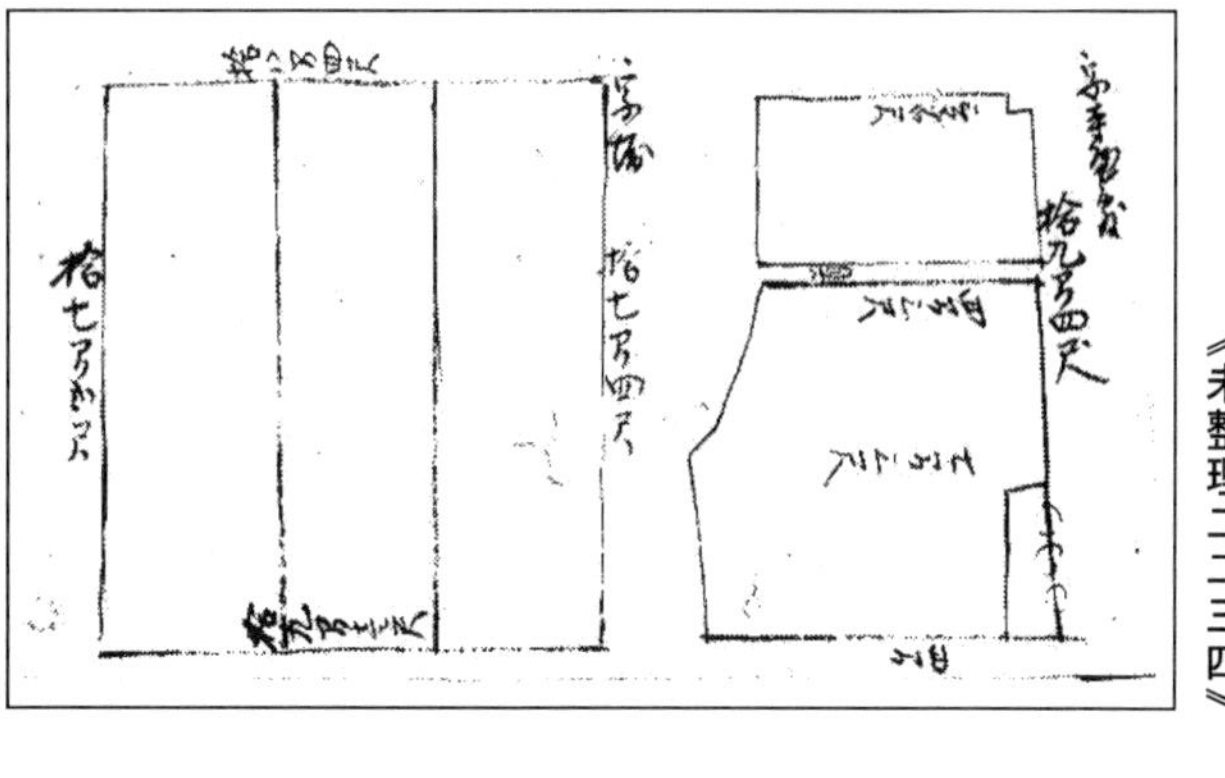

(※ 横長一頁の部分です)

右は「字寺屋敷」、左は「字堀」の図面ですが、現在では「字寺屋敷」の場所は何処か不明です。

また、《未整理二二四八》の文書には「いはらはら」、《未整理二二四〇》にも、「居原ハロ(いはらはら)」とあります。「字いばらわり」は江戸初期にも登場しますが、同じように、現在ではその場所が判明しません。

時代とともに、小字名は幾つか消えていきました。

「寺屋敷」・「いはらはら」は江戸期には消え去ったと思っていましたが、明治初期まではあったようです。

古文書に残る冨田庄

第２２４号
2003.03.10

冨田村の古い時代の状況は全く分かっていません。

竹生島文書や川崎文書（滋賀大学史料館）の幕末の史料に、

> 神亀元年甲子（七二四）聖武天皇の竹生嶋御幸の際、冨田村・下八木村両より鳳輦を警護し、在嶋中は御膳具を献上し、帰路の際には和州青柳まで御輦を送った。
> （それ以来、両村は竹生島の神役を勤めたいる。だから、今回の助郷役は免除して欲しい・・・）

という旨の資料がありますが、前半部分の「聖武天皇・・・」云々の真偽の程は不明です。

当時（奈良時代）は、現在のような村が成立していたかどうかも大いに疑わしい上に、冨田村や下八木村などといった名称や区別もあったとは思われません。

当時の庶民は、水が流れ込まない地面に、掘っ建て小屋（竪穴住居に近い）を建て、その中で暮らしていたと思われます。

しかし、今のような集落を形作っていたとは考えられません。三々五々と暮らしていたのではないかと考えられています。

勿論、どのようにな生活をしていたのか、どんな生業をしていたのかは、分かっていません。また、支配の状況等についても殆ど分かっていません。

治田連の開拓伝説や、浅井縣主などの記録は残されてはいますが、詳しく知ることは出来ません。

それでは、冨田村（冨田庄）が古文書に登場するのはいつ頃からなのでしょうか。

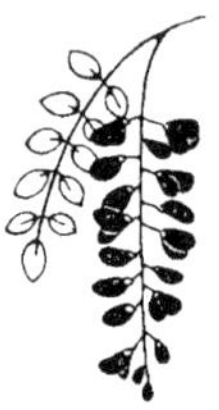

天暦年間（九四七～九五六）には、浅井郡に十六郷（岡本郷・田根郷・湯次郷・大井郷・川道郷・丁野郷・錦織郷・速水郷・益田郷・新居郷・都宇郷・朝日郷・塩津郷・餘戸郷・草野郷）が置かれていたことが確認できるといいますが、この頃は「益田郷」の一部として位置していたようです。

また、天元三年（九八〇）二月二日の某寺伽藍縁起資材帳（金比羅宮文書）の記事に、「冨田庄四町畠一町山十二町山北」との記載があり、京都の某寺領であったと「滋賀県の地名（平凡社）」にはありますが、この冨田庄は、現在の守山市立田町（旧戸田村（冨田村・留田村とも記した））に該当するのではないかと考えています。

（詳しくは一一四号を参照下さい）

> 仁和寺南院領、江州冨田庄内田地三町五段事、雑掌申状如此。子細見状。同國速水庄地頭代混當庄内押妨云々。近日門跡領等事、別而所被興行也。早相尋實否、為事實者、任先例、可被全寺家所務之状依仰執達如件
> 永和二年九月六日　　武蔵守　判
> （細川頼之）
> 佐々木四郎兵衛殿
> （六角高經）

《仁和寺文書（東浅井郡志）》

冨田村（冨田庄）が文書に登場する初見は、右の永和二年（一三七六）九月六日付の室町将軍御教書案です。

それは、仁和寺南院領冨田庄内三町五反について、速水庄の地頭代（野田五郎左衛門入道）が横領している事に対して、室町幕府細川頼之より、近江国守護佐々木四郎兵衛（六角高經）への指示書です。

地頭代野田五郎左衛門入道は、冨田庄ばかりでなく、東寺領速水庄・河道庄も横領したといい、かなりの人物だったのかもしれません。

しかし、この地頭代の横領のお陰で冨田村（冨田庄）が文書に記録され、歴史に登場することになるのです。

皮肉と言えば皮肉なことですが、歴史の悪戯なのかもしれません。

> ゆつり渡申大工所之事
> 早崎・イヌヰ村・神領之内孫三郎方・新右衛門方、並十九村・イナハ、此内了福寺ハノコシヲキ候。安養寺・道山村・同西タウ、此分永代兵衛次郎ニゆつり申者也。
> 享徳五年正月十一日
> 阿部神介
> 宗長（花押）

《阿部文書（東浅井郡志）》

二件目の文書は、享徳五年（一四五六）正月十一日付の阿部文書で、阿部神介宗長が大工所（早崎・戌亥・神領之内孫三郎方・新右衛門方・十九村・稲葉（此内了福寺は残す）・安養寺・道山村・同西タウ）を永代、兵衛次郎に譲る旨の文書です。

この文書が書かれた前年の享徳四年（一四五五）、正月十二日夜亥刻、竹生島常楽坊より出火し、宝殿以下十四ケ所、坊舎三十余宇、数体の仏菩薩等々が焼失するという大火災が竹生島で起こります。

直ちに復興が開始され、同年四月十日には本堂釿初め、四月二十六日には立柱、六月三日に神殿の立柱、六月二十七日に神殿上棟となります。

阿部神介宗長宅には、神殿・拝殿・明神両社・楽屋・経所・本堂等の地割り書を所持していたと言いますが、現在は散逸してしまっています。

右の「譲り状」は、丁度、復興工事に忙しい時期に当たっています。

宗長や長子宗次は竹生島復興の仕事が忙しく、竹生島以外の仕事場まで手

が回らなかったためか、次子兵衛次郎に早崎村等の仕事場を譲ることになったようです。

これまた、歴史の悪戯なのかもしれません。

この享徳五年の「譲り状」以降は、七十七通の阿部文書（東浅井郡志収録分）によって、天正年間（一五七三～一五九二）頃までの様子が徐々にではありますが判明します。

勿論、竹生島や大工関係の情報が殆どなのですが、その隙間・隙間に冨田村の様子を垣間見ることができます。

また、川崎文書の最古が天正十九年（一五九一）ですから、冨田村の歴史は享徳五年以降は、徐々ですが何らかの手掛かりが残されていると言えるのではないでしょうか。

また、下の文書からは、冨田村に願満寺（弓削村にあった古代の大寺院）の院坊があったであろうことも推測できます。

室町時代の頃、冨田村には少なくとも、大工を職とする集団、農業を職とする集団、一部には寺院に関係する人々、また一部には武門に関係する人々…などが生活していたのではないかと考えられます。

また、確実な史料で冨田村の存在を確認できるのは、仁和寺文書の永和二年（一三七六）だと考えられます。

永代賣渡進私領畠新放券文
合壹段者
　在近江國浅井西郡富田庄地頭
　方字下里十八坪。東縄本ヨリ
　於五反次上半折壹段也。公方
　年貢赤尾方斗定六斗一升五合
　公事銭卌文。此外万雜無公事
　下地内徳分六斗有也。
右件畠、元者願満寺先祖相傳之私
領也。雖然依有直要用能米十合定
六石二斗仁竹生島妙覚院江、限永
代賣渡申所実正也。然上者、本証
文雖可相副、依有地類、本文書う
らをわりて、以新券文うり申上者
雖経子々孫々、後々末代於此下地
者、不可有違乱煩他妨也。依而為
後日之状如件。
　　　　賣主富田願満寺
　　　　　　　皆珠（花押）
文明十五年卯歳九月八日

《阿部文書四（東浅井郡志）》
（※ 文明十五年（一四八三））

《参考》
阿部文書（東浅井郡志）
竹生島文書（びわ町教育委員会）
川崎文書（滋賀大学史料館）
「東浅井郡志」
「滋賀県の地名」（平凡社）他

※1

冨田村（冨田庄）が文書に登場する初見は、右の永和二年（一三七六）九月六日付の文書だと書きましたが、第一一四号註記で紹介しましたように、永和二年（一三七六）には仁和寺南院は既に廃寺となっており、矛盾することを示しました。

この《仁和寺文書》の原本を見たことはありませんので、はっきりはしませんが、矛盾の原因が、①偽文書の可能性、②史料の読み間違いや誤植等の錯誤の可能性、③仁和寺南院から常瑜伽院へ荘園相続の可能性、④南院から仁和寺への荘園相続の可能性…等を指摘することが出来ると思いますが、その正否を判断することは私の力量の及ぶ範囲ではありません。

ここでは、矛盾を含みますが、冨田庄が「仁和寺南院領であった」ことを前提にして考えてみます。

仁和寺南院が成立したのは、長承元年（一一三二）と考えられ、一三世紀初頭にはその史料が少なくなり、廃寺と推測できます。

すると、冨田庄が仁和寺南院領になったのはこの南院が存在した約七～八〇年間のどこかとなり、一二世紀後半の頃と考えられます。

つまり、冨田庄の存在は一二世紀後半以降、鎌倉時代当初まで遡れるかもしれなくなります。

そうだとすると、今までの想定から約二〇〇年も遡ることになってしまいますが、この結論の妥当性は矛盾を生じた原因によると思いますが、現時点では判断することは出来ません。

また、武蔵守（細川頼之）は、明徳三年（一三九二）に六四才で亡くなっていますが、永和二年の頃は管領職として室町幕府の要職にあったことが確認できます。

また、「近江蒲生郡志（巻貳）」によれば、佐々木四郎兵衛（六角高經）については、應安三年（一三七〇）から永和三年（一三七七）の七年間は、佐々木六角氏の宗家としてあったことが分かります。つまり、永和二年には六角氏の宗家の位置にありました。

実際には、高經は佐々木京極高秀の子で、六角氏頼の養子となるのですが、永和三年に京極家に戻ったとされています。

更に、野田五郎左衛門入道は、佐々木氏頼の陣代山内五郎左衛門尉信詮（氏頼弟・六角高經義叔父）の家人とあり、貞治三年（一三六四）、速水庄河道庄の両庄に関わる文書にその名を見ることが出来ます。また、東寺文書には、永和二年、速水河道地頭佐々木山内廷尉禅門跡代官野田五郎左衛門入道とあるようです。

以上のことから、仁和寺文書に登場する、武蔵守（細川頼之）・佐々木四郎兵衛（六角高經）は、永和二年九月に実在する人物であり、当時のトップクラスの人物であることが確認できます。

そうだとすれば、「仁和寺南院領」というフレーズだけが矛盾となり、振り出しに戻ってしまい、その原因は分からず仕舞いということです。

しかし、当時は、仁和寺南院が廃寺となっていても、冨田庄が仁和寺南院領と認識されていたとしか考えられません。

藤之木村は何処へ？

第２２５号
2003.03.24

前号で、冨田村の中世の時代を垣間見ました。
詳しくは分かりませんでしたが、既に人々が生活を営んでいたことだけは確かなようです。
今回は、中世の文書の中に「藤之木村」「藤木畠」などの地名が散見出来ることについて取り上げてみたいと思います。

永代賣渡進畠新放券文之事
合壹畝者
在江州浅井西郡富田庄内領家方字藤木畠。東ノ道もソナリ
南ハホリヲカキリテ、西ハ多福庵畠ヲカキリテ、北ハ浄圓畠ヲカキリテ、其内也。
右件畠、元者安養寺白泉庵寺領也雖然依有直要用、けん銭五百文仁永代兵衛(阿部宗次)仁賣渡申處実正也。万一むつかしき事候ハ、西田彌四郎方、彌十郎方両人としてさいばんすべき物也。然上者雖経子々孫々、後々末代於此畠者、違煩不可有他妨者也。仍為後日証、如件。
賣主安養寺彌十郎
景直(花押)
同　彌四郎
景好(花押)
永正八年八月二日

《阿部文書六(東浅井郡志)》
(※ 永正八年(一五一一))

永代賣渡私領居屋敷
新放券文之事
合参畝者
在江州浅井之郡富田庄内、所ハ藤之木村、壹反七畝三中ニ付而参畝ナリ。公方領家之懸、八合升ノ壹斗八升ナリ。内徳分十合、貳斗貳升也。此外万雑公事なし也。
右件居屋敷、元者富田源左ヱ先祖相傳之私領也。雖然依有直要用能銭壹貫五百文仁、限テ永代、賣渡申處実相明白也。然上者本文書雖可相副、依有地類、本証文之裏破以新券文、令沽脚上者、雖経子々孫々、後々末代不可有違乱煩他妨者也。仍為後日賣券明競支証文之状如件。
賣主富田
源左衛ヱ(花押)
天文六年丁酉十一月廿八日

《阿部文書一〇(東浅井郡志)》
(※ 天文六年(一五三七))

永代賣渡申居屋敷之事
合貳畝者
在江州浅井郡富田庄之内、字藤木、貳畝也。公方八合升之九升三合。
・・・・《後略》・・・・

《阿部文書一七(東浅井郡志)》
(※ 天文十五年(一五四六))

永代賣渡申私領居屋敷
新放券文之事
合参畝者
在江州浅井郡富田庄之内、所者藤之木村、壹反七畝之内、
・・・・《後略》・・・・

《阿部文書二一(東浅井郡志)》
(※ 天文十九年(一五五〇))

永代賣渡申畠新放券文之事
合貳畝者
字藤木畠みなみの一、西ついて二畝也。内徳分升壹斗五升也。
・・・・《後略》・・・・

《阿部文書二三(東浅井郡志)》
(※ 天文二十一年(一五五二))

寄進申竹生島御供田畠之事
合壹畝者
在江州浅井之郡富田庄之藤木畠、南之縄本於一畝次壹畝也。
・・・・《後略》・・・・

《阿部文書四七(東浅井郡志)》
(※ 永禄三年(一五六〇))

永代賣渡申私領畠新放券文之事
合拾八歩者
在江州浅井郡富田庄之内、字藤ノ木屋敷之内、南ノ二西於三畝次東ニ付て十八分者、徳分納升ノ三升七
合五夕。公方八合ノ三升。此外無萬雑公事也。
・・・・《後略》・・・・

《阿部文書五六(東浅井郡志)》
(※ 永禄八年(一五六五))

引用が多くなりましたが、阿部文書の中で、「藤木畠(村)(屋敷)」と記載されているものを全て引用してみました。
これらの七件の史料から、冨田庄の中に「藤ノ木」と呼ばれる地名があったと考えられます。
しかも、傍線(筆者による)のように「畠」・「村」・「屋敷」であったりするところから、田圃ではなく、畑か屋敷地であったと思われます。
つまり、現在私達が居住している冨田村の一部だったと考えられます。
しかし、現在の冨田村には「藤ノ木」と呼ばれる地名はありません。
「藤木」姓は三軒あるのですが・・・・。

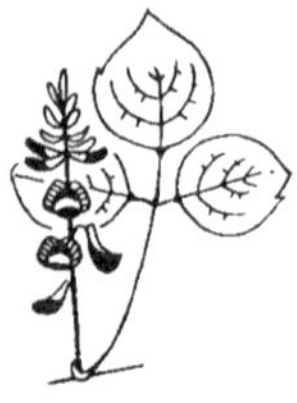

最初の文書の記載によれば、

畠の東側には道があり、
南は堀があり、（堀を限りに）
西は多福庵の畠があって、
北は浄圓庵の畠がある。

と書かれています。

少なくとも、「藤ノ木」畠の南には堀があったことは確かなようです。

また、四至旁示標記以外にも、他の文献のように（田圃の場合は）、小字名と南から何番目、西から何番目で、面積が何畝歩という標記の仕方をしています。この場合は、大方の位置が予想することが出来ます。

しかし、右の四至旁示標記からは、現在の村内を見渡しても、該当するような場所は見当がつきません。

これだけの史料から、字「藤ノ木」を特定することは無理なのかもしれませんが、中世の時代には、字「藤ノ木」といった地名（小字名と考えられる）が存在したのです。

慶長七年（一六〇二）の検地帳を調べてみても、字「藤ノ木」は記載されていません。

慶長の検地帳は、屋敷地については字名が記載されていません。また、字「寺屋敷（約七畝）」といった記載もあります。

もしかすれば、これらの中に含まれているのかもしれませんが、今となっては、新しく文書が見つかるか、タイムマシンでも出来ない限り、詳しいことは判明しそうにありません。

八合枡が存在した

上の史料の中に、

…徳分納升ノ三升七合五夕。公方八合ノ三升。…

などの記載がありますが、

「升ノ三升七合五夕」は
　一升枡で三升七合五勺
「八合ノ三升」は
　八合枡で三升の意

だと考えられます。

現在の一升枡（京枡）に統一されたのは、太閤検地の時だと言われています。

それまでは、いろんな枡が使われていたようですが、上の文書から、そのことが確認できたとも言えるのではないでしょうか。

《参考》
阿部文書（東浅井郡志）
川崎文書（滋賀大学史料館）他

【いっぷく】

文久二年三月、将軍家茂が上洛します。その際、越前松平春嶽や山形水野和泉守等、多数の大名が御供を命じられます。

山形藩水野氏は支配の村々に出役等の負担を指示します。冨田村も出役等を命じられていますが、その内容を見たいと思います。

《交通四》

（表紙）
文久二年
御殿様御上洛ニ付出入控帳　　御用掛り
壬戌十二月吉日
（※文久二年（一八六二））
（前略）
一御殿様御上洛ニ付御役所より被為仰付候事
一足軽弐拾人
但し弐拾才より三十才迄
外ニ　為御手代り五人　　年同断
一人足拾人
〆三拾五人　　但刀脇差用意之事
（中略）
一村役人之内、村々申合、四五人ツヽ人夫世話として大津江相詰候事
但人夫之詰所より罷在候而、都而世話可致事
一足軽御鉄炮方人数并飯焚人数共左ニ記ス
（中略）
一御鉄炮方
浅井郡八木濱村　弐人
下八木村　弐人
冨田村　三人
大安寺村　壱人
（中略）
〆拾九人
外　髪結飯焚手傳　冨田村　壱人
（中略）

一白米拾五俵　　代金拾壱両壱歩　　冨田村
一大豆五俵　　代金五両
一糀米白壱石四斗　　代壱両三歩弐朱
一塩六俵七分五厘
代金壱両弐朱ト弐百廿四文
一糠拾俵
一飼馬豆葉口　拾壱〆弐百目
代六百六拾九文
（中略）
一白米七俵　　冨田村
味噌六〆五百匁
茄子漬百二十　右ハ茄子漬桶取替
（後略）

冨田村関係の記事だけを抜き出してみましたが、冨田村は鉄炮足軽役として三人、手伝い人足一人の出役が要請されたように読みとれます。

また、白米や大豆などの現物の調達も命じられたようです。別のページには、「一白米弐拾三俵　冨田村」とありますから、白米だけでも二三俵も分担したことが分かります。

また、味噌や茄子漬も分担していますが、《租税八四》には冨田村各個々人が分担した費用や茄子代の明細記録も残されています。

また、村役人T兵衛やS兵衛等は準備や立合・後始末のため、二月一日から（帰村不明）、二月一八日～四月三日、四月一〇日～五月二八日の三回に亘って大津に詰めています。

歴史としては「将軍家茂の上洛」と簡単に片付けられますが、村々にはこのような臨時の出費や出役等々の負担を強いられたのです。

学校では学ばない歴史の一面を紹介してみました。

冨田村の古代・中世遺跡

第２２６号
2003.04.10

左の図面は、平成五年三月末に作られた、「びわ町内遺跡分布調査報告書(びわ町教育委員会編)」の、冨田村付近の分布地図を切り抜いたものです。
この説明によると(※印は筆者)、

◆⑪冨田館(遺跡) 中世
※ びわ北幼稚園から島田氏宅付近にかけての地域

◆⑫冨田遺跡(散布地)
古墳時代～奈良時代
現状は水田
須恵器や土師器の出土を見たようで、図版が掲載されています。

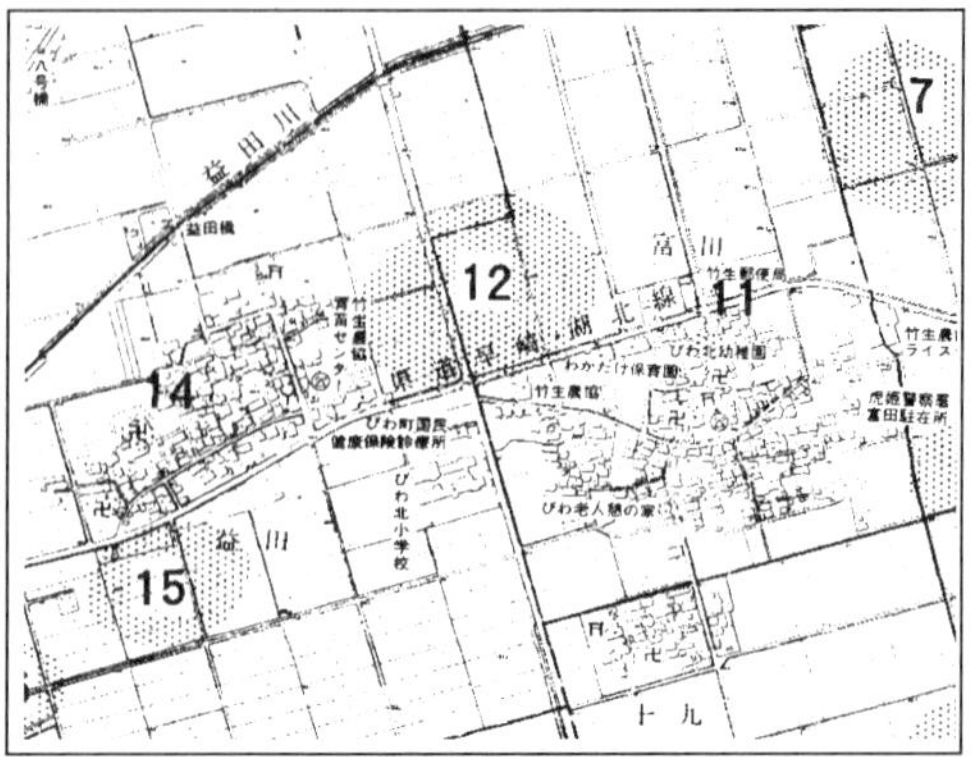

※ 冨田～益田にかけての広い範囲。
冨田村では、字玄取・屋井田・三反田・村馳・墓町付近に相当します。

調査は、踏査による遺物の散布状況を確認する方法で行ったとあります。

一定の間隔で歩きながら、地表に現れている遺物を探す(確認する)という方法で調べられたようです。

従って、現在家などが建てられている場所については調べられていないということになります。

冨田遺跡⑫のある場所、特に字玄取は、江戸時代には土取り場があったと絵図面にありますから、古い時代には田圃でなかった(つまり住居跡)であった可能性はあります。

しかし、文献にはそのことを示す材料は全くありませんし、言い伝えも残されていません。

また、冨田館遺跡⑪についても同様ですが、古代の円光寺という寺院跡だと、古老が言っていたのを覚えています。現在は字「円光」又は「円光寺」という地名だけが残されています。

私が数人の古老から聞いている、冨田の館(城)跡は、この場所ではなく、別の場所(見方により複数場所)を聞いていますが、はっきりした証拠もないので、敢えて触れないことにしたいと思います。

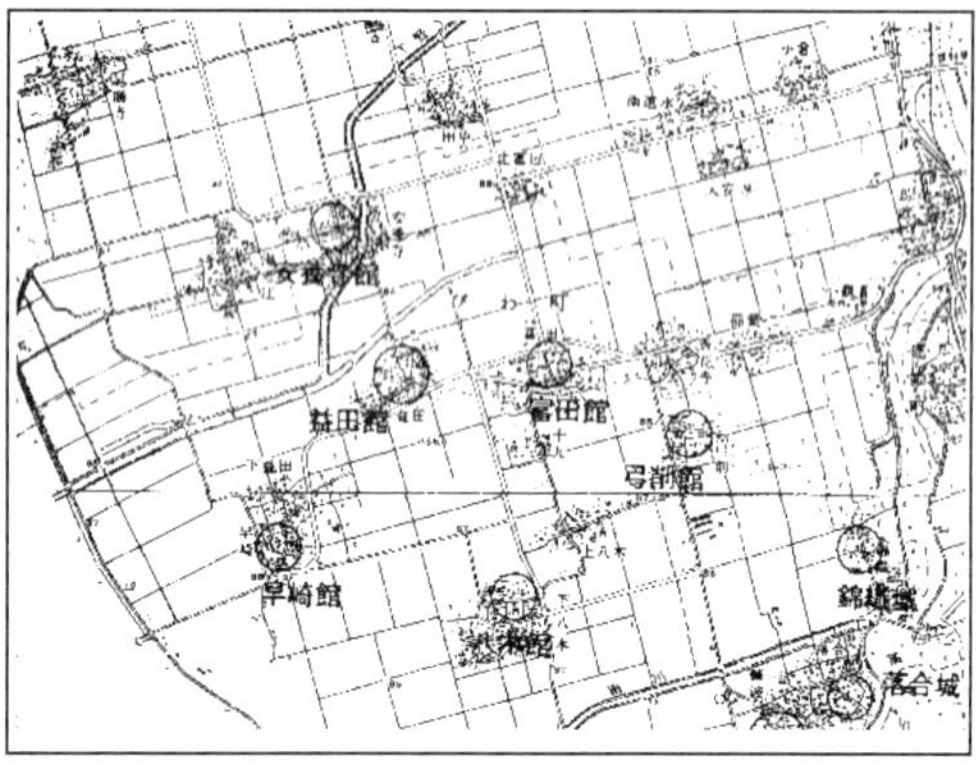

また、右の図は、昭和五十八年三月の「滋賀県中世城郭分布調査Ⅰ(滋賀県教育委員会編)」の冨田村付近を切り抜いた図面です。

これによれば、中世城郭(館)があったのは、びわ町では十四城(館)を数えることが出来ます。

安養寺城	神社付近の字殿	○△※
落合城	不明	
川道城	字堀ノ内	
曽根城	字南城	
冨田館	不明	
錦織城	字的場	
新居館	字堀ノ内	
早崎館	不明	○
細江館	字御屋敷・字左五ヱ門屋敷	○※
益田館	真宗寺・字南池尻	○
南濱城	字北屋敷	
八木浜館	不明	
八木館(下八木)	字東屋敷	○
弓削館	字東屋敷	○

○印「日本城郭大系」に記載あり
△印「近江輿地志略」に記載あり
※印「東浅井郡志」に記載あり

この調査については、文献・伝承・遺構の各方面から判明するものを収集したと解説があります。

城や城郭といえば、天守閣がそびえる長浜城・安土城・彦根城などを思い浮かべます。小谷城についてはどのような城であったかはっきりしませんが、ともかく、現代の私達は、城と言えばこれらのような城郭建築を思い浮かべます。

しかし、城・館と呼ばれるものは全国の至る所にあり、屋敷の周りを堀で囲い、土塁で囲んで防御したような、土豪が居住する屋敷を、「城」とか「館」とかいいました。

冨田村に城館があったという伝承は、この調査書を待つまでもなく、今までにも、少なからず聞いたことがあります。

館があれば、土豪と呼ばれる武士やその家人達が居住していたことになります。

　従って、中世の冨田村には土豪と言われる武士や家人が生活していたと考えられます。それがどの程度の人数になったのかは、今となっては分かりません。

　しかし、冨田村にとっては、幸か不幸か、村付近での合戦も起こらず、また、土着の土豪も大きな勢力を持つに至らなかったため、村名も土豪の名前も歴史書には全く登場せず、伝承のみが残されることとなりました。

　しかし、これらの土豪も秀吉の刀狩りや太閤検地を経て、武士を選んで、城下町へ移住していった者、農業を選んで村に土着していった者と、それぞれの道を選ぶことになりました。
　土着した土豪達は村のリーダーとして、庄屋などの村役を勤めるようになったといいます。
　残念ながら、江戸時代以前の村の様子については、阿部文書が残されているとは言え、村人の生活振りまでは解明することが出来ません。
　館などのことについても、これ以上分からないのが現状です。

　また、「淡海の城‐滋賀県中近世城郭分布地図(滋賀県教育委員会編)」にはもう少し詳しくて、

安養寺城	安養寺河内守屋敷
落合城	落合主税介居城か
川道城	「堀之内」の小字名あり
曽根城	明治には堀が存在 曽根民部屋敷か
冨田館	「堀」「武士町」の小字名
錦織城	以前は堀が存在
新居館	浅井氏が中山氏に 「新居政所屋」を宛行
早崎館	早崎氏屋敷
細江城	細江河内守屋敷
益田城	江北十ケ寺の一 真宗寺地 増田長盛出生地と伝承
南濱城	南浜蓮大坊新次郎信直 志摩守居城か
八木浜城	中村氏屋敷 堀・石塁が残存 「代官屋敷」「馬場」の呼称
下八木城	京極家臣八木氏・ 浅井家臣大橋安芸守・ 弓削兵庫らが在住
弓削館	弓削氏屋敷

とあります。

　これにおいても、冨田館の存在は確認されても、場所も土豪の名も判明していません。

《参考》
「びわ町内遺跡分布調査報告書」
「滋賀県中世城郭分布調査Ⅰ」
「淡海の城—滋賀県中近世城郭分布地図—」

【いっぷく】

《法令一二抜粋》

城郭陣屋其他軍事ニ関スル地所建物及立木、御拂下ケニ可相成趣ニ付、昨壬申七月中、陸軍省官員巡回之節入札差出候者モ有之候處、右ハ今般御詮議之次第有之ニ付、一切取消シ相成候旨、同省ヨリ達有之候条、此旨為心得相達候事。
**　但膳所・水口・西大路・山上・宮川・大溝等ハ更ニ拂下ケ可相成ニ付、望之者ハ来ル五月廿日限り入札可差出事。**
右管内江無洩相達るもの也。
明治六年四月三十日
滋賀縣令松田道之代理
滋賀縣参事　榊原　豊
滋賀縣権参事籠手田安定

※昨壬申七月(明治五年(一八七二))
※膳所　本多家七万石・城郭
水口　加藤家二・五万石・城郭
西大路(旧仁正寺藩)
**　市橋家二万石・陣屋**
**　蒲生郡仁正寺村(日野町)**
山上　稲垣家一・三万石・陣屋
**　神崎郡山上村(永源寺町)**
宮川　堀田家一万石・陣屋
**　坂田郡宮川村(長浜市宮司)**
大溝　分部家二万石・陣屋
**　高島郡大溝村(高島町)**

右は旧藩の城郭や陣屋の処分に関する通達です。

明治五年、一旦全ての城郭の払い下げが通達されたようですが(詳細は不明)、明治六年の段階でその通達は破棄されたようです。但し、膳所・水口・西大路・山上・宮川・大溝等の城郭や陣屋等については払い下げるので、希望の者は入札に参加せよ、というものです。

**　結果等は不明ですが、現在城郭跡として残されているのは膳所城趾と水口城趾だけではないでしょうか。**

**　城郭や陣屋は、江戸時代は権力の象徴として君臨していた筈ですが、それらを民間に払い下げるという明治政府の政策は、旧体制(江戸幕府)を完全に否定するものです。**

**　城郭にノスタルジーを感じる現代人には惜しいとも思えますが、一方では明治政府の意志の強さ、英断を感じさせます。**

**　また、彦根城は通達の対象にはなっていませんが、彦根城については次のようなエピソードがあることを聞いた覚えがあります。**

**　明治一一年頃、右の政策の一環として、城の解体にかかったところ、偶然にも行幸中の明治天皇(もしくは皇室の誰か)の目に止まり、この城の解体中止と保存を命じられたために、彦根城は解体を避けることが出来たといいます。**

**　彦根城の天秤櫓は、旧長浜城の城門を移築したものだと伝えられていますので、ある意味では長浜城の一部が現在まで伝来することが出来たともいえます。**

**　もし明治天皇の行幸がなかったら、膳所城趾や水口城趾のように石垣だけの彦根城となっていたのかもしれません。**

**　湖北には、他にも小室藩陣屋や朝日山藩仮藩廳があった筈ですが、どのような過程を経て処分されて行ったのかは未調査です。**

冨田八幡神社の寶物

第２２７号
2003.04.24

第二一八号で八幡神社の古地図について紹介しました。

今回は、本殿内に所蔵されている宝物について紹介したいと思います。

「必要書類編冊」という文書には、明治四十一年十月十九日付の、神社宝物登録申請書が残されています。

この記録には次のように記載されています。

神社寶物登録申請書
東浅井郡竹生村大字冨田
村社八幡神社

検地帳壱巻
・紙本 竪九寸横六寸六分
・筆者不詳
・江州浅井郡冨田村御検地帳ト表題アリ
・本書慶長七年寅九月吉日、奥ニ池田源五郎・杉田惣右衛門弐名ノ連署アリ
・従来大字冨田所有ノ処、明治四十一年九月一日寄附

古文書貳通
・紙 竪九寸六分横一尺四寸八分
(七月二十五日付)
・竪八寸三分横一尺四寸
(六月二十七日付)
・作者伝来 浅井久政
・弘治三年七月二十五日付(壱通)
仝年六月二十七日付(壱通)
・両通共花押アリ。本社鎮座地、即チ当大字古昔冨田庄ト称セシ参考ノ要書タリ
・従来大字冨田所有処、明治四十一年九月一日寄附

棟札壱枚
・檜 竪貳尺九寸五分横五寸貳分
・筆者不詳
・永禄十年丁卯九月六日本社神殿再造之節、榑五十丁寄進
・施主浅井蔵屋・馨庵壽松両名ヲ載ス
・従来本社所有ノ処、登録遺脱ニ係ルモノ

繪馬掛額壱枚
・檜 竪二尺五寸六分横二尺
・筆者不詳
・延寶八庚申年中ノ物ナリ
・図は湯花神事ノ体ヲ画ク
裏ニ江州浅井冨田村ト書ス
・従来本社所有ノ処、登録遺脱ニ係ルモノ

鰐口貳口
・唐金製 経九寸五分(作者不詳)
仝 経八寸三分(藤原重次)
・一口(九寸五分)ハ元禄十五年壬午年八月一日冨田村ノ銘アリ
一口(八寸三分)ハ正徳二癸巳年七月一日冨田村ノ銘アリ
・従来本社所有ノ処、登録遺脱ニ係ルモノ

右寶物登録臺帳へ御登録相成度、此段申請候也
明治四拾壱年
拾月拾九日
右八幡神社々掌

右八幡神社氏子惣代 生島礼智
(三名連署)
滋賀縣知事
川島純幹殿

明治四十一年の記録には、以上のように記載されていますが、「検地帳」については現在では行方知れずとなっています。現在、私が参考にしているのは川崎文書の中にある、慶長九年の写しを利用しています。

残念ながら、明治の末以降現在までのどこかの時点で、誰かの心ない人によって、冨田村「検地帳」は持ち出されてしまったものと思われます。

同様に、「絵馬一枚」も所在不明となっています。

現在、本殿廊下両脇に一枚づつの絵馬が奉納されています。(一枚は明治四十二年とあります)が、該当の物とは違うようです。また、本殿に絵馬の一部分が残されていますが、これまた該当の物とは考えられません。

「古文書二通」については、現在は区長が保管しており、八幡神社にはありません。

詳しいことは、冨田今昔物語第一号(他にも多数引用)を参照して下さい。

また、「棟札一枚」は現在も本殿に保管されていますが、この棟札の日付から考えて、竹生島小島権現社の棟札と考えられます。当時の人は冨田八幡神社の棟札と考えたようですが、明らかな勘違いだと思います。

これまた、詳しくは冨田今昔物語第八号を参照して下さい。

「鰐口二口」については、以前に第三二号・第四一号等で紹介したところですが、再度紹介したいと思います。

鰐口は、社殿や拝殿にある鈴の役割を果たすもので、今でも由緒ある神社仏閣には残されています。

現在は、鈴の緒を振ることによって鈴を鳴らしますが、鰐口は鈴の緒の上に固い物が付けてあり、鈴の緒を使って打ち鳴らすものでした。

昨年八月、鍵主さんにお願いして、写真に撮らせていただきました。

それをデジカメ処理したものが次の写真です。

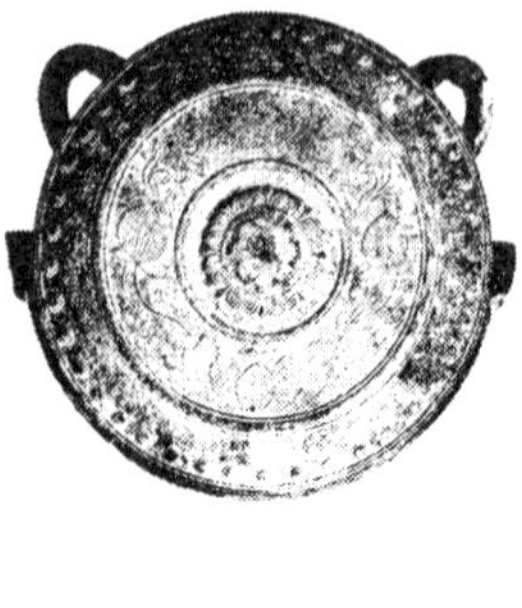

中央上部から右回りに「奉掛二宮御宝前冨田村中」、また、左回りに「元禄十五年五壬午年八月吉日」の銘があり、二宮社用に作られたことが分かります。

(※元禄十五年(一七〇二))

また、もう一口は、銘は見にくいかも知れませんが左のようになっています。

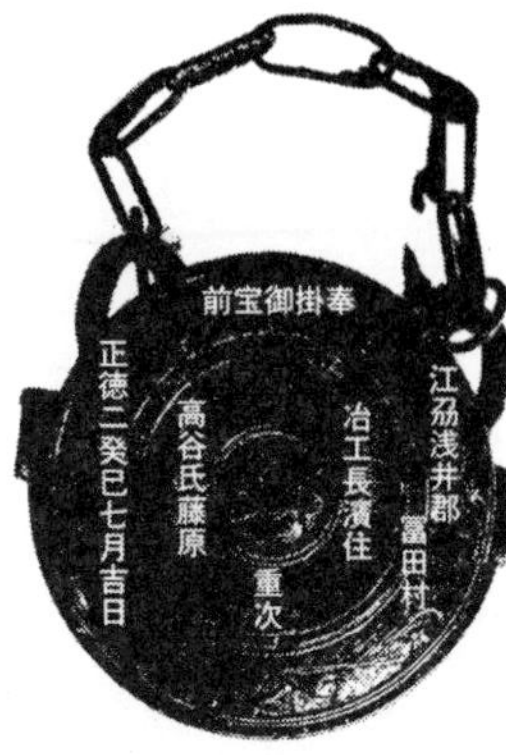

こちらの鰐口は、最近まで使われていたのか、鎖の取り付けが付いています。想像ですが、拝殿が出来るまで本殿(観音堂)で使用されていたのかもしれません。

銘は上部に右から「奉掛御宝前」、右に「江州浅井郡冨田村」、左に「正徳二癸巳七月吉日」、中央に「冶工長濱住高谷氏藤原重次」とあります。

(※正徳二年(一七一二))

また、上の「宝物登録申請帳」には記載されていませんが、左のような版木も所蔵されています。

版木のため左右が逆になっています

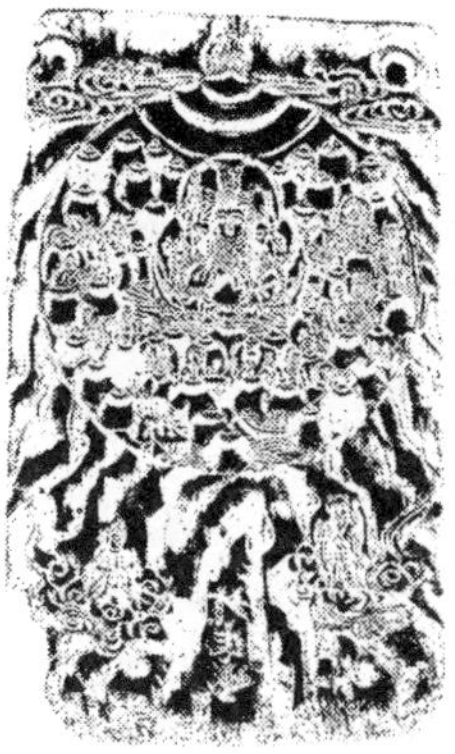

が、中央下の部分に「竹生嶋」と刻まれています。

裏には「速水 □龍 さい九(?)」と、作者らしい銘がありますが、詳しいことは分かりません。

恐らく、竹生島参詣が盛んな頃、土産物として、竹生島観世音菩薩の刷り物を刷った版木ではないかと思っています。

一度、この版木を使って刷り物を作ってみたい衝動に駆られますが、文化財は文化財として大切に保存しておいた方が良さそうです。

また、現在の住宅地図がある辺りに、明治の頃まで高札場がありました。

その関係かどうかは分かりませんが、本殿には高札が二枚保管されています。

一点は、慶応四年三月の、太政官・犬上縣よりの切支丹禁制の内容です。

もう一点は墨が消えてしまって、墨跡の凹凸のみが残っている高札で、内容は、「浪人体の者・・・」云々ともあり、幕末の頃のものと考えられます。

※ 鰐口は二〇七号でも紹介しています。今回は再掲になります。

《参考》
「必要書類編冊」(八幡神社所蔵)
取材協力　鍵主　阿部高氏
写真　筆者撮影(デジカメ処理済)

【いっぷく】

《未整理二二六》

任(注)文　但壱尺九寸ノ
一六匁　はしき上下金手間
一弐匁五分　せつは金手間
一三匁　ふろしやくたう
一壱匁　こしり手間
一拾匁　ときしんノ上
　但此とき賃口へ遣申
　□□ふり□申候
一八匁　ぬり白さや
一壱匁五分　柄巻賃
一五匁　つかきめ
　〆三拾七匁
　壱尺五寸脇指
一六匁　はしき上下金手間
・・・(中略)・・・
一五匁　つかきめ
　〆三拾七匁六分
右之内三拾五匁請取申候
　二口合七拾四匁六分
一七匁七分　金はつし七分ノ代
一壱匁弐分　こしり銀はつしノ代
一六匁　つかいと二直し
　三口〆拾四匁九分　但買物之代
右合八拾九匁五分
いぬの
　十二月廿六日　ときや
　さわ山たや　久左衛門(花押)
　久三郎殿
わきさし早々仕懸可申候
　右之外
一貳拾匁　壱尺九寸脇指代
一拾六匁　壱尺五寸　同断
一弐匁　目ぬきノ代
一壱匁　同断
一四匁　つば二ツノ代
一壱分四ツ代　五拾四匁せぱむ□分
　但両たこし分
〆九拾七匁
物合百八拾六匁五分
又右之外二下諸有
寛文十壱年
　亥ノ正月廿二日
　川崎丁兵衛尉(花押)
(※寛文一一年(一六七一))

引用が長くなりましたが、刀二振の磨ぎ注文のように見えます。

一振は一尺九寸の刀、もう一振は一尺五寸の脇差です。刀の詳しいことを知らず、一部の用語しか理解できていませんが・・・。

上の文書は百姓が刀等を所持していたことを示す証拠になります。

江戸時代、百姓(農民とは限らない)は刀を所持できなかったと思っている人が大半だと思います。

しかし、幕府が禁止していたのは、武士のように二本差(両刀)を帯びることであり、道中脇差し等の所持まで禁止していた訳ではありませんでした。

冨田村ではどうであったかは不明ですが、百姓であっても元服の時には初めて刀を差したという慣習が残っていたと読んだこともあります。

川崎文書の中に、私の先祖が脇差を買うために借金をしている記録が残されています。

意外かも知れませんが、脇差等は当時の村人にとっては身近な存在でもあったようです。

それらの刀や鎗等が代々伝えられ、昭和の初期までは各戸に所蔵されていたのですが、戦時中に供出という形で放出されてしまいました。

いわば、戦時中の供出こそ完全なる「刀狩り」であったのです。

江戸時代の跡敷相続

第２２８号
2003.05.10

江戸時代の「家」の相続は、家父長制度の下で、長男が屋敷他の跡敷きを相続したものと思われがちです。
大名家など武士の社会では、厳格に長男が「家」や家禄を継いでいたと考えられます。

しかし、残されている多少の文書から見る限り、冨田村を始めとする農村では、そうとも言い切れなかったようにも思われます。

次の文書は、「分け付け」とあり、相続に関しての遺言状のようなものだと考えて下さい。

《家六二》

わけ付
一五セ字名又さい　おすな分
上付東より三反め
高ハ九斗
屋敷西南付壱セ
一五セあざハすがい本　おさよ分
北付三反め
高ハ壱石七斗五
屋敷西ニ付壱セ
一五セあざハ又さ西付　おすゑ分
弐反め
高ハ八斗四升
屋敷壱セ西ニ付
一五セ字名南七ノ坪　おてん分
南ニ付一
円光寺畑ケ弐拾歩

高九升八合三勺
屋敷壱セ前付
明和弐年酉ノ正月吉日
西嶋K兵衛（花押）
川崎T兵衛様預ケ
右之通田畑縁付先□ゑ渡ロ壱かも持参致事罷成候。以上
急度相守可申候

※明和二年（一七六五）

《家六三》

分付之事
一西屋敷二ツ割
北ノ方ハ　おはや分
南ノ方ハ　清八郎分
一八ノ坪二ツ割
北ノ方ハ　おはや分
南ノ方ハ　清八郎分
（印）
右者弐ツ割ニ可被致候。残之儀ハ跡鋪共清八分ニ可被致候。
信暁（印）
書置
明和二年
酉六月十八日
おは
清八郎
庄屋
T郎兵衛（印）

最初の文書からは、四人姉妹に対して、四等分（高は異なるが面積は同じ）していることが分かります。
また、その遺言状を庄屋に預けていることも分かってきます。恐らく、K兵衛の亡き後は、庄屋T兵衛の扱いにより、四姉妹に上記のように相続させたものと思われます。

二枚目の文書からは、屋敷と字八の坪を等分相続し、残りは嫡男清八郎が相続したことが分かります。
宛名に、おはや・清八郎・庄屋T郎兵衛とあることから、やはり、証人として庄屋が仲立ちしていることが分かります。

《家六五》

乍恐以書付御願申上候
浅井郡冨田村百姓
一高拾三石五升　父S太夫
内　當子年七十才
三石壱斗分ケ　女房
遣シ申候　年六十三才
兄S左衛門
年三十六才
妹とわ
年三十三才
此度別家仕候者　弟太郎次
年三十一才
私忰右太郎次之儀相応之年来ニ相成候処、一処ニ罷在候ても行末身之治リ相成不申候義ニ御座候間、此度別家仕、御百姓為相勤申度段御願奉申上候。願之通被為仰付下置候ハゞ、難有可奉存候。
浅井郡冨田村
百姓　S太夫
享和四年
子二月
大山金兵衛殿
右S太夫以書付御願奉申上候通、相違無御座候間、奥印仕奉指上候
以上
右村庄屋　S五右衛門
同断　T郎右衛門
同断　I郎右衛門
年寄　Z太郎
同断　G左衛門

※※享和四年（一八〇四）
押印がないので、控えの文書だと考えられます。

また、上の三枚目の文書からは、弟が相応の年齢になったからということで、別家を考えていることが分かってきます。
持ち高十三石五升の内、三石一斗分を別家分として分与しようとしています。
この願いが認められたかどうかは分かりませんが、兄S左衛門が大半の跡敷きを相続し、持ち高の約四分一の三石余を弟太郎次が相続するように考えていることが分かります。

江戸時代を通じて、百姓の零細化を防ぐために細分相続は禁止されていました。

持ち高が一〇石を越える者のみが分家を認められたといいます。
その意味では、S太夫の願いは叶えられたのではないかと思われますが、結果を示す文書は残されていません。

また、以上の三通の文書から分かることは、弟や姉・妹が他家へ縁付いた場合は別だとしても、長男が家督の全てを相続するというのではなく、弟や姉妹などにも、多少なりとも家督の分与や相続が認めようとしていた、江戸時代とは、そんな時代であったのかもしれないということではないでしょうか。

我々が想像している江戸時代と、現実の江戸時代とは、どこかにズレがあるように思います。
以外と民主的で、開けた考え方をしていたような気がしてなりません。
我々が理解している江戸時代は、誰かによって作られた姿であって、実はもっとおおらかで、民主的で、豊かな面があったのだと思っています。

江戸時代の百姓は、食うこともままならない、悲惨な生活を余儀なくされたと教わりました。

しかし、一部にはそういった人々もあったでしょうが、我々の想像する以上の収穫をし、自給自足のつつましい生活とはいえ、不自由のない生活をしていたように思われます。

跡目相続に関する文書は多くは残っていませんが、紹介しなかった文書も含め、いずれもが現代的な感覚を感じさせてくれます。

現代の「均等の権利」とまではいきませんが、武家社会に見られる、嫡子のみの相続といった風ではなかったように思われます。

紙面の関係で詳しく紹介できませんでしたが、

《家六四》

一私死去仕候後は上八木村太兵衛様ニ何かも任打候間、跡持當分御世話ニ被成可被下候。・・・・・
妙喜
・・・《後略》・・・

のように、死後の一切を委任する旨の手形證文も存在します。

この證文は、天明五年(一七八五)のものですが、後略の部分で、一切の跡敷を妹「てん」に譲るとあり、「妙喜」の居村庄屋と、「てん」の居村庄屋を証人に立てているものと思われます。

《参考》
川崎文書（滋賀大学史料館）

※注1
上の全文を紹介すると、
《家六四》

一私死去仕候後は、上八木村太兵衛様ニ何而も任打候間、跡持當分御世話ニ被成可被下候。次ニ、上八木村太郎兵衛様、此段宜敷奉頼候。為後日仍而手形如件
妙喜
上八木村太兵衛様
同　太郎兵衛様

譲渡申家徳之事
一此跡敷、妹てん譲遣候処、実正明白也。若、私無事ニ暮居候間、養子不仕致死去候後は、慮外之申事之候へ共、太郎右衛門様御世話ニ被成可被下候。此段偏ニ宜敷奉頼候。為後日仍而譲状如件
心當り林右衛門様
天明五巳年　妙喜
妹てん
川崎T郎右衛門様
(※天明五年(一七八五))

となります。

また、相続する子供がいない場合は子養子を迎えることで跡敷の相続を願ったようです。

《家五九》
覚
一私儀子共無御座候ニ付、其御村J郎太夫忰S右衛門、私養子貰申度候。其元御地頭様御願相済候ハヽ引取申度存候。偽り奉公様ニ召抱候儀ニ而ハ無御座候。以上
瀧川伊織様知行所
延享三年　江州浅井郡十九村
寅三月　願主　弥兵衛(印)
庄屋　治右衛門(印)
年寄　八兵衛(印)
松平伊豆守様御領分
浅井郡冨田村
御庄屋・御年寄中
(※延享三年(一七四六))

《家五八》
乍恐書付ヲ以奉願候
私忰S右衛門年廿一罷成、瀧川伊織様御知行所、浅井郡十ツ九村弥兵衛方江養子ニ届申候。先方慥成者御座候間遣シ申度奉存候。奉願候通被仰付被下候ハヽ、難有可奉存候。以上
浅井郡冨田村願主
J郎太夫(印)
右J郎太夫奉願候通相違無御座候。偽り奉公様ニ遣候ニ而は無御座候。万一左様之義ニ御座候ハヽ、私共何分ニ茂可被仰付、則先方より遣候書付懸御目申候。奉願候通被仰付被下候ハヽ、私共迄難有可奉存候。以上
(※冨田村役人(略))
延享三年
寅三月
堀口治太夫様
柴田猪助様
三田越右衛門様

偶然にも関係者双方の願書が残されていましたので紹介しました。
上の妙喜の場合は、相続人として妹てんが居たことにより、養子はとらず、任せ證文となりました。
一方、十九村弥兵衛の場合は子供もなく、養子を迎えるしか跡敷の相続が出来なかったのだと思います。
現代と違い、当時は家の跡敷を守り伝えることは想像以上に重要なことだったのです。

安養寺出作御年貢之儀

第２２９号
2003.05.24

次の文書は、慶応三年(一八六七)の文書です。

《村政二〇》

定

一昨寅年凶作ニ而安養寺村出作御年貢御収納等不納ニ付、彼是故障与相成、従旧冬御上様御役人衆中之御苦労ニ相成候処、未ダ済寄不致候故、此度不得止事無據、二条御番所之御出願ニ茂可相成様之始末柄ニ相成候得者、如何様之御裁許ニ相成候共、公裁ニ候得者、万一村中立会耕作致、御年貢御上納致様相成候共不苦候。猶亦、時節柄之公邊候得者、入用等相嵩候小前々々至迄納得之上ニ而御座候間、一言之申分無御座候。依之為後日之村中規定書仕候処如件。

慶応三丁卯年
四月八日

川崎S兵衛(印)
百姓代 T平治
同断 J左衛門
組惣代 K右衛門(印
同断 K左衛門(印
G左衛門(印
東G兵衛(印)
S左衛門(印
R右衛門(印
S太夫(印)

T右衛門(印
G太夫(印)
K左衛門(印

……《後略》……

昨年は凶作で安養寺村出作(安養寺から冨田郷への耕作)の年貢が未納のため問題となり、昨冬以来御役人にも御足労になったが、いまだ(安養寺から)皆済できず、やむを得ず二条御役所へ出訴する始末となってしまった。この上はどのような御裁許になっても、御上の裁きだから、万一、村中が(安養寺に替わって)耕作をし、年貢を納めるようになったとしても構わない。また、時節柄の裁判だから、費用が嵩んでも一人一人が納得の上だから、一言の申し分もありません。よって後日のため村中で規定書を作った所である。

といった内容です。

この文書には、慶応三年当時の冨田村住人全員の記名と押印(一部未押印)があります。

南北冨田村で、役人を含めて八十六名(内二軒は空き家・両寺は含まず)の記載があり、明治初期の冨田村の住人(家)名簿が分かります(慶応四年が明治元年です)。

その意味でも貴重な資料だと思います。しかも大半が押印しているばかりか、同様の文書が正副二通も残されているのです。

《村政二〇・法令一〇》

この文書に記載されている名前を敢えて全員紹介したいと思います。

恐らく、これらの人々が明治維新を迎えた冨田村の人々なのです。

清兵衛	太平治	重左衛門
勘右衛門	吉左衛門	権左衛門
東源兵衛	助左衛門	林右衛門
介太夫	藤右衛門	権太夫
喜左衛門	源五郎	宇右衛門
与左衛門	伊兵衛	甚左衛門
松右衛門	吉右衛門	※九左衛門
兵介	勝右衛門	兵衛太郎
億左衛門	藤左衛門	重郎兵衛
庄太夫	孫左衛門	利右衛門
伊平治	徳兵衛	瀬左衛門
庄左衛門	由兵衛	孫助
惣七	惣右衛門	重兵衛
惣兵衛	太郎太夫	源右衛門
喜太夫	源太郎	西源兵衛
作右衛門	善右衛門	傳右衛門
庄右衛門	五右衛門	権右衛門
五左衛門	庄兵衛	繁右衛門
※久太夫	清右衛門	弥五郎
四郎右衛門	嘉右衛門	幸右衛門
治右衛門	作兵衛	喜兵衛
喜左衛門	四郎左衛門	長右衛門
次介	角兵衛	角之丞
清介	平次郎	嘉兵衛
嘉藤治	藤兵衛	平左衛門
定右衛門	嘉左衛門	吉右衛門
長五郎	太郎右衛門	佐五右衛門
市左衛門	宇平治	市右衛門
善左衛門	周助	

※ 順不同(※印は明家(空き家))

幕末の時期は、以前にも紹介しましたように水損が多く、不作が続いたようです。

安養寺村出作は、萬延元年(一八六〇)の御年貢も未納であり、慶応二年も不作によって、再び未納という同じ事が繰り返されました。

安養寺村出作が、一度ならず二度まで御年貢未納という事態に怒った元庄屋T兵衛(当時、T兵衛は山形藩大津御用掛を勤めており、大津に居住していた)は、大津の地から安養寺出作に対して通達を送り、

萬延元年に続き、昨慶応二年の御年貢も未納だから、その未納分が納入されるまでは、今秋の刈り取りは罷ならぬ。

と強く申し入れをします。

その通達を申し入れた旨を、大津から冨田村役人に知らせたのが、次の文書です。

《農村一一》

前置は真平
然は出作田地之内ニ早稲植付置候
由承り候。然ル処、右田地之内、
聊ニも苅取仕候ヘバよろしからず
候間、安養寺村庄屋方へ、昨寅御
年貢相済候迄は苅取不相成候様申
答置届ケ候間、此段御承知可被下
候。若、聊ニも苅取仕候ハゞ、早
々飛脚を以、御注進可申候。右ニ
付、日々ニ吟味可致候。先は右段
申度、如此ニ御座候。己上
大津ニて　川崎T兵衛
九月三日
冨田村
御役人衆中
（※裏面）大津より

※年号はないが、慶応三年（一七六七）

かなりの強い感情が入っているように思います。「日々見張りを置き、刈り取りがあるようなら、飛脚を使って連絡してこい」と言っています。

庄屋T兵衛の通達通り、安養寺村による刈り取りが行われたのかどうかは不明ですが、萬延元年に続いて、慶応二年も御年貢が未納となれば、冨田村の人々が怒るのも無理からぬ事、全てを冨田村が肩代わりして負担しなければならないのです。

一度ならずも二度も…といった気持ちがあったのだと思います。

上記の村人全員の連判状は、このような一連の流れの中でなされたことなのです。

元庄屋T兵衛がかなり怒っていることからすれば、慶応三年春の裁許の結果は冨田村には好結果をもたらすことがなかったのだと思われます。

冨田村にとっては、二年分も肩代わりを余儀なくされたのです。一大事の出来事であったのです。

租税関係の資料によれば、慶応二年の年貢高は例年より若干少なくなっています。これは、この年が不作であったことを意味します。全国的には大冷害による凶作だったようです。

その意味で、冨田村にとっても、安養寺村出作にとっても試練の年であったのですが、結果的には、連判状にも拘わらず、再度、冨田村が負担を背負うことになってしまったようです。

上記のT兵衛の手紙は、その冨田村の人々の怒り（二年分の肩代わりと裁許で破れたこと）を如実に物語っているとは思いませんか。

その後、冨田村と安養寺村出作との関係がどうなったかは知るよしもありませんが、幕末の不作続きがなせる大事件であったのです。

《参考》
川崎文書（滋賀大学史料館）

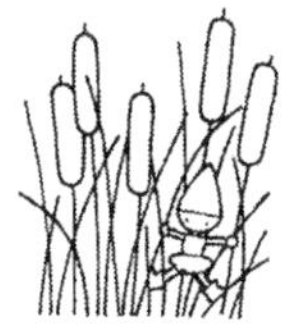

※1 この件に関しては、後日史料が見つかり、詳細に状況が判明しました。

膳所藩（安養寺村は膳所領のため）への出訴・郷宿での懸合・安養寺出作人の足並みの乱れ・内済など、三〇頁以上にわたる記録が残されていました。

「安養寺村出作壱件ニ付懸合控」《農業二》
「安養寺村出作壱件御當方様并膳所江歎願写」《農業三》
「規定書并済書写」《農業四》

簡単に経過を見ると、

◇四月
・24日冨田村出発／26日大津着
・晦日（膳所）役所へ出頭

◇五月
・2日田植えのため一旦帰村
・25日再度大津へ向け出発
・27日29日安養寺出作者呼出の再願

◇六月
・6日安養寺村大津着
・7日9日奉行所御取調べ
（8日は郷宿にて懸合）
質疑応答の詳細内容記録あり
安養寺は免定決算帳の閲覧主張
・10日郷宿にて懸合…不成立
・11日猶予願書提出、帰村へ
帰村後懸合するが示談不成立

◇八月
・3日再示談願い、帰村
・5日晩、安養寺村庄屋へ申入れ
・6日庄屋へ書付で示談を依頼
以降、連日訪問、埒明かず
（居留守等々）
・10日大津へ出発
・12日郷宿へ尋ねるが留守の旨
・13日郷宿にて懸合…不成立
・14日郷宿へ尋ねるが留守
・15日奉行所へ経過報告
・18日～27日
郷宿にて懸合、進捗なし
駆け引きの発言等詳細記入あり
・27日願書下げ願提出
・29日T兵衛奉行所へ御礼挨拶等

◇九月
・朔日2日郷宿にて懸合…不成立
・4日奉行所御取調べ
質疑応答の詳細内容記録あり
・5日郷宿にて懸合（留守もあり）
・6日郷宿にて懸合（詳細あり）
・7日郷宿にて懸合
難渋故、16俵の容赦を申入…
・8日郷宿にて懸合
8俵の救い米の申入…
・9日郷宿が安養寺村代理交渉
・10日奉行所御取調べ
規定書の文言書換えを諭される
・11日規定書書換え提出
・13日規定書一ケ条削除懇願→拒否
・14日検見のため帰村命令
・15日T兵衛奉行所へ挨拶
・22日26日安養寺にて懸合
村方に於いて懸合う旨を報告

◇一〇月
・朔日4日安養寺にて懸合
・7日冨田村へ年貢納入の約束
・10日規定書の説明
・12日規定書の請取完了

かなり省略・整理しましたので、事実を曲げてしまったかもしれませんが、一つの訴訟に半年もかかっていることを理解してほしいと思います。
また、訴訟が当事者同士の懸合・示談が中心だったことも伺えます。詳細な記録が記載され、興味の湧く史料でした。

山形藩御用掛送り状

第２３０号
2003.06.10

前号で、冨田村の庄屋T兵衛が山形藩(後の朝日山藩)の御用掛(かかり)を仰せつかり、大津に出仕していたことを紹介しました。
今回は、その時のT兵衛の仕事内容を文書から見たいと思います。

大津の役所から京都の山形藩役所へ宛てた送り状の束の中から見てみたいと思います。(資料の一部の紹介)
《交通十八》

慶応四戊辰年
大津ょり運送物送状入
京都
御用掛

覚
阪田
一白米七俵
右之通御受取可被成候。以上
五郎兵衛
甚之吉
六月十八日
大津米納所
山形用場(印)
山形旅銀御賄中

覚
一白米弐俵　内壱俵　清蔵
外壱人
一濱物弐挺
右之通御受取可被成候。以上
大津米納所
五月廿五日
山形用場(印)

京都北野右近馬場
山形旅銀御賄中

覚
一白米九俵
五郎兵衛
音
右之通御受取可被成候。以上
大津米納所
閏四月廿七日
山形用場(印)
京都北野右近馬場
山形旅銀御賄中

覚
一味噌　壱挺
目樽八〆(貫)
へ印
惣糸
右之通御受取可被成候。以上
大津米納所
閏四月廿六日
山形用場(印)
京都北野右近馬場
山形旅銀御賄中

覚
米壱俵
かんふつ屋
直次郎
右之通御受取可被成候。以上
大津米納所
北野
山形用場(印)
山形本陣

送り
一そうろうはん(算盤？)二挺
右慥ニ請取可被成候。以上

辰四月十一日　大津御用掛り
川崎T兵衛(印
山形御用懸り
大塚治兵衛様
閏四月廿五日　東辻宿

覚
一馬草　壱本
一生板　壱枚
一水なかし　壱ツ
一油壱斗三升入　壱挺
貝屋出
〆四品
右之通差送り申候間、慥ニ御入手可被成候。以上
辰四月十一日
大津御蔵敷
川崎T兵衛(印)
京都北野門前松栄坊
山形御用懸り
大塚治兵衛様

※慶応四年(一八六八)
この年は九月に明治元年となる。

維新前後の重大時期に、山形藩が京都に陣屋を設けたためなのか、それとも、山形藩水野家が、近江東浅井郡に移封(明治三年・後の朝日山藩五万石)するに伴って、その準備を進めるために、京都に出先機関を設けたのか、どちらなのかは分かりませんが、慶応二年頃から四年にかけて山形藩の役所が京都に作られたようです。

別な資料《村政一三》によれば、慶応元年十一月十七日付で、「殿様上洛御供を仰せつかり…云々」の記事があり、もしかすれば、この殿様上洛と関係があるのかもしれません。
いずれにしても、京都の北野にその役所が出来たようです。

上の文書から、T兵衛は大津にあって、その京都の出先役所用に調達したり、送られてくる物資の配送事務が主な仕事内容ではなかったかと思われます。

たまたま、山形藩の飛び地が浅井郡に一〇ケ村(冨田・八木濱・下八木・十九・大安寺・醍醐・岡谷・三川・大寺・月ケ瀬村)、坂田郡では、多和田・山室・上夫馬・伊吹・小泉・大久保・戌亥・辰巳・小堀・保田村があり、その代表として、白羽の矢が当たり、御用掛を仰せつかったものと思われます。同様に坂田郡からも代表が出たものと思います。

また、前述の「殿様上洛御供を仰せつかり…云々」の記事と関係があるとすれば、慶応元年の年末、もしくは慶応二年当初から御用掛を勤めていたのかもしれません。

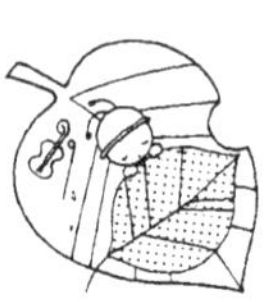

T兵衛はこの大津御用掛役のため、大津居住となり、十分に庄屋役を果たせなかったためか、慶応二年九月、庄屋役を退役します。後任には悴のT郎右衛門が庄屋役に就任することになります。
庄屋役を退いたT兵衛は、後顧の憂

いなく、大津御用掛役に専念したようです。

また、別の資料の、次のような手紙により、更なる仕事内容が分かってきます。

《交通二一》

京北野門前松栄坊山形御用懸
大塚治兵衛様
川崎T兵衛様
當用
藤田管次郎

一筆啓上候。向暑ニ御座候処、御両人様益々御安閑ニ可被成御座珍重御義ニ奉存候。

先達以来雨天打續、未降續き、拾五日之間弐日晴天有之、就夫川々高水、長濱船町・御旅所・魚屋町邊、水上り、下川ニ水込之様子ニ御座被申候。

然ル処、郷夫入替之義御申越被下、早速取調□□、當節百姓世話敷折柄ニて右不都合付、山面三ケ村江も頼遣候得共壱人茂出来不申、伊吹村慶次郎・弟當村彦兵衛・大久保村由五郎、右三人差登申候間、左様ニ御承引可被成下候。尤、郷夫□□童子許□□相歎候共、當座目前入用之義は格別、多分御渡し被下間敷候様、是亦御心得置可被下候。先は右迄添書御□御座候。草々己上

閏四月廿九日
藤田完次郎

大塚次兵衛様
川崎T兵衛様

尚々乍恐御上様御用向如何哉、萬々御内相わかり候義も有之候ハヾ為御聞被下候間、此段奉願上候。

※「閏四月」より慶応四年（一八六八）の文書だと知ることができる。

※「郷夫」…郷（浅井坂田郡）に対し出役の人夫を課した、郷代表の人夫のことと思われ、一定期間従事し、時期が来ると交替した。閏四月末頃は田植えの準備で、百姓には忙しい時期であった。

右の手紙より、大塚治兵衛も坂田か浅井郡の人物だと知れます。T兵衛と同様、山形藩へ出仕したものと思われます。また、藤田完次郎は両郡の地元を預かる代表だと考えられます。

内容から、大塚・川崎の両名は浅井坂田郡に関する一切の事務方も勤めていたのではないかとも思われます。

一部を紹介しましたが、T兵衛の山形御用懸（掛）に関する書類・請求書や領収書は非常に多く残されています。

朝日山藩のことを知る上では貴重な史料なのかもしれませんが、簡単な紹介程度にしておきます。

《参考》
川崎文書（滋賀大学史料館）

※1
《未整理一〇三〇》

以手紙申上候。未（いまだ）除寒も厳御座候処、御勤役被遊、珍重之御儀奉賀候。次ニ當方異儀無、無事有罷候間、乍憚御安心成し被下候。来ル三月六日七日ニ、兼而申置候、御遠忌の志ヲ致度候間、是非〳〵帰村成し被下候様、一統御頼申上候。殊更以事故御参詣被下候ハ、年者誠〳〵ニ残念ニ御座候間、此段悪筆以申上候。尤、冨田村おくに事、病気ニ候て、祖（じじ）やん〳〵と毎日相尋申候間、何卒〳〵御上様江御暇ヲ願、御帰村被成し下候様、別而御頼申上度候。右書状之趣、是非〳〵帰村被下成し候様、両家一統願上度候。先は以悪札乱文、取込如此ニ御座候。
早々、以上

二月十五日□　十九村
S兵衛
冨田村
T郎右衛門

とんた村
冨田T兵衛様

冨田村に残されたT兵衛の家族から大津（または京都）で御用掛を勤めているT兵衛宛の書状です。

年代は不明ですが、「御遠忌の志ヲ致度候」とあるところから、文久元年（一八六一）の七〇〇回忌ではなかったかと思われます。

T兵衛は山形藩御用掛として、大津（京都）へ出向いています。現在の単身赴任といった所でしょうか。

書状の内容は、地元に残された家族や親族から、御遠忌を理由に、帰村を求めています。

また、「おくに」というのは、孫でしょうか、病気で臥していて、「じじやん、じじやん」とT兵衛を求めていることを伝えています。

上様に御暇をもらって（役を辞して）帰村してほしいと、親族が願っている書状です。

この文書が、文久元年だとすれば、T兵衛は、かなり早い段階から御用掛を勤めていたことになります。

後世の我々にとっては、この山形藩御用掛の勤務時期や仕事内容など、そのT兵衛の動きに目を向けてしまい、地元に残された家族等には想いが廻ることはありませんでした。

しかし、上の文書は、冨田村に残された家族の想いが吐露されているように思います。

大黒柱であるT兵衛は不在、年若きT郎右衛門はT兵衛に代わって、庄屋の大役を果たしていた筈です。藩からの命令だからと仕方ないと思いつつも、残された家族にとっては心細いことであったと思います。

特に、孫娘が病の床で、「じじやん、じじやん」と祖父を慕う姿は心を打たれます。

果たして、T兵衛が一時帰村が出来たのか、おくにの病気がどうなったかは分かりませんが、慶應年間に至っても御用掛を勤めていますから、役を辞することは出来なかったことが判明します。

また、長い期間の御用掛であったからこそ、大津での仕事や生活の状況を示す文書類が多数残されているのかもしれません。

安養寺村出作について

第２３１号
2003.06.24

前回、安養寺村出作について、萬延元年（一八六〇）・慶応二年（一八六六）の二度にわたって御年貢が未納であったと紹介しました。

ところが、前回の紙面を作成した直後に、次のような文書に目が止まりました。かなり以前に読んだ文書でしたが、てっきり忘れていました。

《農村一〇》

差入申一札之事

一其御村郷内字傍田・廿（はたち）御田地壱町六反歩余、往古ょり當村之者共出作罷在候處、時申年作方取劣りいたし候ニ付、段々御用捨之儀御頼申入候處、為御助力米四俵御用捨被下候得共、當時出作拾七人之内、七人は相納、残拾人之分難渋申立不納罷在候ニ付、此度、當方御地頭御知行所江御呼出蒙、御理解奉恐入候ニ付、□□帰村之上、右不納之分早速相納可申候。尤己後之儀は大切之御年貢之儀ニ付、往古ょり御定之通、御沙汰次第其御村江致持参相納可申候。且又兼々御申聞之通、米□俵実は申迄も無之、縄俵等ニ至迄一同申会、精々致吟味相納可申候。依之一札差入申處如件。

本多主膳正領分
安養寺村

萬延二年辛酉年
二月

出作惣代 ――印
――同
――同
――同

水野和泉守様御領分
西郷賢之丞様御知行所
冨田村
御役人衆中

前書之通拙者共立會、蒙御理解御儀ニ付、以後共精々取締方可致候。依之致奥印候處如件。

右村
庄屋 ――印
年寄 ――同

※※ 萬延二年（文久元年・一八六一）
※ 写のため名前が傍線で略している

あなたの郷内字傍田・廿の田地一町六反余は、昔から当村が出作をしていた所、申年（萬延元年）作柄が不良で、年貢を容赦して欲しいとお願いした所、四俵を容赦してもらったが、出作は十七人で、内七人は納めたが、残り十人は難渋していて納められなかった。この度、御地頭様の役所に呼ばれ取り調べられた。この上は、帰村後直ちに未納分を納めます。今後は大切な御年貢なので、昔からのお定の通り、連絡があり次第あなたの村へ持参致します。……《後略》……

安養寺出作惣代

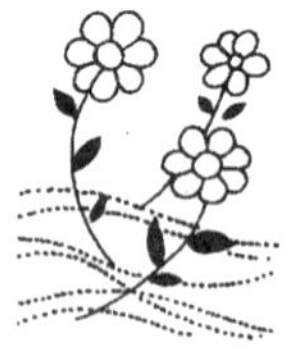

自分のメモには「萬延元年安養寺出作年貢未納」とは記入しておいても、上のような一札があったことは忘れていました。

上の写の文書によれば、安養寺の出作は、現在の北富田郷の傍田（ぼうたい）と廿（はたち）であったこと、その面積が一町七反余であったことが分かります。

また、耕作者は十七人にも及び、平均すれば一人一反程になります。

万延元年は、春以来雨天続きで、湖水よりの水込みがひどく、冨田村でも不作が見込まれたといい、御検見を願い出ています。文書では、世上一統の不作と説明しています。また、不作のための救い米四十石を同時に願い出ています。

《凶災一七・二四》

また、別の記録によれば、四月は込水、五月十一日には大風雨洪水にて低地の二〇町歩ほどが水下（三尺九寸）となったとあります。

更に、一町七反ほどが株絶のため皆無となったと記録されています。

《村政一三》

更に、年貢高を見ると、

▽安政六年（一八五九）は、
二百二十二石九斗四升五合
▼万延元年
百九十九石七斗四升五合
▽文久元年（一八六一）
二百二十二石九斗四升五合
▽文久二年（一八六二）
二百二十二石九斗四升五合

となっており、確かに万延元年は不作だったようです。

《村政二一》

冨田村の資料から見る限り、安養寺出作方が年貢を払えないのも仕方がない状況だったと思われます。

特に、この年の不作が水損によるものとすれば、安養寺村としては込み水の被害が厳しい郷でもあった筈です。その点では、猶一層の難渋であったろうと思われます。

しかし、定めは定めです。年貢を納める義務があります。

出作一町六反の一筆ごとのランクは分かりませんが、全部が下田として、

一・四石×十六反＝二十二・四石となり、免率四ツ（四割）として、

二十二・四石×〇・四＝八・九六石となり、八・九六石（約二十三俵）の年貢が必要となってきます。

更に、今で言う他所協議費に当たる小物成も必要であったことも考えられます。

小物成を含めないとしても、現在の米価に換算すれば四〇万円程となります。勿論、当時はインフレの時代で、当時の物価ではもっともっと高かったと考えられますが・・・。

出作十七軒で均等平均すると、玄米で一俵半弱となりますが、それすら納入できないという状態であったと考えられます。

幕末の湖国の水損の状況が想像できるのではないでしょうか。

とは言っても安養寺村からの年貢が納入されない限り、冨田村の人々が肩代わりしなければなりません。

右で見たように、この年は世上一統が不作でしたから、冨田村も例外ではなかったと想像できます。

その中での肩代わりですから問題にならない筈はありません。当然、訴訟となったと思われます。

その結果、上の文書にあるように、安養寺村出作の人々は領主である膳所藩の役所へ召還され、一札を書くことになります。

慶応二年の年貢未納による、冨田村の対応(連判状による訴訟)を見ると、一札は入ったものの、年貢が完納されたとはとても考えられません。

想像の域を出ませんが、それが故に慶応三年の訴訟があったのだと考えることが出来ます。

「万延元年に一札を入れ、どんなことがあっても、沙汰次第に年貢を納めると言ったではないか・・・」、それが冨田村の人々の偽らざる気持ちではなかったのではないでしょうか

こう書いてくると、安養寺村が悪者のように思いますが、この状況に陥ったのは琵琶湖からの込み水による不作が大きな原因ですが、これは天災であり、瀬田川の浚え普請の必要性を知りつつ、資金の問題で普請に取り組めなかった幕府の姿勢など、人災とも言えるのです。

いわば、安養寺村出作の人々も冨田村の人々も共に被害者であったと考えるのが妥当ではないでしょうか。

幕末に限らず、江戸期を通じて年貢の未納という話は多々出てきます。

年貢未納のためによる、田畑地の売却、田畑地をカタに入れた借金などに関わった、永代譲り渡し證文・借用証文などが、川崎文書に莫大な量残されています。

それらの文書を読むことは手着かずの状態ですが、読み進めば、悲喜こもごもの話が、きっと見えてくるのではないかと思っています。

《参考》

川崎文書（滋賀大学史料館）

※1

安養寺村出作については、延宝三年(一六七五)という古い記録ですが、それには、

傍田(ほうたい)三筆、廿(はたち)十七筆が記載され、

上田六反壱畝十七分
分米拾壱石八升弐合
下田八反四畝廿六分
分米拾壱石八斗八升一合三勺
下々田弐反七畝十一分
分米壱石九斗三升三合弐勺
〆壱町七反三畝廿四分
分米合弐拾四石八斗九升六合五勺

《川崎文書未整理四二八》

と記載されています。

面積・分米などは時代の流とともに変化したでしょうから、万延元年の頃と一致しないかもしれませんが、よく似た状況だったと思われます。

※2

二二九号で紹介しました、慶応三年の史料

「安養寺村出作壱件ニ付懸合控」《農業二》

の記事の中に、

「其御許様御免四ツ壱分承候間・・」
「免六ツニ而御取立候様申来候・・」

という記載が見られます。

実質の免定が四割一分であるのに、安養寺出作に対しては免六割で課税していたように読み取れます。

取調の中で、安養寺村側から、

「出作人申口御免定決算帳拝見不仕候ては御年貢御納難申候」

と言わせた原因がこんな所にもあったようです。

年貢を納めない方が悪いのか、高い率の年貢を要求した方が悪いのか、時代背景が分かりませんので、断言は差し控えますが、それぞれに言い分があったのだと思います。

安養寺村出作から見れば、同じ免率で課税してほしいと思うのは当然の要求であったと思います。

一方、冨田村から見れば、高い免率でも、納得して土地を借りているのだから、免率が高くても仕方がない。嫌なら冨田村が耕作するまでだ。そうなれば、安養寺村出作人が困るだけだと開き直れます。

結果的には、土地を取り上げられるのを嫌った出作側が折れざるを得なかったようです。

しかし、水害が多発し、年貢納入もままならない・・・。

出作人にとっては、「前門の虎、後門の狼」という状況であったのだと思われます。

※3

明治二年の史料《農業六》には、

一惣納高五拾壱俵ト
壱斗三升三合九勺六才
又八俵　御用捨之分引
又五俵　貸米之分引
残而三拾八俵壱斗三升三合九勺六才
此内
弐拾壱俵ト三斗九升三合弐才
右拾壱人ニ而納り之分
尚残拾六俵ト壱斗六升九勺四才
右三人ニ而不納之分

歴史は繰り返すもののようです。

冨田村の芸能・娯楽

第２３２号
2003.07.10

　戦後のある時期(三〇年代前半頃?)まで、冨田村でも青年団を中心にした村芝居が興行されていたと聞いています。

　その芝居のことを知っている人も段々と少なくなってきました。

　断片的にしか情報を得ることは出来ないのですが、知り得たことだけでも箇条書き的に紹介したいと思います。


「蛇の幕」

　村芝居の舞台の幕で、袖幕が二対、引き幕(緞帳)、引き幕の上の垂れ幕(一文字幕)などがセットで残されています。引き幕には「若連中」と刺繍され、龍の図柄になっています。

　現在は祭器庫に保管されており、少し前までは八月の燈明祭の折に、「蛇の幕の虫干し」と言って境内に広げたものでしたが、最近では、六・七年前の虫干しが最後だったと思います。

　いつの頃に作られたものかは分かりませんが、大切に保存しておきたいものです。

「小屋掛け」
　村芝居の舞台は、某氏からは現在の小宮さんの前に小屋掛けしたと聞いています。別の某氏からは源慶寺の裏であったとも聞きました。
　時によって場所が変更されたのかもしれませんが、八幡神社境内であったことは確かなようです。

「芝居の練習」

　青年団中心の芝居の練習場所は、聞く人の年代によっても、多少異なります。

　ある年代の人からは、億左衛門(現在は屋敷はありません)の家で練習したと聞いたことがあります。

　また、別の年代の人からは、八幡神社社務所(旧会議所)で練習したとも聞いています。

　その時その時で、場所を提供してくれる家や社務所等、時期に応じた場所で練習したものと思われます

「村芝居の最後」
　最後の公演がいつだったかは、はっきりしませんが、神社境内で映画会が開催されるようになり、映画会に押され、また、青年団の消滅によって、村芝居の伝統芸能も姿を消していったようです。
　私が小学生の頃は、神社での映画会と共に、小学校の体育館でも有料の映画会が開かれていたことを記憶しています。
　おそらく、昭和三〇年代始め頃が最後の村芝居公演ではなかったかと思われます。

「興行芝居」

　村芝居と並行して、芝居の興行も行われたと聞いています。

　冨田村の某氏が興行元となって、現在の字天神(旧老人憩の家西側付近)に小屋掛けをしたと言いますが、詳しいことは聞けていません。

　現在でも年輩の方はご存じだと思います。よければまた教えて下さい。どこかで紹介したいと思います。

　冨田村での興行については、私の記憶にはありませんが、難波橋付近の河原で打たれた興行芝居に連れて行ってもらった記憶が微かにあります。恐らく興行芝居だったのだと思います。

　しかし、これらの興行も、興行芝居から興行映画会へと移行していったようです。


「興行映画」

　八幡神社拝殿の前にスクリーンが張られ、映画会があったのをかすかに記憶しています。

　映画の内容までは覚えていませんが、時代劇だったと思いますが、クライマックスの場面では盛大な拍手が起こったことを覚えています。

　また、幼い頃、小学校の体育館で映画会の場所取り(座布団を持っていく)をしたことは、よく覚えています。映画のある日は、放課後から体育館に行き、映写技師の方と話したり、遊んだりしていました。
　有料だったので、せっかく場所取りをしていたのに、連れて行ってもらえない時もあり、寂しい思いをしたこともありますが、今となっては懐かしい思い出のひとつです。

「句会」

　私が幼かった頃、昭和三〇年代の頃だと思いますが、冨田村では盛んに句会が開かれていました。

　小学生であった私は、祖父と一緒に何度も参加したことを覚えています。

　小学生の私にとって、俳句・短歌・情歌・冠句などのことは何も分かる筈はありません。祖父が私を連れて行ったのは、景品配りを手伝わせるためであったのです。

　句会では、順次各部門別に作品が披露されます。作品の句が読み上げられると、手を挙げたり、手を叩いたりして自分の句であることを表明します。

　自分の句が五〇句内とか、二〇句内などに入ると、段階に応じて景品が出ました。その景品を配るのが私の役割でした。景品はマッチ箱など、些細なものであったと記憶しています。

　一〇句内に入れば上出来です。まして、天・地・人などの三句内に入れば有頂天です。

　そして、最優秀である「天」を取った句の作者にその部門の「巻」(まき)が与えられました。「巻」には、その部門の全句が載せられていました。

　参加者にとっては、「巻」を取ることが目標となり、「巻」を集めることが励みになったのです。

　私の小さい頃でしたので記憶ははっきりしませんが、句会には老弱合わせて二〇人ほどは集まっておられたと思います。

　その句会がいつ頃中止されてしまっ

たのかは、全く覚えがありません。
ただ、祖父の部屋にはその「巻」が何冊もあったことははっきりと記憶しています。

「冨田村での雅楽」

源慶寺には雅楽で用いられる太鼓が残されています。

伝えられるところでは、村芝居と同様に、笙(しょう)・篳篥(しちりき)・竜笛(りゅうてき)・太鼓(たいこ)・鉦鼓(しょうこ)・鞨鼓(かっこ)などで奏でられる雅楽の稽古が有志で行われており、八幡神社の神事等の際は、その雅楽が奏でられたと聞いています。

現在、四大祭や月例祭などでは、神官が録音されたカセットテープを使用しますが、当時は村人の手で雅楽の演奏があったといいます。

始まった時期、消滅した時期など、詳しいことは聞き取りが出来ていませんが、戦時中に中断され、消滅してしまったように聞いています。

笙・篳篥などは今はなく、残されているのは、源慶寺に保管されている釣太鼓という太鼓だけのようです。

また、冨田村と竹生島の関係から、竹生島での祭典でも演奏したのかとも考えていましたが、それはなかったということでした。

いわば、村人の単なる楽しみの域を出なかったようですが、高尚な娯楽でもあったようです。

村芝居や興行芝居・雅楽などは、戦後生まれの私にとっても殆ど記憶がありません。

あるのは興行映画会や句会くらいです。

五〇才を越える年になった私でもこの程度です。もっと若い人、いわんや今の子供にとっては、すべてが知らない世界ではないでしょうか。

時代と共に世の中は変化していきます。あの時代の冨田村ではこんなこともあったのだと記録しておくのも必要ではないかと思います。

まだまだ記録しておくことはいっぱいあると思います。

いつ頃、こんなことがあったなど情報があれば教えて下さい。

またの機会に紹介していきたいと思っています。

どんどん情報をお待ちしています。

未来を担う子供達のためにも、宜しく御願いします。

《参考》
古老からの聞き取りなどより編集

昭和二十一年頃青年団演劇

(川崎正一氏提供)

袖幕(二〇〇三年 筆者撮影)

引き幕(緞帳)

冨田村の戦争犠牲者

第２３３号
2003.07.24

最後の戦争が終わって、五十八年が経ちました。

　戦後の日本の復興はめざましく、生活も豊かになりました。

　また、戦後の日本国憲法で戦争放棄を宣言して以来、私達の生活は平和そのものです。五十何年前に戦争があったとは思えないような生活をしています。

　戦争を経験された人々や、出征経験をもつ人々が年老い、亡くなられていく中、戦争を知らない世代が殆どとなり、戦争の悲惨さを語り継ぐこともなくなってきました。

　しかし、世界各地では、いまだに戦争の渦にに巻き込まれている国々があります。

　戦争の記憶が風化しないうちに、その記録を残すとともに、平和を求める心を育てていきたいと思います。

　冨田村でも、毎年二月の最終日曜日に、戦没者追悼法要が営まれてきました。しかし、数年前から五十回忌も終わったのだからということで、「平和を願う法要」と名を替えて法要が続けられています。

　もうすぐ五十八回目の終戦記念日がやってきます。

　これを機会に、冨田村の戦没者を紹介することで、追悼の意を表すとともに、平和を希求する決意にしたいと思います。


戦没者追悼法要の法名軸には、次の二十一柱が書かれています。

◆明治三十七年八月二十二日
道全院釈忠義（堀太久弥）
◆明治三十七年十一月三十日
道振院釈勇哲（阿部与惣松）
◆昭和十二年十月十一日
僉然院釈正導（前田太重）
◆昭和十七年十二月三十日
尚義院釈竪正（藤木岩男）
◆昭和十九年七月一日
超絶院釈常寂（西嶋武士）
◆昭和十九年七月十四日
一乗院釈喜光（上野喜一）
◆昭和十九年七月十五日
令衆院釈徳就（上野徳男）（遺族区居住なし）
◆昭和十九年十月二十九日
寶珠院釈慈光（上野五朗）
◆昭和十九年十一月六日
住定院釈至度（川崎武彦）
◆昭和十九年十一月六日
遵徳院釈休修（阿部修）
◆昭和十九年十二月八日
精修院釈教奉（上野五雄）
◆昭和二十年一月二十三日
廣開院釈光圭（上野佐門）
◆昭和二十年一月二十八日
大般院釈純浄（阿部吉衛）
◆昭和二十年二月三日
浄光院釈水月（上野原水）
◆昭和二十年三月二十一日
寶林院釈光義（溝口光儀）（遺族区居住なし）
◆昭和二十年四月三十日
常勤院釈心受（阿部宗雄）
◆昭和二十年七月三日
義了院釈勇哲（堂村藤隆）（遺族区居住なし）
◆昭和二十年八月二十三日
向縁院釈起信（阿部惣一郎）
◆昭和二十一年十一月十九日
寶林院釈昇道（上野昇）
◆昭和二十二年六月十三日
功岳正勲信士（森岡正雄）
◆昭和二十年十一月一日
寶池院釈光遠（上野豊蔵）

　明治三十七年（一九〇四）、二月に対露宣戦布告、五月には遼東半島上陸開始、八月には黄海海戦、十一月より旅順総攻撃、明治三十八年一月旅順開城・・・と続く、日露戦争の犠牲者が二柱あります。

　昭和十二年七月七日、盧溝橋事件が勃発し日中戦争に突入します。この日中戦争での犠牲者が一柱。

　同年十二月十三日に南京占領となります。このとき南京大虐殺があったといわれています。

　更に、昭和十六年（一九四一）十二月八日、ハワイ真珠湾を奇襲し、太平洋戦争に突入することになりました。

　開戦直後は快進撃を続けたものの、昭和十八年二月にはガダルカナル島撤退開始、五月アッツ島玉砕、十二月学徒出陣、昭和十九年七月サイパン島玉砕、米軍がグアム・レイテ島上陸・・・と敗戦色が濃厚となり、昭和二十年三月東京大空襲、四月には米軍が沖縄に上陸し、六月二十三日沖縄陥落、八月六日広島に原爆投下、九日長崎に原爆投下、八日ソ連対日宣戦・満州侵入、十四日ポツダム宣言受託、十五日終戦の詔勅・・・と終戦に向かいます。

　終戦を迎えたものの、ある人はソ連に抑留され、ある人は銃弾の傷に苦しみ、ある人は戦場での病に倒れ・・・、本土に帰還するなく亡くなられた方も多かったと聞いています。

　期間も長く、国土を焦土化させた太平洋戦争は犠牲者も多く、十八柱となります。

っています。また、生還された戦争経験者も沢山ありました。

かってない未曾有の戦争のため、尊い命を落とされた方々がいるのだということを改めて認識したいものです。

また、二十一柱の内、三柱の遺族は冨田村には居住しておられません。ある者は都会へ出、ある者は家が絶えたり：：、そんな例が日本国中にいっぱいあったのではないでしょうか。

私の子供の頃、父から戦争の話をよく聞かされました。

機関銃をどう操作すれば焼けずに長く撃ち続けられるか、××作戦ではどうしたとか、××(地名)ではこんなことがあったとか、敗戦時の武装解除では日本刀を束にして残してきたとか、復員で広島の街を見たときのこと：：などなど、いろんなことを聞いた覚えがあります。

話に出てくる中国の地名は覚えがありませんが、子供こころにも悲惨さを感じたことは覚えています。


いま、世界の何処かで内戦があり、また、第三次世界大戦の勃発を誘発しそうな危機を孕んでいる国々があります。

そうした中で、戦争の記憶を風化させることなく、次の世代に伝えるためにも、敢えて戦没者名をこの紙上に書きました。

遺族の方の御理解を御願いします。

物資供出の名残？

十年程前、数人で、何かの用事で八幡神社の祭器庫の掃除・整理をしていたとき、高さが五・六十cmほどの梵鐘が出てきました。

その梵鐘には「源慶寺」と墨書されていましたが、誰も何故こんな所に保管されているのか、いつ頃からあるのかも知らず、そのままにしておいた覚えがあります。

そのとき、戦時中の金属供出の際に隠したんではないか、一旦供出したが返却されたんではないか：：などと話していたことを思い出しました。

戦後世代の人には詳しいことを知っている者もなく、その場では委細は分かりませんでした。もしかすれば戦時中の供出に関わっていたのかもしれませんし、そうでなかったのかもしれません。

ただ、最近、八幡神社の祭器庫に入る機会がありましたが、それらしきものはありませんでした。何処かに片付けられたのか、元の位置に戻ったのかもしれません。

《参考》
富田区戦没者追悼法要の法名軸
(冨田区保管)

※1

《未整理一六五一》

烟火(※花火)打揚願
東浅井郡竹生村大字富田
第何番屋敷
願人　~~阿部S太郎~~
西嶋K代治

一　四寸　五発
一　三寸五分　六発
合計拾壱発

右ハ今回、上野G太郎君徴兵入営之祝炮トシテ、烟火製造人竹生村上八木岩崎美続ヨリ買入仕、大字富田字小寺ニ於テ、来ル十一月廿九日午后壱時、打揚致度候間、何卒御許可相成度、依テ、烟火製造人并ニ該地主・隣地主等、以連署、此段奉願候也。
年月日
右　~~阿部S太郎~~
西嶋K代治

~~中中買~~購買願
一　火薬弐百目
但し、烟火拾壱発打揚方
右ハ来ル十一月廿九日、烟火打揚ニ付買入仕度、何卒御許可相成度、此段奉願候也。
：：(後略)

右の文書は下書きで、記年はありませんが、文書にある三名の生年月日を調べると、
S太郎　明治十年十一月生
K代治　明治十年十二月生
G太郎　明治十年四月生
となっています。
徴兵令は明治六年(一八七三)公布され、明治一六年(一八八三)に改正されます。
当時は、戸主は徴兵がありませんでしたから、徴兵を避けるために、絶家再興届を提出することで、戸主となり、徴兵を避けるようなこともあったと聞いていました。
しかし、右の文書は、同級生の徴兵入営を祝して花火を揚げたいと願い出ています。文面から悲壮感を感じないのは私だけでしょうか。
打上げは午後一時とありますから、神社等での、村主催の出征式の開始に合わせて打ち上げたのかもしれません。
また、現代では同級生・同年の繋がりが徐々に薄れつつありますが、当時は強い繋がりがあったことが窺われ、同年の入営を本当に祝そうとしているように思われます。
生年月日を考慮すれば、明治三〇年か、三一年のものでないかと考えます。そして、おそらく入営出発日が一一月二九日であったのではないかと思われます。
日清戦争は明治二七年に、日露戦争は明治三七年に始まりました。
日清戦争は日本の勝利で終結したものの、三国干渉等の抵抗もあり、国民は臥薪嘗胆を唱えていた時代ですから、徴兵入営にも意気揚々とした気概があったのかもしれません。
またその後、上野G太郎が日露戦争に招集を受けたかどうかは判明しません。

明治六年から昭和二〇年の約七〇年間、日本には徴兵制があり、男子は徴兵検査を受けるなど、成人を迎える試金石がありました。

しかし、昭和に入ると、戦火の拡大・泥沼化など長期化し、徴兵招集を意味する「赤紙」は恐れられたのです。

冨田村のお地蔵さん

第２３４号
2003.08.10

もうすぐ二十三日の地蔵盆がやってきます。

子供のお祭りとして、子供時代には楽しみな時期でした。お地蔵さんのお供えがもらえたり、夜は花火線香で遊んだものでした。また、翌二十四日は八幡神社の燈明祭で、二日連続で花火に興じることができました。

ご存じのように、冨田村で祀られているお地蔵さんは何カ所もあり、下の地図の▲印をつけた所です。

何か気が付きませんか。偶然なのか意味があってのことなのか、冨田の村中を流れる冨田川の曲がる所、分岐点に存在しています。

私の宅地隅にも三体のお地蔵さんが祀られています。このお地蔵さんについて聞いていることは、父の時代に、川から上がられた(掘り出された)のだということで、それを有志でお祀りするようになったのが始まりだというのです。

また、このお地蔵さんが位置する場所は、村中を流れてきた冨田川が、村から出ていく地点に当たります。

村中を流れることで穢れた水を、この村の最後の所で清め、清めた水を次の村へ送ったのだ、という言い伝えが残されています。

その穢れた水を清める方法として、川にお地蔵さん等を沈め、お地蔵さん等の上に水を流すことで清めたのだと言います。

そのために沈められた一部が、私の家に祀られているお地蔵さんだと聞かされてきました。

同様に、冨田の東の入口にあるお地蔵さんも川から上がったものだと聞いたことがあります。しかも、冨田川が流れ込む最初の場所になります。ここで村に入ってくる水を清め直した後、村内へ流したのだと言います。

少し前までは、この付近で神事の餅米を洗ったと言います。

村内のお地蔵さんが位置する場所をもう一度見直すとき、その位置の殆どが冨田川の流れの途中にあり、分岐点にあります。

西端と東端のお地蔵さんは、川から上がったものだと聞いていますが、他のお地蔵さんは分かりません。

しかし、前述の意味合いで考えるとその位置の妥当性が理解できるように思うのは私だけでしょうか。

村内の分岐点や角々で、水を清め、次の流れへ引き継いでいく・・・、そんな信仰があったと思われてならないのです。

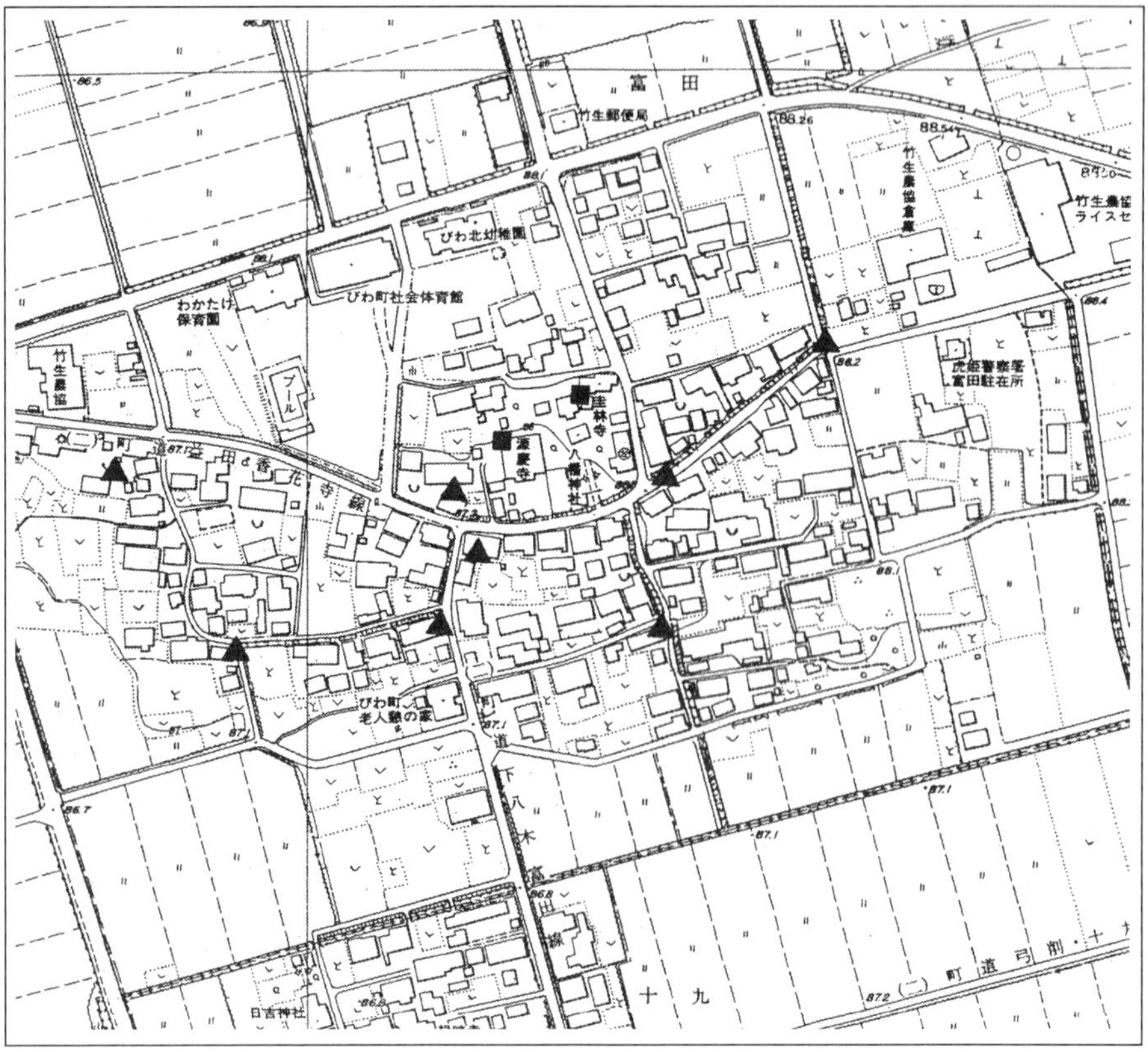

これは、お地蔵さんに限りません。お地蔵さんの御堂の付近には五輪塔の一部（火輪(笠)・水輪(球部)が多い）が置かれています。これらの五輪塔も同様な意味合いを持っていたのではないでしょうか。

本来の五輪塔は、墓石であったり、供養塔であった筈なのですが、それが流用されたのではないかと思っています。

また、源慶寺裏手の石仏群の中には一石に二体の石像が刻まれているものが幾つも残されています。これは信州安曇野でよく見られる道祖神(塞の神)と同じではないかとも思われます。

「塞の神(道祖神)」とは、悪霊の侵入を防ぐため、道の辻や境などに祭られる境の神で、塞の神のサエは境をさえぎる意味で、塞の神・道祖神・道陸神などと呼ばれ、信仰は全国に及び、自然石・石像・文字碑・陰陽石など、様々な形態をとったといいます。

（「日本史広辞典」より）

上では、お地蔵さんは川の水を清める役割を果たしたと言いましたが、別の見方をすれば、村中のお地蔵様は塞の神(道祖神)としての役割を担っていたと考えてもいいように思います。

一般に、中世以後の地蔵信仰とは、幽冥の境で道案内をつとめるものとして、辻々に立てられて道祖神の性格を強め、なかんずく、子供の難を救うとされ、子安地蔵などを発展させた。近世に入ると民衆のあらゆる希求と結びつき、多様な地蔵が出来るなど、各地で定着したといいます。

（「日本史用語辞典」より）

世間では、この「塞の神(道祖神)」説が理解されているのではないでしょうか。

しかし、私は水を清める役割……云々の言い伝えも捨てがたく思っています。

それは、水を大切にする、自分が汚すことへの責任、汚さない努力……という、昔の人の信仰に近い連帯感を感じるからなのです。

現在は川筋の半分が暗渠になったからかもしれませんが、見えないと思ってか、いろんな物が流されています。タバコの吸い殻をポイ、空き缶もポイ……、何でこんなものがと思われるものまで流れてきます。

その意味でも、昔の人の考え方は素晴らしいと思うのです。

一昔前までは、糞尿を運んだタゴケ(田桶)など不浄なものを洗うときは、必ず川下までいったものです。

そのような習慣が復活する時代を、お地蔵様は待っているのかもしれません。

お地蔵さんの御堂付近や、源慶寺の裏手には多数の五輪塔の一部や石仏類が、圭林寺の軒先には石塔の一部が、小宮社殿付近には宝篋印塔の笠部などが残されています。

いずれも、何時の頃かは分かりませんが、供養のために祈りを込めて作られたものです。

今では忘れ去れてはいますが、粗末にすることなく、往時の村人の気持ちを伝えていきたいものです。

《参考》
「日本史広辞典」(山川出版社)
「日本史用語辞典」(柏書房)

【いっぷく】　《未整理四一八》

以手帋啓上仕候。時分柄追々秋冷之砌ニ御座候。其御地、御健勝ニ奉存候。然は二日両度、花火出来候間、十九村酒屋子供衆御同道ニて、泊りかけニて御入来可被下候。先は御案内之旁々如此御座候。早々頓首

九月廿日　曽根村
太郎兵衛

とんだ
小崎多兵衛様

〆
とんだ村
川崎太兵衛様
書用
九月廿日　曽根村
中川太郎兵衛

一〇月(旧暦)二日に花火が開催されるから、十九村酒屋の子供達を連れて、泊まり掛けでお出でになりませんか、という誘いの手紙です。

文書の時期は不明ですが、幕末か、明治初年の頃と判断しています。

現在では花火の時期は夏であり、一般には、一〇月と言えば花火の時期ではありませんが、もしかすれば、当時には一〇月の花火ということも珍しくなかったのかなあと、多少びっくりしましたので、ちょっと紹介してみました。

また、敢えて名前をイニシアルにしなかったのは、本文と宛名で漢字が違う、苗字すら間違えているということも紹介したかったのです。

原則的に、音(オン)さえあっていれば、文字には拘らなかった様子が感じられます。

【いっぷく】2　《未整理六四》

一書令啓上候。其後者、不得御意、御物遠ニ奉存候。先以御無事ニ御座被成候段、珍重ニ奉存候。然者、為御祝儀、産着木綿一端并口袋之内、被懸御意被思召寄、忝奉存候。御母儀様へ可然様ニ、御心得被成可被下候。万々面上之砌御礼可申上候。恐惶謹言

十一月五日　(花押)

(追伸)
尚々遠路おほしめしより忝奉存候。如何様与風以愈御礼可申上候。御母儀内へも御心得奉頼上候。

(端裏書)　三川村　饗場玄橋

祝儀として産着木綿一反等を贈られたことに対する礼状ですが、本文にも追伸にも「御母儀様(お母様)」に呉々も宜しくと書かれていることから、嫁いだ娘が出産すると、実家の母親から産着等を贈る習慣があったのだと想像できるのではないでしょうか。

勿論、右の文書の時代も不明です(但し、字体等々から江戸中期以前と思われます)。また、実家に向けての礼状かどうかも不明です。

しかし、つい最近まで、実家から産着等を贈る慣習がありましたから、それらの風習が既に定着していたのかもしれません。

全ての百姓が実行できたとは必ずしも言えないかもしれませんが、このような、現在にまで連なる習慣・風俗は江戸期の初め(一七世紀中頃)から徐々に定着していったのだといわれています。

冨田村と竹生嶋（再）

第２３５号
2003.08.24

今年は七月の後半に二度も竹生島に行く機会がありました。

今回の竹生島は「冨田邑」と刻んだ灯籠(向かって右)の写真を撮ることが一つの目的でした。(左写真)

この灯籠の裏側には
「天保四癸巳年 中秋摩訶吉旦」
と刻んであります。
(天保四年(一八三三))

一方、左側の灯籠には「下八木邑」
「嘉永三年庚戌年 初夏□□□」
とあります。
(嘉永三年(一八五〇))
(□は風化で読めない)

ところが、それ以外にも収穫がありました。

某氏より「石段に寄進者の名前が刻んでる」との助言をいただき、宝厳寺までの一六五段、宝厳寺から宝物館までの石段上下、三十三所観音奉拝所から観音堂までの石段をゆっくり見て回りました。

風化のため読めなくなっていたり、苔むして読めなかったり、当初から刻字がなかったり・・・。

そんな中で、「冨田～」と刻んだ石段を幾つか見つけました。

弁天堂(宝厳寺本堂)に向かう石段に一個、本堂から宝物館に上がる石段に一個、観音奉拝所から観音堂に至る石段に二個、「冨田～」「冨田村～」と刻んだものがありました。

観音堂に至る石段には「冨田村あへ(阿部)～」と読みとれます。名前の部分も読めたつもりでしたが、帰って写真を見るとはっきりしません。間違いがあるかも知れませんので公表は差し控えます。

宝物館・三重塔へ上がる石段には、北冨田上野氏の名が刻まれています。

本殿に向かう石段の「冨田～」は、冨田村誰々なのか、名字が冨田なのかはっきりしません。

二〇〇段以上もある中での四個ですから、どうってことないのかもしれませんが、少なくとも何人かの冨田村の村人が寄進に応じていることだけは確かです。

大津とか長浜などと刻まれているものも多く、竹生嶋と冨田村を結びつける証明にはなりませんが、近くの村々では早崎村と刻んだものが多かったように思います。

早崎村と竹生嶋は、領民と領主の関係になり、縁も深かったと思います。

また、下八木村とあるのも見たように思います。

冨田村・下八木村　絵馬の奉納

今回のもう一つの収穫は、嘉永四年(一八五一)秋、冨田村と下八木村とで竹生嶋へ絵馬を奉納しているということを思い出したことです。

幕末の頃、下八木村出身の有名な画家に八木奇峰(一八〇四～七七)という人がいました。

竹生嶋にある「平経正像絵馬」が八木奇峰の作だとは知っていましたが、その絵馬の奉納者が冨田村・下八木村であることは忘れていました。

なぜ、冨田村と下八木村の奉納なのか・・・、なぜ、平経正像の絵馬なのか・・・、なぜ、嘉永四年なのか(前年下八木村灯籠寄進)・・・。

なぜ、・・・、何故、冨田村と下八木村が竹生嶋に奉仕を続けるのか・・・、そのことを、以前からこの「冨田今昔物語」に書いてきました。

少なくとも、今までに八号・四〇号・一一八号～一一九号・一二一号・一四六号～一四七号・一五四号～一六〇号・・・等々で、冨田村と竹生嶋との関係などを書いてきました。

しかし、書いている私自身も、この「なぜ」の答が未だにはっきりとは見えてこないのです。

古老からはいろんな事を聞きます。

しかし、核心ははっきりしません。

四月祭(嶋の祭)の起源や性格もいまだに分かっていません。

しかし、古文書では冨田村が竹生嶋に深く関わっていることが多々書かれています。

次の資料では、山形藩の御入用金納入に関して、冨田村が竹生嶋に口入れして、金五十両を借用しています。

****

「平経正像」絵馬（八木奇峰）
嘉永四年辛亥晩秋 ←
冨田村下八木村 恭掲 ←

《貸借四四》

借用金子の事
一合金五拾両也　元金
　　　　　　　　但利足月八朱
右は
今般従　御殿様御入用調達金之
儀被仰候ニ付、其御村ニ而金子
御口入被成下候。慥ニ借用申候
處実正也…(後略)…

弘化四年丁未十二月
　　　浅井郡八木濱村
　　　　　庄屋他七人押印
　　　同郡下八木村
　　　　　庄屋他六人押印
　　　同郡大安寺村
　　　　　庄屋他四人押印
　　　同郡月ヶ瀬村
　　　　　庄屋他六人押印
　　　同郡大寺村
　　　　　庄屋他四人押印
　　　同郡三川村
　　　　　庄屋他四人押印
　　　同郡醍醐村
　　　　　庄屋他四人押印
　　　同郡岡谷村
　　　　　庄屋他四人押印
同郡冨田村
　御役人衆中

なぜ、冨田村が竹生嶋に対して口入れ可能だったのか。

それは往古から冨田村と竹生嶋との深い関係があったからなのだが…。

ある人は、冨田村・下八木村の土豪の存在を指摘されています。

私には分かろう筈はなく「冨田村は昔から竹生嶋の門徒(信徒)総代を勤めてたんや…」と言う事にしています。ただし、本当かどうかは…?です。

八木奇峰(一八〇四〜七七)は下八木村の百姓善左衛門家に生まれ長浜町の狩野派絵師山縣岐鳳に師事し、後に京都で高名であった四条派の松村景文に師事しました。

奇峰は厳しい指導のもと修業を続け、文芸趣味豊かな景文の画技を修得し、その高弟として名を上げたといわれています。

奇峰は師と同様に花鳥画を描くに優れていたといい、その作品も多く残されています。

安政二年(一八五五)の内裏再建に際しては、花御殿や常御殿の襖絵を描き、桂宮御所に描いた絵は二条城本丸御殿に現在も残されています。

また、奇峰の作品は竹生嶋には蓮鷺図や平経正像絵馬が伝えられているほか、近隣地域でも個人蔵として多くの作品が伝えられています。

《参考》
「竹生島宝厳寺」長浜城歴史博物館
川崎文書(滋賀大学史料館)

※1
冨田村・下八木村から竹生島へ奉納した絵馬(平経正像)の作者は八木奇峰だと紹介しましたが、その製作代金の領収書が見つかりました。
《未整理八七六》

記
一金拾両也
右ハ竹生島へ御奉納御繪馬入用料
慥ニ(たしかに)御預り申置候。
　　　　　　　　　　以上
戌七月　　　　八木
　　　　　　　　奇峰[朱印]
冨田村
　川崎T兵衛様
(※嘉永三年(一八五〇)と推定)

右の文書より、奉納の前年七月に依頼し、画料として一〇両を支払っています。

但し、これは画材料代金だけなのか、製作代金(報酬)も含まれていたのか、これは冨田村分だけで、下八木村分は別なのか、含まれているのか、詳しくは分かりませんが、少なくとも一〇両という金子を支払っていることは確認出来ました。

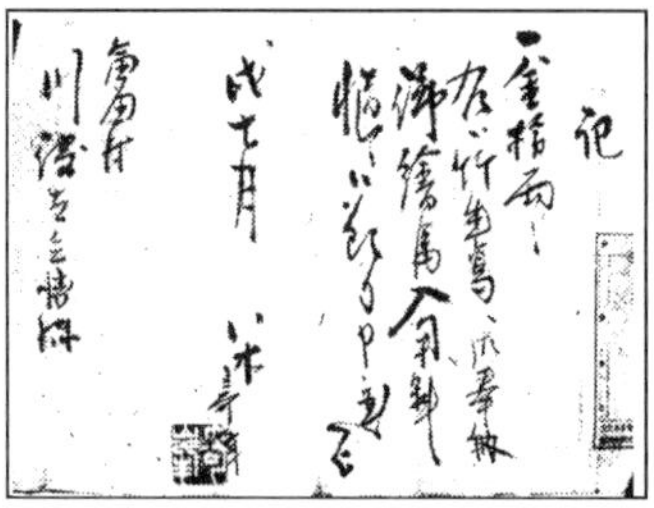

《交通二》

(表紙)
　嘉永二酉年
京都登り雑用　扣
　二月二日より十五日帰村

(本文　前略)
…
一三歩　　　　　　　木村
一壱歩弐朱　　　　　浅賀
一壱両　　　　　　　奇峯
〆内五両壱歩　　　　T兵衛　出
　壱両壱歩弐朱　　　M左衛門　出
一壱歩弐朱　　　　　笹傳二而
　　　　　　　　　　月定院様
　　　　　　　　　　尊住院様
　　　　　　　　　　宿料拂
　此分T兵衛　出
…
(後略)
　　　　(※嘉永二年(一八四九))

また、右の文書から、奉納絵馬について、事前の交渉・接待等があったのではないかと思われます。

奇峰以下数名の人物(絵師か?)や月定院・妙覚院・川道尊住院、冨田村役人、下八木村役人等々が京都に登り、その費用を冨田村と下八木村が支払っています。

しかも、四・九・一〇・一一月と、数度に亘り上京していますし、八月には鮒寿司二桶を京都に届けています。また、その間に竹生島へ渡ったり、翌年三月には早崎村への御礼、竹生島へ御神酒を渡しています。

推測の域を出ないのですが、絵馬奉納については、数度の交渉や打ち合わせ等々が事前にもたれたことを示す史料だと考えています。

百姓より年貢の納め方

第２３６号
2003.09.10

次の文書は、文久三年(一八六三)の「亥年御年貢納帳」の一部です。

一．弐俵　S介入　G左衛門
一．五俵　C右衛門
一．弐俵　Y兵衛入　NG平
一．弐俵　S兵衛
一．四俵　*T左衛門
一．弐俵　*T左衛門入　I右衛門
一．七俵　T兵衛
一．四俵　NG平
一．三俵　+O左衛門
一．四俵　T右衛門入　+O左衛門
……《中略》……
十一月五日分
〆六拾五俵
一．九俵　U兵衛
……《中略》……

《租税八五》

二口〆八拾壱俵

上の文書は、各百姓が年貢を郷蔵に納めたときの記録だと思われます。

年貢の納入については、決まった日に、一度に郷蔵へ運び込んだと思っていましたが、上のように少しずつ運び入れた様子が伺えます。上の「亥年御年貢納帳」では、

十一月五日　八十一俵入
十一月二十日　三十二俵入
内　二俵　神田分
一俵　西郷へ入ル
残り二十九俵　津出シ
内　二俵　北ノ分

とあり、十一月五日・二十日の二回に分けて納入されたようです。

また、二十日は郷蔵に入れるのではなく、直接津出し(船により運搬)しています。

上の記録に、「○俵　△兵衛」とありますが、中には「□兵衛入」という書き込みがあります。

これは、但し書きのないものは、その人が自分の分を納入し、但し書きがあるものは、その人の名義で、但し書きの人(つまり小作者)が代納したものと思われます。

上では、※T左衛門は自分の耕作分四俵とI右衛門名義の分二俵の計六俵を納入しています。

また、+O左衛門は自分の耕作分三俵を納入する一方、+O左衛門名義でT右衛門に四俵を納入させています。

今まで読んできた史料の中では、小作関係の記事がまったくありませんでした。しかし、上の文書で多少とも分かってくるような気がします。

田圃の所在はは分かりませんが、誰の田圃を誰が小作していたのか、その畝歩はどれくらいかが、見えてくるのではないかと思います。

この年の米納(次号詳細紹介)は、

米納〆米二百三石八斗七升二合
※　五百九俵余(筆者計算)

で、各村の分担は、「文久三年皆済諸事控」より、

一．米八拾壱俵　西出
一．〃八拾俵　東出
一．〃四拾四俵　東出
一．〃弐拾九俵　西出
一．〃弐俵　北ノ分
一．〃四十三俵　北より西出
一．〃五十三俵　〃東出
一．〃四拾二俵　北出
一．〃四十三俵　安出作
一．〃七十壱俵　早出
一．〃三俵　増出西分
〆四百九十六俵
……《後略》……

《租税九〇》

(※　安(安養寺)・早(早崎)・増(増田))

となっています。

計算が合いません(合計で五俵・年貢高に十三俵不足)し、安養寺村の出作や早崎村からの小作が多いことも分かります。

また逆に、西村と東村の負担が少なくなっているように思います。

三分一銀納については触れませんでしたが、どうも出作や小作は米納を中心に、本百姓は銀納中心に割賦していたのではないかと思われます。

何故なら、銀納高は

……《前略》……
一．金八十五両　東出
一．金七十三両一歩　西出
一．金十五両　北出
〆金百七十三両壱歩
内　百三十両　落合納
又　四十二両　持参
又　五両　〃
……《後略》……

《租税九〇》

とあって、これまた計算が合いませんが、安養寺出作や早崎村の小作関係の

文字は出てきません。

西東北村の各百姓からのみ納入したのではないかと思われます。

何故なら、別の史料に、「文久三年三分一小前帳」があり、

《租税八九》

……《前略》……
一三百八拾四匁五分六厘　　Ｉ右衛門
　四百六拾弐匁　　七両
差引 百壱拾三匁四分五厘　過
……《中略》……
一百拾匁九分九厘　　Ｔ郎太夫
　百三拾匁　　弐両
差引 廿壱匁壱厘　過
……《後略》……

などのように、冨田村々人（西村のみ）の賦課割合・支払金額（銀への換算）・差引が延々と記載されています。

勿論、西村の帳簿ですから当たり前ですが、西村三十三人（内一名十九村）の賦課割当銀の合計は五貫二十匁五分（筆者計算）となり、一両六十六匁で計算すると約七十六両になります。
と言うことは、西村の三分一銀納が金七十三両一歩ですから、西村々人以外から集める必要はなくなります。

どう転んでも年貢は納めなければならないのだから、米納であろうが、銀納であろうが、同じ事。

当時の知恵であったのか、習慣だったのか、安養寺や早崎は津出しに便利だったからなのか、それは分かりませんが、米納は出作地や小作地で出来る限りまかない、銀納は地元でまかなったように読み取れます。

今までは村全体の年貢高ばかりに注目し、免率の動きにのみ目を奪われていたように思います。

実際は、御百姓が米を作り、刈り取り、脱穀し、米俵を作り、年貢として納入する。当たり前の事だが、それをどのようにしていたのか、どこでも教わりませんでした。

でも、私達の祖先がどんな生活をしていたのか、年貢はどのように納めていたのか、どんな思いを込めて納めたのか……、そんなことを知ることも必要なのではないでしょうか。

年貢五百俵の米俵に込められた村人の思いはいかばかりだったか……。学校や本では学べないことを、もっともっと発掘したいと思います。

《参考》
川崎文書（滋賀大学史料館）

※1
次の文書の年代は不明ですが、「貝屋伊兵衛」とあることから、幕末頃のものと思われます。

《未整理一一一八》
一筆啓上仕候。甚寒之砌ニ御座候間
…（中略）…
然者、御納米百六拾壱俵、十九村拾五俵入舟仕候間、直ニ請取申候。扨御其元様御村納米、大水ぬれ六俵、中ぬれ拾俵斗御座候間、早々ニ賣拂仕候間、左様□□□申候。尤、直段之義、精々□儀□申候間、此段鳥渡申上候。
…（中略）…
先者右之趣申上度、如此ニ御座候。以上
十一月十四日　　貝屋
**　　　　　　　　伊兵衛**
庄屋Ｔ兵衛様

（※直段（ねだん）・鳥渡（ちょっと））


達筆すぎて解読できない文字が多々あって、紹介する史料には不適なのかもしれませんが、その内容の大意は掴めますので、敢えて取り上げました。

冨田村の年貢米一六一俵、十九村の年貢米一五俵を乗せた舟が到着し、確かに受け取りましたが、その内、水濡れ甚大が六俵、水濡れ中程が一〇俵ほどありました。

その水濡れ米を直ちに売り払いました。了解して下さい。また、値段については出来るだけ高値で精算します……。

といった内容だと思います。

冨田村を始め、近在の村々の年貢は各浦々より、丸子船にて湖上を大津まで運ばれました。

丸子船の構造は、船内に荷物を収納出来るようにはなっていましたが、右の様な年貢米の水濡れということも発生したようです。

このようなことは、往々発生したと思われますが、この文書以外に、年貢米の水濡れについての文書を見たことがありません。

この文書が教えてくれることは、年貢米が水に濡れた場合、濡れた年貢米は蔵に保存することが出来ず、ダメになる前に蔵元が売り払ってしまうのが通常であったらしいということです。

勿論、村との信頼関係があってこそ出来る対処方法だったのかも知れません。

そして、水濡れ年貢米の売り払い代金では不足する分を、金銭か現物で再精算したように読み取れます。

早崎浦より津出しするときは、課されていた量を出した筈なのに、このような事態が起こると、心ならずも追加出費を迫られます。

この追加出費は百姓が再負担したのか、船の持ち主が補償したのか、それとも蔵元が負担したのか……、そのいずれであったかは不明ですが、百姓にとって心痛い事態だったと思われます。

もし自分の生まれるのが二〇〇年早かったら、自分の身に降りかかっていた筈です。恐らく「なんちゅうこっちゃい」とつぶやきたくなるのは私だけではないと思います。

学校の授業では教えてもらうことのない事柄、書籍の中にも見られない事柄……、そんな事柄が村に残されている文書から見えてきます。

年貢米の水濡れのことなんか、何処からも知り得ませんでした。

文久三年の年貢高

第２３７号
2003.09.24

文久三年(一八六三)については、年貢関係の資料が殆ど揃っています。
前回に続いて、文久三年の年貢について見ていくことにします。

「亥年免大割帳」　《租税八七》

一米弐百弐拾弐石九斗四升五合
内チ
米七拾四石三斗壱升五合
右八三分一方
残而
百四拾八石六斗三升
又拾壱石九斗壱升九合　夫米
又弐拾弐石九斗弐升六合　上ケ米
又三斗九升七合　宿入用
又弐拾石　余米
〆弐百三石八斗七升弐合
免三ツ壱分
一米八拾六石五斗九升四合八勺　西當り
一米九拾七石弐斗九升六合　東當り
八勺九才　北當り
一米弐拾石三斗壱升八合九勺四才
西郷高廻シ九石壱合
身高二　一四三七七〇六

西當り
一三石七斗七升八合九勺壱才　東當り
一四石弐斗九升三合　北當り
一九斗弐升九合九才

「亥年三分一大割帳」　《租税八七》

三分一相場
本相場百六拾九匁
一米壱石ニ付
代百三拾九匁四分
一米七拾四石三斗壱升五合
代銀
拾貫三百五拾九匁五分壱厘
一米六石六斗八升壱合
代銀
九百三拾壱匁三分三厘
一百目　蔵入用
一弐拾弐匁三分　かわふ代
一八拾三匁五分　水夫請
一三百匁　余銀
〆拾壱貫七百九拾六匁
六分四厘
此割高
一六百五拾八石七斗四升四合
高拾石ニ付
百七拾九匁八厘

西當り
一五貫弐匁九分四厘　東當り
一五貫六百弐拾壱匁弐分五厘
所江　金八拾五両入
差引
拾壱匁弐分五厘　不足　北當り
一壱貫百七拾三匁九分壱厘
所江　金拾五両入
差引
壱百八拾三匁九分壱厘　不足
三組〆拾壱貫七百九拾八匁壱分
壱匁四分六厘　打余り

以上の史料から、この年の年貢は

本年貢　米百四十八石六斗三升
　他　米五拾五石二斗四升二合
米納〆米二百三石八斗七升二合
三分一　銀十貫
　三百五十九匁五分壱厘
　他　銀一貫
　四百三十七匁一分三厘
銀納〆銀十一貫
　七百九十六匁六分四厘
(※米八十四石
　六斗二升四合四勺相当)
※総〆米二百八十八石
　四斗九升六合四勺相当
(※印は筆者の計算数値)

ということになります。俵数にすると七百二十一俵一斗弱になります。

この年は、三分一銀納をも含めて二百二十三石弱の年貢が本来の年貢なのですが、付加税としてプラスアルファ(六十五石余(百六十三俵))が上積みされています。

このように、以前にも紹介しましたが、本年貢以外の年貢も馬鹿にならない量になったのです。

一俵・二俵・・・と、爪に灯をともすように納める百姓にとっては、大変なことであったのだと思います。

上の文書からいろんなことを読み取れますが、その一つに米の相場があります。

江戸期を通じて、米一石(二俵半)の値段は、当初は二十匁～三十匁前後、後に、五十匁～七十匁を前後する時代が長く続きます。豊凶により変動はありましたが、この時代が長く続くことになります。しかし、幕末になると米価は急騰します。いわゆるインフレ状態になります。

上の史料では本相場で百六十九匁、冨田村で計算した相場が百三十九匁四分となっており、そのことを証明した形になっています。

ちなみに、江戸期を通じての相場は左のようになっています。

◆米一石の米価(京都相場)変遷
「日本史総覧Ⅳ」より作成

慶長七(1602)	24.78匁
寛永二(1625)	19.23～ 22.22匁
慶安三(1650)	31.50匁
延宝三(1675)	67.00匁
元禄13(1700)	70.00匁
享保十(1725)	48.40匁
寛延三(1750)	76.50～ 78.50匁
安永四(1775)	56.00～ 62.00匁
寛政12(1800)	60.90～ 73.00匁
文政八(1825)	73.10～ 86.00匁
嘉永三(1850)	119.50～ 147.60匁
万延元(1860)	146.50匁
文久元(1861)	221.10匁
文久二(1862)	158.90匁
文久三(1863)	171.00～ 183.70匁
元治元(1864)	188.90～ 261.80匁
慶応元(1865)	304.60～ 498.00匁
慶応二(1866)	678.50～1188.20匁
慶応三(1867)	635.70～1147.60匁

一方、上の史料では一両を六十六匁換算で計算しています。

銀相場は、慶長十四年(一六〇九)に一両五〇匁と決められますが、実質的には、江戸期を通じて、一両六十匁前後を推移していました。しかし、安政年間頃(一八五四～六〇)から多少の変化があり、一両が七〇匁～八〇匁となります。

「日本史総覧Ⅳ」によれば、文久三年の相場は京都で、七二匁四分～八三匁七分八厘とあります。

冨田村が計算している一両六十六匁とはかなりのズレが見られます

米価相場の異常な急騰(インフレ)は冨田村を始め、百姓全体にどんな影響を与えたのでしょうか。

一般的に考えられることは、余剰米を持つ者と余剰米を持たない者の差が大きくなったと思われます。

多くの余剰米を持つ者は生活にゆとりが出来るようになります。

一方、余剰米を持たない者や米を買っていた者達にとっては、米価の急騰が更なる生活苦をもたらしたと考えられます。

土地を持つ者、持たない者の差が歴然としたのではないでしょうか。

小作百姓K次郎の難渋や、郷中難渋の者への救米の下付を伝える文書が残っているのもこの頃です。

自然現象による不作以外に、このような社会的要因によっても難渋の者が作り出されていったのです。

《参考》
川崎文書(滋賀大学史料館)
「日本史総覧Ⅳ」(新人物往来社)

※1
昔の一両小判を現在の価値に換算すると幾らくらいになりますか、と質問されることがあります。

これは難しい問題で、なかなか即答できないのが現状です。それは、一つには小判の質の問題があり、一つには物価の変遷が関係します。

小判には製造された時代により、慶長小判・元禄小判などと呼ばれますが、その各々により一枚の大きさや重さ、金の含有率が異なります。

例えば金の含有率を見ると、

慶長小判 金 84.3%(銀 15.7%)
元禄小判 金 57.4%(銀 42.4%)
文政小判 金 56.4%(銀 43.6%)
(※《法令八》より筆者計算)

など、小判そのものの価値が異なるのです。従って、どの時代の小判かにより現在の価値も変化します。

(一四二号参照)

また、物価の変動にも問題があり、冨田村の史料だけでは求められませんが、いろんな本からの情報では、米の値段の変化、労働賃金などの変化には違いがあり、一両を米価の変動から換算すると七～一〇万円に、大工等の労働賃金の変動から換算すると一五～二〇万円とするものが多く見られます。

つまり、品により、内容により価値観の変動があるため一概には比較できないということなのです。

とは言っても、敢えて言うなら、私は一両一〇万円、一匁二〇〇〇円位のつもりで史料を読んでいることを告白しておきます。

米価変動(一石当りの銀高変動)(元治元年239.25, 慶應元年360.25, 慶應2年543.80, 慶應3年870.32)

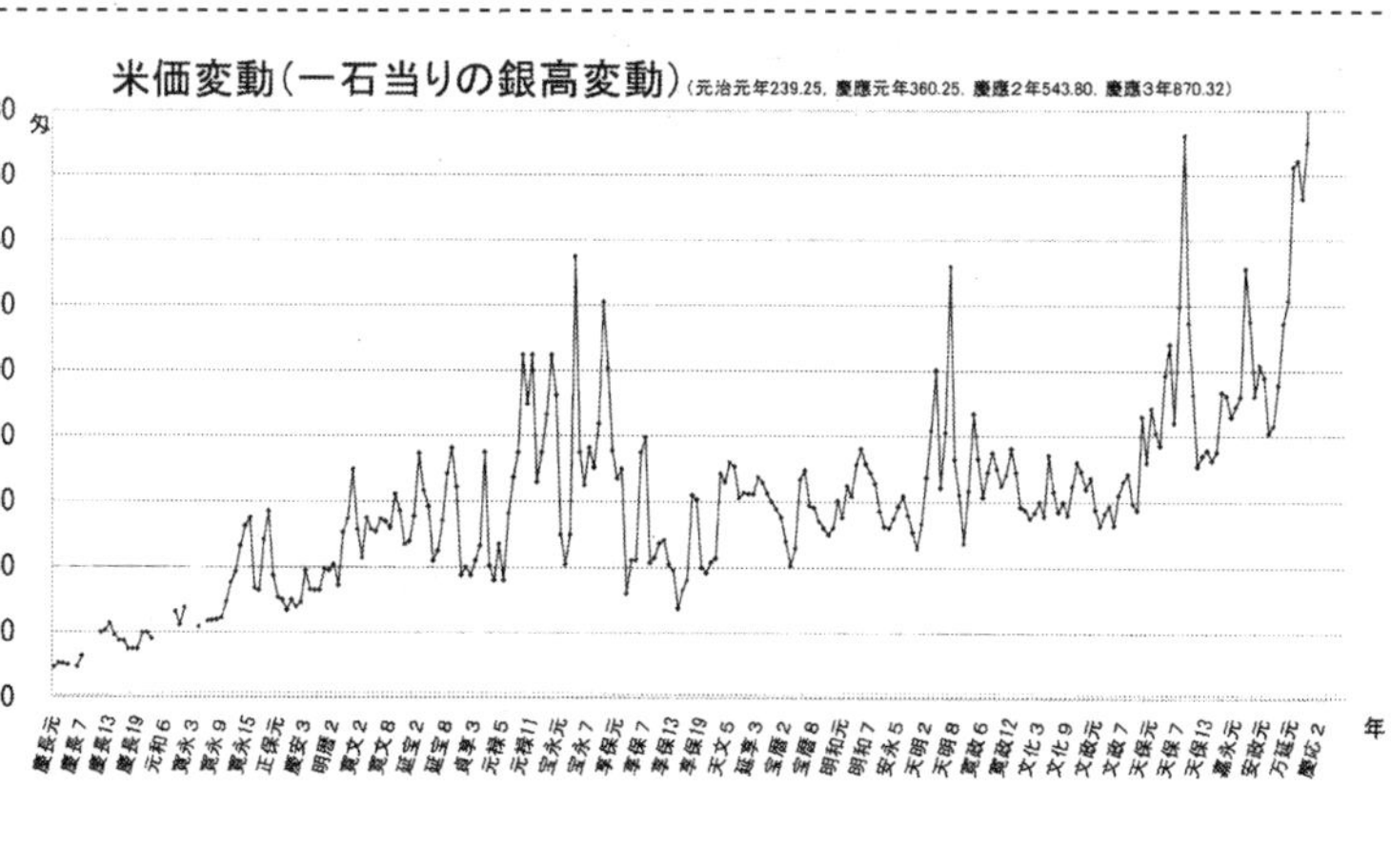

また、米価の変遷だけを辿っても、凶作の年は米価は上昇し、豊作の年は下降するのは当然です。これまた一筋縄では解決できない要因になります。

左掲のグラフは、「日本米價變動史」中澤辨次郎著(昭和8年1月)明文堂のデータを基にして、米一石の価格変動を筆者が作成したものです。

米価の変遷を味わってみて下さい。

安養寺出作訴訟一件（再）

第２３８号
2003.10.10

第二二九号～二三一号で紹介しました、慶応三年（一八六七）安養寺村出作御年貢不納による訴訟について、詳しい史料を見つかりましたので、再度取り上げることにします。

新しい関係史料は次の通りです。

・安養寺村出作一件ニ付懸合控
・安養寺村出作壱件御當方様
　　并膳所江歎願写
・出作一件ニ付規定書并済書写
・冨田村出作之儀ニ付差上申一札
・出作之儀ニ付歎願口上書
・安養寺村出作故障日誌
・安養寺村出作田地字傍田
　　　　　　　廿畝□帳
・安養寺出作控帳
　　　　　　　（歩）
・出作之儀ニ付村規定書

《農業二～一〇》

万延元年（一八六〇）に続いて、慶応二年（一八六六）分年貢未納について、「安養寺村出作壱件御當方様并膳所江歎願写」に経緯の内容が書かれていますので紹介したいと思います。

《農業三》

乍恐以書付御歎訴奉申上候

一當村田地之内字傍田廿と申所壱町六反歩余、御當方様御領分同郡安養寺村別紙名前之者共往古ゟ出作罷在候処、昨寅年十一月十五日頃當村ゟ納米取立日限申遣候處、米拵當手廻兼候ニ付少々延引致呉候様申出、同月晦日ニ至出作之者共當方江罷出、當年柄之儀ニ付御用捨ニ候ハゞ、八俵拝借ニ候ハゞ、拾六俵取斗呉候様申出候ニ付、其儀は難相叶段申答候処、其後追々歎出申候ニ付、評儀之上格別勘弁差加へ村方手元限りニ而乍併弐俵用捨致遣可申段申聞候處、納得無之、又々歎出候ニ付、其節及対談ニ候村役人限一巳之了簡ヲ以尚壱俵増用捨致遣可申、尤此儀は一同評義之上ニも無之候ニ付一同不承知之上は右村役人壱人之迷惑ニ相成儀ニ候得共、只□納済相成候様と相心得、右様勘弁之及引合ニ候處、忝由納得有之候ニ付、然ル上は弥十二月廿日限皆納いたし候様碇与引合置申候処、其節ニ至又々彼是申延終ニは不納之侭越年ニ相成候儀ニ御座候。右ニ付當正月六日庄屋方江及懸合ニ、弥不納節は此上は不得止事御地頭所江訴出候ゟ上取斗方無之、尤旧冬申聞候用捨米之儀は村方限りの取斗ニ付、右様訴出候上は最早壱俵も用捨不可致候間、尚両三日猶豫致置候間、此段承知被致候様申聞候處、右日限迄何之沙汰も無御座候ニ付、無余儀地頭役場江訴出候處、取立方厳重被申儀候得共、最早此上は乍恐御當方様江御歎訴申上候ゟ取斗方も無之とは奉存候得共、右様相成候節は双方難渋相嵩候儀ニ付、尚暫ク御猶豫相願取斗方書下ケ頂戴之上帰村仕、安養寺村御代官様方江罷出御取扱方御頼申上候處段々御取扱被下、就而は用捨米之義ハ三俵渡□候様被仰付候得共、此儀は素ゟ前書申上候通り始末ニ付、最早壱俵も用捨之心得は無御座旨申上候処、夫ニ而は実々難渋者難立行旨ニ而、段々御理解有之候ニ付不相當とは乍相心得、斯迄御苦労相掛候儀ニ付無余儀弐俵丈は用捨可仕段申上候処、右御扱ニ而出作之者一同納得仕候由ニ而、正月二十七日皆納治定之請書、出作中ゟ差出候段被仰聞、先以安心仕、右日限至當方村役人共宅江持参ニ而相納候様、尚亦先方庄屋年寄江申聞置候處、…

……《後略》……

慶應三丁卯年四月

延々と引用しましたが、まだまだ続きます。要点をまとめると次のようになります。

①字傍田・廿は安養寺村からの出作
②昨年の年貢取立の時、延引の願い
③十一月晦日に御用捨の申出あり
　八俵拝借出来ないか、又は
　十六俵夫喰米取り計い出来ぬか
④断るが、再々申出
　評議し、二俵の用捨を決める
　安養寺は不納得、再々申出
⑤対応村役が、更に一俵の用捨に
　納得、十二月二十日皆納と取決め
⑥彼是言って不納、年越しに
⑦一月六日安養寺庄屋へ懸合い
　不納の場合は地頭所へ訴訟する
　三日間の猶予を認める
⑧期限になっても連絡なし
　地頭所へ訴訟 →「取立厳重に」
⑨膳所藩役所に訴訟を考えるが、
　訴訟は双方の費用が嵩むため、
　安養寺支配の代官へ取扱い依頼
　色々の経緯はあるが出作者納得
　正月二十七日皆納の治定書作成
　　今年は冨田村へ持参する約束
⑩日限に弥治右衛門納入、他は未納
　連絡すると「取りに来い」と
⑪繰返し違約され立腹 → 訴訟に
　地頭所へ手続き → 添状もらう
　添状を添え膳所御代官所へ訴出
　何の取扱いもされず当惑
⑫三月下旬
　安養寺庄屋海老江庄屋取扱いに
　八俵拝借出来ないか、又は
　十六俵夫喰米取り計い出来ぬか
　今更…と冨田村は断る
　地頭所も年貢未納の上云々と立腹
　帰村後その旨を通達
⑬出作田地は耕作せず捨て置き状態
　出作田地を此方へ引上げる
　田植えは此方でするると言うと…
　慌てて耕作に取り掛かる始末
　又、八俵御救い下され…云々
　最早地元での交渉決裂と判断
⑭膳所役所へ出訴

万延元年も同様に出訴・・云々
双方訴訟費が嵩むがやむを得ない
年貢が納まるように・・・・御願い

安養寺村よりの出作は、本当に不作で年貢が納められなかったのだと思います。

しかし、万延元年に続いて二度目であること、各場面における対応の仕方が度重なる不誠実であった、などのことにより訴訟に踏み切ったものと考えられます。

勿論、書面にはありませんが、出作に賦課する年貢率と、村人に賦課する年貢率に差があったことは事実のようです。そのことが一層出作人々の感情を害していたという下地があったことも事実だろうと思われます。

ともかく、上のような経過と事情で公事（訴訟・裁判）になります。

公事となれば、村役人は奉行所の呼び出しに対応できるよう、長期にわたって奉行所近くの郷宿に宿泊・滞在する必要があります。

滞在費などは村からの持ち出しですから、その費用も馬鹿になりません。時によっては未納年貢代金より高くつきます。それでも公事に持ち込んだのは筋を通すことを重んじたからだと思います。自分の村は間違ったことをしていないことを示すために・・・。

第二二九号で紹介した次の文書、

《村政二〇》

定

一昨寅年凶作ニ而安養寺村出作御年貢御収納等不納ニ付、彼是故障与相成、従旧冬御上様御役人衆中之御苦労ニ相成候処、未ダ済寄不致候故、此度不得止事無據、二条御番所之御出願ニ茂可相成様之始末柄ニ相成候得者、如何様之御裁許ニ相成候共、公裁ニ候得者、万一村中立会耕作致、御年貢御上納致様相成候共不苦候。猶亦、時節柄之公邊候得者、入用等相嵩候小前々々至迄納得之上ニ而御座候間、一言之申分無御座候。依之為後日之村中規定書仕候処如件。

慶応三丁卯年四月八日

・・・・《村人捺印　略》・・・・

という冨田村々人の決意は、このような経過の中で出てきたものと考えられます。

「村中立会耕作」・「入用等（公事費用）相嵩」などの意味の重さが分かったように思います。

《参考》
川崎文書（滋賀大学史料館）

※1
二〇一〇年夏、又々新しい史料を発見しました。紹介します。
（未整理一六五二-五）

其村、昨寅御年貢米之内、膳所御領分安養寺村出作之分、今以不納之段不埒之事ニ候。依之、早速右御役場江及御懸合、取立方可取斗之處、其村役人共致歎願候ニ付、暫猶豫承届候間、早々帰村之上、同御領分最寄村々ニ住居有之候代官衆江取扱方申入、其上不都合之儀有之候ハヽ、早々可訴出候。以上

卯正月十二日　　山形役所（印）

冨田村
庄屋

（※慶応三年（一八六七）と推定）

前ページの下段⑧または⑪の地頭役所へ訴訟を起こした結果の文書と考えられます。

正月十二日、山形役所へ出頭し、その場で下付された文書と考えられます。

内容的には、安養寺出作分の年貢は猶予を与えるから、最寄りの膳所藩代官衆に訴えるように指示しています。もし、不都合があれば、再度訴訟に踏み切るようにとあります。

実際には、前ページ⑨～⑬の動きがあった後、⑪または⑭の膳所藩への出訴となったようです。

第二二九号で紹介した、冨田村の安養寺村出作への強い態度は、この文書の存在が大きかったと思います。

この文書は地頭（山形藩）の後ろ盾を示していますから、後は安養寺村や膳所藩との交渉あるのみです。たとえ訴訟・交渉が長引いたとしても、敗訴はあり得ないことを保証されたようなものです。

その安心感が、山形役所との一体感が冨田村に勇気を与えていたものと思われます。

※2
安養寺出作の年貢未納の件に懲りたのか、明治五年・六年頃に作成された、地租改正に関わっての「野帳八号」では、字廿、字傍田の出作土地を村所有扱い（「村中」と記載）としています。

《土地一一八　筆者整理》

一〇五〇番廿
一反三畝二四歩　六枚田
村中（G郎左衛門）
一〇五一番廿
八畝二六歩　六枚田
村中（K郎左衛門）
・・（略）・・
一〇六三番傍田
五畝一〇歩　四枚田
村中（T右衛門）

などと記載され、（ ）内の名前は抹消されています。

そして、この二字の集計は
字廿の出作合計
一三筆　一町二畝一〇歩
字傍田の　〃
九筆　五反八畝一七歩
となっています。

田中村住人が一名含まれますが、合計一町六反余になり、当時と状況が変わっていないと考えると、年貢米は二〇俵前後ではなかったかと思われます。

安養寺出作訴訟一件（再々）

第２３９号
2003.10.24

前号で慶応三年（一八六七）、安養寺村出作年貢未納について公事（訴訟）になったことを紹介しました。
今回は四月以降の公事の様子を見ていきたいと思います。

「安養寺村出作一件ニ付懸合控」《農業二》

一四月廿四日尾上村喜助舟ニ而廿六日着、廿七日ゟ廿九日迄大津ニ罷居候事
同晦日膳所御役所江罷出候処植付ニ而一先帰村之御理解、夫より五月二日早舟ニ而帰村仕候處堅田泊り、三日帰村
一五月廿五日早舟ニ而登り廿六日着之事
一同廿七日膳所御役所江罷出、出作の者共御呼出シ之再願、然ル處、去廿一日呼状差遣候趣被仰渡候事
一同廿九日亦候呼立之再願仕候事
一六月六日安養寺村着候事
一同七日御奉行中神丈左衛門、後藤端蔵、安田秀之介、御地方饗庭嘉左衛門。御手代双方ゟ差上候願書読聞候事
一奢り米之御儀は如何之訳柄ニ御座候哉、御尋被成候哉
一出作人共惣代津外右衛門、勘右衛門、十□郎、付添三郎右衛門申上口、奢り米義當村江御出張被成下候節ゟ世話料として壱升ニ弐合五勺ツヽ遣申候と申上候
一冨田村答、此義偽りニ御座候。尤往古ゟ定御座候事
一後藤様、左様候ハヾ如何之儀ニ御座候哉御尋
一冨田村答、如何之□訳柄ニ義は可存、往古ゟ定メ来り候事
一中神様、とニ角奢り米ニ不拘、郷宿ニ而示談可致旨被仰渡候
一八日郷宿藤嘉ニ而示談及懸合候事
一出作人申口、御免定決算帳拝見不仕候ては御年貢納難申候
冨田村答、其儀筋違ニ候。其村御代官様へ去ル正月廿七日迄ニ相調可申上旨御取扱、乍併弐俵御用捨ニ而右日限迄ニ可納旨請書差出候上は左様之儀難左用候
一津外右衛門、譬ひ三ケ年五ケ年ニ而も免定決算帳御為見被下候迄は上納不仕候事
一九日御奉行後藤、免定決算帳是非為見候趣之事
答、免定決算帳之儀は往古ゟ取持候米極ニ御座候事
後藤、雖然免定決算為見間敷品なく是非ニ被為見可申候
答、尤為見間敷品ニ而は無御座候得共、無例シテ新規故為見得不申候事
中神、無例シテ新規故為見申事不相叶候ハヾ、なせ新規之事願立候哉、依之郷宿示談被仰渡候事

一十日朝郷宿筒屋方江両人罷出、色々及懸合候得共示談ニ不相成只免定決算帳拝見致迄は幾日相懸り候共御年貢上納不仕候事
同日午時後郷宿藤嘉ニ而双方御猶豫願之及懸合候處、調義ニ相成候節も矢張免定決算帳拝見致候迄は何ケ年ニ而も御年貢上納不仕候与津外右衛門申居候
一十一日御猶豫願書付差上候處、御地方沢田啓助様、此度猶豫願聞届ケ候。乍併村方ニおゐて精々示談いたし致調義候ハヾ、其趣可申上御達之事
一依之帰村致シ段々懸合候得共示談不調候故、亦候八月三日村方おゐて示談仕度候而、何卒先般差上候願書被成下候様願上候處沢田啓助様御理解願上候義尤ニ存候得共、今一応村方ニ而及懸合候旨申達被成候
一依之翌四日S助帰村致シ候。五日晩安養寺村三郎右衛門方迄使差遣し趣、明六日出作一条ニ付罷出候間、出作人不残他行無之様取斗可被下候様御頼入置候
一六日四ツ半時書付ヲ以出作右壱人も無他行待居候間早々御出張可被下候、依庄屋S五右衛門年寄S助、其村三郎右衛門方江罷出：：：

：：：《後略》：：：

引用が長くなりましたが、このような記録が延々と続き、

一十月十二日右同断（規定書取ニ参り申候）T兵衛参り右規定請書取申候也

で終わっています。

前年慶応二年十一月から始まった年貢未納の件は、紆余曲折がありましたが、慶応三年十月に規定書請書を取ることで一応の決着をみたことになります。実に丸一年の歳月と、多大な公事費用を要したことになります。

訴訟一件の経過を簡単にまとめると次のようになります。

◆慶応二年十一月年貢未納
種々交渉があるが未納の侭越年
◆慶応三年一月
納入期限にも未納、地頭所訴え、安養寺代官訴え→二七日皆納治定日限に一人以外不納：：：
◆慶応三年三月
地頭所・膳所代官所へ訴え
代官所指示の扱い人と交渉
出作耕作せず云々：：：交渉決裂
◆慶応三年四月
村規定書作成（村人全員署名押印）
膳所役所へ訴え
廿四～五月二日大津膳所役所へ
◆慶応三年五月
三日帰村　田植え作業従事
廿五日～膳所へ
◆慶応三年六月
五月廿七日～膳所滞在・膳所役所
七日～十日膳所役所公事（対決）
郷宿にて双方の交渉

十一日猶豫願書提出
↓以後村方にて交渉になる

◆慶応三年八月
村方での交渉は依然不調
三日再度訴え↓再度村方交渉指示
五日～九日安養寺居留守等を口実
　に交渉不調
十日双方膳所表へ出立
十一日～　郷宿にて双方交渉に
　居留守・他行等で交渉進まず
　依然、免定決算帳拝見を主張
廿四日免六ツの提案も不成立
　午後膳所御役所へ訴え
廿七日午後返答約束も外出を理由
　に不調↓立腹・公事取下願
廿八日膳所役所「明日返事云々」
廿九日膳所役所・地頭役所出頭
◆慶応三年九月
朔日～三日郷宿にて交渉
　安「検見のため帰村したい」
　冨「刈取りまでに決着させたい
四日白砂
　「三日以内に双方で解決せよ」
五日安養寺留守で交渉出来ず
六日郷宿で交渉
　奢り米の納め方で議論あり
　地頭方役所で規定書案文作成
六日夕刻、安養寺十六俵救米の願
七日十六俵救米の交渉
八日救米八俵の願↓冨田村拒否
　規定書の案文で議論
九日郷宿藤屋嘉七扱い人に指名
十日膳所役所にて交渉
十一日～十三日規定書案文交渉
十四日膳所役所「検見故帰村せよ」
十五日帰村挨拶「村方にて交渉」
廿二日・廿六日交渉
◆慶応三年十月
朔日・四日・七日～九日交渉
十日規定書取り決め
十二日規定書請取り

三十頁余にわたる記録をまとめてみましたが、自分でも流れが完全に把握できていないせいか、うまくまとまったとは思えません。分かり辛い分は御容赦下さい。

（上の史料で六頁分）

最終的には、冨田村の政治的な対処（地頭役所の連携や早い時点での皆納治定書請書（一月））により、冨田村の主張を全面的に勝ち取っています。

しかし、四月の約十日、五月の約十五日、八月九月の約三十五日の計六十日間余の大津滞在を余儀なくされています。

この期間の村役人数人の滞在費は全て村人からの持ち出しになります。

費用についての記録は残されてはいませんが、多大なものになったと想像されます。

このように、公事（訴訟）には多大な日数と多大な費用が掛かるのが常であったようです。その意味では覚悟を決めた訴訟であったのです。

《参考》
　川崎文書（滋賀大学史料館）

【いっぷく】

《法令一二抜粋》

第三百廿五号
従来死者埋葬之節、六道銭与唱、現在流通之真貨を以、棺槨ニ投入シ、死者与共ニ埋没致し候悪弊有之、甚以無謂事ニ付、自今右様之所業、決而不相成候事。
右管内江無洩相達する者也。
明治六年三月廿九日
滋賀縣令松田道之代理
滋賀縣参事　榊原　豊
滋賀縣権参事篭手田安定

三途の川の渡り銭として、六文銭を死者と一緒に埋葬することは悪弊だとして禁止する通達です。

葬儀に関しての文書は、香奠控帳などは残されていますが、様子を知るような文書は皆無に近く、葬儀の役付が一枚残されているのみで、どのようにして葬儀が執り行われていたかは知ることが出来ません。

その意味で、右の通達は世間一般に六文銭の埋葬を想像させます。

冨田村でも、先ず葬儀式場が墓地から寺院内に変更され、座棺から寝棺へ、土葬から火葬へと変化を遂げ、木の墓標もなくなり、平成二〇年からは輿の廃止、野飾りの既製品化、ストレッチャー等の導入など、少しずつの変化を遂げていますが、本質的には古くからの方法を受け継いでいるように思われます。

しかし、世間の流れは急速に変化を見せ、斎場の使用などの、更に大きな変化を迫っているようにも思われます。

【いっぷく】

《法令一二抜粋》

第四百四号
外国人遊歩規定外勝手ニ通行不相成儀ニ候處、間々免許状所持無之者致通行、往々不都合相生候。就テハ今般外務省ヨリ達之趣有之ニ付、自今外國人管内通行止宿等之節ハ、各驛旅籠屋ニ於テ、其國名人名、及免状所持之有無等急度承糺、免状所持之外国人ハ無差支、通行止宿可為致、若又免状所持無之之者ハ、通行止宿等一切不相成候条、其旨本人江申聞早々當廳江可届出事。
右管内諸街道各驛、并近傍町村江無洩相達る者也。
明治六年四月廿五日
滋賀縣令松田道之代理
滋賀縣参事　榊原　豊
滋賀縣権参事篭手田安定

現在ではパスポートを所持していれば、外国人が日本の何処にでも旅行することが出来ます。また、私達が外国へ行っても同様です。

しかし、明治六年段階になっても、明治政府は外国人の自由往来を認めていなかった様子が窺えます。

「外国人遊歩規定」「免許状」の具体的な内容まで調べていませんが、少なくとも「免許状」を持たない限り自由往来が出来なかったことは多少の驚きを感じます。

江戸末期や明治初期の民衆の生活風景を撮した写真を興味深く見た覚えがありますが、撮影者は外国人でしたから、自由に往来していたものと思っていました。

機会があれば、自由往来が認められた時期も調べたいと思っています。

出作訴訟一件史料より

第２４０号
2003.11.10

前回、前々回に安養寺村出作年貢未納訴訟一件について紹介しました。
今回はこれらの史料から、当時の訴訟(裁判)の様子を見てみたいと思います。

「安養寺村出作一件ニ付懸合控」
《農業二》

…《前略》…

一四日五ツ半時着届候處、暫クたまりニひかえ申居候事
同日四ツ半時御白砂罷出、御奉行後藤端蔵様、浅井麻五郎様、地方川北由市様手代
一被仰渡候趣、先達而より懸合候而も今以済寄ニ不相成候趣如何之義ニ候哉御尋之事
一出作人申立、先達より段々頼入候得共何分聞入不申候事
答、願出之外のみ申居候間、未落合不仕候事
出作人申立、津外右衛門免定決算帳一覧之趣頼入候得共聞入不申候と答
冨田村、免定決算帳往古より無例故為見不申候
後藤様、免定は為見間敷物ニ而無御座故、此方より地頭役所江相尋申哉被仰渡候事
冨田村答、奉願上候書付外申上筋無御座候
出役後藤端蔵様、然は書付次第逐一可申上旨被仰渡候事
T兵衛乍恐申上、元来當正月御代官様御理解ニ而救弐俵ニ而、正月廿七日迄ニ可納旨請書出作中より差出シ候ニ付、然ル處弥次右衛門一人持参ニ而相納、余は不納相成候
T兵衛乍恐願書次第逐一奉申上候事
津外右衛門申口、奢り米儀は安養寺村出張被成下候ニ付、依之遣シ申候事
T兵衛答、左様之義ニは無御座候。往古より□来候義ニ御座候事
後藤端蔵様、然ルハ冨田村へ持参可致旨被仰渡候事
川北由市様、左様候得ば定メ而雑免之義迄相見へ候事
是ハ御奉行様へ申上之義と冨田村答なし
後藤端蔵様、今日より三日中ニ双方共済方可致旨被仰渡候事
同日午時後、津外右衛門、勘右衛門郷宿藤屋方へ罷出申口、三郎右衛門殿不快故示談方難致候間、明午時迄ニ申出候間、此段御願申入度候事
一翌五日四ツ時S助郷宿筒屋方へ罷出及懸合候處三郎右衛門答、津外右衛門私用ニ而大津表江罷越候間、午時迄ニハ急度罷戻り候間、何卒夫迄御見合せ可被下候事
同日七ツ時T兵衛、S助郷宿へ罷出及懸合候処三郎右衛門答、津外右衛門今以帰宿不致候。猶亦両人共只今気ほてようニ而留す故何共申上がたく候事
附り右津外右衛門義ハ右様申京都行ニ而夕帰宿ニ而候事
一六日四ツ時出作申口、免定決算帳拝見之儀は心得違ニ而御座候事
T兵衛申口、然は當村へ御持参成候哉、如何之義ニ御座候事
津外右衛門答、如何程被仰渡候共其村へは持参不仕候。尤奢り米之儀は矢張御出張之世話料ニ而答居候
冨田、左様之義決而無御座候。何哉證札とも有之歟
津外右衛門、親共申被傳へ候間如何程被仰付被成候共持参不仕候事
勘右衛門申口、冨田村被仰渡尤候。一先引取津外右衛門殿と内談仕度候間、暫ク御猶豫頼入度候事
T兵衛申口、就夫此度済方ニ巳後勿論不相成様規定書差入可被下候。尤此儀は急々申傳へ置候地頭役場よりも巳来納方ニ相成候義専一也
是ニよりて成丈勘弁いたしても重而膳所御役所へ御苦労ニ不相成様急度済方可致候様被仰渡有之故、T兵衛大津役所へ規定書案文披見入、其上差出可申候事
同日七ツ時…

…《前略》…

※郷宿筒屋…安養寺村宿泊の宿
郷宿藤屋(嘉七)…冨田村の宿

引用が非常に長くなりましたが、膳所御役所の御白洲での様子、郷宿での懸合の様子が手に取るように分かり、次はどうなるのか、次は…と興味深く読めました。

この史料は、誰「…:」、誰「…:」といったような問答形式になっていて、所々に説明があります。
このような形で記録を残した事は稀なことだと思います。
これは、村全体がこの訴訟にかける覚悟が強く、この村人に経緯を正確に伝えるための工夫された記録だったのではないかと思えます。
現代小説風のこの文書は私達にいろんなことを伝えてくれます。

具体的な固有名詞は避けますが、懸合には誰が参加したのか、何処に問題があったのか、何にこだわったのか、誰がどんな主張をしたのか、誰が頑固に折れなかったのか、誰が毅然とした態度を見せたのか、誰がどんな駆け引きを労したのか…
じっくりと読んでいただければと思っています。

また、訴訟(公事)の様子を見てみると次のような手順で行われていたと思われます。

①訴状が該当御役所へ出される。
②訴状の内容を被告村へ提示。
③双方が役所に呼び出され、白州で

対決する。
・奉行が事実を確認する。
・双方が意見を述べ合う。

④決着しない場合は、奉行所が判断するのでなく、逗留させ双方の懸合を命じる。又は、郷宿に逗留させ、役所が事情の調査をする。

※何時の呼び出しにも応じられるように、村々は郷宿という旅館兼役所への口入れ屋(現在の司法書士)に宿泊を余儀なくされる。場合により、数ケ月に及ぶこともあったようです。延宝二年(一六七四)冨田村が江戸まで訴え出たことがあり、この時は約三ケ月間も滞在しています。

⑤双方の懸合が不調の場合は、扱い人(仲裁人)を指名し、仲裁に入らせるなど、懸合が順調に進むようにする。

⑥懸合が調った場合は結論を報告させる。
懸合が不調の場合、再度役所へ双方を呼び出し、経過や事情を報告させ、意見を添え、再度の懸合を命じる。

今回の訴訟に関して言えば、御奉行や役人衆は断固たる判決を述べているとは思えません。むしろ避けているようにも思われます。

役人衆から見ても、客観的に自領の安養寺村の立場が弱いと見たのかもしれません。

強いて言えば、冨田村の年貢割当の不当性などの問題はあったと思いますが、他領のため深入りできなかったのかもしれません。

ともかく双方の懸合に委せるしかなかったのか、粘り強く懸合が合意するまで待っていたように思います。

そのためか、冨田村は免定決算帳を見せることもなく、また、今まで年貢を取立てに赴いていた(運搬は冨田村)のに、以後は安養寺村が持参するような内容で決着しています。

冨田村にとっては大満足であったかもしれませんが、安養寺村にとっては凶作がもたらした年貢不納、重ねての敗訴、踏んだり蹴ったりの一年であったと思われます。

自然現象による凶作は、かくも人間社会を不幸に落とし入れたのです。

しかし、幕末の凶作は琵琶湖の水位増加を放置した人災であったかもしれないのですが・・・

《参考》川崎文書(滋賀大学史料館)

※1
一一六号で噯人・内済等について紹介しましたが、冨田村庄屋が噯人となった一件について、もう少し覗いてみたいと思います。

《農村一二》

上八木村下八木村ニ付
取噯四人存寄之覚

一上八木村郷内へ下八木村より入作田畑ニ付、宛作出作とヲ諍論ケ間敷儀出来仕、両村御地頭様方へ双方御訴被申上候處、時節柄諍論ニおよび候へ義、両村難儀之筋ニ被為思召、双方御三給様より御同領縁を以我等共四人下済和談致シ候様ニ御内意被仰付、双方之申分承知致候趣左ニ書記、四人愚意之存寄を以取噯之品、双方江申説候御事。

・・・(後略)

(※棒線は筆者　内済を意味)

右によれば、上八木村・下八木村が一ケ所の土地について、入作と宛作の見解の相違で訴訟となり、同領の誼で我等四人が噯人を命じられた。双方の見解を聞き、我等四人の仲裁案を示し諭したい。以下左にその内容を記載するといった内容です。

噯人が指名される事、双方の申し分を聞き調停案を提示することなどが確認出来ます。

※入作：高は上八木村に属するが、所有権・耕作権は下八木村人がもつこと。下八木村からは「出作」となる。

宛作：高も所有権も上八木村に属し、耕作権のみ下八木村人がもつこと。一般には小作と云われる。

時代劇等で御奉行様が(御白州で)お裁きをする場面を目にすることがありますが、農村一帯で起きる水争いや、(右のような)年貢の未納問題・土地争い等、刑事事件でない問題は当事者同士の話し合い(但し奉行所足下の郷宿等にてですが・・・)や、噯人の仲裁等で解決することが殆どであったようです。

御奉行様や役人が裁定を下すことは滅多になかったようです(大井村・曽根村の用水「鱣(うなぎ)井」について国友村と争った訴訟では、御奉行様の裁許状が出されているようですが・・・)が、それは訴訟ごとが余りにも多かったことも起因しているようにも思われますし、中立的な近村の庄屋等に仲裁させるほうがまるく納まったのかもしれません。

また、江戸期は「新規に」事を企てることは「悪(いけないこと)」と認識されていました。残されている訴状等には「新規を企て・・・」という文言が数多く記載されています。今まで平穏であった秩序を乱すものと考えられていたようです。

だからこそ、御料所井の水の権利を認めた戦国時代の「浅井様折紙」が江戸期に入っても有効であったのです。(明治以降もそうでした。)

しかし、噯人は少なくとも数日、長い場合には一ケ月や二ケ月も郷宿等に滞在を余儀なくされたり、出費が嵩んだりする場合もあったのです。

現在の裁判制度に慣れてきた我々には、一見不可解のように思われますが、平成に入って裁判員制度が導入されるなど、裁判制度も時代により変化していくのかもしれません。

立毛御検見差出内検見帳

第２４１号
2003.11.24

江戸時代前半の時期は、毛見(検見)取りにより免率を決めていたと、既に何度も取り上げてきました。

収穫の前に奉行所の役人が廻村し、坪刈りなどをすることによって、その年の作柄を調査し、年貢免率を決めていました。

御毛見までに刈り取りをすると罰せられましたし、刈り取り時期になっても役人の廻村が間に合わないなど、不都合なこともあったようです。

御毛見が実施されていた頃は、奉行所役人による御毛見までに、庄屋・年寄・百姓代などの村役人が郷中の作柄を下見し、下見帳や内毛見帳などを作りました。

奉行所役人が廻村した折、この下見帳や内毛見帳を差し出し、御毛見の参考としました。

寶永元年(元禄十七年(一七〇四))の下見は、日時は分かっていませんが、庄屋・年寄の六人、頭百姓十五人の計二十一人で実施しています。

その後、庄屋・年寄の六人、頭百姓七人の計十三人で下見帳を作成したことが分かっています。

下の「寶永元年冨田村當立毛御見分差出目録」は、その時作成された下見帳かと思われますので、簡単に紹介します。

《租税六》

近江国浅井郡冨田村
一高六百六拾弐石壱斗九升壱合
　此反四拾弐町弐畝　拾壱歩壱厘壱毛
　内
弐石九斗五升七合八勺
　此反弐反壱畝三分九厘　新村溝代斗代道永荒
……《中略》……
残而
六百三石三斗八升五合八勺　田方
此反三拾七町四反弐畝　弐拾歩九厘五毛
　此訳
百四拾九石壱斗一升弐合五勺　當日損引
　此反九町弐畝
六拾五石三斗弐升八合三勺　上毛
　此反四町三反四畝九厘五毛
百九石三斗九升五合　中毛
　此反五町六反三畝廿歩
弐百七拾九石□斗五升　下毛
　此反十八町「破損欠」
……《後略》……
庄屋三名署名
年寄三名署名
惣百姓七名署名

一枚一枚の田圃の様子は記載されていませんが、日損の対象となる田圃が九反二畝(百四十九石余)あり、上出来の田圃が四町三反余(六十五石余)、中出来が五町六反余(百九石余)、不出来の田圃が十八町余(二百七十九石余)と見積もっています。

また、「冨田村未年小入用帳」《村政二九》にある、庄屋以下十三名で作成したという前述の記事と一致し、十三名の署名があります。

残念ながら、この年の免定は残されていません。しかし、他の史料から窺い知れることは、現実は厳しく、村役人の苦労にも拘わらず、若干ながら前年よりも多い年貢高が申し渡されているようです。

このような下見帳、内毛見帳の類は多数残されています。その中からもう一点紹介します。

「江州浅井郡冨田村申年内毛見帳」
元禄五年(一六九二)《租税三》

江州浅井郡冨田村申年内毛見帳
一高七百六拾九石四斗　田畑屋敷共
　内
四畝歩
五斗弐升　御蔵屋敷
三反壱畝廿歩五厘
四石四斗三升五合　溝代永荒
……《中略》……
　此わけ
字たこや
一上田五畝拾六歩
　分米九斗九升六合　三合　C右衛門
同所かさや畑
一上田弐畝壱歩
　分米三斗六升六合　三合　K兵衛
同所圓かうし
一上田五畝六歩
　分米九斗三升六合　六合　C右衛門
同道前
一上田五畝廿六歩
　分米壱石五升六合　六合　H兵衛
同所
一上田四畝拾弐歩
　分米七斗九升弐合　六合　S郎左衛門
同所
一上田四畝拾弐歩
　分米七斗九升弐合　四合　J右衛門
同所
一上田四畝四歩
　分米七斗四升四合　四合　S右衛門
同所
一上田四畝六歩
　分米七斗五升六合　四合　S兵衛
同所
一上田壱畝九歩
　分米弐斗三升四合　三合　Z郎右衛門
小以三反七畝弐歩
　分米六石六斗七升弐合
　内
上田壱反三畝弐歩　壱石八斗代
　分米弐石三斗五升弐合　籾三合
上田壱反五畝拾四歩　壱石八斗代

籾六合
分米弐石七斗八升四合五勺
上田八畝拾六歩　　壱石八斗代
籾四合
分米壱石五斗三升六合

・・・《中略》・・・

右之通神文之被仰付、其上ニ而庄屋年寄組頭立會、立毛古検御帳面ヲ以内検見申、歩揃位付等毛頭依怙贔屓不仕、心之及之程念入明細ニ記上申候。勿論惣百姓出作共何之申分無御座候。新開少も無御座候。御見分被遊歩揃位付相違之儀御座候類少も偽り御座候ハヾ、検儀之上如何様之曲事ニも可被仰付候。為其連判仕指上申候。以上

元禄五年申九月
庄屋三人署名押印
年寄四人署名押印
猪飼次郎兵衛様

検地帳に従った形で字名・面積・耕作者・分米等が記入されています。

名前の左肩に小さな文字で、「三合」「六合」「四合」などと記入されていますが、この数字が内検見の数字だと思われます。

最高は「九合」、最低は「三合」となっています。面積等を度外視すると、次のような分布になっています。

「三合」と記載	・・	一〇筆
「四合」〃	・・	一三筆
「五合」〃	・・	一八筆
「六合」〃	・・	一八筆
「七合」〃	・・	一一筆
「八合」〃	・・	一二筆
「九合」〃	・・	二八筆

この数字が坪刈りの結果なのか、目視による出来具合なのか、はっきりしたことは分かりません。

ただ、小計欄に「籾三合」「籾六合」などの記載があること、筆数が少ないことなどから、代表となる田圃の坪刈り結果だと考えた方がいいのかもしれません。

もしそうだとすれば、「籾三合」を換算すると、一反は三〇〇坪ですから、反当り「籾九斗」→「米四斗五升」となってしまい大凶作です。「九合」でも「米一石三斗五升」にしかなりません。

何か別の基準があったのかもしれませんが、今となっては分かる術もありません。

ちなみに、この年の年貢免率は村高に四割三分七厘三毛、毛付に四割六分五厘で、多少の差はありますが、ほぼ例年並みであったようです。

《参考》
川崎文書（滋賀大学史料館）

※1
「内検見帳」「内毛見帳」「内見帳」等は免率や年貢納入に関わるためか、かなりの数が残されているのですが、農作業の実態となると、日常の作業であって、当たり前のことのためか記録に残されていることが殆どありません。

例えば、どのような肥料を使ったのか、どのような方法で入手し、どのように施肥したのかも詳しくは分かりません。

荒起こし(耕起)の後、元肥として緑肥(草や藻など)や魚肥（干鰯・干鰊・鰯粕・鰊粕）を入れたと思われるのですが、そのことを示す文書には出合えません。

このように、肥料ばかりでなく、農業全般について、生活全般について記載された文書がなく、最も知りたい村人の生活や農業の方法が確認出来ないのは残念なことです。

例えば、田植えが終わったとか、今年は不作のようだとか、稲刈りはいつ頃から始めるのかなどの注進状がある筈なのですが、殆ど目にすることが出来ませんでした。

しかし、他村の例ですが、次のような文書を見つけました。

《未整理九四二》

うへ付御注進之一札
一閏五月二日より十七日迄ニ、田地不残うへ付申候。少も相違成儀無御座候。以上
浅井郡岡谷村庄屋
享保十七年子閏五月　　宗左衛門
年寄作左衛門
波多野惣七様

乍恐口上書以御注進申上候
一田方植付之義、閏五月二日より植出シ同十七日まてニ、不残植付相仕廻申候ニ付、乍恐口上書を以申上候。以上
年号月
□□岡谷村庄屋
宗左衛門
年寄作左衛門
波多野惣七様
堀口治太夫様
（※享保一七年（一七三二））

同領である岡谷村庄屋から、注進状の雛形として貰った文書だと思われますが、このような注進状の写が少しでも残されておれば、農業についての実態が多少とも分かってくるのですが・・・。

《凶災一〇》

乍恐口上書を以奉申上候
一當村之儀は日損場所ニ而、先達而御注進申上候所、七月廿一日御神徳之雨降、其後少々ツヽ潤茂御座候得而、立毛相應出来仕候得共、只今ニ至、穂之上段々悪敷相見江何共難儀奉存候。何卒御慈悲之上御検分被遊被為下候ハヽ、難有可奉存候。以上
浅井郡冨田村庄屋
（村役五名省略）
延享四年
卯八月
堀口治太夫様
柴田猪助様
三田越右衛門様
（※　延享四年（一七四七））

右の文書は降雨の件に触れられてはいますが、検見の実施を願う願い状です。

このような文書からも多少の実態が分かるのですが・・・。

元禄十七年小入用帳より

第２４２号
2003.12.10

元禄十七年（一七〇四）の小入用帳から当時の村会計、村の様子を見てみたいと思います。

「元禄十七年冨田村未年小入用帳」
《村政二九》

正月十八日
一米五斗
　是ハ氏神祭礼、毎年例として
　村中寄合食給へ申候
一米壱斗
　右之味噌塩代
一米六石　　庄屋給米
　是ハ三人として壱人ニ
　　弐石ツゝ
一米壱石五斗　　年寄給米
　是ハ三人として壱人ニ
　　五斗ツゝ
一米六斗　　舛取給米
　是ハ御納米舛取所ニ而斗申候
　給米、三人として壱人ニ
　　弐斗ツゝ
一米壱石五斗　　井領米
　是ハ南早水村へ井領として毎
　年遣し申候
一米弐斗五升　　井領米
　是ハ田中村へ井領として毎年
　遣し申候
一銀弐拾弐匁　　T兵衛
　是ハ三分一銭銀上納ニ正月廿
　六日ょり二月五日迄大津へ罷上
　り道中共ニ日数十一日、壱人
　ニ弐匁ツゝ

一銀弐拾弐匁　　K左衛門
　右同断人足
一拾八匁　　七郎兵衛
　是ハ御□借金利金上納ニ二月
　十日ょり同十九日迄道中共ニ日
　数九日、一日壱人ニ弐匁ツゝ
一米八斗四升八合
　是ハ井川堀、四月十五日ょり十
　六日迄人足五十三人出シ、両
　日昼食給させ、一日壱人ニ八
　合ツゝ
一米三斗
　是ハ右之味噌塩代
一米七斗四升
　是ハ御領所井水組六ケ村立會
　六月二日ょり三日迄両日人足四
　拾六人ツゝ出シ、一日一人ニ
　八合ツゝ昼食米
一米弐斗
　右之味噌塩代
一米八斗壱升六合
　是ハ右之井水横堀仕候ニ付、
　井組六ケ村立會ニ而六月七日
　ょり八日迄人足五十一人ツゝ出
　シ一日一人ニ八合ツゝ昼食米
一米弐斗四合
　右之味噌塩代
一銀弐拾八匁　　T兵衛
　　　　　　　　J郎兵衛
　是ハ日損ニ付、六月十八日ょり
　廿四日迄大津へ御断ニ罷上り
　道中共ニ日数七日ツゝ、一日
　一人ニ弐匁ツゝ
一銀弐拾匁
　是ハ御領所井普請かへ桶五ツ
　代、壱ツニ付四匁ツゝ
一銀三拾六匁
　是ハ右之井、杭木四拾本、但
　弐間木、壱本ニ九分ツゝ
一銀弐拾匁
　是ハ右之井、しからミ竹代
一銀拾匁五分
　是同莚縄そうけ代
一銀弐拾八匁　　T兵衛
　　　　　　　　S郎兵衛
　是ハ早稲方日損ニ付御毛見願
　ニ八月十六日ょり廿二日迄大津
　へ罷上り、道中共ニ日数七日
　一日一人ニ弐匁ツゝ
一銀弐拾八匁　　J郎兵衛
　　　　　　　　K右衛門
　是ハ御毛見之儀御訴訟、大津
　へ罷上り、九月廿二日ょり同廿
　八日迄、道中共ニ日数七日一
　日一人ニ弐匁ツゝ

……《後略》……

このような記述が延々と続き、六十八筆の支出項目が記録されています。

項目別に村会計の内容を見たいと思います。

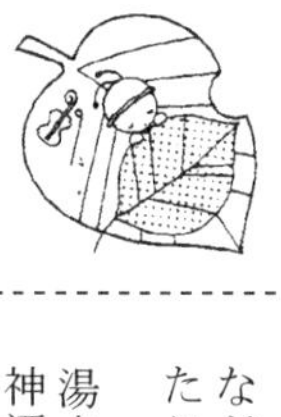

◆神事（おこない）関係

第一筆目にあるように、一月十八日の神事米五斗を要しています。以前に古老から聞いた話に、神事は二日間あった頃があり、一日は御飯が出て、一日は酒が出たと聞きました。そのことを意味しているのかもしれません。

また、次のような記述があります。

六月廿三日
一米壱石四斗　　長濱町重兵衛
　酒七斗代
　是ハ氏神へ雨乞度々の三寸《みき》　小倉村市殿
一銀百四拾目
　是ハ御湯立釜七口之礼ニ遣し
　申候
一銀拾匁五分　　右柴代
一白米弐斗三升壱合　　T兵衛
　是ハ右之はらい米、但釜一口
　ニ三升三合ツゝ
一銀四匁　　同人
　是ハ右之入用紙七帖代
一米五升　　同人
　是ハ右市殿造様
一米六升
　酒三斗代　　長濱町市兵衛
　是ハ右之三寸

などとあり、雨乞いが七回も行われたことを物語っています。

湯立て神事が行われた様ですが、御神酒にしろ、釜に入れる白米の量にしてもスケールが大きいことに気が付きます。

◆役員手当

第三～五筆にあるように、庄屋給・年寄給外にも

一米壱石　　　　　鳥追給
　是ハ郷中立毛を鳥あらし申候
　ニ付日々ニ番付置申候

とあり、雀などを追い払う役目を果たしていた人があり、その給米として米一石が支払われているなど、珍しい記事もあります。

また、

一米六斗　　　　　舛取給米
　是ハ御納米舛取所ニ而斗申候
　給米、三人として壱人ニ　　弐斗ツヽ

などの、年貢納入時に枡の計測係としての給米もあります。これは、大津蔵等での仕事だと思われます。

◆出張手当

上の史料の中にもあるように、村役人が大津などへ出張したときは、一人一日宛二匁(宿泊費等も含む)の支払いをしています。具体的な要件を書き出すと、

▼一月廿六日～二月五日(二人)
　三分一銀納納入
▼二月十日～十九日(一人)
　御□借金利金上納
▼六月十八日～廿四日(二人)
　日損御断(日照り報告)
▼八月十六日～廿二日(二人)
　早稲の日損御毛見願い
▼九月廿二日～廿八日(二人)
　御毛見之儀訴訟
▼十二月十三日～十九日(一人)
▼日時不明(一人・二回)
　三分一銀納納入
▼十一月十五日～廿六日(一人)
　御城米上乗(年貢舟に同乗)
▼十一月十七日～廿三日(二人)
　三分一銀納納入
▼十二月十七日～廿三日(二人)
　三分一銀納納入

以上の百二十五人手間、二百五十匁を要しています。

免定頂戴にしろ、三分一銀納入にしても村役人が御役所へ出頭する必要があり、多大の出費を余儀なくされたことが伺えます。

◆会議費関係

村役人が勘定などの時、昼食をとっています。その費用(米)として、

▼米弐斗壱升　　立毛下見
▼米六升　　右の味噌塩代
　庄屋年寄頭百姓　二十一人
▼米一斗三升　下見帳作成
▼米五升　　右の味噌塩代
　庄屋年寄頭百姓　十三人・二日
▼米七斗五升　免割
▼米一斗三升　右の味噌塩代
　庄屋年寄惣百姓　七十五人
▼米八升　　免割延長
▼米五升　　右の味噌塩代
　庄屋年寄百姓　　八人

以上の一石四斗六升を計上しています。

一人宛一升の計算です。一食でこれだけ食べたのかどうかは分かりませんが、賄い方(炊事など)も大変であったろうと思ってしまいます。

また、「味噌塩代」とあるのは、副食代と理解して下さい。

《参考》
　川崎文書　(滋賀大学史料館)

※1
明治五年・六年頃に作成された、地租改正に関わっての基礎資料となる「野帳」一号～八号の中に、次のような記載があります。
本文通りの記述ではなく、見やすく整理しています。

《土地一一一～筆者抜粋》

二二〇番堀ノ角
九畝三歩　　郷蔵屋敷　村中
二三八番蛸屋
二畝二一歩　家敷　　(個人名)
　内四歩　　経塚除地
四三五番円光
二畝二五歩　屋敷　　圭林寺
四三六番円光
　檀中惣代(氏名略)外二三人
二反一畝一歩　八幡社地　村中
四三九番円光
七畝六歩　　家敷　　源慶寺
　檀中惣代(氏名略)外五五人
八八一番十ケ坪
四畝七歩　　二枚田　(西)組中
　燈明田惣代戸長(氏名略)預り
　　　　　　　　　　外三三名
九六七番黒静
二七歩八分五厘　畑　　郷蔵敷
九七一番黒静
四畝五分　　掛所　　掛所
九七八番黒静
四畝四歩　　稲荷社　稲荷社
　鎮守氏子惣代(氏名略)外二三人
一〇〇八番北二ノ坪
八畝一九歩　四枚田　仏光寺掛所
一〇一五番北二ノ坪
一畝一六歩　田　　　神田預り
一〇八六番北七ノ坪
五畝一〇歩　三枚田　仏光寺掛所

村入用とは直接関係はありませんが、明治初期の冨田村としての公共、半公共的な共有地面があったことを窺い知ることが出来ます。

神社地や寺院地・掛所屋敷地は頷けますが、その他にも多少の共有地がありました。

郷蔵は年貢米の仮り収納蔵として、西・東・北村に少なくとも一ケ所ずつあった筈ですが、この頃には西・北村の二ケ所になってしまっていたようです。東村の郷蔵については、免定等には郷蔵屋敷引の記載がありますが、所在などの詳しいことは手掛かりがありません。

また、字十ケ坪に四畝七歩の燈明田(神社の諸費用を賄うための田圃、現在の「宮さん田」に相当)があったことや、北冨田村掛所の維持費捻出のための田圃が二ケ所、一反三畝二九歩があったことが判明します。

また、この史料の中には、個人屋敷の内に四歩(8畳・四坪)の経塚があり、その土地が除地(非課税地)となっていると記載されています。

除地になっているということは、村も認めた経塚(遺跡)であったようですが、昭和の初期には忘れられていたと聞いています。

経塚が出来た時代や、背景・由緒・施主等々、何も分かりませんし、伝わってもいません。

勿論、個人の屋敷内にある理由も不明です。

元禄十七年小入用帳（弐）

第２４３号
2003.12.24

前号に引き続き、「元禄十七年冨田村未年小入用帳」を見ていきたいと思います。

◆水利関係

《村政二九》

・・・《前略》・・・

一米壱石五升　　井領米
　是ハ南早水村へ井領として毎年遣し申候
一米弐斗五升　　井領米
　是ハ田中村へ井領として毎年遣し申候

・・・《中略》・・・

一米八斗四升八合
　是ハ井川堀、四月十五日より十六日迄人足五十三人出シ、両日昼食給させ、一日壱人ニ八合ツヽ
一米三斗
　是ハ右之味噌塩代
一米七斗四升
　是ハ御領所井水組六ケ村立會六月二日より三日迄両日人足四拾六人ツヽ出シ、一日一人ニ八合ツヽ昼食米
一米弐斗
　右之味噌塩代
一米八斗壱升六合
　是ハ右之井水横堀仕候ニ付、井組六ケ村立會ニ而六月七日より八日迄人足五十一人ツヽ出シ一日一人ニ八合ツヽ昼食米
一米弐斗四合
　右之味噌塩代

・・・《中略》・・・

一銀弐拾匁
　是ハ御領所井普請かへ桶五ツ代、壱ツニ付四匁ツヽ
一銀三拾六匁
　是ハ右之井、杭木四拾本、但弐間木、壱本ニ九分ツヽ
一銀弐拾匁
　是ハ右之井、しからミ竹代
一銀拾匁五分
　是同莚縄そうけ代

・・・《中略》・・・

一米四斗八升
　是ハ字名上つくだ井
　　　同北中町井
　堤修理仕、人足六十人、壱人ニ八合ツヽ昼食給へさせ申候
一米七升
　右之味噌塩代

・・・《後略》・・・

とあり、水利関係の普請が重要視されていたことが分かります。四月の井川掃除（冨田村～馬渡村郷分木の間）は圃場整備まではずーっと続けられていたと聞いています。

また、夏の六ケ村立会の御料所井普請、上佃井や北中町井普請等も、毎年何らかの形で続けられていたように思われます。

◆年貢関係

・・・《前略》・・・

一米六石七斗四升八合四勺
　是ハ御口米
一米六斗四升四合
　是ハ六尺給
一米六斗弐升四合七勺
　是ハ御納米百五拾弐石壱斗六升八合船ちん、但余米共ニ石ニ四合ツヽ
一米五升七合弐勺
　是ハ余米の舟賃

・・・《中略》・・・

一米四石三斗四升　　欠米
　是ハ二條御蔵詰米高百四十石の欠、壱石ニ付三升壱合ツヽ

・・・《中略》・・・

一米四石九斗四升八合八勺
　是ハ百四拾九石六升四合納米之込米、石ニ付三升三合ツヽ
一銀九拾九匁三分三厘
　是ハ御蔵前之入用銀、高百石ニ拾五匁掛り
一同七分　　右掛賃

・・・《後略》・・・

年貢は本年貢と、口米や夫米・御蔵入用米・六尺給米・・・等の付加税とに分かれます。

この史料を見るまでは、本年貢は本年貢で、付加税は付加税で各個人宛に高に応じて割賦していたのだと思っていました。

しかし、この史料では、口米・六尺給米・欠米などを計上しています。

つまり、付加税に当たる部分は村会計で処理していることになります。

どうせ、村会計（小入用）は高に応じて個人に割られますから、個人にとっては同じことなのですが、意外な事実でした。

小入用も高に応じて割賦していたと思われるのですが、場合によって、頭割り（均等割）と高割り（収入割）を併用したとすれば、個人の負担額も変わってくるかもしれません。

そんな意味も含め、口米等が小入用で処理されていたのは驚きでした。

◆村普請

一米三斗　　K右衛門
　是ハ郷之蔵三ケ所普請仕、人足五十人之昼食米、一人ニ六合ツヽ
一米七升
　右之味噌塩代

という記事もあり、冨田村には郷蔵が当時三ケ所にあったことを示しています。（西東北の各村に一ケ所）

水利以外の村普請は、この年はこの一件だけであったようです。

また、前号の記事と今回の記事を比較すると、次のような変化に気が付きます。

会議費関係昼食　一人ニ一升ツヽ
水利関係昼食　一人ニ八合ツヽ
村普請関係昼食　一人ニ六合ツヽ

とあり、昼食代にかける費用が異なっているのも面白いと思いました。村人が納得しているのですから、文句はありませんが・・・。

また、一食に一升も食べるのでしょうか。昼食米代プラス日当手当ではなかったかと考えています。

◆三分一銀納の差額

一銀壱貫百九拾九匁七分
　此米
　拾七石壱斗三升八合
　　高百石ニ
　　　弐石五斗八升八合
是ハ三分一米七拾四石九斗八升弐合、御公儀へ被召上請置段八拾六匁ニ上納仕候ニ付、所相場で壱石付七拾匁ツヽニ売申候。売様壱石ニ拾六匁宛御座候

とあります。

銀納のためには、米を売らなくては現金を得ることが出来ません。


当時、この地方の相場は一石七十匁であったらしく、その相場で売っています。

しかし、公儀への年貢としては一石当たり八十六匁の計算を強いられていたようです(免定に指示)。

つまり、その差額(損益)が一石に十六匁となり、三分一銀納相当米が七十五石弱ですから、合計一貫百九十九匁七分が相場による損益になってしまったということです。

百姓にとっては何の責任もないのに手痛い損益となってしまったようです。

この損益以外の小入用合計は、米に換算して、四十八石余となっています。一方、相場の損益が十七石余ですから、村会計の約三分の一程度の謂われなき出費を余儀なくされたことになります。

もし、米納でもいいのなら、この損益は発生していないのです。その意味では酷な相場制度だったと思われます。

しかし、逆の場合がなかったとは言い切れません。その時は万歳であったでしょうから・・・。

《参考》
川崎文書（滋賀大学史料館）

【いっぷく】

次の文書は、弘化四年(一八四七)の「疱瘡御見舞覚帳」の抜粋です。

《習俗二〇》

一五分　板くわし(※板菓子)　K右衛門
一五分　同断　T郎兵衛
一札五分　N源
一七分　板くわし　S兵衛
一五分　同　J左衛門
・・・・(略)
一七分程　らく雁　S左衛門
一壱匁程　らく雁　I伊平治
・・・・(略)
一七拾弐文　生如糖(※生姜糖)　T兵衛
・・・・(略)
一壱匁位　大猩々大鯛　K右衛門
一壱匁位　大鯛巾生如糖　F左衛門
一小豆飯大重　又三ツ目　I兵衛
一小豆飯大重　O左衛門
一小豆飯中重　D右衛門
・・・・(略)
一五分　板菓子　K作
一五分　板菓子　S右衛門
・・・・(略)
一江戸䱚弐枚　G太郎
一菊まん寿(※饅頭)　K左衛門
・・・(後略)

現代では疱瘡(天然痘)といった病気名を聞くことは殆どありません。
昔は不治の病(致死率四〇%前後)の感染症だったようですが、今では種痘の接種により、世界中で撲滅された病気とされています。
しかし、江戸期には何度も大流行を重ね、誰もが罹る病気であったといわれています。
上の「疱瘡見舞帳」には村内を中心に九三件(重複あり)の見舞金や添物の記録が記載されています。
添物には、板菓子・生姜糖・落雁・鯛・饅頭・素麺・小豆飯・梨等々の記載がされていますが、
　板菓子(三八件)・生姜糖(一〇件)
　鯛(七件)・小豆飯(五件)
が目を引きます。
圧倒的に多い板菓子・生姜糖については、当時の習慣として、疱瘡見舞↓板菓子・生姜糖といった的なルールがあったように思われますが、今となっては、それらの風習も何故かすら分からなくなっています。

インターネット情報では、「疱瘡神」は犬や赤色を苦手とする伝承があったため、赤い御幣や、・・・、鯛に車を付けた「鯛車」という玩具や猩々の人形も疱瘡神よけとして用いられた、とあります。

また、幕末期に種痘が実施された際には、赤い御幣・赤飯・食紅を付けた饅頭などが供えられることも多かった、とあります。

上の、鯛・饅頭・小豆飯(赤飯)等はインターネット情報が示す「鯛」「赤飯」「赤い饅頭」といったキーワードと一致するように思われます。

田圃の所有権について

現代社会では、不動産所有は法務局への登記によって、所有権がはっきりしています。

江戸時代の所有権はどんな扱いになっていたのでしょうか。

一般には、現在耕作している、年貢を納めている、居住している……などを根拠として所有権が認識されていたのだと思われます。検地帳に記載されている……などを根拠として所有権が認識されていたのだと思われます。

古い文書に「先祖相傳の田畑……」とか「先祖相傳の一職……」などの表現を見かけますが、所有権は漠然と公認されていただけではないかとも思えます。

今回、土地の所有権について、少し面白い文書を紹介したいと思います。

《農村一四》

乍恐御訴訟申上候口上書之事
一先年之御地頭様御取上ケ被成候田地之儀、冨田村G兵衛御目安を以言上被仕候事、驚入申候。此上り田之義ハ五年以前君嶋理右衛門殿と申御代官より新田村庄屋給分と被仰付、B右衛門、私両庄屋ニ田壱反ツヽ弐反被下置候ニ付、只今ニ至テ其通ニ所持仕り、何方よりも何ら申分も無御座候。此義被仰付候御代官殿、四年御支配被成、其次矢嶋惣右衛門殿弐年御支配被成候。左様御支配替りニも何ら子細も無御座候。只今何を我侭被申上候義何共迷惑仕候。則庄屋給分ニ此田地被下候時分、M左衛門、S五之介、U門太郎、B右衛門、S介、此衆居被申候間、私偽り申上候哉御尋被為成、G兵衛理不懸□被正候様、乍恐被仰付被下候ハヾ難有可奉存候

内容を簡単に整理すると、

・今度、G兵衛の訴えにより私の田圃を御地頭役所へ取り上げられ、驚いている。
・この田圃は新村(北村)の庄屋給として代官君嶋理右衛門殿より拝領したもので、現在も所持し何ら不都合は起こっていない。
・代官が交替したときも問題がなかった。
・庄屋給分として拝領した折、M左衛門等が同席していた。彼らに聞いてほしい。
・是非を糺してほしい。

※君嶋理右衛門
寛文十二年(一六七二)〜
延宝五年(一六七七)の御代官
矢嶋惣右衛門
延宝六年(一六七八)〜
延宝七年(一六七九)の御代官

内容、記載されている代官名などから推測すると、庄屋T郎右衛門が、延宝八年(一六八〇)頃に提出した訴状下書だと考えられます。

庄屋T郎右衛門が庄屋給として拝領したのだとすれば……、何の問題もなかったのだとしたら……、この田圃の所有権はT郎右衛門にある筈です。

しかし、疑問も残ります。慶長の検地によって全ての田圃に請人(所有者)が決まっていた筈です。

誰の田圃を、誰がどのような手続きでT郎右衛門の土地と認めたのか、前の所有者(耕作者)から文句はなかったのか……、何故、今まで問題もなかったのか……、年貢は誰が……。

想像ですが、今回訴え出たG兵衛が以前の所有者であった可能性もあると思われます。

いずれにしても、土地所有権については、曖昧な部分があること、はっきりとした證文がなかったことなどを示している文書ではないでしょうか。

現代だと、「登記人は誰だ」で済んでしまう問題なのですが……。

同じような問題が別にもあります。断片として残されている文書で、年月日も不明ですが、簡単に紹介します。

下八木村の人が上八木村郷内の土地を耕作していた。その田地が宛作か出作かで争論になったようです。

その訴訟に冨田村庄屋等四人が扱い(仲裁)を命じられます。その時の下書き文書だと思われます。

※ 宛作　小作地の異称
……上八木村の者の土地所有
出作　他村に土地を持つこと
……下八木村の者の土地所有

《農村一二》

……《前略》……
一上八木村より被申懸候は、當郷之内何拾何箇所、先年より下八木宛作仕置候處、右之内小前御高所持之百姓誰々近年身上不如意ニ付御年貢未進ニ罷成候ニ付、字何と申所弐ケ所宛作を取上ケ御田地売買仕、御未進御納所仕度候ニ付、下八木村作人へ断を申入候處、下八木村作人返答被申候ハ……古来より所持致来リ御年貢米之儀前々より桝極メニ而支配仕来候故……
……《中略》……
一下八木村被申答候ハ、右何拾何ケ所之田畑ハ毛頭上八木下八木両村往古一郷之所ニ而、古来両村と引別レざる以前より所持之田畑にて、御高畝歩其分と構なく御年貢米舛極メ計抜ニ而所持仕

来り、先祖相傳之田畑ニて数百
年来支配所持致来り、年数知か
たく古キ古出作ニ而・・・・
・・・《後略》・・・

上八木村は、飽くまでも宛作を主張し、高を持っているのは誰々で、近年は身上不如意のため御年貢は未納のままでいるだけである。

年貢未納分を払うため二ケ所の土地を売ろうとして、このようになってしまったと主張する。

一方、下八木村作人は、上八木・下八木村に分かれる以前から所持する田畑で、御年貢も納入している。先祖相伝の土地で、数百年来からの出作であることを主張します。

省略した部分で更にいろんな事が書かれていますが省略します。

どちらの言い分が正しいのか、どんな裁定を下したのか、今となっては分かりません。

しかし、両者とも主張の核心は、御年貢の納入の可否が主となっているように思われます。

もちろん、先祖相伝の地だとか、何十年来何百年来の所持だとの主張はありますが、証拠云々については書かれていません。

ただ不思議なことは、両者とも多少とも根拠をもって主張しているのだから(一方の全くの嘘だとは思えない)、一ケ所の土地を複数の者が所有していると思っていたことがあり得たということです。

上の二例は特別な場合かもしれませんが、当時認識されていた土地所有の意識は、現代の私達の感覚とは少し違うようにも思われます。

「絶対自分の土地だ」と言い切る、言い切りたいのだが、その裏にはその確証がはっきりしているような、していないような不安があったのかもしれません。

譲り状などがある場合は別として、所有権の根拠は

①検地帳への記載
②現在の耕作と年貢納入
③先祖相伝などと世間が認識

などではないでしょうか。

時代が変わり、代替わりが進むと、親の代から、祖父の代から、その前から所有しているんだと言っても証拠はない。年貢は納めているんだが・・・。

上のように、一旦争論が起こると証拠めいたものが何もない、そんな状況にあったではないかと思います。

《参考》
川崎文書(滋賀大学史料館)

※1

《未整理一六一》

末代賣■■・・・(欠損)
合中田拾八歩　分米九舛九合也
但字名堀角
右之田地、我等先祖之一職ニ而御座
候得共、酉ノ年三分一御未進不罷成
候ニ付、銀子弐拾五匁ニ末代賣渡し
申所実正明白也。然上ハ、於此田地
子々孫々後々末代、違乱煩他之妨有
間敷候。為後日、状仍如件。
冨田村賣主
■■・・・
元禄六年酉ノ
十二月七日　口入
G左■■
買主
T兵衛殿
(※元禄六年(一六九三))
(※一部欠損部分を補っています)

これは末代売渡證文ですが、字堀角中田一八歩を銀二五匁にて売り渡すとあります。

つまり、自分の土地を売り渡すということですが、これは所有権を移譲するということであり、今までは売主となる百姓に所有権があったと意識されていたことになります。

自分の土地であったこと(所有権)を「我等先祖之一職」という語句で端的に表現しています。

「一職(いっしき)」とは権利とでも考えればいいと思います。耕す権利収穫物を得る権利・・・、それらを一括して「一職」と表現します。

つまり、先祖伝来の権利を移譲するということですが、現代の所有権の移譲と同等の意味であったと思われます。

また、これらの売渡證文はいずれも常套文句が書かれていますので(当時は全てがほぼ同文)、全体的に世間の意識がそうであったように考えてもいいと思われます。

つまり、先祖伝来の一職(権利)という概念の所有権を世間が認めていたのです。

しかし、現代のような権利書があるのではなく、検地帳(水帳)に先祖の名前があることが根拠であったり、世間や村人がその一職を認めていることが根拠になっているようです。

しかし、江戸期は(年貢未進などの理由に)借金のカタに田圃や畑・屋敷を抵当に入れるのですが、結局は質流れし、所有者が変わることが間々あったようです。

新しい土地所有者の手元に残るのは権利書ではなく、借用証文であった筈です。庄屋が管理する検地帳の訂正がない限り、なんとなくアバウトな土地所有の形態であったのかもしれません。

中世の世では(近世前半も)、このように質流れした土地も、借金を返済すれば、約束の期限後でも、世代が変わっていても、元の所有者に戻すことが出来ると考えられていたようです。

動産・不動産にに限らず、どんな理由があろうが、所有権は元の所有者に帰属する(本来のあるべき姿に戻る)という社会的慣習、考え方があったようです。その考え方を形にしたのが「徳政」でした。

権力者により徳政令が出されると、借金はチャラになり、カタに入れた質物は元の所有者に戻されたといいます。(但し、殆ど中世の出来事)

小字別の高集計一覧

第２４５号
2004.01.24

寛文九年（一六六九）の「冨田村郷ノ町米詰覚」という文書があります。

この文書は左の史料のように、小字毎に高が記載されています。但し、途中が欠損していて、一〇筆（一〇小字）程の史料は分かりません。

また、後半部分には荒れ田の覚が記載されています。

この高の数値は、①検地帳に基づいた高の小計、もしくは、②この年の取れ高の小計を意味するものと考えられます。

他のデータと突き合わすと、①の慶長検地帳を基にした、小字毎の小計のようです。

《租税四〇》
又さい
一拾八石七斗三升七合　町
小寺
一拾九石八斗七升七勺　同
川田
一拾九石八斗八升五合　同
角田
一拾七石壱斗六升八勺　同
二ノ坪
一拾六石六斗四升五合五勺
ふし町
一拾五石三斗一升七合五勺
六ノ坪
一拾四石五斗一升六合九勺
下つく田
一四石八斗四升弐合　町
上つく田
一拾六石壱斗八升四合
三ノ坪
一拾弐石九斗八升八合四勺
北二ノ坪
一拾五石壱升六合弐勺
北一ノ坪
一七石九斗三升四合五勺
北七ノ坪
一七石三斗七升壱合三勺
北八ノ坪
一拾四石七斗一升八合三勺
くろしつか
一拾弐石六斗六升五合四勺
十が坪
一拾三石八升八合九勺
中ノ町
一九石弐斗壱升七合八勺

…《後略》…

左の一覧表は、今回の史料である、寛文九年（一六六九）「冨田村郷ノ町米詰覚」のデータと、慶長検地帳の小字別集計（筆者計算）の一覧です。

検地帳の小字別集計については、解読の間違いや、入力ミス（検地帳は七五一筆もあります）による誤差が多少はあるかと思いますが、今回の史料と検地帳集計にはかなりの相違があります。

特に、屋敷周辺や畑のある土地周辺で数値の違いが目立っています。

これは、両史料で小字名が一致しない、または不明な土地もあり、一方にある小字名が他方にはなかったり、一部の小字が細分化されていたりしてい

小字名	史料高(石)	検地帳高(石)	備考
又才	18.71700	5.64000	
小寺	19.87070	19.60200	
川田	19.88500	19.88580	
角田	17.16080	17.16050	
二ノ坪	16.64550	16.64550	
武士町	15.31750	15.31750	
六ノ坪	14.51690	12.54780	
下佃	4.84200	4.84780	
上佃	16.18400	15.26000	
三ノ坪	12.98840	12.98400	
北二ノ坪	7.93450	14.93950	
北七ノ坪	7.37130	6.50650	
北八ノ坪	14.71830	14.37770	
黒し塚	12.66540	12.66540	
十ケ坪	13.08890	13.09200	
中ノ町	19.21780	20.04490	中町・北畑
深町	16.29100	16.29550	
七ノ坪	17.38550	17.38500	
八ノ坪	16.48350	16.48350	
大海道	16.79750	5.93550	北大海道
南大海道	15.15240	30.60930	大海道
藪越	17.77240		
溝畑	10.76400	7.61400	
田ノ下	15.65550	10.84800	
どう前	7.84620	5.55400	道ノ前
円光寺	5.68370	14.75120	
堀	14.02790		
管居本	21.03630	21.68650	
取塚	21.01600	38.17250	両方で
若林	18.54550	1.38600	39.5585
十八	16.21350	16.23600	
十七	9.91260	9.87290	
十六	17.05500	16.70150	
十五	16.85000	25.92500	両方で
十四	18.55300	8.66260	34.5876
十三	8.95730	8.95830	
ほうたい	11.45350	9.22660	傍田
二十(ハタチ)	15.40600	15.15790	
北中ノ町	11.47870	10.91980	
正出	14.51350	13.93820	
溝尾	14.35450	14.14330	
古座	14.91050	14.91950	
墓ノ町	18.96400	18.95700	
村馳	欠損不明	18.40800	
三反田	欠損不明	18.53400	
木添	欠損不明	9.21550	
宅屋(団子	欠損不明	9.21550	たこや
天神	欠損不明	3.38100	
よもぎ	欠損不明	15.90920	
堀角	欠損不明	7.53260	
下川田	欠損不明	11.32200	
玄取	欠損不明	12.50920	
屋井田	欠損不明	16.24900	
		3.21420	前畑
		4.96880	道ノ北
		6.30000	大竹
		2.75160	居村割
		14.33520	屋敷

ることにも原因があります。

また、両史料については、六〇年余の年月の開きがあり、土地の統廃合などの変化、それに伴う高の変化などがあったのかもしれません。

本来は変化する筈はないのですが、不本意な数値となりました。

字高が全く同じ数値となったのは数ケ所に留まりました。

時間の余裕が出来たときに、もう一度検地帳の確認や点検をし、更に、天保検地帳との比較もしたいと思っています。

左のデータには、屋敷や畑地もその面積や区別に応じて高の計算がされています。

「黒し塚(黒静)」は北冨田村の屋敷地になっている小字ですが、十二石余の高が計上されています。

当時は屋敷地と畑地・荒れ地(道)などになっているのですが、屋敷地は一反一・三石宛、畑地は上畑一・三石宛中畑一・〇石宛、下畑〇・七石宛で計算されています。

これは「藪越」・「大竹」・「宅屋」などの屋敷地についても同様です。

田方の高が所得見込みの評価だとすれば、屋敷や畑方の高は固定資産評価とでも思えば辻褄が合います。

これらの合計が村高で、この村高に対して、何割かの年貢が掛けられたのです。

また、大方の小字が一町四方であったのに対して、「北一ノ坪」「北七ノ坪」「十三」「傍田(ほうたい)」は、一町四方の面積はありませんでした。

現在の「田ノ下」「溝畑」「又才」なども田方としては、一町四方もないことはご存じだと思います。更に、村内の土地は必ずしも一町四方一小字となっていない場合もあったようです。

それらのことを念頭に、小字高を比較してみると、肥沃な田圃とそうでない田圃が分かってきます。

肥沃でないと思われる土地は、検地帳でも下田や下々田にランク分けされている場合が多いようです。また、川あり、畑ありなど、全てが田圃ではなかった一帯だと思われます。

字「十七」のあたり(現在は字「十六」と字「十七」を合体して「十七」と呼ぶ)は、北から大川が流れ、東からも大川が流れ、益田井の近くには大きな堀があったり、周辺部には桑畑があったりしたことを覚えています。そのために字小高も周囲より高が低くなっています。

一方、「菅井本」「取塚」(現在は合体して「菅井本」)は二十石を越える、肥沃で、村に近い便利な一等地としてあったようです。

《参考》
川崎文書(滋賀大学史料館)

【いっぷく】

《未整理六六二》

①
屋敷四畝　四斗
本高五斗六升
〆拾石八斗四升五合五勺
外二廿八分五り　壱斗三升三合
~~外二弐斗九升三合~~
新田屋敷下田中畠成り道荒

②
ミそはた
上田壱畝廿弐歩五リン　J郎太夫
三斗壱升五合
南屋敷
上畠壱畝五歩　壱斗四升三合木勺
若林
上田壱反三歩　壱石八斗壱升八合

③
すま田
中畠廿八歩　J郎太夫
村はせ　九升三合三勺
上田五畝廿壱歩　壱石弐升六合
ほりのすミ
上畠拾壱歩　四升七合六勺
十八
中田三畝拾七歩五リン
五斗九升壱合三勺
十七
中畠壱畝拾歩　壱斗三升三合三勺
はかノ町
上田九畝廿歩　壱石七斗三升九合

右の文書は、年月日の記載はありませんが、綴じ穴と思われる穴が左右に各四つあり、元は帳面仕様であった一枚だと思われます。

(※③部分で折り曲げた袋綴じ)

筆跡・字体は江戸前期と思われ、内容は名寄帳の一部と思われます。

(※名寄帳…個人毎の土地台帳)

②からがJ郎太夫が所有する土地の明細になります。次の頁にJ郎太夫の集計が記載されていた筈です。そのためJ郎太夫の持高は確定することは出来ません。

また、①は前頁に記載されていた人の集計です。

冨田村の一部が旗本西郷氏へ渡った時に作成された名寄帳か、冨田北村の分村時の名寄帳ではないかと考えましたが、J郎太夫の名前が見られるのは北村分村の時だけです。

従って、確定は出来ませんが、右の文書は、寛永一六年(一六三九)、北村分村時の際に作成された名寄帳の一部と考えることが可能だと思います。

もし、そうだとしたら、「南屋敷」と記載のあることから、本村(冨田村)に屋敷を持ったまま(残して)、北村へ引っ越ししてしまったことを示唆しています。

また、「溝端」「角田」「堀の角」など、冨田村の南部分に畑(野菜畑?)を所有しているなど、引越前の生活感をも感じさせます。

反面、北村への引越により、それらの田畑管理に不便な面も生じたであろうことも想像できます。

(※土地の場所は一三号参照は)

これらの土地は、その後どうなったのでしょうか。

長い年を経て、手放されたり、交換されたり、借金のカタになり…、いつの間にか、北村中心の生活に移っていったようです。

寛文九年荒れ田明細

第２４６号
2004.02.10

前回に続いて、寛文九年(一六六九)の「冨田村郷ノ町米詰覚」という文書を見たいと思います。

前回は小字別の高集計について触れましたが、右の文書の後半には次のような記録があります。

《租税四〇》

……《前略》……

北あれ田ノ分　覚

北二ノ坪
壱畝拾歩　三郎五郎
北一ノ坪
五畝　左近兵衛
北七ノ坪
三畝　(主?)□毛なし
同所
九畝　同
北八ノ坪
壱畝拾五歩　同
同所
壱畝拾六歩　同
同所
壱畝拾弐歩　同
十六
五畝拾三歩　同
十五
九畝十歩　同
同所
貳畝十二歩　同
傍たい
七畝三歩　同
同所
七畝　同
同所
壱反七畝拾八歩　同
はたち
一　六畝拾七歩　あれ
北中ノ町
一　三畝拾歩　同
同所
一　三畝拾四歩　同
同所
一　弐畝拾歩　同
正て
一　三畝拾歩　同

……《後略》……

右のような、北冨田郷荒れ地の記録があり、作付けのない荒れ田が十三筆七反二畝十九歩もあったことが分かります。

また、単なる荒れ(道や溝などに地目変更を余儀なくされた土地などで北中ノ町などは、北中ノ町井の溝敷になったのではないかと思われます)が、十筆三反五畝二十三歩あります。

両方の合計、一町五畝十二歩が荒れ地となっています。面積的にはかなりの面積だと思います。

全てが下田としても約十四石余の高になります。年貢が四ツとしても六石弱、俵にして十五俵です。

これを多いと感じるか、少ないと感じるかは分かれるところですが、当時の村人には大きな負担だったと思います。

収穫ゼロの田圃であっても十五俵の年貢が必要なのです。他の耕作地からその十五俵分を捻出する必要に迫られることになります。

村人一人一人当たり多少でも年貢量が増えるのですから大変だったと思います。

このような状況の中で、当時(江戸期初期)には、作付けされることのない荒れ田が存在していた(北一坪・北二坪・北七坪・北八坪・十六・十五・傍田)ことが注目されます。

現在は北冨田郷となっている、田中村郷との境付近です。

たまたま、この年だけのことなのかもしれませんが、御検地から半世紀以上経過していても、郷内に作付けできない土地があったことを物語っています。

御検地は受けたが、十分には開墾できていない土地であったのか、もしくは、水損などで耕作に値しない土地であったのか、手が回りきらず放置されていたのか、持ち主が逃散してしまったのか、原因は何であれ、当時はそんな土地があったようです。

前々号で書いた、庄屋T郎右衛門の庄屋給地の所有をめぐってのトラブルがあったのは、この史料から約十年後のことです。

もしかすれば、庄屋給に宛てられた土地は、右のような作付けされない荒れ田だったのではないかな…などとも思ったりもしています。

土地を遊ばせるくらいなら、誰かに耕作させた方が…などと考えたのかもしれない(真実は?)、そんなことを思いながら右の文書を読みました。

圃場整備以前、大川(北冨田川・十一川(十七川)など)の土手周辺には桑畑が広がっていたと記憶しています。

川沿いの田圃は、下手の方に一畝ほどの桑畑があるのが普通だったように思います。

土手の直ぐ横から田圃が作られていたのは中川と、十一川の井から南西に伸びる益田川周辺だけであり、他の川の周辺には桑畑などが広がっていたと記憶しています。

これは川が氾濫した場合、土手が決壊しないように、水が溢れ込まないように、…などのことを考えての対策の一つでなかったのではないでしょうか。

養蚕のための桑が必要であったことは勿論ですが、地形の弱点を補う手段だったように思います。

その副産物が桑の木であり、養蚕であったのではないでしょうか。

圃場整備の後は、一面が田圃となってしまいましたが、往時は榛の木が茂り、所々には雑木林があり、桑畑があり、…といった、水損対策も兼ねた風景になっていたようです。

一方、それでも湿った土地が出来た場合には、上のような荒れ地になったり、作付けできない土地になったのではないかと思っていますが、真相はどうであったのかは、今となっては分かりません。

江戸時代、慶長検地以外には検地は行われませんでしたから、村高は変化しませんでした。しかし、想像の域を出ませんが、田圃の風景は時代とともに変化していたのではないかと思われます。

時代とともに水吐け水路が完備されたり、用水路が掘られたり（享保十一年）、上のような荒れ地が開墾され、自然災害に対応できるようになったのではないかと思っています。

一方では、雑木林などが生い茂る土地などの開墾もされたのではないかとも思われます。

前号で述べたの寛文九年（一六六九）のデータと慶長検地とのデータが一致しないのも、そのことを物語っているのだと思います。

今回の内容は大きな記事ではないのかも知れませんが、村の歴史を考えていく上で、大きな問題点を示唆してくれる内容だと思っています。

私が江戸時代の冨田村の風景を思い浮かべるとき、田圃の風景は圃場整備以前の昭和三十年代から四十年代前半の風景を脳裏に刻んでいます。

もう少し年輩の方が思い浮かべる風景は、大正時代や昭和初期の風景であったりする筈です。

問題点は、田圃の風景も時代とともに変化することを前提には考えていなかったことだと思います。私が育った頃の風景が、江戸時代の始めから続いていたと錯覚していたことです。

冨田村でも、歴史が始まった頃から徐々にでしょうが、田圃の風景や状況は変化していた筈です。

今となっては、圃場整備という大改造事業で、昔の風景を復元することは出来ませんが、また、古文書等から更に古い風景を復元することは出来ませんが、一枚一枚のどの田圃にも歴史があるんだということを教えて貰ったように思います。

《参考》
川崎文書（滋賀大学史料館）

※1
次の文書は寛文二年（一六六二）と類推できる「御年貢納所通」です。
年貢を納める毎に、何村がどれだけの年貢を納入したかを記録した書類です。
「通」は「かよい」と読み、最近まで使われた言葉ですが、死語になりつつある言葉かもしれません。
現在では通帳といえば分かってもらえるかもしれません。

《未整理九四〇》
江州浅井郡之内冨田村寅之才御
年貢納所通
簗瀬三郎右衛門（印）
一納高三百五拾八石四斗五升九合六勺
内
十二月十一日
一米貳拾壱石　東村分
但五拾俵　三上半兵衛手形
同日
一米拾六石八斗　北村分
但四拾俵　同人手形
同日
一米四拾弐石　西村分
但百俵　同人手形
卯ノ正月廿四日
一米弐拾九石四斗　東村分
但七拾俵　同人手形
同日
一米弐拾五石弐斗　西村分
但六拾俵　同人手形
同日
一米弐拾壱石　北村分
但五拾俵　同人手形
二月十四日
一米弐拾壱石　同村分
但五拾俵　同人手形
…（中略）…
一三石壱升壱合四勺　舟賃
但米三百壱石壱斗四升
半兵衛手形
十九村へ舟ちん入ル
…（中略）…

四月十六日
一米五拾三石九斗三升　銀納
弐合弐勺
此銀壱貫九百九拾五匁五分
石ニ三拾七匁
内
五百七拾匁四分六厘　銀ニ而請取
弐拾五匁　□□壱石□□
壱貫四百匁　手形ニ而請取
右皆済如件
（※一筆毎に割印があるが、省略）

本文の七年前、寛文二年の年貢納米高を示す史料です。
この時、冨田村の村高が七六九石四斗でしたから、年貢納米高三五八石四斗五升九合六勺は、約四六・六％になります。
当時も、作付けのない荒れ田があったとしたら、個々人が負担する年貢米は持高の五〇％近くまでになった筈です。
本文にも書きましたが、敢えて何故そうなったのか、現代の私達にとっては不可思議な現象です。
手間がなかったのか、未開墾の地であったのか…、個人負担が増えるデメリットを甘受してまで何故作付けが出来なかったのでしょう。
江戸期後半の史料に、廿（はたち）、傍田（ほうたい）は安養寺村の出作になっていることを確認できます。
そのことを考えると、地理的な問題も多分にあったようですが、手間の問題も大きかったように推察できます。
いずれにせよ、江戸幕府が始まって六〇年経ても、安定した土地経営がなされていたとは言い難いことになります。

明治時代の戸籍簿

第２４７号
2004.02.24

冨田村区有文書(八幡神社祭器庫)の中に、明治十一年、十二年、十三年、十五年の「一月一日改戸籍簿」が残されています。

この「戸籍簿」には、屋敷番地と、各家の家族の氏名、誕生日、年齢等が記載されています。

また、その年の死亡の記録、誕生の記録、縁談等による送籍、入籍の記録が付け加えられています。

また、巻末には村全体の男女構成人数、年齢別人数、死亡者人数、誕生者人数などがまとめられています。

《明治十二年戸籍簿》

八番屋敷住居
誕生弘化元甲辰九月　川崎□□　三十四年四月
誕生嘉永元戊申三月　同 とめ　三十年十月
十一年馬渡村松山□左衛門方へ　四月二日送籍
浅井郡第十壱区馬渡村七拾壱番屋敷　竹内□□二女
明治十二年四月十九日入籍

誕生弘化元甲辰八月廿五日　その

…………

十四番屋敷住居
誕生弘化二乙巳九月　阿部□□　三十四年四月
〃　〃　三丙午八月　〃 とま　三十二年七月
一月廿三日死亡
〃　安政元甲寅三月　同 やゑ　二十四年十月
川崎□右衛門次女　三月廿二日入籍

…………

三十四番屋敷住居
誕生文化十三丙子八月□□□□　六十二年五月
同　嘉永六癸丑二月　同 こきよ　二十五年十一月
第十三区下八木七十六番屋敷　沓水□左衛門
沓水□左衛門長男　一月十九日入籍
誕生嘉永元戊申五月十五日　改同 □左衛門　三十年八月
明治十二年六月一日出生□□□七

…………

四十七番屋敷住居
誕生文久二壬戌六月　川崎□□　十六年七月
同　文化三庚辰八月　同 □□□　五十八年五月

…………

九十七番屋敷住居
誕生明治元戊申一月　□□はな　十一年

…………

人員惣計三百三十九人
内
男　百六拾四人
十四年十一月以下　四十三人
自満十五年　至二十年十一月　十三人
自満二十一年至三十九年十一月　六十四人
自満四十年　至五十九年十一月　廿四人
自六十年　至七十九年十一月　廿人
女　百七十五人
十四年十一月以下　四十五人
自満十五年　至三十九年十一月　七十七人
自満四十年　至七十九年十一月　五十三人
夫婦　男五十二人　女五十二人
出生　男八人　女三人
死亡人　男四人　女一人
内ニ
増二人

※明治十二年(一八七九)「戸籍簿」データは北冨田村を含みます。屋敷は、一〜九十九番屋敷まで。

上の資料は適当に抜粋しました。他意はありません。

また、屋敷番地でどこの家かが特定できるのかも知れませんが、氏名は伏せ字(□□)としました。

上の資料の八番屋敷の家族は、三十四才の戸主と三十才の妹の二人暮らしでしたが、明治十一年に妹が嫁ぎ、翌年四月には嫁を迎えていることが分かります。

上の資料にはありませんが、明治十三年の戸籍簿では長男誕生が記載されています。

また、十四番屋敷では、三十二才の妻が一月に死亡したため、二ケ月後の三月には村内から後妻を迎えたものと思われます。

また、三十四番屋敷では、老父と娘の二人暮らしの中へ、下八木村から婿を迎えていますが、縁組みと同時に家名(戸主名)に改名しています。また、すぐに長男の誕生も確認できます。

四十七番屋敷は、十六才の長男と、老父の二人暮らしで、女手がなかったことがわかります。

また、九十七番屋敷は十一才の少女が戸主となっています。

表向きは戸主ですが、実際には父母と一緒に生活をしていたのではないかと思います。

これは、絶家再興や分家、家名相続といった目的で別世帯(屋敷)を設定したもので、冨田村内(北冨田村も含む)に数軒が確認できます。

明治十一年から十三年、十五年の戸籍簿しか残されていませんが、各家の当時の状況が判明します。

ちなみに、筆者の先祖についても、前々から、過去帳の法名などから、当時の全家族を把握していたつもりだったのですが、この戸籍簿の資料の中から、新しく他村へ嫁した人物を確認することができました。

プライバシーの問題があって公表したりすることは出来ませんが、お知りになりたい方がおられたら、声を掛けていただければ調べることは可能だと思います。

ただし、当時の戸主名などが分かっていないと調べられませんが・・・。

また、以前に、明治二十五年作成の神事頭役名簿から、現在の子孫を確定しようとしたことがあります。

神事頭役名簿にある名前を何人かの古老に聞いて廻ったことがあります。

しかし、全ては判明しませんでした。

たった百年前の冨田村住人すら、現代では忘れ去られようとしています。

しかし、他家の情報はいざ知らず、自分の祖父母や曾祖父母の名前は知って居られると思います。それらをまとめれば、一つの冨田村の歴史や流れが見えてくるのではないかと、私は思っています。

その意味でも多くの情報や相談を頂ければと思っています。よろしくお願いします。

歴史は文書が作るのではなく、ひと(人)が作るものです。冨田村も何百年も前から冨田村住人によって作られてきました。

その意味で、冨田一村に限っても、いつ頃にはどんな人が生活していたのか、どんな苦労があったのか、非常に関心があります。

今後もプライバシーの侵害をしないようにして関心を持っていきたいと思っています。

《参考》
冨田区所蔵（祭器庫）文書

【いっぷく】

次の文書は、明治四年(一八七一)の『御觸書之寫』の一部です。

《法令一一》

一當辛未年六月十五日より七月十七日迄、即チ西暦千八百七十一年第八月中、亜米利加合衆国桑法朗西斯哥(サンフランシスコ)港ニ於テ、展覧會相開候ニ付、御国商民ヨリモ物産差出度輩者、勝手ニ可願出候。

抑展覧會之儀者、各国之物産并新発明ノ器械類ヲ取集メ、人民ノ知識ヲ擴充シ、通商ノ方法ヲ稗益スルノ趣意ニ候間、有力ノ者申合セ精々産物差送り候ハヽ、御国産ノ冨饒ヲ普示シ、将来彼是貿易ノ道ヲ盛大ニスルノ一端ニ候ヘハ、一己ノ利益ニ拘泥セス各勉励シテ、夫々御国産ヲ取集メ可差送候。右展覧會発開ノ期ハ、来ル六月十五日ニ付（西暦千八百七十一年第八月一日）四月廿日（西洋第六月十七日）頃迄ニ荷物取揃ヘ、輸送候様可致、依而其品物ノ種類大畧、別帋掲示候条有志ノ者ハ来ル四月廿日限り、其府藩縣管轄所江願出、身元取調、請人相立候上、同所添翰ヲ以、各開港場江届出、勝手次第渡航候様可致事。

但往来船賃ハ平常五分ノ三相拂可申、物品運賃ノ儀ハ彼地ニ於而賣却不致候ハヽ、相拂ニ不及候事。

辛未四月　太政官

(別紙略)

サンフランシスコで開催された展覧会(万国博覧会か?)への物産の出展を呼びかける文書です。

これらの文書を見ると、現代とは違い、当時は情報伝達が密であったと思われます。「御觸書」には大きなことも小さなことも、片田舎まで伝えられています。

ラジオもテレビもない時代、若干の時間差はありますが、廻状という手段で正確に伝わっているようです。

また、多くの古文書と出会ってきましたが、初めて上の文書で「西暦」という表現を目にしました。

日本はこの時点では旧暦を使っていますが、西暦という概念も理解されるようになったと思われます。

(※翌明治五年より太陽暦に移行)

だから、日本では「六月十五日」がアメリカでは「八月一日」という但し書きが必要になってきます。

何気なく読み進む中にも歴史のロマンを感じます。

また、何故か「西洋第六月十七日」とか、時間の表現に「第六字(時)」のように、当時は「第」という字を挿入して表現しています。

英語の「6th」のように、6番目の月、6番目の時間という意識があったのでしょうか?

また、この時代には「六日昼前之内」のように表現し、「午前」という言葉は登場しません。これまた時代を感じさせてくれます。

更に上の文書のように、明治以降の文書はカナ交じりの文章ですが、このカナ交じりの文書が登場するのもこの頃のようで、太政官とある文書はカナ交じり、朝日山藩庁からの文書は江戸期以来の殆ど漢字ばかりの文書です。

二月段階での太政官布告は殆ど漢字ばかりですので、カナ交じりの文章はこの頃、中央から流布され始めたのではないでしょうか。

紹介した文書の内容に触れられませんでしたが、この頃の布告内容には明治の文明開化、殖産興業への心意気が見えてくるように感じます。

幕末の情報伝達色々(一)

第２４８号
2004.03.10

以前に読んでいた文書をもう一度読み直すと、その頃は意識しなかった事柄に目を奪われることがあります。

今回はそんな事柄を「御触書之写」(慶應二年(一八六六))からアラカルト的に紹介したいと思います。

《法令八の六・一〇頁》

……《前略》……

(6頁)

慶應二寅年

九月廿九日

殿様御事御隠居御願之通り被聞済若殿様江御家督無御相違被　仰出雁之間御詰被為蒙　仰候事。

右之通り奉得其意、小前々々江茂不洩様可申聞、且寺院有之村方は村役人より申通請印帳相添、早々可致順達候。以上

十一月十九日　　山形役所

浅井郡

村々庄屋

……《中略》……

(10頁)

松平丹波守様御娘桂□様御事殿様御縁組御治定ニ付御取交相候事

一大殿様兼々御脚気之症被成御御座候ニ付、出羽国赤湯村温泉御取寄被成御入湯候ハヽ、御相應ニ付□之内御在所江御越、右汲湯御入湯被成御療養度御願相済候事。

右ニ付四月六日江戸表御發駕、同十六日山形表江御着座被遊候事。

右之通り奉得其意、小前々々江茂不洩様可申聞、且寺院有之村方は村役人より申通、請印帳相添、早々順達可致候。以上

山形役所

浅井郡村々　庄屋

……《後中略》……

六ページの内容は、「殿様が隠居され、若殿が家督を相続し雁の間詰となった」(十一月十九日付御触)、このことを村人に漏れなく伝えよ…といった内容です。

一〇ページは、「殿様と松平丹波守様の姫君と縁組みが決まった。大殿様は脚気で赤湯村の温泉を取り寄せておられたが、この度地元での療養を願われ、四月六日江戸出立、十六日山形藩に到着された。」(六月九日付)、このことを漏れなく伝えよ…といった内容です。

領主の動向等を含めた複数の情報が、約二ケ月後には支配の村々に伝達されています。

慶事や病気のことですから、御祝いやお見舞いを督促する意味もあったのかもしれませんが、情報伝達が以外と早く(現代人には遅いと思うが…)伝わっているように思います。

《法令八の一三九〜一四〇頁》

……《前略》……

三月廿一日同廿三日品川□森□ニ於而外国人ヲ暴ニ馬車より引卸シ、剰、刀を抜掛候様之挙動在之、且其前茂道ヲ譲り控居候英吉利公使ヲ差留候者有之、又横濱表ニ於而路上拂蘭西人ニ對シ、無謂打撃致候者屢在之、右は是迄度々被　仰出候趣茂不相守、道路ニ於而往来之平ヲ譲り、通行可為致旨御布令之処、前書之始末第一　朝令ヲ軽シ、現在御国難を曳出候處業ニ付以後尚亦屹度相心得可申、若、此後違背之輩於有之は、當人は勿論其主人ニ至る迄、屹度厳重ニ可被為處旨御沙汰候事。

右之通於東京被仰出候間相達候事

五月　　行政官

……《前略》……

※明治二年(一八六九)の記録

「三月二十一・二十三日、品川において外国人を馬車より引きずり降ろし刀を抜いた者、その前は道を譲っているイギリス人を差し止めた者、横浜では路上のフランス人に故なき打撃を加えた者など…今までの思召しも守らず、国難の原因にもなる…今後はきっと、このようなことがないよう沙汰するものである」…といった内容です。

文久二年(一八六二)、イギリス人三人を殺傷した「生麦事件」連想させる事件が起こっていたことが伺えます。

明治になっても、攘夷を唱える人々もあったと思われます。

これらの事件も二ケ月後には村々の人々の知る所となっています。

《法令八の九四頁》

……《前略》……

今般諸国大小之神社ニおゐて神佛混淆之儀は即廃止ニ相成候ニ付、別當・社僧之輩は還俗之上神主・社人等之称号ニ相轉、神道ヲ以勤仕可致候。若又無據差支有之、且は佛教信仰ニ而還俗之儀不得心之輩は、神勤相止立退可申候事。

但シ還俗之者は僧位・僧官返上勿論ニ候。官位之儀は追而御沙汰可有之候間、當今之處、衣服風折・烏帽子・浄衣・白差貫着用勤仕可致候事。

一是迄神職相勤居候者は、席順之儀は夫々伺出可申候。其上御取調ニ而御沙汰可有之候事。

閏四月

・・・《後略》・・・

※慶應四年（一八六八）の記録

いわゆる「神仏分離令」と言われるものです。

慶應四年の閏四月には、次から次へと通達が出ています。右の通達より前に書かれていますが、同じく閏四月付の文書に次のようなものもあります。

《法令八の八四〜八五頁》

・・・《前略》・・・

今度　太政官ょり被　仰出候次第有之候間、左之篇々取調帳面ニ仕立可成早々可申出候。

除地何反歩

御年貢地何反歩

一　何々社　梁間何間　壱ケ所

桁行何間

右之訳

御神躰　佛像有無之訳書

鰐口　有無之訳書

梵鐘　有無之訳書

仏懸類　有無之訳書

一　右之社地境内

観音堂

薬師堂等ヲ始メ都而佛像有無之訳書

右之通り御届書至来致候間、早々取調可申出候事。

閏四月　山形役所

・・・《後略》・・・

明らかに神仏分離令を意識した通達で、各村々が取調帳を作成している間に（提出するまでに）、上の通達が出されることになります。

明治七年の「八幡神社取調張」は区文書として残されていますが、この時の取調帳は残されていません。

これらの情報や通達は、廻状という村々を順継ぎに送られる文書（回覧状）によってもたらされました。

この「御触書之写」はこれらの廻状の内容を記録した膨大な史料で、慶應二年九月から明治三年閏十月まで、二〇四ページ（表紙・裏表紙含）にわたって記録されています。明治維新前後の動きを知る上では、貴重な史料だと言えると思います。

教科書では学べない事柄がいっぱい出てきます。

「此度兵庫御開港商社御取開相成候ニ付・・・」「東山道官軍先鋒既ニ戦争ニ及・・・」「阿片煙草之儀は人之健康ヲ害し・・・」「金札来ル十五日（明治二年五月）より御発行・・・」・・・など、多彩な記事が見られます。

《参考》

川崎文書（滋賀大学史料館）

※1

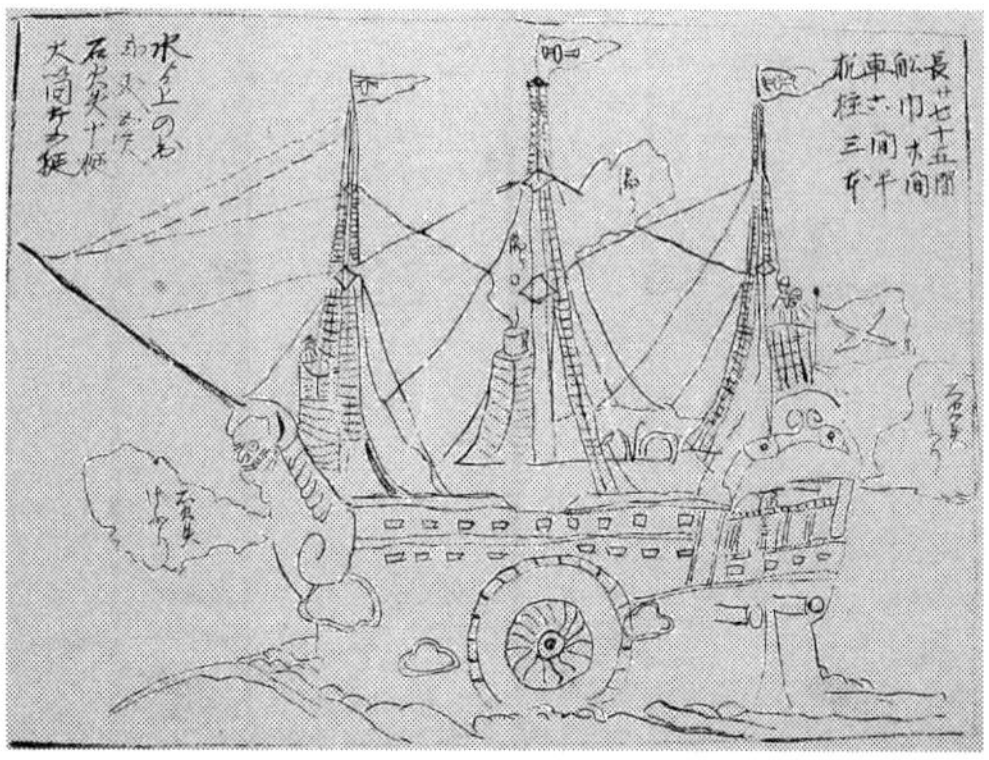

《未整理一〇二八》

右の絵図は川崎文書の中から見い出した図面です。稚拙な絵図ですが、幕末の頃の文書群の中にあり、当時の情報として「黒船」の概略が伝わっていたことが推察できます。

図面の書き込みに、

長サ七十五間（約一三五ｍ）

船巾廿間　（約三六ｍ）

車六間半　（約一一・七ｍ）

帆柱三本

石火矢十挺

水ょり上の出弐丈五尺（約七・五ｍ）

大筒廿五挺

また、絵図の中にト書きとして、

石火矢けふり（煙）

湯ケ・湯ケ口

とあります。

「石火矢」は火薬の爆発力によって飛ばす木製火矢とのことです。「湯ケ」は明らかに湯気を指しています。

外輪船の、長さ一〇〇ｍを超える大きな「黒船」に肝を抜かしたのであろう当時の様子を窺い知ることが出来ると思います。

また、数年年代が下がりますが、

《法令六の三四裏〜》

一魯西亜・佛蘭西・英吉利・阿蘭陀・亜墨利加五ケ国、交易御差許相成候間、當未六月より神奈川・長崎・箱館三港ニおゐて、商人共勝手ニ可遣商賣候。右之もの共舩来之品々賣捌候は勿論、居留之外国人共見世賣之品、諸人買取候儀も是又勝手次第たるへく候

右之趣、御料私領寺社領共不洩様可觸知もの也

五月

（※安政六年（一八五九））

右のように、五ケ国条約の締結等々日々刻々変化する状況が、日本の隅々にまで伝えられた状況を見て取ることが出来ます。

残念ながら全ての情報を列挙することは出来ませんが、庄屋の「廻状書留帳」「御法度書写」などが大変参考になります。

ちなみに、安政六年五月だけに限っても、七件の情報があり、①此度弐朱銀吹立・・・、②外国交易御用・彼国之金銀其侭通用・・・、③百姓町人共衣服冠物之儀・・・、④此度新小判・・・、⑤御役付之品々売買之儀・・・、⑥魯西亜・佛蘭西・・・、⑦右之品々・・・外国之者共え売渡候儀不相成・・・、となっています。

幕末の情報伝達色々（二）

第２４９号
2004.03.24

前は、慶應二年（一八六六）の「御触書之写」から話題を提供しました。
今回もこの文書から見ていきたいと思います。

第二三七号で幕末のインフレについて紹介しました。
江戸期を通して、米一石の値段は約五〇～七〇匁だったものが、幕末になると急騰し、次のようになったと紹介しました。

万延元(1860)	146.50　匁
文久元(1861)	221.10　匁
文久二(1862)	158.90　匁
文久三(1863)	171.00～183.70匁
元治元(1864)	188.90～261.80匁
慶応元(1865)	304.60～498.00匁
慶応二(1866)	678.50～1188.20匁
慶応三(1867)	635.70～1147.60匁

六・七〇匁だったものが、二・三十年程の間に一〇〇〇匁を越えるということは異常なことですが、現実にあったようです。

《法令八の八頁》

……《前略》……

一當寅年免定相渡候間受取可罷出候。
一當寅年御収納米三分一銀納并口米銀納買継銀納御立直段左之通り
米壱石ニ付代銀壱貫百七拾四匁
　内五拾匁別段勘弁之分引
　残而壱貫百弐拾四匁替
右之相場ヲ以取立候間可得其意候
且皆済之儀は両郡申合、来ル廿日廿一日両日之内可致皆済候。以上
　十二月十二日　山形役所
當寅年御収納米之内、村拂米御立直段左之通り
一米壱石ニ付代銀壱貫百六拾九匁
　内五拾匁別段勘弁之分引
　残而(壱貫)百拾九匁替
右之相場ヲ以取立候間可(得)其意候。以上
　十二月十二日
　　浅井郡村々庄屋

……《後略》……

これによれば銀納計算は、①一石が一一七四匁の所、五〇匁を差引いて、一一二四匁で計算という相場を指定しています。
また、米納計算はは、②一一六九匁の所、五〇匁を差引いて、一一一九匁という相場を指定しています。

寅年（慶應二年）は冨田村関係の米相場にも一一七〇匁前後という高い相場が設定されています。
百円までで買えた品物が、十数年後には千円を越えるというのです。
昭和の戦後の混乱期とよく似た状況が、幕末にもあったということが確認できます。
これは幕末という動乱期以外に、貨幣価値や貨幣の信用度にも大きな要因があったと考えられます。

《法令八の八五～九三頁》

……《前略》……

御觸
一慶長金　小判　百両目方
　　　　　壱歩判　四百七十六匁
　内
　金四百壱匁二二六
　銀七十四匁七七四
此通貨九百五両壱歩二朱換
一武蔵判　右同断
一瓢字金　百両目方
　　　　　二百五十匁
　内
　金弐百拾匁七三
　銀三拾九匁二七
此通貨四百七十五両弐分換
一元禄金　小判　百両目方
　　　　　壱分判　四百七十六匁
　　　　　二朱
　内　（？）
　金二百七十三匁〇六三
　銀二百〇弐匁三七
此通貨六百三拾五両三朱換
一享保金　小判　百両目方
　　　　　一分判　四百七十六匁
　内
　金四百十三匁〇六六
　銀六十弐匁九三四
此通貨九百三十両二分二朱換
一古文字金　小判　百両目方
　　　　　　壱分判　三百五十匁
　内
　金弐百三十匁
　銀百弐十匁
此通貨五百弐拾八両二分二朱換
一真字金二分判　百両目方
　　　　　　　　三百五十匁
　内　（五？）
　金百九十七匁四三五
　銀百五十二匁四六五
此通貨四百六十両
一文政金　小判　百両目方
　　　　　一分判　三百六十匁
一二朱金　右同断　百両目方
　　　　　　　　　六百匁
　内
　金七十二匁三二八七
　銀五百廿七匁六七一三
此通貨二百廿七両一分三朱換
一草字二分判　百両目方
　　　　　　　三百五十匁
　内
　金百七十壱匁一二
　銀百七十八匁八八九
此通貨四百〇四両二分換
一古二朱金　百両目方
　　　　　　三百五十匁
　内
　金百〇弐匁六六六
　銀弐百四十七匁三三三
此通貨弐百六十両三朱換

……《中略》……
大政　御一新ニ付宇内貨幣之定價御吟味之上、古今通用金銀銅銭等別紙之通被　仰出候間、支配末々迄不洩様可相觸者也。
慶應四辰年
閏四月　　太政官
　　　　　裁判所
……《後略》……

※？は間違いと思われる部分の訂正

江戸期の貨幣は、慶長・宝永・正徳・享保・元文・明和・文政・嘉永・安政・万延の各時期に新しい金銀貨が鋳造されたといいます。

金と銀の含有量が変化し、金の含有量が少なくなれば信用度が落ち、物価が上がる。金の含有量が多くなると信用度が増し、物価も下がるという政治的な問題も大きな要因でした。

下の一覧表は各貨幣の金・銀等の含有率を筆者がまとめたものです。

史料にある貨幣通称と△△小判などの名称が確定できず発行年代がはっきりしませんでしたが、時代時代で含有率の変化が一目瞭然だと思います。

天保・安政の頃は金の含有率が大きく減少していることが分かります。これが米価の急騰につながったとも考えられます。

金種	発行年	百両目方	金含有量	含有率	銀含有量	含有率	銅含有量	含有率
慶長金	1601年	476匁	401.226	84.3%	74.774	15.7%		
瓢字金		250匁	210.730	84.3%	39.270	15.7%		
元禄金	1695年	476匁	273.630	53.5%	202.370	42.5%		
享保金	1716年	476匁	413.066	86.8%	62.934	13.2%		
古文字金		350匁	230.000	67.7%	120.000	34.3%		
真字金二分判		350匁	197.535	56.4%	152.465	43.6%		
二朱金		600匁	72.329	12.1%	527.671	87.9%		
草字二分判		350匁	171.120	48.9%	178.889	51.1%		
古二朱金		350匁	102.667	29.3%	247.333	70.7%		
五両判		80匁	51.724	64.7%	28.276	35.3%		
保字金		300匁	170.323	56.8%	129.677	43.2%		
正字金		?240匁	136.258	56.8%	103.742	43.2%		
安政二分判	?1859年	300匁	58.667	19.6%	241.333	80.4%		
元禄大判	?1695年	44.1匁	21.615	49.0%	?16.248	?36.8%	?1.600	?3.6%
享保大判	1725年	44.1匁	34.600	78.5%	7.900	17.9%	1.600	3.6%
慶長大判	1601年	44.1匁	34.600	78.5%	7.900	17.9%	1.600	3.6%
新大判	?1838年	30匁	11.000	36.7%	16.000	53.3%	3.000	10.0%

※右表は史料を基に筆者作成
※一部修正・四捨五入しました
※？は不明確な部分です

《参考》
川崎文書（滋賀大学史料館）

※1 幕末の超インフレによる政策の一環であったと思われますが、幕府は金銀に関する法度書を何度も出しています。

《法令六の一四裏～》
古金銀壱字弐歩判・古弐朱銀・文政度々文字金銀・草字弐朱判・弐朱銀・古壱朱銀共通用停止之分、當卯十月迄引替候様去寅年相觸候處…（略）
（安政二年）十一月

《法令六の一六表～》
一古今銀引替差出方之儀、先年より度々相觸…（略）
一慶長金百両ニ付代り金二百両七匁
一武州判同断ニ付代り金同断
一元禄金同断ニ付代り金百四拾両
一乾字金同断ニ付代り金百八両
一享保金同断ニ付代り金弐百拾三両
一元文金同断ニ付代り金百弐拾両
一文政金同断ニ付代り金百四両弐歩
一壱字弐歩判同断ニ付代り金同断
一草字五両判同断ニ付代り同断
…（略）
十一月

《法令六の二五裏》
一此度箱館表ニおゐて鉄銭鋳立被仰付、文字ハ箱館通寶と相記し、箱館蝦夷松前限り此節より通用之筈ニ候。
…（略）
（安政四年）閏五月

《法令六の三二裏～》
御觸
一世上通用之ため、此度弐朱銀吹立被仰付候間、右弐朱銀八ツヲ以金壱両之積、尤壱分銀壱朱銀は追而吹直シ可被仰出候得共、夫迄取交銀銭共両替無滞可致通用事。
一小判壱分判此度吹直被仰付候条…
…（略）
（安政六年）五月

《法令六の三五裏～》
一古金引替差出之儀、今度小判壱分判吹直、并保字小判壱分判歩増通用被仰出候ニ付…（略）
一慶長金
武蔵判百両ニ付金弐百五拾八両
一元禄金百両ニ付同百七拾八両
一乾字金百両ニ付同百三拾五両
一享保金百両ニ付同弐百六拾六両
一元文金百両ニ付同百五拾両
一真字弐分判
文政金　　百両ニ付同百三拾両
…（略）
七月

《法令六の三九表～》
一此度洋銀同位之銀ヲ以、壱分銀吹増被仰出候間、在来壱分銀取交無滞可致通用候。
…（略）
九月十九日

《法令六の四二表》
外国金銀其侭通用被仰出、金ハ金、銀ハ銀与、量目ヲ以取遣致し候筈ニ付、新小判壱分判・弐朱目方之割合ニ應し可致通用旨、…（略）
安政七申年三月

まだ見落としがあるかもしれませんが、安政年間の五年四ケ月の間の、金銀等の貨幣に関する達書・法度書の抜粋です。

これらの動向は、本文で紹介したように、慶応年間にまで散見することが出来ます。

「冨田村」の名称の由来

第２５０号
2004.04.10

左の抜粋は、明治十六年四月に冨田村戸長(区長)から滋賀縣令(知事)籠手田安定に提出した、「近江國東浅井郡冨田村地誌」の一部で、冨田村名称の由来を記しています。

> 冨田村ハ往古誉田庄ト称ス年月不詳河内國志紀郡誉田荘恵我藻伏山岡陵八幡宮ヲ此ノ地ニ遷祀ス故ニ誉田ト称ス後世和訓ノ通スルヲ以テ冨田ト呼フ弘治天正ノ際マテ冨田荘ト称ス古書ニ明記アリ文禄慶長尓来村ト称ス
> 一説ニ開化天皇ノ皇子彦座命四世孫彦命夷ヲ征シ勲功アリ因テ近江國浅井郡ノ地ヲ割テ之ヲ賜ヒ墾田ノ地ト為ス大海真持亦之ヲ墾ヒテ居地トナス大海六世孫熊田宮平事ヲ果スニ因テ治田ノ姓ヲ賜フ故ニ後世此ノ地ヲ墾田ト呼フ同和訓ノ通スルヲ以テ冨田ト呼フト云々
> …《後略》…

《冨田区祭器庫保管文書》

後半の「一説ニ……」の部分は、冨田今昔物語第三号で既に紹介した内容と一致します。再掲になりますが、次頁に再紹介しておきます。

種々の出版書物は、この説を冨田村名称の由来として引用しています。

ところが、最初に記されている「河内國志紀郡…云々」の説については私自身も初めて知り、「誉田荘」「恵我」「誉田八幡宮」…等の単語を頼りに、図書館やインターネットで調べてみました。

> 誉田八幡宮　　旧府社
> 羽曳野市誉田
> 近鉄南大阪線古市駅より〇・四粁
> 祭神　広幡八幡皇大神　帯中彦命
> 　　　息長足姫命　住吉三前大神
> 　　　八后神
> 例祭　九月一五日　五月八日
> 由緒沿革
> 欽明天皇御代恵我藻伏岡陵御廟前始て宝殿を造営、八幡宮を勧請し給う。後冷泉天皇の御代一町許り南へ移し御造営（今の本社）。建久七年社頭伽藍等造営神輿等寄附。永享五年足利義教公当社縁起五巻を奉納す（今の縁起）。豊臣秀吉徳川将軍社領二〇〇石寄進さる。明治五年府社に列す。

「神社名鑑」（神社本庁刊）

※欽明天皇御代（五三一～七二年）
後冷泉天皇御代（一〇四五～六八年）

※建久七年（一一九六年）
永享五年（一四三三年）
明治五年（一八七二年）

> 誉田八幡宮とは
> 大阪府羽曳野市に鎮座。「ほんだ」とも読むが、現在は「こんだ」が正式呼称。祭神は応神天皇・仲哀天皇・神功皇后、相殿に住吉大神・八后神。『誉田宗廟縁起』によると欽明天皇の時に応神陵の前に廟を造り、天皇行幸し、聖徳太子参詣、後冷泉天皇の時に現在地に造営とある。…《以下略》

HP「誉田八幡宮を調べると」

> 恵我は、会賀・餌香・恵賀・衛我とも書かれ、餌香川や餌香市として『日本書紀』にも出てくる古くからの名称です。
> また、大和王権の仲哀天皇の墓を「恵我長野西陵」、応神天皇の墓を「恵我藻伏崗陵」、允恭天皇の墓を「恵我長野北陵」とよんでいます。これらの伝承陵は、それぞれ藤井寺・古市・土師ノ里駅付近に所在しています。…《以下略》

HP「恵我と会賀荘の成立」

簡単に言えば、冨田村の名称は、応神天皇（誉田別命）陵を祀った誉田八幡宮（河内国志紀郡（現在の羽曳野市））を勧請したため、誉田（ほむだ・ほんだ・こんだ）庄と称するようになり、それが訛って「とんだ」と称するようになったというのです。

しかし、勧請がいつ頃かは分からないとも記しています。

この説は、私も初めて目にするもので、当惑を隠せないのですが、多少の考察や検討を加えていきたいと思います。

前者の説を採用しても、後者の説を採用しても、冨田村八幡神社を「誉田八幡宮」と称したこと、それが訛って「とんだ」と呼ぶようになったということでは不思議と一致しています。

しかし、江戸時代のいずれの資料でも、「八幡神社の由緒を知らず」と明記されています。

この矛盾をどう考えるかが問題だと思われます。

冨田八幡神社が誉田八幡宮と結びついたのは何故なのか、それがいつの頃だったのかが問題だと思います。

冨田八幡神社の祭神が応神天皇（誉田別命）に変化したのは、幕末か（弘化四年頃（一八四七）、吉田役所へ御神体の勧進の願書を提出の記録あり）、明治以降だと思われます。

《絵図六》「浅井郡冨田村地理図并舊稱僻考」

士人ノ古キ傳《つた》ヘニ、當郷、昔ハコン田ト云シヲ、後世冨田ト云也ト云ヘリ。鞍《あんずる》ニ、コン田ハ懇田《こんた》ナルベシ。古書曰《いわく》開化天皇々子彦坐命《ひこいますのみこと》之後四世孫彦命《ひこのみこと》、征夷有功効、因《よりて》、割近江國浅井郡地賜之。為懇田地、大海眞村《おおあまのまきむら》等懇開彼地、以為居地。大海六世之孫後、熊田宮平《くまたのみやひら》等、因行事、賜治田連《はるたのむらじ》姓也。即《すなわち》、北懇田《きたこんだ》ノ地ナリシニ、音ヲ用ヒテ、コン田ト申セシヲ、今ノ名ニ轉化《てんか》セル歟《か》。コノ里ノ東北ナル田地ヲ佃ト字シ、又此田ヲ潤セル井水ヲ佃井《つくだゆ》ト名《なずく》ク。此田地古キ由縁アルヨシ、里人云傳ヘテ證《あかし》トスベキハナシ、遂古如何ナルユヘアリシカ、其事跡ハシラズト云ヘドモ、字義ニヨリテ考ルニ、佃ハ田ヲ治《おさむ》ル也トアリ。唯、彼《かの》ハル田ノ地名ニ拠《きょ》スベキカ。又、神社ニモ彦命ヲ土産神《うぶすなかみ》ト祭リ懇田ノ神ト称《とな》ヘシヲ、後、誉田《ほむだ》ノ文字ニ混ジテ、遂ニ誉田八幡宮《こんだはちまんぐう》ト稱《しょう》セシカ、「□計藻塩草」ニ晴田《はるた》トアルハ懇田《こんだ》ノ事也矣《や》。

※　古書とは「姓氏録」第三巻左京皇別下をさすものと思われます

もちろん、八幡神社には八幡大菩薩が祭神として、以前から祀られていますから、八幡神社であったことは確かだと思います。

しかし、「八幡大菩薩」＝「誉田別命」という感覚があったかどうかは疑問が残るところです。

（次号に続く）

《参考》
冨田区所蔵文書（祭器庫文書）
「神社名鑑」（神社本庁刊）
インターネット資料

※1
明治十六年提出の「冨田村地誌」については、第三〇〇号で全文を紹介しています。

【いっぷく】

《金融一〇》

（表紙）
石階仕法帳
（本文）
口演
一御幸阪石階五拾五段　但壱間幅
一表阪石階百三拾段　但弐間幅
右者當院普請所ニ候處、年々及破壊諸参詣之通路悪敷、折々怪我いたし難儀不少候得共、修理微力難叶、依之、今般仕法講相企申度候間、御入講被下度奉願候。以上

嘉永二己酉年十月
妙覚院（印）
吉祥院（印）

定
一人数三拾弐人組　但し拾六ケ年済。
一其掛壱會ニ付銀百七拾目宛御懸戻シ可被下候事。
一會毎ニ枕銀六匁宛可申請事。
一如何様之事柄ニ而も無休會、春秋両度相勤可申候事。
一會日麁飯進上可申候。為茶料御一人前銀弐匁ツヽ可申請・。
（中略）
渡銀并懸銀左之通
初會　三貫七百目　百五拾目
弐會　三貫七百三拾目　百四拾七匁
（中略）
三十会　四貫七百七拾目　六拾三匁
三拾壱會　四貫八百五拾目　懸銀なし
満會　五貫目　懸銀なし
實掛寄
三貫三百弐拾壱匁
（後略）
（※嘉永二年（一八四九））

古文書に接していると、「〇〇講」に関する文書に時々出会います。代表的な講は「頼母子（たのもし）」で、講に加入している講員が、決められた期日（春秋二回が多い）に、一定の掛金を持ち寄り、籤や入札により当選人に一定の金額を融通するというもので、互助的な金融組合だと言われています。会合には粗飯が出されるのが常であったようです。

講には様々な形式があり、元金を貸し出して運用利ざやを目的とするような講もあり、右の講は竹生島宝厳寺の石段改修費を捻出することを目的とした講のようです。

初回の掛金が一五〇匁、当選して融通される金額が銀三貫七百匁となっています。史料でも分かるように、掛金は回が重なるに従い減額される反面、融通金は増額されるのが一般的であったようです。

修覆の対象となった御幸阪（御幸坂）は開山堂（現在は存在しない）に続く石段であったとのことで、その石段も跡としてしか残っていないということです。また、表阪（表坂）は現在のどの石段に相当するのかはっきりしませんが、宝厳寺本堂に登る石段であった可能性が高いです。

また、宝厳寺本殿から観音堂唐門に至る現在の石段は、往古は観音堂の裏手（開山堂（現在存在せず））に至っていて、現在の場所とは異なります。現在の石段が設置された時期は判明しませんが、神社と分離した明治の頃だと想像しています。

この「石階仕法講」で改修が出来たか否かは、他の文書もなく不明としか言えません。

「冨田村」名称由来（二）

第２５１号
2004.04.24

前回は、明治十六年の「近江國東浅井郡冨田村地誌」の一部を紹介して、「冨田村」の名前の由来について二説あったことを紹介しました。

特に、左に再掲するように、目新しい説の言うところでは、冨田村の名称は、応神天皇(誉田別命)陵を祀った誉田八幡宮（河内国志紀郡）を勧請したため、誉田（ほむだ・ほんだ・こんだ）庄と称するようになり、それが訛って「とんだ」と称するようになったというのです。

《冨田区祭器庫保管文書》

冨田村ハ往古誉田庄ト称ス年月不詳河内國志紀郡誉田荘恵我藻伏山岡陵八幡宮ヲ此ノ地ニ遷祀ス故ニ誉田ト称ス後世和訓ノ通スルヲ以テ冨田ト呼フ弘治天正ノ際マテ冨田荘ト称ス古書ニ明記アリ文禄慶長尓来村ト称ス

・・・《後略》・・・

では、河内国志紀郡誉田荘恵我と冨田村との関係は、繋がりは・・・と聞かれると、全く想像がつきません。

恐らく、何を調べてもそれらしき解答を探し出すことは不可能だと思っています。もし本当だとしても時代が古すぎます。

しかし、明治十六年時点では、その関係を明示しています。当時の村人はどこからその説を得たのでしょうか。

今となっては、その術を知る由もありませんが、どこかの誰かが言い始めた、作り出したのでしょうか。

今回は、この説の出自について考えていきたいと思います。

左のホームページの記事にもあるように、十一世紀以後、誉田八幡宮は源氏の氏神として信仰が広まったようです。ここに、「応神天皇」→「八幡宮」→「源氏の氏神」の図式が完成したように思われます。

・・・《前略》

十一世紀になると、南河内で源氏によって武士団が結成され、一〇五一年前九年の役に源頼義、義家父子陸奥国に出兵しますが、これと同じ年に「縁起」には誉田社殿の移転改修(現在の位置)と後冷泉院の行幸のことを伝えています。当時世間では神仏の習合という思想が発達して、神社はさかんに神宮寺が建てられるようになり、誉田八幡宮にも護国寺という神宮寺が生まれました。やがて源氏の氏神が八幡であるという信仰がひろまると、誉田八幡宮は将軍家をはじめ源氏を名のる武士たちの信仰をうけるようになりました。

・・・《以下略》

HP「當宗神社・誉田八幡宮」

一方、冨田村八幡神社は、江戸時代の文献ではいずれも、「その由緒を知らず、その草創を知らず」とあるように、既にその頃には由緒は分からなくなってしまっています。

江戸時代には、冨田八幡神社は古くからの産土神だという認識だけで、いつ頃から祀られていたのかなどは、遠い過去の記憶になってしまっていたのだと思われます。

逆に考えれば、前回・今回に紹介する、八幡神社に関わる村名のいわれなどは認識の外にあった、知らないというより、そんないわれはなかったと考えていいと思います。

また、天保十年（一八三九）の冨田区神事文書の記録では、

薬師如来・八幡大菩薩
勢至菩薩・観世音菩薩

が祭神となっています。

八幡大菩薩が祭神の一柱にはなっていますが、応神天皇(誉田八幡宮)との関連を示唆するような記録は見当たりません。

しかし、明治二十五年の「神事規則并頭役人別名簿」では

八幡大神　誉田別命(応神天皇)
二宮大明神　息長帯比賣命(神功皇后)
富田大神　押開豊櫻彦命(聖武天皇)

が祭神となっています。

従ってこの時点では、応神天皇や神功皇后の名前があがっています。

つまり、この時点では誉田八幡宮と繋がる要素が発生しているものと考えられます。

私見 「誉田」→「ほむだ」→「とんだ」考

前回から見てきた、「誉田八幡宮」→「とんだ」説については、その真偽は永久に分からないと思います。

もし、誉田八幡宮に冨田村への分祠の記録(古文書)が残されていれば話は別だとは思いますが・・・。

そこで、次に私なりの考えを述べたいと思います。

いろんな文献やインターネット情報を漁りましたが、この説を裏付ける記事は見当たりませんでした。

この説が明治の廃仏毀釈の時期に創作された、架空の作り話だったと考えれば、見当たらなかったことも頷けるのではないでしょうか。

冨田村の氏神については、江戸時代以前はもちろん、江戸時代初期についても記録が残されていませんので、何とも言えませんが、上で紹介した神事文書にあるように、薬師如来・八幡菩薩・勢至菩薩・観世音菩薩などが古くからの祭神であったと考えていいと思っています。

明治以前は神仏混合・本地垂迹の世界でしたから、神社に仏教系の祭神が祀られていてもおかしくはなかったのです。

しかし、再三紹介しているように、明治期に入ると祭神が変わってしまいます。

これは明治政府の神仏分離政策により、仏教系の祭神を神社から排除したためだと考えられます。

問題はこの時に起こったのではないかと思われます。

以前に何度か紹介したこともあるのですが、冨田村に京極家(佐々木源氏)に関係する家(人)が居たという言い伝えがあることや、氏神が八幡神社であることから、次のような図式が作られたのではないかと思っています。

つまり、

「八幡神社」(「源氏」)「とんだ」
←　←
「応神天皇」　←
←　←
「誉田八幡宮」　「ほんだ」

という図式を考えた人があったのではないでしょうか。

「八幡神社」や「応神天皇」のキーワードを基にして、探しに探した結果(神道の吉田役所に相談したのかもしれませんが)、「誉田八幡宮」と云う神社に辿り着いたといったほうがいいのかもしれません。

江戸時代も太平の時代になった寛永の頃(一六二四～四四)、武士の間では系図作りが盛んになったと言われています。しかも、藤橘源平に繋がる偽りの系図を・・・。

明治の神仏分離政策の結果、江戸時代の系図作りと同じように、神社の由緒・由来作りがあったのではないか、その結果、冨田八幡神社と誉田八幡宮とを結びつけた関係が作られたのではないか、少なくとも私はそう思えてなりません。

つまり、明治という時代が作った虚構が「誉田八幡宮」ではなかったかと思うのです。

その虚構が冨田村名の由来に使われたと思えてならないのです。

右の私見が正しいのか、間違いなのかは分かりません。

たった百二十～百三十年前の出来事ですが、確認する術もありません。

それが歴史というものなのかもしれません。

《参考》
川崎文書(滋賀大学史料館)
冨田区所蔵文書(祭器庫文書)
インターネット資料

【いっぷく】

《未整理五一》

乍恐以書付申上候

一當春江戸表　御上屋鋪御類焼ニ付御領分一統、御調達金被仰付候得共、當所御領分之義ハ、是迄出精仕、調達金差上ケ候ニ付、今般被仰付候調達金弐千両之義、御證文を以、御役所ニ而御引受御才覚被成下候段、難有奉存候。乍然、今以出金之處相分り不申ニ而、萬ケ一御才覚不相調候ハヽ、三郡村々ニ而引受、當暮迄、弐千両調達候義、相働口段被仰付、奉畏候。御返済之義ハ、来卯ノ御物成之内、請取勘定可仕旨、是又承知仕候。
以上

三郡惣代

今春、江戸の大火によって、上屋敷が類焼し、(再建のため)領地全体に調達金をお命じになったが、当方の領分は、これまでも頑張って調達金を差し出して来たので、今回命じられた二〇〇〇両に関しては、御役所が出資者を捜してくれるとのことで有り難いことです。しかし、未だに出資者が見つからず、万一の場合は今年の暮れまでに二〇〇〇両調達してほしいとのこと、返済については来年の年貢勘定の際、差し引き勘定するとのこと、両方とも承知しました。

三郡の惣代より

といった内容かと思います。

三郡とは浅井・坂田・蒲生郡の、浜松藩の飛び地の村々三〇数ヶ村を意味します。

また、右文書は下書きのためか、記年はありませんが、「當春江戸類焼」「来卯ノ御物成」などの文言より、寛政六年(一七九四)の文書だと考えられます。

上の文書が示すように、江戸時代は幕府や領主に多額の出費が必要になると、領民へ調達金と称して資金の臨時徴収を命じるのが常でした。

例えば、朝鮮人使節や、琉球人使節が来朝したときの費用一切は、国役金として庶民百姓達に賦課されました。この国役金は取りっぱなしで、年貢との相殺などはなく、負担する国も決められていたり、百姓ばかりでなく、町人等からも聴取されました。(詳しくは九〇・九一号参照)

一方、領主(藩)からの調達金に関しては、上記の様に次年度以降の年貢との相殺が約束されていますが、年貢の割賦状や皆済状など、相殺を示す史料には出会っていません。

江戸期の全期間を通して、年貢関係史料が残っているのではないので、出会わないのが偶然なのか必然なのかな分かりませんが・・・。

ただ、冨田村の一部を支配していた旗本西郷氏に関しては、調達金を繰り返し、繰り返し要求したこと、年貢との相殺を約束しながらも、実行せず、百姓が困り果てていたり、調達金が工面できずに、庄屋の一存で借金して納入したが・・・等々の史料も存在します。

江戸中期以降、幕府も領主も財政難に苦しみますが、予備費もなく、このような臨時徴収に頼っていた政治のあり方が、幕府消滅を早めたのかもしれません。

村社一覧からの考察

第２５２号
2004.05.10

下の一覧表は、冨田八幡神社を紹介するパンフレットのようなもので、区有文書の中にあります。

明治四十一年(一九〇八)の発行で、冨田村内鎮座神社の説明案内がされています。ただし、境外神社としての稲荷神社は北冨田村にあります。

この中には興味深い記事(今までに紹介していない内容)が多々見られますので紹介したいと思います。

◆二宮神社

・天保十三年壬寅三月朔日阿部宗友調査ニ往古坂本より迎座

※天保十三年(一八四二)

・「淡海木間攫」ニ冨田村 十禅師社 生土(うぶすな)神也

冨田八幡神社各社の由緒について、江戸時代の古文書等では「未詳」とか書かれていない旨、この紙面を通じて紹介してきました。

明治初期の時代においても、祭神は変わりましたが、由緒は「未詳」と書かれていることを紹介しました。

しかし、今回の明治四十一年の資料には右のようにあり、二宮神社が天保十三年に坂本より勧請したように書かれています。

また「淡海木間攫(おうみこまざえ)」には、十禅師社の名称で産土神として祀られている旨が書かれています。

江戸時代の「由緒未詳」が本当なのか、今回の資料が本当なのか、判断は避けたいと思います。

◆神蹟

本神社は古昔庄内天神と称し冨田荘の総社なり。慶長検地帳に小字天神と称する地七筆あり。是本社の旧蹟なりと云。

字天神・上田壱畝五歩分米弐斗壱升・上田壱畝弐歩壱斗九升六合・上田弐畝拾弐歩四斗三升弐合・上田五畝歩九斗・上田三畝廿四歩六斗八升四合・上畠六畝拾弐歩八斗参升弐合・上畠壱畝歩壱斗三升　以上　名受荘司

(庄司ハ冨田荘司なり)

右の慶長検地帳云々の記事については、確認ができ(石高には一部誤差)、確かに字天神は七筆しか記載されていません。また、その七筆とも「庄兵衛」名義となっています。

以前にある人から「天神という地名から考えると、社(神社)か何かがあったんではないか」という指摘を受けていました。

右の資料も「・・・是本社の旧蹟なりと云」といった伝承的な書き方がされています。

その伝承を、現在の八幡神社と結び繫げることが正解なのか、そうでないのかは判断しかねます。

本稿

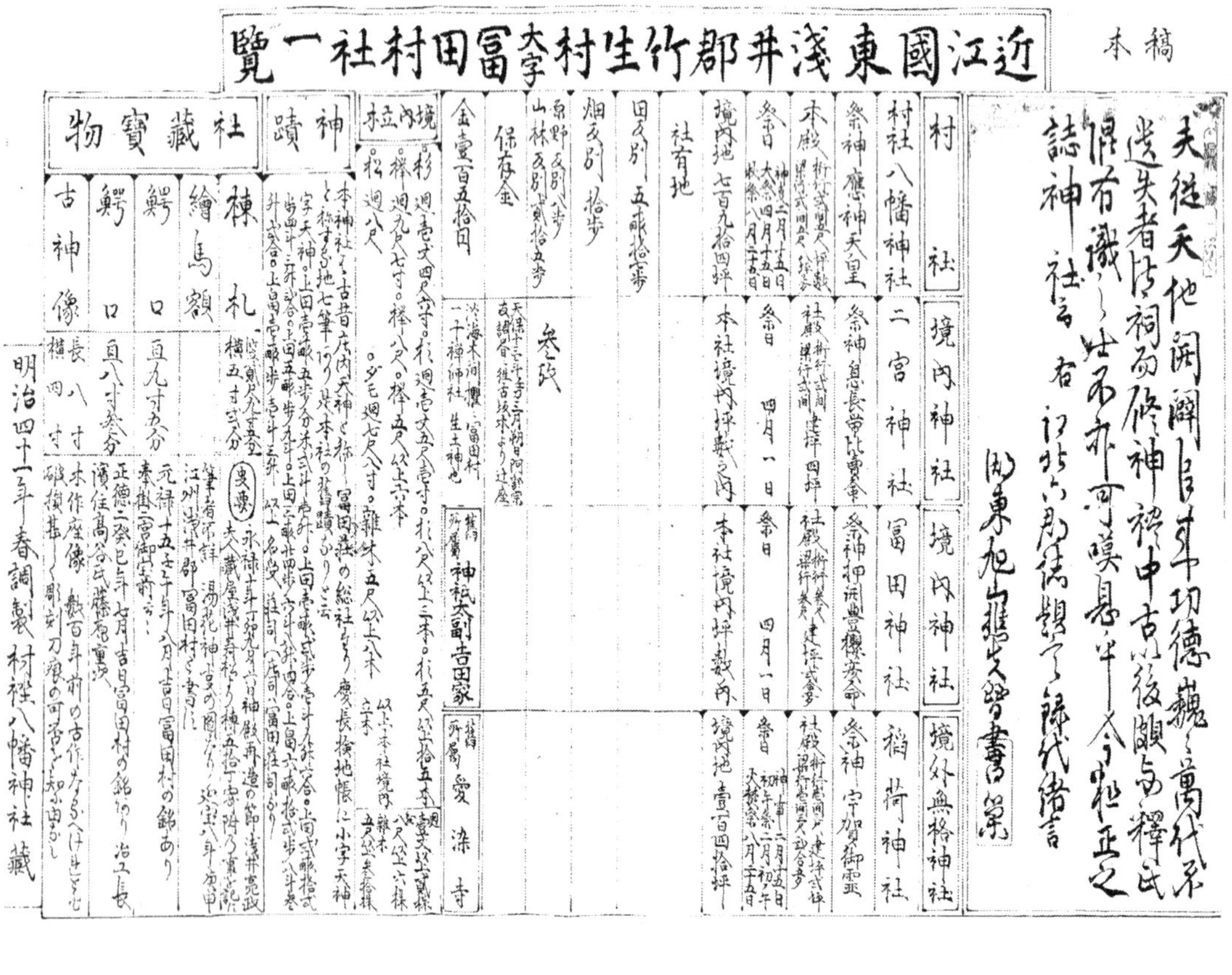
近江國東浅井郡竹生村大字冨田村社一覧

明治四十一年春調製　村社八幡神社藏

ここでは「庄内天神」という伝承があったらしい、ということの紹介に留めたいと思います。

ただし、古文書にそれらしい記事は見当たりません。また、古老の伝承からも聞いたことがないことを付け加えておきたいと思います。

◆境内立木

・杉　廻壱丈四尺四寸

・杉　廻壱丈五尺壱寸

・杉　八尺以上三本　五尺以上拾五本

・欅　廻九尺七寸

・欅　八尺　欅　五尺以上六本

・松　廻八尺

・ダモ　廻七尺八寸

・雑木　五尺以上八本

「宮さんのタカバンには大きな木があった」と、よく聞いたものです。

右の資料からも、幹廻りが四mを越える大杉など、冨田八幡神社は多くの樹木に覆われた、鎮守の森の体を成していたことが想像できます。

◆古神像

長八寸横四寸　木作座像　数百年前の古作なるべけれども破損甚しく、彫刻刀痕の可否を知る由なし。

八幡神社の御神体は拝したことがありません。某氏によれば「小さな童子の像や」と聞いたことがありますが、未知の世界ですので、コメントは差し控えたいと思います。

この資料によれば、かなり古いものと想像できるようです。

もし、その神像が八幡神社のために彫られ、祀られたのだとしたら（移動していないならば）、その神像の製作年代が分かれば、冨田村の起源も分かってくるのかもしれません。

◆冨田神社

・旧所属　神祇太副吉田家

弘化四年（一八四七）に御神躰勧進の願書が、吉田役所に提出された記録は残っています。この時は、冨田権現や二宮権現でなく、八幡宮の御神躰を勧進しています。

冨田神社と吉田神道の関係がどうであったのかは一切分かっていません。

従って、この資料の正否を判断することも避けたほうがよいと思っています。紹介だけに留め置きます。

《参考》

冨田区所蔵（祭器庫）文書

※1

本文史料「近江國東浅井郡竹生村大字冨田村社一覧」の紹介できなかった項目について、補足します。

◆神社祭神・本殿・祭日・境内地

・村社八幡神社

祭神　應神天皇

本殿　桁行　弐間五尺
　　　梁行　弐間五尺
　　　坪数　八坪■分

祭日　神事　二月十五日
　　　大祭　四月十五日
　　　秋祭　八月二十五日

境内地　七百九拾四坪

・二宮神社

祭神　息長帯比賣命

社殿　桁行　弐間
　　　梁行　弐間
　　　建坪　四坪

祭日　四月一日

境内地　本社境内坪数之内

・冨田神社

祭神　押開豊櫻彦命

社殿　桁行　参尺
　　　梁行　参尺
　　　建坪　弐合五勺

祭日　四月一日

境内地　本社境内坪数之内

・稲荷神社（※北冨田村）

境外無各神社

祭神　宇賀御霊

社殿　桁行　壱間三尺
　　　梁行　壱間三尺
　　　建坪　弐坪弐合五勺

祭日　神事　二月十五日
　　　初午祭　二月初ノ午
　　　火焚祭　八月二十五日

境内地　壹百四拾坪

◆社蔵寶物

・棟札竪貳尺九寸五分

横五寸弐

永禄十年丁卯九月六日神殿再造の節、浅井亮政夫人蔵屋、浅井寿松より樽五拾丁寄附乃事を記す

（※永禄一〇年（一五六七））

・繪馬額

筆者不詳　湯花神事の図なり

延宝八年庚申江州浅井郡冨田村と書す

（※延宝八年（一六八〇））

・鰐口　亘九寸五分

元禄十五壬午年八月吉日冨田村の銘あり

奉掛二宮御宝前云々

（※元禄一五年（一七〇二））

・鰐口亘八寸参分

正徳二癸巳年七月吉日冨田村の銘あり、冶工長濱住高谷氏藤原重次

（※正徳二年（一七一二））

◆社有地

田反別　五畝拾七歩

畑反別　拾歩

原野反別　八歩

山林反別　弐拾五歩

◆保存金　金壹百五拾円

以上、本文で紹介した項目以外をまとめてみました。

「稲荷神社」の紹介は初めてですが、北冨田村の神社です。江戸期に旗本西郷氏の同領、延勝寺村から勧請された神社です。

勧請年月日を記した文書を見た覚えはあるのですが、現在、手元になく、明記出来ません。また、その祭神が宇賀神（農耕神、豊作を願う神）であることも、冨田村の史料からは窺い知れなかった情報です。

また、八月二十五日の灯明祭は、当時は「秋祭」、北冨田村の稲荷神社では「火焚祭（ほたき?）」と称したように記されています。

竹生村神社便覧より

第２５３号
2004.05.24

「近江國東浅井郡竹生村神社便覧」という一通の文書があります。

明治三十九年三月の編で、旧竹生村の村々に鎮座する神社の社格・現称神社号・祭神号・旧称社堂号・創立・由緒考證などが一覧にしてあります。

富田村の欄には、

・大字名　富田
　古名　藤江
・社格　村社
・現称神社号　八幡神社
※式社ノ當否ハ考キ慶長以前創立ノ社タルヲ認得可キ神社
※社号祭神固有ノ社号ニ適せサル社
・祭神号　應神天皇
・旧称社堂号　二宮十善師社
　元禄ノ鰐口ニ二宮
　天保届書ニ八幡宮
・創立　未詳
・由緒考證
　淡海木間攫(おうみこまざらえ)
　江北六郡誌
　古帳ニ天神ト云字アリ
　古作ノ神像ヲ奉安ス
　浅井文書
・大字名　仝　北冨田
・社格　無格社
・現称神社号　稲荷神社
※近年佛堂ヲ變改シテ神社号ヲ附シタル又近世ノ勧請ニ関ル社
・祭神号　倉稲魂命
・旧称社堂号　稲荷大明神
・由緒考證
　天明六年丙午二月十日勧請

と記述されています。

※元禄年間(一六八八〜一七〇三)
※天保年間(一八三〇〜一八四三)
※天明六年(一七八六)

また、「竹生村大字名古書散見年記」欄には、

・大字名　冨田
・年号　永禄
・年暦　凡参百四十年

※永禄年間(一五五八〜一五七〇)

また、欄外には

冨田八幡神社古文書類ハ歴史要ノ材料多シ。

古文書ノ現存スルハ冨田村ヲ以テ郡ノ最首ニ推シテ可ナルベシ

と記述されています。

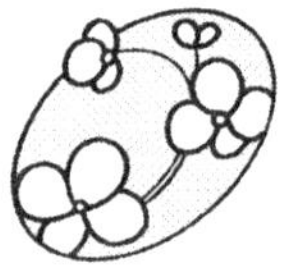

右の便覧には、またまた、新しい情報が記載されています。

冨田村の旧名が「藤江」と記載されています。

旧名が「藤江」という記載については見るのも聞くのも初めてのことです。

この便覧には、三十八種以上の出典書名が記載されていますが、残念ながら、そのどれから引用したのかは分かりません。

その出典リストの殆どは、一般に図書館等で見られる本ではありませんので、確認することは不可能のように思われます。

もし「藤木(ふじのき)」とあるならば、中世文書に「藤木」「藤の木」は冨田村の地名として何度も出てくるので、頷けるのですが‥‥。


先月号(二五〇号)から、新しく見つけた資料を基にして、冨田村名の由来を探っていますが、「藤江」はその何れにも出てこなかった記述です。

出典を確認することも出来ず、さりとて推測も出来ず、ただ「ふーん」と頷くしかありません。

冨田村の古名として、「藤江」という説(伝承)が何処かの本に記載されていたらしいと、記憶の隅にでも留めておきたいと思います。

次に、二宮(現在は廃祀)を十善師社(十禅師社)と称したこと、十善師社が現在の八幡神社に昇格していることは目新しい記述です。

二宮社は二の宮で、二番目の社の意味です。つまり、一の宮(主殿)があったはずです。二宮社が八幡社・八幡神社に昇格したのならば、一の宮(主殿)はどうなったのでしょうか。

何度も引用していますが、天保十年(一八三九)の冨田区神事文書での祭神は、薬師如来・八幡大菩薩・勢至菩薩・観世音菩薩と記載されています。

残念ながら、どの祭神がどの社に祀られているかは記述がありません。

しかし、明治二十五年(一八九二)の「神事規則并頭役人別名簿」では、八幡大神(誉田別命(応神天皇))・二宮大明神(息長帯比賣命(神功皇后))・富田大神(押開豊櫻彦命(聖武天皇))となっています。

また、現八幡神社には二個の鰐口が残されていますが、元禄と銘のある鰐口には「二宮」の文字が見られます。

一方、正保と銘がある鰐口の刻銘には、「御宝前」の文字しか刻まれておらず、何れの社の鰐口かは不明です。

鰐口からは、社と祭神の関係は確認することが無理なようです。

八幡神社の社(やしろ)は、江戸期から大正二年(一九一三)までは、三つの社がありました。

四社とある古文書も存在しますが、北村を含んでいるのかもしれません。

八幡神社所蔵文書「必要書類編冊」には、大正二年九月、二宮社殿腐汚のため、二宮を八幡社に合祀、社殿を廃棄処分とあります。(実際は社務所建築のためと思われます)

この時点から、神社境内には八幡神

社本殿（旧観音堂）、古の宮（小の宮？このみや）の二社になり、現在に至っています。


八幡神社の歴史の流れを見ると、どうもすっきりしない。

　八幡社と観音堂が共存する時期があるのに、いつの間にか、観音堂が八幡社と呼ばれている。旧八幡社は富田大神や古の宮と呼ばれたり…、詳細が見えてきません。

　これは何故なのか。

　理由は二点あると思います。一つは明治以降の神仏分離に無理があったこと、観音堂を主殿八幡社としたこと、神道系の祭神を導入したことなどで混乱を引き起こしたのだと思います。

　二つ目は、昔の人の意識です。観音さん（の社）、八幡さん、薬師さん…などという感覚はあっても、八幡社、二宮社、十禅師堂…という意識がなかったのではないかと思えてならないのです。

　何れにしても、今となっては詳細は不明です。現存する八幡神社、古の宮を氏子として子孫に引き継ぎたいものです。


また、「冨田八幡神社古文書類ハ歴史要ノ材料多シ。古文書ノ現存スルハ冨田村ヲ以テ郡ノ最首ニ推シテ可ナルベシ」と記録されています。

　この記事は、この便覧が作られた明治三十九年（一九〇六）当時には、八幡神社にかなりの量の古文書が残されていたことを意味します。

　しかし、残念ながら、現在に伝えられている古文書は殆どありません。

　東浅井郡一番の保有量という記事にはほど遠い情況です。

　これらの文書はどこに消えてしまったのでしょうか。

　誰かが私物化してしまったこともあり得るかもしれません（他村でそのような例があります）が、おそらくは、昭和三十四年（一九五九）の伊勢湾台風によって祭器庫が倒壊した折、水浸しになって処分された古文書があったと聞いていますから、この時に殆どの古文書が廃棄されてしまったのではないかと想像しています。

　子孫に引き継ぎたい冨田村の歴史が失われてしまったことは慚愧に耐えません。

　せめて、現在まで伝わっている「浅井久政文書（浅井様折紙）」等々は大切に後世に伝えたいものです。

《参考》
　川崎文書（滋賀大学史料館）
　冨田区所蔵文書（祭器庫保管）

※1

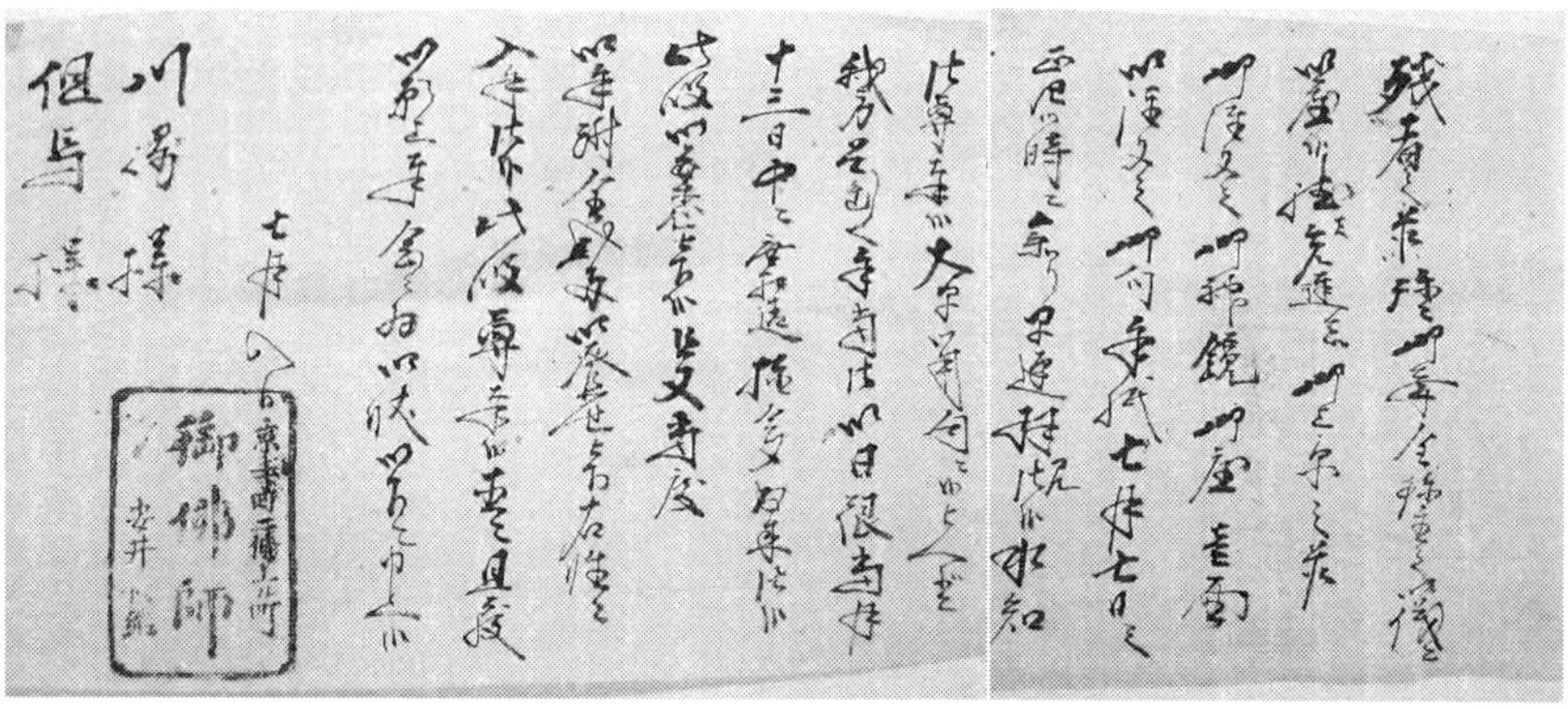

※一通の文書を二枚に分割して撮影しています。

右の文書は癖の強い筆跡で、解読し難いのですが、一応、次のように読んでいます。

《未整理一一〇》
残暑之節弥々御□全、珍重之御儀ニ御座候。然者、先達者御上京之節、御注文之御神鏡・御座（・）壱面、御注文之御句手紙、七月七日之正四ツ時ニ参り早速拝見仕候。承知仕尊奉候。大早鼠旬ニ候らへど、我方それ〴〵手當仕、御日限當月十三日中ニ無相違極念〆出来仕候。此段御案心被下候。且又、當度御手附金弐両御登せ被下、右慥ニ入手仕候。此段尊奉候。直々且敷御願上奉念ニ為御状御下ニ申上候。
　七月八日
　　京寺町二條上ル町
　　御佛師
　　　安井□紹
川崎様
但馬様

読み間違いがあるかもしれませんが、内容を要約すると、
　お聞きしていた御神鏡・台の注文依頼書が届きました。御神鏡の注文を承知しました。今月十三日中には完成させますので安心して下さい。また、手付金として金二両を確かに受け取りました。云々・・
といったところでしょうか。

安政五年（一八五八）、現在の八幡神社（観音堂）が建立されています。また、宝暦七年（一七五七）には二宮堂が再建されています。

文書に紀年がありませんので、断定は出来ませんが、このいずれかの御神鏡の注文であったのではないかと推測しています。

何れにしても、但馬が建築に関わっていた御堂の御神体であったと思われます。

明治二十九年の大洪水

第２５４号
2004.06.10

下の表は「明治廿九年所有地被害明細書」の抜粋です。

明治二十九年(一八九六)九月に起こった大洪水は、滋賀県一帯を襲った史上最大規模の洪水だったと言われています。

鳥居川量水標によれば、この洪水時の最高水位は一丈二尺三寸五分(三・七三m)とされています。また、大津市下坂本「両社の辻」に建てられた石碑によれば、一丈二尺八寸(三・八八m)、野洲郡中州村の報告から復元した吉川量水標では、一丈二尺七寸五分(三・八六m)であったといいます。

(「びわ湖湖底遺跡の謎」より)

地域により多少の差がありますが、九月十二～十三日の最高水位は、標準水位から約三・八mの水位上昇(平常水位からは三m前後か?)があったことになります。

この洪水について、冨田村の中では聞いたことがないのですが、川道村の某氏より、古老から舟で出入りしていたことを聞いた、家によってはその時の洪水の痕が柱や壁に残っているなどと教えていただきました。

冨田村でも探せば、古い家や土蔵などにその痕跡を見つけることが出来ると思います。

明治二十九年は雨の多い年で、一月から八月までに一六三七ミリと、平年の一年分に相当する雨が降っており、九月に入ってもよく降り、九月七日早朝より雷を伴った大豪雨が滋賀県を襲ったのでした。

当時の状況は、元彦根測候所長関和夫氏の懐古録で「雨の降り方の強烈なことは丁度ロープような太さの雨で、その上雷雨を伴い、実に凄惨な光景であった」と述べておられることで状況が想像できると思います。

彦根での降雨量は、七日の五九七ミリを最高に、四日～十二日の間に一〇〇八ミリに達しています。

また、高月町馬上の状況報告書に、「大字馬上の部落に於ては未だ通ずる不能(橋流失のため)。山頂より遠望するのみ。恰も一面海の如く、全戸浸水

小字	番号	地目	反別	地價	地租	平年収穫	本年収穫	損毛歩合
村馳	565	田	0.709	63.98	1.600	1.859	・	10
仝上	568	〃	0.427	38.60	0.965	1.122	・	10
屋井田	575	〃	1.103	92.25	2.306	2.681	・	10
古座	705	〃	0.811	56.06	1.402	1.629	・	10
溝尾	727	〃	1.126	67.40	1.685	1.958	・	10
十六	878	〃	1.121	78.40	1.964	2.278	・	10
合計			5.507	396.69	9.918	11.527		10

右ノ通リ二候也　A

小字	番号	地目	反別	地價	地租	平年収穫	本年収穫	損毛歩合
堀	418	田	0.290	8.47	0.212	0.246	0.073	7
武士町	637	〃	1.013	73.80	1.845	2.144	0.429	8
六ノ坪	663	〃	0.823	62.00	1.550	1.802	・	10
下佃	812	〃	0.506	29.53	0.738	0.859	・	10
廿	1029	〃	1.028	69.36	1.734	2.016	・	10
傍田	1036	〃	1.036	44.20	1.105	1.285	0.514	6
合計			4.308	287.36	7.184	8.352	1.017	0.878

B

小字	番号	地目	反別	地價	地租	平年収穫	本年収穫	損毛歩合
藪越	283	田	0.120	13.13	0.328	0.382	0.153	6
小寺	333	〃	0.606	46.28	1.445	1.445	0.578	6
二ノ坪	532	〃	1.228	101.87	2.961	2.961	1.184	6
村馳	562	〃	0.518	49.09	1.427	1.427	・	10
武士町	631	〃	1.825	133.21	3.872	3.872	0.774	8
仝上	638	〃	1.112	80.64	2.344	2.344	0.469	8
十ケ坪	869	〃	0.618	44.22	1.106	1.285	・	10
合計			6.307	468.44	11.711	13.719	1.017	0.769

C

小字	番号	地目	反別	地價	地租	平年収穫	本年収穫	損毛歩合
菅井本	489	田	1.108	103.83	2.596	3.019	0.906	7
角田	509	〃	0.601	50.14	1.254	1.457	0.583	6
深町	676	〃	0.925	69.55	1.739	2.022	・	10
十八	686	〃	0.525	39.09	0.977	1.136	・	10
仲ノ町	769	〃	0.405	26.43	0.661	0.768	・	10
上佃	829	〃	0.723	49.27	1.232	1.432	0.430	3
傍田	1037	〃	1.216	79.51	1.988	2.312	0.825	6
合計			5.713	417.82	10.447	12.146	2.747	0.774

D

の模様」とあります。
（「馬上の文化と歴史」三七号より）

馬上村は内陸ですが、高月川の氾濫によって洪水となったものと思われます。

このように、県内の湖辺の村々、各川の流域はすべて浸水し、収穫を間近に迎えた稲田も、家屋もすべて水に没しました。右の資料によれば流失家屋が一七四九棟、床上浸水が三五六二七棟に及んだとあります。

勿論、冨田村の全域も水没し、舟で出入りするしか手段がない状況になったようです。

詳しい状況は分かりませんが、作物に与えた被害は甚大で、殆どが皆無状態となってしまいました。

前頁の冨田村の資料では、Aは皆無、Bは多少の収穫があったものの、例年の八石余の収穫に対して一石の収穫に留まっています。Cは例年の十四石弱に対して一石、Dは十二石余に対して二石七斗となっています。

被害の少なかったDでも七十七%の損毛(収穫率二十三%)であり、被害の大きさを物語っています。

冨田村全体では、平年六百九十九石弱(三十四町一反余)の収穫に対して、この年は九十五石(収穫率十三・六%)となっています。

多少でも収穫があった者は幸いですが、資料にある五十八人中、全く収穫がなかった者(収穫率〇%)が九人、収穫率が一～一〇%が一〇人となっています。また逆に、収穫率が四〇%を越えたのは三人しかありません。

詳しい資料を見るまでもなく、いかに甚大な被害を受けたかがお分かり願えると思います。

被害の大小は地域の差であったと思われますが、小字までは確認できていません。しかし、左の四人の資料でも想像がつくと思います。

十一川など川の周辺（十六・十七・十八・溝尾・古座・六ノ坪・十ケ坪など）、湖岸に近い西部（下川田・玄取・屋井田など）ほどその被害は大きく、殆どが皆無になったようです。

逆に武士町・二ノ坪・角田など東部は多少とも収穫があったようです。

当時、殆どの家々が百姓だけの働きで生計を立てていました。

しかし、この状態では飯米はおろか翌年の種籾にも困る状態だったと思われます。

私達の先祖がどのようにしてこの危機を乗り越えたのかは分かりません。どんな苦労があったかは伝わってはいませんが、きっと苦しい生活を余儀なくされたことだけは確かのようです。

私達は平々凡々の毎日を送っていますが、たった百年ほど前は、自然現象に生活が左右された、そんな生活が営まれていたことを再確認した気がしました。

《参考》
冨田区所蔵文書（祭器庫保管）
「びわ湖湖底遺跡の謎」創元社
「馬上の文化と歴史」栗原基　発行

※1
左の文書(断片)は、冨田村周辺の村々に水入(水損)があったことを示す図面です。

詳しく見ると、安養寺・益田・上八木西・下八木東・八木浜を結ぶライン付近まで「水入」と書き込まれています。図面は切れてしまっていますが、野寺・新居当りまで「水入」の記載があります。

一方、冨田・十九・上八木村を結ぶラインの東側には「水入」の記載がありません。

現在の南山道付近を境にして、西側は冠水「水入」したことを意味しています。

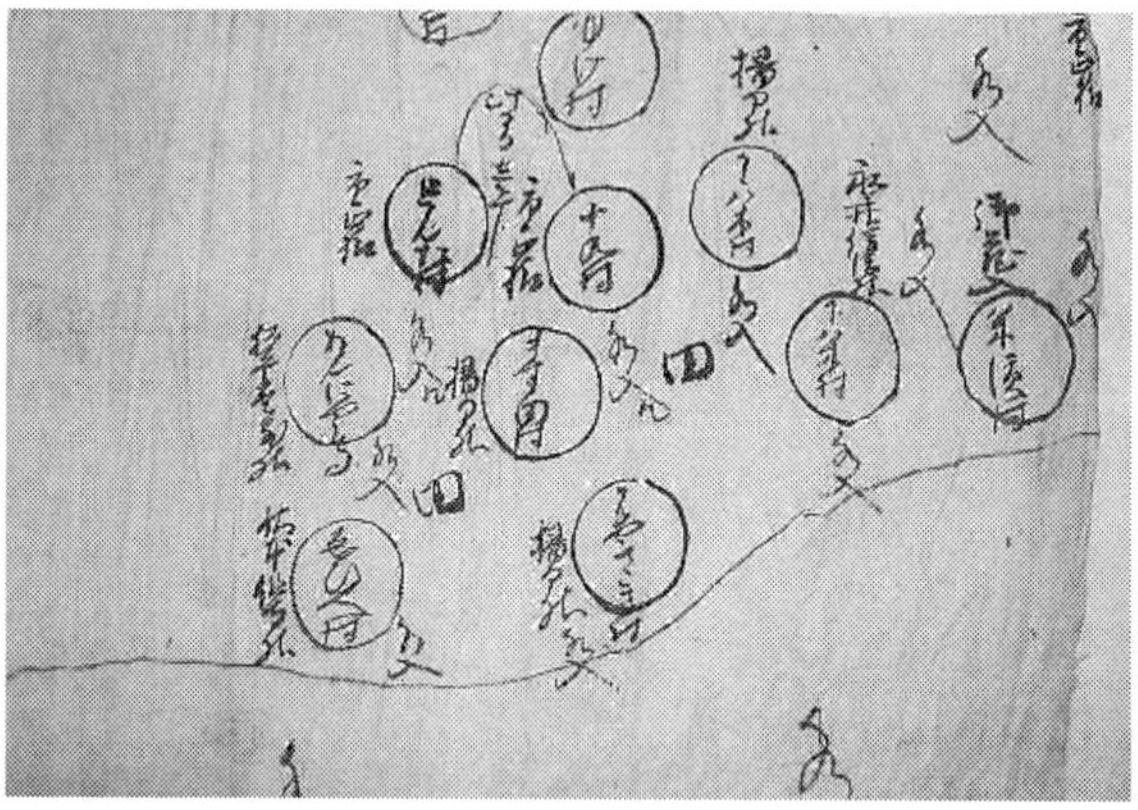

《未整理七二》

今までに何度か「幕末期の水損」を紹介してきましたが、それらの状態とよく似た状況が描かれています。

図面の中に、「とんた村／市正様」「あんにやう寺／松平豊前様」「下八木村／永井信濃様」「八木濱村／御蔵入」との書き込みがあります。

これらの史料から時代を探ると、支配の関係は、

冨田村／市正様　→ 1633～1680
安養寺／松平豊前 → 1605～1633
下八木／永井信濃 → 1633～1685
八木浜／御蔵入 → 1602～1697

となり、重なり合う年代は一六三三年(寛永一〇年)しかありません。

従って、上の図面が示す「水入」があったのは、寛永一〇年(一六三三)であったと考えます。

もしかすれば、一～二年のズレがあるかもしれませんが…、江戸前期の、当時の様子を示す文書が見あたりませんので確定することは出来ませんでした。

この一枚の図面から、江戸初期にもこのような水損が見られたことが判明しました。湖辺の村々は水との戦いでもあったようです。

幕末にはその水損が更に多発するようになり、その最大規模で起こった水難が明治二九年の大洪水であったのです。

現在発行されているのハザードマップ(災害予測地図)にもよく似たラインがボーダーラインとして設定されています。

筆者も以前に、字蓬(現在は天神)が一面水で覆われた状況を何度か目にしています。

明治二十八年の水害

第２５５号
2004.06.24

前回は明治二十九年の大洪水について書きました。

この洪水は滋賀県下全域に渡る、未曾有の洪水でしたから、県下各地に史料が残されています。

今回は明治二十八年の大水害について書きたいと思います。

この水害は七月下旬から八月上旬にかけて、湖北地方を中心とした集中豪雨によってもたらされたものだといわれています。

冨田村にはその経過を詳しく知る文書が残されていませんが、「明治二十八年十一月四日浸水被害毛見帳」が残されていますので、この毛見帳を中心に報告したいと思います。

「東浅井郡志」によれば、

> 七月廿四日より廿九日に至るまで湖北三郡に暴風雨あり。八月五日に至りて全く歇む。其雨量、長濱に於て五〇三・五粍を示し、木之本に於て実に七二〇・三粍を示せり。琵琶湖の水位、之が為に七尺五寸を高め、姉川・高時・草野・余呉・田川・安曇等の諸川漲溢し橋梁を流失し、堤防を決潰し、家屋の浸水・人畜の死傷等あり。

とあり、湖北だけの集中豪雨にも拘わらず、琵琶湖の水位が二・二m余も上昇しています。

長浜では大通寺付近でも床上浸水したといいます。

また、別の資料（栗原基氏提供）では、七月二十九日、木之本では最高降雨量一九七㎜を記録しますが、その日の彦根の降雨量はたったの三二㎜にすぎません。

また、七月二十五日～八月五日の間の降雨量は、木之本で七一一㎜であるのに対して、彦根では三二三㎜と半分以下の雨量となっています。

如何に湖北中心の豪雨であったかが分かってもらえると思います。

おそらく、冨田村の殆どの田畑は水没したものと思われますが、その被害はどうだったのでしょうか。

この時期だと株も太くなり、出穂にはまだ早いという頃だと思います。たとえ冠水したとしても全滅には至らなかったと思われます…が、実際を見ていきたいと思います。

被害当時の状況は分かりませんが、秋も収穫の時期になり、村役員等が中心となって収穫状況を調べるため、坪刈りを実施したようです。

次の表(一)はその時の資料を整理したものです。坪刈りで三合九勺の収穫があった時、反当たりの収穫を二俵半と予想しています。

表(一)

毛見高	坪刈高
1俵1斗	1合9勺
1俵半	2合4勺6才
1俵3斗	2合8勺2才
2俵	3合1勺8才
2俵1斗	3合5勺2才
2俵半	3合9勺
2俵3斗	4合1勺4才
3俵	4合3勺8才
3俵1斗	
3俵半	4合5勺
3俵3斗	4合7勺4才
4俵	
4俵1斗	
4俵半	5合2勺8才
4俵3斗	5合8勺2才
5俵	
5俵1斗	6合3勺
5俵半	6合9勺

また、その毛見の結果が左の表(二)となっています。

反当予想収穫は、一俵一斗から五俵半までと幅は大きいのですが、調査の対称となっている田圃がいずれも十一川（十七川）周辺に集中しています。

詳しいことを記載した文書は残されていませんが、被害が大きいと予想された田圃が、大きな河川周辺に散在していたことを意味しているように思います。

十一川（十七川）周辺以外の状況については、非常に興味があるのですが、残念ながら資料が残されてなく、詳しいことは分かりません。

想像ですが、半作とまでは行かないまでも平年作には届かなかったのではと思っています。

表(二)　各データは一筆毎（個人の名前記載があります）の記録です。

毛見高別一覧

1俵半	下佃
	下佃
	下佃
	正出
	十六
1俵1斗	下佃
	深町
	正出
1俵3斗	十七
	十七
	古座
2俵	溝ノ尾
	古座
2俵1斗	下佃
	下佃
2俵半	下佃
	十七
	正出
2俵3斗	下佃
	十七
	十六
	十ケ坪
	十ケ坪
	十ケ坪
3俵	古座
	正出
	十ケ坪
	下佃
	下佃
	下佃
3俵1斗	下佃
	深町
	十八
	古座
	正出
	正出
	十ケ坪
	正出
3俵半	深町
	十八
	十八
	十八
	十六
3俵3斗	十八
	古座
	正出
	十ケ坪東
4俵	深町
	深町
	深町
	深町
	古座
	十六
	上佃
4俵半	六ノ坪
4俵3斗	上佃
5俵1斗	上佃
5俵半	六ノ坪
	上佃

また、下の表(三)は、その後の収穫量調査の結果だと思われます。

資料には毛見高と面積、収穫量が書かれているのですが、並列して別の収穫量らしき数値も書かれています。

データの意味の理解に苦しむ所ですが、最初の収穫量だけを実質収穫量として反当収量を計算してみました。

結果的には、毛見のある五十八筆の田圃の内、二十一筆が毛見高よりも少ない収穫となっています。

各字別に収穫量の平均をに集計してみると、

下佃	一・〇三六八石
十七	一・〇八一九石
六ノ坪	一・八三一四石
深町	一・三二五八石
十八	一・三五一八石
古座	一・二一一八石
正出	一・二二一三石
十六	一・一四六二石
十ケ坪	一・三〇九三石
上佃	一・〇六一九石
全体平均	一・二八〇一石

となっています。平均すると約三俵の収穫です。当時の平年作がどの程度あったか調べられてはいませんが、決して平年作とは言えない数値だと思います。

慶応四年(明治元年)の大水害で始まった明治時代は、災害史に残る何回もの水害を経験します。そのピークが明治二十八年、そして、未曾有の二十九年と続いたのでした。昔の人の苦労を偲びたいものです。

明治28年11月4日　浸水被害地毛見帳

	小字名	毛見高		氏　名	実質収穫高					反収量
		書類表記	数値表記		田面積			収穫量	別記載量	
			石.斗升合勺		反	畝	歩	石.斗升合勺	石.斗升合勺	石.斗升合勺
10	下佃	2俵3斗	1.1000			2	11	0.3370	0.1700	1.4239
11	下佃	3俵1斗	1.3000			4	22	0.6260	0.3050	1.3225
12	下佃	2俵半	1.0000			1	9	0.1520	0.0700	1.1692
13	下佃	3俵	1.2000			1	24	0.2370	0.1160	1.3167
14	十七	2俵半	1.0000		1	3	26	1.6220	0.7480	1.1697
15	十七	1俵3斗	0.7000			5	15	0.4650	0.1720	0.8455
16	十七	2俵3斗	1.1000			2	10	0.2900	0.1380	1.2429
17	十七	1俵3斗	0.7000			1	12	0.1180	0.0430	0.8429

《参考》
冨田区所蔵文書(祭器庫保管)
「馬上の文化と歴史」　栗原　基　編
「東浅井郡志」　他

※1
水防組合設置理由書　《祭器庫文書一九二》

東浅井郡速水村所属大字速水高田小倉ノ地先、高時川筋堤防ハ既往七年間ニ決潰スル事四回ニ及ヒ、其ノ被害ノ惨状実ニ見ルニ忍ヒス。斯ノ如キハ要スルニ堤防ノ薄弱ナルニ皈セサルヘカラス。爰ニ被害地大字速水外八ケ字ヲ以テ水防組合ヲ設置シ、一致協力シ、以テ堤防ノ保護修繕及ヒ水防ニ従事シ、姓名財産ノ保全ヲ期セントス。本規約ハ此ノ目的ヲ達スル為メ、各大字ヨリ撰出シタル組合會議員総會ノ決議ヲ経テ、之カ実行ヲ期スルモノトス

右は、明治三四年十一月十六日付の水防組合規約の前文(設置理由書)です。

高時川筋の九ケ村(速水・高田・南速水・大安寺・小倉・香花寺・冨田・益田・安養寺村)で、高時川の堤防を守る会的な水防組合が結成されたことを示しています。

九ケ村を見る限り、小倉・高田村付近、御料所井付近の堤防を対象にしているように思います。

設置理由書の中で、七年間に四度の決壊があったことが判明します。この七年間とは、明治二八年～三四年の七年間と思われ、明治二八・二九年の大洪水の時は勿論と思われますが、それ以外にも二度も決壊があったように読みとれます。

活動の内容については、二九条に亘たる規約が決められています。具体的には、(要約です)

水防組合規約

第一条　高時川筋ノ堤防ヲ同心協力シ、常ニ保護スルコト

第四条　降雨打續キ出水ノ虞アリト認メルトキハ、堤防ヘ人夫ヲ派遣シ警戒スルコト

第五条　堤防危険ノ虞アリ警報ヲ打鳴ラシ報スルトキハ、男子ハ悉ク出場シ、水防ニ尽力

第七条　警報ヲ以テ各大字ニ報ス

第10条　堤防ニ急破ノ箇所ヲ生シタルトキハ、一致協力シ水防ニ従事スルモノトス

第11条　水防器具入レヲ設置シ・・・

等々の後、第13条から資金や土地買収・治水委員等々の規約が記されていますが、費用については速水村が七〇%、竹生村が三〇%の負担となっており、冨田村は全体の九%の負担が決められています。

また、当該村以外は、治水委員は一名の選出ですが、冨田村は二名となっています。

また、第26条で、この規約は満六年の時限立法であることを明記し、必要あるときは延長もあり得ることを記していますが、その後、延長されたかどうかは不明です。

とにかく、明治二八・二九年の洪水による堤防決壊が、地域の住民に大きな不安を抱かせたことが伝わってきます。

昭和五年雹害義捐金

第２５６号
2004.07.10

昨年(平成十五年)の八月二十四日夕刻、いきなりの大風大雨となり、一cm程の雹が十分間ほど降りました。そのため、出穂直後の稲にも影響があったことは記憶に新しいところです。

丁度、その日は冨田村の燈明祭で、神社には高張り提灯が釣られていたため、宮世話係や村役員が慌てて提灯を片付けました。

降雹後、再び高張り提灯を釣り、何とか燈明祭に間に合ったのでした。

昭和五年九月二十八日午後二時頃、冨田村に雹(ひょう)が降ったという記録があります。

冨田村周辺だけだったのか、湖北一円の降雹であったのかは不明です。

九月の末と言えば、実が熟する大事な時期だと思われますので、被害も大きかったと考えられます。

この降雹に対して、村へ救助金や義捐金が寄せられたようで、「雹害救助金・義捐金配当帳／昭和五年拾弐月拾参日調査」と題された資料が残されています。

冨田区と北冨田区が手分けして被害状況を調査したようで、データが複雑になっています。

冨田区は個人所有反別に被害状況を点数化し、被害点数一点に付き、救助金三十七銭、義捐金二十八銭五厘で計算しているように思われます。

一方、北冨田区は被害の程度を、小字別、個人反別に十段階で評価しているように思われます。

この方が現代人には理解しやすいので一端を紹介します。

小字名	被害	小字名	被害
北仲町	二分	二十	二分
十三	三分	北七ノ坪	四分
十五	三分	正出	三分
十六	四分	十四	三分
十七	四分	溝尾	三分
北八ノ坪	五分	北二ノ坪	五分
上佃	六分	十ケ坪	5～4分
北一ノ坪	六分	三ノ坪	六分

となっています。

被害の程度が二分ということは、二分の収穫(八分の被害)だと考えられます。

冨田村北西部(安養寺に近い)に被害が大きかったようです。

その他、膨大な資料の中には、個人別、一筆毎の調査結果が残されていますが、割愛したいと思います。

そして、膨大な資料の結果、下表のような被害点数・救助金額・義捐金などの一覧表が作成されています。

表(一)　救援金義捐金災害割内訳

救援金義捐金災害割内訳

	災害点数	救助金増点数	仝上合計点数	災害救助金額	義捐金額	合計	氏名
1	11.8	5.9	17.7	8.85	3.54	12.39	
2	14.1	7.0	21.1	10.55	4.23	14.78	
3	11.0				3.30	3.30	
4	8.5				2.55	2.55	
5	13.9		13.9	6.95	4.17	11.12	
6	1.1	0.6	1.7	0.85	0.33	1.18	
7	10.8	5.4	16.2	8.10	3.24	11.34	
	合計		合計				
	438点		285.7	142.85	131.40	274.25	
	計						
	150.0		168.0	84.00	45.00	129.00	

※氏名は消させて頂きました。
※原本を見易くしてあります。
資料の大多数を割愛しました。

この表には冨田村五十一軒、北冨田が十二軒の計六十三軒分が計算されています。

表(一)によれば、冨田村の救助金合計が百四十二円八十五銭、義捐金合計が百三十一円四十銭、北冨田村の救助金が八十四円、義捐金が四十五円となっています。

また、下の表(二)では、表(一)の救助金・義捐金に種穀料(?)と戸数割とが加算されています。

種穀料・戸数料が計上されている家とされていない家がありますが、その基準までは考察しませんでした。

最終的には、冨田村の救助金等合計が二百七十四円二十五銭、北冨田が二百円十銭、南北合わせて六百四十七円四十三銭となっています。

偶然経験した降雹の直後に、この書類を見つけ、記事にしてみました。

安養寺村では、この時の降雹の被害のこと、各地からの救助の恩を忘れないため、神社にて大釜で粥を炊き、子供から老人まで村人が集まり、粥を食べることが今でも続いているんだと聞いたことがあります。

古文書の中から降雹の記録を見つけることはありませんでしたが、記録されていないだけで、何度も降雹はあったものと思います。

被害が少なかったからこそ記録に残らなかっただけだと思います。

ひと昔前までは、大半の家々が百姓だけで生活を支えていました。

百姓は自然を相手にしながら、自然災害に泣かされてもきました。

時には命を張った水争いを闘い、大洪水に稲穂が水没して途方に暮れ、大雨による水害で田植え直後の苗が水腐で消え呆然とし、収穫前の降雹に痛手を負い、蝗(いなご)害に泣き・・・数え上げればきりのない自然災害の連続に耐え、苦労してきました。

現代の農業も、冷夏など自然災害に左右されますが、昔のような命に関わるまでの生活苦には陥りません。

そんな意味でも、降雹の記録から往時の苦労を偲びたいものです。

《参考》
冨田区所蔵(祭器庫)文書

表(二) 雹害救助金義捐金配当表

昭和5年9月28日午後2時降雹　**雹害**救助金/義捐金**配当帳**

	種穀料	戸数割	救助金被害割	義捐金被害割	合計	氏　名
1	5.00	3.00	8.85	3.54	20.39	
2	5.00	3.00	4.23	10.55	22.78	
3				3.30	3.30	
4				2.55	2.55	
5			6.95	4.17	11.12	
6	2.00	3.00	0.85	0.33	6.18	
7	5.00	3.00	8.10	3.24	19.34	
8				8.94	8.94	
9			3.75	2.25	6.00	
10	5.00	3.00	8.05	3.21	19.26	
11				4.56	4.56	
12			12.10	7.26	19.36	
13	5.00	3.00	5.35	2.13	15.48	
14	4.00	3.00	5.80	2.31	15.11	
15	2.00	3.00	0.65	0.36	6.01	
		計	142.85	131.40	274.25	
52	北			10.38	10.38	
53			5.25	3.15	8.40	
54	5.00	3.00	10.05	4.02	22.07	
55	5.00	3.00	10.45	4.17	22.62	
56	4.00	3.00	5.35	2.13	14.48	
57	5.00	3.00	2.80	1.11	11.91	
58	4.00	3.00	3.15	1.26	11.41	
	42.00	30.00	84.00	45.00	200.10	
		南北合計				
			226.85	176.40	403.25	
	134.00	108.00	228.25	177.18	647.43	

【いっぷく】

《貸借九》

借用申銀子之事
(印)
金弐百匁ハ　元銀也
右之銀子宰相神事之仕度ニ借用申所実正明白也。然上ハ来秋弐わりの加利足、急度返弁可仕候。為後日、仍而如件
天和元年
酉之十二月十六日　かり主
請人　T兵衛(印)
請人　宰相(印)
実相院
(※天和元年(一六八一))

右の文書は、冨田村が竹生島から借金をしたときの證文ですが、利息が二割となっています。また、次の文書は利足金の請取状ですが、一割五分の利息となっています。

《貸借二二》

請取申銀子之事
合金壱両三歩銀拾弐匁
右者、武佐宿江延寶四辰年拝借被仰付候利金利米代金銀之内、壱ケ年壱割五分之利付ニ而、金拾三両其村江貸付ニ成候。去巳年分之利金慥請取申處仍如件
元禄十五年午正月廿七日
雨宮庄九郎内
和迩勘兵衛(印)
藪谷宗兵衛(印)
他行無加判　松井忠右衛門
冨田村
庄屋
百姓中
(※元禄十五年(一七〇二))

《貸借二六》

預り申銀子之事
合百目　元銀也
右之銀子、巳御年貢不罷成候ニ付、預り申所実正也。則為しち物と字名ハすかいもと東ノ五、五畝書入申置候。然上ハ、午ノ暮ニ壱割弐歩加利足急度返弁可仕候。若右之銀子遅滞仕候ハヽ、件之しち物請人方御取可被成候。其時一言之子細申間敷、為後日之、仍如件
正徳三年
巳十二月廿一日　預り主
S三郎(印)
請人
S郎左衛門(印)
T兵衛殿
(※正徳三年(一七一三))

現在、銀行等への預金の場合、利息は一%にも届きません。住宅ローン等の借り入れをした場合でも数%の金利で返済計算されます。

しかし、江戸時代は金利が高く、年利一割五分といったところが標準であったようですが(一番よく見る)、右のように、二割、一割五分、一割二分などの数値を見ることが多々あります。

また、月利一分何厘といった表現にも遭遇したことがあります。

いずれにしても、現在と比較すると高金利でしたから、一旦借金をすると借金地獄に陥り、返済が追いつかず、潰れ百姓となることも間々あったのではないかと思われます。

現金が必要な場合、次号で紹介するような、「田地の永代売り渡し」や、「本物返シ」という方法をとる場合もありました。

十九村との合併問題

第２５７号
2004.07.24

明治七年十一月を最初とする、「諸願伺指令済綴込」と題する文書があります。

これは、県令(現在の県知事)や郡長宛の願書や指令書を綴った書類です。二十六通の県令宛願書・伺書と、四通の郡長宛願書、二通の県よりの通達書、二通の文書雛形、分類不明の文書が一通の、合計三十五通の願書などが綴られています。

戸長給額御伺書、新戸長選挙報告、印換御願書、畔間違御願書、嗣子御願書、旱損潰地御願書、相続人御願書、改名御願書、絶家再興御願書、川漁網伺書、学校敷地伺書…などが綴られています。

その中に、次の様な文書を見つけましたので紹介します。

合郷合村御願書
浅井郡第十三区
冨田村
十九村
付御願奉申上候
浅井郡第十三区
冨田村
四拾九町八畝廿九歩八厘

七百六拾九石四斗
数九拾弐軒
十九村
一拾町七反四畝歩八厘八毛
高百九拾壱石五斗五舛六合九勺
戸数弐拾四軒

右は今般線界御検査ニ相成候處、合村之儀御説諭被成下、双方示談調儀仕、合村奉願上度、當村名改称之儀可然御下附被成下度候。此如連署ヲ以奉願上候。以上

明治八年七月八日
冨田村
村惣代　阿部I平治(印)
副戸長　川崎I右衛門(印)
戸長　阿部S七(印)
十九村
村惣代　藤森T三郎(印)
副戸長　藤森Y右衛門(印)
戸長　堀　S兵衛(印)

滋賀縣権令籠手田安定殿

前書之通ニ付奥印仕候。以上
区長　那須市左衛門(朱印)

(朱書)
書面之趣ハ其筋江伺之上、追テ可相達候条、右之心得ヲ以即今地租改正ニ付テハ本年當縣第弐百九拾八号第弐百九拾九号并ニ第百四拾四号布達之旨ニ基キ、不都合無之様取調野帳成功次第可差出事

割印)明治八年八月十二日
(滋賀縣の角印)

この文書には、冨田村と十九村の面積、村高、戸数を記載した後、次のように記載しています。

今回、村境の境界線を検査に来られた時、(冨田村と十九村が)合村してはどうかとの御説諭を受けました。(冨田村と十九村の)双方が相談しましたところ、合村を願い上げることになりました。また、村名改称については然るべきの村名を下付して頂きたく思います。このように両村が連署して願い上げる次第です

この願書に第十三区々長の上八木村那須市左衛門が奥印をしています。これに対して、県からの指令が朱書きされ、八月十二日付で返送されています。これには、

書面にある願いの趣旨は了解、その筋(国の関係役所か?)伺いの上、追って通達をする。この様に心得て当面は地租改正について、今年度県二百九十八号、百四十四号布達の旨に従って、不都合のないように調査をし、野帳ができ次第に差し出すこと。

とあります。

「其筋江伺之上」とある「その筋」が何処かは分かりませんが、この願書を提出した時点で、冨田村と十九村の合併作業がスタートすることになります。

しかし、残念ながら、その後を記録する文書は見つかっていません。

結果的には、現時点でも別の村として存続していますので、合併問題は反古になったと思われます。

現在の村(大字)という村域や概念が作られたのは、秀吉の実施した太閤検地からだと云われています。秀吉が実施した太閤検地は、村と村との境界線をはっきり決めました。村切りといいます。

この太閤検地の村切りによって、全ての土地が何処かの村に属するようになりました。また、複数の村が合併した(させられた)こともあったと思われます。

それ以前は、漠然とした地域のまとまり、宮座によるまとまった地域を惣(村)などと呼んでいたようです。

また、冨田庄(荘)といった荘園を意味する地域の呼び名があったりもしました。

更に古くは、益田郷・新居郷・川道郷・錦織郷など、浅井郡に十六の郷が置かれました。

益田郷は益田・冨田村を中心にして旧竹生村・海老江・八木濱村などを含む地域だったと云われています。

その意味では、伝承の中に、冨田村と下八木村と早崎村が‥‥した云々などという(竹生島に関わっての)話は、必ずしも的を得ているとは言えないのです。

自分の村の歴史を誇るあまり、昔の逸話を持ち出したりしますが、間違いとは言えないまでも、正確とも言えないのです。

太閤検地や慶長検地からは、現在の村(大字)名で統一され、約四百年間も経過しています。

そのため、身近な呼び名として定着していますが、それ以前のことについては、眉唾な話が混じっていることもあり得ます。歴史を探る上で、これらのことを知っていただけたらと思います。

この文書は、冨田村と十九村の合併問題以外にも、多くの事実が綴じられていますので、紹介します。

◆明治九年三月廿七日(篭手田県令宛)

畔間違御願書

當村之儀は明治八年地書改正之節測量、伊香郡東阿閉村山岡彦兵衛殿ニ委任致し、畔引之処打込ニ候得ば旱損所之事故、弐分五厘引ニ致し被呉候様頼置候処、弐分引ニ而野帳出来致し被呉、其侭御検査相済、其後隣村ヲ承り候得ば、弐分五厘之畔引ニ候由ニ而、村中小前一同人成沸騰致し、不得止事當村之儀も弐分五厘之畔引ニ被成下度、就而は取調候処字田ノ下字深町之下絵図、彦兵衛方ょり請取候内ニ而紛失ニ有之、村方ニ而測量仕直し候処増減間違之箇所も御座候間、此儀も奉願上度候。何卒別冊右願之通り御聞済被成下候ハヾ村中一同難有仕合ニ奉存候。以上

明治八年の土地測量の際、畔分を間違って二分(二%)として検査を受けたが、他の字が二分五厘としたと聞き、村内が収まらない。畔分を二分五厘引にしてほしい。‥‥云々

◆明治九年八月七日(篭手田県令宛)

旱損ニ付池地御願書

第五百十八番字角田

田反別八畝廿九歩　持主　阿部□□

内四畝歩　池地損歩

第九百七十六番字北ニノ坪

畑反別二畝廿七歩　持主　上野□□

内一畝六歩　池堀荒地

當村之儀者格別之旱損所故右之地所ヲ買求メ、馳車ニ而水踏出シ候様之溜地設ケ度望ミ、是迄有之候故、壱畝歩今般之地券ニ除ケ置、差當り旱魃致シ候故、村中相掛り池ヲ堀、水踏出シ候得者水底深キ故、馳車二重ニ相掛ケ可申候ハで者流水不仕故、池地ニ増歩御願申上度候

何卒御検査之上、右願之通り御聞済被成下候ハゞ、村中一同難有仕合奉存候　以上

右の地に溜め池(養水池)造成したいのでよろしく。‥‥云々

《参考》

冨田区所蔵文書(祭器庫保管)

【いっぷく】

前号では、借金の利率について紹介しましたが、今回は田地の売買について紹介します。

次の文書は、庄屋が保管した「田地譲り渡し證文」の控え帳の一部分です。

《売買一部分》

末代賣渡申候一職之事

合上田五畝拾弐歩

字名又さい西一也

高九斗七升弐合

右之件之田地、我等先祖之一職ニ而御座候へ共、戌之三分一御未進不罷成候ニ付、銀子八拾五匁ニ限、末代賣渡し申所実正明白也。然上者、於此田地子々孫々後々末代、違乱煩他之妨有間敷候。為後日、賣券状仍如件。

元禄七年　西冨田村賣主　N兵衛

戌ノ十二月廿五　T兵衛

J右衛門

K左衛門

G左衛門との

(※元禄七年(一六九四))

右は字又才の五畝余の田地の譲渡証文ですが、次のような「本物返シ」という譲渡方法もありました。

《売買一部分》

賣渡申本物返シ田地之事

合上田六畝三分

冨田村郷之内字すかい本

分米壱石九升八合

右件之田地、亥ノ年三分一不罷成ニ付、子作ょり午ノ暮迄七年切ニ、銀子百六拾匁ニ賣渡申所、実正明白也。然上者、午ノ暮ニ元銀百六拾匁返弁仕、田地請(も)とし可申候。万一、右之銀子少ニても不罷成候ハヽ、田地末代御取可被成候。其時一言之子細申間敷候。為後日状、仍而如件。

元禄八年　冨田村賣主　Z五郎

亥十二月　庄屋　T兵衛

G左衛門殿

(※元禄八年(一六九五))

右も田地の譲渡証文(字菅井本六畝三分)ですが、右の場合は、七年間(七年切)という期限が付けられています。

七年後に借り受けた元金を返済すれば、譲渡した土地は売り主に返されるという契約になっています。

この場合、この七年間は買い主に所有権・耕作権が移りますので、その収穫が利息と見なされ、利息を支払う義務はありません。(年貢等も買い主が分担します)

しかし、七年後に元金が返済されなかった場合には、質流れとして所有権が完全に買い主に移管されることになります。

このような、ワンクッションの時期を設定した譲渡方法を「本物返シ」といいました。

この庄屋の控え帳には、何十件かの記録があり、一部には全面に×印が施されています。×印は返済が完了し、証文が破棄されたことを意味します。

残念ながら、右のZ五郎の証文には×印が施されていませんから、元金の返済が完了せず、持ち主が移行したであろうと考えられます。

疎開ニ関スル諸経費帳

第２５８号
2004.08.10

戦争中、冨田村に大阪から疎開児童が来ていたことを聞いたことがある人は多いと思います。

その中に、漫才師「横山ホットブラザーズ」が含まれていたとも聞いています。

戦後生まれの村人が多くなる中で、戦争や、それに関わる諸々の事が風化しようとしている昨今です。

今回は、「疎開ニ関スル諸経費帳」から見ていきたいと思います。

この諸経費帳から知り得る限り、冨田村への疎開の話が村に届いたのは、昭和十九年七月の頃のようです。

早速、七月三十日には、木製バケツ五個・筒(米搗筒)二組・水杓二・ピンチ二束・昆呂(コンロ)二・ナガタ一を購入しています。

また、九月に入ると、一日付で組合より八百円の借入金が計上されています。

また、九月二十七日には、便所肥桶借入二個・タヽキ用山土三台・石灰三俵の出費が見られ、十月十日付でタヽキ土屋手間賃・便所建設木材代・同木材及手間賃・莨(三束)が支払われています。

九月の末から十月始めにかけて便所の建設が始められたものと考えられます。

十二月には切石代・縄代・竹代・壁塗り手間賃・壁土用藁代が支出され、翌年には、瓦代・針金代・左官手間賃などが支出されています。

また、時間は遡りますが、九月は飯台・荷物棚用板代や赤椀十人前、フド作り手間賃・タラヒ・鉢などの支出が計上されています。

また、翌年(二十年)一月には赤椀二十八人前、風呂場直し代・風土(フド)築造職人手間材料共などの記載があります。

この帳面から見る限り、七月末から十月初旬にかけて、受け入れ態勢を整えていったものと考えられます。受け入れ後も順次条件整備がなされたのだと思います。

この諸経費帳は何枚かの欠損がありますので、はっきりは言えないのですが、十月二日付で備品費建築費二百九十二円余、病院費寝具費二十二円五十銭を受け取っていますし、十月・十一月分の電気代、蔬菜代を支払っていますので、学童疎開が冨田村に入ったのは、昭和十九年十月(日時は不明)だと考えられます。

児童は源慶寺で寝泊まりしたと聞いていましたが、これを裏付ける資料として、「十二月一日 電気代寺へ」「一月十二日 源慶寺祠堂借家料」などの記載があります。

疎開児童引率の先生は、個人宅の隠居(阿部某)を借りて生活していたと聞いていますが、この帳簿には記載されていません。

昭和二十年一月からの帳簿は丁寧に書かれており、疎開児童の保護者会から、毎月寮費が送金されている状況も分かり、

一・二月分　一一九円九三銭
三月分　一二三円一七銭
四月分　一〇〇円〇三銭
五月分　一〇六円九四銭
六月～十月分　一〇九円一〇銭

となっています。

月により金額が違うことが気にはなります(人数の増減?)が、終戦を迎えた八月までではなく、十月分までの入金がされています。

帳面も、十月分寮費を受け取った十一月二日の後、十一月十五日付で源慶寺祠堂借家料・先生の借家料・風呂入御礼・紛失弁償費を精算し、帳簿を〇(ゼロ)としています。

これは、学童疎開が終わったことを意味しているものと思います。

結果的に、昭和十九年十月に学童疎開を受け入れ、昭和二十年十月末をもって疎開が終焉したことになります。一年一ケ月間が、疎開受け入れの期間であったようです。短かいような長かったような期間ですが、その一年間には様々な人間模様が繰り広げられたのだと思います。

昭和二十年一月十二日付の支出項目に、

・正月三ケ日学童二人寮母一人預ケ礼
・同上弐人洋君と共に預け
・同上□□氏外十二戸同上礼渡シ
(□□の部分は個人名)

という記載があります。

正月くらい暖かい家庭で過ごさせたいという村人の配慮から、疎開児童を各家で預かったものと思われます。

文面では、十五戸の家庭が協力したように読み取れます。

親元から離れた生活を余儀なくされた子供たちには、憩いの三日間となったのではないかと想像しています。

また、村人の心意気が伝わってくるようにも思います。

また、二十年二月一日付で、独居老人(上野某女)宅の風呂場直しが計上されています。そして、二月分から五月五日までの家賃(借家料とも記載)が支出されています。

また、隣家の川崎某氏宅へも池借賃が同じ期間に支出されています。(源慶寺の隣家阿部某宅にも池借賃が支払われています)

児童たちが上野某女宅にも寄宿したのではと考えられ、洗面や炊事・風呂水等は川崎某氏宅の井戸水を利用したのだと読み取れます。

個人宅での生活は、寺の御堂での生活より家庭的な生活が味わえたのではないかと思います。

風呂については、一件だけですが、「風呂入御礼字内各組へ六円宛」という記載があり、六十円の支出をしています。これは、最後の精算として支払っています。

普段は村人の好意に甘え、疎開が終わって、最後に残った残金を御礼といった形で処理しています。

普段子供たちは、各家へ「貰い風呂」をしていたのだと思います。村人も現在のように、毎日風呂を沸かすことはできず、お互いが貰い風呂をしていたようです。

その貰い風呂の御礼といったところだと思います。

また、風呂や炊事に必要な薪については、「薪運搬謝礼(山脇行)」として、四月二十・二十三日付の支出があり、村人十三人の記名があります。

村人のボランティア的な援助があったように思われます。

その他、この帳簿の支出項目には、次のようなものが記載されています。

・四升鍋(一日四銭)・一斗釜(同六銭)
三升鍋(一日二銭)などの借用料
四升鍋破損弁償費
・寝具借料(一日一枚五銭)
・病室借入賃
・源慶寺伊藤洞月氏手当
・源慶寺炊事場借用料
・電灯料
・草履代
・薬代
・梅干代
・蔬菜代
・餅米代
・便所屋根筵代
…等々

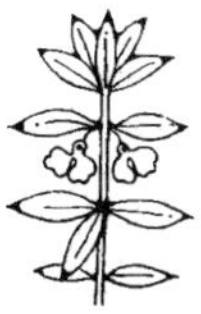

学童疎開に関しては、残されている文書も殆どなく、何人の子供達が生活していたのか、何人の先生が来ていたのか……など、資料では詳しくは分かりません。

私の小さい頃は、学童疎開ばかりでなく、一般の疎開についても聞くことがありましたが、子供心には関心もなく殆ど覚えていません。

しかし、当時のことを知っておられる方がまだまだ健在です。尋ね歩けばまだまだ分かってくることが沢山あると思います。教えていただければ幸いです。

終戦から五十九年を迎えます。大きな犠牲を払って得られた平和ですが、その平和にも慣れ、平和であることに無関心になってしまっています。

たった五〜六十年前まで戦争をしていたことが嘘のような現在です。

しかし、世界の何処かでは、いまだに戦禍の中にいます。いまだに銃弾で死傷する人が絶えません。

疎開児童に象徴されるようなことが決して起こらないよう、私達もこれからも心がけたいものです。

《参考》
冨田区所蔵文書(祭器庫保管)

※1
学童疎開について記録されたものは殆ど残っていませんが、区長文書の中に、大正十三年一月起「決議録」があることを、以前に紹介しましたが(第二一六号〜)、昭和一六年二月一日の通常総会決議の中に、次のような一項があります。

(一〜五は略)

六外来者居住ニ関スル件
外来者当区内ニ居ヲ定メントスル時ハ、之ニ屋敷又ハ家屋ヲ貸與スル者、其ノ他外来者ニ對スル總テノ責任ヲ負フコト

とあります。時期的にはまだ太平洋戦争が始まっている訳でもなく、空襲が始まってもいない時期ですが、何となく疎開に関する申し合わせのようにも読めます。

疎開が始まったのは、少なくとも昭和一八年以降だと思われ、直接疎開には関係のない議題だったのかもしれませんが、外来者が冨田村へ入ってきていることを示しています。

そして、この延長線上に縁故疎開などの疎開者の居住が始まったのだと思われます。

この「決議録」は、昭和一七・一八年は野道の件などが簡単に記されるのみで、昭和一九は記載がなく、昭和二〇年にも疎開に関する記述はありません。

従って、学童疎開ばかりか、一般の疎開についても記録されたものは残っていないようです。

戦中を知っておられる方も他界される方が多く、生存されておられる方も幼児期・少年期のおぼろげな記憶しかないようです。

だんだん、戦中の記憶や、疎開の記憶が過去の彼方へ追いやられて行くようです。

二度と起こしてはならない悲惨な歴史の片鱗を、何らかの形で残していきたいものです。

※2
『大阪市の学童集団疎開—諏訪国民学校と萱野村の公文書綴—』
(大阪市史料第二十一輯)
(大阪市史編纂所　昭和六二年三月)

右によれば、「太平洋戦争下末期の昭和十九年(一九四四)六月三十日に閣議で決定した「学童疎開促進要項」によって、政府は指定する大都市の国民学校初等科の児童を、学校を単位に集団で疎開させることとした」とあり、大阪を初めとする一三都市の学童集団疎開は、昭和一九年六月の段階で決定されたようです。

「大阪市の学童集団疎開は昭和十九年の八月から二十年にかけて数次にわたっておこなわれ、その疎開先は府下をはじめ近畿各府県から遠くは広島・島根県へと二府十県におよんだ。その校数・学童数は二十年一月現在で二五五校の六万五八一五人にのぼった」と集計されています。

その中の一校が冨田村に集団疎開したものと考えられ、源慶寺を宿泊先として約一年間の生活を送ったのです。

右資料の「六二　疎開学童文化激励班の派遣予定」という文書の中に、長浜市御堂前町大通寺・常喜村・室町仏厳寺・加納町・東浅井郡虎姫・速水村・小谷村・伊香郡髙日(月)町勝徳寺・木之本浄信寺などや福井県各地の派遣先が記録されています。

大阪市の諏訪国民学校関係の疎開先だと思われます。

このように、湖北の地のいたる所で学童疎開を受け入れていたと考えられます。

昭和二十年の住民票

第２５９号
2004.08.24

「昭和二十年四月二十五日現在／大字冨田居住者氏名及生年月日之控」という文書があります。

この文書は、冨田村（北富田を除く）の住人を世帯別に整理した文書で、冨田村七十世帯が記載されています。

今回はこの文書から見ていきたいと思います。

文書に記載されている内容は、

番地　戸主氏名
続柄・名・年齢・生年月日・性別

となっています。

×××番地　阿部A							
主	A	26	大正	9	5	15	女
母	B	67	明治	12	8	15	女
長女	C	4	昭和	17	12	11	女
同居	長谷川D		53才				女
	E		26才				女

△△△番地　上野F							
主	F	70	明治	9	10	12	男
妻	G	61	〃	18	6	15	女
兄ノ妻	H	32	大正	3	5	22	女
兄ノ長男	J	11	昭和	10	10	7	男
兄ノ長女	K	9	〃	12	7	18	女

左上の表は、文書の記載を一覧表形式に筆者がまとめたものです。

このような記載が七十世帯分残されています。

左上の例では、世帯Aは戸主が女性になっています。

このように世帯主が女性である家庭が二十五世帯もあります。一部は元からの女世帯と考えられますが、大半は戸主や息子が戦地へ駆り出され、女世帯になったものと思われます。

村に残されたのは女・子供・老人ばかりだということができます。

戸主Aは二十六才で、四才の子供がありますが、夫となるべき人の記載がありません。夫は妻と子供を残して出征したのだと思われます。

また、世帯Fでは、兄の妻や子供の記載はありますが、兄（息子）の記載がありません。この世帯でも夫（兄）は出征中だったと考えられます。

また、例には上げませんでしたが、記載の最後に、二十才代～三十才代の男子の氏名が追加して書かれている例が何例もあります。

これらの記載は、除隊・復員したことを意味しているのではないかと思っています。

これらのように、出征や除隊などがあったと思われる世帯は、三十世帯前後になります。この中には、無事に復員してきた人もあれば、生きて冨田村の土を踏めなかった人もあるのです。

更に、世帯Aには二人の同居人がいることが分かります。

前号で紹介した学童疎開以外にも、家族や残された女世帯などの疎開も多々あったようです。

この記録には、「同居人」「疎開」と書かれている例が三十前後もあります。

現在では冨田村にない苗字をもつ住人もかなりの数に登っています。

現在は冨田村にない苗字として、

一ノ瀬・天野・設楽・木村・國領
長谷川・杉田・村上・藤原・吉田
杉野・讃井・鈴木・山田・木下
室谷・岩崎・久保田・重吉・渥井
薗・増田・小松・真柴・西山
上田・前川・牧野・佃・松波
浜崎・加島・神原・八尾・狩野
竹入・（秋野）・（堂村）

を上げることが出来ます。

戦中・戦後を生き抜いて来られた方には、懐かしい名前があるかと思います。

戦後生まれの私ですが、子供の時に聞かされた、戦争や戦中の話の中に出てきた苗字をいくつか確認することが出来ます。

この中で、「西山」とある苗字は、戦前から冨田村で開業されていたお医者さんで、現在の川崎太二郎様宅で開業しておられました。

戦後は北富田村の掛け所で開業されていたようですが、その後、木之本の方へ移られたようです。

こうして、昭和二十年の住民票を見るだけで、終戦直前・直後の村の様子が分かってくるように思います。

また、如何に不条理な世界を作り出していたのかも、再確認できたのではないかと思っています。

また、昭和十九年の「役員名簿」を見ると（名前はイニシャル）、

区長　UK
代理者　AC
伍長　UG　MS　AK
UG
以上参議（協議員）
AH　AS　FG
MS　US　KK
肥料世話係　KT　KK　KM
~~UG~~（加筆）　US
神主　KH
養蚕組合長　二十年一月迄
~~AS~~（加筆）　NJ
農業組合長　AS
仝　副　AT
物資配給係　~~US~~（加筆）　AS
水利委員　二十年一月迄
KK　AS　FG

竹生嶋講世話方　~~NT~~(加筆)　KK
十九年一月就任　二十二年満期
UG　AK　MI

非常時体制で、協議員と組長(伍長)を組み合わせるなど、役員数を最小限に減じています。
また、昭和十七・八年頃に役員をしていた人名が見当たりません。これは召集・出征のためと思えます。
また、役員の取消し、加筆がありますが、これは年度途中での役員の交代を意味し、これも出征のためと思われます。

昭和七年の「役員名簿」には

肥料係　旧KT　新~~AT~~
□月□日AT出征ニツキ
□□□結果KI就任　新KI

また、昭和二十年「役員名簿断片」には、次のような記事もあります。

~~国民義勇隊~~
~~富田~~
~~小隊長~~　~~KK~~
~~副隊長~~　~~AC~~
~~NK~~(女子名)

(原簿も線で抹消されています)


また、昭和八年から昭和十一年には「警備隊長」という役職があります。

このように、単に村の「役員名簿」からだけでも、昭和初期から昭和二十年の終戦頃の世相というか、状況をうかがい知ることが出来ます。

まさに戦争一色・非常時体制の様子が伝わってきます。

終戦から五十九年、平和に慣れてしまった私達には縁遠い話しですが、村の貴重な体験として、いや、日本の体験として伝えておきたい歴史だと思います。

現在でもイラクやイスラエルなど中近東では戦争状態にあります。

その意味でも、決して風化させてはならない歴史であり、貴重な史料だと思っています。

まさに「温故知新」という「冨田今昔物語」のテーマだと思います。

《参考》
冨田区所蔵文書(祭器庫保管)

※1
前号で紹介した『疎開ニ関スル諸経費帳』は、後半部分に、「昭和二十二年一月十日現在人口」と題する、当時の冨田村居住者名が記載されています。
この中に記載されていて、現在は冨田村にない苗字として、
西山姓(家族八人・同居人一人)
(お医者だったと聞いている)
前川姓(家族五人)
讃井姓(家族五人)
増田姓(家族七人)
松波姓(家族五人)
常川姓(家族一人・同居人一人)
堂村姓(家族六名)
設楽姓(家族七人・同居人一人)
が記載されています。
本文で紹介した史料は、昭和二〇年四月二五日現在のデータですから、約二年の間に多数の家族が疎開を終え、冨田村を離れたことが分かります。しかし、依然として帰る当てがなく、冨田村に居住しておられる方も多数存在します。中には昭和三〇年代まで居住しておられた家族もあります。
一方、本来は冨田村住民でありながら、跡取りが戦死したため、冨田村を離れた家族もあります。
また、この史料に記載があっても、(現在冨田村に同姓が居住している家でも)冨田村を離れた家族も何軒か見受けられます。
何度も書きますが、戦争がもたらした爪痕を風化させない記憶も大切にしていきたいものです。

【いっぷく】

下段の写真は、平成一二年の筆者が四月祭頭役となった時の祭壇飾りです。中央に弁財天が祀られていますが、その横手には御神酒等が供えられ、神仏習合の状況が見て取れると思います。

左手に立てかけてある(御幣が目印)のは御正躰(みしょうたい)といい、神の依代(よりしろ)となるものです。四月祭や蓮華会の時は必ず持ち出されます。中央の神鏡には千手観音菩薩立像が線刻されています。

実はこの御正躰の裏面には、

明治九年一天下旱魃乃為請
雨祈祷従八月廿六日霊窟ニ入リ
至るテ九月一日満願ニ秘事有リ翌
二日古来相傳ノ御正躰霊窟ニ
納新ニ造立シテ永ク宝殿ニ安置之
妙覚院現住
明治十年吉月吉日　峰　覚以謹記

と記されています。

明治九年、旱魃のため降雨祈願のため竹生島霊窟(島の西側にある)に籠もって、八月二六日から九月一日迄祈祷をした所、満願日に願いが叶った。そのため、今までの御正躰を霊窟に奉納安置し、新しく御正躰を造って本殿に安置した、とあります。

この記録から、現在の御正躰は明治一〇年に造られたと確認することが出来ます。

この時期、宝厳寺は寺院として独立しているのですが、御正躰という神鏡を再造立したのです。

天保四年宮入用覚帳

第２６０号
2004.09.10

「天保四癸巳年春／宮諸入用覚帳」という文書があります。
今回はこの文書を見ていきたいと思います。

二月十六日
一 竹七束　増田
　代　与左衛門
一〃 同弐束　同人
一 同三束　同人
　代
石代
一 四両　増田与左衛門
一 五両　四月廿七日渡し
一 三両三歩ト　七月十一日渡し　十月朔日渡し
〆拾弐両三歩ト壱匁四分
　壱匁四分
比良　庄左衛門　石代
一 拾両　七月十一日渡し
一 弐両三歩ト　十月朔日渡し
　壱匁四分
〆拾弐両三歩ト壱匁四分
丁ノ始之雑用

正月廿日
一 百匁四分壱厘
内ニ三分弐朱　大工七人祝儀
又 八匁　四人膳料
四月十四日　京出材木
一 壱両弐歩弐朱　大津より
セに　三百文　増田迄
舟ちん渡ス
三月八日
一 壱分壱朱　比良行手間
　K兵衛
二月廿五日
一 酒壱斗　若連中
　代拾五匁　行
一 肴代弐朱□　渡ス
四月十四日
一 白壱斗五升　木持
　代拾匁八厘　飯代
六月朔日
一 白九升　おんと取
　千本付
　代六匁七分五厘　夜饗
・・・・《中略》・・・・
八月六日
一 弐朱　Z五郎行
　石付棟代
六月
一 三歩ト　M右衛門行

十一月五日
　四拾九匁
　弐分五厘　石持賃
　ろうそく
　水縄代
せに
一 五貫七百六十九文
　此銀五拾六匁五分四厘
　同人行　石持賃
・・・・《中略》・・・・
六月六日より
一白壱俵半ト壱斗　壱俵ニ付四十匁替
　代六拾八匁
　源慶寺行
　石屋飯代渡ス
・・・・《中略》・・・・
同廿九日
一 壱分三朱　尾上
　利兵衛
　小石代渡ス
惣金
〆百壱拾四両弐分弐朱
惣銀
〆八百六拾七匁壱分七厘
　此金拾三両弐朱ト
　五分弐厘
金合
　百弐拾七両三分
　九分弐厘
又 五両　巳正月ニ大工江渡ス
都合
　金百三拾弐両三分ト
　九分弐厘
外ニ卯ノ年ニ而
金三拾五両　甚五郎江

木代渡ス
三月三日
又七匁五分六厘　次右衛門渡ス

※ 天保四年（一八三三）

右の文書は、冨田村の宮会計として扱われた資料です。

しかし、何の会計かは記載されていませんが、天保四年に村を上げての宮普請があったことは確かなようです。

記事の中からその内容を探っていきたいと思います。

気になる支出項目を追っていくと、「比良」・「石代」・「石持賃」・「石屋飯代」・「小石代」など石に関係する言葉が目に付きます(「比良」は石の産地でした)。

また、「おんど取」も気になる言葉です。

「丁ノ始（ちょんなはじめ）」・「大工」・「木持」など大工用語もあります。

これらの言葉を頼りに、天保年間の冨田村の歴史の中で、大工や石工を必要とした普請を探してみると、

天保二年（一八三一）
　源慶寺隠居建て替え
天保四年（一八三三）
　竹生島石段灯籠寄進
　「天保四癸巳年
　中秋摩訶吉旦」の銘あり
天保六年（一八三五）
　八幡堂立上げの記事あり

天保十年(一八三九)
上佃・北中町樋伏せ替え

などを上げることが出来ます。

この中から考えられることは、竹生島石段灯籠の寄進か、八幡堂立ち上げの基礎工事(石組)しかありません。

また、支払い代金としては、石代に十二両三歩余が二件の二十五両余、木代八十五両余・大工代十八両余が渡っています。

支払い金額から考えれば木代と大工手間に大半の金額が渡っています。

天明年間(一七八〇年代)建設の竹生島一之鳥居(早崎村)は、江島屋甚兵衛などの寄進百三十両で建設されていますから、これと比較すれば、石灯籠の二十五両余は若干少な過ぎるようにも思います。

では、八幡堂普請だと結論できるのかというと、問題もあるのです。

神事文書の中に、「御神事祠堂銀勘定帳」という文書があります。

これは文化十五年(一八一八)～安政三年(一八五六)の勘定帳で、八幡神社本殿(観音堂)の建設費用などが記載されているものだと考えられますので、上の結論と一致します。

しかし、安政五年(一八五八)三月付の「八幡社再建願(大工西嶋繁右衛門)」という文書が別に現存し、しかも、観音堂は西嶋繁右衛門が建てたという伝承とも一致します。

しかし、両方が正しいとすれば、たった三十年余での再建はあり得ないことです。

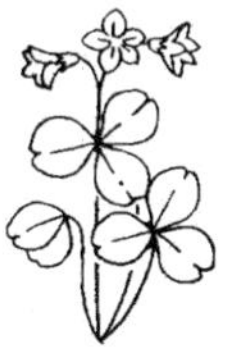

また、次号で紹介しますが、天保七年の「御神酒受納覚帳」では、各方面からの祝御神酒等の受納帳が残されていますし、天保三年には「宮材木賣立帳」が残されています。

つまり、天保三年に宮地の樹木を伐採し、天保四年から何かの宮普請が始まり、天保七年には完成した。その竣功祝いとして、各方面より祝い酒を受け取った…と考えられるのです。

また、竹生島石段途中の灯籠は、その宮普請開始を記念して寄進された、宮普請と灯籠寄進がセットとして普請(事業)が始まったのだと解釈すれば、何とか辻褄が合うのですが…、苦しい弁明になってしまいます。

「宮普請入用覚帳」の紹介をさせてもらったものの、結論めいた説明は出来ませんでした。今後の資料に待ちたいと思います

《参考》
冨田区所蔵文書(祭器庫保管) 他

【いっぷく】

第一四号で、学校の変遷についての紹介で、明治八年九月、冨田村に廣知学校が出来たと書きました。

また、各大字に出来た学校は、明治十九年十一月、冨田小学校に統合されますので、廣知学校は約一一年間存在したことになります。

その廣知学校について、面白い文書(雛形)を見つけましたので、紹介します。

《未整理一七九二》

欠課御断書
一私甥某儀、何々ニ付、本日出校難相成候間、此段御断申上候也。
年号月日　何々誰印
廣知学校
御中
(※明治八年～一九年の間?)

たったこれだけの文書ですが、明治の初期には、学校を欠席する場合、書面に理由を書き込んだ上、保護者の署名捺印して、欠席の連絡を必要としたようです。

なお、他に二～三通の欠課御願書の下書きが残されていますが、宛名が「廣知学校」でなく、「浅井郡郡長田村保満」となっているものも存在します(明治一三年)。

現在は電話連絡等で済ましていますが、当時の厳格さを物語っているように思います。

このようなシステムがある限り、ズル休みは出来なかったかと思いますが、逆に、明治の人の、師弟の教育に対しての期待・情熱・意気込み等を感じるようにも思いました。

【いっぷく】

《学芸四》

(表紙)
第百拾八番
廣知学校教員御願書
浅井郡第拾三區
冨田村　十九村
上八木村　下八木村

(本文)
犬上郡第八區芹橋十二町目
三十三番地住
當時浅井郡第拾三區
延勝寺村字輔方寓
士族　沢情一郎
二十六才十ケ月
犬上郡第八區芹橋拾四町目
七十二番地住
士族　居開重随
二十七年三ケ月

右は、廣知学校教員澤情一郎殿病気ニ付、退便御願申上度候。就ては、後教員ニ右之居開重随殿雇入度候間、此段書付ヲ以御願奉申上候。以上
(※四ケ村役員氏名押印(略))
明治九年三月十五日
滋賀縣権令篭手田安定殿

右の文書は、廣知学校教員の交替の許可を求める願書です。

これによれば、廣知学校の教員は地元の人間でなく、彦根より招聘された人間であったことが判明します。

彦根芹橋町(善利橋組)は足軽身分の住宅が軒を連ねた一帯でした。

明治となり、禄を離れた下級士族がこのような学校の教員として採用されていったのかもしれません。

特に、退職しようとしている沢情一郎氏は廣知学校の初代教員であった可能性が大きいと思います。

天保七年御神酒受納覚帳

第２６１号
2004.09.24

前号で若干触れましたが、天保七年（一八三六）の文書に「御神酒受納覚帳」と題されたものがあります。

これは、冨田村に何かの普請あり、その完成竣功祝いとして、各方面より祝い酒（御神酒）を受け取った・・・と考えられるものです。

天保七年
御神酒受納覚帳
申二月五日

一 百疋　竹生嶋一山
一 酒壱斗五升　香花寺村
一 同壱斗　弓削村
一 同五升　稲葉村
一 同壱斗　小観音寺
一 同壱斗　馬渡村
一 同壱斗　上八木村
一 同三升　十九村
一 壱斗六升　下八木村
一 壱斗三升　早崎村
　金弐歩御膳料代　増田村
一 壱斗五升　亥村
一 壱斗　安養寺村
一 弐朱　田中村
　南早水村
　役人中
一 三升　増田　与左衛門
一 同　同村　弥兵衛
一 五升樽共　同村　長兵衛
一 三升　早　源左衛門

一 壱升　同村　半六
一 三升　同村　甚次郎
一 壱朱　香　九左衛門
一 弐升　十九　徳兵衛
一 弐升　同村　仁左衛門
一 同　同村　吟蔵
一 五升　田中村　半左衛門
一 同　川道村　弥介
一 同　尾上村　徳左衛門
一 三升　同村　重介
一 五升　南濱村　孫左衛門
　代七匁五分
一 〃　西野　半左衛門
　代七匁五分
一 三升　同村　五兵衛
一 五升　阿辻　久太郎
一 三升　石川　太兵衛
一 五升　落合村　佐右衛門
一 〃　大井　金右衛門
一 〃　十九村　庄右衛門
一 三升　稲葉村　新兵衛
一 封金壱朱　早崎村傳次
一 金壱歩　長濱　庄五郎
一 金壱歩　石川　宇兵治
一 金壱歩　村　源慶寺
一 金三朱　増田村　四郎兵衛
　茂左衛門
　彦右衛門
一 米札三匁　長濱
　道具屋　太介
　京屋　九兵衛
一 酒弐升　十九　徳兵衛
一 〃壱升　早崎　半六

一 金壱朱　西郷三ケ村
一 〃壱朱　尾上村　権兵衛
一 八貫四百十六文　参□
　内百五十一文　ッ□ニ引
金〆壱両三歩三朱
米札三匁
小舛壱升　九分替
一 弐拾八匁八分
　T郎兵衛行
一 拾八匁五分　餅米三斗弐升代
　S兵衛行
　白米弐斗五升代
一 拾匁　同人行
　得んそ
一 弐匁壱分　善左衛門行
　醤油代
一 五匁　早藤行
　焼串百
・・・《中略》・・・
一 壱朱　源慶寺
又 弐百文　番代　御礼
一 壱朱　圭林寺
　御礼

紹介出来なかった部分の支出項目として、

小豆代・取貝代・酒肴代・ふか代
かれ代・あら代・すし付賃・白米
かざり菓子代・御かゞみ手間賃・
紙代・油代・赤飯むし代・豆腐代
油あげ代・こんにゃく代・千切代
氷こんにゃく代・久年保（クネンボ）
巻鮎代・椎茸代・葉布シ比・・・等

が記載されています。

内容が不明な品も二～三品ありますが、何となく料理等の内容も想像できます。

餅米が三斗余、白米が二斗五升も使われ、焼き串、醤油を始めとする食材が記載されている所から、冨田村としての祝い事があったことは間違いのない事実だと考えられます。

源慶寺と圭林寺に御礼があるのは、両寺が祝宴の会場となったのではないかと想像できます。

その祝宴に馳せ参じた人々からの祝いの頂き物が、上にある御神酒などだと考えられます。

原文の引用が長くなりましたが、祝宴に参加した人々の村々を紹介したかったからです。

近隣の村々（亥村は現在の下益田村）や個人からの沢山の祝儀を受け取っています。

また、前号の天保四年の文書にも記載のあった益田村与左衛門の名前もあります。

ここまで確認してくると、何かの祝い事があったことは確かなようです。

しかし、何の祝いであったのかが明記されていません。

前号でも若干触れましたが、「天保三年／宮材木賣立帳／壬辰八月中旬」という文書があり、

……《前略》……
惣〆百八拾六匁四分
内七拾七匁壱分一厘
惣江かり分引
残而
百九匁弐分九厘
右ハZ左衛門江預ケ
外ニ
金壱両壱分弐朱
内壱両弐朱 増田 惣右衛門
受取 杉木代
極月廿六日
此内金弐両
I左衛門かし
巳二月
一 九匁弐分三厘 S七
此木代 此木代
巳二月
一 七匁 G右衛門
此木代 此木代
二口
〆拾六匁弐分三厘
善左衛門預ケ
巳十二月
一 金五両弐分 尾上 徳左衛門
三匁 杉木代
受取
午正月三日
一 拾匁 木代
I右衛門
受取
午七月三日
一 金壱両壱歩 松木代
K作
受取

などの記載があり、境内の立ち木を伐採し、競売により売り払っているように読み取れます。

この伐採が、単なる伐採や自然災害による倒木の伐採なのか、整地に邪魔になる樹木の伐採なのかが問題になります。

もし後者ならば、意図的に伐採し、伐採跡を整地し、その地へ何かの堂宇を建設したとも考えられるのです。

勝手のいいように解釈すれば、次のような仮説も考えられます。

① 樹木の伐採(八月)　(天保三年)
② 跡地の整地　(天保三年)
③ 石垣など基礎工事　(天保四年)
④ 丁(チョンナ)始め(一月)(天保四年)
⑤ 竹生島灯籠寄進(秋)(天保四年)
⑥ 八幡堂の建設
⑦ 同堂宇の完成
⑧ 八幡堂の竣工(二月)(天保七年)

あくまでも仮説で、八幡堂、又は、観音堂の建設に関する詳しい文書が見つからない限り確定はできません。

今後の資料発掘に力を入れていきたいと思います。

《参考》
冨田区所蔵文書(祭器庫保管)

【いっぷく】

明治六年(一八七三)九月、県内に牛馬の伝染病が流行したようで、次のような布告が出ています。

《法令一二・一四六表～》

第八百五十三号
近日牛馬傳染病流行ニ而多分急死いたし候趣相聞、不容易儀ニ付、右傳染之趣見受候ハヽ早々區長へ申出、區長より可届出事。
(後略)
明治六年　滋賀縣令松田道之代理
九月十四日　滋賀縣参事籠手田安定

第八百八十一号
一頃日牛病流行ニ而多分致急死候趣ニ付、右は速ニ焼捨、傳染を防き候様可致旨已ニ及布告置候處、中ニは心得違之もの有之、薪炭之入費ヲ厭候歟、往々湖中江投捨候趣相聞江、以之外之事ニ付、村役人ニ於て厳重取締可致、仍而死牛ハ其都度戸長江届出、人家遠隔之山林、或は荒蕪之地ニ而焼捨歟、又ハ同様之地ニ而土中江深ク埋メ、臭気之不散様速ニ可取片付、尤一々戸長可遂検査候。万一皮ヲ剥取胴骸ヲ水中江沉、或は賣買致し候等之所業於有之は、其當人は勿論所役人ニ至迄厳重処置可致候条、心得違之者無之様注意可致候事。
(後略)
明治六年　滋賀縣令松田道之
九月十九日

更に、十二月になり、次のような布告が出されますが、その布告の欄外に「冨田村」との文字が記載されており、何故か冨田村と関連があるようにも思えるのですが……。その布告は次のようなものです。

《法令一二・一五〇表～》

第一千百廿号
本年夏以来傳染牛病流行候ニ付、右病ニ罹り相斃候牛数一々可届出旨、兼而相達置候ニ付テハ、是迄追々届出候得共、内ニハ未タ不届出、又ハ一時届出候後猶又相斃レ候分、其侭等閑ニ致置候向モ往々有之哉ニ付、即今死牛員数取調ニ差支、甚以不都合ニ候条、右等之分不洩様取調、一區限リ區長江差出、區長ニテ取纏メ来ル廿日限リ無遅延可差出候事。
(後略)
明治六年十二月五日
滋賀縣令松田道之代理
滋賀縣参事籠手田安定

冨田村からの届出がなかったから、敢えて「冨田村」の記載があったのかもしれませんが、冨田村にも伝染病の牛が存在したのでしょうか。

冨田村の牛馬については、
嘉永元年(一八四八)《村政二六》
万延元年(一八六〇)《村政一五》
慶應四年(一八六八)《村政二三》
の文書には、いずれも『牛馬無御座候』とあり、幕末から明治にかけては冨田村には牛馬の存在がなかったようです。

その五年後の伝染病事件です。その頃、冨田村に牛馬が飼われていなかった可能性の方が高いとは思いますが、確認は出来ません。

恐らく牛馬を飼っていない以上、伝染病の牛も存在せず、そのため、届出や報告をしなかったと解釈したいと思っています。

明治十八年書類引継目録

第２６２号
2004.10.10

八幡神社文書(祭器庫)の中に、明治十八年七月十七日付の「書類引継目録」と題された文書があります。

これは冨田村から、旧竹生村(東浅井郡冨田村外十ケ村)へ預けた文書の目録だと考えられます。

文末には「前記引継目録之通正ニ受取候也／東浅井郡冨田村外十ケ村／戸長森孝太郎(戸長公印)」となっています。

江戸時代は各村々(の庄屋)が、村の大切な文書を保管していました。

明治五年(一八七二)九月二十八日、冨田村は浅井郡第十三区に所属することになりました。しかし、この時は戸長役場もなく、村の大切な文書は各村々にそのまま保管されたようです。

明治二十二年(一八八九)四月一日、市制町村制度が施行され、冨田村は東浅井郡竹生村に所属することになりました。

表題の「書類引継目録」は、竹生村誕生、戸長役場新設準備の一環として、各村々の文書を戸長役場に集めた際に作成されたものと思われます。

各村(大字)で保管していた文書を、戸長役場へ集中することで、市町村へ保管を移動させ、一括保管に切り替わったのだと思います。

引継目録
東浅井郡冨田村

第壱号 井樋分水達書 三通
第弐号 年貢上納割付書 百三拾七通
第三号 明細指出帳 壱冊
第四号 同 壱冊
第五号 諸免改帳 壱冊
第六号 検地帳 〃
第七号 明細指出帳 〃
第八号 年貢皆済目録 二冊
第九号 年貢皆済目録 壱冊
第十号 〃 〃
第十一号 〃 〃
第十二号 〃 〃
第十三号 〃 〃
第十四号 新名寄帳 〃
第十五号 名寄帳 〃
第十六号 宗旨改帳 〃
第十七号 年貢皆済目録 〃
第十八号 年貢皆済目録 〃
第十九号 〃 〃
第廿号 宗旨改帳 〃
第廿一号 年貢皆済目録 〃
第廿二号 宗旨改帳 〃
第廿三号 年貢皆済目録 〃
第廿四号 宗旨改帳 〃
第廿五号 年貢皆済目録 〃
第廿六号 宗旨改帳 〃
第廿七号 年貢皆済目録 〃
第廿八号 年貢皆済目録 〃
第廿九号 宗旨改帳 〃

第三十号 年貢皆済目録 〃
第三十一号 年貢皆済目録 〃
第三十二号 〃 〃
第三十一号 年貢皆済目録 〃
第三十二号 〃 〃
第三十三号 宗旨改帳 〃
~~第三十四号 年貢上納割付帳~~
~~井目録~~ ~~木通~~
第三十七号 戸籍簿 壱冊
第四十弐号 晩稲内見帳 〃
第四十七号 地券臺帳 四冊
第四十八号 等級表 壱冊
第四十九号 野帳 弐冊
第五十号 更正野帳 三冊
第五十一号 地引繪圖 四枚
第五十二号 印監帳 壱冊
第五十三号 田方内見帳 〃
第六十号 公証割印簿 三冊
第六十一号 徴兵下調 壱冊
第六十二号 国民軍名簿 〃
第六十三号 学齢人員名簿 〃
第六十四号 地租収入簿 〃
第六十六号 地券税収入簿 壱冊
第六十八号 協議費取立簿 〃
第六十九号 同 受拂簿 〃
第七十号 送籍割印簿 〃
第七十二号 村誌 〃
第七十五号 誕生簿 〃
第七十六号 反別地價名寄帳 弐冊
第七十七号 入籍書綴込 〃
第七十八号 地目変換扣簿 壱冊
第八十四号 備蓄金積立帳 〃
第八十六号 諸願伺届綴込 壱冊
第八十七号 川除堤防道路橋梁 〃
書類綴込 壱冊
第八十八号 諸車監札番号簿 壱冊
第九十号 諸願伺指令綴込 〃
第九十一号 戸籍下調帳 〃
第九十弐号 諸車増減帳 〃

第九十三号 社寺取調書類綴込 〃
第九十四号 諸軽人名簿 〃
第九十五号 縣会議員撰被撰人名簿 壱冊
第九十六号 地方税協議費勘定表綴込 壱冊
第九十七号 諸願伺届書綴込 壱冊
第九十八号 人民諸願伺届書扣綴込 〃
第九十九号 人民諸願伺指令文留帳 〃
第百号 裁判所其他諸向往復照會書 壱冊
第百一号 国民軍下調簿 壱冊
十六年度 第百弐号 人民諸願指令綴込 〃
十七年度 第百五号 人民諸願指令綴込 〃
第百六号 土地賣買譲渡シ奥印簿 〃
第百七号 諸會議員名簿 〃
第百九号 私製戸籍簿 〃
第百十号 営業雑種税品目明細簿 壱冊
第百十一号 公証割印簿写 壱冊
第百十二号 徴發物件表 〃
第百十三号 公有記録簿表 〃
第百十四号 地方税及地税取立簿 三冊
第百十五号 小前地價帳 壱冊
第百十六号 指令綴込 〃
第百十七号 埋葬認許書綴込

東浅井郡冨田村
惣代
明治十八年
七月十七日 阿部S左衛門(印)

冨田村
外十ケ村森幸太郎殿

前記引継目録之通正ニ受取候也
東浅井郡冨田村外十ケ村
戸長 森孝太郎（戸長公印）

引用が長くなりましたが、全文を掲載しました。

第三十三号までは江戸時代の文書、第三十七号からは明治になってからの文書だと想像できます。

江戸期の文書が百四十通と三十二冊（計百七十二点）、明治期の文書が四通と六十二冊（六十六点）、合計二百三十八点の文書を提出しています。

文書の題名を見る限り、冨田村にとっては村政を知る上では大切な文書だと思われます。

これらの文書は竹生村戸長役場に保管されていた筈ですが、その後の行方についてははっきりしません。

昭和三十一年（一九五六）九月二十五日、竹生村と大郷村が合併し、びわ村が誕生しますが、この町村合併の際、古書が放出されてしまったように思われます。現在のびわ町役場には保管されていないと聞いています。

当時は火箱に和紙を貼ったり、襖の裏貼りに和紙を使ったり、椀などの包装にと、古紙の需要がありました。

そのため、旧役場は古書などの古紙を払い下げたと云われています。

冨田村にもこの古紙の払い下げを受けた人がおられ、その中に、天保時代と思われる冨田村絵図が含まれていました。この絵図は、私も参考にさせてもらっています。

これらの払い下げ古紙に混じって、上記の冨田村（他村も）の文書類は放出されてしまったように思われます。

もしかすれば、一部は村に戻ったのかもしれませんが、昭和三十八年の伊勢湾台風が境内の大木をなぎ倒し、祭器庫を壊しました。祭器庫に保管されていた大量の村の古文書が水びたしになり、処分されてしまいました。

今から考えれば惜しんでも惜しみ切れませんが、冨田村に伝えられてきた古文書や資料類も、町村合併や台風の被害といった、ちょっとした偶然の悪戯によって失われてしまいました。

今後も何かの弾みで、何が起こるやもしれません。

自分の村を大切に思い、自分の祖先が残してくれた物を大切にし、孫子の代まで伝えたいものだと思います。

《参考》
冨田区所蔵文書（祭器庫保管）

【いっぷく】

江戸時代、びわ町地域を流れる姉川・高月川には荷物を乗せた船が行き来したり、山で切られた材木が筏に組まれて流されたり、川上から柴の束を流したり（運搬のてっとり早い方法でした）、大川は荷物運搬の一手段として機能していました。

また、高月川の川筋も現在の流れと同じではなかったようで、錦織村近辺では現在の運動公園付近を流れていたといいます。つまり、現在の私達が持っている姉川・高月川の様子やイメージと、当時の姉川・高月川の実態や役割はかなり異なったものであったように思われます。

また、姉川・高月川は江戸時代には何度も氾濫しています。当時の土手堤は現在の土手堤のように堅牢なものではなく、土手堤の高さも現在のようには高くはなかったようです。

また、当時の土手堤は河川敷と河原畑の境に築かれていました。当時の橋はこの土手堤から土手堤へ架けられていましたので、一旦河原畑へ下りなければ橋を渡ることができませんでした。

現在でも大雨の後は濁流が勢いよく流れ、すさまじい流れの状態を呈します。恐らく、土手堤が切れるのはこの様なときで、この様なときは土手堤が切れるばかりでなく、大川に渡されていた橋なども流されてしまったといいます。運が良ければ橋板だけで済みますが、多くの場合は橋脚もなくなってしまいます。このような状況では橋を架け、それを維持することは至難なことです。特に、江戸時代は戦略上の意図から橋を架けなかったといわれますが、それ以外の要因として、技術の未熟さや経費の補償ができなかったのが大きかったと思われます。

北国街道添いの曽根村と酢村の間の姉川、唐国村と馬渡村の高月川（別称妹川）などの間については、安政三年（一八五六）越前府中藩士佐久間直英が残した「伊勢・八幡・春日参宮道法並名所記」に

「（四月）五日夕七ツ半、酒屋治兵衛方へ着、翌六日朝六ツ時出立、曇天、二り半木之本、宿中左手長祈山浄眞寺地蔵堂あり、十間四面、右手山の上、中川清兵衛清秀石塔あり、堂の右手相生の松名木有。妹川橋、姉川橋、四り八丁長浜、上の端茶屋眼前に湖水有り絶景、應頂院金燈篭十釣、柱見事。天の川橋…」

という記事があり、姉川にも高月川にも橋が架けられていたことが判明します。ただし、橋の架設の年代やそれ以前の様子については分かりません。しかし、同「道法並名所記」の復路の記録には、

「二り半長浜、宿の中直道、宿出口左の方西へ直道也。浜縮緬物産也
姉川・妹川橋左の方北国道也。
馬渡川舟渡し…」

とあり、馬渡川（高月川）は舟渡しと記載されています。

この記録からはこれ以上のことは分かりませんが、安政三年の頃には北国街道には橋が架けられていたと考えられます。同史料には、北から妹川橋・姉川橋・天の川橋・高宮川橋・越川（愛知川）橋などの記録があります。しかし、「馬渡川舟渡し」とも記録されていることが不可解になってきます。果たして高月川（馬渡村と唐国村の間）には橋があったのか、舟渡しであったのか、はっきりしません。

現代の常識では考えられませんが、大川であっても橋が架かっていたとは限らないのです。

畔間違御願書より

第２６３号
2004.10.24

第二五七号で紹介しました、明治九年三月二十七日付の「畔間違御願書」を再度取り上げたいと思います。

◆明治九年三月廿七日（竃手田県令宛）

畔間違御願書

當村之儀は明治八年地書改正之節測量、伊香郡東阿閉村山岡彦兵衛殿ニ委任致し、畔引之処打込ニ候得ば旱損所之事故、弐分五厘引ニ致し被呉候様頼置候処、弐分引ニ而野帳出来致し被呉、其侭御検査相済、其後隣村ヲ承り候得ば、弐分五厘之畔引ニ候由ニ而、村中小前一同人成沸騰致し、不得止事當村之儀も弐分五厘之畔引ニ被成下度、就而は取調候処字田ノ下字深町之下絵図、彦兵衛方ょり請取候内ニ而紛失ニ有之、村方ニ而測量仕直し候処増減間違之箇所も御座候間、此儀も奉願上度候。何卒別冊右願之通り御聞済被成下候ハゞ村中一同難有仕合ニ奉存候。以上

※明治八年の土地測量の際、東阿閉村山岡氏に依頼し、当村は旱損所だから畔分を二分五厘（二・五％）にしてくれるよう頼んでおいたが、間違って二分（二％）として野帳ができてしまった。そのまま検査を受けたのだが、その後、隣村は二分五厘の畔引としたと聞き、村内が収まらない。当村が再度測量を仕直し、間違いがあった所もあったので、改めて畔分を二分五厘引にしていただければ幸いです。

この文書にある別冊が見つかりましたので報告したいと思います。

明治九年
反畝歩畔増減御願書
三月　　浅井群第拾三区冨田村

第壱番字又才
一田反畝一反三畝廿七歩　A
　内廿三歩　畔間違分
残テ壱反三畝六歩

第二番字又才
一田反畝一反壱畝十歩　M
　内六歩　畔間違分
残テ一反壱畝四歩

第三番字又才
一田反畝一反壱畝五歩　N
　内七歩　畔間違分
残テ一反廿八歩

第四番字又才
一田反畝一反一畝五歩　A
　内八歩　畔間違分
残テ壱反廿七歩

第五番字又才
一田反畝壱反壱畝十七歩　T

　内三歩　畑地
　又九歩　畔間違分
残テ壱反壱畝八歩

第七番字又才
一田反畝五畝十三歩　T
　内四歩　畑地
　又二歩　畔間違分
残テ五畝十一歩

第八番字又才
一田反畝五畝十五歩　T
　内四歩　畑地
　又二歩　畔間違分
残テ五畝十三歩

……《中略》……

第三百六十四番字木添
一田反別壱反壱畝六歩　同人
　内四畝十六歩　畑
　又弐歩　井戸
　又四歩　畔間違分
残而壱反壱畝二歩

第三百六十九番字下川田
一田反別壱反弐畝廿一歩　A
　内壱畝廿七歩　畑
　又弐歩　井戸
　又拾歩　畔間違分
残而壱反弐畝十一歩

第三百七十一番字下川田
一田反別八畝二歩　K
　内五畝廿四歩　畑
　又弐歩　井戸
　又壱歩　畔間違分
残而八畝壱歩

……《中略》……

第七百七拾五番字黒静
一宅地反別六畝拾五歩　T
　内八歩　水除添地

残而六畝七歩

宅地減
　合六畝拾四歩　添地減
　又廿弐歩　間違分減
宅地減
　合七畝六歩
田畑宅増歩
　合四畝八歩
田畑宅減歩
　合壱町壱畝廿八歩
増減差引
　九反七畝廿歩
　内弐畝廿五歩　間違分減
残而九反四畝廿五歩
　今般畔間違分減御願畝
又弐町六反三畝拾壱歩
　先般御検査済畝
惣計
　三町五反八畝六歩　畔畝歩

右之通相違無御座候。以上
浅井郡第拾三区冨田村
地主惣代　KT
副戸長　KI
戸長　AS
明治九年三月廿七日
滋賀縣令竃手田安定殿

今回の測量等で、明治八年の結果からの増減は、
宅地　六畝十四歩減（添地減）
　二十二歩（間違い分減）
田畑宅　四畝八歩（再測量増）

差引　　一町一畝二十八歩(間違減)
　　　　九反四畝二十五歩減

としています。

畔を面積の二％とするか、二・五％とするかで、約一町の差が出てきています。高々〇・五％の違いといえ、合計すれば大きな面積になっています。

村人達が納得しなかったことも頷ける思いです。

残念ながら、この明治九年の願いが受け入れられたかどうかを示す文書には行き当たっていません。

単に面積の変化を見ても面白くもないのですが、また、個人情報についても興味がないのですが、内容には多少の興味を引く記載があります。

三段目に木添・下川田の資料が抜粋されていますが、何れも畑地・井戸の記載があります。

外畑(桑畑)の所在や井戸の所在を調べることが可能のように思われます。

井戸については、小寺四筆、川田七筆、南大海道一筆、木添一筆、下川田四筆、源取一筆、三ノ坪一筆の計十九筆の記載があります。

用水の行き届かない分を井戸水でカバーしたのだと思われます。

現在の田圃では、井戸がある所はありませんが、圃場整備以前の田圃には所々井戸がありました。

我が家の田圃にも井戸があったことを子供心に覚えています。子供心に覚えている程度ですから、はっきりは言えませんが、用水の不便な田圃ではなかったかと思います。

冨田村は、一般的に旱損所でしたからこのような工夫・対策が必要であったのかもしれません。

このような旱損に対応するばかりでなく、一方では、湖辺の村ということもあって、水損の被害も覚悟しなければならない。

何れにしても、現在でも水に対する対策は大変なのです。

一方、三ノ坪には八筆の「溝成減」という記載があります。新しく用水溝となったという意味だと思います。

また、溝畑、藪腰、黒静、又才、田ノ下、堀角、宅屋、大竹、小寺、南大海道、円光、堀、大海道、十ケ坪などに「水除添地」という記載が六十八筆も記録されています。

大半が屋敷周辺の地名です。恐らくは生活用水から枝分かれする農業用水・排水の溝敷、または用水・排水の土手敷だと思われます。

多少の土地を提供して、小川の土手を補強してあったのだと思われます。

《参考》
　冨田区所蔵文書(祭器庫保管)

【いっぷく】

《未整理》文書の中に次のような文書(メモ)を見つけました。

《未整理二二六七》

従京都至大津発着

京都発	大津着
前五時五十分	七時二分
七時五十五分	八時五十九分
八時五十八分	十時二分
十時五十五分	十一時五十九分
十一時五十八分	后一時二分
一時五十五分	二時五十九分
二時五十八分	四時二分
四時五十九分	五時五十九分
五時五十八分	七時二分
七時五十五分	八時五十九分

大津発	京都着
六時十五分	七時十七分
七時三十八分	八時四十分
九時十五分	十時十七分
十時卅八分	十一時四十分
后〇時十五分	后一時十七分
一時卅八分	二時四十分
三時十五分	四時十七分
四時卅八分	五時四十分
六時十五分	七時十七分
七時卅八分	八時四十分

長濱ヨリ大津へ
游龍丸　下口四十銭
**　午前九時発**
**　午後八時三十分**

塩津ヨリ片山口へ大津ヨリ発時限表
**　午前九時十分**
**　正午十二時四十分**
**　午後九時五十分**

大津ヨリ長濱へ
**　后九時十分**
**　前十時十分**

塩津ヨリ片山へヨリ(※寄り)、片山ヨリ大津へ発時限
**　前九時四十分頃**
**　後八時三十分**

大津ヨリ米原へ発
**　前十時十分**
**　午十二時二十分**
**　後九時五十分**

米原ヨリ大津へ発
**　午十二時**
**　後九時**

(※ 見やすく編修し直しました)

右の文書は、源慶寺舎弟で、京都の本山で修行中であった赤松諦観氏のメモとして残されていました。

本紙に記年はありませんが、明治十三年～十六年の書類の間に挟まれていましたので、その頃と思われます。

前半部分は、明治十三年七月十四日に開通した京都・大津間の鉄道の時刻表です。

これは「敦賀長浜鉄道物語」(敦賀市立博物館)を参考にすると、明治十三年の時刻表と一致します。

また、後半部分は大津・長浜間等の汽船の時刻表です。

湖上交通として、大津・長浜間(鉄道連絡線)、大津・塩津・片山間、大津・米原間 等の航路があったらしいことが判明します。特に片山経由の航路があったことは聞いたことがありませんでした。

残念ながら所要時間は不明です。また、全時刻表かどうかは不明です。

また、この頃の鉄道は、大垣方面から旧山東町経由し、馬車道を通って長浜駅に到着しました。当時は、米原駅もなく、琵琶湖線も出来ていませんでしたから、長浜から大津迄は汽船を使いました。そして、大津(浜大津)より京都までは鉄道を使いました。

琵琶湖線が出来たのはもっと後になってからになります。

ちなみに、長浜駅舎の完成は明治十五年です。

冨田村役員名簿より

第２６４号
2004.11.10

冨田村に残されている文書(祭器庫)の中に、何冊かの「役員名簿」があります。

「役員名簿」は、明治三十六年、四十年、四十四年～大正元年、大正六年、九年～十一年、十三年～昭和元年、昭和三年～十三年、十六年～二十七年、三十一年～三十四年、三十六年の合計三十九冊が残されています。

時代と共に村役員の内容も人数も変化しています。

今回はその変化について見たいと思います。

なお、氏名については匿名(イニシャル)とさせていただきます。

◆明治三十六年(一九〇三)

伍長人名
改 AT‖KO　KT　KT
AK　KI　AJ　KS
NT　UG　KS　US
AS　UR　AS
神事勘定員
AK　AJ　KO　K?
竹生嶋世話
KS　AS　AI　US
評議員
明治卅五年ヨリ三ケ年間
AS　KI　MG　AK
KS　HT
神主
US　UG

水理委員
明治卅五年ヨリ弐ケ年
AS　AS　HT　KS
衛生組長
AK　KT　UG　KS
UG　KS　AS　UR
水口委員　KI
治水員　KO
水防員　HT　AH
年忌違(逮)夜切符賣　UG
勘定委員　AS
竹生嶋ノ火備之済迄之懸り委員
三月十一日夜撰挙
UG　AK　HT　SU
UK
水防委員常備
UG　MS　KT　UG
KI　UZ　UG　KJ
補欠　UK　KS　MS
豫備
NR　AM　AG　AS
AS　KS　KT　KT
NK
補欠　AK

※※ 区長・代理区長は書かれていません
伍長は現在の組長に相当します。

◆明治四十五年(大正元年／一九一二)

伍長
KO　KT　AS　UG
KS　MG　MO　UG
AM　UR　AS　AH
稲苗代々表者
第一部　UG　第二部　KS
第三部　AS　第四部　KT
水理委員任期二ケ年
四十五年一月就職
KI　KS
衛生副組長
KO　KI　UK　AH
神事有金勘定方
AK　AH(新任)
竹生島世話方
KI　UG
神主　US
水防夫ハ消防兼任之事
評議員
KI　KO　MS　UK
UR　AK
明治四十四年一月ヨリ
四十七年一月迄

◆昭和五年(一九三〇)

区長　UG
代理者　KT
協議員(任期貳ケ年)
昭和六年貳月壱日満期
UR　AT
昭和七年貳月壱日満期
AS　UK
竹生島世話係
昭和六年貳月壱日満期
AS　UK　KT　AT
神事有金係

◆昭和二十四年(一九四九)

※ 伍長の頭書きは除雪担当地域

神主
旧 KT　新任 AT
KI
宮講世話係
昭和八年貳月壱日満期
AK　KI
昭和六年貳月壱日満期
UG　AT
共同購入世話係
肥料及醤油之部
旧 UG　新 TT
清酒之部
旧 KI　新 FI
伍長
下川田 KI
木添 FG　円光 AS
天神 KK　北二 FI
取塚 MT　小寺 UK
大海道 NK　北三 MK
北一 US　小寺 KH

庶務(区長)　KT
代理者　AS
村會議員　NJ　KT
協議委員
任一年　UG　UI
任二年　AS　AM
神主　UR
神社世話係
任一年　AT　NJ
任二年　MS　KK
第一種税務委員　AS
第二種税務委員
長　US　UI　AS
NK　UK　AT
農事実行組合長　UI
勧業　KS
食糧調制委員　UG

字食糧調制委員
UI　US　TY　AM
MT　KT
米検委員　AY
学校後援会委員　AK
道具世話係　AC
水利委員
任一ケ年　KK　AS
任二ケ年　UT　AY
養蚕組合長　HK
肥料係
AH　HK　UT　KT
隣組長
KT　AS　AH　AM
AT　KZ　UG　KK
UT　NK
婦人會班長　AH
庶務兼ル
以上
ピチエ委員　KT　KH
村農地委員　AY
昭和廿五年国勢調査並一九五〇年
世界農業センサス調査員　AM

引用が長くなりましたが、明治三十六年・大正元年(明治四十五)・昭和五年・昭和二十四年の四ケ年の村役員を書き上げてみました。

時代と共に役員の内容も変わり、時代を反映しています。

明治期の衛生組長、戦前の共同購入世話係(肥料・醤油・清酒の部)、戦後の勧業係・食糧調制委員・肥料係などは時代を反映しているのではないでしょうか。

一方、区長(庶務)・代理区長・協議員(評議員)・神主・竹生島世話係・水利(水理)係などは変わらない役職のようです。

また、戦後になると、学校後援会委員・PTA委員・世界農業センサス調査員・農事実行組合長・農地委員などの目新しい役職も登場しますが、年々内容も変化しています。

生活改善委員など、記録に残されている年と残されていない年があるように、必ずしも全ての役職が記録されていないのかもしれません。

現代でも、十年前にはなかった役職もあれば、十年前にはあった役職が消えてしまうなど変化がありますから、当然と言えば当然なのですが・・・・。

また、戦前までは神事有金係（神事勘定員）という役職がありますが、江戸時代から続いた宮講の管理責任者だと思います。

今少し、宮講の制度や内容が分かっていない部分もあるのですが、宮講からの借金を示す證文や記録は沢山残されています。

ちょっとした借金が必要なとき、我々なら銀行へ行きますが、当時は宮講から借金したようです。

《参考》
冨田区所蔵文書(祭器庫保管)

【いっぷく】
左の図面は竹生島宝厳寺の鐘楼堂の設計図面で、図面の左上に「明治十三年辰十月一日」とあります。

鐘楼堂は、竹生島へ参詣してもつい見逃してしまうのですが、月定院玄関の、参道石段を隔てた向かい側にあります。

宝厳寺の峯住職もその建設年代をご存じなかったようですが、この図面の発見により建設年代を知ることが出来ました。

また、当時の世話方のお宅に
「竹生島鐘楼堂寄進帳
明治十三年辰八月」
と題する文書が残されています。
《富田町　阿部松雄氏所蔵》

鐘楼堂建設のため寄進(奉賀)を依頼に廻った結果の記録のようです。中身は詳しくは見ていませんが、ポイントだけはメモさせてもらいました。

寄進は近隣の村々や、過去の蓮華会頭家を廻っておられるように見えたことを覚えています。

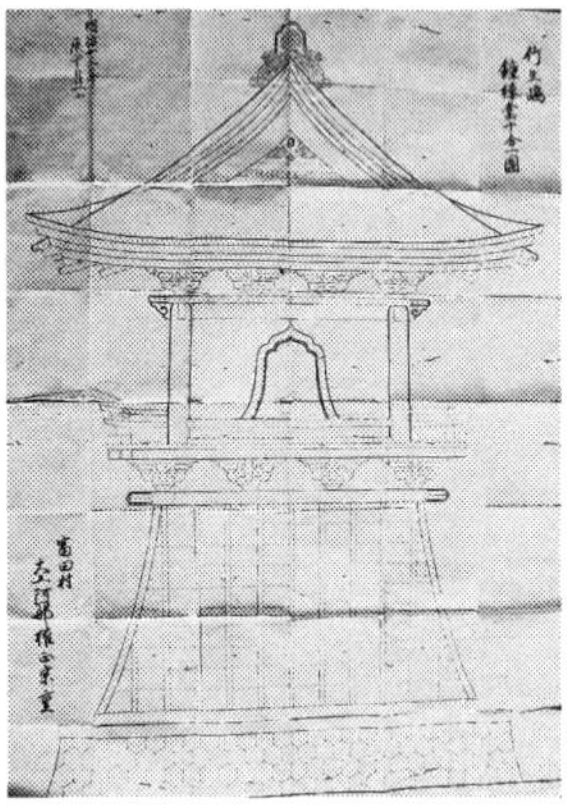

《富田町　阿部松雄氏所蔵》

計画は明治一三年頃より始まったらしく、寄進の依頼開始や、設計図面の日付が同年となっています。文書の中からの私のメモに、

・明治十三年　十月一日
金三百七拾九円三拾銭　材木代
〃拾六円　釘金物
〃弐拾五円　瓦下板葺
〃弐百九拾七円五拾銭　工手間
八百五拾人
〆金七百拾七円八拾銭
・十四年一月十一日　釿(チョンナ)始メ
・惣計　金八百円八拾銭

とあり、計画段階では七一七円余の予定が、結果的には八〇〇円余となり、八三円余の追加金が必要だったようです。設計変更があったり、祝儀等の余分な出費が必要だったのかもしれません。

また、寄附金合計がどれ程であったのか、寄附金だけで賄うことが出来たのか否か、完成はいつ頃であったのかは不明です。

しかし、大工は図面より阿部権正宗重と判明します。

近隣の人々の浄財をもとに、明治一四年一月一一日から作業が始まり、おそらく、その年内に完成したものと考えられます。

明治の時代になっても竹生島弁財天・観音菩薩への信仰は生き続いていたことが窺えます。

寄進に廻るなど、当時の世話方の御苦労が目に見えるように思います。

また、近隣の村々の人々もそれに応えるという熱意も感じられるように思いました。

明治十六年確定書から

第２６５号
2004.11.24

明治十六年二月付の「確定書」という文書があります。

本文は二頁足らずで、残りは当時の村人(世帯主)の記名・押印が続いています。

村の総会等で決めた事柄(定め)に対する、確認と了解の連判だと考えられます。

明治十六年
確定書
未二月一日　角印
(浅井郡富田村戸長役場印)
定
第一條
一今般村内一統協議上ニ居屋敷、他村江売却致間敷候事
第二條
一博奕并宿所等致間敷候事
　但シ右等訴訟申出候者有之候□者訴訟人江為褒賞金三拾円戸長役場ヨリ差出シ可申候事
右、村内一統為申合、確定相成候規則ニ候間、此様ニ不対致候族ハ為違約金三百五拾円之金貨、戸長役場江取立可申候間、無故障至急□出シ可被申候。如斯協議上ニおゐて確定相成候上ハ、臨時如何躰不承引之儀被申募候共、一統不承尤之者相且テ無之候間、因茲連署如斯候也。

但し、違約金取立之上ハ学校費用トス

決められた内容は、

①屋敷(地)は他村へは売却しないこと。
②博打(ばくち)・博打宿は決してしないこと。
　博打の事実を訴え出た者に対しては、三十円の報奨金を戸長役場より支払う。

の二点です。

また、この規則に従わない者に対しては、違約金三百五十円の戸長役場への取り立てをうたっています。

②の博打に関してはもっともなことだと思います。

しかし、村内一統で議決しなければならないということは、平生の村の生活の中に、そのような事実があったことを意味しています。

具体的な内容を示す文書は見たことはありませんが、多少とも村内に弊害が生じたため、提案・決議だと推測できます。

一方、①については判断に苦しむ所です。

他所への売却の動きがあったのかどうか、それに対して弊害が生じたのかどうか…、背景にあるものが見えてきません。

または、単なる閉鎖的な感覚であっただけなのか…、真意は分かりません。

この件に関しては、その決議の存在すら、現在の我々には伝えられていません。

今から百二十年前の決議ですので、この決議の存在を知らないのは、当たり前と言えば当たり前ですが、このような趣旨を現在でも守っている村がびわ町にも存在します。

そのことの可否は判断が分かれるところですが、現在にもそのような趣旨が伝えられ、守られている所にすごさを感じます。

他所者、よそ者を排除するような議決ですが、冨田村では、時代の流れとともに忘れ去られていったものと思われます。

昨年より用水改修事業が始まりました。工事はまだですが、昨年末には、事業の承諾書・積立金口座振替の押印についてお願いがありました。

この時知ったことですが、冨田郷内田圃の地権者は、冨田村に現在も在住している人か、または、冨田村に縁のある人(それも数人)ばかりでした。

その意味で、用水改修委員会からの事業説明にも、スムーズに納得していただけたように思います。

一方、他所の村々の様子を聞いてみると、地権者が他村の人や、遠方の人のため、説明もできない、承諾も得られないと嘆いていると聞きました。

偏った見方かもしれませんが、明治十六年の議決、もしくは、その趣旨や精神が連綿と続いていたのかもしれません。

屋敷地の地権者は、かなり変化していますが、田畑の地権者については村内での移動に留まったようです。

自分達の村は自分達で守り、維持・管理していくという意識が生きているのだと考えられます。

昨今、冨田村でも村への帰属意識が薄れているのが顕著になってきたように思います。

村や地域に依存しなくても生活が出来るようになり、総会や総出すら「何で出んならん」という意識が芽生えています。ただ、不参料というペナルティーがあるため出席している面もあるのではないかと思います。

しかし、冨田村に人が住み着いた時点(いつの頃かは分かりませんが…奈良時代か平安時代には既に住民が居たと思われます)から、昭和四十年代頃まで何百年も、冨田村は農業を中心とする生業で生活を支えてきたと思われます。

農業(百姓)にとっては、用水は命と同じくらい大切なもので、その用水を守るためには村の団結が必要でした。御料所井をめぐる隣村との水争いや訴訟(出入)には、村人全員のまとまりや団結が必須条件でした。

村人の団結がなければ生活そのものが成り立たなかったのです。

用水ばかりでなく、年貢納入・農作業の結(ゆい)・冠婚葬祭・生活全般に至るまで、村人同士の助け合いが必要だったのです。

上の「確定書」はその延長上にあるのだと考えられます。

他村の人が村内に入ってくると、何かとその団結が崩れると考えられたのではないでしょうか。

よそ者が入ってくると、場合によっては村の慣習に異議を唱えるかもしれません。そんなことを心配しての処置であり「確定書」であったのだと考えています。

江戸時代には、冨田村は馬渡・小観音寺・稲葉・香花寺・弓削村の上五ケ字とは縁組みをしなかったとも聞いています。

本来は御料所井の仲間のはずなのですが、数年に一度は起こる水争いに支障が起こるからだと聞きました。

縁者が相手側に居ると、団結にヒビが入ったり、強い主張が出来ないからだともいいます。

現在の我々にとって、「そんな馬鹿な…」と思うかもしれませんが、当時はそれほど村意識、村への帰属意識が強かったのです。

農業用水に関しては、現在でも多少なりとも問題が発生します。いわんや江戸時代は…です。

冨田区長が受け継いでいる「区文書(浅井様折紙)」も用水に関する裁定文書です。

また、川崎文書や冨田村祭器庫文書にも膨大な量の水利文書が大切に残されています。

これは、用水の問題が村にとって死活問題であったことを意味します。

村の死活問題は個人の死活問題に直結しています。そのため、村人は村の構成員の一人としての自覚と認識を強く持っていたのだと思われます。

上で紹介しました、他所・よそ者に対しての閉鎖的な「確定書」は、このような歴史的背景があったものと考えています。

「確定書」を決議した本来の真意は分かりませんが、少なくとも右のような意識が影響したことも間違いないと考えています。

ご意見があれば教えて下さい。

《参考》
冨田区所蔵文書(祭器庫保管)

【いっぷく】

冨田区の墓地は、北富田と共同で、字川田にあります。この川田墓地の名義(所有者)は誰かご存知ですか。

私も自治会長を勤めるまで、大字冨田区の所有だと思っていました。それが何かの機会に市有地であることを知るようになりました。大字冨田区は永久にその使用権を認められているだけなのです。

いつ頃から市有地になったか、それを教えてくれる文書を紹介します。

《祭器庫文書九》

覚書

大正三年六月壱日、別記部落有土地統一整理ニ付、竹生村ト無償ニテ提供スル大字冨田ト各項ノ通リ協約ヲ締結ス

記

一該土地使用者ニ付テハ、永久大字冨田カ、又ハ全字ヨリ指定セルモノヽ外、村ニ於テ自由ニ第三者ニ貸付ケサルモノトス。但シ賣却ノ場合亦同ジ

一該土地使用小作料ニ付テハ、毎年其土地ニ係ル國縣税、其他公課ニ属スル全額ヲ以テ其少限額トシ、毎年度ノ初メニ於テ其字区長ト協定シ、公課以上ハ理由ナク課セサルモノトス。

一前二項ト雖モ、双方間ニ於テ将来履行遵守スルハ勿論ナルモ、萬一法律ノ命ニ依リ事實変更ヲ要スル場合ハ、絶對ニセサルモノニシテ竹生村各字平等ニ義務ヲ負フモノトス。

右各項ニ付、将来有効タラシムルタメ双方代表者署名捺印ノ上、双方ニ一札ツヽ保存スルモノ也

大正参年七月壱日

竹生村長
村田政次郎(職印)

大字冨田区長
阿部K良兵衛(印)

大字冨田区長代理者
上野J蔵(印)

不動産ノ表示

東浅井郡竹生村大字冨田字川田
第参百参拾八番
一墓地壹反弐拾六歩
免租地

東浅井郡竹生村大字冨田字川田
第参百参拾八番ノ壱
一墓地拾六歩
免租地

以上弐筆

(※ 句読点は筆者による)

つまり、大正三年に竹生村に無償提供した後、びわ町、長浜市へと引き継がれたようです。

墓地という公共性の高い土地を管理する上で、その必要性が生じたものと思われます。この処置は、文面から察して、竹生村一斉に行われたようですが、もしかすれば、全国的な施策だったのかもしれません。

冨田区の川田墓地は、冨田区と北富田区の共用となっています。それは北冨田区は江戸初期に冨田村より分かれた、分村であったことに起因します。

ところが、隣郷の安養寺区は二ケ所に墓地があります。これは別個に墓地を持つ二ツの村(田井中村と川下村)が合併したことを意味しています。

墓地のあり方からも、村々の歴史を垣間見ることが出来ます。

文久元年宗旨御改帳

第２６６号
2004.12.10

江戸時代は切支丹宗門（キリスト教）の信仰が禁止されていました。切支丹信者の弾圧があったことは周知の通りだと思います。

幕府は切支丹宗門でないことを証明するため、宗門改めを行い、宗門改帳の作成を義務づけました。

今回はこの「宗門改帳」について見ていきたいと思います。

冨田村区有文書の中に、次のような表題のある文書があります。

> 文久元（後筆）
> 萬延二年
> 近江國浅井郡冨田村宗旨御改帳
> 酉（後筆）
> 申三月十五日

※萬延二年（文久元年酉（一八六一））

この文書の文頭には、次のような前書きがあります。

> 従先年被仰出候御制禁宗門之儀當村之者共常々堅相守申候當春茂山形領郷中宗旨御改ニ付庄屋年寄立會村中五人組之内其外面々互ニ迷遂吟味候處家内親族介抱并地借家借下人男女遊慇等ニ至迄聊不審成者無御座候若壱人ニ而茂切支丹宗門或者類族轉と申訴人於有之者庄屋年寄五人組共本人同事之曲事ニ可被仰付候此度御改以後外より□罷在候者御座候ハゞ寺手形取之差上可申候為其村中連判仕候依而如件

続いて、一家毎に各寺からの証明がされています。

> 一向宗冨田村源慶寺旦那（印）
> T助（印） 年三十七
> ……《中略》……
> 一向宗冨田村源慶寺旦那（印）
> S太夫（印） 年四十九
> （貼紙）S太夫事S右衛門ト改名仕候
> 同断（印） 女房 たか（印） 年三十五
> 同断（印） 男子 常次（印） 年十七
> （貼紙）常次事S太夫ト改名仕候
> ……《中略》……
> 一向宗冨田村源慶寺旦那（印）
> T郎太夫（印） 年四十九

同断（印） 女房 そ□（印） 年四十七
同断（印） 男子 T内（印） 年十八
（貼紙）政吉事T内と改名仕候
同断（印） 女子 たき（印） 年十六
同断（印） 女子 とめ（印） 年十四
同断（印） 男子 T三郎（印） 年十才
同断（印） 女子 屋の（印） 年七才
……《中略》……
一佛光寺宗冨田村圭林寺旦那（印）
G兵衛（印） 年五十四
同断（印） 女房 きん（印） 年五十四
同断（印） 母親 M因（印） 年八十
一佛光寺宗冨田村圭林寺旦那（印）
K次郎後家 ちく（印） 年六十七
（貼紙）ちく事去ル酉九月病死仕候
……《中略》……

一一向宗五村御坊直旦那
S兵衛（印） 年三十七
同断 女房 みを（印） 年三十七
同断 女子 き志（印） 年六才
同断 男子 S七（印） 年五才
（貼紙）惣吉事去ル酉五月出生仕候
一佛光寺宗津之里村光照寺檀那
T左衛門（印） 年四十七
同断 女房 里ゑ（印） 年五十二
同断 男子 政弥（印） 年十五
同断 女子 こきん（印） 年九才
……《中略》……

右之寄
人数弐百九拾人 内男百四拾九人 女百四拾壱人
村人別帳壱冊之分
又人数 拾人 内坊主四人 女 六人
寺院人別
都合 三百人 内男百五拾三人 女百四拾七人

右被仰出候通面々旦那寺住持證文村中不残庄屋手前ニ取置申候召仕

之儀者其主人相改寺手形取置申候
御法度之切支丹宗門或者類族轉并
日蓮宗之内不受不施悲田宗ニ而茂
無御座候若御法之宗門と申訴人有
之者庄屋年寄五人組共如何様之曲
事ニ茂可被仰出候以上

浅井郡冨田村
年寄二人押印
庄屋三人押印

杉原善右衛門殿

右宗旨分
人数弐百六人　内男百四人
女百弐人　源慶寺
人数四拾八人　内男弐拾八人
女弐拾人　圭林寺
人数　八人　内男　四人
女　四人　光照寺
人数弐拾八人　内男拾三人
女拾五人
(五村御坊)

右銘々宗門書付之通紛無御座候拙
僧共旦那ニ而御座候自然脇ゟ御法
度之切支丹宗門或者類族并轉日蓮
宗之内不受不施悲田宗と申者有之
おゐてハ拙僧共罷出急度申分可仕
候為後日之依而如件

西本願寺末寺
近江國浅井郡冨田村源慶寺
佛光寺末寺
近江國浅井郡冨田村圭林寺
佛光寺末寺松平時之助様御領分
近江國浅井郡津之里村光照寺
東本願寺末寺松平伊豆守様御領分
近江國浅井郡五村御坊輪番

萬延二酉年三月十五日

杉原善右衛門殿

殆ど引用になってしまいましたが、源慶寺の旦那四十八軒、圭林寺の旦那十五軒、五村御坊の旦那九軒、光照寺の旦那二軒の計七十四軒が記録されています。

但し、この七十四軒は山形藩領分の百姓であり、旗本西郷氏知行所の百姓については記録されていません。

この「宗旨御改帳」には、今は絶家となっている家もかなり記録されています。また、幼名(子供時代の名前)から家名に改名したり、老人は法名に改名する例も多く記録されています。

いわば、江戸時代の風習なども垣間見ることもできます。

江戸時代の「宗門御改帳」は、本来は原則として毎年作成された筈ですが、この文書しか見ていません(残されていません)が、もっと残されていれば、冨田村の家々の様子がもっと分かってくると思うのですが‥‥。

残念ながら目にできる文書はこれしか残されていません。

《参考》
冨田区所蔵文書(祭器庫保管)

※1

《法令一一》

一戸籍宗門帳其外共、来ル十五日ニ可差出旨達置候処、雛形ニ引當取調初年之儀ニ付、彼是捗取兼難渋之趣も有之哉ニ相聞候間、當年限り格別之寛如ヲ以、来ル廿五日ニ相延し遣し候間、右日限無相違可差出、仍而此段相達候也。

辛未三月十日　　朝日山藩廳

且又宗門帳其外共、日付者雛形之通り十五日迄可認事。

一當管内ゟ男女他江縁組いたし候者ハ、早々願出、裏印ヲ請、先方江可差遣事。

右之趣可相心得候也。

辛未三月廿二日　　朝日山藩廳

右の文書は、明治四年(一八七一)の『御觸書之寫』の一部です。

明治四年になっても「宗旨御改帳」の類の作成・提出が、義務づけられていた実態が判明します。

また、縁談については、江戸時代には寺院や庄屋が発行した「縁付送り手形」と同様の書類の扱いがあったことも分かります。

明治初年の頃は江戸期の制度がそのまま継続されていたようです。

しかし、明治四年に戸籍法が公布され、翌明治五年に「壬申戸籍」が作成されることになります。

この壬申戸籍は、平民・卒・士族などの区分けが明記され、現在では問題点もありますが、現在の戸籍へと繋がってきます。

従って、右の宗門帳や縁付送り手形の提出指示は最後となったものと考えられます。その意味でも貴重な資料です。

※2

《法令一一》

一神武天皇御祭典之儀、海内遵行被仰出候条、毎年三月十一日、各地方官ニ於而遙拝式可執行候事。

但當年者本日間合も無之候ニ付、御沙汰萬達次第、吉日ヲ撰ミ可執行、遙拝式巨細之儀者従神祇官可相達候事。

辛未三月　　太政官

一神武天皇御祭典、海内一周遵行被仰出候ニ付、遙拝式左之通り相心得可申事。

辛未三月　　神祇官

拝辞(オカムコトハ)
掛麻久毛畏支(カケマクモカシコキ)
神武天皇乃御前□遙尓拝ミ奉ル

右之通り御布告有之候ニ付、来ル廿三日雨乞ニ候ハゝ、廿五日村毎ニ清浄之地ヲ撰ミ、新薦ヲ敷、不残右之上ニ而、村中之者共大和之方ニ向ひ遙拝セしむべく候。且神主有之候村方者神主、又神主無之村方者宮守鍵取等麻上下着用、万端右之世話いたし候様、村役人ゟ此段申通、取計可申候。尤氏神祭礼之通り、挑灯等差出候而も不苦候。依此段及布令候ものの也。

辛未四月十八日　　朝日山藩廳

右の文書も、明治四年(一八七一)の『御觸書之寫』の一部です。

戦後生まれの我々にとっては縁がなかったのですが、右は「紀元節」の新設を伝える触書です。

「紀元節」は太陽暦採用後は、二月一一日に実施される事になります。

戦後廃止されましたが、昭和四二年から、「建国記念の日」として復活することになります。

冨田区祭器庫文書

第２６７号
2004.12.24

今年の二月から、ほぼ一年間紹介してきました「冨田区祭器庫文書」について紹介したいと思います。

「冨田区祭器庫文書」は冨田八幡神社祭器庫二階の長持の中に保管されていた文書です。

平成十五年（二〇〇三）の夏、区長の許可を得て、全文書を見せていただきました。

文書の中身は、江戸時代の村文書と八幡神社関係文書が少々と、明治期以降の村文書や区長文書が大半を占めています。

また、「文化五年（一八〇八）／御證文箱／辰正月吉日冨田村」と墨書されている桐箱があり、中には一〇点の文書が入っていましたが、江戸期のものは文化十四年（一八一七）の御料所井伏替目論見願書写のみでした。

また、もう一つ、無記銘の桐箱があって、七点の文書が入っていました。

この中には、貞享四年（一六八七）の馬渡村百姓訴状と訴状写の二点、享保十七年（一七三二）の分木伏替関係文書一点、宝暦六年（一七五六）の介継俣井堰関係文書一点、天明六年（一七八六）の下四郷と馬渡村出入に関する下置状一点、明治八年（一八七五）の益田井堰関係の証一点など、水利関係の文書が収められていました。

「雑文書一包」などと一括した文書なども多々ありますが、分類できるものは可能な限り分類整理した結果、全部で二百六十八点の文書等が残されていることが確認できました。

順次、私なりに分類した項目別に説明したいと思います。

◎村役員名簿

明治三十六年（一九〇三）の「役員人名録」から昭和三十六年（一九六一）の「役員名簿」まで四十三冊と年代不明の断片一片が残されています。

これにより、区長等の役員構成の変遷や、誰が区長であったのかなどの記録的なことが分かるようになりました。

また、昭和二十四年～二十七年の頃は、「区長」と呼ばず、「庶務」と言っていたことも分かってきました。

◎芝居台本

芝居の台本と思われるものが一〇冊あり、天保二年（一八三一）、天保十一年（一八四〇）の年号が記載されているものもあります。

「恋傳授女盗第五段目」・「道切狂言物工佐太郎三段丘伏の段」・「三日太平記桃山伏見の段」…などの題名が付いています。

また、裏表紙に「若連中」と記載されたものもあり、八幡神社所有の芝居幕（別名蛇の幕）との関連を想起させるとともに、村芝居が天保の頃には定着していたのではないかと考える資料になったように思います。

◎宗旨改帳・戸籍簿・土地名寄帳

万延二年（一八六一）の宗旨御改帳・明治十一年（一八七八）～明治十五年（一八八二）の戸籍簿四冊など。

これにより、幕末から明治初期の冨田村の住人の全て（名前・生年月日・年齢等）が分かるようになります。

また、明治二十八年の「冨田村営業雑種税品目明細簿」からは、村人の副業の様子なども窺い知ることが出来そうです。

大正十二年（一九二三）の土地名寄帳が残されていますが、詳しく見ることを避けることにしました。

◎協議費勘定帳

昭和二年（一九二七）～昭和三十四年の間の協議費勘定帳などが六十二冊残されています。

大半の年が、九月決済分と一月決済分の二冊存在します。

これらの協議費勘定帳もプライバシーの関係から、詳しくは見ていませんが、詳しく見ると、各家の経済状況・貨幣価値の変遷等も調べることが出来そうです。

ただ、昭和七年（一九三二）には、日支事変費として、奉祝門、紅提灯百個、煙火代の支出があったことを、興味深く思いました。

また、昭和二十年（一九四五）には物資不足か、原稿用紙や反古紙を用いているのも興味深かったです。

◎各種徴収簿

「水防組合費賦課帳」・「水害豫防組合費控」・「竹生島養蚕会供米控」・「竹生島初穂徴収控」・「軍人後援会寄付金簿」・「發動機費徴収帳」・「旱害費徴収帳」・「竹生島宝厳寺初穂料／生島社司俸給徴収帳」・「新調興代徴収簿」「御領所井費徴収簿」・「雪害工事費徴収帳」・「國債引受簿」・「納骨堂寄附金控」・「新制中学敷地協議費」・「共同赤十字募金寄附控」…等々、三十八冊が残されています。

時代的には、明治十九年（一八八六）～昭和三十五年（一九六〇）迄のものとなります。

◎農事・土地に関する文書類

「畑等級揃簿」（明治八年）・「地目地位等級表」（明治十二年）・「畑作小作米直シ帳」（昭和九年）・「土地改良工事諸控」（昭和十八年）・「竹生村全図」（昭和二十七年）・「御領所井水利申合組合規約」・「湖北土地改良区国営採択同意書」（昭和三十七年）…等々、十二点が残されています。

圃場整備事業は、昭和四十年代後半の事業でしたが、昭和三十七年には同意書が提出されるなど、早い段階から始まっていたのだということを知ることが出来ました。

◎神社関係文書

「産神社修覆料仕法帳」という文書があり、神社修復費用の積立として、寛政一〇年(一七九八)から安政二年(一八五五)までの約六〇年間の記録が残されています。

また、「宮祠堂金借附覚帳」は文化三年(一八〇六)から大正三(一九一四)年までの「宮祠堂金」の貸借関係の記録が残されています。

「祠堂金」の件は、時々見かけます。詳しくは分かっていませんが、神社の「祠堂金(神事金)」として、講的なお金があり、村人に貸し付けていたのだと思われます。

「宮材木賣立帳」(天保三(一八三二)年)・「宮諸入用覚帳」(天保四年春)には石代、丁(チョンナ)始め、大工へ三十両、木代五十両などの記載があり、竹生島石灯籠の寄進か、八幡堂立ち上げの基礎工事(石組)があったことを窺い知ることが出来ます。(第二六〇号参照)

また、「洗濯(洗灌?)・秋ほたぎ・孫見世直シ料覚帳」と題する文書が三冊あり、天保一〇年(一八三九)～弘化四年(一八四七)、嘉永二(一八四九)年～明治十五年(一八八二)、明治十年(一八七七)～明治二十三年までの記録があります。しかし、これが何であるのか全く分かりません。誰か知っている方は教えて下さい。

何かの個人的な村行事だと思われる(例えば、厄年とか還暦とか)のですが、現在では残されていない行事?のようなのですが‥‥。

また、昭和三十五年(一九六〇)の神社境内の倒木処理に関する書類一式やその時の写真なども残されています。

その他を含め、十六点の記録があります。

◎村政等に関する書類

明治七年(一八七四)の「諸願伺指令済綴込」を始め、「確定書」(明治十六年)・「書類引継目録」(明治十八年)・常会日誌(昭和十六年)・「疎開ニ関スル諸経費(控)」(昭和十九年～)・びわ村建設計画書(昭和三十一年)・「県道早崎湖北線改修工事県道関係記録」(昭和三十六年)‥‥等々、三十七点があります。

◎自然災害関係

「旱害損毛概略上申書」(明治十六年)
「浸水被害地毛見帳」(明治二十八年)
「所有地被害明細帳」(明治二十九年)
「雹害救助金義捐金配當帳」(昭和五)
「雪害工事支払い帳」(昭和十二年)‥‥などが七点があり、明治以降の自然災害の一面が伺えます

◎その他

名刺やはがき領収書一束・表彰状・秋季運動会PTA参加種目表・竹生島神社御神符など八点。

以上の項目で、総点数二百六十八点となりました。

(第十三区冨田村戸長役場の印)

《参考》
冨田区所蔵文書(祭器庫保管)

【いっぷく】

前々号で墓地についての話題を取り上げました。この墓地・墓制について次のような文書を取り上げます。

《法令一二》

(一二三表)
第六百八十九号
別紙之通御達ニ相成候条、此旨可相心得候。就テハ村々ニ於テ焼場有之向ハ早々相廢止、其段可届出候事。
右管内江無洩相達する者也。
明治六年　滋賀縣令松田道之
七月廿四日

(一二四表)
第二百五十三号
火葬ノ儀、自今禁止候條、此旨布告候事。
明治六年　太政大臣三條實美
七月十八日

明治六年七月、政府より火葬の禁止命令が出されます。それに伴い、県庁からは焼き場の廃止命令が出されています。

冨田村もこもれび苑が出来るまでは土葬でしたから、古くから土葬だと思っていましたが、もしかすれば、この禁止命令で墓制が変わったとも考えられますが、当時の状況を知る手掛かりはありません。

ただし、区長(自治会長)文書の中に明治二〇年頃と思われる、「川田共同墓地」の整理された図面の一部が(北半分のみ残存、南半分は紛失)残されています。

この地図は通し番号が付記されるとともに碁盤の目に区画されており、当時はきれいに区画されていたであろうと想像されます。

もしかすれば、上の布告と関係があるのかもしれません。

近所の村々でも、古くから火葬であった村、複数の村が合併したため一つの村に複数の墓地をもつ村、埋め墓と供養墓の二ケ所の墓地をもつ村、屋敷墓をもつ村など、墓制は一様ではなく、墓地のあり方はその村の習俗や歴史・伝統を今に伝えているように思います。

前々回にも書きましたが、冨田村の川田墓地は冨田区と北冨田区村の共同墓地となっています。これは冨田区と北冨田区が元は一つの村であったことを示しています。

しかも、分村以前から現在の地に墓地があったことを示しているのだと思われますから、江戸期最初期には字川田に既に墓地があったことが判明します。

また、墓地のある場所は村はずれの湖辺や河原、冨田村のような荒れ地(湧水のある石の多い土地)など、畑地に適さない土地だと思っていましたが、民俗学的には、村の境界部分で、彼岸に対する此岸(しがん)に当たる場所に設定されたと考えられているようです。

つまり、三途の川の手前に墓地が作られたのだといわれます。

中世の京都では、庶民が死んだら死体を鴨の河原などに放置・捨て置いたといいます。墓地が営まれるようになったのは中世後半から近世にかけてからだといわれ、墓の歴史はさほど古いものではないのです。

明治以降の市町村合併

第２６８号
2005.01.10

平成の大合併ということで、市町村の合併問題が議論され始めたのは、びわ町においては平成十二年十一月からの湖北地域市町村合併検討協議会の発足からで、一市十二町村（伊香郡・東浅井郡・坂田郡・長浜市）の合併を目指しました。

しかし、坂田郡の米原町・伊吹町・山東町・近江町が抜け、平成十六年六月には浅井町も抜け、長浜市の方向性もはっきりしないまま、現在（十月末）の段階では、残った一市七町の調整も頓挫し、振り出しに戻ってしまったと聞いています。

今回は、明治以降の市町村合併等について見てみたいと思います。

冨田村を表す住所表記は、江戸時代は「近江国浅井郡冨田村」でした。

江戸時代の農村は何処も「〜国〜郡〜村」という簡単な表記でした。

明治三年七月、支配の山形藩は近江朝日山藩に移封され、冨田村も朝日山藩領となります。しかし、翌明治四年七月には廃藩置県により朝日山縣となり、十一月には長濱縣に統合されることになります。

更に、翌明治五年二月には犬上縣と改称され、また、四月には区制も施行され、冨田村は、浅井郡第十三区に編入されます。第十三区は、

> 冨田・十九・上八木・下八木・益田
> 安養寺・早崎
> 海老江・延勝寺・今西・尾上村

の十一ケ村で構成することになりました。

この時点で、「犬上縣浅井郡第十三区冨田（村）」となりました。この段階で、「大字冨田」と言ったかどうかは分かりません。

また、現在の番地が成立したのは、翌明治六年の地租改正を待つことになります。

しかし、同年（明治五年）八月には長濱縣も滋賀縣に統合され、「滋賀縣浅井郡第十三区冨田（村）」となり、滋賀縣も、ほぼ現在の滋賀県を形作ったことになります。

また、この頃は郡長が任じられており、村→区→郡→縣という流れがあったことになります。

しかし、この第十三区という単位はそう長くは続かなかった様です。

二六二号で紹介しました「書類引継目録」（明治十八年）には、

> 東浅井郡冨田村外十ケ村
> 戸長森孝太郎（戸長公印）

という表記があります。

また、明治二十二年（一八八九）三月戸長役賄費報告書（の宛名）には、

> 冨田村他十ケ村　戸長森幸太郎

とあり、竹生村の成立前に、「冨田村他十ケ村」という名称で、将来の竹生村の母体が作られていたことを示しています。

また、明治十九年十一月年には、冨田村廣知学校・益田村文教学校・早崎村普達学校・弓削村暁雲学校・下八木村八木学校を冨田小学校に統合し、下八木に分教場を置いています。

この動きも将来の竹生村を見越した動きかと思われます。

そして、二十二年四月、竹生村が誕生することになります。竹生村は

> 冨田・十九・上八木・下八木・益田
> 安養寺・早崎
> 弓削・香花寺・稲葉・小観音寺村

の十一ケ村（北冨田・下益田を含む）で構成することになります。

ここに、昔懐かしの「滋賀県浅井郡竹生村大字冨田」がスタートすることになりました。

第十三区というのは行政的・機械的に作られた単位だったためか、短命に終わったようです。

それは、生活面・地縁等々で一つにまとまりきれなかったからなのかも知れません。

例えば、御料所井・八木井など用水関係は往古より上四ケの村との繋がりが強く、共同で井水普請をしてきた経過がありました。時には水争いもありましたが、運命共同体としての自覚があったと考えられます。

ある意味では、竹生村の成立は、必然的に集まった村々の共同体だったのかもしれません。

明治十九年（一八八六）四月に誕生した竹生村は、現在のびわ町の前身であるびわ村が出来るまでの約七十年間続くことになりました。

しかし、戦後の町村合併促進法による昭和の大合併により、昭和三十一年（一九五六）九月に大郷村（旧称南福村）と合併し、びわ村が誕生することになりました。

竹生村が大郷村と合併するまでには紆余曲折もあったと聞いています。

現在では湖北町となっている朝日村との合併を目指したこともあったようですが、種々の課題もあり、結果的に大郷村との合併が実現したようです。

竹生村と大郷村は、既に昭和二十四年（一九四九）には、組合立の中学校を建設しており（現在のびわ中学校）、村と村との繋がりが出来ていました。

中学校建設については、敷地を何処にするかで紛糾したこともあったようですが、現在の弓削村に完成を見ていました。

勿論、それだけではなかったのでしょうが、共同体としてのびわ村が誕生します。

　私は当時、小学校二年生でしたが、「…今日誕生のびわの村」と歌いながら旗行列に参加したことを覚えています。

　この時点で「滋賀県東浅井郡びわ村大字富田」がスタートしたのです。

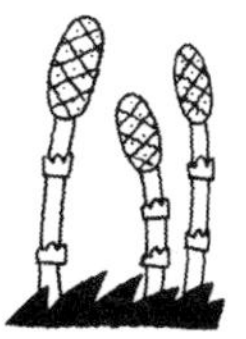

私の手元に「びわ村建設計画書」のコピーがあります。

　三枚の議決書と十六ページ分の建設計画書を含んだ薄い冊子ですが、いろんな情報が盛り込まれています。

　第一項新村名、第二項新村建設の基本方針、第三項村役場又は支所の統合整備に関する事項…第十二項本年度及び向後五ケ年度の年度別財政計画、第十三項その他の計画内容、附属書類として五項の国及び公共企業体に対する要望事項、十三項の県に対する要望事項などが詳しく記載されています。

　このように、市町村が合併するにはその目的、具体的な基本方針や計画、財務計画、各市町村との詳細な項目の調整…等が必要だと思います。

　一市十二町の調整がどこまで出来ていたのかは分かりませんが、今となっては今後の方向を見守るしかありません。

　我が「びわ町大字富田」が長浜市と合併して、「長浜市富田町」としてスタートするのか、「びわ町大字富田」のままでいくのか、新しい歴史が刻まれるまで私達は見守っていきたいと思います。

《参考》　八幡神社祭器庫文書

◆昭和二十一年青年団演芸会の写真が話題を呼んでいます。紙面にも提供いただきました。写っている人は誰だか分かりますか。

《写真は川崎正一氏よりの提供》

※びわ町は平成一八年（二〇〇六）二月一三日、長浜市の一部として再スタートしました。

【いっぷく】

二一号註で刎米のことを取り上げましたが、濡れ米等々の本年貢以外の出費に関しての史料がありますので取り上げます。

《租税七》

（表紙）
享保拾弐年
二條御蔵納差引覺帳
未ノ正月　日

（本文）
（前略）
惣〆千七百弐拾八石　本途
外ニ
米弐拾壱石六斗
右村々より余米上ス
〆千七百四拾九石六斗　京着
内
千七百弐拾八石　上納皆済
但四斗入四斗廻り
右諸入用
（中略）
一米壱斗弐舛四合四勺　浅井郡分
是ハ余米八石浦々之問屋之庭賃橋　余米之舩賃
舟賃舩賃とも
石ニ付壱舛五合六勺ツヽ
一米三舛九合　大津水上賃
是ハ三郡之余米廿壱石六斗五拾四俵分
弐俵ニ壱合三勺ツヽ
一銀五匁弐分　大津蔵敷賃
是ハ余米五拾四俵之分壱俵ニ付壱分ツヽ
一米五斗七舛四合　車力米
但シ石五斗ニ付弐舛三合ツヽ
是ハ右三郡之余米廿壱石六斗之分
一米三石四斗五舛六合　京都御蔵肝煎給
是ハ納米千七百廿八石之分
但シ石ニ付弐合ツヽ
一米三石四斗五舛六合　内雇働人
是ハ御納米千七百廿八石之分
道具かりちんとも
但シ石ニ付弐合ツヽ
一米拾石八斗　込米
是ハ御米内拵之節乱俵軽俵之込米
平均石ニ六合弐勺五才ニ當ル
一銀拾七匁弐分八り　輪木代
是ハ御米壱石ニ付壱りツヽ
一銀拾七匁弐分八り　會所入用
右同断
一銀三拾四匁五分六り　敷筵代
是ハ御米千七百廿八石之敷筵八拾六枚四方
但シ御米百石ニ五拾懸り
拾枚ニ付四匁宛
一九分　指札百枚代
（※以上は三郡総費用）
（中略）
（※以下は浅井郡費用）
三斗三舛七合
是ハ冨田村ぬれ米直シ欠米如此
三斗三舛
是ハ下八木村八木濱村ぬれ表直シ人足拾壱人代
但シ壱人ニ三舛ツヽ
弐斗壱舛
是ハ冨田村ぬれ米直シ人足七人
但シ壱人ニ三舛ツヽ
（中略）
一〃拾八匁四分
冨田村なわたわら仕替代
（中略）
四匁　冨田村ぬれ米代
（中略）
亦六拾匁五分九り
大津ニ而欠米ぬれ米直シ不足銀
（後略）
（※表＝俵）
（※二五九号註へつづく）

大日本婦人会の活動

第２６９号
2005.01.24

祭器庫文書の中にガリ版刷りの「大日本婦人會」に関する文書がありましたので紹介したいと思います。

手書きのガリ版刷りですので、読み辛い部分もあるのですが、昭和十八年の戦時下、銃後の様子が伝わってくるように思います。

《祭器庫文書一〇》

大日本婦人會役員會協議問題

一　婦人常會設置ニ関スル件
時局下上意ノ下達下情ノ上達ヲ計リ國策ノ浸透戦時生活ノ徹底ヲ期スルタメ一方婦人報國ノ實践完遂ヲ期シ村常會ト歩調ヲ合セ婦人ノ常会ヲ月一回乃至二回開催シ農村ニ於ケル婦人ノ地位活動ニヨリ食糧増産其他諸般ノ指示活動ヲ促進セラシムコトヲ望ム

……《中略》……

六　衣料切符献納運動ニ関スル件
我カ國繊維資源ノ状況ニ鑑ミ衣料節約ノ趣旨ヲ充分徹底セシメ新切符交付ノ際本献納運動ヲ直ニ御實施相成度候戦力増強上必要ナル重要産業ヘノ電力供給ヲ確保スルタメ今般電燈及電力ノ消費規正ニ関スル告示ノ改正有之當局ヨリ國民一般ニ対シ電力節約ニ協力スベキ要望有之候ニ付テハ□ニ区長會ニ於テ充分御傳達致シ置候得共各家庭ヲ担任セラルゝ婦人方ノ御協力ヲ切ニ希望スル次第ナルヲ以テ更ニ茲ニ提案セン所以ナリ

八　二百三十億完遂郵便貯金協調運動実施ニ関スル件
本年度國民貯蓄目標額達成ノ為メ逓信省大蔵省竝大政翼賛會共同ノ下ニ去ル二月十一日紀元ノ佳節ヲ期シ本運動ヲ展開スルコトノ相成候ニ付本婦人會ハ特ニ重点ヲ郵便貯金ニ置キ次ニ□□切手消化ニ協力セラルゝ様支部ノ指示モ有之更ニ強化ヲ依頼スル次第ナリ

……《中略》……

十一　篤志看護婦人會員増募ニ関スル件
本會員ハ赤十字社員ノ資格ヲ有スル婦人方ニシテ更ニ本會ニ入會シ社會看護婦ノ講習ヲ受ケ救急手当ノ技術ヲ収得セラルゝ志望者ヲ募ルオノニ有之候

十二　徴兵身体検査場参観ニ関スル件
昭和十八年度徴兵身体検査場ニ受験壮丁ヲ激励シ且ツ他町村壮丁ト其体位ヲ比較實施スル意味ニ於テ會幹部ノ内五名程参観セラレ度シ期日時等ハ兵事係ヨリ御通報申ス可ク候

十二　戦時家庭教育指導者講習會ニ関スル件
時局下家庭教育ノ振興ハ極メテ緊要ナルニ鑑ミ之ガ指導者ヲ養成シ以テ一般會員ニ普及徹底ヲ図ル目的ヲ以テ表記講習会ヲ巡回開催セラレ候ニ付キ本支部役員諸氏全部御受講相成度シ

十二　戦時家庭教育指導者講習會ニ関スル件
時局下家庭教育ノ振興ハ極メテ緊要ナルニ鑑ミ之ガ指導者ヲ養成シ以テ一般會員ニ普及徹底ヲ図ル目的ヲ以テ表記講習会ヲ巡回開催セラレ候ニ付キ本支部役員諸氏全部御受講相成度シ

記

一會場　虎姫町國民学校
一日時　三月十一日午前九時
　　　　午后三時
一講師　出雲路所長　湯本女史
　　　　釜田部長
一集合　伊香郡全部　東浅井郡全部
　区域　坂田郡ノ内西黒田
　　　　神田六荘北郷里　南郷里
　　　　神照　長濱町九ケ村

……《後略》……

(※第七項なし、第十二項は二つあり)

引用が長くなりましたが、食糧増産とか、資源・電力の節約、郵便貯金の奨励強化、看護婦人会、徴兵検査、戦時家庭教育講習会…など戦時下の農村婦人会の活動内容が見えてきます。

省略した部分から、大日本婦人会の設立は昭和十七年であったことが分かります。

また、昭和十七年度の婦人会会費未納者が、他村が殆ど完納に対して、冨田村は八人もあったことも記載されています。

また、別の文書に

號外
昭和拾八年八月十三日
大日本婦人會竹生村分會長
森まさ

各役員　殿

廿五才未満の會員特別訓練に関する件

来る二十日女子生年團郡大會実施さるゝ予定につき此の機會を利用し、女子生年團と共同し、左記日時、廿五才未満の會員のみ特別訓練実施致すべく候間、該当會員の出席方御配意賜り度く、此段及依頼候也

記

一特別訓練日時
　第一回　十五日
　　何れも午前五時三十分より
　　午前七時まで
　　晴雨を論ぜず実施
　第二回　十七日
二服装会場　前回に仝じ
　赤だすきあらば用意のこと

三　該当會員は班長殿へ通知してありますが多少間違あるやもしれません。廿五才未満の婦人會員は全部出席する様取計ひ下さい
四　欠席者はその理由を記し、当日指揮者へ届を提出のこと

特別訓練の内容は分かりませんが、赤だすき持参とありますから、竹槍訓練とかバケツリレーなどが行われたのではないでしょうか。

欠席者に対しては、理由を記した届けを出せとありますから、参加の強制力も強かったと思われます。

外地で兵隊さんが頑張っているのだから、私達も…という意気込みであったのだろうと思われます。

昭和十三年には国家総動員法が制定され、昭和十五年には大政翼賛会が発足します。

そして、昭和十六年十二月八日、真珠湾を攻撃した日本は、太平洋戦争へと突入します。

その中で、十七年には大政翼賛会の傘下に大政翼賛会壮年団、大日本産業報国会、農業報国連盟、商業報国会、大日本婦人会、日本海運報国団、大日本青少年団などを発足させ、官製の上意下達機関として機能させることになります。

翼賛会傘下の活動が繰り広げられる中で、刀や槍等の金属類の供出等々もありました。我が家でも何振りかの刀と槍を供出してしまったと聞いています。刀剣に興味のある私には残念な結果ですが…。

《参考》
八幡神社祭器庫文書一〇

◆昭和二十一年青年団演芸会「二人の花嫁」より

《写真提供　川崎正一氏》

【いっぷく】
(※前号註よりのつづき)

前号で紹介した史料は、享保一一年(一七二六)の二條御蔵への年貢納入に関しての文書です。但し、納入は翌年の享保一二年正月以降となっています。

この年、冨田村は天領で、美濃笠松代官所辻甚太郎の支配下にありました。同支配下にあったのは、

野洲郡　守山宿・吉身村
蒲生郡　馬渕村・東横関村・小口村・葛巻村・宮川村・庄村・小野村・西明寺村
浅井郡　大寺村・月ヶ瀬村・岡谷村・醍醐村・三河村・冨田村・十ツ九村・大安寺村・八木濱村・下八木村

の二〇ケ村でした。

二〇ケ村の総出荷米が一七四九石六斗とあり、その中から本年貢米として、一七二八石を納めます。残った米(余米)が二一石六斗ありました。この余米二一石六斗の使途が延々と記録されています。

前半は三郡の総費用が、後半は浅井郡の費用が記録されています。

近江の村々から船で大津まで運搬することになります。そのため、先ず船賃が必要になり、次に、荷揚げの手間賃、問屋の場所借り賃(庭賃)等が必要になります。その代金が一石に付き一升五合六勺とあります。

荷揚げした米俵を直ぐには京都二條御蔵までは運べませんので、一時大津の蔵に保管します。大津蔵敷賃とあるのはその保管料・使用料だと考えられます。一俵に銀一分とあります。更に、俵の下敷きとして必要だったのか、筵八六枚の購入や、指札(米俵に添える木札)の費用も計上されています。

そして、乱俵(作りの良くない俵)や軽俵(容量が不足している俵)の修正がなされたようです。米が不足する俵には込米から追加されます。不足分は平均すると、一石に六合二勺五才とあります。また、その作業を請け負う雇人にも手間賃が必要になります。一石に二合とあります。

また、前号の文書には省略しましたが、右の作業等の立会人として各郡より一名宛三人が詰役人として大津に滞在していました。正月六日より閏正月七日迄の三二日間、九六人手間も必要でした。一日一人銀一匁八分(計一七二匁八分)も必要で、更には、詰役人の雑費として髪結い賃等までも計上しています。

尚、車力米は現代のトラック運搬費に相当します。一石五斗に付き二升三合とあります。

船での運搬が主力でしたから、濡れ米も発生します。その対応も必要になってきます。

冨田村の濡れ米の直シとして、米三斗三升七合が必要となり、直し人足七人の手間賃として二斗一升も必要でした。また、濡れ米代四匁ともあります。

また、冨田村分の縄・俵の仕替え代として一八匁四分ともあります。

支出の羅列(一部省略)となってしまいましたが、本年貢以外にも多くの出費を余儀なくされたことを理解していただければ…と思います。

享保十七年 助継又訴訟新史料

第２７０号
2005.02.10

冨田今昔物語一四八～一五一号で、享保十七年(一七三二)の「助継又」朽損伏替について紹介しました。

御料所井の「分木」によって折半された冨田村への用水(冨田村権利の水)が流れる井川の途中に「助継又」という取水口が馬渡村郷内にありました。

この助継又からの用水で馬渡村四町の田圃を潤していました。

詳しくは分からないのですが、助継又からの馬渡村四町への用水については、慣例的に冨田村の用水を馬渡村が買い入れていたようです。

ところが、寛文十二年(一六七二)に馬渡村より「助継又」に丸太三本を入れ、水を水を止めてしまい(独占し)、出入になります。

このときは、①冨田村が自由に水を取れる場所であると言う保証の確認、②伏替普請の折りには当事者は立ち合わないことの確認、③伏替普請人足は稲葉村・弓削村が担当、④伏替は七ケ村の庄屋衆が普請に立合ということで決着しています。

寛文十二年以前は、杭を打ち、莚や俵表で止めをしていた程度で、恒常的な施設ではなく、水を買い入れる時のみ莚等で堰を作っていたようです。

この際も、冨田村に用水が必要なときは「勝手次第」に水を取り込むことができたようです。

従って、この頃までは「分木」以降の用水は冨田村に権利がある事が、お互いに確認されていたように思われ、馬渡村が必要な折には、冨田村が入用でないときに限り、買い入れという形で使用することが認められていたに過ぎないと思われます。

ところが、この寛文十二年五月、馬渡村は新たな企みとして、「いかり木」を設置することで、恒常的に用水の使用を図ります。

結果的には、上の四点を確認することで、このときは決着しました。

ところが、宝永五(一七〇八)年五月「いかり木」が朽損したので、伏替たいと言う希望が馬渡村より出ます。

冨田村に立ち合ってほしいとの申し出がありますが、冨田村は寛文十二年(一六七二)の約束事により立ち合いを拒否します。

結果的には、近隣の庄屋八人の嗳により伏替がなされます。

更に、享保十七年(一七三二)に入り「助継又」の朽損伏替が計画されることになります。

この時、馬渡村は「助継又」は立会の「分木」だと言い張り、公事(訴訟)になります。つまり、私的な井堰であった筈なのに、公的な井堰だと主張するのです。

冨田村はあくまでも寛文十二年(六十年前)の約束事の趣旨を貫く姿勢を保持し続けるのですが・・・。

このとき、冨田村の代官であった、神山権兵衛の書状の写しが見つかりましたので紹介します。

《八幡神社祭器庫文書一五》

未得御意候得共、致啓上候。然者、掃部頭領分江州浅井郡馬渡村、伊豆守様御領分同郡冨田村湯組ニ御座候。湯水之内、従往古分木臥有之用水懸来候。然処、右之分木朽損候故此度臥替申ニ付、前々之通冨田村立會被申候様ニ申達候処、如何候哉、立會申義難成候由、勝手次第ニ臥替候様ニ御百姓中被申候由ニ御座候處、此方領分斗ニ而臥替候而ハ如何ニ候間、兎角立會給候様可仕旨申付候処、段々申達候得共、承引無之由申候。前々立會之訳等、近郷御他領村々ニも□能存知候事ニ御座候間、無覆蔵立會被申、分木臥替申様冨田村江被仰渡被下候様ニ致度候。依之、馬渡村其御役所へ願申上度由申之ニ付得御意候。委細馬渡村へ御尋被下被仰渡被下候様仕度候。立會不申臥替候テハ、双方村方難儀之筋と存候ニ付如斯御座候。右之分木朽失候義ニハ無御座、只今慥ニ有之義捨置申候得ハ朽失申ニ付、此度臥替申儀ニ御座候間、被遂吟味先規之通被仰付可被下候。
恐惶謹言

五月九日　　勝野五太夫

神山権兵衛様

御礼致拝見候。如仰未得御意候。然者、掃部頭様御領分江州浅井郡馬渡村、此度分木臥替ニ付右場所へ、伊豆守領分同郡冨田村立會候様、馬渡村より被申越候得共、冨田村立會不申候由、依之、馬渡村より右之趣口上書持参ニ付、御添状被遣致承知候。馬渡村御百姓中口上も一通承候。冨田村召呼、様子相尋、追而可得御意候。恐惶謹言

五月十一日　　神山権兵衛　書判

勝野五太夫様

一筆致啓上候。暑気相成候処弥御堅固ニ御努可被成珍重奉存候。先頃ハ書中得御意候處、委細之御返簡忝致拝見候。就夫、其節得御意候。掃部頭領分馬渡村湯水介継又分木之義、井組四ケ村先格之通□冨田村ニも納得有之、井組四ケ村世話を以、立會臥替双方無申分、先規之通ニ相済、珍重存候。自然及出入候テハ双方村方困窮・気之毒ニ存候処、相對を以無難ニ下済相□御同然大慶仕候。定而冨田村ニも相添可被申と存候。先達而得御意候ニ付、右御挨拶旁如斯御座候。恐惶謹言

閏五月十九日　　勝野五太夫　書判

神山権兵衛様

貴礼致拝見候。如仰暑気之節ニ候得共弥御堅固御努被成珍重奉存、然ハ、先頃被仰聞候、掃部頭様御領分馬渡村せき木伏替之義、近村□双方納得伏替相済候由被仰聞、馬渡村ょりも右之趣被相届、旁致承知、下ニ而無事相済御同意珍重存候。尤冨田村ょりも相訴候。先達而被仰聞候趣ニ付、委細之御紙面被入御意候御事ニ御座候
恐惶謹言

閏五月廿日　　神山権兵衛　書判

勝野五太夫様御□

※ 勝野五太夫(彦根藩北筋奉行か?)

①勝野→神山
分木伏替について冨田村が立会わないと言う。立会わずに伏替えるのは双方難儀となる‥‥立会うよう働きかけの依頼。
但し、「分木」と呼び、立会の湯組(公の井堰)と意識している。

②神山→勝野
馬渡村の主張も承知した。冨田村を呼び寄せ意向を聞き、追って連絡する。

③勝野→神山
詳細な返答書への謝辞。介継又分木が双方納得の上、井組四ケ村により以前の通り(先規之通)伏替が出来た。御礼旁々御挨拶まで。

④神山→勝野
双方納得して済んだと聞いている。無事に済んで良かった。冨田村よりも訴えて来たが、先の趣を了解した。

といった内容だと思います。

冨田村は浜松藩松平伊豆守領、馬渡村は彦根藩井伊掃部頭領であり、支配が異なっています。

このような時は、関係する村々の代官が相互に連絡を取り合っていたことが分かります。

冨田村の代官(郡代)神山権兵衛が、冨田村の人々をどう納得させたのかは分かりませんが、ともかく冨田村の顔を立てた(伏替には立ち会わない)ように思います。

但し、「助継又」が立会の(公の)分木(公共施設)扱いに成りつつあるように思われるのですが‥‥。

その後、宝暦六年(一七五六)・安永九年(一七八〇)・嘉永五年(一八五二)にも「助継又」の伏替を行っている史料が残されています。

また、大正二年(一九一三)四月九日にも伏替がなされています。

この時は、竹生村長、速水村長、冨田村役員、馬渡村役員による覚書が取り交わされています。紙面の都合で内容は割愛しますが、次号で紹介したいと思います。

《参考》
冨田八幡神社祭器庫文書

※1
宝暦六年(一七五六)の「助継又」の伏替史料を紹介します。

《祭器庫文書一六》

覚

一冨田村井川筋、馬渡村郷之内字介次俣水引いせき朽損シ候ニ付、被伏替度由、冨田村江対談之上、弐拾五年以前失替候格を以、此度も又々立會、則、御同領難波村庄屋新兵衛殿、上八木村庄屋重左衛門殿、月ヶ瀬村庄屋喜内殿、大安寺村庄屋左介殿、延勝寺村庄屋善次郎殿御立會之上、弐拾五年以前子年伏替之通致吟味、いせき并介次俣之御田地与雙方水盛を以、在来り候通松丸太弐本置、右御同領御庄屋中御見届ケニ而、此度伏替相済相違無御座候。猶各御得心状被相渡候ニ付、為取替如斯御座候。
為後證一札如件

宝暦六年丙子五月

小観音寺村庄屋
善兵衛(印)
同断　長右衛門(印)
稲葉村庄屋
傳之丞(印)
弓削村庄屋
伊左衛門(印)
香花寺村庄屋
傳太夫(印)

馬渡村庄屋
半右衛門殿
同村年寄
藤三郎殿
同断　佐次右衛門殿
同断　市左衛門殿
同断　藤兵衛殿
同断　幸之介殿

この文書から、伏替に立ち会った嗳衆が判明します。

馬渡村側(彦根領)として、難波村庄屋新兵衛、上八木村庄屋重左衛門の二名が、冨田村側(濱松藩・西郷氏)として、月ヶ瀬村庄屋喜内、大安寺村庄屋左介、延勝寺村庄屋善次郎の三名が立ち会っています。

その他、御料所井組六ケ村から当該村を除く四ケ村の小観音寺村、稲葉村、弓削村、香花寺村の庄屋も立ち会っていることが窺えます。

これだけの庄屋衆が立ち会うことは「助継又(介次俣)」が公的な施設と見なされていることを意味します。

冨田村は依然と立ち会っていないようですが、冨田村があくまで主張する「私的」な施設という考えは、近郷の村々には支持されていないことが分かります。

次号で紹介する大正二年の伏替には竹生村長、速水村長まで立ち会っています。

寛文一二年(一六七二)、馬渡村によって助継又という私的な井堰が設けられて以来、百年も経たない内に、「私的」な施設が、「公的」な施設として公認されていく様子を見て取れるように思います。

勿論、この施設が田地用水という、生活に密着した施設であったことにも起因するのでしょうが、ふとした小さなきっかけから始まった事が、月日を重ねる内に習慣となり、当たり前の事になるという、歴史の流れというか、歴史の重みを感じさせてくれるようにも思います。

最後（？）の助継又伏替

第２７１号
2005.02.24

後藤喜平

前号で、享保十七年（一七三二）の助継又（助次又・介継又）伏替の件について紹介しました。

その後も何度かの伏替があったと思われ、史料が残されている伏替も残されていない伏替もあったと思います。

右の史料にある大正二年（一九一三）の伏替は、圃場整備事業前の最後の伏替であったのかもしれません。

もしかすれば、昭和になってもう一回あったのかもしれませんが……。

覚書

東浅井郡速水村大字馬渡字助次ニ於テ従来設置セル堰木伏替ニ付為浚証記載シ置クコト左ノ如シ

一 堰木伏替ノ必要アルトキハ大字馬渡ノ申出ニヨリ大字馬渡冨田立會ノ上協定スルモノトス其ノ他ノ方法ハ綜テ旧慣ニヨル

二 工事施行ノ要領

（イ）堰木二本置ノ内上木一本ヲ取替台木ハ在来ノ侭トス 尚 堪久ノ見込アルニヨル

（ロ）取替堰木ノ材質及寸法

松材 長拾八尺 元口径 壱尺八寸 末口径 壱尺五寸

（ハ）堰木調達人

伊香郡北富永村大字馬上

（二）伏替人夫ノ出役

速水村大字馬渡 弐拾人

三 伏替ノ日

大正二年四月九日

四 伏替担當者

速水村大字馬渡惣代 脇坂章一

五 経費負担

速水村大字馬渡ニ於テ全部負担ス

六 立會人

速水村長 竹生村長

大字馬渡惣代外四名

大字冨田惣代外弐名

七 本書ハ貳通ヲ作リ速水村大字馬渡竹生村大字冨田ノ両字ニ於テ各壹通ヲ領置ス

右記載事項ノ正確ヲ証スル為メ干係大字惣代及立會人茲ニ署名ス

大正貳年四月九日

速水村長 柴辻貞治郎（職印）

竹生村長 村田政次郎（職印）

速水村大字馬渡

脇坂章一（印）

金田立蔵（印）

松山良助（印）

松山岩松（印）

山岡千太郎（印）

竹生村大字冨田

三名連記（印）

（氏名省略）

《祭器庫文書八》

この時点では、冨田村と馬渡村の立会の井堰となっています。但し、費用は馬渡村負担となっていますから、馬渡村の私的井堰として扱われていたと考えられます。

また、江戸時代には近隣村々の庄屋が立ち会いましたが、時代が変わり、この時は竹生村々長、速水村々長が立会うこととなりました。

助継又伏替について記録が残されているのは（私の知る限り…）、

寛文十二年（一六七二）子歳
宝永　五年（一七〇八）子歳　36年
享保十七年（一七三二）子歳　24年
宝暦　六年（一七五六）子歳　24年
安永　九年（一七八〇）子歳　24年
嘉永　五年（一八五二）子歳　72年
大正　二年（一九一三）丑歳　61年

です。
もし、ここへ（推測で）、
文化　元年（一八〇四）子歳
文政十一年（一八二八）子歳
を追加すると、宝永五年以降、江戸時代は二十四年毎に、しかも子（ね）歳に伏替されていたのではないかと思われます。
この想像が正しいとするなら、二十四年毎とはいきませんが、明治時代に二回程度、昭和になって一回は伏替が実施されたものと思われます。
となれば、大正二年の伏替は最後から二番目の助継又伏替だったのかもしれません。

年輩の方は最近まで、四月の井上り（一の坪井から分木までの川掃除）をしていたと云われます。その頃には助継又が存在していました。

しかし、昭和四〇年代後半の圃場整備事業により、竹生支線用水が誕生したことで、御料所井の分木も助継又もなくなり、伏替の必要も、村と村との攻防もなくなりました。

馬渡村郷四町を潤すための助継又、たった一つの取水口にもこれだけの歴史があります。一代に一回の伏替ですが、親から子へ、子から孫へと伝承されています。

冨田村は一貫した姿勢を貫き、馬渡村はいろんな知恵を捻ります。

田圃への用水はいわば命の水でもあり、少しでも自分の村へ、自分の田圃に水を引きたい。稲を実らすための水を…というのが本音であったろうと思います。

水を確保することは、収穫を確保することであり、強いては自分の、家族の命を確保することになったのです。

その意味で、用水に対しての意識は現代人には想像も出来ない確執があったのです。

水（用水・底樋・分木など）に関する史料は数多く残されています。それら水に関する史料が多いということは、それだけ生活と密着していた証拠にもなります。

水に対して苦労を重ねてきた往古の人々の思いを、今後も大切に引き継いでいきたいものです。

「助継又」が記録に登場してから、圃場整備でなくなるまで、約三百年もの間、冨田村と馬渡村の駆け引きが続けられたことになります。

その間、冨田村が一貫した姿勢を取り続けたことは素晴らしいことだと思います。まさに村の伝統を守り続けた祖先の姿に頭が下がる思いです。

今、村という概念が風化しつつあると言われています。確かに共同体としての村を意識する機会が少なくなってきています。しかし、僭越な意見かもしれませんが、だからこそ今、その共同体意識を再確認する必要があるのではないでしょうか。

《八幡神社祭器庫文書一八》

証

一今般地所組替相成當村地先井堰組入ニ相成候ニ付萬一満水砌其御村郷内江水込上り指障ニ相成候時者右井堰切拂候間其郷内江御難義相掛ケ申間敷依之一札指出シ置申候依而如件

益田村

副戸長　橋本吉左衛門(印)

戸長　川辺定右衛門(印)

戸長　前川七兵衛(印)

明治八年

亥七月三十一日

冨田村

正副戸長御中

※　明治八年（一八七五）

右の文書は、昔の十一川（十七川）にあった益田井に関する文書です。

「地所組み替え」、「井堰組み入れ」がどういうことであったかは調べられていませんが、益田井が益田村の管理下になったことは間違いがありません。

益田井が満水になって、冨田郷へ水が入り込むような危険な状態になったときは、井堰を切り、決して迷惑を掛けないという證文です。

私が子供の頃、益田井から南進し、屋井田の北から西に向かって流れる益田川という川がありました。益田井の堰を止めることで水が流れる状態でした。

そのため、益田村の管轄になったものと思われますが、これはその折、交わされた證文だったようです。

一枚の紙切れにも重さを感じます。

《参考》　冨田八幡神社祭器庫文書

※1

筆者が小学校の頃は圃場整備もされていなくて、田圃はほぼ一反毎に畦畔（くろ）仕切られ、更にその一反を四枚程度に仕切っていました。

その仕切り付近には榛の木が植えられ、秋になると架（はさ）掛けの杭代わりに使われていました。当時は田植えは勿論、稲刈りも手作業でしたから、小学生といえども大きな戦力でした。

鎌を使って稲を刈り、束にくくり、架（はさ）けして乾燥させました。

子供も稲を刈り、束を集め（ウマという道具もありました）、架掛けの渡し役をするのが仕事でした。

圃場整備のため田圃の榛の木が切られ、大型機械が導入され始めたのは昭和四〇年代後半でした。

その昭和四〇年代後半までは、江戸時代の農業に改良は加えられていますが、江戸時代の延長だといっても過言ではないのかもしれません。

筆者は経験がないのですが、一〇才から一五才程度年輩の方々は、御料所井の井上り（ゆあがり）といって、冨田郷から小観音寺村西裏にあった分木までの川掃除に行ったと聞いています。

問題の助継又は分木から一町下にあった筈ですから、年輩の方々は助継又の存在を目で見ておられたはずです。

寛文一二年（一六七二）から設置された助継又はつい最近まで、約三〇〇年間あったということになります。

現在は圃場整備のため、跡形もありませんが、古文書の世界がつい最近まで実在したことを改めて感じています。

※2

益田井についても、今は跡形もありませんが、筆者の子供の頃は、堰の上が深かったため、夏はプールの感じで泳いでいたことを覚えています。

また、益田井の北に大きな池（沼？）があり、よく釣りに行きました。地元では「ガンゾ」と呼ぶ小鮒が沢山釣れました。時には鯰が釣れたり、イモリや亀が釣れたことも覚えています。季節によりガンゾであったり、モロコやボテ（ジャコ）であったりしましたが、子供時代の楽しい思い出の一頁です。

益田井付近は地面が低かったのか、大水になると田圃が冠水し、田圃に鯉や鯰が泳いでいました。田植え時期になると、田植えで出来た足跡の中に一匹づつガンゾがいました。それを取りに行くのが子供の楽しみでもあったのですが、現在は小鮒の姿を見かけることは全く無くなりました。たった四～五〇年の間に自然環境が大きく変わってしまったことを実感しています。

また、益田井付近には大きな柳の木が何本もあり、蛍の頃は、柳の木がクリスマスのイルミネーションのように光っていたのも過去の話となってしまいました。

思い出話で終わってしまいそうですが、冨田村のような農村地帯は、つい最近まで江戸時代の延長線上に暮らしていたことを再確認したいのです。決して江戸時代は遠い世界ではないこと、そんな中で運命共同体である村が発展し、絆で結ばれていたんだということを知ることが、次の冨田村の発展に繋がるのではないかと思っています。温故知新です。

貞享三年の御料所井水出入

第２７２号
2005.03.10

貞享三年（一六八六）四月、冨田村・香花寺村・弓削村・稲葉村の下四ケ村と馬渡村・小観音寺村二ケ村の間で御料所井水についての出入（訴訟）がありました。

その出入（訴訟）については、内容や経緯について記載されている文書は沢山残されているのですが、その結論やその後のことを記載した文書は全く残されていません。冨田村にとって余程の事件だったのか、文書はいろんな形で沢山残されているのですが‥‥。

最近、其の後の様子（結論）が多少ですが判明しましたので、取り上げようとした所、この出入（訴訟）そのものを紹介していませんでした。今回は先ず事件の内容を紹介したいと思います。

《水利八四》

（包紙）
用水之井川筋、往古よ里修理仕り候処ニ、新法ニ四ケ村ヲ除キ一ケ村御支配可仕由申候。依之御訴訟
御地頭入組御訴訟人四ケ村
江州浅井郡之内香花寺村
弓削村
稲葉村
冨田村
相手　同郡　馬渡村

（本文）
乍恐書付以御訴訟申上候御事
御訴訟人
本多下野守知行
江州浅井郡香花寺村
弓削村
仙石因幡守知行　稲葉村
土屋相模守知行　冨田村
相手
井伊掃部頭様御知行
馬渡村
甲府中将様御領
小観音寺村
仙石因幡守と入組

一　江州浅井郡之内字御料所井水、往古より右六ケ村立会之用水ニ而伏樋之儀、御地頭様方より被遊被下候。然者、表大川迄之さらい普請、去ル四月~~朔日~~四日ニ六ケ村出合出来仕候ニ付、明五ニハ樋之下井川筋之修理可致と何茂より申合候處に、馬渡村庄屋佐助被申候者、尤可然候へとも明五日ハ我等村に指合之儀有之間相延申度候。明後六日に可仕之由被申候ニ付、任其意処ニ、同五日之夜之内に人足を出し、彼井川を馬渡村壱ケ村として普請仕候。其上以後井川下之ものどもに修理いたさせ申間敷と、我侭之工仕候。剰、使を以向後下四ケ村よ里右之井川修理無用之由申越候御事。

一　右井川に先規より稲葉村弓削村香花寺村此三ケ村と冨田村と分木をすへ、此四ケ村之水引御田地養ひ来申儀、往古より只今ニ至る（迄）紛無御座候処に、當年に罷成、如何様之所存ニ而御座候哉、新法成義企申儀、何共迷惑仕候御事

一　此出入ニ付、相手馬渡村御地頭様御役人方江度々御訴訟仕候得共、一切御取上も無御座候故、乍恐口上書ヲ以御訴訟仕候御事

右之通、相手馬渡村同小観音寺之衆被為召出、先規之通ニ被為仰付被下候ハゞ、難有仕合可奉存候以上

江州浅井郡稲葉村庄屋
長兵衛
貞享三年　同肝煎　勘兵衛
寅ノ七月　同郡弓削村庄屋
次太夫
同肝煎　助右衛門
同郡香花寺村庄屋
傳太夫
同肝煎　孫太夫
同郡冨田村庄屋
T左衛門
同断　T郎右衛門
同断　M左衛門
御奉行様

大意は、

①御料所井川について、高月川表迄の川筋の掃除・修理を六ケ村が計画し、四月四日に打合せをし、明五日に実施しようと相談が決まりそうになるのですが、馬渡村の庄屋佐助が「五日は我が村に用事があるから、翌六日に延ばしてほしい」と言うので、四月六日に決定します。
ところが、馬渡村は五日の夜の内に村人を動員し、馬渡村一村で実施してしまいます。
更に、井川の修理は下四ケ村にはさせないと連絡してきます。

②昔から現在に至る迄、下四ケ村は井川の用水を使ってきたことは紛れもない事実で、馬渡村の仕打ちには迷惑している

③この件について、馬渡村の領主（井伊彦根藩）の役所へ訴えているが取り上げてもらえない。
仕方なく恐れながら訴訟に踏み切った次第です。

ということになります。

この文書によれば、馬渡村が一方的に我侭を通そうとしているように見えます。

また、別文書に、ほぼ同文で稲葉村庄屋長兵衛・勘兵衛・香花寺村庄屋傳太夫連名の訴状写《祭器庫文書一四》も残されています。

この訴状の裏書きには、「表書之通目安上候、致返答書来ル九日公事日、急度可罷出候猶遅参ハ可為越度者也／寅ノ八月四日／志摩判」とあり、稲葉村香花寺村も同様に訴え出たことが分かります。

下四ケ村は同様の意見で、馬渡村の我侭を主張しています。

しかし、馬渡村の主張は下四ケ村とは異なります。

《祭器庫文書一三》

乍恐口上書を以申上候
江州浅井郡馬渡村百姓共

一相手同郡稲葉村香花寺村弓削村冨田村より井水川さらへ之由ニ付新法を被申懸候。當十八日之御裁許之筋も四ケ村之者共、何角偽りを被申上候。惣而古来渇水之時分ハ、下之村々より望被申候ハゞ、番水ニ仕リ、水半分ハ四ケ村へ取被申候。残半分ハ馬渡村一村へ取申候。其内ヲ小観音寺村江茂用水ニ取申候。此半分宛と相極リ候證拠ハ、廿壱年以前ニも御地頭様方より大川表之樋御伏セ替被下候処ニ、樋代半分ハ四ケ村之御地頭様方より御出し被成候。半分ハ馬渡村之御地頭より被下候。其外普請之場所も地割仕、四ケ村へ半分相渡し普請為致申候。半分ハ馬渡村一村として相勤申候。然共、呑水之分ハ常水ニ而御座候故、番水之時も妨申義不罷成候。只今今年ハ四ケ村より川さらへ之由斗リ被申懸候故、か様之義も不申上候。兎角新規ニ川さらへ可仕と申段何共迷惑仕候間、渇水之時分ハ右之通番水ニ被為仰付被下候ハゞ、難有可奉存候。以上
馬渡村百姓共(印)
貞享四年卯四月廿一日
御奉行所様

上の文書は、貞享四年の文書です。

馬渡村は下四ケ村が偽りを言っているのだと主張します。

また、御料所井水は渇水時の時、下四ケ村が希望した場合には、番水をおいて水を折半するのだと主張していますす(それ以外の時は?)。

しかし、過去の流れからも、浅井久政裁許状(浅井様折紙)から見ても、馬渡村が曲解した解釈をしていることが明らかだと思われます。

このことは、下四ケ村の驚きは大きかったと思いますし、困惑したものと思われます。もし、御料所井の上手で馬渡村が勝手我侭をすれば、下四ケ村への用水への影響も大きく、場合によっては用水の不足を生じることも起こります。

御料所井水は馬渡郷内を流れ、下四ケ村へ流れます。たとえ理不尽にも上流で流れを止められたら、下四ケ村はどうしようもありません。

そのためには、下四ケ村は既得権を死守する必要があります。

この駆け引きが延々と続くことになるのです。井川修理に、助継又の伏替に…と。

《参考》
川崎文書(滋賀大学史料館)
富田八幡神社祭器庫文書

※1
貞享四年(一六八七)の井水に関わって、次のような文書もあります。

《水利四三》

(表紙)
貞享二二年　　　　香花寺村
四ケ村井水入用算用帳
卯

(本文)
三月十七日
一銀弐拾匁六分　　T兵衛
一拾弐匁壱分弐厘　同人
一弐匁四分　〃
一拾壱匁九分　〃
…(中略)…
一六匁三分五厘　〃
〆五百拾弐匁五分七厘
内
四月一日
一五拾匁　S兵衛 ひかへ
四月六日
一廿匁六分　Y兵衛
四月三日
一拾匁　S兵衛
五月十日
一五拾匁弐分　K郎兵衛
…(中略)…
八月朔日
一拾六匁五分　S兵衛
〆~~弐百四拾弐匁七分五厘~~
五拾壱匁七分五厘
(※「ひかへ」は立替の意)

この「入用算用帳」が貞享三年からの出入に関わった費用の覚なのか、単なる井水経費の覚なのかは、支出項目の内容が未記載のためはっきりしませんが、上のように貞享四年四月には公事に入っていますので、公事に関わる支出と考えられます。

公事(出入・裁判)が一旦起きると、庄屋等の関係者は少なくとも奉行所(大津 or 京都)のある現地へ赴かなければなりません。

勿論、一日では済みません。奉行所よりいつ呼び出しがあるか分かりませんので、郷宿等で待機することになります。

取り調べが長引けば滞在も長くなります。また、内済を命じられれば示談が成立するまで滞在を余儀なくされます。一ケ月、二ケ月の長きになるのも当たり前であったようです。滞在が長引けば宿賃や食費等も嵩むことになります。

更に、右の案件のように奉行所裁定となると、地元での取り調べや現地視察も実施され、その接待や食事等の賄いも必要になってきます。

それらの費用はどのようにして調達したのでしょうか。

今回、冨田村は下四ケ村の一員として行動していますから、現地で要した費用(庄屋等の立替)を下四ケ村で負担するのが原則でした。

その負担方法は、村数の四で割るのではなく、各村高に応じて割り振られたようです。

従って、誰が、いつ、幾ら、何に支払いしたのかという記録を必ず残しました。その一つが上の文書であったのかもしれません。

このように、多大な費えを賭してでも裁判沙汰になったのは何故でしょうか。

恐らく、村の、村人の生活を守るためであったと思われます。金銭ではなく、村の生活、村の名誉を守ろうとしたのだと私には思われます。

貞享三年井水出入其の後

第２７３号
2005.03.24

前号は、貞享三年(一六八六)四月、御料所井の修理・川掃除普請を六ケ村の共同作業として計画したにも拘わらず、前日の夜中に馬渡村一ケ村で実施してしまい、あまつさえ、今後は下四ケ村の普請は無用と宣言したことで訴訟になったことを紹介しました。

下四ケ村は馬渡村の我侭を主張し、馬渡村は下四ケ村が虚偽の主張をすると反論していました。

この訴訟に関する文書は数多く残されており、冨田村ばかりでなく、他村にも残っているのではないかと想像できます。

現在、びわ町教育委員会が所蔵する「御料所井絵図」はこの時製作され、奉行所へ提出された図面の写、又は副本だ思われます。

しかし、残されている古文書は訴状などが殆どです。

この訴訟は、翌貞享四年まで続きますし、貞享五年付の文書まで存在します。

しかし、奉行所から申し渡された裁許の内容を記録した文書は、見当たりませんでした。

最近になって、訴訟の直接的な裁許状ではありませんが、裁許内容を示すような文書を見つけましたので紹介します。

《冨田八幡神社祭器庫文書》

江州浅井郡
本多下野守下
　香花寺村　庄屋　傳太夫
同下
　弓削村　同　治太夫
仙石因幡守　稲葉村　同　長兵衛
辻弥五左衛門代官所
土屋相模守入組
　冨田村　同　T兵衛
貞享五辰年四月廿七日
一水論
井伊掃部頭下
　同郡馬渡村　庄屋　傳右衛門
右出入ニ而證據之村々
甲府殿御領
仙石因幡守入組
　小観音寺村　同　吉兵衛
本多下野守下
　小倉村　同　三郎左衛門
右之出入安藝守立會、度々遂僉議候處、香花寺村此外三ケ村より申候者、字御料所井水往古より小倉村を除其外六ケ村立会之用水ニ而、去ル寅四月表大川迄之淩普請六ケ村より相仕廻、次ニ樋之下井川筋之修理可致与申合候處、馬渡村より手立を以夜中ニ右井川筋普請仕、

剰向後四ケ村より右井川筋修理可致無用ニ旨申越、新規成儀迷惑之由申之、馬渡村より右御料所井用水之儀、往古より井組六ケ村之内當村井親ニ而、水上高月川与申大川ニ而地頭より樋を伏被下候。毎年井組江役廻し大川表普請場所差図仕、其次而ニ往還通与橋迄五六十間之所四ケ村よ里修理被致、右橋より下之分木迄八町余之間者、馬渡村領並小倉村領も少入組御座候。當村之井関七ケ所有之、何年馬渡村一村として川淩をいたし、高七百石余之用水ニ仕来候。右用水川八町余下ニ分木有之、分水弐ツニ分ケ四ケ村より料限ニ被致支配候。然ルニ、下分木より上八町馬渡村領無紛所、此所をも可致支配と新法成儀被申候由申立、且又小観音寺村より申候、右水論ニ而一紙ニ御裏判頂戴仕候得とも、此出入ニ而少も構無与旨相断候。数度僉議候之處、橋より下之分木迄八町余之間、香花寺村此外三ケ村馬渡村立會支配仕来候由申ニ而、近在小観音寺村小倉村召寄相尋候へとも、其段分明ニ不存由申之外ニ證據も不相見候へとも、上大川筋者六ケ村立会川淩無紛相聞候。川下ニ而ハ領切ニ川淩仕候由。然ル上者、馬渡領八町余も可為領切候条、右往還之橋より上ハ双方立会普請相勤、橋より下之分木迄八町余之間ハ馬渡村可致支配候。尤用水無滞水下之村々江可遣旨、馬渡村江申渡候。

右出入之節、於二条御役所被仰渡茂有之処、年久敷相成候ニ付、此度任願相紦候上改写之下置者也。

天明六丙午年
　九月　　大清兵(印)
浅井郡馬渡村
　庄屋
　横目　江

この文書は、出入当時の貞享年間のものではなく、天明六年(一七八六)のものです。

貞享年間から百年の歳月が流れ、当時の裁許が忘れ去られるのを防ぐ意味を含め、再確認ため、証拠書類の下付を願い出たものと思われます。

恐らく、この年に水論があったのだと思われます。

川崎文書(凶災一一・水利八)では、御料所井水の馬渡郷内八九丁は馬渡村が堀淩えることになっているのだが、堀淩えが不十分で、大凡上四丁の川床が高く、流水が差し問えるようになり、下五ケ村々より馬渡村へ改善の申し入れをしますが承知せず、奉行所へ訴えたことが分かります。

下四ケ村が心配していたことが、現実になったようです。

川床が高くなっている個所の普請が出来たのかどうかは不明ですが、下四ケ村にとっては一大事です。

さて、上の文書の内容ですが、

◆下四ケ村の主張
・御料所井は昔から六ケ村立会の場所である。
・修理を六ケ村で計画したが、馬渡村が夜中に一村で普請をするという手立てを使った。
・今後は修理無用と言われる・・・・
◆馬渡村の主張
・御料所井は昔から六ケ村立会の場所であるが、馬渡村は井親で伏樋普請時には御地頭(彦根藩)より指図を仰いでいる。
・伏樋より往還(北国街道)までの五六十間は四ケ村よりも修理に加わるが、往還の橋より分木までの八丁余については、馬渡村の井堰が七ケ所もあり、馬渡村が川浚えをしている。
・今回(貞享三年)のことは、この八丁余も下四ケ村が支配しようとするものである。
・今回の事について、小観音寺村訴状の御裏判(裁許)にもお構いなしの旨を頂戴している。
◆奉行所の見解
・八丁余の下四ケ村の関与について、近在の村々に聞いてもはっきりしないし、証拠もない。
・大川筋は六ケ村立会いの川浚えは紛れもないが、川下は領地毎(領切)に川浚えをしている由、八丁余も領切とするから、橋より上は双方立会、川下八丁余は馬渡村に支配させる。
・馬渡村は遅滞なく下の村々へ用水を送るように。
★付帯事項
・右は、出入(貞享三〜五年)の時二条御役所が申し渡した内容である。年月が経ているので、この度、写しを下し置くものである。

今まで捜していた、貞享三年の御料所井水出入(訴訟)の裁許内容です。

この文書から、訴訟の争点は、御料所井川の北国街道橋から分木までの、馬渡郷を流れる八丁余の区間の管理についてであったようです。六ケ村全体が管理するのか、馬渡村が管理するのかということの対立でした。

これだけの下四ケ村が主張している以上、貞享三年以前は六ケ村全体が管理していたのだと思われます。

しかし、最終的に二条奉行所が出した結論は馬渡村支配でした。

井川・井水に関しては、土地が所属する村が支配するのではなく、井組が支配するのが慣例でした。小倉村郷にある御料所井は、昭和四十年代に伏樋が破壊されるまで小倉村の支配ではなく、六ケ村の支配でした。

でも、二条奉行所の判断は・・・?その結果が百年後の出入を生むことになってしまったのです。

馬渡村の奢りであったのかもしれません。

また、時代が下がると、馬渡郷八丁余の川浚えが不充分で、川床が高くなり、流れが悪くなるという事態を招くことになるのですが・・・。

《参考》
冨田八幡神社祭器庫文書

※1
右の裁許書写については、当時の写が川崎文書にも残されており、
《水利一》
日付は、貞享五年四月
奉行は、安藝守・志摩守
宛名は、馬渡村庄屋・年寄・百姓方
(※貞享五年(一六八八))
となっていることが判明します。

※2
御料所井の底樋(伏樋)の普請について、次のような文書があります。
《水利七》

(前欠)
：被下候格ヲ以、弐拾五年己前宝暦十辰年、冨田村御地頭　井上河内守様御役所江井組村々庄屋年寄連印ヲ以御願申上、本樋伏替御目論見■、村々御領主様方より御入用ヲ以御普請被仰附被下置候。
一底樋御普請之儀古樋朽損ニ付、□三拾八年己前延享四卯年、井組村々相談仕、庄屋年寄■■■■伏替之儀御願申上、彦根様御川方■■■■御目論見被成下候處、又候、年数相立朽損候ニ付、拾五年己前明和七寅年、右同様御願申上古底樋長サ弐拾四間之處三拾間ニ御願申上、弥(いよいよ)願之通御目論見被成下、御普請仕村々■御領主様より御入用も被下置、難有奉存候。則井組六ケ村渇水之節御田地養水引取候分水割左之通ニ御座候。
一　三分七厘五毛　馬渡村
一　壱分弐厘五毛　小観音寺村
一　七厘八毛壱弐五　稲葉村
一　七厘八毛壱弐五　弓削村
一　九厘三毛七五　香花寺村
一　弐分五厘　冨田村
(中略)
：前々底樋御普請之儀も両度迄、彦根様御川方様御目論見御苦労ニ被成下、難有仕合ニ奉存罷在候。此度も再應馬渡村へ及相談ニ、井組六ケ村無腹臓申合・・
(後略)
(※宝暦十年(一七六〇))
(※延享四年(一七四七))
(※明和七年(一七七〇))
(※棒線は筆者)

この文書は直接御料所井普請に関係する文書ではなく、賀村・河毛村郷内にある河原からの湧水を取水できないか、彦根様に掛け合ってくれという文書で、天明四年(一七八四)六月の文書です。

この文書から御料所井などの井水関係の目論見(計画・設計等)は、冨田村と馬渡村の領主・役人が深く関わっているように思われます。

冨田村関係では他に、天領代官西与一左衛門(元禄九年(一六九六)頃)が御料所井樋伏替・分木伏替等の目論見をしたことが分かっています。

一方、馬渡村は地元の大藩彦根藩領であり、井水の根元であることから実権を握るようになったのかもしれません。いずれにしろ、井水に関しては馬渡村(彦根藩)の関与が多くなってきているように思われ、一方では横柄さも見えるようになります。

馬渡郷内井水川床の上昇(水が流れなくなる)とか、冨田村養水の介継又での取水・・・等々。

彦根藩(馬渡村)優位に事が運んでいたように感じられます。

伊勢湾台風被害写真

第２７４号
2005.04.10

昨年は一〇個もの台風が上陸し、上陸個数新記録となりました。

冨田村では大きな被害はありませんでしたが、全国各地では大きな被害が報告されました。特に集中豪雨や河川の氾濫・土石流など雨による被害が大きかったように思います。

今回は、冨田八幡神社祭器庫文書の中に、昭和三十四年九月二十六日の伊勢湾台風で被害を受けた神社倒木の写真が出てきましたので、紹介したいと思います。

翌昭和三十五年二月からの倒木競売の史料によると、競売にかけられた材木は左のようになっています。

◆欅の部(単位:cm) 四四・一三石

・元口径一一五cm・末口径一〇四cm
長さ　六〇〇cm

・元口径　七四cm・末口径　六七cm
長さ　三六〇cm

・元口径　七二cm・末口径　六五cm
長さ　三六〇cm

・元口径　八六cm・末口径　八一cm
長さ　三六〇cm

・元口径　五三cm・末口径　四八cm
長さ　二七〇cm

・元口径　四四cm・末口径　三八cm
長さ　一八〇cm

※一本の倒木を幾つかのパーツに分けた結果のようです。六本も倒れたわけではありません。
一間単位で小分けしています。

◆杉一号(単位:cm) 一三・四〇石

・元口径　九一cm・末口径　四五cm
長さ　一〇五〇cm

◆杉二号(単位:cm) 一七・七九石

・元口径　八四cm・末口径　三五cm
長さ　一六五〇cm

欅にせよ杉にせよ、幹直径が一mとか、九〇cm前後の巨木があります。

私子供の頃の記憶にははっきりとした覚えがないのですが、神社境内には多くの巨木があった事が偲ばれます。

また、時の区長のメモによれば、次のような記録が残されています。

◆九月二十七日　総出
台風十五号により神社大木倒れる
社役庫が大杉の下敷きとなる
総出で整理

◆九月二十八日八時～五時半　総出

◆十一月十日　救援物資の各戸配分

◆十一月二十六日
伊勢湾台風による神社倒木の売方法・・・役員に一任

◆十二月八日　協議員・宮世話合同会議
倒木売買は年明けまで見送る
(延期の理由も書かれていない)

◆十二月十一日　総出
神社土持ち、榎木の整理

◆十二月二十一日
源慶寺側の欅・本殿裏の欅の枝払い

倒木の状況写真

◆小宮前の倒木(南より)
小宮の目の前に倒れている。
手前の立木、本殿と拝殿の間にも立木が確認出来るが、これらの立木も現在はなくなってしまっている。

◆小宮前の倒木(別角度)

かろうじて小宮が罹災を免様子が分かる。

◆祭器庫直撃の倒木(北西に向かって)

祭器庫は撤去され、基礎のコンクリートだけが残されているのが分かる。この写真から、祭器庫の中央部分を倒木が直撃したことがわかる。

◆欅の倒木

本殿西にあった欅が、西方向に（源慶寺裏）倒れたことが分かる。

◆欅の倒木(別角度)

※写真を取り込み中に多少の手直しをしたため、画面が荒れてしまいました。見にくいかもしれませんが御容赦下さい。
バックに写っている拝殿、本殿、小宮、圭林寺などを比較すると、倒木の位置や長さなどが想像できると思います。

また、何枚かの写真の裏には、数値が記載されています。それには、

◆樫 廻り十一尺四寸
長さ三間（一の枝迄）
（別写真には長さ三間一尺）
◆杉二本 廻り八尺・長さ約四十尺
（別写真に長さ五間半）


とあり、記録により多少の大きさが異なりますが、おおよその見当がつくと思います。

また、欅（けやき）・樫（かし）の記録が異なっていますが、漢字の間違いだけで、欅だったと聞いています。

また、競売にかけられたこの欅の根っこ部分は、いまだに境内隅に放置されていることは御存知だと思います。

伊勢湾台風は、私が小学校四年生の時でしたので、この倒れた欅のことはよく覚えています。源慶寺の裏に倒れたままにしてあったこの欅の木に登って遊んだと昨日のように思い出します。

まさに遊び場でした。また、某氏が木から落ちて腕を折ったのもこの時のことでした。


祭器庫を直撃した杉、小宮前の杉については記憶にないのですが、このような写真によって昔を振り返ることが出来ます。

できれば昔の社務所、拝殿が建設される前の八幡神社…など、冨田村の古い写真をお持ちの方がおられましたら見せていただけると有難いです。

持ち主のお許しがあれば、この紙面でも皆さんに紹介したいと思っています。よろしくお願いします。

《参考》
冨田八幡神社祭器庫文書

【いっぷく】

《未整理一三六三》

郷蔵 浅井郡第拾三區
富田村
戸長
川崎T兵治組

建坪六坪
（図略） 地坪百六拾坪 T兵治持
高弐斗六升
但高内引

右、往古割立之儀は年暦相知レ不申近■大破ニ付、安政四巳年、旧山形藩御支配之節、建替、諸入費銀三百六拾匁、但六拾匁御下渡相成候。人夫之儀は自費ニ而相勤候。證書奉入御高覧候。以上

右之通御座候。以上
（※明治五（一八七二）年と推定）

村落共同体の心の拠り所、共通の空間となった場所は、ひとつは神社であり、寺院でした。また、一方では年貢米を保管したり、農作業の基地となった郷蔵でもあったのです。

冨田村ではどうだったかは不明ですが、各村の郷蔵は年貢高の割当や掟書を貼り出したり、村の寄合をしたりする大切な場所でもあったといいます。

右の文書は安政という幕末の時期に西村の郷蔵を再建したという報告書です。

内容は、老朽化した以前の西組（村）郷蔵の創設年代は不明であること、安政四年に再建したこと、再建費用は三六〇匁で、その内六〇匁が藩より援助があったこと、人件費は自普請であったことなどが報告されています。

人件費は勿論、藩から出費（援助）された以外の差額三〇〇匁は自費となっています。本来ならば藩が負担する筈ですが、藩も火の車だったのかもしれませんが、村人の大切な場所であったからこそ自普請が可能だったのかもしれません。それは自分たちの城の建設だったのですから。

しかし、一一年後には明治維新となり、明治四年廃藩置県、明治六年地租改正と激動の変化を遂げ、年貢米も地租という金納となり、安政四年（一八五七）に再建された郷蔵は二〇年も経ずしてその役割を終えてしまったのです。村人の気持ちは如何ばかりであったのでしょうか。

産神社修覆料仕法帳

内容が分からず紹介出来ずにいる文書があります。

一点は寛政十年(一七九八)起〜安政二年(一八五五)の「産神社修覆料仕法帳」です。

おそらく、八幡神社修復に関わっての建設資金積み立てに関する文書だと思われます。

《祭器庫文書六三》

(表紙)
寛政十戊午年正月
産神社修覆料仕法帳
役人中

(本文)
直シ金高定
一 孫之荷　上金三歩
一 同　下金弐歩
一 蚊屋荷　上金壱歩弐朱
一 同　中金壱分
一 同　下南鐐壱片
一 振残シ餅　上金壱分
一 同　中銀拾匁
一 同　下南鐐壱片
右三ケ所覆相定候上は
毎年六月晦日限りニ
十二月廿五日
世話方江取切役人中江可差上者也
午七月(寛政十(1798))
一 南鐐壱片 振残料
蚊屋荷 T右衛門
一 南鐐壱片 振残料
蚊屋荷 M左衛門
申七月(寛政十二(1800))
一 金弐歩 振残シ料
蚊屋荷 H兵衛
申十二月
一 金弐歩弐朱 振残料
蚊屋荷 T郎兵衛
申十二月
一 金弐歩 振残料
蚊屋荷 S内

……《中略》……

亥正月(天保十(1839))
一 弐歩 H右衛門
一 三歩 源慶寺
一 弐歩 圭林寺
一 壱歩 K之丞
一 壱歩三朱 H介

……《中略》……

辰正月七日改(弘化元(1844))
一 壱歩弐朱 S右衛門
一 壱歩弐朱 T郎右衛門
一 銀拾弐匁 T馬
一 五匁 振残料 北 T次郎
孫みせ
先たく共ニ

……《後略》……

※ 寛政十年〜安政二年の五十八年間に四十二年分百二十六筆の記載があります。

第２７５号
2005.04.24

もう一点は、天保十年(一八三九)起〜未(弘化四年(一八四七))の「洗濯秋ほたき孫見せ直シ料覚帳」、嘉永二年(一八四九)起〜明治十五年迄、明治十六年起〜明治二十三年(一八八〇)迄の「洗濯秋ほたき孫見せ直覚帳」の三冊です。

《祭器庫文書一二三》

(表紙)
天保拾年(1839)
洗濯秋ほたき孫見せ
直シ料覚帳
亥正月三日
四ケ村役人中

(本文)
直シ金定
一 洗濯　上弐朱
上下七匁
一 〃　中六匁
一 〃　中下五匁
一 〃　下四匁
下々三匁
一 秋ぼとき　同断
一 孫見せ　同断
右之通相究候上者急度見斗ニ取
立可申者也
一 拾弐匁　T右衛門
一 拾匁　西 G兵衛
直し三ツ分
一 拾弐匁　I右衛門
二ツ分
一 拾匁　F左衛門
二ツ分
一 拾八匁　H右衛門
三ツ分
一 八匁　K之丞
二ツ分
一 拾弐匁　H介
二ツ分

……《中略》……

辰正月七日改(1844)
一 五匁 孫見せ　O左衛門
一 拾匁 秋ほたき　G右衛門
一 四匁 孫みせ 先たく　J兵衛
一 拾四匁 秋ほたき　S七
一 五匁 孫みせ 先たく　H介
一 拾四匁 秋ほたき　G之正
一 六匁 孫みせ 先たく　K右衛門
一 壱歩弐朱 振残料　S右衛門
一 拾弐匁 秋ほたき　同人
一 壱歩弐朱 孫みせ 先たく 振残料　T郎右衛門
一 拾五匁 秋ほたき　同人
一 拾弐匁 振残料 先たく　T馬
一 六匁 秋ほたき　同人
一 五匁 孫みせ 先たく　T右衛門
一 三匁 孫みせ　T左衛門
一 六匁 孫みせ　S太夫
一 五匁 振残シ料　北 T次郎

洗濯直シ
秋ほたき直シ

・・・・《後略》・・・・

※当時は濁点を省略しますから、「ほたき」は、「ほたぎ・ほだき・ぼたき・ほだぎ・・・」等、読み方もいろいろ考えられます

※四ケ村は、冨田村西村・東村・北村・西郷氏領の四ケ村だと思います。

※天保十年～弘化四年の九年の間に七十一筆の記録があります。

「洗濯」・「秋ほたき」・「孫見せ」等の内容や実態も分かりません。言葉すら伝え聞いたこともありません。

明治二十三年までの記録が残されていますから、もしかすれば内容などを知っておられる方、言い伝えを聞いておられる方があるかもしれません。

よければ教えていただければ有難いと思います。

内容は分からないのですが、上の二点の文書を比較すると、

天保十(1839)
　H右衛門・K之丞・H介
弘化元(1844)
　S右衛門・T郎右衛門・T馬
　T次郎(北)

が共通していることが分かります。

二点目の史料七十一筆の記録の内、二十八筆(内四筆は疑問が残るが)が一致しています。

逆に、一点目の史料から見ると、該当する八年間(弘化三年は記録なし)の三十四筆の内、二十八筆が一致しますので、かなりの確率で一致することになります。

つまり、「洗濯・秋ほたき・孫見せ直し料」は、産神社(うぶすなじんじゃ)(冨田村八幡神社)の「修復料」と何らかの関係があったことが判明します。

特に、一点目の史料「修復料仕法帳」に記録されている人は、二点目の史料にも殆どの人が登場することになります。

しかし、それがどのような意味をもつのか、どんな内容なのか、何故なのか、今の所まったく分かっていません。

今では内容も仕組みも分からなくなってしまった慣習の、「洗濯」・「秋ほたき」・「孫見せ」・「振残し料」等々・・・

このような形でしか紹介できないのが残念ですが、想像だけでこれ以上の詮索することは避けたいと思います。

いつの日か、内容等の紹介が出来ることを夢見て、今後も史料の発掘に精を出したいと思います。

中途半端な紹介で申し訳ありませんでした。

《参考》　冨田八幡神社祭器庫文書

※1
「ほたき」について、
「火焚き」と書き、燈明祭に関わるものでないかとの助言を受けましたがそれ以上のことは不明です。

※2
「直シ金」について、
川道村では「直シ料」というのがあって、子供が生まれたときに納めたとか聞きました。これと「直シ金」とが同じ性質のものであったかは分かりません。

ちなみに、明治一八年の「誕生簿」によれば、天保一〇年生まれの人は、二月十九日生M右衛門、四月七日生F右衛門、八月十六日生きゑ、七月十八日生M助の四名が記録されています(ただし姓名記載)。

この四人は明治一八年当時に冨田村の村人だった人で、天保一〇年に冨田村で誕生した人とは一致しませんが、右頁史料のT右衛門、G兵衛、I右衛門、F左衛門、H右衛門、K之丞、H介のいずれかの赤子であったのかもしれません。

同様に、「誕生簿」で弘化元年辰(一八四四)生は男三名・女二名の五名の名前があり、右頁史料には一四名の記録があります。この内、二～三名は親子関係が確認出来ると思われます。

川道村と同じように、子供の誕生と関係するのかもしれません。

《「誕生簿」冨田村個人蔵》

しかし、もし、「直シ金」が子供の誕生と関係があるとしても、「洗濯」・「秋ほたき」・「孫見せ」・「振残料」がなんであったのか、産神社修覆料とどんな関係であったのか、まだまだ霧に包まれた未知の課題です。

※3
「ほたき」について、最近次のような史料に出合いました。

《未整理三一七》

川崎T郎右衛門様
四月四日
一壹人　　大打
　五日
一壹人　　〃
　五日
一半人　　ぼたき
　十一
一壱人　　畑仕
　・・・(中略)・・・
十月十七日
一壱人　　ぼたき
　十八日
一壱人　　秋手間
　・・・(中略)・・・
(十二月)六日
一壱人　　大打五人半
　〆廿人　内壱人半麦打有
　　弐拾七匁五分
　麦突四人半
　内半人こゑ持有
　代九匁
　秋手間ほたき
　七人手間
　代弐拾壱匁
　外ニ壱人半ほたき
　大打畑仕有
　・・・(後略)

幕末頃の日雇の記録ですが、ここに「ぼたき」「ほたき」とあり、何かの作業だと考えられます。

穂焚き、穂たたき(脱穀)・・・といろいろ考えるのですが、不明としかいいようがありません。

大正十二年の土地名寄帳

第２７６号
2005.05.10

祭器庫文書の中に大正年間の「土地名寄帳」（大正十二年（一九二三））があります。《祭器庫文書八三》

「（土地）名寄帳」は、川崎文書の中にも江戸時代のものが何冊か残されています。

また、現物は紛失しているようですが、明治以降も何度か作成されたとの記録があります。たまたま、大正年間のものが残されていました。

「名寄帳」とは、個人毎に所有する土地の小字名・面積、田畑の区別・土地の階級などを書き上げたもので、江戸時代は個人の持ち高計算の基礎になりました。

今回の「土地名寄帳」には地価の記載がなされていますので、地租の基礎資料にもなっていたようです。

「名寄帳」は謂わば個人情報満載の史料とも言えますので、出来るだけ触れず、深入りしないようにしていました。

今回は、出来るだけ個人情報には触れず、深入りしないようにして、大正年間の冨田村の土地所有の実態を見てみたいと思います。

◆字堀角（ホリノスミ）

・山林　二十五歩（八幡神社名義）
・池沼　一畝歩　（個人名義）
・山林　一畝八歩（個人名義）
・山林　一畝二歩（個人名義）

右のような四筆の記載があります。

天保の頃の絵図に馬場とあった地域と思われます。現在は格納庫が立ち、宮さん田となっていますが、私の小さい頃は榛の木が茂り、湿地には麻などが生えていたのを思い出します。

◆字宅屋

・三畝十二歩　村へ　（個人名義）
・十三歩　竹生村へ　（個人名義）
・一反一畝二十三歩
　竹生村へ　（個人名義）

右の三筆は、「（竹生）村へ」という但し書きがあります。

旧竹生村役場（後の竹生農協事務所）の敷地として提供売却された土地に該当するものと思われます。

竹生村役場は何度かの移転の後、明治三十五年、字天神九〇～九二番地に新築移転します。字宅屋二四七番地に新築移転したのは、昭和十八年十月だといいますから、早い段階での用地買収であったと思われます。

◆字堀

・二十四歩　学校敷地トナル
・三畝四歩　学校敷地トナル
・四畝　学校敷地トナル
・三畝十六歩　学校敷地トナル
・七畝十五歩　学校敷地トナル
（いずれも個人名義）

右の五筆には「学校敷地トナル」との但し書きがあり、旧びわ北小学校用地となったと思われます。

竹生尋常小学校は、大正八年九月に運動場を拡張し、大正九年十一月、本館・講堂新築落成されました。我々の記憶に新しい旧木造校舎です。拡張された運動場、もしくは本館用地の拡張に提供・売却された土地だと思われます。

◆字天神・字艾（ヨモギ）

冨田村南西位置する字天神は、その各筆の殆どが十九村住人十八人の名義になっています。

冨田村在住の名義人は四人に過ぎません。

現在もその殆どが、十九村の畑地になっています。当時から現状に近い状態であったことが分かります。

また、字艾（冨田郷南西隅境）については、十九村の名義人に上がっている十九人の内、十人の人が字艾の田圃か畑地を所有しています。

冨田村の地権者は九人ですから、地権者の人数だけでは半々くらいになります。

◆字廿・字傍田・その他

字廿・字傍田は冨田郷北西隅境に位置し、江戸時代から安養寺からの出作の多い所でした。

北冨田郷は他所の所有者が多い場所でもあったのです。字別に他所の地権者を調べてみると、どこの人か分からない人もありますが・・・、左のようになります。

・廿	安養寺村	二人	四筆
	田中村	二人	三筆
・傍田	田中村	四人	六筆
・北仲町	安養寺村	一人	四筆
・溝尾	安養寺村	一人	一筆
	益田村	一人	一筆
・北一ノ坪	田中村	一人	二筆
	村不明	一人	一筆
・北七ノ坪	田中村	二人	三筆
・北八ノ坪	田中村	一人	一筆
・十三	田中村	一人	一筆
・十四	田中村	二人	二筆
・十五	田中村	一人	一筆
・十七	速水村	一人	一筆
・黒静	田中村	一人	一筆
・三ノ坪	南速水村	二人	六筆
・上佃	村不明	一人	四筆

ほとんど土地が郷境の場所にあります。北の方角は田中村から、北西の方角は安養寺村・田中村から、北東の方角は南速水村からの出作であったことが分かります。

北富田からだと十分耕作地の範囲内ですが、冨田村からだと軽トラなどのない時代には不便な土地と考えられてのではないでしょうか。

土地を手放すとすれば遠い所から、土地を買収するなら近い所でというのが本音ではなかったかと思います。結果的に、住居の近い安養寺村・田中村などが所有するに至ったものと思われます。

◆他所郷への売却

村内での土地の移動はかなり記録されています。しかし、他所郷への売却もあるようです。

田中村への売却は、北七ノ坪、北八ノ坪、十五、十三、北二ノ坪など、現在の北富田郷に集中しています。

一方、酢村や宮部村など、近隣の村々ではなく、不在地主への売却も多少ですがあります。

また、当時は現在と違って、土地の売却などの移動が頻繁にあったのか、抹消記事や、「〜より買取」「〜へ移動」などの但し書きが目立ちます。

◆生島社司の所有地

個人情報に触れることになるのですが、あえて取り上げたいと思います。

都久布須麻神社の社司である生島氏が冨田村に田圃を所有していた時代があったことをご存知でしょうか。

私は以前にどこかの史料を見て知っていました。但し、史料名やその時期は覚えていないのですが・・・。

今回の大正十二年「土地名寄帳」にもその証拠を見いだすことが出来ました。

・生島礼智

田之部　古座　一反一畝二十歩
　　　　溝尾　七畝十九歩
畑之部　溝尾　十歩

という記録があります。

この土地がいつ手放されたのは分かりませんが、現在は生島氏名義の土地はありません。

しかし、冨田村と竹生島との繋がりの一端を見たようにも思います。

繋がりと言えば、別の史料からですが、昭和の初期には竹生島社司の俸給を村人から徴収していたことが分かります。

昭和三年の「竹生島宝厳寺初穂料生島社司俸給徴収帳」、十二年の「竹生嶋初穂米・生島社司俸給徴収簿」、十七年・十九年の同史料が残されています。

《祭器庫文書161・173・176・178》

また、竹生島宝厳寺の初穂料に関しては、それ以上の点数の史料も残されていますし、冨田村限定ではありませんが、宝厳寺初穂料は現在も続いています。

《参考》
冨田八幡神社祭器庫文書

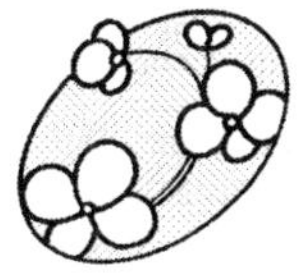

※1　都久夫須麻神社生島氏の土地名義については、意外なことが判ってきました。

左の文書は竹生島国有林払い下げに関連する一連の文書の一部です。

《竹生島文書　30−0195》

(印紙)
受取證書

東浅井郡竹生村大字早崎字竹生嶋
一山林反別拾八町四畝拾七歩

前記ノ土地ハ元國有林ニシテ嚮ニ都久夫須麻神社ト宝厳寺トノ間ニ契約ヲ締結シ、明治参拾五年十月参拾日神社参分、寺七分ノ持分ヲ以テ共有特賣ヲ受ケタルモノニ有之候処、右契約付帯条件トシテ、宝厳寺ニ縁故アル竹生村大字冨田、早崎、下八木ノ三部落ヨリ都久夫須麻神社并ニ前記大字ニ縁故アル拙者ニ、地價百円ニ相当スル地所ヲ無償ニテ譲與セラルヽコトヲ神社ニ誓約相成リ候。然ルニ今般其誓約ニ基キ、

東浅井郡竹生村大字冨田字古座第七百拾番
一田反別壱反壱畝貳拾歩
　外壱畝五歩　畦畔
　地價六拾八円貳拾四銭
同上第七百拾番ノ壱
一畑反別拾歩
　地價九拾四銭
同字溝尾第七百拾八番
一田反別七畝拾九歩
　外弐拾七歩　畦畔
　地價参拾参円六拾銭

前記ノ土地譲與セラレ候ニ就テハ、所有権移轉手續上ノ都合ニヨリ、拙者ニ於テ所有者竹生村大字冨田　番屋敷川崎T造ヨリ賣買ノ名義ニテ直接授受ノ手續ヲナス為メ、實價金弐百七拾五円ヲ贈與ニ相成リ、正ニ受取申候処實正也。然ル上ハ事實前記ノ土地ヲ譲受ケタルモノナレハ、永久ニ保存シ、該土地ニ関シ喪失ヲ目的トスル行為ハ聊カ致間敷候。為後日一札如件

明治参拾　年　月　日
　東浅井郡竹生村大字早崎
　竹生嶋住　生嶋礼智(印)

宝厳寺縁故者
東浅井郡竹生村大字冨田
　同　大字早崎
　同　大字下八木　御中

国有林を払い下げを受けるに際し、事前にその国有林の所属を、宝厳寺七割、都久夫須麻神社三割にする契約が成立していたようです。

その付帯条件(交換条件)として、冨田、早崎、下八木三ケ村から都久夫須麻神社生嶋氏へ地価一〇〇円の土地を譲与する約束が出来たようです。

その条件と引き替えに、宝厳寺・都久夫須麻神社の寺社が協調連帯した払い下げ運動が可能となったことが別の文書から窺えます。

寺社の協調連帯なくしては、国有林の払い下げは難しかったようです。

明治三五年、国有林払い下げの許可が降りると、その代償として三ケ村から、冨田村の内、古座一反一畝二十歩、溝尾七畝十九歩、溝尾十歩(畑)が生嶋氏に譲与されました。その受取証が上記の文書となります。

大正十二年の「土地名寄帳」に見られる生嶋礼智名義の土地は、このような、今では忘れ去られた事情があったのです。

明治初期の改名届

第２７７号
2005.05.24

祭器庫文書の中に、明治初期の「諸願伺指令済綴込」と題された文書綴りがあり、三十四通の公文書（一部は公文書の雛形ですが）が綴じ込まれています。
その中の約半分（十八通）が左に上げるような改名願書や相続に関する文書です。
今回はこれらの文書を見ていきたいと思います。

※（＊）は篭手田県令宛文書
※（＃）は田村保満郡長宛文書
※掲載順は綴じ込み順です
No.は綴じ込み順を意味します
※氏名は省略しています
《祭器庫文書二一八》

(06)明治八年十二月五日(＊)
印換御願書（戸長Sの印鑑）
(10)明治十三年十二月二十七日(＊)
嗣子ニ付御願書
※長男養子嗣子・二男を嗣子
(11)明治十一年三月十三日(＊)
改名御願書（S）
(12)明治十年六月二十六日(＊)
年齢書損之儀ニ付御願書
(13)明治九年十月二十日(＊)
改名御願書（G）

(16)明治十一年九月十九日(＊)
相続人御願書（絶家相続）
(17)明治九年三月二十七日(＊)
改名御願書（J）
(18)明治十一年十月八日(＊)
戸主替ニ付改名御願書（I）
(19)明治十年八月二十九日(＊)
改名御願書（S）
(20)明治十一年九月二十九日(＊)
改名御願書（S）
(21)明治十三年十二月二十七日(＃)
絶家再興御願書（北）
(22)明治十一年九月十九日(＊)
戸主替ニ付改名御願書（S）
(23)明治十一年三月十二日(＊)
改名御願書（S）
(24)明治十一年十一月二十七日(＊)
改名御願書（S）
(28)明治八年十二月二十四日
改名御願書（G）
書面之趣ハ父先年死去後数年ヲ経、難聴今更改名之儀不都合之事ニ付、難聴届候事

(30)明治十一年六月十三日(＊)
改名御願書（T）
書面無故改名之儀ハ難聞届候事
(33)明治十一年四月九日(＊)
改名御願書（K）
書面之事由ヲ以改名難聞届候事
(34)明治十一年六月十三日(＊)
改名御願書（H）
書面之趣難聞届候事
※(13)と(28)・(33)と(34)は同一人物の願書です。
※県令宛文書には裁許の朱書きと、「滋賀縣（角印）」の押印があり。

《例》

(23)（表紙）
改名御願書　㊞（朱印）
浅井郡第拾三区
富田村

（改頁）
浅井郡第拾三区富田村
十二番屋敷住居
川崎S左衛門
長男　川崎A吉

右者川崎S左衛門通名之処先達而死去被致相続人川崎A吉ニ而者従来諸方取引文通来入之節不着ニ相成不都合節々出来致シ商法之儀ニ付差支迷惑仕候事故此度川崎S左衛門与改名仕度奉存候間何卒右願之通り御聞済被成下候ハゞ難有奉存候此段奉願候也

明治十一年
三月十二日　願主
川崎S左衛門㊞
（A吉の貼紙）
滋賀縣権令籠手田安定殿
前書之通ニ付奥印仕候也
区長
那須I左衛門㊞
戸長
川崎Z蔵㊞
副戸長
上野G右衛門㊞
（朱書
庶丙四九九二号
書面無余儀相聞候付改名聴届候事
但先代之印形ト不混様可致事
割印）
明治十一年
三月十二日［滋賀縣角印］

明治の初期までは家名・屋号を襲名する習慣が残っていたようです。

戸主（世帯主）が死亡すると、長男が幼名（子供の時の名前）を改め、家名を相続しました。

場合によっては、年老いた戸主が隠居、成人した長男が家名を相続することもあったようです。この場合、隠居した戸主の多くは法名に改名したようです。

また、上の《例》にあるように、殆どの「改名御願書」には、商いの上で取引の手紙（文通）が届かない、人が訪問してきた時も不都合がある・・・などの支障があるため、改名したいと書かれています。

本当に商い業であったのかは不明ですが、改名の決まり文句だったのかもしれません。

その願書に対して、「書面の願いの趣旨は余儀ないように聞こえるから、改名の件は聞き届けることにする」といった裁許が下りたようです。

但し、（名前が同じだから）先代の印鑑と新しい印鑑とが混同しないようにという注意が附記されています。

今では、歌舞伎や落語などの世界でしか襲名の習慣は残っていませんが、明治の初期まで家名・屋号の襲名という習慣が続いていたようです。

村によっては、今も、「□兵衛」とか「△ざ（△左衛門）」「○よも（○右衛門）」「☆だよ（☆太夫）」といった家名で呼んでいる所も多々あります。

家名の世襲がなくなっても、屋号だけは連綿と続いているのです。

しかし、上に紹介した十二件の内、四件については「書面の趣、聞き届け難き候事」とあるように、改名を認められていません。

本文は示しませんでしたが、先代が死去後、数年後に改名を願い出た場合や、商い業とは別な理由で改名を願い出た場合は、いずれも改名を認められていません。

私が目にした資料は、上で紹介した資料十二件の外には、「絶家再興御願書」の写が一通、聞き届けられなかった「改名御願書」一通（太蔵→太源へ改名）くらいしかありません。

従って、多くの資料があるわけではありませんので、一概には類推できないのですが、徐々に改名の習慣は消えていったように思われます。

改名するためには、戸長（現区長）・副戸（現代理区長）との連名の書類を書き、区長（現町長・村長）の奥印を貰って縣令（現知事）まで提出しなければなりませんでした。

縣令名で滋賀縣役所（県庁）から決済が届き、認められるか否かが通達されてきます。

現在でも、改名は裁判所の管轄になっており、大変な手続きだと聞いています。

恐らく江戸時代は、庄屋に届けるだけで事が済んだと思われますから、その差は大きかったと思われます。

しかも認可されるとは限りません。

詳しいことは確認していないのですが、官職名の付いた名前（○兵衛・○左衛門・○右衛門・○太夫…など）が、明治になって禁止されたとも聞いたこともあります。（真偽不明？）

現在は、親の一字を採ったりする通字の習慣も殆どなくなってきました。

時代とともに、名前一つにも歴史が見えてきます。

《参考》
富田八幡神社祭器庫文書

【いっぷく】

「明治三年御觸書之寫」の明治四年の部分に、次のような記載があります。

《法令一一より抜粋》

一大坂造幣寮ニおゐて、既ニ新貨ノ鋳造盛大ニ大施行有之候得共、夥多之古金銀一時ニ改鋳、國内一般新貨遍ク発行難相成候処、弐分判ヲ厭忌シ候ヨリ、自然上下之不融通ヲ醸シ候ニ付、今般為替座三井組江申付、政府在来之古金銀ヲ引當として、凡高三百万圓之正金引換十圓・五圓・壱圓、三種之證券ヲ製造シ、来ル十五日ヨリ発行致シ海関税ヲ除、日々外租税其他之上納物、日用公私之取引ニ至迄、総而正金同様ニ通用セシメ候。尤、右證券之儀者、新貨鋳造之高ニ應シ引揚ヘキ筈ニ候得共、若差當り正金引換方望出候者者、何時ニ而茂三井組ニおゐて在来之弐分判ヲ以引換遣候条、諸民一毫之疑念なく、従前金札同様亘ニ通用可致、此段相達候也。

辛未十月　　太政官

現代のお金は紙幣が中心で、貨幣は小銭として使用されています。

ところが、江戸時代は藩内で通用可能な藩札や、米札などの紙幣の様なものも存在しましたが、中心は貨幣でした。

関西は銀貨を中心に、関東は金貨を中心に、また、銅貨は全国的な小銭として流通していました。

素材が金銀のため、貨幣そのものが価値を持ち、信用があったのです。

逆に藩札等はそれらの価値を持たない分、信用が薄れ、場合によっては記載された金額同様には扱われなかった場合もあったようです。

維新後、政府は明治元年（一八六八）に太政官札という金札（不換紙幣）を発行しますが、紙幣という習慣もなく、正貨との換算比率も錯綜したといい、兌換紙幣への変更を余儀なくされたようです。

明治四年五月、新貨条例が公布され金本位の圓（円）が導入され、江戸時代の金貨（両歩朱）の四進法から十進への変更もなされます。

また、新貨の鋳造も行われますが、紹介の文書にあるように、「國内一般新貨遍ク（あまねく）発行相成り難く候」のため、三井組を媒介として、證券（兌換金券）の発行を行っています。（※明治八年通用停止）

新貨鋳造が軌道に乗れば、證券は引き上げると書かれていますが、兌換金券を主張することで信用を得ること強調しています。

現在のような紙幣は、明治五年の国立銀行条例により、銀行券としてスタートすることになります。

当初は不換紙幣でしたが、明治十七年、兌換紙幣に、また発行者は日本銀行限りに変更されています。

現在の紙幣は不換紙幣で、信用がなければ只の紙切れです。しかし、日常は考えたこともないのですが、目に見えない信用に支えられて通用しているのです。

そんなことを考えると、江戸期の貨幣中心の経済から、現在の紙幣中心の移行には多くの努力や歴史があったことが、おぼろげながら見えてきたように思います。

明治初期の幼名・女子名

第２７８号
2005.06.10

前回は「改名御願書」について紹介し、幼名から家名へ改名する習慣が残されていたことを見ました。

しかし、その風習も徐々に消える運命であったことも紹介しました。

今回は次のような資料を目にしましたので紹介したいと思います。

《祭器庫文書二一八》

七年以下			
宅弥	徳造	竹野	おやゑ
源弥	市正	おこよ	おとゑ
亀治郎	謙二	そね	およね
善治郎	善造	おうの	おとら
周治郎	権造	房の	すての
寅治郎	庄太郎	こぎを	おいと
藤七	源吉	たつの	こちよ
乙治郎	十五郎	おきぬ	おじゆ
宗太郎	行蔵	おとよ	おつる
兵太郎	傳吉	やゑの	こきむ
為治郎	常太郎	およつ	おきミ
捨治郎	孫吉	ちさと	おたつ
喜代治	寅太郎	おすま	おます
義治郎	秀一	おそで	おとめ
角三郎	竹治郎	をしゆ	をきぬ
長太郎	五郎市	おミち	おすみ
藤太郎	治太郎		
七年以上			
源造	太造	おくに	おとわ
甚造	仙治郎	おすミ	おりう
太吉	繁太郎	こミゑ	おかつ

梅吉	鶴吉	おしず	おきよ
鉄治郎	松治郎	おわゑ	おゆき
周造	弥三郎	きよの	おわさ
秀治郎	外治郎	こいと	おせい
房治郎	米蔵	まちゑ	まちを
利吉	督丸	おとみ	おミを
鶴吉	卯之助	おつな	おたけ
梅之助	米五郎	おてい	おのき
為治郎	力蔵	すかの	おもと
吉次郎		おいゑ	おつや
		およし	およね
		をすが	をとみ
		をすで	をしま
		をふじ	とみを

※ 欄外に

七年以下　男三十五人　女三十二人

七年以上　男二十五人　女三十四人

の記載があります。

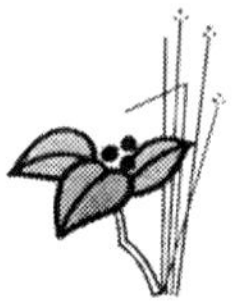

資料には年号が記載されていないのですが、明治十三年末～明治十四年初頃の文書と思われます。

また、何のために作成された文書かは記載されていないのですが….。

別の幾つかの資料(文書)と照合した所、女子の名前に同名(別姓)と思われる名前が二件、読み違いかも…と思われるのが一件、計三件ははっきりしませんが、記載されている全ての人の苗字(姓)、生年月日を確認することが出来ました。

「七年以下」に上げられている名前は、男子が、明治七年一月生～明治十三年十一月生、女子が、明治七年一月生～明治十三年十二月生の人々だと確認ができます。

また、「七年以上」に上げられている名前は、男子が、文久元年九月生～明治六年二月生で、文久、慶應、明治と続いています。同様に、女子は文久元年四月生～明治六年十月生の人々だと確認ができました。

ここから、文書の〆が明治十三年末であることが分かります。

また、文久元年が西暦一八六一年、明治七年が一八七四年、明治十三年が一八八〇年ですから、

七年以下　…：　〇歳～十二歳
七年以上　…：　十三歳～十九歳

ということになります。

この文書を見たときは、単純に七歳以下と、七歳以上の名簿かと思っていましたが、調べるに従って、何かの目的をもって作られた名簿だと考えるようになりました。

では、どのような目的があったのかを考える中で、次のような事実にぶつかりました。

明治五年(一八七二)、明治政府は学制を公布します。この学制では、

六歳～一〇歳(四年)下等小学校
十一歳～十四歳(四年)上等小学校

となっています。

この学制公布により、冨田村では、明治八年(一八七六)九月、廣知学校が開校します。益田村には文教学校、早崎村には普達学校が生まれます。翌明治九年には、弓削村に暁雲学校、下八木村に八木学校が生まれました。

ところが、明治十二年(一八七九)に教育令が公布さます。

そして、明治十四年(一八八一)の小学校教則綱領では、

六歳～　九歳(三年間)初等科
一〇歳～十二歳(三年間)中等科
十三歳～十四歳(二年間)高等科

とあり、就学年齢が変更されることになります。

時期といい、年齢の区切りといい、上の名簿は、この教育令公布・就学年齢の変更と密接な関係があるのではないかと考えるようになりました。

もしそうだとすれば、七年以下の人数の約半数が就学前の子供、四分の一が初等科、四分の一が中等科の該当になります。

当時、高等科まで進級したのかどうかは分かりませんが、七年以上は、一部が高等科該当、大半が若衆(前髪)集団ではなかったかと思います。

ところが、明治十九年（一八八六）に小学校令が公布され、

六歳〜一〇歳（四年）尋常小学校
十一歳〜十四歳（四年）高等小学校

と、更に変更されるようになります。

この小学校令の公布により、冨田村の廣知学校を始めとする、各村々の学校は統合され、「冨田小学校」になります。当時は完全統合ではなく、分校をもつ状況だったようです。

この時スタートした冨田小学校が、現在は益田村に移転している「びわ北小学校」の母体になっています。

今回は、「名前の変遷」をテーマで取り組んだのですが、話題の方向が変わってしまいました。初心に戻った話題を若干述べたいと思います。

上の資料を見ると、男子の名前は現在とは雰囲気は異なるものの、あまり抵抗はないように思います。

ところが、女子の名前は様子が一変します。

また、「おやゑ」とあるのは、本名は「やゑ」ということです。「お」や「を」を取ったのが本名だと考えて下さい。

「お」「を」を取って本名を抜き出してみると、二文字名の場合、

「やゑ」・「こよ」・「とゑ」・「そね」
「よね」・「うの」・「とら」・「いと」
「きぬ」・「じゅ」・「とよ」・「つる」
「よつ」・「きみ」・「たつ」・「すま」
「ます」・「そで」・「とめ」・「しゅ」
「きぬ」・「みち」・「すみ」・・・・

となります。

一部は、「〜子」・「〜美」・「〜代」・「〜江」などと末尾に一字を置けば、一昔前の名前（つる子・つる美・つる代・つる江・・・等）になる場合もあるようにも思えます。

当時の女子の名前は、「ひらがな」であることに特徴があると思います。上の資料では漢字表記もありますが、本名はひらがなのようです。

また、三文字名の場合は、

「たけの」・「ふさの」・「すての」
「こぎを」・「たつの」・「こちよ」
「やゑの」・「こきむ」・「ちさと」
「こミゑ」・「きよの」・「こいと」
「まちゑ」・「まちを」・「すがの」
「とみを」・・・・

となり、現代でも通用するようにも思いますし、現在でもおられる方がおります。

しかし、何となく違和感を感じるのは、現在の名付け方との違いかもしれません。

前号に引き続き、名前の歴史について考えてみました。

《参考》
冨田八幡神社祭器庫文書

【いっぷく】

前回に続いて、「明治三年御觸書之寫」の明治四年の部分から、お金に関わる部分を紹介します。

《法令一一より抜粋》

舊銅貨之儀、去辰年定價被仰出候処、今般新貨幣御叢行ニ付、各種比較□量之上、當分左之通品位被相定候条、其旨相心得、新貨幣、并金札共取受、聊無差支通用可致事。

辛未　十二月　太政官

新貨并金札之比較
新貨　壱圓　金札壱両ニ當ル
新貨　五拾銭　金札弐分ニ當ル
新貨　弐拾五銭　金札壱分ニ當ル
新貨　拾弐銭半　金札弐朱ニ當ル
新貨　六銭弐厘五毛　金札壱朱ニ當ル

舊銅貨品位

八厘銭
天保通寶十枚ヲ以テ八銭トス
百弐拾五枚ヲ以壱圓ニ換る。六拾弐枚ニて弐厘銭弐枚ヲ以五拾銭換る。三拾壱枚と弐厘銭壱枚ヲ以テ弐拾五銭ニ換る。
但拾弐銭半六銭弐厘五毛右之割合たるべし。以下同断

弐厘銭
寛永通宝十枚ヲ以テ弐銭とス
直段銭と唱へ元四文銭なり
五百枚ヲ以壱圓ニ換る。
弐百五拾枚ヲ以五拾銭ニ換る
百弐拾五枚ヲ以弐拾五銭ニ換る

壱厘半銭
文久通寶十枚ヲ以壱銭半トス
彼銭ニ而元四文銭ナリ
六百六拾七枚以テ壱圓ニ換る
三百三拾四枚以テ五拾銭ニ換る
百六拾七枚ヲ以弐拾五銭ニ換る

壱厘銭
寛永通宝十枚ヲ以壱銭トス
口白銭ハ其外共ニて壱文銭
千枚ヲ以テ壱圓ニ換る
五百枚ヲ以五拾銭ニ換る
弐百五拾枚ヲ以弐拾五ニ換る
（以下略）

これによれば、一両＝一圓と設定したことが分かります。

従って、金一歩が二五銭、一朱が六銭二分五厘という計算になります。

現代の価値に換算すると、あくまでも目安ですが、一両＝一圓＝一〇万円と考えれば、一銭＝千円となります。

また、銅貨については、含有率等により、天保通宝、寛永通宝、文久通宝などによりその換金高が変わっています。

これは、慶應四辰年閏四月の太政官からの布告にも

《法令八より抜粋》

一寛永鋳銭　代り二十四文
天保百文銭壱枚ニ付四枚ヲ以換へ
但シ當通用十二文
一寛永銅銭　代り十二文
天保百文銭壱枚ニ付八枚ヲ以換
但シ當通用六文
一文久銅銭　代り十六文
天保百文銭壱枚ニ付六枚ヲ以換
但シ當通用八文
但シ天保百文ハ是迄通用
（※慶應四年（一八六八））

とあって、以前から差が認められていたようです。

一度各々の価値を試算してみては如何ですか。

社地境内に学校敷地？

第２７９号
2005.06.24

前号は、名前の紹介のつもりが、別の方向に走ってしまい、学制の歴史になってしまいました。

明治五年(一八七二)、明治政府は学制を公布します。

この学制により明治八年(一八七六)冨田村には廣知学校(九月)が、益田村には文教学校、早崎村には普達学校が開校され、翌明治九年には、弓削村に暁雲学校、下八木村に八木学校が生まれたことを紹介しました。

更に、明治十二年(一八七九)に教育令が公布され、

六歳～　九歳(三年間)	初等科
一〇歳～十二歳(三年間)	中等科
十三歳～十四歳(二年間)	高等科

と就学年齢が変更されたことも紹介しました。

更に、明治十九年(一八八六)に小学校令が公布され、

六歳～一〇歳(四年)	尋常小学校
十一歳～十四歳(四年)	高等小学校

と、更に変更されました。

更に、明治十九年十一月、冨田村の廣知学校を始め、各村々に開校された小学校は統合され、「冨田小学校」になったことなどを紹介しました。

この時は、下八木に分教場を置くなど、不十分な統合でした。

また明治二十二年四月、冨田村が属していた第十三区は解体され、竹生村が誕生することになりました。

冨田八幡神社祭器庫文書の中に、次のような文書を見つけました。

《祭器庫文書二一一八》

㊞　浅井郡第十三区冨田村

別帋繪図面ヲ以奉伺候社地境内□ニ於テ学校敷地設ケ度候ニ付如何可被下成哉此段以書面ヲ御伺候以上

明治十一年

副戸長　阿部Z左衛門㊞

戸長　上野G右衛門㊞

滋賀縣令篭手田安定殿

(朱書)

庶丙第一七七八五号

書面之趣祭式等ニ支間(さしつかえ)無之義ニ候ハゞ其旨ヲ記載シ社殿及社名地種反別等詳細登記受ニ出願ノ上可為何分沙汰候事

明治十一年十一月十一日

[滋賀縣角印]

明治十一年十一月の文書で、社地境内(神社境内)に学校敷地を設けたいとする願書(伺書)です。

一行目下の□は自信を持って読めない文字なのですが、「横」と読めるようにも思います。

別帋(別紙)図面が残されていないので、はっきりしたことは言えないのですが、神社境内の中か、その近くに学校敷地を設定しようとしています。

この場所は、旧竹生小学校(現あじさいホール(字木添))の敷地とは考え難いと思います。

その願書(伺書)に対して滋賀県は、(神社の)神事祭等に差し支えないならば、その旨、神社名、(境内等の)反別面積などを詳しく記載し、登記所に出願すれば何等かの沙汰をすると裁許しています。

この文書からは、許可の可否ははっきりしません。幾分、肯定的だとは思うのですが・・・。

この時期、何故、学校敷地の設定が必要だったのでしょうか。

既に、明治八年には、「廣知学校」が「老人憩いの家の跡地(現駐車場)」に開校されています。学校の敷地は不要なはずです。

しかし、県庁まで許可願いを提出しているということは、何かあったはずです。

考えられることは、

①先を見通して、各村々の小学校を統合するための敷地の確保

②開設済みの冨田村「廣知学校」が手狭になったため、改築・増築のための敷地の確保

の何れかのためではなかったかと思います。

しかし、現実として、冨田八幡神社境内に小学校や学校に関係する施設が出来たとか、あったということを聞いたことがありませんし、今もありません。

また、上の願書(伺書)に関係する記録や他の資料もありません。勿論、その後を記した資料もありません。

おそらく、この話は立ち切れになったのではないかと考えています。

今となっては、上の願書(伺書)の意図やその計画を推し量る術はないのですが、状況判断から類推してみたいと思います。

明治　五年　学制公布
明治　八年　冨田「廣知学校」開校
明治十一年　願書(伺書)提出
明治十二年　教育令公布
明治十三年　教育令の改正
明治十九年　小学校令中学校令公布
明治二三年　教育勅語の発布
明治三三年　小学校令の改正
義務教育四年

明治四〇年　小学校令の改正
　　義務教育六年に延長

といった流れの中で、明治十一年の願書(伺書)の提出は、必ずしも小学校統合のための敷地確保とは考えられません。

明治八年頃の就学率(全国)は、男子が約四〇%、女子が約一五%位です。ところが、明治十九年の男子が約六五%、女子が三〇%に増加し、明治四十年には男女とも九〇%を上回るようになります。

また、前号の資料から、明治十三年末(十四年初頭)には、

〇歳～十二歳　男三十五人
　　　　　　　女三十二人
十三歳～十九歳　男二十五人
　　　　　　　　女三十四人

の子供が冨田村に住んでいたことになります。

単純に計算して、学年に六～七人となり、この内、半分が就学したとしたら、「廣知学校」には一〇人以上の生徒が在籍したことになります。

しかも、年を追って就学率がアップしてくると、「廣知学校」が手狭になったのではないかと想像できるのです。

想像だけで結論は出ないのですが、私は、「廣知学校」の増築敷地確保のための願書(伺書)ではなかったかと考えたいと思います。

また、この話(境内の学校敷地確保)が立ち切れになってしまったのは、村々が独自で増改するのではなく、村々の学校を一校に統合するような話しが持ち上がり、その話しが進んだからではないでしょうか。

現実的には、冨田村字木添に新しく敷地を確保することになります。そして、明治十九年に統合された「冨田小学校」が開校することになります。

たった一片の文書から、想像力を膨らませ過ぎたかもしれませんが、詳しいことが分からない以上、資料と資料の隙間を想像力で埋めていくのも、歴史の楽しみなのかもしれません。

【お願い】

先日、「江戸時代、冨田村に火事があって・・・・云々」「源慶寺も焼けてしまって・・・云々」ということを聞きました。私の目にした資料には全くない事実でした。

詳しいこと、断片的なこと、何でもいいので知っておられる方は御連絡下さい。お願いします。

《参考》
　冨田八幡神社祭器庫文書

※1
次の文書は浅井西中学校（現びわ中学校）新築に関わる文書です。

《祭器庫文書二三一》

浅井西中学校新築の情況報告
　と協力方依頼について

我が浅井西中学校は昨年四月に大郷との組合立として発足して以来、両村人の絶大なるご支援と関係者各位の熱心なご尽力によって、本年度に入っていよいよ新築に着工出来ることになりました。

特に本村に於ては、思い切って二町歩の敷地と、その整地を提供することに決定して下さったことは、何と言っても、感慨無量なことでありまして、只々皆様方の義務教育に対する深い理解と多大の出資を引受けて下さった熱意によるものでありまして衷心から感謝している次第であります。

四月二十九日に起工式を挙げ、直ちに松本氏の請負で整地工事にかかり八月末を以て何一つ事故もなくて整地を完了しました。

引続いて八月二十日に第一期建築の本館二階建の延四百九十坪を斉藤氏の請負で四百五十万円に落札し、本年中に完了することになりました。瓦は別に七十五万円で船野氏が請負ましたので、建築費の第一期分が五百二十五万円となりますが、水道工事や電気工事をはじめ、備品及設備費を見積りますと、當初の予算通り約七百万円を要するのであります。

この費用の本村の負担金が約二百五十万円となりますので、整地費の上に更に多額の出資をお願することになりますが、何卒より深いご理解と御協力によってこの責任をはたして下さる様御願して止みません。當本村が一昨年準備しました二教室分の建築資材は第二期工事の一部として第一期と同時に建築することに決定して目下交渉中になっています。

この移築が出来ると、本村の中学生全部は同時に新校舎にはいることになりますので、これも御承知の上、格別の御理解に預かりたいと存じます。

学制改革による義務教育の完璧を期して、いよいよ熱意を以て今後の絶大な御協力に預かります様、切望して止みません。左記に校舎建築の略図を添へて御報告かたがた御協力を御願い致します。

昭和二十四年九月
　竹生村長　植松駒三郎
　浅井西中学校組合議員一同
竹生村民各位

(※ 句読点は筆者による)
(※ 建築の略図は略しました)

Ｂ５版、ガリ版刷りの一枚物プリントですが、よく残っていたと思います。

村長と建設委員(組合議員)の連名による状況報告で、今で言う広報誌に相当するものと考えられます。

この文書一枚によって、現びわ中学校の起工の時期や、建築経費の概算等が判明します。

私的なことになりますが、昭和二四年は私の誕生した年に当たり、感慨もひとしおです。

この時点では、竹生村と大郷村は合併していず、両村の組合立という形で浅井西中学校(びわ中学校)はスタートしたのです。

明治の縣令・郡長の職権

第２８０号
2005.07.10

明治の時代になり、支配機構・政治機構も変わり、旧藩主に代わって縣令(現在の知事)が任命されることになりました。

また、各郡には郡役所が置かれ、郡長が任命されました。

東浅井郡の郡長に新しく就任したのは、田村保満といい、旧山形藩・朝日山藩の出身で、幕末には、田川の新設普請に山形藩役人として関わっていた人物でした。

今回は、これらの縣令・郡長の職権について、冨田村に残されている文書から見ていきたいと思います。

縣令の職権については、二七七号で「改名」の可否、「改印」の承認などについて紹介しました。

「改名」については、現代でも裁判所が、「実印登録」は役場・市役所が担当する所ですから、ある意味では納得もできます。

しかし、もっと些細な点まで縣令や郡長に伺いを立てる必要があったようです。

《祭器庫文書二一八-一》

以書付御伺申候
浅井郡第十三区冨田村
一金拾七円六十銭　副戸長　二人給料

一金拾壱円　戸長　給料
右者正副戸長給額、村中一般集會協議シ熟議之上、此段以書付御伺奉申上候。以上
明治七年十一月十八日
村惣代　川崎T平治㊞
阿部I平治㊞
滋賀縣令松田道之殿
前書之通ニ付奥印仕候以上
那須I左衛門㊞
(朱書)
書面給料之義、先般布達及置ノ通副戸長給料之義ハ、戸長之給料より二割引ヲ以可差定筈ニ付、尚協議之上改正更ニ可伺出候事。
但シ副戸長給料、戸長之給料ヨリ貳割引ニ不相成等々事故、右之右割引ニ不相成儀ニ候ハヾ、其旨詳細可申出候事。
明治七年十一月十八日
[滋賀縣角印]

戸長(現在の区長・自治会長)・副戸長の給料について、村中で協議した結果が認められず、再度の協議を要請されています。

縣の基準では、副戸長の給料は戸長給料の二割引(八割)と決まっていたようで、その基準に達していないという理由でした。

以書付御伺申候
浅井郡第拾三区
冨田村
反別四拾九町八畝廿九歩八厘
家数九拾弐軒
一金拾壹円　戸長壱人　給料
但壱ケ年分
一金八円八拾銭　副戸長壱人給料
但壱ケ年分
一金八円八十銭　同　壱人給料
但壱ケ年分
右ハ正副戸長給料、村中一般集會協議シ、副戸長給料、戸長給料弐割引ヲ以熟議之上、此段以書付御伺奉申上候。以上
明治七年十二月二日
村総代　川崎T平治㊞
阿部I平治㊞
滋賀縣令松田道之殿
前書之通ニ付奥印仕候以上
副区長　川崎S兵衛㊞
(朱書)
伺之通り可相心得候事
但　兼テ布達之通り、本文給料ハ月給之義ニ付、十二ケ月ニ割當月ニ可相渡義ト可心得候事。
割印)
明治七年
十二月二日　[滋賀縣角印]

《祭器庫文書二一八-四》

上の伺いが不首尾だったため、再度伺い書を提出し、今度は認められています。ただし、年俸ではなく、月給としての支払いを命じています。

現在では、区長(自治会長)の給料額などは各村々の自由になっているものと思いますが、当時は、このような些細なことまで伺いが必要だったようです。縣令の職権の強さを知ったように思います。

浅井郡冨田村
戸長投票願書
一先般戸長改撰御願書申上候處、御届ケ相成日限ノ義ハ郡役所江届可出旨御指令ニ相成候テ、本月二月十四日投票開票仕度、御出張被下成候様御願奉申上候也
右村惣代　阿部I平治㊞
戸長　阿部S七㊞
明治十二年七月十七日
浅井郡郡長
田村保満殿
割印)(朱書)
己八百八十三号
書面撰挙日限ノ儀は聞届候得トモ当役所事務之都合ヨリ出張不候条其村ニヲイテ成規之通履行可致事
明治十二年七月十七日
[滋賀縣東浅井郡役所角印]

《祭器庫文書二一八-五》

戸長撰挙御願書
浅井郡冨田村 (本)
右者戸長撰挙當票、来ル二月三日
開票仕度、然間此段奉御願候也
浅井郡冨田村
戸長代 川崎Ｉ右衛門 ㊞
明治十四年二月一日
東浅井郡長田村保満殿

割印)(朱書)
己第四〇七号
書面聞置候得共、當役所事務之都
合ニ依り□更出張不及候条、成規
ニ照之、其村限り開票不都合之義
無之様可致候事
明治十四年二月一日
［滋賀縣東浅井郡役所角印］

《祭器庫文書二一八-九》

※この時代、「選挙」は「撰挙」と書かれています。

上の二通の文書は郡役所へ出された文書で、何れも戸長(区長)選挙実施の許可申請書です。

戸長(区長)の選挙を実施するのに、届け出が必要だったり、その開票作業の立会のため、郡役所からの出張を依頼していることが分かります。

一方、郡役所からの裁許は、撰挙は聞き届ける(認める)が、役所事務の都合によって出張は出来ない。村の責任で不都合がないよう、成規の撰挙を実施せよと言っています。

いわば形だけの申請だったのかもしれません。

現在は何れの村も、村の責任で区長(自治会長)の選挙を実施しています。役場などへ実施許可の申請している村はありません。町村の自治に任されています。

残されている文書からは、どの程度までの事に許可が必要だったのかは分かりませんが、新政府の政策は、村人の戸惑いも大きく、ある意味では江戸時代より窮屈な村の自治だったのかもしれません。

新政府が成立して数年、新政府は縣令や郡長に大きな職権を持たせたようです。

文書に残されているように、生活に密着した細かい事から、大きな事業に至るまで、全ての権限を持っていたようです。

多少時期は下りますが、縣議会で議決された案事も、縣令がＹＥＳと言わない限りは有効とはならず、縣議会で可決された案件も、縣令がＮＯと言ったら何の効力もなかったと聞いたことがあります。

詳しい事は調べていませんが、縣令や郡長の権限の大きかった事が伺えます。

《参考》
冨田八幡神社祭器庫文書

※1
《未整理一三九四》
冨田村・十九村分
去ル辛未年以来現今迄、田畑賣買之
相場、各區各村之景況ニ由り異同可
有之、仍而ハ利足何朱位之當りニテ
取引ニ相成有之候哉、銘々所轄之村
々ニ於テ、現實賣買ニ相成候直(値)
段取調、来ル三月十日迄ニ届出可申
候。
右管内各區、総戸長・副総戸長え無
溜至急相達ルもの也
明治六年
二月廿日　滋賀縣令松田道之
右寫(写)ヲ以、御達し申候
三月二日　総戸長

縣令からの通達は、総戸長を通じて各村々へ通達された様子を伺うことができる史料だと思います。

内容的には、田畑の売買値段(相場)が場所により差異があるため、実態を調査し、報告せよとの通達です。

地価の単なる実態把握なのか、県内地価相場を一律に規制しようとしたのか、その意図的なものは不明ですが、現在では県(知事)がタッチしない案件にまでタッチしようとしている姿勢が伺えます。

区長の給料や改名願いなど、生活の細かい部分にまでタッチしていたことが判明しています。

※当時冨田村は浅井郡第十三区所属していました。区は十数ケ村の集合体で、村(町)に相当します。総戸長(戸長)は村長(町長)に相当しますが、役場等の存在はなかったようです。

《竹生島文書 29-0293・20-0538 》
蓮華會之儀御伺
浅井郡第十三区内竹生島
社掌 生島光八郎
同 実珠寶巌寺惣代
妙覚院
當島蓮華會法會執行之儀、去ル辛未
年當島神佛判然被 仰付候得者、昨
壬申年犬上縣管轄中、別紙之通奉伺
上候所、御朱書ヲ以被仰渡候ニ付、
従来之通法會執行仕候得共、當年右
法會執行之儀ニ付、可相心得哉、尤
も例年通當一月、頭人差定仕置候間
則、昨壬申年、伺書相添、此段奉伺
上候。以上
浅井郡第十三区内竹生島
社掌 生島光八郎 印
明治六年 同
五月十日 真義真言宗
実珠寶巌寺惣代
妙覚院住職
峰 覚以 印
(副区長・区長連印略)
滋賀縣令松田道之殿
［指令］
神佛区別之上者祭式伺ニ付、妙覚院
連署候者不都合ニ候条、祠掌井氏子
村等連署ヲ以更ニ可申出事

竹生島蓮華会の執行についての伺い書ですが、神仏分離の難しい時代であったことも関係しますが、その執行に関して縣令(現在の知事)まで伺いをたてています。

現在は、行政と宗教は完全に分離されていますが、当時はこんなことまで縣令や郡長に権力が及んでいたことが分かります。

慶應二年諸国大凶作

第２８１号
2005.07.24

「御觸書之寫」という、表紙を含め二〇四頁もある分厚い史料が残されています。

これは慶應二年寅年七月から明治三年閏十月までの間、山形藩役所などから通達された廻状を写した記録です。今までにも何度か、この中の記事を紹介してきましたが、今回もこの中から紹介したいと思います。

《法令八》

（※慶應二（一八六六））
當寅年御収納正米出し高之儀、御領分中皆無之村方茂有之、心配之事ニ付、精々正米ニ而相納候様可取計候。右ニ付、正米高早々取調壱弐俵之違は不苦候間、其郡中申合十月廿日頃迄、正米出し高書上候様可取計候。且又正米登し高之儀は一應及沙汰候上、相見合セ候様可得其意候以上
九月廿九日　　山形役所
浅井郡村々庄屋
追而本文正米高之書付、封中ニ而飛脚江差出し候共、延引ニ不相成候様可取計候
一此觸月ケ瀬村下八木村八木濱村江は不及廻達候。以上
一正米七拾俵三川村同六拾三俵
大寺村同百四拾俵大安寺村
一〃三百俵冨田村同九俵十ツ九村
〆五百八拾弐俵

内
三百俵　右五ケ村郷蔵ニ囲ミ可取計事。
残り弐百八拾弐俵、精々差急大津江相納可申事。
右之通得其意可申候。尤當年は格別違作之折柄、彦根領ヲ始大体他村江賣米差込メ有之旨ニ付、決而他領江賣出し不申様相心得、當御領分中より申出し候ハヽ、餘米有之分は実意ヲ以賣渡し遣し候様可取計候。己上
寅十月廿二日　山形役所
追而郷蔵囲割合方、書面ニ而宜敷ニ候間分次第書出し可申候。己上
郷蔵囲
一米七拾俵　三川村月ケ瀬渡
一米三拾俵　大寺村月ケ瀬渡
一米三拾俵　大寺村八木濱渡
一米六拾俵　冨田村八木濱渡
一米五拾俵　冨田村下八木渡
一米五拾俵　大安寺村下八木渡
右之通り村々切符ヲ以請取ニ可罷出候間、右囲数引替可相渡候。尤右切符之儀は御年貢皆済ニ罷出候節相納可申候。
山形役所
十一月廿日
三川村・大寺村
冨田村・大安寺村
右村々庄屋

覚
一米六拾七俵
右八木濱村渡　冨田村
一米五拾俵
右下八木村渡　冨田村
右之通り村々切符ヲ以受取罷出候間、右囲米引替可相渡候。尤右切符之儀は御年貢皆済ニ罷出候節ニ相納可申候。己上
寅十一月　山形役所
一當寅年免定相渡候間、受取可罷出候
一當寅年御収納米・三分一銀納・并口米銀納・買継銀納・御立直段左之通り
米壱石ニ付代銀壱貫百七拾四匁
内五拾匁別段勘弁之分引
残而壱貫百弐拾四匁替
右之相場ヲ以取立候間、可得其意候。且皆済之儀は両郡申合、来ル廿日廿一日両日之内可致皆済候。以上
十二月十二日　山形役所
當寅年御収納米之内、村拂米御立直段左之通り
一米壱石ニ付代銀壱貫百六拾九匁
内五拾匁別段勘弁之分引
残而（壱貫）百拾九匁替
右之相場ヲ以取立候間、可（得）其意候
十二月十二日
浅井郡
村々庄屋

※「直段」は「値段」の意

慶應二年（一八六六）は諸国大凶作と記録されている年ですが、この年の山形藩領（冨田村）の様子を見たいと思います。

九月廿九日付の廻状で、（山形藩）領内でも皆無（収穫ゼロ）の村があることを心配しています。

また、出来高を早々に取り調べ、郡内の（山形藩領の）村々が相談の上、多少の間違いは構わないから、十月二十日頃までに年貢納米高を報告するように指示するとともに、年貢納入（出荷）については沙汰があるまで見合わせるように指示しています。

追記で、飛脚便の報告も可能だが、延引にならないように取り計らえと注意しています。

しかし、月ヶ瀬・下八木・八木浜村へはこの廻状を廻さなくてもいいと言っています。これは、この三ケ村の収穫が皆無に近い状態であったことを意味しているものと思われます。

何れも湖辺の村や水害の多い村ですから、湖北周辺では水害が著しかったことを意味しています。

続いて、十月二十二日付の廻状で、三川・大寺・大安寺・冨田・十九村の納入すべき年貢高を指示しています。

合計五百八十二俵の内、三百俵は郷蔵に保管し、残二百八十二俵を至急大津へ納めよと指示しています。

冨田村の年貢米は三百俵となっています。この内、何俵が郷蔵保管になったかは不明ですが、追記で、各村の郷蔵囲（保管米）は各村が相談の上、その割合を報告するようにと指示しています。

更にこの廻状では、今年は格別の違作(凶作)だから、彦根藩領を始めとする他領から米を買い出しに来ても、決して売ってはならない。ただし、同領(山形藩)の村々から申し出があった場合は、余裕があれば(余米)売り渡してもいいと言っています。

諸国大凶作となれば、他領のことなど構っていられない、先ずは同領内のことのみという姿勢が明瞭です。

当然といえば当然ですが、湖北は支配が入り組み、隣村は他領となっていることが多いのですが、(他領である)隣村さえ構っていられない状況であったのかもしれません。

次に、十一月二十日付の廻状では、先の郷蔵囲米の納入先を指示しています。

冨田村の郷蔵囲米については、六十俵(別史料は六十七俵)を八木浜村へ、五十俵を下八木村へ渡すように指示しています。

これらの米俵は、月ヶ瀬・下八木・八木浜村への御救い米(救恤米)となったのではないかと想像しています。

もしそうだとすれば、右三ケ村は収穫は皆無、喰うにも困る状態であったと思われます。

慶應二年の大凶作が如何に大変であったかの一端を垣間見ることが出来たようにも思います。

更に、十二月十二日付の廻状で、免定(年貢高の通知)を取りに来ること、銀納の換算相場、皆済期限などを通知しています。

本来ならば、免定は十一月中に発行され、十二月中に皆済という流れだと思うのですが、免定が遅くなったのは格別の違作(凶作)が原因だったのかもしれません。

しかも、皆済(完納)期限までに十日もありません。全てが異常づくしのようにも思います。

また、米一石が銀一貫百七十四匁、一部勘弁引があっても、一貫百二十四匁換算となっています。

江戸期を通じて、米一石は銀五十～八十匁程度で上下していたものが、幕末には非常なインフレ状態になったことが知られていますが、そのことを如実に示しています。

米一石銀八十匁を基準とすれば、約一四〇倍の換算率になっています。

今回は、慶應二年の大凶作について廻状から見てみました。

冨田村内の様子を記録したものは、「安養寺村出作壱件御當方様并膳所江歎願写」《農業三》しか残されていず、安養寺(出作)との関係は伝わっていますが、村内のことは詳しくは分からないのが現状です。

《参考》
川崎文書(滋賀大学史料館)

※1
一八五号註でも紹介しましたが、竹生島文書の秩禄処分(逓減禄)関係の書類の中に、次のような文書を見ることが出来ます。

《竹生島文書 1-210～》

元竹生嶋領収納高覚
慶應元丑年
一米三拾壱石五斗五升六合四勺
慶應二寅年
一洪水ニ付収納皆無ニ御座候
慶應三卯年
一米百拾四石壱斗弐勺
明治元辰年
一洪水ニ付収納皆無ニ御座候
明治二巳年
一元彦根藩御管轄中
明治三午年
一元朝日山藩御管轄中

とあります。本来竹生島は早崎村内に　寺領三〇〇石を所有していましたから、その年貢としての収納米が一〇〇石以上はあった筈です。

しかし、慶應三年は一一四石余の収納がありますが、慶應元年は約三〇石に過ぎず、慶應二年・明治元年は洪水のため「皆無」とあります。

これは、湖岸の早崎村では冨田村以上の大洪水で、年貢として納められるだけの収穫がなかった、皆無といってもいい状態であったことを意味しています。

恐らく村中が水面と化したのだと思われます。

また、本文で、月ヶ瀬村も水害で皆無に近い状態であったと記しましたが、北国街道沿いの唐国村・月ヶ瀬村・田村・酢村などは田川の氾濫により、田畑が水没するのが常であったようです。

大洪水で湖面が上昇すると、姉川から田川へ逆流した水が田畑を覆いました。そのため、湖辺の村々より被害は大きかったようです。

現在の落合村地先にある、田川カルバート、落合地先から八木浜に抜ける田川新川は、それらの排水対策として設置されたもので、幕末から普請が始まったものです。

完全解決したのは、明治以降の田川カルバートの完成まで待たなくてはならなかったのですが・・・。

一四一号・二八六号で田川新川普請について取り上げていますので参考にして下さい。

昭和三六年六月の洪水

《Millennium photo 2000》

慶應三年の年貢納入

第２８２号
2005.08.10

前回は慶應二年の諸国大凶作について、廻状を中心に冨田村の様子を見ました。

《法令八》

当御収納米俵実は勿論縄俵等随分入念相納可申候
一村々正米出シ高入用ニ候間近々取極書上候様可取計候
右之通り可得其意候 以上
十月十五日　山形役所
浅井郡
村々庄屋

一当御収納米之儀無據次第有之候ニ付十一月中ニ大津皆着相成候様無相違可取計候
右之趣小前々々江茂不洩様申聞此觸書請印帳ニ刻附いたし早々順達可致候 以上
十月廿四日　山形役所

当御収納米之儀当月中ニ大津皆着相成候様可取計候旨先達而相觸置候処今以一向着船無之右は津出シ致候ハヽ問屋々々江及懸合早々着津いたし候様可取計候
一正米出シ高之儀書上候得共右は精々増方いたし相納候様可取計候以上
十一月九日　山形役所
浅井郡
村々庄屋

今回は慶應三年(一八六七)について見ていきたいと思います。

慶應三年は諸国豊作であったと記録にあります。

しかし、廻状写に残されている年貢関係の史料は、上記しか記載されていません。勿論、村々に通達された免定などもある筈ですが、残念ながら残されていません。

十月十五日付の廻状では、収納米は勿論のこと、縄や俵まで入念に仕上げることを指示すると共に、村々の正米(取引市場で実際に取引の対象となる米、ここでは年貢米のことか？)として納入できる高(量)の様子を報告するように指示しています。

十月二十四日付の廻状では、年貢米について、事情があり(無據次第有之)十一月中に大津まで到着するようにと指示しています。

しかも村人全員にこのことを漏れなく連絡せよと念を押しています。

しかし、十一月九日付の廻状では、年貢米について先の通達で、十一月中に全てを大津へ納入するよう指示していたのに、未だに一向着船(到着)する様子がない(どうしたことか)。

津出しについて、問屋へ掛け合って(船の都合をつけ)、早々に着津(大津に到着)できるように取り計らうようにと指示しています。

更には、正米高については申告済みではあるが、精々その申告以上に増加して納められるよう取り計らえと、プラスアルファを要求しています。

廻状から、山形藩役所が年貢米の納入を何故か急いでいるような雰囲気が伝わってきます。

「今以一向着船無之」の語から、年貢納入が未だ到着しないことにイライラしているように感じるのは私の考え過ぎなのでしょうか。

慶應二年は諸国大凶作で、年貢米の納入高も著しく少なかったと思われますので、藩財政の資金繰りに困っていたのかもしれません。

前号で紹介したように、年貢米の一部は御救い米(救恤米)として消化されたと考えられ、例年並の収入がなかったと思われますから、あながち想像の域だけではないとも思われます。

藩財政としては火の車であったと想像できます。

また、冨田村庄屋T兵衛が山形藩より大津御用懸(係)を仰せつかり、大津や京都の臨時山形藩役所に勤務していた時期でもあります。

京都の臨時山形藩役所が何のために設置されたのかは不明です。

幕末の不安な世情の中、その対応のために藩独自の開設であったのか、公儀の何かの役職を命ぜられたためか、今まであった役所の充実なのか、実態は調べられてはいませんが、山形藩京都役所の在京経費が至急必要であったのかもしれません。

また、十一月二十日付の廻状(未掲)には、「准后御方立后被仰出 大宮御所新規御造立相成候ニ付右御普請御入用・・・」とあり、高百石に金三歩の割合での上納金のことが触れられています。

山形藩としての上納金云々があったのかもしれません。そのための経費捻出を急いでいたとも考えられます。

また、慶應三年の十二月には「王政復古の大号令」が布告されることになります。

王政復古となれば、山形藩自体の存続すら未知の部分もあり、もし藩がなくなれば年貢徴収の権利も失うことになります。年貢米が納入されなければ自分達の生活にも窮することになります。

そのため、世情の流れを察知した藩は、急いで取れるときに(年貢を)取っておこうという意志が働いたのかもしれません。

理由は想像の域を出ないのですが、慶應三年の年貢納入については、納入を急がされていたと思わざるを得ません。

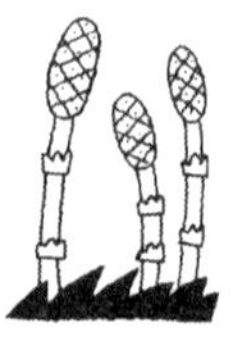

ちなみに、慶應年間の年貢高を調べると、「御一新明細書上長」《村政21》によれば、

一高六百六拾弐石壱斗九升壱合
　安政六未年
　　此取米弐百弐拾弐石九斗四升五合
　文久元酉年
　　此取米弐百弐拾弐石九斗四升五合
　文久二戌年
　　此取米弐百弐拾弐石九斗四升五合
　文久三亥年
　　此取米弐百弐拾弐石九斗四升五合
　元治元子年
　　此取米百九拾六石九斗四升五合
　慶應元丑年
　　此取米弐百弐拾弐石九斗四升五合
　慶應二寅年
　　此取米百九拾八石九斗四升五合
　慶應三卯年
　　此取米弐百拾弐石九斗四升五合
　明治元辰年
　　此取米九拾石七斗六合

と、十ケ年の取箇(年貢高)の記録が残されています。

これは明治二年(一八六九)の記録ですが、残された免定では、

安政六年(一八五九)　《租税307》
村割免引 三石四斗四升七合
村高 六五八石七斗四升四合
免率 三ツ一分
物成 二〇四石二斗一升六合四勺

文久元年(一八六一)　《租税308》
村割免引 三石四斗四升七合
村高 六五八石七斗四升四合
免率 三ツ一分
物成 二〇四石二斗一升六合三勺

とあり、多少の誤差があります。

明治二年の記録は「上ケ米」等を加味しているものと思われます。

慶應二年は全国大凶作、慶應三年は全国大豊作と言われています。

冨田村の記録では、定免(定率納税)に対して、慶應二年は約一割強の二十四石の不作引しかありません。

無理して納米したとしても、世間ほどの凶作ではなかったのではないかと考えられます。

逆に、慶應三年は、定免に対して約五分程度の一〇石の引きがあります。

冨田村では豊作とは言えなかったように思われます。

にも拘わらず山形藩からは年貢納入を急がせる廻状が廻される。村人は困惑したことだろうと思われます。

今回の主題ではないのですが、明治元年は百三十二石二斗三升九合引きとなっています。半作以下の不作・凶作の年であったことが判明します。

恐らく琵琶湖からの込み水による大水損であったと考えられます。

《参考》
川崎文書（滋賀大学史料館）

※1 慶應三年ではないのですが、慶應元年の「納米通」があります。

慶應元年　《未整理九七六》
　乙丑十二月　貝屋伊兵衛(印)
納米通
　冨田村

一納米百拾俵
内刎四俵　壱升七勺欠
　F左衛門
七升壱合五勺　七合三勺欠
三合　K右衛門
六合　九合七勺欠
九斗一合　S助
壱斗三升三合九勺　平八合五勺欠
〆壱石壱斗壱升五合四勺
〆百六俵納メ

一同百六拾俵
内刎拾五俵　六勺口
　S助
壱斗四合　七合三勺欠
三合　K兵衛
六合　七勺欠
五斗三升六合五勺　H左衛門
九升弐合三勺　平三合七勺欠
〆七斗四升壱合弐勺
〆百四拾五俵納メ

一同六拾九俵
内刎弐拾六俵
……(後略)
(※慶應元年(一八六五))

「納米通」は年貢納入の記録だと思ったらいいと思います。

上の部分の数値が意味不明ですが、一一〇俵搬入されたが、F左衛門分が一升七勺の不足、K右衛門が七合三勺の不足、S助が九合七勺の不足で、四俵が刎米(不良品)となり、納米は一〇六俵であった、と読み取れます。

二筆目は、一六〇俵の搬入の内、一五俵が不良品で、一四五俵の納品。

三筆目は、六九俵の搬入の内、二六俵が不良品で、四三俵の納品となったことが分かります。

後略部分には、もう一筆、六四俵搬入→四俵刎→六〇俵納品の記載があります。

次に、刎米高四九俵について精算が記載され、最終的に、金六七両二歩ト四〇文で精算をしています。

精算部分は十分理解出来ませんが、四〇三俵の搬入の内、四九俵が量目不足によって刎ねられていることに多少の驚きがありました。

約一二%が不良品と判定されていますが、一俵四斗の内、七勺の量目不足は泣くにも泣けない量です。

量目不足の平均が、八合五勺、三合七勺、一升四合九勺、五合六勺などバラツキがありますが、最高の一升九合不足は別として、他は一升未満です。

運送途中に抜き取られた可能性もあるのですが、シビアな対応です。

また、慶應元年五月の納米通では、七合七勺の過超の記録もあります。この時は、不足の俵もあったのですが、この過超米で帳消しにされているようです。

《未整理九七七》

舟での運搬中に米を抜き取られないよう、荷主の代表が監視する役割として(「上乗」という)、舟に乗り込む制度もありました。

冨田村鎮座

村社八幡神社々誌村料

第２８３号
2005.08.24

八幡神社祭器庫文書の中に、「冨田村鎮座／村社八幡神社々誌村料」という文書があります。
今回はこの文書を紹介したいと思います。

《祭器庫文書二一一六》

滋賀縣近江國東浅井郡
　竹生村大字冨田小字円光鎮座
村社八幡神社
　祭神　應神天皇
境内神社
　二宮神社
　祭神　息長帯比賣命
冨田神社
　祭神　押開豊櫻彦命
○境外社
　無格社稲荷神社
　祭神　宇賀御霊　(※①
○神蹟
○祭典式日
　祈年祭　二月十五日
　例祭　四月十五日
　秋祭　八月廿五日
境内
　二宮祭　四月壱日
　冨田祭　四月壱日
境外
　稲荷祭　二月十五日
　祈年祭　二月初ノ午
　火焚祭　八月二十五日
○境内地
　本社境内地　七百九拾四坪
　無各社境内地　壱百四拾坪
○神殿其他建物
境内
　本殿　桁行　弐間五尺
　　梁行　弐間五尺
　　坪数八坪〇三勺
　二宮　桁行　弐間
　　梁行　弐間
　　坪数四坪
　冨田社　桁行　三尺
　　梁行　三尺
　　坪数弐合五勺
境外
　無格社々殿桁行　壱間三尺
　　梁行　壱間三尺
　　坪数弐坪弐合五勺
○社有地
　田反別　五畝十七歩
　畑反別　拾歩
　原野反別　八歩
　山林反別　廿五歩
　保存金
　積立金　壱百五拾円

○寶物
検地帳　江州浅井郡冨田村 御検地帳ト表題アリ　壱冊　(※②
本書ハ慶長七年寅九月吉日奥ニ池田源五郎杉田惣右衛門弐名之連署アリ該書中本神社ノ當時存在セシ事ヲ証明ニ定ル可キ小字等ノ記載アリ故ニ寶物ニ寄附スル處ナリ
一古文書　浅井久政ノ書花押アリ　弐通
弘治三年七月弐十五日附　(※③
　六月弐十七日附
両通共花押アリ横折紙文中社用ノ事ナシ然レドモ本社鎮座地即チ當大字ヲ古昔冨田庄ト稱セシ参考ノ要書タリ
封　参新造御遷宮若輩衆
浅井蔵屋
榑五拾丁寄進
　干時永禄十年丁卯九月六日
馨庵壽松
一棟札　竪弐尺九寸五分　(※④
　横　五寸弐分
永禄拾年丁卯九月六日本社神殿再造ノ節榑五拾丁寄進施主浅井蔵屋馨庵壽松両名ヲ載ス
参考浅井蔵屋ハ湖北ノ大屋形備前守亮政ノ室、馨庵壽松ハ浅井氏壱族ニテ名ヲ高政ト云フ
一繪馬額　筆者不詳　壱枚　(※⑤
延寶八庚申年中ノ物ナリ圖ハ湯花神事ノ体ヲ画ク裏ニ江州浅井郡冨田村ト書ス

一鰐口　亘九寸五分　壱口　(※⑥
元禄拾五壬午年八月吉日冨田村ノ銘アリ
一鰐口　亘八寸三分　壱口
正徳貳癸巳年七月吉日冨田村ノ銘アリ
境内立木
杉大廻り壱丈四尺六寸
　仝上八尺以上三本
〃　〃　壱丈五尺壱寸
　仝上五尺以上十五本
欅　廻り　八尺壱本
　九尺七寸壱本
　以下五尺以上六本
松　廻り　八尺壱本
雑木廻り　七尺八寸壱本
　五尺以上八本
字名　天神　(※⑦
上田　壱畝五歩　弐斗壱升　庄司
〃　壱畝弐歩　壱斗九升六合　〃
〃　弐畝拾弐歩　四斗三升弐合　〃
〃　五畝歩　九斗　〃
〃　三畝弐十四歩　六斗八升四合　〃
上畠　六畝十弐歩　八斗三升弐合　〃
〃　壱畝歩　壱斗三升　〃
正一位稲荷大明神安鎮之事　(※⑧
右雖為本宮奥秘依格別懇願
□(厳?)□(置?)令授与之訖祭禮
之式永慎莫怎慢仍而證書如件
　日本稲荷總本宮
　　　　愛染寺
天明六丙午歳
　二月吉辰　寛昶

西郷筑前守殿内
三崎八郎兵衛（花押）
（花押）

※①～※⑦は筆者注

引用が長くなりましたが、全文を紹介しました。

当時の八幡神社の建物・所有地・所有物（宝物）・祭日・立木等々が記載されています。

記年はありませんが、竹生村が誕生した明治二十二年（一八八九）以降のもの（明治期か？）と思われます。

注① 無格社稲荷神社
北冨田村稲荷神社のこと。無格社とあるのはこの神社を指す。

注② 検地帳
ここに記載されている「検地帳」は、現在は存在しません。慶長から約三百年の間、大切に保管されてきましたが、明治以降、誰かの手により持ち出されてしまったようです。

注③ 古文書「浅井久政書状」
現在は区長保管となっています。神社所有から区長保管になった経緯は不明です。

注④ 棟札
当時の人は八幡神社の棟札と考えたようですが、実は竹生島小島権現の上棟札（副）であることが判明しています。現在は八幡神社本殿に保管しています。

注⑤⑥ 繪馬額・鰐口（二個）
現在、絵馬額は不明です。鰐口は二個とも八幡神社本殿に保管しています。

（※二一七号参照）

注⑦ 字天神
小字「天神」に、二反余の八幡神社の土地があったようです。あくまでも憶測ですが、八幡神社の故地（往古の神社地）ではなかったかと考えています。旧の廣知学校敷地付近ではないかと思っています。

注⑧ 稲荷神社證書
稲荷神社を勧請した際の證書だと思われます。現在、冨田八幡神社には存在しません。北冨田稲荷社に保管されているのかもしれませんが、確認していません。旗本西郷氏については、全く史料がないのですが、天明年間の代官名が判明する数少ない史料です。

《参考》
冨田八幡神社祭器庫文書

※1 次の文書は、嘉永二酉年（一八四五）三月付の文書の裏面に書かれた写と思われる文書です。恐らく、同時代の文書だと考えられます。少し長いのですが紹介します。

《未整理一三一五》

一筆啓上仕候。春暖相催候處、益御機嫌能可被遊、御勤務恐悦至極奉存候。然は同郡冨田村と申處ニ往古より神社御座候ニ付、前々より御殿帳面ニ御加入被成下置候様、願望ニ御座候處、近年湖水近邊水損打續、右村方甚以困窮仕罷在候。仍之ニ見合居候然處、近年近村之神社故障多御座有之ニ付、當村方ニおゐてハ、唯今分ニ而故障ケ間敷儀ハ毛頭無御座候得共、末々ニ至ハケ成故障出来候而ハゝ、誠恐入御事候。且ハ、下地困窮村方甚以難渋仕、仍而此度弥御殿帳面ニ御書載被下置候様仕度趣、私方江参り、何角不案内之義ニ付、何卒書状相添呉候様被相願候ニ付、恐ながら奉愚札候。何分格別之御憐愍ヲ以、宜敷御取斗被成下置候様、伏而奉願上候。右申上候通、唯今分ニ而ハ故障ケ間敷儀、決而無御座候。何れ近々被願出候之間、篤と御聞糺御許容被成下候ハゝ、生々世々難有仕合可奉存候。恐々謹言

三月七日　　藤本大隅正
小谷口太様

冨田村には往古より鎮座する神社があり、前々より御殿帳面に加入する願望があったのだが、近年水損が続き、村が困窮に陥った。そのため（加入を）見合わせていたのだが、近年近在の村々で神社に差し障りが多くあったが、冨田村においては現在そのような差し障りもないが、後々、差し障りが起こって迷惑を掛けるのは恐れ多い。従ってこの度、御殿帳面に書き載せて頂きたい旨を、私に願い出て来た・・・。近々願い出ますので、宜しく取り計らっていただき、御許容して頂ければ有り難く仕合わせです。

（※嘉永二年（一八四五）と推定）

と言った内容ですが、「御殿帳面に書載（加入）」するという意味が分かりません。「藤本大隅正」の名前から、藤本某は下級の神職者であることは想像できるのですが、それ以上のことは色々調べてみましたが、分からず仕舞いでした。

冨田村神社のような神社は、昔は村人だけによる氏神社・産土神社であり、氏子惣代を中心に、村人の輪番代表による神主によって神事が執り行われて来たものと思われます。

一方、多賀大社など大きな神社は、神道管領長上という立場の京都吉田家により掌握されていました。

吉田家は宗源宣旨により神の位階や称号を認証・授与したり、神道裁許状により神主の位階・称号・祭服等の認証・授与を行なう等々、全国の神社を支配していました。

しかし、冨田村神社のような、位階もなく、神職者もいないような神社は、恐らく対象外であったのではないかと推測しています。

（※神官生島氏は明治以降です）

しかし、何かの理由で冨田村鎮座の神社を吉田家支配の末端に組み入れさせる必要が生じた。それが、「御殿帳面に書載」ではなかったかと、私見ですが、想像しています。

実際に申請がなされたかどうかも不明ですが、弘化四年（一八四七）年頃の吉田役所宛に御神躰を勧進したい旨の願書《宗教五六》があり、何らかの関係があるのかもしれません。

山形藩から朝日山藩へ

第２８４号
2005.09.10

明治三年(一八七〇年)七月、富田村の領主、山形藩水野家(五万石)が東浅井郡を中心とした地域(朝日山藩(五万石)と称する)に入封します。

明治期になったばかりの慌ただしい時期に、なぜ「山形から近江湖北の地方へ？」という疑問をずっと抱いていました。

しかも、明治四年七月には廃藩置県で朝日山縣に、十一月には長濱縣、翌明治五年二月には犬上縣に、同八月には滋賀縣となっていきます。

朝日山藩として実態があったのは僅か一年にも満たないのです。

今回はこの件について見ていきたいと思います。

> 當春伏見戦争以来引続キ東征各地之討伐ニ於て、忠奮戦死候者、日夜山川ヲ跋渉シ風雪□覆シ千辛萬苦邨家之ため、終ニ殞命候段深ク不便ニ被思食候。最忠敬義烈実ニ士道之標準たるヲ以叡感之餘り、此度東山ニおゐて新ニ一社御建立永ク其祭祀候様被仰出候。尚向後王事ニ身を殲し候輩、天下一同此旨を奉戴し益可抽忠節、且戦死之者等其庸主ニおゐても厚ク御趣意ヲ可奉體認旨被　仰出候事。
>
> 五月

《法令 8》

次の文書は慶応二年(一八六六)より明治三年六月までの御触書の写より抜粋したものです。

上の写は、慶応三年十二月の大政奉還、慶応四年一月の鳥羽伏見の戦、四月十一日江戸城開城、五月奥羽越列藩同盟、九月会津若松城落城：：と続く維新の一端を垣間見せてくれます。

この文章に続き、

> 一殿様今度於京都被為叙従五位下被為任和泉守候事。
>
> 一大殿様今度於京都越前守と御改名御願之通り被仰出候事。
>
> 一杉原善右衛門郡奉行御郡代兼帯被仰出候事。
>
> 右之通り得其意、小前々々江茂不洩様可申開、且寺院有之村方は村役人ょり申達、請印帳相添早々可致順達候。以上
>
> 六月　　山形役所
>
> 浅井郡村々庄屋

とあり、山形藩としては順調な動きを見せています。

しかしこの頃、山形藩は、五月三日に成立した奥羽越列藩同盟に加盟しています。

奥羽越列藩同盟は、旧守護職の会津藩、江戸薩摩邸を焼き討ちした庄内藩の追討令に対して、両藩を救援するために結成され、仙台・米沢・盛岡・秋田・弘前・山形・：・新発田・長岡など東北を中心とした三十一藩で構成されていました。

慶応四年(明治元年)五月頃より、東北の各地で官軍との戦いが繰り広げられ、七月には長岡城落城、九月会津若松城落城(この時の白虎隊は有名)：：と、列藩同盟は敗走を重ねることになります。

戦いは、明治二年五月十八日、北海道五稜郭の戦いをもって戊辰戦争は終焉を迎えることになります。

山形藩の戦いがどうであったかは調べていませんが、上の「御触書之写」に、次のような記事を見出すことができます。

> 一殿様御事御謹慎被為仰付候ニ付今十六日ょり別而物静ニいたし、普請等致間敷、火之元入念可申候。
>
> 一無據用事之外、追而及沙汰候迄は他出遠慮可致候事。
>
> 一昼夜共廻り者申付、火之元之儀は勿論、非常為取締折々相廻り可申事。
>
> 一村内は勿論、作場并野ニ而茂煙立候□□焼申間敷事。
>
> 右之趣奉得其意、小前々々江茂不洩様可申付、且寺院有之村方は其村役人ょり申通、請印帳相添可致順達候。以上
>
> 十二月十六日　　山形役所
>
> 浅井郡
>
> 村々庄屋

> 此度、御謹慎被為蒙仰候ニ付而は大殿様ニ茂恐入思召、御謹慎之儀水野出羽守様ヲ以被成御伺候處、御伺之通り御謹慎被仰付候旨、御附札ヲ以御差圖有之候段、旧猟十三日御同人様ょり被仰越候事。
>
> ：：《略》：：
>
> 右之通得其意、小前々々江茂不洩様可申付、且寺院有之村方は村役人ょり申達、請印帳相添早々可致順達候。以上
>
> 正月十七日　　山形役所
>
> 浅井郡
>
> 村々庄屋

※※旧猟(十二月の別称)

※十二月日付は明治元年十二月

正月日付は明治二年一月　を意味

恐らく、奥羽越列藩同盟に荷担した山形藩は、その罪状のため謹慎を仰せ付かったのだと思われます。

領民に対しては、殿様(藩)が謹慎状態だから、領民も物静かに生活をすること。そのためにも普請等は控えよ、火の元の注意(火事を出すな)などの指示がされています。

二〇四頁にわたる「御触書之写」は乱丁の部分もあり、年号も干支も記入のない記事については年号がはっきりしませんが、次の記事は明治二年のものだと思われます。

六月
一去月廿七日
殿様御謹慎御免被仰出、右ニ付
平日之通相心得候様東京ょり申来
候間、此段小前々々江茂可申聞
且寺院有之村方は村役人ょり申達
請印帳相添早々可致順達候。
以上
七月五日　山形役所
浅井郡村々庄屋

明治元年十二月よりの謹慎が、明治二年六月二十七日付をもって、新政府（東京）より解除されてことを知らせる通知が届いていることになります。約半年間の謹慎であったようです。

謹慎の解除に続く記事が、

一昨辰年免定相渡候間、受取可罷出候。
一来ル廿七日、西郡申合、可致皆済候。以上
七月十七日　山形役所
浅井郡村々庄屋

慶応四年（明治元年）五月頃までは平穏な山形藩でしたが、奥羽越列藩同盟に荷担し、官軍と戦った山形藩は、結果的には、明治元年暮（十二月）から約半年後の明治二年六月末まで謹慎を余儀なくされます。

その後を示す記事は見つかりませんが、奥羽越列藩同盟への荷担という罪状から逃れることが出来なかったようです。

あくまでも、素人考えの私見にすぎませんが、それがために山形藩は近江浅井郡の過半を領地とする朝日山藩への転封改易を余儀なくされたのではないかと、私は思っています。

山形藩が列藩同盟でどのような役割を果たしたのか、どのような戦いがあったのか、素人の私には調べる術もないのですが、山形藩五万石から近江浅井郡朝日山藩への移封は、必ずしも厳しい移封ではなかったように思われます。

列藩同盟の一員にはなったものの、大きな戦にも参戦せず、戊辰戦争が終了してしまったのかもしれません。

《参考》　川崎文書（滋賀大学史料館）

※1
下の文書は、明治四年（一八七一）の朝日山藩に関わる文書です。（第七六号紹介済（再掲））
朝日山藩は、明治三年七月七日～明治四年七月一三日の一年間だけ存在した藩です。

朝日山藩は、明治四年七月一四日朝日山藩県に、同年一一月二一日長浜県になります。たった一年間しか存在しなかった、朝日山藩の貴重な史料です。《未整理七七三》

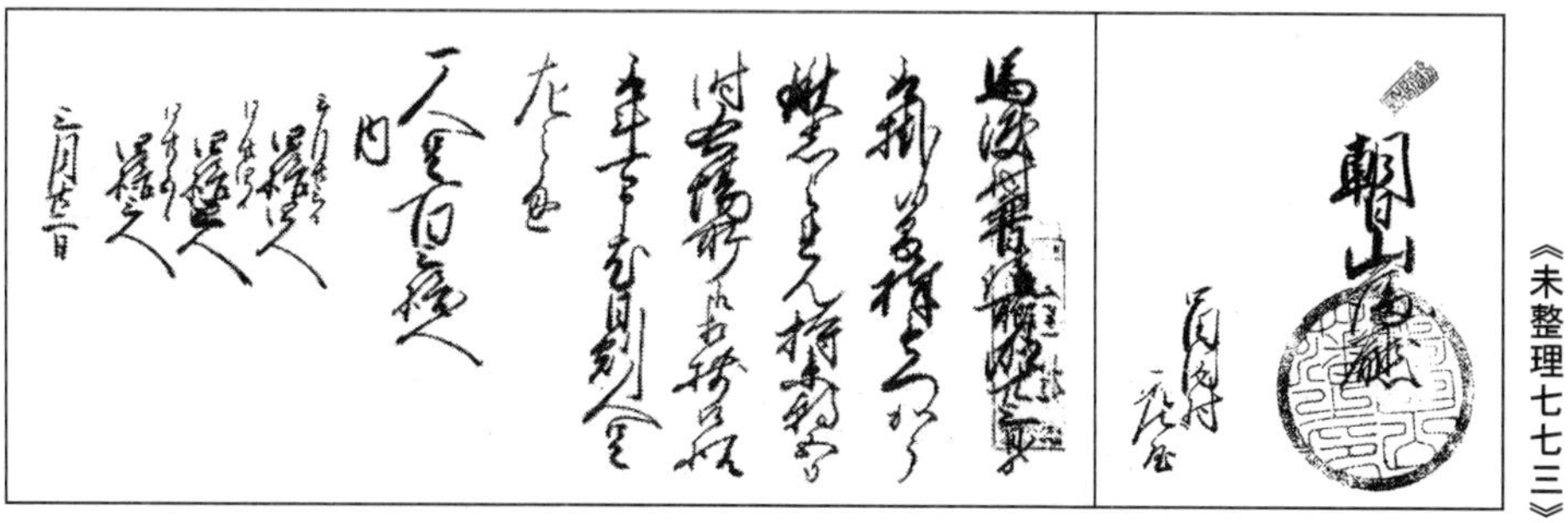

（印）　朝日山藩廰（印）（※径六七㎜）
冨田村
（印）　庄屋
馬渡村普請所明廿三日ょり
取掛り候間、棒、もつこう（※モッコ）
鍬、志よれん（※鋤簾）持参、朝五ツ時、右場所江相揃候様
取斗可申候。尤日刻人足
左之通、
一人足百三拾人
内
三月廿三日　四拾四人
同廿四日　四拾三人
同廿五日　四拾三人
三月廿二日
（※二段に記載）

馬渡村普請所（北国街道の道普請、御料所井の井普請などが考えられますが、三月末という時期から、井普請と考えるのが妥当かと思います）への人足提供を指示する文書です。冨田村として、四〇数人を三日間、総計一三〇人の人足を指示しています。他の村々からの出役もあったでしょうから、かなり大掛かりな普請だったと想像できます。

この文書で印象的なのは、藩廰を示す押印です。直径六七ミリの大きな印影を見ることはなかったので、多少びっくりし、脳裏に深く刻まれました。

残されている朝日山藩関係の文書は「調達金…云々」とある、お金に関する文書、庄屋T兵衛と藩の役人と思われる杉原利置などとの書翰文書が少なからず残っています。ご多分に漏れず、朝日山藩も財政的には厳しかったであろうと想像出来ると思います。

朝日山藩仮庁舎設営

冨田村庄屋T兵衛の奔走

第２８５号
2005.09.24

明治三年（一八七〇）、冨田村を含む東浅井郡を中心として朝日山藩（旧山形藩）ができたことは既に何度か紹介してきました。

これらの明治維新直後の流れと、冨田村庄屋T兵衛が朝日山藩々庁の設営に奔走したことを、個人的に以前にまとめた原稿があります。

今回は、その原稿を中心に、修正加筆しながら、庄屋T兵衛の奔走について紹介したいと思います。

◆朝日山藩の入封

慶應四年（一八六八）正月、徳川慶喜や京都守護職松平容保（会津藩主）たちが京都を脱出して海路東走するや、薩長らが推す朝廷（新政府）は幕府の直轄領地を没収し、大津裁判所を設け、近江・若狭の二ケ国を支配させます。

更に、同年閏四月に入ると、新政府は大津裁判所を廃し、代わって大津縣を置き（知縣事は辻将曹維岳）支配させることになります。

一方、五月、吉田藩役所は「右之通今般於朝廷被仰付、近江國中御料之分令支配候條…」という通達を出し、びわ町地域では落合村などの一部の村を継続支配しました。

その後、吉田藩は豊橋藩と改称しますが、その豊橋藩に対して、明治三年（一八七〇）七月、太政官より

> 其藩支配地、近江國浅井郡之内別紙高帳寫之通、山形藩支配地被仰付候條、右引渡可申事

という布告がなされ、豊橋藩に代わって山形藩（知事は水野忠弘）が浅井郡内へ入封することになります。

びわ町地域でその支配に入ったのは大浜・野寺・新井・川道・弓削・稲葉・小観音寺・香花寺・東福寺・益田・上八木・難波・細江・安養寺・早崎・下八木・十九・南浜・曽根・錦織・八木浜・富田村の各村々で、びわ町地域の村はすべて含まれていました。

浅井郡へ入封した山形藩は大津縣支配分・彦根藩支配分・彦根藩預所分・淀藩支配分・郡山藩支配分・膳所藩支配分・豊橋藩支配分・山上藩支配分・旧領（山形藩）支配分の合計七十七ケ村五万石余を支配するようになります。

山形藩水野氏の入封に当たって、旧山形藩の領地であった冨田村の庄屋川崎T兵衛は、大津に設けられた山形藩仮役所に御用掛として召出され、仮民政庁や藩庁の開設などの諸準備に奔走することになりました。

虎姫町五村に残る大村文書には、

> 昨（明治三年）午十月日、御用掛冨田村T兵衛殿を以被仰出候儀者、私ニおゐて、當分御假廳御立被遊度と之御趣意奉拝承何共難有思召ニ者御座候得共、小宅ニ而迚も難相勤段御断奉申上候處、T兵衛殿御談し被下候ニは、右被仰出候儀者、格別之思召も可有之儀と奉存候間、何と成共御請可仕様、呉々御談し被下候。愚存を以、當村本願寺御掛所之建物、平日入用計ニ而も無御座候故、今般御支配被為成下候廉を以、右掛所より、當村におゐて御假局御立被遊候儀も御座候はゞ、相應の御用向被仰付候様仕度と、一應御挨拶致し被下候而可然旨、一應御談ニ及候段、役僧え申出候處、程能聞取被呉、配下相談之上、本山伺済ニて、友松権大参事様其外御役方様私宅に御泊之節、掛所より右之段被申出、萬端御都合能、御假廳ニ御開ニ相成、恐悦至極ニ奉存候。右巨細之儀者、御掛之御役方様江御届ケ奉申上置候次第柄ニ候。右者全御出張之御役方様之御引立之御影により、無滞相勤、二月三日、吉日御到来ニ付、朝日山江御引移被遊難有御見立仕候。乍恐以口書手續而已奉申上候。以上
>
> 明治四年未七月
>
> 《東浅井郡志巻四　P51～52》

と、T兵衛が五村大村家の自宅を仮庁舎にと交渉を始め、最終的には「當村本願寺御掛所之建物（五村御坊）」を仮庁舎として使うことが決まった経過や、翌年二月三日、庁舎が朝日山に引っ越したことなどが分かります。

また、T兵衛が大津から冨田村へ指示を出した文書が何点も地元に残されています。

同年（明治三）十二月に入り、山形藩役所は、

> 御藩廳之地朝日山に御治定相成候間、此段相達し候也
>
> 十二月十七日
>
> 元山形藩朝日山藩廳

という御触れを出し、藩庁を湖北町山本村朝日山に置くことを定めるとともに、朝日山藩と改称します。

そして、明治四年二月七日、朝日山藩は五村にあった仮藩庁を正式に朝日山に移すことになりました。

しかし、同年七月十四日、廃藩置縣の詔が出されるに至り、朝日山藩は朝日山縣となり、更に、同年十一月二十二日、朝日山縣は長浜縣に吸収統合されます。

更に、長浜縣は明治五年二月二十七日には犬上縣と改称され、更に、同年九月二十八日には滋賀縣に統合されるに至り、ほぼ現在の滋賀県が形づくられました。

これに従い、各村々は

浅井郡第九区
曽根・細江・大寺・五村・酢村
田村・大井・小桜村
浅井郡第十一区
小観音寺・錦織・落合・稲葉・弓削
香花寺・難波・大安寺・速水
高田・小倉・馬渡・南速水村
浅井郡第十二区
新居・野寺・川道・大浜・八木浜
南浜村
浅井郡第十三区
富田・十九・上八木・下八木・益田
安養寺・早崎・海老江・延勝寺
今西・尾上村

という編成がなされました。

しかし、明治二十二年(一八八九)、更に編成替えとなり、竹生村・南福村(明治二十三年三月大郷村と改称)が誕生することになります。

また、明治十三年(一八八〇)には浅井郡が東西に分割され、びわ町地域を含む地域は東浅井郡に、現在の西浅井町地域が西浅井郡となりました。しかし、西浅井郡は明治三〇年(一八九七)四月、伊香郡に吸収合併されることになったのです。

庄屋T兵衛が山形藩藩津役所へ召出された時期については、はっきりしませんが、少なくとも慶應三年(一八六七)九月には既に大津に勤務していることが分かっています。

また、上の大村文書にあるように、明治三年(一八七〇)十月には、朝日山藩庁舎の件で交渉に当たっていることも判明します。

慶應元年には山形藩主親子(水野氏)が上洛の御供を仰せ付られ、将軍慶喜が京都を脱出したときも足止めされ、結果的には朝日山藩が出来るまで在京をやむなくされたことも確認することが出来ます。

おそらく、藩主の在京に関わっての人手不足のため、たまたま近江国にあった領地(浅井・坂田郡の二十ヶ村)から何人かの人手を召集したのではないかと思っています。

T兵衛以外にも大塚治兵衛・藤田管次郎らも浅井・坂田郡の代表であったようです。詳しくは二三〇号参照。

以上のことから、冨田村庄屋T兵衛は、早ければ慶應元年から、遅くても慶應三年から明治四年の朝日山藩成立頃までは、山形藩大津役所の役人として勤めを果たす一方、地元の庄屋としての顔を生かして、朝日山藩の設立準備に奔走したものと思われます。

《参考》
川崎文書(滋賀大学史料館)
東浅井郡志巻四　大村文書

※1
朝日山藩が五村の仮庁舎から、朝日山に引っ越したのかどうかは、多少の疑問がありました。

朝日山藩は明治三年七月七日～明治四年七月一三日の約一年間だけ存在し、その後、明治四年七月一四日に朝日山藩県に変更され、同年一一月二一日には長浜県となっています。

朝日山藩県時代を含めても、一年四ケ月しか「朝日山」を冠する藩・県が存在しなかったのです。

しかし、次のような文書から、朝日山藩庁の姿が見えてきました。

《法令一一抜粋》
(一四裏)(※明治四年)
一御藩廳之儀、来月三日、朝日山江相移り候間、可得其意候。同所仮廳より追而及布令候迄は、差掛り候事件之外、諸願届等ハ来晦日限りニ而暫ク差扣可申候。此段申遣候也。
辛未　正月廿八日　朝日山藩廳

と、明治四年二月より藩廳を朝日山仮廳へ移す旨のお触れが出されています。しかし、あくまでも仮廳の開設であったことが分かります。


(三一表)(※明治四年)

當御藩廳地上ケ普請之儀、明廿六日吉日ニ付、鍬初致シ、引續廿八日より取懸り候儀ニ付、村々申談、右普請中取締役并村役人之内、両三人ツヽ立會旁罷出候様可致候。依而此段為心得申達候也。

辛未五月廿五日　朝日山藩廳

とあり、五月二六日に本廳の地上ケ(じあげ)の鍬入れ式をし、二八日より作業に入ることが触れられています。


(三三裏～)

一今般御藩廳地形之儀は、惣村々談之上、日雇方請負為任相成、此節地均し取掛候ニ付仕業之模様ニ寄、代金之内十日目毎ニ相渡候趣ニ付、来廿日迄ニ内金持参、周旋方山崎嘉左衛門外両人之もの江委細可申談候也。

未六月十二日　朝日山藩廳

地形(じぎょう(地がため作業))は日雇方請負とすること等が触れられています。更に、

(三四裏)

一従四位殿去月廿八日東京御出立、伊勢神宮江御参詣旁御廳地江被遊御越候。右ニ付献上物等いたし候共、御受納ハ無之候間、為心得、此段相達置候也。

未七月六日　朝日山藩廳

(四一裏～)

一今十九日朝六ツ時、御發駕、従四位殿被成御廻村候ニ付、右村々役人共之内壱人村継ニ而御案内可致事。

(略)

右之通相達置候間、得其意心得違、且ハ不都合無之様可取斗、仍此段申遣候也。

七月十九日　朝日山藩廳

領主が伊勢参詣旁々、藩廳地を視察される旨が六日通達され、一九日の当日に廻村が通達されています。

しかし、廻村の一九日には既に朝日山藩の廃止、朝日山縣への移行が決まっていた筈です。

通達文書は、七月一九日付迄は朝日山藩とあり、翌七月二〇日、藩知事の免官を伝える文書より朝日山縣となっています。

朝日山藩廳の建設は、地上げや地形までの段階で中止されたのではないかと考えてよさそうです。

田川新川人足出役の理由

第２８６号
2005.10.10

以前(平成十一年九月の)一四一号において、冨田村が田川新川の普請に人足として出役したこと、その時の人足賃の勘定について紹介しました。

万延二年(一八六一)二月十六日～四月八日迄、冨田村からも普請人足に出役し、二百三十三人(内二十五人は北村、高当人足百十六人)手間を提供していること、手間賃総額三百四十九匁五分(一日三匁)の内、二百三十三匁の日当支払い(被下物)があり、差額は村費用として徴収されていることなどを紹介しました。

その折、冨田村が田川新川の普請人足に出役した理由について、

『直接は冨田村と田川は関係ないようですが、月ヶ瀬の領主が同じだということで出役したのかもしれませんが、理由は不明です。』

と書きました。しかし、最近になり、多少ともその理由らしき文書を目にしましたので紹介したいと思います。

本来の田川川筋は、浅井町に源を発し、小谷・虎姫を流れて落合村付近で姉川と合流します。

江戸時代は姉川河口から舟が入り、中野村丸山湊あたりまでは荷を運んだようです。

しかしながら、落合村付近で、姉川と高月川(現在は高時川)・田川の三川が合流するため、田川の合流する地点には土砂が溜まり易く、川底が高くなっていったようです。

そのため、一旦大雨等の洪水が襲うと、月ケ瀬・唐国・田村・酢村等は、家屋に至るまで浸水したといいます。

そのため、その悪水を抜くため、高時川底に伏樋を通し、湖水に至る新川の普請を願い出ます。

新川の普請のについては、嘉永三年(一八五〇)頃より話が持ち上がり、嘉永五年三月、彦根殿様(井伊氏)の領内巡視の折、水込所を見分され、「水引普請をするように」との言葉を頂き、村人は「水引普請の時機到来」と喜んだといいます。

月ケ瀬・唐国・田村・酢村の四ケ村は早速行動を起こし、大垣輪中への視察や各領主への願書提出…等、次々に手を打ちます。

しかし、紆余曲折もあり、本格化したのは、安政六年(一八五九)三月でした。

三月十八日、四ケ村の領主(天領大津役所・彦根藩役所・郡山藩役所・山形藩役所)の役人が月ヶ瀬村へ到着します。

当初は、①唐国地先から高月川底を底樋で抜き、落合村・難波村・下八木村を通って八木濱村へ抜く案と、②酢村地先から姉川・曽根村・川道村を通って細江村へ抜く案の二案があったようです。

出役中の役人は両案の実地見分を始めますが、予定地の村々にも思惑がありました。最終的には①案の底樋によって八木濱村へ抜ける(現在の田川)案に決定されます。

①案に決定されたことにより、郷内を二分されてしまう落合村の抵抗もありますが(それだけの理由でもないのですが…)、各村との示談も整い、安政七年(万延元年一八六〇)二月十五日、八木濱村湖辺より堀割普請が、酢村郷新堤の普請などが開始されます。人足は日々一五〇〇人にも及んだといいます。

五月には高さ四尺・幅七尺・長さ六十九間の伏樋も完成し、下流の川幅四間・両岸堤防三間の田川の竣工を見るのですが、五月十三日夜の大風雨により、月ヶ瀬村を始めとする四ケ村は悉く浸水してしまったといいます。

翌万延二年(文久元年)二月より、姉川逆水防止水門伏込み工事に着手し、最終八月に竣工したといいます。

万延二年二月付の文書(要約)に、

「御公役船橋泰助宛願書」

> 難波村郷内落合村境より八木濱村境までの堀割(四百九十五間余)が昨年完成したが、下手八木濱村境迄の百九十五間五尺の間が南北とも土手が低く、洪水等があった場合込水の心配がある。
> ついては､両土手の外側へ小溝(幅二尺五寸・深二尺)を許可して頂けたら、その土を土手に重ね置けば、土手も高くなり、洪水も防げる。土が不足した場合は川底を浚えるなどしたい…願村とも協議の上賛同を得ので宜しく…。
> 願村としては水門普請の最中で人足もなく、難波村に願って雇人足を御願いしたい…
> (難波村・六ケ村庄屋・年寄署名)

《四ケ村共有文書》

「六ケ村より(大津役所へ)の願書」

> ①唐国村郷内押付堤笠置三百間
> ②錦織村樋尻小段築立
> 右二ケ所の普請は昨年に普請する筈であったが人足がなく等閑になり、今年も願村では手が回らず、**助合人足にて**普請がしていただけないか、御願いする次第です…
> (六ケ村庄屋・年寄署名)

《四ケ村共有文書》

原文は

> 乍恐以書付奉願上候
> 一　唐国村郷内押付堤笠置三百間
> 一　錦織村樋尻小段築立
> 右者今般御普請ニ付昨年ニも普請可仕筈之儀ニ御座候得共、何分人少ニ而等閑ニ相成、猶又當年之儀も願村ニ而者迚も行届兼候間、甚

申上兼候得共、**何卒助合人足ニ而御普請被成下候様**、乍恐以書付奉願上候。右願之通り御慈悲ヲ以、御聞済被成下候ハゞ、一同冥加至極難有仕合ニ可奉存候。以上

萬延二酉年　二月

月ヶ瀬村　庄屋　傳右衛門
　　　　　年寄　弥兵衛
同村　　　庄屋　兵左衛門
　　　　　年寄　勝治郎
田村　　　庄屋　源七
　　　　　横目　七兵衛
唐国村　　庄屋　太兵衛
　　　　　年寄　忠右衛門
酢村　　　庄屋　兵助
　　　　　年寄　新蔵
大寺
中野

※ 上段の太字は筆者による

これらの二通の文書から、安政七年には、田川から底樋の普請、樋尻から八木濱村に至る新川の堀割・土手の構築などの主となる工事は完成を見たようですが、姉川からの逆水防止のための水門伏込み普請、新川土手の修繕普請、唐国村郷内押付堤笠置普請、錦織村樋尻小段築立普請…等までは手が回らなかったことが伺えます。

残された普請は万延二年(一八六一)に実施されるのですが、六ケ村は逆水防止のための水門普請で手がいっぱいのため、新川土手の改修普請は難波村に依頼し、唐国村や錦織村の普請については助合人足にて普請を願いたいとして願書を提出しています。

おそらく、以前に紹介した冨田村の田川新川普請人足は、この助合人足によって出役を命じられ、錦織村樋尻小段築立普請、つまり高月川を横切る形で地下に設置された底樋(トンネル)出口の強化工事普請に従事したものと思われます。

また、一日一匁という少額ではありますが賃金が支払われていますので、単なるボランティアでなく、どこかの役所よりの指示があったものと考えられます。

おそらく、公儀大津役所からだと思いますが、賃金の出所は公儀からなのか、四ケ村(六ケ村)からなのかは、現在の史料だけでは判断しかねます。

《参考》
川崎文書（滋賀大学史料館）
月ケ瀬・唐国・田村・酢村共有文書
（びわ町郷土史教室教材）

※1 田川新川普請人足に関して、一四一号にも書きました。万延二年(一八六一)の第二期工事の人夫に関しての内容でした。次の文書は記年はありませんが、恐らく田川新川普請人足に関わる文書だと類推しています。

《未整理一七〇》

三月十五日割付

一拾三人　長弐尺八寸　大久保村
一拾九人　長四尺壱寸　伊吹村
一拾四人　長三尺　多和田村
一拾八人　長三尺九寸　山室村
　　　　　　　　　　　小泉村
　　　　　　　　　　　保多村
　　　　　　　　　　　辰巳村
一拾三人　長弐尺八寸　醍醐村
　　　　　　　　　　　三川村
一弐拾弐人　長四尺七寸　大安寺村
　　　　　　　　　　　冨田村
一拾三人　長弐尺八寸　下八木村

〆百拾弐人　長合四間壱寸

右に挙がった村々は山形藩の浅井郡・坂田郡の村々です。

たったこれだけの文書ですが、

①山形藩が関係していること
②人足人数らしい数の記載
③長さの記載(分担区間)
④三月十五日　割付という標題

以上の四点から、田川新川普請人足の文書だと考えています。

つまり、三月十五日、山形藩の分担区間が四間一寸を予定されており、その四間余を、右の一二ケ村に分担させたのだと考えました。

また、万延二年の時も、普請は二月中旬から四月上旬にかけた時期でした。三月十五日は丁度その時期に当たっています。この意味でも田川新川普請を想像させます。

ただし、そうだとしても、万延二年の記録には三月十五日はありませんので、この年ではないようです。

また、村高と割当人数は比例していませんが ― 大久保村は村高一三石に一人に対して、大安寺村・冨田村連合は四四石弱で一人で、大久保村の三分一の人数となっています ―、一人に対する分担区間は一〇人で約一尺と一定しています。

一日、一〇人で約一尺の分担の内容を考えると、かなりの仕事量を予想させます。

例えば、田川の新川普請は、川幅四間、土手敷三間、溝一間の計一二間の大工事でした。川幅四間分の土を掘り起こし(深さ不明)、その土で両土手を土盛りしていく作業は大変な仕事です。

そんな想像を膨らませると、丁度辻褄が合うようにも思います。

つまり、田川新川普請の第一期工事を想像させます。

田川新川普請は嘉永四年(一八五一)頃より掛け合い等がスタートし、紆余曲折の後、第一期工事が安政七年(一八六〇)二月一五日、八木濱湖辺より新川の堀割に取り掛かります。

以上の事から、上の文書は、新川普請の文書で、安政七年(万延元年)三月と結論としました。

山形藩が第一期工事から田川新川普請に関わっていたことを確認できたように思います。

伊能忠敬の湖北測量

第２８７号
2005.10.24

　冨田村とは直接関係はしないのですが、伊能忠敬の湖北地方測量の記事をまとめましたので、紹介したいと思います。

　伊能忠敬が現代の技術にも匹敵するような日本地図を作ったことはよく知られています。その測量範囲は全国におよび、もちろん琵琶湖周辺についても測量されていますが、それが何年頃で、どんな様子であったかはあまり知られていません。少ない史料からびわ町地域周辺の測量の時期などについて調べてみました。

　文化二年(一八〇五)三月、京都町奉行所は、幕府の命令を受けた伊能忠敬が測量のため出張してくることを琵琶湖沿岸の村々に対して順達しました。この廻文がびわ町地域に回覧されたのは四月上旬だったといいます。

　伊能忠敬は八月末に大坂に到着し、閏八月十一日大津に入り測量を開始しました。

　閏八月二十七日、川道村庄屋橋本清蔵は伊能忠敬が神崎郡の測量に入ったことを知り、

「九月上旬には当村の測量を開始するかもしれないこと、前日でないと宿泊等の予定が分からないこと、湖岸の葭が茂った一帯は見分(測量)が困難なため、水際の幅一間ほどの葭を刈り取る予定であること、絵図・書上帳の類は前日までに差し出すこと」

などを、南浜・大浜・八木浜・下八木・早崎・安養寺・海老江・延勝寺・津里・塩津村などの琵琶湖沿岸の一〇ケ村に廻状を送り知らせました。

　しかし、伊能忠敬が何日頃びわ町地域を測量したのか、測量の様子がどうであったのかを知る手がかり(史料)は残念ながらびわ町地域には残されていないようです。

　ところが、詳しいことは分かりませんが、湖北町尾上村に残されている文書の中に、文化二年九月六日付の「測量の為御用船人足出役通知書」と「天文方竹生島に渡るについての通達」が残されています。

　前者は八木浜村庄屋惣右衛門と彦根領惣代源介よりの各村々宛書状、後者は御案内方より尾上役人衆中宛の書状で、明(九月)七日明け七ツ時(午前四時頃)までに丸子船壱艘(四人乗)を八木浜村庄屋へ向け差し出してほしいという内容だといいます。

　このことから考えると、伊能忠敬の測量隊は文化二年(一八〇五)九月六日には八木浜に逗留していたことが確認できるように思われます。

　従って、びわ町地域の湖辺や竹生嶋の測量は、早いと閏八月末頃、遅くとも九月上旬までの期間のどこかであったと推測することができます。

　伊能忠敬の測量方一隊は、閏八月初めから湖周の測量を続け、九月二十一日には再び大津に戻ったと記録にあるようです。

　従って、閏八月初めから九月末までの約二ケ月弱をかけて琵琶湖を一周したことになります。琵琶湖の東岸は内湖や沖島などの複雑な地形もあり、びわ町地域に到達したのはかなり後になったものだと思います。

　平成十二年(二〇〇〇)十一月二十日付の朝日新聞に、「忠敬測量隊／協力を示す古文書」の見出しで、彦根市松原町に文化二年九月四日付の資料が見つかったと報道されていますので、びわ町地域測量時期の推測とほぼ一致します。先発隊などを考慮に入れる必要があるのかもしれませんが、びわ町地域の測量は、文化二年(一八〇五)九月六日～七日であったと考えていいのではないかと思います。

　冨田村での文化二年(一八〇五)といえば、正月(一月)付で源慶寺本堂建替えの願書を提出を提出している時期に当たります。現在の源慶寺本堂の再建が本格的に動き始めた年になります。
《宗教二八》

　実際には、文化六年(一八〇九)春・八月「源慶寺御堂石付」、文化七年七月十九日「源慶寺御堂柱立」という記事がありますから、建築開始はもう少し後のことになります。
《水利五》

　更に、文化八年(一八一一)八月十九日～二十三日、五百五十廻忌源慶寺門徒中」といった記事も見られます。
《水利五》

　源慶寺本堂が完成するのは、文化十年(一八一三)になります。
《宗教二八》

　ちなみに、現在の御堂や瓦にも文化十年と記載刻銘されています。

　私の調べられる範囲では以上のことしか判明しなかったのですが、平成十六年十月二十三日～十一月二十三日の期間、長浜城歴史博物館で開催された特別展「北国街道と脇往還」の展示物の中に『忠敬先生日記』(伊能忠敬記念館蔵)が展示されていました。

　その日記の文化二年九月の頁に次のように記録されているのを発見しました。但し、展示されているページは、左記の最初の分のみで、他は史料のコピーを博物館からいただきました。

同(九月)六日朝曇、六ツ半前長濱出立、我等・坂部・稲生・佐藤・角治丈助祇薗村より初川道村迄測ル。高橋・平山・小坂・永澤・利助・半六　川道村より八木濱村迄測ル。共ニ八ツ頃ニ着、止宿[八木濱市右衛門・古キ家作ニ而廣シ」、此所へ本多隠岐守内松井熊治郎・高田新内出ル。此夜晴天測量、同夜大西順二来リ測量付添之趣を談ス。間氏江書状遣ス。同七日朝晴天、六ツ半

頃ょり乗船竹生嶋江渡ル、風波有中食後止、周囲を測ル［測量人ハ皆出］。七ツ半ニ帰宿［竹生嶋役僧興徳坊僧］其外坊々出ル、院代も出ル。［辨才天岩金山太神宮寺　観世音寶珠山宝厳寺］と云。
同八日朝より晴天、六ツ頃八木濱村出立、高橋・小坂・永澤・利助・半六、八木濱村ょり今西村迄測ル。我等・坂部・稲生・佐藤・角治・丈助　今西村ょり津里村・東尾上村迄測リ、又津里村ノ石川［本村ハ山本山之下ニあり］・片山村・山梨村界迄測ル。平山ハ山本山ニ登テ麁図を認［山本山古城跡ニ而　山本判官義高ノ古跡と云］、両手七ツ前ニ津里村ノ東尾上ニ着、止宿組頭四郎左衛門。松平甲斐守内林傳右衛門麻上下ニ而出ル［甲斐守陣屋ハ海津ニあり］。此夜晴天測量、同夜八ツ頃浅艸ょり御用状届。
同九日朝晴天、七ツ半後津里村東尾上出立、乗船、我等・坂部・稲生佐藤・角治・丈助山梨子村下ょり山越シ、大音村・黒田村大澤・木下宿迄測ル。高橋・平山・小坂・永沢・吉平半六飯浦ょり餘呉湖を測。両手七ツ後飯浦村止宿久五郎、木本宿・黒田役人出ル。木本宿中食、但弁當持参、志津岳へ登テ山々測ル。井伊家来中河原丹蔵・中川伊兵衛・古沢六郎出ル。此夜晴天測量。・・・・

※千葉県史料近世編
「伊能忠敬測量日記一」

この記録によれば、文化二年九月六日、長浜から川道、八木浜までの測量を二手に分かれて実施し、八木浜中村市右衛門方にて宿泊しています。

翌九月七日は、上記で要請した丸子船により、八木浜から竹生島に渡り、島の周囲の測量をしています。測量隊全員が島に渡ったようです。但し、竹生島宝厳寺の役僧の興徳坊は不明です。帰島後、同日は八木浜中村市右衛門方に連泊します。

翌九月八日は三手に分かれ、二手は八木浜から片山村までを測量し、一手は山本山に登って素図（鳥瞰図か？）の作成に当たり、東尾上村（津里村の出郷の様な表現になっています・・・）に宿泊します。また、この夜、大和郡山藩（柳沢甲斐守）の大庄屋である香花寺村の林傳右衛門が御機嫌伺いに出向いていることも分かります。

翌九月九日は東尾上村を出発し、忠敬組は大音村・黒田村・木之本村迄を測量し、午後は賤ヶ岳に登っての測量、残り一手は余呉湖の測量をし、飯浦村に宿泊しています。

文化二年九月六日～八日がびわ町地域の測量であったと結論できます。

《参考》
「東浅井郡志」
朝日新聞（平成12年11月20日付）
「びわ湖の漁撈生活」
「伊能測量隊まかり通る」
（ＮＴＴ出版）

【いっぷく】
前々号の【いっぷく】で、京都・大津間の鉄道開通等の件について紹介しましたが、鉄道に関して次のような記事を見つけました。

《法令一二抜粋》

差觸

佐藤鉄道助
伊藤中属
千島少属
栗花藤吉右衛門
上下七人
御雇外國人
三人
上下六人

右は御用付、鉄道線為見分、明十四日朝第七字米原出立、長濱ょり曽根・落合・尾上中飯、夫ょり片山・飯ノ浦・塩津泊り、明後十五日第七字出立夫ょり疋田中飯、敦賀泊。

大坂出張
鐵道寮
栗花藤吉右衛門
長濱ょり越前
敦賀迄宿々
村々年寄役人中

追而持人足八人
用意可有之候事

（※第七字（午前七時）、中飯（昼食））

文書に日付がないのですが、右の文書は、記録の前後から、明治五年二月一三日に出されたものと考えられます。

鉄道を設置するための下見分であったと思われます。

この史料からは詳しい事は分かりませんが、岐阜・大垣から琵琶湖へ出て大津へ、更に北陸敦賀へも抜けられる道を捜していたように思われます。

あくまでも個人的な推測の域を出ないのですが、京都へのルートばかりでなく、北陸へ抜けることも視野に入れ、拠点となる地を出来るだけ北の湖畔に設定したかったのではないか。その拠点を尾上・片山付近をも想定していたのではないかと思われます。

ちなみに、後々、大津～今津～片山～大津という片山経由の航路が存在したことからも、それを思い描くことはできると思います。

結果的には長濱に駅舎と港が作られるのですが、事前視察の段階では、尾上・片山付近や塩津・今津等も候補に挙がっていたと思われます。

憶測の話は置くとして、上の文書は明治五年二月の段階で、今の北陸線に向けての模索が始まっていたことが判明します。

歴史を調べてみると、明治二年には東京・横浜間、京都・神戸間、琵琶湖畔・敦賀間の鉄道敷地が決定されています。

そして、明治五年九月には新橋・横浜間の鉄道が開通することになります。

また、明治九年には琵琶湖畔の候補地に長浜が組み入れられることになり、明治一三年四月には長浜・敦賀間の鉄道工事が開始されることになり、塩津案等は消滅します。

更に、明治一三年七月には、大津・京都間の鉄道が開通します。

更に、明治一五年三月に長浜・柳ケ瀬間の鉄道が開通し、柳ケ瀬トンネルの完成を待つことになります。

青年会「健雄社」について

第２８８号
2005.11.10

今年の八月二十四日・二十五日、富田区文化祭の会場入り口に、「健雄社」と紫紺地に白で染め抜かれた大きな旗と幟が展示してあったのを覚えておられるでしょうか。

この旗を懐かしいと思われた方はかなりの年輩の方の筈で、五十代半ばを越えた私でも初めて見たものでした。

また、「健雄社之証」とある印鑑や富田青年会会員名簿が展示してありました。

「健雄社」って一体何?、と思っていた人も多いと思います。

今回はこの「健雄社」について書いてみたいと思います。

「健雄社」とは簡単に言えば、富田区青年会の名称だと思ったらいいのではないかと思っています。

実際には、「健雄社」は単なる青年の集合体ではなく、生活倫理実践・修養・奉仕等々を目指した集団であったようです。

村を支える若衆として、会員の親睦だけに限らず、互いに切磋琢磨し、時には飲み語らい、時には戒め、時には社会のルールを悟り、良き村人たる資質を身に付けていったのではないかと想像できます。

この「健雄社」がいつ頃スタートしたかは何の記録もなく、定かではありませんが、富田八幡神社道沿いに奉納された六基の灯籠には

「明治卅四年八月日建設」

「健雄社」

と刻字されていますので、明治三十四年（一九〇一）には創設されていたことが判明します。

《平成七年三月三十三号で紹介済》

また、昭和九年（一九三四）五月十五日、竣工となった八幡神社拝殿の竣工祝いには、村社であったため小学校の児童の参列があったとか、「健雄社」主催の餅まきがあったとか聞いています。

《平成七年三月三十三号で紹介済》

また、文化祭当日、古老から聞いた話では、「健雄社」主催の出征軍人の壮行会が、八幡神社において前述の旗の下で行われたといいます。

八幡神社で壮行会の後、小観音寺村辺りまで送ったといいます。また、不謹慎かもしれませんが、急いで帰ってきて、壮行会で残ったお酒が楽しみだったとも聞きました。

戦後の青年会会則

文化祭で展示してあった「昭和二十二年一月改正／富田青年會々則並ニ會員名簿帳」から、青年会の会則を紹介したいと思います。

この頃の青年会を「健雄社」と称したかどうかは分かりませんが、その趣旨は引き継がれているものと思っています。

会則はガリ版刷りで、会員にも配られたものと思われます。

趣旨

今や終戦日本に於ける社会の風俗前日の比に非ずと雖も、社會的最も重んずべきは、即ち、智・徳・義此の三者に過ぎず。然も、現今人情の軽薄なる豈慨嘆に堪えざるなり。茲に於て挽回の策を議するのは吾人青年の義務なり。故に吾々會員は大いに徳義の修養を計り、廣く悪弊を矯正し、専ら勤倹を旨として傍ら会業を補ひ、進んで国民の本分を盡さんことを欲す。

第一條　本會員は再建日本に処するを以て戦后の復興に留意し、事業・思想・修養体育に当るを以て目的とす。

第二條　大字富田に原籍を有する者にして、年令~~十五~~十三才に達したる者は青年會員とする。

青年会員と稱するは年令~~十五~~十三才以上二十五才迄とす。但し既婚者を除くものとす。

第三條　青年会員は第一会員・第二会員・第三会員の三種に分つ。

（イ）第一会員とは当字に籍を置き現住するものとす。

（ロ）第二会員とは当字に籍を置き通勤せしものとす。但中高等学校・高等小学校に在学中の者は第二会員とす。

（ハ）第三会員とは当字に籍を置き出郷せしものとす。

第四條　本會は第一條の目的を達するは勿論のこと、左の事業を為す。

一項　修養会・宮掃除・警備・耕地愛護週間事業・竹生公園記念林手入・労力奉仕・其の他

二項　第一会員は年二回会費を徴収するものとす。但し、会費徴収額は總會の決議に依り之を定む。徴収は年一月と六月の二回に分つ。高等科在学中高等科卒業后八ケ月は徴収を免除す。会費の一ケ年金額は左の通り。

十八才迄~~十五~~二〇円十九才より二十一才迄~~十〇~~四〇円二十二才より二十五才迄~~十〇~~六〇円

三項　第二会員は第一会員の事業に従事せざる故、應分の会費を出費するものとす。

・・・（略）・・

四項　第三会員も年二回会費を徴収するものとす。

・・・（略）・・

第五條　會員より徴収する會費は積立とし、使用の際は区長總会の同意を要す。

第五條　會員より徴収する會費は

積立とし、使用の際は区長總会の同意を要す。

第六條　本会の役員は毎年一月五日、總会の席上にて改選す。再選を妨げず。

本会の役員は左の如し

会長　一名　　副会長　一名

副会長は会計を掌り、現金の出納には會長の責任を要す。

第七條　本會は会員名簿を置き、第一会員は本人、第二会員は本人又は代理人とし、規約に異存なきものと認め、署名捺印す。

第八條　本会則に反したる者は本会より除名す。除名者に対しては種々の交際を廢す。

第九條　除名者にして入会せんとする時は、總会の決議により許可するものとする。

第十條　本會則の修正を要する時は、總会の決議を経るものとす。

以上

(※　字句修正の日時不明)

この会則の後、第七條にあるように会員名簿が綴じられています。

会員名簿は自筆で署名され、押印されていますが、昭和三十四年一月五日付で署名された四人(男三・女一)を最後に終わっています。

昭和三十四年に加入した阿部良直氏の話しによれば、加入の時、すき焼きを一回してもらっただけで後は声が掛からなかったとのことでした。

つまり、富田青年会「健雄社」は、昭和三十四年一月をもって自然消滅したと考えられます。

自然消滅の原因を詮索しても始まりませんが、大戦により加入青年層が激減し、しかも、全員が新制中学校へ通学するようになり、運営にも支障をきたしたのではないでしょうか。

また、世の潮流というか、「青年団」・「処女会」等々の自然解散という、戦後の流の一つに冨田村も呑み込まれていったのかもしれません。

戦後のベビーブーム世代、団塊の世代が加入の年齢に達する二~三年前のことになります。

「健雄社」の開始がはっきりしませんが、明治・大正・昭和期に活動した富田村青年会「健雄社」は、大凡六・七十年の活動期間をもって終焉を迎えたのだと言えそうです。

その業績は、形として残されたものは少ないかもしれませんが、時代時代に応じて冨田村に大きな影響を与えたものと考えられます。

《参考》

「富田青年會々則竝ニ會員名簿帳」

冨田区所蔵文書(祭器庫保管)

※1　《未整理五七二》

祝文

与ハ竹生青年諸君ニ向テ将ニ交際ヲ給ハント欲スル者ナリ。安民ハ比ニ義ヲナシ安シ、今ヤ有志諸君之發起ニ因リ、竹生青年會之擧アリテ、村長及助役以下之臨席ヲ労シ、爰ニ發會式ヲ行フ。予其末席ニ連リ口惑アリテ一言ヲ呈ス。鴈夫之方圓ハ規矩ニ非ラザレバ成ラズ、吾音ハ六律ニ非ラザレバ正シカラズ、船舶ハ羅針ヲ以テ航海ス、山學ツルニ磁針ヲ以テス。皆其向フ處ノ方ヲ指示スルナリ。夫レ文明ノ中心ニ棹サゝント欲スル者豈■■方針ナクシテ可ナランヤ。今ヤ明治ノ聖世ニ際シ、至ル處々圓結會社之設ケアラザルハナリ。學術日ニ進ミ、技藝月ニ盛ニ駸々以テ其止ムル處ヲ知ラザルガ如ク、蓋シ盛大ト謂フベキナリ。茲ニ自治制モ既ニ行レ、府縣郡制モ近ニ發布セラルニ至ラン。加之吾人ガ爾来拾年間待チニ〱タル日本帝国々會開設ノ擧ヲ見ルニ至リ、若シ外国人内地雑居ヲ許ルサレルニ至ラバ、豈将来之日本ハ日本昔日之非ラザルナリ。取ニ今日青年子弟ハ豫テ将来文明ノ浩世界ニ處スル覚悟ナカルベカラズ。然リト雖、羽毛未ダ成ラザレバ、高ク蜚フベカラズ。文明未ダ明カナラザレバ、以テ彼ノ英佛人種ト技量ヲ競争スル事、或ハ難カラン。是ヲ以テ之ヲ見レバ、今日青年子弟ハ将来ノ處世ニ其責任甚軽カラズ。抑モ結團社會ハ處世ノ資ニシテ、名利ノ母ナリ。奮ヘヨヤ諸君勉メヨヤ諸君、卑キヨリ髙キニ至ル百里之道モ一歩ヨリ始ル。是正當ノ順序ナリ。今ヤ幸ニ川嵜・真壁・西尾諸君之發起ニヨリ竹生青年會之擧アルニ至ル。爾来口ニ進ミ、本會ヲ以テ指・ト口能ク完全羽毛ヲ養育シ、他日或ハ身邊四集耀々トシテ其光澤ヲ發スル事ヲ切望ス。事茲ニ及デ何ヲカ云ハン。唯一言以テ本會發會式典ヲ祝シ、及ビ帝国憲法發布記念日并紀元節、併セテ發起諸君ノ美事ヲ美シ、将来ノ隆盛ヲ希望スト口云

竹生青年會委員

寺沢原二

明治二十三年二月十一日

一部、辞書にない字は現代漢字に替えていますが、出来るだけ原文のままとしたため、誤字と思われる箇所や意味不明の箇所もあります。

また、読み間違いもあるかもしれません。ご容赦下さい。

引用が長くなりましたが、竹生村青年会の発会式典での祝辞原稿です。

これにより、竹生青年会は明治二三年(一八九〇)にスタートしたことが判明します。

また、明治三四年には冨田村青年会「健雄社」の活動が確認出来ますから(灯籠の刻字)、竹生青年會発足と同時か、やや遅れて「健雄社」が組織されたように思われます。

冨田村の青年会は神社境内の一隅で舞台を組んで芝居をしたんだ、とか舞台には回り舞台もあった、などと聞くことがありますが、その組織がスタートしたことになります。

明治二二年二月、大日本帝国憲法発布、二三年一一月、第一回帝国議会など、日本国中が近代化に向かおうとしている、丁度その時期に当たっていますが、その熱気が祝辞からも伝わって来るように思います。

圭林寺本堂引出しについて

第２８９号
2005.11.24

圭林寺の歴史を知り得る史料は多くはありません。断片的に、

承応三年(1654)
源慶寺・圭林寺　初て寺かぶを立ル

《家一》

萬治三庚子(1660)　両寺トモ始り
寛文九己酉(1669)　圭林寺　御堂立始り
〃十一辛亥(1671)　源慶寺　御堂立始り
但馬有之写

《宗教二八－一》

など、源慶寺・圭林寺の両寺併記の形での記事ばかりです。

今回は江戸末期の圭林寺に関する史料を紹介したいと思います。

と言っても、管見の限り、圭林寺についての史料は幕末のものしかないのですが‥‥。

下のように、弘化三年(一八四六)、庫裏の再建願いを提出します。

また、神社との位置関係を示す簡単な図面も残されています。その図面に「江州中浅井向寄佐右衛門」と記載されていますので、中井家役所支配の浅井向寄組の佐右衛門(落合村)が棟梁であったと想像できます。

乍恐以書付奉願上候

一棟方三間桁行五間半

右は當村圭林寺庫裏及大破候ニ付建直シ仕度候間、何卒以御憐愍御慈悲ヲ御聞済被成下候ハゞ、難有仕合ニ奉存候。以上

弘化三年　　浅井郡冨田村
午十月　　年寄　三名署名印
　　　　　庄屋　三名署名印

山形御役所

《宗教二八－一》

この庫裏が完成した年代を示す史料は目にしていませんが、弘化四年には完成したと思われます。

続いて弘化四年十二月、本堂の屋根を葭葺きから瓦葺きへの葺き替え普請の願書を提出します。次の文書がその願書です。

しかし、現在の圭林寺の状況から見て、この普請が実現できたかどうかは断定が難しいところです。

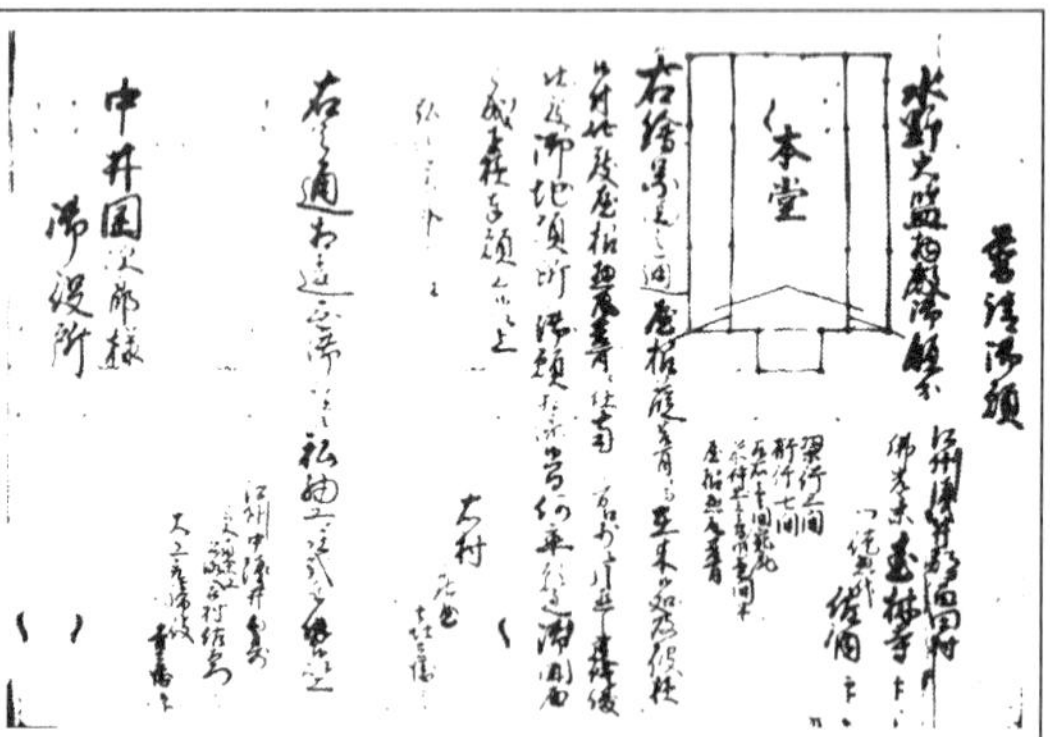

《宗教二八－四》

しかし、この庫裏の完成と本堂屋根の葺き替えの計画が、思わぬ方向へ導くことになります。

乍恐以書付奉願上候

拙寺

一本堂と庫裏間一向無御座候ニ付、高雪之時分等は建前難凌難渋仕候間、依之本堂東江壱間引ニ而南江壱間半引分度候間、御憐愍御慈悲ヲ以右願之通り御聞済被成下候ハゞ難有仕合ニ奉存候。巳上

浅井郡冨田村
嘉永二酉年四月　　圭林寺　印
　　　　　　　　　門徒惣代

前書之通り帰村之上少茂相違無御座候。依之奥印仕候。巳上

右村
年寄　三名署名
庄屋　三名署名

山形御役所

《宗教二八－五》

右の文書は「圭林寺本堂を東と南の方向へ引出したい」という願書です。

内容から、当初の願書ではなく、何度か提出された願書の一つだと考えられます。

この圭林寺本堂引き出しの件については、嘉永二年(一八四九)からの文書が残されていますが、それ以前から本堂引き出しの話が持ち上がっていたものと思われます。

この件については尾を引き、万延元申(一八六〇)頃まで村役人・村方を悩ます問題になっていきます。

公表を憚る内容もありますが、簡単に訴訟の経過を書いてみたいと思います。

◆弘化三年(一八四六)以前
庫裏の建設のため、隣接する北の地面九尺通りを譲渡希望。
→ 先祖伝来の土地として、地主に譲渡を断られる。

◆弘化三年(一八四六)十月
庫裏再建の願書提出

→北地面を断念、その侭の地所に
　庫裏を建設。間取り等変更か？

◆弘化四年（一八四七）十二月
屋根の葺き替え普請の願書提出
→是に関して左記の文書あり。

未十二月廿三日
　冨田村圭林寺
本堂梁行三間桁行七間、左右壱間
ツゞ庇、前拝出壱間巾壱間半屋根
惣瓦葺、絵図面之通屋根葭葺ニ而
在来候處、□□様此度屋根惣瓦葺
ニ仕、南之方江少々引直シ建修復
仕度申候
　中浅井向寄　取締　吉兵衛
　　大工　落合村　佐右衛門

※ 傍線筆者　《宗教28-11-2》

庫裏を再建したことによって、本堂と庫裏の隙間が非常に手狭になり、本堂の南への引き出しを考えるに至ったと考えられます。

◆嘉永元年（一八四八）頃
圭林寺本堂の南への引き出し希望を村方に申し入れたと思われます。

※この頃の社地境内は現在と違い、現在の会議所の床の間、または廊下突き当たり付近見当に、正観音堂が西面して鎮座していました。
また、観音堂は現在の本殿の位置に鎮座していたようです。この当時、拝殿はありません。

嘉永年間の様子が分かる史料が少ないのですが、社地境内に張り出し、神事・祭事等に支障をきたす：：等の意見があり、村方は反対であったようです。

◆嘉永二年（一八四九）四月
本堂引き出しの願書提出
→双方が役所に呼び出され、公事となる。
　圭林寺東一間・南一間半を希望
　村方境内張出し、支障ありと主張
示談が成立せず、八木濱村庄屋中村市右衛門・木村又助の両氏が仲裁に入り、圭林寺が当初所望した隣接北地所九尺通りを村が購入し、圭林寺への寄附する案を申し入れます。
　しかし、これは、再建の庫裏を北に引出す事を意味し、寺側は納得しませんでした。（南三尺・北九尺なら承諾するとの意向もあったようですが：：）
　また、この頃、庄屋T兵衛は私的に大工頭中井家役所より「：：問合候處、年貢地江宮社建候事ハ不相成御公儀より中井江定書御渡有之由：：」《宗教28-11-3》との打診を受けています。

◆嘉永二年（一八四九）五月
郷宿にて示談が成立
→村方も「熟談」し、本堂の引出しを、東方九尺・南方一間という内容で示談が成立します。
しかし、示談内容が即刻実現することはなかったようです。

　本堂引き出しの件は、嘉永四年に再燃することになるのですが、紙面の関係上、次号に続きは譲りたいと思います。

《参考》
　川崎文書（滋賀大学史料館）

※1
前号で、冨田村青年会「健雄社」について紹介しましたが、「健雄社」に関係する文書が新たに見つかりましたので、この号で紹介します。
「健雄社正社員同盟書」と題されたこの文書は、素案の素案と思われ、削除や挿入等、添削の跡が多く見られますが、一応の完成した案と思われる文面を紹介します。

《未整理三三》
健雄社正社員同盟書
吾々健雄社正社員ハ大イニ徳義ノ涵養ヲ翼ヒ、左ノ申合セヲナシ、茲ニ同盟ヲ誓フ。
一健雄社規則第八條ニ觸レ、除名セラル可キ事ハ勿論、第九條ノ規定ニ従ヒ、平常品行ヲ方正ナラザル可カラズ。若シ不品行ノ所為アルトキハ、社長ヲシテ忠告的説諭ヲナサシムル事。
一春秋両度、正社員中ノ発企ニテ、法廷ヲ開設シ、社員ハ必ズ委ロスル事。但シ、法廷ニ係ル設計萬端社長ニ一任シ、社員ハ其命ニ反カザルモノトス。
（※ 句読点は筆者による）

この文書は封書包紙の反故紙に記されており、「午一月四日」「同村G平」「川崎T造殿」という文字が残されています。

「G平」は不明ですが、「T造」は明治元年の生まれです。

「午年」は、明治三・一五・二七：：：年ですから、右素案は、恐らく明治二七年（一八九四）ではないかと考えています。

そう考えると、竹生青年会が明治二三年にスタートしていますが、冨田村健雄社も同時期に発足したらしいことも推察できそうです。

しかし、発足から数年後には、不品行な所業が発生し、除名もやむなしとするような行為があった事、法廷と称する反省会・批判会が必要であったことが窺われます。

竹生村青年会発足の祝辞からはムンムンする熱気が伝わって来ました。

また、右の「健雄社正社員同盟書」前文からも、その高揚とした意識が感じられますが、現実には、現実と理想のギャップがあったことも露呈しているようにも感じられます。

しかし、七年後の明治三四年八月には、八幡神社に「健雄社」と刻まれている六基の石灯籠を寄進しています。

このことから、組織の立て直し、意識改革：：等々がなされたであろうことが推し量れます。

この「健雄社」の社旗が残されており、何年か前の冨田区文化祭で展示されました。覚えておられる方もいらっしゃると思います。

今後は、もっと具体的な活動を発掘したいと思っています。

圭林寺本堂引出し（二）

第２９０号
2005.12.10

前号で圭林寺本堂を南へ一間・東へ一間半(九尺)引き出すことで、嘉永二年(一八四九)五月に示談が成立したことを紹介しました。

今回はその後について、知り得る範囲で紹介したいと思います。

◆嘉永二年(一八四九)五月
郷宿にて示談が成立

→村方も「熟談」し、本堂の引出しを、東方九尺・南方一間という内容で示談が成立します。

しかし、示談内容が即刻実現することはなかったようです。

残されている史料に本堂引き出しの件が登場するのは、翌嘉永三年三月まで待つしかありません。その間の様子については全く分かっていません。

ただ、これ以後も本堂引き出しの件が繰り返し書かれていますので、この一年余の間に引き出し普請が行われたとは考えられません。

◆嘉永三戌(一八五〇)三月
門徒三人が本山直門徒への出願

本堂引き出しの示談が成立したにも拘わらず、普請が行われないことに反発した門徒が、圭林寺門徒の離壇を訴え、本山直門徒になることを希望します。

住職は、本堂を南へ引き出すことにより、庫裏と本堂の隙間は確保できるが、東へも引くことにより、本堂前の空間がなくなってしまうなど、マイナス面も考えたものと思われます。そのため、普請を躊躇せざるを得なかったのかもしれません。

◆嘉永四年(一八五一)六月
普請の再願

→嘉永二年の示談内容で、南へ一間、東へ九尺の普請を此度取掛る積もりだが、差支りがあり、庇も付けたいので南へ三間余、指し出したい……云々

この願書の前後(六月十七日付)に、山形役所より質問状が届き、社地境内の詳しい状況、圭林寺・源慶寺との位置関係、両寺本堂の大きさ、村高……等々、二十三項目にわたる取調・報告を要請されています。

双方(村方・圭林寺)が役所に召出され示談の要請をされます。役人衆は村役に村人に説得するよう諭したようです。そして、嘉永五年二月に示談が開始されます。

◆嘉永五年(一八五二)二月～三月
村方との再示談開始

→当初、住職は東は引き出さず、南へは九尺を主張します。
村方は東へは三尺は勘弁するが(東一間)、南へは一間引き出すことを主張します。
示談の中で、住職は南は一間でもいいが、あくまで東への引き出しはしないと主張したようです。

結果的には双方の意見が一致せず、示談は成立しませんでした。

この頃の文書から、現在、八幡神社古宮(小宮)裏にある菩提樹のことが書かれるようになります。

具体的には、

> ……同寺本堂南之方ニ壱間斗相隔り菩提樹・楓等之詰込杉垣往古ょり在来候處、元来寺中境内之御定と申ハ無之儀御座候得ば……
>
> 《宗教二八-五 その他》

つまり、圭林寺の本堂の南一間程南に菩提樹や楓などが混ざり合った杉垣が昔からあった。これは寺の境内だという決まりではなかったが……というのです。

ところが、この菩提樹の垣根が寺の境内である、境内ではないとの論争にも発展していくのです。

◆嘉永五年(一八五二)四月
圭林寺門徒より庇の赦免出願

→四幅の御絵傳掛け場所もないので庇等を赦免してほしい

住職と門徒との意見が一致しないことを認めつつ、庇を出す（本堂の拡張）ことを願い出ます。

この頃から、住職と門徒との意見が一致しなくなります。嘉永二年の示談を実行しようとする門徒の苛立ちと、本山直末寺の格式を守りたい（本堂前の空間の確保）住職の意見の食い違いが生じたようです。

また、同じ頃提出された村方からの文書に、

> ……既ニ鐘楼堂又者柴部屋等も南方江張出し被建候得共、差構ニ不相成候故、村方ょも彼是申立候者も無御座候。尤是迄何ニ不依新規之義者寺社勿論小前ニ迄不相成義者……
>
> 《宗教二八-五》

つまり、既に鐘楼堂・柴部屋も南へ張り出しをしているが、村方としては問題としていない。社地境内に問題がなければ、神社でも寺でも村人でも、新規不法の儀なければ……、とあります。

村方としては、本堂を南へ引き出すことによって、直ぐ南に鎮座する正観音堂への差し障り・影響を重視していることが分かるように思います。

もし、正観音堂（明治期の二宮、現在は廃祀）に影響がなかったら、本堂

引き出しの問題は簡単に解決していたのかもしれません。

◆嘉永六年(一八五三)二月
圭林寺住職病死
→息子(新發意(しんぼち))が幼少のため、大安寺村光徳寺諦雄が住職の代行を命ぜられます
《宗教二八-六》

住職の死により、本堂の引き出し問題は、一旦棚上げになったように思われます。しかし、四年後に動きが出てきます。

◆安政四年(一八五七)八月
圭林寺本堂前拝再建願書の提出
→梁間弐間両方壱間宛シコロ庇
桁行六間前拝六尺ニ弐間
屋根葭葺き(図面あり)
下浅井組請負大工繁右衛門
下八木村組頭新右衛門
《宗教四七》

この再建普請が現在の圭林寺本堂の形ではないかと考えています。

◆安政四巳(一八五七)九月
引出しの件で源慶寺が仲裁に
→圭林寺と村方故障の儀、今も事済不相成、源慶寺仲裁には双方異議なし
本堂の引出しは東一間半、南一間を主張(示談成立)
本堂引出し時に故障等申し立てない

願書の取り下げ願提出
《宗教二八-七・宗教四八 等》

◆安政四年十一月付文書
源慶寺に万端任せ、双方納得、和熟

◆万延元年(一八六〇)十二月
役所・本山関係の願書の願い下げ
《宗教二八-七 等》

圭林寺本堂引き出し等についての文書は以上で終わりになります。十五年にわたる問題は一応の終焉を迎えますが、決着の内容を詳しく示す文書は残されていません。

また、これらの問題に直接関わってきた村役員の内、何名かが退役することにもなりました。

◆万延元年十二月
東組庄屋I平治病気退役、S左衛門庄屋就任(年寄より昇格)。
S左衛門の後にS左衛門年寄就任。
西組年寄K右衛門病身退役、O左衛門年寄就任
《宗教二八-七》

《参考》
川崎文書(滋賀大学史料館)

【いっぷく】

《未整理二八六》

覚
一米三斗五升　竹生嶋初穂
代三両弐歩壱朱ト壱匁九分壱厘
一〃四斗四升　伊勢多賀共
代四両弐歩ト壱匁一厘
一〃壱斗三升　組分ギ
代壱両壱歩壱朱ト壱匁四分壱厘
一〃三斗四升　手前ギ
代三両弐歩
〆壱石弐斗六升
代金拾弐両三歩壱朱
壱匁六百五十七文
金三両弐歩壱朱ト　竹生嶋初穂
内壱両　油料
又弐歩　寺々年玉
又壱歩　御神口料
金四両弐歩ト壱匁　伊勢多賀共
内三両　伊勢上納
残而壱両壱歩弐朱ト壱匁
伊勢預り
又弐朱　多賀預り

右は(幕末頃か?)の竹生島への初穂、伊勢神社・多賀大社への初穂料上納の記録です。また、

《未整理二九二》

覚(「年限中済功」の印)
一金壱朱　寺分御取斗
御免勧化御修復料
右之通慥ニ令受納候。以上
駿州有渡郡
草薙大明神神主
森壱岐役人(印)
文久三亥　吉田小三郎
十月廿六日
成瀬民部
冨田村
御役人衆中

上は、駿河草薙大明神への修復料の寄進の受領書です。この文書は印刷された用紙に金額と村名を書き込んでいますから、臨時の勧化に応じた寄進だと思われます。また、

《未整理三〇八》

覚
一金　百疋ト
銭　弐百五十文
右當酉年春秋両度分、為
助成被下置、慥奉頂戴候。以上
京悲田院
五月　居村一同(印)
冨田村
御役人中様

右は神社等ではありませんが、悲田院への助成金としての受領書で、複数枚が残されていますので、定期的な寄附があったのかもしれません。

現在は個人対応として、初穂料上納などの習慣が残っていますが、江戸末期には一村として対応していたことが窺えます。

今も昔も神社仏閣への初穂料上納や臨時の勧化が頻繁に行われていたと思われます。これは現代に比して神仏に対して信仰が深かったことによるのかもしれません。

また、現代では殆ど見られなくなった「講」に関する書類も夥しく存在します。

少ない収穫から年貢を上納し、神仏への寄進をし、講へも積み立てる・・、苦しい生活の中にも、神仏への帰依や、満講のささやかな楽しみを持ちながら生き抜いた、当時の村人の姿を見るように感じました。

殺生禁制の島・竹生嶋

第２９１号
2005.12.24

竹生島は観音信仰、弁才天信仰の聖地として往古より信仰を集めてきました。そのため、竹生島内は勿論、周辺の湖上も殺生禁制とされていました。

　今回は竹生島の殺生禁制の実態等について見ていきたいと思います。

《竹生島文書　03-0405》

一御當山近海者殺生御禁制之場所柄之義者、兼々當村漁師共江申渡置候処、近来紛敷場所迄折々網漁仕候趣、蒙御察當何共奉恐入候。依之漁師共色々吟味仕候得共、何れ茂覚無之段申聞候得共、何分沖引ニ而魚漁仕候義ニ付、眼隙之場所者急度相除、以来決而御島近所へ立入不申候様申付候ニ付、万一心得違之もの有之候ハヽ、御取押被成下、如何様共御仕置被仰付候共、一言之申分無御座候。右漁師共取調之上差入申一札仍而如件

安永二巳年
　　大濱村庄屋
四月　大濱仲右衛門(印)
　　漁師肝煎
　　五郎次(印)
竹生嶋
　御一山中

※安永二年(一七七三)

竹生島近くの紛らわしい場所で網漁する輩がいると言われ、吟味したが該当者がなかった。

　今後は島から見えるような場所へは立ち入らない。もし、不心得者があったら取り押さえてほしい・・・といった内容です。

《竹生島文書　03-0410》

奉指上一札之事

一御嶋　辨財天様當仲間一統信仰ニ付、御祈祷札頂戴仕度段奉願上候処、御承知被成下、難有頂戴仕候。然ル処、釣舟仲間之内不心得之者御座候而、御嶌殺生禁制之儀も不顧、折々船相掛猥之儀有之候付、已来御嶌江立入御差留被成下奉恐入候。右様ニ相成候而者、風之模様ニより甚難渋仕候趣段々御歎申上候処、已来殺生禁制之儀者勿論、猥之儀等相心得、萬事慎候ハヽ、風凌之掛り舟之義御用捨可被成下段、仲間一統難有仕合奉存候。依之仲間之者共与得示合、御嶋方八町之内ニ而釣針ヲ落し候義者勿論、懸り船之間茂相慎、魚肉等悪敷取扱不仕、万事相心得信心堅固ニ可仕候。若万一右書面之趣相背候儀、御見聞被成下候ハヾ、早速御沙汰可被成下候其節相糺、其ものハ御嶌立入急度差留可申候。為後證之依之一札如件

天保弐年
　　　　堅田釣漁師仲間惣代
　　　　　　三名押印
　卯九月　庄屋　宗兵衛(印)
竹生島御年行様

※天保二年(一八三一)

竹生島周辺において、殺生禁制と知りながら、不心得の仲間が釣り漁をしてしまい、お叱りを蒙り、島内への立ち入りを禁止された。

　出漁中、天候の具合によっては島へ避難することで雨風を凌いでいたが、立ち入りを禁止されれば今後は難渋が必至である。

　島の八町四方では、釣り針を垂らすことは勿論、魚肉等を取り扱わないのでお許しを・・・、といった内容です。

　大濱村からの一札や堅田釣漁師からの一札は、いずれも殺生禁制の竹生島付近では漁猟をしないことを申し入れた文書でした。
　しかし、漁猟についてばかりではなく、その他の問題で竹生島の殺生禁制の禁を犯したため侘び證文を書いている例がいくつかありますので紹介したいと思います。

《竹生島文書　14-0217》

今般私共御山浦手通向仕候砌、御山へ這登り、山林ニ巣くひ候鳥之玉子盗取居候所、御役人衆ニ被見遂、御嶋義ハ殺生禁制之段乍存、不埒之勤仕候段、何共無申分、重々奉恐入候・・・

※文政十一年(一八二八)

《竹生島文書　06-0486》

此度御開帳ニ付、諸参詣之衆中江殺生禁断所トも不存、魚類等取扱イ致居候処、御見廻之御役人様ニ蒙御雑當ヲ、誠以不調法之段、奉恐入候・・・

※天保四年(一七八三)

などの文書が残されています。

　前者は竹生嶋の裏山で鳥の玉子(卵)を取ったところを役人衆に発見されたため、また、後者は茶屋で参詣人への料理に魚類などを提供した所を、これまた役人に発見されてしまい、侘び證文を書いているのです。

　特に島の玉子の件は他にも、同じ文政十一年や天保三年(一七八二)の日付のものが残されています。

　いずれの文書も四月付となっていて季節を感じさせます。

《竹生島文書　14-0222・14-0296》

　また、文政二年(一八一九)のものは直接には玉子とは書かれていないものの同類だと思われ、三月付になっています。

《竹生島文書　14-0216》

　これらは役人に見つかるという滑稽な話ですが、笑ってばかりはいられな

いのが当時の竹生島でした。竹生島は殺生禁制の地として、近辺での漁猟はもちろんのこと、島での殺生も禁じられていて、それが鳥の卵であったとしても禁じられていたのです。

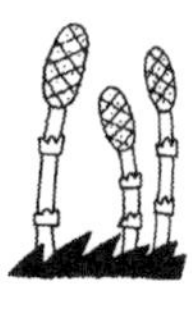

また、享保十五年四月、竹生島妙覚院が彦根寺社奉行所・筋奉行所宛に訴えた文書には（虫食いが甚だしく読み辛いのですが・・・）、

《竹生島文書 06-0486》

去ル午之年浅井郡早崎村之内竹生嶋領百姓共鳥猟之儀ニ付、出入申懸□□□□公辺江茂罷出候趣□相成無謂義申募非礼之儀只今ニ至存弁候此段御□□・・・・

※ 去ル午年（享保十一年（一七二六））
享保十五年（一七三〇）

今度は鳥猟についての対立があったと思われます。

これは鴨などの鳥を捕る猟を意味するのか、鵜飼などの鳥を使って魚を捕る漁法を意味しているのか、私には判断がしかねます。

現在では想像も出来ませんが、琵琶湖でも鵜飼のような漁法もあったらしく、享禄二年（一五三〇）の文書に、

於當所鄕従安養寺鵜遣事先規其例無之趣竹生嶋并早崎地下人中等依申時宜為可被相尋之儀・・・

《竹生島文書 39-0144》
※ 傍線は筆者による

などの記載があり、古い時代の資料ですが、鵜飼があったことを示しています。

従って、上の「鳥猟」が「鳥を捕る猟」なのか、「鳥を使っての猟」なのかは、どちらも可能性があるだけに、決めかねるのです。

どちらにせよ、竹生島の殺生禁制との関係においては、竹生島の嫌う行為であったようです。

以上のように、竹生島においては島内は勿論、周辺海域においても殺生禁制が主張され、漁業などや生活に影響を与えていたようです。

また、文書に書かれたものは見たことはありませんが、竹生島の僧は竹生島で天寿を全うする事を認められてなかったと聞いています。

死期が近づいた場合には、竹生島を離れ、里坊や実家に戻り天寿を全うしたのだといいます。

仏教的に、殺生や死をタブー視する強い意志があったのだと思えます。

《参考》
竹生島文書マイクロフィルム版
（びわ町図書館蔵）

※1 竹生島は殺生禁断の地であったことは紹介の通りですが、領地は早崎村三〇〇石であり、領民である早崎村村人の中には漁猟を生業とする人々もあったようです。

《竹生島文書 18-0413》

一筆令啓達候。然は竹生嶋領江州浦辺之村々ニ湖水之漁猟仕候者有之候ハヽ、公儀御證文所持仕候哉、但御證文は無之候得共古来ゟ漁猟仕来候哉、又は公儀江御運上差上ケ漁猟仕候哉、右之子細承度存候。此段御尋申候儀ハ拙者御代官所□堅田浦猟師従先規御證文所持仕致漁猟、毎年御鮓鮒指上来候儀ニ付、今度従御勘定所被仰下候ハ、外之村々ニ茂湖上之漁猟仕候者有之候哉、御料私領ニ不限、其品承合、早々申上候様ニと被仰下候ニ付、如此御座候。竹生嶋領ニ漁猟仕候者有之候は、乍御六ケ敷、御證文・御運上等有之哉否之わけ、漁猟之品委細書付、尤御證文所持申候ハヽ、其写御添候而御越可被下候。恐惶謹言

十一月廿七日　小野半之助（花押）

竹生嶋
御寺中

《竹生島文書 18-0411》

先日之為御□御状、今拝見候。然は御知行所浦辺之村ニ、致漁猟候者有之候得共、公儀御運上差上ケ申儀無之、勿論御證文茂無之之由、被仰聞致承知、就夫御知行所は何郡何村と申候哉、漁猟之品ハ如何様之猟儀仕候哉、其村斗ニ而之儀ニ候哉、他浦へも参候而も致漁猟候哉、此段令一往御尋被成、乍御六ケ敷、早々可被仰聞候。恐惶謹言

十二月九日　小野半之助（花押）

竹生嶋
御寺中

（※年代不明）
（元禄年間（一六八八～一七〇三）頃）

殺生禁断の地の領主竹生嶋にとっては皮肉な内容ながら、領内での漁猟の有無、證文（漁猟）の有無、運上金の有無、漁猟の品（漁猟魚種類）、漁猟方法、漁猟場所などを報告せよとしています。

一回目の報告で、（早崎村では）漁猟を生業とする村人が居ること、證文は無いこと、運上金の納入の無いことを報告したようです。

二回目の報告で、領有する村名、漁猟の品、漁猟方法、漁猟場所などを要求されています。

どのような報告をしたのかは不明ですが、竹生嶋がどれだけ漁猟の実態を周知していたかは疑問です。

書状の差出人、小野半之助は大津代官所の代官で、幕府直轄領（天領）を支配していました。

竹生嶋は三〇〇石の領主ではあったのですが、大津代官の支配下にあったと思われます。

また、小野半之助は元禄一一年～一二年には冨田村（天領時代）の代官でもあった、小野半之助宗清と思われます。

冨田西東北村の村高変遷

第２９２号
2006.01.10

冨田村の村高は江戸期を通じて変化せず、慶長七年（一六〇二）以来、七百六十九石四斗でした。

大きな流れの中で見れば、元禄十一年（一六九八）に、村高百七石二斗九合が旗本西郷氏に分割され、相給となるという大きな変化がありましたが、村高に変化はありませんでした。

江戸時代の「高」とは、簡単に言えば固定資産の評価額とでも考えたらいいかと思います。

冨田村全体の評価額のことを「村高」個人のそれを「持ち高」といいます。

加賀百万石とか彦根三十五万石というのも同じ考え方です。

更に、「高」を基準にして年貢等が賦課されましたので、村にとっても、個人にとっても生活（所得）の基準になる数値であったと考えられます。

「免四ツ」といえば、基準になる村高や持ち高の四〇％を年貢として納めなければならなかったのです。

従って、持ち高が多ければ年貢も多い代わりに所得（余剰米）も多かったと考えられます。

逆に持ち高が少なければ、年貢も少ない代わりに所得も少なく、自分の所持する田畑だけでは食えずに、小作もしなければならなかったようです。

小作となれば、借地の年貢も小作料も準備しなければならない。手元に残るのは・・・、といった状況でした。

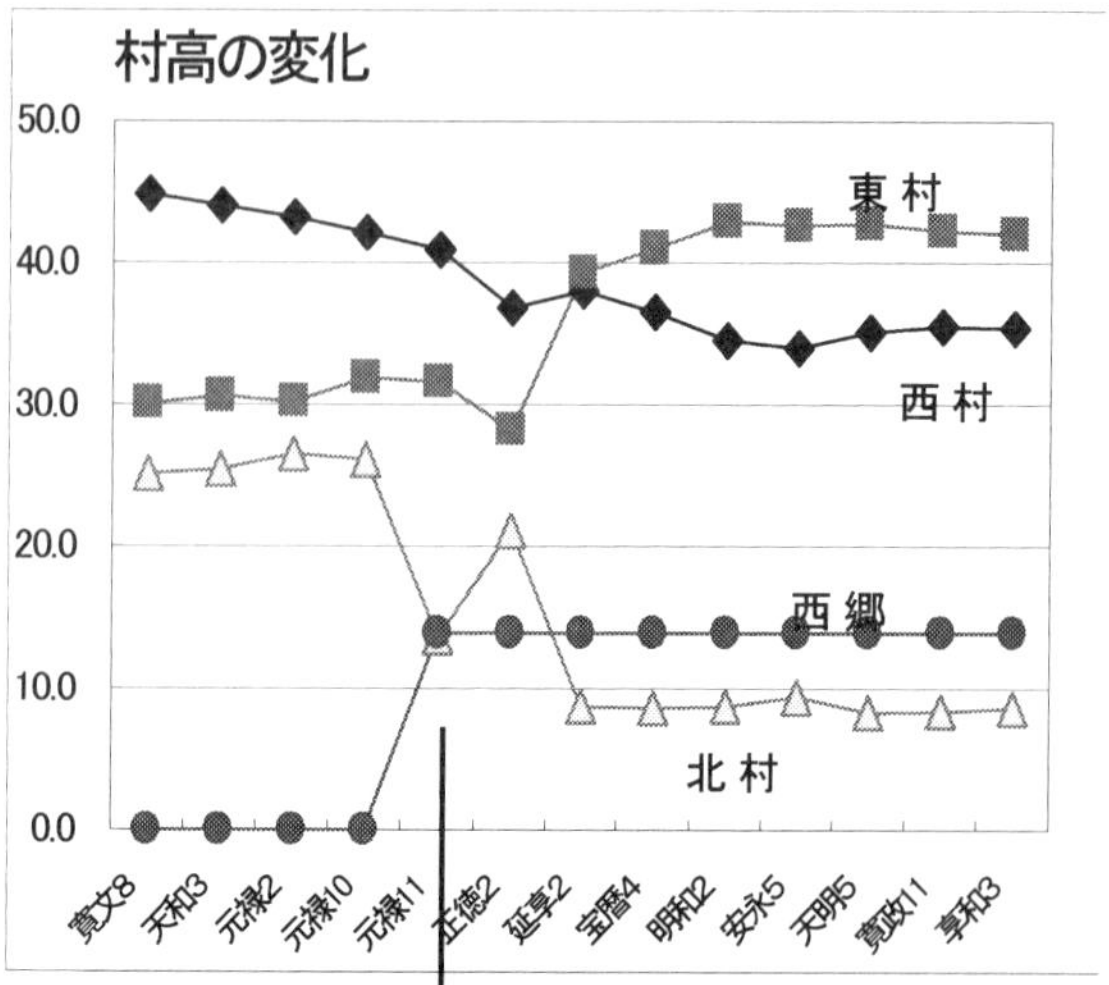

◇旗本西郷氏へ渡った後は、三村で村高六六二石二斗九合だが七六九石四斗に対しての割合（％）
・元禄十一年の時点では、北村は西郷高をもっているが上の計算には入っていない
・持ち高の実態とに差違があることに注意を要す!!
◆元禄十一年（一六九八）一〇七石余西郷氏へ渡る
◇旗本西郷氏へ渡る前は、村高七六九石四斗
・三村とも七六四石四斗に対する百分率（％）の計算
◇グラフ（横軸）の一目盛間隔は均等ではない

冨田村はさほど大きな村でもないのに（江戸期では標準的な村）、一ケ村に庄屋が四人もいました。

西郷氏の庄屋一人は分かりますが、残りの三人については、冨田西村の庄屋、東村の庄屋、北村の庄屋というように、冨田村は三ケ村に分けられていて、西村（西組という表現もある）、東村（東組）、北村（北組）と呼んでいました。ただし、北村の成立は寛永十六年（一六三九）ですから、三ケ村となったのはそれ以降で、それまでは二ケ村であったようです。

冨田村が二ケ村（のち三ケ村）に分けられていたのは、冨田村の成立に関係するのだと思うのですが、理由が定かではありません。そして、この状態は明治まで続きます。

そのため、支配代官所から年貢の請求書である「免定」が冨田村に届くと、冨田村の代表庄屋によって三ケ村の村高に応じて徴収すべき年貢高が配分されます。

三人の庄屋は各村（西東北）の配分高を、自分の村の各家に対して個人毎に割当し、自分の村からの年貢を集めることになりました。

この時作成されたのが「御物成割府目録」「十九出作米三組差引」「安養寺出作米三組差引」「西郷様高廻シ」や「高廻シ」とある一連の書類です。

これらの書類に記載された各村の村高の数値を追跡することで、西村・東村・北村の様子を多少とも伺うことが出来ると思います。

次頁の表は、史料の残されている寛文八年から享和三年までの抜粋です。

また、上のグラフは左頁の表をグラフ化したものです。

元禄十一年（一六九八）より旗本西郷氏へ村高七六九石四斗の内、一〇七石余が移っていますが、元禄一一年以降も、同じく七六九石四斗を基準とし、代わりに、元禄十一年以降は西郷高を加えました。
また、西郷氏の一〇七石余は、当初は北村が大半でしたが、時代を経るに従って西村や東村へ売却移動されている事実もあります。しかし、詳細は不明のままですので、西・東・北村の所有高の変遷は不明です。
従って、単純には比較は出来ないのですが、大きな流れは読み取ることが出来ると思います。

冨田村西東北村 村高変化一覧(抜粋)

年号	西暦	西村高	%	東村高	%	北村高	%	西郷高	%
寛文8	1668	344.76470	44.8	231.41330	30.1	193.22200	25.1	0.00000	0.0
天和3	1683	338.50360	44.0	235.63010	30.6	195.26630	25.4	0.00000	0.0
元禄2	1689	332.74520	43.2	232.67380	30.2	203.98100	26.5	0.00000	0.0
元禄10	1697	323.60090	42.1	245.34930	31.9	200.44980	26.1	0.00000	0.0
元禄11	1698	314.83300	40.9	242.92490	31.6	104.43310	13.6	107.19100	13.9
正徳2	1712	283.20610	36.8	216.79390	28.2	162.19100	21.1	107.19100	13.9
延享2	1745	292.48968	38.0	302.49192	39.3	67.20940	8.7	107.19100	13.9
宝暦4	1754	281.17244	36.5	315.20737	41.0	65.81119	8.6	107.19100	13.9
明和2	1765	265.33538	34.5	330.12264	42.9	66.73262	8.7	107.19100	13.9
安永5	1776	261.97729	34.0	328.10086	42.6	72.11262	9.4	107.19100	13.9
天明5	1785	269.99994	35.1	328.40633	42.7	63.78450	8.3	107.19100	13.9
寛政11	1799	272.88968	35.5	324.65657	42.2	64.64451	8.4	107.19100	13.9
享和3	1803	272.70912	35.4	322.95510	42.0	66.52943	8.6	107.19100	13.9

江戸の初期の史料はありませんが、寛文八年では、冨田村全体の約四十五%が西村、約三十%が東村、二十五%が北村の村高となっていて、西村が約半分弱の村高を保有し、一歩リードしている状況であったようです。

東村はに宮大工阿部家、西嶋家が属していますので、大工の傍らに百姓という家も多かったと思われます。土地が少なくても生活ができたのではないでしょうか。

ところが、一七五〇年頃に入ると、西郷氏の高一〇七石余の状況は分かりませんが、西村が約三八%、東村が約三十九%、北村約九%と、西村と東村の立場が逆転しています。また、北村が異常に落ち込んでいるのが分かります。

北村は西郷氏が中心でしたから、全体に対して、割合が低くなるのは当然なのですが、西郷氏は五千石の旗本で、免定が残されていないものの、免率が高く、百姓は苦労したと言い伝えています。

年貢未納のため、田畑を手放す百姓もあったのかもしれません。それらの田畑を手に入れたのが経済的に余裕のあった東村の人々(と安養寺の入作)であったと考えられます。

安養寺の入作については、史料を載せていませんが、約二十四石余あったようです。(但し、この二十四石余は西東北村の村高の中へ便宜上繰り込まれています)

一般的に、西村は百姓を中心とした農業だけを仕事とした村、東村は百姓としての農業をする傍ら、大工や浜縮緬など工業にも従事した村だと考えられます。

百姓以外で得られた現金収入が東村の村高増加(田地の増加)に繋がっていったのではないかと考えています。

《参考》
川崎文書 (滋賀大学史料館)

※1
冨田村の内、西村・東村・北村の村高は紹介したように、年代とともに変化します。

特に西村と東村は、一七五〇年頃を境に村高の逆転現象が起きます。

この事実を逆手にとれば、年代不明の文書に対しても、村高が記載されていたら年代が判明するのです。

年貢関係の村割賦(西・東・北村への割当)状などには、干支と組み合わせることで効果を上げています。

※2
冨田村高は、西村・東村・北村・西郷高以外に、安養寺村の出作、十九村の出作高が含まれていましたが、年貢計算処理の時点では、西組担当の安養寺出作高分、東村担当の安養寺村出作高分といったように、西組・東組・北組に割り振っていました。

例えば、

庚午高廻し覚　《租税二五〇》

一高弐百七拾弐石弐升九合六勺九才　西組
　内三石八斗六升七合八勺　西郷様分
残身高
弐百六拾八石壱斗六升弐合四勺九才
身高二三分八厘弐毛廻し
　高拾石弐斗四升三合八勺九才　安
身高二壱分九厘五毛廻し
　高五石弐斗弐升九合壱勺八才　十九
高〆
弐百八拾三石六斗三升五合五勺一才
一高三百弐石四斗九升三合六勺七才　東組
　内四石弐斗九升七合五勺九才　西郷様分
残身高
弐百九拾八石壱斗九升六合八才
身高二三分八厘弐毛
　高拾壱石三斗九升壱合七才　安
身高二壱分九厘五毛
　高五石八斗壱升四合八勺壱才　十九
〆三百拾五石四斗壱合五勺六才
一高六拾石五斗六升九合弐勺八才　北組
　内八斗六升五勺弐才　西郷様分
残身　五拾九石七斗八合七勺六才
身高二三分八厘弐毛
　高弐石弐斗八升八勺六才　安
身高二壱分九厘五毛廻し
　高壱石壱斗六升四合三勺壱才　十九
〆六拾三石壱斗五升三合九勺三才
寛延三
　當年より此廻也
　(※寛延三年(一七五〇))
(※安・安養寺高を意味する)

各組(村)とも、西郷高を除いた各々の村高(身高)の三・八二%を安養寺出作高として、一・九五%を十九村出作高として組み入れています。

いわば、公平に安養寺村出作高、十九村出作高を割り振っています。

また、各組(村)とも西郷氏領分へ入作していたことも窺い知れます。

この段階では、西組が三石八斗余、東組が四石三斗弱、北組が八斗余を入作しています。

従って、純粋に西郷氏領民は一〇七石余ではなく、浜松藩領民に食い込まれていたことになります。

さらに、西郷氏領民は殆どが北村の人々でしたから、北村は北村高プラス西郷氏高だと考えてもいいのかもしれません。そう考えると、北村の元禄一一以降の落ち込み(高の減少)も理解出来るのです。

末代賣渡申一職之事

第２９３号
2006.01.24

前回、冨田村西・東・北村の村高の変遷について紹介しました。

村高が変化するということは、土地の所有権が移動していることを意味します。

江戸期においては土地の移動が禁止されてはいたのですが、実質的には頻繁に土地の移動が見られました。

今回は、これらの土地の移動について、残された膨大な「譲り渡し證文」から、その一部を紹介したいと思います。

《売買二》

> 末代賣渡申一職之事
> 冨田村郷内字
> 印)
> 合上田四畝弐拾三歩　下川田西ょり
> 分米八斗五升八合　弐反目也
> 右件之田地元者雖為我等先
> 祖之一職、丑年三分一銀不罷
> 成候ニ付銀子百(印)七拾匁ニ末代
> 賣渡シ申所実正明白也、然上ハ
> 猶此田地子々孫々後々末代
> 違乱煩他之妨有間敷候。為後日
> 賣券状仍如件
> 西冨田村賣主
> 元禄十年　H兵衛
> 丑十二月十五日　Z五郎
> T兵衛殿

※元禄一〇年(一六九七)

上の證文に見られる字下川田は、現在「JA北びわこ」の敷地となっている辺りです。西より二反目となっていますから、給油所と竹生支所の間の駐車場付近ではないかと思われます。

内容的には、字下川田の五畝弱の土地(分米(評価額)八斗五升余)を、元禄一〇年の三分一銀納が納められないため、銀百七十匁にて永代の売り渡しを認める證文となっています。

H兵衛が元所有者(売主)、Z五郎が証人、T兵衛が新所有者(買主)となります。

この證文の中に「我等先祖之一職《いっしき》」という文言があります。

この「一職」とか「職」という言葉は、中世から江戸初期には時々見られる言葉です。

「職」とは、一般に職務に伴う土地からの収益権を意味し、「一職」とは本年貢の後の剰余を得分とできる権利を意味しているようです。

難しいことは分かりませんが、百姓をする権利、収穫を得る権利、剰余を収得する権利といった意味に用いられているように思います。

いわば、田地の所有権、耕作権、収益権などをまとめて「一職」と表しているように感じています。

従って、上の證文は、単に土地を譲り渡すばかりではなく、土地の所有権をも含めた全ての権利を譲渡をしているのです。反面、その権利の中には年貢を納める権利(義務)も含まれているのですが・・・。

《売買二》

> 賣渡シ申本物返田地之事
> 冨田村郷内
> 印)合四畝廿八歩五厘　字八之坪
> 分米八斗壱升七合
> 右之田地寅ノ年三分一御未進
> 不罷成候ニ付、卯作ょり戌ノ暮迄
> 八年切、銀子百五拾匁ニ賣渡し
> 申所実正明白也。右百五拾匁
> 之内拾五匁すて銀以左様極、
> 田地請取申時銀子百三拾
> 五匁相渡し田地請もとし
> 可申候。万一右之百三拾
> 五匁銀子少ニても不罷成候ハヽ
> 田地末代御作り可被成候、
> 其時一言之子細申間敷候。
> 為後日手形仍如件
> 冨田村賣主
> 元禄十一年　Z五郎
> 寅ノ十一月廿九日
> 庄屋　T兵衛
> 同村
> S左衛門殿

上は翌元禄十一年の證文ですが、上段の證文で証人となっていたZ五郎が、今回は売主となっています。

庄屋T兵衛が証人となり、S左衛門へ字八の坪の五畝弱の田圃を譲渡しています。

今回の證文には「賣渡シ申本物返《ほんものがえし》田地之事」とあります。

この「本物返」という言葉もよく目にする文言です。

「本物返」とは買戻権を保留した不動産の売買のことをいい、一定の年季が過ぎれば買戻せたり、その物件によって買主の収益が借入金の元利に達した場合は、物件が返却されるものなどがあったようです。

右の證文では、八年の年限を切って百五十匁の借入をしています。

その八年の間は買主のS左衛門に耕作権が移ります。つまり、五畝弱の田地は借金のカタになっていると言うわけです。

この證文では、百五十匁の内十五匁を捨て金(?)とし、年季後に百三十五匁を支払うことで田地を請け戻す約束になっています。もし、百三十五匁が返済できない場合に限り、永代譲り渡すとも約束されています。

捨て金(?)云々などと書かれている證文は非常に珍しい例ですが、その都度、両者によって話し合いがつけられたものと思われます。

多くの證文に目をやると、例え同じ面積の田地をカタにしても、借入金の額が大層違うことも多々あります。これは両者の交渉があったことを意味しています。

また、「本物返」は、年貢が完納できないため、仕方なく田地をカタにして借金をするのが殆どです。百姓が田地を失えば、収入が減少することが目に見えています。

　年季が何年であっても、その間は収入が現在よりも減るのですから、年季が明けた時に借入金が返せるはずがありません。

　年季が明けて、無事に請け戻された田地もあったかとは思いますが、大半は質流れ的に、所有権は買主に移っていったものと思われます。

　「本物返」の本来は借入れなのですが、実態は「売渡し」と同義語同然であったと考えられます。

　このような土地売買(譲渡)證文は、元禄十年だけでも十三件、元禄十一年で十四件、元禄十二年で十一件…など確認することができます。

　場合によっては、下の證文のように屋敷地や屋敷そのものをカタに借入している場合もあります。

　下の證文は×で全面を消していますので、請け戻しができたのだと思われます。

一上畑廿弐歩五厘　字居屋敷
　分米九升七合五勺
一上畑拾九歩　字西屋敷
　分米八升弐合五勺
　字忠兵衛屋敷割合
一上畑拾五歩七厘四毛
　分米八升弐合五勺

《売買二》

末代賣渡申畑之事
印)
合上畑弐拾弐歩五厘　居屋敷
　分米九升七合五勺
右之畑居屋敷丑三分一不能成候ニ付、銀子百匁ニ家屋敷ニ末代賣渡申所実正明白也。然上者、此畑家屋敷おゐて子々孫々後々末代違乱煩他之妨有間敷候。為後日賣券手形如件
元禄十一年寅ノ
　二月五日
冨田村賣主　S右衛門
　請人　S太夫
　庄屋　T兵衛
S五郎殿

また、上の三点の物件は、
元禄十一年（売渡(※)　一〇〇匁）
元禄十一年（六年年季　一〇〇匁）
元禄十二年（十年年季　八〇匁）
元禄十六年（年季不明　一二一匁）
同一の持ち主(S右衛門)から借金のカタに出されています。
　各々の年に請け戻しが出来たのか、それとも二重・三重登録なのかは分かりませんが、S右衛門の生活状況が手に取るように分かってきます。
　(※)は右の×で帳消しされている物件です。

《参考》
　川崎文書（滋賀大学史料館）

土地売買一覧（元禄１０年～１１年の記録にあるデータのみ）《土地２》

年・月	場所・質物	代金	期間	売主	買主	請人
元禄１０年１２月	下川田上田４畝２３歩	１７０匁	末代	八兵衛	太兵衛	善五郎
元禄１０年１２月	菅居本上田４畝１８歩	１１０匁	末代	八兵衛	文右衛門	善五郎
元禄１０年１２月	川田上田１反５畝１６歩７厘	３００匁 米３俵	末代	仁右衛門	源右衛門	弟角左衛門
元禄１０年１２月	溝畑上田２２歩４厘	２５匁	10年	与惣右衛門		新右衛門
元禄１０年１２月	円光上畑１３歩１厘５毛	３０匁	３年	左次右衛門	長兵衛	
元禄１０年１２月	六ノ坪下田１ケ所（１反か？）	３６０匁	永代	仁兵衛	了念	小左衛門
元禄１０年１２月	よもぎ上田３畝２５歩	１６０匁	末代	太郎兵衛	長右衛門	八兵衛
元禄１１年　２月	居屋敷上畑(家屋敷)２２歩５厘	１００匁	末代	新右衛門	三五郎	七太夫
元禄１０年１２月	三の坪・川田各１反　合計２反	米１５俵	７年	源右衛門	長兵衛	勘左衛門
元禄１１年　３月	十四下田１反	１５０匁	末代	仁兵衛	四郎兵衛	新三郎
元禄１１年　６月	家・小道	５０匁		左次右衛門	新左衛門	傳左衛門
元禄１０年１２月	木添上田４畝２４歩	１４０匁	末代	仁兵衛	十右衛門	武左衛門
元禄１１年１１月	玄取上田７畝１２歩	４００匁	末代	仁兵衛	猪兵衛	小左衛門
元禄１１年１１月	八之坪４畝２８歩５厘	１５０匁	８年	善五郎	新左衛門	
元禄１０年１２月	大海道１反（質物）	４６０匁		長助	小観音寺長助	兵右衛門
元禄１０年１２月	道前上田１２歩	４３匁７分	末代	仁右衛門	権左衛門	
元禄１１年１２月	よもぎ上田３畝２４歩	１４５匁	５年	仁右衛門	善左衛門	善五郎
元禄１１年１２月	三の坪下田４畝１０歩	９０匁	末代	市之丞	才三郎	源右衛門
元禄１１年１２月	七の坪中田２畝２５歩	１９０匁	末代	新右衛門	勘左衛門	七太夫
元禄１１年１２月	十四上田５畝２０歩（質物）	米１俵	利２割	七太夫	太左衛門	
元禄１１年１２月	若林上田１反	３９０匁	永代	仁右衛門	次左衛門	
元禄１１年１２月	下田１反２畝７歩 十七中田１畝	３００匁	末代	仁兵衛	五左衛門	善五郎
元禄１１年　３月	東屋口上畑１６歩６厘	６０匁能銀	15年	新左衛門	十九村傳三郎	三郎左衛門
元禄１１年１２月	居屋敷上畑２２歩５厘（質物） 西屋敷上畑１９歩　（質物） 忠兵衛屋敷上畑１５歩７厘４毛 家１軒(質物)	１００匁 能銀	１割 ７分	新右衛門	与兵衛	七右衛門
元禄１１年１２月	墓ノ町　中田　９畝２０歩 溝尾　下田　５畝２１歩 溝尾　下田　２５歩 円光寺　上畑　１畝２０歩	４５０匁	６年	太右衛門	十九村亥口口	

「功名が辻」山内一豊・千代

第２９４号
2006.02.10

NHKの大河ドラマ「功名が辻」が始まりました。

湖北にもゆかりのある、山内一豊と妻千代が、高知土佐藩二〇万石の城主へと出世していく物語です。

山内一豊と冨田村との接点はありませんが、びわ町のいくつかの村々が山内一豊の所領であったことはあまり知られてないようです。

今回は山内一豊の生きた時代を見ていきたいと思います。

山内一豊が湖北地方と関わりを持つのは、史料が残されていませんが、元亀元年(一五七〇)姉川の合戦の頃だと思われます。

姉川の合戦(野村合戦)は、織田・徳川の連合軍が浅井・朝倉連合軍に勝利した戦いでした。

冨田村にも、先祖が浅井軍の一兵として姉川の合戦に参加し、戦死したという伝承をもつ家もあります。

姉川の合戦で勝利した(?)織田軍は、対岸の横山城に羽柴秀吉を入れます。この時、山内一豊も秀吉に従い、湖北の地にあったかもしれません。

天正元年(一五七三)八月、織田軍は小谷城に総攻撃をかけ、浅井氏を滅ぼします。この合戦の折、一豊は朝倉軍を追撃の途中で敵将を撃ち、手柄を立てたと言われています。

この手柄のため、一豊は唐国村(現虎姫町)において、四〇〇石の知行地を得ることになります。

昨年、唐国村地先に「初所領之地」の碑が建てられました。

唐国村の旧家に、一豊の初知行を示す文書があったとか…、それを基に碑を建立したのだと聞きました。

この頃(天正三年)、竹生島奉加帳に山内伊右衛門の名で、五十疋(五百文)の寄進をしている記録があります。これは、一豊が湖北の地にあったことを意味しているものと思われます。

この後、播磨地方に転戦し、播磨での加増などを経て、長浜城五千石、高浜城一万九千石の城主との記録もありますが、詳しくは未調査です。

◆山内文書第一号　「東浅井郡志巻四」宛行状

於江州北郡の内貳萬石令扶助畢。目録別紙遣候。全可領知者也。
天正十三年
壬八月廿二日　秀吉(花押)
山内伊右衛門尉殿(※一豊)

そして、天正十三年(一五八五)閏八月、山内一豊(伊右衛門)は長浜二万石の城主となります。

この時、八幡山城主羽柴秀次の蔵入地一万石の代官も任されています。

◆山内文書第二号　「東浅井郡志巻四」

於江州北郡遣知行方目録
一四千六百六拾石　八幡庄
一千貳百石　相撲
一千八百八拾壹石五斗　から川
一貳百八拾石　横山
一六百九拾石五斗　**米濱**
下米
一百六拾六石　井口
一百六拾五石　磯野
一百三拾石　くろ田
一弐百四拾石　**早崎**
一三百八拾四石　**南北郷**
一貳拾五石　香村
一五拾石　**香花寺**
一貳拾石　北早水
一八石　とかん寺
一三拾三石　大音
一拾石　**大西郡**
一貳百拾九石五斗　からくに
一拾石　赤尾
一四拾石　北今村
一貳百七石　余呉庄
一九石　平安寺
一三拾貳石　きおん
一百石　**新井**
一六拾石　**遊け**
一千五百石　おち
三田村
一貳百六拾石　小山
一四百四拾石　ふるはし
一三百貳拾石　保延寺
一四百石　田部
一七百八拾　加納
一千百石　ゑの木
一四百九拾石　馬上
一貳千八百卌八石九斗　北脇所々
うね・阿閉分・高月
西野・西ものへ
一四百七拾壹石五斗
南郡建部ノ内　中村
一三百拾石　同し　西野村
一三百四拾五石壹斗　同し　濱野村
一三拾四石四斗
北郡朝日郷之内　速見村入作
都合貳萬石
天正十三年
壬八月廿二日　御判(秀吉)
山内伊右衛門殿

※びわ町の村々は太字(筆者による)
合計　千五百三十四石五斗
※浅井郡の分の合計は
三千三百七十三石四斗
※八幡庄(長浜八幡町)・から川(唐川)
米濱(八木浜)・下米(下八木)
南北郷(川道・細江一帯)
香村(賀村)・北早水(北速水)
とかん寺(渡岸寺)・大西郡(錦織)
からくに(唐国)・平安寺(?)
きおん(祇園)・新井(新居)
遊け(弓削)・おち(大路)

知行目録を見ると、余呉町・木之本町・高月町・湖北町・びわ町・浅井町・虎姫町・長浜市の広範囲に点在していることが分かります。

では、一豊の領地でなかった村々の領主は誰であったのか、冨田村の領主は誰であったのかという疑問が湧いてきます。

一豊の知行地を除いた湖北の地は、豊臣秀次の直轄地になっていたようですが、確たる証拠が地元に存在することを知りません。

冨田村の領主については、浅井氏支配の時代についても不明です。

浅井久政の水論裁許状が存在しますから、恐らくは浅井氏であったのでしょうが、村の伝承に「浅井氏に反発した」とも聞きますので、はっきりしたことは不明です。

また、浅井氏の滅亡後は、秀吉の所領(蔵入地)になったと考えられますが、確たる証拠はありません。

ただ、一八八号で紹介しました、天正十九年五月十六日付の「掟」書に署名されている早川内右衛門は、秀吉の配下であり、文禄の役(朝鮮出兵)では船奉行を努めています。その早川内右衛門から冨田村へ「掟」書を下していますから、秀吉の所領(蔵入地)であったという間接的な証拠にはなるかもしれません。

その後、柴田勝豊、堀秀政(江北九万石佐和山城主)…と続き、山内一豊に引き継がれますが、一豊が長浜城主であった五年間、また、その後についても、冨田村の領主を示す文書は見つかっていません。

天正十三年(一五八五)閏八月末、一豊は長浜城主と入城しますが、

> 天正十三年十一月二九日
> 夜、畿内・東海・東山・北陸最も甚し。
> 「千戸ノ人家アル、ナガハマ邑ニ於テハ、其人家ノ半ヲ顛覆シ半ハ出火ノ為メニ焼滅シケリ」
> とある。
> 長浜城中の天守破壊し、寝殿倒壊し城主山内一豊の幼女與禰《よね》君といえる者、その乳母と共に圧死せり。　(推定 Ｍ 七・八)

(※ 平成七年二月三一号で紹介済)

とあるように、入城早々、愛娘の死、長浜城下の全滅という苦難のスタートを切ることになります。

長浜二万石の大身となった一豊は、地元で多数の家臣団を召し抱えたと言われており、近隣の村々からも家臣となった者もあったのかもしれません。

一豊が長浜二万石の城主であった期間は短く(五年間)、小田原攻めの論功行賞と、秀吉の対徳川政策の一環として、天正十八年(一五九〇)には掛川五万石に転封となり、湖北の地を去ることとなります。

元亀元年(一五七〇)頃の青年時代に始まり、天正十八年までの働き盛りの約二〇年の間は、合戦に明け暮れながらも、一豊は湖北の地にも大きな足跡を残したのでした。

《参考》
川崎文書(滋賀大学史料館)
「東浅井郡志巻四」他

【いっぷく】

二九四号・二九五号で朝日山藩について紹介しました。

朝日山藩は、明治三年七月七日～明治四年七月一三日の一年間だけ存在した藩ですが、当初は五村御坊に仮庁舎を構え、朝日村山本に引っ越しする予定でした。

次の文書は、その仮庁舎に関する史料です。　《村政八一》

(表紙)
五村仮廳中郷割諸入用之控
川西村々中

(本文)
覚
一金六拾両　御年頭入用
一〃四両弐分　但正月より五月迄利足
一〃壱両弐分　右ニ付竹代水引紙代
一〃五両　薪炭油代
是ハ御家中様五村宿下宿定申候迄送り申候分
一金四両弐分　大津仮屋鋪門柊壱
其外正月之・り
一〃弐分　川崎賄
一金弐拾両　五村仮廳右同断
是ハ御家中様大津上下送り迎ハ右入用賄、上津旅用外入用共外ニいろ〳〵用場買物
一金百拾両
是ハ五村仮廳之内、諸御家中様御宿落付一日一夜一飯賄分
一金九両壱朱　右六口利足
一金百両　五村裏打
是ハ五村仮廳中、諸御家中様下宿裏打之分。村々相談之上如斯ニ相成候。
合金三百拾五両壱朱
此銀弐拾貫百六拾四匁　但六四金
此割四万六千九百八石八斗壱升九合
一高百石ニ付四拾三匁打
一高三千九拾壱石壱斗八升壱合
是ハ山本三ケ村高相除ケ申候
一銀百拾七匁五分　大濱村
…(中略)…
一銀三百三拾匁八分五厘　冨田村
…(中略)…
一銀二百八拾四匁六分五厘　小倉村
寄高
拾貫四百拾三石弐分五厘
内三貫九百五十四匁八分五厘
十三ケ村分引

この史料によれば、大津に仮屋敷があり、五村に仮庁舎があったことが判明します。

また、何名かの藩士達が五村仮庁舎に到着していることや、仮庁舎に勤務する間の下宿費等々が計上されていることが分かります。

その費用が三一五両余になっていますが、その費用は支配下の村々が集金分担しています。

現代人の感覚で言えば、この費用は藩が責任を持つのが当然だと思うのですが、「村々相談の上、斯くのようになった」と記されています。

当時の社会の、そして人々の考え方には違和感を感じます。

出来る限り当時の人々の立場に立った視点で古文書を読んできたつもりでしたが、所詮私も現代人の一員でしかなかったようです。

なお、右の文書は高時川以西にある新領地の村々の記録です。同様に川東の村々の記録もどこかにあった筈なのですが…。その代表については想像できますが、確証はなく、公表は控えます。

世の流れ・村の流れ

第２９５号
2006.02.24

富田村は街道筋の村でもなく、百姓を中心とした、湖北地方の小さな村に過ぎませんでした。

　これらの地方の村々に於いては、世の移り変わりや、社会の情報がどれだけもたらされていたのか、詳しいことは判っていません。

　しかし、以前にどこかで紹介したような気がするのですが、意外と時を同じくして、最新の情報がもたらされていたような事実に遭遇します。

　富山の薬売りが、旅の人々が、旅の一座が…情報源であったなどと書かれている書物もありますが、情報源は置くとしても、富田村のような片田舎の村々でも、日本という大きな流れの中に組み込まれ、時代と同じ歩調で流れていたことを知る史料を見つけましたので、紹介したいと思います。

《貸借二一》

> 請取申銀子之事
> 合銀九拾九匁三分三厘
> 右者南都大佛奉加銀請取申候。村々一所ニ致雨宮庄九郎様江指上ケ可申候。為後日如此ニ候。以上
> 元禄十三年辰五月九日　□□弥七(印)
> 富田村
> T兵衛殿

元禄十三年(一七〇〇年)、南都大仏(奈良東大寺の大仏)の奉加銀として、冨田村の寄進金九十九匁余を受け取ったという領収書です。

　各村々から集まった浄財を合せて、雨宮庄九郎(天領代官)へ届けるともあります。

　つまり、奈良東大寺大仏の修復等のため浄財が集められた折、冨田村など片田舎の村々にも呼びかけがあり、浄財が集まったことを意味します。

　奉加銀が強制であったのか、随意の寄進であったのかは分かりませんが、九十九匁(米換算で二石～三石程度?)が集まったようです。

　日本史の史料を調べると、宝永六年(一七〇九)三月、東大寺大仏殿再建という記事があります。

　東大寺大仏殿は鎌倉時代に再建されましたが、戦国期に再度焼失し、現在の大仏殿は宝永六年に再建されたものなのだそうです。

　いま、我々が目にする大仏殿はこの時再建された大仏殿で、冨田村からの浄財九十九匁余が、柱になったのか、屋根裏板になったのかは分かりませんが、どこかに使われているのです。


たった一枚の領収文書ですが、この一枚の文書から、地方の一寒村である冨田村も、全国的な流れの中に組み込まれていたという一面を垣間見ることが出来るのではないでしょうか。

《貸借二七》

> 預り申銀子之事
> 合新銀弐拾五匁　但シ元銀也
> 右件之銀子、亥御年貢御未進不罷成候ニ付、預り申処実正明白也。則、為質物ニ冨田村［欠損］字名小寺東ょり三反目畑壱ケ所書入申候［欠損］壱割五歩加利足、何時ニ而茂御用次第、急度返弁可申候。若、少ニ而茂無沙汰仕［候ハゞ］右之志ち物、其方江御取り可被成候。其時一言之子細申間敷、為後日テ形仍［如件］
> 預り主　T左衛門(印)
> 享保四年亥極月廿日　庄屋　T兵衛(印)
> Z五郎殿

※享保四年(一七一九)
※傍線は筆者による

右の文書は、年貢未納のため、字小寺の畑を質物に入れ、新銀二十五匁の借金をした借用証書です。

　利足は一割五分とあります。この頃の利足は一割五分、一割二分、二割などが見られますが、残されている文書には、一割五分が多いように思われます。

　何でもないような文書ですが、この文書には「新銀」という言葉が使われています。この「新銀」という言葉について取り上げたいと思います。

　江戸幕府が開かれた当時に鋳造された貨幣を慶長金などと呼びました。

　慶長金・銀は純度が高い(含有率が非常に多い)貨幣でした。

　従って、慶長金・銀(往古金・銀と云います)は信頼されるお金として使われていました。

　しかし、幕府の財政が悪化してくると、幕府は貨幣を改鋳し、金・銀の含有率を減少させることで局面を乗り切ろうとしました(元禄金銀や元字金銀(古金銀といいました))。

　品質を落とすことによって、例えば一両分の金を使って二枚の一両が、つまり、額面を二倍にすることが出来ます。

　しかし、金の含有率が減ったことにより、貨幣に対する信用は一挙に低下し、いわゆるインフレ現象を起こす結果を招くことになりました。

　新井白石の進言などを受けた幕府は正徳四年(一七一四)五月、金銀の再改鋳に踏み切り、慶長金銀(往古金銀)と同様な含有率を有する貨幣に戻しました。この時改鋳された貨幣を、正徳金・正徳銀といいます。

右の借用文書の日付を見ると、享保四年(一七一九)極月(十二月)となっています。

正徳金銀が改鋳されて五年後の文書だということが確認できます。

当時は、金の含有率の低い元字金銀など古金銀と、改鋳された含有率の高い正徳金銀(新金銀)が混在して流通していたことは明らかだと思います。

五年程度で世の中の全ての貨幣が新しい貨幣に入れ替わることは不可能だと思われます。

人々は複雑な貨幣流通の中での生活を強いられたことになります。

極端な話をすれば、「元字金二両」＝「正徳金一両」といった中で、経済が流通していたと理解していただければ分かりやすいと思います。

従って、上の文書の「新銀」とあるのは、正徳銀での決済を意味していたものと思われます。

正徳銀と、銀の含有量が低い古銀では、額面が同じであっても、価値には相当の開きがあったはずです。そのため、わざわざ「新銀」という但し書きが記載されたのです。

何気なく見落としてしまう「新銀」という言葉ですが、右のような大きな意味をもっていたのだと、私は思っています。

この「新銀」の件についても感じることは、冨田村も決して世の流れから孤立しているのではなく、世の流れの中に身を置いていたことを示すものだと思います。

私の一方的な思い込みであったのかもしれませんが、江戸時代の地方の村人は、世の流れにも疎く、ひたすら土を耕していた・・・、と思っていた私が無知であったのかもしれません。

上で紹介した、東大寺大仏殿の奉加銀の件についても、「新銀」の件についても、湖北の一寒村まで世の流れの情報がもたらされていることを物語っています。

現代では、TVや新聞などから過剰なほどの情報が一方的に飛び込んできます。

同様に、三〇〇年前の江戸期の冨田村にも、必要な情報は確実にもたらされていた、そんなことを知ることが出来ました。

今後は認識を新たにし、新しい視点で古文書に当たっていきたいと思っています。

《参考》　川崎文書（滋賀大学史料館）

【いっぷく】

明治維新の後、当分の間は藩が存在し、当村は朝日山藩支配であったことは既に何度か紹介しました。

明治四年七月、廃藩置県により朝日山縣と改称することになったことも紹介済みだと思います。

その後、長濱縣に統合されるのですが、この当時の史料を紹介します。

《法令一二抜粋》

一今般、山城ノ国外十一ケ国ノ内ニ而従来之府縣ヲ廃シ、更ニ左之通府縣ヲ被置候事。
但廃府縣、従前管轄之地所、當未年ヨリ物成郷村等新置之府縣江可引渡事。
一今般、廃府縣之官員、追而御沙汰候迄、新置府縣知事令参事之差圖ヲ受従前之廰ニ於而事務可取扱事。
近江国　大津縣
髙嶋郡　滋賀郡　栗田郡
野洲郡　甲賀郡　蒲生郡
近江国　長濱縣
神崎郡　愛知郡　犬上郡
坂田郡　浅井郡　伊香郡
右外國畧之。
辛未十一月　太政官
右之通被　仰出候条、得其意、村中一同江不洩様通達可及候。當縣之儀以後元朝日山縣与可称候。仍而此段相達候也。
辛未十一月廿九日　元朝日山縣廰

辛未年(明治四年(一八七一))一一月朝日山縣等々は長濱縣に統合され、朝日山縣は「元朝日山縣」と称するようになったことが窺えます。

しかし、即刻、長濱縣へ移行したのではなく、事務関係は引き続き元朝日山縣が継続して代行したことが以後の文書から判明し、「元朝日山縣」と署名する布告が何件も記録されています。

そして、翌明治五年(壬申年)二月に至り、次のような記録が残されています。

《法令一二抜粋》

長濱縣江引渡御用取調中ニ付、非常其外差懸り候願・伺・届等者格別、其外之儀者来ル十日より差留候間、此段為心得相達候也。
壬申　元朝日山縣廰印
二月七日

長濱縣への事務引き継ぎに追われているのか、急用等の事務関係以外は二月一〇日以降は差し止める旨を通達しています。

残念ながら、これ以降の史料が殆どなく(二月一八日付の通達が、一七四頁に亘るこの史料の最後です)、最終的に長濱縣へ完全移行した時期は不明というしかありません。

明治四年一一月長濱縣が設置されたと聞くと、我々は即座に長濱縣が機能したように思ってしまいますが、右のような移行期間があったことも知っておく必要があることを痛感させられます。

《法令一二》は明治三年一〇月から始まり、明治五年二月までの約一年半の、一七四頁に亘る記録ですが、元山形藩→朝日山藩→朝日山縣→元朝日山縣→長濱縣と、めまぐるしく支配役所名が変わっています。

明治初期を知る上では大切な史料だと思います。

見つかった但馬の棟札

第２９６号
2007.01.24

平成十七年から十八年にかけ、南浜村念善寺（住職立花氏）の本堂の再建工事が行われました。

旧本堂を解体したとき、左のような棟札が見つかったとのことです。

平成十八年三月、同寺を訪問したときは、既に新しい本堂が完成間近でしたので、旧本堂の様子は分かりませんでしたが、快く棟札を見せていただきました。

この棟札によれば、宝暦二年（一七五二）八月の上棟だと考えられ、棟梁については、「棟梁江州浅井郡冨田村但馬」とはっきりと読み取ることが出来ます。これが「西嶋但馬」を指すことはお分かりだと思います。

当時、南浜村は但馬の仕事場ではなかった筈ですが、何等かの理由で但馬が棟梁を勤めたのだと思います。適当な大工がいなかったのか、但馬の腕を買われたのかは、今となっては分かりません。

また、後日、念善寺の関係者の方から下のような古文書も見せていただきました。

それによると、大工頭中井家へ提出された、念善寺本堂の建築願の請負人は冨田村繁右衛門と記されています。

当時、「但馬」の名は個人の名前として使われる場合ばかりでなく、西嶋本家の総称（家名、または大工名）として使われた場合もあったようにも思われます。

但馬は、村内では、ある時は傳内、権右衛門、繁右衛門などの名前をもっていました。

ただし、安永三年（一七七四）頃よりは故あって、但馬家と繁右衛門家とに分かれたようですが・・・。

天下和順日月清明
風雨以時灾厲不起　棟梁江列浅井郡冨田村但馬
奉建立江列（州）浅井郡南濵（濱）村念善寺
國豊民安兵戈無用
崇徳興仁
宝暦二壬申歳八月吉日
住職
是教
肝煎
九兵衛
源次郎
彦右衛門
林右衛門
理左衛門
三郎右衛門
藤兵衛
喜左衛門
太左衛門

西嶋家の詳しい状況はさておき、何故に建築願の記名と、棟札の記名とを異にするような書き方をしたのか、今となっては分かりませんが、大工の棟梁として、「但馬」の名を記したのだと思います。

なお、末尾に記載のある野寺村年番清左衛門・小倉村年寄久左衛門は、京都御大工頭の中井主水（中井御役所）によって支配されていた大工集団冨田組の年番と年寄役を意味します。

野寺村清左衛門は、丁度この宝暦二年から三年までの二年間、「年番」役を勤めている事が判明しています。

平成十八年三月、念善寺を訪ねた折本堂は完成間近でしたが、同時に鐘楼堂の屋根の葺き替え工事も行われていました。

その鐘楼堂にも冨田村大工の棟札があるというので見学させていただきました。ただし、釘付けされているということで、屋根裏まで登って、見させていただきました。

次ページの棟札がその鐘楼堂の棟札です。

これによれば、弘化二年五月、冨田村西嶋繁右衛門元重により再建されたことが判ります。

小堀和泉守様御知行所
江州浅井郡南濱村
東本願寺末寺
念善寺
一粱間三間
南方壱間宛之シコロ庇
一桁行七間半屋祢萱葺
壱間ニ弐間之拝所庇
（図略）
右之通有来候所大破ニおよひ候ニ付、此度如元建直シ申度候ニ付、御地頭様へ我々共ょり御願申上、相済申候、願之通被仰付被下置候ハゞ難有奉存候、以上
念善寺
庄屋　庄兵衛
右之通相違無御座候、細工可仕候哉、奉窺候、以上
寶暦二年申三月
浅井郡冨田村請負
繁右衛門（印）
野寺村年番
清左衛門
小倉村年寄
久左衛門
中井水主様
御役所

この繁右衛門は、前述のように、但馬家でなく繁右衛門家の繁右衛門だと思われます。

この時の建築願は残ってないようですが、中井御役所の許可のもと、西嶋繁右衛門を中心とした大工組によって建てられたものと思われます。

この頃、中井御役所支配の大工集団冨田組は、浅井郡内で冨田組・今庄組・高田組など幾つかの集団に分裂していたことも判明しています。

ともあれ、冨田村大工但馬や繁右衛門の作例が一つでも確認できたことは貴重だと思っています。


阿部権守や西嶋但馬が冨田村の大工であったことは皆さんも御存知でしょうが、誰が、どの神社・寺院を建築したのかということは、あまり御存知でないと思います。

棟札や建築願等の記録がない限り、はっきりしたことは判りません。一般的にはその作風や彫り物の図柄の特徴から類推するしかありません。

その意味でも、このような棟札の発見は大きな意味を持っていると思っています。

冨田村源慶寺は棟札がないため、誰が棟梁であったか判っていません。虹梁等の図柄から西嶋但馬の系列ではないとは思うのですが…。

◆鐘楼堂棟札

弘化二年　　　　棟梁冨田村
念善寺現住権律師釋観成　　西嶋繁右衛門元重
巳五月出来　　　　再建

※ 弘化二年（一八四五）

《参考》
南浜念善寺棟札・鐘楼堂棟札
南浜念善寺文書（建築願）

※1
二九五号から二九六号まで、一年間の作成が空きました。仕事の関係や取材不足等によるものです。

振り返れば、時間に追われる時もあり、また、テーマ材料に事欠きその場を取り繕った紙面もあります。一旦間が空いてしまうと、次に取り掛かるのが億劫になり、ついつい日延べになってしまった感がありました。

最低でも三〇〇号までは…という気持ちがありましたので、ここまで続いたのかもしれません。

まだまだ書きたい材料はあるのですが、一部にはプライベートや人権に関わる問題もありますので、取り上げることを断念した材料も多々ありました。

出来るだけ「冨田村」に関わることを中心に、竹生村やびわ町程度までの範囲と思ってまとめてきたつもりです。

冨田村に関する古文書は、今でもまだまだあります。未だ読めていない文書も多数あります。その一枚一枚に驚きを発見したり、未知の事実に遭遇します。

少しでも新しい事実を紹介し、後世に残しておきたいと思うのですが、キリがないのも事実です。活動は続けるにしても、区切りをつけるためにも、この号をメドに一冊の本にまとめたいと思ってきました。

その間、失礼な事もあったと思われますし、一枚の通信が物議を醸しだした事もありました。また、取材に協力頂いた方、配布に協力頂いた区長様を初め、多数の方の支えがあってここまで続けてこられたのだと感謝しています。

時代は刻々と変化をしています。変化する中で、我々の先祖がどう対応し、処理してきたのか、そのことを知ることで、未来の冨田村に生かしてほしい、温故知新という気持ちで続けてきましたが、古い冨田村を知って居られる方が減ってきたのも事実です。

しかし、冨田村にはこんな歴史があったんだという自負と誇りを後世の村人に引き継ぐのも、我々世代の責任なのかもしれないとも思います。

運命共同体としての「惣」「村」から、個人の生活の場に変化してきている昨今、共同体としての意識が薄らいできています。時代の流れだと嘆くしかないのかもしれませんが、「村」としての誇りがなくなってきているのかもしれません。それは、我々の世代が引き継ぎを怠ったのかもしれません。

その意味でも、村人の皆さんに、特に若い村人の皆さんに冨田村の歴史を少しでも知って頂けたら、その責務の一端を担わせて頂いたことになるのではないかと思っています。

約二六〇年にわたった江戸時代も時代とともに変化していきました。村のあり方、村人の力関係、農作業の器具や方法、生活の諸問題…、すべての面で少しずつではありますが着実に進歩してきました。

その延長線上に明治、大正、昭和がありました。第二次世界大戦の終戦までは緩やかなカーブを描いて発展してきたように思われます。

ところが、戦後の復興から始まる社会は急速な発展を見ることになり、急激なカーブを描きながら成長し、生活面も物質面も便利で裕福になりました。

反面、急激な変化のため、気が付かない内に失ってきた面も多々あるように思います。

その一つが村人の「村の誇り」であり、共同体に対する帰属意識ではなかったかと、私は思っています。

文化・経済が向上する中で、貰い風呂の風習や、惣菜の遣り貰い、「ゆい」という助け合い…、数え上げればキリもありませんが、なくなりつつあります。否、無くなってしまったのかもしれません。

隣の家への関心や関わりもなくなりつつあり、「隣は何をする人ぞ」という都会化状態になっています。

「惣」「村」に頼らなければ生きていなかった時代からの脱皮であるのでしょうが、ここで一旦停止をして、過去の行き方を見つめ直すことも大切な事だと思いつつ、冨田村の歴史を通して世に問いかけたいと思っています。

西嶋文書「年代記」より

第２９７号
2009.10.臨

西嶋文書の中に「年代記」と表題されている文書があります。

この「年代記」は触るとボロボロで、保存状態も悪く、乱丁・落丁等もあるようです。

安丁(安貞)元年(一二二七)より嘉永七年(一八五三)迄の記録で、江戸時代の中頃から記事が詳しくなりますので、その頃から過去の史料をまとめ始め、何代かに亘って書き継がれたものと類推しています。

実際には弘長二年壬戌(一二六二)に最初の記事が記載され、

◆十一月廿八日
　本願寺開山志んらん死
　　御年九十さい

とあります。

この「年代記」には、建武元年甲戌(一三三四)から嘉慶戊辰二(一三八八)迄の間は北朝方年号が中心ですが、所々に南朝方年号(延元・観應)が使用されています。

この文書から、興味のある項目を順次抜き出して紹介したいと思います。

◆文正元丙戌(1466)
　十月廿九日大地しん
　もろこし日てり人人をくう
應仁元丁亥(1467)
　五月廿六日より天下大らん
　(※応仁の乱)

◆(永正)丙子十三年(1516)
　浅井殿九月十八日より廿二才
　小谷山ニ十月廿日迄ニ城立
　大工作料夜昼ニ米ニ而壱斗八才ツ
　ツゝ被下候
　(※小谷城築城)

◆弘治元年庚卯(1555)
　浅井助政殿
　六ケ村五郎正井六月御書■
　(※御料所井・浅井様折紙)

◆九月十九日棟上くわんのん堂建立
　竹生嶋天女堂
(慶長)壬寅七(1602)大仏ヤクル
　当村間ノ地(検地)入ル
　竹生嶋奉行片桐一守
　下役人四人 但馬 権正
(※竹生島観音堂・天女堂建立、検地)

◆寛永三年寅
　御代官所 井かい次郎兵衛
　香花寺稲葉弓削 分水木出入
　冨田村 御代官
　大日てり 小堀遠江守
(寛永)丙寅三(1626)
　(※寛永三年大日損)

◆慶安元年戊子(1648)
　小堀遠江小室ニ初メテ被仰付
　御天井ニ数寄や立申候 城家
　(御殿) (※小室藩陣屋)
(※別に地割図あり)

◆(寛文)庚子三(1660)
　当村両寺始り 源慶寺
　圭林寺 二ケ寺共
　(※両寺開基)

◆(寛文)己酉九(1669)
　圭林寺御堂立初

◆(寛文)辛亥十一(1671)
　當村源慶寺御堂立初

◆(貞享)丁卯四(1687)
　領所井下五ケ村と馬渡村と
　条御番所迄出入ニ候
　(※御料所井公事)

◆(元禄)己卯十二(1699)
　唐国村屋敷かへ 子丑之方へ四丁
　(※唐国居村移転)

◆(享保)壬寅七(1722)
　當村観音堂 寸し
　(※観音堂普請？)

◆(享保)辛亥十六(1731)
　浅井郡大工中間組立
　七十年余中絶
　中井主水様支配
　是迄浅井郡無役大工也
　(※大工組設立)

◆當村之役高半分 村へ出タ
(元文)戊午三年(1737)
　竹生嶋常行院
　山くすれ海へつき出タ
　(※大工高の件、竹生島山崩れ)

◆(元文)己未四(1738)
　十九村寺立ル

◆(延享)丁卯四(1747)
　御料所井底樋初テ彦根願ニ候
　底樋長サ廿四間底樋之始り
　香花寺村林傳太夫殿彦根表テ取立
　ニ而

◆(宝暦)丙子六(1756)
　冨田村圭林寺二度目御堂立替
　初より二度目

◆(宝暦)丁丑七(1757)
　源慶寺飛□始 八月十四日本寺済
　御かいさん四百九十六年

◆(宝暦)卯九(1759)
　吉定院・梅本坊・実双院
　二月十四日竹生嶋三ケ寺出火ニて

◆大ひてり 御料所井底樋
(明和)寅七 底樋長サ三十間ニ成
(1770) 二ケ年大ひてり

◆(明和)卯八(1771)
　役高皆村方より大工中へ帰ル
　大ひてり
　(※大工高の件)

◆天明元年丑(1781)
　當村源慶寺西様へきさん
　七月四日より
　五村御坊改印形是より御坊付
　直参之印形
　(※源慶寺西本願寺転派)

◆(天明三癸卯(1783))
　當村源慶寺一月四日ニ立
　大工九左衛門

◆(天明三癸卯(1783))
七月二日晩より北東方なり出シ
地志ん之心なる時ハ戸障子迄ゆる
内八日之日迄合七日之内なり留メ
七日八日両日ハ殊之外大なり也
大津之大さか之セき迄
信州浅ま山大キ石ふき出ス地面山也
大サ九尺弐間ハゝ之石多人不知レ
二十四ケ村野ニ成
若狭様御上り道中六日之
とう留駄荷駄人弐人不知レ
(※浅間山噴火)

◆(天明三癸卯(1783))
春より暮迄米相場 三十三匁より
四斗壱升入壱俵ニ付 三十八匁
(※米相場)

◆中前之きゝん
天明四年辰(1784) 初正月
閏正月朔日二日 米四拾五匁相場
一右卯年日本国中不作ニ付米高直
壱俵四拾五匁迄 稗壱俵十五匁
麦壱俵弐拾五匁 不作故不調ニ候
先北国信州殊之外悲人多
道中□助或ハ村々のう宿七分斗
死候
(※天明飢饉)

◆天明四年辰(1784)
早崎村一ノ鳥居辰二月廿五日より
地ほり 三月二日より地つき
(※竹生嶋一の鳥居)

◆天明五年巳(1785)
竹生嶋鳥井三月ニ立
(※竹生嶋一の鳥居)

◆午ノ
天明六年(1786)正月一日午ノ刻ニ
暦ニハ日そく皆無ト有然ル所ニ
四歩之日そく也
(※日食)

◆(天明六年(1786))
竹生嶋早崎一ノ鳥井槌打
六月廿一日

◆午ノ秋日本国中不作大きゝん
天明七未年(1787)
二月二日米四拾七八匁 此方ニ而
金六拾弐匁かへ此方ニ而
金五十弐匁大津より
大津壱斗かへ金五拾六匁かへ
(※冨田村大日損・検見)

◆(天明七未年(1787))
四月 井上河内様
大津役所役人不残替り四月十一日
(※濱松藩井上河内守役人替)

◆(天明七未年(1787))
大坂米屋皆つぶす
日本国米津留メ
江戸米屋凡弐千軒斗つぶす大らん
御公儀御米蔵諸大名衆御米蔵皆つ
ぶす
江戸金壱両ニ米壱斗七升
人数五万人斗り立寄
(※天明の打ち壊し)

◆(天明八申年(1788))
浅井郡小室殿様六ケ状之落度
五月十七日 (略)
城だんセツ 若殿様御はらい物
不残浪人 (略)
申ノ五月落城百四十壱年目ニ落城
(※小室藩断絶)

◆(天明八申年(1788))
六月九日暮六ツ大地志ん
其夜大五ツ 小数不知入り申候
同十日ニ度々入ル
(※地震)

◆寛政元年酉(1789)
東本願寺釿野始め
三月廿八日朝四ツ時

◆寛政元年酉(1789)
竹生嶋江戸かい長
閏六月十七日より八月十八日迄
又其外ニ廿日延ル
九月八日迄 随分當り候 其外
道中筋かい長 但シ木曾かい道筋
(※竹生嶋江戸出開帳)

◆(寛政三亥ノ年(1781))
御坊大工出入 天明六午年より事
同未年より御坊へ仕事ニ不参候
(※御坊より仕事停止)

◆(寛政三亥ノ年(1781))
惣国
同十月セ之中半作 壱反ニ付
上所五俵 三俵より四俵
村中
御地頭より百八拾八俵被下候
御年貢金立毛者ニハ
壱石ニ六匁八分ツゝ
三分一米より安ク御取可被成候
(※冨田村不作 免率〇・二五八)

◆(寛政四子年(1782))
ヒ前之国三月ニ此邊迄聞へ候
地之底海之底より大キなり出シ海之
にわ殊之外悪ク山之棟へ大舩ふき
上ケ
費前之国嶋原と申所御城家殿様ハ
行へ不知 人死ル所五万五拾四人
(※肥前国「島原大変肥後迷惑」)

◆寛政十一未(1789)
八月九日雨ごい礼 たい子斗
おどりハなし此時たい子始り申候
(※雨乞い御礼太鼓)

◆文化十四年丁丑(1817)
此年御領所井ふせかへ
右ハ権正与相合ニ而細工致申候
七月十四日迄尓仕上申候

◆嘉永六年丑(1853)
五月廿三日よりひでり
七月竹生嶋あまごい
五拾九日またひでり

◆虎嘉永七年(1854)
四月六七日二日内ハ京大火也
上様丸やけ 天し様正五院入

◆宝暦四年戌(1754)
三月源慶寺隠居立ル
(※乱丁につき年代が飛んでいます)

適当に、冨田村に関することを中心に、筆者の興味本位に拾ってみました。
小谷城築城や小室陣屋の建設など大工ならではの記録だと思いますが、小谷城の築城に関しては真偽ははっきりしません。

《参考》
西嶋文書「年代記」
(旧びわ町教育委員会)

冨田村にも近江商人が？

第２９８号
2009.10.臨

　近江の国は近江商人の発生の地で、特に五個荘や日野・八幡・高嶋周辺から多くの近江商人を輩出したことは周知の事実です。

　現在まで引き継がれ、一流企業・商社として存続している会社等も数多あります。

　湖北の地から近江商人が…ということは、あまり聞かないのですが、当冨田村からも他国商いに旅立っていた人があることを示す文書を見つけましたので、紹介したいと思います。

《川崎文書未整理文書二四九》

一札■■…■■
(我)等儀、五(年以)前他国■商■■…■
■仕、又者巳年も他国商■■…■■など
儀不埒仕候故、五人組■■…■■儀仕候。
五人組ゑらミ被出候故、村住居難■候故、
一門宮ニわび事仕、庄屋組へ預り被下候。
■■《より》他国へ商ニ出申候共、霜月廿日以前
(罷)帰り、御年貢何角之埒、各々様御苦■
■申間敷候。他国ニ而買かゝり仕か、又ハ
■■儀出来仕候共、各々へ御難懸申間(敷
候。)仍而為後日、手形如件
　　　　　　　　　　　請人H右衛(門)
　　　　　　　　　　　弥■■■
元禄三年午ノ
　　　三月十九日
　　T兵衛殿
(※元禄三年(一六九〇))

　文書は損傷がひどく、全文を読むことは不可能ですが、確かに他国商い、つまり、他国への行商＝近江商人のスタート、天秤棒による行商を彷彿させてくれます。

　内容は、想像も加味すると、
　私達は五年前から他国商い(行商)に出かけるようになりましたが、年貢納入や諸々の件で五人組に迷惑を掛けるようになり、五人組から離反され、居住することもままならず、一門の社寺等にも詫び、五人組については、庄屋などの村役人組に預かりとしていただきました。

　今後も他国商い(行商)に出る場合は、十一月二十日迄に必ず冨田村に帰って、年貢等も納入し、皆様には御苦労・御迷惑はお掛け致しません。

と言った内容だと思います。

　他国商い行商をしているのは弥■■、その保証人がH右衛門と読め、庄屋T兵衛に宛てた一札(證文)になっています。

　この一枚の證文から、新しい発見や疑問点がありますので、見ていきたいと思います。

　先ず第一には、冨田村からも他国への商い(行商)に携わる人が居た事が新しい発見でした。成功したのかどうかは不明ですが、近江商人への第一歩だったと思います。

　しかし、本拠地冨田村を空にしたためか、五人組などからそっぽを向かれています。成功するためには、本拠地を大切にし、固めておく事も必要であったのかもしれません。

　一方、亭主が他国への行商中、家族はどんな生活をしていたのだろうかと思ってしまいます。

　稼ぎを商いに頼らざるを得ない境遇だとするなら、持ち高も少なく(田地も少なく)、生活も苦しかったのではないかと思えます。そのため、年貢納入等々もままならず、五人組から見放されたのではないでしょうか。

　もしかすれば、五人組は連帯責任ですから、他国での不祥事を心配したのかもしれませんが……。

　五人組については、村役人の理解で特別扱いをしてもらえたのが唯一の救いであったのかもしれません。

　近江商人として成功した人々は、これらの点について如何様に対処していたのでしょうか、そんなことも知りたくなってきます。

　少なくとも家族のこと、年貢納入等に関すること、出身地との関係保持・連絡等々……。

　また、どのような形で「往来手形」が発行されたのかも気になる点です。


　同質の疑問かも知れませんが、一年の大半を他国で暮らす商人の留守宅の扱いです。

　家族があるのかどうかは不明ですが、村の出役、小入用の納入、高持ちであれば年貢納入、親類の交際、留守宅の管理…等々、どうなっていたのか知りたい所です。

　上の弥■■については、連帯保証人の半右衛門が肩代わりをし、管理をしたのかもしれませんが、一般的にはどうだったのでしょうか。

　近江商人関係の本を読んでも、それらの点には触れられていません。

　一旦成功すれば、出身地に本拠を置く例が多いようですから、納得もできますが、最初の頃の扱いについては、「元金幾らでスタートした……」程度の記述で済ましています。

　農村史という観点、留守村の視点からの解明を期待したい所です。

　次の疑問は何を商っていたのかということです。

　近江商人が他国へ持ち出したのは、蚊帳などの麻製品・轆轤製品(日野椀)や薬類……などだと言われています。

　一方、他国より持ち込むものは、生糸や絹・北国の海産物(昆布等)・紅花などだと言われています。

　果たして、冨田村出身の行商人が商った商品は何であったのでしょうか。

　当時の湖北の地の産物がなんであったのかを知る所ではないのですが、恐ら

くそういった産物を他国に持ち込み、帰路には、他国の産物を湖北に持ち込む、そんな商いが近江商人の典型であったようです。

商い品は分かりませんが、湖北の地は早くから金肥と言われる鰯・古ニシン等を用いたと言われますから（享保十一年（一七二六）「冨田村高反別指出帳」より）、もしかすれば、そういった干し鰯や鰊を仕入れたのかもしれません。

何れにしても憶測の域を出ませんので、商品の詮索は深入りしないことにします。

また、彼等の元手金はどの程度だったのか知りたい気もしますが…。

反面、右の一札では「霜月廿日以前罷帰り…」とあります。

つまり、自分で商い期間を調節出来たのかもしれません。例えば、富山の薬売りなどのように、お得意先を廻るのに、時間的には自由が利いたのではないでしょうか。

もしかすれば、他国商いとは言うものの、「出稼ぎ」的なニュアンスを感じ取ることも出来ます。出稼ぎなら期間を限って村に帰ることも出来そうです。そして、一年間の稼ぎを村に持って帰り、年貢等を埒明けることが出来る。そんな風にも読めない事はありません。そうだとすれば、商いと言うより、季節的な奉公人的な色合いになります。典型的な例として、冬場の杜氏の仕事があります。

近江の地へ若狭や越前・能登から、冬の間だけ酒造りのために杜氏として来ていた人々があったことは周知のことだと思います。

弥[redacted]の他国へ出ている期間（特に出発時期）が不明なので、何とも言えませんが、そんな推測も出来るのかもしれません。

この時期の村の村人名簿があれば、もう少し内容が分かるかもしれないのですが、手元にある名簿関係は、

・寛文一〇年（一六七〇）
「西冨田村田畑数高之寄帳」 《土地50》

・寛文一二年（一六七二）
「寛文十弐年家並田畑持高帳」 《土地51》

・元文三年（一七三八）
「午歳打目帳」 《村政38》

の三点であり、この三点からは村人の名前が判明するのですが、若干時期が異なります。

右の三点の中では「弥[redacted]」（弥兵衛・又は弥右衛門・弥左衛門と推定）に相当する名前は「弥左衛門」を見いだせるのですが、請人「H右衛門」は三点とも見つかりません。

持ち高等も含め、今後の史料発見に期待したいと思います。

また、川崎文書の中に元禄年間の借用證文（T兵衛宛）がかなり残されていますが、未だすべてに当たれていません。

現在の所、「弥[redacted]」に相当する借り主を発見するには至ってないのですが、今後の史料から、経済的な理由から（持ち高も含め）他国商いの道を選んだのか、積極的な理由に依るものかも分かってくるかもしれません。

《参考》
川崎文書（滋賀大学史料館）

※1
商いのため冨田村を出たと思われることを示す文書がありますので紹介します。

《未整理一六〇》

（前欠）
申所実正明白也。然上ハ此田畑おゐて、子々孫々末代違乱煩他妨有間敷候。為後日賣券手形、仍而如件。右田畑末代賣申候得共、万一我等挊（かせぎ）出候而、所へ罷帰り度時分ハ、元銀弐百六拾五匁返弁仕、高共ニ此方へ請もとし申筈ニ而御座候。然共末々至テ女・兄弟・おい子、一ツ之内《より》請もとし可申ほとの妨仕間敷候。為其手形、仍而如件

冨田村賣主
Y四右衛門（印）
元禄十二年
卯十一月 證人 S兵衛（印）
庄屋 J郎兵衛（印）
同村買（主）
T兵衛殿
（※元禄一二年（一六九九））

借用証文の前半部分が欠損していますが、二六五匁で永代に田畑を売り払い、他村・他国への商いに出ることを示唆しています。

しかし、万一稼ぎが成功し、村に帰るような事があった時は、借金を返済する代わりに田畑を請け戻す約束であったようです。

また、将来において、親類縁者の誰かが請け戻すような妨害も致しません…とあります。

二六五匁といえば、現在の金にして五〇万円以上の大金です。

商いの（元金にする）ために田畑を売り払い、稼ぎに出たのか、年貢不納等々のために土地を手放し、商いや出稼ぎに出ざるを得なかったのか、真意の程は分かりませんが、商い・出稼ぎのために冨田村を出た人があったことが分かります。

「我等」とありますので、家族で出村したと思われます。

この出稼ぎが他国への商いだったのかどうかは分かりませんが、「万一我等挊出候而、所へ罷帰り度時分」とあるところから、潰れ百姓の出奔であった可能性が大かもしれません。

百姓は歯車が一旦狂うと、全ての歯車が狂ってしまい、一家の命取りにも繋がったようです。

右の「Y四右衛門」については詳しいことは分かりませんが、借金が返せず質物の土地を失い、更に借金を重ねて…、最終的には大半の土地を失うという例は冨田村にも存在します。

御年貢不納、三分一未納とあるのみで、借金の原因は不分明ですが、少々の持高を残した水呑百姓に転落するか、右のように村を出るしかなかったようです。

出稼ぎや商いが成功すれば、所謂近江商人の類になるのでしょうが、村にも帰れず、人知れず亡くなっていった例もあったのではないでしょうか。

冨田村の文化水準

第２９９号
2010.01.臨

江戸時代、冨田村の村人の文化水準について考えてみたいと思います。

庄屋・年寄などの村役人は、読み・書き・算盤が出来たことは当然として、他の村人の読み書きはどうだったのでしょうか。

大工衆については、多数の大工文書が残されています。読み書きは十分だったと思われます。

また、他の村人については詳しくは分かりませんが、借用證文等から見る限り、代筆ばかりではなさそうですから、かなりの人が読み書き出来たと思われます。

八幡神社祭器庫には、江戸後期から昭和にかけての文書が約二七〇点残されていますが、その中に次のような芝居(歌舞伎?)の台本があります。

「恋傳授女盗第五段目」
「道切狂言物工佐太郎三段丘伏の段」
「三日太平記桃山花見の段」
「蘭奢侍四段目口」
「狂言嫗山姥八重相舞之段」
「床本蘭奢侍四の口」
「矢口渡第三兵庫住家ノ段」
「芝六猪□りの段」
「蘭奢侍新田□圖二段目の□」

読めない文字もありますが、若衆が演じた村芝居の演目であったように思われます。

以前に紹介しましたが、舞台の幕も現存しています。

若衆だけで歌舞伎を演じるだけの文化と伝統があったのだと解釈したいと思います。

また、次のような史料もあります。

《未整理文書二八三》

① 天気雨てん
あきれ田の川掘はてゝ
　いつじややら我衣手■(ハ)
　　どろによごれつ

② 地頭てつへい
春過て夏きにけらし
　長普請ころもいとわず
　　かける人足

③ 柿本
あし引てやすまずニ
　ふむ蛇車ハ長ゝし夜を
　　とろりとも寝ず

右のような戯れ歌が十七首書かれた文書ですが、これは百人一首の替え歌になっています。

元歌は、

① 天智天皇
秋の田のかりほの庵の
　苫をあらみ我が衣手は
　　露にぬれつつ

② 持統天皇
春過ぎて夏来にけらし
　白妙の衣ほすてふ
　　天の香具山

③ 柿本人麻呂
あしびきの山鳥の尾の
　しだり尾の長々し夜を
　　ひとりかも寝む

と想像出来ます。句自体は勿論、詠み人すら皮肉っています。

この戯れ歌の作者はかなりの教養の持ち主だと思われます。片田舎であっても高い文化水準にあったことが伺われます。

ちなみに、上の「戯れ歌」は幕末の田川新川普請の人足出役を皮肉った歌であることが判断出来ます。

残りの歌も紹介しておきます。

④ 山家太夫
奥山ニ材木切てなく
　そへハ声もとどかず
　　あきれかなしき

④ 猿丸太夫
奥山に紅葉踏み分け
　鳴く鹿の声聞く時ぞ
　　秋は悲しき

⑤ きセん
我庵ハ水尓しづめて
　四ケそすむよいうろたへと
　　人ハいふなり

⑤ 喜撰法師
わが庵は都のたつみ
　しかぞすむ世をうぢ山と
　　人はいふなり

⑥ 小町
白つの色ハ条びんの
　よふな役人らわけて
　　よふふる長ハ川堀　(誤読?)

⑥ 小野小町
花の色は移りにけりな
　いたづらに我身世にふる
　　ながめせしまに

⑦ 此頃ハ行もかつるも　(作者部分空白)
　人足がしるもしらぬも
　　そしる川堀

⑦ 蝉丸
これやこの行くも帰るも
　別れては知るも知らぬも
　　あふ坂の関

⑧ 川原の坂落し
道畑のあれハたれゆへ
　込所ゆへミされ
　　そこら我わ水ならなこに

⑧ 河原左大臣
陸奥のしのぶもぢずり
　誰ゆゑに乱れそめにし
　　我ならなくに

⑨ ゆけ
此度ハかふさくもセす
　川普請□もの入高
　　上のまかない

⑨ 菅家
この度は幣もとりあへず
　手向山紅葉のにしき
　　神のまにまに

⑩ 妹川水のかよいぢ　(作者部分空白)
　切留て大川筋を
　　□らニとゝめ

⑩ 僧正遍昭
天つ風雲のかよひ路
　ふきとぢよ乙女の姿
　　しばしとどめむ

⑪ ふし川の仲込
雨の原ふり口ミれば
　かずしれず三□の川ニ
　　出し水かも

⑪ 安部仲麿
天の原ふりさけ見れば
　春日なる三笠の山に
　　出でし月かも

⑫（作者部分空白）
田付浦ニ打出て見れハ
国海のふじな高水
両度出てつゝ

⑫山部赤人
田子の浦に打出てみれば
白妙の富士のたかねに
雪は降りつつ

⑬（作者部分空白）
世の中ニ金のないのニ
おもいゆる川か堀たら
四ケそなくなり

⑬皇太后宮太夫俊成
世の中よ道こそなけれ
思ひ入る山の奥にも
鹿ぞ鳴くなり

⑭むしん講
小倉氏ミなの人らに
にくまれてくらしぞ
らくの小役もたなん

⑭貞信公
小倉山峰の紅葉ば
心あらば今ひとたびの
みゆき待たなむ

⑮（作者部分空白）
御普請ハ早ふすむらと
田村かし大寺の田地
水ニ月ケ瀬

⑮元歌不明、
田川新川普請の事業主体である酢村・田村・大寺・月ケ瀬村の四ケ村を読み込んでいる。

⑯中納言廻り道
から殿を渡セ■■して
いふ立て白□ゆを
ミよよいもふけする（誤読？）

⑯中納言家持
鵲の渡せる橋に
置く霜の白きを見れば
夜ぞふけにける

⑰（作者部分空白）
一ケそん二ケそん三ケ
四ケそんのセ川から
うめて□をハ□ら□かへ（誤読？）

⑰元歌不明、誤読があるのか意味不明

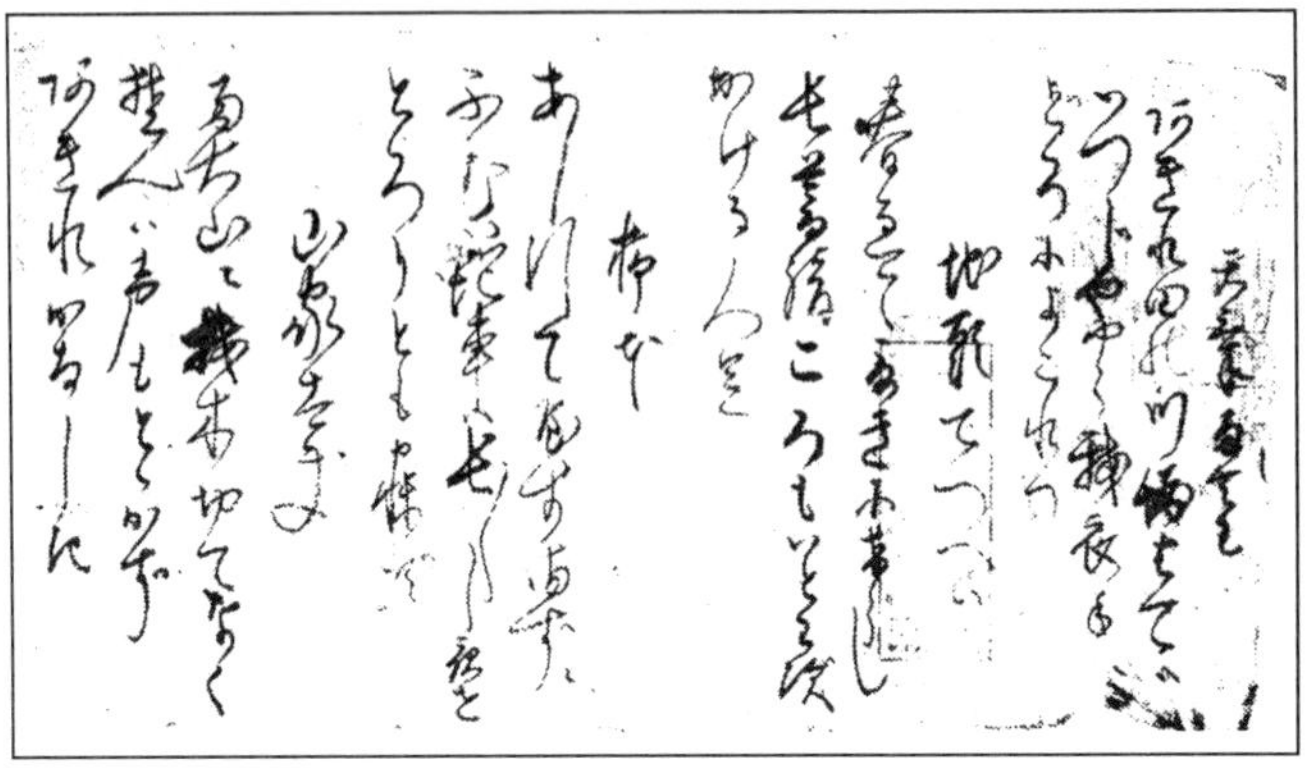

上に文書の一部写真を掲載しましたが、かなりの達筆ですので誤読が多々あるかもしれません。ご容赦下さい。

新川田川造成の普請に、少なくとも万延二年（一八六一）の二月十六日から四月八日迄の間、冨田村からも人足として二百三十三人が出役したことが分かっています。（一四一号・一八五号）

田川の新川造成普請は過酷を極めたのか、かなりの辛辣な内容の「戯れ歌」になっています。

田川の氾濫により、月ケ瀬・唐国・田・酢村の水没を防止するため、田川の流れを変えてしまうという工事ですから、困難を伴う工事であったことは想像できますが、直接冨田村に関係するのでもなく、重労働を強制されるとなれば不満も、愚痴も出る所だと思います。

②の「長普請」、③の夜なべの「蛇車」、⑨の「耕作もせず川普請」‥‥等々、不満を「戯れ歌」にぶつけているのがよく分かります。

《参考》
川崎文書（滋賀大学史料館）

※1
《未整理一九五一》

壱句八文ツヽ　　□□様
覚
一三十句　連吟
又三十九句
〆六十九
朱料五百五十四文

一十句　八十文　G左衛門様
一五句　四十文　J蔵様
一三句　二十四文　I三郎様
一十六句　百三十弐文　S太夫様
一十八句　百四十八文　T内様
一三十四句　G兵衛様
又十三句
又三十一句
〆七十八句
六百四十八文
一八句　連吟　O左衛門様
又十三句
〆二十壱句
百七十二文
右之通り、卯十二日賄置候間、各々様作御面倒、御遣し可被下候。以上
山本取次
御社中様　禿文

※記年はありませんが、名前から明治二〇年代～三〇年代と考えられます。
※一部計算が合いません。

上の文書は短歌（or俳句）の投稿句数と、その添削料（朱料）を記したものです。

宛名に「御社中」とあることから、短歌の同好会が冨田村にあったことが分かります。

時代は明治の中頃だと思われます。

添削料（朱料）を支払って、歌を直してもらう、上達しようとする村人が居たことを示しています。

明治十六年冨田村地誌

第３００号
2011.12.臨

祭器庫文書の中に「近江國浅井郡冨田村地誌」という文書があります。

「地誌」は、明治の初め、各村々の様子を報告させた報告書で、全ての村が提出したものですが、明治初期の村の状態を知る貴重な資料です。

冨田村については、原稿が残っていましたので紹介します。

句読点がなく、若干読みづらいかもしれませんが、ほぼ原文通りです。

（一部現代漢字にしています）

《祭器庫文書五》

近江國浅井郡冨田村地誌

冨田村ハ往古譽田庄ト称ス年月不詳河内國志紀郡譽田荘恵我藻伏山岡陵八幡宮ヲ此ノ地ニ遷祀ス故ニ譽田ト称ス後世和訓ノ通スルヲ以テ冨田ト呼フ弘治天正ノ際マテ冨田庄称ス古書ニ明記アリ文禄慶長尓来村ト称ス

一説ニ開化天皇ノ皇子彦座命四世孫彦命夷ヲ征シ勲功アリ因テ近江國浅井郡ノ地ヲ割テ之ヲ賜ヒ墾田ノ地ト為ス大海眞持亦之ヲ墾ヒテ居地トナス大海六世孫熊田宮平事ヲ果スニ因テ治田ノ姓ヲ賜フ故ニ後世此ノ地ヲ墾田ト呼フ同和訓ノ通スルヲ以テ冨田ト呼フト云々

疆域

東南ハ草径及ヒ溝渠ヲ以テ南速水香花寺十九ノ三村ニ界シ西北ハ細径小流ヲ以テ田中安粮寺益田ノ三邑ニ界ス

幅員

東西四町五拾五間

南北重壱町三拾四間

面積未タ実測ヲ経ス

管轄沿革

鎌府ノ時佐々木秀義近江ノ守護ニ任セラレ子孫累世之ヲ喰ム信綱ニ至リ二子泰綱氏信南北ニ分轄シ氏信即チ江ノ北部六郡ヲ領シ京極氏ト号ス玄孫髙峯ニ至リ兵威漸ク衰ヘ永正十三年家宰浅井亮政専恣奪テ之ヲ押領ス遂ニ子久政ニ傳フ其子長政ニ至リ武威益々振フ天正元年ニ至リ織田信長ト戦ツテ茲ニ亡ホサル信長羽柴秀吉ヲ長濱城ニ封シテ之ヲ鎮メシム秀吉既ニ天下ヲ一統シ大阪城ヲ築キ之ニ居ル豊臣関白ト称ス文禄四年乙未石田三成ヲ佐和山城ニ封シテ之ヲ領セシム元和元年大坂已テニ亡ヒテ徳川氏ニ至ル井伊直孝封ヲ近江ノ彦根ニ受ケ之ヲ領ス尓後水野氏封ヲ遠江濱松ニ受ケ之ヲ領ス文化十四年丁丑麾下井上河内守西郷筑前守共ニ之ヲ分領ス明治二年ニ至リ版圖奉還大津縣ニ合ス明治三年庚午朝日山藩ヲ置レ水野忠篤眞次郎ト称ス知藩事ニ任セラレ之ニ代ル明治四年藩ヲ廃シ縣トス同年朝日縣廃止ラレ犬上縣ニ併セ明治五年壬申九月犬上縣廃セラレ以後滋賀縣管下ニ属ス

里程

滋賀縣廳ヘ弐拾里弐拾七町四間

長濱ヘ弐里四拾間

四隣

東　南速水元標ヘ　拾八町五拾五間

香花寺元標ヘ　五町五間弐尺

西　益田村元標ヘ　六町五拾五間

南　十九村元標ヘ　弐町三拾四間

北　田中村元標ヘ　拾四町拾七間

地勢

該地平坦ニシテ東西狭ク南北長シ西部屈曲安養寺益田ノ両村ニ隣リ東北南ノ三部ハ十九香花寺南速水田中ノ田圃ニ接ス運輸稍便利アリ然レトモ薪炭・ナラス

地味

黒色ニシテ砂礫ヲ交エ瘠土ナリ其質中等ニ位ス平日水利便ナラス旱魃ニ苦シム

税地

田　四拾壱町五反七畝弐拾壱歩

畑　八町四反三畝弐拾三歩

宅地　五町五反九畝弐拾歩

社地　四畝弐拾歩

寺地　壱反七畝拾歩

藪　五畝弐拾四歩

草生　三畝八歩

林　四畝拾歩

總計　五拾五町九反六畝拾六歩

字地

又才　溝端　田ノ下　天神　艾

村ノ南方十九村界ニ沿フ東西四町五拾五間南北壱町

堀角　宅屋　大竹　藪越　小寺

村ノ西方益田村界ニ起リ東ヘ連ナリ香花寺村界ニ止ル東西四町五拾五間南北壱町

川田　南大海道　堀　木添　下川田

村ノ東方香花寺村界ヨリ西ヘ連ナリ益田村界ニ止ル東西四町五拾五間南北五拾八間

玄取　三反田　菅井本　大海道

角田　屋居田　村馳　取塚　八ノ坪　弐ノ坪

村ノ西方益田村界ヨリ東ヘ越キ香花寺村界ニ止ル東西四町五拾五間南北弐町

若林　七ノ坪　深町　十八

村ノ中間ニアリ東西壱町五拾六間南北壱町五拾八間

墓ノ町　古座　溝ノ尾　正出　北仲町　廿チ

村ノ西北ノ方益田安養寺両村界ニ沿フ東西壱町南北六町

仲ノ町　拾七　拾六　拾ケ坪

村ノ中間ニアリ東西弐町南北弐町

拾五　黒静　北八ノ坪　拾四

村ノ北方ニアリ東西弐町南北弐町

武士町　六ノ坪　下佃　上佃　三ノ坪　弐ノ坪

村ノ東方香花寺村南速水村界ニ沿フ東西壱町南北六町

一ノ坪　北七ノ坪　拾三　傍田　廿チ

村ノ北方田中村界ニアリ東西四町南北四拾五間

貢祖
　該村地價金四万三千六百拾円拾弐銭　明治八年貢納金千三百八円三拾銭四厘　國税明治十五年百六拾七円九拾六銭　地方税明治十五年弐百弐拾弐円拾四銭弐厘
　總計金千六百九拾八円四拾銭六厘
戸数
　本籍人家百壱戸　平民　僧弐戸 農九十九戸
　社弐座　村社壱座無格社壱座
　寺弐宇　真宗
　掛所壱宇
　總計百六戸
人数
　男　百七拾口　平民農　僧
　女　百五拾一口　平民
　總計三百三拾壱口
牛馬　ナシ
舟車　ナシ
山　ナシ
川　ナシ
森林　ナシ
原野　ナシ
牧場　ナシ
鑛山　ナシ
湖沼　ナシ
道路　村里路本村元標ヨリ
　田中村界迄拾町拾五間　道巾五尺
　益田村界迄三町拾三間　道巾壱間
　十九村界迄弐町三拾四間　仝上
　香花寺村界迄弐町弐拾七間　仝上
掲示場　本村中位ニアリ
堤塘　ナシ
港　ナシ
出嵜　ナシ
暗礁　ナシ
滝　ナシ
温泉　ナシ
冷泉　ナシ
公園　ナシ
陵墓　ナシ
社
　八幡神社　祭神應神天皇 誉田和気命ト称ス　社地東西弐拾間五分南北三拾八間七分面積七百九拾四坪創立年月不詳河内國志紀郡誉田荘八幡宮ヲ遷祀ス口・ニ云大明神ト唱フ神鏡ノ古箱ニ延喜式内上許曽神社ト記載アリ□リハ社ハ許曽ノ詰字ナル乎社地村落ノ中位ニシテ老樹数株常ニ翠煙ヲ醸ス明治九年村社ニ列セラル祭日四月十五日旧暦二月十五日
末社
　二宮神社祭神神功皇后 息長帯比賣命ト称ス
末社
　冨田神社祭神聖武天皇 押開豊櫻彦命ト称ス
無格社
　稲荷神社　祭神倉稲□命
社地東西弐拾壱間五分南北六間五分面積百四拾坪天明六年弐月十日創祀ス祭日二月上午日北冨田村在厳島神社祭神市杵築比賣命 小社ニシテ稲荷社境内ニアリ享保二年六月十五日創祀ス
寺
　源慶寺・雲山ト号ス寺域東西壱拾三間南北弐拾零間八分面積弐百七拾零坪京都府下真宗本願寺ノ末派ナリ古往此地ニ圓光寺ト名クル天台宗壱大壮観ノ寺有リ而シテ又其堂宇ハ七堂伽藍ノ造築アリシ寺蹟ト称シ傳ヘタリ其時當寺ハ該寺ノ寺中タリ其寺蹟ハ八幡村社ヲ劃リ西北隅ニ伸ヒ院アリ坊アリ門墻等ノ築造アリテ幾多ノ寺蹟境ヲ接シ列数ス中ニ就テ其壱ケ寺中ナル者則チ當寺ナリ當寺又其古蹟位置猶其規模ヲ変エス旧基依然今ニ至ル然リト雖𪜈元亀天正ノ頃兵災ニ罹リ古書記文等悉ク灰燼ニ属ス故ニ今其原由ヲ詳ニセント欲スレ𪜈嗚呼尚恨アクバ明瞭ニ記シ難シ此ニ於テ時ハ天正八年庚辰七月三日僧赤松杢岸ナルモノ寺蹟ノ滅燼ヲ歎キ復タ円光寺中ノ古蹟ニ壱宇ヲ再築シ深ク真宗ニ皈依スルヲ以テ台宗ヲ轉ス之ヲ・雲山源慶寺ト名ク是ヲ即チ中興ノ再基トス夫ヨリコノカタ綿々僧赤松杢岸ヨリ當代住職赤松竜観ニ至ル第壱拾六世ナリ位置ハ村ノ中央ニ在リ
・護山圭林寺境域東西拾六間南北六間面積九拾六坪京都府下真宗佛光寺末派ナリ往昔天台宗ノ古刹ニシテ創建未詳于時元弘元年辛未僧願教ナルモノ真宗ニ改宗ス夫ヨリ以来累代法脉臂ヲキラス禅譲ス然リト雖𪜈文正年中火災ニ罹リ堂宇悉ク灰燼ス事忽卒ニ出ルカ故ニ衆徒卒事シテ本尊竝傳来ノ一二ヲ奉スル而已難ヲ避ケテ舊地ニ存ス應仁九年丁亥二月僧・琳ナルモノ鞠躬盡力シ再建ヲ企望ス依テ當寺ノ中興トス中興僧・琳ヨリ當住職冨士原光範ニ至リ第壱拾五世位置ハ村ノ中央ニシテ村社ノ東北ニアリ
佛光寺掛所境域東西拾間巾八分南北拾弐間面積百五拾四坪村ノ北方字黒静中央ニ有リ創立年月不詳ナレ𪜈此地ニ小堂一宇有リ寺号詳ナラスト雖モ村中之ヲ維持ス時ニ幾星霜ヲ経テ大ヒニ破損ス安政二年ニ至リ再造ヲ営ミ更ニ佛光寺末庵ニ附属シ明治五年官許ヲ得テ同寺掛所ノ坊トナル
学校
　公立廣知学校ト称ス第三大学区第四番中学区第五拾四番小学区上八木村十九村本村聯合校明治八年開□仝十二年新築ス本村生徒男拾五人女拾人合計弐拾五人
村會所　ナシ
病院　ナシ
電線　ナシ
郵便局　ナシ
製絲場　ナシ
大工作場　ナシ
古跡　ナシ
名勝　ナシ
産物
　植物 其質下等 米　大豆　菜種
　製造物　生糸
民業
　男農桑ヲ業トスルモノ九拾九戸
　女農養蚕ヲ業トスルモノ百人
右之通リニ御座候也
明治十六年四月　東浅井郡冨田村
　　戸長　川崎S兵衛
滋賀縣令篭手田安定殿

　事実誤認だと思われる箇所もありますが、明治の初め、冨田の村人が認識していた事実としてそのまま記載しました。但し、二～三字読めませんでした。ご容赦下さい。

《参考》
　祭器庫文書（冨田八幡神社）

おわりに

古き冨田村の様子や生活を窺い知り、次の世代の糧にすることが本来の目的であったが、最も知りたかった村人の「衣・食・住」に関しては殆ど知り得なかった。

残されている文書は年貢・水利や、村政と呼ばれる村の政治的なもの、公事的なものが多く、個々人の、しいては村人の生活を復元することは難しく、どのような衣服を着、日常的には何を食べ、どのような家に住んだのか、農具にはどのようなものがあり、農作業はどのようであったか等々、村人（庶民）の生活はなかなか見えてこなかった。一部には食材の領収記録も残されてはいるが、庄屋宅のものであったり、「郷寄」と呼ばれる、支配村々の庄屋衆の会合時の献立・食材であったりして、村人の範囲までに推測することは難しく、紹介するまでには至らなかったのは不徳の至りである。

また、誰の屋敷がどの辺りにあったのか、村の屋敷地の今と昔の違いは‥等のことも知りたかったのですが、現代の住宅案内板に代表されるような図面もなく、断念せざるを得なかった。

しかし、学校の授業では学ばない事柄、例えば年貢の納入方法や実際の収穫高に関する情報、秤改め・枡改め・鉄炮改め等の規制、竹生島国有林の買い戻し等の村からも忘れられた事実‥等々、多くの村に根ざした歴史的情報の発掘が出来たとも思っている。

『冨田今昔物語』を村内に配布を始めた頃、ある人に、「文字に表すと、事実も空想も嘘も、総てが歴史的事実・情報として固定化されてしまう。」と批判されたことがある。私が紹介した記事の内容と、その人が伝え聞いた内容とが異なるという違和感から生じた発言だが、その言葉が意味する危惧は常に持ち続け、意識した。

記事は古文書から得られた知識を紹介するとともに、一部には私見を付け加えたが、恣意的に事実をねじ曲げる意図は全くなかった。しかし、例えば公事（裁判）の件では立場が違えば主張も異なり、冨田村に残された文書は冨田村側から見た一面的な主張でしかない。相手側から見れば全くの嘘と映ったかもしれないのだ。そのような視点での配慮が充分でなかったことは事実である。あくまでも冨田村側の視点に立った、冨田村の紹介であることをお断りせざるを得ない。従って、この著書は冨田村側から見た歴史の一コマ一コマでしかない。

また、専門家でもないため、扱った文書の検討もしていない。まさか村の文書に偽文書が含まれているとは考えもしなかったからである。もし、偽文書が含まれていたら嘘八百の作り話になってしまうのかもしれないが、それはなかったと信じている。

いずれにしても、先祖の村人が残してくれた文書から見えてくる冨田村の姿を描いた物語であるとお考えいただきたく思う。そして、それが一面的、一刹那的ではあるのかもしれないが、それもまた復元された歴史的事実であると信じている。

しかし反面、記事を書き終わった後に新しい史料や書籍等に出会うことも多々あり得た。事実、この『冨田今昔物語』の原稿を完成させた後にも新事実を示す史料に接し、註記を書き換えた号も少なからずある。研究の対象としている川崎文書もまだ未読の文書も多い。日々新しい史料が見つかり、「ああ、そうだったんだ」と思うこともしばしばである。

言い訳になるかもしれないが、現時点での冨田村歴史と考えていただきたい。郷土史発掘の作業は今後も続けるつもりであり、もし機会があれば、追加の新事実等も何らかの手段で提示したいとは思っているが‥。

江戸時代は水争いや年貢の未納は言うに及ばず、免定の保管を巡る村の主導権争い、果ては親子喧嘩等々まで公事（裁判）とするなど、現在の民事裁判に相当する公事の記録が多々残されている。公事となれば公事宿への滞在を余儀なくされるなど、多額の経費を必要とした。江戸末期の年貢未納の公事は必要経費が未納額を上回った筈である。それでも彼等は公事に踏み切った。そこには何があったのだろうか、答はどの文書にも見あたらないが、

万一、村中立会耕作致、御年貢御上納致様相成候共、不苦候。
猶亦時節柄之公邊候得ば、入用等相嵩候共、小前〳〵至迄納得之上ニて御座候間、一言之申分無御座候。　《村政二〇抜粋》

に見られるように、損得ではなく、筋を通すことが彼等の生き様で

あったように推測出来る。筋を通すためには個の我が儘は許されず集団の一員という帰属意識が要求される。その精神が江戸期を通じて培われたのであろう。それが村人全員の連印（連判）という形に結集されている。そして、その精神が村を支えてきたのであろうと悟った次第である。

また、江戸期の公事は奉行から直接的な裁許（判決）が出されるのは稀で、奉行から任命された第三者の噯人（周辺の庄屋等々）が仲裁するという「下済・内済」というシステムであった。これも両者のメンツを潰すことなく解決を図る、謂わば筋を通した解決方法であったと再認識することが出来たように思われる。（実際は奉行所の省力化であったのかもしれないが・・・）

現在の日本が治安がいい国にとしてトップクラスだと言われる所以は、近代国家として発展を遂げた日本の制度的な面もあるのだろうが、江戸期から培われてきた「筋を通す生き様」がＤＮＡに組み込まれているのかもしれない。

昨今、村への帰属意識の薄れによる個人主義、過疎化の進行の不安など村が抱える課題も多い。温故知新、先祖から学んで現代に生かすことが出来ないであろうか。時代状況は変わってもその精神は生かせるのではないか、それは浄土に近づきつつある一老人の感慨でもある。

秀吉の長浜城建築に関わる文書が、往時、近隣の某村に所蔵されていたが、何時の頃か流出してしまい、現在は大阪城博物館に所蔵されている。冨田村には浅井久政の裁許状三通が自治会長文書として伝承されているが、大半の住民はそのことを知らない人が多い。何時某村の轍を踏むかもしれない。

冨田今昔物語では多くの冨田町所蔵の文書や資料を紹介したつもりでいる。歴史的な文書や資料は村の歴史を知る上でも、村人の精神を伝える上でも大切な文化財である。ともすればたった一枚の紙切れだと考えがちであるが、その一枚が大切な村の一面を伝えているかもしれないのである。そのたった一枚の紙切れが示す内容は、村人の共有財産でもある。その意味でも過去の村人が残してくれた様々な文化財を大切にしたい、後世に引き継ぎたいという気持ちをもって紹介してきた。

普段は目にすることの出来ない町所蔵の文書・資料等々を紹介したのは、その存在を村人に周知してもらい、某村の轍を踏まないことを意図していたことも事実である。そのため、一部誤解や困惑を招いたかもしれないが、御容赦願いたい。また、御協力をいただいた冨田町自治会に感謝の意を表したい。

最後になったが、この二〇年間余の活動を支えてくれた家族、また、陰に陽に応援をいただいた冨田町の方々、滋賀大学経済学部附属史料館、史料の使用許可・資料の提供をいただいた多くの方々、多くの教示をいただいた旧びわ町教育委員会（現長浜城歴史博物館）の北村大輔氏、びわ郷土史教室の方々など多数の方々に御世話になった。ここに感謝の意を表したい。

平成二五年六月　沖縄慰霊の日に　川崎太源

◆参考文書

川崎文書（滋賀大学経済学部附属史料館委託）　川崎太兵衛氏所蔵

阿部文書（阿部権正文書（原本は散逸不明）『東浅井郡志』収録）

西嶋文書（旧びわ町教育委員会委託）　西嶋幸男氏所蔵

※　現在は　長浜城歴史博物館所蔵

竹生島文書（長浜城歴史博物館委託）　竹生島宝厳寺所蔵

竹生島文書マイクロフィルム版　長浜市びわ図書館所蔵

富田区有文書（長浜市富田町自治会長保管）　富田町自治会所蔵

富田区長文書（長浜市富田町自治会長保管）　富田町自治会所蔵

富田八幡神社神事（オコナイ）文書（長浜市富田町会議所保管）　富田町自治会所蔵

富田八幡神社保存資料（長浜市富田町八幡神社本殿保管）　富田町自治会所蔵

富田八幡神社祭器庫文書・資料（長浜市富田町祭器庫保管）　富田町自治会所蔵

「必要書類編冊」（長浜市富田町祭器庫保管）　富田町自治会所蔵

富田区戦死者法名軸　富田町遺族会所蔵

「富田今昔物語」（川崎太源発行歴史新聞　富田町全戸配布）

◆参考文書・資料等

御料所井地図（著者再現）　旧びわ町教育委員会蔵

富田村古地図（筆者再現）　上野四郎（敬三）氏蔵

旧木造校舎正面図（故上野外治氏画）　上野源三氏蔵

明治二八年古地図

「年代記」　川崎太兵衛氏蔵

冨田家系図　冨田光彦氏蔵

竹生島院坊資料　北村大輔氏資料

「改正模範地繪圖」（富田町自治会文書（自治会長保管））

「国民軍名簿」　上野四郎（敬三）氏蔵

「絶家再興御願書」写　川崎太兵衛氏蔵

「徳雲寺所蔵文書」（西浅井町沓掛）　徳雲寺（藤原氏）

「倭節用悉改袋増字」（文政元年（1818）出版）　川崎渡氏蔵

小字地図（びわ町教育委員会・湖北町教育委員会）

中村家文書　びわ町教育委員会

延勝寺区依託高札　八木重太郎氏（延勝寺区）

滋賀大学史料館の常設展示写真　滋賀大学経済学部附属史料館

資料・写真提供　阿部弘幸氏

富田八幡神社蔵鰐口　富田町自治会保管

旧八幡神社本尊観音像二体写真　源慶寺依託

旧八幡神社本尊観音像写真　圭林寺依託

月ケ瀬・田村・唐国・酢村四ケ村共有文書

八幡神社所蔵拝殿上棟札　富田町自治会保管

「明治十八年誕生簿」　上野四郎（敬三）氏蔵

青年団演劇写真提供　川崎正一氏蔵

富田区所有蛇の目幕　富田町自治会保管

富田区戦没者追悼法要の法名軸　富田町遺族会保管

「馬上の文化と歴史」　栗原基氏発行

竹生島鐘楼堂図面等　阿部松雄氏蔵

「Millennium Photo 2000 - 写真でたどる滋賀の二〇世紀 -」CD版
滋賀県広報課　平成一三年三月　滋賀県広報課

念善寺棟札・鐘楼堂棟札・南浜念善寺文書（建築願）　南浜町念善寺（立花氏）

◆取材協力（文久二年過去帳データ）

源慶寺　伊藤賢隆氏
圭林寺　冨士原光真氏

◆参考文献（出版物）

「東浅井郡誌 全四巻」日本資料刊行会　昭和五〇年一〇月
「讀史備要」東京帝國大學史料編纂所　内外書籍　昭和八年一〇月
「国史大辞典」国史大辞典編集委員会　吉川弘文館　平成四年四月一日
「角川日本地名大辞典25滋賀県」角川日本地名大辞典編纂委員会　角川書店
昭和五四年四月八日
「近世地方史研究入門」（岩波全書）地方史研究協議会
岩波書店　一九七二年四月二〇日第一五刷
「びわ町昔ばなし－ふるさと近江伝承文化叢書－」　びわ町教育委員会
昭和五五年三月三一日
「竹生嶋誌」澤実英　宝厳寺寺務所発行　昭和六〇年八月一五日再版
「古文書用語辞典」荒居英次他六名　柏書房　一九八六年三月一五日第二刷
「玉川百科大辞典17」玉川大学出版部　昭和四三年七月三一日第一版第四刷
「広報びわ」平成四年五月号　びわ町発行
「びわ北小学校百年誌」びわ北小学校百年誌委員会　昭和五〇年三月一日
「東浅井－わたしたちのふるさと－」滋賀県東浅井郡教育会編
滋賀県東浅井郡郷土資料編集委員会　昭和六二年三月三一日
「日本史用語辞典」日本史用語辞典編集委員会　柏書房
一九九二年七月一〇日新装版第四刷
「祭礼事典・滋賀県」　滋賀県祭礼研究会　桜楓社　平成三年一〇月二五日
「近江のオコナイ」　市立長浜城歴史博物館編　平成二年十月十日
「日本の民俗　滋賀」　橋本鉄男　第一法規出版　昭和五一年六月二〇日
「湖北町のおこない－ふるさと近江伝承文化叢書－」　湖北町教育委員会
昭和五五年二月一〇日
「湖北町のおこない－ふるさと近江伝承文化叢書－」第二集
湖北町教育委員会　昭和五五年二月一〇日

「理科年表（1994版）」自然科学研究機構国立天文台　丸善
一九九四年一一月
「近江浅井氏－戦国史叢書６－」小和田哲　新人物往来社
昭和四八年一月一〇日
「坂田郡志」滋賀縣坂田郡教育會　昭和一八年九月三〇日
「名字と日本人」武光誠　文春新書　二〇〇四年
「近江伊香郡志」富田八右衛門　財団法人江北図書館
昭和二八年八月三一日
「特別展　竹生島宝厳寺」市立長浜城歴史博物館編　平成四年一月二四日
「日本史総覧（机上版）」小西四郎・児玉幸多・竹内理三監修
新人物往来社　昭和六三年九月一〇日
「滋賀大学史料館研究紀要第七号」―十七世紀近江の農業構造―
竹村繁治　昭和四十八年十二月
「近江人物志」滋賀縣教育會　文泉堂　大正六年一一月一〇日
「近世農民生活史（新稿版）」児玉幸多　吉川弘文館　平成七年八月第二六刷
「滋賀県市町村沿革史第四巻」滋賀県市町村沿革史編さん委員会
第一法規出版　昭和三五年七月二〇日
「滋賀県産業組合史」産業組合中央會滋賀支會　平尾信夫
昭和一七年三月三〇日
「江戸の料理史・料理本と料理文化－」中公新書九二九　原田信男
中央公論社　一九九三年三月再版
「日本史年表」日本歴史大辞典編集委員会辞典　柏書房
一九九二年九月一〇日改訂新版第四刷　柏書房
「「朝鮮人街道」をゆく（淡海文庫６）」門脇正人　サンライズ印刷出版部
一九九五年一二月一〇日
「冨田人形・滋賀県無形民俗資料－」（冨田人形会館リーフレット）
冨田人形共遊団　昭和五六年
「－滋賀県選択無形民俗資料・冨田人形」びわ町教育委員会
昭和五四年八月一日再版
「開館一〇周年記念・びわ町の伝統芸能・冨田人形展」
滋賀県立長浜文化芸術会館　昭和六〇年九月

「滋賀県の地名（日本歴史地名大系25巻）」下中直人　平凡社　二〇〇一年七月一日
「松本城とその城下町」中島次太郎　歴史図書社　昭和四四年八月
「日本史広辞典」日本史広辞典編集委員会　山川出版社　一九九七年一〇月第一版第一刷
「びわの歴史トピックス」びわの歴史トピックス編集会議　びわ町・びわ町教育委員会刊　平成一〇年三月三一日
「長浜縮緬の専売と織元（甲南大学経営学叢書一）」三島康雄　千倉書房　昭和五〇年四月三〇日
「びわの先人たち」びわ町人物誌編纂委員会　びわ町教育委員会刊　平成九年三月二五日
「日本歴史新書　饑饉の歴史」荒川秀俊　至文堂　昭和四二年九月
「朝日新聞」・「読売新聞」・「滋賀夕刊」平成一〇・一〇・一七日付
「滋賀県神社誌」滋賀県神社庁　昭和六二年一二月二〇日
「早崎のムラの昔」早崎観緑氏著　平成五年一月一三日
「国友鉄砲の歴史（別冊淡海文庫５）」湯次行孝　サンライズ印刷出版部　一九九六年七月二〇日
「古文書入門事典」若尾俊平　柏書房　一九九八年四月第六刷
「江戸の流行り病・麻疹騒動はなぜ起こったのか・」鈴木則子　吉川弘文館　二〇一二年四月一日
「検地・縄と竿の支配・」（教育社歴史新書二〇二）神崎彰利　教育社　一九九二年四月三〇日新装第五刷
「長浜御坊三百年誌」中沢南水・大通寺文化財保存会　永田文昌堂　一九六二年一一月五日
「長浜市史1巻～八巻」長浜市史編さん委員会・長浜市役所　平成八年一二月～平成一六年三月
「余呉町史」余呉町誌編さん委員会　余呉町役場　平成三年一月三一日
「竹生むかし話 第一集～第四集」竹生むかし話編集委員会・びわ北小学校創立百周年記念事業協賛会　平成五〇年九月～平成五四年三月
「新註 近江輿地志略 全」宇野健一編　弘文堂書店　昭和五一年九月二八日

「近江史料シリーズ（四）淡海録」滋賀県地方史研究家連絡会・滋賀県立図書館　一九八〇年六月
「丸子船物語・橋本鉄男最終琵琶湖民俗論・（淡海文庫11）」橋本鉄男　サンライズ出版部　一九九七年一〇月一〇日
琵琶湖総合開発地域民俗文化財特別調査報告書Ⅱ「びわ湖の専業漁撈」滋賀県教育委員会　昭和五五年三月
琵琶湖総合開発地域民俗文化財特別調査報告書Ⅰ「びわ湖の漁撈生活」滋賀県教育委員会　昭和五四年三月
「江戸時代・人づくり風土記滋賀25」社団法人農山漁村文化協会・江戸時代づくり風土記編纂室　一九九六年七月一五日
「県史シリーズ25　滋賀県の歴史」原田敏丸・渡辺守順　山川出版社　昭和四七年七月
「舟寄せ村の歴史・ふる里を訪ねて奥琵琶湖・」（蓮敬寺開基五百年法要記念）浄土真宗本願寺派蓮敬寺開基五百年記念法要執行委員会　平成五年一〇月
長浜市教育委員会古文書調査報告書「四ケ字共有文書・嘉永四年～昭和二十七年・（旧東浅井郡虎姫町）」長浜市教育委員会　平成二四年三月
「日本の歴史16・天下泰平・」横田冬彦　講談社　二〇〇二年三月一〇日
「新編日本史図表」第一学習社　一九九九年一月改訂四版
「近江蒲生郡志」滋賀縣蒲生郡役所　大正一一年五月二〇日
「びわ町内遺跡分布調査報告書」びわ町教育委員会　平成五年三月三一日
「滋賀県中世城郭分布調査Ⅰ」滋賀県教育委員会　昭和五八年三月
「淡海の城・滋賀県中近世城郭分布地図・」滋賀県教育委員会・滋賀県安土城郭調査研究所　平成八年一二月
「日本城郭大系11　京都・滋賀・福井」菅英志　新人物往来社　昭和五五年九月一五日
「日本米價變動史」中澤辨次郎著　明文堂　昭和八年一月
「神社名鑑」神社名鑑刊行会　神社本庁刊　昭和三八年四月
「びわ湖湖底遺跡の謎」秋田裕毅　創元社　一九九七年六月

「大阪市の学童集団疎開－諏訪国民学校と萱野村の公文書綴－」（大阪市史史料第二十一輯） 大阪市史編纂所 昭和六二年三月
「敦賀長浜鉄道物語－敦賀みなとと鉄道文化－」 敦賀市立博物館 平成一八年七月二一日
「朝日新聞」 平成一二年一一月二〇日付
「伊能測量隊まかり通る」 渡邊一郎 ＮＴＴ出版 一九九八年七月六日初版
千葉県史料近世編「伊能忠敬測量日記一」 千葉県 一九八八年
「歴史・文化ガイド 山内一豊と千代」小和田哲男監修 日本放送出版協会 二〇〇五年一二月三〇日
奈良國立文化財研究所史料第三冊「仁和寺史料 寺誌編一」 文化財保護委員会 昭和三十九年三月三十日発行
奈良國立文化財研究所史料第三冊「仁和寺史料 寺誌編二」 文化財保護委員会 昭和四十二年十一月一日発行
「仏教民俗史の研究」 佐々木孝正著 名著出版 昭和六十二年三月三十一日発行
「明治前期財政経済史料集成第八巻」 大蔵省（農商務省・会計検査院）編纂・大内兵衛・土屋喬雄校 明治文献資料刊行会 昭和三十八年七月二十一日
奈良国立文化財研究所学報第四八冊「年輪に歴史を読む－日本における古年輪学の成立－」 奈良国立文化財研究所 一九九〇年八月
「竹生嶋要覧」 河邨吉三著 春陽堂 明治三三年八月
「新編明治維新神佛分離史料」第七巻－竹生島における神佛分離（竹生嶋要覧）－ 辻善之助・村上専精・鷲尾順敬編 名著出版 昭和五十八年十一月十日
新訂増補國史大系第三十九巻「徳川實紀」第二篇 黒板勝美・國史大系編集會 吉川弘文館 昭和三十九年十月三十一日

索　引

川崎太源（かわさき・たげん）
昭和24年３月14日　東浅井郡竹生村大字富田（現　長浜市富田町）に生れる
昭和46年４月～平成21年３月　滋賀県立高等学校教諭（数学担当）
平成元年前後頃より趣味として郷土史・古文書解読を始める
平成５年11月より村内へ「冨田今昔物語」配布開始
平成17年12月を最後に「冨田今昔物語」中断、現在に至る
平成21年３月　退職後は農業・非常勤講師等の傍ら郷土史料の発掘を続けている

『びわの歴史トピックス』（平成10年３月　びわ町教育委員会監修）寄稿
『びわ町郷土史研究会　紀要　第１号』（平成11年　びわ町郷土史研究会）寄稿
『竹生島文書（マイクロフィルム版（びわ図書館））目録』・『西嶋文書目録』
『川崎文書未整理文書目録』・『富田八幡神社祭器庫文書目録』等の作成
（目録はいずれも未公表）など

冨田今昔物語《とんだいまむかしものがたり》
― 近江湖北の一農村　江州《ごうしゅう》浅井郡冨田村の記録 ―

2013年11月24日　発行

著　者　川　﨑　太　源
発行者　川　﨑　太　源
滋賀県長浜市富田町 206
〒 527-0131 TEL・FAX 0749-72-3943
発　売　サンライズ出版株式会社
滋賀県彦根市鳥居本町 655-1
〒 522-0004　TEL 0749-22-0627
印刷　サンライズ出版株式会社

ISBN978-4-88325-521-4